泥憲和

泥憲和全集

「行動する思想」の記録

かもがわ出版

『泥憲和全集――「行動する思想」の記録』刊行にあたって

「泥憲和全集」編纂委員会 責任者　岡林 信一

本書は泥憲和さんが2007年6月29日から17年5月3日に永眠するまで、約10年間にわたりミクシィ(mixi)、フェイスブック(Facebook)、ツイッター(Twitter)といったSNS(ソーシャル・ネットワーキング・サービス)に公開した膨大な書き物を、テーマ別に構成・編集したものである。

「全集」といっても、公開された総字数は300万字をはるかに超え、単行本にして数十冊分にも達するため、集めることのできた全文を精査し、エッセンスを収録したものである。

一個人のSNSでの発信を、とくに生涯にわたって著したものを全集として刊行するのは、世の中に数多ある出版物の中でも数少ないかもしれない。

SNSでの発信は、ツイッターなら「つぶやき」、ミクシィならば「日記」、フェイスブックでは「タイムラインへの投稿」といわれ、通常は、日々の出来事や感慨を書き連ねたり、友だちへのメッセージとして使われている。長文の論考を掲載する場としてはほとんど使われない。

しかし、泥さんがSNSに書き残したものの中には、しっかりとした論理構成でテーマを定めて発信しているものが多くある。誤字脱字などはほとんどなく、推敲を重ねた投稿をしていたとみられる。もとより泥さんは、ネットでの投稿は自由に転送・転載してかまわないと表明していた。つまり、自分が書いた物が拡散されることを願って、誰が読んでくれてもいいように文章を発信していたのであり、だからこそこの「全集」を編纂することが可能となったのである。

泥さんの3つの戦線――情報戦、街頭戦、陣地選

泥さんの論考を読めば、秀でた調査力と論戦力に脱帽するしかない。そして、そこに「行動」が伴っているから、その「思想」はいっそう輝きを増すのである。

泥さんが行動してきた戦線は、おもに3つであったろうと考える。

ひとつは、「ネット上での論戦（情報戦）」である。

泥さんは膨大な投稿を連ねたが、そのモチベーションが持続したのはSNS上での論争のゆえである。

ネット上での論争相手は、いわゆる「ネトウヨ」と俗称されるような歴史修正主義者や排外主義者、レイシスト、憲法9条・平和主義を否定する改憲論者、他宗派を論難する偏狭なセクトなどだ。これらの、人権や民主主義、平和を脅かす言論に、泥さんは言論を対置してたたかい続けていた。

また、ときには必要に駆られて、護憲派・平和主義者、反原発派、反差別などの市民運動の内部にある、市民社会から乖離しかねない言動への建設的な批判も忌憚なく発している。世にはびこるデマや陰謀論、ニセ科学といったものにも実証的な批判・反論を続けた。

そして、論争を経て整理された論考がSNSにアップされている。それぞれの論考の前段には、数々の論争と対話が存在するのである。

泥さんの論争と論考の特長は、一次資料にあたって実証的に論じていること、客観性と公平性、そして倫

理に支えられていることである。そして、それが平易な言葉で語られていることである。専門的知識がなくとも理解でき、説得力がある。

もうひとつの戦線は、「街頭でのたたかい（街頭戦）」である。

泥さんの発言が多くの人に注目され、勇気を与えたのは、街頭でのたたかいで新たな地平を切り開いたからでもある。

2009年頃から、ネットでの差別的言辞がついに街頭に現れ、在日朝鮮人などにぶつけられるヘイトスピーチとして跋扈するようになった。それ以来、泥さんは、街頭での非暴力直接行動に乗り出すことになる。2010年1月10日、神戸のJR新長田駅前。従軍慰安婦問題で街頭宣伝を行う市民団体を妨害しようとするレイシスト集団に対し、泥さんはたった一人で果敢に論戦を挑んだ。

その状況が動画サイトで流されて、泥さんの存在が一躍知られることとなる。それ以後、泥さんは、レイシストの非道な行動に抵抗する非暴力直接行動——後に「カウンター」と名付けられる行動——の「元祖」として伝説の存在となった。

安倍政権の集団的自衛権容認と安保法制の強行採決に抗議する街頭での活動でも、泥さんの存在は広く知られることになり、共感の輪が広がった。

それは、安倍内閣が集団的自衛権容認の閣議決定を行う前日のことだった。神戸市の三宮で青年団体が行っていた抗議宣伝に泥さんは飛び入りで参加し、ハンドマイクを握って訴えた。その演説の内容を翌日、泥さんがフェイスブックに投稿したところ、爆発的な拡散が起こり、累計2万2000シェアされ、8000人以上が「いいね！」をつけた。

泥さんは地元姫路で、貧困やクレサラ問題（クレジット会社やサラ金業者による高金利貸し付けや取りたてをめぐるトラブルなど」で困っている人たちに寄り添う弁護士事務所で働きながら、憲法集会など平和運動の裏方役を引き受けていた。知る人ぞ知る存在であったが、一躍、全国的にその名が知れ渡ったのである。

そしてもうひとつの戦線が、これら2つの戦線で培った論戦力・調査力をいかんなく発揮した、晩年の「講演活動による連帯（陣地戦）」である。

がんとの闘病を続けながら、泥さんは講演活動で全国行脚した。『安倍首相から「日本」を取り戻せ!! 護憲派・泥の軍事政治戦略』（かもがわ出版）を著したのもそのころだ。泥さんを知り、影響を受けた人の中には、この時期に泥さんを知ったという人が多いのではないだろうか。

全国各地での講演回数は、私が把握する限り、2014年8月から17年1月までの2年5カ月で、約150回を数える。がんとの闘病、街頭活動、ネットでの活発な発信と論戦を続けながらであることを思えば、驚異的なペースである。まさに泥さんは、命を削るようにして、連帯を求める人たちに応えてきたのである。

8つの泥憲和像

泥さんの関心や問題意識の全容は目次を眺めて把握していただきたいが、本書を読み進めれば、理論や情報だけでなく、人間・泥憲和の多様な側面を感じることができると思う。感じ方は人それぞれだろうが、参考までに記すと、泥さんには次の8つの「泥憲和像」があると私は考えている。

①軍事的知識に立脚した反戦元自衛官
②非暴力直接行動の元祖レイシスト・カウンター
③実証的な反歴史修正主義者

④ 弱者に寄り添う反貧困の弁護士事務職員
⑤ 平和運動の裏方
⑥ リアリスティックな社会運動家
⑦ 経典に忠実な浄土宗門徒
⑧ ユーモアで政治を語るジョーカー

反戦・反差別・反貧困の有機的知識人

泥さんは貧困や差別、戦争に対して、それらを容認し扇動する人々に対して、とくに権力をもった政治家たちに対して、真っ向から言論でたたかいを挑み続けた。社会的に弱い立場にある人たちに寄り添い、時には身体を張ってまで守ろうとした。

それは泥さんが63年間生きてきた中で自ら経験した貧困、差別、戦争のリアリティと、その中で常に犠牲となる弱者と共有した体験ゆえであろう。

これこそ、泥さんの肉体が滅んでもなお、その魂が私たちの心の中に存在し続ける理由であり、私たちの生き方や実践に影響を与え続けるものであろう。

戦間期イタリアの革命家アントニオ・グラムシの言葉で言えば、まさに泥さんは「サバルタン（従属諸階級）の有機的知識人」である。それも、ＩＴの普及によって言論と情報の時空が飛躍的に拡大した時代において、強者の支配に対して「カウンター・ヘゲモニー」を醸成させてきた21世紀型の有機的知識人といえよう。

以上の私の説明は、わずか十数年ではあるが泥さんと親交を深めた経験と、３００万字超の泥さんの文章を読んだ上でのものである。

もちろん、私と異なる泥憲和像を描き、異なる解釈をする方もいるだろう。泥憲和を思想家、理論家、活動家として評価するにあたっては、今後も多様な研究が求められるであろうし、私も研究途上である。私の見解が批判され、その不十分さを修正することができるよう、「泥憲和研究」が進むことを期待したい。

「全集」には収録しきれなかった泥さんのSNSでの発言、またネット上の言論だけにとどまらない活動の記録や資料については、これからも有志とともに整理し公開する作業を続けていく。泥さんを一部の人間の「記憶」だけにとどめず、後世の人々にも伝えられるよう「記録」として残していきたい。

その出発点としての『泥憲和全集』の刊行を、泥さんは照れ笑いしながら、極楽浄土で喜んでくれていることであろう。


（おかばやし・しんいち）

＊泥さんのSNSのアカウントは現在も生きており、インターネット上で投稿を閲覧することが可能である。
＊さらに、それらをカテゴリー別にネット上にアーカイブとして公開する作業が、「全集」刊行と並行して進められている。アーカイブ名は「全集」と同じく『泥憲和全集――「行動する思想」の記録』。泥さんが遺してくれたものを多くの人に届けたいと願う有志が立ち上げている。これには泥さんのSNS上の投稿のほか、泥さんの講演動画やプレゼン資料なども掲載していく予定である。

・アーカイブ　http://doro-project.net/
・ミクシィ　http://mixi.jp/show_friend.pl?id=12631570
・フェイスブック　https://www.facebook.com/norikadzu.doro

目次

『泥憲和全集』刊行にあたって　岡林信一　0001

第1章　憲法と安全保障——0011

1　安倍改憲の問題点　0012
2　憲法９条　0020
3　集団的自衛権と安保法制　0056
4　自衛隊　0100
5　軍事技術　0132

第2章　戦争と歴史認識——0153

6　日本の戦争　0154
7　靖国神社　0240
8　韓国併合　0257
9　中国人強制連行　0282
10　南京大虐殺　0286
11　従軍慰安婦　0305

第3章　沖縄問題——0353

12　米軍基地問題　0354

13 日米地位協定と米兵の犯罪 0390
14 沖縄集団自決訴訟 0403
15 歴史教科書と沖縄 0429

第4章 中国・北朝鮮・領土問題 0437

16 中国 0438
17 北朝鮮 0465
18 領土問題 0502

第5章 テロ・国際紛争 0513

19 テロとの戦争 0514
20 国際紛争 0542

第6章 差別とレイシズム 0599

21 レイシズムとヘイト 0600
22 在日韓国・朝鮮人差別 0620
23 国籍と権利 0664

第7章 貧困と労働問題 0673

24 日本の貧困 0674
25 サラ金・多重債務問題 0706
26 派遣労働 0724

第8章 原子力発電――0745
27 東電・福島原発事故 0746
28 放射能の影響 0752
29 風評被害・デマ・差別 0764
30 ガレキ処理問題 0782
31 原発と政治 0789
32 脱原発に向かって 0803

第9章 市民運動論――0817
33 たたかい方の流儀 0818
34 私たちは進む 0850
35 アイデンティティ・ポリティクス 0858

第10章 歴史・宗教――0867
36 歴史 0868
37 宗教 0884
38 私の浄土真宗 0901
39 現実社会の中で仏教を考える 0917

第11章 創作――0931
ポリティカル・ジョーク 0932
掌編小説「歯車の音」 0942

第12章　日記――0953

泥憲和年譜　0992

追悼エッセイ　0993

池田香代子　池辺晋一郎　伊勢﨑賢治　伊藤匡誠　伊藤真
白井聡　辛淑玉　中沢けい　樋口陽一　柳澤協二

詳細目次

刊行協力者一覧

収録する論考の選択について

- 収録する論考の選択は、重要度や完結度、書籍での体系などを勘案して、編纂委員会が行いました。
- 内容が重複するもの、画像・動画・リンク先情報を援用したもの、前著『安倍首相から「日本」を取り戻せ』に掲載済みのものなどは、収録対象から外しました。それらはネット上で閲覧することができます（本書6ページ参照）。

凡例

- 各節の執筆日（当該論考がSNSに投稿された日）は各節の末尾に記しました。
- 文中〔　〕で括られた挿入は編集者による注記ないし補足です。
- 各節の見出しは、類似した表現が並ぶことを避けるため、適宜変更しました。
- 新聞記事の多くはウェブ版です。掲載期限切れでなければ、記事見出しで検索して元記事に当たることが可能です。

第1章 憲法と安全保障

1——安倍改憲の問題点

2——憲法9条

3——集団的自衛権と安保法制

4——自衛隊

5——軍事技術

1　安倍改憲の問題点

基本的人権を否定する自民党改憲案

選挙の争点に「憲法」が浮上してきました。いわずと知れた自民党の『日本国憲法改正草案』がヤバすぎなので。

2005年の改憲案をはるかに上回る、ウルトラ極右改憲案です。これはまさしく「右翼革命」です。

ご存じの方が大多数だと思いますが、今回の改悪案の最大の特徴は、「基本的人権の公式な否定」です。

自民党は「日本国改正草案Q&A」において、次のようにあけすけに語っています。

> 権利は、共同体の歴史、伝統、文化の中で徐々に生成されてきたものです。したがって、人権規定も、我が国の歴史、文化、伝統を踏まえたものであることも必要だと考えます。現行憲法の規定の中には、西欧の天賦人権説に基づいて規定されていると思われるものが散見されることから、こうした規定は改める必要があると考えました。（A13）

自民党は「天賦人権説」を否定したのです。天賦人権説は、基本的人権の基《もとい》となる「人は生まれながらに人としての権利を持っている」という考え方ですから、これを否定した改悪案は、基本的人権を根底的に否定したことになります。戦前の天皇機関説否定に比肩できる、大改悪です。

天賦人権説は近代欧米諸国の民主主義制度の基礎をなす思想ですが、自民党は世界に向けてその価値を否定したことになります。

そして「我が国の歴史、文化、伝統を踏まえた権利」という言い方で、「人類普遍の原則」を完全否定しています。

この意味は限りなく大きい。日本はこれから民主主義の国でなくなるぞと、国際社会に宣言したも同様ですから。

文化や伝統を口実に制限される権利などというものは、もはや権利ではなく、権利もどきでしかありません。

その象徴的なあらわれが、第10章です。第10章「最高法規」（96～98条）のうち、97条が全文削除です。削除された憲法97条は、こういう条文です。

この憲法が日本国民に保障する基本的人権は、人類の多年にわたる自由獲得の努力の成果であつて、これらの権利は、過去幾多の試錬に堪へ、現在及び将来の国民に対し、侵すことのできない永久の権利として信託されたものである。

全部なくしたんです、これを！

99条は、公務員の憲法擁護義務です。

天皇又は摂政及び国務大臣、国会議員、裁判官その他の公務員は、この憲法を尊重し擁護する義務を負ふ。

これをこう変えようとしています。

第102条
全て国民は、この憲法を尊重しなければならない。

2　国会議員、国務大臣、裁判官その他の公務員は、この憲法を擁護する義務を負う。

今度の選挙は「脱原発選挙」「憲法選挙」です。こんな自民党や、最低賃金制をなくすという維新などの極右に日本を無茶苦茶にされてはなりません。みんなの力で極右台頭を阻止しましょう！

（2012.11.29）

「みんなのしあわせ」か「決められたルール」か

日本国憲法は権利についてこう規定している。

――「公共の福祉」に反しない限り保障する。

自民党改憲草案は違う規定だ。

――「公の秩序」に反しない限り保障する。

「公共の福祉」と「公の秩序」。「公」しか合ってないけど、「公」がついているのであまり変わらないようにも思える。だが、これらは全然別のものだ。

「公共の福祉」とは、「みんなのしあわせ」のことだ。「君の言いたいこと、したいことが、みんなのしあわせと相容れないなら、我慢してくれ」というのが憲法の考えだ。

言い方を変えれば、「君の言いたいことしたいことが、見た目は法律に反していても、みんなのしあわせにつながるなら、自由に言えばいいし、すればいい」。こういう考えが成り立つのが憲法のすごいところだ。

このおかげで、法律のしばりを超えた最高裁判決がたくさん下された。この結果、法律自体が変えられた事例もたくさんある。いや、それだけではなく、法律の運用から行政の施策細目にいたるまで、この規定が及ぼしている効果は計り知れない。

これにひきかえ自民党草案の「公の秩序」とは、「決められたルール」のことだ。「君の言いたいことしたいことが、みんなのしあわせにつながるものであったとしても、決まりと相容れないなら、我慢してくれ」。このように解釈することが可能だ。

これだと、法律のしばりを超えた判決など出しようがない。行政の裁量部分が市民要求で変えられることなどありえないだろう。それどころか、決まりに異議を唱えること自体が憲法違反になりかねない。

こんなことでは、いったんつくられた法律が市民要求で変えられることなど金輪際ありえない。人権は為政者のお恵みに成り下がってしまう。こんなものが人権であるはずがない。

日本をそういう国にしたいのか、したくないのか、それを自民党は国民に問うべきだが、争点からひた隠しにしている。真っ向から批判しているのは社民党、日本共産党だけだが、そのことをメディアは見事に無視して、やれ未来だ維新だとはしゃぐばかり。

自分はできる範囲で頑張っているつもりだが、もちろん大勢《たいせい》に影響を与えられるはずがない。

日曜日、この国の未来が決まる。悪いほうに決まってもバカな改悪憲法に従う気などさらさらないが、やりにくくはなるだろうな。

(2012.12.12)

憲法押しつけ論の間違い

「憲法はアメリカから押しつけられたものだ」
「日本が自分自身で一から憲法をつくるべきだ」

この意見、改憲派の間では、なかなか人気があるらしい。しかしこういうことを居酒屋でオヤジがつぶやくのは勝手ですが、公的な場所で持ち出すのは不適切だと思います。

形式的な面では自主憲法である

まず形式的な面からみますと、押しつけ憲法だとはいえません。憲法の内容は、衆議院と貴族院が審議しました。その上で国会の圧倒的な支持のもとに、正式に制定されたのです。憲法を決めたのはアメリカ議会ではなく、日本の国会なのです。

反対する権利もありました。実際に、たった8人ですが、反対しています。共産党は条文が自衛権を否定していると解釈し、それは間違っているとして反対しました。反対する動機は正しかったと思います。しかし、大多数の議員は自主的に賛成したのです。

だからこれは日本国民の代表が議会で正式に成立させた憲法であって、「押しつけられたもの」とはいえません。あとになって「内心とは違う行動をとるしかなかったのだ」などと言い訳した議員もいます。しかし、内心の自由に従って反対した議員がいるのですから、何の言い訳にもなっていません。

なぜ押しつけられたのか

次に、いま書いたばかりの自分の意見を否定します。

形式的には自主憲法だと書きましたが、実質は押しつけであったのが事実だと認めようと思うのです。占領軍の力がなければこの憲法が制定されることはなかったでしょうから、たしかに押しつけといえる余地があります。でもそうなったのはなぜでしょうか。

大日本帝国が周辺諸国にさまざまな無理難題を押しつけた、その結果ではありませんか。

大日本帝国はその70年の歴史で、何をしたのでしょうか。中国に領土分割要求を押しつけて、台湾や満州を奪いました。軍事的に屈服しろと要求を押しつけて、内陸部にまで攻め入りました。韓国に併合を押しつけて、植民地にしました。創氏改名や皇民化教育を押しつけて、民族アイデンティティを奪おうとしました。アジア諸国に「大東亜共栄圏」を押しつけ、領土を奪いました……その他、その他。

その結果、国際社会から大反撃をくらいました。2000万人とも称されるアジア諸国民の尊い命を奪った大日本帝国は、310万人もの同胞のかけがえのない生命を失い、最終的には軍事的敗北を押しつけられる結果となったのでした。いわば大日本帝国の自業自得ともいえる結果で、それがゆえに大日本帝国は滅んだのでした。

日本が「普通の国」になるべきだという論は、大日本帝国がけっして普通でない歴史を歩んだ結果として今日の日本があることを、忘れているのではないでしょうか。

誰が、何を押しつけられたのか

大日本帝国の侵略政策は国民の真意だったのでしょうか。正当な方法で国民の議論を経て、あのような政策が民意を得て展開されたのでしょうか。それとも残虐なテロルを含んだ言論弾圧と、大政翼賛プロパガンダによって、国民に戦争賛美思想が押しつけられていたからできたことでしょうか。

大日本帝国臣民から自由と権利が奪われており、それゆえに極端な思想が国を支配できたのだと私は見ています。

では、考えましょう。

敗北後に、誰が何を押しつけられたのでしょうか。

政府や財閥の権力を制限し、国民に自由と民主主義と平和を保障する憲法を、大日本帝国の残滓たる勢力に対して押しつけられたのではないでしょうか。

憲法は、軍国主義者や財閥や貴族たちに押しつけられたのだと私は考えています。押しつけられた中身は、国民の自由と権利。そして平和主義。

占領下で、外国の強力な圧力によって制定されたそのプロセスは、ほめられたものではないかもしれません。しかし国民はこれを歓迎しました。国民はこれをけっして押しつけとは見なしませんでした。国民は新憲法を歓迎しました。

もともと、大日本帝国の戦争政策が、上からの押しつけだったのです。国民が心からそれに納得していたわけでは、決してありません。そういう悪しきものの復活を望まない国民が、この憲法が意に染まない勢力(圧倒的に巨大な財力と、権力と、情報力を有する勢力です)に対抗して、今日まで自主的に維持してきたのです。これが、誰からも押しつけられていない国民の意思なのです。

いやそれはGHQの洗脳の結果であって・・・などという向きもあるようですが、戦後65年間も続く洗脳などありはしません。大日本帝国の侵略は隠れもない歴史事実であって、覆すことなどできないのです。

いま憲法を変えたい理由は、ホンネのところでは国民の自由と権利を制限するためです。平和主義を変質させるためです。だれのために。自分たち国政を壟断しようとしている権力者のために、です。そんなもくろみに、どうして我々が同意しなければならないことがあるでしょうか。

押しつけ論の論理矛盾

改憲派には押しつけを批判する資格などありません。憲法が押しつけられたと言う論者は、他方で奇妙に矛盾したことを言っているからです。日本は韓国を植民地にしたが、これは押しつけではないと言うのです。韓国の同意を得て、条約をむすんで、合法的に併合したのだから、押しつけではないと。

無茶を言ってはいけません。そのとき、日本は韓国の軍隊を解散させ、外交権を奪い、韓国を軍事的に占領していたのです。韓国を手も足も出ない状態に追い込んでおいて、相手がいやがることを強制しておきながら、「押しつけではない」と、あつかましくも開き直る。そのくせ、「憲法は押しつけられた」と泣き言をいう。その理由は、「連合軍に占領されていたからだ」、「自主権をうばわれていたではないか」というものです。

それならば日本が韓国を併合したときの状況と同じではありませんか。いえ、新憲法は政府が提案し、議会で審議し、天皇が発布したのです。韓国併合条約は国王の署名がなく、批准もされていません。憲法制定が押しつけで不当だったと言うなら、韓国併合条約はもっと押しつけで不当だつたとしなければならないはずです。

大日本帝国は滅んで「国体」は変わったけれど、政府と議会と天皇は残りました。韓国には何も残りませんでした。皇帝は退位させられ、国をつぶされたのです。韓国人は祖国を奪われたのです。だれがそんな仕打ちを喜んで受け入れるというのですか。強制的な日韓併合条約を正当化する者に、憲法押しつけを批判する資格など、ありはしません。

韓国併合の正当化は、過去の軍事行動を正当化・合理化するため。憲法押しつけ論は、未来の軍事行動を正当化・合理化するため。改憲派の主張は矛盾していて論理的には破綻しているのですが、軍事行動の正当化、合理化という目的だけは一貫しています。こんな論理の横行は、絶対に許せません。

憲法は現実ばなれしているのか

改憲派は言います。

「制定されて60年以上、一度も改正されていないのは、世界中で日本国憲法だけだ」

「憲法といえども時代にあわせないと、現実ばなれしてしまう」

憲法と一口に言っても、そのあり方はさまざまです。ドイツのように頻繁に憲法を変える国があります。そういう国の憲法は、中身が細かくつくってあります。日本なら法律で定めてあるようなことを、憲法に書き込んでいます。

規定がこまかいほど、たびたび修正しないといけなくなります。日本では、一般法なら毎年のように変わっています。基本法も、教育基本法が変えられてしまったし、民法、刑法も変わりました。見方を変えれば、ドイツなら憲法改正の手続きが必要なほどの変革が、日本では国会の採択だけで、いとも簡単に行われていることになります。

本当に国の根幹に関わることだけを決めてあるのが日本の憲法なのです。だから、そう気楽に変えなくてもよいし、簡単に変えてはならないのです。憲法が現実ばなれしているという理屈ほど憲法をバカにした議論はありません。

では、日本国憲法の条項はすべて実現しているのか。国民の基本的人権も、議会主義政治も、憲法の理想からはなはだしくかけ離れているではありませんか。前文冒頭の「日本国民は正当に選挙された国会に於ける代表者を通じて行動し」というのだって怪しいものです。正当な選挙なんでしょうかねえ、いまの選挙は。

憲法は現実ばなれしているものなのです。憲法前文にあるではないですか。「日本国民は、国家の名誉にかけ、全力をあげてこの崇高な理想と目的を達成することを誓ふ」と。憲法はいまだ実現されていない「崇高な理想と目的」を掲げているのです。だから現時点では現実ばなれしているのが当然なのです。いまは理想だが、将来はそれを現実にしよう、そのために努力することを誓おう、これが憲法の呼びかけなのです。

この何が間違っていようか。むしろ憲法をしっかりと擁護し、その指し示すところの高みを目指して努力しようじゃありませんか。憲法はすばらしい。だからこそ、このすばらしい憲法を擁する日本の独立は大切であり、自衛隊の抑止力が必要とされているのです。

(2007.7.9)

改憲のあぶない動きに警戒を

私たち護憲派を改憲派の諸君は「お花畑平和主義」と呼びます。世界に暗雲がたれ込めており、日本は周辺諸国から虎視眈々と狙われているのに、防衛力がなくてもいいなんて、何をのんきなことを言っているのだ、世界はお花畑じゃないんだぞ、というわけです。

私の見るところでは、周辺軍事情勢や世界情勢に与える影響を無視して改憲を唱える側も、たいがいお花畑です。

周辺諸国は日本の動向に敏感です。改憲派の諸君がロシアの軍事情勢に敏感な以上に、あちらは日本の動きに敏感です。こちらの動きがたちまち、あちらの反応につながります。

たとえば昨年4月5日、ロシアの旧型プロペラ機イリューシン(IL)20が領海に近づいたので、航空自衛隊が緊急発進して警戒しました。IL20は北海道沖から日本海を南下し、

「北朝鮮」が設定した銀河2号（日本のいう弾道ミサイルテポドン2）ブースタ1段目の落下危険区域上空を通り、ロケットが発射されるときには危険区域の南上空で待機しました。これは銀河2号の監視というより、日本のミサイル防衛能力を監視したのだと見られています。日本のレーダー周波数や照射方法、探索パターン、レーダー相互の任務分担などの情報をたっぷり仕入れて帰ったことでしょう。

こういう情報収集は一方的にやられているのではなく、お互いにやっています。どちらもが手の内をさらしながら、相手に危険がないことを知らせているのです。

このようにしてなんとかバランスをとって何十年も平和にやってきた周辺情勢が、日本の改憲によってガラリと変わるかもしれない。

そうなれば、日本も防衛戦略を組み替える必要があり、それがまた相手の動きに波及して……と、安定までにまた何十年も要するかもしれません。

しかもこれは日本対どこかの国という1対1対応ですみません。ロシアが極東軍事力を増強するのが対日本のためだったとしても、その軍事力の脅威を受けるのは日本だけでなく、韓国も中国も米国もです。中国が沿岸地域の軍事力を増強するのが日本の改憲に対応するものだったとしても、その軍事力を警戒するのはベトナムも台湾もフィリピンも……要するに東アジア全域です。

いまでもアジア諸国は軍拡に精出しているのです。日本の改憲を機に、アジア全体を巻き込んだ一大軍拡競争が一挙に始まる可能性が、大いにあります。

軍拡競争は不信の競争でもあります。そんな時にどこか不安定な地域で、何らかの予測不能のアクシデントが生じでもしたら、どうなりますか。ことは日本だけですまないのです。紛争が紛争を呼び、火種が思わぬところに飛び火し、手がつけられなくなる可能性だってあるのです。まして「敵基地攻撃能力を持て」だの「核戦力を持て」だの言っている一部改憲派のほうが、よほど頭の中は満開のお花畑。　(2010.4.20)

2　憲法9条

あらためて憲法9条を読む

憲法9条は自衛隊を否定していない

自衛隊はその装備から評価すれば、いまやアジアで最も精強な部隊といえます。

しかしもっぱら守りに徹して、攻めて行かない戦略をとっており、これを専守防衛と名づけています。

この戦略を肯定すれば、自衛隊は小規模かつ精強な組織であることが望ましい。しかし護憲論をとなえる多くの人が、自衛隊が違憲の存在だといいます。

私は護憲の立場にたちますが、自衛隊は合憲だと考えています。憲法第9条は自衛権を否定していません。これから私がそう考える理由を述べ、その後、なぜ憲法を変えてはならないかを述べようと思います。

国防は政府の義務である

憲法第9条

(1) 日本国民は、正義と秩序を基調とする国際平和を誠実に希求し、国権の発動たる戦争と、武力による威嚇又は武力の行使は、国際紛争を解決する手段としては、永久にこれを放棄する。

(2) 前項の目的を達するため、陸海空軍その他の戦力は、これを保持しない。国の交戦権は、これを認めない。

もしも9条が自衛権を否定しているとすれば、外国から侵略されても、政府は抵抗してはならないことになります。国は国民の生命や権利や財産を守ることを国民から負託されているのですが、外国の侵略があっても抵抗できなければ、国家主権を奪われてしまいます。

国家主権を奪われると、国民の生命や権利や財産（基本的人権と言い換えてもよいでしょう）を守るという国民の負託に応えられなくなります。ですから国がこの義務を、自分からすんで放棄することは許されません。外国の侵略から国民を守ることは、国の本源的義務なのです。

基本的人権の擁護を国に義務付けた憲法が、もう一方で基本的人権の擁護を放棄するような条項をおけるはずがありません。よって憲法第9条が国防を否定しているという解釈は、原理的に間違っているのです。

仮に憲法第9条が自衛権を否定しているとしましょう。すると憲法の全条項のうち9条ひとつを守ることで、他の条項すべてが外国に蹂躙されてしまうかもしれない。

憲法第9条が国防を否定しているとすると、憲法第9条は他のすべての条項と対立関係にあることになってしまうのです。これは大いなる背理です。憲法体系は、そもそも無矛盾の体系としてつくられています。矛盾は、原理的にあり得ないのです。

もしも、とある解釈で憲法内部に矛盾が存在しているように見えるのならば、間違っているのは憲法ではなくその解釈なのです。だから9条が自衛権を否定しているという解釈は、誤っていると言わざるをえないのです。この立場にたったときのみ、憲法第9条を正しく解釈できることを、以下に示そうと思います。

9条1項は何を否定しているのか

第1項が否定しているのは2つです。

① 国権の発動たる戦争

② 武力による威嚇または武力行使

こういうものを、「国際紛争を解決する手段」として使ってはならないというのです。ではこれがそれぞれ何を意味しているのか、考えましょう。

「国権の発動たる戦争」とはなんでしょうか。戦争一般ではなく、あえて「国権の発動たる戦争」と条件づけられています。これには意味があるはずです。

そもそも「国権」とはなんでしょうか。国権とは「国家権力」のことではありません。これを「国家権力の発動たる戦争」だとして、政府軍の抵抗は許されないが国民の民間抵抗運動なら許されると解釈し、義勇兵によるレジスタンスで国を守ればよいとする論者もありました。しかしそれは誤読です。

日本語では不文明ですが、英文では「a sovereign right of the naton」とあり、国家主権のことだとわかります。「right」とは権利です。

憲法は「権利行使としての戦争」を禁じているのです。

これはケロッグ・ブリアン条約（不戦条約）でいう「国家の

政策の手段としての戦争」を意味しています。同条約第1条は次のとおりです。

ケロッグ・ブリアン条約　第1条

締約国は、国際紛争解決のため、戦争に訴えないこととし、かつ、その相互関係において、国家の政策の手段としての戦争を放棄することを、その各自の人民の名において厳粛に宣言する。

同条約は数年で死文化してしまいましたが、その反省を基にして、現在は国連憲章に受け継がれています。

国連憲章　第2条

3　すべての加盟国は、その国際紛争を平和的手段によって国際の平和及び安全並びに正義を危うくしないように解決しなければならない。

4　すべての加盟国は、その国際関係において、武力による威嚇又は武力の行使を、いかなる国の領土保全又は政治的独立に対するものも、また、国際連合の目的と両立しない他のいかなる方法によるものも慎まなければならない。

憲法第9条1項とほとんど同じ内容であることがわかります。

日本国憲法が「正義と秩序を基調とする国際平和を誠実に希求」することや、「平和を愛する諸国民の公正と信義に信頼」することを、改憲派は無責任だとか〝お花畑〟だといいます。

しかしこれらの規定は無責任ではありません。国連憲章に誠実に準拠しているのです。その条文を無責任だ、お花畑だという意見こそが、国連憲章を否定して国際安全保障を危うくする無責任な意見です。

しかし世界広しといえども、国連憲章が、一般的かつ全面的に各国に戦争放棄の義務を負わせたと解釈する人はいません。条約が放棄を義務づけたのは、あくまでも「国家の政策の手段としての戦争」、すなわち「国家主権の発動たる戦争」に限ります。防衛戦争の権利は、否定していないのです。

「国権の発動たる戦争」とは何か

では「国家主権の発動たる戦争」とは何を意味するのでしょうか。

権利はオプションであり、能動的なものです。「政策の手段としての」とは、そういうことを意味しています。

ケロッグ・ブリアン条約が締結されるまで、征服戦争は国家固有の権利だと考えられていました。国家は、資源が足りないなどの国内事情を以て、その解決のために外国に攻め入る選択が許されていた、少なくともそれを止める権限は誰にもないとされていたのです。そういう考えはおかしいという批判は強くありましたが、その認識が国際的な合意として成立したのは、この条約がはじめてです。

ところで、自衛戦争は他国から強制された事態のもとにおける受動的対応で、いわば緊急避難です。国家が政策手段として能動的に起こす戦争ではありません。国民の生命・財産を守ることを負託されている政府にとって、自衛戦争は憲法上の義務の履行なのです。オプションとしての権利行使ではないのです。ですから、自衛戦争は国権の発動たる戦争とはいえないのです。

「国際紛争解決の手段としての武力行使」とは何か

次に「国際紛争解決の手段としての武力行使」。

国権の発動たる戦争とまで至らずとも、国際紛争を解決するために、武力で威嚇したり、武力を使ってはならないというのです。

これは歴史の教訓にもとづいています。戦前に日本は満州事変や日支事変を「これは戦争ではない」と説明して戦いました。このような「戦争と言わずに行う戦争」をも禁じて、いわば抜け道をふさいだのです。これまで多くの戦争が「自衛」の名目で戦われましたが、「国際紛争解決の手段としての武力行使」禁止は、自衛の名による侵略の歯止めにもなっています。それは、「国際紛争解決の手段」という言葉で示されています。

「国際紛争」と「それを解決する」の意味

「国際紛争」と「それを解決する」とはどういう意味でしょうか。

国際紛争とは、国家間の対立があらわになった状態のことです。それが外交で解決できればいいけれど、一方あるいは双方が、自国の意思を相手に強制し、もしくは強制されまいとして武力を行使すれば、武力紛争となります。

武力による解決というのは、相手を武力で屈服させて、その意思を消滅あるいは撤回させることです。

ベトナム戦争を例に、これを説明しましょう。

北ベトナムの国家意思は、ベトナム統一という政策でした。アメリカの国家意思は、ベトナム分裂状態を維持することでした。双方の国家意思がぶつかったのが、ベトナム戦争です。

アメリカが北ベトナムを空爆したのは、北ベトナムの国家意思を武力で消滅あるいは撤回させるためでした。北ベトナムが空爆に屈服してベトナム統一をあきらめれば、国際紛争が武力で解決したことになります。

しかし北ベトナムは抵抗戦争を選びました。北ベトナムは果敢に抵抗し、アメリカの意思に屈服しない意志を表しました。

ただし国を守っているだけでは、アメリカの国家意思をくじくことができません。でも北ベトナムは自分を守るのに精一杯で、アメリカ本国に攻め込んで自分の意思を強制する武力を持っていません。

アメリカの国家意思を武力で消滅あるいは撤回させる力がない北ベトナムが国際紛争を解決するには、国連外交に訴えたり、国際世論にアメリカの非道性を訴えるなど、非武力的手段に期待するしかありませんでした。北ベトナムの戦略は成功しました。

アメリカが北爆を停止したのは、北ベトナムの武力に屈したからではありません。北ベトナムの国家意思を武力で消滅あるいは撤回させる力がなく、平和世論に抗する道義的理由もないことを悟って、戦いから下りたのです。

北ベトナムは平和的手段で武力干渉を挫折させたわけです。しかし北ベトナムの頑強な軍事的抵抗がなければ、国際世論の勝利もなく、アメリカの意思撤回もなかったに違いありません。

自衛隊に許されているのは、こういう戦争です。日本が仮に侵略されれば、やはり自衛隊は北ベトナム軍のように頑強に抵抗し、その間に政府が国際世論に訴えるなど外交力で相手の意思を挫折させるということになろうかと思います。日米安保条約が発動されれば、米軍が相手国の策源地（生産や補給の根拠地）を攻撃することもあるでしょう。（なるべくならこういうオプションは選択したくないものです。）

国際紛争の武力的解決とはどういうものか

北ベトナムはその後、南ベトナムを武力で打倒して統一を達成しました。南北ベトナム間の国際紛争を武力で解決したことになります。憲法はこういう行為を禁じています。ベトナムは民族統一のためにサイゴンに攻め入り、アメリカは自衛のためと称してイラクに攻めこみました。このように、武力で国際紛争を解決しようとすれば、必ず相手国の軍事力とその策源地を攻撃して破砕しなければなりません。

憲法は武力で国際紛争を解決するのを禁じています。ですから、たとえ自衛目的であっても、自衛隊は相手国に侵攻することが許されていません。あくまでも防衛一辺倒、これが専守防衛戦略です。そもそも自衛隊には外征能力がありません。だから外国に日本の国家意思を強制する力がありません。しかし抵抗能力としては、相当のものです。自国を防衛するだけなら、憲法を変える必要はどこにもありません。必要もないのに、今あえて改憲を唱えるのは、自国防衛のためではなく、軍事力行使のしばりをなくすためだと私は見ています。

（2007.7.8）

（次節に続く）

自衛隊の任務と国民の安全の関係

ここで少し自衛隊の任務について語ります。前節で、国には国民の生命・人権・財産を守る義務があると書きましたが、これは国の義務であって自衛隊に課せられた義務ではありません。自衛隊の任務は、自衛隊法第3条に規定されています。

自衛隊法第3条

自衛隊は、我が国の平和と独立を守り、国の安全を保つため、直接侵略及び間接侵略に対し我が国を防衛することを主たる任務とし、必要に応じ、公共の秩序の維持に当たるものとする。

自衛隊が守るのは、国です。国民ではありません。国民の生命・人権・財産は、自衛隊が戦うことで国の存立が守られ、そのことで間接的・反射的に守られる関係にあります。ここが同じ実力組織でも警察と違うところで、国民が気をつけなければならないところでもあります。

警察法　第2条（警察の責務）

1　警察は、個人の生命、身体及び財産の保護に任じ、犯罪の予防、鎮圧及び捜査、被疑者の逮捕、交通の取締その他公共の安全と秩序の維持に当ることをもってその責務とする。

2　警察の活動は、厳格に前項の責務の範囲に限られるべきものであって、その責務の遂行に当っては、不偏不党且つ公平中正を旨とし、いやしくも日本国憲法の保障する個人の権利及び自由の干渉にわたる等その権限を濫用することがあってはならない。

保有が禁じられている「陸海空軍その他の戦力」とは何か

憲法第9条2項

前項の目的を達するため、陸海空軍その他の戦力は、これを保持しない。国の交戦権は、これを認めない。

憲法第9条第1項が自衛権を否定していないとしても、第2項で武装を完全否定しているという解釈が有力です。しかも国の交戦権まで否定している。だから自衛権はあっても憲法は非武力的手段しか認めていないとの解釈があり、改憲派も1項はそのままでよいとしつつ、第2項を変えようと提案しています。

しかし「前項の目的を達するため」とあるのを無視してはいけません。第1項と第2項はリンクしているのです。ですから第2項を解釈するときは、自衛以外の武力行使を禁じた第1項の目的に沿って読む必要があります。

普通に軍隊という場合は、自国を守るために外国へ侵攻することもある実力組織をいいます。陸海空軍以外にも、海兵隊や航空宇宙軍という侵攻部隊がありますし、ときには義勇軍を組織して外国に侵攻する場合もあります。

憲法は、「陸海空軍その他の戦力」と既定して、どんな名目の組織であっても、外国に侵攻することを許していません。そういう行動を許していないだけでなく、そんな組織の存在を許さないというのです。（現在、自衛隊は海外任務も負っていますが、その装備・補給能力を考慮すれば、まともな戦闘に耐えられる部隊ではありませんが、憲法違反ギリギリのところに達していると思われます。危ないところへきています。）

自衛隊は一般行政機関である

いま述べた内容を前提にして、自衛隊が「国際紛争解決の手段としての陸海空軍その他の戦力」にあたるかどうかを考えます。通常、軍隊は一般行政機関と区別して扱われます。武装警察や国境警備隊は、外国との交戦をも任務としていても、軍隊とされていません。

軍と警察の違いは、どんな法律によって規律されているかの違いです。

警察などは一般法と行政法の下におかれています。つまり司法権のもとに規律されているのです。これに対し、軍は一般法と行政法以外に、軍法という独自の法律を持っています。この法律を運用するのは司法裁判所ではなく、軍法会議という軍隊司法機関です。軍法会議は軍律裁判所ともいいます。裁判所と名づけられていても、軍事組織です。

あまり知られていませんが、軍法は軍隊内部にのみ効力をもつと思ったら間違いで、国民にも適用される条文を持っているのが普通です。ですから軍を持つ国は、司法権が二重になっています。

しかし自衛隊は軍法会議などの軍隊司法を持たず、憲兵もいません。すなわち自律的刑罰権をもたないのです。この点では、警察や海上保安庁と同じ、一般行政機関なのです。また憲法にその存在を規定されていない点でも、警察や消防組織、もっといえば農林水産省や文科省などと同様の行政機関であるといえます。

だから軍隊かどうかといえば、外形的には軍隊ですが、法制的・実質的には軍隊でないといえるでしょう。

自衛隊が軍隊でないといえる理由

いま、法制的にだけではなく、実質的にも軍隊ではないと述べましたが、これは「国際紛争を武力で解決する手段」としての軍隊ではないという意味です。

軍法会議がなければどうしてそういえるのか、それを説明します。簡単にいえば、軍法会議のない組織は、外征戦争に耐えられないからです。

国際紛争を武力で解決するには、相手国の策源地を攻撃して軍事力や生産力を破砕する必要があると前回書きました。それをする能力が外征能力です。しかし自衛隊にはその装備がないばかりか、そういう任務が果たせる組織になっていないのです。

自国防衛にあたっては勇敢で精強な軍隊が、国境線を越えたとたんに弱兵の集団に変身してしまう例は、古今東西、数限りなく存在します。それはどうしてかといえば、自国防衛は兵士の個人的動機と一致しているからです。

祖国防衛は個人の利益と一致しているので、兵士の自発的意志で充分戦えるのです。自衛を目的としている限りは、過酷な軍律による強制は必要ないというのが、歴史の経験則から導き出される結論です。これは直感としても納得できることでしょう。

しかし外征戦争には兵士の個人的動機がないので、軍律による強制が不可欠なのです。軍律裁判所も憲兵ももたない自衛隊は、すなわち自国防衛にしか使えない戦力であって、これこそ憲法第9条1項の目的にふさわしい戦力といえるでしょう。

それゆえ、自衛隊は憲法第9条2項の禁じる「陸海空軍隊その他の戦力」にはあてはまらないといえるのです。

では軍法と軍法会議（軍律裁判所）さえなければ憲法第9条に違反しないのでしょうか。そんなことはありません。いま書いたのはあくまで一般原則です。その戦略、編成、装備・運用などさまざまな面で、自衛隊が脱法的存在にいたらぬよう、私たちはこの国の主権者として監視しなければなりません。

いまの自衛隊はどうかと問われれば、その一部は極めて違憲の疑いが濃いといわざるを得ません。その具体的内容は多岐にわたるのでここで触れる余裕がないけれども、いずれまた機会があるごとに言及することになるでしょう。

ともあれ以上で第2項の前半部について語ったことになります。

次は交戦権の否認について語ります。

交戦権の否認とは何か

憲法第9条2項
前項の目的を達するため、陸海空軍その他の戦力は、これを保持しない。国の交戦権は、これを認めない。

交戦権とは、平たくいえば、「戦う権利」です。「戦時国際法により交戦国に認められる諸権利のこと」という定義もあります。

憲法はこれを認めないというのですが、それはもちろん「前項の目的を達するため」です。第一項にある「国際紛争を解決する手段」としての交戦権、これを認めないというのです。国際紛争を解決するための武力行使と、自衛のための武力行使の違いはすでに説明しました。

当然、自衛のための交戦権は否定されていないのです。

本来ならばこれで説明は終わりなのですが、終われない理由があります。政府自民党が、これまでとんでもない説明をしてきたからです。（次節に続く）

(2007.7.8)

自民党政府のトンデモ説明

政府答弁では、憲法が否認している交戦権とは次の事項です。

①相手国兵力の殺傷及び破壊
②相手国の領土の占領、そこにおける占領行政
③中立国船舶の臨検、敵性船舶のだ捕等
（81年4月14日、鈴木善幸内閣の答弁書）

②は論外としても、①と③ができないのでは、戦えないではありませんか。これでは自衛権をもち、自衛戦力を保持していても、何にもなりません。政府は自衛隊に何をさせたかっ

たのでしょうか。侵略軍が国土を踏みにじり、国民をなぶり殺しにしていても、自衛隊は指をくわえて見ていろというのでしょうか。

政府の解釈に従ったら、できるのはせいぜい警察官職務執行法の範囲で敵兵を「取り締まる」ことぐらいしかありませんが、軍隊を相手にそんなことができようとは思えません。これは不合理なので、政府はまたも変なことをいいます。

「自衛のための武力行使は、交戦ではない」

「自衛のための武力行使は交戦ではなく、自衛行動権の行使である」

？？？　では自衛行動権を行使する自衛隊は、交戦しないのだから「相手国兵力の殺傷及び破壊」などを行わないのでしょうか。

自衛行動と交戦の違いを国会で質問されて、政府はこう答弁しています。

「国際法の上から見れば、それはやはり普通の交戦国がやることとだいたい似たようなことをやる」

「捕虜の取り扱いとか、市民に対する扱いとか、害敵手段の制約とか」については、「戦時国際法が適用される」（真田秀央内閣法制局長官。78年8月16日）

普通の交戦国がやることは、やるのです。戦時国際法も適用されるのです。戦時国際法とは、交戦時の国際法です。交戦するにあたって適用される戦時国際法が適用されるのに、交戦しているのではないというのが、政府の説明です。

国際法的には交戦だが、憲法的には交戦ではない。こんな説明に納得される読者はおられるでしょうか。言い方を変えただけじゃないのかと、どなたも思われるでしょう。これで国会を乗り切ったのだから、野党議員も何を考えていたのでしょう。

どうして政府はこんなコンニャク問答でごまかそうとするのか。なぜ、次のようにすっきりといえないのでしょうか。

「憲法は国際紛争を解決するための交戦は否定している」

「自衛のための交戦は否定してはいない」

憲法を普通に読めばわかることなのに、政府がわざとひねくれた読み方をするのは、どうしてなのでしょうか。それは、事柄をややこしく混乱させることで、あたかも憲法に問題があるかのように装うためだと思います。

「こんなにくだらない屁理屈をこねなければ、国の独立も国民の安全も守れない憲法なのだ」

「だから憲法は欠陥品なのだ」

このように主張するためなのです。

こんな姑息極まりない改憲派の答弁と、自衛隊を何とか否定したい非武装中立論の国会議員のタッグによって、まるで憲法が欠陥品であるかのようなイメージが広まってしまいました。

改憲派は、まともに運用したら国も守れない憲法であるかのようにいいます。非武装中立論者は、自衛隊は憲法違反の組織であると主張することによって、自らの意図に反して、「違憲の存在をなくせもしない無力な憲法」というイメージをつくり上げることに貢献してしまいました。おかげで自衛隊は恐れられたり嫌われたり、バカにされたりと、散々な目にあわされてきました。

私は入隊したとき、機会あるごとに「君たちは国防という崇高な任務に誇りをもて」と教育されましたが、国内がこんな環境ですから、その言葉がいまひとつ胸に落ちませんでした。ところがあるとき、一人の幹部の訓辞を聞いて、すとんと胸に落ちたのです。それは横須賀（少年工科学校の所在地）で反戦デモが行われるので、外出禁止が通告されたときのことであったと記憶しています。

その幹部はこう語りました。

「国民の中には自衛隊に反対し、その存在を認めない意見もある。しかし諸君はそういう意見を述べる国民をも、命を懸けて守るのが使命である。諸君の任務は、国民が我々を否定することもできる、自由な社会を防衛することである。ゆえに、我々の任務は重く、崇高なのである」

自衛隊の任務とはこういうものであると、いまも私は信じています。

そしていま私は、自衛隊を否定する非武装中立論の方々の存在意義も、認めています。意見としては間違っていると思いますが、そのあくなき理想主義によって、改憲派と果敢にたたかって憲法を守ってきた業績を否定できないからです。

けれどもいずれ改憲派を完膚無きまでに滅ぼした暁には、その間違った意見を改めていただくべく尽力しようと思います（笑）。その日が早く来ればいいのですが、まだしばらくは到来しそうもありませんねえ。

（2007.7.8）

フィリピン内戦を終わらせた憲法9条

元自衛官が護憲運動をする理由

私は陸上自衛隊少年工科学校（下士官養成機関）を卒業した元自衛官で、階級は三等陸曹でした。

退職して姫路に戻ってきてから、平和運動に長年たずさわっています。現在は憲法集会の事務局をしております。元自衛隊と憲法第9条を守る運動って、折り合いが悪いように思われるかもしれませんが、そんなことはありません。

『我、自衛隊を愛す　故に、憲法9条を守る』（かもがわ出版）という本があります。自衛隊の中枢にいた高級幹部たちが、憲法第9条への思いをつづっている本です。自衛隊の幹部が、なぜ憲法第9条を守れという本まで書いて護憲を訴えるのか。それくらい、いまの改憲論がひどいということです。

どのようにひどいのか、私は現場人間で、理論は得意ではありませんので、具体的に現場の目から語りたいと考えます。

日本人が身勝手になったのは憲法第9条のせい。（橋下徹大阪市長のツイート）

他人に平和のゲタを預ける、いじましい、みっともない憲法。（安倍晋三首相の発言）

言いたい放題ですが、これは本当でしょうか。憲法第9条は日本の都合しか考えない「一国平和主義」で、世界の不幸を見て見ぬふりする、身勝手でいじましい憲法なのでしょうか。まあ安倍さんて、ちょっと前までこんなことを言ってた人ですから、憲法について語っていることも当てになりません。

「TPP絶対反対　ぶれない　嘘つかない　自民党」

フィリピン内戦を終わらせた憲法9条の平和力

フィリピンで、長い間内戦が続いていました。独立を求めるモロ・イスラム解放戦線と政府軍の戦いです。何度も停戦協定が結ばれましたが、何度も破られました。

2011年8月、日本政府の仲介で秘密来日したアキノ大統領とゲリラのトップがはじめて直接対話して和平交渉を行い、和平が実現しました。

この陰に、日本国際協力機構（JICA）の10年間にわたる平和作戦がありました。ゲリラたちはどうして戦うのか。それは貧しいからです。中央政府がモロ民族を差別して、ちっとも恩恵を与えないから、だったら自分たちで政府をつくると言って戦ってきたのです。そこでJICAは、彼らの地域を豊かにしようと考えました。ゲリラ地域に丸腰で入っていって、道路を建設しました。職業学校を建設してモロ族の人たちに技術を授けました。政府軍に焼かれた学校を再建しました。

こうして地元の民衆の信頼をつちかい、その信頼関係をつかってゲリラと政府に和平交渉を呼び掛けたのです。日本が仲介した協定は、いまも破られていません。フィリピン政府も譲歩して、2016年には、モロ族地域にバンサモロ自治政府ができる計画になっています。

バンサモロとはミンダナオ島のイスラム教徒を指す言葉で、モロ族の誇りある名称であり、フィリピン政府が最も嫌がっていた名称ですが、日本政府の説得で政府が折れたのです。この名称を認めさせたことで、日本に対するモロ族の信頼は不動のものとなったそうです。

いろんな国が和平工作をしたのに、どうして日本だけが成功できたのか、それは、丸腰の日本だからこそ成功したんです。丸腰の日本人が、モロ族の敵であるはずがない。モロ族の人々はそう思ったんですね。だからJICAがゲリラ地域の奥深くに入り込んで活動できたんです。

学校を建てたり、仕事を教えたりと、モロ族のために懸命に頑張っている日本人は、徐々にモロの人たちの信頼を得ていきました。いまや日本人を攻撃しようものなら、ゲリラは民衆の支持を失います。いつのまにか、ゲリラは日本の平和戦略に巻き込まれていたんです。

ゲリラ司令官は誕生した娘に「Heisei」（平成）という名前をつけました。どうしてそんな名前をつけたのか、その言葉を読んでみましょう。「私は日本に来て、広島・長崎にも行った。そして日本の人々が心から平和を愛していることを知ったんだ。私の国もいつか日本のように、平和で豊かな国にしたい。そう思って、娘にヘイセイと名づけたんだよ」

どうです、すばらしいじゃないですか。いいことしてるじゃないですか、日本政府。

日本人が身勝手になったのは憲法第9条のせい？　いじましい、みっともない憲法？　あんたがたは、こういう日本を見てもそう言えるのか。

でも、こんな話、知らなかったという人が大半でしょう？そりゃそうです、政府がこれを誇りに思っていないんだから。でも、どんな政府でも、憲法がある限り、日本の外交は憲法にもとづくしかない。すると、こういうすごいこともできるんです。憲法の威力、すごいですね。こういう話はこれ一つじゃありません。（次節に続く）

（2013.6.22）

武器拡散防止とDDR推進と憲法9条

憲法の「平和力」の話を続けます。平和力とは聞きなれない言葉ですが、軍事力があるのなら平和力があってもいいんじゃないでしょうか。

国連軍備登録制度（92年）

国連軍備登録制度というのがあります。戦車、軍艦、ミサイルなどを輸出する際は国連に届け出なければならないという、武器の輸出入管理・登録制度のための条約です。日本がホスト国となって、ヨーロッパ各国を巻き込んで実現したものです。こういった制度が必要だとずいぶん前からいわれていましたが、どの国がやってもうまくいかなかった。ところが日本がホスト国になり、根回しすると、実現してしまったんです。

　この制度の威力もすごいですよ。実際に、紛争拡大を未然に防いでいますからね。

未然に防がれたロシアのミサイル輸出

最近の例では、ロシアが内戦中のシリアにS300というミサイルを輸出すると発表しました。これに対して、そんなことをしたら空爆するとイスラエルが声明を発表しました。米国もロシアに警告しました。その結果、ロシアのプーチン大統領が「ミサイルはまだ供給していない」と言い訳をした、というのが現段階です。

　軍備登録制度がなければ、ロシアは秘密に輸出していますよ。するとイスラエルは必ずシリア内戦に介入して空爆しています。そうなったらアラブ諸国が黙っていられないし、イランが直接介入する事態になったかもしれず、紛争がどこまでも拡大することになったでしょう。軍備登録制度があり、ロシアが申告したから、そういう事態が未然に防げたんです。

　この制度の根回しを担当した、元国連難民高等弁務官・緒方貞子さんが語っています。「条約が実現したのは、武器輸出三原則を持つ日本が説得したからです。どこにも武器を輸出していない日本、手を汚していない日本、武器輸出に利害関係を持たない日本だから、変に勘ぐられることがなかった。日本が言うことだから説得力があった」

　武器輸出をしないというのは、もちろん憲法第9条があるからですよ。どうですか、憲法9条は国連を動かし、世界を変えているんです。しつこいようですが、あと1つだけ紹介します。

アフガニスタンの兵力引き離しと武装解除措置

10年以上前ですが、内戦が続いていたアフガニスタンでタリバン政権が崩壊してようやく停戦が実現し、政府軍も反政府ゲリラも武器を捨てて軍縮し、兵士たちに職業訓練して市民に戻ってもらおうということになりました。この難しい仕事を任されたのが日本でした。日本政府代表として伊勢崎賢治さん、国連代表として太田由香里さんが派遣されました。どちらも丸腰の日本人です。

兵力引き離し、武装解除、兵士の社会復帰のことをＤＤＲ(Disarmament, Demobilization and Reintegration)というんですが、これまで30カ国以上で試みられて、成功したのはたった3カ国しかありません。シエラレオネ、アフガニスタン、ネパールです。その3つとも、日本が関わっています。つまり、日本が関わらなかったオペレーションは、全部失敗している。

シエラレオネとアフガンでＤＤＲの責任者を務めた伊勢崎賢治さんはこう語っています。

「アフガンの民衆は日本のことをよく知らないけど、とても豊かで戦争をしない国だということだけはみんな知っていた。そういう日本だから、ぼくたちは他国に絶対できないことができたんです」

伊勢崎さんはもとは改憲派だったのですが、こういった任務をこなしたことで憲法の価値に気づき、いま盛んに憲法を守ろうと訴えています。

もっともアフガンの場合、武装解除に成功した直後にブッシュがあのイラク戦争を始めてしまったものだから、タリバンがまた暴れ出して、結局元の木阿弥になってしまいました。イラク戦争さえ始めなければ、アフガンはいまごろあんな内戦状態になっていないはずなんですが、本当に残念なことです。

憲法第9条は世界の平和を守っている

このように、憲法第9条は日本が戦争するのを防いでいるだけではなく、世界各地の紛争を防いだり解決しているんです。実際に戦争を防ぎ、あまたの人命を救っているんです。この分野での日本の貢献は群を抜いています。

このことを、私たちはもっと誇りに思ってもいいんじゃないでしょうか。

自民党政府のできは悪いけど、憲法第9条があるから、官僚はそれに沿った外交をするしかないんです。憲法をないがしろにする政府のもとでもこれだけのことができるんです。憲法を大切にする政府ができたら、いったいどれほどのことができるか、考えるだけでも楽しくなっちゃいますよね。

だけど改憲政府のもとで、マスメディアの影響もあって、世論の風向きが怪しくなっています。憲法を守ろうという話をすると、必ず疑問が出ます。北朝鮮が攻めてきたらどうするんだと。次節でその話をしましょう。

(2013.6.23)

中国・北朝鮮の脅威？

中国・北朝鮮が攻めてきたらどうする？

どうするもこうするも、すべての政党が、自衛隊の力で自国を防衛すると答えています。

共産党「急迫不正の侵略に対してはあらゆる手段で防衛する。自衛隊を活用するのは国民に責任を負う政府として当然の責務である」

社民党「侵略されたら当然自衛隊が防衛するので、何の問題もありません」

日本を守るだけなら、自衛隊の活動は憲法第9条に違反しないというのがすべての政党の意見です。だから、何の不都合もありません。憲法を変えなければ日本を守れないなんてのは、憲法を変えたい自民党が勝手に言っているだけのことです。

ついでの話ですけど、北朝鮮は日本に攻めて来れません。兵隊や重たい大砲、戦車を運べる船がないので。主力戦闘機は1956年にロシアで開発されたもののコピーで、中国製です。これは日本まで飛んできたら、帰りの燃料が足りなくなって海に落ちます。

戦車には暗視装置が付いていません。つまり夜になると走れません。お休みするしかない。これは、何千両もの戦車を誇っていたイラク軍が米軍に負けた敗因でもあります。

ピョンヤンを行進している兵隊は見せ物だから元気ですけど、実際の人民軍兵士はやせ細っています。こんな軍隊が恐ろしいはずがありません。

でもゲリラが原子炉を攻撃したら？　たしかにそれは怖いですね。でもそれを言うなら、憲法を変えてもゲリラは遠慮してくれません。軍隊がテロを防げないのは、あの世界最大最強の米軍が9・11テロを防げなかったのでわかりますよね。防ぎようのない原発テロが怖いんだったら、原発なんかなくしてしまうのがいちばんです。

中国・北朝鮮がミサイルを打ち込んできたらどうする？

ミサイルでどの程度の被害が出るんでしょうか。確かめてみましょう。

日本まで飛ばせるというノドンミサイルですけど、これを一度に6発も撃ったときの着水地点を見ると、たった500kmほど飛んだだけでバラバラに墜ちるんです。6発撃っただけで、ほとんど西日本の範囲にバラバラになってしまう。

これはもはや、どこかを狙えるというレベルではありません。撃ったが最後、どこに飛んでいくか分からない性能なんです。こんなミサイルが200発や300発飛んできたって、日本にたどり着くかどうか分からないし、たどり着いてもまともに命中しません。

でもはずれたミサイルによる被害というのは必ず発生するので、その被害を算定してみましょう。ノドンミサイルは0・8トンの弾頭を積んでいます。それが200～300発あるそうです。すると、全部で240トン（0.8×300）ということになります。

みなさんは、姫路の川西航空機工場空襲をご存じでしょうか。1945年6月22日、飛行機工場のあった姫路市京口町一帯が、B29により爆撃を受けました。投下されたのは、0・5トン爆弾が1000発です。全部で500トンです。北朝鮮が持っているノドンミサイル全部の2倍の爆弾量が、1校区の数分の1の広さしかない、あの狭い京口町に集中投下されたんです。京口一帯は大きな被害を受けましたが、姫路市が壊滅したわけではありません。

ノドンミサイルの原型はドイツのV2号です。1トンの弾頭を載せたV2号が、ロンドンを攻撃しました。全部で1358発。1358トン。ノドン全部の5・6倍の爆発量が、ロンドンに集中したんです。でも、ご存じのようにロンドンが壊滅したわけではありません。ベルギーのアントワープ攻撃には、1トン弾頭が1610発も使われました。1610トンだから、ノドンの6・7倍もの量ですが、アントワープは健在です。

ノドンが全部落ちてきたって、その程度。まして広さは桁違いです。小さな京口町を壊滅させた量の半分くらいの量の爆弾が、京口の数十万倍、数百万倍の広さにバラバラに落ちてきたって、大半は海か山に落ちるだろうし、迎撃ミサイルで落とせるのもあるだろうし、人命被害なんかほとんどゼロでしょう。ノドンミサイルの脅威といっても、その程度なんです。

これは私が勝手に言っているのではありません。元航空自衛隊のトップにいた田母神さんもそうおっしゃっています。北朝鮮のミサイルなんか恐れる必要はさらさらない、と。

(2013.6.25)

非武装平和派の論理の弱点

単純な善悪二元論

非武装平和派の論理の弱点としてまず挙げなくてはならな

いのは、善悪二元論の危うさです。

日中戦争なら日本が悪で中国が善、ベトナム戦争ならアメリカが悪でベトナムが善、中東ならイスラエルが悪でパレスチナは善……などなど。侵略者が悪であるのは間違いありません。しかしそれは被害国政府や抵抗組織が何であれ善だということを意味しません。

イスラエルが悪辣なのはそのとおりで、弁護の余地はありません。しかしイスラエルと戦うハマスだって、パレスチナ民衆に対する抑圧者の一面があります。イスラエルの攻撃が非人道的なのは言うまでもないことです。しかしそのことは、ハマスの対抗戦術が人道的であることを意味しません。

平和と安全を口実にしたイスラエルの侵略は、イスラエルの平和と安全に寄与していないと私は考えています。同時に、イスラエルの侵略を抑止する方法が、無差別なロケット攻撃しかなかったとも思いません。その攻撃がパレスチナの安全を高めたといえないのは、私たちの眼前で繰り広げられた残虐な戦いで証明されました。

侵略に対抗して戦う権利は誰にでもあります。戦いを組織するのは政府なり政府に準ずる組織ですが、それらの組織が必ずしも民衆と利害を共にしないのは言うまでもないことです。タミル解放の虎やタリバンのように組織防衛のために民衆を盾にして戦うのが善であるとはとても言えません。

戦いの当事者のどちらかが善であると考えるから、ハマスの評価に困ったり迷ったりするのではないでしょうか。

ハマスはイスラム勢力の資金援助で民衆福利に貢献しているよい面を持っています。しかししょせんは他人のふんどしであって、ちゃんとした経済政策や安全保障政策を持っているように見えません。だから自立的政治勢力といえるのか疑問です。

ヘゲモニー争いで他党派にテロをふるうことをためらわない権力者でもあります。また下手な戦争を挑発し、無益な戦いに民衆を巻き込んだ罪があると思います。シオン議定書〈ユダヤ人の〝世界征服計画〟を記した反ユダヤ主義的偽書〉などを信じるカルト集団でもあります。

パレスチナ民衆がハマスを支持するにはそれなりの理由があると思いますが、支持に見合うまともな勢力に成長できるかどうか、未知数であると思います。

国際関係の限界

軍隊を否定したい気持ちは分かります。しかし外国政府が正規軍を使って組織的に侵略してくるとき、日本を防衛する手段として、丸腰に近い民衆の抵抗を対置するのはいかがなものでしょうか。それが膨大な犠牲を伴うほどに効果がないのは、ハマスの抵抗を見ても分かると思います。

度を超して低武装だったり弱兵だと、かえって戦争を誘発するというのが世界史の教訓です。侵略されるのは相対的に弱い国ばかりです。

ある程度の武力を持ち、独立の気構えを持っている国には、強国も手出しを控えます。キューバがよい例です。しかし相手が強くても歯向かっていく無茶な国も時にあるので（日本やドイツみたいに）、武力だけで安全が担保されるのでないのも確かですけどね。

ベトナム戦争が典型例ですが、いったん戦争になってしまうと歯止めが利かずに行き着くところまで行ってしまいます。そして取り返しのつかない巨大な悲劇が起こります。だから戦争は未然に防ぐしかない。そして戦争を未然に防ぐには、外交力と共に抑止力としての武力もまた必要なのです。これが現代国際関係の限界です。

国土防衛に足るだけの武力を抑止力として保有し、そのことで戦争を未然に防ぎ、そうして得られた平和の中で周辺国と信頼を醸成していき、軍縮につなげ、究極的には武力を廃止する……非武装への道はこれしかないと思います。

侵略されたら降伏すればよい、という暴論

侵略されたら降伏すればよい、などという意見もでていますが、そんな意見は他民族に征服されるのがどれほど屈辱的で悲劇的であるかをわきまえない暴論で、絶対に国民の支持を得られない空想的主張です。

戦わずして降伏し、幸福になった民族が一つでもあるなら教えてほしいものです。

降伏するのは戦いを避けるためだといっても、どのみち独立のために戦うわけですよね。他民族に支配されている人々が独立のためにどんなに努力しているか、しかしそれがどれほど困難で犠牲の多い戦いを不可避にしているか、ちょっと世界を見渡せば分かりそうなものです。そんなしなくてもよい苦労をどうして望むのか、私にはさっぱり分かりません。

日本に武力がなければ何が起こるか

日本に武力がなければ、尖閣列島なんかとっくの昔に中国の物です。

そうなると、台湾は自分の庭先を中国海軍がうろつくことになるのですから、一気に緊張を高めます。米軍だって中国が太平洋に進出する足がかりをつくるのではないかと緊張します。

つまり日本が主権を守らないことが、国際軍事バランスにも影響を与え、新たな紛争のタネをつくることになるんです。米国は自国の安全のために在日米軍を増強し、基地を拡大するでしょう。日本が出て行けと言っても応じません。

さて尖閣列島の次は沖の鳥島です。中国はここを日本領土として認めていません。ここに海軍を先頭に中国漁船が大量進出しても、日本はなされるがままです。するとその近海の広大な排他的経済圏を日本は失うことになるでしょう。

こうなると竹島近海の漁場も韓国に奪われます。

ただでさえ北海の漁場をＮＡＴＯに奪われて苦しいロシアは、北海道近海の漁場を席巻することでしょう。日本の漁業は壊滅です。

日本に対抗手段がなければ、武力なんか使わなくてもこの程度はできるんです。

周辺国は何かと理由をつけて日本の貨物船を臨検し、貿易を妨害します。円滑な貿易のためには、日本は大幅な譲歩を迫られます。

場合によれば日本の港で船員にトラブルを起こさせ、それを口実に港に警察官か軍隊を常駐させろと要求するかもしれません。断れば港のトラブルが火を噴きます。日本は要求を飲まざるを得ません。こうして国家主権が徐々に奪われるのです。

業を煮やした国民が外国人を襲撃でもすれば、自国民保護の名目ではじめて軍隊が出てきます。日本は対抗力がないんですから、大砲を撃ち込んでくる必要なんかありません。ただ大挙して武装兵が来るんです。

武装解除が戦争を誘発する

こういう手段は国際社会において珍しいことではありません。日本もかつてやったことです。相手になめられないこと、これが国際社会で生きていく上での鉄則です。それがまた平和を守ることでもあるのです。武装解除はかえって戦争を誘発することになるんです。

外交努力は大切です。しかし話し合いだけでうまくいくことはまずないと思っていたほうがいいです。

適切な軍備がないばかりに、あるいは弱小であるばかりに、フィリピンは中国にスプラトリー諸島をうばわれてしまいました。

戦いはありませんでした。まず漁民が小屋を建て、抗議しているうちにコンクリート製の頑丈な建物が建ち、それでもフィリピンが実力行使しないと見て、中国海軍の基地がつくられました。これは昨年〔２００８年〕のことです。

フィリピンが何もできなかったのは、そこまで飛んでいける空軍がないからです。また既成事実をつくられたころは米軍がフィリピンから出ていたからです。

ベトナムはチュオンサ諸島とパラセル諸島を奪われてしまいました。中国が進出したのはベトナム戦争のさなかで、まさしく火事場泥棒でした。ベトナムは海軍が弱小だったから、1974年の海戦で負けてしまったのです。しかし1978年の陸戦では中国軍から国土を守り抜きました。負けていれば、いまごろベトナム最北部は中国が支配していたでしょう。

いずれもつい最近のことです。領土の奪い合いは過去のことではないのです。主権侵害の可能性は限りなくゼロに近いといえる根拠はどこにもないと思います。

(2009.5.10)

改憲にも非武装論にも反対する

私は憲法擁護論者なので、その点において非武装論者と立場を同じくするものです。

同時に専守防衛論者なので、非武装論に与することはできません。しかしいま緊急の課題は改憲政党の圧力から憲法を守ることなので、非武装論批判はなるべく避けています。

ですので出掛けていって非武装論を批判することはしませんが（専守防衛です）、私の意見を最低限度に述べたいと考えます。

戦争はなぜ起きるのか　一つの要因

軍事アナリスト江畑謙介さんの言葉を借りれば、戦争は、常に次のように説明されてきました。

自分の国から見ればその正当性に何一つ疑問のない権利を、他の国や勢力が武力をもって奪おうとするか、ないしはこちらの正当な要求に武力をもって抵抗するため、やむを得ずこちらも武力を行使せざるを得ない。

日本にとって侵略と見える相手国の行為も、相手国から見れば侵略ではなく、正当な権利の行使あるいは回復なのです。日本から見ればまったく正当な自国利益があっても、相手国の立場でみれば不当な独占であり、権利の侵害なのです。日本が防衛行動だと信じていても、相手からは侵略ないしは不当な抵抗なのです。

相手国が正当な権利の行使だと信じていても、日本から見れば侵略なのです。

どちらも正当な権利の行使あるいは権利の回復だと思っているから、交渉で直ちに解決できるものではありません。

具体例で考える　尖閣諸島のこと

たとえば尖閣諸島はどうでしょう。

中国はそこが中国領だと言っています。大昔から澎湖列島の一部として釣魚台と名前をつけていたし、だいいちそこは中国の大陸棚にあるのだから、中国領に決まっていると言うのです。

日本が尖閣諸島を領有している現実は、日本の我々からすれば当然のことですし、そのことが侵略だなどとは考えてもいません。

しかし中国に言わせれば、自分の正統性に何の疑いもない領土を、日本に奪われた状態が続いていることになるのです。日本の実効支配は明らかな不当占拠であり、いまだ清算されていない侵略戦争のつづきなのです。

これを日本の側から見れば、もともと誰のものでもなかったそこを1895年に日本が国際法に則って領有したのだから、中国の言い分は受け入れられないし、中国は近年になってはじめて自国領土だと言いだしたが、それまでは何も言っていなかったじゃないか、ということになります。このように、日本は国際法ルールを主張の根拠にしています。

中国は、そこが大陸棚だというのは人類以前から続いている事実であって、国際法など持ち出すまでもないし、当然の自然的領域についていちいち中国領だと宣言しなければ他国のものになるという日本の理屈は帝国主義の論理だと言います。

歴史上の実績としてもそこで漁労を営んでいたのは中国人であって、仮に国際法を日本が援用しているのが事実であるにしても、中国のあずかり知らぬところで西洋が勝手につくった大国有利のルールを利用しているだけで、中国はその通告さえ受けていなかったのだから、日本の言い分はまったく道理がないと言います。

これで分かるように、双方が正統性の根拠としているのは、国際法と自然地理というまったく違うカテゴリーの根拠です。これでは論理的に対話しても合意にいたるはずがありません。

この認識の対立があるのに武力衝突にいたらないのは、正当な権利の回復ができないほどに日本の武力が強いからだ、というのが中国の認識です。不当占拠されているから権利を回復したいのに、自衛隊がいるから手を出せない。これを日本の側からみれば、自衛隊の抑止力が発揮されていることになります。

ります。

軍事力がなければどうなるのか　2つのケース

日本に軍事力がなければどうなるのか、それを示す例があります。

竹島は日韓両国が自国領土だと主張しています。詳しくは触れませんが、どちらにもそれなりに言い分があります。日本は韓国に不当占拠されているといい、韓国は正当な領土権の行使だと言っています。千島もそうです。日露どちらにも言い分があります。

この2つが実効支配されてしまったのは、日本の軍事力が崩壊している時期でした。日本の防衛力が健在であったなら、こんなことになっていなかったはずです。これらについて日本は権利回復したいのですが、相手国が軍事力で防衛しているからそれができません。

不当占拠されているけれど、いまさら武力で奪還することはできないというのが日本の認識であり、相手から見れば軍事力が日本の不当な要求を許さず、実効的に抑止力を発揮しているということになります。

話し合いで解決しないのなら、力ずくで……というのが直ちに侵略だと判定できるなら簡単なのですが、そうも言えないわけです。そういうのを判定の根拠にしたら、日本は尖閣諸島を現在ただいまも侵略していることになってしまいます。

どちらがどうと明確に決着はつけられないけれど、話し合いで解決しないなら力ずくで……という誘惑を抑止するもの。それが軍事力なのです。

経済共同体は軍備を不要にするか

いずれ東アジアに経済的共同体圏ができて経済的対立が解消すれば、軍隊はいらなくなる。だから安全保障を軍備に頼らず、経済共同体構想の実現に外交力を発揮すべきだと、まーくさん〔ミクシィでやり取りしている相手〕は言います。

しかし、その交渉のためには、軍事力の担保が不可欠です。交渉を成功させるには、合意が成立するまで何があっても武力衝突を回避しなければなりません。

領土問題も相互に棚上げにしなければなりません。武力衝突はお互いのためにならないから双方が控えようという言い分なら、現実としてその通りだし、それしかないし、お互い様だし、中国も飲めます。

しかし日本に軍事力がない状態で中国に尖閣諸島の領有権行使を控えろと要求するのは、それは中国からすれば、不当な日本の要求に対して一方的に譲歩せよと求められているのと同じことですから、飲めるはずがありません。日本は虫のいいことを言うなと中国は言うでしょう。またそう言わないような政府なら、国民が愛想を尽かします。お互い様にするには、日本も実力を持たなければならないのです。

ヨーロッパは経済共同体を実現していて、だから戦争をしないじゃないかともまーくさんは言います。たしかにヨーロッパは共通の通貨を発行するなど緊密な経済共同体をつくりつつあるし、長い間戦争をしていません。

しかし、軍隊を捨てた国は一国もありません。軍事力の均衡があるからこそ、相互に妥協しながら共同体づくりができるのです。そのバランスが崩れれば、たとえばボスニアとセルビアのように戦争になるのです。

軍事力の果たす2つの役割

軍事力は侵略の道具にもなりますが、抵抗の道具にもなります。しかしその区別さえ、上記のごとく判定が難しいのです。まして有用か無用かの二者択一の議論は、軍事力を語るには不適切です。要はその用い方であって、危険だからなくしてしまえという議論は乱暴です。

火は火事のもとだしコントロールを失うと極めて危険ですが、だからといって火をなくしてしまうと、寒さに耐えて生きることができなくなってしまいます。屋根が大きすぎると家が潰れてしまいますが、屋根がなければ雨露をしのげません。

軍事力がないほうがよいのは言うまでもありませんが、現実として力の外交が幅を利かせている以上、なくしてしまうのは危険です。それは裸の赤ん坊をライオンの檻《おり》に放り込むようなものです。

具体例で考える

世界中の植民地が、自分たちの武力で宗主国を追い出しました。もしもベトナムに軍事力がなければ、いまごろはまだフランスの植民地かもしれません。

南米の自立の精神を学べとまーくさんは言います。しかし彼らの精神的バックボーンは、サン・マルティンやファラブンド・マルチなどが展開した対ヨーロッパ武装闘争の歴史なのです。

軍事力がないか、あっても極めて弱体だったがゆえに、クウェートはイラクに侵略され、ボスニアはセルビアに痛めつけられ、クルド人やチベット人は弾圧され、オセチアはグルジアに、パナマとグレナダはアメリカに攻め入られ、チリのアジェンデ政権は潰され、ニカラグアとエルサルバドルの革命は奪われ、フィリピンとベトナムは中国に領土を奪われたのです。

国内に2つ以上の対立勢力がある場合、力の均衡が破られれば悲惨な内戦となります。これはどちらが正しいかという判定とは無関係に、現実としてそうなるということであって、そうならないためには抑止力としての武力を持つしかないのです。

非武装論者は、上記の事態についてどう考えるのでしょうか。

9条が防いだのは日本の侵略であって、外国の侵略ではない

平和憲法は日本が外国に攻め入ることを防いできました。

しかし外国の侵略を防ぐ力はありません。

外国が日本国憲法を守らねばならぬ道理はないからです。外国の侵略を防いできたのは、米軍と自衛隊の武力です。

これまでも韓国とソ連に漁場を奪われかけ、中国に尖閣列島を奪われかけ、沖ノ鳥島を荒らされかけました。それらの国々が途中で引き下がったのは、無理押しして軍事衝突にいたる危険を回避するためでした。

専守防衛が戦争を防ぐ

世界はけっしてお人好しではありません。

ケンカをしたくないのは誰しも同じですが、弱々しい奴は絡まれやすいのです。普段はおとなしくても、ケンカをふっかけたらキツい反撃が返ってきそうな相手には、乱暴者も手を出さないものです。

つまり無抵抗主義は侵略を誘発し、専守防衛は戦争を未然に防ぐのです。

しかし武力の本質的危険性を知らない自民党は、火の危険性を知らないで花火を振り回す子どもみたいなものです。

そんな奴にマッチを持たせるわけにはいかないので、私は批判しているわけです。

(2009.8.17)

「核抑止力」は存在するのか

核抑止力は本当に存在するのか、核兵器を持てばより安全になるのか、その点を考察してみましょう。

核の存在が核攻撃を抑止した事実があるのか

核を持たない国は核攻撃を受けやすく、核を持つ国は安全という経験則があるなら、核抑止力の存在が認められるかもしれません。

しかし最初の核攻撃である広島・長崎を例外として、いまだ核兵器が戦争で使用されたことがありません。当然ながら、非核保有国ゆえに核攻撃を招いた事例もありません。ですから核抑止力の存在はいまだに証明されていない仮説に留まっています。

核の存在が通常戦争を抑止した事実があるのか

核保有国は核を保有しているがゆえに通常攻撃を受けにくく、より安全になっているでしょうか。

いいえ、核を持つ国自体、そんな効果を認めていません。ブッシュ政権時代の米軍は、敵の通常攻撃に対して核を使用する場合があることを認めていました。* つまり核を保有していても通常攻撃を免れないことを知っているのです。

核を持たない国が核保有国に宣戦布告した例としては、アルゼンチンが英国に戦いを挑んだフォークランド（マルビナス）戦争があります。核保有国と非核保有国が戦い、核保有国の軍が攻撃を受けた例もいくつも存在します。朝鮮戦争、中印戦争、ベトナム戦争、ソ連のアフガン侵攻、などなど。

核保有は安全保障戦略にどんな影響をもたらすのか

核を持っていても使わないと見られると、何の意味もありません。そこで核保有国は核使用を前提にして戦略を立てねばなりません。つまり、核兵器を使うことをためらわないぞ、という構えを周辺国に示さねばなりません。また言葉だけではだめなので、攻撃体制に現実性・信憑性がなくてはなりません。

こういうことをすると、周辺国との間に必ず軍事的緊張関係が生じます。このことは北朝鮮政府の核戦略とそれに対する日本の敏感な反応から明らかです。核は戦争の緊張を醸成するのです。

日本の場合で言えば、日本の核装備はどこの国よりも米国にとっての脅威ですから、米国と正面切って対決する覚悟がなければ、核装備などできるものではありません。米国と一戦交える覚悟なんて日本にあるはずがないので、できもしないことを声高に言うのは止めるべきです。

核保有は国民の安全がないがしろに

また核保有国は常に核を実戦配備状態にキープしておかねばならず、大変大きな費用が必要です。それは必然的に国内向け予算が制限されることに繋がりますから、国民の生活安全保障がないがしろにされる危険を導きます。

核保有国は非核保有国にとって脅威か

では、非核保有国は核保有国の核の現実的脅威を受けているのでしょうか。

それをいうためには核保有国が核を保有する前より核を保有して以後のほうがより侵略的になるという傾向を見いださねばなりませんが、そのような傾向は見いだせません。侵略的な国は核の保有の有無にかかわらず侵略的です。

非核保有国は核の脅しに金縛りになるかといえば、そういうこともありません。非核保有国が核保有国の侵略を撃退した例として、ベトナムが核保有国である米国と中国の侵略を撃退した例がありますし、アフガンゲリラはソ連軍を領土から追い出しました。

核兵器が近隣の非核保有国の現実的脅威になっているとの証明は、成功していません。日本が朝鮮の核に脅威を「感じている」のは事実ですが、そんな脅威が現実にあるのかといえば、ほとんどないというほうが正しいでしょう。しかし核がある以上、脅威はゼロではありません。ありませんが、その脅威を対抗的核武装で取り除くことはできません。核の脅威には、対抗的軍拡ではない、別のアプローチが必要なのです。

本当の抑止力とは何か

これまで核保有国が核を使用できなかった理由は、相手が核を持っているからではなく、また相手が核を持っていないからでもありません。

核保有国が核を使用できなかった理由は、核使用に反対する国際世論にありました。朝鮮とベトナムで核を使用できなかった理由は、まさにそこにあったことを、マクナマラやニクソンなど当事者が著書で告白しています。この、世論による圧力は今後も有効であろうと思われます。

ですから核を抑止するには、核武装という実効性のない方法ではなく、「核＝悪」という価値観や核に対する拒絶意識、嫌悪、こういったものを広げていくのが実際的かつ有益でしょう。そのためには、核戦争の実態を広く世界に普及するなど、これまで日本の反核運動がしてきたことを、より一層規模を大きくして続けていくのがよいと考えます。

核はなくせないのか

核はなくせないとあらかじめ決めてかかるのは愚かです。そういうスタンスでは、核軍縮交渉すら困難にします。また、朝鮮に核放棄を迫るにあたっての障害ともなります。

現実を見ましょう。核保有国だった南アフリカが核兵器を捨てました。英国でも核戦略の放棄が現実的な政治課題として議論されています。オバマ大統領が、ともかく悲観論を無視して前に踏み出そうと呼びかけています。
この流れをより加速する方向にこそ、本当の希望があるはずです。

(2009.8.11)

＊核先制使用の8つの想定事例

米国「統合核作戦ドクトリン」最終案から

「各地の戦闘軍司令官は次のようなとき、大統領に核使用の承認を要請してよい」

- 敵が大量破壊兵器を使用、または使用を企てているとき
- 敵の生物兵器使用が差し迫り、核兵器ならそれを安全に破壊できるとき
- 地下深くの敵の大量破壊兵器施設やそれを使う敵司令部を攻撃するとき
- 圧倒的に強力な敵の通常戦力に対抗するとき
- 米国に有利にすばやく戦争を終わらせようとするとき
- 米軍の作戦を確実に成功させようとするとき
- 敵を脅して大量破壊兵器使用を防ぐため米国の核使用の意図と能力を誇示するとき
- 敵の代理人が大量破壊兵器を使うのに対抗するとき

（産経新聞　05年5月1日）

改憲はアジアの危機を高める

国際紛争とは国家間の対立があらわになった状態のことである。それが外交で解決できればいいが、一方あるいは双方が、自国の意思を相手に強制し、もしくは強制されまいとして武力を行使すれば、武力紛争となる。武力による解決というのは、相手を武力で屈服させて、その意思を消滅あるいは撤回させることだ。

例をあげれば、アメリカが北ベトナムを空爆したのは、ベトナム統一の意思を武力で屈服させるためだった。アメリカは自分の国家意思を北ベトナムに強制しようとしたわけだ。リビアがアメリカのミサイル攻撃に屈したように、北ベトナムが空爆に屈服していれば、国際紛争が武力で解決したことになる。

しかし北ベトナムは抵抗戦争を選んだ。北ベトナムが対空ミサイルでアメリカのB－52を撃墜したのは、アメリカの意思に屈服しないためだ。けれど北ベトナムは自分を守るのに精一杯で、アメリカに自分の意思を強制する武力がなかった。そこで紛争解決の手段としては、国連外交や世界世論にアメリカの非道性を訴えるなど、非武力的手段に期待するしかな

かった。

北ベトナムの戦略は成功した。アメリカが北爆を停止したのは北ベトナムの武力に屈したからではない。平和世論がアメリカを負かしたのだ。平和的手段で武力干渉を挫折させたわけだが、しかし北ベトナムの頑強な軍事的抵抗がなければ、国際世論の勝利もなかったに違いない。憲法9条が許していると私が理解している自衛戦争というのは、こういうものである。

北ベトナムはその後、南ベトナムを武力で打倒して統一を達成した。南北ベトナム間の国際紛争を武力で解決したことになる。憲法はこういう行為を禁じている。北ベトナムは民族統一のためにサイゴンに攻め入り、アメリカは自衛のためと称してイラクに攻めこんだ。このように、武力で国際紛争を解決しようとすれば、必ず相手国の軍事力とその策源地を攻撃して破砕しなければならない。しかし憲法は自衛目的であっても、これを許さない。

「国際紛争を解決する手段として」の武力行使を許さないというのは、こういう意味である。

いまの自衛隊には外征能力がない。だから外国に日本の国家意思を強制する力はない。しかし抵抗能力としては、相当のものだ。

自国を防衛するだけなら、憲法を変える必要はどこにもない。必要もないのに、今あえて改憲を唱えるのは、自国防衛のためではなく、そのしばりをなくすためなのだ。

日本の改憲と戦略変更は、アジアの戦略環境を激変させるだろう。日本に対する警戒感から、軍拡競争が始まるに違いない。軍部の台頭はいまだ脆弱な民主主義体制を揺さぶり、各国の政治は不安定化せざるを得ない。そのことが国際関係にフィードバックすれば、アジアの緊張はますますこうじる他ない。改憲は日本一国の国内問題ではおさまらないのだ。これが、私が憲法9条を守らなくてはならないと考える理由のひとつである。

(2007.7.10)

「北朝鮮脅威論」を「ソ連脅威論」から考える

日本列島を飛び越えて行った北朝鮮のテポドンミサイルは、平和ボケの日本人の目を覚ます警鐘であったという意見がある。

そうだろうか。

テポドンは決してはじめての警鐘ではない。日本にはこれまでにも幾度となく「平和ボケの日本人の目を覚ます警鐘」

が鳴り響いた。そしてそのたびに軍備拡大が行われ、憲法解釈が拡大されてきたのではなかったか。それらは常につくられたプロパガンダか、さもなければ焦点と方向性のずれた、まがい物の警鐘だった。

ここではそのすべてについて語ることはできないので、1980年代のソ連脅威論を典型的な例として取り上げ、昨今取り沙汰されている北朝鮮脅威論と比較してみたい。

「ソ連脅威論」とは何だったのか

80年代当時、まるで今にもソ連の北海道侵略が始まるかのような騒ぎがあった。書店にはソ連脅威論の書物が山積みになり、『諸君』や『正論』は毎号ソ連の軍事力やその拡大政策を暴露する記事で満ちていた。まるで今日の拉致問題、北朝鮮批判の洪水と同じ様相だった。騒ぎを本気にして、実際に本土へ引っ越した道民もいたという。

ところでこの騒ぎの震源地は、実はアメリカだったという分析がある。当時はまだ勢いのあったソ連は、米国とのミサイル競争に遅れをとっていた。アメリカは多数の原子力潜水艦でソ連を攻撃できた。潜水艦は位置が不明だし移動するので反撃不能の攻撃手段だ。ソ連はこれに脅えた。そこでソ連は、彼ら側の論理ではソ連防衛のために、SRBM（潜水艦発射型弾道ミサイル）搭載の原潜を極東に配備した。

これが太平洋に進出してくると、アメリカ本土が直接の脅威にさらされる。そこでアメリカは、ソ連海軍が太平洋に出て来られないよう、日本に宗谷海峡など3海峡を封鎖することを求めてきた。

しかしそれはとりもなおさず日本とソ連が直接対決する事態を招く。日本の防衛当局は要求を飲むのに苦慮したという。が、ちょうどこの時期に、ソ連は極東艦隊に「軽空母ミンスク」を配備した。

さあ、よい口実ができた。これ幸いとばかりに、日本政府は大キャンペーンを開始した。ソ連脅威論の出番である。これはソ連の対日侵略の先触れだ！　冒頭に記した狂想曲がにぎやかに奏でられ始めた。

確かに米軍と自衛隊はソ連の北海道侵攻をリアルにとらえていた。だが軍事当局のとらえ方は、一般に流布されている「ソ連の侵略」とは、やや異なったものだった。

戦略面から見た「ソ連脅威論」の悪質さ

日米軍事当局は、どのようにソ連の北海道侵攻を予想していたのか。太平洋はアメリカの庭だ。何人であれ、許しなく航行することをアメリカは拒否する。それが超大国アメリカのメンツである。

　しかし世界のどこであれ、公海上を軍艦が通行するのは国際法で定められている権利である。海峡を封鎖するのは国際法違反であり、ソ連にとっては日本の敵対行為である。

　もしも海峡封鎖に武力を用いれば、ソ連に対する戦争行為となる。ソ連は海峡の無害通航権という国際法上の正当な権利を守って自国船舶の安全を確保するため、その妨害を排除する権利をもつ。つまり日本の戦争行為に対して「防衛戦争」で応じる権利があるのである。

　宗谷海峡を安全に通航するには海峡の制空権を確保しなければならず、また陸地からの攻撃を防ぐには日本の攻撃部隊を排除してそこを占領しなければならない。そこでソ連軍は空挺作戦や小規模上陸作戦で北海道北岸部に地上部隊を進出させる可能性がある。これが「ソ連軍の北海道侵攻」のシナリオだった。

　だがあくまでも局地的な侵攻にとどまる。その後、ソ連軍は拠点防御に移るだろう。全面侵攻の能力を、ソ連軍は持っていない。これが米軍と自衛隊の見方だった。

　しかしメディアの報道は違った。戦略的分析も動機の追究もなおざりにして、ソ連軍が理由もなく北海道、さらには本州中心部に全面侵攻する意図を持っているかのように書き立てた。

　時の中曽根首相は日本を浮沈空母にしてソ連に対抗すると息巻いた。信じやすく批判力のない国民をだますには、単に「共産主義の侵略」といえば、それで事足りたのだ。

　だが考えてみよう。ソ連海軍の戦略目的はアメリカへの対抗措置だ。宗谷海峡は通過点にすぎない。ソ連にはそこを通る権利があり、邪魔する権利は日本になく、邪魔しなければ日本にとって無害である。

　ソ連海軍はもともと日本近海にいて、自由に動いていた。軍事的にいえば、日本は常にその重圧下にあった。だから、彼らが太平洋に出ていくことで日本に対する脅威が増すかといえば、さほどのことはない。

　ソ連海軍の進出に戦略的脅威を感じたり、体面をつぶされると思うのは、もっぱら米国の問題だった。海峡封鎖はどう考えても日本に不必要で、何のメリットもない行為だ。要するに中曽根は、米国のメンツを守るために日本を盾として、国民を危険にさらす決意をしたのである（この信じがたい売国行為のおかげで、中曽根は大勲位を授けられた）。

　そのころの自衛隊は、米国本土を守る盾となって、強大な極東ソ連軍と戦う訓練をしていたのである。なんと無謀で、かつ愚かな政治的・軍事的決断だったろう。

三海峡封鎖戦略は、実質的な攻守同盟の宣言だった。これは憲法の制約を突破する、重大な政治的決断だった。だからこそ、これを合理化するために、過剰なソ連脅威論が目くらましとして喧伝されたのである。

なぜ過剰といえるのか、それを次に書く。

軍事面から見た「ソ連脅威論」のありえなさ

日本侵攻の立役者とされたのはソ連極東海軍に配属されたミンスクだった。ミンスクは日本では「軽空母」と報道された。右派メディアはもっと大胆に「空母ミンスク」と呼称していた。が、ミンスクは日本以外の各国では「航空巡洋艦」扱いの艦船だ。それはミンスクが空母とはとても名づけられない軍艦だったからだ。

なぜならミンスクには、飛行機が滑走して飛び立てる滑走路がないのだ。平らな甲板があるにはあるが、ミンスクには米空母のような蒸気式カタパルトがないし、スキージャンプ型滑走路もない。これではとても飛べたものではない。（さすがに日本でも、このごろはミンスクが諸外国から空母扱いされていなかったことを認めています。しかしミンスクを空母と称さないのはソ連の都合であったかのように、いまだに言っています。往生際の悪いことです。）

どうしてこんなつくりになっているかと言えば、ミンスクはもともと滑走型戦闘機を載せるためにつくられたものではないからだ。垂直離着陸機とヘリコプターを搭載するための軍艦だったのだ。

ミンスクに積まれていた垂直離着陸機、Ｙａｋ38フォージャーは、イラクで米軍が使っている垂直離着陸機ハリアーに較べて欠陥があった。ハリアーは滑走路がなくても垂直に飛び立つことができる。が、フル装備して垂直に上昇するにはとてつもないパワーが必要だ。そこで機体を軽くしなければならないのだが、すると積める装備が限られてくる。離陸の時しか使わない力のために、積みたい装備を削るのは合理的でない。そこでハリアーはフル装備の時は滑走離陸するようにつくられている。

ところがソ連のフォージャーは滑走して飛び上がることができず、垂直離陸しかできない。そのため速度不足、武装不足、航続距離不足という構造的限界があった。あとで滑走離陸できる改良型もつくられたが、初期型以上に使い物にならなかった。このことは当時から西側軍事研究家から指摘されていたことだ。

ミンスクにはこれが12機積まれているので、同時に運用できるのは10機以下になる。こんなものが何機かあったって、日本の防空戦力に対抗できるはずがなく、海峡突破や着上陸作戦支援などできるものではない。もちろん、ソ連もそのことは分かっていただろうから、ミンスクで日本を侵略しようなどと考えていたはずがない。

これは軍事専門家なら誰でも知っていることだった。航空機にちょっと詳しいファンでも、英文資料を読める人なら分かっていたと思う。だがそのような分析は日本のメディアに一度として登場したことがなかった。ただひたすら、何の根拠もない脅威がかまびすしく語られただけだった。

80年代のソ連脅威論とは何だったか。

それは、米国が太平洋方面の戦略的優位を維持するためにつくり上げた幻だった。

- 米国が日本に対ソ戦争という実力以上の行動を期待し、そのために日米政府共同で大々的な情報操作を展開したものだった。
- 右派メディアがこれに迎合し、呼応して、間違った情報で日本国民を扇動したものだった。
- そして、日本国民がまんまとこれに乗せられた。

これが80年代ソ連脅威論の正体だったのだ。今日の北朝鮮の脅威と、まったく同じである。

(2007.9.17)

新しいタイプの護憲論の登場

松竹伸幸著『憲法九条の軍事戦略』(平凡社新書)

九条の軍事戦略という言葉や概念自体が、九条の精神を汚すものとして目に映るかもしれない。(中略)だが私は、護憲派にも軍事戦略が必要だと考えるにいたった。(中略)

国民の多数は、外交の大事さは百も承知しているが、軍事力についても必要な場合があると認識している。そういう国民の目からみて、護憲派は軍事というものを全否定する勢力だと思われてしまっては、護憲の主張が広がることも難しいように感じる。だから私は、護憲の外交戦略とセットになるような軍事戦略を提示することにした。(「はじめに」より)

著者の問題意識は私と同じだ。こういう主張が現れるのを、私は心待ちにしていた。プラグマティックにものを考えることのできる世代に通用する新しいタイプの護憲論として、心から歓迎したい。

著者は結論を決めつける書き方はしていない。この国の未来に責任を負う主権者である読者に対して、自分の頭で考えようと呼び掛けている。微力ながら、その呼び掛けに応えたいと思う。

アマゾンにレビューを書いたので、転載します。

待ちに待った一冊

私はかつて自衛隊に在職していた一人である。

私の持論は、憲法第9条と自衛隊の存在は矛盾していないというものである。憲法の謳う価値観には心から共感するが、国防を否定し、自衛隊を嫌う護憲運動は間違っていると考えてきた。

だが、そうではない護憲派が現れた。驚くとともに、歓迎したい。

非武装・非暴力による平和という思想は美しい。究極の理想であろうし、完全に否定し去るべきではなかろうとは思う。しかし現実の世界は争乱に満ちており、非暴力による平和が直ちに実現できる環境にない。

けれども護憲運動はその現実を正面から見据えず、理想を語ってきただけだった。安全保障を与党に任せ、自分たちはキレイゴトを唱えてすませてきたのだ。

これまでは、それでもよかった。米軍の圧倒的な存在力により、長い間東アジアの安定が保たれてきたからだ。

他方、政権与党も米軍の存在力に頼り切っており、自らの頭で軍事戦略を考えてこなかった点では同じことである。

改憲派も護憲派も、パックスアメリカーナに寄りかかって惰眠を貪ってきたといえる。

いま米国のパワーは相対的に低下し、中国の新しい軍事力が東アジアに台頭している。自信をつけた中国は、成長中の新興国にありがちな好戦的気分で高揚しているように見える(大日本帝国がそうだったように)。東アジアのパワーバランスが大きく変化しつつある。これまでのやり方ではやっていけない時代に、私たちは立っているのだろう。

ところが自民党は相変わらず米国依存症から脱けきれない。脱けようとはしているのかもしれないが、それには独自の軍事戦略が必要だ。

軍事戦略を立てるには、国家のアイデンティティを明らかにしなければならない。

日本国のアイデンティティは日本国憲法(基本的人権と民主主義)のはずだが、彼らはこれが大嫌いで、立党の精神が改憲である。

すると彼らの手持ちは、古くさくて危険な大日本帝国時代の思想しかない。何度壁にぶちあたっても、自民党からはそれしか出てこないのだ。

そんなものでやっていけるはずがないのは明白だ。

こういう時、新しい軍事戦略が、なんと護憲派から出てきた。米国依存でもなく、空想的非武装論でもない軍事戦略だ。憲法第9条の理想主義の洗礼をくぐって生まれた戦略である。

おそらく理想主義者たちと著者の、激しい論戦を経て生まれた戦略であろう。彼らの目を厳しい現実に向ける必要があったせいだと思うが、情勢認識は極めてリアルである。

また、改憲派や復古右翼との論戦を経て鍛えられたのでもあろう。軍事的合理性と矛盾しない形で、これまでにない平和戦略が練り上げられている。

理想主義と現実主義の取り合わせ具合が実に新鮮で、魅力的だ。

護憲派に国の独立を守れるのかという不安を抱くがゆえに、改憲の立場に立っている人は多かろう。

日本国憲法の基本的人権やデモクラシーは守りたいし、平和主義も正しいと考えているが、非武装では不安だという人たちだ。

平和主義護憲派は、これらの人々を取り込めない。

改憲主導勢力は、それらの人々を取り込むために安全保障に関して危機感を演出、改憲するついでに基本的人権やデモクラシーにも手を突っ込もうとしている。

どうも危なそうだが、ではどうすればよいのか、逡巡している人は多い。

ところが、ここに、日本の独立自衛戦略をもち、しかも基本的人権やデモクラシーを擁護することでは折り紙付きという護憲派が現れた。

ならば危険な匂いのする改憲派を支持する必要はない。護憲に乗り換えてもよい。こう考える人が現れても不思議ではない。この戦略を護憲派が取り入れたなら、改憲主導勢力にとって脅威ではなかろうか。

護憲派は強力な武器を手に入れたと思う。あとは、この武器を受け容れる度量が護憲派にあるのか、この戦略を使いこなせるかどうか、護憲運動の未来はここにかかっているのではあるまいか。（以上）

(2013.4.27)

緊張を取り除くために日本ができること

中国が南シナ海全域を自分のものにしようと強引な活動をしているのは事実だ。

ここで止めなければ中国の次の目標は東シナ海だという憶測を、杞憂とばかりもいっていられない。これも合理的な推測だ。

中国を止めるためには、「わがままは許さない、これ以上勝手な行動をするなら黙っていないぞ」というシグナルを送るしかない。残念なことに、これもそのとおりだと思う。

南シナ海での米比軍事演習は、実戦に至らないための抑止行動となりうる。中国は米軍が乗り出したことで、「あと一歩」が踏み出しにくくなった。

中国は、しかしあっさり引き下がることはしないはずだ。中国の戦略は、積極的攻勢から守勢的攻勢に移るだろう。こちら側がどこまで妥協するのか、その限界点を見出そうとする作戦に変わる。軍隊ではなく警察や民間船を使って、あれこれと神経戦や挑発行動を仕掛けてくるはずだ。

中国も米国も、互いに相手の本気度を探り合うため、ギリギリの状態にまで事態をエスカレートさせていくだろう。

以上は、合理的に考えれば誰でも到達する結論だ。

次に、こういった事態がはらむ危険性について考えよう。

軍事演習は、実戦に至らないための抑止行動になりうると書いた。こちら側の意図が中国に正しく伝われば、の話である。

だが、そんなにうまく事態をコントロールできるのであれば、世界はこんなに戦争だらけになっていない。こちら側の意図がどこにあるのか、正しく伝えるのが難しいのだ。「南シナ海全域から撤退せよ」なのか「これまでのことは黙認するので現状を変更するな」なのか、その中間なのか。

全面撤退要求に、中国は応じるはずがない。これまでのことを黙認することには、領土を奪われたフィリピンが納得しない。どこかで折り合いをつけなければならないのだが、国のプライドがかかっているので、ホンネとタテマエが激しく交錯する。

こちら側の意図が正しく中国に伝わらなかったらどうなるのか。フィリピンに伝わらなかったらどうなるのか。米軍と自衛隊の戦力をバックに、気の大きくなったフィリピンが過剰行動に出たら、中国も後に引けなくなる。神経の磨り減るような微妙な外交戦が、いまも続いているはずだ。

さて、わが安倍政権がこういった外交戦にからもうとしている。あの安倍内閣が、である。あのおツムの怪しい面々が、である。不安になるなというほうが難しい。

こんなところに自衛隊がからんではいけない。

中国はとりわけ日本相手に軍事的譲歩などしたくないはずだから、自衛隊が乗り出すと、中国政府に理性的な判断ができなくなる場合もあろう。

そうなると、たあいもないことが引き金になって武力衝突に至る危険性が生じる。

各国に対して火遊びはやめろといいたいところである。特に中国はこの場合、主犯格だ。しかし火遊びをやめろと周りが言っても、国益がかかっているからやめるはずがない。

それならばどうするべきなのか。

現地で対決姿勢を見せると同時に、政治の側は緊張を緩和する措置を探らなければならない。少なくとも、緊張を高めるような政治的決定を下してはならない。いま日本にできる最善の方策は、「軍事的に関わらない」ことだ。

繰り返すが、中国は他国に対して譲歩できても、歴史的要因があるから、自衛隊に譲歩することはできないはずだ。意地でも自衛隊には背中を見せられない。自衛隊は中国側の理性の目を曇らせ、事態を無用にエスカレートさせる駒なのだ。そんな駒をわざわざ使う必要はどこにもないはずだ。

それなのに、どうして政府は軍事的コミットという最悪の一手を選ぶのだろう。中国の抱く特殊なコンプレックスが、どうして安倍内閣に分からないのか。

それはむろん、彼らが歴史を学んでいないからだ。歴史修正主義者だからだ。最悪の政権が、最悪の道を進もうとしている。

やはり安保法制は何が何でも食い止めるしかないとの思いが、ますます強まってきた。

(2015.8.12)

3 集団的自衛権と安保法制

戦略なき集団的自衛権の姑息な論議

集団的自衛権の話が、いじましいと思えてならない。もともと議論の土台がおかしいうえ、話し合いの進路がいじましいせいで、ますますグロテスクなものになっている。

まず、話の土台が変だ。

「その行動は個別的自衛権で対処できる」とか「いやできな

い」とか、あらかじめ軍事行動に参加することを前提に、ちまちました局面に話が固定されているのはどうしたことだろう。必要なのは、戦略ではないのか。

戦略抜きの戦闘場面解説

政府がいうようにホルムズ海峡の安全が脅かされるような事態は、あるかもしれない。朝鮮半島危機が再燃するかもしれない。その想定自体は否定できない。

それならば、危機回避のためにどんなことができるのか、危機に至ったとして、危機終息へのプロセスの全体像はどのようなものか、こういったことを多面的かつ戦略的に導き出さねばならない。

軍事行動だけでかたがつくような単純な話ではないのは、イラクやアフガンで身にしみたはずだ。

戦略論が必要な時に、自衛隊の戦闘参加ありきを前提に、細かな戦闘場面の法律解釈ばかりしていてどうするのか。

まずは憲法にのっとって、軍事行動に参加できないという枠をしっかりとはめなければならない。その枠の中で、可能な貢献分野を定めればよい。このことは、何も特殊日本的な限界ではない。

各国にできることとできないこと

各国には得手不得手がある。戦車はないけれど歩兵は出せるという国がある。戦闘参加はできないが後方警備ならできるという国もある。紛争には一切関与しない代わりに、和平の仲介なら任せとけという国もある。これが現実の国際社会だ。立場と能力はいろいろなのだ。

何から何まで全部できるのは米国くらいのもので、こんな国は例外なのだ。米国スタイルを雛形にしたら、金も命もいくらあってもキリのないことになろう。まして戦略もなしに下働きに出したら、自衛隊が馬の足にされて終わりである。

たとえば軍艦を送るのは無理だが避難民輸送なら任せとけとか、難民キャンプを一手に引き受けるとか、絶対に必要だが資金も人手も足りない分野はいくらでもあろう。これも危険な任務だが、やりがいのある仕事だから、自衛隊員もNGOも誇りを持って働いてくれるだろう。

自衛官に血を流させることばかり考えていないで、政治家ならもっと知恵を絞ってはどうか。

議論がいじましいのは、世界平和の立場に立たないから

次に、考え方がいじましい。

「日本に密接に関連した国」とか、どの議論も「日本」が中心になっているのはなぜなのか。私は集団的自衛権に反対だが、「集団安全保障」には賛成だ。というか、それが日本国憲法の立場だ。

日本国憲法前文

平和を愛する諸国民の公正と信義に信頼して、われらの安全と生存を保持しようと決意した。

「平和を愛する諸国民」とは何か。私は国連を指していると解釈する。

「公正と信義」とは国連憲章を指す。

国連憲章

第1章 第1条（目的）

国際連合の目的は、次の通りである。

1 国際の平和及び安全を維持すること。

必要なのは国際の安全である。その中に日本の安全も含まれるのだ。国際協調主義が国連の集団安全保障の基本である。自国の都合だけを考えているかのような現今の議論は根本的にいじましく、出発点を間違えていると思えてならない。

平和憲法を活かして国際貢献を

いずれの国も正義に立脚した国際協調主義に立とうというのが国連加盟国の一致事項であって、日本国憲法もその立場に立っている。

その世界で名誉ある地位を占めたいというのだから、自国の侵略戦争を否定するのは当然だが、それにとどまってはならないはずだ。日本も各国とともに世界平和という立脚点から集団的措置をとる行動に参加してこそ、名誉ある地位を占めることができよう。

ただし、そこに参加するにあたってどのような参加の仕方がありうるのかを、憲法にもとづいて考えなければならないのだ。

武力の行使だけが集団安全保障ではない。たとえば自衛隊はネパールの内戦が停戦したあと、毛沢東主義武装組織の武装解除オペレーションに参加したが、派遣された自衛官は全員非武装だった。

日本国憲法は世界の平和に寄与できる力を備えているのだ。これは間違いのないことだ。ここに自信を持って、一市民に何ほどのことができようとも思えないが、現今の議論を吹き飛ばすために働きたいと思う。

(2014.6.25)

人権を全否定する安倍改憲論

姫路の「労働者9条の会」のために作成したパンフレット、「サルでも分かる安倍さん改憲論――バカバカしさ丸わかりパンフレット」を紹介します。

- 憲法第9条があるから拉致事件が起きた？
- アメリカを狙う弾道ミサイルを迎撃すべき？
- 中国の軍拡に対抗するには憲法改正が必要？

こういった疑問に答えます。

はじめに

安倍さんが元気いいです。自民党は大勝した、維新という味方もついた。いつでも憲法を変えられるぞ、と。

で、国防軍を持つんだそうですよ。軍隊を持たないなんて「みっともない」んだそうですよ。

なんでそういうのか、安倍さんはいろんな理由をあげています。憲法第9条があるから拉致事件を防げなかったとか、憲法第9条のせいで「平和」しか言えないから北朝鮮になめられるんだとか。

そういう安倍さんの話に、「そうだよなあ」と納得して、憲法を変えたほうがいいだろうなと思う人が増えているそうです。それは違うぞと思っても、何がどう違うのか、うまく説明できなくて困っている人もいます。

このパンフレットは、そういう人のためにつくりました。「安倍さんの言うこと、少しぐらいは正しいところもあるんじゃないかな」と思っているあなた、「そうは思いたくないけど、どこが間違っているのかよくからない」あなたも、これを読めば安倍さんのトンチキぶりが手に取るようにわかるでしょう。

基本的人権を公式に否定した改憲案

本題に入る前に、安倍さんの改憲案というのがどういうものか、ちょっとおさらいしておきましょう。

憲法のむずかしい条文が出てくるので、そういうのは苦手だという方は、ここを飛ばしてもらってもかまいません。

安倍さんの憲法改悪プランは、たとえば次の条文ぜんぶ、まるっと削除するんだそうです。

第97条
この憲法が日本国民に保障する基本的人権は、人類の多年にわたる自由獲得の努力の成果であつて、これらの権利は、過去幾多の試錬に堪へ、現在及び将来の国民に対し、侵すことのできない永久の権利として信託されたものである。

これ、全部なくすんですってよ、安倍さんは。この条文は、基本的人権を制限するような改正をさせないためのものです。ということだと、こいつをばっさり切り捨てたので、将来自民党は人権をいまよりもさらに制限することを考えている……ってことですよね。

それもそのはず、次の引用を見てください。自民党の「憲法改正Q＆A」の一部なんですが、「天賦《てんぷ》人権説」にもとづく規定を改めたと、はっきり書いてあります。

また、権利は、共同体の歴史、伝統、文化の中で徐々に生成されてきたものです。したがって、人権規定も、我が国の歴史、文化、伝統を踏まえたものであることも必要だと考えます。現行憲法の規定の中には、西欧の天賦人権説に基づいて規定されていると思われるものが散見されることから、こうした規定は改める必要があると考えました。
（自民党「憲法改正Q＆A」より抜粋）

「天賦人権説」とは、「人は生まれながらにして平等であり、誰の生命も同じように大切であって、みんなしあわせに生きる権利がある」という考え方でしたね。この考え方が基本的人権のおおもとになっていることを、皆さんご存じですよね。

これはヨーロッパ式の考えだからダメなんだそうです。日本らしくないんだそうです。

自民党は、「人類普遍の原理である基本的人権」を、認めないんです！　否定してしまったんです！　いったい国連憲章や世界人権宣言を、どうするつもりなんでしょうねえ。こんな憲法にされてしまったら、人権なんてあってないようなものです。

人権否定と並んで大きいのが、憲法第9条の改悪です。
「外国に攻められたら国民を守るのは当たり前」という意見の人は多いでしょう。

でも、安倍さんのいう国防軍とは、外国の侵略から国民を守るというのではないのです。だって、それだけのことなら、いまの憲法は否定していないというのが、自民党の言い分でしょ？　外国の侵略から日本を守るのが自衛隊で、それを憲法第9条は認めていると、これまでずっと自民党は言い続けてきました。

だから、自民党にとって、国を守るだけなら憲法を変える必要はないはずです。それだけじゃないから、憲法9条が邪魔なんです。

災害派遣をしたり国を守ること以外に、安倍さんは自衛隊に何をさせたいのでしょう。決まってます。外国に出かけていって戦争したいのです。そのことは、あとで述べます。

憲法改悪案の中身はこのくらいにして、ここからは、安倍さんのトンチキぶりがよくわかるお話です。（次節に続く）

(2013.3.21)

安倍さんは軍事常識を知らなさすぎる

憲法第9条があるから拉致事件が起きた？

安倍さんは自民党の「憲法改正推進本部」で次のように述べました。

「こういう憲法でなければ、横田めぐみさんを守れたかもしれない」

そりゃ、憲法第9条があるせいで拉致事件が起こったのなら、そんな憲法なら変えたほうがいいかもしれません。だけど本当にそうなのか、確かめましょう。

北朝鮮が拉致したのは、日本人だけではありません。判明しているだけでも、韓国人、ラオス人、ロシア人、レバノン人、フランス人、ベネズエラ人などなど……世界中の人間を、みさかいなく拉致しているのです。ベネズエラ人の場合、拉致されたのはベネズエラ共産党員でした。敵も味方も一切おかまいなし、というのが北朝鮮の拉致事件です。韓国人にいたっては、何千人も拉致されっぱなしです。

さてこれら被害国のうち、日本以外に第9条のような憲法を持った国が、ひとつでもあるのでしょうか？　ありませんね。どの国も大きな軍隊を持っています。

持っているだけではありません。韓国はベトナムで戦い、ロシアはアフガンなどで戦争し、フランスはいまもマリ共和国、イラク、アフガンなどに軍隊を送っています。

そういった国でも、拉致を防げなかったんです。それらの国が安倍さんの話を聞いたら、「軍隊を持っていたら拉致を防げるなんて、お気楽なことを言ってくれるな」と憤慨するのではないでしょうか。

ちょっと調べれば間違いだとわかることを、調べもしないでとくとくと語るおっちょこちょいが、あろうことか総理大臣です。

しかも安倍さんが間違っているのと誰も気づかないのが、自民党という政党です。

こんなあほくさい政党に憲法をいじる資格なんか、あるはずがないじゃないですか。

憲法を変えたらハイジャックされても安心？

安倍さんは拉致についてデタラメを述べたあと、こう続けました。1977年に旧西独のルフトハンザ機がテロリストにハイジャックされた事件に触れ、「西ドイツは実行犯を射殺して人質を奪還し、世界から喝采された。西ドイツは何度も憲法改正をしてきたからできた」と。

だったらさあ、安倍さん、西ドイツよりも古い、1970年に起きた、「瀬戸内シージャック事件」の立場はどうなるの？　広島市の宇品（うじな）港で、ライフルで武装した犯人が客船を乗っ取ったけれど、大阪府警の狙撃隊が犯人を射殺して乗客を救出した事件です。西ドイツの事件より7年も前に、日本で起きた事件です。

憲法変えなくても、テロリストの射殺ぐらいはできるじゃないですか。これについても、自民党から「総理、それ違います」という声はついに起きませんでした。基本的事実を間違えたら、そこから出てくる結論である「改憲」も間違いに決まっています。

憲法を変えなければ米軍を助けられない？

安倍さんは憲法解釈を変えて、米軍を助けたいのだそうです。次に述べる4つのことを実現しなければならないのだといいます。

1. 公海上で攻撃されたアメリカ艦船を、海上自衛隊が守る
2. アメリカを狙う弾道ミサイルを、自衛隊が迎撃して助ける
3. PKO（国連平和維持活動）参加中に攻撃された他国軍を、自衛隊が助ける
4. 戦闘地域で戦う他国の軍隊を、自衛隊が後方支援する

これがなんで大切なのかよくわかりませんが、安倍さんは大切なのだといいます。

テレビなんかでもいろいろと言うので、有権者の中には次のように考える人が増えているようです。

「アメリカは同盟国なんだし、目の前で攻撃されてたら、そりゃ助けるだろ」

「アメリカ人を殺すためにミサイルが頭の上を飛んでいくのに、だまって指をくわえて見てるなんて、それはないよな」

「よその軍隊がなぶり殺しにあいそうなのに、知らん顔はできないよ」

「そういった当たり前のことができないんじゃ、憲法変えるほうがいいかもな」

こういった説明はわかりやすいし、うっかり聞いていたら納得してしまいますよね。でも、これまでの例で分かるとおり、安倍さんも自民党もまるで分かっちゃいないんです。ここからは、そういう話です。

1 公海上で攻撃されたアメリカ艦船を海上自衛隊が守る?

これ、絶対アメリカに相談してませんよ。相談したら、アメリカに怒鳴りつけられますもん。だって、自分たちを守ってくれとアメリカ海軍が他人に頼んだことなんて、歴史上、一度もないんですから。それが米海軍の誇りなんですから。アメリカ海軍なら、きっと次のように言いますね、

「自分のことぐらい、自分で守るわい！　自衛隊に助けてもらう？　バカにするな！　米第七艦隊は、世界最大最強の空母機動艦隊なんだぞ！　もしも我々が困るような相手がいるとしてだ、そんな敵を相手に、自衛隊に何ができるというのか。寝言は寝てから言え！」

自民党のことをこっちが心配してあげる必要はないけど、誇り高いアメリカ海軍のプライドを傷つけたら、それこそ「同盟関係」にヒビが入るのではないですかねえ。安倍さんも自民党も、本当のところ、軍事的なことなんか何も分かっちゃいないんですよ。そんな人たちが唱える憲法改正なんて、何かの冗談としか思えないです。

2 アメリカを狙う弾道ミサイルを自衛隊が迎撃する?

安倍さん、あのね、アメリカに向けて飛んでいくミサイルなんんか、自衛隊には落とせません。だってアメリカを狙うミサイルは、日本上空を通過しないんですから。

地球儀を上から見ればわかります。アメリカ本土への最短距離を通る「北朝鮮」のミサイルは、北に向かうんです。西海岸を狙うなら、サハリン沖からアラスカに抜けます。東海岸を狙うなら、シベリア上空を通って北極とカナダの上を飛んでいきます。だから、自衛隊が迎撃しようにもできません。

アメリカ本土に向かうミサイルが日本上空を通るなんて、ありもしない事態に対して、できもしない備えをしようというのが、安倍さんです。あほちゃうかと。

こんな大事なことを、よく知りもしないで言い放つような総理が自信満々に唱える憲法改正……ほら、だんだん不安になりませんか?

3 PKO参加中に攻撃された他国軍を自衛隊が助ける?

自民党は、自衛隊を海外に送り出すことに熱心です。でも行かせっぱなしです。いつも観閲式で「自衛隊のみなさん、ごくろうさまです」なんて言っていますが、自衛隊が行った先でどんな仕事をしているのか、どんな苦労をしているのか、そんなことにちっとも興味がないのです。

自民党の総理も大臣も、ヨーロッパにしょっちゅう外遊していますが、そのついでに中東のゴラン高原にいた自衛隊を慰問に行こうなんて人は、ついに現れませんでした。

威勢のよいことばかり言わないで、ゴラン高原へ行ってゴラン、と言いたかったけど、自衛隊はもう帰ってきました。

さて、つまらんダジャレはおいといて、PKOの話です。PKO部隊が襲撃され、重武装の他国軍でさえ防衛がおぼつかないような事態になったとしましょう。

そういうとき、他国の軍隊はどうするのか? まずは自分の防衛に備えるのが、世界の軍隊の常識です。それは自衛隊だけではなく、どの国もそうです。

どうしても支援が必要なときは、あらかじめその任務を与えられている予備部隊が出動することになっていますが、そういうケースは一度も報告されていません。

アフガンで戦っているISAF(国際治安支援部隊)の、米軍と他国軍の共同作戦の中で、たとえば英軍のために米軍が支援空爆するという事例なら、あります。しかし、他国軍が危ないから別の国が助けに行った事例なんか、聞いたことがありません。そんな事例があるというなら、安倍さんにぜひ教えていただきたい。実例はおそらく出せないでしょう。

PKO部隊は軍隊だけでなく文民も含みますし、そもそも勝ち戦を目的にしていません。だから危なくなれば、無理しないで撤退するのです。事実、攻撃されたからという理由で軍隊とスタッフを引き上げて帰ってしまった国が、いくつもあります。安倍さんがいうようなことが起きたためしは、PKO史上一度もありません。

PKOに参加する自衛隊員は、正当防衛以外の武器使用を禁じられています。安倍さんたちに言わせると、これが「戦場の実態を無視したもので、平和憲法が隊員の手を縛って、むしろ危険に陥らせている」のだそうです。

あの〜、武器の使用を「兵士個人または部隊の一部が危険に陥った場合の自衛戦闘」に限っているのは日本の憲法ではなく、国連が決めた『平和維持活動マニュアル』なんですけど。ここでも安倍さんは、現場を知らないのに勝手に空想して、とんちんかんなことを語っているのです。

現場を知らないアホな上司が立てたプランに苦労させられた経験って、ありませんか？　安倍さんのやっているのは、要するに、そういうことなんです。そんなプラン、つぶせるうちにつぶしておくのが利口というものです。

4 戦闘地域で戦う他国の軍隊を自衛隊が後方支援する？

安倍さんにしては珍しく、これはたしかに重大な憲法問題です。

後方支援は「集団的自衛権の行使にあたらない」ので「憲法が禁ずるものではない」と言ってイラクやアフガン沖でやらせてきたのが、自民党・公明党政府でした。ところが航空自衛隊がイラクで後方支援したことに対して違憲判決が出ました。それで安倍さんはカリカリきているのです。なんで怒るのでしょう。

アメリカは大量破壊兵器の存在を口実にイラクに戦争を仕掛けたけど、そんなものどこにもなかったじゃないですか。あれは間違った戦争だったと、アメリカ自身が認めているじゃないですか。なのに、そんな戦争で、何の罪もないイラク市民が16万人も殺されたといわれています。人間のすることだから間違いはあるでしょうが、戦争という究極の暴力行為は、取り返しのつかない過ちをもたらすのです。

そんな戦争に、愚かしくも日本政府は協力して自衛隊に出動命令を下したのでした。「その命令は間違いだ」と正しい判決が下ったのは、憲法のおかげです。間違った戦争からいち早く手を引けたのは、憲法のおかげじゃないですか。これからも、憲法にはそういった役割を存分に果たしてもらわなければなりません。

間違って起こした残虐な戦争に協力したことを恥じもせず、自分たちの間違いを棚に上げて、憲法を悪し様にののしるなんて、安倍さんはこれからも間違いを繰り返したいのでしょうか。そんなことを考えている人の改憲論が、ろくなものであるはずがありません。（さらに次節に続く）　(2013.3.21)

安倍さんは東アジアを危なくした

軍事常識を知らずにルール変更

せんだって、中国の海軍艦艇が、自衛艦に向けて射撃用のレーダーを照射する事件が起きました。射撃用のレーダーを向けるというのは「撃つぞ」という脅しだ、とんでもないことだ、という論調でテレビ・新聞は一色でした。

たしかに危ない話ですが、こういう事態を引き起こしたのが安倍さんであることは、あまり知られていません。安倍さんが総理になるまで、海上自衛隊に対して、中国艦船との距離は28キロを保つようにと指示されていました。ところが安倍内閣ができるやいなや、この距離を3キロにしてしまったのです。これがそもそも問題の発端でした。

安倍さんは国会で語りました。

「前政権下においては、過度に軋轢《あつれき》を恐れるあまり、わが国の領土・領海・領海を侵す行為に対し、当然行われるべき警戒・警備についても、その手法に極度の縛りがかけられていたと私は承知しています。このことは相手方に対して誤ったメッセージを送ることにもなり、かえって不測の事態を招く結果になることすらあると私は判断したわけであります」

でも、3キロというのは、異常接近なんです。近代艦船は一発でも当たればたちまち燃え上がるアルミ合金でつくられているのですから、昔の鉄の軍艦のように、大砲をドッカンドッカン撃ち合うことを想定していません。

近代艦船は、相手ミサイルが飛んできても回避することを前提に、互いに遠くから攻撃し合うことを想定しているのです。攻撃されたら回避できない3キロの至近距離に近づくなど、自衛艦の行動は軍事常識を逸しています。

不測の事態を招きかねない決断

安倍さんは「強気に出れば相手が引き下がる」という思惑で、「極度の縛り」をはずして、28キロを3キロにしたのでした。

ところが中国側から自衛艦の行動を見れば、挑発と受け止めます。そこで中国海軍は「あっちへいけ」とアピールしました。それがレーダー照射です。こちらが相手の嫌がることをしたのに対し、相手はこちらの嫌がることをしたのです。どちらもやり過ぎですけどね。

相手を挑発して逸脱行為を引出し、武力反撃の口実にするのは、戦争をしたい側の常套手段です。日本政府がそこまで目論んでいるとは思えませんが、それくらい危ないことをしたということです。

安倍さんの軽はずみな決定が、これは自衛隊の挑発ではないかと「相手方に対して誤ったメッセージを送ることになり、かえって不測の事態を招く」結果となったのです。本当に危なっかしくて、こんな人に憲法を変えさせたら、たまったものではありません。

中国との話し合いを裏切った

民主党政権が28キロの距離を取れと指示した背景に、それ以前からの中国との協議があったことは、あまり報道されません。それは２０１１年の「日本中国政経懇談会」です。東シナ海の緊張緩和を目的として、日中の防衛関係者が忌憚なく話し合う「日本中国政経懇談会」という会合が30年以上も地道に続けられています。

その２０１１年会合で、自衛艦が公海上で1海里（1・8キロ）まで接近して監視していることに対し、中国側から「そういう異常接近をすると、中国も航空機を近接させるなどの対抗措置を執らなければならない」と苦情が寄せられました。「接近しあうのはお互いのためにならないから、どちらも止めようじゃないか」というメッセージです。

民主党政権は、これに応えることで、尖閣でこじれた話し合いの契機をさぐろうとしたのでしょう。

中国海軍の主張には一理あります。たとえば米空母艦隊に許可なく3キロも近接したら、レーダー照射程度ではすみません。飛行機が空母にまっすぐ向かってきたという理由で敵の攻撃と勘違いして、米軍駆逐艦がイランの民間旅客機をミサイル攻撃して撃墜した事件がありましたね。米海軍は、空母を中心になんと最長４００キロに及ぶ防衛圏を空、海上、海中に立体的に設け、その距離に応じて段階的に責任範囲と使用武器を設定しているのです。

こういった〝海の軍事秩序〟を無視した自衛艦の大胆な行動は、「中国海軍をなめている」ととられても仕方のないものですから、やられた方は「なめられっぱなしでたまるか」となるわけです。

そういった武官の特性を考慮しないで、現場を知らない勇ましい政治家が「やれ！　やれ！」とけしかけると、ろくなことにならないというのが世界史の教訓です。

安倍さんが一触即発の危機を高めた

中国の軍備増強は、日本にとっては不気味なことです。が、中国の石油輸入量はとっくに日本を追い抜いているので、日本が海上の安全を保持したいというなら、中国だって同じことです。あちらだって、日本やアメリカの都合で海上輸送を妨害されやしないか、不安なのです。それは中国にとって死活問題ですから、戦って負けないだけの力を持ちたいわけです。

中国から見れば、圧倒的に強大な日米海上戦力に少しばかり追いつこうとすれば大騒ぎしたり、そのうえ尖閣問題を絡める姿勢は、日本の身勝手な言いがかりと見えるので、問題を複雑にするばかりです。

なので、いま必要なのは互いの意図を明確にして不測の事態を防ぐ、「信頼醸成措置」なんです。ところが安倍さんのやっていることは、対抗意識を丸出しにして疑心暗鬼をつのらせることばかり。

さてしも、中国海軍はさきほど述べた米海軍の立体的防御圏システムを参考にして、今後は武備を固めるそうです。〝ひとつ間違えたら一触即発〟の危険性が、さらに高まったことになります。安倍さんの子供じみたつまらん挑発行為が中国側の過剰反応を引き起こし、火種をますます大きくしたわけで、ほんま、わからん奴は黙っとれ！　と一喝したいところです。

こんな内閣が唱える改憲がどれほど危ういか、もうこれ以上語る必要はないでしょう。

おわりに

このパンフでは、憲法理念は最小限にしてして、事実関係だけを通して安倍さんの言い分のおかしさというかアホくささを紹介してきました。まだまだタネはつきませんが、このへんにしておきます。

ここに書いたようなことは、どれも新聞やネットで調べのつくものばかりです。少し調べれば分かるはずなのに、メディアは報道しようとしません。なぜか知りませんが、安倍さん側の言い分を垂れ流すばかりです。

そうしたものだけを読んだり見たりしていると、なんだか安倍さんの言うことが正しいように思えてきてしまうでしょう。そこで改憲世論が強まっているのです。

けれども、安倍さん側の言い分なんて、この程度のものなんです。こんな人たちにしてやられるようでは、まことに情けない。これを読んで少しでも「なるほど！」「ほほお、そうやったんか」と思っていただけましたら、そのことを周りの人たちに語ってください。

改憲論を酒の肴に、アホにしてやりましょう。きっと楽しいですよ。しかもそのことが、憲法を守ることにつながるんです。ますます楽しいじゃないですか。みなさん、憲法談義をひろげましょう！　そして何が何でも、改憲をくいとめようじゃありませんか！

（2013.3.21）

安保法制賛成派の勘違い総ざらえ

安保法制賛成派の典型的な主張を検証する。

安保法制賛成派（以下「賛成派」）　安保法制の何処が問題なのか不明です。憲法違反？　集団的自衛権行使？　その他？

安保法制反対派（以下「反対派」）全部ですよ。

賛成派　日米安保は、日本の施政権内限定での集団的自衛権なので条約廃棄。また自衛隊が憲法違反だから、即時解隊。では、誰が日本を守るんでしょうか？

反対派　日本が侵略されないように自衛隊があります。仮に一朝事あらば自衛隊が日本を防衛することに反対だという政党は一つもないことをご存じですか？

日米安保は集団的自衛権を規定していないこともご存じですか？　米国にとって日本を防衛するのは集団的自衛権の行使ですが、日本は自分の国を守るのだから、たとえ共同作戦であっても個別的自衛権行使でしかありません。これは自衛隊創立以来の方針なので60年も繰り返されてきた説明ですし、国民的常識だと思っていました。

そういうことですので、あなたの疑問は筋違いの杞憂であることを指摘させていただきます。

自衛隊は安保法制によって国防に加えて海外任務まで本格的に担う事態になりそうです。限られた能力で二正面作戦を担えば、国防に回すリソースが足りなくなって安全保障を危険にさらすとはお考えになれませんか？　そういった議論なしに自衛隊を政治の道具扱いにするような法律は無責任だと思います。

賛成派　日米安保条約の前文に集団的自衛権が明記され、それを前提に条約が結ばれていると私は考えていますが、その論議はまた機会があれば。

安保法制に関して安倍首相は、活動範囲は日本周辺で遠い地域への海外派遣はしない（南スーダン等はPKO活動で安保法制とは別物）、ただし掃海活動の派遣はする（過去に自衛隊をペルシャ湾に派遣した）との答弁だったと思います。安保法制によって日本周辺以外の自衛隊の活動は、私は実際には有り得ないと考えています。

国民の安保法制賛成が増えているのは、日本周辺で自衛隊に活動してもらいたいとの期待があることが原因だと思います。

反対派　先のご質問に対する私の回答にお答えがありませんが、私の言ったことに納得していただけたのでしょうか。あなたのことではありませんが、設問を片付けないで次から次に新しい論点を繰り出して煙に巻くタイプの人がよくいるんですよ。

安保前文をちゃんとお読みなのですね。すばらしい。

それならばお気づきでしょうが、「両国が国際連合憲章に定める個別的又は集団的自衛の固有の権利を有している」のとおり、「又は」で結んでありますね。普通は「及び」で結ぶはずなのに「又は」にしてあるのは、締結国の片側の日本が集団的自衛権を憲法で否定しているからです。つまり安保法制がなくても、日本防衛に限れば日米安保の運用になんら支障はありません。

あとPKOも安保法制の中身の一つなのですがご存じありませんか？　安保法制の柱は2本です。「平和安全法制整備法」と「国際平和支援法」（PKO）。ふたつはそれぞれリンクしていますが、いわゆる「駆けつけ警護」「住民保護」は、直接的にはPKO活動を対象にしています。

地理的制約についても、私はその安倍総理の答弁に詳しくないのですが、仮にそういった答弁があったとしても、それは安倍総理のプランにすぎず、法律自体に地理的制約は記載されていませんね。そして必要なのは法律論であって、安倍総理の方針ではないと思うのですが、いかがでしょう。

賛成派　自衛隊に関しては、合憲であると考える政党もあれば、違憲ではあるが現在あるのだから活用して将来的に解隊するという政党もあり、すべての政党が歓迎しているわけではないです。

自衛隊がもし外国の軍隊と国内・国外を問わず戦闘して自衛隊員が拘束された場合は、その自衛隊員は捕虜として扱われるかどうかは、戦闘相手しだいではないですか？　日本は憲法で軍隊は持たないと明記されており、軍隊でないならば国際条約で保護されない可能性があります。自衛隊員のことを大切に思うのならば、9条を改正し自衛部隊の保持を明記すべきだと思います。

（どろ注：話をごまかしたい相手は、それ以前の中身に深入りすることを避けて、このように次々と話題をすり替えます。流されないように注意しましょう）

反対派　その存在を歓迎しないまでも、自衛隊が侵略に対処することを妨げる政党は存在しませんよね？　国民の生命のかかった緊急事態なんだからね。ですから、あなたの「では、誰が日本を守るんでしょうか？」という設問に対するお答えは一つです。国民と協力して自衛隊が守るんです。実力行使は自衛隊が引き受けます。安保法制に反対するのは日本の防衛をないがしろにすることと同義ではありません。ご納得いただけましたか？

賛成派　日米安保条約が集団的自衛権を認めていないのなら、日米合同演習は違法で、実施すべきではなく、イージス艦等をはじめとする日米の情報リンクも切断するべきです。

集団的自衛権があるから、合同演習をし情報リンクをしていると私は考えます。（どろ注：またも、はぐらかしですね）

反対派　あいにく、あなた個人のお考えで国防政策が成り立っているのではありません。わたしはあなたの個人的解釈などどうでもよいので、現実に成立している法解釈をもとにお話をしたいと思います。日本政府の法解釈は先に私が書いたとおりです。それに異論があるなら、安保法制反対派に対してではなく政府に対して抗議なりをなさるべきではありませんか？

賛成派　ＰＫＯに関しては、現在のＰＫＯには反対です。南スーダンに派遣して自衛隊員の生命を危険にさらしています。これこそ自衛隊を国内および国外の政治の道具に使っています。安保法制の大枠では賛成ですが、ＰＫＯに関しては反対です。

反対派　そうですか。私もＰＫＯには反対です。そして先に示した通り、安保法制の2本の大きな柱のひとつがＰＫＯです。一部に反対といっても、政府はそんな都合のよい言い分を聞いてくれませんよ。大枠で賛成したら全部に賛成したことになります。

賛成派　「大枠で賛成したら全部に賛成したことになる」というのは、その通りだと思いますが、しかし安保法制以前の状態で日本を守る方法は、専守防衛でしたね。専守防衛とは、他国の侵略を領土内で撃退し領土外に追い出しその後は追撃しない戦略ですね。侵略するほうは、他国に侵略しても自国領土は一切攻撃を受けないということになります。

侵略国を領土外に追い出し、追撃することができる道をつけた安保法制に反対したら、また専守防衛状態に戻ることを危惧しています。すべてが満足できる法案を求めることは無理だと判っています。優先順位の高い国防を私は重視しています。

反対派　お言葉ですが、安保法制は領土防衛に関しては専守防衛のままですよ。法案のどこに敵軍を追撃できる文言があるでしょうか。指摘できますか？　できないはずですよ。政府も専守防衛を堅持すると回答しています。

多くの安保法制賛成派にいえることですが、あなたたちの賛成している「安保法制」は、現実の安保法制とは縁もゆかりもない代物です。国防に寄与することのない軍事法制、それがありていな安保法制の姿です。

願わくば、もう少しきちんと法律の実態を理解してから賛成するなり反対していただきたいと思います。失礼ながら、あなたは勉強不足です。

賛成派　確かに日本は、現在でも専守防衛ですね。先制的敵基地攻撃で、攻撃を受けていなくても相手基地攻撃しても専守防衛ですからね。先制攻撃も専守防衛になりますからね。私の考えていた専守防衛は、自国領土またはその周辺でのみ防衛するとの古い考えでした。

反対派　また勘違いなさっています。「先制的敵基地攻撃」はいまも許されていません。

ただしミサイル攻撃については撃たれたら防御方法がないという制約があるので、相手国軍が日本を攻撃する意図が明白な場合、発射準備の段階で攻撃が発動されたとみなしてミサイルを破壊できるというのが1956（昭和31）年に確立された政府見解です（古い話です）。そしてこれは「先制攻撃ではない」というのが国際的なスタンダードです。

そういうことで、先制的敵基地攻撃はいまも許されていませんから気をつけてください。

そうはいえども、相手国軍の意図など察知できるはずがないということと、間髪入れずに敵ミサイルを破壊する手段を世界のどの国も開発できていないという点で、自衛隊の敵基地攻撃は非現実的な想定です。まあ「現実的なことはおいて、法的にはそういえる」というにとどまります。

どうもあなたのご理解は古いという以前に不正確です。しかも安保法制とは無関係です。余談はこれくらいにして、他の点についてご返答をお願いしますね。

賛成派　他国が核ミサイル等を発射準備している状態で（核保有国の核ミサイルはほとんどがその状態だと思いますが）、まだ自国は被害を受けていない状態で攻撃することは専守防衛であって先制攻撃ではなく、許されている、との考えで問題ないですか？

米国の核ミサイルが北朝鮮を標的にしていた場合は、北朝鮮が核ミサイルを米国に打ち込んでも専守防衛になり問題はないことになりますね。これは余談ですよ。

自衛隊に関しては、先ほども述べましたが合憲であると考える政党と、違憲であるが現在あるので活用し将来的には解隊するとの政党といろいろあり、すべての政党が歓迎しているわけではないです。

「国防に加えて海外任務まで」というような状態になったら、政府が当然人員や装備を増強すると思いますよ。国民皆兵制のスイスを目指すべきだと主張した社民党元党首の福島氏にお願いすれば、人員不足は解決するかも（冗談ですが）。PKOは反対です。

集団的自衛権を行使しているから、合同演習をし情報リンクをしていると私は考えます。しかし、日米安保に関して集団的自衛権を否定しているなら政府答弁を信じます。地理的要件に関しても、安倍首相は、活動範囲は日本周辺で、遠い地域への海外派遣はしないと答弁していますので信じます。日米安保は政府答弁を信じ、安保法制は政府答弁を信じないなら矛盾します。あと返答することがあれば教えてください。

反対派　安倍首相が日本周辺に限るという答弁をした記録はないでしょう？　むしろ地理的要件を外して、日本の危機ならば専守防衛の範囲だと強弁したではないですか。事実を確認しましょう。

それに安倍首相は未来永劫首相ではありません。いつかは他の誰かが首相になります。安倍首相がなんと言おうとその時に新しい首相が「法律にはないからアフリカにも南米にも派兵できるのだ」と言いうる余地があるのが問題なのですよ。

賛成派　あなたがおっしゃっている地理的制約って、自衛隊を他国の領土に派遣するってことですか？　安倍首相は衆院本会議で答弁しています。

- 武装した部隊を他国の領土に派遣する海外派兵はしない。
- ただし機雷掃海は他国の領域でも行うこともある。

さっき「遠い地域への海外派遣はしないと答弁し」たといいましたが、正確には「他国の領土への派遣」でした、この部分は訂正します。

安倍首相は遠い地域どころか他国の領土（周辺国も含む）には、武装した部隊を派遣しないと明言しています。安倍首相以後の政権が、海外派兵をするかもしれないとあなたは考えているみたいですが、そのような政権を国民が選挙で選ばなければよいだけです。もしそのような政権が誕生したらそれは、選んだ国民が悪いのです。

反対派　「米国の核ミサイルが北朝鮮を標的にしていた場合は、北朝鮮が核ミサイルを米国に打ち込んでも専守防衛になり問題はないことになりますね」という〝余談〟についてですが、米国は北朝鮮にミサイルを向けていますが、攻撃の意図があるのですか？　威嚇または攻撃抑止の目的でしょう。明白な攻撃の意図がない相手を先制攻撃するのは侵略です。

歓迎しようがしまいが、侵略されたら自衛隊が戦うことに反対する政党はない、と申し上げております。肝心なのは実際的政治姿勢であって内心は関係ないのですが、あなたは何がおっしゃりたいのでしょう？　対米戦に昭和天皇は内心で批判的で、しぶしぶ賛成したそうですが、それが問題だとでも？　安保法制をなくしても侵略に自衛隊が立ち向かうことに変わりないので、防衛問題と安保法制が無関係なのはご理解いただけたのでしょうか？

ご自身が引用なさった安倍総理の答弁をよくお読みください。「他国領土に武力行使の目的をもって」という前提つきです。「武装部隊を送らない」ではありません。安保法制以前にも、ＰＫＯではない武装部隊派遣の実績があります。イラク派遣がそうでしたし、現在はソマリア沖の海賊対策のためにジブチに海上自衛隊が派遣されています。こういうことがこれから許されないなどという解釈は誰もしていません。あなただけです。

安倍総理が「武力行使の目的を持たせない」というのは戦わないということではありません。「任務の防衛のための武器使用は武力行使に当たらない」というのが政府見解です。私は実にお粗末な詭弁だと思います。

武器使用と武力行使は国際的には同じ行為を指します。こんなものは言葉遊びにすぎません。

はじめから防衛目的以外の武力行使を目的に武装部隊を送れば、それは普通に侵略といいます。安倍総理は侵略戦争はしないと言っているにすぎず、実際上は何の歯止めにもなっていません。

たしかに戦争する内閣を選んだらそれは国民のせいでもあるでしょうが、あなたの例でもわかるとおり、国民は必ずしも正確に理解して支持しているわけではありません。

詭弁を用い、わざと分かりにくく目くらましして重大な憲法解釈変更を行うような政府は、民主主義的政府とはいえないと私は思います。だます側とだまされる側なら、だますほうが悪いに決まっています。

しかし残念なことに、こういった正確な情報をメディアが流さなくなっています。政権側の恫喝のせいです。こんなやり方は許されない。そう考えて私は大反対しているのです。ご理解くだされればありがたいと思います。

長い対話になりましたが、ご返答頂いていない点を列挙しますね。

---

①安保法制をなくしても従来通り自衛隊が国防の任に当たることに変わりないことはご理解くださいますか？

②有事に当たって自衛隊が戦うことに全政党が賛成しているので、安保法制の是非と国防は無関係である点は分かってくださいますね？

③安保条約は日本の集団的自衛権を前提とせずにこれまで運営されてきたのだから、日本を守るだけならこれまでどおりで何の支障もないことをご理解願えますか？

以上の点に納得していただければ、安保法制など安全保障のためには不必要であることがお分かりいただけると存じます。

そして以下の点について危惧している私たちの意見も一理あるとご理解いただけるはずです。

④安保法制が本格的に実施されれば、あなたが反対だと仰るPKOに自衛隊が積極的に参加して戦うことになります。つまりいま欧米が陥っている泥沼に足を踏み入れることになります。

⑤武装部隊の海外派遣が本格化します。

⑥武力行使と武器使用は異なる、などという詭弁で自衛官が生命をかけることになります。

⑦「武力行使を目的としない武装組織の派遣」というのは、「こちらから望んで戦うことを目的に自衛隊を出すことはしない」といっているにすぎず、端的にそれは「侵略戦争をしない」というだけであって、この程度の言い分なら大日本帝国が軍を派遣したときも同じことを語っていました。

安保法制とはこういうものだから、自衛隊内部の批判も強いのです。「お花畑サヨク」をからかって遊んでいる場合ではないのです。ご理解くだされば幸甚です。（2016.3.23）

「限定容認論」のまやかし

「集団的自衛権の行使は限定容認」であると、礒崎陽輔首相補佐官が強調した。

「日本が危ない時だけに限られます」

「国際法上の集団的自衛権であり、我が国の安全保障に関係ないものは行使できません」

あとから何とでも言い訳できる説明の典型だ。

さあて、言い繕いの手口は――

①閣議決定されたものではない総理補佐官の個人的見解をもって、内閣の行動を制約できるものではございません。（信じたあんたがバカなのよ）

②同盟国である米国への攻撃は、我が国の安全保障に関係するものであります。ゆえに、米国への攻撃はただちに集団的自衛権行使の根拠となると考えるのが相当であります。（ウソはゆーとりまへんで。あんたが誤解したのはあんたの責任）

③「日本が危ないとき」というのは、必ずしも我が国に対する直接的脅威のみを指すのではなく、間接的脅威も含むと解するのが相当であり、国際法の見地からも……うんたらかんたら。（議論なんか藪の中に持ち込んでしまえ。こんにゃく問答し

てる間に、既成事実を積み上げるのさ。てへぺろ）

あと、具体例として「朝鮮有事があれば、オーストラリア軍を支援することはあり得る」と述べた。まぎらわしいけど、これは「集団安全保障」の話。「集団的自衛権」とはまた別のことだ。めくらましに誤魔化されないようにね。（2014.4.29）

あきれ果てた「日本人なら勉強しろ」発言

自民党の高村副総裁「日本人なら勉強しろ」

「地方議会であっても、日本人であれば慎重に勉強してもらいたい」

自民党の高村正彦副総裁は27日〔2014年6月〕の記者会見で、岐阜県議会と那覇市議会で自民党議員が集団的自衛権の行使を容認する憲法解釈の変更を批判する意見書を提出、可決されたことを批判した。

高村氏は「いまだかつて一つの閣議決定に当たり、これだけ慎重にやったことは私の経験では知らない」と強調。さらに「自国の存立を全うするため必要な自衛の措置をとることを憲法は禁じていない」とした昭和47年の自衛権に関する政府見解に言及し、「この見解を出したときも与党の事前了承はなかった」と述べ、丁寧な議論を積み重ねているとアピールした。

岐阜県議会は24日、「慎重な検討を求める」意見書を、那覇市議会は20日に「安倍内閣への抗議」の意見書をそれぞれ可決した。（産経ニュース　14年6月28日）

いやはや、呆れ果てたものだ。自民党副総裁ともあろう人が、こんな詭弁を弄するか。「日本人なら勉強しろ」だと？お前が勉強しろクソバカやろう。

てか、身内の自民党からの批判に「日本人なら……」なんて逆ギレする感性がもうどうしようもなくダメダメなんだが、手続き論としてもなってないという、政治のプロ失格の話なんだよなあ。

なぜ詭弁なのか。それは「政府見解」というものについて無茶なことを言っているからだ。

「政府見解」は行政機構総体の意思表明なので、出すには閣議決定が必要だ。昭和47〔1972〕年の閣議決定にあたり与党〔自民党〕の了承なんか得ていないのだから、それに比べたら今回は与党〔公明党〕の了承を得るために頑張ってるじゃないかと言いたいようなのだが、ほんっとーに下らない屁理屈だ。国民を馬鹿にしているのではないか。

閣議決定には2種類ある

「閣議決定」というものについて、よくご存じない方もおられるだろうと思い、ここで簡単に書いておく。

閣議決定には2種類ある。

ひとつは、法律案や予算案などを国会に提出するにあたり閣議で意思を統一する、文字通りの閣議決定。集団的自衛権に関する憲法解釈はこれにあたる。

もうひとつは、国会議員の質問主意書に対する文書答弁。答弁書は行政機構総体の意思表明とみなされるから、閣僚の意思一致、すなわち閣議決定が求められる。

だけれども、言っちゃ悪いが、答弁書には下らないものもある。たとえば、安倍総理が官邸に住まないことについて「幽霊の噂は事実か。首相が公邸に引っ越さないのはそのためか」という下らない質問を民主党議員が文書で出したことがある。アホかいな。しかし質問主意書で出されたので、バカバカしいと思っても政府は規則に従って答弁書で回答する義務がある。そこで「幽霊は出ません」という閣議決定をしたわけだ。

頭の痛くなるようなやり取りだが、こういった閣議決定は、軽い。法律的には同じ重みを持つけれど、ここでいう軽さは法的軽さでなく政治的な位置づけが軽いということだ。

昭和47年の自衛権に関する政府見解（閣議決定）とは

話を戻す。

高村さんのいう「昭和47年の自衛権に関する政府見解」も、ふたつの閣議決定のうち、後者に属する。文書で質問されたから文書で回答したというだけのことだ。

で、その内容は、「自衛隊は憲法に違反していない」という答弁。質問の18年も前から存在する自衛隊について、憲法に違反していないと答弁するにあたり、なんでいまさら与党にお伺いを立てる必要があるのか。それまでさんざん議論されてきたことを、もう一度述べただけだ。

こんなものと、現今の集団的自衛権にかかわる議論を同列におけるはずがない。まったく重みの違うものを一緒くたにして何が言えるというのか。

こうした人を食ったような見解を述べて、偉そうに「日本人なら勉強しろ」とまで言い放ったことに対し、なぜメディアはその場で突っ込まないのだろう。記者のレベルが低くて突っ込めなかったのか、それとも内心で苦笑しながら茶坊主の役割を忠実に果たしているのか。

なんかもう、いろいろな意味で劣化としか表現しようのない現状に、朝からカリカリしているのであります。（2014.6.28）

露呈した安倍内閣の危機管理能力

アルジェリア東部イナメナスの天然ガス関連施設で起きたイスラム武装勢力による人質事件で、事件発生翌日の17日、日本人を含む外国人の人質が武装勢力によって施設のプラント区域に向けて複数の車で移送される際、国籍別に車に分乗させられていたことが分かった。人質となった「日揮」スタッフのフィリピン人男性3人が25日、アルジェで読売新聞に証言した。日本人の人質は、移動の車列の先頭の車に乗せられていたという（読売オンライン　13年1月26日）。

人質は国籍別に車に乗せられたと書いてある。どうやって国籍別に分けたのだ？　国籍別に分けられたことを、なぜ他の人質が知っているのだ？　それは、ゲリラが「日本人出ろ」とか「フィリピン人出ろ」、「アメリカ人出ろ」と命令して選別したからだと見るのが合理的だ。つまり、日本人だけを特別扱いしたのではない。

記事には情報誘導の匂いがするなあ。

ところで、このニュースに対して、「テロから国民を守るために憲法9条の制約をなくそう」という声があがっているが、ちょっと待った。

被害に遭ったのは日本人だけじゃないぞ。他国人も殺されている。9条があろうがなかろうが、ゲリラにはどうでもよいのだ。憲法9条の制約をなくしたらテロに合わないなんてことは、あり得ない。そもそも外国人を狙ったテロでいちばん被害を出しているのは、世界最大の軍事大国アメリカの市民じゃないか。

自衛隊を救援に差し向けられないのが情けないという意見もあるが、これも見当違いだ。いったい、どこの国がアルジェリアに軍を差し向けたというのだろう。米軍も英軍も動いていない。てか、動けなかった。

当然だ。アルジェリアが狙われた理由は、フランス空軍機の上空通過をアルジェリア政府が許したからだ。それなのに地上軍まで受け入れたらどうなるのか。事件はますます飛び火して、制御不能に陥るではないか。地上軍や自衛隊の派遣などアルジェリア政府が受け入れるはずがないし、各国もそれを分かっているから軍を送らなかった。

そういった状況を見ないで勇ましく吠えている改憲派って、どこまで平和ボケしているんだろう。日本人が多数殺される痛ましい事件さえも改憲論議に利用する根性も腐っていると思う。

で、その犠牲者だが、本当に不可避だったのだろうか。

ペルー公邸人質事件と較べてみよう。

ペルー公使館がゲリラに占拠され、多数の日本人が人質にされたとき、当時の橋本龍太郎総理は外務大臣に直ちに現地入りを指示した。池田外相が現地に向かったのは事件翌日だった。

アルジェリア事件はどうか。安倍総理は最後まで外相を派遣しなかった。特使を派遣したのはアルジェリア軍が突入した3日後だ。なんだろう、この呑気な危機管理対応は。

ペルー事件のとき、ペルー政府は短時日で強行解決することを考えていたが、外相の説得で強攻策が延期になったそうだ。そのため、特殊部隊は作戦準備の時間を手にいれることができた。トンネルを掘る一方、公邸とそっくりな建物を造って何度もシミュレーションし、秒単位で作戦を練って訓練し、大成功したのだ。

アルジェリア事件で、安倍さんは電話で人命優先をお願いしただけだ。まあアルジェリアはペルーと情況が違うから、たとえ外相が飛んでいったとしても、やはり強攻策をとったかもしれない。しかしそのことは、安倍さんが機動的に対処しなかったことの言い訳にはならない。

外相は強攻作戦のあとも、記者会見で現場が首都から1000キロも離れているから情報不足だと言い訳していた。アルジェリア大統領は現場にいたのか？　首都で指揮してたんだよ。現場まで遠いことがアルジェリア大統領に会いに行かなかった言い訳になるのか？

こんな危機管理能力ゼロの人たちが、軍事力頼みの意見ばかり発信するのは、ある意味で恐ろしいことだ。安倍さんはもっと非難されてしかるべきなのに、どのメディアも沈黙しているのは、なぜなんだ？　不思議な時代だなあ。（2013.1.27）

大本営の轍を踏むな！

「自衛隊運用、制服組に移管　文官部局廃止へ　来年度にも」

（朝日新聞　13年7月18日）

自民党は大本営の過ちをまた繰り返したいのだろうか。大日本帝国政府は、統帥権を軍人に奪われてしまい、金は出すが口を出せないスポンサーに落ちぶれた。結果、軍の暴走を許した。

記事は言う。


軍隊の運用は、専門性が高いうえに迅速な対応を要求されることなどから、軍が一元的に扱うことが、世界各国で

——は一般的となっている。

おいおい、いい加減なことを言うなよ。

たとえば自民党の好きなアメリカ。大統領と国防長官が文民なのは、まあ日本と一緒。だが5人の国防副長官も全員が文民で、しかも議会の指名が必要だ。国防副長官が担当するのは、軍事教練、国防計画、物資管理、会計、政策評価。ほとんど軍事計画全般に及ぶ。こうして文民グループが軍の首根っこを押さえているのだ。

米国の文民は好戦的だから軍を侵略的に用いているが、平和主義的な政府になれば軍を抑制できる。そうする権限を文民が握っているのだ。これが当たり前の文民統制であって、「軍隊の運用は、専門性が高い」などという理由で、自ら統制権限を手放すバカは自民党だけだ。

大日本帝国だって、はじめから軍の独立を許していたわけではない。悪名高き大本営は、当初はただの臨時作戦機関に過ぎなかった。設置根拠は、基本法ではなく、一片の条令である。だが軍事作戦に政府は関与するなという理屈で、大本営には総理も議会も口出しができなかった。それをよいことに軍は軍政も軍令も大本営に集中させ、強大な独立権限をもつ組織に育ててしまったのだ。条令で設置された機関が、後に国政全体を牛耳る怪物になってしまった。文民統制をはずすというのは、恐ろしいことなのだ。

本当に安倍は何も分かっていない。

（2013.7.18）

軍事オタクが何を「覚悟」するというのか

> 自民党の石破茂幹事長は5日のテレビ東京の番組で、アフガン戦争で集団的自衛権を行使した国の軍隊が多数の死者を出したことから「日本にその覚悟があるか」と問われ、「政治が覚悟しなきゃいけない。内閣が吹っ飛ぶからやめとこうというのは政治が取るべき態度ではない」と述べた。
> 石破氏は2004年の防衛庁長官時代、自衛隊をイラクに派遣した例を挙げ、「自衛官は危険を顧みないとの誓いをしている。危険だからやめようということがあってはならない」と述べ、政治の役割として「そうならないようベストを尽くす」と強調した。（朝日新聞　14年4月5日）

こういうことをたかが軍事オタクに言われることにムカつくんだよなあ、元隊員としては。

いまも暗唱できる自衛官の宣誓——「私はわが国の平和と

独立を守る自衛隊の使命を自覚し……」

この国を侵略から守るために命を賭して戦うことについては、自衛官全員が覚悟している。そのために入隊するんだから。しかし、政治家の都合で日本と無関係な戦争に参加することにまで同意した覚えはないはずだ。

石破は自衛官に「貴様ら宣誓しただろ、死ぬ決意をしろ」と言う。その決意が信用できないってんで、有事の際の逃亡罪・最高刑死刑を軍法で定め、非公開の軍法会議で裁くと、去年言明した。

ご本人は自衛官じゃないから、自分には絶対に適用されない法律なんだよね、これ。自分に適用されないのに、何を「覚悟」するってんだよ。他人が死ぬことを覚悟するのか？ かたっぽは死ぬんだぞ、もうかたっぽはそれで議席を失う覚悟だってかい。それは平等な覚悟なのか？

サダム・フセインは「最後の一兵まで戦え」と命令して逃げた。牟田口廉也、富永恭次、辻政信……大日本帝国陸軍にもそんな高級将校が掃いて捨てるほどいた。

人の命を弄び、武力をおもちゃのように取り扱う貴様ら権力者に、大切な自衛官の命を好き勝手にされてたまるか。

(2014.4.6)

石破茂が書いた不誠実な安全保障論

石破茂著『日本人のための「集団的自衛権」入門』(新潮新書)を、溜息つきつつ読んでいる。

これが政権随一の安全保障通の書いた本なのだろうか。これで最高峰なら、自民党には、これ以下の議員しかいないことになる。頭の痛くなる話だ。

軍事知識がどうのこうのではない。それ以前の問題だ。たとえば、次の文章を読んで違和感を抱かない人がいるだろうか。

日本は集団的自衛権の行使を可能とすることによって、改めて真正面から我が国の独立と平和、そして地域の平和と安定のために果たすべき役割を、直視することになるのではないでしょうか。

「なぜここに米軍基地があるのか」「なぜここにこんな部隊が展開しているのか」といったことについて、建前はともかく、本音でどこまで突き詰めて議論してきたでしょうか。

「なぜここに米軍基地があるのか」「なぜここにこんな部隊が展開しているのか」という議論が、日本になかったというのだ。

おいおい、おふざけもたいがいにしよう。沖縄県民は、「なぜここに米軍基地があるのか」「なぜここにこんな部隊が展開しているのか」という一事を昔から今まで、延々と訴え続けているのだ。

彼らがいったい何をこれまで訴えてきたと石破さんは思っているのか。国会で交わされてきた議論は何だったのか。まさに、「なぜここに米軍基地があるのか」「なぜここにこんな部隊が展開しているのか」ということではないか。

安保条約を変更のできない与件として固定化し、批判する議論に極端な拒否反応を示して封殺してきたのは、あなた方ではないか。

自分のことを棚に上げて、何を他人事みたいなことを書いているのか。こういった不誠実なことをとくとくと述べて、よくも恥ずかしくないものだ。

集団的自衛権が行使できなくても、沖縄県民は基地被害の経験から、「この基地は何のためにあるのか」と問いただされねばならなかった。

石破さんは防衛大臣として、その声を真っ向から聞くべき立場だった。

その立場を忘れたかのように、日本人よ考えろと大上段に振りかぶる前に、自分が胸に手を当ててじっくり考えろといいたい。

現状では、米軍を置くのは条約上の義務です。しかし仮に日本が集団的自衛権を行使できる、ということになれば、在日米軍は条約義務として置くものではもはやなくなり、ようやく「この基地は何のためにあるのか」という議論ができるのです。

開いた口が塞がらない。

あなたはほんとうに軍事同盟というものを調べたのかと、ほとほとあきれた。

アメリカと相互防衛条約を結んでいるＮＡＴＯ諸国は、集団的自衛権にもとづいて、イラクやアフガンで米軍と共同軍事活動をした。

ではこれらの国々は、国内に米軍基地を置く義務を負っていないとでもいうのか。ヨーロッパ各国は、条約上の義務があるから、置きたくもない米軍基地を置いているのだ。

集団的自衛権を行使できれば、基地提供が条約の義務でなくなるかのごとき議論は、実態からかけ離れたペテンである。

義務といえば、日本は他国の条約に比べて「全土基地方式」という特殊な取り決めを結んでいる。米軍が要求すれば、国内のどこであれ、基地として提供する義務があるのだ。このような一方的で従属的な関係は他に例を見ない。

こんな条約がおかしいという議論は、国民の中に渦巻いていた。だが、国民の大反対を押し切って、まともな議論を封殺して、このような屈辱的条約を強行したのは、いまの自民党に繋がる勢力ではないか。

石破さん、あなたの大先輩ではないか。

60年安保を知らないのか。

そして条約を押し通したあと、安保条約に反対する勢力を根絶やしにするため、職場といわず、労働組合といわず、弾圧し、隔離し、国会で孤立させるという手段を弄してきたのが、自民党政権ではないか。

国民意識を眠らせることを目的に、議論の存在をメディアから隠し続け、排除してきたのはあなた方ではないか。

その歴史をなかったことにして、いまごろ集団的自衛権のせいにしてんじゃないよ。

と、たった数行の記述について、これくらいのツッコミが思い浮かぶ。こういったトンデモ話が、次から次へと表れるのだ。頭が痛くなる本だという意味が、少しは伝わっただろうか。

しかしこんなトンデモを持ち上げて、あたかもまともな議論であるかのように扱うメディアがいて、国民もミスリードされ、誤解している現状がある。

(2014.4.28)

「駆けつけ警護」というペテンから戦争が始まる

国会で自民党の小野寺五典元防衛相がいわゆる「駆けつけ警護」の必要性を訴える質問をしていた。聞いていて苦々しい思いがした。

1964年8月、米海軍は、北ベトナム沖のトンキン湾で北ベトナム軍の哨戒艇からアメリカ海軍の駆逐艦が2度に渡って攻撃されたと発表した。これをきっかけに、アメリカは本格的にベトナム戦争に介入、北爆を開始した。アメリカ議会は上院で88対2、下院で416対0で大統領支持を決議をした。

しかし、『ニューヨークタイムズ』が、いわゆる「ペンタゴン・ペーパーズ」を入手、真相を暴露した。事件はアメリカ政府が仕組んだものだった。

1度目の武力衝突はアメリカ海軍の同士撃ちだった。

2度目の攻撃は、事件そのものが存在しなかった。

報道は1971年。

アメリカ政府が真実を公式に認めたのは2008年だ。

ベトナム戦争の民間人死者150万人、推定戦死者117万人、行方不明者60万人。

真相がわかっても、後の祭りだ。死んだ者は二度と帰ってこない。だまされて戦った兵士だってつらいだろう。

こういった事例はあまたあるが、攻撃を命じたものが責任を取ったためしは一度もない。

事が起きる前に食い止めなければ。

(2015.6.18)

公海航行ルールについての自民党の無知

領海侵入に自衛隊出動＝尖閣警備で新法検討――自民

自民党は11日、沖縄県・尖閣諸島周辺の警戒強化を目的に、自衛隊に領海警備の権限を与える「領海警備保全法」の骨子案をまとめた。

領有権を主張する目的で日本領海内に侵入し周回する外国船に対し、海上保安庁と連携して退去を要請。応じない場合の武器使用を認めた。（時事通信 2013.6.12）

自民党は国際法を知らんのか。

領海は領空と違い、そこに入っただけでは「侵犯」とか「侵入」にあたらない。敵対行動や違法行為をしない限り、外国艦船には「無害通航権」があるのだ。領海に入っただけで追い出す権限など、どの国も持っていない。

自衛艦だって他国の領海を通っているじゃないか。

そうしなければペルシャ湾を抜けられない。

ま、こんな馬鹿馬鹿しい議論など、内閣法制局がたしなめておしまいだろう。

しかし諸外国に対して、悪い印象を与えるのは間違いないな。

「日本の新しい政権は、国際常識さえない議員が動かしているのか。これでは中国と日本の紛争も、日本の言い分だけ聞いてちゃいけないかもな」とね。

(2013.6.12)

日本はPKOに積極的に参加すべきか

ある高校から、「日本がPKOに積極的に参加するのは是か非か」というテーマで話してほしいと求められた。与えられた時間は50分。いま考えているメモを公開しておきます。とりあえず言いたいことをまとめたけど、半分ぐらいに削らないとだめです。やー、大変だ。タイトルは『日本はＰＫＯに積極的に参加すべき　是か非か』

なぜＰＫＯに参加するのか

日本がＰＫＯに参加する目的は何でしょう。

防衛白書や防衛大綱の考えをまとめていえば、テロの脅威から世界の平和を守るためです。

しかしこれだけでは、ＰＫＯに参加する理由を語ったことになりません。

テロの脅威から世界を守る取り組みはＰＫＯだけではないからです。

世界の平和と安全を守る国連活動は、大きく分けて７つのカテゴリーがあり、ＰＫＯはそのうちのひとつにすぎません。

- 紛争予防
- 平和維持
- 平和構築
- 選挙支援
- 開発による平和構築
- 平和のための行動
- 軍縮

ＰＫＯ参加は国際貢献の前提ではなく、多くの選択肢の一つです。

テロの脅威から世界を守るという目的が正しくても、そこからただちに日本がＰＫＯ参加拡大に特化したアプローチをすべきだという結論は導けません。

世界にはさまざまな国があり、国柄も置かれている状況も異なります。すべての国がみな同じことをしているのではなく、それぞれの特性に合わせた国際貢献を選択しています。

ほかのカテゴリーに力を注ぐのがより合理的ではないかという視点が必要です。

ＰＫＯとは何か、その問題点は何か

ＰＫＯ参加の是非を考えるには、ＰＫＯとは何かを知らなくてはなりません。

外務省の説明と、国連の説明にはずれがあります。

外務省の見解は古いので、国内論議にとらわれていては正しいアプローチができません。

現在のＰＫＯは積極的武力行使のフェーズに移っています。住民保護のために武力行使すべきだという見解が確立しているのです。

この新しいＰＫＯ任務には問題があります。

問題点①中立性・公平性・公正性

住民を襲うのはゲリラだけではなく、政府軍も同じことをしています。

国連ＰＫＯ部隊が住民を守るためには、政府軍にもゲリラにも等しくあたらなければなりません。

しかしそれができないのです。

ＰＫＯ部隊を派遣できるのは、派遣先の政府が受け入れてくれる場合だけです。

「政府のすることを妨害するなら出ていけ」と言われると、ＰＫＯは立ち往生してしまいます。

住民を苦しめるのは悪ですが、ＰＫＯは国の悪に弱く、ゲリラの悪にのみ強いのです。

こういったバランスの悪さが、国連の中立性・公平性・公正性を傷つけており、紛争を抑止できない要因の一つになっています。

問題点②ＰＫＯが特殊化しすぎている

国連の強みは中立性・公平性・公正性にありました。中立であってこそ紛争当事者双方の信頼を得られるからです。

ところがＰＫＯから中立性が失われました。

こうしたことから、ＰＫＯと、ＰＫＯ以外の国連の平和・安全政策が両立できなくなっています。

ＰＫＯに参加して武力行使をしてしまった国は、その地域で紛争予防や平和構築活動をしようとしても、信頼が失われているので活動困難なのです。

ＰＫＯ以外のアプローチの仕方を確かめる

国連の平和活動は7つあり、ＰＫＯ以外の活動は6つです。

その分野で日本がこれまでどんな活動をしてきたのか、4つの事例で確かめます。

1 アフガニスタンの緑化事業（開発による平和構築）

米軍やＮＡＴＯ軍が何千人も戦死者を出して撤退したアフガニスタンで、いまも多くの日本人が非武装で働いています。

砂漠を緑に変える事業に取り組んでいるのです。

ＪＩＣＡ（独立行政法人国際協力事業団）の活動は戦争中も継続していましたが、ただの一人も襲われていません。

現地の住民から歓迎されています。ということは、タリバンゲリラも手出しできないということです。

砂漠が緑に変化している写真には、いつも会場から「おおっ」という声が上がります。

2 フィリピン・ミンダナオ島の紛争調停（開発による平和構築）

フィリピン政府軍とモロ・イスラム解放戦線の、45年間の死者20万人という激しい独立戦争。

この紛争を終わらせ、包括和平協定調印にこぎつけた、日本の10年にわたる平和アプローチを紹介します。

学校建設や地道な生活改善の取り組みを通じて信頼をはぐくみ、キリスト教徒とイスラム教徒の和解をもたらしたのは、非武装の日本人たちの働きでした。

3 チュニジアの選挙協力成功（選挙支援）

アラブの春をやった諸国の中で、2015年2月、ただひとつチュニジアだけが、平和的に新政権を発足させました。

それは、憲法制定議会選挙と新憲法制定、新憲法のもとでの大統領選挙、大統領が命じた新議会選挙というプロセスがすべて公平かつ公正に行われたと国内各勢力が認めたからです。

この選挙プロセスを援助したのは日本でした。

「国際機関を入れず、日本だけに選挙協力をお願いする」と言わしめたのは、日本の援助の質の高さと公正さを示して余りあるものです。

4 国連武器管理協定の実現（紛争予防）

国際人権団体アムネスティが「世界の人権の歴史上画期的な成果」と評価した『国連武器貿易協定』が、2014年12月に発効しました。

その下地となった『国連武器管理協定』ともども、提案国の中心は日本です。どこの国がやっても失敗続きだったのに、ただひとつ日本だけが成功させた理由を、「武器輸出禁止三原則が信頼された」と外務省の高官が述べています。

このほかにもたくさんの成功事例があります。

結論

日本の平和貢献活動は、日本が外国に干渉せず、武力行使と無縁で、武器貿易をしていなかったから成功しました。

これは日本だけが有している特徴です。なぜならば、日本は憲法第9条を持っているので、こうしたアプローチしかできないのです。そしてこのことが多くの国々の信頼を支えています。

ＰＫＯに積極的に参加することは、これらの成功の土台を失うことを意味します。

これらの成果をすてて、必ずしもうまくいっていないＰＫＯに参加することに意味があるのでしょうか。

うわあ、絶対に50分では終わらないよ！　どうしたもんだか。レジュメを書きたいんですが、本当に迷ってしまって書けないでいます。頭休めにコーヒーでも飲んでくるかな。

(2015.9.10)

中国の南シナ海進出問題について考える

昨日の「自衛隊を活かす会」は面白かった。テーマは南沙諸島問題。これまででいちばん議論が噛み合ったのではないかな。気になったのは元海将・太田文雄さんの考え方だった。太田さんは言う（あらまし）。

日本は国際社会の意思を知らなくてはならない。

米国は、中国が主権の範囲だという海域に海軍艦艇を送る「航行の自由作戦」を実施し、中国による公海の囲い込みを認めない行動をとった。

オーストラリアも対潜哨戒機を飛ばすことで、そこが中国のものではないことを現実をもって知らしめる活動をしている。オーストラリアがそれをする理由は、弾道ミサイルだ。中国本土から豪州大陸まで届くミサイルはないが、南沙諸島にミサイル基地を置けば豪州が射程内に入るのだ。

日本にとって南沙諸島はどういう意味を持つのか。南沙諸島はオイルロードだ。日本のライフラインだ。ここに軍事基地などつくられたら日本のエネルギー輸送路の安全が脅かされる。

また南シナ海で中国の行動を許せば、それは必ず尖閣列島のある東シナ海と連動する。尖閣のみならず、沖縄までも中国は日本の主権を認めないと言い始めている。

海はグローバルコモン（世界の公共財産）だ。中国の身勝手な振る舞いを許さない国際社会の一員として、日本も行動すべきだ。日本は、南シナ海で活動するアメリカ海軍艦船を防護すべきだ。

以上が太田さんの意見のあらましだが、どうにも納得できなかった。

戦略目標はなにか

分からなかったのは、戦略目標だ。

その軍事行動で達成すべき目標は何か。中国にどんな行動を求めるのか。「現状は認めるがこれ以上の現状変更を許さない」という抑止なのか、「これまでの現状変更は不当だから原状復旧しろ」という撤退要求なのか。

目標をはっきりさせないと、戦略が立てられない。やみくもに軍事行動を起こせばどうにかなるというものではないはずだ。

中国に撤退しろというなら、環礁の領有を不当だといわねばならないが、それはどういった国際法を根拠にそういえるのか。中国を撤退に追い込める道筋はあるのか。一戦交える覚悟なのか。

抑止なら、サンゴ礁の領有はよいが軍事基地建設は認めないというのか、そういった主権制限にまで日本は踏み込むのか。

それとも国際法にもとづいてサンゴ礁の周りに領海を設定することを認めないという立場なのか。そうすると環礁を埋め立てて軍事基地をつくりつつある中国の行動を認めてしまうことになるが、それでよいのか。

こういった戦略目標の話が皆無だったのがとても気になった。

戦略目標の正当性の担保

南シナ海問題は多国間問題だ。中国にのみ譲歩を要求するということでよいのだろうか。中国の領有が不当だというなら、フィリピンもベトナムも同じことだろう。

中国の場合、南沙諸島がかつて台湾高雄市の管轄地域だったという法的根拠がとりあえずはあるのだが、フィリピンとベトナムは歴史的にそこを領有したことが一度もないのだ。その両国の支配を認めるのに中国に認めないのは、ダブルスタンダードで筋が通らない。

ではフィリピンやベトナムにも同様の要求をすべきなのか。こういった点についての説明が一切なく、中国の脅威を述べて諸外国と共同作戦せよというばかりでは説得力がないと思う。

中国の脅威はどの程度に真実なのか

細かい問題としては、オーストラリアは本当にミサイルを気にしているのか。

中国はすでにミサイル搭載原子力潜水艦を保有しているのだから、いつでもオーストラリアを攻撃できる。いまさらミサイルの射程を気にするだろうか。

中国が実効支配したのは水の出ない環礁だから、常駐するのは大変だ。埋め立てはしたけれども、津波が来たら洗われてしまうような人工島だ。脆弱性は隠しようもない。発射装置を移動して欺瞞することもできないこんな狭いところに、剥き出しの長距離ミサイル基地を置くだろうか。それは夢想ではないのか。

　オーストラリアの監視活動は、中国の軍事力が距離的に接近することに対する警戒でもあろうけれど、いつもやっている対米協力の範囲内かもしれない。

　どうも話が盛られている印象を受けた。

　さらに、アメリカ海軍は自衛隊が守らなければ自己防護できないような弱い存在なのかということ。そんなことはなかろう。アメリカ機動艦隊は世界で最も自己完結能力の高い部隊だ。スーパータスクフォースだ。護衛艦が何隻か加わることにさほど意味があろうとは思えない。

日本は軍事的対決路線に進むべきではない

　私は中国を敵視するより、むしろ中国を国際的協働のパートナーとして引き入れ、公海を世界の公共財産として共同で治安を守ろうと呼びかけるのがよいと思う。国際の平和と安全の中で、中国は経済的発展を遂げてきた。それを失って困るのは中国自身だ。

　一方的な主張で現状変更しようという中国の強圧的な外交と軍事的冒険路線を黙視することはできないし、平和的な話し合いだけで譲歩を得るのは困難だから、中国の目論見は成功しないと思わせるだけの軍事的圧力が必要には違いない。

　しかし、軍事的対決だけを解決策とする元海将の選択は危ういと思い、質問した。

　自衛隊が出ていくことでむしろ中国は妥協しづらくなるのではないか、直接的に関与するのではなく、局外中立の立場で、他の中立諸国とともに南シナ海を法治の海にしていく環境づくりに努めるのがよいのではないでしょうか。

　これに対する太田元海将の回答は、「日米両国の海上戦力が合同すれば、中国を封じ込めることができる」というものだった。問いと答えが合致しないのが残念だった。　（2015.12.23）

腐敗防衛官僚よ、恥を知れ！

守屋武昌《たけまさ》（防衛庁防衛局長）。この人、十数年前から２００回以上、平日の昼間もゴルフしてたんだね。業者のおごりで。

イラクの砂漠で自衛官が命を狙われながら働いてたとき、この人は仕事中にゴルフしてたんだ。自衛隊に「行って来い」という命令を作成したのも、派遣要綱をつくったのも、この人だよね。全国の派遣隊員の家族が心配で夜も眠れないときに、この人は赤坂の料亭で宴会ですか。ただで。ふうん。

仕事のことを質問されると、「忘れました」と答えたね。わずか2年前のことでも忘れたらしい。

何年も前の贈り物の品はおぼえてるのに。仕事より贈り物の方をおぼえてるなんて、どんだけ〜!!だよ。

ただ酒、ただゴルフをゴチになって、その業者から装備を買ってやれと強硬に指示したんだってね。あんたと家族はそれで海外旅行に行けてうれしかったんだろうけどさ。自衛官はね、その装備に命を預けてるんだよ。いざって時は、その装備で命のやりとりをしなきゃならないんだよ。

沖縄の基地問題では、地元に強硬な態度だったそうだね。仕事さぼってゴルフしてるような奴に、なんでえらそうに言われなきゃいけないんだろうね。ここでもどっかの土建屋とつるんでんじゃないの。

この人にとっては防衛はメシの種、蓄財の種、面白おかしく世渡りする種だったようだけどさ。多くの自衛官は防衛をそんなふうに考えていないからね。安い給料でさ。仕事はきついしさ。報われないけどさ。娯楽もなんもない離島のレーダー基地ではさ、あんたが銀座でよろしくやってる最中も、若い自衛官が不眠不休で日本の空をにらんでんだよ。

防衛省の面汚しだよ、あんたは。恥を知れ!〔2010年に有罪・実刑判決確定〕

(2007.10.30)

軍事機密をもらすのは天下り幹部

軍事情報が日本からだだ漏れしているのでアメリカが怒っている。

しかしだだ漏れの犯人はスパイじゃない。防衛省の高級幹部が天下りの手土産として、民間企業にシークレットを持っていくのだという。でかい情報を持ち出すほど大物とされる。

彼らにとって防衛秘密とは国の安全にかかわる、いわば命にかけて守るべき情報ではないのか。自分の老後のために国の安全を売り渡して恥じない、そういう連中に我々は安全をゆだねている。かなわんなあ。

高級幹部と防衛産業のゆちゃくを改めないかぎり、どんな制度をつくっても無駄だと思う。むしろ下々にきびしい日本のお役人気質では、弊害も大きいのではないか。上はだだ漏れ、下は細かいことまで規制されて窮屈。そんな風になると最悪だな。

「中国ではだれか一人が役人になると、親族が寄ってたかって世話になりに集まる。だから役人は親族を食わせるために汚職をする。なんという情けない国だ」というような訳知り顔の論評を時々見かけます。

それが本当かウソかは知らないけれど、日本で偉いさんに食らいつくのは、親族ではなくて利権関係筋なんですね。互いに持ちつ持たれつしながら、国家を食いつぶしているのだと思います。

(2007.8.11)

「自衛隊は邦人救出のために海外に出動できない」という意図的ミスリード

「自衛隊は、動乱に巻き込まれた日本人を救出することが禁じられている」

「そんなふざけた話があるか。直ちに自衛隊法を改正せよ」

こんな声があちこちで上がっています。

菅直人首相までそんなことを語っています。

防衛問題について国会でもっとも詳しい石破茂議員も同じことを語っていると、そのあたりの事情に詳しい人から教えていただきました。

もちろん、海外の日本人の安全を守るのは政府として当然のことです。しかし、石破さんのは意図的なミスリーディングだと思いました。

邦人救出は自衛隊法84条3項に定められているので、法改正は不必要です。それなのにあえておかしな議論を持ち出す理由はなんでしょう。

まず、日本人を助けに行けないぐらいなんだから、自衛隊には不合理なしばりがたくさんあるのだと訴える。その不合理の原因は憲法9条と平和主義勢力の存在なので、こういうものを排除しようと主張する。こういう意図ではないでしょうか。これは危険な論理です。

そこで、間違った議論に巻き込まれないために、いつものようにデバッグしようと思いました。

まず、石破さんの論拠を箇条書きします。

---

1 自衛隊の行動はポジティブリスト方式で定められている。
2 リストにないことはできない。
3 自衛隊の任務は「輸送」であり、「救出」はリストにない。
4 対空砲火が上がったり、そこで銃撃戦が行われているような場所には、自衛隊は行ってはいかぬということになっている。

5 「救出」の責任は外務省にある。

なんとこれら全部、不正確なんです。

それぞれの論拠について、確かめていきましょう。

自衛隊はネガティブリストとポジティブリストの併用

❶自衛隊の行動はポジティブリスト方式で定められている。

❷リストにないことはできない。

最近よく語られている話です。

諸外国は国際法の範囲内なら限度を決めて何でもできる（ネガティブリスト方式）。自衛隊は決められたことしかできない（ポジティブリスト方式）。

これは間違いです。

ためしに自衛隊の「部隊行動基準の作成等に関する訓令」を確かめましょう。

> 部隊行動基準は、国際の法規及び慣例並びに我が国の法令の範囲内で、部隊等がとり得る具体的な対処行動の限度を示すことにより、部隊等による法令等の遵守を確保するとともに、的確な任務遂行に資することを目的とする。

これは「限度」を示したネガティブリストの一例です。

自衛隊の行動は、これこれを行えというポジティブリスト方式と、そのときに、行動の限度を示すネガティブリスト方式の併用です。

これは諸外国の軍隊も同じです。

そして邦人救出（輸送）は自衛隊の本来任務として掲げられており、武器使用基準がつくられていますから、自衛隊は日本人を助けに行けるんです。

危険な場所から人々を連れ出し輸送するのが救出

❸自衛隊の任務は邦人の「輸送」であり、「救出」は含まれていない。

自衛隊法は、その輸送に当たって、輸送する日本人・外国人や自分自身、輸送に使う航空機や船に危険が及べば、武器を使用してもよいと定めています。

武器を使用しなければならないほど危険な場所から人々を連れ出し、安全を守って輸送することを、日本語で「救出」というのではないでしょうか。

表現がどうであれ、肝心なのは中身です。戦略を決定し、装備を整える計画のことを、普通は軍事力整備計画といいます。でも自衛隊はそういわないで、「中期業務見積もり」といってたんですよ（笑）。

4 対空砲火が上がったり、そこで銃撃戦が行われているような場所には、自衛隊は行ってはいかぬということになっている。

イラクは「対空砲火が上がったり、そこで銃撃戦が行われているような場所」でしたが、外務省の要請にもとづいて、自衛隊は実際に日本の新聞記者を「輸送」しました。

安全な場所にしか行けないことになっているといいますが、法律が想定しているのは、武器の使用を前提にしなければならないような場所なのです。普通に日常に使う「安全」と、自衛隊や軍隊のいう「安全」は内容が違うんです。

そして隊員（兵士）の安全を図り、むやみに危険にさらしてはならないのはどこの国でも同じことです。イラクでは「任務が危険だ、安全でない」という理由で派遣部隊を本国に戻した国がいくつもあります。そんな中でも自衛隊は、日本人記者の安全のために危険を冒して航空輸送を行いました。それなのに、石破さんは何が不満なのでしょう。

管轄責任と実行責任は違う

5 「救出」の責任は外務省にある。

法律的にはそのとおりです。海外にいる日本人の安全に責任を負うのは外務省ですから。でも、これは目くらまし論法なんです。なぜそう言えるのか、事実を振り返ってみましょう。

戦乱の町から日本人を救出する計画が発令されたことが、かつて2度ありました。いずれも輸送を要請したのは外務省で、発令されたのは海上保安庁でした。

1度目は1998年、インドネシアから日本人を脱出させるため、海上保安庁はヘリコプター搭載型巡視船「みずほ」と「えちご」を派遣しました。その船には海上保安庁の特殊部隊（SST）が待機しており、いざという時は出動する手はずでした。

翌1999年、やはり外務省の要請で東チモールの邦人を退避させるために、海上保安庁は巡視船「みずほ」を派遣しました。もちろんSSTも乗船していました（SSTが乗っていたことについて、政府は国会で「今後の活動に支障を来すおそれがあると考えますので、回答を差し控えさせていただきます」と答弁しましたが、否定はしていません）。

これらの行動について、責任は外務省なんだから海上保安庁は寝ていればよいなどという議論は、一度もされませんでした。

ODA（政府開発援助）の実施も外務省の責任であり管轄ですね。でも、イラクでODA予算を執行したのは自衛隊でした。ODAの執行は外務省の責任なのだから、自衛隊には何の責任もなく、仕事もしないでいいのだ、などという議論は聞いたことがありません。

責任という言葉の範囲を隠して「管轄責任」のことだけを語り、「実行責任」の所在を語らないのは、知識不足の国民をわざとミスリードするものではないでしょうか。

ミスリーディングの真意

このように、日本人救出のための法律はすでにあり、発動の実績もあり、責任問題なんか発生していません。いろいろと現状に難癖をつけるのは、あらゆる制約を取り払って、自衛隊を戦争地帯に送り込みたいからです。朝鮮半島のことでいえば、肝心なのは、日本人のいる場所が戦場にならないように手立てを尽くすことでしょう。

ところで日本人を救出するために韓国領内に自衛隊が入ることに、韓国政府や国民は同意してくれるのでしょうか。現状では、なかなか難しいかもしれません。それは自衛隊のせいではなく、歴史認識を巡る政治家の妄言のせいでしょう。自分たちの不始末を自衛隊や憲法のせいに転嫁する愚論は願い下げです。

(2010.12.13)

自衛官が「命をかける値打ち」について

自衛隊は現在インド洋で、パキスタン海軍を旗艦とする多国籍海軍に協力しています。アフガンの民主政権をタリバンの攻勢から守るために、必要な活動なのだそうです。

さらに米国はアフガンに陸上自衛隊の派遣も求めてくる気配があるといいます。だが、アフガンやパキスタンを守ったり、その政権維持に協力することが、本当に自衛官が命をかけてでも行うべき任務なのかどうか。

テロ特措法延長を論議したり、アフガンへの派遣を検討するにあたって、政府も派遣賛成派も、以下のような事実を知っておくべきではないでしょうか。

昨年、アフガニスタンでアブドゥル・ラーマンという男性が死刑判決を受けました。罪状は「キリスト教への改宗」。背教の罪は死刑であると、アフガンの憲法に記されているのです。多国籍軍の眼前で下された判決ですから、直ちに諸外国が知るところとなり、特にキリスト教圏からの国際的な圧力で死刑執行は免れましたが、ラーマン氏は暗殺の危険を避けてイタリアに亡命中です。

彼はテロ行為を働いたわけでもなく、何かを破壊したわけでもない。ただ内心で心変わりしただけのことが、死に値すると国家が宣明し、実行しようとした。途方もない軍事費と人命を費やして、タリバンの「野蛮な支配」から解放されたというアフガンの「民主政治」の、これが実情です。

パキスタンの刑法第295条C項にも、「神に対する冒瀆の罪」が定めてあり、最高刑は死刑だといいます。この法律もまた実際に適用されており、ユニス・シェイク医学博士が大学の授業で神を冒瀆したとして、死刑判決を受けています。

彼は学生にこう語ったそうです。「預言者ムハンマドは40歳のときにイスラム教を創始するまで、イスラム教徒ではなかった」。ごく当たり前の事実だと思いますが、怒った11人の学生が当局に通報し、博士は逮捕されたのでした。

「対テロ戦争」で命を落とした各国兵士は、こういう社会をつくりたくて、また守りたくて死んでいったのでしょうか。

こういうことを書くのは、何もイスラム教の野蛮さを喧伝したり指弾するためではありませんが、結果としてそういう効果をもたらしかねないことを危惧します。

が、それはそれとして。こういった国々の宗教的支配体制を守るために、どうして自衛官が命をかけねばならないのか。神権政治ともいうべきこれらの国々の政治的安定と、自衛官の命は釣り合うのか。それが自衛官の使命なのかどうか。

日本国民は誰でも（派遣賛成派も反対派も、市民も自衛官も）、自分で考えたほうがよいと思います。また日本の指導者は、どうしてこういう国の治安安定のために自衛官が命の危険を冒さなければならないのか、しっかりと、自衛官およびわれわれ国民に説明する義務があります。

（この論考はしっかり考えた上で書いたものではないので、変な考え方をしているかもしれません。ツッコミ歓迎。アフガンとパキスタンの事例についてはリチャード・ドーキンス『神は妄想である』早川書房より。）

(2007.8.21)

安倍〝勘違いカリスマ〟の危険性

勘違いのカリスマリーダー

安倍総理の防衛大学校卒業訓示がまるで『軍人勅諭』だと話題になっています。

「私と自衛隊が直結することがわが国の安全に寄与する」

「警戒監視や情報収集にあたる部隊は私の目と耳である」

隊員にこういえば士気が上がると総理は考えたのでしょう。自分は自衛隊のカリスマ的存在だと信じているのです。ただの勘違いだと思いますけどね。

だって、国会でちょっと都合の悪い質問をされたらブチ切れてしまい、アワアワと文章にもならない答弁をする姿を誰もが見てますから。
あの調子で指揮官ヅラされたのではかなわないと、武官なら誰でも思うんじゃないでしょうか。指揮官は感情に流されてはならないからです。
まさか安倍総理、作戦のいちいちに口出しをするつもりではないでしょうね。そんなことになったら悲劇です！

昭和天皇の口出し

口出しといえば、昭和天皇にこんなエピソードがあります。1943年です。4月に山本五十六が戦死し、5月にアッツ島の守備隊が玉砕しました。
このとき、昭和天皇が蓮沼侍従武官長にこう語ったそうです。

こんな戦をしては「ガダルカナル」同様敵の志気を昂げ、中立、第三国は動揺して支那は調子に乗り、大東亜圏内の諸国に及ぼす影響は甚大である。何とかして何所かの正面で米軍を叩きつけることは出来ぬか。（防衛庁監修『戦史叢書　大本営陸軍部〈6〉』）

「お言葉」は軍部に伝えられました。

8月になって、杉山参謀長が天皇の求めに応えられない旨を率直に上奏します。

御上　いずれの方面も良くない。米軍をピシャリと叩くことは出来ないのか。

杉山　両方面とも時間の問題ではないかと考えます。第一線としてはあらゆる手段を尽くしていますが誠に恐縮に堪えません。

打つ手がないというのです。負けるのは時間の問題であると。けれども昭和天皇は参謀長の言葉を理解できなかったのか、それとも理解したけれど納得できなかったのか、こんな返答を返します。

御上　それはそうとして、そうじりじり押されては敵だけではない、第三国に与える影響も大きい。いったい何処でしっかりやるのか。今までの様にじりじり押されることを繰り返していることは出来ないのではないか。（『杉山メモ』より）

退路のない戦いの悲劇

この言葉が悲劇の始まりでした。

「一度でいいから米軍をピシャリと」

これが軍の絶対的な目標となりました。達成しないと戦いを止められなくなったのです。講和を申し入れる道が閉ざされてしまったのです。

しかし米軍に勝てる戦力などありません。戦場の将兵は、武器もなく、食糧もなく、戦う手段が何もありません。それでも戦えというのだから、戦いを終わらせるには全員が死ぬしかありません。飢えて目玉だけをぎょろつかせた兵隊の群れが、敵の機関銃弾の中に無意味に飛び込んでいく自殺攻撃が繰り返されることとなりました。おびただしい出血が強制されました。

1943年から敗戦まで、幾十万人の将兵が無駄に殺されていったでしょうか。

「米軍をピシャリと叩くことは出来ないのか」

「今までの様にじりじり押されることを繰り返していることは出来ないのではないか」

昭和天皇は軍事教育を受けた人でした。口にしてはならない言葉はわきまえていたでしょう。しかし負け戦のストレスの中、つい「素の人間」に戻ってしまい、言ってはならない言葉を吐いてしまった。

カリスマリーダーのこのひと言が、全軍を呪縛し、世界史上にも類のない悲劇的戦闘が繰り返されたのでした。

リーダーの言葉は、これほどに重い。

さて保守論壇などは、安倍総理をカリスマリーダーに仕立てたくて画策を続けています。幸いなことに、主に本人の資質のせいで、安倍総理はいまだカリスマに到達しておりません。そこまで信頼されてはいない。

これでよかったとつくづく思います。悲劇を防ぎたいなら、カリスマに上り詰める前に、引きずりおろしましょう。

(2017.3.21)

憲法も自衛隊も、もてあそぶものではない

古事記や日本書紀には、日本の成り立ちについて、こう書いてある。

神さまが矛《ほこ》、つまりヤリの先っちょみたいな武器を海にさしこんで、ぐるぐるとかきまわしたら潮が固まって島ができた、と。日本の国は武器から生まれたというわけだ。

むかし、中国の毛沢東がこんなことを言った。「鉄砲から政

権が生まれる」同じ思想だな。

　どんな国だって、だれかが武力・暴力でつくりあげたものだ。刀や鉄砲で国をつくったのだ。

　つくる時だけではない。体制があやうくなったときには、国民に向けて容赦なく暴力をふるう。日本にも、国を引っくり返そうとしたらぶっ殺す、という法律がある。「内乱予備罪」という。

　一応、選挙で引っくり返すのはかまわないことになっている。しかし世界中で、世界で選挙によって体制が引っくり返ったためしはめったにない。引っくり返したことがないわけではない。しかし体制側は、選挙に負けたら、とたんに、「さっきの選挙、なしにしようぜ」と言い出す。警察を使って、選挙で勝った政治家や市民を逮捕する。軍隊を使って殺しまくる。そして選挙結果を、チャラにしてしまう。軍隊はそういう用いかたもされる。

　使い方ひとつで薬にもなれば、毒にもなる。それが軍隊というものだ。

「兵は凶器」。これは自衛隊で学んだ言葉だ。「我々は凶器である。だからおごり高ぶってはならない」と。この意識があるあいだは、自衛隊はかつての軍隊と違うと信じたい。

　むしろこわいのは政治家だ。軍隊を使う権限を持つ権力者だ。彼らに油断は禁物だ。自民・公明政権は、自衛隊をまるで便利なおもちゃのように外交の道具に使っている。くりかえすが、自衛隊は武力組織である。凶器なのだ。おもちゃではない。

　そのことを、安倍首相たち新世代の坊っちゃん政治家は理解できていないように思う。そういう連中が憲法を変えようとしていることに、強い危惧を覚えざるをえない。

　憲法も、自衛隊も、もてあそぶものではない。(2007.7.28)

4 自衛隊

自衛隊は国民の頼もしい仲間

憲法と自衛隊――この2つについて、自民党政府の態度に、違和感を覚えていました。タテマエでは、どちらも大切だというのです。しかし現実には、どこかよそよそしい態度なのです。

憲法については言うまでもないでしょう。憲法記念日は祝日ですが、政府主催の行事なんかまったくない。なにせ政権党の立党の目的が「憲法改正」ですからね。これでは憲法を大切にするはずがありません。

自衛隊は違うだろう、大切にされているだろうと言われるかもしれませんが、なかなかどうして。自民党政府にとって、自衛官はただの道具でした（非武装論政党にとっては道具ですらなかった）。

海外派兵の実績づくりのため、陸上自衛隊は機関銃一丁でモザンビークに送られました。武装勢力は対戦車ロケットや大砲まで持っていたのに。自衛隊は危険な仕事が当たり前といっても、あまりに無茶な、むごい仕打ちでした。

湾岸戦争で一台もやられなかった世界一頑丈なアメリカのM1戦車がIED（仕掛け爆弾）で破壊されているイラクに、ほとんど防備なく派遣されました。有志連合の一員ということで、アメリカの顔を立てるという、ただそれだけの目的のために、自衛官の命を差し出したのです。

装甲のない高機動車が主力の派遣部隊が一度もIEDの被害に遭わなかったのは、憲法第9条のもとの自衛隊として、治安活動に関わらず、地元住民と平和的に交流した現地部隊の努力のたまものであって、まったく奇跡のようなものでした。

自衛隊輸送部隊43名が危険なゴラン高原でいまも黙々と任務を遂行中ですが、外遊した政府首脳が立ち寄って激励した話など、聞いたことがありません。行かせっぱなしです。

武器を使うのは自己責任、民間人が危険にさらされていても助けてはならないという、誇り高き武人にとっては納得しがたい命令が下っています。実に不合理なこれらの決定は、自衛隊を道具として使いたいが、責任は取りたくない政治家の自己保身に由来します。

ここでちょっと余談です。

イラク派遣部隊はろくな給水活動ができなかったとバカにされますが、自衛隊にはもともと自活用の浄水能力しかないのです。それなのに能力以上の任務を与えたのは政府であって、やらせてほしいと自衛隊が頼んだわけではありません。なのに、なんで自衛隊が悪く言われなくてはならないのか。行きたくもないのに危ないところに行かされて、それで文句言われて、ほんと、割に合わないことです。

感謝されない憲法。報われない自衛隊

自衛隊は命令に従うしかない実力部隊です。自衛隊を動かすのは政治の側です。命令するのは政治家なのです。そしてその政治家は自衛官の生命など、虫けらぐらいにしか考えていない。それでいて、犠牲者が出ればそれをまた英雄として持ち上げて、憲法改悪の道具にするでしょう。

無茶な命令を黙々とこなし、報われることもなく、大切にもされず、平和主義者からは目の敵にされ、それでも自衛官は働いています。自分たちを死地に送る者たちの安全のために。自分たちを非難する人たちが侵略の被害に遭わないように。それが法律で定められた自分の任務だからです。

憲法もそうです。戦後65年間、一度も大規模な争乱に巻き込まれることも、自ら参加することもなくやってこられたのは、憲法と自衛隊があったからです。それなのに政権与党からは欠陥品だとけなされ、記念日に祝賀会ひとつも開いてもらえず、改憲論者からは目の敵にされ、それでも憲法は平和と人権を守って機能しています。

憲法がある今でさえ、航空自衛隊はＮＡＴＯ輸送部隊として、実質的に参戦しました。改憲すれば、たちまち自衛隊はアメリカ軍の弾よけにされてしまうのが目に見えています。改憲の旗を振る政治家や財界は、自衛官が無駄に戦死しようと、知ったことではないのでしょう。国民がどんな目にあおうと、自分たちに危険が及ばなければそれでいいのでしょう。むしろ軍事費を湯水のように使えば、自分たちの利益になります。

そんな連中の屁理屈にだまされてしまえば、いの一番に危険にさらされるのが自衛官です。最初の戦死者は、祖国防衛の戦いではなく、どこだか知らないアメリカ軍の戦場で生じることでしょう。だから自衛官こそが、最も憲法を大切に守

らなくてはならない。これが私の考えです。

好戦的文民に気をつけよう

自衛隊の中に国家主義的思想が台頭する事態は憂慮すべきことです。そういうものの台頭に、私たちは常に目を光らせておかなければなりません。田母神氏の論文ともいえない駄文をきっかけに、文民統制（シビリアンコントロール）について騒がれたことは記憶に新しいと思います。

どなたもすでにご存じでしょうが、文民統制は平和主義を直接的に保障するものではありません。軍を文民のコントロール下においておけば、安心でしょうか。軍人より文民政治家が平和的で理性的ならば、そうかもしれません。しかし軍人より戦争が好きで暴走する政治家は、いくらでもいます。イラク戦争はまさにそれで、しぶる軍の尻をたたいて戦争に踏み切らせたのは、ネオコン政治家たちでした。ヒトラーだって、軍籍を持っていませんでした。

軍人＝好戦的
文民＝平和的

こんな等式は成立しないのです。

文民統制は、軍の反乱や暴走を防ぐシステムです。文民の意思を離れて軍が行動するのを、食い止めるのが目的です。文民の暴走を統制するシステムではありません。

文民統制が効いている国では、戦争を始めるのは必ず文民（政治家）です。最高司令官たる大統領や総理大臣が出動命令を下せば、軍（自衛隊）は直ちに出動しなければなりません。どんなに馬鹿馬鹿しい命令でも、文民統制のもとではその命令に絶対服従するのが制服組の使命です。

政治家が大国意識を吹かせて調子にのり、威嚇外交や挑発外交を繰り返したことが原因で、戦争を誘発してしまう場合もないとはいえません。

ただ、政治家を選ぶのは主権者たる国民ですから、有権者がしっかりしていれば政治家の首をすげかえて、国の誤りを正すことができます。最高のシビリアン・コントロールは国民による統制です。有権者がピースマインドをなくしてしまえば戦争を防ぐ機能は失われます。心しなければいけませんね。

自衛官にも知る権利を

ところで自衛官も有権者です。命令に従う義務はありますが、その命令に疑問を抱く内心の自由はあるのだし、命令を下す政治家を選挙で落とす権利もあるのです。その権利が有効に保障されていなければ民主主義は不完全です。自衛官にも選択の自由はあるのです。

選択の権利は、情報統制のない、自由な言論が保障された社会で、はじめて有効に機能するでしょう。自衛官にもあらゆる情報が開かれていなければ、主権者として、また有権者として、正しく権利行使できないことになります。

何が言いたいかというと、自衛官にも反戦ビラを読む権利ぐらいあると言いたいのです。自衛隊官舎へのビラ入れくらいで逮捕されるような社会では、言論の自由など絵に描いた餅でしかありません。ビラ入れが誰の人権をどの程度侵害したから、何ヵ月も勾留されなければならないというのでしょう。

イラクに行かせたくないというのは国民の声なのですから、自衛官に聞いてほしいし、どうしても読みたくなければ捨てればよいだけのこと。考えれば考えるほど、立川の自衛隊官舎にビラを入れた活動家に有罪判決を下した最高裁はおかしい。

以前、姫路市の労音〔勤労者音楽協議会〕がイベントの宣伝をしているとき、商店街アーケードの柱にイベント告知旗をくくりつけていたという理由で、会員が逮捕される事件がありました。軽犯罪法違反なのだそうです。しかしじつは労音が日ごろから反戦運動をしているのが理由だというのは、誰にでもわかりました。

駅前で拡声器を使って集会の案内をしていると、たちまち警察が飛んできます。しかし右翼が大音量で軍歌を鳴らし、交通を遮断するような運転をしていても、一向に野放しです。

姫路市は憲法を守る集会を後援しませんが、「南京の真実」の上映会は後援しました。この国が右翼に甘く、左翼に厳しいのは、誰でも知っています。こんな状態で最高裁までが反戦ビラの自由抑制を容認するようでは、この国の将来が本当に心配です。

自衛隊を監視することと、自衛官を非難することの区別を

警察官が右翼を取り締まらず、左翼に厳しかったり、自衛隊が市民運動を監視しているのは由々しきことですから、しっかりと批判して改めさせなければならないと思います。警察が反国民的存在になれば治安確保がおろそかになるだろうし、自衛隊が本来あるべき安全保障の役割を取り違えて反国民的存在になれば、それはこの国と国民の不幸です。

ですから、自衛隊を監視するのはいいのですが、それは自衛官に理不尽な非難を浴びせることと違うので、区別してほしいと思います。

一昨年、埼玉県知事が新人職員への訓示の中で、「自衛官は人殺しの練習をしている」とか、「警察官は人を痛めつける練習をしている」としたうえで、県庁職員は「そういう類」と違って、多くの人に喜んでもらえる仕事だ、と述べたと報道されました。

知事本人は後に、「殺傷」といえばよかったが言い方が悪かった、と釈明したそうです。自衛隊や警察の仕事が「殺傷または破壊の訓練」を含むのは事実です。しかしそれは、やみくもに人を殺傷したり物を壊したりする犯罪行為とは、本質においてまったく異なるものです。自衛官や警察官の仕事も県庁の仕事と同様、公共の仕事であるし、「多くの人に喜んでもらえる仕事」のはずです。

自衛隊を好きかどうかは個人の自由です。知事個人が自衛隊を嫌いなのは、仕方のないことです。しかし公の場で自衛官を人殺し呼ばわりして、それが平和的立場をアピールすることだと思っているなら、それは勘違いではないでしょうか。

「そういう幼稚な批判をするのが平和主義者だ」

こんな批判を真に受ける自衛官がいないとは限りません。そういう思い違いで自衛官が護憲的立場から遠ざかってしまうのは、まったく残念であるとしか言いようがありません。

国家は人を殺す権利があるのか

国家に人を殺す権利があるのかと問われれば、そんな権利はないと答えたいです。自国民を殺す権利もないし、他国民を殺す権利もありません。それは日本だけではなくて、どの国もそうです。私たちに他国民の基本的人権を奪ったり、生命を奪う権利はないはずです。他国の国家権力が日本国民の基本的人権を奪ったり、生命を奪う権利もないはずです。ですが、そう考えてくれない国もあります。

自国民を殺す権利はないとして死刑制度を廃止している国が、平気な顔で他国に軍隊を送り込んで他国民を殺しています。死刑廃止国なのに海外派兵したり、内戦したり、殺してもよいとされる敵を持っている国はたくさんあります。オーストラリア、イギリス、カナダ、フランス、アゼルバイジャン、ボスニア・ヘルツェゴビナ、カンボジア、クロアチア、キプロス、チェコ、グルジア……うんざりするほどあります。

戦争を合理化する論理

このタブル・スタンダードはどうしたことでしょうか。犯罪者を殺してはいけないというのに、他国民なら殺してもよいというこの二重基準を説明できる論理は、ひとつです。

「犯罪者が国家の存立を揺るがすことはなかろうが、敵は国家の存立を脅かしている」
国家は自国民を保護する義務がある。そのためには国家が存続せねばならぬ。国家の存続を脅かすほどの敵があるとすれば、その力は強大なものであり、平和的に取り締まることができないに違いない。そこでやむを得ず、我が存立を脅かせば生命の危険という究極の代償を支払う必要があることを示して、わが国への侵害を諦めさせるほかない。こういう論理です。

刑罰を含めて、国家の権利行使としての殺人は認めないが、緊急避難的な殺人を容認することで我が方に対する侵略の決断を抑止し、結果的に殺人の機会を極小化する。私は、やむを得ずこの論理を認めるものです。そしてこの論理しか認めません。

自国の生存のための緊急避難的な武力行使だけが、憲法の許す範囲です。自国の生存のためであっても、政策選択としての敵国侵攻は認めません。まして自国の生存が脅かされてもいないのに他国に侵攻するなど、もってのほかです。

国家とはいったい何なのか

しかし、ところで、国家とは何でしょう。領土と国民を持つ統一権力だというのが、一応の定義です。けれども、史上の国家にはこの条件を欠いたものが少なくありません。

典型的なのが、自由フランス政府です。領土も国民もなくて、軍隊を持った政治組織でしかありませんでした。ポルポト時代のヘン・サムリン政権もそんなものです。どちらも外部からの支援がなければ存続し得ない、いびつな国家でした。

ときには亡命政府というのがあって、その政府は軍隊すら持ちません。しかしその政府にとってみれば、たかが5人ほどのボディガードであっても、それが軍隊なのです。

では外皮を削ぎ落としてみれば、国家とは「暴力装置を持った政治集団」にすぎないのでしょうか。

いいえ、それどころか。ときには軍隊が政府をクーデターで打倒する場合もあり、そのとき彼らは自らを国家と名乗ります。軍は国家を守ると言いますが、その国家とは究極的には、軍隊（＝暴力）それ自身なのです。だから自分自身を守るために国民を見捨てることも、珍しくないのです。

その背信行為は、次のような論理で説明されます。いまは一時的に国民を保護できないが、軍さえ生き残っていれば捲土重来を期すことができるし、そうすれば元のように国民を保護することができる。しかし軍がなくなってしまえば、国民は永遠に敵のくびきのもとで生きねばならない……。

矛から生まれた国　国家の本源的暴力性

古事記・日本書紀には、国土生成神話があります。神が矛《ほこ》を海に差し入れてかき混ぜると、潮が固まって国土となったというのです。

矛という武器を神聖視するのは、その神話を形成した勢力が、己の存在と権威の本源が矛に由来していることを自覚していたからでしょう。つまり「矛から国が生まれた」事実の神話的表現なのです。「鉄砲から国が生まれる」という毛沢東の思想と同じです。

いずれの国も、その初源には暴力がありました。アメリカの独立も、明治維新も、ロシア革命もです。これが国家の本質であり、民主主義国といえども例外ではありません。国家制度のもとで生きる限り、この宿命から逃れることはできません。

逃れられないのであれば、共存するしかないでしょう。凶器が凶器であることから目を逸らさずにしっかりとみつめ、共存するしかないのです。

誇り高い主権者と、その頼もしい仲間である自衛隊

私は自衛隊で「兵は凶器である」と教わりました。だからシビリアンコントロールに従わなければならないと。

自衛隊がシビリアンコントロールに服する義務に忠実であろうとしても、シビル（平服組＝官僚・政治家）が好戦的であっては、なんにもならないと既に書きました。

シビルをコントロールするのは国民です。いえ、国民こそが本来的な意味でのシビル（＝市民）なのです。

ですから自衛隊が「兵は凶器である」という自覚を持ち、国民に服従する組織であるためには、国民自身が主権者として高い自覚をもたねばなりません。市民がその自覚を失ったとき、自衛隊は国民に敵対的な存在になりえるでしょう。このことはあまたの歴史が悲劇的に証明しています。軍とはじつに危険な存在です。

こんな危険な集団に私たちが自分の生存を預けるのは、じつに背理と言わざるを得ません。しかし権益を巡って相争う世界にあって自らの生存を守ろうとすれば、この背理を飲み込むしかありません。そして軍の本来的な危険性を、除去すべく努めるしかありません。

そのためには、軍の自立的な運動を不可能にしたり、自己肥大化を抑制したりというシステムを構築し、これを強固に守って軍を規制する必要があります。

法的にも、組織構造的にも、社会的にも、個人の意識のレベルでも、常に軍に対する警戒が必要です。軍を反社会的あ

るいは非社会的な存在にしてはなりません。

ですから、矛盾したことを言うようですが、軍を市民社会と親和的な存在にして、軍の構成員を市民社会に包含することで、軍が市民社会と敵対関係に陥らないようにしなければならないと考えます。

これを日本の場合でいえば、次のようになります。

自衛隊という組織が本来的に危険なものであるという認識を、市民と自衛官が共有する。自衛官は市民社会の一員として、市民社会の価値観を共有する。自衛官は自分の任務が国家防衛を通じて「自由で民主主義的な市民社会」という価値観を守ることだ、という自覚を持つ。つづめていえば、自衛隊の民主化です。

上意下達社会の自衛隊を民主化するには、市民の応援が欠かせません。その市民が非民主的な社会を受容していては、自衛隊の改革などおぼつかないことです。ですから、私たち一人ひとりの国民が自分の主権者意識をしっかりと持ち、非民主的な社会の改革者とならねばならないと思います。不公正な既得権を守護する権力と対峙できる存在とならねばなりません。また一人ひとりが互いの権利を大切にする個人になりましょう。そうして国民が民主主義をしっかりと保てば、自衛隊はその社会を守る頼もしい仲間として成長してくれることでしょう。

社会が自衛隊を疎外すれば、自衛隊は自分の生存のために市民を見捨てるような「政府軍」になるかもしれませんが、自衛隊がデモクラシーの価値観を共有する市民社会の一員であり、自衛官もまた市民それ自身であれば、それは「市民軍」ですから、自分自身を見捨てることはないと期待できます。

いつかそんな自衛隊になればいいなあと、これが私の護憲的安全保障論の結論です。

(2007.7.9)

自衛官は人殺しの訓練をしているのか?

「自衛官が『命をかける値打ち』について」〔本書95ページ〕にたいして、コメントがあった。

私の旦那は自衛官です。

話がそれているかもしれませんが、彼は阪神大震災を体験して自衛官への道を選んだんですが、毎日訓練している内容は、人を殺すための訓練と思えて仕方がないのです。人を災害などで支援するだけが自衛隊の仕事ではないとはわかっているつもりですが、なんか納得出来ない自分がい

——ます。考え過ぎなかぁ……

自衛官と結婚すると、こういう悩みがあるんだなあと思った。今後、自衛隊がもっともっと海外に派遣されることにでもなれば、このような悩みに加えて、夫の「戦死」を現実のものとして心配しなければならなくなる。多くの妻たちが、夜も眠れないほどの悩みに見舞われるだろう。

アメリカが勝手に始めた戦争の尻ぬぐいなど、まっぴらごめんだ。

コメントの女性には、次のメッセージを送った。

コメントをありがとう。

まずはご結婚おめでとうございます。

自衛官は女性にやさしい紳士が多いですよ。

特殊な世界なので戸惑うこともあるでしょうが、なるべく理解してあげてほしいと思います。

さて自衛隊が人殺しの訓練をしているのでは、との疑問ですが。

あけすけに言ってしまえばそのとおりですけど、しかしそれは人を殺すのが目的の訓練ではなく、むしろ、そんなことをしないでよいようにするためだと私は考えています。

ミクシィの日記を読ませていただき、ほほえましく思いました。美しい星空に感動できるあなたのやさしい心を大切にしてください。

男所帯で働く彼は、あなたの持つ繊細さに気づいていて、そして、そういうあなたを、まるでこわれやすいガラス細工のように大切に思っているはずです。

大切なあなたを守りたいと彼は心から思っていることを、あなたは信じますよね？

よく似た気持で自衛官が日本を守る任務についていることも、信じてあげてください。

ところで、あなたを守りたいという気持ちは、実は、彼自身の支えともなり、頑張りの源にもなっているに違いありません。

彼を大切にして、幸せな家庭を築いてください。

えらそうなことを書いています。申し訳ないです。暇があれば、またこちら〔ミクシィの日記〕をのぞいてください。

ここには書き忘れたけれど、本当は軍隊なんていらない世界がいちばんいいんでね、

自衛隊によって戦争を抑止しながら、政府は憲法の理想を

世界に広める働きをしなければならないはずだ。

だけど今は、安倍みたいな戦争大好き人間が政権を握っているので、自衛隊が戦争の道具に使われるのだ。

なんとかしないとね。


（2007.8.23）

怒りたくはないが、現実無視の自衛隊批判には黙っていられない

自分は護憲派なので、護憲派どうしで言い争いはしたくありません。

したくありませんが、現実を無視したことを言われると、カチンときます。

それも自衛隊に対して言われると、カチンときます。

沖縄戦裁判のトピ（ネット上の質疑応答）の中で、ある人が書き込んだ次の発言に、なんかムカッときました。

> 憲法改正による自衛隊の国軍化のためには、やはり旧日本軍の悪行はちょっとでも隠したいという、日本政府の自衛隊への親心だったのだろうか。

これに対して以下のコメントをしました。


「憲法改正による自衛隊の国軍化のためには、やはり旧日本軍の悪行はちょっとでも隠したい」という分析には同意します。

「日本政府の自衛隊への親心」という部分には同意しません。

日本政府にとって自衛隊は単なる道具です。政府にとっては自衛官も道具です。親心などあるはずがありません。親心があるなら、危険な戦闘地帯にろくな防護も武器もなく送り出すようなことはしません。

海外派兵の実績づくりのため、自衛隊は機関銃一丁でモザンビークに送られました。武装勢力は対戦車ロケットや大砲まで持っていたのに。

自衛隊輸送部隊は危険なゴラン高原でいまも黙々と任務を遂行中ですが、外遊した政治家が激励に行った話など、一度も聞いたことがありません。

イラク派遣部隊は、自衛官の生命をアメリカへのプレゼントとして差し出したものです。装甲のない高機動車が主力のイラク派遣部隊が一度もＩＥＤ（仕掛爆弾）の被害に遭わなかったのは、憲法9条のもとの自衛隊として、治安活動に関わらず、地元住民と平和的に交流した現地部隊の努力のたまものです。

自衛隊は命令に従うしかない実力部隊です。自衛隊を動かすのは政治の側です。命令するのは政治家なのです。そしてその政治家は自衛官の生命など虫けらぐらいにしか考えていない。それでいて、犠牲者が出ればそれをまた英雄として持ち上げて、憲法改悪の道具にするでしょう。

無茶な命令を黙々とこなし、報われることもなく、大切にもされず、平和主義者からは目の敵にされ、それでも自衛官は働いています。自分たちを死地に送る者たちの安全のために。自分たちを非難する人たちが侵略の被害に遭わないように。それが法律で定められた自分の任務だからです。

自衛隊を拡充するのも、縮小するのも、あるいはなくすのも、主権者たる国民の思いのままです。自衛隊をなくしたいなら、議会で多数を取ればいいのです。がんばってください。

トピ違いは承知ですので、これ以上のコメントは差し控えます。失礼しました。

改めて読んでも、なんかすごく怒ってる文章だなと思います。非武装論を唱える人たちは間違っていると思うけれど、それを発言する権利と自由は大切だから、それを擁護する側に自分は立ちます。

辺野古の基地調査に動員された海上自衛隊の隊員が、基地反対派に銃を向けたと聞きました。事実であれば、国民に銃を向けるなど、戦時中の沖縄派遣軍と同じではないかと腹がたちます。

そういう馬鹿者がいるのなら、「お前たちの仕事は国民を守ることなのか、それともくされ政治屋の基地利権を守ることなのか。日本の主権をアメリカにくれてやる手伝いをして誇らしいのか」と問いただしてやりたいと思います。

しかし。なんか割り切れないモヤモヤがあるんですよねえ、平和主義の人たちの論理と行動に。

イラク派遣部隊については、ろくな給水活動ができなかったとバカにされますが、自衛隊にはもともと自活用の浄水能力しかないのです。それなのにそんな任務を与えたのは与党であって、やらせてほしいと自衛隊が頼んだわけではありません。なのに、なんで自衛隊が悪く言われなくてはならないのか。行きたくもないのに危ないところに行かされて、それで文句言われて、ほんと、割に合わないことです。

と、愚痴を書いてみました。ま、書くだけ書いたらちょっと気分がおさまった。

先のコメント、やっぱり削除しとこう。ハア……(2007.11.11)

自衛隊に接近する偕行社と水交社に要注意

偕行社とか水交社という団体をご存じでしょうか。

偕行社は旧陸軍将校の親睦団体。

水行社は旧海軍将校の親睦団体です。

両者とも、戦後はGHQによって解体され、財産を没収されました。その一部は防衛庁共済組合に払い下げられています。市ヶ谷の防衛省に隣接する共済会館（ホテルグランドヒル市ヶ谷）もそのひとつです。

これらの団体が、いま急速に自衛隊に接近していることを知りました。

東郷神社に事務所がある水交会は、1997年ごろに防衛庁との共同所管となり、「殉職海上自衛官の慰霊」などを目的のひとつにして、自衛隊にくいこんだようです。

偕行社もまた昨年、念願の防衛省との共同所管を実現しました。同時に、自衛隊の協力を得て陸上自衛官OBの新規入会大作戦を展開、1年間で400人以上の新会員を確保したとのことです。

昨年4月には、偕行社との連携を緊密化せよとの陸上幕僚長通達が全部隊に出されたということです。

イラク一次隊隊長の佐藤正久一佐が参議院選挙で当選していますが、その選挙運動に偕行社が全面協力したそうです。

偕行社の会長は、元陸軍少尉で富士通名誉会長の山本卓真氏。山本氏は、佐藤正久氏の資金管理団体である「佐藤正久氏を支える会」会長です。

「偕行」新年号には、佐藤氏の選挙協力に対する感謝の言葉や、森勉・前陸幕長の「旧軍の伝統を学ぶことが大事だ」といった趣旨の投稿などが掲載されています。

戦後、自衛隊は旧軍と意識的に決別したはずです。私もそのような教育を受けました。だからこそ自衛隊は曲がりなりにも国民から認められたのです。

「旧軍の伝統を学ぶことが大事だ」なんて、自衛隊ができたころにそんなことを口にしたら、国民は大反発したでしょう。代が変わり、戦争の痛みを忘れたころになってこういうことを小出しにしてくる。沖縄教科書問題と根は同じだと思います。

自衛隊と偕行社・水行社の連携は、軍による政治介入につながらないかと心配です。これは地味な話題で、人目を引きませんが、重要な話ですよ。でも、どこのメディアも報道しませんね。

（2008.2.7）

反戦ビラ配布の自衛官が何をしたというのか？

立川反戦ビラ配布事件（2000年。08年有罪確定）については判決を読まずに語る人が大半です。自分なりの判断は、判決文を読んでから下したほうがいいですね。

有罪とされた行為ですが、具体的にどんな行為だったのでしょう。以下の文章の引用部分は、すべて「判決文」のまま、何も変えていません。*

裁判所が認めた「事実」とはどういうものでしょうか。

まず、ビラが配られた場所がどんなところだったか。

フェンスは設置されておらず、門扉の設備もない。敷地出入口部分は、敷地と外の公道が直結するような外観を呈している。一般の歩行者の中には、そのまま同宿舎敷地内を通り抜けていく者もいる。

というようなところですから、

テント村のビラの他にも商業的宣伝ビラ等が数の多寡はともかく投函されている。

こんな状態でした。ところが、

（宣伝ビラの）投函者らも部外者でありながら同宿舎内に無断で立ち入ったという点では被告人らと同様であるにもかかわらず何ら刑事責任を問われることなく、被告人らのみが住居侵入罪を犯したとして強制捜査を受け，起訴されるに至っている。

というのが実態です。

しかしそうはいっても反戦ビラですから、読んだ自衛官の中には不快感を覚える人もいるかもしれません。自衛隊からの抗議を無視してビラをまき続けたのは、常識はずれではないでしょうか。

この点につき、裁判所の事実認定を確かめましょう。

ビラがまかれた各施設の管理者は個人名が特定されています。

- 陸上自衛隊東立川駐屯地業務隊厚生科長
- 補佐は業務科長
- 5号棟から8号棟および同宿舎敷地の管理者
- 補佐は厚生科長。

ところでビラ配布に抗議したのは3号棟4階に居住してい

た航空自衛官のOさんと、近所のTさんです。上記4名とは別人で、いずれも管理者ではありません。したがって管理者としてではなく、個人的に注意ないしは抗議をしただけでした。ビラ入れをした人がオフィシャルに注意を受けたことは、ただの一度もありませんでした。

Oさんの証言によれば、次のようなやりとりがありました。

> 「いくら主義主張でもやってはいけないことはいけないんだ」などと言い、掲示板に貼られた貼り札中「関係者以外、地域内に立ち入ること」、「ビラ貼り・配り等の宣伝活動」とある箇所を指差して（ビラ入れをした）大洞に示した。同被告人は、「ああ、そうですか」と答えて立ち去った。

このように、ビラ配りの人は注意されるとすぐに立ち去っているのです。

近所のTさんの場合は少し長くなりますが、こうです。

> （Tさんは）「いいから通報するように言われているんだ。ここは自分たちの生活している敷地内だ。（高橋さんは近所の人ですから、これは事実と違います。）勝手に入ってきてもらっては困る。勝手に入ってきてこんなことはしないでくれ。敷地入口にも1階にもその旨書いてあるだろ。不法侵入になる」と返答した。
>
> 被告人大西（ビラ入れした人）は、ビラを投函している際、空室と思われる居室の玄関ドア新聞受けに広告や宣伝のちらしが入っている様子を見かけたことから、（そのことを指摘した。）
>
> すると、Tは、イラクへの自衛隊派遣反対とか言ってるようなビラはだめなんだ、と応じ、ビラの回収を求めた。
>
> これに対し、同被告人が無言のまま階投を降りて立ち去ろうとしたところ、高橋は、同被告人の前に立ちふさがり、回収するよう再び強く求めた。
>
> 同被告人は、まず、Tの居室に投函したビラを回収し、さらに、同人の指示に従って隣室に投函したビラも回収した。
>
> それから、同被告人は5号棟東側階段を降りていったが、高橋もこれに付き添い、ビラのすべてをその都度指示して同被告人に回収させた。

素直に従っていますね。立ち去るだけではなく、ビラの回収にまで応じています。

これらの行動は2004年1月17日午前11時のことでした。

その後、正式の抗議はおろか申し入れや問い合わせさえなく、警察から事情を聞かれるなどのこともありませんでした。ところが、1カ月以上もたった2月27日の早朝、いきなり3名が逮捕され、その後75日間も拘束されることになったのです。

また、70日もの間「接見禁止」という処分が付けられ、弁護士以外の誰にも面会することができませんでした。

あとで裁判を通じてわかったところでは「被害届」というのは自衛官が届け出たものではなく、警察が求めて提出させたものでした。その方法は、すでに文面が完成しており、自衛官本人はそれに署名押印しただけでした。また、捜査は所轄の立川警察署ではなく警視庁公安部主導で行われるなど、すべてにおいて明らかに通常の事件と異なった取扱がなされています。

警視庁公安部というのは、マンションの不法侵入を捜査するところなのでしょうか。

そうではなく、治安問題を取り扱うところですよね。ビラの中身そのものが、治安問題とみなされたのです。しかしビラの内容を理由に逮捕できる法律がないから、住居不法侵入という理屈がこじつけられただけだと思います。

「この事件はビラ入れが問われたのではない」「住居不法侵入が裁かれただけだ」

こういう意見がありますが、間違っていると思います。

しかしビラ入れ行為の違法性って、どれくらいのものなのでしょう。原審は次のように認めています。この認定部分は高裁でも最高裁でもくつがえっていません。

---

①その頻度は毎月1回ずつと高くはなく、

②ビラの投函にあたっては、多数の威力を背景にすることなく、

③立ち入りは白昼に行われ、早朝や夜間に人目を盗んで立ち入ったことはなく、

④その際も凶器や暴力を用いる、フェンスを乗り越えるなど手荒な手段を用いたり……押し入ったわけではなく、

⑤門扉の設備のない出入口から普通に徒歩ないし自転車で入っている。

⑥居住者その他宿舎関係者に面会を求めることも（なく）、

⑦チャイムを鳴らしたり声を出すなどしてコミュニケーションを図ることもせず、

⑧外から玄関ドア新聞受けにビラを投函するのみでその場を立ち去っており、

⑨投函されたビラも1戸当たり1枚ずつに過ぎない。

⑩同宿舎敷地内に潜在するのは、せいぜいビラ投函に要する30分程度に過ぎず、それを超えて長時間居座ったことはなく、
⑪その間、被告人ら構成員がことさらに目立つ言動を見せるなどして周囲の静謐を害したことは皆無である。

こういう行動でした。

しかし、これについて地裁は「無罪」と判断し、高裁と最高裁は「有罪」と判断したのです。

罰金なんと10万円ですよ！　75日間の留置所暮らしですよ！　マンションに宅配ピザのチラシを投函したら10万円ですか？「灯油の安売り」のチラシがブタ箱扱いですか？　どうして同じことをして、反戦ビラだけ罰金10万円なのですか？

よほど体制寄りの治安思想を抱いている人でない限り、これは間違った捜査であり、間違った判決だと考えるのではないでしょうか。

けれど、こういう判決を下す裁判官が現実に存在していますす。メンバーは職場から懲戒処分に付されて生活に困りました。地域では警察の捜査に異論を唱えにくい空気ができています。しめつけられるような重苦しい社会がすぐそこまできています。

これは彼らが中核派と付き合っていたからそうなったので、警察だって社民党や共産党ならそこまでのことはしてこないとか、ただの市民団体なら大丈夫だろうとか、左翼運動に近づきさえしなければいいんじゃないか、などというものではありません。

警察や自衛隊が気にくわないと思えばどんな無茶でもまかり通るような社会でいいのかどうか、そういう問題ですよね。知らん振りしていると、いつの間にか市民生活さえも権力に監視、監理される社会の到来を許してしまうことになるのではないかと恐れます。

私は中核派ではないけれど、この問題に限っては、「彼らは無罪だ」という中核派が正しいと思います。いろいろと難しい関係があるとは思いますが、共産党や社民党、民主党はどうしてもっと抗議しないのか、とても残念です。

全体の流れ（**時系列**）
12月17日：立川署から自衛隊に「現行犯逮捕の協力依頼」
12月18日〜24日：「関係者以外立入禁止」の貼紙6枚を貼る（1週間かけて6枚ですから、ずいぶん自衛隊

は暢気です）

12月19日：「不審者注意」の趣旨を口頭で伝える

12月22日：被害届

12月24日：立川署による立川宿舎実況見分

12月26日：隊員に通報を求める「宿舎便り」

1月17日：ビラ入れ行動を注意される

1月22日：立川署から派遣隊に「調整依頼」（「被害届けの提出」「実況見分立会」「立川駅頭での情宣活動時に面割協力」）

1月23日：被害。（ビラ入れを注意してから1週間後、警察の要請があって出されたんですね。ほんとにのんびりしています）

2月22日：ビラ入れ行動　注意なし

2月27日：メンバー逮捕

3月23日：被害

＊注＝最高裁の判断のもとになったのは、東京高裁の事実認定です。東京高裁は新たな事実調べをしていませんから、事実認定の部分は地裁と同じです。違ったのは「事実」の「評価」だけでした。ですから判決のもとになる「事実」は地裁の認定がすべてです。ここでは地裁の判決文を引用しています。

（2008.3.22）

自衛隊に制裁は似合わない

海上自衛隊　15人相手に格闘訓練　術科学校の3曹が死亡

海上自衛隊の特殊部隊「特別警備隊」隊員を養成する第1術科学校（広島県江田島市）の特別警備課程で9月、男性3等海曹（当時25歳）が、1人で15人を相手にする格闘訓練の最中に意識不明になり、約2週間後に死亡していたことが分かった。海自警務隊は訓練の内容について、参加した隊員や教官から詳しく事情を聴いている。

（毎日新聞　08年10月13日）

日本の安全保障のためには、小規模で精強な自衛隊であることが望ましいと私は考えています。そのための訓練は厳しいものになるでしょう。しかしながら、これは訓練ではありません。

訓練に耐えられなくて脱落していく者に対するリンチです。その所属組織を抜けようとする者に制裁を加えるのは、自衛隊の本質ではありません。そういうことがある（あった）のはヤクザ組織とか一部の過激な左翼組織です。自衛隊は彼らのようなアウトローではないのですから、こんな悪習とはキッパリ縁を切ってほしい。

制裁の動機はなんでしょう。

脱落が決まっているのですから、本人を立ち直らせる目的でないことは明らかです。これは、今後現れるかもしれない脱落者をリンチの恐怖で引き留めるため、というのがひとつ。もうひとつは、リンチに加わればまさか自分が次に脱落するわけにいかないという心理を生むでしょうから、それを期待してのことではないでしょうか。

体罰が強兵を生まないことは世界一体罰が多いといわれるロシア軍を見ればわかります。また体罰は盲目的に服従する習性を育てるだけです。そういう兵士を必要とする軍は米軍とか旧日本軍のような外征軍でしょう。

自衛隊が必要としているのはそういう兵ではないはずです。旺盛な国防意識は任務に対する誇りから生まれるのであって、組織に対する恐怖から生まれるものではありません。

特警隊はいつまでも秘密部隊でいないで、国民に広くその任務と訓練を公開して理解を求めるべきではないかと思います。そうすることが隊員の任務に対する誇りを育てられないでしょうか。陸自のレンジャーと比べてそう思います。

亡くなった三曹にはとてもお気の毒で言葉もありません。特別訓練部隊を志願するくらいだから、きっとまじめで国防意識の高い隊員だったのでしょう。しかし自衛官全員がスーパーマンではないのですから、体力的にどうしてもついていけない者もいるはずです。それは能力に差がある人間である以上どうしようもないことであって、体力がなければ自衛官失格ということではないのですから、その高い使命感を生かせる別の部署に移るほうが安全保障のために有益だったはずです。

自衛隊は、その組織的過ちによって有為な人材を失ってしまったことを深く反省し、被害者遺族に心より謝罪して手厚く補償を行い、再発防止に努め、責任者を処罰してけじめをつけてほしい。そして新たな気持ちで訓練に励んでほしいと思います。

日本海の安全を守るために日夜厳しい訓練に励んでいる海上自衛官諸士に敬意をはらいつつ、あえて苦言を述べました。

(2008.10.14)

自衛官の自殺率について思うこと

自衛官の自殺率は高いか

自衛官の自殺については以前から多いと指摘されていて、

私も海外派遣との関連や厳しい営内生活など自衛隊特有の原因があるのではないかと疑った時期があります。

私が自衛隊にいた時の同期生にも自殺者が出ています。それは私の友人で、訓練や学業についていけなかったのに、親の期待を背負っていたので退職できず、思いあまって自殺を選んだのでした。

厚生労働省の調べでは、日本の自殺者は2006年の数字で人口10万人あたり13・2人となっています。自衛官総数は約24万人です。単純に日本の平均自殺率を適用すれば年間31・6人となります。現実には30人どころか年間90人もの隊員が自殺しているのですから、自衛官の自殺率は明らかに高いと見えます。

けれど自衛隊は構成員のほとんどが男性ですから、日本社会全体の平均を当てはめるのは不適当です。男性の自殺率は女性より高いのです。厚労省の表を見ると、男性の自殺率は人口10万人あたり34・8人。東京新聞によれば、自衛隊の自殺者は10万人当たりに換算すると34・4人ですから、あまり変わらないことになります。

東京新聞は公務員と比べると比率が高いと書いていますが、終身雇用で身分の安定した公務員と、2年任期制の特別職公務員の自衛官を比べるのは不相当だと思います。

自衛官の自殺原因

営内生活のストレスとかいじめ自殺はあると思います。これは、集団生活を余儀なくされる自衛隊組織の特殊性が原因といえるでしょう。なにせ人間関係の密な社会ですから、小さな人間関係のもつれが大きな問題になるという傾向はあるのかなと思います。

しかし、自殺問題を単純に「自衛隊が武力組織だから自殺者が多いのだろう」とか「殺人集団だから隊員の命も粗末に扱うのだろう」というふうに短絡はできないと思います。いじめ自殺そのものは民間会社にも多いですしね。自衛隊特有の現象というより、日本社会全体に蔓延している病理ではないかと私は考えています。全体として自殺率が極端に高い事実もないわけですし。

一般論として、自衛隊が隊員の命を軽視しているかといえば、そんなことはないというのが結論です。

海外派遣と自殺の関係

それよりも安易に紛争地帯に行ってこいと命令する政治家連中のほうこそ、隊員の命を何だと思っているのかと、私には恐ろしいです。

昨年〔2007年〕11月の国会答弁によれば、イラク等に派遣された隊員は延べ1万9700人で、そのうち自殺者が16人出ているとのことです。これを人口10万人当たりに直せば、約81・3人となります。人口10万人あたり34・8という日本全体の男性の自殺率と比較して、これはべらぼうな数字です。海外派遣が隊員にとってかなりのストレスになっているのは、間違いないと思われます。それでも政府に命令されれば行かなければならないのが自衛官の立場です。

「事に臨んでは危険を顧みず、専心職務の遂行に努め……」というのは自衛官の宣誓文です。自衛官に志願した以上、隊員はこの宣誓から免れようなどと考えてはいないでしょう。しかし、イラクやアフガンなど、我が国と何の関係もなく大義もない戦争に自衛隊が協力する義務など、本来ならあるはずがないのです。

自衛隊の最高指揮官は内閣総理大臣です。現在の最高指揮官は、自衛官を危険な戦場に赴かせておきながら、自分は毎晩ホテルで食事をして銀座の高級クラブに通っている奴です。こんな連中に自衛隊は好きなように弄ばれており、自衛官はその被害者だというのが、私の結論です。

(2008.10.24)

少年兵と自衛隊

私の母校である陸上自衛隊少年工科学校が揺れています。直接のきっかけは「少年兵禁止条約」です。これは18歳未満の少年が戦闘に参加できないようにする国際条約で、日本も批准しています。

途上国の内戦で少年兵が盛んに使われていて、問題になっていますね。中には7歳ぐらいの子どもが兵士にされている例さえあるそうです。

子どもは給料が要らず、食事も粗末なものでよいから安上がり。子どもは脅しに弱いから使いやすい。社会経験がないのですぐに洗脳できる。恐れを知らず、無茶な任務にも従うし、残虐行為にすぐに慣れる。誘拐すれば補充できるので、いくら死んでも困らない。少女なら「慰安婦」として使える……。

正規の兵士ではないけれど、イラン・イラク戦争当時のイランは、子どもを革命防衛隊にリクルートしていました。宗教教育を施したうえで、武器を与えずに地雷原を突撃させるためです。

一作戦あたり何千人もの子どもたちが手をつなぎ、隊列を組んで、革命歌を歌いながら地雷原を勇敢に歩んでいったそうです。地雷を踏みつけて死ぬか、運よく地雷原を突破したあとイラク軍の機関銃で死ぬか、どちらかの運命しか選べません。

子どもたちがその命と引き替えに拓り開いた地雷原を、後から正規軍が戦車と共に進撃するという作戦です。イラン側にしてみればイラク軍に勝つ方法はそれしかなく、祖国防衛のための崇高な死ということになるのでしょうが、第三者から見れば、単に手っ取り早く地雷原を突破するための残虐な作戦としか思えません。

この作戦を目の当たりにしたイラク軍兵士は、あまりの残酷さに目を背け、トラウマになった者もいたと聞きます。

こんな汚い戦争が現実に実行されています。それを禁止するために、まず日本のような先進国が少年兵を禁止するのはよいことです。自衛隊生徒は15歳から自衛官になれる制度ですが、実戦参加は予定されていません。だから厳密には条約違反とはいえないのです。しかし条約の趣旨から好ましくないということでしょう。

米国には幼年学校があるので、この条約に消極的だそうです。米国に先駆けて日本が新たな先例をつくろうとしているなんて、珍しいことです。母校がなくなるのは寂しい気もしますが、私は防衛省の決断を支持します。

予定では来年度から制度が変わり、自衛官身分をなくして学生になることになっていました。防衛大学校の高校版ですね。階級がなくなり、給料ではなく学生手当になります。募集人員も減らすことになっていました。

ところがです。解散総選挙がらみで、その法案が廃案になりそうだとか。

もう4年も前に批准した条約なのに、国会は何を今までちんたらしていたのでしょうか。定額減税なんかをぐだぐだ話し合っているより、優先すべきなのはこちらではないでしょうか。

関係官庁でさえ景気刺激に何の効果もないと認めており、ただ公明党支持者に実績宣伝するためだけに金をばらまく法案を審議するヒマがあっても、少年兵を廃止する時間がないとでもいうのでしょうか。

(2008.10.30)

「自衛隊を活かす会」発足

「自衛隊を活かす・21世紀の憲法と防衛を考える会」がついに発足した。

案内看板もない、じみ～な集まりだ。しかしシンポジウムのパネラーは、元カンボジアＰＫＯ部隊長で東北方面総監の渡辺隆・元陸将、中央即応集団元司令官でスーダンＰＫＯ部隊長の山本洋・元陸将（ビデオ出演）など、そうそうたるメンバー。

こういった人たちが、集団的自衛権構想や国防軍構想をはじめとする安倍政権の暴走――空想的武力第一主義――に危惧を抱き、「異議あり！」と声を上げた。画期的なことだ。

ながらく護憲運動の主流を占めてきた「非武装中立」「軍事力忌避＝反自衛隊」思想は、いまや見る影もない。空想的平和主義は、世界の現実の前に、そのリアリティを決定的に失ってしまった。

他方、政府は自衛隊を「世界で戦える軍隊」へと、一足飛びに変身させようとしている。しかしその戦略たるや、言葉ばかりが勇ましく、理念過多で、世界と日本の現実をリアルに踏まえたものではないのではないか。

そういった認識をベースに、憲法の枠内で安全保障をリアルに追究しよう、政治の道具としてではなく日本と世界の平和を支える存在として自衛隊の存在を有効活用する道を探ろうという市民団体、それが「自衛隊を活かす会」だ。私の年来の主張が形になって現れたようで、とても嬉しい。

「ソフィーの世界」などの翻訳家・池田香代子さんがマイク持ちという贅沢すぎるスタッフで、思わず笑ってしまった。ちなみに、映像・音響スタッフはうたごえ仲間兼カウンター仲間のケニーくん。

シンポジウムは盛況に終わった。

打ち上げは右派から左派まで入り乱れる、ちょっと他にないメンバーだった。じつに楽しく有意義な一日だった。

この会、中心メンバーもまことにユニークだ。

呼びかけ人は、元防衛研究所長・柳澤協二さん、世界各地の紛争地で武装解除任務を成功させた伊勢﨑賢治さん、防衛研究所、ハーバード大学国際問題研究所客員研究員で紛争学の第一人者、加藤朗さんの3人。まとめる事務局長は日本共産党・元安保・外交部長、松竹伸幸さん。

びっくりしちゃうよね。「自衛隊を活かす会」の今後に乞うご期待である。

（2014.6.8）

陸上自衛隊の「総合火力演習」は無駄遣いか

先日、陸上自衛隊恒例の「総合火力演習」が行われた。

毎年、「こんなことに3億円も4億円も使うのは無駄だ」という声が上がる。これが無駄遣いかどうか、それはにわかに言えないと思うので、自分の考えを書いてみよう。

こういった形で外国武官や一般市民を招待して、その目の前で展示演習をするというのは、諸外国ではあまり例がないのだろう、聞いたことがない。

念のため自衛隊に尋ねてみたが、やはり知らないということだった。自衛隊はその存在に理解を得るという目的があって公開しているのだが、やってみたら思いがけない効果があったそうだ。それは外国武官への影響だ。

航空展示演習で時々戦闘機が事故を起こす。ああいうことになったら、その機体への信頼性が一挙に下がる。陸上自衛隊も同じことで、多数の戦車や大砲が参加する展示演習で、外国武官の目の前で1両でも動作不良を起こしたら笑いものだ。軍用車両というのは機能が複雑になればなるほど故障しやすいと聞く。訓練を公開するというのは、華々しい反面、権威失墜のリスクをも伴うのだ。

その点で富士の総火演は凄いのだ。機材の性能や整備に自信がなければできないことなのだ。しかも、大砲にしろ戦車にしろ、百発百中の腕前を見せつけている。走り回る戦車から射撃して小さな的を射抜くというは、これはなかなかできるものではない。それを易々とやってのける自衛隊の練度の高さに、外国武官は舌を巻くのだ。

155ミリ榴弾砲を一斉射撃し、10秒もしたころに砲弾が空中で破裂し、爆煙で富士の稜線を描いてみせるという一幕がある。見物者向けのパフォーマンスなのだが、専門家が見ると、これは大変なことなのだ。ものすごい速さで飛んでいく砲弾が、前後上下左右に数十センチと狂わないで、あらかじめ計算した空中の場所で順次破裂していく。照準、発射のタイミング、砲の性能、推進薬の均一性、時限信管の性能及び信頼性の高さ……これらが揃わないと、一発勝負でできることではない。

特科部隊（自衛隊は砲兵を特科といいます）とそれを支える総合的工業力のレベルのあまりの高さに、外国武官は苦笑いをするしかないそうだ。

余談になるが、韓国のヨンピョン島を「北朝鮮人民軍」がロケット砲と大砲で砲撃したことがあった。その着弾の様子を航空写真で見たが、あまりの精度の低さにあきれた。ロケット弾なんか、島に着弾したのが3分の1ほどだったと記憶している。国境に配備されている精鋭部隊で、時間をかけてしっかり照準してあの程度なら、実戦になったらどうしようもないだろうなと思った。

米国の射撃場で各国砲兵隊が射撃演習をしており、自衛隊も参加しているのだが、自衛隊の特科部隊の精度のレベルが恐ろしく高いというのは有名な話だ。命中率は9割を超える。

100発撃ったら90発は命中するのだ。

米軍の命中率は3割程度だそうだ。まあ、米軍は「だったら自衛隊が100発撃つ間に400発撃ったら120発当たるから自衛隊より強い」という軍隊だから、これはこれで凄い。

それはともかく、招待客には、中国の武官も含まれている。彼の目には、展示演習が、こういうメッセージとして映る。「自衛隊、なかなかでしょ、フィリピン軍やベトナム軍とは違うよ、手出ししないほうがいいよ」

練度の高さ、装備の優秀性を実見させることで、確実に抑止力になっていると私は思う。3億円なら安いもんじゃないかと思うのだ。

同時に「こんなに凄い」けれども「この程度である」と公開していることにもなる。よその国みたいに「手の内を明かさない」方法でビビらせる手法もあるが、装備の性能や保有数量を含めて「手の内を見せる」ことで、「守らせたらすごいけど、攻めていけるほどの力はないでしょ?」と知らせる。相手に全部さらけ出すことで、無用の緊張を防ぐというやり方だ。私はこのやり方がよいと思う。

だから安倍さん、自衛隊をあなたの趣味に使わないでください。自衛隊を使って中国を挑発するのはやめてください。自衛隊は国を守る組織なんだから、侵略の片棒なんか担がせないでください。

(2014.8.25)

私立高校が「自衛隊コース」開設――進路決定はよくよく考えて

高知市の私立高知中央高が2016年度から、自衛官にふさわしい人材の育成を目標とした「自衛隊コース」を普通科に新設することが8日、同校への取材で分かった。文部科学省は「珍しいコースで聞いたことがない」としている。

同校の近森正久理事長によると、自衛隊コースでは1週間のうち6時間分の授業を銃剣道と自衛隊に特化した座学に充てる。座学では現役の自衛官やOBを講師として招く予定で、3年次には自衛官の採用試験対策も実施する。(共同通信 15年9月8日)

自衛隊がほしがっているのは、2年とか4年で退職する任期制の隊員だよ。

自衛隊は若くて元気な隊員がほしいんだ。そうでなくては戦えないからね。ぶっちゃけ、戦死要員だ。ローテーションで退職していくこの階級が、いま充足率7割しかないんだよ。

長く勤めたいとか、後ろから命令しようと思ったら、「士」から「曹」を通って「尉」に昇進する必要がある。

曹になる順番は、まず高等工科学校出身者。これは100％だ。次に、枠が空いていたら一般曹候補生。

任期制隊員の昇進は、そのあとになる。よほど優秀でなければ、まず無理だね。

ではははじめから一般曹候補生として入隊してはどうかということになるが、これも、かなりの割合で曹になれない。

ウィキペディアに珍しく正しい説明がある。

「募集人数と曹への昇任枠を比較すれば、全員が昇任することは不可能であり、かなりの人数が昇任できないことが自明であるため人件費削減の制度という面も大きい」

夢だけ見させて使い捨てというね。

一般曹候補生には、もうひとつ厄介な点がある。任期制隊員は2年、4年の節目に退職金が支給される。しかし一般曹候補生の道を選んだら、曹になれずに辞めた場合、退職金がもらえないんだ。

さて自衛隊コースへの志望を考えている生徒諸君、君たちの選べる道はふたつだ。

ひとつ、曹になるのをあきらめて2年ないし4年で退職する。現在は、多くの隊員がこうしている。大型免許や危険物取扱免許、そして退職金がおみやげだ。

この道を行くだけなら、特に準備はいらない。短くて2年しか使わないスキルを、高校で3年かけて勉強する必要はどこにもない。

もうひとつ、曹になることを夢見て一般曹候補生になり、少ない可能性に賭ける。この場合、多くが挫折することが確実で、しかも退職金はゼロだ。

人生、バクチだねえ。

昇進の希望があるとすれば、自衛隊の大幅増強だ。幹部の枠が広がり、昇進しやすくなるかもしれない。安保法制が実現して大量の自衛官が海外に送られるようなら、あるいは。

弾に当たっても死なない自信があるなら、頑張ってみるのもいいだろう。なに、死んでも自衛隊から1億円ぐらい支給されるはずだから、家族は喜ぶかもな。

でもさ、ちょっと心配なのは、そういう事態になったら志願者が減るかもしれないってところだ。下に入ってくる隊員がいなければ、君がいくら頑張っても下っ端の立場から離れられない。そうなったらいくら長くても7年でお払い箱だ。

うわ、これはかなわないよな。

いやー、人生ほんとにバクチだねえ。


(2015.9.8)

自衛隊の実弾誤射事件　その真相は？

弾薬調達担当者、書類転記ミス…陸自の実弾誤射

陸上自衛隊然別《しかりべつ》演習場（北海道鹿追《しかおい》町）で5月、演習中に空包と間違えて実弾を誤射した事故で、弾薬の調達担当者による書類の転記ミスが原因だったとみられることが、自衛隊関係者への取材でわかった。

計画に反して小銃に弾を込めず、射撃自体をしていなかった隊員がいたことも判明。照準装置を適切に使っていない隊員もいた。陸自は、ずさんな訓練や規律の緩みが事故の背景にあったとみて、引き続き調査している。

事故は5月23日、北部方面隊所属の第310輸送中隊の演習中に発生。訓練は、輸送中の車列が襲撃されるという想定で約30人が参加し、敵味方に分かれて空包を撃ち合う計画だった。しかし、誤って実弾が支給され、隊員9人が計79発を発射した結果、破損した小銃の部品で2人がけがをした。（読売新聞　16年6月7日）

「ミス」だったそうです。

そうでしょうか。三重四重のミスが偶然重なることもないではありません。しかしこの事件は本当にミスなのか。空砲と実弾は音が全然違うし、反動のあるなしですぐに分かります。何発も撃ってるのに、気づかないはずがない。

どの報道機関もツッコんでくれませんが、隊員9人が敵味方に分かれて計79発も撃ちあいながら、1発も被弾しなかったなんてありえないでしょう。空砲でも相手に照準合わせて撃ちますよ、普通。

自衛隊は至近距離から79発も撃ったのに大きな車に命中させることができず、敵を1人も倒せない程度の腕前なんでしょうか。

私は、現場の先任幹部が独断で意図的・作為的・確信犯的にやったことだと思います。至近距離から実弾を撃たれる、体験訓練をやったのではないか。

実弾射撃訓練のときに監的壕（実弾が標的のどこに当たったかを表示する係が隠れる壕）に入った体験者なら分かることですが、正面から実弾を射撃されたら、その衝撃音は空砲と比較になりません。音というより、衝撃です。耳元に直接たたきつけられます。当たらないと分かっていてもはじめは恐怖でした。至近距離ならその衝撃は数倍大きく、風圧も体感することでしょう。身のすくみ上る恐怖だと思います。

これから自衛隊が戦闘任務をまっとうするには、隊員がその恐怖を克服できなくてはならない。悠長に構えていては訓練が間に合わず、それは隊員の危険に直結する。至近距離から実弾を撃たれる訓練が絶対に必要だ。

そのように危機感を募らせている幹部が大勢いることを、私は疑うことができません。

特に、米軍の訓練を受けた幹部はそうでしょう。米軍兵士は機関銃から放たれる実弾の下を匍匐前進する訓練を必ずするのです。そのようにして戦場の音と匂い、雰囲気に慣らしていくのです。

今回の自衛隊の事件の真相は、意を決した幹部の命令で、数丁のライフルが実弾を撃ち続ける前で、隊員がその衝撃と風圧とを体験する訓練を敢行したのではないでしょうか。

隊員は身を伏せて、射手は実弾が絶対に当たらないところを狙ったと思います。

空砲用のアダプタが壊れたというのは、まあアリバイ工作です。

もちろん、こんな訓練は禁止されています。

禁止されていますが、現場としては、危険な任務を与えるのならその準備をさせて当然だろうという不満を抱いています。だから、制服組から真相が表沙汰にされることは絶対にないでしょう。

私がこんな想像をするにはわけがあります。富士演習場で野営訓練をしたときのこと、似たようなことをやらされた経験があるのです。使ったのは空砲でしたが。

(2016.6.7)

自衛隊よ、国民と共にあれ

自衛隊で区隊長から教えてもらった話。

区隊長が業務でアメリカに行ったとき、自衛官に対する扱いが日本国内とあまりに違うので驚いたというエピソードを枕に、「外国では軍人はとても尊敬されている」というのです。

区隊長いわく――

世界のどこへ行っても、この制服が通用する。どんなに立派なパーティにも、この制服で出席することができる。

自衛隊の制服は、格式の高い礼服と同等の扱いを受けるのだ。国防という任務に、高い敬意が払われているからだ。君たちは自衛官であることに誇りを持て。

だが、戦場に出れば、同じ服装で、物乞いの生活をしなくてはならない。どちらも平然とやってのけるのが軍人である。

ぜいたくに奢ってはならない。常に質素であれ。苦しくても不平を言うな。忍耐心を養え。常在戦場とはそういうことだ。

自衛隊の決意

外国で軍人が得られる敬意を日本で自衛官が得られないのは、旧帝国軍人の恥ずべき所業のせいです。

前線で将兵が餓死しているのに、後方のお座敷で芸者と戯れながら、将軍たちは突撃命令を乱発していました。こんな軍人・軍を尊敬する国民はいません。

このことは、旧帝国軍人の一人であった区隊長も重々承知でした。帝国陸軍の旧弊について教えてもらったし、ことあるごとに「自衛隊は旧軍ではない」というのが区隊長の口癖のようなものでした。

旧軍の間違った伝統を克服し、辱《はじ》を雪《そそ》ぐ。これが自衛隊の原点であったはずです。

軍のあり方と軍人像は表裏一体です。

腐った旧軍のような軍ではない、立派な自衛隊をつくるんだ、そのために我々は立派な自衛官になるんだ。自衛隊を立ち上げた諸先輩の決意が、私の目には新憲法の下に再出発した戦後民主主義の清々しさと、二重写しになっています。

この清新な決意を、いまの自衛隊はどれほど引き継いでいるでしょうか。

国民と共にある自衛隊をめざす

情報公開の度合いが年々狭まり、日報問題にみられるように、いまや自衛隊は国民に対して情報を隠ぺいして恥じない組織になってしまいました。

武力組織である自衛隊は、他の省庁にもまして、国民に忠実であらねばなりません。

なぜなら全職員が武器を使って他人を殺傷することを許されている、唯一の官庁だからです。

権限が大きければ、責任も制約もまた大きくなくてはならないはずです。

しかし、歴史を改変して恥じない者たちや、政治の責任ということに無頓着な者たちばかりが政権を担ってきたのが戦後日本です。

「朱に交われば赤くなる」ということわざどおり、上の悪弊は下へと伝染します。

自衛隊も例外ではありません。

腐り果てた連中はいまに自滅するかもしれませんが、自衛隊が共倒れになっては困ります。日本の安全を危うくしますから。

自衛隊を立て直すためにも、一日も早く極右内閣をぶっ倒す必要があります。日本の安全保障を考えるなら、それ以外の結論は出てきません。

隠し事の多い、暗くてダサい自衛隊はかっこ悪い。隠し事のない、明るくて風通しのよい、国民に開かれた自衛隊はスマートでかっこいい。どうせなら、かっこいい自衛隊になってほしいと思います。

(2017.3.17)

平和憲法に規律された自衛隊の強さ

いまや世界各地に派遣される自衛隊。その任務の大半は、自衛隊でなくてもできることばかりです。道路工事なんか専門業者のほうがよほど安く、早く、上手にできる。

イラク・ムサンナ州議会で農業委員会委員長のアフマド・サラール議員は「ほとんどの自衛隊の道路改修工事などは失敗だったために、国や州がやり直さねばならなかった」と手厳しい。

高くて遅くて下手くそな自衛隊を送るのは、早い話が中国あたりに自衛隊の投射能力を見せつけているのだと思います。投射能力とは遠隔地に軍隊を送り込む能力です。

送り出したら、政治家はあとのことは知らん顔です。ヨーロッパに外遊に行く先生はたくさんいますが、ちょっと足を伸ばせば行けるゴラン高原に出向いて自衛隊を激励したなんていう議員はほとんどいません。自衛隊は政治の道具なんです。

先日の「自衛隊を活かす会」でそう発言したら、元カンボジアPKOの初代隊長さんが「現役時代に、そういう感想を持ちました」と正直に語っておられた。そのあと、「でも違うと思います」と続けたのは、まあ立場上そう言うしかなかったのだと思います。

自衛隊は命令されれば従うしかない立場なので、イラク派遣なんか完全に憲法違反ですが、行けと言われれば嫌とは言えない。しかし戦場でも、やはり憲法9条のもとにある部隊なので、外国の軍隊とは違います。あの危険なイラクで、ただの一度も戦闘しなかったただ1つの部隊です。

自衛隊が駐屯したサマワにはオランダ軍も派遣されていたのですが、その受け持ち区域では戦闘が発生して、オランダ軍に戦死者が出ています。自衛隊も駐屯地付近に何度か迫撃砲が撃ち込まれた事件がありましたが、その時に怒ったのが地元の人々だったそうです。族長が「日本に手を出すやつは部族の敵だ」と声明を出し、自衛隊支援デモが起きた。武装勢力も攻撃は民心を得られないと覚ったのか、ある時期から攻撃がピタリと止んでいます。撤収するさいに、「撤収反対」「帰らないでくれ」というデモが起きた、ただ1つの部隊でもあります。

　自衛隊の区域の治安があまりにも安定しており、現地住民との関係が良好なので、ノウハウを学びに米軍や英軍が視察に来たそうです。

　どうしてこうなのか。

　自衛隊は派遣にあたって隊員に「我々は戦いに行くのではない、民生復興のために行くのだ」と、いわば「平和教育」を授けました。こんな部隊は世界にただ1つだったと思います。

　多くの方はお気づきでないと思いますが、派遣隊員の迷彩服が砂漠用ではありません。現地の人々に、戦う意思がないことを示したのです。そういう点にまで気を使っていたのが自衛隊です。

　自衛隊の任務は給水活動と、その他には小規模な土木建築工事でした。給水活動についてはほとんど効果がないとか、駐屯地にこもりっきりだとか、当時は散々にたたかれました。でもそれは当たり前です。自衛隊はそもそも部隊のために浄水する能力しかないのです。サマワという大きな街の住民に給水する装備なんか持っていない。もとからできないことをやれと政府は命令したのです。人を差し出す、それだけが目的の政治派遣だったからです。それでもやれと言われたらできることを最大限にやるしかないのが自衛隊なのです。

　派遣部隊は、治安部隊ではないことを深く自覚していました。だから街に出た時でも、住民に銃を向けたことは一度もない。給水活動もイラク人と一緒にやりました。タンクローリーに現地の人を平気で上がらせています。配るのは、自衛隊が教育したサマワ市民ドライバーです。毒でも入れられたらどうするのだ、爆弾を投げ込まれたら……他国の軍ならそういう心配がまず先に立つのでしょうが、自衛隊は現地の人をリスペクトすることから始めました。憲法第9条のもとの自衛隊にとって、サマワの人々は撃ち殺す相手ではないからです。

　撤収が近づいたころ、現地部隊から日本の駐屯地にある呼びかけがありました。余っている「鯉のぼり」を送ってほしいというものでした。イラクで鯉のぼりをあげようというのです。偶像崇拝が禁じられているイラクですから、派遣部隊が現地の族長や議会に、鯉のぼりの説明をしました。

　日本にはこどもの日というものがある。子どもが元気にすくすくと育ってほしいと願う特別な日だ。

この日に、鯉という魚ののぼりをあげるのだ。滝でものぼってしまう強い鯉のように、元気に育ってほしいという願いを表す風習だ。子どもはその国の将来そのものであり、イラクの子どもが明るい未来を築いてくれることを願って、その風習を再現させてほしい、と。

5月5日、ユーフラテス川に鯉のぼりが泳ぎました。生まれてこの方、戦争しか知らないイラクの子どもたちです。平和だった日々を知る親たちは、あらためて子どもたちのふびんさを想い、愛情を確認し、平和を願う心を抱いたのではないでしょうか。自衛隊帰らないでくれというデモが起きたのは、その翌日のことでした。こんなことを発想する軍隊なんか、世界にただひとつ、平和憲法に規律されている自衛隊だからこそではないでしょうか。

自衛隊は、その外形からいえば、いまや完全な軍隊です。手放しで賛美するわけにはいきません。しかし憲法第9条がしばりをかけている限り、本物の軍隊になりきれないのも事実です。

軍隊でない軍隊、防衛にのみ使える軍隊、侵略には使えない軍隊。そういう自衛隊であることに、私は誇りを覚えます。

(2014.6.28)

海上保安官　抵抗の代償

元保安官、起訴猶予の方向　東京地検、来週にも処分判断

中国漁船衝突の映像流出事件で、東京地検が、国家公務員法（守秘義務）違反容疑で書類送検された一色正春・元海上保安官（44）＝停職後、退職＝を起訴猶予処分とする方向で、詰めの捜査に入ったことが13日、関係者の話で分かった。同地検は最高検など上級庁との協議を重ねており、来週にも処分内容や時期などを慎重に判断するとみられる。

公務執行妨害容疑で逮捕後、釈放された中国人船長、セン其雄船長（41）についても同時に、那覇地検が起訴猶予処分とする見通しで、検察当局は2つの事件のバランスを慎重に見極める。

元保安官は昨年10月中旬、巡視艇「うらなみ」の共用パソコンから映像データを入手。神戸市内のインターネットカフェから、動画サイトに投稿したとして、同12月22日に書類送検された。

東京地検は、映像が海保職員なら誰でも入手できた点や、元保安官が自ら犯行を名乗り出たうえ、懲戒処分を受けて

退職したことなどを考慮。刑事処罰の必要性が薄れたと判断した。（日本経済新聞　11年1月14日）

割に合わない理不尽な話だなあ。

上がアホだと下は苦労する。

罰するまでもない軽微な犯罪なのに、なんで辞めなくてはいけなかったんだろう。辞めざるを得ないような圧力にさらされたんだな。

海保幹部の説得をちょっと想像してみた。

君のやったことについては、私も共感はするよ。しかし、組織の規律を乱したことに変わりはないんだ。それは、君も優秀な海上保安官だから、わかるよね。

こういうことをしてしまった君に、気の毒だけど海保で出世の道は、もうないよ。君も自分の信念にもとづいてやるべきことを果たしたんだから、気が済んだだろう。ここは、いさぎよく転身を図るべきなんじゃないかね。

世間は英雄だとか持ち上げてくれるかもしれないけど、口先だけだよ。あっというまに忘れられてしまう。そんな無責任な声に乗せられて、何とかなるんじゃないかなんて甘い期待をしてはいけない。

海上保安庁といえども、お役所なんだから、お国には逆らえないんだ。いつまでも君をかばってもいられない。天の声でもかかってごらん、それで懲戒処分などということになったらどうするんだね。

懲戒解雇となると、退職金が支給されなくなるし、再就職にも差し障りがあるよ。いまなら、就職先は海保があっせんする。ね、ここは決断したほうがいいんじゃないかね。

ビデオを公開しようがしまいが、そのことで国益が傷つこうが傷つくまいが、そういうことはもっと上の考えることであって、海上保安官は与えられた任務を粛々と遂行するだけ。こういう考えもありだろう。そうでなくては組織がうまく機能しないというのも事実だ。

けれどもそうであれば、規則にもとづいて、しかるべき処分を公明正大に下すべきだった。そうしないで依願退職という形を取ったのは、辞めさせる理由がなかったからだろう。しかしここで辞めてもらわなければ、累は海保組織上層部にまで及ぶ。

実のところ、海保幹部にとっては、一保安官の行為の理非曲直ではなくて、自己保身が最大の関心事だったと思う。

上の立場からみれば、事の善し悪しなんか関係なくて、下っ端が勝手なことをしたのが悪い。上司の管理責任が問われるようなことをする奴は組織にいられなくなるんだぞ。会社でも同じだが、権力を持った奴に盾突くとロクなことにならないぞ。ある意味、こういう見せしめだったんだろう。

　こんな理不尽は世の中に掃いて捨てるほどある。それが世の中だ。逆らわずにうまく立ち回った奴がいい目を見る。

　しかしそんな世の中であることに抵抗してたたかった無数の人たちもいて、その人たちが世の中を変えてきたのも事実だ。維新の志士しかり、自由民権の闘士しかり、戦前の自由主義者、反戦平和を唱えた社会主義者、労働運動家たち……。

　それら多くの人たちのうち、ほとんどの人はちっとも報われず、あたら人生を棒に振ってしまった。財産を失った人もいるし、刑務所に入った人もいる。殺された人だっている。首になった人なんか数え切れない。

　それでも懲りずに、次から次へと「義」とか「理」に突き動かされて動いてしまう名もなき人々。

　そういう群像を、この社会がどれほど生み出せるか、それによって日本の未来が決まっていくんだろう。そういう人たちの群れの、はしっこにでも立っていたいと思う。（2011.1.14）

5 軍事技術

新型戦車からうかがえる防衛以外の目的

陸上自衛隊に2010年度から導入される新型戦車の試作車両が公開された。

　全長9・42メートル、幅3・24メートル。重量は約44トンで、現行の90式より小型軽量化されて小回りが利くという。主砲の直径は120ミリと現行の90式と同じだが、情報通信機能が強化され、戦車同士による位置や現場状況のデータ共有が可能になった。防衛省は「連携が強まり、ゲリラ攻撃に対処できる」と言っている。

主砲が120ミリというのは予想されていたことだが、もともと120ミリっていうのは旧ソ連軍戦車との戦いを想定して導入されたいきさつがある。低火力のゲリラ相手に120ミリはないだろう。いったんでかいのを手にすると、二度と手放したくなくなるのが軍隊の心理だな。

本当の狙いはゲリラ攻撃への対処ではない

でも、120ミリを載せたのはそれだけの理由ではないと思う。それは、C4Iといわれる高速通信による相互連携機能を導入したことから推測できる。

敵より0・1秒でも遅れれば撃破されるのが戦車戦だ。逆にいえば、敵より0・1秒早く撃てば勝てる。

GPSと高速通信を組み合わせて戦車相互のデータを共有するというのは、米軍が実際にやっている。湾岸戦争で米軍は高速で移動するイラク軍戦車を秒単位で捕捉して、コンピュータを使って各戦車で個別目標を手分けし、短時間に大量の砲弾を、夜間暗視装置を使って正確に浴びせかけて、一方的に勝利した。

この戦訓でもわかるように、C4Iのハイテク戦は近代軍隊を相手に戦う正規戦でこそ有効性が発揮されるシステムのはずだ。ゲリラが神出鬼没だといったって、戦車より速く走れる人間はいないもん。

だから新型戦車は、あくまでも本格的戦車戦用だと考えるしかない。国土に侵入してくるゲリラに対抗するためというのは、そのほうが国民や国会向けに説明しやすく、同意が得やすいからだろう。

本当の使い道は別にあるように思う。

もちろん、それは海外派遣。米軍と共に戦車戦をやるつもりでなければ、もっと違ったコンセプトの戦車をつくったはずだ。この戦車、すでに憲法改悪を照準に入れて開発されているに違いない。

装輪戦車は三菱が開発するそうですね。似たような8輪の装輪装甲車をコマツが開発しているのに。

そのうえ新型戦車って……日本はどんだけ金が余ってるんだって思いますよね。どうしても履帯車両の戦車が必要な理由として、センタウロのような装輪装甲車は装甲が薄いって理由が語られているんです。

が、ですね。新型戦車、90式が50トンもあったのに比べて、44トンになったっていうんです。形を見るとフランスのルクレール戦車やイスラエルのメルカバ戦車みたいに、砲塔が鋭く斜めになって避弾経始《ひだんけいし》〔装甲を傾斜させ、砲弾の運動エネルギー逸らして跳弾させるという概念）を重視しているのがわかります。ってことは、重量を軽くするために、かなり装甲を犠牲にしているんじゃないかなと思うんです。だったら装輪戦車と変わりないいんじゃないかと。

あと、山がちの日本では不整地走行能力が問われるというんですが、8輪だったら履帯車両と変わらないという実績があるようです。そもそもそんなことを言うんなら、50トンの90式でどうやって山ん中を走るつもりだったんだって言いたいです。

なんか装備全体の開発コンセプトが不整合、不透明で、ともかく強そうなものは何でもほしいみたいなところがあります。防衛省上層部は、そういう戦争ゴッコみたいなノリでアメリカに追随しているんじゃないんだろうか。

歩兵一流、士官二流、将軍三流といわれた旧軍の伝統を忠実になぞっているようで、なんだかなあとため息がでますわ。

乗ったことないんだけど、戦車の乗り心地はすごいらしいですよ。だから戦車の乗員って、普通科隊員並にガタイがいい。M1戦車なんて、あれを時速90キロですっ飛ばして、片端から敵戦車を撃破していったら……そりゃあ爽快ですわ。ただしぶっ飛ばされる戦車に自分が乗っていないってことが前提で。このあたりの身勝手な感覚が、戦争を根絶できない要因なんでしょうね。

以前、射撃訓練の観的壕係（標的に弾が当たったのを確認して表示する役目ね）に選ばれて、弾の飛んでくる下で首をすくめてたことがありますが、実弾の入った銃声のそりゃあ怖いのなんの。自分は戦争に向いてないと思いました。まあ、たいがいの人は向いてません。死にたくないもん。自分の側は死にたくないから、装甲をよりゴツく、戦闘力はより強く、相手にだけ死んでもらおうという方向に進化するんですね。うん、やっぱり戦争ってのは人間を悪くします。

ここで私がいいたいのは「迅速かつ有効」な対抗手段が10式のような新型戦車なのかということです。

それを語る前に誤解を解いておきたいのですが、90式にはエアコンついてますよ。72式の時からついてました。エアコンがなきゃ、コンピュータが故障してしまいますもん。さて。GPSを使った位置情報システムは、90式にも72式にも必要でしょう。C4Iシステムもね。

でも、そのために新型戦車開発ってのは、本末転倒ですよ。防衛力は国民の税金を使った限りある予算内で整備するんですから、無駄遣いは許されません。諸外国は現在のMBTを改良してC4Iシステムを搭載するなど、工夫をこらしています。私は72式もエンジンを積み替えたり、足回りを改良したり、弾着増強を施したりの改良を施せば、まだ十分現役で使えると思っています。72式のコンセプトこそ、抑止力の自衛隊にピッタリです。

新型戦車は軽くなったとはいっても46トンもあるんだし、テスト中にいろいろ出てくる要求を取り入れていったら、もっと重くなる可能性だってあるんです。最終的には90式とあまり変わらないものになるか、そうでなければ装甲車並の装甲の戦車という、どちらにしても「使えない戦車」になる可能性が高いです。そのうえ120ミリでしょ？

戦車同士の正規戦を視野に入れたかのような新型戦車は、日本には不向きですよ。国内で本格的戦車戦が起きる可能性なんて、ほとんどゼロです。米軍と自衛隊を向こうに回して、日本に上陸を敢行できる国なんてありませんよ。

でも、もしそういうことになったら？

では考えてみましょう。

戦車を含む敵の重武装陸軍部隊が上陸してくる時って、どんな時です？　航空優勢を取られ、制海権も奪われた時でしょ？　それは航空自衛隊と在日・在韓米空軍、米海軍航空隊が全滅し、海上自衛隊と米第七艦隊が壊滅した時です。

もう、わやですな。その時点で戦車があったって、何の役にたちますか？　空軍を失ったイラク戦車隊と同じ運命が待っているだけですよ。でも、こんな事態はまず起きません。だからいずれにせよ、戦車戦はあり得ない想定です。

こういうことは自衛隊も分かってるんです。分かっていて、なおも日本には合わないスペックのものをつくるというのだから、国土防衛ではない目的があるんじゃないかと疑うのは、合理的推論ですよ。

防衛力の保持を認めるということが、即、軍部の提案を何でも受け入れるという意味でないことには、同意していただけると思います。

日本に相応しい防衛力とは何かについて国民の側がしっかりと意見を持ち、批判すべき点は批判する。それが主権者としての国民の義務ではありませんか？

抑止力を維持しつつ緊張緩和の方途をさぐるのが現実的だと思います。保険は保険なりに、起きうる危険と身の丈とに見合った装備にとどめたいものです。税収の何十年分もの借金を抱えているんですからね、日本は。

(2008.2.13)

クラスター爆弾禁止条約発効へ

【ロンドン3日時事】不発弾となった子爆弾が民間人に被

害をもたらし、問題となっているクラスター（集束）爆弾の禁止条約署名式が3日、ノルウェーの首都オスロで行われ、日本などが署名した。禁止に向けた国際世論の高まりを受け、署名国は100カ国に達する見通し。「非人道兵器」の全廃に向け、国際社会は重要な一歩を踏み出した。（時事通信、08年12月4日）

戦争違法化実現への一歩に

地雷禁止に次ぐ兵器制限条約が発効するわけで、とてもよいことです。条約づくりで中心的な役割を果たしたノルウェーやアイルランドなど4カ国が提案を始めたときは、まさかこんなことが実現するとは思っていませんでした。

理想主義が現実化するのを目の当たりにできるのは、幸福な経験です。戦争の違法化に向けた小さな、しかし歴史的には大きな一歩ですね。

小さなというのは、これはあくまでも戦争の「手段」に関する制限でしかなく、直ちに戦争そのものの違法化につながるものではないからです。それから、米・露・中など軍事大国が参加していないからです。

大きなというのは、たとえ自国防衛のためであっても許されない手段がある、ということを各国が認めた意義が大きいと思うのです。

日本は開発途上国で続発する低強度紛争やテロリズムを防止するために、世界規模の武器輸出入監視体制を提案しましたが、これも参加国が少なくて実効性に限りがある状態です。日本と同じ危惧を抱いているはずの韓国や台湾、フィリピンといったアジア諸国と手を携えて国連で強力な運動を展開すれば、もっと参加国が増えるだろうにと思います。

ノルウェーの矛盾

ノルウェー政府の平和外交はとても立派なんですけど、あの国はこれまでの歴史的経緯もあって、優秀な兵器を生産しています。で、かなりの兵器輸出国です。世界第7位です。これはどうなんだと思います。二枚舌とまではいいませんが、ちょっと解せないなあ。

紛争当事国には輸出しないという政策をとっていますが、ノルウェーから輸入した武器を紛争国に再輸出している不届きな国があるから、ザルなんですよね。チェコはノルウェーから買った武器を、スーダンやアンゴラなどに売却しているとか。せめて武器購入国が再販禁止を誓約しなければ輸出しない、ぐらいの措置は取ってほしいものです。

日本との対比

日本は武器を輸出していません（武器製造に直接つながる技術も輸出していなかったんですけど、これは米国を例外とする法律ができてしまったので、かなり残念です）。

戦後も長い間、日本は武器輸出国だったんですが、誰から非難されたわけでもないのに、自ら禁止したんですよね。武器輸出は憲法9条の趣旨からして如何なものかという社会党や共産党の指摘があり、それはもっともな言い分であると自民党も同意して、武器輸出を禁止したのです。

すごいじゃないですか。ノルウェーみたいに大向こうをうならせる業績として世界から認められていませんが、それは政府が宣伝ベタなだけで、世界標準と比較すればとてもすごい決断だったんです。ノルウェーでさえ、そこまでの決断ができないんですからね。やはり憲法9条の威力は大したものです。

誇りうる日本の決断

自衛隊の武器は優秀だから、大量生産して価格を下げればきっと売れると思います。そうすれば国内調達価格も下がり、軍事費の節約になりますから、その浮いた分を福祉・医療や社会保障費に回せという要求もできるんです。

だけどどんなに財政が厳しくても、国民からそういう声が上がらない。これもすごいことではないでしょうか。背に腹は代えられないんだから、汚い商売でもいいから儲けて国民に還元してくれという要求があったってちっとも不思議じゃないのに、あえて自分の手をしばって迷わない。こんな国民は他にいませんよ。

なんでこういう業績を、もっと胸を張って世界に宣伝しないんでしょうか。きっと自民党はこれをすごいことだ、誇れる業績だと思っていなくて、しぶしぶやっているからなんでしょうね。せっかくの決断も業績も値打ちが半減です。残念なことです。

人道上の要請に応えつつ戦う責任

さて、話をクラスター禁止条約に戻します。自衛隊専門紙『朝雲新聞』がこの問題について論評していますので転載します。

クラスター弾の全面禁止を求める多国間条約がオスロで調印された。わが国も当初の加盟国として名を連ねている。この条約の交渉に当たっては、専守防衛の手段について手を縛るべきでないとの意見もあったが、世界の潮流を見極

めて、むしろ積極的に賛成すべきとの立場を固めたものだ。

戦争が違法化された今日も、戦闘は依然として絶えない。大国の戦闘を止められないまでも、せめて、罪のない市民に被害を及ぼすような兵器を使わないようにすべきだという中小国の声がある。わが国にとっては、大国に追随してこうした声に抵抗するか、率先してこうした声を支援するかが問われていたが、今回の選択は、人道主義をリードする国として日本の国際的評価にプラスとなるだろう。

そうはいっても、将来、わが国に攻め込むかもしれない相手に、人道主義は通用しない。防衛態勢に穴が開かないようにする措置が必要であり、防衛省はクラスター弾に代えて、精度の高い弾頭を導入する方針だ。防衛構想の観点で言えば、これは、大規模な着上陸侵攻に備えるのか、それとも少人数で隠密裏に行動するゲリラやテロリストに備えるのかという問題でもある。

いずれの場合も、国土戦を前提に、国民に副次的被害を及ぼしかねない兵器は使いにくいという指摘もある。今回の決定は政治主導だったが、人道上の要請に応えながら効率的な戦い方を考える責任は、自衛隊にある。

（朝雲新聞　08年12月4日）

(2008.12.4)

ソマリアの海賊退治は海上保安庁に任せよう

麻生首相は17日の衆院テロ防止特別委員会で、アフリカのソマリア周辺海域で海賊被害が頻発している問題で、日本の商船を護衛するため、海上自衛隊の艦艇派遣を前向きに検討する考えを示した。（読売新聞　08年10月17日）

それより、実績のある海上保安庁にお願いしてはどうでしょう。

海賊の名所だったマラッカ海峡では事件が減少しています。日本の取り組みが功を奏したのだと思います。海上保安庁が海賊船より足の速い中古の巡視船を提供したり、関係国の海上警察に取締ノウハウを指導する「海上犯罪取締研修」を開いたり、巡視船・航空機を派遣しての共同訓練を行うなど、積極的に取り組んだ成果です。

アジアの海賊もロケット砲や自動小銃を装備した荒くれ者だったのですがね。

海保はすでにこの問題に取り組んでいて、イエメンの海保機関を研修に招待し、今年から参加しているとの報道がありました。

ソマリアの海賊は大変な問題だと思いますが、日本が他の国みたいにいきなり軍艦を投入するというのはいかがなものでしょうか。まあ、軍艦が無駄だとか有効でないとは言いませんが。軍艦は海賊船をやっつけることができても、取締が本務ではないのでそれっきりです。海賊退治には武力行使だけでは十分ではないと思います。

やはり長期的な対策としては犯罪取締の方法を使わないと効果が薄いと思います。そういう観点からは、海上保安庁を派遣するのがいいと思います。武装海賊相手に巡視船で大丈夫かという不安があるかもしれませんが、朝鮮の武装不審船に攻撃されながらこれを追いつめて自沈させたのは海保です。

そもそもソマリアの海賊は、アメリカが「テロとの戦争」に失敗した余波のように見えます。「イスラム法廷」と政府軍の争いに火をぶち込み、小規模な戦闘だった内戦を近代兵器を駆使する巨大な内戦にしてしまったのはアメリカです。

戦争のせいでソマリア経済が崩壊してしまいました。海賊でもしなければ食べていけない状態に漁民を追い込んでしまったのは戦争です。しかも内戦のせいで国内には武器がゴロゴロしている。反政府側は戦費調達のために武器を横流しする。政府軍側は高官の小遣い銭稼ぎのために同じことをする。

そこでちょっと前まではただの漁民だった村人が、たちまち凶暴な武装海賊に早変わりです。海賊が儲かるとなれば、そこから運上金をせしめるのが武装勢力の習わしですから（彼らは〝税金〟と称しています）、漁民たちは村の安全を金で買うため、もっと海賊にいそしまなねばなりません。

アメリカの失敗のケツを日本が拭くってのには抵抗があるなあ。しかし手をこまねいているわけにもいかないなら、海上保安庁が任務に適していると思います。

(2008.10.18)

イージス艦衝突　盾《イージス》が槍になってどうする

２００８年2月19日に海上自衛隊所属のイージス艦「あたご」と漁船「清徳丸」とが衝突した。

これを大型船と小型船の事故として説明する。小型船は直前に回避行動をとっている。面舵《おもかじ》を切っているのだ。大型船も面舵を切るべきだったが、回避行動の形跡がない。

当初、大型船乗員は小型船が左から右に移動してきてぶつかったと証言していたが、実際はまったく逆だった。

じつはずっと前から小型船群に気づいていたが、漫然と自動操縦で走っていたことも、海上保安庁に突き止められるまで黙っていた。大型船側はレーダーの能力不足だと語ったが、事実無根だった。

　大型船の本社は何度も記者会見を開いているが、ただ右往左往しているだけで、肝心の情報が一向に出てこない。事態に対処するというより、事実隠蔽と責任回避に熱心のようだ。

　レーダーの記録がないという。GPSの航跡記録も小型船側のものしか発表されない。いったい、大型船側は何をやっているのか。

　で、この大型船がイージス艦だ。そこらのタンカーではないのだ。小回りが利かないだの、レーダーの性能が悪いだの、海面が見にくいだの、見張りが交代したばかりだの、言い訳になると思っているのだろうか。

　これが機雷だったらどうするのか。これが奇襲攻撃だったらどうなるのか。敵が悪いだのと言い訳しているうちに船は沈められ、国民は殺される。

　海上自衛隊は自らを恥じるべきである。国防が大切だというのなら、その任務の重大性に見合った振る舞いをするべきだろう。国民の信頼を失った軍隊がいかにもろいものか、世界史が痛いほど教えてくれている。国民を大切にしない粗暴の軍は、国民から見放されるのだ。

　自衛隊に奢《おご》りはないか。世界有数の戦力を持って、創建当初の真摯さを失ってはいまいか。

　防衛省は遺族に心から謝罪し、補償も十分に手厚く行い、情報をただちに公開して原因を徹底的に究明し、そのことで海難事故防止に寄与し、再発防止を国民に対して誓うべきである。

　海上自衛隊よ、肩で風切る軍人さんになってくれるな。海のルールぐらいは守ってくれ。平和日本にふさわしく、シーマンシップを誇りにして、国民には謙虚に、しかして精強な部隊であってほしい。

　お願いだから、自衛隊を支持し頼りにしている我々に、肩身の狭い思いをさせないでほしい。

(2008.2.23)

イージス艦「あたご」に違反のオンパレード

「海上事故防止法」に従えば、今回の事故〔2008年2月19日に海上自衛隊所属のイージス艦「あたご」と漁船「清徳丸」が衝突〕の場合、進路を変えなければならなかったのは、漁船群を右舷に見ていた「あたご」です。*1

　しかも「あたご」が衝突を避けるためにあえて直進したと

いう言い訳も、法で明確に禁じられているのですから、漁船群の船首を横切ることになった「あたご」の直進行動は、何の弁解も許されない重大な違反行為なのです。[*2]

「イージス艦は大型船なので進路を変えにくい。そこで小回りの効く漁船が先に進路を変えるべきだ」

こんな言い訳も間違いです。法律に〝小さな船が先に進路を変えよ〟という規定はありません。なぜでしょうか。それはどちらが大きな船なのか、にわかに判別できない場合があるからです。

たまたま今回は漁船とイージス艦ですから大きさの差は歴然としています。が、それでは大きさがどの程度に違えば、小さな船に回避義務を課すことにするのでしょう。そんな細かな既定をつくったら、ボーダーラインのケースで危険が生じます。ですから法律は船の大きさとは無関係に、相手の船を右舷に見るほうがいち早く回避行動を取るように求めています。[*3]

そして大事なことは、回避が義務づけられていない側の船（今回なら漁船側）は、勝手に進路を変えてはならないのです。思い思いに進路を変えたら、かえって危険だからですね。ですから漁船は衝突直前まで法律通りに直進しています。それが正しい行動なのです。[*4]

しかし法律を守っていたから正しいとはいっても、こりゃあかんと思ったらよけるべきだと思うのですが、その点はどうなのでしょう。

法律は「よけるべきだ」とは書いていません。「よけてもよい」という書き方になっています。それはなぜか。だってこちらが避けたつもりなのに、同時に向こうも同じことを考えていたらどうなるでしょうか。勝手な思いこみがむしろ危ない場合もあるんです。だから法律はギリギリになってから回避行動することも「できる」としているだけで、回避行動を義務づけていないのです。[*5]

しかしどんどん近づくのに、進路を変えるべき「あたご」が直進したので、本当に衝突の危険が迫りました。そこで漁船は、やむなく進路を変えるしかありませんでした。漁船は「避けることができる」という規定に従って、右に面舵《おもかじ》を切っています。けれども回避が間に合わずに衝突しました。

どうして左に取り舵を取らなかったのでしょう。それは、この行動が法律で決められているからです。原則として面舵しか切ってはいけないのです。ここでも漁船は法を忠実に守っていることが分かります。[*6]

面舵をきったものの、それだけでは衝突が回避できない場合は、衝突を避けるために必要な最善の協力動作をとらなければならないという規定が次に書かれています。僚船の金平丸はいったんは面舵を切りましたが、それでは危険が避けられないと判断し、急遽取り舵をとってUターンしたことで、かろうじて衝突を避けることができました。しかし不幸なことに、清徳丸は間に合わなかったのです。[*7]

　どうして清徳丸は間に合わなかったのでしょうか。不注意だったからでしょうか。

　違います。

　並行進路を取る船がいる場合、先頭の船は後続の安全のために、むやみに進路を変えてはいけないのです。そして不幸にも清徳丸は先頭を走っていたのです。清福丸は僚船の安全のために直進を続け、おそらく金平丸の回避行動を確かめてから舵を切ったのです。それで間に合わなくなって衝突してしまいました。

　このように漁船側は最初から最後まで「海上衝突予防法」に忠実に従って行動しています。「あたご」が同じように遵法精神を持っていれば、こんな事故は起こり得なかったのです。今回のは、ほとんど１００パーセント、漁船が正しく行動しており、「あたご」の行動は信じられないほどに違反のオンパレードです。

　これはもう、危険海域を航行する資格なしと判断せざるを得ません。艦長はじめ士官は降格させ、全部隊に海上法の基礎からみっちりたたきこむべきです。示しをつけるため、防衛大臣の更迭も断行しなければなりません。

　どうしてここまで海上自衛隊の航法レベルが落ちたのか、じつにゆゆしきことだと思います。徹底的に膿を出しきらねばならないでしょう。

「あたご」が犯したミス

順序立てて述べればこうなります。

①艦長のスケジュールミス。漁船が出漁する払暁《ふつぎょう》時に、混雑する現場内に入る航行計画をたてた。

②当直士官の判断ミス。混雑している現場海域で、しかも漁船に気づきながら自動操縦を続けた。

③見張り要員の申し送りミス

④レーダー要員と見張り要員の注意ミス。漁船の発見が遅れ、しかも2隻の漁船を1隻と誤認した。

⑤当直士官の操船ミス。減速・回避しないで最後まで直進を続けた。

　これはもう、どうにも弁護しようのない事態です。いろんな話を聞くにつけ、あきれ果ててしまうばかりです。

＊1　2隻の動力船が互いに進路を横切る場合において衝突するおそれがあるときは、他の動力船を右げん側に見る動力船は、当該他の動力船の進路を避けなければならない。
＊2　この場合において、他の動力船の進路を避けなければならない動力船は、やむを得ない場合を除き、当該他の動力船の船首方向を横切ってはならない。
＊3　第16条　避航船　この法律の規定により他の船舶の進路を避けなければならない船舶（次条において「避航船」という。）は、当該他の船舶から十分に遠ざかるため、できる限り早期に、かつ、大幅に動作をとらなければならない。
＊4　第17条　保持船　この法律の規定により2隻の船舶のうち1隻の船舶が他の船舶の進路を避けなければならない場合は、当該他の船舶は、その針路及び速力を保たなければならない。
＊5　前項の規定により針路及び速力を保たなければならない船舶（以下この条において「保持船」という。）は、避航船がこの法律の規定にもとづく適切な動作をとっていないことが明らかになった場合は、同項の規定にかかわらず、直ちに避航船との衝突を避けるための動作をとることができる。
＊6　この場合において、これらの船舶について第15条第1項の規定の適用があるときは、保持船は、やむを得ない場合を除き、針路を左に転じてはならない。
＊7　保持船は、避航船と間近に接近したため、当該避航船の動作のみでは避航船との衝突を避けることができないと認める場合は、第1項の規定にかかわらず、衝突を避けるための最善の協力動作をとらなければならない。

(2008.3.10)

読売新聞「PAC3」報道のお粗末さに唖然

航空自衛隊初の「PAC3」発射実験、米国で成功

航空自衛隊は17日午前7時55分（日本時間同午後10時55分）、米軍ホワイトサンズ射場で日本としては初めてとなる地対空誘導弾パトリオット・ミサイル3（PAC3）の発射実験を行い、模擬弾道ミサイルの迎撃に成功した。

実験では、米軍が発射した模擬弾1発を、約120キロ離れた空自PAC3の部隊がレーダーで追尾、約2分後、軌道を確認してPAC3ミサイル2発を撃ち、30秒後、地上十数キロの上空で破壊した。（読売新聞 08年9月18日）

この記事は正気なんでしょうか。

弾道ミサイル発射2分後にPAC3を撃ったって？

弾道ミサイルの速度は種類にもよるけれど、最低でも秒速2㎞。120㎞離れたところから発射した場合、60秒でこちらに到達してしまうじゃないですか。

今回は発射後2分でレーダーで探知されたという想定

ですから、到達までにはもっと時間がかかる。そんな遅いミサイルの迎撃に成功したところで、そんなものが成功といえるんですかねえ。

　時事通信社はこう書いてます。

> マッハ9から21の速度で飛来するとされる北朝鮮の「ノドン」など中距離弾道ミサイルを想定したものの、模擬弾の速度はこの半分以下。（時事通信　08年9月18日）

　弾道計算してみると実験ミサイルの速度は、マッハ８・８程度。確かに半分以下ですね。この程度のことなら成功、成功と大騒ぎする必要なんてないんです。

　イラク戦争中にイラク軍が撃った短距離弾道ミサイルの一部をＰＡＣ３で迎撃した実績があるんですが、そのミサイル、アル・サムードやアビバル１００がこの程度のスピードなんです。でかくて遅いイラク軍ミサイルですが、撃墜率はやっと半分程度だったそうです。ＰＡＣ３の性能って、しょせんそんなもんなんですよ。

　防衛省幹部は「システムが正常に稼働するかの試験であり、数値を入れ替えれば対応できる」と説明する。

　ウソつくなーっ！　といいたいですね。

　変な点はまだあります。

　ＰＡＣ３の最大速度は秒速５㎞。読売新聞によると、発射30秒後に相手ミサイルを撃墜したというのですから、発射地点から１５０㎞飛翔したことになります。

　ん？　相手ミサイルの発射地点が１２０㎞離れてたんでしょ？　１２０㎞離れたところから撃ったミサイルを、１５０㎞離れたところで撃墜したの？　そのミサイル、いったいどっちを向いて飛んでいたんでしょうか？

　と、こういうことですから、読売新聞の発表はまったく信用できません。読売新聞は自分たちの読者を馬鹿にしてるんでしょうか。


(2008.9.18)

戦車２００両削減を活かす知恵を

> 防衛省は9日、今後10年程度の防衛力整備の基本となる新たな「防衛計画の大綱（防衛大綱）」で、陸上自衛隊の戦車数を現大綱（２００４年策定）の「約６００両」から２００両削減し、「約４００両」とする目標を、主要装備の目標数などを盛り込む「別表」に明記する方針を固めた。

厳しい財政状況の中、南西諸島の防衛強化に予算や人員、装備を振り向ける狙いがある。

「約400両」の目標が実現すれば、戦車本体だけで1000億円以上の歳出削減効果があるとみられている。戦車の目標数は、1995年策定の大綱に記された「約900両」からはおよそ半減となる。現状の戦車数は約790両で、政府内には、来週中の閣議決定を目指す新大綱で、一層の削減明記を求める声もある。（読売新聞　10年12月9日）

自衛隊の現有戦車は、90式約300両と74式約600両です。合わせて約900両。これを400両にするんですね。半分以下にするんだから、すごい軍縮だと思うけれども、じつはそうでもない。

74式戦車延命計画の失敗

誕生してから36年にもなる74式は、もう時代遅れの戦車です。戦車600両体制というのは、退役するはずだった74式戦車の老骨にムチ打って、無理矢理あと15年ほど働かせることを前提に立てられた計画でした。

90式に新型120ミリ砲を載せて、90式から下ろした旧式120ミリ砲を74式に載せるという74式スーパー改造計画。ところが、結局うまくいかなかった。105ミリ砲搭載を前提に設計された74式に、120ミリ砲は、まあ無茶だったかも。テストでは撃った反動で車体が傾いてしまい、照準が定まらなかったそうですから。かといって発射の衝撃に負けないために、むやみに重くしても、エンジンや油圧懸架装置がもたないだろうし。スペースの関係でC41システムも搭載できなかったしね。

改造計画がうまくいかないなら、目標だけ景気よくてもダメです。そこであっさり引き下げたのでしょう。個人的なことをいえば、74式は大好きな戦車です。日本の地形にピッタリ適合した設計思想と、その斬新なフォルム。退役は残念だなあ。

600両体制実現は20年先

なに、どうせ新型戦車の調達数なんて年平均15両程度のはずです。90式の場合、300両配備するのに20年もかかった！　600両体制といえば景気はいいけど、実現は20年先ですがな。

こんな計画をいま捨てたって、どうってことはない。いまは政府の財政再建に協力してますよっていうポーズをつくり、将来的に何かあればまた計画を元に戻そうということなんでしょう。自衛隊にはまったく実害のない計画変更だと思います。防衛省、なかなか頭いいじゃないか。

戦車削減を外交の武器にしよう

戦車削減計画は、目下熱くなっている周辺諸国に「日本は軍縮してるんだぜ」ってイメージをアピールできる有効な手段です。

民主党にその度胸と智恵があれば、中国に対して「まあ頭を冷やしなさいな」と説教できるツールにもなり得ます。これはいい。うまく緊張緩和ができて、400両体制でもいいやって国際環境が本当に実現できれば、なおのこといい。だけど……まあ民主党にそんな外交を期待するのは、無理かな。

(2010.12.9)

オスプレイは要らない

自衛隊内でも異論…安倍政権「オスプレイ」相場の2倍で購入

今国会で審議中の平成27年度予算案では、オスプレイ5機の購入費用として516億円が計上されている。1機当たり約103億円だが、米軍の購入費用は1機当たり50～60億円だ。日本は倍近い金を払おうとしていることになる。

「オスプレイを造っているのは米国のベル社とボーイング社。自衛隊は直接、米企業から購入できないので、間に三井物産が入ります。とはいえ、購入額のほとんどは米国企業に流れているのが実態で、この先、オプションなどをつけられ、さらに吹っかけられるんじゃないかと自衛隊内部では心配する声が上がっています」(自衛隊関係者)

ふざけた話ではないか。そもそも、オスプレイは必要なのか。これすら疑わしいからだ。必要もないのに、倍の値段で買うなんて、「用心棒へのみかじめ料か」と言いたくなる。

政府はこれまで尖閣諸島の防衛のためにオスプレイは必要と強調してきたが、なぜオスプレイなのか、という問いに対する明確な説明はない。佐賀空港への配備もなし崩し的に決まってしまった。

米軍は新規調達ストップ

ある陸上自衛隊幹部は、ため息交じりにこう言った。

「オスプレイは輸送機。仮に中国が尖閣諸島に攻め込んでもオスプレイは役に立たない。本当に必要なのは制空権を守るための攻撃機ですよ」

防衛省内部ではオスプレイ不要論は根強いのだ。別の陸自幹部は来年度予算で5機を購入すると言われた際、「そんなに要りません。予算をもっと別の装備品購入に充ててほしい」と要望したそうだ。これに対し、内局は「これは官邸が決めたことだから動かせない」と答えたという。まさに安倍政権の肝いりだ。

オスプレイは事故の多さから、米軍は新規調達をやめている。しかも佐賀空港への配備のために拠点整備費として100億円が計上されている。締めて、オスプレイ関連は実に616億円に上る。その分、弾薬や車両の購入費などを削ったという。

集団的自衛権といい、このオスプレイの一件といい、安倍首相の頭の中にあるのは国民の安全ではなく、米国だけということだ。(日刊ゲンダイDIGITAL　15年2月26日)

オスプレイが要らないのは記事のとおりです。

しょせんは兵隊しか運べないただの輸送機です。垂直離着陸機だと誤解されていますが、兵員と荷物が載っているときは滑走しないと飛び立てません。

値段の割に使い道がないので、米陸軍はオスプレイの調達を中止し、代わりにCH‐47とUH‐60という2種類のヘリを用いるそうです。イスラエルも予算不足を理由に調達を止めました。それで製造工場が困ってしまい、政治主導で日本に押しつけたのが真相でしょう。

「これは官邸が決めたことだから動かせない」というのはそういうことです。

ただし、オスプレイが「相場の2倍」という点については、やや誤解があります。

オスプレイの本体価格が100億円なのに、自衛隊が1機あたり200億円以上支払うのは間違いありません。でも日本は本体だけを買うのではなく、米国での訓練費用と予備エンジンなどの装備をセットで買うのです。その総額が一機当たり200億円ということです。機体価格は100億円で変わりません。

いずれにせよ、べらぼうに高いのは確かで、こんなものいらないのは間違いないことです。

(2016.2.26)

赤旗、オスプレイ事故「核防護服で放射性物質の回収」という誤報

「しんぶん赤旗」が、「核防護服で米兵が作業　オスプレイ墜落現場　放射性物質の回収か」という見出しで、米兵が「機体に使用された放射性物質の回収を行っていると見られ、（放射性物質が）海中に流出した可能性もある」との見解を示しました（赤旗 2016.12.19）。

でも、これは赤旗の早とちりだと思います。

核防護服ではないからです。

自衛隊も航空事故の時に同じ格好をします。

放射性物質などかけらもない現場なので、これは核防護服として着ているのではなく、粉塵対策や衛生対策のためです。揮発性の燃料などを吸い込まないようにマスクをつけることもあります。

南スーダンで旅客機が墜落した時にＰＫＯ司令部の求めで自衛隊が捜索に当たりましたが、その時もタイベックを着ています。宮崎の鳥インフル対策に災害派遣した時も、着ています。

しょっちゅう着ているのです。もちろん、核物質と無関係です。

記事に、ヘリのローターにストロンチウム90が使われているという記述があります。

大型ヘリのローター検査に放射性物質が使われているのは事実ですが、オスプレイにも使われているのか、それは不明です。

仮に使われていても、そのためにタイベックを着ていると見るのは勇み足です。

沖国大に墜落したヘリのローターにストロンチウム90が使われていて、土壌を汚染したといわれていましたが、現場の土壌を掘り返して部品を探す米兵はタイベックを着ていませんでした。

大型ヘリに使用されているストロンチウム90は極めて微量で、被ばく量はレントゲン撮影1回分にも満たないそうです。だから着る必要がなかった。

そもそもタイベックには放射線を防ぐ機能はないので、被ばくを防ぐ目的なら着ても無駄です。

こういうことで、タイベックを核防護服と決めつけるのはちょっといただけません。

「恐怖と嫌悪を掻き立てるためならデマも流すのが赤旗だ」などと右翼側の宣伝に使われては、共産党の名折れになると思います。

私は赤旗をとても信頼性の高いメディアと考えているので、こういう記事は残念です。

(2016.12.18)

オスプレイとストロンチウム90

前節の内容に対して、オスプレイにストロンチウム90が積まれていたのではないかというコメントがいくつかありました。ストロンチウム90（Sr90）は体内に入ると骨と結合して長く滞留するので、それは心配です。

そこで私は専門家ではないけれど、自分なりに調べて納得できたことを書いておきたいと思います。

米軍ヘリのストロンチウム

2004年に沖縄国際大学構内に落ちた米軍ヘリ、CH53Dシコルスキー大型ヘリは、羽根のひび割れ検知センサーにストロンチウム90を使っていました。

米軍資料は削除されているようですが、特に秘密でもないので製品情報がネットにいろいろと出ています。

フライトブレード検査装置（Flight Blade Inspection System）というものなので、英語で検索すると出てきます。

仕組みは簡単です。ブレード（羽根）を中空にして、中に窒素ガスと微量のSr90を押し込みます。羽根にひび割れができたら窒素ガスが漏れて圧力が下がるし、ストロンチウム90が漏れるので放射線を検知できます。装置は羽根の付け根付近にセットします。

オスプレイにセットできるのか

オスプレイのプロペラは炭素繊維を固めてつくってあるようです。

ヘリのブレードに比べてかなり過酷な使い方をするので、強度的に中空にはできないでしょう。

するとストロンチウム90を用いるタイプの検査システムは使えません。写真を見ても写っていないようです。

オスプレイにストロンチウム90は使われていないと見るのが正解ではないでしょうか。

検査装置のストロンチウム90はどれほど危ないのか

国会答弁によれば、レントゲン1回分よりも被ばくが少ないそうです。答弁は共産党の穀田《こくた》恵二さんのホームページが資料です。穀田さんは特に反論していないので、誰が計算してもそうなるのだと思います。しかしこんなものを微量でも吸い込みたくないですね。

(2016.12.19)

「核防護服」の勇み足を赤旗が削除・おわび

赤旗が「核防護服」記事について「削除・おわび」記事を掲載しました(16年12月22日)。

潔くて清々しい。さすが赤旗です。速報性を重視する新聞に間違いはつきもの。肝心なのは間違った後の姿勢です。この対応に、むしろ信頼感が増しました。政党のメンツもあるし、そこまでは無理だろうなと達観していた自分の不明を恥じます。

誤報を出してもほっかぶりして白ばっくれる産経なんかとはえらい違いです。

大手メディアのみなさん、スクープにしろ、記事の正確性に対する姿勢にしろ、ジャーナリズムとして政党機関紙に負けてられないですよ。

報道は国民の目であり耳なんだから、赤旗に負けないように、よろしくお願いしますよ!

(2016.12.22)

NATO軍の〝反省〟を読んで思う戦争の愚

戦争は愚行の集大成

戦争はそれ自体が愚行であるが、具体的な作戦の中身はもっと愚かしい。実際の戦争がいかにヘマ、思い違い、予測はずれ、当てはずれに満ちたものか、戦記物をひとつでも読めばよくわかるだろう。

将軍や現場指揮官の頓珍漢ぶりは、何も日本軍のインパール作戦などを引き合いに出さずとも、大成功だったと評価の高いノルマンディ上陸作戦でも同じことだ。

空挺部隊は降下地点を間違えて海に落ちおぼれ死んだ、重さを考えずに荷物を積んだので上陸用舟艇が多数沈んだ、浮かぶはずの水陸両用戦車が浮かばなかった、集合時間がずれて戦車が間に合わず歩兵がやられ放題になった、敵の反撃で前進が止まっているのに後続に停止命令を出さなかったばかりに上陸地点が大混雑して死者を増やした……などなど、次から次へとひどいヘマを起こしている。

上陸地点を間違えたので敵がおらず、おかげで進撃が早かったなどという、ドラマの脚本家なら絶対に書かないようなご都合主義的な成功もあった。

こういった大ボケのせいで死ななくてもよい兵士が簡単に殺されてしまうのが、戦争というものだ。
なんでこういうことを書くかというと、例のリビア作戦についてのNATO航空戦力の反省ぶりが、いかにも戦争だなあと思ったからだ。

やり始めてから「油がない！　爆弾がない！」

NATOといえば、この何十年も作戦を繰り返してきた。イラクの空域封鎖、湾岸戦争、イラク戦争、アフガン戦争、その他……なのに、リビアでやってみて、いまさらお粗末ぶりに気づいたのだそうだ。

①英仏の給油能力がさっぱりだった。
②敵防空網の制圧の能力がなかった（といっても貧弱な対空機関砲程度のものしかリビアは持っていなかったが）。
③救難捜索用機材がなかった（そのため、リビア兵のいないサハラ砂漠が緊急時の着陸地点となった）。
④偵察機用レーダーが足りず、引退寸前の英軍の旧式レーダーを引っ張り出した。
⑤思いのほか誘導爆弾を使いすぎたので数が足りなくなった。
⑥英仏だけで作戦航空機は300機もあるのに、実際には常時25機程度しか揃えられなかった（運用の不手際でパイロットや部品や燃料が必要なときに必要な場所に必要なだけ届かないなどで遊んでいる機体が多かった）。

①と②は米軍がいないと何もできなかったという。これまでどれほど米軍に頼り切っていたんだろう。

でも、いまあげた欠陥は、ヨーロッパ本土で作戦をするなら何ということはない。よそに出掛けていって戦争しようとするから、具合が悪いのだ。遠征作戦というのは難しいものだなと改めて思う。

てことは、中国や北朝鮮がいくらたくさんの武器を持っていても、外地で運用するノウハウはなかろうから、あまり脅威ではないということでもある。旧日本軍は西南戦争と日清戦争で、多大の犠牲と引き替えに遠征ノウハウを築き上げた。西南戦争は内戦だし、清国軍は中世の軍隊だから練習にうってつけだった。それで身につけた遠征ノウハウが、その後の日本のためによかったのかどうなのか、難しいところだ。

非常時にうろたえるのは当然ともいえる

さてこういうのは、戦争に限らない。

計画的に準備する戦争でも現場はうろたえるのだから、計画できない災害だともっと混乱する。緊急事態に遭遇すると、大混乱の中で、人や組織は考えられないようなヘマを連発するのだ。

震災や原発事故でもそうだが、非常時に組織は必ずきちんと動くものだと考えていると、とんでもない。あるはずのものがなかったり、伝えてあるはずのことが伝えてなかったり、発表遅れ、連絡不足、打合せ不足はきりがないほどあっただろう。

それがいいことだとは言わない。ミスは減らすべきだから検証が不可避だ。現場の混乱を高みの見物している側が、ミスを槍玉に挙げることも必要だ。言われるほうは頭にくるだろうが、現場を知っていれば採点が甘くなるので、ある程度無責任に指弾するだけの立場というものも必要なのだ。それでもミスは不可抗力なのだが。

だが、単純なミスを材料に「それは○○の陰謀だ」とか「意図的な隠蔽だ」などと見当はずれを吹聴するのは感心できない。真に受ける人が多いと、混乱をさらに助長することになるからだ。生き死にのかかった事態だと、デマや陰謀論の横行は致命的だ。

てことは、こんなにデマに乗せられやすい日本が侵略されたら、敵の宣伝の前にひとたまりもない？

う～ん、政府をはじめ日本の安全を気にする人たちは、自衛隊の装備を増やしたり米軍にシッポ振ったりする前に、原発事故に関して自分たちがなんで信用してもらえなかったのか、それを検証したほうがいいかもしれないな。(2011.12.6)

第2章 戦争と歴史認識

6——日本の戦争
7——靖国神社
8——韓国併合
9——中国人強制連行
10——南京大虐殺
11——従軍慰安婦

6　日本の戦争

貧困と戦争

いまも放射性物質の流出をつづける、福島第一原子力発電所。安全だ、絶対に安全だと、電力会社も国も言っていたのに、事故を起こしました。

戦争の時も、日本は勝つ、絶対に負けない、と軍隊も国も言っていたのに、負けました。

いま、放射能をくいとめるために、命がけでたたかう現場の人々がいます。戦争の時も、お国のためだと信じて、命を惜しまずに戦った日本兵がいました。

彼らは、ボロぞうきんのように殺されていって、何の報いもありませんでした。福島原発作業員の頑張りに、この国は報いてあげることができるのでしょうか。

日本の構造は、あの時から、変わったのでしょうか。それとも、変わっていないのでしょうか。重い問いかけを、いま私たちは投げかけられています。

ある石碑が問いかけるもの

姫路市中央公園に、一基の石碑がひっそりとたたずんでいます。

石碑の名称は、「満蒙開拓殉難者之碑」。

満蒙開拓とは、中国の土地をうばって、日本人が開拓することでした。

いまの中国東北部と、モンゴルの東。そこに、５００万人の日本人を移住させる計画でした。

兵庫県から、遠く満州に移住したのは、約５０００名。

この碑が、何を私たちに問いかけているのか、そのことを知るため、私たちは、少し歴史をさかのぼります。

侵略の失敗を別の侵略で取りつくろう

時は大正７（１９２０）年。

日本は、できたばかりのロシア革命政府と戦争を始めました。シベリア出兵です。革命の争乱に乗じて、シベリアの東半分を日本のものにする戦争でした。

シベリアに動員された兵力は24万人。政府予算が58億円なのに、戦争予算は90億円も使ったと記録されています。

けれど4年後、シベリア出兵は、無惨な失敗に終わりました。戦死した兵士は数千名。手足を失った負傷者は2万名。日本軍は、何も得ることなく、帰ってきました。

無駄な戦争の、膨大な戦費のために、国のサイフはカラッポになりました。

国内では、米を朝鮮から安く買いたたいて輸入したことで、値が崩れました。

昭和4〔1929〕年、そこに世界不況と天候不順が追い打ちをかけました。生糸の価格が暴落し、農家は食べるものさえない状態に追い込まれたのです。

学校に弁当を持参できない「欠食児童」が激増し、話題になりました。でも、それを救う力を、政府は失っていました。

軍部は叫びました。

「政治家には、国民経済を立て直すことができない！」

「軍の力で、満州をうばおう！」

「満州の資源を我がものにしよう！」

「絶望的な貧困をなくすには、戦争しかないのだ！」

こうして昭和6年、日本は満州に攻め込みます。

シベリア出兵という失敗した侵略戦争を取りつくろうために、さらなる侵略戦争に打って出たのです。

凶作・世界不況・津波……

莫大な戦費を使って満州の支配を強めているさなかの昭和8年、東北地方に大変なことが起こりました。三陸大津波です。

相次ぐ凶作、世界不況、さらに津波に襲われ、東北の農村は壊滅的な様相を呈しました。

東北を救え！　国内から、多額の義援金が集まり、政府に託されました。アメリカ、イギリス、イタリアなど、国際的支援も届きました。日本が戦争していた、中華民国からも義援金が寄せられました。

しかし政府は、被災地に送った米や麦の代金として、義援金を天引きしてしまいました。

当時の軍事予算は、国家予算の4割を超えています。しかし政府は、ただの1円たりとも、軍事予算を被災者に回そうとはしませんでした。

農民は、種もみを買うために、親が娘を売るまでに追い詰められました。少女たちが、20円や30円で都会に売られたのです。

赤十字は救出活動をしましたが、どれほど活動しても焼け石に水でした。なぜなら、農村では村役場が娘たちを送り出す仕事をしていたのですから。役所が、身売りに手を貸していたのです。

貧困と戦争の連鎖

政府は軍と一緒になって、国内矛盾を外に投げ出すことにしました。

「新天地、満州へ行こう！」と。

「満州へ行けば、誰でも百町歩の大地主になれるぞ」と。

多くの国民が、それを信じました。貧しい農民にとって、満州移民は、人生一発逆転のチャンスでした。

軍隊は、満州の人々から先祖代々の土地を奪いました。

開拓団員がそこに住みました。

移住者にとって、満州は夢の王道楽土でした。満州は豊かで、広くて、耕しきれぬ土地がありました。鉄がありました。石炭がありました。新しい産業が次つぎに起こされました。

ぞくぞくとやってくる日本人は特権階級として振る舞いました。日本人は、王様でした。

軍は、追い出した元の住民を「匪賊」と呼びました。つまり、テロリストです。

「テロリストを倒すのに情けはいらない、日本人の土地と権利を守れ！」

こうして開拓団は武装し、軍事訓練を受け、満州の人々と対立しました。

国家の無策でつくり出された貧困でした。政府はその貧困から抜け出すためだと言って、侵略戦争の道を進みました。その渦に、国民が巻き込まれていきました。

貧困から脱却したいと願うばかりに、人々は侵略政策に荷担しました。貧困と戦争がもつれあって進行していく、悪夢のスパイラルでした。

敗戦

やがて、敗戦。

大日本帝国は滅亡しました。

移住者は、軍という後ろ盾を失いました。もうそこに住むことはできません。みじめで苦しい逃避行が始まりました。

兵庫県からの移住者は５０００名。ソ連軍と戦うために、男手は兵隊にとられていました。残された避難者は、ほとんどが高齢者、女性、子どもです。

日本に向けて命からがら逃げ延びる、何千キロもの旅が始まりました。列車もなく、車もなく、食べるものさえ持たない徒歩の行列です。

病気に耐える力もなく、老人は歩く力さえなく、親は子を捨て、子が親を捨てました。道ばたには、見捨てられた移民の死体が転がっていました。

こうして、兵庫県民2000名の尊い命が、異国の露と消えました。満州全体では約27万人の開拓団のうち、故国に帰り着けたのは、わずか11万人でした。日本人移民全体では、20万人の犠牲者が出たといいます。

国を変えるのは私たち

あれから半世紀以上が過ぎました。

新しい憲法とともに、新しい日本国が誕生しました。

いま、私たちはいま問いかけられています。

ほんとうに、この国は新しくなったのですか?

日本国憲法は、ほんとうに活かされているのですか?

人権は大切にされていますか?

東日本を襲った未曾有の大震災。

人々は規律を失わず、人としての誇りをもって助けあっています。

希望を失わず、勇気をもって困難に立ち向かっています。その姿を見て、世界が日本国民を称えています。

でも、国は?

すなおに信じていい国に、日本はなったのですか?

国は嘘や隠し事をせず、国民を大切にしてくれるのでしょうか?

命がけで放射能に挑む人々がいて、日本は最悪の事態をまぬがれています。でも、この人たちに、いまだに布団も温かい食事も用意していないのが、この国の姿です。はたして国は、彼らに報いてくれるのでしょうか?

かつてお国のためにと戦った、多くの兵士や国民は、ただの捨て石にされてしまいました。

日本人は優秀だと自画自賛し、死ねば神だとおだてられ、それで何が残りましたか?

震災の風景が、その姿とかぶさりませんか?

そんなことにならないように、私たちはいま、何をすべきなのでしょうか。それを決めるのは、私たちです。

信じられる国をつくるのは、私たち主権者なのです。


(2011.5.9)

*編集注=本節は兵庫県姫路市で開かれた憲法集会で上映した、泥さん制作のスライドシナリオです。

大日本帝国滅亡の第一歩となった近衛声明

昭和13〔1938〕年1月、なかなか打開できない対中和平交渉に業を煮やして、近衛内閣は「蒋介石政権を対手《たいしゅ》とせず」という有名な声明を発表しました。これが大日本帝国滅亡の第一歩となりました。

和平を求めながら、和平を話し合うべき相手を、相手として認めないというのです。では誰を相手に和平交渉をするつもりだったのでしょうか。戦争を拡大するにしても、降伏を求める相手もなくしてしまって、どうするつもりだったのでしょう。

この声明によって、日本は戦争を終わらせる道を、自ら断ち切ってしまったのです。戦争を終結するには、広い中国大陸を完全占領し、蒋介石の国民党政権を完全消滅させるしかなくなったのです。

しかし日本の生産力は底をついていました。日本のGDPが最高になるのは翌年の昭和14年で、以後はますます増大する戦費に足を取られ、200万人もの労働者を徴兵して大陸に送ったために、生産力は衰微の一途を辿ります。

彼我の力も考慮しないで、自分の都合だけで、できもしないことを決めてかかる。児戯に等しい決断でした。うまくいかなくなると駄々っ子みたいにやけを起こして思考停止に陥り、自家撞着を来して論理破綻するのは日本人の悪い癖です。

「北朝鮮」問題についても似たような傾向が見られます。経済制裁に拘り、交渉相手を交渉から締め出し、互いにますます意固地になって局面を膠着させてしまっています。

何をどうすればどこがどうなるとも見通しを示せないまま、いまのように「金正日《キム・ジョンイル》を相手にせず」のような政策を続けている政府に、「蒋介石を相手とせず」の近衛内閣の姿が被さります。

拉致にしろ、核にしろ、相手のあることなんだから、交渉するしかないわけです。金正日政権が崩壊でもしてくれれば言うことなしなのでしょうが、そんなに日本に都合よく物事が運ぶとは限りません。

対米英戦を始めたときはどうだったでしょう。あのとき大日本帝国は、イギリスとソ連がドイツに負けてくれることを勝手に期待して戦争を始めたのでした。ご都合主義的な楽観的予想は、期待が外れたときにひどいことになるというのが、かの開戦の教訓だったのではないでしょうか。

日中戦争の当時、いけいけどんどんは政府でした。実際に戦っている軍部は、まだしも少しは冷静だったのです。参謀本部のまとめた『対支那中央政権方策』は次のように述べています。

いわく、中国人の反日は日本が中国を攻撃しているからである。

いわく、中国の苦悩は、日本の武力とソ連の赤化政策である。

いわく、日本が武力でなく平和的に接すれば、中国の関心は赤化防止に専念する。

いわく、蒋介石政権の否定は、中国を追い込むばかりだ。

いわく、そうなれば英米は中国を利用するだろう、そうして日本は中国と永久に対立せねばならず、国力をこれに吸い取られるだろう。

いわく、中国と講和しても反日・抗日政権が続くかもしれないが、その不利は、講和しないで赤化勢力が伸張する禍害に比べれば尚軽易なのだ。

分析は、まことにその通りでした。

われわれ参謀本部の主張しているような、「領土も要らない、賠償金も要らない、望むところは両国の親善のみ」というような構想に対しては、これからはますます大きな抵抗があるものと考えなければなりませんな。

これは対中和平交渉を担当していた参謀本部の影佐禎昭《かげささだあき》元陸軍中将の言葉です。

大きな抵抗どころか、政府はメディアを使ってますます排外主義をあおり、民衆はいともたやすくこれに踊らされて、力の対決一辺倒の世論が巷をおおい、ついに「蒋介石を対手とせず」の声明にいたりました。

> **『対支那中央政権方策』**（要約）
>
> 昭和12年11月2日　謀本部第一部第二課
>
> 方針
>
> 現下時局解決のため現状に於いては尚現中央政権（蒋政権）をして翻意我に提携せしめ全支の問題を統一処理するの方針を堅持す。
>
> 本項の目的達成の為には現中央政権が一地方政権たるの実に堕せざる以前に於て長期持久の決心に陥ることなく其面子を保持して講和に移行する如く我諸般の措置を講ずるを要するものとす。右努力は主として本年内に尽さるべきものなりとす。
>
> 理由
>
> 1．東亜経綸の大局的見地より

静に支那本然の姿を観るに近世の歴史東西南北悉く侵略受難ならざるはなし支那人ならずとも排外の思想勃発せざるを得んや我亦友邦の為に之を憂ふる所以なり而して排欧米就中防共の問題は支那の為には国内の問題にして東亜のためには日支共同の関心事なり。

東亜の経綸は支那の解放と日支の提携により始まる而して支那最近最大の苦悩は日本の威力と「ソ」邦の赤化なるを思ふとき日本が支那を善導するに道を以てし所要の統一を助け其脅迫感を除くとき日支提携の大道此に通じ支那は欧米勢力就中赤化より自己を解放するに専念するを得べく近き将来に予想すべき諸般の事態に処して支那を以て東亜経綸の伴侶たらしむるを得ん。

2．日支問題解決上の見地より

日支全般の問題を根本的に綜合して解決し次期の東亜経綸に前進せんがためには支那に中央政権の存在を必要とし之がためには反省せる蔣政権若しくは其継承政権の存続を必要なりとす。

蓋し蔣政権の否定は彼等を反日の一点に遂ひ込み窮鼠反噛の勢を馴致し其崩壊と否とに拘はらず結局相当年月の間に亘る全支分裂の出現となるべく此の間必然的に「ソ」英米策源の推進と相俟ち此に永久抗争のため帝国は永き将来に亘り之に莫大の国力を吸収せらるべく且東洋駆て欧米輩の好餌に供し東亜経綸の前途を誤る所以なればなり。

以上の見地に基き若現政権倒壊したる場合に於ても可及的速に統一政権の樹立に努力すべきものなりとす。

而して現政権一派の真の翻意に関する可能性は寧ろ将来に於ける我が国力の充備と我が対支政策とに懸かる問題にして既に日本の威力と欧米の不信とを体験したる今日抗日の不利を認め苛酷ならざる条件下に講和に入らんとしあることは想像に難からざる所なりとす。

3．防共上の見地より

支那赤化を最小限度に極限するが為には中央現政権一派の統制力崩壊するのは以前に於て本事変を終結するを可とし又赤禍の駆逐には事変後の将来に於て現中央政権一派をして西面せしめ之を赤系分子の清掃に推進するを以て東亜経綸大局上の上策とすべし。

蓋し持久長きに従ひ蔣勢力の衰微と共に分裂の形勢を馴致し赤禍の台頭をを予想すべく又何れの型式なるに拘らず講和発生の場合には赤系分子は分離して奥地に残存すべければなり。

而して最悪の場合依然として排日統一政権の存続することあるも之が容共ならざる限り其我に対する不利は分裂に乗ずる赤化が日満両国に及ぼす禍害に比ぶれば尚軽易なるものと謂ふべし。（当時、一部長下村定、二課長河辺虎四郎）

（2010.3.14）

「満州国治安維持法」をつくった卑劣漢の話

「満州国治安維持法」をつくった、満州国司法部司法官・飯盛《いいもり》重任《しげとう》という日本人の話を書きます。この人は戦後、日本の裁判官になった人です。

彼がつくった「満州国治安維持法」。それはこんな法律でした。

満州国治安維持法　第一条

国体を変革することを目的として団体を結成したる者は……死刑または無期懲役……。

……団体の目的遂行のためにする行為をなしたる者は死刑または十年以上……。

「国体」を変えようとして組織をつくったら殺すぞ、という脅しの法律です。満州国の「国体」とは何かは、あとから書きます。

ここではまず「団体の目的遂行のためにする行為」、いわゆる「目的遂行罪」とはどういうものかを解説します。

目的遂行罪を組み込んだ治安維持法は日本国内でも反戦行動や人権擁護運動を最終的に壊滅に追い込んだ恐ろしい法律でした。

満州ではどんな人がこの法律で捕まえられたのでしょうか。「目的遂行罪」は、私財を投じて孤児院を開いていた人にまでも及んでいます。満州には戦火で親を失ったり、親が強制動員で取られたりしたために、孤児となった少年少女がたくさんいました。この子たちを養うことが罪だというのです。なぜなら、その子たちの親には抗日ゲリラがいるかもしれない。「匪賊」の子どもを養うことは、抗日運動の支援になる。抗日運動は、満州国の国体を揺るがすものであり、本人に自覚がなくともその目的のために役立っていれば罪である。

こういうとんでもない理由で逮捕・収監することができるのが、「目的遂行罪」なのです。

そんなつもりはないというのは、言い訳になりません。これでは、気にくわなければどんな行為でも罪にできます。あとに残された、寄る辺ない子どもたちの運命はわかりません。法務記録に残っていないからです。なんと無慈悲で非人間的な法律でしょう。理由が何であれ、当局からにらまれたら、それでおしまい。満州国とは、そういう国でした。

その満州国の「国体」とは何でしょうか。

満州国治安維持法　第三条
国体を否定し、または建国神廟《けんこくしんびょう》または帝室の尊厳を冒瀆……死刑または無期懲役……に処す

「建国神廟」とか「帝室」という文言がありますね。「帝室」とは、満州国の皇帝・溥儀《ふぎ》の帝室です。では「建国神廟」とは何でしょうか。これが何かというと、なんと「天照皇太神宮《てんしょうこうたいじんぐう》」なのです。

満州国司法部参事官である日本人、八田卯一郎《はったういちろう》は『満州国治安維持法の解説』に満州国の「国体」の定義を記しています。「日満不可分一徳一心の基調の上に立たせ給ふ」と。一徳とか一心というのは、日本の天皇の「徳」や「心」のことです。つまり満州国とは、日本と不可分で、天皇の意のままになって、はじめて成立する。それが満州国の「国体」なのです。

皇帝はいても、建国の神は天照大神。日本国天皇がいてはじめて成立する国体。そのように定めたのは日本人の司法官。その中身を解説して教え諭すのも日本人。満州国とはそういう国でした。言葉の正しい意味での「傀儡国家《かいらいこっか》」でした。

さて、いよいよ『満州国治安維持法』をつくった飯盛重任のことです。飯盛は、敗戦後、捕虜として中国の戦犯管理所に収容されました。ここで彼はこんなことを書いています。


……僕は今話した偽満《ぎまん》（偽物国家満州国の意味）の惨酷きわまる植民地統治に対し、敢然と起って抗争した勇敢なる愛国中国人民に対し、過酷きわまる血の弾圧をもって報いたのだ。

（以下その具体例が続く）……そして自分は直接手を下して人を殺さないで大殺人計画、大掠奪計画を立てて、そのための複雑怪奇な機構を組織し、下部機構の者にこれを執行せしめて自分は何か高級で上品な仕事をしているごとく紳士然とすました顔つきでいる。

僕の姿は人間ではない。鬼の姿だ。これが僕の本質だったのだ。


まことに立派な反省悔悟の作文です。彼はこのように平謝りに謝って不起訴となり、わりと早く日本に帰ってきました。彼はその後、裁判官になります。そして何をしたか。

60年安保裁判の時、法廷秩序を乱したという理由で弁護士を監置しました。

61年、愛国党赤尾敏《びん》が中央公論社長をテロ攻撃した時には、テロを招く雑誌社の言論がよくないとの所見を発表しました。

64年、鹿児島地裁所長に栄転。この年、『革新団体違憲論』(!)を発表。さらに最高裁が地裁判決に関与した「平賀書簡」を擁護しました。

70年、全国の地裁・家裁裁判官に天皇制や資本主義に関する思想調査を行いました。この年に退官し、あとは右翼論客として売文稼業でいい暮らしをしたようです。

彼は中国で書いた反省の書簡についてこう述べています。「常識のある人なら、中共に抑留されているとき、本当のことをいうなど考えられない」「あれは偽装の作文だ」

飯盛重任という人の一生を振り返ってみましょう。

満州国では頭のよさを生かして、日本軍が気に入るような法律を上手につくり、また複雑な官僚制度をみごとに組織します。そして強大な国家権力の中堅官吏として民衆を弾圧し、威張り散らし、いい暮らしをしていました。

捕虜となるやコロリと態度をひるがえして、中国政府に気に入られようとして、上手な作文をたくさん書きました。たぶん彼は中国の望むような、模範的な戦争犯罪人だったのでしょう。

帰国して、司法試験なしで首尾よく裁判官になりました。するとツルリと顔をぬぐって、自民党政府にご機嫌うかがいを繰り返し、うまく世渡りして出世しました。権力側に都合のよい理屈をもっともらしく考え出し、法律をつかって民衆弾圧の手先になって威張り散らしました。

どうでしょうか、こういう男。むかつくクソ野郎ではありませんか。しかしこういうゲスじじいがエリートには一杯います。ペロリと舌を出して「軍の命令は確認できない」とかうそぶきながら、メシを食っています。

裁判官には立派な人が多いです。けれども中にはこういうのもいるんです。


(2007.12.28)

日本の膨張政策はなぜ止まらなかったのか?

大日本帝国の対外膨張政策が止まらなかった理由を考えます。

明治時代の専守防衛から侵略への転換

明治政府の国防方針は、当初は海峡と東京湾に砲台を築いて外侵に備えるというものでした。しかし明治前期末から外征方針が本格的に語られはじめ、明治21〔1888〕年には山県有朋の発案で専守防衛戦略を大転換する軍政改革が実施されました。拠点防御を念頭に置いた郷士軍から機動的な師団編成への転換がこれです。

そして明治23年、山県有朋はその戦略を理論化する意見書を書きました。それが「外交政略論」です。

国家独立自衛の道二つあり。
一に日く主権線を守禦《しゅぎょ》し他人の侵害を容れず、
二に日く利益線を防護す自己の形勝を失はず。

要するに、2段構えの防衛策をとる、と。

- 主権線＝国境ライン
- 利益線＝外国勢力の進入を前進的に阻止するライン

国境を確保するだけでは、その防衛ラインを破られれば直ちに国の本体が脅かされるので、国境ラインの外に防衛ラインを設けます。そこが破られても兵力と生産の根拠地である本国が健在ならば国境で反撃ができる。そういう体勢を採ろうというわけです。

これはヨーロッパで生まれた戦略思想であり、それ自体は合理的な思考です。2国が互いに相手を利益線だと考えれば、そこに共同防衛戦略が成立しますからね。日韓合邦論などはこういう互恵的戦略思想にもとづいています。しかし現実はそんなにうまく行きませんでした。

韓国を併合するまで

利益線は朝鮮だ、と日本は言いました。よって朝鮮に軍を配置しなければならぬと。

ところで、逆に見れば日本が朝鮮にとっての利益線ということになります。ならば朝鮮軍を日本に駐留させるのでしょうか。明治政府はそれを認めませんでした。日本にとって朝鮮は対等の相手ではありませんでした。朝鮮は日本の盾になるべきだが、日本は朝鮮の盾になるつもりなどさらさらないのです。ですから日本の場合、利益線とは排他的経済圏と同じ意味をもちました。ここが「外交政略論」のはらむ欠陥であり、大日本帝国を滅亡に導いた主原因でした。

当然のことですが、こんな身勝手な戦略を朝鮮が受け入れるはずがありません。しかし受け入れてくれなければ防衛戦略が成り立たないのです。そこで日本は軍事力で要求を押し通すことにしました。これが過ちのスタートです。

朝鮮には清国というバックがいますから、要求を押し通すには、まずその影響力を排除しなければなりません。そこで日清戦争を起こしました。

清国を追っ払って朝鮮を利益線として確保すると、今度は、その外側の満州にいるロシア軍が朝鮮を脅かしていると考えるようになりました。そこで日露戦争を起こして、満州を確保しました。

しかし運動はここで終結しません。ここまで資金と人命をつぎ込んだのだから、韓国を単なる利益線にしただけでは割に合わないということで、国そのものを併合してしまったのです。

際限なき拡大

韓国を日本の領土にしたら、そこが日本の主権線ということになります。玉突きの要領で、今度は韓国のとなりの満州が日本の直接的利益線となりました。利益線とは排他的経済圏ですね。そこで満州に多額の投資をして日本の権益を広げました。

けれども、満州が排他的経済圏だと思っているのは日本だけで、そこを領有していたのは中国政府です。自国内部に外国の排他的経済圏などつくられてはたまりませんから、中国は強力に反日戦略を推進しました。すると日本はその権益が脅かされたと言いはじめ、満州を分捕ってしまいました。

それればかりではありません。1916年の第4次日露協約で、日本とロシアは中国に手を出そうとする第三国があれば日露で共同軍事行動を起こす約束をしています。すでに中国本土をも勢力圏内に入れるべく照準を合わせていたのです。

こうした対外膨張の自己運動は、「外交政略論」のいう「主権線」とか「利益線」が通常の意味を持っておらず、互恵的安全保障からかけ離れた、きわめて独善的な戦略であったためであり、その必然的帰結でした。

満州事変のころには膨張の自己運動が加速していたので、いまや「主権線」とか「利益線」という概念では自分の行動を合理的に説明できないまでになっていました。そこで新たに唱えられたのが、「満蒙は日本の生命線」という非合理的・情緒的なスローガンです。

生命線を英訳すればライフラインとなります。たとえば石油の運搬ロードはライフラインといえます。けれど満州と蒙古は日本の死活的な資源供給地ではありませんでした（石橋湛山が経済的に分析しています）。植民の対象地とか、資源供給地とか、資本投入地とか、軍事的緩衝地帯とかのイメージを漠然と投影した用語です。あまり戦略分析などされないまま、そう言われればそんな気もするという程度の、非論理的な用語が一人歩きしていたのです。

こんなことでは、満州・蒙古を獲得すれば次はシベリア地方、バイカル地方、華北地方、中原地帯……と際限なく膨張を続けるしかありません。実際に日本軍はそういう行動を起こしました。シベリア出兵で日本軍はバイカル湖まで進出しています。

日韓併合は侵略か

話を広げすぎました。ともかく日韓併合というのは、いま見たとおりのかたよった国家戦略から必然的に導き出された政策なのです。韓国人がそれを望んだとか、インフラ整備をしたとか、教育を施したというのは、事態を正当化するために後から付された詭弁でしかありません。実際に起きたのは、徹頭徹尾日本の都合にもとづいた、隣国併呑でした。これが、ゆるがせにできない歴史事実なのです。

軍事的対決を経ていないので、これを侵略ということは躊躇する、という意見がありますが、私は侵略だと思います。軍事的圧力を加え、国王や議会を強迫して条約に調印させ、国を奪えば侵略だと思います。侵略には武力行使がつきものとばかりも言えませんしね。

大北方戦争でエストニアはロシアに抵抗せず無血降伏しました。第2次大戦でデンマークはドイツに抵抗せず無血降伏しました。ロシアとドイツは武力を行使せず、その圧力だけで平和裡に降伏条約締結に追い込んだのです。バルト3国も形式的には自ら要求してソ連に併合されています。オーストリアも自ら要求してドイツに併合された形式をとっています。しかしどちらも、その内部に買弁勢力を養成したのはソ連でありドイツでした。いまではこれらが侵略でないという人はいません。

しかしまあ本質は、侵略かどうかという言葉の問題ではなく、軍事的圧力を加え、国王や議会を強迫して条約に調印させ、国を奪うのは不正義であることということです。

まとめ

本節はとても大雑把なつかみ方ですけど、日中戦争は蒋介石に引き込まれたなんていう言い訳より、よほど資料根拠があると思っています。

確かに中国は巨大な後背地を生かして持久戦略を採り、日本を内陸部に引き込んで戦う戦略をとりましたが、それはウォーポテンシャルが低いのに日本が攻撃一辺倒でのめりこむことを見透かした上での合理的戦略です。日本の愚かさが見抜かれていたのです。そんなものに「うっかり乗せられた」というなら、よほど日本軍が間抜けだったということにしかなりません。世界史的にも、ナポレオンに対抗したロシア軍がこの戦略を採っているのが有名ですね。

国家指導者が賢明であれば避けられた歴史です。すでに日清戦争のとき勝海舟は、「アジア同胞の清・韓を伐てば、ロシアほか列強の介入を招いて、結局は東洋崩壊を招くだけだ」と警告をしていました。日清戦争後たった50年で、事実その予言通りになったのです。

ずっと以前から思っているんですけど、戦後民主主義の理想主義的な思想や政策論なんかは米国から輸入されたように語られていますけど、幕末から明治、大正、昭和にかけて、日本社会が自ら生み出した思想にも戦後民主主義思想に通じるものがずいぶんありますよね。

そういった思想系譜については、自由民権運動や大正デモクラシーが突発的で一時的な現象として脈絡もなく教えられるんですけど、そんなに急に大衆が覚醒するわけはないんで、そこに至る思想運動が、先見的な大衆を部分的に組織しながら、江戸期から延々と続いてきたんじゃないかなと。

それは日本の中央集権教育の進展とともに押し潰されていったわけなんですが、それでも底流としてはファシズムに堪え忍んで生き残っている。だから戦後にあれほどたくさんの民間憲法草案が輩出したんだし、デモクラシーが急速に定着したんじゃないかな。（このあたり、やや強調しすぎかなと思いつつ。）

いまの教科書は日本に内在した思想的潮流をあまりにも軽視しすぎているんじゃないんでしょうか。だから戦後民主主義がいかにも唐突に現れたようにいう新自由史観派が「自虐史観」なんていうと、真に受ける人がいっぱいできるんじゃなかろうか。

佐久間象山や山片蟠桃なんかの思想とか、赤松小三郎の業績なんかをもっと詳しく知るべきですよ。思いつくままなので脈絡ないですけど。モンテスキューやカントの名前だけ知ってるような日本の教育は、明治時代の脱亜入欧教育の継承でしかなく、悪しき伝統墨守だと思います。

そういえば、自虐思想といえば、明治期の福沢なんかを嚆矢とするんじゃないんですかね〜。あ、またそういえばですけど、教育勅語も山県有朋だなあ。なんて書いていたらとりとめもなくなっちゃうのでこのへんにしとこ。　(2008.11.5)

アジア侵略に国学が与えた影響

なぜ日本はアジアを侵略したのか？

すごいテーマです。とてもひと言では言い尽くせません。それを語る切り口は、文化・教育論、経済論、地政学理論などなど、ゴマンとあります。でもまあ、すごーく大雑把に言っちゃえば、要因は4つぐらいあったんじゃないでしょうか。

(1)明治政府指導者の教養がそういうものであった。今回はここを語ります。

(2)植民地拡大は当時の列強の常識だった。ここに不平等条約改定の動機が絡んだり、ロシア脅威論が生まれたり、「対馬事件」や「巨文島《きょぶんとう》事件」が絡みます。大アジア主義のロマンもここが原動力です。

(3)明治政府が山県有朋の「外交政略論」を戦略として用いた。これが際限なき自己肥大運動の原点です。

(4)日本の経済界がそこに利益を求めた。言わずもがなです。

さて、と。明治政府指導者の行動原理の基礎である教養はどんなものだったでしょうか。

維新の元勲は江戸時代に青年時代を過ごしました。彼らはみんな、基本的に江戸時代の人間でした。だからその教養の基礎は江戸時代の国学です。間違っても、ギリシャ哲学とかドイツ観念論ではありません。

国学者といえば佐藤信淵《のぶひろ》や橋本左内。なかでも吉田松陰の影響は決定的でした。維新の志士で吉田松陰を師と仰がない人は、いなかったのではないでしょうか。

では彼らはどんなことを唱えていたのか。学校で名前は教えてくれますが、その思想までは教えてくれません。せいぜい尊皇攘夷であったことくらいしか、私たちは知りません。

彼らはこんなことを唱えていました。

佐藤信淵——

「まず南洋を攻略し、これを推しひろめて、全世界をことごとく日本の有とすべし」

すごいことを書いていますね〜。

橋本佐内——

「日露同盟によって満韓を経略し、版図を海外に拡張すべし」

と、その後の日本の進路とは別の提案ですが、北方侵略を説いています。

佐藤は南進論、橋本は北進論で、後の海軍と陸軍の戦略対立がすでに現れています。

吉田松陰——

「朝鮮を責めて、質を納れ、貢を奉ずること古の盛時のごとくならしめ、北は満州の地を割き、南は台湾、呂宋（フィリピン）諸島を収め、進取の勢を示すべき」

「国力を養ひて取り易き朝鮮、支那、満州を斬り従えん」

なんと、なんと、その後の日本の戦略を見通したような文章を書いています。

しかし、「人質をとって貢物を持ってこさせ」などという発想が大時代で、いかにも江戸時代、というところです。要するに小中華帝国思想です。その華夷秩序のミニチュア版なのです。真ん中に中国を置くか、日本を置くかの違いだけ。「古の盛時」って、いつごろのことだと思います？　彼のイメージしているのは、これがなんと、神功皇后の時代なのです！　5世紀でっせ。

こういう教養世界で育ち、その思想を学問として学んだ青年たちですから、維新直後からアジア進出を開始したのは不思議ではありません。それが彼らにとって本来あるべき姿だったのです。彼らは師の教えに忠実であっただけといえるかもしれません。

中央政界に絶大な影響力を誇った戦前の右翼団体「黒龍会」の主幹だった葛生能久《くずうよしひさ》がこんなことを書いています。

「徳川の鎖国政策は我が国民の対外発展の気風を萎縮せしめた」

「しかし神功《じんぐう》皇后や豊臣秀吉、加藤清正の虎退治の話などを通じて、無学文盲の百姓町人やがんぜない子供までが皇国の武的力のすぐれたるを信じていて、支那朝鮮など恐れるにたらずと思っていた」

「時代の先覚者（吉田松陰たち）が遠大な経綸を描き出せた理由はここにある」

「こういう点で、歴史教育とは偉大である」

まことに正直です。

吉田松陰の弟子たちが明治日本の基礎を固め、朝鮮を植民地にした。その薫陶を受けた孫弟子たちが次代の指導者として、中国侵略に乗り出した。こういう歴史の描き方もできないではありません。なにしろ大日本帝国の歴史って、たった77年だったんですからね。

ここに書いたようなこと、明治時代から昭和中期までは常識だったのに、今ではほとんど誰も知らないのではありませんか？　われわれが、そういう教育しか受けていないからです。権力者にとって都合の悪いことを教えられていないのです。

上っ面のきれいごとを並べたような教育しか受けていないのです。教室では日教組が幅を利かせているのかどうか、私は知りません。でも教科書をつくるのは政府だという構造を忘れてはいけませんね。

「自虐史観」を破壊せよという「新しい教科書」にも、こういうきわどい話は出てきません。だから批判的に学ぶこともできない。あぶないことですね。

(2008.11.7)

大東亜共栄圏と八紘一宇

こんな意見を言ってきた人がいます。

> 当時の方々が信じて戦った『大東亜共栄圏《だいとうあきょうえいけん》』『八紘《はっこう》一宇《いちう》』をバカにするような発言には私は先人に守ってもらった人間として強い憤りを覚えます。
> 日本軍と当時の日本人の尊い犠牲は、アジアの独立と今を生きる私たちを守るためにあった。私たちは先人に感謝し、敬意を持ち、そして勇敢に戦った先人の子孫として誇りを持って生きればよいと思います。
> 正しい大東亜共栄圏と八紘一宇の理想に向けて全力で戦った先人と、その苛烈な戦いにより犠牲になった人の話と成し遂げられた大儀を伝えるべきと考えます。

大東亜共栄圏とは

外に美しい看板をかかげ、内で逆のことを画策していたのが「大東亜共栄圏」です。「大東亜政略指導大綱」という、御前会議で決定された政府の最高意思政策文書があります（外務省レファレンスで原文が公開されています）。全4項目のうち発表されたのは(2)と(3)だけで、(1)と(4)は秘密にされました。ここでは秘密にした(1)と(4)を紹介しますね。

> (1) マレー、スマトラ、ジャワ、ボルネオ、セレベスは帝国領土と決定し、極力これが開発ならびに民心把握に努む。
> (4) 前記各地では当分軍政を継続することとなす。（前記各地とは日本領土に決めた地域の他、ビルマ、フィリピンなど日本軍占領地と、連合軍に奪われたマレー半島を指す。）

インドネシアやマレーを武力征服して自国領土に編入する、これがアジアの解放ですか？

八紘一宇とは

「八紘一宇」とはどういう意味ですか？　直訳すれば「世界は一つの屋根の下」ということです。

昭和15年、近衛文麿《このえふみまろ》首相が「皇国の国是は、八紘を一宇となす建国の精神にもとづく」と発言しています。「八紘を一宇となす建国の精神」とは何かをみれば、その根拠は日本書紀にあります。「掩八紘而爲宇」（八紘《あめのした》を掩《おお》ひて宇《いえ》にせむ）という神武天皇の言葉です。

神武天皇はどのような思想で、どのように建国したか？

彼が宿敵ナガスネヒコを倒したのは、ナガスネが「天神の子と人間は違う」という天地の道理を認めなかったからだと日本書紀に書いてあります。

いきなり侵入してきたのは天神の子たる神武でした。ナガスネはその権威を認めず、自分の領地を明け渡しませんでした。その態度が、「心がねじくれている」ということで、ナガスネは殺されました。これが建国の思想です。

では建国の行動とはどんなものか？

神武は地元の指導者たち多数を和睦の宴席に招待しました。酒で酔わせてから、ころあいを見て一斉に「石つつい」や「こぶつつい」というこん棒で殴り殺しました。「天神の御子の命をもって」とちゃんと書いてあります。

また別の有力指導者を殺したあとには、その死体を切り刻んで野原にばらまきました。最後に「まつろわぬ民をそけはらいて」つまり従わない者を追放し尽くして、その後に天下を統治する即位儀式を行ったのです。

これが天皇家の「建国」で、八紘一宇はこの精神にもとづくというのです。

神武は実在したと私は思っていますが、戦後は架空説が盛んです。しかし、戦争中は神武実在が国定の歴史でしたから、当然、日本書紀の記述が首相演説の根拠になっているわけです。こういう精神でつくられた「大東亜共栄圏」がどんなものか、およそ想像がつこうというものですね。（2007.11.1）

大東亜共栄圏のウソ

第二次世界大戦は大日本帝国の侵略戦争でしたが、侵略されたはずの東南アジア諸国がわりと日本に好意的なのはよく知られています。

典型はインドネシアの初代大統領スカルノです。彼は対オランダ独立戦争の英雄で、オランダ軍に捕まって収監されていたところを日本軍に解放され、日本軍の指導で武装組織をつくり、独立のために連合国と戦った経緯があります。

アジア解放に大日本帝国が幾分かは寄与したと、侵略された側が認めているのは、平和主義の皆さんには受け入れ難いことかもしれませんが、そういう面があったのは一応の事実です。

けれどスカルノは知らなかったのです、『大東亜政略指導大綱』（43年5月31日、御前会議）でこう決められていたことを。

「マライ」、「スマトラ」、「ジャワ」、「ボルネオ」、「セレベス」ハ帝国領土ト決定シ重要資源ノ供給源トシテ極力之ガ開発並ニ民心ノ把握ニ努ム

インドネシアの各地域を帝国領土にすると決定しています。独立させる気なんか、さらさらありません。

大日本帝国の目的は「アジア解放」ではありませんでした。戦争に協力させるために、現地の人を組織し、武器を与え、訓練したのです。

白人を追い出したら自分がそこに居座るつもりだったのに、目論見がはずれて負けてしまった。

アジア解放に寄与した功績で最も大きなことは、日本が負けたことといえるかもしれません。

(2016.10.26)

「日中戦争は侵略戦争ではなかった」という妄説

日中戦争は侵略戦争ではなかったという歴史観がある。どうやら安倍総理も本音ではそう信じているようだ。この歴史観は大きな矛盾をはらんでいるのだが、本人たちは気づいていない。

彼らはいう。

満州事変は侵略戦争ではない、なぜなら満州はもともと中国領土ではなかったのだと。

満州は清国の故地だ。清国は辛亥革命で倒れ、中華民国が建国された。このとき、満州の土地は中華民国に編入されず、無主の地になった。孫文は満州なんかいらないと語っていた。だから大日本帝国は満州を奪ったのではない、仮に奪ったのであるにしても、それは中華民国からではない。

よくこんな理屈を思いつけるものだと思うが、それはいったん措く。奇妙なのは、こうやって正当化した直後に、その理屈を自分で否定する点にある。

日中戦争は侵略戦争ではない、なぜなら満州における帝国の正当な権益を中国が犯したのが戦争の発端だからと。

日本は満州事変以前から、満州に正当な権益を有していた。正当性の根拠は中華民国政府と合意して交わした数々の条約だ。ところがその条約に違反して大日本帝国の権益を犯したのが中華民国である。日中戦争の原因は条約違反をした中華

民国側にある。よって大日本帝国の侵略ではない。

このようにいう。ちょっと待て。それでは満州の主権者は誰なのだ。そこは無主《むしゅ》の地だったのか、それとも中華民国の領土だったのか。無主の地だったなら中華民国と結んだ条約が意味を成さず、中華民国の領土だったのなら満州侵略が合理化できない。あちらを立てればこちらが立たずだ。屁理屈というのはこのようにたちまち矛盾があらわになるものだ。

帝国政府は満州に鉄道を敷くにも、入植地を拡大するにも、中華民国政府と条約や協定を結んでいた。そこが中国領土であることを前提に、そうしていたのだ。侵略戦争否定論というのは、じつは帝国政府の公式立場すら踏みにじっているのだ。

満州事変について、ネトウヨは以下の事実をどこまで認めるだろう

① 中国軍は日本領土を1ミリたりとも侵していない。
② 満州事変は現地軍（関東軍）が勝手に起こした戦争だ。
③ 帝国政府は勝手な戦争を追認した。
④ 現地軍は満州の資源を奪う必要があると公言していた。
⑤ 帝国政府は満州に移住すれば大地主になれると宣伝し、移住を促進した。
⑥ 満州の農地は現地の人を追放することで無償で入手したものだ。
⑦ 満州の主権者は満州国皇帝だがその権威は「日満不可分一徳一心」すなわち天皇の権威に支えられていた。
⑧ 満州国建国宗廟は天照皇太神宮すなわち天照大神を祀ると定められた。
⑨ 行政機関の長は日本人、上級職はほとんど日本人、公務員の半分は日本人だった。
⑩ 満州国軍は日本軍の補完部隊とされた。
⑪ 第二次世界大戦末期、満州国軍はソ連への寝返りと反乱と脱走により自然瓦解した。

これらについて認めるならば、その侵略性を否定できないはずだ。侵略性を否定するなら、日本が仮に外国からこういう扱いをされても、ネトウヨは文句を言ってはならない。

（2015.2.28）

植民地は歴史の必然ではない

韓国や中国が日本の植民地になったのは歴史の必然と語る馬鹿が、また政権に現れました。歴史に必然などというものはありません。隣国を植民地にしたのは、大日本帝国の国家意志でそうしたのです。そうしない選択もあり得ましたが、植

民地化断行を唱える勢力が、別の道を行こうと唱える国内政治勢力を打ち倒して、権力を握ったのです。

日本が西欧の植民地にされずに最初に近代化に成功したのはなぜでしょうか。日本人が特別に優れていたからではないと思います。

いろいろな理由があるでしょうが、地理的に恵まれていた面がかなり大きいと思います。日本は西洋からいちばん遠いところにあった。インドや東南アジアや中国の民が必死に戦ったため、西洋の進出スピードが鈍り、日本は考える時間を与えられました。

長い文明を持った統一国家を支配するのは、アフリカや南米を支配するのとはわけが違うことに西洋諸国が気づいたのも、これらの国々の戦いのおかげです。そのため、力ずくの植民地政策には変化が生じていました。西洋と戦って敗れた中国の姿から、日本は学ぶこともできました。歴史の綾の様々な織り成しあいが、日本に幸運をもたらしたのです。

もちろん先人の多大な苦労の末につかみ取った幸運ですけれど。しかしその苦労に感謝するのならば、同じように他国の先人にも感謝しなければいけないのではないでしょうか。

こう書くと、「いや、中国人はそもそも……」とか「韓国人はあのとき……」とか、彼の国の失敗の数々を並べ立てる人が現れます。そんな失敗は、日本人だってたくさんやらかしています。日中韓が互いに相手を貶めるのは、それこそ、姫路人と神戸人と但馬人が互いに笑い合うようなものです。

長い長い歴史のものさしで計れば、日本がたかだか数十年先を行ったぐらいで天狗になるのは、日本人の度量の小ささを示しているようで、まことに恥ずかしいことではないでしょうか。

(2010.3.29)

おそろしい小学社会科授業

おそろしい授業が行われている。「教育技術法則化サークル」というのがあるそうで、兵庫にも子組織があるという(「TOSS西風の会」)。このサークルの先生がどんな授業をしているかを紹介するホームページがあるのだが、一読して驚いてしまった。

「エネルギーでみる大東亜戦争」の追試プラン――エネルギー問題は戦争につながる!(6年生対象)

授業の結論部分はこうだ。

「石油を止められる」ということは、戦争よりもずっと大きな被害をこうむることになるのです。そしてアメリカ合衆国は、日本に対してそれをやったのです。１９４1年8月のことでした。その上、他の国からも日本に石油が入らないようにしました。みなさんが当時生きていたとしたらどうしますか。当時の人々は、「じっとして死を待つよりは……」と、20倍の力を持つアメリカ合衆国と戦う決意をしました。そして12月、ついに大東亜戦争が始まったのです。石油を確保するために、当時フランスやオランダが侵略していたインドシナに兵を進めました。

なんと、戦前のプロパガンダをそのまんま、授業で教えているのだ！　こういう授業をやられたら、子どもたちは簡単に信じ込んでしまうだろう。恐ろしい先生もいたものだ。しかしこの授業はデマカセである。

授業実践を途中からだけど紹介しよう。

(3) 大東亜戦争（太平洋戦争）について

発問2　ところで、わが国が50年ほど前に戦った戦争は、「大東亜戦争」とか「太平洋戦争」といいます。その当時の日本とアメリカ合衆国との兵器の生産力、たとえば、戦闘機や戦車や鉄砲などの生産する力を比べるとどのくらいの違いがあったのでしょうか？　次の中から予想しなさい。

①日本1：アメリカ5

②日本1：アメリカ10

③日本1：アメリカ20

人数を確かめて正解を告げる。正解は、1対20の差である。圧倒的な力の差である。このように圧倒的な力の差があったのに、日本は、アメリカとも戦争を始めてしまったのです。

説明3　当時、日本は、年間４００万キロリットルの石油が必要でした。しかし、国内でとれる石油は30万キロリットルしかなかったのです。（数値を板書）

発問3　残りの石油は、外国からの輸入に頼っていました。どこの国に頼っていたと思いますか。

説明4　輸入する石油のほとんどを、日本はアメリカ合衆国に頼っていたのです。

発問4　もし、このアメリカ合衆国から来る石油を、止められたら、どうなると思いますか。

指示2　ノートに、考えられること、思ったことを書いてごらんなさい。

発表させた後、次のように説明する。

説明5　石油が止められたらどうなるかというのを、今から20年ほど前に本に書いた人がいます。今は大臣になっています。経済企画庁長官の堺屋太一という人です。その人の本では、次のようになっています。

以下の文章を子どもたちに短く予想させながら、板書していく。

石油輸入量が70％減った場合

10日後　変化なし
20日後　政府の規制によりGNP少し低下：96％
30日後　さらに低下　GNP80〜90％台
40日後　さらに低下
50日後　さらに低下　GNP88％
60日後　備蓄石油ゼロ　GNP40〜60％台
100日後　死者　数千人
150日後　死者30万人、GNP34％
200日後　死者300万人。国民の財産の7割が消失
GNP23％（『油断1』日本経済新聞社）

100日後からは、驚きの声があがる。

注：大東亜戦争で戦死した人は全部で240万人といわれる。

説明6　200日後の状態は、大東亜戦争の3年9カ月間と同じ被害になるのです。時代は違いますが、「石油を止められる」ということは、戦争よりもずっと大きな被害をこうむることになるのです。

説明7　そしてアメリカ合衆国は、日本に対してそれをやったのです。1941年8月のことでした。その上、他の国からも日本に石油が入らないようにしました。

発問5　みなさんが当時生きていたとしたら、どうしますか。

説明8　当時の人々は、「じっとして死を待つよりは……」と、20倍の方を持つアメリカ合衆国と戦う決意をしました。そして12月、ついに大東亜戦争が始まったのです。石油を確保するために、当時フランスやオランダが侵略していたインドシナに兵を進めました。

次節でこの授業の間違いについて述べる。　（2008.1.25）

ABCD包囲陣のウソっぱち

さて、前節で紹介した、とんでも社会科授業で教えられて

いる「日本は石油を止められたからやむなく戦争に踏み切ったのだ」というのは、いわゆる「ＡＢＣＤ包囲陣」として有名な話だ。

ＡＢＣＤ包囲陣とは、Ａ（アメリカ）、Ｂ（ブリテン＝イギリス）、Ｃ（チャイナ）、Ｄ（ダッチ＝オランダ）の４カ国が結託して日本を経済包囲しているという、戦争当時の政府の主張だった。これは本当なのだろうか。

結論から書いてしまうと「ＡＢＣＤ包囲陣」というのはまったくの幻。日本政府がそう思いこんだか、あるいはそう思ってもいないのに国民をだましたか、どちらかだ。では、そのあたりを確かめてみよう。

まず変なのがC、つまり中国が包囲陣の一画を占めている点だ。おかしいではないか。日本はそのころ中国を相手に戦争していたのだ。戦争している相手が日本にものを売ってくれないのがけしからんと怒る。ダイジョーブか？　本当に、この当時の日本政府は何を考えていたのだろう。

次にイギリスとの貿易はどうかというと、東洋経済新報社の調査によれば、イギリスとの貿易のピークは１９３９年だった。その後下り坂になるのは、日本経済も１９３９年がピークだったからだ。日本にものを買う金がなくなった。だから買えなくなった。それだけのことだ。

その次、オランダ。オランダはこの当時、石油の産地であるインドネシアを植民地にしていた。日本はオランダ領インドネシア（蘭印といった）から大量の石油を輸入していた。戦争が始まる直前の１９４１年6月まで、オランダとさまざまな戦略物資の輸入交渉をしていたのだ。

その交渉における日本の要求量とオランダ側の回答量を『戦史叢書――大東亜戦争開戦経緯４』から見てみよう。数字はいちばん上が日本の要求。真ん中がオランダの回答。下が獲得率だ。

品目	要求量	回答	獲得率
生ゴム	20,000	15,000	75.0%
錫鉱石	3,000	3,000	100.0%
ニッケル	180,000	150,000	83.3%
ヒマシ	6,000	6,000	100.0%
規那皮	600	600	100.0%
ダマルコパル	1,450	1,400	96.6%
カポック繊維	1,000	1,200	120.0%
カポック種子	5,500	6,000	109.1%
コプラ	25,000	19,800	79.2%
籐	1,000	1,200	120.0%

『機密戦争日誌』（大本営陸軍部戦争指導班）に記録されている。

此の際仏印（フランス領インドシナ）に対する軍事協定締結を促進すると共に南仏印駐兵権を獲得すべしの意見胎頭す。

日本はこのとき、アメリカとも交渉中だった。アメリカは日本が南部ベトナムに軍を送るなら石油輸出を停止すると何度も警告していた。日本はアメリカに対し、ドイツと違って我が国は領土的野心はないと繰り返していた。その舌の根も乾かないうちに、日本は南部仏印に軍を進めたのだ。日本との交渉を打ち切って、アメリカが石油の禁輸に踏み切ったのは当然だった。

強硬な主張を繰り返せば必ず相手が引き下がると思い上がり、軍事力を振りかざして威張り散らしていたのが、当時の日本という国だった。

「経済封鎖恐るに足らず」というタイトルの陸軍パンフレットも出版されていた。しかし実際に石油が輸出禁止になると、あわてふためいて、あたかも自分が被害者であるかのごとき宣伝を始めたのだ。それが「ＡＢＣＤ包囲陣」というものの本当の姿だ。

石油がなくなったら大変なことになるというのは、正しい。

パーム油	12,000	12,000	100.0%
タンニン材	4,000	1,200	30.0%
ボーキサイト	400,000	240,000	60.0%
マンガン鉱	20,000	6,000	30.0%
キニーネ	80	60	75.0%
ジュート	1,300	1,400	107.7%

これでわかるようにオランダはほとんどの要求を受け入れている。しかも石油に関してはこれと別枠で、１３０万トンの売買契約が成立していた。経済封鎖の影など、どこにもない。ところが、日本はこれでは不満だとして交渉を決裂させてしまった。その理由は、１００％要求を呑ませられなければ、日本が北部を占領していたベトナムやタイに「日本の弱くなった感想を与え好結果とならず」というものだった。何とバカげた交渉だろうか。しかもなおタチの悪いことに、売ってくれるというのを断ったのは自分のくせに、国民には「経済封鎖された」と宣伝したのだ。

これにより石油などを平和的に輸入する見込みがなくなったとして、日本はインドネシア侵攻を具体化する。その足がかりとして、日本軍はまず南部ベトナムを占領するという暴挙に出た。

しかしそれで子どもを脅かしておいて、「石油が止められました。あなたならどうしますか」と問うのはフェアではない。その前に、どうしてそうなったのかを教えなければならないのだ。石油が止められるまでに、どうすればよかったのか。それを考えさせなければならない。

この社会科の先生がやっているのは、学校教育ではない。偏った歴史資料をつかってプロパガンダを刷り込む、宣伝教育だ。こんな授業がほんとうに教室で行われているとは、おそろしい時代になったものだ。

(2008.1.25)

インパール作戦の悲惨

終戦記念日。それにちなんで、ちょっと古い話を書く。姫路でもすでに多くの人が知らないし、面白くもない話だが、知っておいたほうがよいと思うので。

姫路には陸軍第10師団の司令部があった。陸軍に配属された市民は、だいたいが第39連隊と第40連隊に入営した。39連隊はフィリピンに送られ、40連隊はサイパンに送られた。

サイパン島守備隊が全滅したのはよく知られている。フィリピン戦線ではルソン島の第10師団兵士2万1000名のうち、生還者はわずか3000名だった。集団自殺といってよいフィリピン作戦を指揮したのは寺内寿一《ひさいち》元師。総理大臣寺内正毅《まさたけ》の息子である。

寺内は司令官になってはいけない人物だった。戦前には陸軍皇道派の一員として日本の軍国主義化を推進した。戦争中には、あの悲惨なインパール作戦を指揮した。インパール作戦では参加数8万6000名のうち、7万2000名が死んだ。そのうち4万名が餓死である。

敗戦の原因は、実地の険しさを知らない司令部が地図だけをもとに作戦をたてたからだといわれている。インパール作戦は完全な失敗だったが、彼は責任をまぬがれ、南方方面軍司令官としてフィリピン作戦を指揮することになる。

フィリピン防衛戦では、主戦場をルソン島からレイテ島へ変更するという大失敗をやらかした。地図では隣どうしのルソンとレイテだが、実地の距離は東京と岡山くらい離れている。この距離にもかかわらず、方面軍の膨大な人員、装備、物資を移動させる困難さを具体的にイメージできない司令官だった。紙の上でつくられた作戦の非現実性、実行不可能性を現場指揮官が進言したのに、強引にやらせたそうだ。インパールの失敗から何も学んでいないのだ。

当然ながら、防衛計画は破綻した。フィリピンでは動員50万のうち37万名が死んだ。半数以上が餓死だった。

凡庸以下の人物でも毛並のよさで司令官となれば、厳しい軍規によって絶対的権力をにぎり、その結果、おびただしい将兵が無惨な最期をとげたが、寺内自身の責任は、ついに問われることがなかった。それが日本軍だった。

重苦しい歴史だが、忘れてはいけない歴史だと思う。こんな歴史を二度と繰り返してはならない。

私はきょう護国神社に行く。10時から終戦記念日祭である。英霊を称えるためではなく、彼らに無惨な死を強制した者への怒りを、地下の彼らと分かち合うために。 (2007.8.15)

だれが特攻を命じたのか?

沖縄の「集団自決」は軍に強制されたものではなく、自発的なものだったという意見があります。特攻隊も実際は強制なのに、志願したかのように言われていることは有名です。多くの人はこう思っていませんか。
①軍が特攻隊員を募る。
②志願兵が集まる(多くの特攻隊員は強制的志願だった)。
③集まった志願者に特攻命令が下された。

じつは、そうではありません。なんと、大日本帝国の陸海軍は、特攻を命じていないことになっているんです。特攻は部下、特に第一線の将兵が、やむにやまれない犠牲的心情から、命令外の行動をとって個人的に体当たり攻撃を仕掛けた。だから司令官は特攻を命じたわけではなく、特攻の責任もない。これが、公式見解でした。

戦後になって「特攻を命じた」と証言する指揮官が現れましたが、戦争中はそういうことになっていなかったのです。海軍軍令部(最高司令部です)が特攻命令を出している命令書が残っていますが、特攻とは書いてありません。「奇襲攻撃」と書いてあります。書類上は、奇襲攻撃を命じたら兵員が勝手に突っ込んだという形になるわけです。

命令書には、普通ならばヘッドに「大海令」と記します。しかし特攻命令書には「大海指」とあります。法的にいえば「大海令」の責任者は、大元帥昭和天皇です。しかし「大海指」なら、責任は海軍軍令部どまりです。つまり特攻などという「統率の外道」に、天皇陛下がかすかにでも関わった形にしたくなかったのです。なんと特攻隊はそんなこととはつゆ知らず、責任もとってくれない天皇陛下のため、「天皇陛下万歳」を叫んで死んでいったのです。なんとかわいそうな青年たちでしょうか。

では、どうして特攻に天皇を関わらせたくなかったのか。それはこういう論理です。

指揮官が命令を下す目的は、部下を死なせることではなく、敵を倒すことです。戦いで部下が戦死しても、それは「優勢な敵」のせいなので、指揮官の責任は問われません。しかし100パーセント死ぬ作戦を命令した場合、その作戦が失敗したら、部下を死なせた責任は敵ではなく指揮官が負わねばなりません。

その責任は法的にいえば命令権者である大元帥に及びます。しかし天皇に責任を負わせるわけにはいかない。天皇に責任を負わせられないならば、軍令部や参謀本部の誰かが天皇の身代わりになって自決でもしなければおさまりません。だが、誰もそんな覚悟をする指揮官がいなかった。結果として命令書を「大海指」にして天皇の責任を遮断した。しかも「奇襲攻撃」ということにして、自らの命令責任も回避した。

こういう構造になっていたわけです。えらいさんの言うことを真に受けたらひどいことになるという典型みたいな話です。

元自衛官でありながら私が反戦を唱えているのは、隊内にいた時に図書室に備え付けてあった防衛庁監修『戦史叢書』を何十巻も読んで、いやというほどそういう事実を知らされたからです。戦争の実相、その歴史事実をきちんと知れば、誰でもウンザリすると思います。

(2007.10.29)

戦前・戦中の報道の自由

戦前・戦中の報道の自由に関してですが、1937年7月の蘆溝橋事件をきっかけに、「新聞紙法」第27条が発動されました。

この法律は、軍事・外交関係の記事はあらかじめ陸軍・海軍・外務各大臣の許可を得たものしか掲載できないというものです。

新聞記事は細部に至るまで検閲されました。検閲を担当したのはもともとは内務省だけでしたが、その他に「陸軍省新聞班」(のち「情報部」)、「海軍省軍事普及部」、「外務省情報部」などが続々とつくられて、にらみを効かせました。

内務省警保局が警視庁特高部長・各府県警察部長あてに送った通達「時局に関する出版物取締に関する件」の一部を略載します。原文は固いので、平文に直します(末尾に原文も示します)。

――「現下の情勢に鑑み特に取締を要すると認められる事項」

北支事変に関する一般安寧禁止標準

・日本の対外方針に関し政府の意見が割れているというような記事は禁止。
・国民は政府の対外方針を支持していないという記事は禁止。
・民心が挙国一致していないような記事は禁止。
・国民は自発的に中国と戦いたがっているという記事はよし。
・国民は戦争を恐れているとか、避けたがっているという記事は禁止。
・国民の世論は政府につくられた声だという記事は禁止。
・政府のとってきた対中方針や戦争指導が根本的に間違っているという記事は禁止。
・国論統一に支障をきたす記事は禁止。
・対外関係を不利に導くような記事は禁止。

などなど。こういう記事は一切載せることができなくなってしまったのです。ひどいものですね。

　どんな記事が禁止になったか、たとえば38年5月に、「東京朝日」「報知」など40紙が発売頒布禁止となりましたが、その理由はなんと「近衛内閣の改造についての予測記事をのせた」ということでした。こんな記事を印刷しただけで、発売禁止とされたのです。これでは独自記事など書けるはずがありませんね。

　南京事件から3年後、日本軍は中国の軍閥の親玉を首班にして、政府をでっち上げました。北京城の中にしかその威光が及ばないという意味で「城内政府」と揶揄された汪精衛《おうせいえい》（汪兆銘《おうちょうめい》）政府です。この政府ともいえない政府について記事を書く際にこんな注意をせよという「支那中央政府成立に関する新聞記事取扱方針」というのがあるので、紹介しておきましょう。

新政府の成立はあくまで支那側自体の自発的創成に係《かか》り、我が方の工作により樹立せらるるものなるがごとき印象を与えざるよう厳重注意すること。
　汪精衛の人格・識見、および青年層における声望、ならびに同志の団結力および活動力等、汪政権の強靭性に関する報道の紹介に努め、その一面の脆弱性についてはなるべく触れざるよう留意すること。

日本の工作でつくられたことは書くな。
その政府が脆弱であることは書くな。
語るに落ちるとはこのことですよね。

時局に関する出版物取締に関する件

一、我国の対外方針に関し政府部内特に閣僚間に於て意見の対立し居れるが如く揣摩臆測する論議、

二、国民は政府の対外方針を支持し居らずあるいは民心相離反して国論統一し居らずとなすが如き論議、

三、国民の対支強硬決意は当局の作為により偽作せられたるものにして国民の真意は戦争を恐怖しまたは忌避せんとするの傾向ありとなすが如き論議、

四、政府のとりきたりたる対支方針もしくは事変の経過等を批判するにあたり根本的に誤謬ありとなしあるいは事変を歪曲して殊更に非難しもって国論統一に支障をきたしあるいは対外関係を不利に導くが如き論議

以下は『日本労働年鑑　特集版　太平洋戦争下の労働運動』（法政大学大原社会問題研究所編著）より。

四一年一二月、真珠湾攻撃の翌日、情報局における非常召集の「懇談会」において、警保局図書課から左のような「記事差し止め事項」が発表された（畑中繁雄のメモによる）。

一般世論の指導方針として

一、今回の対米英戦は、帝国の生存と権威の確保のためまことやむをえず起ち上った戦争であると強調すること

二、敵国の利己的世界征覇の野望が戦争勃発の真因であるというように立論すること

三、世界新秩序は八紘一宇の理想に立ち、万邦おのおのそのところをえせしむるを目的とするゆえんを強調すること

具体的指導方針として

一、わが国にとって戦況が好転することはもちろん、戦略的にも、わが国は絶対優位にあることを鼓吹すること。

二、国力なかんずくわが経済力に対する国民の自信を強めるよう立論すること、しかして、与国中立国はもとよりとくに南方民族の信頼感を高めるよう理論をすすめること

三、敵国の政治経済的ならびに軍事的弱点の暴露に努め、これを宣伝して彼らの自信を弱め、第三国よりの信頼を失わしめるよう努力を集中すること

四、ことに国民の中に英米に対する敵愾心を執拗に植えつけること、同時に英米への国民の依存心を徹底的に払拭するよう努力すること

この際とくに厳重に警戒すべき事項として

一、戦争に対する真意を曲解し、帝国の公明な態度を誹

誹る言説
二、開戦の経緯を曲解して、政府および統帥府の措置を誹謗する言説
三、開戦にさいし、独伊の援助を期待したとなす論調
四、政府と軍部との間に意見の対立があったとなす論調
五、国民は政府の指示に対して服従せず、国論においても不統一あるかのごとき言説
六、中満その他外地関係に不安動揺ありたりとなす論調
七、国民の間に反戦・厭戦気運を助長せしむるごとき論調に対しては、一段の注意を必要とする
八、反軍的思想を助長させる傾きある論調
九、和平気運を助長し、国民の士気を沮喪せしむるごとき論調（対英米妥協、戦争中止を示唆する論調は、当局の最も忌み嫌うところである）
十、銃後治安を攪乱せしむるごとき論調一切

(2010.5.12)

「戦陣訓」とはなんぞや

沖縄だけでなくサイパンやアッツなどで玉砕が繰り返され、民間人もその狂乱に従わされたのが、「生きて虜囚の辱めを受けず」という「戦陣訓」の影響であることは論を俟《ま》ちません。

１９４１年に東条英機の発案でつくられ、陸軍手帳に全文が印刷された「戦陣訓」（陸軍訓令一号）は、昭和陸軍の病的妄想性を見事にあらわしています。

「戦陣訓」で検索すれば、いくつか全文が掲載されているサイトが見つかるでしょう。

「戦陣訓」を免罪したい人たち

ところが歴史修正主義者たちは奇妙なことを吹聴しています。いわく、「戦陣訓」など重視されておらず、ほとんどの兵は知らなかった。

いわく、「戦陣訓」がいう「生きて虜囚の辱めを受けず」は「捕虜にならないように自決せよ」という意味ではなく、「虜囚」とは捕らえられた囚人のことだから、「法を犯して捕らえられるような生き方をするな」という意味だ。

まあセメダインと理屈は何にでもくっつくとはいうものの、これはひどい。そこで、こういう理屈が戦時中の体験のない青年をたぶらかすためだけにつくられた妄説であることを、示しておきます。

陸軍の公式解説書「戦陣訓に就て」

「戦陣訓」には公式の解説書が発行されています。戦陣訓が出された翌年の解説書ですから、戦後の解釈よりよほどたしかでしょう。そこには、虜囚は俘虜《ふりょ》のことだし、俘虜になるなら自決せよとはっきり書いてあります。

その解説書とは「戦陣訓に就《つい》て」と題する冊子です。桑木崇明《くわきたかあきら》陸軍中將が、１９４２年の陸軍記念日に、ラジオの全国放送で行った講話の草稿を冊子にしたものです。「偕行社記事」という陸軍将校向け機関誌の特集号として発行されました。そこにこう書いてあります。

六 死生觀、責任感

（略）

遺骨の歸らざるは可なり、然れども生きて俘虜となるは不可なり。

本訓に「生きて虜囚の辱《はずかしめ》を受けず、死して罪禍の汚名を残すこと勿れ」とあり。

（略）

諸外國に於ては萬策盡きれば俘虜となるを恥とせざる風なきにあらざるも、皇軍は飽く迄名を惜しみ斷じて之を許さず、前上海戰の古閑少佐の自決は身を以て其の範を示せるものと云ふべし。

（現代用語）

遺骨の返らないのはよい。しかしながら生きて俘虜となるのはいけない。戦陣訓に「生きて虜囚の辱を受けず、死して罪禍の汚名を残すなかれ」とある。

諸外国では万策尽きれば俘虜となるのも恥としない風潮がなきしもあらずだが、皇軍はあくまでも名を惜しんで、断じてこれを許さない。第一次上海戦の古閑少佐の自決は、身をもってその模範を示したものというべきである。

また、戦陣訓は兵だけではなく、国民もその精神に立つべきだとも述べています。

一 序

（略）本訓は獨り軍人のみの私すべきものにあらず、……銃後一般の國民に對しても極めて適切なるを覺ゆ、長期戰の遂行特に新秩序の建設は軍人のみならす一般國民に負ふところ頗る大なるに方り、國民各位が此の戰陣訓の精神に準據し……（後略）

（現代用語）

この戦陣訓はひとり軍人だけが保つべきものではない。

……銃後一般の国民に対しても、極めて適切であると感じる。長期戦の遂行、特に新秩序の建設は軍人だけではなく、一般国民の力に負うところがきわめて大きいので、国民各位がこの戦陣訓の精神に準拠し……

これでお分かりのごとく、陸軍の公式解説書は以下の立場にたっています。

- 陸軍記念日の記念講話で流すぐらいに重視していた（ほとんど知られていないというのが間違いだと分かります）
- 虜囚とは捕虜のことである
- 捕虜になるより自決せよと勧めている
- 国民にも適用すべきだと述べている

強制集団死に軍の責任を認めたくない人たちはいろいろ理屈をこねますが、それは帝国陸軍の実際の考えとは関係のない、後世の思いつきでしかないということです。(2009.7.11)

教育勅語を読んでみた

下村博文《はくぶん》文部科学大臣が、「教育勅語」について、「至極まともなことが書かれていると思う。軍国主義教育の推進の象徴のように使われたのが問題だった」と語った。

たしかに、「使われ方はまずかったけど、中身それ自体はいい」ってことは、よくある話だ。で、百聞は一見に如かず、どんなものだか読んでみた。

わかりにくかった。思うに、言葉には、表面的な表現だけでは意味がわからないものがある。表現の中に含まれる特別な意味というのがあるのだが、それは時代が変わると意味不明になったりする。

たとえば「横断歩道」といえば、「（人が車道を）横断する歩道」のことだ。四字熟語に収めるために、（ ）の中が省略されている。字義通りなら「横に断たれた歩道」だ。現物を知らない人なら、道をスッパリ断ち切ってあるのかと驚くのではないか。

「大葬」という言葉がある。大きな葬式ではない。天皇の葬儀のことだ。この場合、「大」には天皇という意味が隠れている。どんなにでかい葬式でも、天皇以外の葬式は大葬とはいえない。こんなのも、そういった文化の中にいなければ分からないことだ。

日本書紀では「人民」に「おほみたから」とフリガナが振ってある。人民といえばネトウヨは左翼用語みたいに誤解しているが、日本書紀に出てくる古い言葉だ。「おほ」は「大」で、天皇を表す。「み」は天皇のものだから当然につく美称。「たから」は財産だ。つまり古代天皇制の時代において、人民は「天皇の所有する財産」だったのだ。「おほみたから」と書いてあっても、人民が宝物のように大切にされたわけではない。「教育勅語」には、そういった「特別な文化の中でのみ共通理解が成立する特殊な意味を持つ用語」がかなり含まれている。それらは漢文とか、古事記・日本書紀など、歴史的教養に裏打ちされた用語だから、今の時代に読んでも直ちに理解できない。

一例を挙げれば、「徳」という言葉。徳とは、人間として持つべき優れた品性のことだ。普通は人倫道徳のことを指す。しかし日本書紀の教養世界では、そうではない。人として最も大切にすべき徳とは、天皇の支配に忠実に服することだった。支配者に服することが、なんでいちばん立派な道徳であるものかと信じがたいかもしれないが、なに、いまでもお手本がある。北朝鮮では首領さまに忠実なことが、最も正しい人間のあり方だとされている。昔の日本も同じことだったのだ。

ということで、前置きが長くなったが、教育勅語の言葉の意味を、歴史的に正しく解釈して、現代語に翻訳して、その全文を読んでみよう。私は学者じゃないけど、多分あっていると思う。

教育勅語（どろ訳）

私が思うには、わが先祖である天照大神《あまてらすおおみかみ》と神武《じんむ》天皇が国を始められたのは、はるかに遠い昔のことで、天皇に服することが最も正しい人の道だと確立なさった教えは、深く厚いものである。

わが皇室の支配する人民が、天皇には忠義を、親には孝行を尽くそうと、全員が心を一つにして、世々にわたってその美風を続けてきたことは、わが国のあり方として最もすぐれたところであり、教育の淵源もまたここにある。

お前たち、私の支配する人民は、父母に孝行し、兄弟仲よくし、夫婦は仲むつまじく、友だちとは互いに信じあい、行動は慎み深く、他人に博愛の手を差し伸べ、学問を修め、仕事を習い、それによって知能をさらに開き起こし、品性と才能を磨き上げ、進んで公共の利益や世間の務めに尽力し、いつも大日本帝国憲法を重んじ、法律に従い、いったん危急の事態が生じたら、正義心と勇気とを公のためにささげ、それによって永遠に続く皇室の運命を助けなければならぬ。

このようにすれば、単に私に忠義で善良な国民であるというばかりではなく、お前の祖先が残したよい風習をたたえることにもなる。

このような道は、実にわが先祖である天照大神と神武天皇ら代々の天皇が残された教訓であり、皇室の子孫と皇室支配下の人民が共に守っていかねばならぬことであり、

昔も今も間違いがなく、国内および国外にほどこしても道理にかなっている。

私はお前たちわが支配下の人民と共にこの教えを心に留めて決して忘れない、皆一致して一つの道徳を共にすることを切に望む。

明治23〔1890〕年10月30日

天皇の署名と印

よく「一旦《いったん》緩急あれば義勇公に奉じ」を問題にされるけど、侵略されたら戦うのが当たり前じゃんて私は思う。ただし、それを小学生に教育するのがふさわしいかどうかは別の問題だ。それより私はほかのことにびっくりした。

それは、「之ヲ中外ニ施シテ悖《モト》ラズ」。

教育勅語を国内だけじゃなく、国外に施行しても道理にかなっているというのだ。

いやいや、天皇に忠義を尽くすっていう規範は、国外で通用しないでしょう……と笑ったのだが、よく考えたらそれを大日本帝国はやったんだよね。

「八紘一宇」とか言って、戦争を広げた。八紘一宇とは「全世界はひとつ屋根の下」という意味なんだけど、その家長はもちろん天皇だ。これは初代神武天皇が政権を樹立するときの宣言なんだからね。そういった考えが、教育勅語にすでに現れているのが、ちょっと怖かった。

(2014.4.9)

教育勅語は精神的ビンタ

明治神宮が、ホームページで現代世相を嘆いています。

「戦後に教育勅語が排除された結果、我が国の倫理道徳観は著しく低下し、極端な個人主義が横溢し、教育現場はもとより、地域社会、家庭においても深刻な問題が多発しています」

教育勅語があったらこんなことにはなっていないのにという嘆きですね。

だけど、教育勅語が学校で教えられていた時代もですね、やっぱり道徳の頽廃が嘆かれていました。

―― 大正15年『我が国体と国民道徳』井上哲次郎

道徳の壊頽は世界大戦以後、ますますひどくなっている。顔付は矢張り日本人のやうであるけれども、頭の中は疾くに外國の思想に征伏されて、大和魂は何時の間にか抜き取られたやうな者が次第に多くなつているやうである。

明治20年発行『日本道徳論』
日本の道徳は退廃の一途。

その理由は「幕府の解体で儒教が廃れたから」。

だめじゃん、明治政府。

明治の人は、江戸時代に比べて今は堕落したと嘆いていました。

大正の人は、その堕落した明治にくらべても今はもっと堕落していて、修身教育の効果がないと嘆いていました。

現代日本のエライ人たちは、さらにそのころよりも、いまは堕落しまくっていると嘆くのです。

どうやら日本は、明治維新からこっち、堕落する一方の没義道国家になり果てているらしいですな。

ばかばかしい。こんな世迷いごとを真顔で唱え、宗教界も言論界も財界も政界も行政の長も判で押したみたいに、そうだ、そうだとやっています。


いつの時代だって、人間はそこそこ自分勝手で怠け者で、ぶったるんどるのです。だけどこれじゃよくないよなあと反省もするのだが、やがてつい易きに流れてしまう。

そんなもんすよね。

自分勝手だ、利己主義だと責められると、自覚があるだけに身をすくめちゃう。

教育勅語というのは、精神的なビンタです。恫喝商法といってもいい。ぴしゃりとやって、恐れ入らせようというね。いったん「へへえっ！」とやらせれば、あとは好きに操縦できますから。

しゃんとしろ！　24時間死ぬまで働け！　といえば「はい！」。びしっとしろ！　弾の中を突撃しろ！　といえば「はいっ！」。

やめられんだろうなあ。教育勅語という精神的麻薬にラリってたら、ニッポンが美しい国に見えるんだろう。（2017.3.5）

教育勅語に教育的意味なし

「教育勅語」を擁護する人から、中身は間違っていないよねとよく聞きます。

そうだ、そうだという声も聞こえます。

それは半分正しく、半分間違っています。

「親孝行しなさい、兄弟は仲よく、夫婦は仲むつまじく、友だちは信頼しあい、あなたは自分をえらいと思わずにつつしみ深くあり、しんぼうづよい人になりなさい」

たしかに間違っていません。これらの徳目は、洋の東西も時代も超えて、すべての人々が共感するものです。

間違っているのは、これが日本独自の美意識だという見解です。

日本独自どころか、全世界的に普遍的なものです。

「教育勅語」それ自体が、私の意見を肯定しています。

「之ヲ古今ニ通シテ謬ラス之ヲ中外ニ施シテ悖ラス」

「いつの時代に照らしても誤っておらず、国の内外に適用しても道理にたがわない」

時代も地域も超えて正しい普通の道徳なら、そのように教えればよいではありませんか。日本の美意識と結びつけて「勅語」にする必然性がどこにあるでしょう。必然性もないのにそうしたところから、間違いが始まったのです。

「教育勅語」が教育でなくなる理由

先に述べたとおり、「勅語」に掲げてある徳目は、誰でもが受け入れることのできる素朴な道徳であり、人は大切にされるべき存在であるという人権思想の端緒です。

ところが、この徳目を「勅語」として上から垂れ下ろした途端に、それらは人権思想としての光を一挙に喪失し、ただの「規則・決まり」に堕してしまいます。

人の心を内側から支える「徳」でなくなり、人を外から権威的に規律する形式ツールに変質してしまいます。

森友学園事件に登場する「教育勅語」信奉者たちが、どうして揃いも揃って愚劣な人格の持ち主であり、道徳的に堕落しており、暴力的で権威主義的なのか、ここに「教育勅語」の限界があります。

彼らにとって「教育勅語」は、自分自身の内面を磨くものではありませんでした。彼らに必要だったのは「教育勅語」の中身ではありません。自分のことを棚に上げて、他人を威圧できる権威です。

自分たちの後ろ暗さを覆い隠し、正義を装って、経済的・政治的要求を押し通していくための錦の御旗となる、政治的小道具。それが彼らにとっての「教育勅語」でした。

「教育勅語」の正体は絶対的権威主義

このような求めに、「教育勅語」は見事に応える存在でした。

背景にあるのが、天皇の威光ですからね。国内において、これ以上の権威はない。

だから、その権威がまかり通る世界では、間違った方向に進んでも修正しがたい。権威を背景にやりたい放題を繰り返し、羽目を外しました。

人倫の道を外しているのに改める機能がないなら、それは教育とはいえません。

「教育勅語」は、教育という名称とはうらはらに、教育力を有していないのです。

権威だけがその実体である「勅語」だからです。

「教育勅語」の掲げる徳目に共感してそれを世に広めたいと本当に願うならば、逆説的ですが「教育勅語」の形式を捨てるのが正しい方法であろうし、効果も期待できると思います。

(2017.3.7)

国民づくりの道具としての教育勅語

明治維新の富国強兵政策は、今日でいう開発独裁政策です。農業国を急速に近代化（重工業化）するための路線です。

その路線と「教育勅語」の関係を確かめます。

取り上げるのは福沢諭吉の『学問ノススメ』。明治という国家の特徴をよく体現している、不思議な書です。

はじめに内容のポイントを紹介します。「　」で括ったものは引用（ただし漢字をひらがなに直してあります）、それ以外は大意の抜粋です。

「天は人の上に人を造らず、人の下に人を造らず」

人は生まれながらに、自由かつ平等にその福利を求める権利を有する。

幸福は自ら獲得すべきものであるから、才を活かす者は栄え、そうしない者は没するのが世の習いである。

自由を求め、権利を活かす道を、力ずくで抑えたのが封建制度であったが、いまや世が変わった。

「政府に対して不平をいだくことあらば（略）、天理人情にさえ叶うことならば、一命をもなげうちて争うべきなり」

これが自由なる人民というものだ。

人民は国家に緩急あれば義勇公に奉ずるべきであるが、それはほかならぬ自由のためである。

人も、国も、天の道理にもとづいて、独立不羈であり、自由である。

「もしこの一国の自由を妨げんとする者あらば、世界万国を敵とするも恐るるに足らず。この一身の自由を妨げんとする者あらば、政府の官吏もはばかるに足らず」
奴隷的盲従は人民の道ではない。

愚民はおどして従わせるべし

このような理路を経て、『学問ノススメ』はいよいよ結論に至ります。

人民のために政府は公益を果たす。その政府に逆らい、私利を求めて争う人民は「愚民」であると福沢は断定し、「とても道理をもってさとすべき方便なければ、ただ威をもっておどすのみ」

反政府行動は許されない、強権を用いるべきだというのです。ひどい目にあわされても、それは逆らうやつが悪い。

「愚民のみずから招く災いなり」

おや？　これまでと論調が一変しています。

「政府に対して不平をいだくことあらば（略）、一命をもなげうちて争うべきなり」じゃなかったのでしょうか。

「自由を妨げんとする者あらば、政府の官吏もはばかるに足らず」はどこに？

教育勅語は上からの「国民づくり」

福沢にとって至上命題は、自由な人民をつくることではなく、国家を近代化することでした。近代化に成功しなければ、欧米の経済力・軍事力に併呑されてしまう。その恐怖が福沢をしばっていました。

ゴールはすでに定まっています。「文明国の仲間入り」です。計画的な政策で強引・一直線に「文明国家」に到達すること。それが福沢のゴールでした。

近代人たる福沢は、個人の自由意志にもとづく自覚的献身こそが真の愛国心の発露であり、近代精神であると、信じてはいました。（同じ思考回路で、「自主的・自覚的献身の精神を有さない民が単に蝟集しただけの国家は国家といえない」ということにもなり、この思考が、『脱亜論』に行きつきます。）

ところが福沢は、かかる思考と正反対に、封建主義から抜け出したばかりの農民国家・日本に近代精神を植え付ける事業は、一朝一夕には無理だと見定めてもいました。

早く近代的統一国家を建設しないと独立さえ危ういのに、そこに不可欠の国民精神が存在しないのならば、これを手っ取り早く、付け焼刃でもよいから上からの号令でつくってしまうしかないじゃないか。こう考えました。

国家を土台として下から支える国民精神を、国家の力で上からつくろうというのです。

こういうことだから、さっきまで自由の尊さを説いたその口で自由を否定しても、矛盾だと思っていません。

明治知識人の中でも最も開明的な人権派であった福沢にして、これです。

明治政府指導者も同じ考えでした。国民精神を上からつくり上げる道具としてつくられたのが、教育勅語です。

だからもともと教育勅語は中身スカスカです。何もないけど何か必要だといってでっち上げられた、代用品なのだから。天皇の権威で押し付けるのが目的なのだから、中身はあんまり関係ない。

「国（天皇）に従え」

「家父長国家の秩序に従え」

「国のために働け」

「強兵となって独立に寄与しろ」

これがその中身の全部です。


（2017.3.9）

日本は戦争とどのように向き合ってきたか

「侵略」の定義

東大のセンセの世迷いごとを斬っておくことにする。

奥脇直也・東大名誉教授が侵略の定義について「今なお国際社会が完全に一致点を見いだしたとは言えない」と説明したそうな。

話としては、一応はその通りである。侵略の定義はまだ固まっていない。しかし、国際社会の議論を、こんなところで持ち出すのは見当はずれであり、ゴマカシであり、ペテンだ。

旧ソ連のアフガン侵略を私たちは侵略戦争だと見ているが、国連はそう見ていない。アメリカのイラク戦争を私たちは侵略戦争だと見ているが、国連も日本政府もそう見ていない。

１９７４年の国連総会で決議された「国連決議３３１４号」。この決議は一般に「侵略の定義に関する決議」と呼ばれている。この決議によれば、侵略行為かそうでないかを最終的に認定するのは国連安保理である。すると常任理事国の行為が侵略であると認定するのは不可能である。

いま議論が続いているのは、「安保理事会が認定する」というようなことではなく、もっと明確に客観条件を定めることができないかという、立法技術的なことである。

議論は、侵略の定義を明確にする方向に向いている。あいまいにするほうに向いている安倍さんや奥村名誉教授の向きは、時代の潮流と正反対なのだ。

では大日本帝国の戦争がどんなだったかを確かめよう。

これは簡単だ。

大日本帝国は1938年に「近衛声明」というものを発表した。中国に対してさらに戦争を継続するという声明だ。

戦争を継続する理由は、簡単にいえば「日本が攻撃しているのに降参しないのがけしからん」という無茶なものだった。

第2次近衛声明は「第1次声明で中国政府を対手とせずとあるのは、否認するよりも強い意味だ」といい、「この際、国際法の先例を開いて、相手を抹殺するのである」とまで述べている。ほんとうに「抹殺する」と述べているのだ。

ここまであからさまな侵略声明はめったにない。「攻撃しているのに負けないとはけしからん、抹殺する」なんてのが侵略でなかったら、いったい何を侵略というのか。いま国際社会が議論していることと、大日本帝国の戦争は、まったく関連がないのだ。

奥脇直也・東大名誉教授は専門家だから、こんなことぐらいは先般承知のはずである。つまり奥村名誉教授は、十分に分かっていながら、あえて議論をあらぬ方向に曲げようとしているのだ。

学問的・法的な話のように見せかけているが、じつはそんな話をしているのではないのだ。どうにかして結論を侵略戦争にもっていかないために、政治的議論をしているのだ。こういうのを曲学阿世という。政権の三百代言という。学問的良心もへったくれもあったものではない。こんなのが東大のセンセ。しばくぞ。

戦後70年談話：「侵略」表現に賛否　有識者懇、結論出ず

政府は23日、戦後70年の安倍晋三首相談話を議論する首相の私的諮問機関「21世紀構想懇談会」（座長・西室泰三日本郵政社長）が13日に開いた第2回会合の議事要旨を、首相官邸ホームページで公表した。先の大戦で日本が侵略を行ったかどうかで意見が割れ、21世紀構想懇の報告書や談話に盛り込むべきかについては、結論を見送ったことが分かった。

要旨によると、北岡伸一座長代理（国際大学長）が冒頭、「日本は無謀な戦争でアジアを中心に多くの犠牲者を出した。１９３０年代後半から植民地支配が過酷化した。政府、軍の指導者の責任は重い」と意見表明。「日本がアジア解放のために戦ったというのは誤りだ」と述べた。北岡氏は会合当日、「歴史学的にはもちろん侵略だ」と発言したと記者団に明かしている。

続いて委員以外の有識者として出席した奥脇直也・東大名誉教授が、国際法の観点から意見表明。侵略の定義について「今なお国際社会が完全に一致点を見いだしたとは言えない」と説明した。

その後の各委員の発言は匿名で記載され、約半数が侵略に言及。「日本は自衛のための判断を間違えた。当時の価値観から見ても侵略だった」「歴史的、政治的な面から、侵略的な側面は認めざるを得ない」などの発言があった。一方では「定義が曖昧で、歴史家の中で異論がある」「侵略という言葉を使用するのは問題を帯びる」などの慎重論も出た。（毎日新聞　15年3月15日）

(2015.3.25)

戦犯を裁く国内法はあるのか？

その大変な読書量と、深くて真摯な考察で私なんか感心しっぱなしのマイミクのあつしさんが面白いことを書いています。

東京裁判を批判することと、戦時指導者の責任を追及することは、本来はまったく別個の事柄と思う。

筋としては、不法な東京裁判を批判した上で、日本人自身の手で戦時指導者の責任を追及するということが主張されてしかるべきだと思うのだが、東京裁判批判をする人が往々にして戦時指導者の責任をまったく不問に付したり、あるいは戦時指導者の責任を追及する人が東京裁判という不当な裁判を擁護したりするのは、いったいなんなのだろう。

じつは私もわけわからん右翼には、めんどくさいから、「いまさら茶ぶ台をひっくり返したいのか、サンフランシスコ条約を破棄できるもんならやってみろ」なんて言っちゃいます。でもこれは面倒くさいからなんで、本来は以下のあつしさんのように論立てしなければいけないんです。

東京裁判を批判した上で、戦時指導者の責任を問い、戦後体制を打破し、対米従属から脱却する、というのは、本来ならば全部セットで問わなければならないはずなのに、てんでばらばらになっているというのは、いったいどうなっているのだろう。

そうですよね。

で、次です。あつしさんがこんな面白い課題を提起しています。日本が自分で戦争責任を裁くとすると、事後法禁止の原則があるので戦前の法律で裁くことになります。

しかし、戦前の国内法から、戦時指導者の責任を追及するとしたら、どういう法的根拠があるのか、ちょっと考えてみると、なかなか難しい。

面白い発想です。戦前の誤りの多くは日韓併合など政治判断の過誤ですから、すべてを国内法で裁くことはできないでしょう。しかしこと戦犯については裁けるのではないでしょうか。

まず満州事変は自作自演で始められた戦争です。政府をだまして現地軍と朝鮮軍が突っ走った戦争です。こういうのは私戦といいます。陸軍刑法では専権罪といいます。ですからこれには専権罪*と私戦罪*が適用されるべきでした。専権罪の最高刑は死刑です。

板垣征四郎、石原莞爾、河本末守《こうもとすえもり》、朝鮮軍司令官林銑十郎中将は間違いなく死刑ですね。板垣が死んで橋本欣五郎が失脚していれば南京事件は起きていなかったかもしれません。

専権罪といえば南京戦もそうです。

大本営の停止命令を無視して南京に進軍を命じたのは、中支方面軍司令官松井石根《いわね》です。これもその時点で本国に召還して死刑にすべきでした。上海派遣軍の司令官朝香宮鳩彦も同罪です。松井と一緒になって南京進軍を決めた参謀たちは、軍の（つまり天皇の）武器弾薬を私的に使ったんですから、大規模な官品横領罪と合わせて無期懲役がふさわしい。そうすれば長勇《ちょういさむ》なんかが沖縄戦まで生き残って指揮を執ることもなかった。

ただ、これらの重罪をあとから政府が追認してしまったんですよね。

私戦罪を追認すれば罪がなかったことになるのか、それとも違法行為を追認する権限など国家にはないのだから、厳罰に処さなかった不作為を追及できるのか、そこらへんはよく分かりません。

慰安婦制度はその総体が「娼妓取締規則」違反です。娼婦を管轄する権限のない軍が管轄していたのですからね。

満州事変以後の日本の行動は全体として不戦条約違反ですが、条約を国内に適用するための国内法が整備されていなかったので、個人を犯罪者として裁くのは難しいかもしれません。しかし戦史を細かく見ていけば、いたるところに命令違反や官品横領、器物損壊、それらについての不真性不作為などが見られると思います。

こういう処罰ができなかった戦前の日本は、やはり屋台骨が腐っていました。悔しいけど東京裁判には一定の意義を見いださざるを得ませんね。

＊専権罪

陸軍刑法

第2編　罪

第2章　擅権（専権）の罪

第35条：令官外国に対し故なく戦闘を開始したるときは死刑に処す

第37条：令官権外の事に於てやむを得ざる理由なくして擅に軍隊を進退したるときは死刑又は無期若は7年以上の禁錮に処す

第38条：命令を待たず故なく戦闘を為したる者は死刑又は無期若は7年以上の禁錮に処す

＊私戦予備及び陰謀

大日本帝国刑法

第93条

外国に対して私的に戦闘行為をする目的で、その予備又は陰謀をした者は、3月以上5年以下の禁錮に処する。ただし、自首した者は、その刑を免除する。

(2008.10.4)

統帥権の話

「統帥権の独立」について私の意見を述べたいと思います。天皇が軍を率いる権限を「統帥権」といいます。昭和になってから軍部は、「軍だけは他の国家機関と違って天皇に直属している」と唱えはじめました。軍の装備や予算について政府があれこれ口出しするのは天皇の「統帥権」を犯すもので、許されないと無茶な理屈をこねたのです。軍の数々の乱暴な行為を根拠づけるのに使われたのが、この理屈でした。「統帥権」は明治憲法11条と12条に根拠を有するそうです。

第11条　天皇ハ陸海軍ヲ統帥ス
第12条　天皇ハ陸海空軍ノ編制及常備兵額ヲ定ム

この規定によって軍は、「我々は天皇にのみ従う。政府に口出しの権限はない」と主張したのでした。しかし本当にそんな解釈が正しいのでしょうか。まったくの大間違いだと思います。

第11条は天皇が最高司令官であることを定めています。が、それだけのことです。このような条文は第11条だけではありません。

第4条には「天皇ハ国ノ元首ニシテ統治権ヲ総攬シ此ノ憲法ノ条規ニ依リ之ヲ行フ」とあります。天皇が統治権を独占しているという規定です。統治権には行政権も含まれます。この規定をもって、「行政権は天皇大権である。政府に対する議会の干渉は統治権干犯である」などと政府が言ったのではたまりません。

第6条には「天皇ハ法律ヲ裁可シ其ノ公布及執行ヲ命ス」とありますが、これを根拠に法務大臣が「政府の提案する法律案を裁可できるのは天皇だけである。よって議会が法律を審議するのは天皇大権干犯である」などと言い出したら憲法秩序が成り立ちません。

ですから、第11条を理由に「統帥権の独立」を唱えるのは、無理な理屈です。

次に第12条は軍閥、藩閥の跋扈をおさえ、国家の一体性を担保する条文です。似た条文としては第10条に「天皇ハ行政各部ノ官制及文武官ノ俸給ヲ定メ及文武官ヲ任免ス」とあります。公務員の待遇は天皇が定めることになっています。そこで第10条を根拠に役人が「内閣と議会が公務員の給料を決めるのは天皇大権干犯である」と叫んだらどうなるのか。

こんな理屈が馬鹿馬鹿しいことは、子どもにでもわかることです。軍部が「統帥権の独立」をたてに政府の関与を拒否するのは、これと同じなのです。要するに屁理屈です。

このように「統帥権の独立」=「天皇大権にのみ従属する」というのは、何も軍についてのみ言えることではありません。帝国憲法のもとでは、すべての国家機関にあてはまることでした。その当たり前のことを、さも特別のことであるかのように、軍が言っていただけのことです。軍はこんな屁理屈を唱えて、あとは力任せに政治を壟断していったのです。

「統帥権独立」の弊害として、大本営に政府代表が参加できなかったという点がよく指摘されます。そのため軍事戦略と外交戦略が相互にバラバラであったと。だから軍の暴走を止められなかったのだと。

しかし大本営とは、単なる条例（軍令）でつくられた機関でしかありませんでした。こんなものに国全体が引きずられたのですから、「天皇大権の錦の御旗」の威力や恐るべしというところですね。

次に、それでは軍は本当に「統帥権の独立」を尊重していたのでしょうか。昭和陸軍は天皇の統帥を無視して、独断で軍を動かすことが、多々ありました。満州事変しかり、北支攻略しかり、南京攻略しかり、です。政府の干渉を拒絶するために「統帥権独立」を錦の御旗としてふりかざしつつ、実際には「統帥権」をちっとも尊重しないで好き勝手に振る舞っていた。それが昭和陸軍でした。

昭和陸軍とは、戦争さえ強ければ、政府や天皇の意思になど従わなくてよい、という軍隊でした。戦争に勝つためなら、軍内部でも上級の命令を無視するようになるのは、当然の成り行きでした。しまいには序列が無視され、上部の作戦指導に下部が従わず、中央の命令を現地軍が握りつぶし、とても近代国家の軍隊とはいえないような無統制な組織に堕落して、非常識な戦いを繰り返したあげくに瓦解していったのが、帝国陸軍でした。うんざりする話です。

一度権力機関が暴走し始めると手がつけられなくなる見本が、ここにあります。なにも軍だけに限ったことではありません。現代政治とまったく無縁の話とは思えないのですが。

戦前の天皇が今はアメリカ

戦前は天皇にすべての権力が集中しているかのような法体系を持ちながら実際には天皇は人形だったという指摘があり、それはおそらく事実でしょう。天皇に責任を押し付けつつ、しかし天皇は無答責であって神聖不可侵でした。なのに庶民はというと、天皇の権威に逆らうことは死を意味しました。

『ナニワ金融道』の名言ですが、日本は戦前から「ばれなんだら何をしてもええ」国で、しかしそれで利益を得るのは力を持っている勢力だけです。「貧乏人は踏みつけにされて、しかも法律を守らなあかん」のです。建前ばかりが異常に強調され、しかしその建前は下へ下へと強制されるのです。

戦前の天皇が戦後はアメリカなのかもしれません。アメリカとの協調を最大の理由にして、イラクやアフガンに自衛隊が派遣されています。「国際社会との協調こそ日本国憲法に忠実なのだ」と与党議員は叫んでいます。旧軍も「統帥権」は帝国憲法から逸脱するものではなく、むしろ帝国憲法に忠実な立場なのだと唱えていたことと対比して、興味深い現象ではないでしょうか。

アメリカ一辺倒の姿勢で憲法をないがしろにしている現政権の姿は、まるで「統帥権」を盾に帝国憲法を蚕食していった軍部や翼賛議員のようです。でもアメリカは日本に対してけっして責任をとってくれません。まるで無答責の天皇みたいなものです。

戦前体制は、いまだ死んでいない。むしろそのありがたくない遺産は、日本社会のかなり深いところにまで残存しているようだというのが、私の印象です。困ったことです。(2008.1.19)

侵略戦争が非難されるようになった理由

ある人から次のようなコメントをもらった。

徳川家康という人物は殺人行為をした人間のクズです。彼の頭は狂っているのでしょう。しかし、この人物は「こども偉人伝」などには犯罪者ではなくヒーローとして書かれています。何故でしょう。もしそれが「その時代では普通だった」というような答えであれば、植民地が違法でない時代での植民地作成を正当化するのと同じです。

徳川家康たちは互いに侵略しあっていました。当時、彼らに殺された人々は口惜しかったでしょう。その遺族たちも、口に出したかどうかは別にして、哀しく悔しく、胸が張り裂けるようだったと思います。

戦国時代の戦というのは人狩りが目的だったという研究が最近発表されています。いきなり襲われて身も知らぬ他国へ売り飛ばされ、酷使されたあげくにむなしく朽ち果てていった人々はどれだけの数にのぼるでしょうか。戦国武将を単に英雄として描くばかりでなく、そういう面からも描くべきではないかと私は思います。

世界はそういう残虐な行為を繰り返してきました。そして、その犠牲者の哭泣が顧みられることがありませんでした。けれど、いまは様相が変わりました。侵略戦争が英雄行為ではなくなり、不当な戦争として非難されるようになったのです。その理由はいくつもあるのでしょうけれど、大きな理由は2つではないでしょうか。

(1) 戦争被害が前時代とは較べようもなく大きくなった。

戦争の野放図な拡大を許すと人類文明そのものが滅びてしまうかもしれない、という恐れが現実のものとして立ち現れてきました。戦争が総力戦となり、戦争被害が兵士に留まらず広範な市民に及び、そして今日では無防備な市民こそが戦争のいちばんの被害者となっている現実もありますね。

⑵ 被害者たる市民が、国家の主権者の地位をかちとった。

いままで泣き寝入りしてきた市民ですが、戦争をやめてほしいという素朴な願いを国政に反映することが可能になりました。国際社会に戦争抑止を働きかけることもできるようになりました。いまや市民の声を政府も国際社会も無視することができません。

取り組むべき課題には優先順位がある

こういうなかで、侵略戦争が非難されるようになり、いまもまだ戦争抑止に向けた取り組みが続いています。課題は山のようにあるのに、取り組む力には限りがあります。すべての課題に同時に取り組むことはできないのですから、課題に優先順位をつけねばなりません。

優先順位は、より喫緊の課題に与えられます。喫緊の課題が複数あれば、まずは手を付けやすい方から取りかかります。徳川家康をどのように表現するかよりは、現在進行中の課題が優先されます。日本の戦争が侵略戦争であったかどうかは現在進行中の国際法整備にとって重要な課題ですから、徳川家康の評価は後回しでいいと思います。

徳川家康だって侵略者だったと訴えるのが重要だと思う人がそれに力を注ぐことに私は賛成です。そうではなくて、徳川家康だって侵略者だったのに非難しないのなら、日本の戦争だけ非難するのはおかしいというような論理で2つを対比するのなら、同意できません。それは前進を妨げる役割しか果たさないと思うからです。

前進を妨げる考え方

いまも戦争についての議論は数限りなくあります。どんな戦争がやむを得ない戦争で、そうでない侵略戦争とはどういう戦争なのか。戦争を抑止する手段は武力しかないのか。法で戦争を禁止しても、それに実効性を与えるにはどのような方法があるのか。

まだまだ未解決の問題が数限りなくあります。いまだ戦争廃絶に向けての歩みは始まったばかりです。ですから、過ちや、思索不足や、いろいろな問題が山積しており、総論賛成各論反対なんてことは掃いて捨てるほどあります。しかしどれほど時間がかかろうとも、後戻りするよりは前に進むほうがいいに決まっています。

未完成の理念につきものの様々な不十分さはありますので、

批判も多かろうと思います。肝心なのは何のために批判するかです。あれこれと指摘して合意をうやむやにするためなのか、前進を止めるためなのか、それとも内包された矛盾を解きほぐして戦争廃絶に向けた新しい知見を打ち立てるためなのか。

家を建てるにはできるだけ正確に設計して、着実に組み上げるのが望ましいです。しかし現実に雨風にさらされているのなら、お粗末でも取りあえず組み立てて、雨風から身を守ってから改良すればいい。

でも、みんながそう努力している時にですよ、自分の出入りに便利だからと、ドアじゃないところに穴を開けようとする人がいるとします。みんなはそんなことをしたら雨や風が吹き込んで、家全体が壊れてしまうから止めろと注意します。

すると、その人がこう言い返すんです。

「昨日までは雨に濡れ放題だったのに、みんなお互いに何も言わなかったじゃないか、それに較べればこんな穴ぐらいで文句言われる筋合いはない。それになんだ、まだまだ雨漏りもしているし、すきま風だってくい止めていないじゃないか、何で自分だけ非難されなければならないんだ」

こんなことを言う人は、願い下げでしょう？

大東亜戦争は植民地に関するルールが確立する前の出来事であるという考え方について

(1)戦争の違法化の歩みは始まっていました。

１９２８年の「戦争放棄に関する条約」というのがあります。国家の利益増進を求めて行う戦争を禁止するというものです。現実には守られていませんが、そういう思想に到達していたのは事実です。

(2)法の根拠とは何か

ルール（法）が整備されていなければ何をしても許されるという考えは論者の倫理的退廃を示すものだと思います。法とは自然にできるものではありませんよね。法が整備される以前に規範意識があるからこそ、それが法として具現化されるわけです。形が現れるまでは規範がないのと同じという受動的な考えには同意できません。

戦前の日本は有色人種に対する差別に反対していたではありませんか。他民族に対する不当な取り扱いに反対していながら、自らの植民地支配を容認した日本政府は典型的なダブルスタンダードでした。

(2008.11.24)

ポツダム宣言をどう受けとめるべきか

ポツダム宣言は有り体に言えば「脅し」です。「ゆーこと聞かなんだらいてまうぞコラ」。これが本質です。公正で中立な権威が下した裁定ではありません。

日本はこれを飲むしかなかった。いやでも飲まなければ滅亡していました。だからしぶしぶ受け入れました。そういうものだから、「受け入れたけれども納得はしていない」という安倍さんみたいな人が後を絶たない。

連合国のやり方はいま述べたとおり、乱暴でした。乱暴ですが、正義の執行であったのは確かです。当時の大日本帝国には、力で目にもの見せるしかなかったでしょう。

アジアに敵なしの軍事力を誇っておごり高ぶり、非理性的な情念で国内を統治していた帝国は、力以外のものを信じない国になっていました。乱暴で野蛮な抑圧者であり侵略者だった大日本帝国は、もう見る影もなく衰亡し破滅直前に至っていました。なのに、そういった自分の姿を直視できないほどに、自己陶酔していました。ガツンとやられなければ、目が覚めなかったでしょう。

痛さに目覚めたはずだったのですが、いまになって「殴られたからゴメンと言っただけだい」などと考える総理が現れるとは。

憲法第9条をつくり、改正するのが困難な手続きにしたのは、安倍晋三のような人物が現れることを先人が危惧したからです。先人の知恵を力あるものとして生かすべき務めが、私たち国民に課せられていると思います。

ポツダム宣言（どろ訳）

日本の降伏に向けた宣言定義規約
1945年7月26日発行

(1) われわれ、米合衆国大統領、中華民国主席及び英国政府首相は、われわれ数億の民を代表して協議し、日本に戦争終結の機会を与えることに意見が一致した。

(2) 米国、英帝国及び中国の陸海空軍は、西方（ヨーロッパ）から陸軍及び航空編隊による何倍もの増強を受けて巨大化しており、日本に対して最後の一撃を加える体制が整っている。この軍事力は、日本に対抗するすべての連合国の告発に備えて、日本が抵抗をやめるまで持続し、奮いたっている。

(3) 世界の自由なる人民が立ち上がった力に対するドイ

ツの無益かつ無意味な抵抗の結果は、日本の人民に対して示された極めて明らかな実例である。現在日本に向かって集中しつつある力は、ナチスの抵抗に対して用いられた力、すなわち全ドイツ人民の生活、産業、国土を瓦礫にするのに必要だった力に較べてはかりしれぬほどに大きい。われわれの決意に支えられたわれわれの軍事力をすべて用いれば、必ずや、完全に日本の軍事力を壊滅させ、そして日本の国土の徹底的な荒廃を招くことが避けられないだろう。

(4) 決断の時が来ている。日本帝国を破滅の淵に引きずりこむ、非理性的な計略を持ちかつ身勝手な軍国主義的助言者に支配される状態を続けるか、あるいは日本が道理の道に従って歩むのか。

(5) 以下はわれわれの条件である。条件からの逸脱は認めない。代替条件はない。遅延は一切認めない。

(6) 日本の人民を欺き、世界征服に誤導したすべての期間の影響力及び権威は排除されなければならない。われわれは、世界から無責任な軍国主義が駆逐されるまでは、平和、安全、正義の新秩序は実現不可能であると主張する。

(7) そのような新秩序が確立されるまで、また日本における好戦勢力が壊滅したと説得力を以て証明できるまで、連合国軍が指定する日本領土内の諸地点は、当初の基本的目標を達成するために占領されなければならない。

(8) カイロ宣言の条項は履行されるべきであり、日本の主権は本州、北海道、九州、四国及びわれわれの決定する周辺小諸島に限定する。

(9) 日本軍は、完全な武装解除後、平和で生産的な生活を営む機会を与えられて帰還が許される。

(10) われわれは、日本を人種として奴隷化するつもりもなければ国民として絶滅させるつもりもない。しかし、われわれの捕虜を虐待したものを含めて、すべての戦争犯罪人に対しては断固たる正義を執行する。日本政府は、日本の人民の間に民主主義的風潮を強化しあるいは復活するにあたって障害となるものを排除すること。言論、宗教、思想の自由及び基本的人権の尊重を確立すること。

(11) 日本はその産業の維持を許される。そして経済を持続し、もって戦争賠償の取り立てにあてるべきものとする。この目的のため、その支配とは区別する原材料の入手はこれを許される。世界貿易取引関係への日本の事実上の参加は許可する。

(12) 連合国占領軍は、その目的達成後そして日本人民の自由なる意志に従って、平和的傾向を帯びかつ責任ある政府が樹立されれば、直ちに日本より撤退する。

⒀　われわれは日本政府に対し日本軍の無条件降伏の宣言を要求し、かつそのような行動が誠意を持ってなされることについて、適切かつ十二分な保証を提出するように要求する。日本に対する第二案は、迅速かつ徹底な破壊である。

（2015.5.22）

あらためて読み返す村山談話

歴代自民党の首相は、村山談話の内容が当たり前のことだから否定できないんですが、どうも「言っちゃったんだから、くつがえすことはしねえよ」みたいな、しぶしぶの態度でした。鳩山さんはそうではなく、ちゃんと踏襲しそうな気がします。

時折ふきあがるバカウヨ議員の妄言があっても、日本が曲がりなりにも対外的信用を失わずにすんでいるのは、村山談話のおかげです。

グチグチと文句言っている人は、この談話の何が気にくわないんだろうか。

村山談話

戦後50周年の終戦記念日にあたって
村山内閣総理大臣談話
平成7年8月15日

先の大戦が終わりを告げてから、50年の歳月が流れました。今、あらためて、あの戦争によって犠牲となられた内外の多くの人々に思いを馳せるとき、万感胸に迫るものがあります。

敗戦後、日本は、あの焼け野原から、幾多の困難を乗りこえて、今日の平和と繁栄を築いてまいりました。このことは私たちの誇りであり、そのために注がれた国民の皆様一人一人の英知とたゆみない努力に、私は心から敬意の念を表わすものであります。

ここに至るまで、米国をはじめ、世界の国々から寄せられた支援と協力に対し、あらためて深甚な謝意を表明いたします。また、アジア太平洋近隣諸国、米国、さらには欧州諸国との間に今日のような友好関係を築き上げるに至ったことを、心から喜びたいと思います。

平和で豊かな日本となった今日、私たちはややもすればこの平和の尊さ、有難さを忘れがちになります。

私たちは過去のあやまちを二度と繰り返すことのないよう、戦争の悲惨さを若い世代に語り伝えていかなければなりません。

とくに近隣諸国の人々と手を携えて、アジア太平洋地域ひいては世界の平和を確かなものとしていくためには、なによりも、これらの諸国との間に深い理解と信頼にもとづいた関係を培っていくことが不可欠と考えます。

政府は、この考えにもとづき、特に近現代における日本と近隣アジア諸国との関係にかかわる歴史研究を支援し、各国との交流の飛躍的な拡大をはかるために、この二つを柱とした平和友好交流事業を展開しております。また、現在取り組んでいる戦後処理問題についても、わが国とこれらの国々との信頼関係を一層強化するため、私は、ひき続き誠実に対応してまいります。

いま、戦後50周年の節目に当たり、われわれが銘記すべきことは、来し方を訪ねて歴史の教訓に学び、未来を望んで、人類社会の平和と繁栄への道を誤らないことであります。

わが国は、遠くない過去の一時期、国策を誤り、戦争への道を歩んで国民を存亡の危機に陥れ、植民地支配と侵略によって、多くの国々、とりわけアジア諸国の人々に対して多大の損害と苦痛を与えました。私は、未来に誤ち無からしめんとするが故に、疑うべくもないこの歴史の事実を謙虚に受け止め、ここにあらためて痛切な反省の意を表し、心からのお詫びの気持ちを表明いたします。また、この歴史がもたらした内外すべての犠牲者に深い哀悼の念を捧げます。

敗戦の日から50周年を迎えた今日、わが国は、深い反省に立ち、独善的なナショナリズムを排し、責任ある国際社会の一員として国際協調を促進し、それを通じて、平和の理念と民主主義とを押し広めていかなければなりません。同時に、わが国は、唯一の被爆国としての体験を踏まえて、核兵器の究極の廃絶を目指し、核不拡散体制の強化など、国際的な軍縮を積極的に推進していくことが肝要であります。これこそ、過去に対するつぐないとなり、犠牲となられた方々の御霊を鎮めるゆえんとなると、私は信じております。

「杖《よ》るは信に如《し》くは莫《な》し」と申します。この記念すべき時に当たり、信義を施政の根幹とすることを内外に表明し、私の誓いの言葉といたします。

(2009.9.23)

対立を煽る者たちに乗せられるな

侵略されて怒らない国・恨まない国はない

とても当たり前のことをいいます。大日本帝国は、敗戦前の一時期を除いて、ずっと国外で戦っていたのだと。

中国が日本領土を1ミリでも侵したのではありません。始めから終わりまで、大日本帝国が中国領土を侵していたのです。

大韓帝国が自発的に日本に併合されることを望んだのではありません。韓国の軍隊を強権的に解散させ、外交権を奪ってから併合したのです。それを自発的というなら、あらゆる強盗は無罪になるでしょう。「ナイフを突きつけたら自発的に財布を差し出したんだ」

侵略された国の恨みは100年も200年も続くはずです。反日意識があって当然なのですよ。でも中国は「許そう」と言ってくれました。ただし「忘れまい」と。それなのに「南京大虐殺はなかった」とか「アジア解放の戦いだった」とか日本が言い続けたら、ふざけるなと怒るのが当然ではないでしょうか。

「遅れた韓国を助けてやったのだ」とか「慰安婦は捏造《ねつぞう》だ」とか、どの口で言えるのだろうかと私などはあきれてしまいます。韓国は呆れるだけですみませんよね、それで怒らない国があるはずがない。

対立を煽るのは一部の人

だけど、それにしても韓国は度が過ぎるんじゃないかと思う人が多いと思います。サッカーの試合に政治を持ち込んだり、これ見よがしに日の丸を踏みつけたり。そういった一面はあります。

だけどそれは一部の人であって、韓国全体がそうではありません。韓国を批判する記事を売りものにしてきた産経新聞の黒田勝弘記者でさえそう語っています。

日本が大好きだったり、無関心だったり、大嫌いだったり、そりゃあたくさんの人がいるんだから千差万別に違いありません。日本が大嫌いな人々の言動ばかりを集めたら、そんな例はゴマンと集まるでしょう。

昔、アメリカで反日運動が広がったことがありました。集会で日の丸が焼かれることなんか普通にありました。新聞は「ジャップ（Jap）」と書きたてました。日本製品不買運動が起こされ、日本製品を叩き壊すパフォーマンスが繰り広げられました。日本人と間違えられて中国人が殺される事件もありました。1970年代~90年代の話です。

これを誰も反日運動とは言わなかったし、米国を反日国家などと言いませんでした。「ジャパンバッシング」と呼び、日本政府はその沈静化に大わらわでした。日航にジャンボ機を130機も買わせたのはその一環です。これがのちに日航がつぶれる遠因となりました。こんなこと、今では多くの人が忘れています。

当時のアメリカの反日運動の激しさと比べたら、韓国の反日運動なんか全然大したことがありません。要は、メディアの取り上げ方と受け止め方なんです。しかも、いまはネットに捏造写真をあげて対立を煽るバカがいる。

だから、本節も前節と同じ結論にいたります。バカは、日本にも、韓国にも、中国にもいます。肝心なのは、私たちがバカに煽られないことです。

(2014.7.13)

日本の右傾化教育

改めて日本の右傾化教育について考えました。

ナショナリズムを政治利用した結果として非常に困ったことになっているパキスタンを、日本の鏡にできないでしょうか。

ナショナリズムの利用——パキスタンの場合

パキスタン軍事政権は、汚職と統治能力の欠如を覆い隠して国内統治の安定を図るため、意図的に民族主義・宗派主義に訴えました。

具体的には、まずカシミールの領土紛争を利用して反インド宣伝を行いました。

そして親イスラム教・反ヒンズー教(つまり反インド)愛国政策を展開しました。

「ヒンズー教インドと戦うイスラム聖戦パキスタン」という単純な構図を描き、これを公的な世界観として教科書で教え込みました。

敵が目の前にあれば団結しやすくなりますからね。

つまり、パターンとしてはこうです。

① 領土問題など対立要素の極大化
② 「敵」の明確化
③ 「敵」との世界観の違いを強調
④ 歴史教科書を通じたイデオロギー操作

こういうことを80年代から行ってきたのです。

事の深刻さの度合いは違いますが、いま日本政府がやっているのと方法は同じではないでしょうか。

パキスタン　**日本**
カシミール　竹島・尖閣諸島
インド　朝鮮、ときには中国
ヒンズー教　共産主義
歴史・公民教育への政府の干渉（両国共通）

これらは不安定な自民党支配を安定させるための道具だとの指摘がありますが、私はその指摘が正しいように思います。ならばパキスタンの経てきた経験を見ることで、いま自公政権が向かう未来も幾分かは見えそうです。

パキスタンの失敗

ではパキスタンはどうなったのか。

イスラム・ナショナリズムが台頭するなか、イスラム過激派が伸長しました。

憲法や法治、「市民社会」や民主制、個人の自由など、パキスタン人の大半が非常に重要だと考える制度を否定する勢力が、はじめから今ほど強力だったのではありません。

イスラムパワーを排外主義に利用しようとした政権のもとで、少しずつ、少しずつ、市民社会に浸透していったのです。

「ヒンズー教徒に死を！」と彼らが叫ぶとき、政府はそれを黙認したばかりか、歴史教育を通じて彼らの叫びに正当性を付与し続けたのです。

政府がナショナリズムを利用しなければ、イスラム過激派は絶対的少数派に留まったはずです。

いまやアルカイダと組んだイスラム過激派は、政府の統制を離れ、政府に敵対し、これを打倒しようとさえしています。

いま、パキスタン政府は史上最大規模のタリバン討伐作戦を発動して、過激派の伸長をくい止めねばならなくなっています。

パキスタン政府はアルカイダを利用しようとした自分の甘さと愚かさを、ようやく自覚したようです。

国富を傾けて100万人の難民を生み出している大作戦は、政府が学校で馬鹿馬鹿しい教育をしてさえいなければ、そもそも発動する必要がなかったのです。

日本に生かせる教訓

さて、ここから私たちがくみ取れる教訓とはなんでしょうか。

愛国心を煽る政治宣伝は極右の台頭を招く恐れがあります。ひとつ間違えば、ひさしを貸して母屋を取られそうになっているパキスタンの二の舞になりかねません。

極右勢力がいずれ政府の手に負えなくなることを、日本は戦前の歴史で経験済みです。なのにその歴史を消し去ろうとしている。危険ですね。


軍事力やナショナリズムは便利に利用するものではありません。

賢明な日本国民が体よく政府に絡め取られるとは思いませんが、日の丸・君が代の強制や歴史教科書の書き換えを座視していると、その行き着く先はおそらく再びの国家的破局でしょう。


（2009.7.23）

歴史修正主義の妄説を正す

田母神俊雄（元航空自衛隊幕僚長）の講演会

２０１０年11月21日午後2時より、姫路市民会館大ホールにおいて「田母神《たもがみ》俊雄講演会（姫路市・姫路市教育委員会後援……トホホ）」が開催されました。

東進衛星予備校専用の受付口が設けられるなど、組織動員の成果もあり、参加者は約９００名。立ち見も出る盛況で、急遽3階ロビーにモニターが設置されました。

講演会とはいうものの、会場には「中国の侵略」に対して「国土防衛」を呼びかける「頑張れ日本！　全国行動委員」発行の『桜新聞』が掲示されるなど、全体的に政治集会の色合いが濃密で、田母神氏の講演内容も始めから終わりまで政治的アピールに染まっていました。

以下9節にわたって同氏の講演内容を13項目に分けて略載し、その誤りを正します。

ただし90分を超える講演内容をすべて紹介することはできませんし、録音したものではないので不正確なところや遺漏も多々あります。また、講演の内容は体系的でなく、冒頭と後半に同じ主旨の話が内容を変えて出てきましたので、それは順序を変えて一つにまとめました。こういうことで、講演の内容そのままの記録ではないことをご承知おきください。

(2010.12.16)

妄言＝日本はアジア諸国を解放した

1 自己紹介（田母神講演の要約・以下同じ）

危険人物の田母神です。でも私はとてもいい人なんです。自分は日本を誉めてクビになったんです。「日本はいい国だ」と書いたら、政府が「いや、日本は悪い国なんだ、侵略をした、とんでもない国なんだ」と言って、私を辞めさせました。世界広しといえども、自分の国を褒めたら辞めさせられる国は日本だけです。

田母神さんは「日本はいい国だ」と言ったのでしょうか。違います。講演の中にも出てきますが、彼は日本がコミンテルンの陰謀で戦争に引きずり込まれたと書いたんです。自分の意志で戦争したのではない、侵略したのではない、だから悪く言うなと。

田母神さんの言うのが本当なら、日本はその気もないのに、うっかりコミンテルンの謀略に乗ってしまって、国の命運をかけた大戦争に乗り出したということになります。これでは日本は世にも珍しいおっちょこちょいの間抜けな国だったと言っているのと同じです。日本を誉めたことになるのでしょうか。

また、日本はアジア諸国を解放したのだと田母神さんは言います。これは後に述べるとおり歴史事実として間違いですが、仮に田母神さんの言い分が正しいとすれば、ご自分の主張と矛盾します。日本に戦争をする気がなかったのなら、アジアを解放するために戦うつもりもなかったとしなければ辻褄が合いません。

戦争した結果として西欧諸国が疲弊し、アジア諸国が独立できたのであっても、それは日本が望みもしなかったことであって、よく言っても「結果オーライ」でしかありません。田母神さんが言うようにコミンテルンが日本を戦わせ、その結果としてアジア諸国が独立できたということなら、アジア諸国を独立させたのはコミンテルンだということになってしまわないでしょうか。

2 歴史認識の誤りが国を危うくしている

尖閣諸島で中国の漁船が海上保安庁の巡視船に体当たりをしかけてきました。諸外国ならば、こういうことがあれば漁船を射撃しています。諸外国の軍は、国際法にもとづいて行動します。ネガティブリストといって、これをしちゃいけないと決められていること以外は何でもできる。

ところが自衛隊は（海上保安庁も）、法律に定められていなければ何もできない。ポジティブリストといいます。しかし刻々と状況は変わっていくのに、そのたびにいちいち安全保障会議を開いたり、法律をつくらなきゃ行動できないなら、間に合いません。日本もあんな事態は、現場に任せとけばいいんです。現場がちゃんとやります。

韓国は中国漁船を2千隻も拿捕して、18億円の賠償金を取っています。中国は何の抗議もしていません。日本は賠償金を取らずに船長を釈放して、フジタの社員を釈放してもらうために賠償金を支払った。どういうことですか。

中国は尖閣諸島を領有しようとしている。漁船がぶつかってきたのは、そのためなんです。日本の出方を見ているんです。あの船長さんは漁民じゃありませんからね。中国軍の現役大佐です。放置していたら、いずれ西南諸島も中国領だということになり、次は九州を取られ、日本は瓦解します。

どうして日本は諸外国のように現場に任せて毅然と対処できないのか。「自衛隊に任せると侵略戦争を始めるんじゃないか」、自民党の議員でもそう言いますからね。軍隊が勝手に動いたら侵略を始める、こういう考えは、歴史認識を間違えているから出てくるんです。歴史認識の間違いが、現在の安全保障を危うくしているんです。

「諸外国の軍は、国際法にもとづいて、これをしてはいけないと決められていること以外は何でもできる」というのは真っ赤なウソです。そんなことで軍行動を規律できるはずがない。これこれの任務を付与するので、こういう作戦行動をとれというポジティブな命令と、これこれはしてはならないというネガティブな交戦規則があって、はじめて軍は動けるのです。

たとえば北朝鮮の砲撃に対して韓国軍が直ちに砲撃を返したのは、そうせよという命令があらかじめ下されていたからです。しかし交戦規定に従って行動せよという命令だったので、戦闘機が上空にいたのに、戦闘機からの反撃ができませんでした。韓国は今後は自衛権にもとづいて行動すると言っています。それならば戦闘機から反撃できるからです。

自衛隊は（海上保安庁も）できる事柄が細かく法律に定められていて、法律に書いてないことはできない、というのもウソです。

自衛隊の「部隊行動基準の作成等に関する訓令」にはこう書いてあります。

部隊行動基準は、国際の法規及び慣例並びに我が国の法令の範囲内で、部隊等がとり得る具体的な対処行動の限度を示すことにより、部隊等による法令等の遵守を確保するとともに、的確な任務遂行に資することを目的とする。

この通り、自衛隊の行動基準（交戦規則）も、限度を定めたネガティブ方式です。

田母神さんは、自衛隊は防衛出動命令がなければ戦えない不自由な軍隊だと言いますが、命令がなければ戦闘できないのは軍隊の基本のキで、諸外国の軍隊もそうです。もちろん、日本陸軍もそうでした。命令がないのに戦闘を開始したらどうなるのか、陸軍刑法を確かめましょう。

陸軍刑法　第二章　擅権《せんけん》（専権）ノ罪

第三十條　指揮官外國ニ對《たい》シ故ナク戰鬪ヲ開始シタルトキハ死刑ニ處《しょ》ス

このとおり、命令なしに戦闘を開始すると、日本軍だったら死刑なのです。日本軍だけではありません。どの国の軍隊も、命令なしに戦闘できるのは正当防衛の場合に限られています。自衛隊と同じことです。

この世界標準の制限でさえも不自由だと考えたのが、日本陸軍でした。そして後に述べるように命令なく野放図に戦闘を拡大しました。これが導引となって悲惨な大戦争に至った負の教訓から、「軍の手綱を放したら侵略戦争を始めてしまう」という認識が定着したのです。それなのに、日本陸軍と同じことを自衛隊の高級幹部が考えていたのでは、防衛省が自衛隊は旧軍と違うのだといくら叫んでも虚しいのではないでしょうか。これは専守防衛を旨とする自衛隊にとって、不幸なことだと思います。

中国船の不法行為に対して、海上保安庁はちゃんと当該船を拿捕し、乗組員を逮捕しています。犯罪者をちゃんと捕まえることができているのに、どうしてわざわざ射撃しなくてはいけないのでしょうか。

船長が中国軍の現役大佐だというのも、日本のネットに広まっているデマです。元ネタは米国のラジオ番組です。ゴードン・チャンという中国人が、「船長は旧軍人、特殊訓練を受けている」と語ったのですが、何の裏付けもありません。チャンは反共産党・反中国政府の立場に立っており、『やがて中国の崩壊がはじまる』(草思社)という本の著者です。しかもゴードン・チャンのガセネタでも「元軍人」と言っているのに、田母神さんはいつの間にか「現役の大佐」にしてしまっているし。こういう情報リテラシーの欠如が田母神さんのお話の特徴です。

(2010.12.17)

妄言=日本は侵略も植民地支配もしていない

3 日本は侵略も植民地支配もしていない

日本は侵略をした、植民地支配をしたということになっています。植民地支配と侵略によってアジア諸国民に多大の損害と苦痛を与えたことになっています。しかし日本は植民地なんか一つも持っていませんでした。

韓国を併合したのは、日本人と同じようにしようとしたんです。学校、病院、工場、発電所をつくって、日本と同じように発展させた。韓国の京城——いまのソウルです——には、日本で6番目に帝国大学をつくった。台湾には7番目です。大阪帝国大学や名古屋帝国大学より早いんです。愚昧政策を採った白人国家の植民地支配と全然違うんです。

「併合だから植民地ではない」は本当か?

デタラメです。

「植民地」というのは法的概念ではありません。だから法的形式が「併合」だったからといって、「植民地ではない」とはいえません。それが通用するならば、英国統治下のインドは「インド帝国」であって植民地ではないといえるし、フランス統治下のアルジェリアは「海外県」であって植民地ではないことになってしまいます。しかしこれらの国や地域が植民地だったのは紛れもない事実であり、それと同じように朝鮮が日本の植民地であったことは、世界の常識です。

「日本人と同じにしようとしたのだから植民地ではない」のか?

間違いです。

日本人と同じにするために行ったのが、あの創氏改名です。しかしその一方で、大日本帝国は朝鮮半島に住む朝鮮人を一度たりとも選挙に参加させていません。このように大日本帝国に都合のよいときは一体性を強調し、都合が悪いときは別民族として扱っていたのですから、一方的に日本側の都合だけを押しつけた「内鮮一体化」でした。
学校をつくったのは事実です。しかし校長は日本人で、内容は徐々に日本語教育に差し替えられ、ついには朝鮮語が禁止されました。
工場、発電所をつくったのも事実です。しかし朝鮮への投資は朝鮮人を豊かにしませんでした。1931（昭和6）年、宇垣一成《うがきかずしげ》朝鮮総督が天皇に拝謁したときに語った言葉が伝えられています。宇垣が2度目の朝鮮総督となって朝鮮に赴任する際に、天皇に朝鮮統治の方針を述べているのです。

その二は、朝鮮人に適度にパンを与うることであります。朝鮮の富は併合以来非常に増加していますけれども、朝鮮の富が増加している割合には朝鮮人の富は増設致しておりません。今日なお生活苦に呻吟しておるものが相当多数存在致しております。

朝鮮総督でさえ、天皇にこう報告しているのです。日本が収奪するための工業化だったので、朝鮮民族にはほとんど恩恵がなかったのです。

(2010.12.18)

妄言＝日本はアジア諸国に感謝されている

3 日本は侵略も植民地支配もしていない（続き）

日本は侵略によってアジア諸国民に多大の損害と苦痛を与えたと言いますが、日本が戦ったアジアの国というのは中国だけなんです。敗戦後、日本が侵略国だったと言っている国は一つもなかったんです。バンドン会議でも、アジア諸国から「よく戦ってくれた、我が国が今日独立できたのは日本のおかげである」と感謝されたんです。日本はアジアの独立を助けたんです。

大ウソです。韓国、朝鮮民主主義人民共和国、台湾が日本の支配から脱したのは、日本のおかげなのですか（笑）。
あのアウンサン・スー・チーさんがミャンマー国民に慕われている理由を、田母神さんは知らないのでしょうか。反ファシスト人民自由連盟をつくって日本軍と戦った独立の英雄、アウンサン将軍の娘さんだからです。
ベトナムでは、ホー・チ・ミン率いるベトミンが抗日闘争を繰り広げました。フィリピンでは、フクバラハップなどの抗日ゲリラが日本軍と激しく戦っています。彼らは独立のために、白人のみならず、日本軍とも戦わねばならなかったのです。

アジア諸国から「よく戦ってくれた、我が国が今日独立できたのは日本のおかげである」と感謝されているというのもいい加減なホラです。外務省がアセアン各国で世論調査をした結果を確かめましょう。

第二次世界大戦中の日本について

「悪い面はあったが、今となっては気にしない」

	1992	1997	2002
インドネシア	52%	48%	44%
マレーシア	33%	43%	50%
フィリピン	37%	37%	51%
シンガポール	44%	47%	62%
タイ	36%	46%	45%
ベトナム			71%

「悪い面を忘れることはできない」

	1992	1997	2002
インドネシア	29%	33%	25%
マレーシア	40%	32%	22%
フィリピン	37%	36%	33%
シンガポール	31%	41%	31%
タイ	18%	24%	18%
ベトナム			12%

戦後60年たっても「悪い面を忘れることはできない」人がこんなにいるのです。世論調査に「日本はアジアの独立を助けたから感謝している」という項目を入れたらどんな結果が出たか、ちょっと恐いものがあります。

まあ、ときどきは「日本のおかげ」と言ってくれる有力者がいるのは事実ですが、貧しい国が、経済援助をしてくれる日本にオベンチャラを言ったって、真に受けてはいけません。日本政府だって、東京大空襲を指揮したカーチス・E・ルメイに、天皇陛下から勲一等旭日大綬章を授けているんですからね。タモさんはルメイに心から感謝できるんでしょうか。

しかし中には、インドネシアの初代大統領スカルノのように、本当に親日的な指導者がいたのも事実です。彼は対オランダ独立戦争の英雄で、オランダ軍に収監されていたところを日本軍に解放され、日本軍の指導で武装組織をつくり、独立のために連合国と戦った経緯があるのです（国民の25%は日本の悪行を忘れていませんが）。

彼は知らなかったのです、『大東亜政略指導大綱』（1943年5月31日、御前会議決定）でこう決められていたことを。

> 「マライ」、「スマトラ」、「ジャワ」、「ボルネオ」、「セレベス」ハ帝国領土ト決定シ重要資源ノ供給源トシテ極力之ガ開発並ニ民心ノ把握ニ努ム

インドネシアの各地域を帝国領土にすると決定しています。独立させる気なんか、さらさらありません。何が「アジア解放」でしょうか。白人を追い出したら自分がそこに居座るつもりだったのに、目論見がはずれて負けてしまっただけのことです。

確かに「アジアの解放」の大義を信じた日本人がいたのは事実です。しかし大本営はそのような彼らをどのように扱ったのか。ビルマ独立を唱えた鈴木大佐を無視し、インド独立を信じた藤原少佐を左遷し、インドネシアの現地人に愛された今村大将に対して「強圧的な政策に転換せよ」と恫喝しました。

「大東亜共栄圏」のプロパガンダを信じて戦った日本軍兵士もいました。インドネシアにいた903名の日本軍兵士は日本の敗戦後も帰国せず、インドネシア独立義勇軍に入ってオランダと戦い続けました。戦死者246名（27%）、行方不明288名（32%）という損害を出しながら、他国の独立のために戦ったのです。

インドネシア政府が彼らの功績に報いたのは80年代でした。元日本兵の協力に触れるのはタブーだったというのが、その理由だそうです。

いま、元日本兵は独立戦争の英雄（45年組と言われる）として尊敬されており、戦いに参加したことを顕す「45」という数字のついた特別の帽子をかぶる栄誉を受けています。政府は軍人恩給を支給し、ゲリラ勲章（ピンタン・ゲリリシャ）を与え、病気の場合には陸軍病院に無料で入院でき、亡くなれば国軍葬を受けて、独立戦争の英雄として英雄墓地に葬られるのです。

日本政府はどうでしょうか。讃えるどころか、長い間彼らを脱走兵扱いして、軍人恩給の対象外としていたのです。その屈辱がぬぐわれたのは、ようやく1991年のことです。

一人の元日本兵は語ります。

> 生き残った者としては、やっぱり名もなく死んでいった人にこだわっているのだと思います。平成3（1991）年には日本政府から一時軍人恩給を受け取りました。我々と

しては金額など問題外で、日本の軍人恩給が支給されたことによって、脱走兵ではなく戦時中に日本が働きかけたインドネシア独立のための職務を果たしたのが認められたと判断して、大喜びでこれを受け取ったのです。（『南の祖国に生きて』上坂冬子、文藝春秋、1997年）

その恩給を受け取れたのはたった21名。受給は1回限りで、1人当たりの平均は、わずか4万82808円でした。

私は「大東亜共栄圏」のウソッパチを暴く『大東亜政略指導大綱』のことを多くの人に知ってほしいと願っていますが、彼ら元日本兵だけは、死ぬまで日本政府の裏切りを知らずにいたほうが幸せだろうなと思ってしまいます。知ってしまったら、彼らがあまりにも哀れですから。

タモさんが大威張りで自慢する「大東亜戦争」とは、こういう戦争でした。

（2010.12.20）

妄言＝対中戦争は侵略戦争ではない

4 日本が中国と戦ったのは侵略ではない

1900年に義和団事件があり、北京の大使館や領事館が危険にさらされた。そこで11カ国からなる、今日でいえば多国籍軍がつくられ、治安の確保に乗り出した。本来は、外国使節を守るのは清国政府の役割なのに、西太后というとんでもないおばさんが義和団を陰からけしかけていたんです。日本は英国から求められて、多国籍軍の半数に当たる1万人の部隊を送り、日本軍の活躍によって事件が解決した。その時に、またこんなことが起こったのではたまらないというので、清国と協定を結んで、各国は軍を北京に駐留させた。だから、中国に日本軍がいたのは、条約にもとづいて、合法的にいたんです。

日本は対支那宥和政策を採っていたので、戦う気はありませんでした。ところが盧溝橋《ろこうきょう》にいた日本軍に支那軍が挑発をしかけてくる、通州事件といって、支那軍が日本人をたくさん虐殺をする、第二次上海事件で日本人を殺すといったテロ行為をしかけてきたから、ついに軍を送らざるを得なくなったんです。

上海から南京に進みましたが、その時に30万人を虐殺したといいます。そんな出来事はありませんでした。当時の外国通信社はどこもそんなことをいっていない。どの国も当時はそんな非難をしていない。30万人虐殺というのは、戦後につくられた説なんです。

ここでも田母神さんは無茶苦茶を言っています。

田母神さんは日本軍が中国に軍事侵攻したのは、1937（昭和12）年7月の盧溝橋事件がきっかけだったと述べています。しかし、それならばその6年前の1931（昭和6）年に日本が引き起こした満州事変はどうなるのでしょうか。

また、満州国をでっち上げて中国から奪った後には、「熱河省は満州国の一部である」と強弁して中国領土を攻撃して奪い取りました（熱河《ねっか》作戦）。熱河省を取った理由は、「平津《へいしん》地方（北京・天津などの華北地方）領有ノ為……作戦ヲ指導スル場合、本地方ヨリ一部ノ作戦ヲ行フノ有利ナルハ当然ニシテ……」と言っていたのです。北京や天津を「領有」するとはっきり書いてあります。

この次に着手したのが「華北分離工作」です。日本の陸軍部内ではすでに満州事変の翌年に、華北地方を占領する計画をつくっていました。『北支那占領地統治計画』という文書があります。文書は毎年更新されており、現在確認できる最も古い「占領地統治計画」は1932（昭和7）年ですから、満州事変の翌年です。

この文書で大事なのは、占領の目的を「重要資源の獲得」としていることです。そして鉄道管理などの商業計画、重工業建設計画をつくっています。さらに重大なのは、貨幣計画までつくっているところです。

ここまで計画していながら、「邦人保護」に関する文言はどこにもないのです。つまり突発的な事態に対処して防御的に攻勢をかけるという軍事計画ではなくて、ことあらば華北を一挙に攻め取ってしまおうという計画なのです。まだ占領してもいない地域の統治計画を事前にこしらえていたのですから、こういうのを計画的侵略というのです。（『日本陸軍の華北占領地統治計画について』永井和、京都大学人文科学研究所『人文学報64』）

そして1934（昭和8）年、陸軍省・海軍省・外務省の関係課長会議で決定された『対支政策に関する件』では、次のごとく定められました。現代語訳（どろ訳）で紹介しましょう。

日本の言いなりにならない国民政府（中国）の政策は、大日本帝国の対中政策と根本的に相反する。そこで、日本の言うことを聞かないなら存亡の危機におちいるぞと脅して、南京政権（中国）を究極的に追い込むことにする。

当面は南京政権の政令が北京周辺に通用しない状態にすることを目指し、日本の権益を拡大し、国民党が活動できないようにし、地方政府の幹部は我々に都合のよい人物に

―置き替えさせる……。（文責は泥）

なんとあけすけな計画でしょうか。　満州事変から後、日本は中国に文句ばかり言っていました。日本をなめているとか、反日活動をしているとか、在留日本人が襲撃されたとか、中国側が悪いから日本はやむを得ず軍事行動に訴えているのだと言い続けていました。

しかしこれがただの難癖であったことが、これらの文書によってわかります。華北地方の権益を奪うために中国に無理難題を押し付けて、応じればそれでよし、応じなければ軍事力で無理矢理奪ってしまう計画を、すでに昭和7年から練っていたのです。

田母神さんは通州事件のことで中国を口を極めて非難しています。確かに通州事件では多数の日本人市民が中国人に虐殺されました。その犯人が「支那軍」だと言っていますが、真っ赤なウソです。犯人は、中国軍ではありません。

通州の町は冀東《きとう》防共自治政府という、日本軍が謀略でこしらえた、かいらい地方政権の首都です。襲撃犯人はその郊外にいた通州政府の保安隊でした。日本軍（天津部隊）が軍事訓練していた部隊です。子飼いの中国人部隊の反乱という非常事態に現地軍は混乱しました。

大正時代から活躍していた政治史研究のパイオニアであり、「大正デモクラシー」の命名者でもある信夫清三郎《しのぶせいざぶろう》さん（元名古屋大学法学部教授）の著書から、陸軍省新聞班の松村秀逸少佐の体験談を紹介します。

（新聞に書くな、いや、いまさら隠せないという）激論の最中に、千葉の歩兵学校から着任されて間もなかった矢野参謀副長が、すっくと立上がって「よし、議論はわかった。事ここに至っては、かくすなどと姑息なことは、やらない方がよかろう。発表するより仕方がないだろう。保安隊に対して天津軍の指導宜しきを得なかった事は、天子様に御詫しなければならない」と言って、東の方を向いて御辞儀をされた。この発言と処作で、一座はしんとした。

「では発表します」と言って、私が部屋を出ようとすると、この発表を好ましく思っておらなかった橋本参謀長（秀信中佐）は「保安隊とせずに中国人の部隊にしてくれ」との注文だった。勿論、中国人の部隊には違いなかったが、私は、ものわかりのよい橋本さんが、妙なことを心配するものだと思った。（『聖断の歴史学』信夫清三郎、勁草書房、１９９２年）

もともと反乱の兆しがあったところに、日本軍が彼らの陣地を誤爆しました。味方のはずの日本軍から攻撃されて激昂していたところに、廊坊、広安門で中国の第29軍が日本軍を撃破したと噂されていたので、その軍が通州に攻め込んで来れば、親日の保安隊は必ず攻撃されるだろうと脅え、親日ではないことを示すために事件を起こしたようです。いずれにせよ、日本軍が中国本土に乗り込んでその主権を次第に奪っていたから起きた悲劇であって、派兵していなければ起きなかった事件なのです。

当時の日本政府は、田母神さんと違って、国民党政府を非難していません。国民党政府は無関係だからです。犯人は子飼いの連中です。報復すれば、せっかくの親日勢力が決定的に敵対勢力になってしまいます。そこで、事件を一過性の出来事だとし、日本軍管理下にあった犯人を逮捕もしないでしばらく放置したのでした。

一方で新聞は「支那人部隊」の犯行だと書き立てました。たしかにそうには違いないのですが、日本国民は「支那人部隊」=国民党政府軍だと誤解しました。日本政府はこの誤解が広まるに任せることで、日本人市民の悲劇さえも「支那を倒せ」という世論づくりに利用したのです。その謀略を現代の田母神さんが繰り返している……何たることでしょうか。

南京事件についてはあまりに馬鹿馬鹿しいので割愛しますが、大虐殺の証言は左翼の文献ではなく日本軍の作戦資料、従軍日記など、ゴマンとあることだけ記しておきます〔南京大虐殺については本書286ページ以下を参照〕。

(2010.12.21)

妄言=日本はコミンテルンとルーズベルトの陰謀に乗せられて戦争を始めた

5 中国と戦ったのはコミンテルンの陰謀である

当時はロシア革命で生まれたソ連がコミンテルンをつくり、世界支配を狙っていました。中国で毛沢東軍が共産革命を成功させるには、蒋介石軍が強すぎた。そこで日本軍と蒋介石軍を戦わせて、弱体化させようとした。蒋介石は日本と戦う気なんかなかったのに、西安事件で張学良が蒋介石を拉致監禁して寝返らせたんです。日本はコミンテルンの陰謀で、まんまと戦争に引きずり込まれたんです。

田母神さんがどうしてこんなに日本を間抜けな国に描きたいのか、さっぱりわかりません。日本は戦争に引きずり込まれたと言いますが、敵軍を自分のテリトリーに誘い、補給を困難にして叩くというのは、ナポレオン軍を壊滅させたロシアのクトゥーゾフ将軍が有名ですが、縦深《じゅうしん》のある国が侵略軍と戦う時の常套手段です。古代ローマの時代からそういう戦略が使われていました。

日本軍がそんな手口にまんまと引っかかったと吹聴したのでは、田母神さんの愛する日本軍が笑われこそすれ、決して名誉な話にはならないと思います。

6 真珠湾攻撃はコミンテルンの陰謀である

日本はアメリカを侵略したんじゃありません。経済封鎖を受けて、このままではやっていけないところまで追い詰められて、やむなく戦ったんです。

当時、ホワイトハウスには300人のコミンテルンのスパイがいました。真珠湾攻撃はコミンテルンのスパイの謀略で仕掛けられたんです。日本を追い詰めたハル・ノート、日本が絶対に飲めないあのハル・ノートをつくったのは、ハリー・デクスター・ホワイトというコミンテルンのスパイでした。このことはヴェノナ・ファイルという米国の公文書に書かれていて、国務省のホームページで公開されています。

ハル・ノートをつくったのが、ハリー・デクスター・ホワイトというコミンテルンのスパイだったと言っています。

ウソです。

ハル・ノートの原案をつくったハリー・ホワイトがコミンテルンのスパイだったとヴェノナ・ファイルに書いてあるのは本当ですが、彼の案は、日本軍が満州に駐留することを認める、比較的穏和なものでした。より強硬なプランは、コミンテルンスパイではなく別の担当者がつくったのでした。田母神さんは本当にファイルを読んだのでしょうか。

7 真珠湾攻撃はルーズベルトの陰謀である

当時、米国はナチスと戦いたかった。しかし戦えなかった。それは、ルーズベルトが「ヨーロッパの戦争に参加しない」と公約して大統領になったからです。そこで日本を挑発して戦争に誘う、そうすれば日本の同盟国のドイツとも戦争できる、こういう思惑で、日本が戦争に乗り出すようにし向けたんです。

田母神さんたち右翼はよく「日本は石油を止められたからやむなく戦争に踏み切ったのだ」といいます。ルーズベルトはわざと日本を戦争に誘い込むために経済封鎖したのだと。いわゆる「ABCD包囲陣」として有名な話です。

ABCD包囲陣とは、A（アメリカ）、B（ブリテン＝イギリス〉、C（チャイナ）、D（ダッチ＝オランダ）の4カ国が結託して日本を経済包囲しているという、戦争当時の政府の主張でした。これは本当なのでしょうか。結論から書いてしまうと「ABCD包囲陣」というのはまったくの幻。日本政府がそう思いこんだか、あるいはそう思ってもいないのに国民をだましたか、どちらかです。〔ABCD包囲陣については176ページ参照〕

(2010.12.23)

妄言＝自衛隊増強で経済浮揚をめざせ

8 経済対策として自衛隊増強を

日本の高度経済成長は冷戦のおかげでした。ソ連の太平洋進出を阻止するには、日本に安定的な政権が必要でした。そこで、米国は日本の経済成長を容認した。しかし冷戦が終わったいま、プラザ合意以降、米国は日本との経済戦争に乗り出しました。

構造改革とかいって、郵政民営化や持株会社の公認など、すべて米国の要求が実現したものです。談合禁止というのもそうです。あまりに談合を禁止して自由競争にすると、コスト競争が激しくなって、耐震偽装のようなことも起こる。米国に属していれば安心・安定という時代ではないんです。

国防もそうです。尖閣諸島防衛のために米国が中国と戦ってくれるか。それが米国の国益になると思えば戦うでしょうが、国益にならないと思えば戦いません。安保条約があっても、戦うかどうかは米国が判断するんです。中国の核ミサイルの脅しに抗して、日本の無人島を守るために米国が戦うだろうか。自分の国は自分で守る態勢が必要です。

中国は2020年までに空母を6隻持つという。空母がなければ侵略能力がありません。それはなぜか。いま中国が尖閣諸島を取ろうとしても、そこまで飛んでこれる飛行機がない。日本領空まで飛んできて、5分間の空中戦をすると、帰りは燃料がなくなって東シナ海に落ちてしまう。しかし空母があれば、近くまでやってきて戦える。これに対抗するには日本も空母を持たなければなりません。戦闘機も自主開発すべきです。

戦闘機開発には7000社ぐらいの企業が関わります。日本はデフレなんだから、公共事業としての自衛隊増強を図るべきです。10万人ぐらい隊員を増やせば、失業対策にもなる。

そんな金がどこにあるのかといえば、あるんです。日本の借金は900兆円ですが、90％が国内からの調達です。外国から借金していたギリシャみたいなことには絶対にならない。少々借金をしても、それで経済成長できれば吸収できる。いざとなれば一万円札を増刷すればいい。

たしかに各国は自国の利益を第一義として行動しているので、米国に属していれば安心・安定というのは幻想でしょう。自分の国は自分で守る態勢が必要だと私も思います。

なんと、田母神さんが大嫌いな左翼の代表、日本共産党も同じことを言っていますので、紹介しましょう。

仮に急迫不正の主権侵害があったり、大規模災害にみまわれるなど、必要にせまられた場合には、可能なあらゆる手段でこれを排除する一方策として、そのときに存在している自衛隊を活用するのは、国民に責任を負う政府の当然の責務です。（『しんぶん赤旗』05年5月18日）

日本共産党は将来的に自衛隊の解消を目指すとしていますが、次に示すとおり、それには条件が必要であるとも語っています。

- （日本が）世界やアジアの諸国と対等・平等・互恵の友好関係を築く。
- 日本の中立・平和・安全の国際的保障の確立。
- 憲法9条の完全実施についての国民的合意が成熟すること。（『しんぶん赤旗』05年5月18日）

日本の意志だけではダメだ、国際的安全保障の環境が整わなければ非武装中立は実現できない、というのが日本共産党の考えだと私は理解しています。日本共産党の考えは正しいと思います。

共産党と田母神さんの違いは、田母神さんが国際環境に合わせて軍拡せよと言うのに対して、共産党は平和のために、核を含めて、軍拡から軍縮に移行するよう、国際社会に対して実際に働きかけている点でしょう。私は共産党の姿勢が正しいと思います。

軍事費に投資しても経済成長はしないと思います。日本の場合、GDPに占める防衛費の比率を1％増やすと10年後には15兆円も生産・所得が減少すると言われているぐらいなので。

ただし、一時的なデフレ対策としてなら、戦闘機開発など兵器の国産化が役立つってのは分かります。国から民間にお金が流れるんですから。まあどんな予算の使い方でも、国から民間にお金が流れれば、ともかくデフレ対策にはなるんでしょう。

それならば宇宙開発でも、低炭素技術開発でも、教育予算増額でも同じことですが、なるべく途中でお金が滞留しない使い方のほうがいいわけです。大企業しか参入できない分野だと、せっかく民間にお金が流れても、企業の内部留保として滞留してしまうかもしれません。その点、利潤率の低い防衛産業は、内部留保に回せる部分が少ないので、空港建設なんかよりはデフレ対策として有効かもしれません。

でも、それならば、かなりの部分が人件費となるので内部留保がゼロに近いうえ、資本の海外流出もほとんどない、教育・福祉・医療分野への投資のほうが、直接的な国内消費を刺激する意味では、デフレ対策として有効ではないでしょうか。

自衛隊員を10万人増やすとは隊員を1・4倍にするってことです。

人数が1・4倍になっても防衛予算が1・4倍にふくらむということにはなりませんが、隊員を増やすと、宿舎を建てて衣食住と医療を保障し、給料を支払い、高価な兵器を与えて訓練しなければなりません。

新入隊員の年収は約357万円です。隊員の生活や訓練に必要な経費を考えれば、500万円ではすまないでしょうね。10万人の隊員を増やすと、5000億円以上の予算がかかることになります。それよりも10万人の青年に失業手当を支払いながら職業訓練すれば、失業対策としての効果は同じだし、財政負担ははるかに低いはずです。

ところで余談ですが、「談合を禁止して自由競争にしたからコスト競争が激しくなって、耐震偽装のようなことが起きた」と、耐震偽装がまるで談合を禁じたせいであるかのように弁護したのには笑ってしまいました。田母神さんを有名にした、あの論文のスポンサーのアパグループって、耐震偽装で有名になった会社ですもんね。そりゃ弁護したくもなるわ（笑）

（2010.12.25）

妄言＝軍拡をしなければ中国に征服される

9 軍事バランス論

外交は軍事力の裏付けがあって、はじめて成り立つんです。こちらの話を聞けと言うためには、戦争の覚悟がいる。

交渉で決着がつかないなら戦争するぞという覚悟をしている国と、はじめから絶対に戦争はしないと決めている国が交渉をすれば、戦争を覚悟しているほうが絶対に勝ちます。「こちらの話を聞かないなら、ぶん殴るぞ」ということで、ようやく対等の話し合いができるんです。

　ところが日本政府は、「こちらの話を聞かないなら……話し合うぞ」と言うんです。これではダメです。軍事力に対抗するには軍事力のバランスが必要ですから、中国が軍拡を続けるならば、それに応じてこちらも軍拡をしなければなりません。

戦争はまず起こらない

対日戦争できる戦力なんか中国にありません。この点については、田母神さんはちゃんと分かっています。中国軍はまだまだ幼稚で自衛隊の敵ではないと語っていますから。すると田母神さんの主張を演繹すれば、圧倒的に日米有利に軍事バランスが偏っていることになります。バランスが大切だというなら、いま必要なのは日米の軍縮であって軍拡ではないはずです。

　日米に追いつくための中国の軍拡に対抗して日本が先行するために軍拡をすれば、相手はさらにこちらに合わせますから、お互いに際限のない軍拡競争に突入することになってしまいます。お互いがまともに対応していれば起こらない戦争なのに、何かの拍子に戦争に至ってしまう要因のひとつは、タモさんのような人がいるからではないでしょうか。〝国際環境に合わせた軍事バランス論〟の危うさがここにあります。

中国に侵略意図はあるのか

尖閣諸島や韓国西海における中国漁船の漁場紛争をネタに、中国の侵略的意図を懸念している論者がかなりいて、田母神さんもその一人です。

　中国が尖閣諸島を取るために戦争を起こすなどという想定は絵空事です。中国はいま国内問題で手一杯です。経済成長を続けるためには、戦争なんかやっていられません。

　尖閣諸島の漁船問題は、大元の原因は、中国国内の漁業問題です。爆発的に増大する国内消費をまかないたくとも沿岸漁場の乱獲や汚染により漁獲高が頭打ちになっており、遠洋漁業に活路を見いだすしかないという現状が引き金となっているのです。

　ですから軍事バランスを取ればどうにかなる問題でもありません。けんか腰で対抗するよりも、中国と友好関係を維持・発展させれば、日本の企業が環境技術を輸出したり、汚染除去事業を請け負ったり、養殖技術を移植したり、あるいは養殖産業を起こすビジネスチャンスがつくれるわけです。

軍備は金食い虫ですが、平和的な方法は安全保障に寄与するうえ、儲かるのです。どちらがよいか、考えるまでもないことでしょう。

中国が空母をつくりたい理由

中国は2003年に世界で2番目の石油消費国になり、08年には日本を上回り、世界で2番目の原油輸入国となりました。昨年はサウジアラビアからの輸入が米国を抜いて1位になっています。中国の一次エネルギー消費の中では石炭が70％強を占めており、石油の比率は20％未満、原油の輸入依存度は約50％なのに、このような状況です。

今後の経済発展と環境負荷低減の両方からの要請で、石油、天然ガスのウエイトが確実に上昇すると見られているので、今後はますます石油と天然ガスの大幅な輸入の増加が避けられない模様です。中国としては石油輸送に伴う安全保障リスクが大きな課題なのです。

航海の安全を守るために、経済規模に合わせて海上戦力を整えようとすれば、急いで飛躍的に軍拡しなければならないと考えているでしょう。空母建設の動機は中国にとって切実なものであり、侵略的性質など有していないと中国は説明するはずです。

が、周辺諸国にとっては、スプラトリー諸島などにおいてこれまで中国のとってきた行動に鑑みて、その戦力増強は恐るべき脅威と映っています。

現実的な安全保障政策がほしい

このような不信の連鎖を解きほぐすのは容易なことではないし、一朝一夕に平和的な国際環境をつくることはできません。「外交は軍事力の裏付けがあってはじめて成り立つ」という指摘は（残念ながら）現実としてそのとおりです。

しかし軍事バランス論はしょせん軍事論でしかなく、軍事力という節穴から世界を見ているので、必ず視野狭窄に陥ります。中国が空母を建設するといえば、直ちに日本も空母を持てと唱えるのは、実に愚かしいことです。自衛隊が中国の沿海へ出て行って戦争するのでない限り、空母なんかいりません。

好戦的でない安全保障政策というのは可能だと思います。問題は、平和を志向する国民や政治家は軍事問題に触れることをも忌避するため、現実的な安全保障プランがつくれないこと、他方で好戦的な国民や政治家はただ好戦的なだけなので、やはりまともな話ができないという現実にあるように思います。

（2011.1.8）

妄言＝米国が歴史を書き換えた（その他いろいろ）

⑩ 情報戦に負けている日本

米国が日本を占領したとき、検閲で歴史が書き換えられてしまった。米国が善、日本が悪玉という歴史です。南京30万人虐殺もそうです。米国が占領時代に公職追放というのをやって、その穴埋めに左翼を入れた。大学教授や総長などです。その連中が日本悪玉史観を教育し、それで育ったのがゲバ棒学生です。日本は左翼メディアばかりですが、それはメディアの中枢に全共闘上がりがたくさんいるからです。いまだに情報戦で日本は負けている。

米国の検閲で歴史が書き換えられてしまったなどというのが被害妄想であることは、すでに指摘しました。

公職追放については、

1950年に第一次追放解除……が行われた。翌51年5月1日にマシュー・リッジウェイ司令官は、行き過ぎた占領政策の見直しの一環として、日本政府に対し公職追放の緩和・及び復帰に関する権限を認めた。これによって同年には25万人以上の追放解除が行われた。公職追放令はサンフランシスコ平和条約発効（1952年）と同時に施行された「公職に関する就職禁止、退職等に関する勅令等の廃止に関する法律」（昭和27年法律第94号）により廃止された。

（Wikipedia「公職追放」より抜粋）

のですから、完全に元に戻ってしまったのです。

逆の側からの攻勢はレッドパージとしてあらわれました。

1950年5月3日、マッカーサーは日本共産党の非合法化を示唆し、5月30日には皇居前広場において日本共産党指揮下の大衆と占領軍が衝突（人民広場事件）、6月6日に徳田球一ほか日本共産党中央委員24人、及び機関紙「アカハタ」幹部といわれた人物を公職追放し、アカハタを停刊処分にした。……こうした流れのなかで、7月以降はGHQの勧告及び、9月の日本政府の閣議決定により、報道機関や官公庁や教育機関や大企業などでも日共系の追放（解雇）が行われていった。

……公職追放の指令それ自体は1952年のサンフラン

シスコ平和条約の発効とともに解除された。職場でレッドパージを受けた一般の労働者で復職できたものはほとんどおらず、またレッドパージを受けたことがわかると再就職先にも差し支える状態であったといわれる。（Wikipedia「レッドパージ」より抜粋）

やはり田母神さんの歴史認識は偏向していますね。

11 日本は内側から侵略されている

国籍法の改正、外国人地方参政権、外国人住民基本法、選択的夫婦別姓など、日本が日本でなくなる法案が次々と出ています。自民党でさえそういう法案を出す。日本の議員は誰の代表なのか。メディアも警鐘を鳴らさない。それは中国資本がメディアを支配しているからです。CMでも、パチンコやサラ金のCMだらけでしょう。日本は内側から侵略されているんです。

日本には50万人の中国人がいます。外国人地方参政権などつくれば、地方都市の2つや3つは乗っ取られてしまうんです。カナダのリッチモンドが大量の中国人移民でそうなっていて、カナダ政府は対策に乗り出しています。日本もそうなるに決まっています。

国籍法が改正されましたが、田母神さんたちが警告していたような、中国人の大量認知・国籍取得などということは起きていません。

選択的夫婦別姓を導入したら、どうして「日本が日本でなくなる」のでしょうか。そもそも日本が夫婦同姓の制度になったのはフランス民法を取り入れた明治31〔1898〕年の民法改正からです。それ以前は、明治政府から次のように夫婦別姓にせよとの布告が出ていました。

婦女、人に嫁するも、なお所生《しょせい》の氏を用ゆべきこと（女性は婚姻後も実家の姓を使うこと）
明治9年　太政官布達

古代から明治初期に至るまで、日本社会の中で姓を持っていた階層などほとんどありませんでした。姓を持っていた階層でも女性には姓が与えられていませんでした。たまさか何らかの事情で女性が姓を表す必要があったときには実家の姓が使われていました。そういうことを、田母神さんはたぶん知らないのでしょう。

田母神さんが大切にしたい夫婦同姓は、フランスの伝統を直輸入したものであって、日本の伝統ではないのです。田母神さんは「日本の伝統」を力説するわりに、日本の伝統について何も知らないようです。選択的夫婦別姓（選択だから同姓でもいいのだし、ならば選択的夫婦同姓と称してもいいはずですが）を導入しても日本を壊すことにはならないと思います。

外国人地方参政権が中国人による日本乗っ取りの引き金になるなどというのも杞憂でしょうね。カナダのリッチモンドが大量の中国人移民で困っていてカナダ政府が対策に乗り出していると言う田母神さんの言い分が正しいかどうか、リッチモンド市のＨＰなどで調べれば、それが日本の右翼系ネットだけに広まっているデマであることが分かるでしょう。なんでこんなことぐらい調べてから語らないのでしょうか。

⑫ 原爆慰霊祭は左翼の集会だ

広島で毎年開かれている原爆慰霊祭、あそこには地元の被爆者なんか出席していません。よそ者ばっかりです。集まっているのは左翼ばかりです。

私は来年も広島で講演会を計画していますが、妨害されています。会場が取れないんです。核兵器がいけないという言論は、間違っていると思いますが、そう言うのは自由です。だったら核兵器を持てという言論も自由でなければならない。そうでなければ民主主義国とはいえません。

——田母神さんには、このように原爆慰霊祭をおとしめる思想が、まことに恥ずかしいことだという自覚を持っていただきたい。

日本の原水爆禁止運動の特徴は、単に被害を語るだけにとどまらず、「二度とこの悲劇を繰り返させない」との決意のもとに、復讐心を完全に取り除いているところにあります。

アウシュビッツがイスラエルの蛮行を正当化する手段として使われているのは極めたる背理ですが、ヒロシマ・ナガサキからの訴えには、そういう背理を生み出す余地がまったく存在しません。

個人的悲劇、地域的被害という感慨を超克し、これを自分自身をも含めた人類全体の過ちとしてとらえ返す思想。この高邁な人類愛の思想に裏打ちされているからこそ、ヒロシマ・ナガサキは世界思想となり得たのです。だから毎年世界中から参列者が集まるのです。

その式典に対して、こんなチンケなケチつけしかできないことを、田母神さんは自らに対して恥じるべきでしょう。

事実関係でいえば、地元の人が全然いないというのはデマですが、核兵器廃絶が全国民的悲願であり、全人類的目標であることを思えば、原爆慰霊祭に地元以外から多数の参加者が集まるのは、当然のことです。

しかも田母神さんは知らないのかもしれませんが、広島で開かれている平和祈念式典は、平和公園で開かれている式典だけではありません。並行してたくさんの地域式典がもたれているのです。そこにはもちろん地元の皆さんが多数出席しておられます。

北方領土返還要求の大会に元北方領土住民はほとんど参加していませんが、田母神さんは「大会参加者はよそ者ばっかりです。集まっているのは右翼ばかりです」とでも言うのでしょうか。

「核兵器を持てという言論も自由でなければならない」というのは、一般論としては正しいと思いますし、現に田母神さんは全国を回ってそのように訴えていますから、まるでご自分が言論妨害を受けているかのように言うのは被害妄想でしょう。

しかしTPOというものがあります。平和祈念式典は核兵器の廃絶を呼びかける場であると共に、犠牲者を追悼する祈りの場でもあります。そんなところに出向いて行って、みんなが嫌がるような講演をあえてするのがいい歳をした紳士のすることかどうか、これは憲法上の権利というより社会常識に属する問題ですので、よおく胸に手を当てて考えていただきたいと思います。

(2011.1.14)

妄言＝総理は靖国を参拝すべし

⑬ 靖国神社に総理の参拝を

日本を今日まで持ってきたのは日本人の努力です。その中には戦いに命を捧げられた英霊もおられる。英霊を大切にしなければなりません。諸外国はどこでもそうしています。なんでも民間任せという国が他のどこにありますか。総理が靖国神社に参拝すべきです。外国から文句を言われても毅然とすべきです。それでこそ外国も日本を尊敬するんです。

私は日本に保守の政権をつくりたい。そのために『頑張れ日本！　全国行動委員会』をつくりました。正しい歴史を広めましょう。

産経新聞、正論、諸君、WiLLを読んで、桜チャンネルを見てください。

まったく不同意です。

その理由を大別すれば3つになります。

①「公」と「私」のけじめがつかない

靖国神社に限りませんが、民間宗教団体は、本来的に排他的な宗教信条を有することで成立しています。しかし国民は多様な宗教的信条を抱いています。戦死は公的死ですから、公的な哀悼を表明するのであれば、特定の国民にのみ受け入れ可能な方法を執るのではなく、あらゆる宗教的信条の国民に受け入れられるものでなくてはならず、国やその代表者の追悼・慰霊行為はどんな宗教からも中立であらねばなりません。

②靖国神社は政治宗教である

戦死者に対する慰霊・追悼の感情を共有する国民でも、その死に方についての評価は多様であり得ます。国策に殉じた英雄との評価もあり得ましょうし、誤った国策の被害者と評価する国民もいるでしょう。しかし靖国神社は「顕彰」以外の評価を認めません。

③靖国神社は参拝者をあざむく詐欺的宗教団体である

靖国神社は本当の靖国神道思想を秘めたまま、誤解にもとづく参拝を受け入れています。靖国神社の自己説明は虚偽です。

それでは一つ一つについて、もう少し詳しく語ろうと思います。

1「公」と「私」のけじめがつかない。

「戦死者個人の霊は個性を失って融合し、ひとつの神になる」

「その神は実在する」

こういう宗教思想をもった私的宗教教団の祭神を首相が慰霊することが、多様な宗教思想を信じている国民を代表する指導者としての務めだとは到底思えません。

これで私の意見はおしまいなのですが、田母神さんはここでもデマというよりは知識の欠如が見られるので指摘しておきましょう。

田母神さんは「戦死した兵士に政府が敬意を示さないのは日本だけで、外国では考えられないことだ」と言って、各国の首脳が「無名戦士の墓」にぬかずく習わしのことを引き合いに出します。しかし諸外国の「無名戦士の墓」と靖国神社は全然違います。

まず、「無名戦士の墓」とはどういうものかというと、、一人ないしは数人の兵士を埋葬し、それを全戦死者の象徴として祀っている施設です。つまり敬意の対象に個名性がありません。これに対して靖国神社は「霊爾簿」という金属板に個人名が彫られていて、それが祭神とされているので、個名性があります。

個名性のありなしがなぜ問題になるかというと、靖国神社に東条英機が合祀されたことが問題とされたとおり〝誰を祀っているか〟が靖国神社では大きな問題だからです。こういうことは、「無名戦士の墓」では問題になりようがありません。祀られていると思う人は勝手にそう思っていればよいし、祀られているはずがないと思うならそれも勝手ですから。

次に、靖国神社は宗教施設ですが、「無名戦士の墓」は祭祀施設です。祭祀施設というのは、各地にある霊園とか、姫路市にある手柄山の慰霊塔とか、東京の千鳥ヶ淵霊園などがそうです。こういう施設の運営は宗教法人でなくてもよいし、なんなら国立施設でもかまいません。ただの追悼の場であって、宗教教義もなにもないので、公営でも憲法違反にならないのです。

2 靖国神社は政治宗教である。

1の結論を踏まえれば、靖国派が総理に靖国神社を参拝してほしいのならば、靖国に代わる国立の「無名戦士の墓」建設を要求するか、靖国神社から宗教法人格をなくしてただの祭祀施設にすればいいと思うのですが、そうはしないようです。

じつは遺族でつくる「靖国崇敬奉賛会」が神社側に対して、宗教法人格を返上して祭祀施設になってほしいと要望したことがあったのですが、靖国神社が頑として聞き入れなかった経緯があるのです。その理由は、靖国神社はただの追悼施設ではない、戦死者を慰霊するだけではなく顕彰（個人の功績や善行などをたたえて広く世間に知らしめること）するのが本旨だからというものでした。つまり靖国神社にとって戦争は誇るべき功績であり、大日本帝国の戦争はすべて善なる戦争であり、日本兵の戦死は善行なのです。

このような歴史認識を持つ国民がいるのは事実です。しかし、それしか許容しないとなると、それ以外の歴史認識を持つ国民が排除されてしまいますから、靖国神社は国民を代表する施設としては失格です

3 靖国神社は参拝者をあざむく詐欺的宗教団体である。

遺族は戦死者を慰霊する施設がそこしかないから（あるいはそこしかないと喧伝されるから）、そこに参拝を続けています。けれど、靖国神社の考えでは、そこに血縁の霊はいないそうです。血縁的紐帯から切断され、人格を失った「靖国大神」がいるだけなのです。

靖国神社の御祭神は一座です。分かりやすく申せば「靖国大神」といふ単数御祭神です。靖国神社の御祭神は「246万柱」と申しますし、ご遺族が御参拝になられますと「靖国太郎命と御名を宣別《のりわ》けて」と祝詞奏上されますので、混乱されるかもしれませんが、246万の命が一体となった御祭神であり、遺族参拝の際には靖国太郎命と御名を宣別けてゐるだけなのです。あくまでも一御祭神です。

上の文章、以前靖国神社のHPに掲載されていたのに、いまは削除されています（残念）。

言っていることは、死者は人格を失って一つの神になる。本来の靖国神社とその神はあくまでも天皇と直結した護国霊としてのみ存在するので、そこに家族が介在する余地はない。こういうことです。

遺族はそこに死者との家族的紐帯があると信じて参拝するのですが、靖国神道理論から言えばそれは遺族のセンチメンタリズムにすぎない。遺族の思いというのは一方通行の錯覚なのです。有り体に言えばそういうことのようです。だから遺族が血縁の紐帯意識をもって参拝するのは、靖国神社の本旨を誤解していることになります。靖国神道の立場からすればそういうことです。

すべからく宗教教団というものは、その信仰・信条が広く共有されることを望みます。自分たちの教義を広く伝え、信者を増やそうとするものです。しかし靖国神社はその神道教義を広く公開しようとしていません。公開していたものまで削除して隠そうとしている。信徒に対して本来の教義を伝えず、遺族側の一方的な誤解・錯誤・思いこみに依拠し、虚偽の信仰心を抱かせてよしとする、その姿勢に正当性があるのでしょうか。

こんなことをする靖国神社は、素顔を隠して霊感商法をしている統一協会みたいなものです。こんな宗教団体がまともな団体でしょうか。総理に対してこんな詐欺まがい宗教施設に参拝しろなどと、よくも言えたものです。

また靖国神社が、「戦死者をはじめとする戦争犠牲者を祀った神社である」という理解も明らかに間違っていて、靖国の古い合祀者である吉田松陰は戦争と無関係な獄死だし、高杉晋作は病死でした。

田母神さんの意見は、基礎的知識が欠如しているうえに、考え方としても間違っていて、箸にも棒にもかからないものです。こんなもので堂々としていたら諸外国どころか、ものの分かった国民からさえ笑われてしまうでしょう。ちっとは恥ずかしいということを知ってほしいものです。　（2011.1.22）

開戦にかかわる虚偽認識と陰謀論

通州事件について

ネットでは通州事件を中国非難の材料に持ち出す例が多い。

通州《つうしゅう》事件をかいつまんで言えば、以下のようなことです。

1935（昭和10）年、日本は、国民党政権から北京を含む華北地方を分離させようとして、日本の傀儡《かいらい》政権である「冀東《きとう》防共自治政府」をつくりました。そして国民党政府軍と戦わせる目的で、ごろつきを集めて軍隊を組織しました。これが「冀東防共自治政府保安隊」です。

事件は1937（昭和12）年7月、日本軍がその保安隊の宿舎を誤爆したことで始まりました。

もとがごろつきの集まりですから、頭にきた彼らは統制もないまま日本人居留地を襲って、虐殺事件を引き起こしました。日本人と朝鮮人合わせて230人もの市民が虐殺されました。


現場を目撃した歩兵第二連隊の桜井文雄小隊長が、極東国際軍事裁判で証言しています。

> 「日本人は居ないか」と連呼しながら各戸毎に調査してゆくと、鼻に牛の如く針金を通された子供や、片腕を切られた老婆、腹部を銃剣で刺された妊婦等の屍体がそこここの埃箱の中や壕の中などから続々出てきた。
> ある飲食店では一家ことごとく首と両手を切断され惨殺されていた。婦人という婦人は十四、五歳以上はことごとく強姦されて居り、全く見るに忍びなかった。

こういうひどい惨状であったそうです。
事件後、「冀東防共自治政府」が日本に謝罪して120万円を賠償しました。日本政府は子飼いの彼らに強くも言えず、事件をうやむやで終わらせてしまいました。（後述）
日本軍は攻撃すべきでない保安隊を攻撃し、
保安隊は攻撃すべきでない一般日本人を攻撃し、

事態を知らない人は攻撃すべきでない中国政府を攻撃する口実にしている。

なんだか、すべてが狂っていますね。もしも責任をとらなければならないのが保安隊のオーナーであるということなら、オーナーは「冀東防共自治政府」ではなくて日本軍なのですけれどね。

この事件について、実は中国側の計画的な犯行であるという説が流されています。

保安隊の張慶余《ちょうけいよ》と、国民党政府軍第29軍の宋哲元が内通して引き起こしたんだという説です。当時、冀東保安隊第1総隊長だった張慶余が書いた『冀東保安隊通県決起始末記』などがそのネタ本です。

その記述はとても長いので結論部分だけ紹介します。

> 通州事件は2年間にわたる秘密裡の計画にもとづく日本人襲撃事件だったのであり、日本機に兵舎を誤爆され、疑心暗鬼となって保安隊が起こした事件などでは全然ない。
>
> 保安隊がその計画の実行に踏み切ったことについては、誤爆のような突発事件によってではなく、別の、もっと打算的な原理によって動かされたと見るべきであろう。
>
> 南京政府は「日本軍敗走」というデマを流していた。「日本軍を破った」宋哲元の29軍が冀東に攻め込んできたら自分たちの運命はどうなるのか。
>
> この際、冀東政府についているのは甚《はなは》だ危険である。機先を制して殷汝耕（自治政府委員長）を生け捕りにし、これを宋哲元と蒋介石に献上するなら、必ず恩賞に与《あずか》ることができるに違いない。これが南京のデマ放送を信じた反乱者の思惑だったのである。
>
> そして、昨日まで友軍であった日本守備隊に対し、その兵力の最も手薄な時を見計らって蜂起、襲撃を敢《あえ》てしたのであった。

以上が、『冀東保安隊通県決起始末記』などをもとに空想も交えて語られている「陰謀説」の要約です。

しかし、『冀東保安隊通県決起始末記』などの信憑性は未確定です。その理由は以下のとおり。

- 1988年になって出版された後代資料である。
- 利害関係人の独白にすぎず、傍証がない。
- 日本軍の記録した同時代公文書の内容と矛盾している。
- 後代の価値観にそうように書かれている。

「始末記」が書かれた動機は次のようなことを言うためだと思います。

- 自分たちは日本軍の傀儡軍ではなかった。
- 売国奴ではなく、愛国者だった。
- 誤爆にあわてふためいて無辜の市民を虐殺し、逃げ出した腰抜けではない。
- 侵略者に対する愛国的対日反乱だったのだ。

けれども当事者の証言ですから、まったく根拠もなくそう思うだけというのでは説得力がないと思うので、その証言を吟味してみます。

その本に「通州事件が計画的だった」という証言はありません。せいぜい「一部の軍閥同士が内通していた」という程度です。

計画的だというのはただの推測ですが、「始末記」からの引用部分と、解説者の推測を混じえて書いてあるので、注意深くない読者は中国人著者がそう書いているように誤読する傾向にあるようです(そう読ませたくてわざとややこしくしている可能性もあります)。

では、内通していたという「始末記」著者の証言はたしかなのでしょうか。いいえ、もし内通していたのなら、次の箇所が説明不能に陥ります。

「日本軍を破った」宋哲元の29軍が冀東に攻め込んできたら自分たちの運命はどうなるのか。

内通していたのなら、こんなに恐れる必要はありません。29軍が冀東に攻め込んできた時点で、それに呼応して寝返ればよいだけです。

その上です。

この際、冀東政府についているのは甚だ危険である。

こういう怯《おび》えが保安隊反乱の動機だというのなら、それは衝動的だったことになります。2年前から内通していたという証言と矛盾しますね。

ともあれ、ここに登場するのは中国の地方軍閥のみっともない姿です。そして事件は国民党中央とは何の関係もない、地方軍閥の局地的残虐行為です。軍閥は自分の利益のためなら日本軍と手を結ぶし、匪賊・強盗にも早変わりします。中国人民の利益とは無縁の、こういうごろつきと手を組まざるを得なかったところに、日本の侵略性が現れています。

通州事件の直後、日本政府はそれが保安隊の仕業であると発表しませんでした。日本軍の管理下にある保安隊の仕業だというと、自分自身の責任を問われるからです。事件は「中国人」の犯罪だと発表しました。そして華北進攻の口実につかいました。

なぜ「口実」かというと、日本軍は加害者である保安隊に報復していないからです。保安隊残党は国民党支配地域に逃げ込みました。それなのに、日本政府は国民党政府に保安隊を引渡せという要求もしていません。

保安隊をほったらかして、国民党政府軍を蹴散らしながら戦略的要衝を占領するための軍事行動に専念しています。市民虐殺を格好の口実にして、中国侵略を拡大していったのです。

通州事件の被害者は、このような日本政府・日本軍の侵略と、利権を巡って誰とでも手を組む保安隊と、中国全体に広がっていた抗日の気運、これらの間にはさまれ翻弄された、気の毒な犠牲者であると思います。

(2008.11.1)

真珠湾攻撃はルーズベルトの陰謀だった!?

「真珠湾はルーズベルトの……」という人がコメント欄に現れました。

よく聞きますよね、アメリカはイギリスを助けるためにヨーロッパの戦いに参戦したかったのに、国内世論の反対でできなかった。そこでドイツの同盟国日本を戦争に引きずり込むことで、対独戦を始めようと考えた。アメリカは真珠湾攻撃を必要としていた。だから事前に攻撃を知っていたのにわざとやらせたのだ、と。

日本だけが悪いんじゃないと言いたい人たちが、主にそう唱えています。こういう人は第二次世界大戦の年表すらまともに読んだことがないのだ、としか思えません。

年表ぐらい見ましょうよ。

1941年
12月7日　日本海軍が真珠湾を奇襲攻撃、日本がアメリカに宣戦布告
12月8日　アメリカが日本に宣戦布告
12月11日　ドイツがアメリカに宣戦布告
同日　アメリカがドイツに宣戦布告
(アメリカの日付です)

このように、アメリカは真珠湾があったから対独戦を始めたわけじゃないのです。ドイツの対米宣戦布告があったから応じたのです。

では、ドイツに参戦させるために日本の攻撃を誘発したのでしょうか。

まさか。日本が対米戦を始めたからといって、ドイツがアメリカに宣戦布告する義務はありませんでした。日独伊三国同盟は攻守同盟ではないんだから。それが証拠に、ドイツがソ連や英仏と戦争してたのに日本は参戦しないで傍観してましたよね？

ドイツはドイツなりの勝算があってアメリカに戦いを挑み、アメリカが受けて立った。これ以上でも以下でもありません。

私たちは歴史を知っているから後づけで考えることができるけど、当時の人はもちろん未来を知りませんでした。日本に攻撃させたって、それで直ちにドイツが参戦するとは限らないのに、なんで無意味に日本の攻撃を黙認して何千人もの国民を見殺しにするでしょうか。

わざと負けるなんてことをしたら、ことによれば、ルーズベルトは日本の攻撃を防げなかった無能な大統領として非難されたかもしれないんですよ。そんな危ない橋を渡るはずないじゃないですか。

アメリカが戦争を望んでいたという仮説が正しいとしても、それなら日本が先に真珠湾を攻撃したという事実だけで報復の口実は十分です。何もやられっぱなしになる必要はありません。

ベトナム戦争を始めた理由は、「ベトナムの魚雷艇が先制攻撃してきた」でした。米軍に被害はなかったけれど、戦争の理由付けはそれで十分だったのです。

「アメリカが日本の攻撃情報を事前に知っていた」という説に関しては、仮にそうであったとしても、アメリカの対独戦はそれとは別の力学で始められたので、ルーズベルトの陰謀という説は成り立ちません。

じつは日本の攻撃意図はアメリカに漏れていたけれど、不確実な情報でした。日本だってバカではないから欺瞞情報を流すぐらいのことはしていたので、アメリカはウソの情報に紛れたホンモノを解析できなかったんです。

真珠湾はアメリカの謀略だというなら、そんな謀略にまんまと引っかかって勝てない戦争に乗り出した大日本帝国はよほど間抜けだったってことじゃないですか。

こんな陰謀論をとくとくと語るのは恥ずかしいので、よい子のみんなは真似しないようにね（笑）

（2015.12.26）

7 靖国神社

靖国神社とは何か

宗教に関しては、私は浄土真宗しか「行」としては知らず、他の宗教を行として体験したことがないので、他の宗教が間違っているなんて言えません。

ですから他宗教批判と読める箇所についても、それは教義そのものを批判しているのではなく、宗教団体としてはいかがなものかと思われる「行ない」についての批判です。またその行いが客観的に宗教の名に値しないと判断すれば、私としては宗教と認めないことがあります。

以下は、そういう観点からの批判であることを踏まえてお読みください。

靖国神社に「神道の信仰者」はいない

明治憲法は不完全ながら信教の自由を認めていました。なので、靖国信仰を国民に義務づけるのは、憲法の原則に触れることになります。そこで政府は「国家神道は宗教ではない」と明言しました。宗教でないのなら「信仰者」というものもあり得ないことになります。

しかしです。「国家神道は宗教ではない」というのが希代の詭弁であることは論を俟ちませんよね。国家神道はまさしく宗教でした。政治宗教ですけど。国家神道とは、宗教であるものを宗教でないと強弁することで、成立していたのです。

国家神道とはそういう巨大な虚偽を受容することなしに存続できなかった宗教であり、私としてはそのような欺瞞としか呼べない基盤の上にかろうじて成立しえた宗教を、まともな宗教とは認めません。

靖国神社がまともな宗教であると言う方は、そのように主張する前に、まず釈明しなければなりません。自らを宗教でないと主張して他宗教を圧迫した存在がどうしてまともな宗教といえるのか、この点を語らねばならないと思います。

国家と宗教は分離されなくてはならない

靖国神社は宗教法人と自己規定しています。靖国神社は宗教施設となりました。

国家と宗教は分離されねばなりません。ですから、一民間宗教施設である靖国神社に、公務死した人の祭祀を執り行わせるというのは国家の怠慢といえます。まして民間宗教施設を国家管理するなど、憲法上許されないことです。

靖国神社は遺族の誤解・錯誤に依拠している

靖国神道の信仰者というのは多くありません。戦死者を慰霊する施設がそこしかないから(あるいはそこしかないと喧伝されるから)、遺族が参拝を続けているだけであるといえます。けれど、実はそこに血縁の霊はいないんです。血縁的紐帯から切断され、人格を失った「靖国大神」がいるだけです。

神道では、死者は人格を失って一つの神になるんですね。遺族はそこに死者との家族的紐帯があると信じて参拝するのですが、神道理論から言えば、それは遺族のセンチメンタリズムにすぎない。本来の靖国神社とその神は、あくまでも天皇と直結した護国霊としてのみ存在するので、そこに家族が介在する余地はないんです。だから遺族の思いというのは一方通行の錯覚であると。有り体に言えばそういうことのようです。

だから、遺族が血縁の紐帯意識をもって参拝するのは、靖国神社の本旨を誤解していることになります。靖国神道の立場からすればそういうことです。靖国神道の信仰者が多くないというのは、そういう意味です。

宗教教団というものは、その信仰・信条が広く共有されることを望みます。自分たちの教義を広く伝え、信者を増やそうとするものです。にもかかわらず、靖国神社はその神道教義を広く公開しようとしていません。信徒に対して本来の教義を伝えず、遺族側の一方的な誤解・錯誤に依拠し、虚偽の信仰心を抱かせてよしとする、その行いに正当性があるのでしょうか。

こんな宗教を、私はまともな宗教だと認めません。靖国神社を参拝する人がいかに多くとも(現実には年々参拝者は減り続けていますが)、その内実がこのようなものである以上、国民的な追悼施設としては失格です。

追悼・追慕ではなく「顕彰」が靖国神社の目的

「靖国神社が一追悼施設であると宣言すれば問題は解決する」という意見がありますが、そういうわけにはいかないのです。

宗教法人が宗教法人のまま非宗教化することはできず、非宗教化するためには宗教法人格を捨てなければなりません。靖国神社が遺族の感情に添って、戦死者の追悼・追慕だけのために存在する気があるのならば、宗教法人でなく祭祀施設になればよいのです。

祭祀施設とは墳墓のようなもので、特に教義はないし、宗教法人でなくても運営できます。このプランは遺族の集まりである靖国崇敬奉賛会から出された案です。しかし靖国神社は遺族の案を拒否しました。

これを靖国神社が拒否したということは、靖国神社が戦死者の追悼・追慕だけのためにあるのではないことを示しています。それは彼ら自身が公言しているとおり、「戦死者の奉慰顕彰」、「英霊の武勲、御遺徳を顕彰」するのが目的だからです。お墓に参る人は、お墓の中の人を哀れむか、懐かしむか、褒めたたえるか、自由です。でも靖国神社は「顕彰」こそが、その存在意義なんです。

顕彰とは、功績をあきらかにして、これをたたえることをいいます。その死は痛ましいだけではなく、あくまでも、名誉の戦死であるという教義なんです。そして靖国神社はその教義を広く布教することを宣明しています。

すると、戦死者について「間違った戦争に動員され、辛い戦場でむごたらしく殺された可哀想な血縁者を追悼し、せめてゆっくり眠ってくれることを願う」遺族というのは、靖国神社の本旨にもとる、まるで神社で南無阿弥陀仏を唱えたり、アーメンと唱えたりするのと同じくらいに不埒な信徒ということになります。

「正しい戦争」であったと唱える靖国神社

靖国神社の存在意義は、やはり「戦争ばんざい」を唱えることなんですよ。「英霊の武勲、御遺徳を顕彰」というからには、日本の行ったすべての戦争は正しい戦争だったという歴史観に支えられていなければならないでしょう。

そういう政治的価値判断を基盤としなければ成立しない教義をもった宗教には、政治宗教という名が相応しいと思います。だからこそ政治家がありがたがるんです。自分が言いたいことを、宗教の皮をかぶって言ってくれる便利な存在だから。

でもね、自分たちが正しかったとすれば、それに抵抗した人々は間違っていたことになります。間違った抵抗で亡くなった相手は、しなくてもいいことをして死んだことになります。

ですから、靖国神社境内の鎮霊社（敵対国の国民も祭ってある）の祭神は「奉慰の対象」、つまり可哀想だったねと慰める対象ではあっても、祖国のために勇敢に戦った英雄として「顕彰」する対象にはなり得ない。

これは政治の論理であって、宗教の論理ではないと思います。ですから私は靖国神社をまともな宗教施設だと思いません。

（2008.10.28）

靖国神社について寄せられたコメントに答える

靖国には遺族の思いを大切にしてほしい

靖国には「遺族の思い」を大切にする場所であってほしい。非宗教法人化は、とても妥当な提案だと思ったのだが。

靖国は一見の価値があります。良きにつけ悪しきにつけ。特攻作戦の愚かさと、特攻隊員の純情とが身にしみてくる展示がそろっています。でも靖国の教義が変わらない限り、遺族の思いに添った場所にはなりきれないでしょう。

祀られたくない遺族もいる

私の伯父は中国戦線で斥候に出され、トウモロコシ畑の真ん中で、前後両方からの機関銃の掃射を浴びて、どちらに殺されたかもわからず戦死し、遺体も回収されず、白木の箱だけで帰ってきた。私の父は「靖国には兄（私の伯父）はいない」と言って参拝などしません。参拝したい一部の人だけのために特別扱いを要求するのはいかがなものかと思う。

そういう遺族もおられるのですね。個人の死を一方的に意味づけして祭る靖国神社は傲慢なんだと、あらためて感じました。

祀られるべき人を間違っていないか？

奥羽列藩同盟の人々が祀られず、大逆事件や無政府主義者や初期共産党の人々が祀られず、二二六事件の青年将校らが祀られず、空襲等で亡くなった一般市民の犠牲者が祀られないような施設の、しかも戦没者の一人ひとりの人格も剥奪していっしょくたにひとつの神様にしてしまうような施設には、私は何か大事なものがあまりにも欠けているように思われる。本当に国を安んじる追悼施設を目指すならば、雲井龍雄や初期共産党の人々こそ祀られなくてはならないと思える。

大胆な意見のようですが同意します。そういう価値観・歴史観に立ちきれないからこそ、戦後民主主義が不十分なまま推移しているのかもしれません。デモクラシーを、国家の制度だけに留まらず国家の精神的支柱に据えようとするならば、彼らこそ英雄であり道徳教材にうってつけだと思うんですけどねえ。

宗教はすべてカルトではないのか？

――宗教はすべてカルトではないのか？　戦争遂行に積極的に関わった浄土真宗は今から見ればカルトだし、創価学会もカルトだし。

いささか乱暴な論断だと思います。もちろん東西本願寺が戦争協力したのは根底的な誤りだし、教団の歴史に汚点を残したもので、恥じるべきだと思いますが、戦争賛美が教義の本質ではありません。戦争賛美を本質的な教義にしている点で、靖国は他の宗教と区別されるべきだと思います。

仏式の葬祭にすればよいのでは？

――靖国をやめて仏式の葬祭に切り替えるべきだ。

私は仏教徒ですが、そうは思いません。それをしたら靖国の二の舞でしょう。仏教国家なんて誰も望んでいないでしょうし。仏教であれ、神道であれ、何らかの特定の宗教祭祀様式を制度として集団が個人に強制するのが間違いだと思います。現実問題として、「仏式」という一般的抽象的な祭祀様式も存在しません。

遺族会が行えばよいのでは？

――国家が戦争死を顕彰すること自体をやめることが大切。遺族会が行えばよい。

「遺族会」という集団が、信教という個々人の内面的価値観に属するものをひとくくりにしてしまうことが変だとは思いませんか？　国家であれ遺族会であれ、個人の内面を集団に統合しようとすることに私は反対です。

靖国をやめても第二の靖国が登場するのでは？

――戦争死者を国家が顕彰しないと人間は満足できない。靖国神社と国家を切り離しても、第二の靖国を国家が用意するだろう。

「第二の靖国」というのがどのような意味なのかよくわかりませんが、国のために戦った兵士を国家が放置してよいとは、私は考えません。その死をどう捉えるかは生きている諸個人の価値観に任せるとしても、その死が重いものなのは確かです。各国はいろいろな価値観（賞揚もあれば批判もある）や宗教から超越した、「無名戦士の墓」を備えています。これと靖国神社は全然違うものです。私はそういう施設はあるべきだと思います。

遺族の意思に反して合祀された殉職自衛官がいる

殉職した自衛官を、遺族の妻（クリスチャン）の意思を無視して山口県の護国神社に合祀《ごうし》した事件がある（自衛官護国神社合祀事件）。殉職自衛官本人の宗教は明らかではないようだが、もし自衛官本人が明確な異教徒だったなら、どういう判断になっていただろう？

結論はおなじことでしょう。

「死者に人格はない」
「靖国が誰を祭ろうが靖国の勝手」
「遺族の思いはただの不快感であって法的保護の対象ではない」

この鈍感さには絶望的になります。

宗教色がない追悼施設があればよいのでは？

自衛官護国神社合祀事件では高裁までの判断を最高裁がこじつけのような判断でひっくり返した。宗教色がない追悼施設であれば、このようなゴタゴタにはならなかっただろう。

ここが肝心なところですね。諸外国には「無名戦士の墓」があります。「無名戦士の墓」には氏名不詳の兵士の遺体が一体または数体埋葬されていて、その遺体に全戦死者を象徴させるのです。

「無名戦士の墓」と靖国神社の違いは大きいです。

①「無名戦士の墓」は無宗教の祭祀施設ですが、靖国神社は特定の教義をもった宗教施設です。

②「無名戦士の墓」は国家が管理する施設ですが、靖国神社は民間施設です。

③「無名戦士の墓」に祭られている兵士は個名性を持っていませんが、靖国神社の祭神霊璽簿《れいじぼ》には固有名が記されています。

④「無名戦士の墓」には固有名がないだけで、戦死者個人の人格を奪ったりしませんが、靖国神社は固有名をもった兵士の人格を奪い「靖国大神」に融合します。
⑤「無名戦士の墓」は顕彰を目的としませんが、靖国神社は顕彰が目的です。
⑥「無名戦士の墓」は特定の戦争の政治的価値判断と無関係ですが、靖国神社は自国の戦争を肯定・賛美します。

「無名戦士の墓」には個人の宗教信条や心情を規制・誘導するなにものもありません。追悼しようが慰撫しようが讃えようが顕彰しようが、遺族の自由です。国はその場を提供するだけです。

ちなみに米国のアーリントン墓地は希望者だけを埋葬していて、全戦死者を埋葬しているわけではありません。埋葬を希望するのは全戦死者の1割程度だそうです。管理面で常時契約しているのはプロテスタント、カトリック、ユダヤ教だけですが、遺族の希望に添って全宗教の祭祀ができるよう、僧侶を捜したりして責任を持つ管理官が置かれています。もちろん経費はすべて国費です。

(2008.10.28)

政治家は靖国神社と訣別すべきである

例によって産経新聞が「主張」欄で靖国問題について妄論を開陳しています（記事全文は本節末尾）。

いわく、首相は国民を代表して靖国神社に参拝せよ。

いわく、靖国神社に参拝しない民主党は中国にこびているのだ。

記事を引きながら、その主張を検討してみたいと思います。

靖国神社にまつられている戦死者は、私事でなく、国のために尊い命を捧げた人たちである。

まったく分かっていません。分かっていてとぼけているのかもしれませんが。祀られているのは遺族との紐帯を有した「戦死者」ではなく、その霊が昇華した一柱の「神」です。

また「戦死者は……国のために尊い命を捧げた」というのも不正確で、戦死者もあり、自殺者もあり、刑死者もありなのですから、正確には「対象者は、国のために尊い命を捧げたと靖国神社が判定した死者」と言うべきです。

ですからその祭神とは、私的宗教教団である靖国神社が、戦死者を、「私事でなく、戦争で国のために尊い命を捧げたことによって神になった」という宗教思想のもとに、私的に神として祀っているにすぎません。

> 首相が国民を代表して慰霊することは国の指導者としての務めだと思われる。

「戦死者は神になる」「その神は実在する」。こういう宗教思想をもった私的宗教教団の祭神を、多様な宗教思想を信じている国民を代表して首相が慰霊することが、国の指導者としての務めだとは到底思われません。

私は毎年、8月15日に護国神社（姫路）に行っていますが、一私人たる私と、公的存在である首相の行為の意味はまったく違うのです。国民を代表する国の指導者だからこそ、総理は私的宗教教団などに参拝してはいけないのです。

> 麻生首相が8月15日に靖国神社を参拝することを期待していた遺族や国民は多かったはずだ。

麻生首相が8月15日に靖国神社を参拝することを期待していた遺族や国民が多かったか少なかったかは知りませんが、国民多数の反対を押し切って消費税を導入したことを産経新聞が称賛した一例をとってみても、同紙が多数意見の尊重という価値観を絶対視していないことが分かります。都合のよいときだけ世論を持ち出すご都合主義はいかがなものでしょうか。

> 鳩山代表も海外メディアとの会見で「（首相になっても）靖国神社を参拝するつもりはない」と語った。中国に媚びた姿勢と受け止められてもやむを得ない。

しかし、同じ記事の中で産経新聞は次のように正しく述べている。

> 小泉純一郎元首相が毎年1回、靖国参拝してきた平成13年から18年にかけ、民主党は常に首相参拝に反対してきた。その間、代表が鳩山由紀夫、菅直人、岡田克也、前原誠司、小沢一郎氏へと代わったが、「靖国神社に『A級戦犯』が合祀されているからだ」という反対理由はほぼ共通していた。

反対理由はこのように明確であって、中国が気分を害するから参拝しないなどと述べていないのですから、「中国に媚びた姿勢」であると決めつける根拠はどこにもありません。

主張子によれば、

　岡田克也幹事長が今月はじめ、中国メディアに対し、「靖国神社に第二次大戦のA級戦犯が合祀されている以上、日本の首相は参拝すべきではない」と述べたと伝えられている。鳩山代表も海外メディアとの会見で「(首相になっても)靖国神社を参拝するつもりはない」と語った。

　ここでも参拝しない理由は、A級戦犯の存在だと述べており、中国に気遣ったとは言っていません。

　なによりA級戦犯とは、中国を含まない連合国が定義したものであり、中国が決めたことではありません。ですから、「中国に媚びた姿勢と受け止められてもやむを得ない」というのはただの牽強付会なのではないでしょうか。

　中国が日本の国家首脳が靖国を公式参拝することに批判的であることは周知の事実ですが、中国の指摘はまことに正しいと思います。それを言っているのが外国だから、内容が正しくても反発すべきだとの言い分は、まったく子供じみていて、国際社会では歯牙にもかけられないでしょう。

　このような自閉的思考が日本外交を困難に陥れてきたのですから、やはり政権交代しないといけないなあというのが、私の感想です。

「主張」靖国神社参拝　指導者の務めはどうした

　麻生太郎首相が終戦記念日の8月15日に靖国神社を参拝しない意向を示唆した。その理由を「(靖国神社は)最も政治やマスコミの騒ぎから遠くに置かれてしかるべきものだ。もっと静かに祈る場所だ」と述べている。本意とすれば、いささか残念である。

　麻生氏はかねて、靖国神社の非宗教法人化を主張していた。だが、それとは別に、麻生氏は現在の宗教法人としての靖国神社にも敬意を表し、平成17年に外相になる前は春秋の例大祭に参拝していた。首相になってからも、例大祭に真榊《まさかき》を奉納し、戦没者に哀悼の意を捧げてきた。それはそれとして評価されるべきだ。

　だが、さらに踏み込み、麻生首相が8月15日に靖国神社を参拝することを期待していた遺族や国民は多かったはずだ。靖国神社にまつられている戦死者は、私事でなく、国のために尊い命を捧げた人たちである。首相が国民を代表して慰霊することは国の指導者としての務めだと思われる。

　確かに、今日のような状況下で首相が靖国参拝すれば、中国や韓国などが反発し、それに便乗した反対勢力が騒ぎ立てることが予想される。首相が言う「静かに祈る場所」の環境が一時的に損なわれる懸念はあるが、それは参拝する側の責にのみ帰すべき問題ではなかろう。難しい判断ではあるが、麻生首相に再考を求めたい。

小泉純一郎元首相が毎年1回、靖国参拝してきた平成13年から18年にかけ、民主党は常に首相参拝に反対してきた。その間、代表が鳩山由紀夫、菅直人、岡田克也、前原誠司、小沢一郎氏へと代わったが、「靖国神社に『A級戦犯』が合祀されているからだ」という反対理由はほぼ共通していた。

今年も、中国中央テレビの報道などによると、岡田克也幹事長が今月初め、中国メディアに対し、「靖国神社に第二次大戦のA級戦犯が合祀されている以上、日本の首相は参拝すべきではない」と述べたと伝えられている。鳩山代表も海外メディアとの会見で「（首相になっても）靖国神社を参拝するつもりはない」と語った。

中国に媚びた姿勢と受け止められてもやむを得ない。

靖国問題では与野党内に、いわゆる「A級戦犯」分祀論や無宗教の国立追悼施設建設構想などさまざまな意見がある。衆院選では、有力政治家たちの靖国をめぐる言動にも注目したい。（産経新聞　09年8月12日）

（2009.8.17）

合祀基準をコロコロ変える靖国神社

戊辰《ぼしん》戦争を戦った維新軍の中に、山国《やまぐに》隊という民兵隊がありました。京都の京北町山国で結成された、神主や農民による部隊です。

このころ、維新側は民衆を取り込むために年貢半減を宣伝していました。

「官軍へ加り候村々は、当年限り年貢半納之御沙汰之有り」（官軍に加わった村々は今年に限り年貢を半分にする）

山国ではこの官軍募兵布告を信じて、借金をして戦費を調達し、手弁当で戊辰戦争に参加したのでした。83名が参加し、戦死4人（行方不明1人含）、病死3人という被害を出しながら、仙台まで転戦しています。

地元ではいまもその業績をたたえるお祭りが続けられていますが、じつは山国隊の戦死者は靖国神社に祀られていません。山国隊は偽官軍とされたからです。

錦の御旗と共に京都に凱旋した山国隊なのに、なぜ偽官軍とされたのかといえば、「年貢半減」という官軍のウソが原因です。彼らを官軍と認めれば、「年貢半減布告」をホンモノと認めなければならなくなります。

そんな約束など守る気のない維新側は、嘘をついたのは自分たちではなく山国隊の方だということにしてしまったのです。だまされた農民たちは、山林を売り払うなどして借金を返済しなければなりませんでした。

しかし山国隊は凱旋できただけマシでした。多くの幕府軍を帰順させる功績を挙げた高松隊など、あまりに活躍がめざましかったので、維新側はいまさら約束がチャラとも言えません。そこで全員を偽官軍として捕らえ、処刑してしまったのです。

もう少し時代を遡れば、朝廷の勅命を受けて長州を攻めた官軍戦死者が祀られていません。当時は賊軍であった長州が、後に維新政府を牛耳って歴史を改ざんしたからです。

禁門の変の死者は、官軍側と賊軍側が共に祀られています。はじめは御所を攻撃した賊軍側である長州兵だけが祀られていたのですが、朝廷を守護していた会津側が祀られないなんて、あまりに本末転倒、ひどいではないかということで、大正時代に合祀されたのでした。

こんなふうに、靖国神社というのは時の権力者の都合で合祀基準をコロコロ変えているので、「戦死者を祀っている」とばかりも言えないし、「天皇のために戦死した霊を祀っている」というのも不正確です。

靖国神社を考えるならば、明治維新とは何だったかというところまで話が及んでしまいます。やはりここはスッキリした追悼基準を新たに設け、無名戦士の墓を追悼施設とするしかないでしょう。

(千鳥ヶ淵は無名戦士の墓というより無縁仏の納骨堂ですから、諸宗教・諸宗派合同のちゃんとした特別の奉納式を執り行って、無名戦士の墓として昇格させる必要があると思います。)

(2009.8.14)

求められる国立追悼施設

靖国が追悼施設として相応しいと考える人たちは、以下の事実をどのように考えるのでしょう。

天皇の勅旨で戦った長州戦争のときの賊軍・長州兵は靖国神社に祀られている。天皇の勅旨で戦った長州戦争のときの官軍兵士は祀られていない。(↓なぜ官軍が祀られずに賊軍が祀られているのか? 明治政府を牛耳った長州藩のせいでこうなったのです。)

戊辰戦争、西南戦争で戦病死した官軍兵士は祀られていない。日清戦争で戦病死した兵士は祀られている。(↓同じ亡くなり方なのに、合祀基準がまちまちです。）

乃木希典は戦後に自決したから祀られていない。酒巻和男中尉は戦後に自決したが祀られている。（↓合祀基準がまちまちで不合理です。）

対空砲の砲弾を運んでいて死亡した軍人・軍属は靖国神社に祀られている。対空砲の砲弾をボランティアで運んでいて死亡した民間人は祀られていない。（↓同じ亡くなり方なのに、民間人だけがなぜ排除されるのでしょう。）

対馬丸で避難中に遭難死した民間人（学童）は祀られている。朝鮮で避難中に遭難死した民間人は祀られていない。朝鮮で避難中に遭難死した朝鮮総督府の職員は祀られている。（↓民間人でも祀られたり祀られなかったり。同じ亡くなり方なのに役人は別扱い。）

空襲のさなかに工具を取りに行って焼死した徴用工は祀られている。空襲のさなかに天皇のご真影を救おうとして焼死した教師は祀られていない。（↓国のためになくなった方を祀るというなら、これは不合理ではないでしょうか。）

矛盾だらけの靖国祭神システム

これらの矛盾点を靖国神社のシステムは解決できません。なぜなら、一つの矛盾に対処しようとすれば同じようなケースが無数に現れるからです。そして靖国の祭神の個名性が、事態を混乱させます。靖国の祭神は一人ひとり、個名性を持って登録されています。一人ひとりの身元がはっきりしていないと神にしない——これが靖国祭神システムの特徴なのです。

どれほど愛国的・英雄的に亡くなっても、無名の市民は祀りようがないのです。しかし戦争全体の悲劇を、精密に個名性を持って精査することは不可能です。空襲の死者数でも、調査の仕方で何万というオーダーで誤差が出るのです。被害の無名性が不可避なのが、戦争という巨大な国家事業の宿命なのです。

国のために斃れたすべての人を国家の責任で追悼しようというのなら、「国家神道」という形にこだわらなくても、それはできるはずです。

「靖国で会おう」と言って戦地に赴いたのは、そこしか追悼施設がないからそう言っただけです。靖国神社がないころに亡くなった維新の志士がそう言ったはずがないし、それでも靖国神社は彼らを祀っています。「靖国で会おう」などと言わなかった公務員や学童だって祀っています。生前の約束とは無関係に靖国は存在しているのです。

靖国存続を唱える人が、「国家神道」とか「軍国主義」を肯定する気がなく、本当に国のために斃れた人を手厚く追悼したいという気持ちでいるならば、矛盾の多い靖国神社ではなく、国のために斃れた人を手厚く追悼できる施設をつくろうというプランに反対しないはずだと思うのですが。(2009.8.17)

靖国は中韓ともめるからダメなのか？

靖国問題は第一義的に国内問題だ。先の大戦をどのように総括するのか、それが第一テーマだ。中韓との関係も大切だが、そればかりを取り沙汰するのは問題の本質を見誤るものだろう。

大日本帝国による侵略の被害を受けた隣国への積極的な配慮は、当然に必要だ。それは日本の主体的な責任において、なされるべきことだ。中韓が文句をいうから靖国に参拝すべきでないという意見は、主体性というものがすっぽりと欠けている。そこが、みっともないと思う。

安倍さんは戦争で亡くなった方々への慰霊の気持ちで供物を捧げたそうだ。だが、靖国は戦争で亡くなった方々を祀る社ではない。戦争で亡くなった「兵士」を祀る社ですらない。靖国は大東亜戦争を肯定し、称揚し、戦争で亡くなった人を公的な死者と私的な死者に差別し、公的（と彼らが認めた）死者だけをほめそやし、後に続けともてはやす戦争神社だ。

いま靖国でやっている特別展に、そのことは明らかだ。

「大東亜戦争七十年展2～すべては祖国を護るため　毅然と立ち向かった先人たち」

アジア諸国に襲いかかり、人命を奪い、資源をぶんどり、その国土を帝国領土にした戦争が、彼らの手にかかると、「アジア諸国の解放と共存共栄の新秩序を確立するという理想」の戦争だったと書き換えられてしまう。

こんなデタラメなところに国権の最高責任者が供物を捧げてよいはずがない。誰に言われなくとも、すべきでないことはしてはならない。

(2013.4.23)

臣民たるもの靖国を参拝すべし!?

日本人なら靖国神社に参拝しろというなら、日本のために戦って亡くなった方がみんな靖国神社に祀られているのだろうか。いや、そういう祀られ方はされていない。

実例を挙げよう。

姫路空襲のとき、焼夷弾が降り注ぐ中を、子どもをそっちのけにご真影を守りに行って亡くなった校長は、靖国神社に祀られているそうだ。だが空襲監視要員として監視塔に向かう途中で焼夷弾にやられて亡くなった姫路中学の生徒は、祀られていない。

靖国神社に理由を尋ねたら、「公務中の死者は戦死に準じますが、一般市民の空襲被害は天災のようなものですから」という答が戻ってきた。

おい、ちょっと待て。空襲があれば空襲監視塔に行けと命令したのは、誰なのだ。畢竟《ひっきょう》、それは国だろう。

中学生は、その命令に忠実に従って亡くなったのだ。にもかかわらず、死んでしまえば「国と関わりのない天災死のようなもの」という言いぐさは、何たることだろうか。私はムカムカして電話をたたきつけた。

ならば公務中の死者はみな祀られているのか。

同じ姫路空襲のとき、子どもを引率して避難する途中、あぜ道で機銃掃射に遭って亡くなった先生は、祀られていない。

靖国神社の合祀対象者は、原則として軍人軍属、及び国家総動員法にもとづく徴用などの公務死に限られる。公務であっても、子どもを引率していた先生は「教育者のつとめを果たしていた」だけであって、「戦争に参加していた」わけではない。よって、いずれの合祀基準にもあてはまらないのだ。

なんだろう、まるで杓子定規な役人みたいに冷たいこの格率は。

では、奉安殿にご真影を取りに行った校長はなぜ祀られているのか。彼が「天皇の写真を守ろうとしたから」。この理由しかあるまい。

生きた子どもを守ろうとした先生の死は、国に尽くしたと認められない。たかが写真一枚を守ろうとした校長の死は、靖国神社の価値観に沿うものだ。こんな怪体なイデオロギーがあるものだろうか。

だが、これに類する話は、日本中に掃いて捨てるほどあるのだ。このようないびつな神社が、どうして国民的な悼施設であろうか。

日本という国は、融通無碍が持ち味だという。

宗教にしても、仏教もあれば神道もあり、その他有象無象の信仰がゴマンと同時に矛盾なく同居しているのが、この国の本源の姿なのだ。靖国神社思想という「国家神道」のイデオロギーただ一つにのみ、一切の価値観を包摂してしまおうというのが、どだい無茶な話なのだ。無茶なことをするから、矛盾が生じるのだ。

「国のために亡くなった方を祀る」という広い範疇の価値観を、靖国イデオロギーは、包み込むことができないのだ。

靖国神社はしょせん国家神道という政治宗教と密接不可分

の政治神社であって、そんなものは日本の伝統でも何でもない。

「靖国に参拝しなければ日本人ではない」というときの「日本人」とは、自然的存在としての日本民族でもなければ日本国籍保有者という法的存在でもない。

それは明治から敗戦まで、たかが70年間ほどだけ公的イデオロギーとして存在した、「帝国臣民たる日本人」のことにすぎない。

そんなものにまとめられなくても、私は一向にかまわない。非国民、大いに結構ではないかと、笑い飛ばしてやるだけである。


（2011.8.16）

靖国神社についての連続ツイート

1 戦争目的や戦争の実態はひどかったが、一面、兵士と国民は世界史上に類例がないほどの犠牲的精神を発揮して戦った。そのことに感涙を禁じ得ない。だからこそ、嘘だらけ、矛盾だらけの靖国に彼らを祀るのはふさわしくない。そのことを連続ツイートする。

2 靖国神社の存在目的は慰霊じゃない。戦死の勧めだ。「死者はまつられて感謝する」「戦場にたおれることが幸福だと感じる」「遺族は光栄に感涙、父兄の戦死を喜ぶ」「一般国民は天皇と国のために死ぬことをこい願うようになるだろう」（福沢諭吉『時事新報』）

3 「戦死者に対しては、ただその遺族に扶助料その他わずかばかりの金円を賜ふのみにして、何等の恩典もなしと伝ふ。如何にも気の毒」といいながら、その「恩典」というのが「靖国神社にまつること」だと福沢諭吉の『時事新報』はいう。

4 （明治28年『時事新報』）東洋の情勢は切迫している。戦争になれば死をとして戦ってもらわねばならぬ、そのためには「及ぶ限りの光栄を戦死者並にその遺族に与へて、以て戦場に斃るるの幸福なる」を感じさせるのだと、じつにあけすけだ。

5 （明治28年『時事新報』）「いまもし大元帥陛下自ら祭主と為せ給ひて非常の祭典を挙げ賜はんか、死者は地下に天恵の難有を謝し奉り、遺族は光栄に感涙して父兄の戦死を喜び、一般国民は万一事あらば君国の為に死せんことをこひねがふなるべし」

6 A級戦犯合祀を批判すると、靖国神社は「死者をむち打つな、それは日本の文化ではない」というが、古事記を読んだことがないのか。神武天皇の軍は死者をむち打つどころか敵の死骸を切り刻んで嘲笑っている。悲しいかな日本文化はそれほど美しくもないのだよ。

7「死者をむち打つな、それは日本の文化ではない」という靖国の屁理屈。幕末史を知らないのか。薩長軍は会津藩兵の遺体を遺族が収容・埋葬することを許さず、その眼前で犬が食うに任せた。死んでなお鞭打ったのが官軍で、その死者だけを祀るのが靖国だ。

8 A級戦犯合祀について、靖国はいったん合祀したらいまさら分祀できないという。だが神道には「分祀祭の祝詞《のりと》」がある。祝詞があるくらいだから、分祀できるのだ。靖国神道は日本古来の神道を偽装して国民をだますニセモノ神道だ。

9 靖国は天皇のために斃《たお》れた死者を祀る社だというが、嘘だ。孝明天皇が幕府に命じた第一次長州戦争の官軍は当然幕府軍なのに、靖国に祀られているのは賊軍方の長州兵だ。明治政府を牛耳ったのが長州だからそうなっている。靖国は長州の意に沿って歴史を偽造している。

10 靖国は天皇のために斃れた死者を祀る社だというが、嘘はまだある。官軍の呼びかけに応えて戦った義勇軍の多くは、ニセ官軍の汚名を着せられ、戦死者が祀られていない。「年貢半減」の約束を新政府が守れないので反故にし、義勇軍をニセモノ扱いしたのだ。

11 靖国は「祖国を守るという公務に起因して亡くなられた方々の神霊」を祀る社だというのも嘘だ。高杉晋作は私的な病死。橋本左内は幕府の内ゲバによる刑死だ。禁門の変なんか、長州の私戦、てかクーデターじゃないか。東条英機らの処刑は「公務」なのか。

12 各国にも無名戦士の墓があるから総理の参拝に何の問題があるのかというが、性格がまるで異なる。靖国は個々の名を持った霊を顕彰する教義をもった宗教施設だ。無名戦士の墓は誰を埋葬しているかを特定していないし、戦いの意味も付与していない。墓だから、ただの祭祀施設だ。

13 国と靖国神社が密着するのは憲法違反だが、国立墓園なら宗教施設ではなく祭祀施設なので憲法問題が発生しない。政府が追悼するなら千鳥ヶ淵墓園が相応しい。靖国神社はその教義を信じる信者とファンが支えればよろしい。

14 死者を称揚したい人も、ただ慰霊したい人も、追慕したい人も、分け隔てなく訪れることができる施設、それは戦死者も戦災死者も等しく祀る国立墓園しかあるまい。憲法上、国が関わることが困難な靖国に、なぜこだわる必要があるのだろうか。

15 遊就館《ゆうしゅうかん》の意味は「君子は住むところの環境や交わる友を選ぶ」(『荀子』勧学篇「君子は居るに必ず郷を擇び、遊ぶに必ず士に就く」)。戦死者の御霊は、帰るなら靖国よりも故郷を選ぶだろう。友なら、コスプレ軍国マニアなんか選ばないだろう。

16 遊就館の説明は戦争目的を「アジア諸国の解放」と言ったり「祖国防衛」と言ったり、一貫しない。ただの侵略戦争なのに、戦況に合わせてその時々で政府が説明を変えた歴史をそのまま反映しているからだ。時間が凍結しているよ。

17 遊就館で上映されている映画の説明「日本参戦を仕掛けた米国の陰謀、そして日本は隠忍自重しながらついに苦渋の開戦決断へ」。トンデモ歴史観をアメリカにメッ！　されて展示説明を一新したけど、細々とまだやってはります。

18 一方昭和天皇は、開戦は米国の陰謀じゃなくて東条のごり押しだったと。「私は当時の首相東条大将に対し・・・強い遺憾と不本意の気持ちをもって、余儀なくするのだと繰り返し述べながら、断腸の思いで宣戦の詔書に署名したのでありまず」（1946年1月29日、英国王あて親書）。

19 遊就館で上映されている映画の説明「日本を侵略国と断罪した東京裁判の不当性を暴き刑場の露と消えた『戦犯』の無念をふりかえる」。世界にケンカ売ってるなあ。こんなところを総理や閣僚が参拝しちゃ、やはりだめでしょう。

20 昭和天皇は靖国と違って、東京裁判を高く評価なさっていた。「戦争裁判に対して貴司令官が執られた態度につき、この機会に謝意を表したいと思います」（1951年4月15日、マッカーサー解任、帰米にあたっての天皇会見。外務省通訳松井明「松井文書」）

（2013.8.16）

護国神社の気だるい午後

毎度のことながら、靖国神社はさながらエセ民族派の顔見世興業馬鹿騒ぎ場と化していますなあ。

テレビに映りたい奴やらコスプレを見せびらかしたい連中やら、ぶっ飛んだアピールを聞かせたい奴やらが、英霊そっちのけでお祭り騒ぎの目立ち合戦を繰り広げているようです。真面目な民族派もいるんだろうけど、押しが強くて厚顔無恥なパフォーマーの阿波踊りの中では、影が薄い。

こちら姫路護国神社には放送局なんか来ないし、ヘリも飛ばず、街宣車もわめかず、右翼の行進もなく、静寂そのもの。英霊と静かに対面したい人は護国神社がいいですよ。掃き清められた境内には、ホコリひとつ舞ってません。つまり参拝客ゼロ。てか、私ひとり。

まあ自分は英霊に柏手を打ちに来たのではなく、戦争被害者に頭を垂れて不戦の誓いにきたので、参拝客には入らないかもしれません。拝殿に南無阿弥陀仏を唱えるのはさすがになんだから、いくつかある連隊の碑に念仏を唱えて歩きまし

た。（それもどうなんだかね～）

遺族はきっと各自お仏壇に対面しているのでしょう。それが日本人の普通の心情なので、それでいいと思います。

靖国は祈りの場であるよりも、政治と結び付いたイデオロギー宣布の場なのです。それが靖国に求められた役割だし、政治と切り離された靖国など、人の心を惹き付ける何物も持っていないと思います。


(2009.8.15)

8 韓国併合

大日本帝国支配下の朝鮮半島

愛国者さまたちが突撃してきてます。

いわく、日本は朝鮮を植民地にしていない。

またいわく、日本の支配で朝鮮は発展した。

どこかで聞きかじったことをコピペするしか能のない人たちだなあ。

先日、姫路にきた田母神閣下も同じことを言ってました。


――日本は侵略をした、植民地支配をしたということになっています。植民地支配と侵略によってアジア諸国民に多大の損害と苦痛を与えたことになっています。しかし日本は植民地なんか一つも持っていませんでした。植民地ではなくて併合したんです。韓国を併合したのは、日本人と同じようにしようとしたんです。学校、病院、工場、発電所をつくって、日本と同じように発展させた。韓国の京城――いまのソウルです――には日本で6番目に帝国大学をつくった。台湾には7番目です。大阪帝国大学や名古屋帝国大学より早いんです。愚昧政策を採った白人国家の植民地支配と全然違うんです。

植民地か併合か

「植民地」というのは法的概念ではないので、「併合統治」だから植民地ではないとはいえません。

それをいうなら大英帝国支配下のインドは「インド帝国」でしたし、フランスの支配下にあったアルジェリアは「海外県」でした。でもどちらも植民地でした。それと同じことで、朝鮮も日本の植民地でした。

インドには少なくとも上下両院があり、立法権と予算審議権がありました。地方議会もありました。その議員は全員インド人です。

しかし朝鮮には議会がつくられず、そこに暮らす朝鮮人には日本の選挙権もありませんでした。一方的に統治されるだけだったのですから、文字通りの植民地だったのです。

植民地化で朝鮮人は幸福になったか

帝塚山大学の木村光彦教授は朝鮮の植民地化はプラスだったと結論づけている方です。「Journal of Economic History」(『経済史論集』)という専門ジャーナルに「植民地時代の朝鮮の生活水準：大衆の生活は日本統治下で改善されたのか、それとも悪化したのか?」という論文を投稿し、こう書いておられます。

> 初等教育の履修者数、識字率、生存率は上昇し、また平均身長は少なくとも減少はしていない。

教授にとって1~2センチの低下は統計的に意味がないようです。しかしそんな木村教授でも、次のように書かざるを得ないのが現実です。

> 世帯あたりの農業収入、農業部門の実質賃金、必需食料品からの一人当たりカロリー摂取量は減少した。

大阪市社会部労働課が1933(昭和8)年に発行した『社会部報告177号』「朝鮮人労働者の近況」という資料が残っていて、こんなことが書いてあります。

> 朝鮮を植民地視することは或いは問題であるかもしれないが、それは単に名称の問題に過ぎず事実に於いては他の植民地と同様の政策が施されているのであって、他の植民地同様に資本主義化によつて文明の開発を得たと共に変革を伴ふ甚大なる犠牲を見たのである。しかしてその犠牲は開発者たる内地人にもたらされたものは少なく、現住者たる朝鮮人殊に全人口の約八割を占める農民階級に於いて最

も著しく現れている。

朝鮮人の一般生活程度はわが国の奈良朝時代のそれに相当すると唱へた学者すらあるやうに、彼等の生活は一般的標準から見て頗る低く、殊に下層階級の生活は悲惨を極めている。いふまでもなく現時の経済的不況は朝鮮に於いても深刻なる影響を及ぼし、朝鮮下層民の生活は極度に逼迫してその行き暮れた生活の姿は随所に見出される。


同時代の人が実地に見て書いているんだから、現代の国士さまが否定してもねえ。

西欧の植民地は愚昧政策が施されたのか

西欧が植民地の人々みんなをアホにしたのなら、独立闘争なんか起きなかったろうに。

『国立教育研究所 研究集録』第35号（1997年9月）に『アメリカのフィリピン植民地教育政策とフィリピン社会の対応』という論文が掲載されていますが、そこにこんなことが書いてあります。


アメリカは占領直後から全島で公立小学校の開設を進め、多数のフィリピン人に就学の機会をもたらした。これは他の西欧列強の植民地においてエリート教育が重視され、高等教育が優先的に整備されたのと対照的であった。小学校は無償とされ、教科書も初級課程（第1〜4学年）では無料で貸与された。さらにアメリカは、本国の教員のなかから有志を募り、全島の学校に派遣した。


なかなかやりますな、アメリカ。アメリカは基礎教育に力を注ぎ、西欧諸国はエリートを養成したようですね。どの国も、支配の一部を植民地の人々に請け負わせます。そのほうが手間がかからず、安上がりで、しかも分断支配におあつらえ向きですから。

そういう理由で、イギリスはすべての植民地で英語教育を施しました。だから世界中で英語が通じます。ポルトガル語やスペイン語、フランス語が世界各地で使われているのも同じ理由です。台湾や韓国の年配者が日本語を話せるのも同じ理由です。

そしてフランスで学んだホー・チ・ミンがベトナム独立運動を始めたように、高等教育を受けた人々が、各国で独立運動を起こしたのです。

田母神閣下も国士さまたちも、少しは調べるということをしてから喋ればいいのに……。

(2010.12.8)

日本の朝鮮統治について

日本の植民地経営が朝鮮人を幸せにした、という意見について書いてみます。以下の3点を見ていきます。

① 韓国から日本が搾取したものは何なのか？
② 韓国を近代化するために日本は多額のインフラ投資をした。
③ 貧窮していた韓国農民の生活が向上した。

韓国から日本が搾取したものは何か？

次は朝鮮半島の土地所有の変遷の一例です（単位は町歩）。

全羅北道、五水利組合の土地移動

年	日本人所有	朝鮮人所有	その他	合計
1920	3,674	4,181	2,694	10,549
1931	8,999	3,545	7,292	19,836

（東畑精一「朝鮮米穀経済論」）

ごらんのように、日本が投資して水田を開拓したのは事実です。水田面積は2倍近くになっています。が、朝鮮人所有の土地はかえって少なくなっています。「その他」というのは東洋拓殖会社のような法人所有の水田とか国有水田です。つまり「その他」は全部日本の所有です。こういうのを搾取といいます。

日本の植民地支配を肯定する側は、日本が土地を収奪したというのはウソだといいます。しかし彼らがいうのは、「日本が政府所有地として収奪した水田は少ない」ということにとどまり、土地所有の割合を挙げません。そういう資料にだまされている人は元資料を知らないのですが、統計数字を知っていながら都合のよい部分しか出さずに他人を煙に巻く知識人とは、いったい何なのでしょうか。

韓国を近代化するために日本は多額のインフラ投資をした？

インフラ投資をしたのは事実ですが、それは韓国を近代化するためではなく、日本の下請け国として工業化したというのが正しいですね。純生産物比（工業生産物／農業生産物）を見ると、１９１２年に５・８だった朝鮮は１９３８年に33・９になっています。

しかし１９３８年の日本は２１２・９です。朝鮮の工業化達成度は日本の日露戦争当時の水準です。大げさに言われるほどのものではありませんね。炭坑があり、鉄鉱石がある朝鮮半島ですから、やる気になればもっと伸びたはずです。しかし日本は朝鮮を食糧供給基地、原料供給地として確保しただけなんです。工業化は大して進まず、民族資本もあまりたいしたことありません。

もしも歴史修正主義派がいうほどに朝鮮の経済が伸びたのなら、日本へ移住してくる朝鮮人はもっと少なかったでしょう。水田を奪われた。なのに都会に出ても就職口がなかった。そこで、しかたなく日本や満州に移住したのが実態です。

貧窮していた韓国農民の生活が向上した？

朝鮮人の生活は向上しているのでしょうか。

1931（昭和6）年、宇垣朝鮮総督が天皇に拝謁したときに語った言葉が伝えられています。

その二は、朝鮮人に適度にパンを与うることであります。朝鮮の富は併合以来非常に増加していますけれども、朝鮮の富が増加している割合には朝鮮人の富は増設致しておりません。今日なお生活苦に呻吟しておるものが相当多数存在致しております。

日本が収奪するための農業開発であり工業化だったので、朝鮮民族にはほとんど恩恵がなかったのです。

次の数字は、日本に対するコメの輸出量と、日朝の一人当たりの消費量です（単位は「石」）。

年	対日本輸出	朝鮮人消費量	日本人消費量
1912	2,910	0.7724	1.068
1917	1,296	0.7200	1.126
1920	1,750	0.6301	1.118
1922	3,316	0.6340	1.100
1924	4,722	0.6032	1.122
1926	5,429	0.5325	1.131
1928	7,405	0.5402	1.129
1931-34	*8,456	*0.4059	（不明）

（飯沼二郎著『朝鮮総督府の米穀検査制度』未来社、ただし＊印は『朝鮮米穀統計要覧』1936年版、年平均）

このように1人当たりの米消費量が減っています。こういうのを飢餓輸出といい、絶対的貧困といいます。

英国の場合、人件費の安いインド人を使ってインドで紡績工業を興しました。そのため英国内にインド製品が逆流し、英国本土の紡績興業が全滅してしまいました。

同じことが日本でも起きています。朝鮮から高品質で安い米を輸入したので国内市場で値崩れが起こり、農村が疲弊しました。そこで餓死、「娘の身売り」などが起こって五一五事件の引き金となり、「満蒙開拓団」を生む原因ともなったのです。植民政策が、さらなる戦争を呼び起こす要因となったのです。

しかし、です。人口が増えているじゃないかと言う人がたくさんいます。そこでそれも調べましょう。よく用いられるのは次の数字です。

１７５３年	７３０万人	
１８５０年	７５０万人	
１９０６年	９８０万人	朝鮮は日本の保護国へ
１９１０年	１３１２万人	日韓併合条約
１９２０年	１６９１万人	
１９３０年	１９６８万人	
１９４０年	２２９５万人	
１９４５年	２５１２万人	日本の敗戦

このうち、１９０６年までの統計は正確ではないので省きます。06年から10年までの4年間で人口が３００万人以上増えるはずがない。06年までの数字が低いのは、これは女性が漏れていたり、被差別民が漏れていたり、税を徴収するための調査なので家族を隠したりしているからです。

そこで10年からの数字が正しいと信じて計算します。45年までの35年間で人口は1・9倍。年平均増加率は1・2%です。普通の数字です。

ところで、「人口が増えたから善政だった」「欧米の植民地政策と比べれば日本のは善政だった」という2つを整合させるには、「欧米の植民地では人口増加が少ない」という事実が示されねばならないはずです。では見てみましょう。

フィリピン（**アメリカ**）

フィリピン政府の国勢調査のデータを示します。

年	人口（人）
1903年	7,600,000
1939年	16,000,000

計算すると年平均増加率は2%です。おや？　朝鮮では年平均増加率は1・2%でしたよね。じゃあアメリカのフィリピン支配のほうがよかったんでしょうか。それなら何もわざわ

ざ日本が「解放」しに行かなくても。

ラオス（フランス）

年	人口（人）
1912年	649,600
1940年	1,078,000

計算すると年平均増加率は1・8％です。ラオスはちっとも工業化されなかったんですけど、朝鮮と変わりません。ここもわざわざ「解放」に乗り出していくほどのことはありません。

このように見てきた結論は、日本の植民地統治は全然善政じゃないし、他国のやり方ともあんまり違いはないということです。そりゃそうです。それが植民地というものなんです。そしてこういう事どもの総体を、侵略というのです。（2008.11.6）

日本語強制と創氏改名

韓国や中国の世論を批判的に語る人のあいだに見られる誤解を指摘します。

誤解＝日本がハングルを潰そうとしたという〝噂〟が韓国では流れている。

日本が韓国のハングルを潰そうとしたというのは、噂ではなく事実です。

朝鮮に日本語教育がもちこまれたのは1911年でした。朝鮮教育令第5条で、「普通教育は，普通の知識・技能を授け，特に国民たる性格を涵養し，国語を普及することを目的とす」とされており、同化政策の一環として日本語教育が始まっています。

朝鮮語は「朝鮮語・漢文」という授業で教えられますが、それ以外では日本語ばかりが使われていました。母国語である朝鮮語が外国語である漢文とまとめて扱われているのも、不自然なことでした。

その後、朝鮮半島では日本語を日常的にあやつれる児童と、そうでない児童との間に、制度的差別がつくられました。

1922年の改正朝鮮教育令で，「国語（日本語のことです）を常用する」児童への教育は「小学校、中学校、高等女学校」と決められました。他方、「国語を常用せざる者」の学校は「普通学校、高等普通学校、女子高等普通学校」と、分け隔てされたのです。

もちろん、出身学校により就職などで差別されたのは当然です。そこで、多くの朝鮮人児童は「よい学校」に行くため、「国語を常用する」人間になろうとがんばりました。
その成果があがり、1938年には教育令改正で「国語を常用せざる者」の学校が廃止され、日本と同じ「小学校」「中学校」「高等女学校」だけになりました。このとき、学校での朝鮮語の教育や使用は完全に禁止されたのです。

誤解＝日本は韓国のハングルを復活させようとした。

嫌韓本を信じたことによる誇張された認識と思われます。「復活」というからにはハングルが廃れたように読めますが、朝鮮でハングルがすたれた事実はないようです。「春香伝」や「洪吉童伝」など多くの大衆小説がハングルで書かれていますし、1894年の甲午改革ではハングルは「国文」とよばれ、公用文に用いられています（韓国併合は1910年）。
もっとも民衆の識字率はとても低かったようですから、日本の学校制度が民衆の識字率を向上させたのは事実だと思います。しかし、それは世界中どこの植民地でも起きている現象です。字もろくに読めない農民を工場労働者にはできませんからね。
国語常用運動などの朝鮮語排斥、日本語強制の実態については、熊谷明泰「賞罰表象を用いた朝鮮総督府の『国語常用』運動」が参考になります。

誤解：創氏改名は強制ではなかった。韓国名のまま日本軍の上級将校になった人もいる。

いいえ、強制でした。強制でないというなら、1939年に発布された「朝鮮民事令中改正の件」は何でしょうか。

朝鮮民事令中改正の件
付則第2項　朝鮮人戸主は本令施行後6月以内に新たに氏を定め之を府尹又は邑面長に届出づることを要す。
付則第3項　前項の規定に依る届出を為さざるときは本令施行の際に於ける戸主の姓を以て氏となす。

韓国伝統の「本貫制度」を公的に廃止して、日本式の「戸籍制度」に改めるのが「創氏改名」でした。
「創氏改名」は単なる名前の変更ではありません。韓国では一般庶民でも何百年もの血統記録を保管しており、代々の苗字をずっと受け継いでいます。これを「本貫《ほんがん》制度」といいます。
これに対して日本の戸籍制度では、本家から独立すれば新世帯となり、そこに新たな「氏」が次々と生まれます。名家を除いて、直系先祖との直接的・具体的紐帯というのはそんなに強くありません。

「創氏」というのは、韓国人に先祖との紐帯を断ち切らせ、各世帯がバラバラの「日本式「氏」制度」に変更させるというもので、それまでなかった「氏」を各世帯が創るから「創氏」というのです。

韓国名のまま日本軍の上級将校になったというのは、おそらく洪思翊中将のことでしょうが、「創氏改名」というものへの誤解があるようです。

たとえば「李」さんが「木下」さんに姓を改めるようなことが広く行われましたが、附則第3項を利用して何も届け出なければ「李」のままの戸籍（つまり「氏」です）がつくられました。しかしこれは何も変わらなかったのではありません。それまでの「李」は本貫にもとづく苗字でした。ですから奥さんは本貫にもとづく苗字である「崔」だったりしました。が、創氏以後は日本式の氏に変わったのですから、男性の李さんは何も変わっていないように見えますが、夫婦別姓の奥さんは無理矢理、崔さんから李さんにされてしまったのです。

苗字が変えられることも韓国人には苦痛だったでしょうが、それと同じくらい、「本貫」から切り離されることにも心理的抵抗があったようです。

次に「改名」ですが、これはたとえば「安成（あんそん）」という名を「安成（やすなり）」に変えるようなことです。こちらは強制ではなく、許可制でした。

皇民化政策のもと、「改名」も日本式にすることが奨励されたり誘導されましたが、強制力がなかった「改名」の方は、9・6％の達成に終わっています。朝鮮式の名前が実生活の上で不利に働いたにもかかわらず、です。

しかし「創氏」は100％の実施でした。それはもちろん、法律で強制されたからに他なりません。

(2007.7.2)

ある朝鮮名の女の子の記録

5月2日（2009年）に「平和のための戦争展」をやります。そこで展示するため、戦時中の資料をたくさん貸してもらいました。その中に姫路市内の国民学校の内部資料があります。見ていくと、卒業生の進路を一覧表にしたものがありました。昭和19（1944）年の資料です。

クラスのほとんどが高等小学校に進むか、就職します。その中で一人だけが、「家事手伝い」とありました。進学もできないし、就職もできなかったのでしょう。

それはクラスでただ一人の朝鮮名の生徒でした。朝鮮名の下にカッコ付きで日本名が記してあります。天皇の赤子として平等に苦労せよと教えつつ、けれども内部資料にはちゃんと朝鮮人だと分かるように書かれていました。

昭和19年といえば、もちろん創氏改名が実施された後です。朝鮮名は、創氏改名を受諾しない誇り高き朝鮮人家庭の「抵抗の証」でしょうか。*それとも、創氏改名にもかかわらず本音の部分ではそれを受け入れなかった日本側の「差別の徴表」なのでしょうか。

いまとなっては、そこは明らかではありません。が、ただ一人、進学も就職もできなかった女の子がどんな屈辱感を抱いて成長したのだろうかと、しばらくその資料を前にたたずんでしまいました。

当時は「一視同仁」とか言われていました。「向こうがそれを望んだから日本名にしてあげた」などと馬鹿馬鹿しいことを言う政治家〔麻生太郎〕がいまもおり、官邸に住んでます。しかし実際には、当時の日本人は朝鮮人を二等国民として蔑んでいました。いまもそうです。差別している奴ほど、その差別を否定します。

*参考――『近代庶民生活誌（4）流言』〔三一書房〕には「鄭和欽コト日高輝男」などと朝鮮名の人物が数名載っています。「日高輝男コト鄭和欽」ではありません。逆です。本名が日本名なのに、通名として〔元の〕朝鮮名を使い続けた人があったのです。

他には元「李」さんが、「李」を「新たに創った氏」として戸籍に載せた例もあります。呼び名は同じですが、日本式の「氏」と朝鮮式の「本貫」にもとづいた朝鮮式の「姓」は、意味合いが全然違います。

資料にある女の子の場合、朝鮮名と日本名のどちらが通名なのか、はっきりしません。

(2009.4.23)

強制連行と朝鮮植民地政策の実態

嫌韓のみなさんのコメントと、それへのお返事&資料です。
嫌韓のみなさんの言い分は以下のようなものです。

① 在日のいうような強制連行などなかった。
② 強制連行があったとしても、警察官の個人の犯罪だ。しかも朝鮮人警官が圧倒的に多いのだから日本人に責任はない。

③日本政府は強制的に連れて来いなどとは命令していない。

④国家総動員法という法に定めてあることだから、いわば飲酒運転したら禁固刑や罰金されるのと一緒。その条文をもって「強制連行だ」などと言って批判されるのなら、すべての国の法が非難されなければならないことになる。

⑤強制徴用、徴兵は朝鮮に対しては1944年から。最後の1年だけで、人数は多くない。

⑥当時の時代背景を無視して、現代の人権感覚で裁いてはいけない。朝鮮半島は当時としては最も恵まれた支配を受けている。

■1 「在日のいうような強制連行などなかった」の間違い

以下の国内資料が示す歴史事実は強制連行といえないのか。

協調会文書『思想対策係「半島人問題」』

半島労務者の労務管理には幾多の問題が存している。(中略)何となれば朝鮮に於ける募集状況を見るに、曽ては野良で仕事最中の者を集め、或は寝込みを襲って連れて来る様な例も中にはあって其の誤れるや甚しい。計画的に募集の準備をして供出することが切に要望される所以である。

「復命書　嘱託　小暮泰用」

ハ．動員の実情

徴用は別として其の他の如何なる方式に依るも出動は全く拉致同様な状態である。其れはもし事前に於て之を知らせば皆逃亡するからである。そこで夜襲、誘出、其の他各種な方策を講じて人質的掠奪拉致の事例が多くなるのである。

何故事前に知らせれば彼等は逃亡するか、要するにそこには彼等を精神的に惹付ける何物もなかつたことから生ずるものと思はれる。

内鮮を通じて労務管理の拙悪極まりなることは往々にして彼等の身心を破壊することのみならず、残留家族の生活困難乃至破壊が往々であつたからである。殊に西北朝鮮地方の労務管理は全く御話にならない程惨酷である。故に彼等は寧ろ軍関係の事業に徴用されるを希望する程である。

住友鉱業「半島人移入雇用に関する件」

1．募集事務──総督府に於いては左記事由に基づき内地移住につき積極的援助をなす

イ．労務者動員計画遂行に協力すること

ロ・本年度南鮮一帯の旱魃による救済のため従って募集は募集取締規則に基づく各社の募集従事者による募集ということになつて居るが実務は前記事由により朝鮮官権によって各道各郡各面に於いて強制供出する手筈になつて居る、即ち警察に於て割当数を必ず集める之を各社の募集従事者が詮衡することになって居る

2 「強制連行があったとしても、それは警察官の個人の犯罪だ。しかも朝鮮人警官が圧倒的に多いのだから日本人に責任はない」の間違い

日本本土に労働者を移送する「職業紹介事業」は「朝鮮職業紹介令」にもとづいて国営の「職業紹介所」が担っていた。その下部機関に「朝鮮労務協会」が設置されたが、これは朝鮮総督府内にあった。動員計画は国と朝鮮総督府、指示命令は各級の日本人、実務は主に朝鮮人だったと見られる。

3 「日本政府は強制的に連れて来いなどとは命令していない」の間違い

「国民総動員法」

第三十六条　次の各号の一に該当する者は一年以下の懲役又は千円以下の罰金に処する。

一　第四条の規定にある徴用に応じない者。または同条の規定にある業務に従事しなかった者。

二　第六条の規定にある命令に違反した者

4 「命令はあったが、国家総動員法という法に定めてあることだから、いわば飲酒運転したら禁固刑や罰金されるのと一緒。その条文をもって「強制連行だ」などと言って批判されるのなら、すべての国の法が非難されなければならないことになる」の間違い

朝鮮半島には普通選挙権が適用されなかったのだから、法制定に関わることもできなかった。

義務教育も施行されなかった。

日本人に対するのとは違う行政権行使がされていたのに、強制規定だけは日本人と同じだった。

このように法そのものが不公平で不当だったから問題なのだ。法に従うことを強制する植民地支配が不当なのだ。

あなたの住む県には選挙権がなく、義務教育もないし、県庁のえらいさんはみんなとなりの県の人なのに、飲酒運転したら捕まるところだけは同じだったら、どうか。

となりの県の人は義務的に居住地の清掃作業をしているのだが、その作業に、あなたの県の人が強制的に法律で駆り出

されるのだ。不当だと思わないか？

5「強制徴用、徴兵は朝鮮に対しては1944年から。最後の1年だけで、人数は多くない」の間違い

それ以前の1939年に「昭和14年度労務動員実施計画」が閣議決定されている。これは鉱山・土建労働者を集めるための計画で、その後、重・化学工業部門に計画が拡大された。1944年の閣議決定「半島人労務者活用に関する方策」によれば、12万人の朝鮮人労働者の「集団供出」が計画されている。

計画では徴用の期限は2年とされている。

しかし実際には以下の通りだった。

『北海道炭砿汽船株式会社七〇年史』

右のごとく内地に移送されもしくは徴用された朝鮮人労働者は、現場において強制された監禁と労役、非衛生的な状態のなかにあって、満期日の時がきてもいわゆる「契約継続」を拒否することは事実上不可能であったし、それでもなおかつ帰国を願い出た者は船便がないといいきかされたのである。

はじめは好条件の宣伝を信じてたくさんの朝鮮人が応募したが、就労先での過酷な様相が噂として広まるに連れて、総督府が集めようとしても人が集まらなくなった。（まるで「帰国事業」のようだ。）そこで法律で強制する「強制徴用」に踏み切ったのだ。朝鮮に徴用令が適用されたのは、絞りきった雑巾からさらに水を搾り取るためだった。

6「当時の時代背景を無視して、現代の人権感覚で裁いてはいけない。朝鮮半島は当時としては最も恵まれた支配を受けている」の間違い

泥棒がこう言っているように聞こえる。「おれは金を盗んだだけだ。殴ったり殺したり強姦したり家に火をつけて逃げる奴も多いのに、金を盗んだだけだぞ。泥棒被害としては軽いもんじゃん」

「朝鮮人労働者の近況」大阪市社会部労働課　社会部報告177号

朝鮮を植民地視することは或いは問題であるかもしれないが、それは単に名称の問題に過ぎず事実に於いては他の植民地と同様の政策が施されているのであつて、他の植民地同様に資本主義化によつて文明の開発を得たと共に変革を伴ふ甚大なる犠牲を見たのである。しかししてその犠牲は開発者たる内地人にもたらされたものは少なく、現住者たる朝鮮人殊に全人口の約八割を占める農民階級に於いて最も著しく現れている。

朝鮮人の一般生活程度はわが国の奈良朝時代のそれに相当すると唱へた学者すらあるやうに、彼等の生活は一般的標準から見て頗る低く、殊に下層階級の生活は悲惨を極めている。いふまでもなく現時の経済的不況は朝鮮に於いても深刻なる影響を及ぼし、朝鮮下層民の生活は極度に逼迫してその行き暮れた生活の姿は随所に見出される。

宇垣一成朝鮮総督の天皇上奏文

1931（昭和6）年7月

その二は、朝鮮人に適度にパンを与うることであります。朝鮮の富は併合以来非常に増加していますけれども、朝鮮の富が増加している割合には朝鮮人の富は増設致しておりません。今日なお生活苦に呻吟しておるものが相当多数存在致しております。

『日本経済年報第七号』東洋経済新聞社

四月乃至五月、貧農は米も麦も勿論売り尽くし、蓄への粟も勿論食い尽くし、畑作が収穫期に入るまでは、草の根を噛み、木の皮を囓って飢えを凌ぐ。

朝鮮農家の窮民の固有の此の悲惨は恐慌期に入りて倍加され、三倍化された。

殊に六年〔1931年〕の凶作恐慌の後には、もう二月三月から『春窮』が始まり、農民は鋭い飢餓に虐まれ、餓死の恐怖に駆られている。

困難は、殊に凶作であった咸鏡北道、慶尚南北道等に於て深刻だ。咸鏡北道の如き、実に63％の減収なのである。死か、闘争か、貧農は恐慌の深化と共に起上る。六年度の小作争議は、その規模といひ、その性質といひ、当局を脅威するに十分だった。

慶北栄州に郡浮石、丹山の両面は数年続けて凶作にあり、面民は殆ど生活困窮のドン底に陥り殊に端境期が近付くに従って彼等細農の生活状態は一段悲惨の度を加へ、食ふに糧なく一日一食の粥にもありつけず、草根木皮を漁って歩くといふ餓死線を彷徨う七十戸、三百三十二人に達している。

(2010.1.17)

朝鮮人強制連行についての基本認識

ツイッター世界は広い。中にはとんでもない差別者がいることを知った。ツイートのほとんどが、在日コリアンに対する呪詛なのだ。ぞっとした。ミクシィにもそういうコミュがいくつもある。

それほどではなくても、「在日韓国人・朝鮮人は強制連行されてきた人々の子孫ではない」という言説がネットに絶えない。なんでいま、という気もするが、そのことについて考えてみた。

外国人参政権と強制連行の関係

強制連行なんかなかったというのは、おおかたは、在日外国人の地方参政権に反対する立場からの発言だ。永住資格を得た在日外国人に対して地方参政権を与えるのは間違いだというのだ。その理由として、強制連行された朝鮮人はとっくに帰ってしまったじゃないかと。

なんだか変な議論だ。地方参政権は、在日コリアンだけを対象としたものではない。永住資格を得た外国人すべてが対象だ。米国籍や中国籍、ベトナム籍の人も対象となる。在日コリアンの父祖の出自と、これらの人たちと、どんな関係があるというのだろうか。

永住資格をもった在日アメリカ人に、朝鮮人の強制連行はウソだから、あなたに選挙権与えませんと言ったら、目を白黒させるのではなかろうか。外国人選挙権に反対するために強制連行を否定しても、まったく無意味である。

朝鮮人は嘘つきというウソ

あとは朝鮮人は嘘つきだという文脈で語られている。

在日コリアンが「おれたちの先祖は強制連行で連れてこられて、おかげでおれたちはこんなクソみたいな国にいるんだ」と言っているというのだ。強制連行はデマだし、クソみたいな国にいるのがいやなら出て行けと。

在日コリアンは、はたして自分たちを強制連行された父祖の子孫だと言っているのだろうか、クソみたいな国にいやいや住んでいると言っているのだろうか。それこそまったくのデマだ。自分がたたきやすい発言を捏造して、ありもしない意見を非難しているだけだ。

強制連行以前から日本に住んでいた大勢の朝鮮人の足跡を追跡・研究したのは、他ならぬ在日コリアンの研究者だった。朝鮮戦争〔1948年〕や済州島の住民弾圧〔1950年〕を逃れて多数が渡来したことも、隠されていない。

朝鮮人だろうが日本人だろうがエスキモーだろうが、嘘をつく奴はつくし、正直者は正直者だ。そんなことを民族性にからめて語るのが、そもそもデタラメな理屈なのだ。

朝鮮人は密入国者というデマ

話はちょっと逸れるが、朝鮮半島の動乱時期に来日したことを密入国だという人たちがいるが、そうとも言えなかろうと思う。

日本政府が旧植民地朝鮮の人々から日本国籍を喪失させたのは、１９５２年４月だ。朝鮮半島の人々は、それまでは日本国籍を有していたのだ。日本国籍を持つ人が動乱を逃れて日本国内のどこに行こうと、それはその人たちの自由であり権利だという解釈だって不自然ではない。

強制連行は２４５人というデタラメ

もとに戻る。

「在日韓国人・朝鮮人は強制連行されてきた人々の子孫ではない」。こういう無意味な言説が何を根拠に流されているかといえば、これまたデマがいの資料にもとづいているのだから恐れ入る。

その資料とは、「昭和35年2月　外務省発表集　第10号」であるらしい。嫌韓・歴史修正主義のサイトではこの資料がまことに重宝されている。

「記事資料　昭和34年7月11日」と記しているサイトもある。外務省が昭和35年に発表したものが、前年の昭和34年に記事になったことを疑問に思わないのだろうか。不思議な人たちだ。

まあともかく、資料それ自体は外務省のものだから、本物だ。そこには戦時中に徴用されて来た人のうち、昭和34年時点で日本に残っている人は「極めて少数」で、たった２４５人だと記してある。「現在、日本に残留している在日朝鮮人は自由意志による残留である」と確かに書いてある。２４５人という数字自体はそうなのだろう。

問題は強制連行を「戦時中の徴用」に限定している点だ。戦時中に徴用が行われた期間は、その資料がいうには１９４４年9月から45年3月までの半年間。その期間に何人くらいが連行されたかといえば、資料によれば「ごく少数」だそうだ。もともとの連行数が「ごく少数」なら、残留した人が「極めて少数」なのは当たり前だろう。

ほとんどが自由意思でやってきたというホラ

その資料によれば、1939年から1945年にかけて、渡来朝鮮人は100万人も増えている。それらをすべて「自由渡来」と「自然増」だとデマ資料はいう。

冗談も休み休み言ってほしい。軍の協力がなければおいそれと渡航できない時代だったのに、100万人もの人が自由にやってきたなんて、子どもでもそんな言い訳はしない。

朝鮮総督府の事務官も、強制連行が始まっていないはずの1943年に、次のように述べている。

「労働者の取りまとめは……半強制的にやっております」

（『大陸東洋経済』1943年12月1日号）

公刊物として発行されることがわかっていてもこう述べるのだから、役人でさえ「強制」が悪いことだという認識がほとんどなかったことを示している。まして民間の手配師はどうだったか、考えるまでもない。

法務省法務研修所の森田芳夫が執筆した『在日朝鮮人処遇の推移と現状』（1955年）には、1939年からの労務動員について「政府は、朝鮮人を集団的に日本内地に強制移住せしめる策をとった」と書かれている。

こういった現実についての認識不足が、外務省にはある。植民地行政機関と大企業が手を組んで、無理なやり方で組織的に連れてこなければ、数年で100万人もの人がやってきたりするものか。

だから在日コリアンが全部強制連行された人の子孫だという事実はないし、そんなことを言う人もなかろうが、強制連行は事実あったことであり、そういった人の子孫もいるだろうと思う。そういう立場の人が自分を被連行者の子孫と名乗るのは当然のことである。

帰りたい朝鮮人は帰った、ほかは好きで残った人ばかりという無茶

次に、戦後の話をする。1945年に200万人いた朝鮮人のうち、帰りたい者はすべて帰ったと資料はいう。だから残っているのは「自由意思」なのだと。

たしかに政府は大勢の朝鮮人を帰らせている。だが、残った人は本当に自由意思で残ったのだろうか。

昭和21年に内務部長あてに出された民生局長の依頼文がある。

昭和21年8月19日付　内務部長宛文書

……之等の者は市内転入禁止のために概ね無籍者である。……大部分は生活の根拠を失ひ生活困難に陥ったので早急に帰国させる様に努めてゐるが帰国の仕度金さえない者が大部分……

失業者はそもそも帰る金がない。帰りの食物として支給されたのは、1袋88銭の乾パン3袋だ。金のある人は、家財を置いて帰れといわれる。持ち帰れる荷物は、たった250キログラム程度なのだから。月賦で買った高い機械も、全部支払をすませないと持って帰るなという。置いて行けというのと変わらない。指定された期日に船に乗らなければ、2度目はない。

これでは帰りたくても帰れないではないか。泣く泣く日本に残ったら、今度はお前が勝手に残ったのだと言われる。なんという扱いだろうか。

日本に残った人々は、そこに生きる基盤を持つしかなかった。日本に根を生やして、差別の中でたくましく生きた。平均的には日本人より貧しいという統計があるが、努力をして財を成した人もいる。はじめはいやいやだったかもしれないが、50年も60年も暮らせば、そこが新しい故郷だ。いまさら帰れもないもんだ。

日本人は先祖代々から住んでいたと威張って何になろう。一人ひとりは誰だって、生まれてからの歴史しか持っていないのだ。日本生まれの在日コリアンと条件は同じである。当たり前ではないか。同じ地域に生まれ、同じテレビを見て育ち、同じ言葉を話して同じ空気を吸って生きている友人を、コミュニティの一員として迎え入れるのは当然ではないか。

在日朝鮮人社会のすばらしさ

在日朝鮮人コミュニティはすごい。

他国では、外国人がコミュニティを維持するために集団居住し、それが社会問題化していることが結構あるそうだ。

しかし在日朝鮮人は違う。朝鮮人集団居住区なんてものは、どこにもない。その代わり、苦労に苦労を重ねて自分たちで学校をつくり、子女教育を維持してきた。教育の力で、言語とコミュニティを守ってきたのだ。文化の力を通じて、民族のアイデンティティと誇りを固く握りしめて生きてきたのだ。相互扶助的な金融機関もつくりあげた。まったく、たいしたものである。

朝鮮銀行にはかなりの不正もあったが、システムが改変されたので、今後はもうそういうことはないだろう。

朝鮮総連＝北朝鮮というおとぎ話

北朝鮮との関係がどうのというが、愛郷心に日本人も朝鮮人も変わりはあるまい。

一世が元気な家庭では金日成の写真を飾っているところも

あるそうだが、日本の年寄りが天皇皇后の写真を飾っているのと同じことだと思う。日本人がいまさら天皇のために突撃する気がないように、金正恩のために命をかけようなんて奇特な御仁がたくさんいようとは思えない。

朝鮮労働党の一党独裁システムを通じて変な指令が下りてくるのは御免だが、そんなものがあるとしても、従うのはほんの一握りだろう。日本の捜査当局が鵜の目鷹の目で朝鮮総連の犯罪行為をあげようとしているのに、新聞に大々的に報道されるのは微罪ばかりではないか。

どんな思想を持っていようと日本では自由だ。しかし圧倒的多数の在日朝鮮人は、チュチェ思想なんかお守り札ほどにも大切にしていない、普通の庶民だと聞く。

よそ者嫌いは人間の宿痾だから根絶は難しいにしても、嫌韓連中のそれは病気に近いものがあると思う。

外国人参政権に賛成する

むしろ、戦後日本を共に支えた気骨ある朝鮮人のたくましい力を貸してもらったほうが、この国のために断然いい。それには、共生が必要だ。差別をやめること、そして一緒に差別とたたかうことだ。日本の社会システムが、外国人地方参政権でぐらつく程度の脆弱なものだなんて、とても思えない。

まあ、在日コリアンの中には日本の選挙権なんかいらないという人もいる。その意見はそれとして尊重すべきだろう。もう一方で、日本国民として日本社会のあり方を考えるうえで、外国人参政権の導入を視野に入れるのは間違っていない。

民主党は口ばっかりのへたれだったけれど、いつかまた外国人参政権が政治課題にのぼれば、私は諸手を挙げて賛成するつもりだ。

(2012.4.5)

朝鮮人の定住を促進したのは帝国政府だった

これは知らなかった。見つけたのは偶然だったから、読んで驚いた。

帝国政府は戦時中に朝鮮人労務者を大量に移住させた。契約期間は1年ないし2年だったが、契約期間が過ぎても定着させようと計画し、そのために家族を呼び寄せやすくする措置を講じていたのだ。

「帰らないでいてください、家族にも来てもらいましょう」と猫なで声で誘っといて、用が済んだら「とっとと帰れ」だもんな。そんな理屈が通ったらこの世は闇だ。

「朝鮮人労務者活用ニ関スル件」ニ依リ移入スル朝鮮人労務者ノ定着ヲ図ルト共ニ出動期間満了者ノ契約更新ヲ促進スル為其ノ家族呼寄ヲ容易ナラシムルノ措置ヲ講ジ之等労務者ヲシテ安ンジテ戦時生産ノ増強ニ邁進セシムルノ要アリ仍ツテ本方策中家族携行ニ関スル事項ヲ左記ノ通改訂セントス

記　昭和十七年二月十三日閣議決定（閣議決定であることを示す大臣の花押）

(2015.3.5)

故渡辺淳一が見た朝鮮人強制連行

拉致問題について　作家・渡辺淳一

かつて、わたしの祖母や親戚たちは、北海道の砂川や歌志内などで、味噌、醤油などを売る雑貨店や新聞店をやっていたが、この一帯は北海道で有数の炭鉱地でもあった。

札幌の小学校に通っていたわたしは、それら親戚のところへ、ときどき遊びに行ったが、そこで何人かの朝鮮人を見ている。

彼等はいうまでもなく戦時中、日本の権力によって強制連行された人たちである。その数はどれくらいになるのか。一説によると、二百万とも四百万ともいわれているが、かなりの朝鮮人が日本全土に強制的に連行されてきたことは、まぎれもない事実である。

彼等は一様に、真冬でもボロボロの服を着て、痩せて目だけ光っていた。そんな虜囚のような群れが、暗く危険な炭鉱の坑道に送り込まれるのを見たことがある。

さらに新聞店をやっていた親戚の広い庭の下が崖になり、その川沿いに朝鮮人飯場が並んでいた。そこでは朝鮮人たちを労働にかりたてるため、ご飯も立ったまま食べさせて、働きの悪い奴は日本人の棒頭に叩かれて泣いていたと、飯場を覗き見てきた少年がいっていた。

事実、わたしはその少年に手引きされ、恐いもの見たさで飯場に近づき、朝鮮人が半死半生のリンチにあっているのを目撃した。

叔父が、崖の下へ降りてはいけない、といいながら、脱走してきた一人に、餅をあげたのを見たことがあるが、その男は、「アイゴー、アイゴー」といいながら、手を合わせてむしゃぶりついていた。

以上は、わたしが小学一、二年生のとき、一瞬、垣間見た地獄絵である。この結果、どれほどの朝鮮人が行方不明

になって殺されたかわからないが、こういう過去があったことはまぎれもない事実である。（週刊現代、02年10月12日号）

ここからは自分の話。

子供のころ、近所を流れる市川沿いに、朝鮮人の集落があった。豚小屋の匂いのする集落だった。鉄道工事に動員されてきた人たちが戦後も住み続けた集落だと、大人たちが語っていた。後に調べたら、鉄道工事ではなく、弾薬庫掘削工事に動員されたことが分かった。

私の母親は、彼らが河原で棒でたたかれて叱られているのを何度も見たことがあり、可哀相だったと述懐していた。逃亡した人が我が家に転がり込んできたことがあって、祖母がおにぎりを与えて逃がしたという話も聞いた。父親も祖父も同じことを語っていた。

そういった小さな歴史が姫路の片田舎にもたしかにあったのだが、あまり語られることもなく、事実を知る人は、今ではもう亡くなってしまった。

姫路城の南にも、廃品回収を生業とする貧しい朝鮮人集落があった。お城周辺の整備のために強制退去させられたのは、そう昔のことではない。

姫路城が国宝となり世界遺産になったのは誇らしいが、お城を美しく装うために強権発動があったことも、忘れてはならないことだと思う。

弾薬庫掘削工事に従事した人たちは、強制連行ではなく出稼ぎだったと、その近辺にいまも住む朝鮮の人から教えてもらったことがある。渡辺淳一のいうような、強制連行されてきた人たちばかりではないのだろう。

しかし来歴がどうであれ、二級民族扱いされ、ほとんど牛馬のごとくに扱われたのは事実だ。

そういった民族の力関係の中、朝鮮で生きていけなくなって流浪してきた人が大半なのだから、強権的に連れてきたかどうかという一点にのみこだわるのはごまかしだし、責任逃れとしか言いようがない。

(2014.5.7)

韓国民かく戦えり

韓国併合は条約で合意された正当な行為だとか、韓国人は併合に反対せず、抵抗もせず、歓迎したなどと世迷い事を書いている人がいる。そういうことだから、隣国の大統領が苦言を呈することになるのだ。

多くの人が併合当時の日本の記録を知らないのは仕方がな

い。学校で習っていないのだから。

次に示すのは、日本の防衛省に残され、全国民に公開されている記録の一つである。併合に反対して起ち上がった韓国の民衆義兵と、これを弾圧するために戦った日本軍の損害記録である。韓国併合というのがどういうことであったか、確認する史料のひとつとしていただきたい。


韓国暴徒事件彼我損害一覧表（**大邱の戦い**）

第1号　韓駐軍　暴徒討伐に付韓国内部に於巡検隊等編成
其の他の件

日本側戦死	
守備隊	37
憲兵	1
負傷	80
韓国側死者	3,047
負傷者	1,248
不明	818

死者の割合は、なんと日本側1に対して韓国側80。彼我の火力の差をまざまざと示している。

それはそうだろう。かたや訓練の行き届いた近代的軍隊であるのに対して、韓国側は鉄砲もろくに持たない農民一揆なのだから。

それにしても、これだけ圧倒的な戦力の敵に立ち向かい、日本軍に38名の戦死者を与えている韓国義兵の勇敢さには恐れ入るしかない。

気になるのは負傷者の数だ。戦闘の負傷者は戦死者の数倍に上るのが普通である。

日本側は負傷者が戦死者の2・1倍。ちょっと割合として少ないとは思うが、不自然というほどではない。

ところが韓国義兵の側はどうか。負傷者が戦死者の半分以下だ。玉砕でもしない限り、これはあり得ない数字だ。これは恐らく、投降者をその場で殺していることを示しているのだ。不明というのは、死者か負傷者か報告書に書いてなくて分からない義兵の数だ。

これが大邱という町ただ一つの戦場の報告書なのだ。韓国全土では、これと同様の戦闘が無数に繰り広げられた。韓国民の損害はいかほどだったただろうか。韓国の統治者は腰抜けだったが、民衆はかくも勇敢に自らの独立を守ろうと戦ったのだ。

私は隣国の民の誇り高き戦いに対して、心からの讃辞を捧げると同時に、彼らが命を賭けて戦った敵が、他ならぬ我が先祖であったことを、とても残念に思う。
日韓両国がともに手を携えて西欧帝国主義と戦っていたら、その後の東アジアの歴史は今と大きく異なったものになっただろうにと。

（2011.8.16）

［資料］韓国併合と韓日合邦

韓国併合の前夜、韓国内には韓日合邦論がありました。よく似た言葉なのでわかりにくいんですが、中身は全然違います。

韓国併合 ≒ 吸収合併
韓日合邦 ≒ 対等合併あるいは企業連合

いわゆる親日派は、韓日合邦≒対等合併をめざしていました。日本政府は、韓日合邦の要求を受け入れるかのような謀略で親日派をあざむき、韓国併合を容易にした経緯があります。

麻生（太郎）さんは「韓国側が併合（≒吸収合併）を望んだんだ」と、ネットで嫌韓派が言っているようなことを真顔で言いましたが、まったくの事実誤認です。そのことを示す日本側の資料を教えてもらったので、紹介します。

「こんなのが総理大臣になれた時代もあったんだなあ、今じゃ考えられない、ひどい時代だったよ」と、いつか振り返れるようになったらいいなあと思います。

まず韓国側のプランと、次に親日派（合邦派）と独立運動派の対話を、現代文に直して紹介します。なんか、胸が痛くなるような会話です。

韓国側のプラン

題名「日韓合邦問題に関する件」
警秘第四〇四九號ノ一
隆熙三年十二月二日（1909-12-02）
警視総監 若林賚藏（印）
統監 子爵 曾禰荒助殿

本文
近頃かまびすしい日韓合邦問題の経路に関し、スパイしたところによれば、以前から「宋秉畯」と一進会長「李容九」との間でいろいろ交渉をしていたのは事実であり、合意した合邦案は左のようなものと伝えられる。

一．大韓国を韓国という
二．韓国皇帝を王と称すること
三．王室は今のまま、韓国に存在する

四．国民の権利は日本国民と同等であるべきこと
五．政府は現今の如く存立すること
六．日本の役人はすべて招き雇いとし、現今より減員すること
七．人民の教育、軍隊教育を振起すること
八．本問題は韓政府より直接日本政府に交渉すること

親日派と独立派の対話記録

尹（独立派）　合邦問題を提出したのはどういう考えなのか

李（親日派）　我が国は日本の保護国だ。しかし外形的には独立国なので、国民の多くは（ちゃんとした独立国だと）誤解して、（日本のふるまいに怒って）争乱を起こし、これが日本を怒らせるから、国の主権はますます奪われていく。

たとえば独立国の主権を十くらいとすれば、いまの地位は三くらいである。しかもこれさえ段々失って、まさに皆無になろうとしている。だから我らは手を結んで団結し、六か七くらいの間に主権を回復し、皇帝を王として日本にこれ（合邦）を請求すれば、現状よりはましではないのか。

尹　契約を守るのは立場が同等の者のことだ。強弱に差がある日韓の契約なぞ、虚文だよ。

李　貴会はこの案に不同意なのか。

尹　昨日、幹部会にこの案を提案したが、反対が多い。だから不同意だ。

李　我が会はいまこの案で日本政府と交渉中なのだ。決まり次第施行する計画なんだ。

尹　意見が合わなければ反対しなければならず、両会が衝突しあうことになり、これは国家のためにならない。深く考え直してくれ。

（2009.8.26）

韓国併合が朝鮮の自主改革の道を断った

「明治維新で改革に成功して発展した日本に比べて、朝鮮は近代化に無関心な封建国家だった、無気力と腐敗で衰亡していく朝鮮を救ったのは大日本帝国だった」

これがネトウヨや自民党の歴史観だ。

日本も朝鮮も、その歴史を通じて独自の文化を発展させてきた。大国の圧力に苦しみ、その干渉をはねのけようと苦闘したのも同じことだ。

朝鮮は先行する日本に学び、独自の改革の道を歩み始めようとしていた。その矢先、自主的改革の道を断ち切ったのが、韓国併合だった。

歴史をねじ曲げてデマを流布し、差別をあおって日本を戦前回帰させようとする動きに効果的なカウンターをかけなければ、嘘の歴史が国内に定着してしまう。

世界の誰もが共通理解として持っている歴史知識を、日本だけが知らないなどということになれば、日本はますます世界の異端児となり孤立し、結果として衰亡していくことになるだろう。そんな未来はごめんこうむりたい。（2015.8.2）

あえて近代史の「if（もし）」を考えてみる

35年にわたる植民地統治を短く的確に要約するのは誰にとっても難しいことなので、私が書いたことがすべてではありません。が、少なくとも日本の統治が正しかったとか、韓国民のためになったとか言い切る論理がきわめて一方的で極論であることはご理解いただけたかと思います。

他にも法的な側面とか、徴用の実態とか、語らねばならないことは限りなくあります。どうかそのような書籍を読んで、正確なことを知る労力を傾けて頂きたいと思います。

過去を振り返るのは、それを断罪することが目的ではありません。断罪しても、いまさら過去が変わるわけではありませんから。過去から学ばなければならない理由は、失敗を繰り返さないためです。

誰でもそうですが、失敗した自分の行いを振り返って、「あれはこんな理由があったから仕方ないんだ」とか「他の奴よりましだったよな」などという言い訳に終わっては、振り返る意味がありません。

自分の過ちや愚かさを見つめるのは痛いから誰だっていやですけど、そのようにした者だけが失敗を繰り返すことから免れるのだと思います。

私たちの知っている歴史が、「勝利した者のつくった歴史」であることには同意していただけると思います。それは何も東京裁判史観だけのことではありません。明治以来の我が国にはいくつもの転機がありました。その転機で打つ手打つ手をを少しずつ誤り、誤った選択の結果が蓄積し、大日本帝国は滅亡したのです。

歴史にif（もしも）は禁物といいますが、実現されなかった日本の歴史を考えてみるのは、ちょっと面白いですよ。

もしも龍馬が暗殺されていなければ、戊辰戦争が防げたかもしれない。すると長州の出番がなくなったはずだから、維新政府にあれほど薩長閥がはびこることはなかったでしょう。大村益次郎や山県有朋のような怪物が出てくる余地がなかったかもしれない。

奥羽列藩同盟に参画した藩が弾圧されていなければ、維新政府にはもっと人材がいたはずです。そうなっていれば、横井小南は暗殺されなくてもよかったはずです。横井がいれば、勝海舟が厭世的にならずに維新政府に入閣していたかもしれない。そうなっていれば、西郷は下野していなかっただろうし、当然死ななくてもよかっただろうし、木戸・伊藤博文はもっとおとなしかったろう。

陸奥宗光が山県の使い走りなどに落ちぶれなかったら、横井や龍馬や西郷の下でもっと存分に能力を発揮したかもしれない。すると、明治天皇の意志に背いてまで起こされた日清戦争はなかったかもしれない。日露戦争は日韓同盟対ロシアの戦いになったかもしれない。

日本の侵略さえなければ、日中韓の三国協商が実現していた可能性があるし、そうなっていれば日独伊三国同盟など無用で、第二次世界大戦は東洋に飛び火せず、太平洋戦争もなく、東アジアは繁栄し、今ごろはＥＣのような共同体が建設されていたかもしれない……。

その歴史は結果として実現されなかったんですが、維新の志士たちが思い描いた東亜繁栄の夢の実現に向けて、いまから努力することは可能です。これからつくる歴史が前の繰り返しではいけないんですから、そのために失敗の原因を探るべく、自分にとって都合の悪いことから目をそらさないで学ぶ。

薩長閥がつくった歴史から消されていった偉人たちの業績を学べば、人権思想や民主主義思想、平和主義が、けっして米国からの借り物ではないことに気づくでしょう。そうすれば、白を黒だと言いくるめなくても、この国に誇りを持つことができると思うんですよ。

（2008.11.7）

9 中国人強制連行

あったことをなかったと言う恥ずかしい人たち

戦時中の強制連行を巡り中国人から賠償を求められた訴訟で、4月（2007年）に最高裁判決を受けた西松建設（東京都港区）が28日の株主総会で、中国人原告を支援する株主の質問に、「強制連行の事実はなかったと確信している」と答えていたことが分かった。

被害事実を認めた二審を最高裁としてはじめて追認した判決を無視した形で、支援者は「勝手な解釈は許せない」と反発している。

4月の最高裁判決が言っているのはこういうことだ。強制連行はあった。しかし、被害者が賠償請求する法的根拠が既に失われている。ただし、法律で強制はできないけれど、人道上のこととして、会社は被害補償に応じるのがまっとうな道である。

よくわかる判決だ。要するに、判決が言っているのは、お金を支払う法的義務がなくなっている、ということだけ。強制連行という歴史事実がなかったなんてどこにも書いていないし、むしろそういう事実があったことをはっきり認めている判決だ。

慰安婦のことといい、歴史事実を覆そうとする恥知らずがどうしてこんなに多いのだろう。情けないなあ。（2007.6.30）

中国人強制連行は国策として行われた

中国人強制連行は国策として行われた。企業が勝手にしたことではない。だが、日本政府は、そんなことしていないとか、資料がないのでよくわからないといってきた。それが一貫した公式見解だった。

昭和30年代の国会答弁はそうだった。一例だけ挙げる。

昭和35年。

外務次官・井関祐二郎の答弁

昭和21年3月に、外務省管理局においてそういう調書の作成をいたしたそうでございますが、そういう調書がございますと、戦犯問題の資料に使われて、非常に多数の人に迷惑をかけるのではないかということで、全部焼失いたしたそうでありまして、現在外務省としては、そうした資料を一部もっておらない次第でございます。

戦犯訴追を恐れて焼いてしまったというのだから、かなり後ろ暗い資料だったのだろうと想像できても、モノがないというので、この当時はそれ以上調べようがなかったのだ。
ところが1993（平成5）年になって、焼かれたはずの資料が一部見つかった。外務省職員が資料損失を憂いて外部に持ち出して保管していたのだ。これが本物の公文書であることを外務省が確認した。現在は外務省が保管して公開している。

補償請求の裁判は、こういう公文書などの資料にもとづいて起こされている。原告の一方的な証言だけしかないというのは誤りだ。それにしても、補償請求できていたころには「証拠がどこにある？」と開き直って受け付けない。証拠が出てくると、「今ごろ言ってきても手遅れ」と、やはり門前払い。それが法律だとはいうものの、釈然としない。

最高裁判決は、この釈然としない点をも汲みあげた、人間の温かみが感じとれるものだった。会社の解釈はやはり冷血なものだと思う。

（2007.6.30）

中国人強制連行はどのようにして行われた

募集方法

日本へ移送された労働者の募集方法のうち最も多かったのは「行政供出」。全体の60%がこれだ。これは行政機関の命令にもとづく供出だ。上級庁から下級庁へ人数が割り当てられる。行政命令なので、下部の郷村ではノルマ達成のため、かなり強制的な集めかたをしなければならなかった。

次に多いのが捕虜の使役。30%を占める。捕虜を強制労役につかうのは国際法違反なので、外面的な書類手続きとしては、いったん釈放し、本人の希望にもとづいて供出したことになっている。

昭和29年参議院での外務省答弁を引用する。

> 日本軍捕虜となって抑留されておった人が釈放されて民間人となり、その民間人を労務者として連れてきたというものが非常に多いようであります。（中略）捕虜の身分で来たのではなくて、自由の身柄として来たことになっております。

昭和29年当時は、本当のことをよく知っている人がたくさん生きていた。キレイゴトは通用しない。そこで「……ことになっております」と、それがタテマエでしかない実態を認めざるを得なかったのだろう。この2つの手段で移入労働者の90%近くを占める。彼らは絶対に「自由な出稼ぎ労働者」などではない。

規則と実際

政府文書からは、役人がデスクで書いた規則と現場の実際が違っていた事実が読み取れる。

政府の次官会議では、労働者はなるべく30歳以下で独身者を選ぶと決めていた。たしかに半分近くは20代だった。しかしそれだけでは人数が足りなかった。記録されている最高齢はなんと78歳。最年少は11歳だった。小学生まで引っ張ってきたのだ。

食料については十分に確保しなければならないとか、なるべく中国の食文化に配慮せよという規則もつくられている。しかし、実際には中国で出港を待つあいだに、すでに食糧が尽きてしまった例すらある。中国の港から日本の現場に到着するまでのたった数日のあいだに、労働者の2%が死亡しているのだ。劣悪な食料事情と不衛生な居住環境が原因だ。

現場に着いてからも事情は変わらない。労働者移入は約2年間続いたが、1人あたりの労働期間は平均7カ月だ。この短期間に、全労働者の17・5%が死亡しているのだ。これは恐るべき数字だ。死亡率52%というすさまじい事業所もある。死亡率が30%を超えた事業所が14カ所もあるのだ。強制労働でなければこんな悲惨なことになるはずがない。

企業に対する補償

あまり知られていないが、中国人労働者を使役した企業は日本政府から国家補償を受けている。戦争末期から敗戦直後にかけての時期だ。

政府の命令で中国人を使ったのだから、移送費用や人件費、管理費などは国が補償すべきだという理屈だ。その金額は判明している分だけで、当時の金で5700万円にのぼる。

国民が食糧難と失業で明日をも知れない暮らしにあえいでいた時だ。国庫は何よりもまず国民生活の安定のために使われるべき時だった。そんな時、彼らはちゃっかり国庫からあぶく銭をせしめていたのだ。それなのに、労働者に未払い賃金さえ払わない企業がある。強制労働なんかなかったんだとシレッと言い切る重役がいる。

私は同じ日本人として、恥ずかしくてたまらない。恥を知れ！　と叫びたい気分だ。

(2007.7.1)

10 南京大虐殺

南京事件への道のり

『昭和十一年度北支那占領地統治計画』という文書がありま す。日本軍が作成した文書です。

これによれば、日本軍は満州事変の翌年にあたる1933年（昭和7年）から、すでに満州に隣り合う華北地方に侵攻して占領する計画を立てていました。

その目的が、文書に明記してあります。「重要資源の獲得」です。そして鉄道管理などの商業計画、重工業建設計画をつくっています。さらに重大なのは、貨幣計画までつくっているところです。

ここまで計画していながら、「邦人保護」に関する文言はどこにもないのです。

つまり突発的な事態に対処して防御的に攻勢をかけるという軍事計画ではなくて、ことあらば華北を一挙に攻め取ってしまおうという侵略計画なのです。

南京事件の前哨戦①――盧溝橋

満州に引き続いて「熱河省は満州の一部だ」という無茶な理由で中国内陸部を奪ってしまい、ついでその周辺の広い地域にかいらい自治政府をつくる……こういった侵略行動を日本軍は繰り返しました。

そして1937年、時は来ました。

日本軍は中国軍の目と鼻の先で武装歩兵の夜間演習を繰り返し、挑発しました。これまでの日本軍の横暴が腹に据えかねた1人の中国兵が発砲しました。といっても威嚇発砲で、だれもケガなどしていません。しかしこの発砲に言いがかりをつけて、日本軍はかねてから計画していた侵攻計画を一挙に発動しました。

盧溝橋事件は突発的事態であるかのようにいわれていますが、4年も前から計画していたことです。不意をつかれた中国側は応戦のいとまもありません。古都北京が戦火にさらされることを憂慮して、退却しました。

日本軍の言い分では、発砲というような危ないことをした中国軍を「こらしめる」だけで、侵略の意図も領土を奪う意図もないということでした。

しかし日本軍は、北京を無血開城させると、また口実をもうけてそこに居座ってしまいました。

しかも戦火を華北全体に押し広げました。

『昭和十一年度北支那占領地統治計画』どおりの行動でした。

南京事件前哨戦②——上海事件

日本軍の攻勢に対抗する軍事力をもたない中国は、日本軍の弱いところを攻めようと考えました。

それは上海です。そこならば列強の目もあるし、日本軍はむやみなことができないだろうと考えたのです。自分の土俵に引きずり込んで勝利し、交渉に引きずり出そうという作戦です。

ところが当時の日本はそんな常識のある国ではありませんでした。日本軍は反撃と称して、上海と南京を爆撃しました。

そして、ただちに方面軍を編成して大陸に送り、中国軍に全面攻撃を仕掛けました。

上海で日本軍は激しい抵抗にあいます。中国軍の、はじめての本格的反撃でした。

日本軍は、なんと2万4000人という途方もない戦死者を出しましたが、損害を顧みない突撃の連続で、からくも中国軍を敗北させました。

方面軍司令官松井石根は、本来はそこで任務終了だったのに、本国の指示を無視して、勝手に軍を首都・南京に進めました。

短期戦の用意しかしていないので、食料がありません。正式の師団ではないから、憲兵隊の数もたりません。しかも指揮しているのが中央の命令など屁とも思っていない連中ばかりです。

2万人も死んだ戦闘で命からがら助かって、やれやれ本国に帰れると思っていた兵士たちは、突然の命令にとまどいました。疲れていました。飢えていらだっていました。

彼らは怒りの矛先を中国人に向けました。上海から南京につづく長い道のり、中国軍の敗残兵に追いついてはなぶり殺しにする。民家に押し入って強盗をはたらく。

こんなことを繰り返しているうち、兵隊は人間の心を失っていきました。

南京攻防戦

「大人しく引き下がったら、北京のように奪われてしまう」

中国側は南京防衛を発令しました。

こうして両軍合わせて50万人の大部隊が激突したのです。

しかし中国側の戦法は19世紀以前のものでした。

強力な野砲の威力に、城壁はもろくも崩れました。

精鋭を上海戦で失った中国軍ですから、寄せ集めのような弱兵が大部分でした。

しかも司令官が臆病な老人でした。退却の手順も整えず、自分だけさっさと逃げてしまいます。

司令部を失った軍勢は、自分がどこを攻撃してよいかすらわからなくなります。

中国軍はたちまち無数の戦死体を残して潰乱しました。

あくまでも戦う途を選んだのは士官学校の少年兵でした。

彼らは味方が逃げる時間を稼ぐために、砦に立てこもって降伏しませんでした。

やがて銃弾がつきると、生き残りの少年兵たちは捨て身の銃剣突撃をかけ、全員が日本兵の銃弾に倒れて果てました。日本軍には、「皆殺しだ、捕虜はとるな」という命令がでていました。

司令部に見捨てられ、どちらに向かって逃げてよいかもわからない、哀れな中国兵が続々と捕虜になりました。それらが片端から殺されました。何万という捕虜が捕まって殺されたようです。

揚子江を渡って退却する中国兵と避難民の大群が大河を埋め尽くしています。そこに砲弾、銃弾が浴びせられました。日本海軍の砲艦も到着し、船という船をかたはしから撃沈していきます。相手は武器など持っていないので、一方的な殺戮です。泳いで逃げる者も容赦せず、なぶり殺しです。

市民および敗残兵の被害

都市攻撃が終われば、混乱を避けるために通常は軍は都市近郊に野営します。

しかし季節は12月です。

無計画に始めた戦争ですから、野営の準備もろくにできていません。暖をとる方法もありません。

そこで方面軍は、あろうことか、まだ血のにおいのする、殺気だった兵たちを、市民がひしめく城内に入れてしまったのです。市内が阿鼻叫喚の地獄に変わったのは、言うまでもないことでした。略奪、強盗、放火、殺人、暴行、強姦、ありとあらゆる犯罪行為が野放しになりました。

殺害者数にだけ目を向けようとする議論は、目くらましです。

南京アトローシティ〈虐殺〉は、殺人だけではないからです。

司令部はそのうえ便衣兵《べんいへい》狩りと称して市民の殺戮を命じました〈便衣兵は私服を着用して偽装した軍人〉。

松井石根司令官が戦勝入場式にこだわったので、その期日までに徹底して治安を確保する必要があったのも、殺戮に輪をかけました。後ろ手に縛られ、目隠しをされた市民が何千人も処刑されました。死体は揚子江に流され、河が真っ赤に染まったそうです。

こういう殺戮が3週間も続いたのです。

殺害数について

よくいわれる、「南京の人口は20万人だった」はミスディレクション、手品の手口です。20万人は南京城の一角、国際安全区にいた避難民の数でしかありません。

避難所は国際安全区だけではありません。他に「双塘難民収容所」がありました。南京城外の南京市内には「鳳凰難民区」「莫愁湖難民区」「三汊河収容所〈慈幼院難民区＋放生寺難民区〉」「宝塔難民区〈保国寺〉」「上新河難民区」「和記洋行」がありました。

これらの難民区に入らなかった市民も大勢います。東京裁判でマギー神父は「安全区に20～30万人超、安全区の外にはもっともっといた」と証言しています。

しかも事件現場は、南京市だけではありません。日本軍の作戦地域は、そこだけではないからです。近郊六県で構成する南京特別市全体が作戦地域でした。農村部の被害は、南京国際救済委員会のスマイス博士が調査しています。

国際安全区の20万人という数字でなにごとかが語れると思っていたら大間違いなのです。期間中の不法殺人の数ですが、東中野教授の「研究」によれば49人。藤岡教授にいたっては、ゼロなんだそうです。この人たちには、何と言えばよいのか、わかりません。

南京戦の教訓

松井石根司令官は、戦争を終わらせるつもりで南京を攻めたのでした。首都を落とせば、中国は降伏するだろうと考えたのです。

こんな簡単なこともわからない東京の連中はバカではないかと思っていたことでしょう。わしがガツンとやってやる、そして戦争を終わらせてやる！　この短絡的発想を実行するために、本国の命令を無視して突進したのです。

彼は優秀な司令官でした。無理難題でも部下はよく従いました。南京攻略作戦は、軍事的には見事な作戦で、大成功でした。しかし、軍事能力だけでは成功はおぼつきません。

彼の期待とうらはらに、中国人民の抗戦意識はそれまで以上に燃え上がり、戦争は泥沼となって日本軍は兵を引き上げることができなくなって、ついに大日本帝国は滅亡したのです。

軍事力はただの破壊力です。用い方を誤れば、とてつもない悲劇を生みだし、そして何も得られない。それが今日にも生きている南京戦の教訓でしょう。

（2015.3.4）

南京事件への道のり（続き）

南京以後

南京を占領しても、中国が降伏する気配はまったくありません。そこで業を煮やした日本政府は、全世界に次の声明を発表しました。

政府声明　1938（昭和13）年1月16日
帝国政府は南京攻略後、なお支那国民政府の反省に最後の機会を与えるため今日に及べり。しかるに国民政府は帝国の真意を解せず、みだりに抗戦を策し……東亜全局の和平をかえりみることなし。

よりて帝国政府は爾後（じご＝これから）国民政府を対手とせず……。（以下略）

「みだりに抗戦を策し」とはなんたる言いぐさでしょうか。日本が攻めていったのに対して、中国が負けないのがけしからんと言うのです。だから、もうお前なんか相手にしないというのです。何たる身勝手な言い分でしょうか。これだけでは足りなくて、2日後には補足の声明を出しています。

補足的声明　1938（昭和13）年1月18日
爾後国民政府を対手とせずというのは同政府の否認よりも強いものである。（中略）今回は国際法の新例を開いて、国民政府を否認すると共に、これを抹殺せんとするのである。

また宣戦布告のことが流布されているが、（中略）国民政府を対手とせぬ建前から、宣戦布告もあり得ぬわけである。

中国政府が日本国領土を1ミリでも侵したわけではありません。日本が中国領土を切り取っていたのです。それに抵抗するのが罪悪であるとして、中国政府を「抹殺」するのだと言います。これが「侵略」でないなら、何が侵略でしょうか。

これは秘密文書ではありません。政府声明として堂々と新聞発表されたものです。しかしこんなもので驚いてはいけません。こういう外交関係文書はいくらでもあります。学校が教えないから、日本国民の多くが知らないだけなのです。だから、南京大虐殺なんかなかったとか、あの戦争は侵略戦争ではなかったなどとかんちんかんなことが平気で言えるのです。

(2007.12.11)

南京大虐殺の人口をめぐる問題

「人口20万人の南京市で、どうして30万人の虐殺が可能なのか」という論が時々あらわれます（しょっちゅうかな?）。しかし日本の研究者で「30万人虐殺説」を採用している人はいませんので、この批判は的はずれです。

そのうえ、南京市の人口が20万人だったという根拠も薄いのです。中国では、ちゃんとした人口調査がされていないから、確定的なことを言えるはずがないのです。戦争前にはざっと100万人と言われていたようです。昭和13年の『文藝春秋』11月号とか、マイナー・シール・ベイツ〔米国の歴史学者。南京の安全区国際委員の一人として中国市民の保護に当たった〕の手紙にその数字があります。

その後、戦火を避けて多数の市民が脱出していますし、逆に周辺地域の戦火を避けて南京市内に流入した人もいるので、南京戦当時に何人が残っていたのかは不明です。よく言われる20万人というのも根拠のない数字です。東京裁判でのマギー神父の証言では、「安全区に20～30万人超、安全区の外にはもっともっといた」そうですし。

あちこちで引用されている南京市長の手紙も、みんな誤読しているんですよね。

南京市政府（馬超俊市長）が国民党に送った書簡（37年11月23日付）

「調査によれば本市（南京城区）の現在の人口は約50余万である。将来は、およそ20万人と予想される難民のための食糧送付が必要である」（笠原十九司『南京事件』）

11月時点では50数万人。20万人は「予想される難民の数」なんです。予想でしかないし、難民の数だから人口ではありません。ともかくこの手紙は3通りに解釈できます。

① 50万人のうち、市外に避難できず難民化して残るのが

20万人（これなら市内人口20万人）

② 市内に50万人が残り、そのうち20万人が難民化する（これなら市内人口50万人）

③ 50万人に加えて市外から流入する難民が20万人（これなら市内人口70万人）

どれが正しいのか、この文脈では読みとれません。

では南京戦当時に、実際には幾人がいたのか。これは分かりません。安全区内には最低で20万人。安全区外を含めれば、さきほど書いたように最高で70万人というところですね。国勢調査みたいな人口調査をしていないから、誤差はかなり大きいです。戦後に治安が回復したので人口が増えたと言いますが、その数字も25万人と言ったり40万人と言ったり。

いずれにせよ、数字で何事かを語るには慎重であるべきというのが、私の考えです。

（2007.12.10）

捕虜の殺害について

「東中野修道《ひがしなかのしゅうどう》（亜細亜大学教授）なんか、まともな歴史家と見られていない」という評価があります。そのとおりです。しかしなぜそうなのかを知っている方は少ないと思いますので、いい機会だから書いておきましょう。

南京大虐殺否定派の畝本正己氏は『証言による南京戦史』を書きました。これは南京大虐殺を全力で否定するために書かれた本です。

たとえば歩兵33連隊の『作戦詳報』には、捕虜の「大量処刑」が記録されています。これは連隊長と師団長の決済印のある公文書です。やってもいない捕虜殺害を、部隊が公文書に書くはずもないと思います。しかし畝本氏は、「そんなことしていない」という一人の元兵士の、「証言」ひとつで、これを全面的に否定してしまうという蛮勇をふるっています。一方で、虐殺があったという中国人の「被害証言」は、根拠なく「ウソ」だと決めつけています。

しかしこんな本でも「捕虜の不法殺害」や「市民の虐殺」を認めている。それは当事者が証言しているし、公文書の裏付けがあるので、否定しようがないのです。どんなに取り繕っても隠せない事実があるのです。

さて、南京大虐殺をめぐる研究とはどのように行われているのか。

たとえば東中野教授が講演でひきあいに出している第114師団です。この師団は有名です。

八、午後二時零分連隊長より左の命令を受く
左記
イ、旅団命令により捕虜は全部殺すべし
其の方法は十数名を捕縛し逐次銃殺しては如何

この記録が第114師団のものです。この命令が本当にあったのか、また実行されているのか、それが研究テーマとなりました。

師団行動を記録した公文書としては下記があり、「赫々たる大武勲」が書き連ねてあります。捕虜の処断も正直に記録してありました。悪いことだと思っていないから正直に書いてあるのです。

『第114師団 作戦経過の概要』昭和12・11・7〜12・14
『第114師団 戦闘詳報』昭和12・12・6〜12・14
『第114師団 戦時旬報第5号』昭和12・12・11〜12・13

この部隊行動は、以下の命令文書で裏付けられました。

114師作命甲第59号　昭和12・12・10
114師作命甲第60号　昭和12・12・10
114師作命甲第62号　昭和12・12・13
歩128旅命（右翼隊命令）昭和12・12・12
歩128旅命第66号　昭和12・12・13

その実行を裏付ける部隊記録は下記です。

- 「歩兵第66聯隊戦闘詳報」
- 「歩兵第66聯隊第一大隊　南京附近戦闘詳報」
「戦闘詳報」第6号　歩兵第150聯隊
- 兵士の証言としては下記のものがあります。
- 「城塁・兵士たちの南京事件」阿羅健一（月刊『丸』、潮書房、1989年1月号〜1990年12月号）
- 「郷土部隊奮戦記」（サンケイ新聞栃木版、昭和37年）
- 「野州兵団の軌跡」（栃木新聞、昭和54年〜55年）
- 『野州兵団奮戦記』高橋文雄（中央通信社、1983年）
- 『われらの大陸戦記　歩兵第66連隊第3中隊のあゆみ』
西沢弁吉・第3中隊長
- 『聖戦の思い出』手塚清・第4中隊長
- 『わが人生の歩み』高島惣吉・第2機関銃中隊長（高島剛編、1993年出版）

これらの史料を発見、収拾するのに、研究者がどれほど苦労したか、想像もつきません。そしてこれらを基礎に、論争が行われ、歴史事実が確定されているのです。

しかるに講演で東中野教授が114師団のことを弁解するのに持ち出したのは、次の話です。

「激戦の最中に捕虜に食事を与えている」

これだけです。だから殺すつもりがなかったことがわかる、と。しかし、事情があって殺してしまった、と。これが捕虜虐殺の弁解になると思っているのは、東中野教授くらいのものです。これで歴史が語れるのなら、私だってそうします。教授には、正しい人間の声を聞かせてあげましょう。

殺す前ににぎりめしを食わせれば虐殺ではないのか！

(2007.12.1)

南京大虐殺否定論への反論

否定派の主張＝中国人は勇敢に戦って戦死した兵士を称えず虐殺の被害者とみなしている。死者に対する冒とくだ。

私は日本軍による南京での殺人を、次のように考えております。

(1)中国軍兵の死者

・日本軍の不当な侵略と戦って殺されました。

・戦いの面から見れば救国の英雄。

・殺された面で見れば虐殺の被害者です。

(2)便衣兵の死者

・南京で便衣兵が大々的に活動した記録はありません。

・便衣兵の処刑と言われているものの多くは市民を誤認殺害したものと思われます。不法な虐殺です。

・兵士が混じっていても多くは敗残兵に分類されます。不法な虐殺です。

・本物の便衣兵の場合は捕虜になる資格がありません。兵士としてではなく、犯罪者として拘留され、裁判にかけねばなりません。裁判なしで処刑すれば不法殺害とみなされ、虐殺といえます。

(3)捕虜の殺害

・保護すべき捕虜を殺害するのは違法であり、虐殺です。

(4)市民の殺害

・巻き込まれ死：不法な侵略の被害者ですから、虐殺されたと言えます。

・意図的な殺害：明らかに違法であり、虐殺です。

こういうことですから、南京におけるすべての被害者が虐殺されたと言いうると思います。

被害の規模は全容が不明ながら、日本軍の記録にもとづけば最低でも数万、数え方によれば十万を超える死者があったと思います。大虐殺という表現は誇張ではありません。


否定派の主張＝当時の国際法に侵略戦争というカテゴリーはなかった。後知恵で「日本が侵略戦争をした」というのは卑怯だ。


私が上の「⑴中国軍の死者」の項目で、「不法」とか「違法」な侵略戦争と表現せず、「不当な侵略」と書いているのは、ここで指摘されている法的側面を考慮したからです。

では、どういう意味であの戦争が不当と評価できるかといえば——

① 中国に対する一方的侵攻である。
② 国際連盟が何度も非難決議を行っている。
③ 日本本国の命令なしで、その制止を無視して発動された「私戦」である。

という理由が考えられます。他にもあるかもしれませんが、私としてはこう考えています。

「⑷市民の殺害」のところでは「不法な侵略」と書いています。それは戦闘行為自体は国際法で「不法」と断定するのが難しくても、不必要に市民を巻き込んで追撃したのは「不法」のレベルに至っていると思うからです。

南京攻略戦は作戦としては見事です。松井石根の凡庸でない才能を示して余りある戦いです。しかしただ単に「強かった」だけであって、そこには道義性や正当性はカケラもありません。にもかかわらず、日本政府は、当初は否定していた作戦を追認してしまいました。

そのことにより、日本政府もまた虐殺者の汚名を自ら引き受けたことになると思います。


否定派の主張＝日本が国際的に孤立したのは欧米の陰謀が原因で、日本には侵略する意図などなかった。


以下は大本営海軍部作製の「大東亜戦争開戦経緯」を資料とします。

1933（昭和8）年に、日本軍は謀略により中国軍との武力衝突を演出し、それを口実に熱河作戦を発動、満州から中国中央地帯に部隊を進めます。

当時の記録をまとめた1935（昭和10）年関東軍参謀部作製資料「対支情勢判断」には、軍は北支において南京政府の命令が通じなくなるようにするために様々な活動をすると述べた後、「我が軍部の要求を忠実に実行せんとする誠意ある政権に非れば存立する能わざらしむ」とあからさまに書いています。

中国の地方政府である河北政府については、「我が要求に合致する間はこれが存在を許して可なりと認む」とあります。はじめから領土を奪うつもりだったのです。

いくつかの軍事作戦と交渉により中国軍を後退させ、非武装地帯を設けて南京政府の統治を排除すると、次はそこに親日政府をつくる工作を行います（このあたり、調べているとあまりのことに気が滅入ります）。

こうした背信行為を積み重ね、1935年には華北5省を「独立」させて第二満州国をつくろうとしますが、これは失敗。代わりに冀東《きとう》防共自治政府をつくります。

盧溝橋事件はこの翌翌年のことです。北支事変は支那事変へと拡大しました。

「日本外交百年小史」によれば、政府方針は、「帝国のとるべき途はただ一あるのみ即ち抗日政権の根絶に向て飽くまで所期の目的を貫徹すべく長期戦の覚悟を固める」というものでした。

この時、日本政府は単なる武力衝突のつもりで「支那事変」と名づけたのではありません。内部では相手国政府の打倒で意志一致していたのですから。対外的に「事変」と称したのは、諸外国の批判を免れるためだと考えるのが自然ですね。対外的に中国政府打倒を宣明するのは南京占領後。1938（昭和13）年の「政府声明」が最初です。

と、このように、欧米の言い分を丸飲みしたのではなく、国内資料の示すところにより、「不当な侵略」と記したのです。

否定派の主張＝民間人の被害については、中国軍にも責任があったはず。

強盗とは戦わねばなりません。戦えば双方が傷付くでしょうが、悪いのは強盗であって、お互い様にはなりません。

私の考えでは、いかなる国も他国の主権を脅かす権利を持ちません。武力による主権侵害には、武力で対抗する権利があります。これは本源的な権利です。

日中戦争は終始中国領土内で戦われました。先手をとるのが日本で、中国が対抗手段を講じています。侵略したのが日本で、侵略されたのが中国でした。この関係性の中ですべてを語らなければ、悪しき客観主義に陥ります。

中国政府やその軍が立派だったとは思いません。日本が侵略しなくても、暴政のために中国国民は不幸だったかもしれません。しかしそれは中国国民と中国政府の関係性に帰着する問題です。国民党政府の批判は中国人民が大いにやればよいことです。国民党政府がどんな政府であろうが、日本の犯罪を相殺する理由にはなりません。

南京についていえば、南京にたてこもって戦うという唐将軍の戦術が愚策であったことは客観的事実です。しかしそれをもって日本軍の南京攻略という侵略行為を合理化できるはずがありません。南京攻略がなければ、唐将軍の出番もなかったのですから。

民間人被害を大きくしたのは日本軍の攻撃なのです。中国軍は南京を空爆していませんし、南京城にむけてただの一発も砲撃していません。揚子江を渡る船をかたはしから沈めたのは日本の軍艦なのです。

ここが一切の原点です。とてもわかりやすい道理であり、見まごうことは不可能です。

否定派の主張＝中国は20万人しかいない南京で30万人が殺されたと言っている。

私としては、日本軍が惹き起こした事件を、私たち日本人がどうとらえるべきか、という問題意識で歴史にアプローチしております。ですので、中国政府の見解はいったん考慮の外に置いております。といっても無視するのではありません。被害当事国の見解ですから尊重すべきでしょうが、学説としてはあまたある中のひとつと考えております。

否定派の主張＝南京大虐殺があったという証拠はどこにあるのか？

日本側には日本軍の公文書、兵士の手紙、写真、日誌、従軍記、新聞報道、回顧録、証言、などがあります。

中国側にはあまりないですね。そこを日本軍に占領されていましたから。でも大量の人骨が証言を裏付けています。

外国には新聞報道、国際委員会資料、本国との連絡文書、被害調査報告書、などでしょうか。

証拠は圧倒的です。これをなかったことにはできません。

否定派の主張＝日本軍が便衣兵狩りをしなくてはならなかったのは、そもそも中国軍が国際法違反の便衣兵戦術をとったからだ。

中国軍が組織的に便衣兵戦術をとった証拠はないと思います。

中支那方面軍司令官である松井石根大将の日記にこうあります。

支那官民は蒋介石多年の抗日侮日の精神相当に徹底せるにや、到る処我軍に対し強き敵愾心を抱き、直接間接居留民か敵軍の為めに我軍に不利なる諸般の行動に出たるのみならす、婦女子すらも自ら義勇軍員となり又は密偵的任務に当れるものあり。

これは中国民間人による反日ゲリラ活動です。愛国的レジスタンス活動です。便衣兵ではありません。

中国国民の愛国的敢闘精神を伝えるエピソードが残っています。上海戦でのことです。

フランス租界での戦闘で、数百名の少年兵たちが日本軍に包囲孤立させられていました。イギリスが仲介して降伏を勧めましたが、彼らは「われわれは中国が生きるために死なければならない」と返事して降伏を拒み、手榴弾を抱いて体ごと日本部隊に飛び込んでいったのだそうです。これほど中国民衆の愛国心、抗日敵愾心は強かったのです。

こういう雰囲気の中で民衆が武器を持ち軍と共に戦って、何の不思議があるでしょうか。またそれがいったい罪なのでしょうか。

上海防衛戦では中国軍に輸送兵が不足していたので、青年女子学徒がボランティアで志願して、学生服のまま砲弾薬を輸送しました。輸送部隊といえども戦闘部隊とみなされることは言うまでもありません。

彼らが軍人にあたるのか軍属にあたるのか、資料がなくて判断できませんが、おそらく非武装だったこれらの学生たちは、日本軍の追撃部隊によって全滅させられました。数万人の死者を出したということです。

これらはまるで沖縄の鉄血勤王隊やひめゆり部隊ではありませんか。人間魚雷となった海軍特別年少兵、航空特攻となった予科練学徒とそっくり同じことではありませんか。特攻は作戦の外道ですから肯定はしません。鉄血勤王隊やひめゆり部隊に過酷な使命を強制した国家には怒りを覚えます。しかし、無茶な動員命令であってもこれに応じた彼らの愛国の至情を笑い、侮蔑することなど誰にもできないはずです。

家族を思い、故郷を思い、国を思う気持ちに日本人も中国人もありません。「便衣兵は国際法に違反しているから殺したって当然だ」とうそぶく人たちは、鉄血勤王隊やひまわり部隊、特攻隊の壮烈な心情を汚しているのと同じことです。私はそういう意見を許せません。

ちなみに、民間人が公然と武器を掲げて敵国軍と戦うのは「不正規兵」といわれるもので、国際法で合法とされております。

否定派の主張＝軍人が私服に着替えて逃げたら、殺されても文句が言えない犯罪となる。

なりません。私服に着替えて民衆に紛れ、逃走しようとするのはよくある話です。敵の手に捕らえられることなく自軍に再結集して再起を図るのは、軍人の義務です。

ただしその姿で戦闘すれば交戦法規違反です。敵対行為がないなら、軍人が私服に着替えてはいけない条項は陸戦協定にもありません。そして南京市内で拘束された人々は抵抗しておりません。ですから何の問題もありません。彼らを捕らえて問答無用に処刑した日本軍の行為は許し難い戦争犯罪です。

否定派の主張＝交戦資格のない民間人が戦うのは戦争犯罪であり、殺されても文句が言えない。

間違いです。戦時国際法上の「不正規兵」とは、たとえばハーグ陸戦規則第1条・第2条で定められている「民兵」「義勇兵」「群民兵」を意味します。これは、国家などに正式所属している「正規兵」に対して、国家・国土の危急の際に、国家とは関係なく侵略軍に立ち向かう武装集団の総称といえるでしょう。

ハーグ陸戦規則

第1条（民兵と義勇兵）

戦争の法規及権利義務は、単に之を軍に適用するのみならす、左の条件を具備する民兵及義勇兵団にも亦之を適用す。

1．部下の為に責任を負ふ者其の頭に在ること

2．遠方より認識し得へき固著の特殊徽章を有すること

3．公然兵器を携帯すること

4．其の動作に付戦争の法規慣例を遵守すること

民兵又は義勇兵団を以て軍の全部又は一部を組織する国に在ては、之を軍の名称中に包含す。

第2条（群民兵）

占領せられさる地方の人民にして、敵の接近するに当り、第1条に依りて編成を為すの遑なく、侵入軍隊に抗敵する為自ら兵器を操る者か公然兵器を携帯し、且戦争の法規慣例を遵守するときは、之を交戦者と認む。　（2007.12.6）

中国の戦争被害　死者数の真実は？

ミクシィの「南京」トピ〔テーマ〕で、中国人の死者の数をめぐって、こんなコメントがありました。

1938年＝国際連盟で中国政府代表が「南京の死者は2万人」と演説。

46年＝東京裁判では「南京大虐殺で死者20万人」。

85年＝南京大虐殺記念館が建てられる、死者30万人。

2000年には死者40万人という数字が記載された教科書まで出る。

そういえば日中戦争の死者も、どんどん増えていってますよね。

46年＝国民党の発表　130万人
46年＝GHQの発表　130万人
50年＝中国共産党の発表　600万人
60年＝中国共産党の発表　1000万人
70年＝中国共産党の発表　1800万人
85年＝中国共産党の発表　2100万人
95年＝中国共産党の発表　死傷者3500万人
97年＝中国共産党の発表　死者3500万人

なんなんだろう、これ。

ふむ。これが事実なら、ほんとうにヘンですよね。

「南京の死者は2万人」のことはすぐにカタがつきました。東中野教授の捏造でした。でも、日中戦争の被害が年代を経るごとに水増しされているってのは、おかしいですよ。そこで相手の方にその根拠を調べてくださいとお願いしたけど、調べてくれません。なので、しかたなく自分で調べました。

この「死者の怪しい増え方表」はネットのあちこちで使われているので、何かの折に反論する時、本項の内容を使うと便利ですよ。

共産主義による民衆被害を研究しているハワイ大学のR・J・ルメル名誉教授が『中国流血の世紀――1900年以降のジェノサイドと大量殺戮』（*China's Bloody Century*）で詳細な分析を試みています。

ここではその全体を紹介できませんので、結論部分だけを示します。

46年＝国民党の発表　130万人
46年＝GHQの発表　130万人

結論：これは国民党軍参謀長が発表した数字で、国民党軍兵士の戦死者推計です。中国全体の死者ではありません。*1

1950年＝中国共産党の発表　600万人

結論：これは国民党軍と共産党軍の戦死者と戦病死者数の合計です。被害者総数ではありません。

戦死者　下位推計160万人、上位推計220万人。

戦病死　最大で５８８万７０００人と推計。
上位推計だけを合計すれば８００万人となりますが、共産党は中位推計を採用しているようです。ここでも軍人の死者だけが算出されており、民間人が含まれていません。
60年＝中国共産党の発表 １０００万人
結論：これはおそらく民間人を含む死者のうち、直接の戦闘死者の数です。ルメル教授はその政治的立場から下位推計を採用していますが、中位推計を採用すればおよそ１０００万人になります。[*2]
70年＝中国共産党の発表 １８００万人
結論：被害者の概念が拡張され、直接の戦闘死以外の殺人行為による死者（処刑・虐殺・人体実験など）も合算され、重複部分を引いて算出されたと思われます。[*3]
85年＝中国共産党の発表 ２１００万人
結論：さらに戦争被害の概念が拡張され、これまでの死者に加えて飢饉などで死亡した民間人も含めて戦争被害ととらえるようになったのでしょう。
反共のルメル教授の下位推計によっても、こういう数字になっています。[*4] 中国政府の被害概念はコジツケではなく、私たちにも許容できると思います。
95年＝中国共産党の発表　死傷者３５００万人
結論：ここでは死者ではなく「死傷者」となっています。死者が約２０００万人として、傷病者を加えれば３５００万人なら不自然とは言えません。
97年＝中国共産党の発表 死者３５００万人
結論：これは中国共産党の発表ではありません。１９９７年の翌年の１９９８年に江沢民が来日したときも「中国軍人市民３５００万人が死傷し」と演説していますので、中国政府の認識が「死傷者」から「死者」に変化した形跡はありません。[*5] ではこの数字は何かと調べると、中国のネットに書かれていました。[*6]
まあ日本には南京事件虐殺数ゼロという大学教授がいるのですから、あちらにもトンデモないことを言う人はいるんでしょう。しかし民間人の勝手な主張のことを「中国政府の発表」と書いたら、それは捏造になります。また軍人の死者だけの発表なのに中国全体の被害のように書いて、全体数とのギャップを強調するのも感心できませんね。
ということですので、時代時代の発表数字にはそれなりの根拠があったわけで、根拠もなくコロコロと言うことが変わっているのではありませんでした。
また、中国政府のことだから、考え得る最大の数字を意図的に選択しているだろうと私は予測していたんですが、そういうことはありませんでした。中位推計か下位推計を採用していて、結構冷静で客観的なのだなと驚きました。

この表はネットのあちこちで見かけます。みんな中国政府の信頼性のなさを強調したいのでしょうけど、そのやり口はほとんど捏造に近いものだということが、これで明らかになったわけです。やはり、よく調べもしないで鵜呑みにするのはよくありませんね。

死者が増えていった理由

死者が増えていった理由は、要するに以下のようなことです。

(1) 国民党政権時代、国民党軍の戦死者数だけを発表。
(2) 共産党が政権をとり、それまでの数字に共産党軍の戦死者を加えた。
(3) おそらく朝鮮戦争の義勇軍の功績を称えたのが契機となって、抗日戦争義勇軍の功績も称えてほしいという声があがり、義勇兵の戦死者を追加した。
(4) 戦争の捉え方が「功績」から「被害」に移り、民衆被害が視野に入ってきた。
(5) 国際的に戦争被害の概念が広くなったのにあわせて、戦争関連被害も視野に入れて算定した。ただし死者のみ。
(6) 戦争被害とは死者だけではないとの概念拡大があり、死者だけでなく傷病者も加え、経済被害も具体的数字で語られ始めた。

こういうふうな移り変わりなんですね。それぞれ異なるカテゴリーの数字を積み上げていっただけですから、基本の資料は変わっていないんです。軍人の戦死者数が増えたとか、民間被害者が水増しされたということではないんですよ。
(1)、(2)、(3)は功績を称えるため。
(4)、(5)、(6)は被害を訴えるため。
こういう概念なんですね。

ルメル先生はもともとは中国共産党による民衆虐殺をテーマに研究している人なんです。でもそれだけではただの反共論文になってしまうので、アカデミックな論文にするため、20世紀代中国の虐殺史としたようです。で、時期的にたまたま日本軍による被害というのも視野に入ってきただけで、これが主題ではないんですよね。

国民党による民衆虐待も、ですから別の章で扱っています。国民党軍の民衆虐殺も凄まじい数字ですよ。私は中国政府の発表数には、国共内戦の死者とか、黄河決壊の死者なんかも広義の被害者としてぶっこみで入れてあるんだろうと思っていました。でもそういうことではなかったので、お、中国共産党、わりに公正じゃんて、ちょっと驚きでしたね。

＊1「一瞥して分かるように、1937年7月から1945年8月までの戦死（あるいは単なる死亡）推計はすべて相対的に近い範囲――死者131万人から220万人――に収まっている。132万人の死者数は明らかに国民党のものであり（22段a）、国民党軍の参謀総長によって1946年に公表されたものである」（*China's Bloody Century*）

＊2「これにより中国人死者は346万7000人から1691万4000人、おそらくは708万4000人となる。これらの数は戦争捕虜、民間人の爆撃や細菌戦死者その他の日本のジェノサイド、及び国民党による……ジェノサイドを除外していることに留意されたい」（*China's Bloody Century*）

＊3「日本のジェノサイドは別に章を立てる必要があり、補論6・1の表6・Aで分析されている。そこでは日本軍が157万8000人から632万5000人の中国人、おそらくは394万9000人であり、そのうち支配下の住民299万1000人を殺害したと計算されている。これらの数値は本表にも掲載されている」（*China's Bloody Century*）

＊4「おそらくは1960万5000人の中国人が戦争、反乱、ジェノサイド、または飢饉で死亡した」（*China's Bloody Century*）

＊5「20世紀30年代から、日本軍国主義は全面的な対中国侵略戦争を起こし、その結果、中国は軍民3500万人が死傷し、6000億ドル以上の経済的損失を蒙りました。この戦争は中国人民に大きな民族的災難をもたらし、日本人民もそれによって少なからぬ害を受けました」（「歴史を鏡として、未来を切り開こう」中華人民共和国主席・江沢民、1998年11月28日、早稲田大学における演説）

＊6「变成了死于日军之手的三千万民众的坟墓」（愛國網　2008.3.2）

米国の〝教科書〟に書かれた南京事件の死者数に反応する日本政府の愚かさ

首相、事実歪曲の米歴史教科書に「がくぜん。主張してこなかった結果だ」と国際発信改善に意欲

自民党の稲田朋美政調会長が南京事件の犠牲者について、「40万人虐殺」などと事実とは異なる記述をしている米国の教科書を取り上げ、見解をただした。首相は「国際社会ではつつましくしていることで評価されることはない。主張すべき点はしっかりと主張していくべきだ」と指摘。その上で「国益に資するよう、戦略的、効果的な発信に努めていきたい」と語った。（産経新聞　15年1月29日）

稲田くんによれば、その「教科書」はマグロウヒル社のもので、カリフォルニアの公立高校で使われていて、タイトルが『伝統と遭遇』（*Tradition and Encounter*）だという。「南京戦において、日本軍は2か月間にわたって非武装兵士と市民を襲い、40万人を虐殺した」と書いているらしい。

「McGraw-Hill」「Tradition and Encounter」で検索すると一発でヒット。非常に分厚い世界史の本で、中身はやたらと詳しい。「世界史小論文を書くためのハンドブック」（World History Essay Writer's Handbook）と説明してある。ふむ、教科書ではなさそうだ。

本文はアップされていないのでわからなかったが、各章の目次紹介がある。

その章は「The Rape of Nanjing characterized war waged against civilians」（南京暴虐は対民間人戦争であることが特徴だ）。は「上海爆撃」と「南京暴虐と虐殺」に分けて記述してある。はは あ、2か月間というのは、どうやら第2次上海事変後の追撃掃討戦、そして南京攻略戦および周辺地域の平定作戦を、一つながりの戦争とみているのだな。なかなか分かっているじゃないか。

日本軍は第2次上海事変で中国軍を20万人殺したと発表している。ここで戦闘はいったん終わる。

その後の追撃戦については、バラバラに逃げる中国軍部隊を各地で殲滅したことが、日本軍の発表でわかる。武器を捨てて逃走する中国兵を補足して皆殺しにしているのだ。その数は不明だが、数万人に至るようだ。捕虜として上海に後送した事例はほんのわずかだ。

そして引き続く南京攻略戦。南京陥落後、投降してきた中国兵、捕虜、そして群衆に紛れて逃走する中国兵を、民衆もろともせん滅したことが、日本軍の記録でわかる。その数は日本軍の発表だけで十数万人におよぶ。

こういった大規模な惨劇の場合、被害者数が正確に判明することは稀だ。世界のさまざまなアトローシティ（虐殺）についていろいろな数字が出ているけれど、何万人かの違いを外国にいちいち抗議している国などない。

ルワンダ虐殺は50万人から100万人、ポルポトの虐殺は70万人から300万人、アルメニア虐殺は30万人から250万人、中国の大躍進運動の死者は2000万人から5000万人、ベトナム戦争の北側民間人死者は30万人から300万人。

10倍ぐらいの違いもありうるのだ。

正確な数字などわからないのだから、概数をつかむことで、惨劇の規模をつかむことができればよいのだ。

南京戦の場合、上記のどれよりも小さな規模だが、期間が短く狭い地域に集中していたので衝撃が大きかったといえる。

日本政府から抗議されたら、マグロウヒル社はなんと答えるだろうか。

「40万人や30万人じゃないというなら、では正確に何人なのか、それを明らかにする資料があるとでもいうのか」

「公式戦記は民間人犠牲者を書かないものだ。その公式戦記に10万人を超える殺害数を記録しているではないか。記録されていない民間人被害を合算すればどれほどの死者数になるのか。日本政府は、近代戦の戦場において兵士と民間人のどちらがより多く死亡すると思っているのか」

「細かい数にこだわることで、日本政府は何を言いたいのか。アメリカ政府はベトナム政府が発表している民間人被害者数に同意しないが、いちいち抗議したりしない。だいいち40万人が10万人に減ったら、それは誇りうることなのか」

「細部にこだわって戦争の愚かさを伝えないように努力するひまがあるなら、さっさと公式に謝罪して中国民衆と和解することに努めてみたらいかがか」

こういわれたら日本政府はぐうの音も出ないと思うが。抗議なんかやめておいたほうがいいと思うぞ。（2015.2.6）

11 従軍慰安婦

慰安婦は強制連行されていた

ネトウヨが集まるコミュに誘われて交わした議論が終了しました。自分自身の理解をまとめる意味で（それだけの意味で）有益でした。慰安婦がまさしく強制連行であったという理由を述べたのに対し、ついに相手側からは具体的な反論がありませんでした。後々のために、ここに再掲しておきます。

■**強制連行であったと断定する理由**

おおまかに言えば、強制連行であったといえる理由は以下になります。

・慰安婦は警察の許可をえないで、軍が権限外の行為をしていたから、「娼妓取締令」違反で、無効な契約です。
・「人身売買禁止令」に違反しています。
・違法無効な契約は、明治民法90条により、はじめからなかったことになります。
・そういう契約で、警察の許可なく慰安婦を海外に送るのは、明治刑法226条違反です。
・違法無効な契約なのにそれを隠し、慰安婦の法的無知に乗じて人身を支配した行為は、誘拐罪といえます。
・誘拐は、つまりそれが強制連行であったことになります。

■慰安婦が違法であることを示す法令

以下は、慰安婦が違法であることに関する法令です。他にもあるでしょうけど、当時の法律をちゃんと適用していれば、慰安婦は全部違法無効であったはずなんです。犯罪行為なのに、軍の権力でごり押しされてしまい、国内には誰も止める力を持った者がいなかったので、まかり通ってしまったのです。「売春は合法だった」と一般論で片付くことではないのです。

刑法第226条

所在国外に移送する目的で、人を略取し、又は誘拐した者は、2年以上の有期懲役に処する。

昭和12年、大審院（最高裁）で、売春目的で女性を海外に連れ出そうとした業者らが有罪になっています。「醜業（売春）を秘し、女給か女中として雇うように欺まんし、移送することを謀議」（判決文）し、知人の妻らに手伝わせ、長崎から15人の日本人女性を上海へ送った業者らに対し、大審院第4刑事部は「婦女を誘拐して国外に移送した」「共同正犯」として上告を棄却、有罪が確定しています。

ところが軍が介在すると、こういうことが何のおとがめもなくできることになってしまったのです。

民法第90条（公序良俗）

公の秩序又は善良の風俗に反する事項を目的とする法律行為は、無効とする。

人身売買禁止令　明治5年太政官布告

人身を売買し、一生涯または年期を限ってその主人の意のままに使ったり虐使するのは、人倫にそむき、あるまじきことなので、古来より禁じられているところ……今より厳禁のこととなすべし。

原文「人身ヲ売買致シ、終身又ハ年期ヲ限リ其主人ノ存意ニ任セ虐使致シ候ハ、人倫ニ反キ有マシキ事に付古来制禁ノ処・・・自今可為厳禁事」

大正期に大審院が、前借りで女性をしばって売春させる契約について、金の貸し借りは有効だが、それをかたに売春させるのは個人の自由を著しく拘束するものであるから無効としました。

娼妓規則第1条

娼妓になるのが本人の真意による出願であれば、実情を問いただした上でこれを許し、鑑札（許可書）を渡すこと。

原文　娼妓渡世本人真意ヨリ出願之者ハ実情取糺シ候上差許シ鑑札可相渡

娼妓規則第3条

娼妓名簿の登録は、娼妓であろうとする者本人が警察署に出頭し、（中略）書面で申請しなければならない。

原文　娼妓名簿ノ登録ハ娼妓タラントスル者自ラ警察官署ニ出頭シ（中略）書面ヲ以テ申請スヘシ

慰安婦は――

- 本人の意思ではない場合が多く確認されている。
- 本人が警察に出頭していない。
- 従って警察が実情を問いただしていない。
- 申請書面も出ていない。
- 警察が許可証を発行していない。

これにより、慰安婦はすべて違法無効となります。慰安婦システムは、その全体が国内法違反だったのです。

違法性を物語る事件

慰安婦募集が、当時の感覚でも誘拐に類するものであることが、警察資料でわかります。

和歌山県知事から内務省警保局長に宛てた1938年2月7日付の「時局利用婦女誘拐被疑事件ニ関スル件」と題した報告書があります。この報告書によれば、和歌山県田辺警察署は、挙動不審の男性3名に、婦女誘拐の容疑ありとして任意同行を求めました。

彼らは、自分たちは「疑わしいものではない、軍部の命令で上海皇軍慰安所に送る酌婦募集にきたのであって、三千名の要求に対し、七十名は昭和十三年一月三日陸軍御用船で長崎港から憲兵護衛の上、送致済みである」と申し開きをしました。

しかし警察は、「無智ナル婦女子ニ対シ金儲ケ良キ点、軍隊ノミヲ相手ニ慰問シ、食料ハ軍ヨリ支給スル等、誘拐ノ容疑アルヲモッテ被疑ヲ同行、取締ヲ開始ス」とあります。栄光ある皇軍が、誘拐まがいの指示を出すはずがないではないかと常識的に考えたのです。

ところが3人の身柄を拘束して取り調べを始めた警察に、長崎県外事課から信じがたい回答が寄せられました。その男たちの言うことは本当なのだと。

「長崎県外事課よりの回答　和歌山県刑事課長殿」という文書には次のようなことが書いてありました。「在上海総領事館警察署長から、長崎水上警察署長に、協力依頼が届いている。領事館警察は、上海領事館陸軍武官室憲兵隊から、慰安所を設置することにしたので、渡航の便宜を図ってほしいとの依頼を受けている」

警察は、3人の男を釈放せざるを得ませんでした。

先に示したとおり、警察の鑑札もないのに娼婦を募集するのは違法ですし、満16歳の少女を対象にリクルートするのも、本人の出頭もないのに娼婦契約をさせるのも違法ですから、警察が許可証を出すはずがないのです。しかも彼女たちを海外に送るというのですから、刑法266条違反です。警察が誘拐だと判断したのは賢明です。ところが、憲兵隊の依頼だというので、警察が手出しできなかったのです。この事件、憲兵隊は明らかに誘拐の共同正犯と言わざるを得ません。


慰安婦は「大日本帝国政府」によって拉致された

慰安婦が強制連行されたことについて、以下の論理にも、返ってきたのは感情的な反発だけで、ついに論理的な反駁はなかった。

- 拉致＝個人の自由を奪い、別の場所へ強制的に連れて行くこと。
- 強制的に連れて行くこと＝強制連行
- 拉致＝強制連行である。

北朝鮮による拉致について、日本政府は以下のような手口をすべて拉致と認定している。

- 偶然通りがかった被害者を暴力も辞さない方法を用いて拉致する。
- 言葉巧みに誘い出し、誘拐する。
- 「仕事の紹介をする」として、本人の同意を取り付けて入国させる。

首に縄を付けて連れて行かれたと証言している朝鮮人慰安婦は、一人もいない。支援者もそんなことは言ってない。多くはいい仕事があるとだまされて、慰安婦にされたのだ。

北朝鮮に連れて行かれた石岡さん、松木さん、有本さんたちは、いいアルバイトがあるとだまされて、拉致された。いい仕事があるとだまされて、慰安婦にされた人たちと同じである。有本さんたちが拉致されたというなら、慰安婦たちも拉致されたわけだ。つまり強制連行である。

北朝鮮拉致被害者をだまして連れ出した実行犯には、飲食店主など民間人が多数含まれている。慰安婦たちをだまして連れて行ったのも、民間業者である。民間人が関わっていても、拉致事件は「北朝鮮」の犯行だと認定されている。ならば民間業者が関わっていても、慰安婦を強制連行した責任は軍にあるとしなければなるまい。

- 軍が設置を計画した。
- 軍が業者を募集して、選定して、指名した。
- 軍の指定業者が女性を集めた。
- 業者は国権を背景に身分と安全と財産を保障された。
- 違法な募集を警察が黙認した。
- 軍が慰安所を設営した。
- 軍が輸送船を用意した。
- 外務省や総督府が出国を許可した。
- 軍が慰安婦を輸送した。
- 憲兵が警備した。
- 軍が慰安所を管理した。
- 業者が慰安婦を管理した。
- 軍が料金を定めた。
- 軍が軍医の診察を受けさせた。
- 慰安婦は移動の自由を奪われた。

つまり、軍が最初から最後まで拉致に加わっているのだ。拉致事件被害者は、「北朝鮮政府」に拉致された。おなじように、慰安婦は「大日本帝国政府」によって拉致されたのだ。（次節に続く）

（2012.4.18）

「従軍」慰安婦ではなかった、という批判の間違い

慰安婦が「従軍」していたことについても、以下の資料に対し、ついにひと言の反論もなかった。

第０５８回国会　社会労働委員会　第21号
昭和43年４月26日
戦傷病者戦没者遺族等援護法等の一部を改正する法律案
（内閣提出第46号）

これは、まだ従軍慰安婦問題が大きくなる前の質疑であり、メディアや外国の意見などの影響がない時代の認識を示しています。

政府委員の答弁を要約すると、次のようになります。

①戦地の慰安婦に宿舎の便宜を与えていた。
②慰安婦には軍属の身分を与えていた。
③戦地で銃を取って戦ったり従軍看護婦の役割を果たした慰安婦もいる。
④そういう人は援護法の対象になる。
⑤海上輸送中に沈められた慰安婦も軍属あるいは準軍属として、援護法の対象である。
⑥政府として慰安婦の人数など実態を調べたことがない。
⑦立場として申し出にくい場合があるだろう。
⑧法律を知らずに泣いている人もあるだろう。
⑨一人残らず救うために努力したい。

慰安婦は軍属だったのだから、従軍していたことになるのです。援護法の対象なのだから、「公務」に従事していたことを政府は認めている。したがって、ただの売春婦などという評価は根底的に誤っているのです。

以下は議事録から政府委員の答弁の抜粋です。

後藤委員　まず第一番にお尋ねいたしたいと思いますのは、大東亜戦争当時、第一線なり、いわゆる戦場へ慰安婦がかなり派遣されておったと思うのです。……いま申し上げましたような、この慰安婦に対する現在の援護法の適用の問題でございますけれども……先ほど申し上げましたような犠牲者が、全部うまく把握されて援護法の適用をされておるかというと、そこまではいっておらないと私は思います。

実本政府委員　いま先生のお話にございますいわゆる慰安婦と申しますか、そういった人々の問題につきましては、……実は何らそういう面からの実態を把握いたしておりません。……たとえば昭和二十年の四月以降のフィリピンというような状態を考えますと、もうそこへ行っていた慰安婦の人たちは一緒に銃をとって戦う、あるいは傷ついた兵隊さんの看護に回ってもらうというふうな状態で処理されたと申しますか、区処された人たちがあるわけでございまして、そういう人たちは戦闘参加者あるいは臨時看護婦というふうな身分でもってそういう仕事に従事中散っていかれた、……軍はそういった意味で雇用関係はなかったわけでございますが、しかし、一応戦地におって施設、宿舎等の便宜を与えるためには、何か身分がなければなりませんので、無給の軍属というふうな身分を与えて宿舎その他の便宜を供与していた、こういう実態でございます。

……戦闘参加者なり、あるいは臨時看護婦としての身分でなくなられた人については、当然請求をしていただいて裁定する、こういうことに相なります。

……ある前線からある前線へ大量の人を輸送船で運んでいた。それが海没したような場合につきましては、はっきりそういう人たちのケースがわかっておりますので……準軍属なり軍属として取り上げてもいいような人たちについては、おおむねそういうケースとして処遇してきたつもりであります。……あるいはまだほかにそういったケースも、知らないために眠っている、あるいは泣いているという方があることが考えられます。

……一人でも漏れのないようにしていくということをやっておるわけでございますので、そういう際には、こういうケースは必ず徹底するように運んでいく、いまの段階ではそういうことを考えております。

……こういう人たち並びにその御遺族の人は、何といいますか、外へ出たくないというようなグループですから、特にそういう面についてはそういう観点から、遠慮しないで出ていらっしゃいというような導き方といいますか、引き出し方をするように指導してまいりたいと思います。

(2012.4.18)

さらに慰安婦強制連行説について

朝鮮半島と台湾において慰安婦を強制的に拉致連行したことを証明できる史料はなく、元慰安婦でそういった証言をしている人は、少なくとも韓国側にはきわめて少なく、拉致連行を見たという目撃証言は皆無です。

そこで私は、当該地域での拉致連行は確認されていないと述べています。

これは事実を述べているだけなのですが、これについてあろうことか、強制連行があったと言う人に対して以下のように詰問している否定派の人がいました。

「おい、泥さんは少なくとも銃剣突きつけた日本軍による拉致はないと認めたぞ。日本が何を謝ればいいのか、答えなさい。元慰安婦の方のどんな証言にもとづくどんな行為に対して日本は謝罪しろって言ってんの？」

おいおい、待て待て。早とちりするな。人のツイートを都合よく使ってくれるなと、ちょっと腹立ったんで、以下のとおり連続ツイートしました。

1 私は「日本軍による拉致はないと認めた」のではなく「確認できない」と述べています。あと、なぜそんな偉そうな態度がとれるのか不思議です。拉致的連行が確認されていなくても日本側はそんなに大威張りできない理由があるので、連ツイします。

2 A氏がB氏を殴る蹴るし、抵抗しても無駄だと思い知らせたあとで「財布を出してくれないか」というので、B氏はおとなしく財布を差し出しました。これは合意にもとづく自発的行為でしょうか、それとも強要でしょうか、あるいは強盗でしょうか。

3 慰安婦の募集はかなりの程度、A氏とB氏の関係性の中で行われました。日本軍は甲午農民戦争や三・一独立運動などを血みどろの弾圧で鎮圧しました。日本に抵抗するあらゆる社会運動を厳しく弾圧し、強権支配体制を敷きました。

4 戦時動員に関しても、朝鮮の末端行政機構を用いての強制的な人員徴発は、日本側の資料から明らかです。朝鮮の民衆は大日本帝国政府の要求を拒むことができなかったのです。そのような力関係のもとで、軍の意向を受けた業者が面長（村長）を通じて女性を募ったら……

5 数万人の民衆を殺害して打ち立てた大日本帝国の長年の支配のもと、あえて暴力的手法を用いなくても、官憲と業者は平穏に強制力を行使することができる状態でした。殴る蹴るしたあとで「財布を出せ」というようなものです。この関係性を無視してはなりません。

6 軍の威光を背景に軍属の身分で女性を集めていた業者は、それ以前から内地で内外両務省のお墨付きも得ています。求められた面長が、後難を恐れて貧しい家の家長に因果を含める、家長は高額の前借金に納得して娘を差し出す。これ果たして自発的な応募なのかなあ。

7 行き先も告げぬまま娘を軍の御用船で運び、娘に軍属のような身分を授けて軍が宿舎等の手配を行い（昭和43年の日本の国会答弁）、女性との契約では現金を支払うはずが軍票を渡すというだましの手口で働かせて、憲兵の監視下に置いた。どうなのこれ。

8 応募にはさまざまな事情や形態があったとはいえ、総じて本人の自発によらない形で徴募され、強制的環境のもとで過酷に使役され、敗戦となれば連合国司令官の命令がなければ現地に置き去りにされていたかもしれない。貯めた軍票は紙くず。これが慰安婦の境遇でした。

9 こういったことすべてを国家や軍が指図したのではありませんが、小さな違法行為を要請し、あるいは黙認し、積み重ねたあげく、大きな悲劇を招いたのは逃れられない事実です。こういったことについて政府が責任を認めて総理が謝罪するのは当然ではありませんか？

10「いいや、もっと酷いことを日本はしたのだ」と韓国の人々はいいます。そうかもしれないし、そうでないかもしれません。多くの資料を焼いてしまったところを見れば、よほど後ろ暗いことがあったのだという疑いを否定し去ることはできません。

11「文書がない、資料がない」といいますが、「あったはずの渡航資料などを焼いてしまったのが日本の官憲だったくせに虫のいいことを言うな」、被害側はそう言うだろうし、言われるのは日本側の不徳のゆえなのだということを忘れてはなりません。

12 ともかく、一切の資料がないとしらを切り続け、ないはずの資料が出てきたら、その範囲内のことだけをしぶしぶ認めるということを繰り返してきたのが日本政府なのです。「大ウソつき」と非難されるべきは、まずは日本政府であることを肝に銘じましょう。終わり。

ということで、「韓国政府は態度を二転三転して日本を攻撃するな」という人は、そのような行為を誘発しているのが日本政府の二枚舌、三枚舌なのだという面を無視してはなりません。

私も韓国政府の手のひら返しが正しいとは思わないし、そのことを批判もしていますが、他人のことを言う前にまずわが身を顧みるのが人の世のルールであり道理です。

相手を非難するばかりでは相互理解は進みません。

私はそういった立場に立つので、ときには慰安婦問題で共通の立場に立つべき人たちから批判されても、自分の原則に立ち続けます。

事実は曲げない、話を盛らない、一方的なことばかりいわない。これが私の3大原則です。

(2016.1.14)

吉田証言について

フェイスブック友だちの藤田さんからこんなコメントがつ

きました。

　朝日新聞が、30年前に記事にした済州島強制連行と女子挺身隊の報道は誤報であったことを認めたので、ウヨ君たちが血気盛んですね。足元をすくわれないようにこちらも勉強です。

　朝日新聞は、時代的制約もあり、済州島強制連行説を自分の体験として語った吉田証言の裏を取らずに、そのまま事実であるかのように報道しました。

　しかし吉田証言は疑わしいことが、ずいぶん前から指摘されており、国内の研究者で吉田証言を用いる人はいませんでした。

　吉田証言に信ぴょう性がないことを、朝日新聞がようやく認めたわけですが、とっくの昔にその証言は信用されていなかったのだから、いまさらという気がします。

　私の方法は、証言をそのまま採用するというものではありません。証言はあてにならないことがありますから。

「移動の船中でテレビを見た」「ジープで連れて行かれた」といった証言は誤りが明らかだから、採用できません。

　私が採用するのは、当時の資料と、資料に矛盾しない証言だけです。それをもとに、論理的に推論して、何があったかを語るという方法をとっています。

　私の方法だと、吉田証言を無批判に信じるのは間違っています。

　反対に、済州島民の証言を無批判に信じるのも間違いです。済州島の人々は吉田証言を完全否定していますが、その証言だけを根拠に、吉田証言を否定するのは間違いなのです。吉田証言を事実とみるのも、済州島民の証言こそ事実だとみるのも、どちらの態度も　証言だけに依拠しているという点で等価です。

　私は早い時期から吉田証言を疑っていましたが、それは済州島民の証言を信用したからではありません。

　済州島は貧しい島でした。内地で貧しい農村を歩いて少女をリクルートしていた慰安婦業者ですから、貧しい済州島に目をつけなかったはずがありません。

　済州島にも多くの慰安婦業者が入ったはずです。

にもかかわらず、慰安婦が募集されていたという証言がなく、慰安婦にされた少女がほとんどいなかったというのは、不自然です。

　実のところ、貧しさから娘を売った親は多かったのではないでしょうか。

逆に言えば、募集に積極的に応じるから、暴力的に拉致する必要はなかったはずなのです。

私が吉田証言は不自然だと思ったのは、そこです。

でも、慰安婦の影がない済州島での証言も怪しい。

狭くて地域的なつながりの強い済州島なので、恥の歴史を隠そうとしているのかもしれません。

戦後、慰安婦は身内の恥とされ、済州島に帰れなかった、あるいは肉親に追い出されたかもしれません。

生きている人さえ口をつぐんでしまえば、秘密は秘密のまま闇に葬られます。

慰安婦の闇はまだ解明されていません。

小さなコミュニティの平安に手を突っ込んでまで解明する必要がないことかもしれません。

一地域のことがどうであれ、慰安婦制度の全体像はすでに明らかなのですから。


(2014.8.6)

かつて日本人は「奴隷」解放に尽力した

「奴隷と言ってますか？　奴隷とはひと言も言ってない。なぜなら奴隷ではないからです」と言ってきた人がいる。

「戦争中は従軍慰安婦という言葉はなかったから、そんなものはいなかった」と言っているのと同じやん。バカバカしい。

あのねえ、「マリア・ルス号事件」知ってる？　1872(明治5)、横浜港に入港したペルー船マリア・ルス号。船にはだまされ奴隷として乗せられた清国人が231人もいました。

脱走して救助を求めた彼らを救ったのが、外務卿の副島種臣と神奈川県権令の大江卓でした。外務省はマリア・ルス号の船長を裁判にかけました。

ドイツ、オランダ、デンマーク、ポルトガル、イタリアの各国領事は「日本の行為は度を過ぎている。越権行為だ」との意見書を、裁判長を務める大江に送りました。黄色いサルが白人に歯向かって奴隷貿易を邪魔するとは！　と怒ったのです。

大江はそんな諸外国の圧力を振り切り、有罪判決を下して清国人231人を解放しました。

その後もアメリカ公使から清国人の「slave」(奴隷)を船に戻せという圧力を受けましたが、外務卿・副島がはねつけました。

開国したての大日本帝国は列強と堂々と渡り合って、人道の道に立ち切ったのです。

すごいでしょ？

でもこれ、冒頭のネトウヨ理論では「奴隷」解放じゃないんだよね。なぜなら判決書には「奴隷」という言葉が一度も出てこないから。判決は清国人「slave」を「拐買」と表現しています。さらわれ、買われたという意味です。「slave」は「拐買」であって奴隷じゃないという、世界のどこに出しても通じない珍論をありがとう。おお恥ずかしい。

話はもう少し続きます。

この後すぐ、帝国政府は窮地に立たされます。

ペルーが反論してきたからです。

「貴国はslaveを解放すべきだといって清国人slaveを帰国させてしまったが、それなら貴国のslaveも同じように解放しなさい。そうしないなら判決は不公平で間違っていることになるので、われわれのslaveを返しなさい」

ペルーが言ってきた「貴国のslave」とは吉原の娼婦のことでした。人身売買された娼婦を解放しないなら、同じく人身売買で手に入れたペルーのslaveも解放しろなんて言っちゃいけないだろうというのです。

この正論に直面した帝国政府がとったのは、奴隷解放の立場に立ち切って国内の娼婦を解放する道でした。

そのために出したのが、人身売買を禁じる太政官布告第295号（芸娼妓解放令）と司法省達第22号でした。

そこに書いてあったのが「娼妓・芸妓は人身の権利をなくした者であって牛馬と変わりがない（娼妓芸妓ハ人身ノ権利ヲ失フ者ニテ牛馬ニ異ナラス）」という一文です。

この文言は、まさしく奴隷解放のために書かれたのです。奴隷という用語がつくられるより以前の奴隷解放宣言だったのです。

「拐買」。「牛馬に異ならず」。英語の「slave」を当時の人たちが知恵を絞って表現した言葉です。

列強のすさまじい圧力をはねのけながら、貧しく弱小だった帝国日本は正義実現のため、それも清国人の権利のために懸命にがんばったのでした。

その栄光の言葉を、現代の愛国者さまたちが筆先三寸でくしゃくしゃと丸めてゴミみたいに捨て去ってしまう。

なんともいやはや、坂の上にかかる一朶《いちだ》の雲を見つめて登って行った明治の青年たちは、140年後の子孫がこんなくそいまいましい連中だと知ったら、草葉の陰で号泣することだろうよ。

(2016.1.21)

「慰安婦は性奴隷ではなかった」という説

「性奴隷」とは何でしょうか。奴隷状態で性労働を強制された女性が、性奴隷です。では奴隷とは何でしょうか。人身を拘束され、自由を奪われた労働者のことです。人身を拘束されるというのは、居住の自由を奪われて、雇い主が指定する住居に住まわされ、移動の自由のない状態をいいます。自由を奪われるとは、転職や退職・廃業の自由を奪われて、いやでもそこで働かされることです。

さて、「慰安婦は奴隷ではない」という意見があります。なぜならば、とその人たちは言います。慰安婦は自ら志願している。慰安婦は高い給料を得ていた。慰安婦は借金さえ返せば帰国できた。慰安婦は接客を拒む権利さえあった。

この言い分を、仮に事実だとしましょうか。それなら、慰安婦の労働条件は奴隷でなかったと言えるのか、このことについて、江戸時代の花魁と対比して考えましょう。

江戸時代、吉原などで、売春営業が公認されていました。吉原の女郎には、それなりの給与が出ており、接客を拒む権利が認められおり、借金を返せば廃業を認められていました。この待遇は慰安婦と同じです。彼女たちは奴隷だったのでしょうか。そうではなかったのでしょうか。

明治5年、できたばかりの維新政府は、吉原の花魁のことを、「牛馬に異ならず」と評しました。明治5年『芸娼妓解放令』に合わせて出された「司法省達」です。

妓芸妓ハ人身ノ権利ヲ失フ者ニテ牛馬ニ異ナラス人ヨリ牛馬ニ物ノ返弁ヲ求ムルノ理ナシ故ニ従来同上ノ娼妓芸妓ヘ借ス所ノ金銀並ニ売掛滞金等ハ一切償ルヘカラサル事

（明治5年10月9日・司法省達第22号第2項）

現代語になおせば、「娼妓・芸妓は人身の権利をなくした者であって、牛馬と同じである」ということです。当時は奴隷という用語がまだない時代ですが、「牛馬に異ならず」という表現が、奴隷状態であるという認識を示しています。

どうして「牛馬に異ならず」なのか。どんなに貧しくても、身体だけは本人のものです。借金でその身体の自由さえ失った状態は、人としての最後の自由を失った状態であり、牛馬と変わらない存在だということです。人としての最後の自由を失った状態、すなわち奴隷です。

吉原の花魁が借金で縛られた身分で「牛馬と異ならず」なら、同じように借金でしばられ、待遇も花魁と似ていた慰安婦だって「牛馬と異ならず」だったといえます。普通の年季奉公は、前借金でしばったりしないので、ただの有期雇用契約です。この点を混同してはなりません。

こういうことで、慰安婦を性奴隷とみなすのは不当ではありません。明治5年でさえ、この程度の人権感覚はあったのです。21世紀に生きる安倍さんたち政治家が、慰安婦が奴隷状態であったことを否認するなんて、なんともはや、ため息をつくばかりです。

ところで、明治のはじめにはこんなにまっとうな認識だった日本政府ですが、その後に後退してしまいます。「娼妓契約は人身売買ではない、だから娼婦は奴隷ではない」、こう言い始めたのです。なぜそんなことを言い始めたかということと、その後退した考えからみても慰安婦は性奴隷だったということを、次に書きます。

(2014.7.29)

慰安婦は性奴隷だった

合法的な売春契約と違法な売春契約の違い

ここからは、大日本帝国の国内法の観点から見ても、慰安婦は性奴隷であったという話です。

明治政府は娼妓契約を「牛馬と異ならず」として奴隷契約だったと認定したというのが、前節のお話でした。その理由は、娼妓契約が「人身売買」であり、人身の自由を奪う契約だったからです。

明治5年太政官布告第295号にはこう書かれています。

> 人身を売買することは古来から禁じられているのに、年季奉公などいろいろの名目を使って、実際には人身売買同様のことをしているので、娼妓を雇い入れる資本金(親に貸し付ける契約金のこと)は盗難金とみなす。貸した金を返せという訴えは認めない。

中には「娘は買ったのではなく養女にしたのだ、我が子に何をさせようと親の勝手だ」という理屈で売春をさせていた者もいたようです。

太政官布告は続けます。「子女を金銭で取引して名目的に養女にし、娼妓・芸妓の仕事をさせるのは、実際上はすなわち人身売買である」

こうした措置で、明治政府は売春業は禁じなかったけれど、人身売買契約にもとづく売春業を禁じたのでした。

この太政官布告が廃止されたのは明治33年です。この年、『娼妓取締規則』(内務省令第44号)が出されたので、布告は役割を終えたのです。

『娼妓取締規則』は売春を一般的に禁じました。ただし、法令に従うことを条件に、例外的に売春を認めたのです。この規則を理由に、帝国政府は「娼妓契約は奴隷契約ではない」と言い続けました。それというのは、規則に「何人たりとも廃業を妨害してはならない」と決めていたからです。

娼妓取締規則は、娼婦に「契約破棄の権利」と「廃業の自由」を認めました。警察に届けさえ出せば、いつでも辞めることができたのです。奴隷契約は、人身を買われた奴隷側から契約を破棄することができません。これと異なる娼婦契約は、人身を身分的に拘束する人身売買ではなく、したがって奴隷ではないという理屈です。

娼婦が辞めるのは「届出制」。ここ、大事なのでおぼえてください。

しかし前借金がある場合、娼婦を辞めても借金契約は残るという仕組みだったので、借金を返すために娼婦を辞められない現実もありました。人身売買の形は回避したけれど、これどはいわゆる「債務奴隷」の立場に置かれたのです。

それにしても、辞める自由が法的に保障されてはいたのです。借金を連帯保証人（たいていは親）に押し付ける気になれば、辞めることはできました。自己破産してしまえば、自分だけは助かります。親方が「借金を返さない限り辞めさせない」と引き止めるのは違法です。そういう大審院（いまの最高裁）の判決がたくさんあります。

慰安婦制度は合法的な売春制度だったのか

親が娘を担保に前借金をして娼婦に出すことを、「身売り」といいました。貧しい農村では身売りが多くありました。身売りという言葉が示すとおり、実質上は人身売買ですが、法律的には娘には廃業の自由があるため「担保」の意味がないと見なされ、人身売買に当たらないということになっていたのです。

こうしたことから、慰安婦否定側はいいます。特別に慰安婦だけが悲惨だったのでもなく、奴隷だったのでもないと。日本軍慰安婦は「身売り」契約による売春だ。悲惨であったにせよ当時としてはありふれた話だ。また当時、それは合法だったと。

本当でしょうか。ここでは、「身売り契約は奴隷ではない」という言い分を、いったん認めましょう。そのうえで、慰安婦契約がどんなものだったのかを確かめます。

日本軍の慰安婦関係契約資料は散逸してほとんど残っていないのですが、運よく「馬来軍監区」の契約原本が残っていました。

馬来とはマレーのことです。マレーを占領していた南方軍は、慰安婦の管轄権限を師団ではなく南方軍司令部に一括していたので、東南アジア方面では馬来軍監区と同じ契約だったと推測できます。

その資料に、こう書かれています。

> 営業者および従業員は、軍政監の許可を受けるにあらざれば、転業転籍をなすことを得ず。
> 営業者および稼業婦にして廃業せんとするときは、地方長官に願い出てその許可を受けるべし。

慰安婦が辞めるのは「許可制」だったのです。官の許可がなければ辞められません。自由に辞められなかったのです。

先に娼婦の退職・廃業は「届出制」であるといいました。届けさえすれば自由に廃業できるから人身を身分的に拘束する人身売買ではなく、奴隷契約ではないというのが、帝国政府の建前でしたね。慰安婦はこれと異なります。廃業が許可制で、自由に辞められませんでした。それなら、人身を身分的に拘束する契約ということになり、これは人身売買であるといえます。

つまり慰安婦契約は、帝国政府が禁じていた奴隷契約なのです。しかも許可を与えるのは官庁です。人身拘束制度＝奴隷制度に官権が直接関わっているのです。日本政府が「慰安婦は性奴隷ではない」と抗弁できる余地はまったくないと思います。

(2014.7.29)

「性奴隷」と「帝国の慰安婦」をつなぐもの

性奴隷（sex slave）という単語の語感は強烈です。

奴隷といえば、捕らえられて鎖に繋がれ、人間扱いされず、鞭打たれ、時には主人の気まぐれで殺されても文句が言えず、報酬もなしに死ぬまでこき使われるというイメージです。

右翼側はそういった奴隷イメージを利用します。

慰安婦はそんな待遇ではなかった。鎖に繋がれることはなく、報酬も支払われていたし、いやな客を拒むこともできた、借金さえ返せばすぐに辞めて帰国することもできた。慰安婦は「性奴隷」ではなかった。それなのに「慰安婦は性奴隷だった」というのは日本を貶めたいからに違いない、と。

全然違います。

奴隷にもいろいろあります。戦利品として引っ張って行かれ、冒頭に書いたようなひどい扱いをされた奴隷もいます。他方、古代ローマで皇帝や有力者の家庭教師を務めたギリシャ人奴隷は、ローマ市民よりもはるかに高い報酬を得ており、自分を買い取って自由民になる者が少なくなかった。

　奴隷の待遇はさまざまですが、共通しているのは人身の自由権を奪われていた点です。どんなによい暮らしをしていても、主人の意のままに売られる身であれば奴隷です。人間を物扱いして売り買いすると、それは奴隷なのです。

　人身売買契約で働けば、娼婦も慰安婦も奴隷であったといえます。

　報酬を得ていたから奴隷ではないとか、酷使されていたわけではなくピクニックにも行けたから奴隷ではないというのは、奴隷というものについての理解が不足しているのです。

　親方が女性を慰安婦稼業にしばりつけて辞めさせないなら、それは親方が慰安婦を自分の所有物として扱ったということなので、彼女は親方の奴隷であったといえます。

　しかし、親方の行為は違法であると裁判所が判断できる状態にあれば、奴隷身分ではなかったことになり、国としての行為責任は免れるでしょう。(不作為責任は残ります)

　実際には、日本軍は慰安婦の法的救済の道も塞いでしまいました。慰安婦は性奴隷であり、国に責任がある、と私が結論づけるのはそのためです。

帝国の慰安婦

次に朴裕河《パク・ユハ》さんの『帝国の慰安婦』についてふれます。

朴裕河さんは兵や慰安婦の証言を分析して、慰安婦には2種類あったと結論づけています。

戦利品としての敵国の女と、味方である帝国臣民としての慰安婦。朴さんが「帝国の慰安婦」というのは後者です。このような分析は朴裕河さんだけがしているのではなく、韓国の市民運動サイドに立つ韓国人女性研究者も同じことを書いています。

　さて、帝国の慰安婦は性欲処理だけを期待されたのではありません。

　兵は、女性と日本語で語り合うことで得られる文字通りの慰安効果を求めたといいます。これは敵国の女性には果たせない役割です。

　帝国の慰安婦の身分は性奴隷ですが、兵にとっては「なつかしい日本」を思わせる存在であって、性行為を求めない兵も少なくなかったと元朝鮮人慰安婦が証言しています。兵の証言には、慰安婦に女友だちや妻の面影を求めた、あるいは性行為を避けたのは姉や妹とか母の代わりだった、というものがあります。身勝手な思い入れといえばそのとおりです。

　兵士の側からのそうした親近感は、はじめに述べた奴隷のイメージにそぐわない。元兵士の多くが慰安婦は性奴隷なんかじゃなかったと証言する理由のひとつはここでしょう。

しかしながら、慰安婦の笑顔や優しさは当然ながら義務づけられた表向きの顔であって、本心は別にあった。やっていて楽しい仕事じゃないもの。

ここに越えがたい溝があるように思います。

でも、仕事としてのつらさと、客に対する感情は完全に一致するものではないでしょう。嫌な客も多かったでしょうが、中には〝優しかった日本兵が忘れられない〟とか〝同じ戦地で苦労した兵隊に恨みはない〟という意味のことを語る元慰安婦もおられます。

性奴隷と帝国の慰安婦の間

長い植民地支配の時代です。国は日本人意識を持つように強制し、皇民化教育が学校や地域に浸透していた時代です。志願兵募集に朝鮮の若者が押し寄せ、特攻隊に志願した朝鮮人将校もいた時代です。敗戦が信じられなかった、悔しくて涙を流した、と当時を語る韓国人の証言も多数あります。そういう時代でした。

性奴隷にされた朝鮮人慰安婦の中に、日本兵に対して親近感を抱く人がいたり、共に苦労する同志だと思い込む人がいても不思議ではないと思います。

これは人間というものに対する洞察から述べています。

韓国国民がそういった過去を否定したい気持ちは理解できます。

しかしその時代には時代の精神があった。いつまで続くかわからない、永久に続くかもしれない日帝支配の時代に、強固な独立の志を抱き続けた民衆ばかりいたはずがありません。日本に同化し、帝国臣民意識を抱く民はけっして少なくなかったと思います。

朴裕河さんは、そのことをそのままに書きました。

元慰安婦のハルモニの不快感は理解できなくはありませんが、韓国の検察が朴さんの著述が名誉棄損に当たるといって刑事告訴までしたのがなぜなのか、私にはさっぱりわかりません。

日本軍慰安婦が性奴隷であったということ、同時に帝国の慰安婦であり、あらがうこともできずに戦地に引っ張られた者同士、兵士と互いの傷をいやし合う疑似的な「同志的関係」にあったことは、けっして矛盾しない。

私にはそう思えてなりません。

(2016.1.22)

「強制的募集を命令した文書はない」という主張について

「強制的募集を命令した文書はない」のは、当然のことです。だまして連れていったり、身売り契約で連れていったり、もちろん暴力的に連れていったりすれば、刑法第226条の国外移送罪に該当します。またその事情を知っていて女性を受け入れた側も、刑法第227条の被拐取者収受罪に問われるおそれがあります。ですから、違法行為を命令する文書など、公的機関がつくるはずがないのです。

違法行為は命令ではなく、黙認の形で行われたのです。中には、営業免許もない者に軍が慰安婦募集を許可してしまっていて、警察が仕方なくこれを見逃したケースさえあります。

慰安婦募集は非人道的で、当時の社会通念からも著しくかけはなれたものでした。当時の日本国内の警察はどういう反応を示したでしょうか。

山形県、茨城県、群馬県、和歌山県、兵庫県、福岡県ほかの警察資料が公開されています。

- このようなことは軍部の方針としては、にわかに信じられない。
- こんなことを公然とされては、銃後の一般民衆、とりわけ出征兵士を送り出した家庭はどう考えるだろうか。
- さらに一般婦女子の身売りを防止しようという精神にも背くものである。

如斯ハ軍部ノ方針トシテハ俄ニ信ジ難キノミナラズ、斯ル事案ガ公然流布セラルヽニ於テハ、銃後ノ一般民心殊ニ応召家庭ヲ守ル婦女子ノ精神上ニ及ボス悪影響少カラズ。更ニ一般婦女身売防止ノ精神ニモ反スルモノ

本件果タシテ軍ノ依頼アリタルモノカ全ク不明ニシテ、且ツ酌婦ノ稼業タル所詮ハ醜業ヲ目的トスルハ明ラカニシテ、公序良俗ニ反スルガ如キ本件事案ヲ公々然ト吹聴募集スルガ如キハ皇軍ノ威信ヲ失墜スルコト甚シキモノアリト認メ、厳重取締方所轄湊警察署長ニ対シ指揮致置候

特に高知県は厳しい考えを打ち出しています。

高知県警察が県下警察に指示した取締方。

支那各地ニ於ケル治安ノ恢復ト共ニ同地ニ於ケル企業者簇出シ、之ニ伴ヒ芸妓給仕婦等ノ進出亦夥シク、中ニハ軍当局ト連絡アルカ如キ言辞ヲ弄シ、之等渡航婦女子ノ募集ヲ為スモノ等、漸増ノ傾向ニ有之候処、軍ノ威信ニ関スル

言辞ヲ弄スル募集者ニ就テハ絶対之ヲ禁止シ、又醜業ニ従事スルノ目的ヲ以テ渡航セントスルモノニ対シテハ身許証明書ヲ発給セザルコトニ取扱相成度

（史料4　高知県知事発内務大臣宛「支那渡航婦女募集取締ニ関スル件」38年1月25日付）

（……中には軍当局と連絡があるかのようなことを言って中国行きの女性を募集する者が増えている。軍の威信にかかわるようなことを言う業者は絶対にこれを禁止する。売春目的で渡航しようとする者には、身元証明書を発行しない。）

このように、警察も本来ならば厳しく取り締まりたかったのです。慰安婦募集は、それほどひどい行いだったのです。

「強制的募集を命令した文書はない」のは、当然のことです。だまして連れていったり、身売り契約で連れて行ったり、もちろん暴力的に連れて行ったりすれば、刑法第226条の国外移送罪に該当します。またその事情を知っていて女性を受け入れた側も、刑法第227条の被拐取者収受罪に問われるおそれがあります。

ですから違法行為を命令する文書など、公的機関がつくるはずがないのです。

違法行為は命令ではなく、黙認の形で行われたのです。中には営業免許もない者に軍が慰安婦募集を許可してしまっていて、警察が仕方なくこれを見逃したケースさえあります。

「醜業婦渡支ニ関スル経緯」

一、十二月二十六日内務省警務課長ヨリ兵庫県警察部長宛『上海徳久[redacted]、神戸市中野[redacted]ノ両名ハ上海総領事館警察署長ノ証明書及山下内務大臣秘書官ノ紹介名刺ヲ持参シ出頭スル筈ニ付、事情聴取ノ上何分ノ便宜ヲ御取計相成度』トノ電報アリ

一、同月二十七日右両名出頭セルガ内務大臣秘書官ノ名刺ヲ提出シ徳久ハ自身ノ名刺ヲ提出セズ且身分ヲモ明ニセズ。中野ハ神戸市福原町四五八中野□□ナル名刺ヲ出シタルガ、同人ノ職業ハ貸座敷業ナリ

一、同両人ノ申立ニ依レバ、大阪旅団勤務ノ沖中佐ト永田大尉トガ引率シ行クト称シ、最少限五百名ノ醜業婦ヲ募集セントスルモノナルガ周旋業ノ許可ナク、且年末年始ノ休暇中ナルガ枉ゲテ渡支ノ手続ヲセラレ度キ旨ノ申述アリ

一、兵庫県ニ於テハ一般渡支者ト同様身分証明書ヲ所轄警察署ヨリ発給スルコト、セリ

一、神戸ヨリ乗船渡支シタルモノナキモ陸路長崎ニ赴キ

タルモノ二百名アル見込ミ

一、一月八日神戸発臨時船丹後丸ニテ渡支スル四、五十名中ニ湊川警察署ニ於テ身分証明書ヲ発給シタルモノ二十名アリ

一、周旋業ノ営業許可ナキ点ハ兵庫県ニ於テハ黙認ノ状態ニアリ

違法行為や強制がなかったのではなく、国家機関はそういうことをしないタテマエになっているので、事実がなかったかのように書類上の帳尻を合わせているだけなのです。軍の要請だから、違法行為として摘発できなかっただけなのです。

（2007.12.16）

慰安婦をウソつきよばわりする人々

人間の記憶にはあいまいなところがある。

私の部隊配属は八戸の第5高射特科群だったのだが、いつのまにか第4高射特科群だと思い違いをしていた。そんな場合、公文書と本人の記憶に食い違いがあったら、公文書に合わせて記憶間違いを訂正するのではあるまいか。

ところが世の中には不思議な人がたくさんいる。

「どろは第4高射特科群に所属していたと証言していたのに、実際は第5高射特科群に所属していたという公文書が見つかった。どろの証言は嘘だった！　どろが自衛隊にいたという嘘が暴かれた！」

……おいおい、と誰でも思うだろう。「所属は間違っていたけど、自衛隊にいたってことは逆に証明されたんじゃないか」と。ところが、そんな不思議な議論をして悦に入っている人がいるのだ。

元慰安婦の金福童《キム・ボクドン》さんのことだ。ウソつきばあさんだとか、酷い言われようである。

南方軍第10陸軍病院の１９４５年8月31日付の記録に、軍の傭人として金福童さんの名前が載っているそうだ。19歳と記してある（「元日本軍慰安婦・金福童さんの実名記録が発見」朝鮮日報記事）

これは文玉珠さんと同じく、敗戦後に元慰安婦を陸軍病院で雇ったケースだ。だったらこの記録を元にして、彼女の証言を聞くべきだろう。

彼女は14歳でだまされて拉致され、第15師団と一緒に広東、マレー、シンガポール、インドネシアと移動しながら、8年間も慰安婦をさせられ、22歳で帰ってきたと証言している。と

ころが年齢が合わないとか、第15師団はビルマの部隊だ、そんな移動をしていないとか、彼女はニセ慰安婦だという非難が絶えない。

第15師団はインドネシアに行かなかった。それは事実だ。けれど、彼女は確かにインドネシアにいたのだ。だったら「第15師団」という記憶が誤っているだけじゃないか。私が第5高射特科群と第4高射特科群を思い違いしていたようなものだ。

年齢のこともそうだ。1945年、彼女は19歳だった。これが公文書で確認できる事実だ。帰国したのは翌年以後だから、20歳を過ぎている。数え年なら21か22歳だ。金さんの証言に矛盾はない。

彼女は8年間も慰安婦をしたというが、1946年をさかのぼること足かけ8年なら、1939年ごろということになる。満13歳だ。数え年なら14歳か15歳ということになる。14歳で連れていかれたという証言にも矛盾はない。

このようにどこも矛盾はないのに、数字をひねくったり証言の揚げ足を取ったりして、無理くりに矛盾をひねりだして大嘘つきだと罵倒する。慰安婦否定派は、どっか神経が病んでやしないか。

(2013.5.30)

＊編纂委員会より＝軍の関与の証拠、不当な契約の詳細、慰安婦の労働と生活の実態、慰安婦証言の詳細な検証など、検証と論考の多くを紙幅の都合で収録できませんでした。ネットの「Doro Archive」もしくは『安倍首相から「日本」を取り戻せ!!』(かもがわ出版)をご参照ください。

解決のために日本がなすべきこと

河野談話

河野談話は冒頭で次のように言います。

「いわゆる従軍慰安婦問題については、政府は、一昨年12月より、調査を進めて来たが、今般その結果がまとまったので発表することとした」

政府はそれまで、慰安婦関係資料はすでに存在しない旨の認識を、繰り返し表明していました。また「強制連行」どころか、官権の関与自体がないとの認識でした。

しかし民間研究者が慰安婦関係公文書を発見したのをきっかけに、政府の指示で史料探しが行われました。その結果、多数の慰安婦関係資料が発見されたのです。その中には官権の関与を示す史料もありました。

ですから、史料発見前の政府見解と史料発見後の河野見解が異なっていても、それは当然のことです。

次に反論の後半、河野談話は「強制連行」を認めたのでしょうか。実際にどんなことを言っているのかを見てみます。

- 長期に、かつ広範な地域にわたって慰安所が設置され、数多くの慰安婦が存在したことが認められた。
- 慰安所は、当時の軍当局の要請により設営された
- 慰安所の設置、管理及び慰安婦の移送については、旧日本軍が直接あるいは間接にこれに関与した。
- 慰安婦の募集については、軍の要請を受けた業者が主としてこれに当たった。
- 甘言、強圧による等、本人たちの意思に反して集められた事例が数多くある。
- 官憲等が直接これに加担したこともあった。
- 慰安所における生活は、強制的な状況のもとでの痛ましいものであった。
- 戦地に移送された慰安婦の出身地については、日本を別とすれば、朝鮮半島が大きな比重を占めていた。
- 当時の朝鮮半島は我が国の統治下にあった。
- 募集、移送、管理等も、甘言、強圧による等、総じて本人たちの意思に反して行われた。
- 本件は、当時の軍の関与の下に、多数の女性の名誉と尊厳を深く傷つけた問題である。

私はここに指摘されていることの多くは公文書に裏づけられており、事実と見なし得る充分な根拠があると思います。

慰安婦関係調査結果発表に関する河野内閣官房長官談話

（いわゆる河野談話）

平成5（1993）年8月4日

いわゆる従軍慰安婦問題については、政府は、一昨年12月より、調査を進めて来たが、今般その結果がまとまったので発表することとした。

今次調査の結果、長期に、かつ広範な地域にわたって慰安所が設置され、数多くの慰安婦が存在したことが認めら

れた。

慰安所は、当時の軍当局の要請により設営されたものであり、慰安所の設置、管理及び慰安婦の移送については、旧日本軍が直接あるいは間接にこれに関与した。

慰安婦の募集については、軍の要請を受けた業者が主としてこれに当たったが、その場合も、甘言、強圧による等、本人たちの意思に反して集められた事例が数多くあり、更に、官憲等が直接これに加担したこともあったことが明らかになった。

また、慰安所における生活は、強制的な状況のもとでの痛ましいものであった。

なお、戦地に移送された慰安婦の出身地については、日本を別とすれば、朝鮮半島が大きな比重を占めていたが、当時の朝鮮半島は我が国の統治下にあり、その募集、移送、管理等も、甘言、強圧による等、総じて本人たちの意思に反して行われた。

いずれにしても、本件は、当時の軍の関与の下に、多数の女性の名誉と尊厳を深く傷つけた問題である。

政府は、この機会に、改めて、その出身地のいかんを問わず、いわゆる従軍慰安婦として数多の苦痛を経験され、心身にわたり癒しがたい傷を負われたすべての方々に対し心からお詫びと反省の気持ちを申し上げる。

また、そのような気持ちを我が国としてどのように表すかということについては、有識者のご意見なども徴しつつ、今後とも真剣に検討すべきものと考える。

われわれはこのような歴史の真実を回避することなく、むしろこれを歴史の教訓として直視していきたい。われわれは、歴史研究、歴史教育を通じて、このような問題を永く記憶にとどめ、同じ過ちを決して繰り返さないという固い決意を改めて表明する。

なお、本問題については、本邦において訴訟が提起されており、また、国際的にも関心が寄せられており、政府としても、今後とも、民間の研究を含め、十分に関心を払って参りたい。


(2013.6.13)

「慰安婦問題」は過去の問題ではない

慰安婦問題が米国下院決議でまた「蒸しかえされた」と言って怒っている人がいる。蒸し返しではない。日本政府の二枚舌が問題なのだ。

慰安婦問題が語られ始めた当初、そのイメージは「奴隷狩りのような女集め」だった。しかしその後、元慰安婦の証言や日本政府・日本軍の公文書から浮かび上がってきたのは別の姿だった。一部では、文字通り奴隷狩りのような行為も確認されている。しかし大部分は、だまされたり売買されていたのだった。

現在の研究や批判は、明らかになったそうした事実にもとづいている。いまだに、「奴隷狩りのような拉致はなかった。強制連行はなかった」と言っていれば何かを語ったことになると誤解している政治家がいるが、それは事実誤認であるうえに、まったく見当違いの意見だ。

北朝鮮の拉致事件でも、多くの被害者は暴力的に誘拐されたのではない。「旅行に行こう」とか、「いい仕事を紹介する」とか、だまされて連れていかれたのだ。日本政府はこれを「拉致」と表現している。この表現は正しいと私は思う。それならば、同じ目に遭わされた慰安婦が、どうして拉致でないことがあろうか。

戦争当時でも、だましたり人身売買で女性を慰安婦にするのは違法行為だった。慰安婦には16歳の朝鮮人少女もふくまれていたが、未成年者に売春させるのも違法だった。ところが、こういう違法行為に官憲が関与していた。軍や政府機関がヤクザ者と結託して、非合法ビジネスをやっていた。あるいは推進し、許可し、黙認した。こういう事実があるのに、首相たちが何も問題がないかのように語るので、そこが問題にされているのだ。

女性たちは行き先を告げられないまま、見も知らぬ戦地に連れて行かれ、廃業の自由も行動の自由もなく、帰国も許されず、敗戦の混乱の中、置き去りにされたり、殺されたり、散々な目に遭わされている。なのに、国としての補償はおろか、国のトップによる正式の謝罪も、国会の反省決議もない(官房長官の談話が国を正式に代表したものかどうかはビミョーなところ)。問われているのは、日本国家の人権意識であり道義意識だ。

慰安婦問題は過ぎたことではない。日本政府が事実を認め、その過ちを反省しなければ、慰安婦問題はいつまでも「今日の問題」であり続けるだろう。

(2007.7.3)

「なぜ何度も謝罪しなければならないのか」という意見について

安倍晋三の二枚舌・三枚舌

安倍さんは、2007年の第1次安倍内閣のとき、米下院に「慰安婦に日本政府が謝罪するように求める決議案」が提出されたのを受けて、次のように反応しました。

- 強制性を裏付けるものはなかった。（07年3月1日記者会見）
- （米下院）決議案は客観的事実にもとづいていない。……謝罪することはない。（07年3月5日記者会見）
- 政府が発見した資料の中には、軍や官憲によるいわゆる強制連行を直接示すような記述も見当たらなかった。（07年3月14日安倍内閣閣議決定）

ところが、米国からの批判に追い込まれ、ブッシュ大統領との首脳会談では、まるで借りてきた猫みたいになってこう語りました。

辛酸をなめられた元慰安婦の方々に、人間として、また総理として心から同情し、申し訳ないという気持ちでいっぱいだ。（07年4月21日）

ブッシュ大統領は記者会見でこう述べました。

首相の謝罪（apology）を受け入れる（accept）。大変思いやりのある率直な声明だ。

元慰安婦には鼻息荒く、謝罪しないのに、ブッシュ大統領に向けて謝罪するとはなんということかと思いますが、話はまだ続きます。

帰国後、アメリカ大統領に対する謝罪はなかったと全面否定に転じたのです。

- 慰安婦問題はまったく出なかった。そもそも日本が（当事国でない）米国に謝罪する筋合いの話ではない。（11年11月産経新聞インタビュー）
- この問題はまったく出ていない。事実関係が違うということだけは、はっきりと申し上げておきたい。（13年3月8日　衆院予算委員会答弁）

そしてこの間、主張は元にぶり返し、日本軍の関与を認めた河野談話についてこのように述べている。

そのまま継承することはしない。（12年12月30日　産経新聞インタビュー）

ところがところが、舌の根も乾かないうちに、この後、またも態度を豹変させます。国の内と外を使い分ける二枚舌が当然にも国際問題化しかけるや、一転してブッシュ大統領に対する謝罪があったことを認めたのです。

平成19（2007年）年4月27日（現地時間）にブッシュ大統領と行った記者会見において、安倍晋三内閣総理大臣（当時）が、慰安婦についての考え方として、「辛酸をなめられた元慰安婦の方々に、人間として、また総理として心から同情するとともに、そうした極めて苦しい状況におかれたことについて申し訳ないという気持ちでいっぱいである、20世紀は人権侵害の多かった世紀であり、21世紀が人権侵害のない素晴らしい世紀になるよう、日本としても貢献したいと考えている、と述べた。また、このような話を本日、ブッシュ大統領にも話した」旨の発言を行ったこと、また、このような安倍晋三内閣総理大臣（当時）の考え方について、ブッシュ大統領が評価を述べた事実関係を説明したものである。（13年5月17日　閣議決定）

河野談話を継承しないという主張も取り下げました。

——河野談話を継承する。（13年5月24日官房長官発表）

国会答弁でさえいけしゃーしゃーと嘘を述べて恥じない、こういった卑怯極まりない振る舞いが、一連の「謝罪」を引き起こしているのだということを、まず確認しておきましょう。

何度も行っている謝罪？

次に、日本が何度も行っているとされる謝罪なるものを具体的に検証します。

1970年代からの日本政府による、いわゆる謝罪発言の一覧がウィキペディアにまとめられています（「日本の戦争謝罪発言一覧」）。

これらがどういった内容なのか、確かめてみましょう。

00年8月17日＝山崎隆一郎外務報道官

これは謝罪ではなく、「謝罪しているじゃないか」という反論です。

00年8月30日＝河野洋平外務大臣。
01年4月3日＝福田康夫内閣官房長官。
02年9月17日＝小泉純一郎首相。
05年4月22日＝小泉純一郎首相。

これらは謝罪ではなく、「すでに謝罪している」という説明です。

01年9月8日＝田中眞紀子外務大臣。

これは直接的には中韓に対するものではなく、連合国全体に対するメッセージです。

01年＝小泉純一郎首相。これは「アジア女性基金」の謝罪文です。首相が代わるたびに、首相名だけを入れ替えて使われていました。でも小泉さんの時に終わってしまいました。

03年8月15日＝小泉純一郎首相。

05年8月15日＝小泉純一郎首相。

これらは謝罪の意を表明するという終戦記念日のメッセージと、直接的謝罪です。この発言の裏には、日本国内で閣僚から小泉さんの言葉を踏みにじるような発言が続いたので、小泉さんはそのたびに何度も同じことをくりかえすことで、自分の発言がウソではないと念押ししなければならなかったのです。

結局のところ、自発的な謝罪といえるものはほとんどありません。失言の後始末とか、木で鼻をくくったような説明とか。

しかし公的にこう言わざるを得ないのは、謝罪せざるを得ない事実があるからです。それを認めないという閣僚の発言がいつまでもなくならないから、何度でも蒸し返されるのです。

しつこくなりますが、ここでたとえ話を一つします。

消費期限の付け替えをして食中毒を出し、社長が謝罪に追い込まれた会社があるとします。重役があとから、「期限の付け替えなんかはどこの会社もやっとる」「食中毒なんか、家で食べてもかかる」「批判する奴は補償金でもほしいんだろう」なんて言ったら、その会社の信用はがた落ちです。社長はまたもや謝罪するはめになるでしょう。非難を浴びて、会社が倒産するかもしれません。

こんなことを何度も何度も繰り返しているのが、情けないことに我が日本なのです。

さきほどの会社でいえば、重役だって会社を愛しているから、そんなことを言うのかもしれないけど、ひいきの引き倒しもいいところです。本当に会社のためを思う社員なら、重役を諌《いさ》め、消費者のために誠を尽くすように求めるのが筋というものです。その努めを、私はいま果たしているつもりでおります。

安倍晋三の「この問題はまったく出ていない」云々《うんぬん》の答弁を検索する方法は下記の通り。

① 国会議事録検索システム（http://kokkai.ndl.go.jp/）にアクセス。
② 「簡単検索」をクリック。
③ 「検索語指定」に以下を入力。「事実関係が違うということだけは、はっきりと申し上げておきたい」（「期間指定」や「会議指定」にも入力すると結果表示が速い。平成25年3月8日、衆議院）
④ 「検索結果一覧」をクリック（1件のみ表示される）。
⑤ 「予算委員会」をクリック。

⑥当該答弁が表示される（答弁番号34）。　（2014.8.12）

日韓経済協定は賠償ではない

ネットの中で語られている〝真実〟

日韓経済協定を結んで韓国に支払った金は、個人賠償の分も含んでいる。それで最終的に解決したのだ。その金8億ドルを経済建設に使ってしまったのは韓国政府だ。いわば韓国民の金を政府が使い込んだのだ。韓国民にそのことを長期間隠蔽していたのは韓国政府だ。それなのに、どうしていまさら日本が個人賠償に応じる必要があるのか。

歴史的な事実

日本は韓国に賠償していませんし、現金を渡してもいません。そのことは日韓協定の本文を読めばわかります。日本は賠償支払いを拒否しました。韓国にしたのは経済援助であって、賠償ではありません。

8億ドルを援助したといいますが、政府分は5億ドルです。3億ドルは銀行が韓国政府に貸し付けたものだから、援助といえるのか微妙です。ともかくこの分はちゃんと返済されています。政府分の5億ドルの内、2億ドルは有利子の貸付で、20年返済です。一度に貸し付けたのではなく、10年分割で貸し付けました。これも利子を付けて韓国がキッチリ返し終わっています。無償援助は3億ドル（1080億円）にとどまり、これも10年分割で実施されました。貸付も援助も、韓国に現金が渡されたのではありません。だから韓国政府が使い込めるはずがないのです。

ではお金はどうなったかといえば、全額日本の会社に支払われたのです。なぜなら貸付も援助も、協定でその使い道が限定されており、①韓国政府が日本から買う物資の代金と、②韓国で工事をした日本の会社への支払い――この2通りにしか使えなかったからです。

具体的な支払い方を見ましょう。

まず、韓国がこれこれの機械が必要だとか、これこれの工事が必要だとかいうリストを日本に提出します。日本が審査して承認すれば、韓国政府は日本企業に発注します。その代金は日本政府から日本企業に支払われます。韓国政府は現金に触ることもできません。援助金はすべて日本政府から日本の会社に支払われたのです。

援助がそういうものであることがわかるように、以下に条約本文を引用します。

日韓請求権並びに経済協力協定第一条

1　日本国は、大韓民国に対し、

(a)現在において千八十億円に換算される三億合衆国ドルに等しい円の価値を有する日本国の生産物及び日本人の役務を、この協定の効力発生の日から十年の期間にわたつて無償で供与するものとする。

(b)現在において七百二十億円に換算される二億合衆国ドルに等しい円の額に達するまでの長期低利の貸付けで、……事業の実施に必要な日本国の生産物及び日本人の役務の大韓民国による調達に充てられるものをこの協定の効力発生の日から十年の期間にわたつて行なうものとする。

さてその援助の大きさです。無償援助は1080億円なので、10年分割なら、1年当たり108億円。1996年の政府予算は4兆5000億円です。このうちの108億円は、予算のたった0・24％です。大した金額じゃありません。当時、日本は旧軍人・軍属に対し、毎年1兆円以上の軍人恩給を支給していました。その1％にすぎません。援助が終わるころ、つまり10年後の1976年の予算は24兆6000億円。このうちの108億円だから、予算の0・044％。全然大したことありません。

だけど「この援助をうまく使って、韓国は奇跡的な成長を遂げた」と〝ネットの真実〟は語ります。もしそうなら、日本はよいことをしたのです。せっかくよいことをしたのに、デマで汚してしまっては、値打ちが半減します。（2013.5.29）

日本政府は誰から何を求められているのか

韓国政府は、日韓条約で賠償請求権を放棄しました。外交保護権も放棄しました。これにより、韓国政府は、政府が主体となって日本に賠償請求することも、国民の保護者として賠償請求を代弁することもできなくなりました。だから、韓国政府は賠償について何も言っていません。

しかし国民が個人として、互いの政府や企業に直接請求する権利までは、日韓条約で消滅させていない、消滅させることはできないというのは、日本政府が何度も繰り返していることです。そこでいまは、韓国の国民が、政府を通さずに、個人として、日本政府に賠償請求しているのです。

これは逆のことも言えます。韓国に置いてきた資産を返せと、日本企業や個人が韓国政府に求めることもできます。それをしないのは、物権にもとづく返還請求に対しては、現物を返せばよいからです。「返すから持って帰れ」と言われても困りますよね。

韓国民の請求は、2つです。

1つは未払い給料などの債権。これは韓国民の財産権を日本の国内法で消滅させているし、時効にかかっています。もう1つは不法行為にもとづく損害賠償請求権。元慰安婦が裁判で求めているのはこれです。

なぜそれを要求するのかといえば、元慰安婦が本当にほしいのは公的な名誉回復なのですが、そういった非財産的な請求は裁判できない仕組みになっているからです。

民事裁判では、請求内容について必ず「訴訟物の価格」というものを決めなければなりません。

失われた名誉がいくらにつくから、これを返せと、お金の問題にしないと裁判ができないのです。

こういった権利の主体、請求者、裁判の仕組みを理解せず、政府と国民を区別しないで「韓国」とひとくくりにし、「韓国が金をよこせと話を蒸し返している」と非難するのは、間違っているのです。

(2013.6.2)

「慰安婦への補償は日韓基本条約で終わっている」という主張について

日本政府は戦争責任と賠償について、原爆訴訟やシベリア抑留訴訟において次のような主張を展開している。

- 賠償請求権の消滅というのは、「外交的保護権」が消滅しただけで、「個人の請求権」まで消滅したわけではない。
- 「個人の請求権」は放棄できないものだから、「国民の請求権」は消滅していない。

これはどういうことかというと、たとえばシベリア抑留はソ連の不法行為ですから、ソ連が賠償責任を負っています。ところが政府は抑留者の同意を得ることなく、請求権を放棄してしまいました。このような場合は、賠償責任が本来のソ連から日本政府に移る、というのが国際法の定めなのです。そこで被害者は日本政府に個人賠償請求権を奪われたと考えて、ソ連政府に代わって賠償してくれという裁判を起こしたのです。

すると、日本政府はこう主張しました。「個人の被害は個人の被害、国は関係ない。ソ連に対する請求権は消えていないから、各人で請求すればよかろう」と。

「個人請求権をも放棄するように書いてあったとしても、それは放棄できないものを放棄したということで、無意味な記述だから、どうぞソ連に請求してください」と。

また原爆訴訟では、「講和条約に原爆被害のことは書いていないのだから、個人請求権はなくなっていない。だから賠償は米国政府に求めなさい」と言いました。

こういうことなら、元慰安婦の被害だって日韓条約に書いていないのだし、個人請求権はそもそも消滅させることができないというのですから、日本の賠償責任はしっかり残っているのです。日本政府は自分で言ったことぐらい守ったほうがいいと思いますが、いかがお考えになりますか?

同じ政府が、韓国人など外国人から個人請求されると180度正反対のことを言う。「慰安婦への国家補償は日韓基本条約で終わっている」という主張も、理屈は正反対だけど、ビタ一文カネは出さんという結論は一緒。まあ、理屈とピップエレキバンはどこにでもくっつくものだ。理屈のひねり出し具合、そこに品性、品格、道義性というものが表れる。

それに、日韓条約で決まったのは、日本が支払いの「義務」をまぬかれるということだけ。賠償すべき根拠は自然債務として存続している。義務なき行為として自発的に賠償することに何の問題もない。かりに慰安婦が請求主体として法的に不適格だというのなら、われわれ日本国民が主権者として政府に賠償金支払いを促せばよいのだ。

昭和41年12月7日東京地裁原爆訴訟判決（判例時報355号）

対日平和条約第19条にいう『日本国民の権利』は、国民自身の請求権を基礎とする日本国の賠償請求権、すなわちいわゆる外交的保護権のみを指すものと解すべきである。

……請求権の消滅条項およびこれに対する補償条項は、対日平和条約には規定されていないから、このような個人の請求権まで放棄したものとはいえない。

仮にこれを含む趣旨であると解されるとしても、それは放棄できないものを放棄したと記載しているにとどまり、国民の請求権はこれによって消滅しない。

したがって、仮に原告等に請求権があるものとすれば、対日平和条約により放棄されたものでないから、何ら原告等が権利を侵害されたことにはならない。

「日本はすでに義務を果たした。これ以上のことをする必要はない」という主張について

たとえ話をしよう。ある人が破産して免責を受けたとする。この人の債務（この場合は借金だな）は法的に決着がついた。借金を返す法律上の義務はなくなり、債権者は請求権を失った。しかし、なくなったのは法律上の権利や義務であって、なくなっていないものが2つ残っている。

1つはかつて借金したという事実。法律的には「自然債務」という。返す義務はないけれど、返すのはかまわないし、返した金を受けとることに何の問題もない。もう1つは道義的責任。これも法律的に言えば、特に責任を自覚しなくてよい。あくまでも道義的なものだ。

なので「どうしてそこまでしなければならないのか」と問われても、「しなければならない法的責任はない」としか言いようがない。

私の考えを全部読んだうえで、なおも「どうしてそこまでするのか」と問う人に、何が言えるだろう。世の中にはいろんな人がいる。

従業員に威張り散らしていた社長が破産して、未払い賃金や従業員から借りた金までチャラにして、しかも突然の倒産に路頭に迷う従業員を尻目に、事前に周到に名義移動していた資産でゆうゆうと暮らして悪びれたそぶりもしない人がいる。法的に間違ったことはしていませんけど、何か？　という人もいるだろう。でも私はそういうのが許せんと思ってしまうのだよ。それが自分の身内なら、意見のひとつも言ってしまうタイプなんだよ。品性とか品格といっているのは、そういうことだよ。

「韓国政府の対応を批判すべきだ」という主張について

韓国政府の行為については、韓国国内でも昔から批判がなされている。私が韓国国民なら自国政府を批判するだろう。元慰安婦に対しては、韓国政府が補償を実施中だ。

元慰安婦が日本に賠償を求めているのは、民事事件はお金をよこせという形でしか訴えができないからだ。金目当てじゃない。

自分たちは好きで慰安婦になったわけじゃないと認めさせたいだけだ。名誉の回復を求めているのだ。それくらい認めてあげなよ。私はそれ以上のことをすべきだと思うがね。私は日本国民だ。だから日本の政府の冷たさに腹がたち、文句つけているのだ。

韓国政府は1998年に「生活安定支援法」をつくり、元慰安婦に一時金3150万ウォンと500万ウォンを支払い、別に毎月50万ウォンを支給している。韓国政府の当初原文では、日本が賠償しないのでその代わりに支給するとなっていた。その後、国内からの批判でその文言がはぶかれたが、主旨は変わっていない。

(2007.7.6)

日韓交渉の正しいまとめ

1 日韓交渉のことでいろいろと言ってくる御仁がおられるが、前提知識を欠いている奇妙な知識を吹き込まれているので、ここで正しい歴史事実をまとめておく。

2 韓国政府は当初、自分を連合国の一員とみなすよう国際社会に訴えた。その理由は重慶の大韓民国臨時政府が日本に宣戦布告しており、その軍隊(光復軍)が実際に中国で日本軍と戦っていたから。

3 前記要求は国際法上の国家の要件を満たしていないので、諸外国の認めるところとならなかった。しかし朝鮮民族が大日本帝国の侵略被害を受けたことは間違いないので、サンフランシスコ講和条約に第4条「朝鮮条項」が入った。

4 第4条は旧朝鮮総督府支配領域に住む住民および法人の請求権を認め、その処理については、当事国同士で取り決めるというもの。これで日韓交渉が必然となった。またb項で、朝鮮半島にある日本国の財産処理を米国軍政の采配下に置くと決められた。

5 韓国政府はこれにより、戦時賠償請求を取り下げて、財産請求に切り替えた。日韓交渉における韓国政府の要求をまとめると、次のとおり。

6 韓国政府の請求財産 (1)朝鮮半島から持ち出した金塊、銀塊の返還。(2)1945年8月9日以後に持ち出した現金などの返還、日本にある韓国法人の財産の返還。(3)韓国民に対する未払い給料や売掛代金など債権の支払い。(4)その他。

7 日本政府は韓国政府の請求は大部分法的根拠があることを認めたが、一括請求でなく個別具体的に請求せよと求めた。しかし徴用連行された個人名はおろか正確な人数さえ、韓国側にはわからない。それらの資料は日本側にある。

8 日本側も戦後の混乱期に資料を破棄したり焼却したりで、正確なことがわからない。そこで両国で折衝した結果として、日本が経済協力することにより、随伴的にサンフランシスコ条約第4条も満足する効果が得られるということで落ち着いた。

9 このように、韓国政府が求めたのは戦時賠償ではなく、また日本も戦時賠償をしていない。日本がしたのは経済協力で、それはサンフランシスコ条約第4条にもとづく韓国側の財産請求に応じる目的があった。

10 ついでに指摘しておくが、この経済協力を受ける見返りに韓国政府はすべての請求権を放棄したが、韓国民の個人請求権が消えたわけではない。そのことは日本政府が議会答弁で認めている。当然にも経済援助に個人請求分は含まれていない。

11 よって、個人請求権も解決済みとか、個人請求分を韓国政府が使い込んだというのは、あからさまなデマだ。援助金の使途は日本企業が手掛けるインフラ整備代金や日本から買う物資代金に限られていて、日本政府から日本企業に直接支払われた。

12 今後、ネトウヨ諸君が日韓交渉について語りたいなら、最低でもこの程度の予備知識を前提にすること。以下に引用するのは、1964年3月19日、大平正芳外務大臣が日韓交渉に関し国会に行った報告の抜粋。

---

13 (ここから引用)「サンフランシスコ平和条約第4条に基づく韓国の対日請求権につき、韓国側は、過去におきましては、いわゆる対日請求8項目を提示して、日本側がこの請求を認めることを要求し、

14 これに対し日本側は、請求権として支払いを認め得るものは、確たる法的根拠があり、かつ、事実関係も十分に立証されたものに限るとの立場を堅持しつつ、交渉を行なってまいったのであります。

15 しかるところ、その後の討議におきまして、法的根拠の有無につきましては日韓間に大きな見解の隔たりがあるばかりか、事実関係を正確に立証することも、時日の経過とともに、不可能またはきわめて困難なことが判明するに至りました。

16 しかしながら、この問題を未解決のままいつまでも放置することは許されませんので、日本政府といたしましては、この困難を克服するためには、何らかの新たなくふうをこらすよりほかに道のないことを認めるに至ったのであります。

17 この新しいくふうとして考えられた構想の骨子は、将来にわたる両国間の親交関係確立の展望に立ちまして、この際、韓国の民生の安定、経済の発展に貢献するため、同国に対し、無償有償の経済協力を行なうこととし、

18 このような経済協力供与の随伴的な効果として、平和条約第四条の請求権問題が同時に解決し、もしくはもはや存在しなくなったことを日韓の間で確認するというものであります。

19 このような基本的考え方を軸として真剣な折衝が続

けられました結果、同年末、両国政府はこの考え方に原則的に同意するに至り、

20 無償経済協力は3億ドルを10年間にわたり日本国の生産物及び日本人の役務により供与し、また、長期低利借款は2億ドルを10年間にわたり海外経済協力基金より供与することとなったのであります」(引用ここまで)

21 こういうことだから、韓国は戦勝国じゃないのにとか、戦争してないのに賠償を求めるとはあつかましいとか、サ条約に入っていないじゃないかとか、あちこちで見かける「ネットDE真実」を振りかざして突進してこないように、時間の無駄だから。以上。

(2015.2.28)

慰安婦問題における中国政府の問題

元従軍慰安婦の証言を収集するプロジェクト実施、46人の生存者に協力依頼へ——中国

2007年12月14日、江蘇省南京市で「南京大虐殺史国際シンポジウム」が開催。席上、「中国慰安婦問題研究センター」主任で上海師範大学教授の蘇智良(スー・ジーリャン)氏は、生存している元慰安婦の証言を録画録音し収集する大規模なプロジェクトが来年から始動することを明らかにした。

中国の歴史研究では、日中戦争時には20万人もの中国人女性が慰安婦として日本軍に強制的に徴用されたといい、軍の指示に基づく、組織的な婦女暴行もあったとされる。

蘇教授によると、1990年代初頭には元慰安婦の生存者は100人以上を数えたが、高齢のため次々と亡くなり、現在健在なのは46人。旧日本軍の歴史的罪状を証明するには、一刻も早く被害者である彼女たちの大規模な証言収集が必要との関係者らの思いが今回のプロジェクトに結びついた。単に録音録画を収集するばかりではなく、法的な公証も同時に行われる予定という。(Record China 2007.12.15)

悪いことではない。このような取り組みは、おおいにやってほしい。しかし、同時に思ってしまう。今ごろになって、なにをしてるんだか、と。

日本政府が「アジア女性基金」をつくった時に、どうして動かなかったんだろう。日本政府は「慰安婦」に対する国家責任を不十分ながら認め、総理大臣の謝罪の手紙と一緒に、わずか数百万円だけど償い金を渡すことを決めて、実施した。領

事館まで出て来られない被害者には、被害者一人ひとりの自宅に領事がおもむいて手渡した。償い金を渡したことを政治宣伝の道具にしなかった。もらったことを秘密にしてほしいという要求にも誠実に応じた。

国家犯罪の後始末をするため、ここまでやった国なんてないよ。取り組みは、そりゃあ不十分なんだけど、人類史上はじめてのことだもの、手落ちもあれば足りないところもある。だけど、駄目な点ばかり批判しているのでなく、前進面は積極的に評価しないと、せっかくの取り組みがそこで足踏みしてしまう。げんに「アジア女性基金」は、足踏みどころか後退してしまった。

あの時、中国政府も中国社会も、まったく非協力的だった。あの時点で日中両国が共同で調査していれば、もっと被害者を発見できたろうし、証言も集められたろう。元慰安婦の生活だって改善できたし、治療も受けられたはずだ。

そうしておけば、慰安婦の強制の実態がもっと明らかになり、日本政府も右派政治家も言い逃れができなくなって、プロジェクトがもっと本格化し、継続されていただろう。あの時なら予算もついたのだ。だがプロジェクトは主に中韓両国の非協力のせいで、未完のまま終了せざるを得なかった。

協力しない、償い金は受け取らない、しかも自分たちでは調査をしない、そういう態度だったくせに、今になって何なんだろう。遅蒔きながら調査の腰をあげたという点ではよいことだし、決してそこを非難するつもりはないのだが、それにしても、なんで今ごろなのか。

中国政府が非協力的だった理由は知らない。ただこうは言える。政府というやつは、けっして民衆の味方ではない。中国政府も、日本政府も、その点では同じことだ。

このニュースで思うこと。

中国政府の態度は不可解だが、中国政府や中国の御用学者のふるまいと、元慰安婦のおばあさんを混同してはいけない。政府の態度がどうであれ、彼女たちは被害者だったのだ。従軍慰安婦制度はすべての女性に対する犯罪だった。中国政府の態度は理不尽だけど、それをもってこの問題をあいまいにする理由にしてはならない。

でも、こうは考えない人が多いかもなあ。　(2007.12.16)

「日本だけじゃない」という言い訳がダメな理由

「韓国軍だって慰安所をつくってたじゃないか、ベトナム戦争で強姦事件を起こしたじゃないか、世界中の軍が売春を利用してるじゃないか、なんで日本ばかり責められるのだ！」

こんなことを延々と言い立てる人がいます。その考えが大間違いであることを、理解しやすいように、交通事故と対比させて考えます。

一つの事件を処理している時に別の事件を持ち出してはならない

交通事故の加害者が被害者に対して、「被害者だって別の場所で別の事故を起こしてるじゃないか、なんで俺ばっかり責められるのだ」と言って過失相殺を求めても、受け容れられません。

こんなことを交通裁判で唱えたら、無茶な理屈で責任逃れをしていると見られ、むしろ心証が悪くなるでしょう。

慰安婦問題についても同様です。

朝鮮戦争のとき、韓国軍は慰安所を設置していましたが、そのことが慰安婦に対する日本政府の責任を軽くすることはあり得ません。

「韓国軍だって慰安所をつくったじゃないか、なんで日本ばっかり責められるのだ」

こんなことを言えば言うほど、無茶な理屈で責任逃れをしていると見られ、むしろ心証が悪くなるでしょう。

当事者主義を超える主張は成立しない

交通事故の加害者が被害者に対して、「お前の親戚が別の場所で別の事故を起こしてるじゃないか、なんでこの裁判で俺ばっかり責められるのだ」などと交通裁判で唱えたら、ますます無茶な理屈で責任逃れをしていると見られ、もっと心証が悪くなるでしょう。

慰安婦問題についても同様です。

韓国軍兵士がベトナム人女性を強姦して生まれた子ども（ライタイハン）の問題は痛ましいことですが、強姦犯人は元慰安婦ではありません。まったく別人が犯した犯罪です。そのことで慰安婦に対する日本政府の責任が軽くなることはあり得ません。

「同じ韓国人が別の場所で強姦しているじゃないか、なんで日本ばっかり責められるのだ」などと「韓国人」という属性で一括りにすることに何の意味があるのか、それはレイシズムではないのかと、もっと心証が悪くなるでしょう。

「被害vs加害」の関係を「正義vs不正義」の関係にすり替えてはならない

交通事故の加害者が被害者に対して、「被害者は暴力団員で、恐喝や暴力など酷いことばかりしているじゃないか、なんで俺ばっかり責められるのだ」などと交通裁判で唱えたら、いよいよ無茶な理屈で責任逃れをしていると見られ、サイテーの心証をもたらすでしょう。

被害者がヤクザだろうが詐欺師だろうが、加害責任が軽くなるはずがありません。加害者は不正義ですが、反対に被害者が正義というわけではありません。「被害対加害」の関係を「正義対不正義」の関係にすり替えてはならないのです。

慰安婦問題についても同様です。

「アジア女性基金」の償い金を受けようとした元慰安婦を韓国の慰安婦支援団体が脅したり、同じ団体で使い込み事件が起きたり、新聞が原爆を「神の裁き」と書いたり、韓国側の姿勢はお世辞にもほめられたものではありません。しかし、そのことで慰安婦に対する日本政府の加害責任が軽くなるはずがありません。

日本は不正義ですが、韓国が正義だというわけでもありません。慰安婦問題は「被害対加害」の関係です。「正義対不正義」の関係にすり替えてはなりません。

「韓国人のやり方は酷いじゃないか、なんで日本ばっかり責められるのだ」。こんなことばかり言ってたら、いよいよ日本はサイテーだと思われるしょう。

交通裁判は犯罪を裁くのです

無免許で速度オーバーと信号無視を繰り返し、衝突事故を起こした加害者が、裁判官に対して、「誰だって速度オーバーぐらいやってるじゃないか。時間通りに目的地に着くために速度オーバーが必要なのは誰だって分かる。なんで俺ばっかり責められるのだ」などと言って過失相殺を求めても、受け容れられません。こんなことを交通裁判で唱えたら、どうしようもない人間のクズだと見られ、いちばん重い処分にしたろかと裁判官は考えるでしょう。

慰安婦問題についても同様です。

娼妓取締規則を守ってはじめて許される売春を、規則を守らず営業させ、誘拐の手口で人を集めていることを知りながら取締の手をゆるめ、監禁同様の状態に置く規則をつくったのは、軍や内務省、外務省です。軍と業者は無許可営業・強制売春・監禁行為など、違法に違法を重ねていたのです。

「どの国だって売春はあるじゃないか。戦場に売春婦が必要なのは誰だって分かる。なんで俺ばっかり責められるのだ」。こんなことを言えば言うほど、どうしようもない人間のクズだと見られ、徹底的に糾弾しなければと世界は考えるでしょう。

（2013.5.24）

従軍慰安婦運動と原水爆禁止運動

日韓市民の感情のこじれの原因

従軍慰安婦をめぐって、日韓市民の一部で激しい対立感情が生じている。あまりに激しい差別的罵倒は、じつに見苦しいと思う。どうしてこんなにも感情的にこじれてしまったのだろう。

そのことを考えるに当たって、日本の原水爆禁止運動との対比は無意味ではないと考える。日本の原水爆禁止運動は、世界の平和運動の大きな柱のひとつであり、各国政府に対してさえ一種の権威を獲得している。

その運動は、被爆者たちが加害者を恨む言葉を述べていないところに最大のユニークさがある。原水禁運動は政治運動でありながら、加害者をののしらず、補償も求めず、再び同じようなことが起きないようにと、一種の「祈り」に似た訴えをただ繰り返すのである。

このような運動には敵が生まれない。生まれようはずがない。核兵器をやめようと被害者が叫ぶことを、誰が非難できようか。その痛切な祈りに共感しない者がいようか。これが原水禁運動成功の理由だと思う。

韓国の従軍慰安婦の運動はこれと異なる。加害者日本を非難し、補償を要求し続けている。この行為に、日本国民の一部はまるで自分が非難されているように感じている。

そう感じる市民のうち半分は、その非難に正面から向き合い、頭を垂れようとしている。もう半分は反射的に反発して、罵り返している。

だが、気に食わないから罵るというのでは人格が問われよう。そこで、従軍慰安婦はいなかったとか、ただの売春婦ではないかとか、そういった理屈で下劣な行為を正当化しようとするのだが、それは自分自身をもっと卑劣でみじめなものにしてしまっている。

戦争の総括における日韓の違い

それはともかく、「誰をも非難せず、誰をもうらまず、ただ過ちを繰り返すまいと祈る」というスタイルを従軍慰安婦運動に求めるのが困難であろうことは、ご理解いただけると思う。日韓の大衆運動のこの差はどうして生じたのだろう。それは歴史総括の仕方が違うからではなかろうか。戦争の総括において、日韓は、一つの点においてまったく異なるのだ。

日本の場合、対米開戦までの経緯にいろいろと言い分があるにしても、戦争を仕掛けたのが自分の側であるのは間違いないところだ。自分の仕掛けた戦争に敗れたのだから、ある意味で文句の言いようがない。

負けるまでは、米国は日本人にとって、死力を尽くして戦い合った対等の敵だった。米国に負けたのは、力が足りなかっただけだ。国際法違反や残虐行為はお互い様である。やるだけのことをやって負けたのだという自負があるので、原爆を落とされても、敗北を、一種さばさばと総括できたのではなかろうか。

これに引き替え、韓国側はどうだろう。韓国が日本に攻めかかったのではない。日本が一方的に韓国に襲いかかり、力づくでその独立を奪ったのだ。

言っては悪いが、当時韓国の指導者は腰抜けぞろいだった。勇敢な韓国民は旧式の武器を取って死を賭して戦ったのに、指導者たちはからきし勇気がなく、日本の脅しに震えていただけだった。

国のバックアップなしで戦った韓国の農民兵は、近代的装備の日本軍に、ほとんどなぶり殺しの目にあった。そして植民地とされた韓国人は、日本人から二等国民として差別され続けた。いや、いまも差別されている。

韓国と日本は、死力を尽くして戦い合った対等の関係ではないのだ。かたや傲慢不遜に見下す側、かたや不当にも見下される側なのだ。韓国人にとって、これほどくやしいことがあろうか。

韓国は国らしい国のない未開地ではなかった。長い歴史を持つ誇り高い文明国だったのだ。フランスがイギリスを植民地にして、フランス人がイギリス人を二等人種として差別したとしたら、どうなるだろう。誇り高いジョンブルは、何百年たとうがフランスを許さないだろう。それに類したことを、大日本帝国はやってしまったのだ。私たちが同じ目にあわされたら、いったいどんな気がするだろうか。

日本の内なる植民地政治を総括しよう

だから韓国人が簡単に恨みを忘れることができようはずがない。加害者日本を非難し、補償でも要求しなければ、気持ちの持っていきようがないと思う。この関係性に無頓着であっては、恨みはさらに増すばかりだろう。

私たちは、一度きっちりと植民地支配の歴史を清算したほうがよい。それは韓国との関係のためだけにそう言うのではなく、私たちのためにもそうしたほうがよいと思うのだ。

なぜなら、大日本帝国の腐敗した政治の影は、現代日本にまで尾を引いているから。武断政治、陰謀政治、談合政治、お手盛り政治がどこで培われたかといえば、何でもやりたい放題の植民地支配の経験を通じてだったともいえる。

そして戦前の国家統制システムは、いまも脈々と生きている。一部のエリートによる「寄らしむべし、知らしむべからず（国民は従わせればよい、大事なことを知らせるべきではない）」の政治システムの最悪の表れが、原発事故だったともいえるのだ。痛いかもしれないが、日本は古傷を開いて、とことん膿を出し切るべきではないのか。

従軍慰安婦問題を通じて、えらいところに話が及んだが、そんなことを考えた。


(2011.10.18)

軍慰安婦問題を論じる際の立場性

橋下の慰安婦容認発言は許せないが、米国に噛みついている点だけは評価するという人がいて、驚きました。

「日本軍慰安婦が悪いというなら、朝鮮戦争やベトナム戦争の米軍慰安婦はどうなんだ！」

たしかに、米国の二枚舌には怒りを覚えますし、米国にたてつけない情けない政治家ばかり見ていると、橋下が頼もしくみえるのかもしれません。

言っていることも事実です。朝鮮戦争のときに韓国軍は慰安婦を制度化しており、米軍も使ったそうです。一部には強制もあったようです。

しかし、問題にアプローチする姿勢として、次の3つの立場性を忘れてはならないと思います。

① 客観主義的評論者でなく、主体的当事者として語ること
② 被害と加害の関係性を考慮すること
③ 被害を生まない社会を目指す立場に立つこと

具体的に考察します。

まず日本軍慰安婦については、私たちは直接的責任者ではありませんが、加害者である大日本帝国の戦争責任を継承した日本国の主権者です。

その当事者性をもって日本軍慰安婦を語らないと、単なる評論に過ぎなくなります。侵略と被侵略という関係性や、植民地宗主国と植民地という関係性を考慮しなければ、ただの歴史談義にしかなりません。

日本には、二度と日本を加害国にしないという立場性が求められています。

韓国は被害当事者として発言しています。二度と加害を許すものかというのが、その立場です。

米国は、デモクラシーを守るために大日本帝国ファシズムと戦った当事者として、語っています。何十万人もの戦死者の命を無駄にしないためにも、自分が討ち滅ぼした戦前イデオロギーの復古を許さないという立場です。

三つの立場は一つの価値観を共有していますから、平和的に並立が可能です。

ここに別の立場性を持ち込むと、対立が生じます。いま私たちは、橋下徹が持ち込んだ問題という形で、それを見ているのです。

ところで、韓国軍慰安婦についてはどうでしょう。

加害者は韓国政府で、被害者は韓国民です。それは内政問題であって、日本は局外者です。日本が当事者性を持てるとすれば、性奴隷を根絶しようと努めている国際社会の一員に連なって発言する場合だけです。

つまり、日本軍慰安婦についてその加害性を認識し、再発を許さないという立場性を確保する中で、はじめて有効な発言ができるのです。

日本軍慰安婦と韓国軍慰安婦を相対化して語るのは、加害性をあいまいにする役割しか果たさないから、歴史のなかで意味を持たず、説得力がありません。有り体にいって、屁理屈でしかない。

ましてや日本軍慰安婦の国家関与や強制性を否定し、あいまいにする立場の発言は、有害な雑音でしかありません。私はそのように判断します。

橋下が米国を訪問したら、そうした立場性からの批判的質問を浴びせられ、やり込められるのではないかと予想しています。なんで日本メディアはそうしないんだ？（2013.5.19）

慰安婦問題まとめ──ネトウヨ撃退虎の巻

1 当時は合法だった、という嘘。娼伎取締法を守っていれば合法だが、①鑑札を持たない業者が、②未成年の少女を、③警察区長に届けず、④前借金で買って売春させた。これは当時でも娼伎取締法違反だ。

2 民間業者がしたこと、という嘘。軍が選定した業者に軍専用の慰安婦を集めさせ、軍属の身分を与え、軍が護送し、軍が慰安所を建てて、軍が料金を決めて管理し、軍が慰安婦を拘束し、軍が食糧を提供し、軍医が診察して、「民間がしたこと」なんて通らない。

3 悪いのは民間業者だ、という嘘。国外移送にあたって名簿を作成しているので未成年者がいるのを軍も外務省も承知のはずだが、渡航を許可している。刑法226条、227条違反。外出制限など身体拘束は監禁にあたり刑法220条違反。共同正犯だ。

4 どの国にもあった、という嘘。人身売買に官権が荷担したり、部隊が直営売春施設を持ったり、軍機関が占領地の女性を拉致したり、こういった手段で数万人規模の慰安婦制度を運営した国は日本だけだ

5 他の国も強姦している、という論理の破綻。強姦を防ぐ目的があるから強制売春が許されるというのは、飲酒運転を防ぐ目的で酒に代えて運転手に脱法ハーブを許すようなもの。認められるはずがない。しかも日本軍は強姦も強制売春もしているから二重の罪。

6 日韓条約で賠償済み、という嘘。条約で政府同士は互いに賠償を放棄した。国民の請求を政府が肩代わりすることもしないと決めた。しかし国民が政府を通さず相手政府に請求する権利はなくせないと、日本政府が何度も答弁している。賠償は解決していない。

7 日本が支払った賠償金に個人補償分も含まれていた、という嘘。日韓条約で両国政府は相互に賠償請求を放棄した。放棄したのだから、日本はビタ一文賠償していない。日本がしたのは賠償ではなく《政府間援助》。個人には一円も支払っていない。

8 日本が渡した賠償金を韓国政府が使い込んだ、という嘘。日本は援助金を現金で渡したのではない。条約で使途は「日本の物資を買う」「日本人の人件費を支払う」の二つに限定されており現金は日本政府から日本企業に渡された。使い込み不可能。

9 韓国は何度も賠償を蒸し返す泥棒国家、という嘘。いま請求しているのは個人。国家ではない。個人請求権はある、と日本政府が何度も答弁している。日本は一度も賠償していないのだから、「何度も蒸し返している」わけではない。

10 金ほしさにやっている、という嘘。金ほしさでもいいと思うが、本丸は金ではなく名誉回復。お金を要求する理由は、民事訴訟は失われた名誉がいくらにつくのか「訴訟物の価格」を訴状に書かないと裁判所が受け付けてくれないからだ。

(2013.6.2)

「慰安婦問題」の今後

今回の慰安婦問題日韓合意*〔日本の岸田文雄外相と韓国の尹炳世《ユン・ビョンセ》外交部長官が共同記者発表。内容は末尾参照〕劇の主役は、

現在の力関係をみると、外務省というよりは官邸だと思います。

官邸の主は本気で、「金さえつかませれば黙る」と信じ込んでいたのかもしれません。仮にそうであれば、とんでもない愚か者です。ではその愚かさを逆手にとってやろうじゃないですか。反転攻勢です。

彼らは万能ではない

合意は韓国を黙らせるためだとか、責任をうやむやにするためだという理由で、反対する人がたくさんいます。もちろん右翼保守派の意図はそこにあります。彼らはそれしか考えていません。

では今回の合意のせいで、すべて彼らの思う壺、なにもかも彼らの思い通りになるのでしょうか。それはあまりにも彼らの力を過大視した見方でしょう。

彼らは韓国政府を「不可逆の合意」に引きずり込むために、重大な譲歩をしました。

「総理の謝罪」「政府の責任」「財団基金を全額国庫から出資」この3点に日本政府は同意し、しかもこれを「不可逆」の地点に据えてしまったのです。

総理が謝罪せねばならないほどのことを大日本帝国がやったという歴史事実を、彼らは認めたことになります。日本政府やその閣僚は二度と「官憲の関与はなかった」といえないのです。

「関与はあってもよい関与だった」とも言えません。よい関与だったら謝罪する必要はないからです。

「総理の謝罪とはいえ、公的な謝罪ではなく総理個人としての謝罪にとどまる」という言い訳もできません（靖国参拝のときに使った手です）。なぜなら政府の責任を認めたからです。これは公的謝罪に外なりません。

だからこそ出資金を国庫から出したのです。

繰り返しますが、これは「不可逆」の合意なのです。もう遁辞を呈して逃げ隠れできないのです。

このように、彼らは韓国政府の手を縛ったつもりかもしれませんが、自らの手をも縛ったのです。

いまは道義的責任のレベルですが、これを法的責任のレベルに引き上げること、それが今後の課題です。

運動はこれからです

しかし「二度と蒸し返さない」のが条件じゃないか、もう運動はおしまいというに等しいじゃないかという意見もありますが、そうではありません。

今回の合意は政府間合意です。市民の手を縛るものではありません。

私たち市民が日本政府と合意したのではなく、韓国民が日本政府と合意したのでもありません。市民の手はまったく縛られていません。

もちろん合意は守られなければならないので、韓国政府は二度と補償要求ができませんが、政府同士は日韓協定で外交保護権を互いに放棄しているので、韓国政府が国民を代弁する資格はもとからなかったのです。はじめからない権利を使わないと約束しただけなので、韓国政府に実害はほとんどありません。

韓国政府にとって厄介なのは韓国憲法裁判所の判決との折り合いをどうつけるのかという点ですが、それは韓国政府が考えればよいことであって、市民側が心配してやることではありません。

それならば、どうして反対する必要があるでしょうか。

私が心配しているのは、韓国国民と日本国民（特に保守派）との間の感情的なわだかまりです。

いずれ両国民は和解しなければならない間柄です。和解に至るにはいろんな道があろうかとは思いますが、ひとつの道として、市民運動の側が「憎しみ」「恨み」「怒り」から「相互理解」と「協調」のフェーズに移行するという選択があります。難しいことかもしれませんが。

和解と協調をベースに、対話型・説得型への転換が必要

なぜそうしたほうがよいのか、それを述べます。

これまで私たちは対決型の運動を続けてきましたが、そのことが保守的日本人の反発を必要以上に掻き立て、かえってかたくなにしてしまったこと、結果として多数派形成に失敗してしまったことを、正直に認めてはどうでしょう。

日本の保守派の多くは、デタラメな宣伝を真に受けて認識が歪んでいます。間違ったことを信じ込んでいます。その要因のひとつに、彼らが感情的になってネガティブ情報を簡単に信じ込んでしまうという事情があります。

何もこちらが信念を変える必要はないのです。歴史事実を歪曲する必要もありません。保守派は心情的なのです。先に述べたとおり、相手側はかなりの譲歩をしました。だったらこちらも一歩下がろうじゃないか、そういう対応を見せるだけで、もともと心情的な保守派の心は少しゆるむはずです。

理詰めばかりで世の中は動かない。このことを、右翼デマゴギストはよく知っており、巧妙に立ち回っています。そこから少しばかり学んでも損はないはずです。

いまの世論傾向が続く限り私たちの望む政府をつくることは不可能であり、そうであれば当然にも国家の法的責任を否定する政府が続くことになるのです。

私たちにとってそちらのほうがより災難だと思うのですが、いかがでしょうか。

岸田文雄外相と尹炳世《ユン・ビョンセ》外交部長官による共同記者発表

2015(平成27)年12月28日

岸田外務大臣

日韓間の慰安婦問題については、これまで、両国局長協議等において、集中的に協議を行ってきた。その結果に基づき、日本政府として、以下を申し述べる。

(1) 慰安婦問題は、当時の軍の関与の下に、多数の女性の名誉と尊厳を深く傷つけた問題であり、かかる観点から、日本政府は責任を痛感している。安倍内閣総理大臣は、日本国の内閣総理大臣として改めて、慰安婦として数多の苦痛を経験され、心身にわたり癒しがたい傷を負われた全ての方々に対し、心からおわびと反省の気持ちを表明する。

(2) 日本政府は、これまでも本問題に真摯に取り組んできたところ、その経験に立って、今般、日本政府の予算により、全ての元慰安婦の方々の心の傷を癒やす措置を講じる。具体的には、韓国政府が、元慰安婦の方々の支援を目的とした財団を設立し、これに日本政府の予算で資金を一括で拠出し、日韓両政府が協力し、全ての元慰安婦の方々の名誉と尊厳の回復、心の傷の癒やしのための事業を行うこととする。

(3) 日本政府は上記を表明するとともに、上記(2)の措置を着実に実施するとの前提で、今回の発表により、この問題が最終的かつ不可逆的に解決されることを確認する。あわせて、日本政府は、韓国政府と共に、今後、国連等国際社会において、本問題について互いに非難・批判することは控える。

なお(2)の予算措置については、規模はおおむね10億円程度となった。以上については日韓両首脳の指示に基づいて行ってきた協議の結果であり、これをもって日韓関係が新時代に入ることを確信している。

尹外交部長官

韓日間の日本軍慰安婦被害者問題については、これまで、両国局長協議等において、集中的に協議を行ってきた。その結果に基づき、韓国政府として、以下を申し述べる。

(1) 韓国政府は、日本政府の表明と今回の発表に至るまでの取組を評価し、日本政府が上記1.（2）で表明した措置が着実に実施されるとの前提で、今回の発表により、日本政府と共に、この問題が最終的かつ不可逆的に解決されることを確認する。韓国政府は、日本政府の実施する措置に協力する。

(2) 韓国政府は、日本政府が在韓国日本大使館前の少女像に対し、公館の安寧・威厳の維持の観点から懸念していることを認知し、韓国政府としても、可能な対応方向について関連団体との協議を行う等を通じて、適切に解決されるよう努力する。

(3) 韓国政府は、今般日本政府の表明した措置が着実に実施されるとの前提で、日本政府と共に、今後、国連等国際社会において、本問題について互いに非難・批判することは控える。

国交正常化50年の今年中に岸田外相とこれまでの交渉に終止符を打ち、この場で交渉妥結を宣言できることをうれしく思う。今回の合意のフォローアップ措置が着実な形で履行され、辛酸をなめさせられた元慰安婦の方々の名誉と尊厳が回復され、心の傷がいやされることを心より祈念する。また両国の最もつらく厳しい懸案であった元慰安婦被害者問題の交渉が妥結したことを機に、来年からは新しい気持ちで、新しい日韓関係を切り開いていけることを期待する。

第3章 沖縄問題

12——沖縄米軍基地問題
13——日米地位協定と米兵の犯罪
14——沖縄集団自決訴訟
15——歴史教科書と沖縄

12 米軍基地問題

自民党の提案が基地問題をややこしくした

有象無象のいろんな情報をとっぱらって、本質部分だけを見れば、そんなに難しい問題ではないはずなんです。

2006年に「再編実施のための日米のロードマップ」が発表され、米軍が沖縄から海兵隊を引き上げるプランを公開したとき、防衛利権との絡みで自民党が海兵隊基地存続を提案し、米軍と合意しました。

それが辺野古です。

「辺野古案でなければ海兵隊撤退も」と元米国防副次官が東京で語りましたが、それがもともとの米軍の再編プランなので、それでいいのです。日本側があたふたすることはありません。

軍事的にはほとんど意味のない基地なのに、くだらない提案を自民党がしたばかりに、ややこしいことになっているのです。

沖縄　出て行ってほしい。

米軍　ああ、いいよ（どうせグアムに移転する計画だったんだから）。

自民党　いや、残ってくれ。

米軍　ああ、いいよ（タダで新品の基地をつくってくれて、駐留経費まで見てくれるんだから）。

鳩山　いや、やはり出て行ってくれ。

米軍　……なめとんのか。

米軍だって日本の都合にこうまで振り回されたのでは、沽券に関わります。要は米軍のメンツの問題（と、それに絡めてカネを出せと言っているだけ）なので、落としどころはありそうに思えます。

（2010.3.13）

賛成派からも反対派からも叩かれる鳩山さん

普天間・辺野古はどうなるんでしょうか。

毎日気になります。

この問題では鳩山さんに風当たりが厳しいようですが（それはもっともな部分もありますが）、見方によればよくやっていると私は思います。歴代の総理大臣で、ここまで沖縄県民の立場を米国に伝えた人はいません。

「ともかく地元が反対しているから、辺野古ではない別の方法を考えよう」

これがハトポッポの頑固な主張です。

軍隊なんかいらないと思っている人には、「海兵隊は抑止力だ」という鳩山さんの意見は気にくわないと思います。米軍基地なんぞ日本から出て行けと思っている人には、別の場所を県外に探そうという姿勢が許せないでしょう。どの意見にも一理あると思います。鳩山さんは中途半端だと言われれば、まさにその通りです。

しかしですよ、基地問題がここまで政治問題化するような交渉を、これまで誰がやったでしょうか。誰もできなかったことを、鳩山さんはやっているじゃないですか。立派なものではありませんか。その点だけは、認めてあげたい。

しかし、交渉というのは相手のあることですから、いますぐ100％の成果を得るのは難しいでしょう。

最悪、鳩山さんが途中で腰砕けになる可能性もあります。そりゃそうです。米軍基地賛成派にボロカスに叩かれてるんです。そのうえ、基地反対派にも叩かれているんです。味方から弾が飛んでくるんです。やってられるか〜っと投げ出しても不思議ではありません。

そうなると、話はまた振り出しに戻ります。連立政権がだめだと見限ったら、保守連合政権ができるのを指をくわえて見ているしかない。保守連合は民主党以上に駄目でしょう。辺野古が復活します。ここは妥協も必要ではないでしょうか。

最善なのは、全部グアムに移転させること（これだって年数がかかるので、いますぐ普天間撤去ということにはなりません）。

全部出て行かなくて、居残る数千人の部隊ができた場合はどうするか。次善の策は、県外の無人島に基地をつくること。3番目は、国内への分散配備。4番目は、県内の基地再編。辺野古や勝連は絶対にだめですが、いま使っていない米軍用の空き地にオスプレイの滑走路をつくるかわりに、普天間と辺野古はあきらめてもらう。5番目は、嘉手納に機能を集中させる。

どれも駄目なら、もう打つ手はないんじゃないでしょうか。そうなると米軍は普天間に居座りを続けるだけです。私たちにできることは、鳩山さんがんばれ、国民がついてるぞとエールを送ることではないかと思うんですが。その声の大きさで、鳩山さんがどこまで強気で粘れるかが決まると思います。

それにしても総理大臣てのは大変だなあ。絶対に、なりたくねえな（なれないけど）。

(2010.4.8)

基地問題は国内の利権問題である

辺野古の問題は、軍事的にはそんなに難しくないと思います。

辺野古につくる滑走路は、2006年までの米軍の要求では、ヘリパッドでよかったんです。どうせ14年には数千人の補給部隊しかいなくなるんだからね。

よしんば緊急時のためのオスプレイの滑走路が必要であるにしても、そんなに大きな物は必要がない。しかもその部隊の本隊はグアムに移転しているんだから、普段は使わないんです。訓練が必要だとしても、たまにオスプレイが離発着できるなら、それでいいのです。米軍としては、最悪、周辺事態法の発動されたときにだけ那覇空港を使う案でもいいはずです。

しかし、それは困ると言ったのは日本側なんです。

どうして1000メートル滑走路という話になったかといえば、「事業がほしい建設業界」と「業界の票がほしい政治家」と「地元有力者とよろしくやりたい自衛隊・防衛省」の要求だったそうです。これは軍事問題ではなくて、しょせんは国内利権問題なんですよ。

でもそんな中でも、地元有権者は土建屋支配をうち崩して、基地反対派が市政を握りました。だから話をつけるには、今がチャンスです。

ところで米軍が政府の話に乗ってこない理由のひとつは、基地反対世論のせいです。米軍は住民さえ納得するなら徳之島でもいいだろうけど、はたして地元合意がどうなんだと。県内・県外のどこにつくるにしても、絶対に反対運動が起こります。すったもんだして建設が進まず、米軍出て行けなんてやられたら、たまったものではない。国内政治の都合で米軍が悪者にされてはかないません。

だから、プランを見せられてもおいそれと乗れない。きちんと建設の見通しをつけてから話に来いという姿勢です。話し合いばかり繰り返して、いつまでたっても何も進まないことになったらどうしてくれるんだというのが、軍当局のホンネでしょう。江戸幕府の煮え切らない態度にカリカリ来たペリーの心境と似てますね。

では私のような反対派は別として、せめて政権側にアイデアはないのか。ちょっと自分の立場を離れて考えてみますね。

海兵隊の実戦部隊がいなくなるなら、訓練場はいらんでしょう。すると恩納村から辺野古地区にかけて、広大な米軍訓練場が広がっていますが、使いもしないここをどうするのか。あるいは昔みたいにB52がどかすか爆弾を落とすやり方をしなくなったので、弾薬庫地区はほとんど使用されていない現状だそうです。

すると嘉手納飛行場の北、読谷村の東側に、どでかい嘉手納弾薬庫地区が山々を占領していますが、かなり空き家の筈です。これらの山の中のどこかに小さな滑走路をつくればどうか、という案が出てきてもいいと思うけど。

「県内はダメ」という感情問題がありますが、騒音問題は起こらないし、基地公害もないし、八方ふさがりで普天間が居座るよりは、かなりましじゃないかと言い出す政治家はいないのかな。どうせたまにしか使わないんだし、数年間だけ我慢してくれたら、その間に普天間の海兵隊は全部国外に出ていってもらい、補給部隊だけにするから……と。

しかし考えてみれば、これは辺野古以上に反対がきついはずです。なぜかというと、米軍敷地内だとカネが落ちないからです。もともとどこでも反対という私みたいなのと、カネにならないなら反対してやるという勢力が合体するのですから、これは強力です。こうして基地建設問題は、こじれにこじれているのです。

辺野古の地元は基地容認派が多数を占めているといいます。それは日本中で繰り返された、ダム建設や空港建設、沿岸開発、原発建設と同じ構図、同じ力学が働いているからです。エサをぶら下げ、カネで横面をひっぱたいて、賛成派をつくってきたからです。国からカネを引っ張ってきて土建事業を起こし、仕事をつくって、それで地盤を養い、政治権力を肥大させるという田中角栄方式です。辺野古の有力者が言っているそうです。

「普天間を受け入れる被害の大きさに比べて、(現在は)あまりにもささやかな振興策。雇用に結び付く振興策でないと受け入れられない」(琉球新報記事)

こんなやり方のおかげで、国は今や借金まみれです。土建屋ばかりが大きくなって、地方に本当に必要な産業が育っていない。それでますます国におんぶに抱っこですがりつく。国庫が空になってしまい、こういうことがもう続けられないから、自民党は権力を失ったんです。でも、依然として旧来の方式から抜け出せない利権屋たちが、辺野古の地域政治を牛耳っています。

いまこそ、変わるチャンスなんですがねえ。（2010.4.11）

米軍の圧力を跳ね返す国論が必要だ

前に普天間問題について書きました（前節および前前節）。県内移転も、国内移転も、自分のホンネとしては反対なんですよ。しかし基地撤去一本槍で交渉しても、進展しなければどうしようもないしな〜という気持ちで、なにかよい意見はないかと、やや挑発的な気分で書いた日記でした。

ガンガン反論があるだろうと思ったら、そうでもなくてちょっと拍子抜けでした。

で、ブログでも同じようなことを書いたら、以下のトラックバックがつきました。目の覚めるような記事でした。

志位委員長と米大使が初会談

共産党の志位委員長は、アメリカのルース駐日大使と初めて会談し、沖縄のアメリカ軍普天間基地の無条件撤去を求めたのに対し、ルース大使は、「解決策について意見は違うが、基地の影響は軽減しないといけないと認識している」と述べました。

共産党の委員長とアメリカの駐日大使が公式に会談するのは初めてで、志位委員長とルース駐日大使は、アメリカ大使館で、およそ40分間会談しました。この中で、志位氏は、沖縄のアメリカ軍普天間基地の移設問題について、「沖縄県民の怒りは限界点を超えており、沖縄県内だけでなく、もはや日本国内のどこに基地を移設しようとしても住民の合意は得られない。唯一の解決策は、基地の無条件撤去だ」と述べました。

これに対し、ルース大使は、「アメリカは、日米安全保障条約を重視しており、日米間で合意している、名護市のキャンプシュワブ沿岸への移設が最善で実現可能な案だと考えている。ただ、解決策について意見は違うが、基地の影響は軽減しないといけないと認識している」と述べました。（ＮＨＫ　10年4月22日）

おお！　共産党、やるじゃん。

新聞やテレビではなんだか煮え切らないニュースばかりな

んで、こちらもどうにか代替案を用意しなきゃいけないかなあと思わされていたんですが、そうですねえ、やはり原点にこだわらなきゃいけませんよねえ。

予想される米国の嫌がらせ

けれども、です。

鳩山さんが普天間の無条件撤去を要求するとしましょう。すると、事態はどうなるでしょうか。

米国はそれを「YES」と受け入れないに違いない。どこにも行くところがないのなら、普天間に居座るだけだと言うに決まってます。それを追い出せる条約上の根拠は、残念ながら、ありません。どうしても普天間基地を追い出したければ圧力をかけるしかない。圧力といっても、思いやり予算で手当てしている経費の支払を止め、基地への送電・送水を止めるぐらいしか手段はないでしょう。

では、それをすればどうなるのか。

米国はカンカンに怒るでしょう。

そして、まず政治家たちの致命的スキャンダルが次々に報道される。そういう情報はたっぷり持っているはずだから。

米国内にある日本企業で、第2、第3のトヨタスキャンダル〔急加速発進による事故発生問題〕が勃発する。

国際入札が陰に陽に妨害されるから、米国の息の掛かった地域で大型プロジェクトを落札するのはあきらめたほうがよい。

国際会議で米国は日本の立場を支持しなくなる。たとえば国際海洋会議で、「沖ノ鳥島は島としての要件を備えていない」という中国の主張について、それなりに正論であるなどと表明する（まあ、ほんとに正論だからね）。

米国本来の主張である、排他的経済水域よりも大陸棚の権利が強いという解釈を、改めて打ち出す（これは尖閣諸島の領有権解釈に影響する）。

東アジアの防空識別圏の線引きについて米国は手を引き、当事国に任せると表明する（ロシア・韓国・台湾と日本の間で、とたんに緊張が高まる）。

こういう嫌がらせをされれば、これらのどこかの段階で、おそらく内閣の1つや2つはつぶれます。衰えたりといえども米国は世界唯一のスーパーパワーです。その傍若無人の振舞いに眉をひそめつつも、各国はご無理ごもっともと従うしかない現状もあるんですよね。

米国に対抗するために必要なこと

これに対抗するのは困難でしょうが、どうしても対抗するしかないということなら、まずは国論がまとまらなきゃいけないと思います。共産党だけじゃなくて、社民党も国民新党も民主党も。全体でひとつのことを言わないと米国に対抗できません。

米国の圧力が効果を発揮するのは、国論がふらついている場合です。国内がひとつにまとまれば、圧力に対するリアクションを米国も考慮せざるを得ないから、そうそうむやみなこともできないと思います。それには私たちがしっかりしないといけないわけで。

鳩山さんは苦悩しながら、沖縄県民の意思を受けとめようとしている、とは思います。歴代の首相で、ここまで米国に県民の声を伝えようとした人はいない。でも、「与党の中がまとまっとらんじゃないか」なんて米国に言われて、「ちゃんとできるのか」なんて叱られて……。

民主党内部の国内移転論をひっくり返すには、「そんなこと言ってたら、次の選挙が恐いぞ」という有権者のメッセージがいちばんでしょう。そういうところまで世論を動かすには、運動側に相当のエネルギーが求められます。しかし、それが正しいなら、そしてそれしかないのなら、やるしかない。

「出て行け」一本槍で本当に米国との交渉が進展するのか、その不安はあります。相手が相手だけに、交渉の行方は本当に予断を許しません。しかし交渉のはじめから妥協案を提示するのもへたなやり方なわけで。現段階では、撤去一本槍が正しいのかもしれません。

「勝手にやってろ」と米国がつっぱねてくれれば、ますます「出て行け運動」を強めればいい。そのうち耐えきれなくなって、先方から交渉を求めてくるでしょう。

というのが、現段階での自分の考えになりました。

無茶かもしれないけど、沖縄県民は米軍のせいでとんでもない被害を受け続けているんですからね。無茶でも言わなきゃ事態が変わりませんもん。

(2010.4.23)

そもそも論で普天間を考え直す

ハトは何を迷路に入りこんでいるのか。そもそも論で考え直してみましょう。

そもそも普天間基地閉鎖は米国民の要求

始まりはブッシュ政権のBRAC05(Base Realignment and Closure 2005)でした。2003年のことです。これは米国内の基地を大幅縮小・廃止する計画です。

ところが計画発表と同時に、米国内から猛反発をくらいました。基地経済に依存している地域が、閉鎖に反対したのです。その言い分はこうです、「国内の基地を閉鎖する前に、まず国外基地の整理をするのが筋だろう。米軍は誰の税金で維持されていると思っているんだ」。これはもっともな意見であるということで、米軍は海外基地の閉鎖も検討することになりました。

普天間のグアム移転は、この文脈で見直しましょう。もともと米軍の都合で、グアム移転が持ち上がったのです。沖縄県は歓迎しましたが、これに待ったをかけたのが、自民党政府です。なんでもいいからゼネコンに建設事業をつくりたい時代でした。米軍に新しい基地をつくってあげようと言い始めたのです。「そうまで言うなら、いてやろう」というのが、米軍の言い分です。ただし2014年まで。

2014年には、どうせ出ていくんです。だけど留守部隊もいるし、本隊もたまに帰ってくるかもしれないし、せっかくつくってくれるというのだから、新基地もつくっておけというのが、米軍の要求です。

新基地ができないならずっと居座るけどそれでいいのか、なんて押し売りか居直り強盗のようなことまで言っています。こんな厚かましい要求に、どうして唯々諾々と従う必要があるのですか。

そもそも普天間に抑止力などない

抑止力とか、基地経済とか、そんなのはまったくとってつけた理屈でしかありません。すべては米軍の都合と、自民党系土建屋の都合なんです。

海兵隊は防衛戦力ではなく、米軍が選んだ地域にいち早く投入する戦力です。台湾有事に海兵隊はものの役に立ちません。海兵隊は大規模侵攻部隊に対応できる戦力なんか持っていませんから。

たかがヘリ24機で何ができるというのでしょうか。尖閣列島の危機に、オスプレイが何の役に立ちますか。予想される激しい対空砲火の中、隠れる場所もない尖閣列島のどこに下りるというのでしょう。

中国に対する抑止力として米軍が考えているのは、普天間の海兵隊ではなく、海軍と空軍です。また、朝鮮有事に投入するのなら、沖縄である必要性はありません。しかも海兵隊の砲兵はグアムに行くというのだから、残るのは歩兵中心の特殊部隊みたいなものだけですから、ますます抑止力とは無関係。

こんな部隊を残したいなんて、国土の0・6％の沖縄に在日米軍の7割以上が集中している異常性を放置することになるだけですから、認められません。

そもそも普天間海兵隊は本土のツケを回されただけ

そもそも普天間の部隊は、もとは本土にいたのです。本土の基地が閉鎖されたから、飛行場のある沖縄に移転したのであって、戦略拠点として沖縄が選ばれたわけではありません。沖縄は本土のツケを回されただけなのです。沖縄にいなければならない軍事的な合理性は、皆無といえます。

そもそも海兵隊をどこに移転するかは米国の国内問題

日本政府がすべきことは、「海兵隊は事件・事故が多発しており、日本国民から歓迎されていないから帰ってくれ」ということだけです。

米国内基地の閉鎖に抵抗しているアメリカ市民は、海兵隊が帰ってきてくれるなら歓迎するでしょう。あとのことは米国政府が考えればよいのです。自分の軍隊なんですから。日本を出ていった後で海兵隊をどこに置くかは、米国の国内問題であって、日本があれこれ考える筋合いのものではありません。

それでもあえて言及するならば、テニアン（北マリアナ諸島）移転に渋っている理由は、費用が高くつくからでしょう。海兵隊基地と、それを守る防空部隊、揚陸港、修理工場や宿舎の他、保養施設まですべて新調しなければならないからです。徳之島でも同じことです。ハトのアイデアを実現するには、徳之島に米軍基地の他、自衛隊の防空部隊を1つつくらないとなりません。港も工場も必要です。こんな無駄なことをできるわけがない。徳之島につくるのがただの訓練場だったら経済効果なんか見込めないから、保守や右翼も反対に回ることでしょうしね。

結論——話は簡単

ハトは四方八方からいろいろ言われて判断能力をなくしてしまったのかもしれませんが、外務省や防衛省にうまくまるめこまれて馬鹿なことを言っていないで、「米軍は自分のロードマップに従って粛々と移転してください、引っ越し費用は多少見てもよいから」と申し渡せば、2014年までに出ていきます（ちょっと強弁）。

(2010.5.4)

麻生の「グアム移転協定」の罪深さ

「沖縄＋徳之島」案を初めて明言 普天間移設で鳩山首相

沖縄県を訪問中の鳩山由紀夫首相は4日、高嶺善伸・沖縄県議会議長らと会談し、米軍普天間飛行場（宜野湾市）

の移設問題をめぐり、「沖縄にも、徳之島にも、普天間移設で負担をお願いできないかとおわびしてまわっている」と述べ、移設先として沖縄県内と鹿児島県徳之島を検討していることを初めて明言した。（朝日新聞　10年5月4日）

普天間移設に関する日米間の3つの合意

ハトが苦労している要因を、あらためて簡単にまとめておきます。普天間飛行場の移設にかかわって、日米政府間でいくつもの合意がつくられてきました。重要なものをあげると、以下の3つです。

(1) 沖縄に関する特別行動委員会（SACO）合意（以下「サコ合意」）——1995年。いくつかの基地の返還と、普天間基地の代わりの施設をつくることが決まりました。

(2) 日米ロードマップ——2006年。全体の進行は普天間基地の代替施設の進み具合で決めることにしました。

(3) 在沖縄海兵隊のグアム移転に係る協定（以下「グアム移転協定」）——2009年。最後に、代替施設を2014年までにつくることを決めました。

基地問題行き詰まりの原因

ところでハトが苦労している原因は、日米ロードマップの中身です。これを調印したのは麻生（当時外務大臣）のアホですが、こう書いてあるんです。

「沖縄に残る部隊が必要とするすべてのものは、沖縄の中で移設される」

県外移設にアメリカがNOと言えば、そこで行き詰まってしまう原因が、ここにあります。

抜け道はないか

しかしですね、どこかに抜け道はないでしょうか。

「ロードマップ」に、こんなことが書いてあります。

SACO最終報告の着実な実施の重要性を強調しつつ、SACOによる移設・返還計画については、再評価が必要となる可能性がある。

ロードマップはサコ合意にもとづいている。

しかしサコ合意は見直しもあり得るのです。

うん、実際、サコ合意では珊瑚礁の中に「くい打ち方式」で基地をつくるプランだったのに、沿岸を埋め立てる「V字滑走路方式」に変わっていますから、見直しもあり得るのです（一度ひっくり返したそれを、今回ハトがまた元に戻そうとしています）。現行の辺野古案は、サコ合意の次の文面にもとづくものです。

――海上施設は、沖縄本島の東海岸沖に建設する。

だったらロードマップに従って、サコ合意のこの部分を「見直す」。すると、何が何でも沖縄県内という合意をなくすことができるかもしれない。まあ、ちゃぶ台返しですけどね。

麻生が行った〝おまかせ合意〟

ところで、ここまで問題をこじらせる合意をしやがった麻生のアホは、どんな話し合いで合意に至ったのでしょうか。その内容は後に記しますが、結論を言えば、中身なんか何も決めずに合意したのです。

そんなもん、合意というのでしょうか。

寿司屋の「おまかせ」みたいなもので、何が出てくるかわかりもしないのに、金を出す約束だけしやがったのです。

こんな無責任な自民党が、いまになってハトを批判する資格なんぞありはしません。

ハトは裏切り者ですが、そういうところに追い込んだのは麻生のアホが、ちゃらんぽらんな約束をしたからです。

政府が沖縄県民に無断でどんな約束をしようが、県民はそれに異を唱える権利があります。

そして私たちにはそれを応援する義務があります。なんといっても、沖縄に犠牲を押し付けてこれまで安逸をむさぼってきたのは、私たちなのですから。

以下に記す内容でどの部隊がグアムに行き、どの部隊が残るのか、理解できる人がおられるでしょうか。わたしにはさっぱりわかりません。こんなあやふやな内容なのに、日本が出す金額だけは、キッチリ決めてあります。どの年度でどのように執行するのか、細々と決めてあります。

もらうものだけはキッチリ決めて、自分がどんなことをするのか全然明らかにしない、こんな約束が「協定」などと呼べるものでしょうか。

こんな不平等ないいかげんな約束を、独立国たる日本の国民は承知しない。キッパリとこのように告げるべきです。

米国は何をするのか、そしてどんな理由で日本に何を求めるのか、はっきりしてもらいましょう。話はそれからです。

自民党の属国政府と我々は違うのだ、麻生のようなアホと一緒にせんといてくれ。ハトは、これくらい言ったらどうなのか。民主党に国民が期待したのは、そういうことではないんでしょうか。

麻生のちゃらんぽらんな約束の中身

ロードマップには、グアムに移動する部隊が書いてあります。

約8000名の第3海兵機動展開部隊の要員と、その家族約9000名は、部隊の一体性を維持するような形で2014年までに沖縄からグアムに移転する。

その中には、次の部隊が含まれるとあります。

- 第3海兵機動展開部隊の指揮部隊を含む部隊
- 第3海兵師団司令部を含む部隊
- 第3海兵後方群（戦務支援群から改称）司令部を含む部隊
- 第1海兵航空団司令部及び第12海兵連隊司令部を含む部隊

これらの関係性を簡単に説明します。

まず基幹部隊として、アメリカに3つしかない殴り込み部隊である「海兵機動展開部隊」のうち、「第3海兵機動展開部隊」の司令部が沖縄にあります。

この司令部を含む部隊がグアムに行きます。しかし司令部以外のどの部隊が残り、どの部隊が移動するのか、これではわかりません。

その下にあるいくつかの師団のうち、第3海兵師団が沖縄にあり、司令部があります。この司令部を含む部隊がグァムに行きます。しかし司令部以外のどの部隊が残り、どの部隊が移動するのか、これではわかりません。

第3海兵師団の部隊は6つで、「司令部大隊」、「第3海兵連隊」、「第4海兵連隊」、「第12海兵連隊」、「第3偵察大隊」、「戦闘強襲大隊」です。このうち「第12海兵連隊」（砲兵）の司令部を含む部隊がグアムに移動します。しかし司令部以外のどの部隊が残り、どの部隊が移動するのか、これではわかりません。

第3海兵師団を支援するために、輸送、補給、修理などを受け持つのが「第3海兵後方群」です。この司令部を含む部隊がグアムに行きます。しかし司令部以外のどの部隊が残り、どの部隊が移動するのか、これではわかりません。

第3海兵師団を運んだり、戦闘支援をするのが「第1海兵航空団」で、これの司令部がグアムに移動します。この司令部を含む部隊がグアムに行きます。しかし司令部以外のどの部隊が残り、どの部隊が移動するのか、これではわかりません。

このようにほとんどの司令部機能がグアムに移動するのですが、行くのは司令部の他にどの部隊なのか、さっぱりわかりません。

沖縄にどの部隊が残るのか、ロードマップにはこう書いてあります。

> 沖縄に残る米海兵隊の兵力は、司令部、陸上、航空、戦闘支援及び基地支援能力といった海兵空地任務部隊の要素から構成される。

これだけです。

司令部、陸上戦力、航空戦力、戦闘支援、基地支援能力。

これは海兵隊の全要素を羅列しただけです。

これ以外の機能は海兵隊に存在しません。

つまり、この文面は、何も言っていないのと同じことなのです。

(2010.5.4)

鳩山さんは考えを変えた理由を説明せよ

鳩山さんは「場当たり的な発言はしていない」と言う。

しかし次の発言は場当たりを示していると思います。

「昨年の衆院選当時は、海兵隊が抑止力として沖縄に存在しなければならないとは思っていなかった」

「学べば学ぶほど（海兵隊の各部隊が）連携し抑止力を維持していることが分かった」

「（認識が）浅かったと言われればその通りかもしれない」

「環境を守りながら平和を維持するための解決策を、国民全員で考えていかなければならない。その先頭に立って考えていく」

こう言うなら、新たに学んだというその内容を国民に説明すべきです。

あれほど県内移設に反対していた鳩山総理が、考えを変えざるを得なくなった、その学んだ内容とはなんなのか。それを説明すれば、沖縄県民だって分かってくれるかもしれないではありませんか。

しかし、総理から具体的な説明はありません。これでは困るのです。説明してくれないからわからないことが、いろいろとあるのです。

どうして普天間移設なのか？

まずはじめに、普天間基地の移設は、何のために必要になったのでしょう。

海兵隊のほとんどがグアムに帰るからです。海兵隊が抑止力だというなら、その抑止力を沖縄から減らすための措置、それが普天間移設ということになります。

抑止力が大切だといいながら、抑止力を減らすために、県民に無理を強いる……これは矛盾ではないでしょうか。

本当に米軍は海兵隊が抑止力だと考えているのでしょうか。そうは考えていないから、グアムに帰るのではないでしょうか。ここはぜひとも、総理から具体的に話を聞きたいと思います。

普天間飛行場は国連軍の指定基地なのか?

ネットの一部で、「普天間飛行場は国連軍の指定基地である」と、とくとくと語られています。国連軍の指定基地を、日本の意思だけでどうにかできるはずがないというのです。国会で質問されて、鳩山さんが「知らなかった」と答えています。

この議論がおかしいのは明らかです。「国連軍指定基地だから普天間基地を閉鎖できない」というのなら、筋が通っていますが、そんな議論ではないのです。なぜなら普天間基地は閉鎖されることが日米合意で決まっているからです。

普天間基地は国連軍指定基地だから、国連軍指定基地ではない海兵隊の飛行場を辺野古につくれ……これがまともな意見であると思える人は、一度脳みそを切開してもらったほうがよいと思います。

では、国連軍指定基地とは何か。それは日本と朝鮮国連軍の地位協定第５条で決められているものです。日本政府が許可すれば、在日米軍の基地を国連軍にも使わせることができるという取り決めです。

ですから、指定対象となりうるのは、すべての米軍基地です。その中で日本政府が許可したひとつに、普天間が含まれているというだけのことです。そこを指定からはずせないなんてことはありません。事実、座間は２００７年に指定からはずれました。

さて、鳩山総理はまさかこんなヨタを真に受けたのではないと思いますが、国会でうろたえていたので心配になるではありませんか。ここも、ぜひちゃんと説明をいただきたい。

海兵隊は台湾を守るためなのか?

なぜ普天間に海兵隊のヘリ部隊があり、どうしてそれを沖縄以外に移設してはならないのか、これまで説得的な説明がされたことがありません。

唯一、読売新聞がその説明を書いています。誰だか分からないアメリカ側から、日本の匿名の審議官が聞いたという、なんだか当てにならない話のリークですが。

沖縄の海兵隊が台湾に出動するシナリオ

中国軍が特殊部隊を派遣して、台湾の政権中枢を制圧する。そして親中政権を樹立して台湾を支配下に収める。親中政権が台湾全土を完全に掌握するまで、数日間しかない。そこで、騎兵隊よろしく在沖縄海兵隊を台湾に急派し、中国軍特殊部隊をやっつける。このためには、ヘリで台湾に行けるところに海兵隊がいなければならない。すると海兵隊の基地は沖縄しかあり得ない。（読売新聞 05年6月30日付け記事の要約）

と、こういうマンガです。

戦う相手の中国軍特殊部隊は、台湾に侵入するやたちまち政権中枢を握り、台湾軍20万人を相手に全土を制圧できるというスーパーマンです。そんなのと戦って台湾を防衛するのが、たった1個大隊500人のマリーンですか。少年誌の劇画でも、もう少しましなシナリオを書くでしょう。

誰でも考えつく疑問

- どうして台湾に派遣されるのがトリイステーション（沖縄県読谷村にある米陸軍基地）の第1特殊部隊群第1大隊（グリーンベレー）じゃなくて普通の海兵隊なの？
- どうして台湾に飛ぶのが陸軍のC130（グリーンベレーがたくさん乗れて、足が速くて遠くまで飛べる）じゃなくて、海兵隊のヘリやオスプレイ（定員が少なく、足が遅くて長く飛べない）なの？
- どうしてそんなに大切な任務を帯びた海兵隊主力を、グアムに移転してしまうの？ 沖縄に残るのは一個大隊程度だというではありませんか。

こんなシナリオは、ヘリ（あるいはオスプレイ）しか持たない海兵隊を沖縄に置いておくためにつくられた、苦肉の絵空事です。でも、天下の読売新聞が堂々と書いているので、鳩山総理がそういう説明で納得しちゃったんじゃないかなと、私はちょい不安です。このあたりがどうなのか、やはり説明がほしいです。

さらに追加

あと、これは沖縄県民が反対するだろうけど、嘉手納に移設という案もありました。それがつぶれたのは、海兵隊と空軍は管制方式が違うので、1つの空港を共同で使えないからである、なんて意見もあります。

でも「グアム統合軍事開発計画」を読むと、アンダーセン基地を海兵航空団と空軍が共同使用することになっています。アンダーセン空軍基地副司令官のブリーフィングでも、「65機から70機の海兵隊航空機が来ることになっている」と語られています。アンダーセン空軍基地のノースウエストフィールドには、空軍と海兵隊が訓練する施設がつくられることになってますしね。

ここいらも変な話ばかりが飛び交っているので、鳩山さんはうろたえてしまったんじゃないかと思い、どうなんだか聞いてみたいところです。

鳩山さん、あなたが学んだことを、ぜひ国民に説明してください。よろしくお願いします。

(2010.5.6)

心配しなくてもよい2つの可能性

「鳩山内閣の支持離れ、歴代で最悪」（読売新聞　10年5月10日）

鳩山さんの政治姿勢がフラフラしてしゃっきりしないからこんなことになる。初心を貫いてしっかりせんかい！

普天間の問題でも、腹を据えれば国民はついていくぞ。県内に代替地はないとアメリカに言うべし。県外も受け入れてくれるところなんかないと、はっきり言いなさい。

普天間の問題は、自公政府が民意を無視して勝手な約束をしてしまったのが発端です。いまの日本にその約束を実現できる条件はないと言って、アメリカに「ごめんなさい」しなさい。

辺野古を断ったら同盟関係が揺らぐ？

じょ〜だん。

アメリカ政府のつくった『共同防衛に関する貢献についての統計的概要』という資料があります。

それを読んでびっくり。米軍の経費を日本がどれほど負担しているか。日本はぶっちぎりの世界1位。2位のドイツの3倍ですよ！　ドイツを含むNATO全部を合わせても、日本の半分です。

米軍経費の負担額（億ドル）

- 日本　4411・34
- ドイツ　1563・92
- NATO全体（ドイツを含む）　2484・32

これだけ米軍の面倒見ている国で、基地の1つや2つを閉鎖したぐらいで何が起きるというのでしょうか。

海兵隊がいなくなったら抑止力が低下する？

馬鹿馬鹿しい。

普天間の海兵隊第2師団と海兵航空団は、司令部ごとほとんどグアムに行ってしまうというのが、もともとの計画なんだから。そこで、だだっ広い普天間はもういらないので、コンパクトな辺野古基地をつくれというのが米軍の要求です。8割の海兵隊が出て行って、沖縄を空き家みたいにする、それが米軍の再編計画なんです。

あちらさまは、もとから抑止力なんぞ考慮しちゃいません。あと一個大隊も出て行けというのが、沖縄県民の声です。いいじゃないですか、それで。一緒にグアムに行けばよいのです。

米軍をうまく追い出せたら、支持率上がりますぜ、鳩山さん。

(2010.5.10)

基地移転5案の比較

これまでの基地移転案で、それぞれの長所・短所といわれているものを比較してみます。

1 現行案（辺野古沿岸案）

〈プラス面〉
- 普天間飛行場ほか7施設が返還される

〈マイナス面〉
- 沖縄県民世論の反対
- 環境破壊
- 沖縄への基地集中が続く

2 修正案（辺野古沖合＋徳之島＋訓練ローテーション案）

〈プラス面〉
- 一部が県外に移転する（米軍施設返還に言及なし）

〈マイナス面〉
- 沖縄県民世論の反対
- 徳之島世論の反対
- 訓練受入側の世論が未確定
- 米国の反対
- 普天間飛行場が温存される（普天間返還という最大の目標が達成されない）

- 現行案より水上面積が広い
- 環境破壊
- 沖縄への基地集中が続く
- 全国に基地被害が分散する
- 桟橋方式はテロに脆弱
- 維持費が高くつく（日本の負担）

そもそもこれは、10年前に一度否定された案の蒸し返しに過ぎません。

3 グアム移転案

〈プラス面〉
- 国内世論が納得する
- 普天間飛行場ほか7施設が返還される
- 現状のインフラをかなり活用できる
- 米軍の再編計画は一部修正ですむ
- 海兵隊の一体運用に便利

〈マイナス面〉
- 抑止力が低下する
- 前方展開戦略の見直しが必要になる
- グアムの地元が反対している（という情報がある）
- グアムの敷地が足りない（という情報がある）
- 米国の態度が未確定

4 グアム＋テニアン移転案

〈プラス面〉
- テニアンの地元が歓迎姿勢
- 国内世論が納得する
- 普天間飛行場ほか7施設が返還される
- グアムの敷地問題が解決する

〈マイナス面〉
- 抑止力が低下する
- 前方展開戦略の見直しが必要になる
- テニアン港などインフラが未整備
- 米国が検討の対象にしていない

5 週刊ポストが報道している「最終案」（九州移転＋訓練ローテーション）

〈内容〉
- 海兵隊は新田原《にゅうたばる》（宮崎県）か鹿屋《かのや》（鹿児島県）に移転する
- 普天間飛行場は閉鎖して自衛隊が管理（有事のみ使用）
- 訓練を九州と沖縄でローテーションする

〈プラス面〉

・常駐の海兵隊が県外に移転する（米軍施設返還に言及なし）

〈マイナス面〉

・受入側の世論が未確定

・米国の態度が未確定

・普天間飛行場が温存される（普天間返還という最大の目標が達成されない）

・九州に基地被害が分散する

さて、まず「グアム移転案」と「グアム＋テニアン移転案」ですが、マイナス面として挙げた抑止力低下論は間違っています。抑止力低下は幻です（次節参照）。

前方展開戦略の見直しについても、もともと米軍の再編計画がそれなので、特に見直す必要はありません。

こうしてみると、「グアム移転案」または「グアム＋テニアン移転案」がいちばん合理的に思えます。

テニアンの条件はグアムより悪いけれど、訓練用飛行場程度なら荷揚げ用の港をつくればよいこと。水深が浅いそうですが、地元さえ納得してくれれば浚渫工事で深くすればよい。沖縄の基地について言われていた、演習場が狭くて分散しており使いづらいという欠点（なにせ沖縄では国道越えで実弾演習してたんですから）も解消されます。あとは米国の同意だけですが、米国の反対の理由がよく分かりません。結局は資金問題に落ち着くように思うのですが。

それにしても「修正案」はいちばんたちが悪い。よくこんなものを恥ずかしげもなく出してこられたものだと思います。プラス面としては、「県外」と言っていた〝公約〟が一部守られるので鳩山さんのメンツが立つってのがあるのかもしれません。でもそんなこと思っているのは民主党ぐらいのものです。国民にとってはそんなの、知ったことではありません。メンツを守るためだけにこんなプランを出してくるなんてと、かえって腹が立ちます。沖縄県民をはじめとして、だまされたという人のほうが多いでしょう。本気でこんなこと考えているなら、次の選挙で大敗するのは決まりですね。

最後に「週刊ポスト案」。これは桟橋方式よりはましと言えます。

県外移転という〝公約〟は一応パスです（訓練という負担は残る）。

ただ、普天間飛行場という巨大な空き地が宜野湾市の中央部に居座ったままになる。危険は除去されますが、市街地開発が制約されたままなんです。有事のためといいますが、それは日本有事ではなくて米国の有事のためです。つまり、イラク戦争やアフガン戦争のような事態にも使うということです。そのためにということで、あの広大な軍用地が市街地のど真ん中に居残ったままになるんです。どうなんでしょうか、これは。

市街地再開発はできず、基地交付金がなくなる宜野湾市。それはあんまりではないでしょうか。

こんなこと、わざわざ考えてあげなくてもいいと思いますが、周辺事態法を発令すれば、有事の際には那覇空港も使えるんです。他の航空自衛隊の基地や、ほとんど休眠している佐賀空港だって「合法的」に使える。どうしても普天間を残さなければならない理由なんてないと思うんですがねえ。

(2010.5.12)

沖縄に海兵隊が要らないこれだけの理由

普天間移設、辺野古で日米大筋合意
事実上の現行案
位置・工法は先送り　地元反発、実現は困難

日米両政府は22日、沖縄の米軍普天間基地（宜野湾市）の移設先を米軍キャンプ・シュワブ沿岸部（名護市辺野古）とする方針で大筋合意した。代替施設の具体的な位置や建設工法は今秋までに詰める。米ヘリ部隊の一部訓練移転など負担軽減策も検討する。「県外移設」を求めてきた沖縄の反発は必至で、日米合意ができても実行に移すのは極めて困難な情勢だ。（「日本経済新聞　10年5月23日）

鳩山さんには心底がっかりです。なにが「県外、国外」なんだか。海兵隊が何の抑止力にもならないことは何度か書いてきましたので、多分これを最後にします。政府の案がほとんど決まった以上は、書いているよりも、政府案を撤回させる行動のほうが大切ですから。

この節では――

- まず海兵隊がどんな役割を持ち、どのように運用されるかを見ることで、海兵隊が抑止力ではないことを確認します。
- 次いで、その役割と運用から見て辺野古基地が必要ないことを確認します。
- それならばどうして辺野古に海兵隊がこだわるのかを考えます。
- 次に、鳩山さんがだまされてしまった抑止力とはどういうものかを具体的に見ます。
- 最後に、その抑止力がどんな影響を日本に与えているのかを見て、辺野古基地の有害性を論証します。

1 海兵隊は抑止力ではない

海兵隊は抑止力ではありません。ジェームズ・アモス海兵隊副司令官が上院軍事委員会で証言しているとおり、海兵隊の価値は「即応態勢面」にあるのであって、海兵隊独自で本格的侵攻をくい止める能力など持っていません。

何が即応体勢かといえば、海兵隊は陸・海・空の装備を持っているので、緊急の統一的運用ができるってところです。輸送船と強襲揚陸艦で兵員・装備を運び、航空戦力に守られながら海上から侵攻できるのが海兵隊の強みです。

それでは周辺有事の際に、海兵隊はどんな動きをするでしょうか。まず、空軍と協力して、岩国の海兵航空団が制空権を確保します。第7艦隊が海上を制圧し、敵潜水艦を沈めて、航路の安全を確保します。この段階が過ぎなければ輸送部隊も陸上部隊も動けません。

空軍と海軍が戦っている間に、グアムから強襲揚陸艦と輸送船がやってきます。この船には海兵砲兵隊や装甲部隊が乗っています。これに辺野古（現在は普天間）の航空輸送隊が加わり、ようやく発進です。確認しておきますが、普天間の部隊は航空輸送部隊であって、戦闘部隊ではありません。

2012年以後、沖縄に残る戦闘部隊はほとんど歩兵だけです。装甲もない沖縄の部隊を最初に戦場に送るなどという運用は論外なのです。普天間の部隊は、どうせグアムの主力が来なければ動けないのです。だったら何も沖縄にいる必要はありません。日ごろの訓練のためにも本隊と一緒にいるほうが便利なのですから、グアムにいればいいのです。

2 海兵隊は辺野古を必要としていない

では、どうして不便を承知で辺野古に居座ろうとするのでしょうか。緊急展開用の空港が、日本にあったほうが何かと便利なのは確かです。日本は政治も治安も安定しているし、休養施設や医療体制も充実しているし、基地をつくると言えば金を出してくれるし、便利なことこのうえなしです。基地と居住地と訓練場と空港が近接しています。キャンベル国務長官代理は、そういう場所が他にあるならすぐにでも出て行くと言っています（「沖縄以外にそのような場所があれば、われわれは瞬時に移駐を決断するであろう」日米非公式協議、1998年3月13日）。

つまりは海兵隊に都合がいいという話で、日本に都合のよいことなど何もありません。

緊急展開というのは、オバマの2010年度国防方針によれば、イランと北朝鮮の事態が考えられています。どちらも普天間や辺野古から海兵隊のヘリで直接飛んでいけるところではありません。12年にオスプレイが配備されれば、韓国まではどうにか飛んでいけることになりますが、それにしてもかなり遠くて不便なのは事実です。

メリットといえば、朝鮮人民軍のミサイルの射程外であるということぐらい。しかしそれが大切なメリットでないのは、射程内の岩国に基地を置いていることでわかります。どうしても辺野古でなければならない理由など、どこにもありません。

3 海兵隊が辺野古にこだわる本当の理由

このように考えると、辺野古にこだわる合理的な理由はないように思えます。やはり、理由はもっと非合理なところにあるのではないでしょうか。

まず、沖縄が海兵隊にとって伝説の場所であること。多大の犠牲を払って手に入れた、海兵隊の聖地ですから。海兵隊といえば南米侵略部隊という悪評があったし、陸海空3軍から常に厄介な余計者扱いをされてきた歴史があります。ところが、太平洋方面で英雄となり、その存在を不動のものとしました。海兵隊の歴史博物館〔バージニア州〕の建物が硫黄島《いおうとう》の摺鉢山《すりばちやま》の星条旗掲揚を象《かたど》っているのをみても、海兵隊にとって太平洋戦争の歴史記憶は重要なのです。しかしそんな身勝手な思い出の場所にいつまでもいられては、日本としては迷惑このうえなしです。

次に、沖縄には嘉手納基地という海外で最大の空軍基地があります。何かとなわばり争いの絶えない空軍と海兵隊航空団です。空軍が居続けるのに、なんで我々だけが追い出されるんだという、妙な対抗意識と、歴史的に形成された一種のひがみ意識が働いているのではないでしょうか。でもこんな事情は、こちらにとっては知ったことではありません。

4 普天間という小さな基地に抑止力があるわけではない

さて、鳩山さんがコロリと引っかかった「抑止力」議論ですが。米国の抑止力は海兵隊、それも普天間などという小さな基地にあるのではありません。本当の抑止力というものを見てみましょう。

アメリカ太平洋軍は、陸軍の2つの軍団、海軍の2つの艦隊、4つの空軍部隊、2つの海兵遠征軍と1つの艦隊海兵隊をもつ一大勢力で、約30万人の軍勢を擁しています。これは米国全体の軍事力の2割を占めています。アジアのどの国も、これに匹敵する軍事力を持っていません。にもかかわらず、太平洋軍はいま大増強が続いているのです。

ブッシュは米海軍の6割を太平洋方面にシフトする決定を下しましたが、オバマ政権もこれを継承しています。米国東岸から太平洋海域への海軍力再配備が進んでいるのです。米海軍の公式サイトによれば、昨年までに米海軍の原潜53隻のうち30隻が太平洋方面に配備されました。

具体的には、ロサンゼルス級原潜ジャクソンビルと米海軍最新のバージニア級攻撃型原潜ハワイ、テキサスの3隻が真珠湾に、ロサンゼルス級アルバカーキーが本土西海岸のサンディエゴに配備されました。真珠湾には今年夏に3隻目のバージニア級原潜ノースカロライナが配備されるし、これからもバージニア級が建造され次第、配備されることになっています。

航空戦力も増強されています。空母ジョージ・ワシントンが横須賀に配備されたのはその一環ですし、空母カールヴィンソンもオーバーホールが終わって、昨年現役復帰。これにともなって新部隊第1空母打撃群がサンディエゴに編成されました。

これら巨大な軍事的圧力、これがアジアにおける抑止力の正体なのです。この軍事力に立ち向かうことのできる軍隊など、どこにも存在しません。

5 「抑止力」が日本に与える影響と辺野古移転の有害性

いま述べたような軍事力を見れば、米軍と、それに守られている諸国に対して戦争を仕掛けようとする国はないでしょう。その意味では、米軍はアジアの平和を守っているといえます。

しかしその圧力下にある諸国にとっては、いつその力が自分たちを締め上げる力に転換するか不安です。そこで、自分の持てる経済力に見合って、これに対抗できる軍事力を整備しようとするのは必然です。

中国の経済成長に伴って人民解放軍が増強されると、対抗的に米軍が増強されます。これを見て「北朝鮮」はますます北進の危機感を強め、かたくなになるし、ますます朝鮮人民軍の威力に頼ろうとします。米軍は中国海軍を台湾以西に押し込めようとしているのではないかと考える中国は、そんなことをされてはライフラインが守れないとばかりに、太平洋方面に進出してプレゼンスを強調します。

このような太平洋の軍事環境の激変に、日本が局外中立を決め込むことはできません。ではどのようにコミットすべきなのか。尖閣列島などの権益対立を抱える日本は、緊張緩和につとめ、太平洋の軍拡に歯止めをかける役割を果たすのが国益に適っています。そうであれば、辺野古の新基地に断固反対しなければならないはずです。

辺野古の基地建設は、抑止力という面ではさほど意味を持たないし、中国や「北朝鮮」に対してそんなに大きな脅威も与えません。そのことはすでに見ました。それなのに、軍事的合理性のない要求を唯々諾々と受け入れる政策が、周辺諸国にどんな影響を与えるでしょう。

日本が米国の属国であるかぎり、米国の戦略にいいように使われてしまうという危機感を抱かれ続けます。本来は平和的な日本の産業経済力なのに、米軍の存在と相まって、これを補完する軍事的意味を持ってしまうのです。

日本は買わなくてもよい警戒感を買うことになり、それはひいては日本向けの軍備を相手国に持たせることになります。日本は侵略意図など持たないのに、本来ならば日本とは無縁の軍拡競争に荷担させられてしまうのです。沖縄県民に過大な負担と危険を負わせ、国内財政に負担をかけ、そして得られるのはアジアの緊張と、米軍にのみ有利な利便性です。なんと無駄で割の合わない話でしょうか。

日本政府の意向がどうであれ、私たち国民にとって百害あって一利もない辺野古基地建設を、私は断固として受け入れることができません。これまでは消極的に支持してきた民主党ですが、辺野古プランを押し通すというのであれば、支持を撤回するしかなくなるでしょう。

(2010.5.23)

米国の対中作戦に普天間部隊の出る幕なし

出る幕がなかった普天間の第36海兵航空群

日米統合合同演習のニュースをチェックしてきたけれど、分からないことがあります。普天間の海兵隊はどんな役割を果たしたのでしょうか。海兵隊のサイトには動向が報道されていません。

演習の主役は、佐世保のエセックス遠征打撃群と沖縄の第31海兵遠征団(キャンプハンセン)でした。第31海兵遠征団は、佐世保から何日もかけて航行してくる空母や強襲揚陸艦を待たなければ動けませんでした。

演習は空母ジョージ・ワシントン(GW)が韓国から回航してくるのを待って行われました。GWは普段なら横須賀にいます。やはり沖縄に来るには何日もかかるでしょう。緊急即応性といってもそんなものです。普天間海兵航空隊の緊急展開能力なんか、出る幕がなかったと思います。

対中作戦に普天間部隊の出番なし

2010年2月、米国は新たな「4年ごとの国防政策見直し（QDR）」を発表し、「エアシーバトル（空海戦闘）」という統合作戦の新構想を正式に認めました。米国が西太平洋海域における最高位の軍事行動として描く統合作戦モデルです。

その重点は、中国軍が「最後の切り札」とする3つの武器・装備への攻撃に置かれています。

第1は、中国の衛星及び情報システムに対する攻撃。これで中国軍の指揮コントロールシステムや攻撃能力を奪い、制空権、制海権を取る。

第2に、空母機動部隊の航空戦力で中国内陸のミサイル基地などの戦略中心に対して全縦深《じゅうしん》打撃を実施する。

第3に、中国海軍の潜水艦を攻撃し、壊滅させる。（「米軍の対中作戦新戦略『統合エアシーバトル構想』」中国網日本語版2010年11月28日）

これで中国は手足をもがれて身動きできなくなります。どこに海兵隊の出番があるでしょうか。

やはり普天間の第36海兵航空群の役割は、日本防衛ではありません。米軍の選んだ目標に対して、米軍の望むときに投入する前方展開部隊、いわゆる殴り込み部隊なんです。日本防衛のための部隊でないばかりか、抑止力でもありません。

抑止力というのは、太平洋における米軍の存在そのものであって、小さな部隊の個々が持っているわけではありません。

第36海兵航空群がグアムにいようとフィリピンにいようとかまわないのです。必ずどこかにはいなければならないとしても、どうして過密な沖縄でなければならないのか。米軍司令部は海兵隊が沖縄にいるのは戦略上の要請ではなく、代替地があれば明日にでも引っ越すと言いました。

米軍はマレーシア、シンガポール、タイ、フィリピン、ベトナムなどの東南アジア諸国及びオーストラリアで新たな基地を建設し、インドの軍事基地を借用することを計画しています。沖縄ほど人口過密ではなく、騒音被害も生じない場所はあると思います。

(2010.12.15)

普天間の海兵隊をどうすべきか

安倍総理が裁判所の和解案を受け入れて、辺野古の工事中止を指示しました。

なるほど、高い支持率があればこそ、こういった高度な妥協もできるんですね。

やるな、安倍総理。やはりただのバカではありません。

沖縄県民の頑張りによって、理念闘争の段階はすぎて現実政治の問題になってきました。これはすごいことです。

さて、和解協議のゆくえだけど、沖縄側には前提が3つあります。

- 普天間の居座りは認められない。
- 辺野古建設の継続は認められない。
- 沖縄の基地負担を増すような結論は認められない。

国側にも前提があります。

- 安全保障の後退は認められない。
- 米側の意向に逆らえない。

こういった前提の上で、普天間基地の行く先は3つに絞られます。

1 国外全面移設
2 国内移設
3 県内移設

それぞれについて現実的に考えてみましょう。

1 国外全面移設

米国側は、小さな海兵隊の基地ひとつぐらい、どうでもよいはずです。そんなことで日本国民の対米感情を害するくらいなら、国外全面移設だって受け入れるでしょう。

問題は、政府の中に普天間基地の移設が日本の安全保障を危うくするという誤解があることです。

たしかに小さなパワーバランスの変更が生じるのは事実ですが、アメリカ太平洋軍の全体的なプレゼンスが後退するはずがありません。

沖縄県がこの点について政府を説得できるかがカギだと思います。

では米軍の受け入れ先はどこにあるのか。

普天間基地の問題とは無関係に、すでにグアムとオーストラリアに一部移転が始まっています。その規模を拡大すればよいのです。

問題点はどちらも基地を受け入れるだけのインフラが整っていないことです。だから移転に時間がかかります。ですが他に方法がなければ、そこは妥協するしかないと思います。すぐにでも出て行ってほしい普天間基地ですが、10年間ぐらいは我慢しないといけない。

2 国内移設

どこの県が受け入れるでしょうか。

どこも受け入れないと思います。

だって新基地に滑走路だけつくっても役に立たない。防空部隊、訓練施設、補給体制、保養施設などなども必要だから。そんなのを今からつくらせてくれる県はひとつもないでしょう。悲しいことに、沖縄には全部そろっています。

❸ 県内移設

負担軽減は小さいけれど、負担増にならない案ならあります。現在の米軍基地内の遊休地を活用する案です。

米軍はもともとこの案を持っていたのですが、日本政府が辺野古案をゴリ押しして潰してしまったのでした。

それは嘉手納基地に統合する案です。

この案には2通りあります。

① 現在の滑走路を海兵隊が共用する＝滑走路を新設する必要がありませんが、嘉手納の過密化をどうするのかという問題が浮上します。

② 滑走路北方に広がっている米軍用地内の山中に滑走路を新設する＝弾薬庫のある山ですが、すべてが弾薬庫になっているのではなく、遊休地がほとんどです。滑走路は1本ですみます。

どちらの案を採用するにしても次のようなメリットが考えられます。

- 国外全面移転案と併用も可能です（暫定使用ということ）。
- 市街地上空が離着陸コースになりません（その面の負担は普天間よりも辺野古よりも小さくなります）。
- インフラ建設が最小で済むので、時間も費用も節約できます。
- 政府が心配する抑止力の低下もありません。
- 保守派の中で辺野古案に固執するのは建設利権屋集団だけになります。すると敵を小さくできます。

自分としてはこれが最も現実的な案だと思います。

嘉手納も出て行けという声もありますが、沖縄県民の多数意見はそこまでは求めていないように見えます。

「米軍の都合など知ったことか、どこへでもいいから今すぐ出て行け」という意見が強いとは思いますが、そこに固執するとオール沖縄が分裂します。

そうなると政府側の力が強くなり、最も悪い案（辺野古復活）が押し通されてしまうでしょう。

ただし、この案は沖縄県民の負担を小さくするものではありません。妥協案でしかないのです。

でも運動を後退させるものでもありません。

国外全面移転要求とも併存できます。

平和勢力の知恵と度量が試される段階に差しかかっています。みなさんはどう思いますか？

(2016.3.4)

民主主義と金権政治のたたかい

日本が連合国の占領から解放されたころ、本土で基地反対運動がはげしくなりました。「米軍出て行け」という世論に圧《お》されて、基地が次つぎに返還された結果、そこにいた部隊が、当時はまだ米軍の軍政下にあった沖縄に移動しました。普天間の海兵隊もそうです。もともと沖縄にいたのではありませんから、沖縄が軍事上の要地だというのは、後付けの理屈でしかありません。

本土でやっかいもの扱いをされた米軍が、沖縄に押し付けられた。

沖縄県民は、日本に復帰すれば基地がなくなると考えていたのに、次にやっかいものを押し付ける場所がない。

これはそういう問題です。

米軍当局が言っています。

「海兵隊は海外任務が主目的。日本を守る部隊ではない」

「一体的運用ができるなら、沖縄でなくてもかまわない」

ならば、米国に置けばいいと私は思います。米国が日本にこだわるのは、駐留費用が安くつくからです。条約で１５００億円、条約外の思いやり予算で６００億円も援助してますからね、米軍に。カネです。すごく単純な問題です。ではどうしてここまでこじれているのか。

日本には条約上の義務がある

自公政権時代に、辺野古に基地をつくるという「日米合意」が結ばれています。国会で承認もされています。米国の同意がなければ、国際信義上、これをくつがえすことができません。

米国には妥協に妥協を重ねてきたという自覚がある

８割の海兵隊の撤退、普天間基地など、いくつもの基地の返還に合意した。二転三転した代替基地プランのすべてに、その都度ＹＥＳと言ってきた。基地計画がだんだん狭くなったが我慢した。計画の遅れも辛抱強く待った。これ以上、米軍に何をしろというのか……これがあちらの思いでしょう。

つまり、自民党が沖縄の意見を無視して、辺野古に基地をつくると言い出したのが、間違いの原点です。地元合意なんかカネでなんとかなるという、いつもの傲慢なやり方が間違いのすべてです。

日米合意もそうです。ろくに議論もしないで、自公が多数の力で議決してしまった。そんなやり方をしてから、決まったのだから条約を守るべきだというのは民主主義ではありません。

自民党、公明党が民主主義を踏みにじる政治を永らく続けてきた、そのツケがいま噴出しているのです。これは基地問題に形を変えた、「民主主義vs金権政治」の戦いです。鳩山さんにそれが清算できないなら、清算できる政府をつくるしかありません。

政府が権力で押し切っても怒りと不満は続くでしょう。私も納得できません。

(2010.5.29)

沖縄差別の現実

機動隊も反対派も「どっちもどっち」の間違い

（機動隊の）土人発言が問題になっているようだが、反対派の連中もひどい言葉を吐いている。マスコミはそっちをまったく問題にしないのはなぜか。反対派市民は何を言っても許されるのか。

それに今回「土人」は罵倒語として使われたが、そもそも「土人」という言葉は使ってはいけない言葉だと決めたのはマスコミ。（百田尚樹ツイッター2016.10.19）

反対派の抗議行動に「問題性」があるとしても、それと機動隊員の差別暴言を並べてどっちもどっちというのは間違いです。

その理由の第1は、激しい反対運動は政府の不当かつ強権的な基地押しつけに由来します。そして政府の強権性は、「土人」発言に象徴される沖縄への差別と密接に関連しているかもしれないからです。

どっちもどっちにできない理由の第2は、仮に反対派から暴言が発せられているとしても、警察官は不偏不党、公正な立場で警備に当たるべきであって、県民を差別する立場に立つことが許されるはずがないからです。

まあ当たり前のことだね。

「どっちもどっち」というのは民間人と公務員の立場をわきまえない議論であって、どだい間違いです。

「機動隊員も人の子、腹も立つさ」なんて理由で職務中の差別暴言を許すようでは、日本は民主主義国ではなくなってしまうよね。

以上、穏当な意見を書きました。

次に私のホンネを書きます。

違法行為といいますが、それって道路交通法違反など軽微かつ形式的な違法にすぎません。

反対派の暴力というのも、車いすで移動するような高齢のおばあさんが40代の男に暴力を振るったと告発されているのでわかるとおり、意図的な讒言《ざんげん》だと思います。

公務執行妨害で反対派をしょっぴくために警備側がわざと転んだけど、やり方がへたくそだったので失敗したシーンが2度も撮影され、記録されています。

こんなことをする相手に「こらヤクザ！」と怒鳴るのは実に正しい。

反対派の暴言は政府の強権的な工事の進め方や、機動隊の暴力を伴った違法な過剰警備に誘発されたものです。

違法行為や暴言の原因は官憲側にあります。

差別発言も官憲側から発せられたものです。

だから問題は一方的に官憲側にあると思います。

表面的な暴言でどうのこうのいう資格が基地推進側にあるのか。

これが私のホンネです。だけど誤解されるのはつまらないから、表立ってはいいません。（言ってるけど）　(2016.10.21)

沖縄戦の歴史から基地問題を考える

沖縄の基地問題を考えるときに忘れてならないのが、沖縄戦です。胸がつまりそうな証言をこれまで読んできましたが、今日はちょっと違った角度から沖縄戦をとらえなおしたいと思います。

死亡率30・5%

沖縄戦で死亡した県民数は、沖縄県の調べでは12万2228人、そのうち一般県民は9万4400人といわれています。しかし実はもっと多いそうです。

9万4400人というのは、戦前に比べて減った人口を数えているだけなのです。

だけどそれでは実態を表せません。戦前の人口調査には軍人が含まれていませんでした。その人たちが戦後の人口調査に入っています。他には復員兵が帰っていますし、サイパンなど国外に出稼ぎに出ていた人が戻ってきました。

だから人口は何万人も増えて当然なのです。なのに、この人たちを加えても、沖縄では9万4400人も人口が減っているのです。新しい登録者を除いて数えれば、本当の人口減はもっと多かったはずです。

本当の人口減は12万人よりもっと多かったに違いなく、おそらく15万人以上に達するだろうと見られており、これがすなわち沖縄戦の県民死者なのです。

1944年2月の沖縄県人口は49万1912人。よくいわれる県民の4人に1人が亡くなったという話は、死者12万人を基礎にした数字です。本当は15万人が亡くなりました。なんと死亡率30・5%です。

旅順作戦の死亡率は11・5%

沖縄戦がどれほどすさまじい戦闘であったかをイメージするため、他の戦場と比べてみましょう。

人口730万人の東京で、大空襲の死者が10万人です。死亡率1・37%。けたが違います（空襲が悲劇として軽いというのではありません）。

シベリア抑留の死者は、厚生省の調査では5万3千人。帰還した人が47万3千人です。死亡率10・07%。ただし11年間の死者です。沖縄戦のピークはたった2カ月でしたから、なんとも言葉を失う数字です。短期間に集中して、これほど凄まじい殺戮は他に例がありません。

では短期間の戦闘と比べるため、旅順の二〇三高地攻撃を確かめてみましょう。「肉弾」という言葉を生み、日露戦争最大の惨劇といわれている、あの戦闘です。参加将兵延べ約13万人、そのうち戦死者1万5千人。死亡率11・5%。二〇三高地でさえ沖縄戦の3分の1の死亡率なのです。

敗戦の最大の悲劇として伝えられている満州引き上げの惨劇はどうでしょう。満州の日本人人口は155万人。そのうち24万5千人が亡くなりました。死亡率15・8%です。

原爆はどうでしょうか。1945年当時の広島市の人口は35万人。原爆のせいで同年11月までに亡くなった人は、広島市の公式発表で9万104人。死亡率25・74%です。

沖縄戦に匹敵する死亡率といえば、米軍の大犯罪といわれるソンミ村虐殺事件があります。ソンミ村の人口は507人。このうち殺されたのが173人です。死亡率34・12%。

原爆やソンミ村虐殺と比べるしかないほどの惨劇が、沖縄戦でした。いえ、原爆は一都市、ソンミ村は一村という範囲でしたが、沖縄は全県が戦場となったのです。しかもこの中には、たとえば対馬丸事件の死者が含まれていません。(フィリピン戦やガダルカナル戦はほとんどが餓死ですから、参考にならないと考えます。)

世界戦史上類例のない沖縄戦

歴史的に検証できない中世のお話は別として、これほどすさまじい民衆被害を出した戦闘というのは、世界史的に空前絶後ではないでしょうか。

独ソ両軍あわせて100万人の死者を出したスターリングラード攻防戦の住民死亡率が30%を超えるといわれていますが、統計がなくただの伝説です。しかしこの戦いは独ソ戦最大の悲劇とされ、あれほどひどい戦場はなかったとされています。

沖縄戦は、これに匹敵する死亡率で、しかも伝説ではなく統計上の事実なのです。

沖縄の基地問題を避けて選挙は語れない

これが沖縄戦でした。おじいやおばあの証言なんか当てにならないとうそぶくネトウヨも、この数字を否定することはできません。

そしてこの数字がはらむ、筆舌に尽くしがたい、そして数え切れない悲劇に思いを致すならば、沖縄に米軍基地を当たり前のように置き続けている現状を、菅総理のようにあっさりと肯定できるはずがないのではないでしょうか。

抑止力だか戦略だか知らないけれど、そんな理屈でこれ以上沖縄県民に軍の負担を押しつけていられる事態ではないでしょう。

みんなには、ほんとうに、ほんとうによくよく沖縄の歴史を噛みしめて、参議院選挙に臨んでほしいなあと、そう思います。

(2010.6.18)

沖縄は振興予算で得をしているというウソ

「沖縄はいろいろと得してんじゃん」と言ってきた人がいま

す。だから「沖縄の新聞メディアを信じるのは危険です」と。私は新聞情報だけで書いているのではないんですがねえ。以下はその人のコメント。その後に泥の意見を書きます。

沖縄は得している説①

沖縄振興予算の大半は、国から交付される一括交付金・国庫支出金が大半です。今年度は3500億円（当初予算）が配分されています。

ほとんどが投資的経費（建築土木）に使われます。

ここは間違いないです。で、この3500億円というのが全国第14位、県民一人当たりでは全国第5位の水準です。優遇されているんでしょうか？

沖縄は得している説②

他の都道府県に対する国庫支出金との大きな違いは、その補助率にあります。

たとえば、国道整備に関する補助率は沖縄の場合95％。他県の場合は3分の1＝66・7％となっています。

つまり他県は3分の1＝33・3％を自前で調達しなければなりませんが、沖縄は5％です。ほとんどの県は税収が十分ありませんから、自前の調達分を借金（都道府県債）で賄います。沖縄県の場合は、あまり借金する必要がありません。

「あの人、昨日スーパーでポイント2倍にしてもらったんやで！」

「ええ～っ！　何それ、ひいきやん」

いや、あわてないで。たしかに「あの人」はポイントを2倍にしてもらったけど、それは昨日がポイント2倍の日だったからです。

こういったレトリックにひっかからないようにね。

沖縄県のことだけを書いていますが、沖縄が離島だということを思い出してください。

軽減税率は他の離島も同じことで、ただ管轄する法律が違うだけです。補助金の種類によっては、北海道も離島と同じ扱いがされています。

沖縄には高速道路が60㎞しかなく、ＪＲもありません。そこで国道整備に関する県民1人当たりの公的支出額は全国第15位です〔2012年〕。優遇されてるんでしょうか？

沖縄は得している説③

また一括交付金は簡単にいえば補助率１００％の給付金。沖縄の側の裁量で使うことができます。

他県にも同様の制度はありますが、予算の大半は沖縄に割り当てられています。


ここも紛らわしい書き方になっています。

「一括交付金は簡単にいえば補助率１００％の給付金。沖縄の側の裁量で使うことができます」とのことですが、これって地方交付税と同じことなんですよ。

正しく言えば「一括交付金は簡単にいえば地方交付税と同じで、補助率１００％の給付金。沖縄も他の都道府県も同様に自治体側の裁量で使うことができます」とならなくてはいけません。

次に、地方交付税を一括交付金という名称にしたため、他の一括交付金と比較して「予算の大半が沖縄」と書いているのですが、それが本当か確かめましょう。

一括交付金の金額は２０１１年度で沖縄以外が５０００億円、沖縄が８００億円、東日本大震災被災地が１兆５６００億円です。必要なところに必要なだけ配分されているのであって、沖縄に「大半」が割り当てられているわけではありません。

沖縄は得している説④

沖縄振興法策は、政府からの補助金（国庫支出金、一括交付金など）と優遇措置から成り立っています。

優遇措置には、国税等の軽減と免除、規制緩和措置などがあります。

税でいえば、法人税、所得税、揮発油税、航空機燃料税、酒税などが軽減されています。

ドイツの場合、こうした税の減免措置を、国（連邦）の逸失利益として計上し、公表することが義務づけられていますが、日本の場合はそれがないので、どの程度の金額に上るのか不明です。


沖縄県は、米軍占領時代には米国の制度でした。祖国に復帰して、急に日本の制度に変えられないので、経過措置として特別措置がとられています。この優遇がどの程度なのか不明だと言って、あたかもすごいことになっているかのような思わせぶりをしていますので、確かめましょう。

沖縄県民の平均年収は全国最下位か46位あたりです。しかし納税額は29位です。納税もしっかりしてます。軽減税率があるのは事実ですが、そんなに大きな金額ではないことを示しています。


（2015.12.21）

米軍基地の沖縄集中度に関するウソ

米軍のフェイスブックによれば、日本でいわれている「在日米軍施設の75%かそれ以上が沖縄に集中している」との解説は誤解なんだそうです。

面積で比べるからすごく集中しているように見えるけど、施設の数で比べたら、米国の専用施設の39%、国連軍施設の49%しか集中していないんだってさ。

言ってくれるじゃありませんか。

米軍さまは日本政府から土地を借りている居候のくせに、何を勘違いしていらっしゃるのでしょうか。

本文の下に示すとおり、防衛省、すなわち日本政府の資料に、「在日米軍専用施設の74.48%が沖縄にある」と明記してあります。[*1]

ということは、米軍は日本政府の発表に対して「誤解がある」とケチをつけていることになります。

「誰に向かってものを言っているのだ」と、日本政府は在日米軍司令官を呼んで叱りつけねばなりません。

しかしわが政府は、そんなことしませんよね。

国民の財産を米軍に貸している大家のくせに、上から目線でトンチンカンな講釈を垂れる米軍に文句の一つも言えない、それが情けないことにわが政府ですよ。

こんなことだから、米軍の、たかがフェイスブック担当者が図に乗るのです。

なにが「日米同盟の深化」ですか、「イコールパートナー」ですか、吹かしてんじゃないよまったく。

日本政府のていたらくは、宗主国の総督にかしづく植民地の傀儡《かいらい》指導者みたいなものです。

日本人としての誇りを持ったまともな愛国者なら、米軍のふざけた物言いに怒りを感じなければならないと思います。

しかしいまやこの国の保守はネトウヨ的「アイコクシャさま」に変貌してしまいました。

近隣国に対してブイブイいわせるために米軍の虎の威を借りている都合上、米軍さまに対しては猫よりも従順でおとなしいのが、保守のみなさんです。

リベラルは本来ならば愛国的立場とは別のスタンスで市民的人権を守るためにたたかえばよさそうなものなのですが、この国にあってはもはや人権も愛国的立場も、リベラルが兼ね備えなければならないようです。

そうしなければ市民的人権さえも守れないのですから、なんと奇妙な不思議の国であることでしょうかくそったれ。

あれもこれも同じ「1施設」と数える不自然さ

以下は言わずもがなのデータなので、素通りしてくださって結構です。

たった1000㎡しかない呉の灰ヶ峰通信施設もひとつはひとつだし、佐世保にある崎辺《さきべ》小銃射撃場のように建物しかなくて面積を記すこともできないほど狭い施設もひとつには違いないよ。

そういった施設とだね、7800万㎡もある沖縄県の北部訓練場を同じひとつと数えるなんて、それは何かを比べたことになると本気で思っているのか？

こう言いたいのをぐっとこらえて、いったん米軍の口車に乗ってあげようじゃないか。

施設の数で比べてみても

そもそも沖縄県1県とその他全部を対等に横並びで比べるのがどだい間違ってんじゃん。沖縄県vs全国46都道府県を比べるなら、沖縄県1に対してその他が46ぐらいになってようやく対等だよ。

現状を比較してみよう。

米軍施設は47都道府県に全部で79あるそうです。[*1] 46都道府県に48施設が分散しています。米軍施設のない県もありますが、平均すれば1都道府県あたり約1施設の割合です。これに対し、沖縄1県に31施設が集中しています。[*1] 他県平均の31倍も沖縄に集中しているわけです。

この集中度、米軍的には「少ない」のかい？

施設数で比べたって、無茶苦茶じゃないか。

ついでに対人口比でも比べてみよう

日本人の99％が住む本土に、米軍関係者とその家族は約5万人。日本人の1％が住む沖縄県に、米軍関係者とその家族は約4万5000人。米軍の対沖縄県人口比率は本土の100倍近い。[*3]

これは県の面積で見ても、沖縄県の可住地面積は日本全体の0・9％足らずなので、似たような結果になります。

しかも沖縄県には荒くれ者の海兵隊が集中しているんです。だから犯罪が多発するのです。

これが米軍的には「大きな違いではない」と？

いよいよ面積で比べてみよう

で、ここから基地面積の話になります。

県の面積に対する比率でみると、本土面積に対して米軍施設の面積は0・02％。沖縄県の面積に対する施設面積は9・

92%です[*1]。500倍近い集中度ですね。

これって、米軍的には「少ない」のかい？

米軍のくそ野郎め、てめえの数字合わせで沖縄県の過重負担が解決するとでもぬかすのか、コンソメスープで面洗って出直してきやがれ、くそたわけ！

*1 防衛省「在日米軍施設・区域（専用施設）面積」
*2 防衛省「在日米軍施設・区域（共同使用施設を含む）別一覧」
*3 外務省「在日米軍の施設・区域内外居住（人数・基準）」

（2016.6.29）

13 日米地位協定と米兵の犯罪

「一人の犯罪で基地撤去を要求するのは米兵差別だ」という考えの間違い

中学生暴行容疑で米兵を逮捕・沖縄県警

沖縄県警沖縄署は11日、中学3年の少女（14）を乱暴したとして、婦女暴行の疑いで米海兵隊キャンプコートニー所属の二等軍曹タイロン・ハドナット容疑者（38）＝同県北中城村島袋＝を逮捕した。「押し倒したりキスしたりしたが、暴行していない」と容疑を否認している。（共同通信08年2月11日）

今月23日（2008年3月）、沖縄県北谷町で「米兵によるあらゆる事件・事故に抗議する県民大会」が開催されます。

こういう時には必ず反対意見が現れますな。

米軍基地被害を容認し、米兵犯罪をうやむやにしたい奇特な方々の意見を紹介すると同時に、彼らの意見について自分の考えを述べていきたいと思います。


米兵の個人犯罪なのに沖縄県民が米軍基地撤去を要求するのは米兵差別か

県民大会反対派の意見

少女が暴行されたと訴える事件がありましたね。米兵が逮捕されましたが容疑を否認しているようです。犯人かどうかが未確定の状況ですが、特定の団体が勢いづいているようです。主張内容は、「犯罪があるなら沖縄から基地は出ていけ」とか。呆れるやら、その差別意識に嫌悪感が出るやらです。

沖縄県民による強姦事件が無かったのでしょうか？　在日米軍の犯罪率は中国人や韓国人より多いのでしょうか？　日本人による犯罪率はどうなのでしょうか？　冤罪《えんざい》かどうかは分かりませんが、明らかに差別でしょう。人間らしい理性は持ってもらいたいと思います。

少女の被害や米兵の犯罪に対して基地排斥を謳うなら、県民がレイプした時にどのような行動を取るのが差別ではないのか考えてみては？

〇〇さんがレイプしました。

（〇〇さん）は貴方の同姓としましょうか。

「〇〇一族が居るからレイプが無くならない！　〇〇一族は沖縄から出ていけ！」

沖縄の〇〇さんが東京で犯罪を犯しました。

「〇〇一族のせいで東京は安心して暮らせない！　〇〇一族は島から出るな！」

こんなレベルの話は私には呆れるしかありません。公正な捜査については、公正な意見を持たない人間が公正さを要求しても資格無しと私は見ます。差別主義者が、どの口で偉そうに喚いてるのかと。

この意見には3方向からアプローチしたいと思います。

要求運動を分裂させる主張である

まず、この主張はあたかも県内世論が基地撤去一色に染まっているかのように描いていますが、実際には多様な意見があります。その面を無視しているのが間違いです。

集会には米軍基地強化を容認している勢力も参加します。要求の最終的な決着点は異なりますが、そのことを理由にして、米兵犯罪を追及する独自集会を別に開く予定はないようです。それはなぜかといえば、基地強化容認派の視点から見ても、米兵犯罪が治安を乱しているのが明らかであるからだと思います。

相手は、条約と政府間協定に守られた、外国の国家機関です。県民世論が分裂していては、小さな要求でさえ通らないでしょう。だから立場の違いを乗り越えて一致団結しようとしています。

特定の意見をやり玉に挙げて差別し排除することは、結局は要求運動を分裂させて敗北に導く間違った方法です。大会反対派の主張は、結局のところ要求が通らない方向に運動を進めよと言っているに等しいのですね。（まあ、それはそうしたいからなんでしょうけど）

「出て行け」は差別ではない

次に、差別という面を考えます。

「米兵が犯罪を起こしたから米軍に出て行けと言うのは、沖縄県人が東京で犯罪を犯したら出て行けと言うのと同じだ」そうでしょうか。

この比較が成立するためには条件があります。

それは「沖縄県民が他の都道府県で法的に特別の地位にあるならば」という条件です。

たとえば米兵と同じように、沖縄県民が他府県で犯罪を犯しても、凶悪犯か現行犯以外は不逮捕特権があるとしたら、です。米兵が本国に帰ってしまえば処罰されないのと同じように、沖縄県民が犯罪を犯していても沖縄県に帰ってしまえば処罰されないとしたら、です。取り調べには、必ず沖縄県職員が立ち会う特権があるとしたら、車検のない車を免許なしで運転できるとしたら……こういうことになっているのなら、それこそが差別でしょう。

その特別扱いの中で、沖縄県民による犯罪が他を圧して多く、他の都道府県民がその差別的取り扱いをなくすように政府に要求しても改まらなければ、沖縄県民排除世論が勃興しても不思議とは思えませんね。

そして、米兵はまさしくこういう差別的取扱いがされているのです。犯罪そのものは個人の行為であるとしても、それは大きな不公正と差別構造の中で引き起こされているのです。だからその構造そのものを改めようというのは、差別でも何でもありません。むしろ差別解消の運動なのです。

基地撤去要求は間違っていない

次に、基地撤去要求は間違っていないということです。

その要求が成功するかしないかは別にして。

ここでは取りあえず基地撤去要求の「イデオロギー的正しさ」は無視し、基地撤去を要求している人々の純粋な願いとも無縁に語ります。が、それは基地撤去要求が正しくないというのではありません。その要求が「正しい」か「正しくない」かを問うことはせず、国益という視点から純粋にプラグマティックに語ろうと思うのです。

ちなみに前置きしておきますが、私は常々、非武装戦略は間違っていると語っており、米軍のプレゼンスが東アジアの安定に一役買っているのを認めています。

しかし、です。

沖縄の米軍基地は、日本が頼み込んで置いてもらっているのではありません。米国の世界戦略の一環として、米国の都合で設置しているにすぎません。米国の戦略が変化すれば、どんなに日本政府が頼み込んだとしても、米国の都合で一方的に撤去されるでしょう。

出て行けという要求が通るとき——それは米軍にとって沖縄が不必要になったときでしょう。今のところ、米軍は沖縄の基地を必要としています。今はいわば売り手市場なのです。ならばできるだけ高く売りつけるのが、国益に適っているのではないでしょうか。

基地撤去要求を引き下げるのは、いわば買い手が値切る前に売り手が値下げするようなもので、それはむしろ国益を裏切る行為に他ならないと考えます。沖縄にいたいのなら、犯罪を犯すな。犯罪を容認するのなら、出て行け。

きわめてシンプルで分かりやすく、正当な意見ではないでしょうか。

この程度の論点整理ができない人だけが、「差別だ、差別だ」と空しくつぶやき続けるのだと思いますね。(2008.3.16)

「強姦したかどうか不明なのに、強姦したと決めつけるのは不当だ」という考えの間違い

「疑わしきは被告人の利益に」

「推定無罪」

この法理は正しいと思います。しかしこの法理が誰に適用されるべきかと言えば、裁判官です。

検察官がこんなことを言っていたのでは、すべての犯罪が告発不可能になります。また弁護人は「疑わしき」どころか真っ黒であっても被告人の利益のために戦います。

中立かつ公平な裁判官だけが、「疑わしきは被告人の利益」「推定無罪」の立場に立つべきなのです。

私はこの件〈沖縄駐留米兵による少女暴行事件〉に関する限り、中立であろうと思いません。私はあくまでも被害者サイドに立ちます。ジャッジする側ではなく、たたかう側に立ちます。ですから、被害者が強姦の被害届を出しており、警察が「強姦容疑で逮捕」したのですから、犯人を強姦犯として扱います。

もしかすると私は間違っているのかもしれません。

その場合、犯人から謝罪を求められれば、潔く謝罪するで

しょう。

「あなたは強姦野郎じゃありませんでした。強姦未遂、女性の敵、ロリコン、未成年に対する卑劣なわいせつ痴漢犯人でした。強姦犯ではなくて、社会経験未熟な少女を言葉巧みにかどわかし、強姦目的で家に連れ込んだものの、果たせなくて逃げられ、それをしつこく追いかけ回して車に押し込み、体をいじくってキスを迫るなどわいせつな行為を強要した、とんでもなく卑劣な男でした。どーもすみません!」てね。

さて、結果が分かっていないのにあらかじめ結論を決めてかかって加害者を糾弾する運動というのは、間違いなのでしょうか。

間違っているとは言えないと私は思います。

だって、ほとんどすべての公害反対運動がそうでしたね。水俣病を例に引くまでもなく、公害の原因物質を垂れ流している企業は、絶対にその事実を認めませんでした。犯人の米兵が強姦を認めないのと同じ態度でした。

公害問題がクローズアップされている時、「疑いの段階で決めつけるなんて、だからやっぱりお前たちは……」という意見が多数を占めていれば、運動は成功せず、公害裁判も起こされず、公害防止法もできておらず、日本の国土は汚され続けていたでしょう。

ここでは「守られるべき法益」と「失われる法益」の比較という側面からアプローチしてみたいと思います。

強姦していないのに強姦したと決めつけられているとしましょう。

結果としてそれで米軍の性犯罪対策が進展するかもしれません。

得られる利益は基地周辺の治安改善です。

失われる利益は、「痴漢」なのに「強姦犯」と言われる米兵の名誉です。

逆に、強姦しているのにうやむやにされるならば、きっと米軍の性犯罪対策はなおざりにされるでしょう。

失われる利益は基地周辺の治安改善です。

得られる利益は「強姦犯」なのに「痴漢」とされる米兵の「名誉」です。

では、傷ついたり回復したりする米兵の名誉とはどの程度の名誉でしょうか。彼は「強姦犯」でなければ、「未成年に対する痴漢犯」なのです。あるいはその逆です。「強姦犯」が「未成年に対する痴漢犯」になれば、名誉が回復するのでしょうか。「未成年に対する痴漢犯」が「強姦犯」になれば、名誉がすごく傷つくのでしょうか。どちらに転んだとしても、あまり名誉ある称号とは思えません。

ひるがえって治安がどうなるか、それは基地周辺住民にとっては大変に大きな意味を持ちます。米軍が本気で性犯罪を抑止しようとするか、建前だけつくろって容認するか、それは襲われ汚される可能性のある女性にとって、とてつもなく大きな違いです。

「未成年に対する痴漢犯」なのか「強姦犯」なのかという微々たる違いにこだわって米兵の「人権」を守ることで得られる米兵の法益と、失われる県民の法益、これは比較の対象となり得るものでしょうか。とても較べられるようなものではありませんよね。

その辺を歩いている米兵をつかまえて、何の根拠もなく「強姦野郎」呼ばわりをするのではないのです。本人が認めていないといっても、被害者の届けがあり、警察が強姦容疑で逮捕し、取り調べに同席した米国側代理人も「不当逮捕」だと指摘していないのです。

仮にたとえ米兵が強姦に及んでいなくて未遂であったにせよ、彼を強姦犯と誤解した程度ならば、違法性が阻却されると考えてよいでしょう。むしろ本人の否定を理由に犯罪の追及をやめるほうが、新たな違法行為を誘発させる蓋然性が高いというものです。

以上が私の意見ですが、完全に正しいと主張するつもりはありません。偏っているし、間違っているかもしれません。大会反対派以外の心ある人がよく考えて意見を述べてくれれば、あるいは意見を修正・撤回するかもしれません。

大会反対派以外の人の意見であれば、です。

どうして大会反対派の意見は採用しないのでしょうか。

次にそのことについて述べます。

疑いの段階で決めつけるのが不当だというばかりでなく、さらに沖縄県民のことを「だからお前たちは……」などと侮蔑的に語る人は、イラク戦争について抗議をしたのでしょうか。あの戦争こそ、何の根拠もなく大量破壊兵器があると決めつけ、「疑い」の段階で発動された戦争です。米兵の犯罪について失われるのは「名誉」でしたが、戦争で失われるのはそんな抽象的なものではなく、おびただしい人命でした。

ささいな米兵の名誉にすらこだわるほど「人権」に敏感な人たちが、イラク戦争の人権侵害にどうして怒り心頭で立ち上がらないのか、ここでもダブルスタンダードが生じています。つまりは彼らの言う「人権」など、大会にケチをつけるための、ただの口先の理屈でしかないということだと私は判断します。

これが、その意見に耳を貸さない理由です。(2008.3.17)

「被害少女をダシにした政治運動」という恥知らずな批判

まず県民大会反対派の主張（と呼べるレベルじゃないけど）を紹介しましょう。

- お前は必要以上に少女を利用しようとしている。
- まるっきりセカンドレイプじゃねえか。
- いったい、レイプされたという事実に打ちのめされて自殺する女性が何人いると思ってるんだよ。
- この中学生も結婚する時分には悩むことになるだろう。
- 陵辱の事実はなかった。
- あったということにしたいのは、基地反対運動につなげたいからだろ？
- 暴行事件があって、大喜びしている鬼畜。
- 基地反対運動ができてよかったな、セカンドレイパーめ。

県民大会は少女の不幸をダシにした政治運動だろうか？そんなことはありません。

米兵犯罪が多発してきた現状の中、現実に事件が起きたのだから、その事件を契機に米軍犯罪について追及するのは理の当然のことです。

ここで考えてみましょう。

仮に、事件がない時に米軍や政府に対して「犯罪の予防」を訴えたならばどうなるのでしょうか。「問題が何も起きていないのに、何を言っているのか」とけんもほろろに追い返されるだけです。

今、県民大会についてあれこれ言っている人々だって、「根拠もなく他人を犯罪者呼ばわりするとは、やっぱりお前たちは……」

こう言うだろうと、私は思います。

事件がなければないで、運動を否定する。

事件があればあったで、やっぱり県民の運動を否定する。

まともな意見ではありません。

さて、彼らの言い分を、「北朝鮮拉致事件」と較べて見ましょう。

「救う会」（北朝鮮に拉致された日本人を救出するための全国協議会）が拉致被害者と発表している100人もの人たちのうち、80人以上の人は警察が拉致とも何とも発表していない人たちです。ただの行方不明者なのです。警察によって拉致されたと認められていた人でさえ、実は拉致されていなかったという事例が1件ありました。ただの家出人でした。なのに、真相不明の段階で拉致被害者だと勝手に決めつけて、北朝鮮制裁を訴えているのが「救う会」です。

で、そういう論調を支持する諸君と、沖縄県民大会を非難する諸君は人脈的に重なっています。一方では、現実に犯罪事実がはっきりしている事件なのに、アメリカに被害根絶を要求すると、「被害者をダシにした政治運動」だとして県民大会に反対する。同じ諸君が、事件かどうかも解らないのに、それをダシに、「対北朝鮮経済制裁」などという大げさな国家的敵対政策を要求している。

アメリカを相手にする時のヘタレぶりと、北朝鮮を相手にする時の好戦的態度は180度ひっくり返っています。アジアの同胞に対してはアメリカの虎の威を借りてキバを剥くが、アメリカに対しては借りてきた猫よりも大人しい。これを植民地的奴隷根性と言わなくてなんと言うのですかねえ。

こんな恥知らずなことをこっそりとつぶやくのならともかく、あたかも自分たちこそが最も正しいのだと言わんばかりに大威張りで堂々と高言するんだから、もう……ああ、恥ずかしい。

(2008.3.18)

米兵による犯罪発生率の実態

米兵の犯罪率について調べてみました。

日米地位協定があるから、米兵は現行犯か凶悪犯でない限りは、日本側が検挙して取り調べることはできません。ですから日本人の犯罪と比較して米兵の危険度を見るには、日本人についても検挙された凶悪犯（殺人や強盗、放火、強姦などの重要犯罪）の数と比較しなければなりません。

で、見てみました。

2006（平成18）年の沖縄県の凶悪犯の認知件数は168件（沖縄タイムス）。

2007（平成19）年の米兵の検挙数は57件（沖縄県警察）。

168：57。

なんじゃ、こりゃ！　すごいじゃないですか。米兵の凶悪犯は日本人凶悪犯の3分の1ですよ。

沖縄県民と米兵の人口比はどうですか？

130万人：2・5万人

米兵の人数は沖縄県人口の約2％です。たったこれだけしかいないのに、この凶悪犯罪件数って、異常じゃありませんか？

しかもですよ、基地居住の米兵は毎日外出できるわけではないんだから、犯罪機会が少ないんですよね。なのに、こんなに犯罪率が高いんです。

本当にこれは何なんだろう。

「基地なんかなくせ」っていう沖縄県民の気持ち、ほんとによくわかった気がしました。

それにしても凄い。この統計資料の読み方、もしかして間違ってるんだろうか。もしそうなら誰か指摘してください。

（2008.3.20）

米兵の人権は守るが日本人の人権は守らない政府

まず前置きなんだけど。

日本では弁護士が警察の取り調べに立ち会うことが認められていない。それがなぜかという理由を、法務省が述べている。

「被疑者弁護をめぐる諸問題」と題する公開資料だ。弁護士はこんなことをするから信用ならない、だから取り調べに立ち会わせないという、その内容を見てひっくり返った。

問題があるというから、弁護士が被疑者に対して証拠隠滅や犯人隠避を勧めたり、偽証の仕方を教えたりしているのかと思ったら、全然違うんだわ。

黙秘権の行使を勧めるのがいけない。

調書にハンコをつくなと言うのがいけない。

これらの弁護活動は、真相解明のための捜査活動を違法・不当に妨害するというのだ。

おい！　法務省。ちょっとお尋ねするんだが。あんたは弁護士がこういうことをしていることを、なんで知ったんだ？

被疑者と弁護人しか知らないはずの会話の内容が、どうして警察に筒抜けになっているんだ？　問題というならこっちのほうがよほど問題だと思うんだが、法務省にはそういう人権感覚は皆無のようだ。

しかも。

被疑者に黙秘権の行使を教えてなぜ悪い？

これは基本的な法的権利じゃないか。被疑者が威圧的な取り調べにビビって、真偽取り混ぜていろいろしゃべってしまい、あとから取り返しのつかないことになるというのが冤罪事件の特徴だろう。まず防御権を行使して、心理的に落ち着いてから真実を述べ、正しい捜査に協力する。これのどこが悪いというのだ。

供述調書にハンコをつくなと指図するのが問題だって？

何を考えてんだか。

何につけても、うっかりハンコをついちゃいけない。こんなことは世間の常識だ。供述調書といっても、警察官の勝手な作文であることが多いという。そんなものにホイホイと同意しては後々困ったことになるから、よくよく確かめるまではハンコをついてはいけない。そのように指導するのが、なぜいけない？

法務省は自分をお白州のお代官さまと勘違いしてやしないか？　被疑者が法律知識に乏しいほうが、取り調べがしやすいと思ってるんだ。しかしそれは取りも直さず、被疑者が冤罪に陥れられやすいということじゃないか。

まだまだ言うことはあるけど、じつはこれは本論ではない。ここまでは前置き。

本題は、沖縄の14歳少女暴行事件のこと。

主権者はアメリカか！

政府は、14歳の女の子をしつこく追いかけ回して暴行した強姦野郎米兵の取り調べに、米政府側を立ち会わせるという。

地位協定改正に消極的／官房長官　運用改善を強調

在沖米海兵隊員による暴行事件を受け、町村信孝官房長官は十二日夕の定例記者会見で、日米地位協定見直しの可能性について「ただちに地位協定の改正というところに話がいくのは、過去の（外相）経験だけで言えば、そういうことにはならないのではないか」と述べ、消極的な考えを示した。（中略）

町村氏は一方、容疑者の米海兵隊員の取り調べの際の米政府関係者の立ち会い問題については「そのことが（捜査の）妨げになっているという実態があるのならば話は別だが、特に今回の事件では（米側は）『捜査に全面協力する』と言っている。そういう問題は生じないのではないか」と問題視しない考えを示した。（沖縄タイムス　08年2月13日）

日本人女性が何人も同じ被害に遭ってるのに、日米地位協定は見直さないし、米兵の取り調べに保護国側を立ち会わせる。立ち会わせても捜査に支障がないんだって。

コラア！　その同じ内容を、法務省に言ってみろ！　警察にも言え！

お前ら、米兵なら強姦野郎の人権を守るくせに、日本人の人権は守れへんのか！　そんなことやから、米兵になめられて同じ事件が続くのと違うか。俺たち米兵は日本人より大事にされてるんだぜ～、なんて思われてるんじゃないのか？

だから14歳少女が襲われたんと違うんか！
こいつら政治家の主権者はアメリカか！

沖縄を他人事にしたらツケは日本全土に及ぶ

沖縄をただエキゾチックな島としか見ない本土の意識は、知らず知らずの間に沖縄を異化してるんじゃないかなあ。

姫路で友人がエイサーを広めてます。エイサーを通じて沖縄の基地問題に触れてもらいたいというのが動機でした。エイサーはとても人気があって、サークルとしては成功しています。お城まつりには百人近いエイサーパレードができるんです。が、肝心の沖縄の社会問題がサークルに浸透しない。どうしてなんだかなあ。

世代を問わず、政治問題を語るのが特殊なことで、カッコよくないという気分が漂ってるんですかね。

日本の労働者は労働組合がカッコ悪くてダサいというイデオロギーにだまされて労働組合や労働問題を異化してしまい、そのせいでいま不正規労働や過労死、低賃金に直面しています。

それと同じで、沖縄を他人事にしてしまったら、そのツケはきっと日本全土に及ぶでしょう。とてつもなく高いものにつきますよ。

(2008.2.13)

事件の本質をうやむやにするメディアの罪深さ

海兵隊員を釈放　少女側が被害届取り下げ　那覇地検

那覇地検は29日、女子中学生に乱暴したとして逮捕された在沖縄米海兵隊員のタイロン・ルーサー・ハドナット2等軍曹(38)について、生徒が同日付で告訴を取り下げたとして釈放した。地検によると、女子生徒は29日、事情を聴いていた検事に対し「(事件に)これ以上かかわりたくない。そっとしておいてほしい」と述べ、告訴を取り下げたという。これにより、海兵隊員は同日午後8時40分ごろ釈放され、米軍に身柄を引き渡された。

(朝日新聞　08年2月29日)

「正義づらして周りが騒ぐからこんなことになる」という意見がある。

そうか？

市民団体は被害者少女の身元を詮索《せんさく》したか？　そんなことはどこの団体もしていない。それをしたのはパパラッチメディアだった。週刊新潮などはストーカーまがいの取材で、校区名まで掲載した。わかる人には個人が特定できる記事だった。

いったい週刊新潮は何がしたかったのか。その校区の人が少女やその親族にどんな目を向けたか。私の近くでこんなことが起きても、同様だと想像できる。「校区が恥をかかされた！」それはすさまじい視線だったのではないだろうか。少女やその親族はいたたまれなかっただろう。

週刊新潮が書く。産経新聞応援団のブログ「Iza!」（イザ！）が鳴り物入りではやしたてる。「新潮vs朝日！」などと騒ぎ立てる。これはそんなチンドン屋みたいな騒ぎようをする事件なのか。まじめに、真剣に考え追及するのではなく、騒ぎのネタにする。狂騒曲にしてしまう。ともかく事態をガチャガチャにしてしまって、事件の本質をうやむやにかき消してしまう。

同時に被害者をさぐり、つきとめ、ほとんど名指しのような扱いにして萎縮させ、地域の反発を誘導して孤立させる。嫌がらせを繰り返して、もううんざりという気にさせる。

これらはやくざの手口である。民事暴力のやり口である。法に反しないで抵抗力を奪う、じつに巧妙なやり口だ。

なんのために、こんなことをするのか。新潮はこれまで、米軍基地に反対する運動をからかう記事をたくさん書いてきた。しかし米軍基地に疑問を呈する記事などまともに書いたことがほとんどない。

産経ははじめから、暴行犯罪と基地問題をリンクさせるのに抵抗していた。むしろ少女に責任があるような論説まで出していた。

こいつらが組んだのだ。意図は明白ではないか。

日米安保体制を安泰に保つ、これがその意図だ。そのためになら、一人の少女に一生かかっても拭いきれないような傷を負わせてしまっても平気なのだ。なんという連中なのだろう。

事件は教育のせいだという人もいる。学校教育や家庭教育がなってないからだと、したり顔でいう。

米軍に「よき隣人作戦」というのがある。迷彩服の米兵と子どもたちがたわむれ、教室で米兵がにこやかに接する。米軍人と子どもたちに「ふれあい」の機会をもたせ、友だちになって警戒心をなくさせて、反基地感情を骨抜きにしてしまおうという作戦だ。

これに沖縄県や文科省が協力している。協力しているから迷彩服が学校現場に入れるのだ。こうして「気のいい軍人さん」イメージを子どもにインプットしてきたのが、基地存続を容認する体制側ではないか。地元沖縄の世論は抵抗したそうだが、行政権力により押し切られてしまった。

少女がやさしそうな軍人さんに、まるで「お友だち」のように接してしまった背景に、こういう教育がないといえるだろうか。

　事が起きてから「しつけがなってない」などとしたり顔でお説教を垂れる産経文化人たち。だが、彼らこそがこういう「よき隣人」を最も歓迎している事実を、絶対に忘れないでおこうと思う。

(2008.3.2)

沖縄の声が日米関係を動かす

雨の中、沖縄の県民大会は6千人の参加で開催されました。参加した皆さん、お疲れさまでした。

私は参加できませんでしたけど、心は一緒です。

痛いときは痛いと言わないと相手に痛みが届きません。世の中には痛くても痛いと言うな、我慢しろと叫ぶとんでもない者もいます。痛いのは他人であって自分ではないから、そんなことが言えるのです。情けないことです。

　しかし、皆さんの声はきっと日米関係を動かすと信じます。何でも米軍優先などという不公正・不公平なことが、いつまでもまかり通るはずがありません。それが人類の公理というものです。

米軍による事故・事件（1952～2004年）
（ただし復帰前の沖縄は含まない）
・事件件数　20万1000件
・死亡した被害者数　1080人
・そのうち日本側が裁判権を要求した件数　0件
・そのうち米軍事法廷で裁かれた件数　1件
・裁判外で米軍の懲戒処分を受けた件数　318人
（第162回国会、衆議院外務委員会での政府答弁より）


1080人の日本人が殺されて、これです。

裁判権を要求さえしない政府。

それをよいことに、自分では裁判しようとしない米軍。

内部的処分でお茶を濁してよかれとする傲慢さ。

これではまさに日本は植民地ではありませんか。

こんなことを知らないから、多くの人は怒らないんだと思います。知れば怒るでしょう。そしてウヨクは黙るでしょう（黙るウヨクなんか、だらしないんだけどね）。チベットのことを言っている場合ではありません。日本がチベットなんですから。

今日の大会に参加した人の叫びは、いつかきっと、みんなを目覚めさせることでしょう。

歴史に一歩を記した方々に敬意を表します。

(2008.3.24)

14 沖縄戦集団自決訴訟

編集注＝沖縄戦集団自決訴訟

沖縄戦で日本軍指揮官が沖縄県民に自決を命じたとする大江健三郎著『沖縄ノート』（岩波書店発行）の記述について、事実無根であり名誉を傷つけられたとして、梅澤裕《ゆたか》（座間味島日本軍指揮官）および赤松秀一（渡嘉敷島指揮官・故赤松嘉次《よしつぐ》の弟）が、大江健三郎と岩波書店に出版差し止めと損害賠償を求めた訴訟。「大江健三郎・岩波書店沖縄戦裁判」などともいう。

- 2005年8月5日：大阪地方裁判所に提訴
- 2008年3月28日：第一審判決。判決では、「自決命令それ自体まで認定することには躊躇を禁じ得ない」とする一方、「大江の記述には合理的な根拠があり、本件各書籍の発行時に大江健三郎等は（命令の存在を）真実と信じる相当の理由があったと言える」として、名誉棄損の成立を否定し、原告の請求を棄却した。原告側は判決を不服として控訴。
- 2008年10月31日：大阪高裁は地裁判決を支持して控訴を棄却。原告側は最高裁に上告。
- 2011年4月21日：最高裁第一小法廷は上告を棄却。原告側の主張は却下された。

強制自決を否定する議論への反論

沖縄の集団強制自決について、こんなことを書き込んでいる人がいた。

1 当時子供だった人物が軍命の有無を証言したところで、それが決定的な証拠にはなり得ない。

2 1日でも沖縄戦を長引かせ、本土決戦を先延ばしにしたい日本軍が、わざわざ足りない物資から（自決用に）手榴弾を配る意図が分からない。

3 沖縄戦後期は指揮系統が崩壊していた。仮に戦隊長が民間人の集団自決を命令していたとしても、民間どころか末端の兵士にすら届くか疑わしい。

4 民間人の自決については、村長や町長など役所の管轄である。自決を命じる権限が戦隊長にあったのかは疑問である。

5 一説によると、戦後の混乱期、住民らが自ら当時の戦隊長に対し「軍命で自決したことにしてくれ」と頼んだそうだ。理由は、軍命による自決なら国から恩給が入るからである。

6 しかし、集団自決が左翼の旧軍バッシングに利用され、有名になってしまった以上、今さらそれを否定するわけにはいかない。

7 結局、このことは誰にも否定されないまま戦後自虐史観によってますます広く流布されていき、今日まで至ったと考えられる。

この人も裁判の実際を知らず、歴史を調べたこともなく、どこかで読んできた低水準の評論を鵜呑みにしているだけだ。可哀想な人だ。ところでこの書き込みに対し、「輝吉」さんという沖縄の人がコメントを寄せている。

とてもよいコメントなので、本人の承諾を得てここに転載する。

1 証言の信憑性について

まず、今回証言された方は、78歳で当時16歳。自決するために母と弟、妹を手にかけてしまった「体験者」です。62年たった今も苦しんでいます。十分証言が成り立ちます。

2 自決用手榴弾について

なぜ物資不足の中、武器である手榴弾を渡したのか。

当時沖縄は、尋常小学校の高学年から労役にかりだされ、道路の補修などやらされていました。私の祖父もやらされていました。また大人は、陣地づくりや飛行場づくりにかりだされていました。軍民一体の環境ができていました。

さらに沖縄はまだ方言を話す人が多く、本土出身の日本兵にはなにをしゃべっているのかチンプンカンプンです。日本軍は軍民一体の中、軍と関わった住民が捕虜になり軍事機密が漏れることを恐れていました。だから手榴弾を渡して自決するように仕向けていきました。

3 指揮系統について

渡嘉敷島では軍命によって329人が「集団自決」（強制集団死）の犠牲になりました。「集団自決」が渡嘉敷島で起きたのは、米軍が沖縄本島に上陸する4月1日以前であり、まだ沖縄に駐留していた日本軍は組織的機能を果たしていました。もちろん命令機能も。従軍看護婦をしていた方で、撤退するときに日本兵から手榴弾を2個渡されて「一個は米兵に遭遇したら投げ、もう一個は自決ように使え」と命令されています。

先にも書きましたが、当時は県民の多くが方言をしゃべり、日本兵には意味が分かりません。さらに、外国へのハワイや南米への移民者も多かった沖縄では、帰国者で英語をしゃべられる人が多かったのは知られています。方言をしゃべっただけで、スパイ容疑で殺された人もいました。もちろん英語をしゃべられる人も。沖縄戦はあくまで、本土防衛のための捨て石で、はなから最後まで住民を守る意志はありませんでした。

どろは輝吉さんが触れていない[4]についてコメントした。

4 戦隊長の権限について

命令権のない軍人による無効な命令でも、受け取る側には正式の軍命と区別がつかない。それが正式の命令だと信じる十分な理由があれば、無効なものでも法的に有効と見なされる。法律用語で「表見代理」という。戦前からあった法理論だ。

ついでに言えば、「[4]民間人の自決については、村長や町長など役所の管轄である」はまったくのデマで、住民に自決を命じる権限など町村長にあるはずがない。

[5]以下は勝手な憶測を並べているだけのこと。憶測の根拠としている[1]〜[4]が全面的に間違いだから、あともすべて間違いだということになる。

それにしても、こういう人ってのは、人命というものを何だと心得ているのかな。血も涙もないのかな。悲しくなるね。

（2007.9.11）

「命令はなかった」と考えるのは無理すぎる

強制集団死事件についてよく言われるのが、「証拠がない。証言だけだ」ということ。

「命令を聞いたという証言がある」

「いや、言っていないという証言がある」

こんな言い合いでしたら、それは水掛け論でしょうね。口頭で言った言わないの争いになると、言っていないと否定する側が絶対的に有利です。

「集団自決」についても、証拠文書を出してみろと言われれば、もともとそんなものはないのですから、言われた方は困ります。

それではまったく証言があてにならないかというと、そういうことではありません。証言をとりまく状況がありますから、それをよく見れば証言の真実性が浮かびあがってくると思います。

「集団自決」について、水掛け論をできるだけ避けるために、客観的な記録と、証言を採用するにしても双方の証言が一致している部分だけを使って、経過を見てみましょう。

部隊長の行動について

沖縄には第32軍の「軍民共生共死」の方針がありました。これは正式の公文書として残っています。この方針は下級部隊に対する命令として機能していました。

問題の部隊長がこの方面軍の命令に忠実だったことは、「軍民共生共死」の方針に従って「軍民分離」を行っていないことで示されています。参考までに、方面軍の方針に反して軍民分離が行われた地域もあり、そこでは「集団自決」が起きていない事実を挙げておきます。日本軍のいない島でも例外的に一件だけ、一家の無理心中事件はあったようですが。

渡嘉敷島では、「集団自決」は島の軍陣地附近で行われました。司令部は前日まで別のところにあり、ひそかに移動した直後でした。場所が秘匿されていたはずの軍司令部に村人全員が、しかも同時に集結しています。呼び集めたのは軍との連絡係だった巡査でした。

手榴弾が軍のものであることは双方が認めています。隊長の許しなくして手榴弾が配られることはありません。何の目的があったにせよ手榴弾を民間人に配ったのですから、軍としては住民が指揮下にあると自認していたことを示します。「集団自決」が突発的な出来事ならば、普通はあわてるはずです。自分の指揮下で300人以上の住民が死ぬという大事件が起きたのですから。

ところが、この大変な事態にあたり、部隊長は驚いた形跡がありません。住民のほうは部隊長どころの騒ぎではありませんから、部隊長がそのとき何をしていたのか、何の証言もありません。

部隊長自身はというと、何かをしたとひと言も言っていません。どうやら何の対応もしていないようです。少なくとも、直ちに治療を命ずるぐらいはして当たり前です。しかし部隊長は事件後に救出活動をしていません。平然としています。生き残った村民を救おうとしたのなら、それは自分が自決を命じなかった論証のひとつとなるのですから、黙っているはずがありません。けれど部隊長は何かを命じたとは言いません。何時間も続いた阿鼻叫喚の地獄図に、どうして平然としていたのでしょうか。

落ち着いたあとには、部隊長は調査をするべきだったでしょう。勝手な集会が禁じられていたのに、どうして住民が、しかもよりによって軍陣地近くに集まったのか。軍の命令がないのであれば、軍の武器がどうして住民に渡ったのか、なぜそれが軍の許可なく勝手に使用されたのか、誰も現場を見ていなかったのか、それは警戒心が足りないではないか、見ていたのなら、どうして止めなかったのか……

由々しき事態なのですから、断固たる調査が必要です。しかし、部隊長は調査を命じた形跡がありません。まるであらかじめそうなることを知っていたかのようで、まことに不自然な不作為です。

これらの外形的状況に加えて、住民の証言があるのです。証言にはリアリティがあって、つくりごとめいたところはありません。しかも証言は客観的な様相と相応しており、起きた事態を矛盾なく説明できます。

明示的な命令文書がなくても、これらの状況証拠の積み重ねにより、命令の存在を合理的に推認できます。

逆に、命令がなかったとすると、経過のところで示した部隊長の行動あるいは不作為を説明しにくいのではないでしょうか。「集団自決」の動機や原因も説明できません。

「混乱」や「米軍に対する強迫観念」では「集団自決」は説明できません。なぜなら、それは日本軍が健在で指揮系統がしっかりしていた地域で起きており、日本軍が瓦解して混乱した地域ではむしろ起きていないからです。

人間の平明な理性にもとづくならば、明示か黙示かは不明ですが、ここに軍の命令を見ないことのほうが困難だと思います。

(2007.12.18)

「軍命令は援護法を適用してもらうためのでっち上げ」という証言の荒唐無稽

次に否定派の証言の代表的なものとして、照屋証言を取り上げます。

照屋昇雄《てるやのぶお》氏の証言をまとめれば、次のようになります。

- 氏は沖縄県援護課職員として渡嘉敷島住民の聴き取り調査を行った。
- 聞き取りをした３００人の島民の誰一人として、軍の命令があったと言わなかった。
- 当時、厚生省は民間人には援護法を適用しない方針だった。
- しかし氏が食い下がったので、軍の命令があれば援護法を適用すると態度を改めた。
- 氏は赤松嘉次《よしつぐ》隊長に、住民のために、軍命があったことにしてくれと頼んだ。
- 赤松隊長の同意を得て、軍命文書を氏が偽造した。
- その文書を厚生省に提出した。
- その結果、民間人にも援護法が適用されるところとなった。

まるで講談みたいな話ですが、否定派は信じ込んでいます。これが事実なら大変なことです。個人の偽造文書で国の大方針が変更されたというのですから。

照屋さんはよほど優秀な青年だったのでしょうか、新人なのに厚生省との交渉を任されて出向いたといいます。役所に入りたての一青年の力で厚生省が動いたのでしょうか。厚生省はただ一枚の文書で方針を変えたのでしょうか。

厚生省はどういうわけで、その紙切れを信じたのでしょう。赤松隊長本人やその上司、部下たちにに裏付けを取らなかったのでしょうか。

赤松隊長は、厚生省の調べを受けたと言いませんでした。部下も、厚生省からそういう問い合わせを受けたのだったら黙っていないでしょうに、誰もそういうことを言いません。

また、証言には、具体性が決定的に欠けています。照屋さんはどういう権限を持った職員だったのでしょう。誰の指示で渡嘉敷島に調査に出向いたのでしょう。上司は何という人だったのでしょう。一緒に調査に回った同僚は誰でしょう。聞き取りをした相手の名前を1人ぐらい記憶していてもよいだろうに。

氏が文書を提出した厚生省の係官は誰だったのでしょう。それを言ってくれれば、当時の担当者名は部内資料を調べればわかるのだから、氏の証言は俄然、信憑性が高まるのに。ところが、証言には人名がまるで出てきません。照屋さんは具体的なことを全然証言していません。

証人尋問の機会があれば、これらの疑問に照屋さんはきっと答えてくれるはずです。彼が真実を述べているのならば。ところが、否定派側はこの重要証言を前にしながら、なんと照屋さんを証人申請していません。なぜですかね？

照屋証言のウソ

裁判の過程で、照屋さんが聴き取り調査したり厚生省に出向いたりしたという時期、彼は正規職員ではなく嘱託、つまり臨時雇いの身分だったことがわかりました。どうして正規職員のようなことを言ってきたのでしょう。

産経新聞から引用している人はみんな彼が正規の職員であるかのように書いています。照屋さんはどうして訂正しなかったのでしょう。なぜちゃんとしたことを言わずに黙っていたのでしょう。

ともかく、彼が厚生省に出向いたはずの時期、彼は臨時雇いでした。臨時雇いの一青年が、厚生省との交渉を任されたのでしょうか？　そういうことが可能性としてないとは言えないけれど、考えにくいことではあります。

氏が厚生省をだましたという「偽造の軍命文書」ですが、厚生労働省は情報公開請求に対して、「そのような文書は存在しない」と回答しています。厚生省にだけ提出して、沖縄県に報告しなかったのでしょうか。写しはとっていなかったのでしょうか。赤松嘉次隊長はどうして控えを保存しておかなかったのでしょうか。疑問だらけです。そもそも、本当にそのような文書があったのでしょうか。

援護法が公布されたのは昭和27年4月です。それが沖縄に適用されたのは昭和28年3月でした。住民などの戦闘協力者を援護法の対象とする方針が決まったのは28年7月でした。

照屋さんが臨時雇いとして沖縄県に採用されたのは昭和29年12月です。住民が援護対象になることが決まった一年以上あとです。

すると、照屋さんと面談したという厚生省の係官は変な応対をしたことになります。照屋さんも、しなくてもいい努力をしていたことになります。不思議な話です。

昭和29年から32年にかけての時期は、援護法適用にあたっての細かい法整備や要綱づくりがされていた時期です（実際に適用が開始されたのは昭和32年）。住民がどのような戦闘協力をしたのか、国の調査が続けられました。国は琉球政府だけに調査を任せていたのではありません。政府職員を派遣してフィールドワークに当たらせています。照屋さんは1週間ほど滞在して調査したと言っていますが、政府職員は3年間もかけて調査しています。

そのうちの一人である馬渕新治総理府事務官（元大本営船舶参謀で、復員後は日本政府沖縄南方連絡事務所に勤務）は、昭和32

年につくった「住民処理の状況」という文書で「日本軍による自決強要事例」という表現で「集団自決」に触れており、島民の悲嘆と部隊長への反感について書いています。

これは馬淵氏が自衛隊幹部学校で講演するにあたっての資料で、昭和36年に陸上自衛隊幹部学校が発行した「沖縄作戦における沖縄島民の行動に関する史実資料」に収められています。

政府の調査官が「日本軍による自決強要」と言い、部隊長への反感に直接触れています。同じ時期に同じところで調査していたはずの照屋さんだけが「そんな話は聞かなかった」と言います。もちろん、照屋さん以外の県職員は「軍命あり」の証言をたくさん集めて記録し、公文書として残しています。照屋さん一人が「軍命があったなどという話は聞かなかった」と、ずいぶんたってから言い始めました。

照屋さんが聞き取りをした記録はどこにあるのでしょう。どこにもありません。ただ彼が今になってそう言っているだけのことです。

彼が嘘をついていないならば、本当に、不思議なことばかりです。否定派はこの矛盾をどのように理解するのでしょうか。でも彼が嘘をついてるのだとすれば、すべての疑問は氷解します。

(2007.12.18)

「軍命による自決」であったといえる理由

民間人も軍の指揮下にあった

部隊長の命令があったことは状況証拠から確実ですが、否定派は「状況証拠や証言はあてにならない」として切り捨てるでしょうから、そういうものに頼らずに具体的に見てみましょう。

まず、「60万県民の総決起を促し、もって総力戦態勢への移行を急速に推進し、軍官民共生共死の一体化を具現し……」という沖縄方面第33軍の「軍民共生共死」の「県民指導要綱」により、民間人が軍の直接・間接の指揮下に入ることになりました（1944年11月）。

具体的には「陸軍防衛召集規則」によって14歳から40歳までの県民が軍の直接的の指揮下に組織されました。部隊長の許可を得ないで家に帰った県民が処刑されていますから、県民にも軍法が適用されていたことがわかります。

男女学徒は鉄血勤王隊などに組織され、地雷を抱いて戦車に飛び込むよう命令されています。軍の指揮下にあったのです。県や村の行政組織も軍の指揮下に入りました。町長や村長の指示は軍の命令として伝えられました。法令外の命令もありました。渡嘉敷島では国民学校（小学校）6年生以上が動員されています。

　このように県民はそのとき、軍の指揮下に統制されており、明文上の根拠のない命令でも軍命として強制されていたのです。

命令がなくても軍務にもとづく戦死と認められている

さてこういう状況下での「集団自決」を考えましょう。沖縄では「玉砕命令」は下されませんでした。すると自決した将兵は、牛島満司令官の命令もないのに、勝手に個人的に死んだのでしょうか。玉砕命令が出ていないのだから、彼らは自己責任で勝手に死んだのでしょうか。

　いいえ、軍務にもとづく戦死として扱われています。軍務とみなされているのですから、命令の存在が公的に認められているのです。

　多くの兵たちは軍から支給された青酸カリや手榴弾で自決しています。同じ状況で、住民に対しても軍から手榴弾が支給されています。住民がそれで死んだ場合だけ、どうして個人責任なのでしょうか。軍命による公務死に決まっているではありませんか。

軍法ではなく民法で考えても

それでも彼らは民間人だったから違う、というのでしょうか。民間人にも軍法が適用されていたのだから、その反論は通用しません。しかし百歩ゆずって、軍法ではなく民法で考えましょう。

住民は軍に欺罔《ぎもう》されていた

「米軍に捕まったら女は強姦、男は殺される」との噂が軍から流されていたことは、軍関係者の誰も否定していません。しかし実際には、捕まった多くの人がそのようなことをされていません。つまり「自決」をした人は軍から流された誤った情報に欺罔されていたわけです。ここがまず第一です。

住民は軍に追いつめられていた

本島のあちこちで、投降しようとした県民が日本軍に殺されています。投降を呼びかけた県民も殺されています。この事実は否定派の研究家も否定していません。

　だとすると県民は投降できない状態にあったわけです。しかも女、子ども、老人には戦う能力がない。戦えない人間を投降もできない状態に追い込んだのは軍です。

　自決しかないと思わせたのは、かねてより、いざとなればそうしろと言い含めていた軍の責任です。

住民に自由意思はなかった

軍が住民を欺罔し、強制下において、その意思決定に重大な瑕疵《かし》を生ぜしめたことにより、住民の行動は自由な意思にもとづくものとは認めがたい状況です。

このような状況下で自決を選択肢に入れて手榴弾を手渡すのは、現代の最高裁判例ならば「殺人」とみなされかねません。戦前の大審院でも、少なくとも自殺教唆と判断するのは間違いないところです。つまり軍による強制死なのです。

このような事実と論理により、住民には自決命令が下されていたと考えます。

（2007.12.18）

「文書」がなくても「軍命」も「強制」もあった

沖縄強制集団死の実態が深く掘り下げられた結果、軍の強制を否定する論拠はたった一つになってしまった。

「命令文書がない」

この一点に、否定論は集約される。

証言があり、状況証拠がたくさんあっても、「命令文書がない」とだけ言っていれば、それで強制を否定できたように思っている否定派のなんと多いことか。逆に言えば、ここを突破すれば軍の強制を否定する理屈が何もなくなるということになる。

しかし、なかなかこれが一筋縄でいかない。思うに、軍の強制をいうのに、「命令文書」など必要なのか。数種類の「軍命令否定論」に沿って、今回はそのことを考えてみたい。

方面軍（沖縄第32軍）の正式命令文書がない

「義勇兵役法」（後述）がつくられる以前から、沖縄全体で義勇兵制度が実施されていた。島部では、方面軍の文書命令なしに、小学生が動員されている。上級の命令文書がなくても、現に制度として実施されているのだ。命令文書がなくても強制はできた。文書がないから命令がなかったとは言えない。

軍の方針と無関係に下された部隊長命令は個人命令であって、軍命令ではない

戦闘中の部隊長命令は軍命令だ。仮に軍の方針に反した命令を隊長が下し、それで兵が戦死すればどうなるのか。バカな隊長が誤って下した命令は、隊長が個人で責任をとるべきなのだろうか。そうではない。その死は公務による戦死とみなされ、政府（軍）が責任を負い、戦死手当が支払われるのだ。
兵は隊長命令に絶対服従せよと教育される。そうでなくては、下級の者は隊長の命令が正しい命令かどうか、いちいち上級に確認しなければならないことになり、とても戦えたものではない。それゆえ、どんな命令でも隊長命令は軍の命令だとされており、その責任は軍が負うのだ。

自決の指示は村長や助役から下されたから軍命令ではない

村長や助役の命令は軍命令だ。昭和20年6月22日、天皇の詔勅により『義勇兵役法』が発布され、その日のうちに施行された。15歳から60歳までの男子と、17歳から40歳までの女子全員を軍に編成するという法律だ。義勇兵役制度は、「本土決戦」のための国民皆兵制度だった。この『義勇兵役法』の施行以前、沖縄ではすでに義勇兵役制度が実施されていた。沖縄戦はこの法律の可能性を試す、いわば実験場だったことになる。
では義勇兵とはなんであったか。陸軍省軍事課長・荒尾興功《おきかつ》大佐は次のように述べている。

・義勇戦闘隊は天皇御親率の軍隊である。
・戦闘隊長たる村長の一例をとれば、戦闘隊長としても行動し、また最後まで村の行政もやる。すなわち軍隊の長であり、同時に村長の地位にあって、仕事をやるところに特長がある。
・戦闘隊員として陸海軍大臣に隷属する軍隊としての身分……
・義勇兵役に服することによって、懲罰、刑法、礼式、栄誉等、軍人として特殊の適用を受ける。
（朝日新聞　昭和20年7月14日）

村長は戦闘隊長なのだ。正式に軍の戦闘序列に配置されているのだ。ならば、その命令は軍命令に決まっている。

沖縄で強制された「軍民一体」とは

荒尾大佐は「沖縄が危機にたったとき、陸軍大臣が部内に対して訓示された」と前置きして、訓示の内容を伝えているが、すこぶる興味深い。

深く情宜《じょうぎ》と徳義《とくぎ》とに生くべし。
軍進まんと欲せば、まず民進むということが軍民一体の姿。

これが沖縄で強制された「軍民一体」の姿だというのだ。
「軍進まんと欲せば、まず民進む」とはどういう意味なのだろう。軍より先に民を進ませてどうするのか。これでは軍が突撃する前に県民に突撃させよ、軍が玉砕する前に、まず民間人に玉砕させてしまえと言っているのと同じではないか。
「情宜と徳義」などというあいまいな訓辞で、陸軍大臣は何が言いたかったのだろう。沖縄現地軍に伝えられたというこの訓辞を、現地の部隊長たちはどのように受け取っただろうか。

赤松隊長は米軍の保護下から脱出してきた中学生に、「日本の兵隊さんは捕虜になったらどうするのか」と責め立てて自殺させた。こういう部隊長は、決戦を前に住民に何と訓辞しただろう。

ここから先は私の想像です。

お前たち、女こどもに戦う力はなかろう。だが、わしは、降伏はゆるさんぞ。降伏する者は殺す。それは見てわかっているな。しかもだ。アメリカ軍に捕まったが最後、男は八つ裂き、女は慰み者にされてなぶり殺しなのだ。日本人ならば、いざ！　という時にどうすべきか、口で言わなくても、そこは情をくめばわかるはずだ。これを「情宜」という。臣民の徳義として、生き恥をさらすのか、潔く悠久の大義に殉ずるのか。よくよく考えるように。

我々は戦いぬいたあとは玉砕するつもりだ。軍が玉砕しようとするとき、民はどうするのだ。「軍進まんと欲せば、まず民進む」のである。これが軍民一体の姿なのである。いわんとするところ、分かっているな。……では、これより手榴弾を配る。

(2008.1.15)

名誉の侵害について

名誉を侵害しても違法とならない3条件について

大江健三郎さんの本で赤松嘉次《よしつぐ》・梅澤裕《ゆたか》両氏の名誉が侵害されたのが事実であるとしましょう。しかし名誉が侵害されていても、次の3条件に当てはまる場合は、違法性がないとされます。

- 公共性＝公共の利害に関する事実に係ること
- 公益性＝その目的が公益を図ることにある
- 真実性＝事実の真否を判断し、真実であることの証明が

ある（真実である証明ができなくても、それが真実であると信じるに足る事情が証明できればよい）

公共性とか公益性とは何でしょうか。

- 犯罪を犯しても裁判にかけられていない人の犯罪行為に関する事実は、公共の利害に関する事実とみなされます（刑法230条の2第2項）。
- 公務員に関する事実に関しては、公益目的に出たものであるとされます（230条の2第3項）。

自決強要に関する記述はどちらにもあてはまっています。ですから「真実性の証明」がなされれば、被告は無罪です。

真実性について

真実性については、必ずしも真実である必要はありません。真実と思ったがじつは誤解だったという場合でも、それを真実と誤認しても仕方がないと認められる場合であれば、その責任を問われません。確実な証拠や根拠にもとづいて書いたのだから、その証拠や根拠が間違っていても、そのことで責任は問われないというのです（最高裁大法廷判決、昭和44年6月25日）。

まとめれば、以下の条件のどちらかが満たされれば違法行為ではないとされます。

① 書かれた内容が真実であると証明できる。
② 真実であると信じた合理的な理由がある。

これは、日本国憲法21条が保障する表現の自由と、人の名誉権の保護との調整を図るために設けられた規定です。裁判所は今回、②が成立していると判断しました。

侮辱的な表現について

しかし、たとえそうであっても、終始人を愚弄する侮辱的な表現をした場合は、公益を図る目的とみなされません。

ですから、曽野綾子が「大きな罪の巨塊」を「大きな罪の巨魁」と誤読したのは、彼女なら無理もないとしても、弁護団までがその誤読に乗せられてしまったのはそこなんです。「おおっ、侮蔑してるがな、これで勝てるぞ！」という期待感で目がくもってしまったんだと思います。「大きな罪の巨塊」なら個人ではなく「罪」そのものを糾弾しているのですが、「大きな罪の巨魁」なら部隊長個人を糾弾していることになりますから。

また、弁護団は当初、『沖縄ノート』を読まずに右派お得意の歪曲捏造《ねつぞう》文を信じ込んでいました。そこで部隊長を「人民裁判で絞首刑」に処すべきなどという、大江さんが書いてもいない文章を書いているとしていました。

これなども「人を愚弄する侮辱的な表現」に当たると考えて裁判に打って出たのでしょうが、なんのことはない、そんな文章はどこにもなくて、弁護団は困ってしまったと思います。

結局、原告側はいわゆる「処罰阻却事由説」にたって訴えを続けるしかなくなってしまいました。これは真実でないものは罰するという考え方です。そこで命令の有無にこだわり続けました。そういう正攻法しか残されていなかったからです。

しかし日本の法廷は「違法性阻却事由説」に立ちます。これは、真実の証明ができなくても、真実だと信じた理由があれば罰せられないという考えです。原告側は大江の故意または重大な過失を打ち出さねばならなかったのですが、それはできません。名誉毀損を構成する要件に不足していたのです。だから彼らの言い分が通る見込みはありませんでした。

控訴審では、おそらく「終始人を愚弄する侮辱的な表現」に焦点を当ててくるでしょう。また『沖縄戦史』の記述を細かくあげて、注意すればそこにミスが多いことはわかったはずだ、などという攻撃もしかけてくると思います。「違法性阻却事由つぶし」です。われわれも勉強して、産経言論なんかに煙に巻かれないよう、草の根から対抗しないといけませんね。

(2008.3.29)

集団自決訴訟をめぐるQ&A

Q1　公式な命令なら命令書で記録が残るのではないか。処分したのなら、命令書を処分せようという命令書や、処分しきれなかった命令書も存在するのではないか。

いくらほじくり返しても、そんな命令書があるはずはない。命令書はないが、軍がそれを奨励していたのは間違いない。軍が奨励しているのに、あえて抵抗することはほとんど誰にもできなかった。軍の意向が実質的には命令として機能していたわけです。とても不合理だが、不合理であっても命令に従えというルールに縛られていたから、どうにもならなかったのだと思います。

梅澤隊長と赤松隊長は2人とも、「捕虜になってから帰ってきた」とか「捕虜になる意志が疑われる」という理由で、住民を処刑したり自決を命じています。これは本人たちが認め、裁判で彼らの部下も証言しています。部隊長2人は捕虜になることは死に値する罪であると信じており、自決を命令すべきだと考えていたのです。こういう事例は2人に限らず、日本軍の全戦線にわたって存在しています。

Q2　物資の乏しい沖縄戦において貴重な手榴弾を住民に自決用に配るのは非合理的である。

でも、その不合理なことが実際に起きている。沖縄だけではなく満州でもそうです。全然かけ離れた別々の場所の体験記に、判でついたみたいに、「一発は敵に、一発は自決用に」と手榴弾を渡されたという証言が現れています。これは命令というよりも、素養とか文化とかいうレベルにまで至った日本軍の規範意識なのではないでしょうか。

Q3　年金目当てに集団自決を軍の命令だったと報告した、という証言もある。

証人尋問を通じてそういう証言が完全に虚偽だと実証されたところに、裁判の意義があったと思っています。もともとその年金は「戦闘協力死」に対するものでした。「軍の足手まといにならぬように潔く命を絶った」行為に対して与えるというのが、制度の趣旨だったのです。軍命令かどうかなど支給の条件ではない。だから年金をもらうために軍命令をでっち上げる必要など、さらさらありませんでした。

Q4　2007年11月9日、大阪地裁にて『沖縄ノート』の著者である大江健三郎の本人尋問が行われ、大江は「現地調査はしなかったが参考資料を読み、集団自決は軍隊の命令という結論に至った」とし、座間味、渡嘉敷両島の元守備隊長2人が直接自決を命じなかったことは認めたうえで、住民に手榴弾が配布されたケースがあり、これが軍の強制となると主張した。それが命令にあたるというのは「軍の命令」というものを拡大解釈しすぎではないか。

そもそも大江さんは梅澤さんのことを一行も書いていません。梅澤さんは裁判で証人に立ったときも、「あなた個人を特定している箇所があったか」と問われて「ありません」と答えています。書かれていないことで名誉が傷つけられたと感じる梅澤さんは、変わった人だと思います。

ところで——

大江は「現地調査はしなかったが参考資料を読み、集団自決は軍隊の命令という結論に至った」とし、座間味、渡嘉敷両島の元守備隊長2人が直接自決を命じなかったこと

──は認めたうえで、住民に手榴弾が配布されたケースがあり、これが軍の強制となると主張した。

というのは、どこからの引用か知りませんが不正確です。第三者の手で歪曲されたものでなく、直接資料に当たられたほうがよいと思います。

Q5　沖縄における旧軍の方針で「死ね」と直接的に命令を下した記録を知らない。やはり直接的命令はなかったのではないか。

特攻隊にだって、「死ね」という直接命令は出ていない。そういうのは言外にほのめかすのです。

曽野綾子『沖縄戦・渡嘉敷島「集団自決」の真実』に、こんな記述があります。米軍の捕虜になったあと解放された16歳の少年のことについて、赤松部隊長が自分で語っているのです。「それで私は、とにかくお前は捕虜になったんだ、日本の者は捕虜になればどうするんだ」。「そしたら、兵隊さん、死にます、と、はじめは言った」。結局、その少年は首をつって自殺したと書いてあります。本当は処刑だったんじゃないかと私は疑っていますが、それはおいといて、これは自決強要でしょう？

赤松氏はこういうことをしているけれど、これは自決命令じゃないと言うんです。この少年も自主的に自決を選んだと信じこんでいるんです。2人の部隊長が「命令は下していない」と語るその意味は、私たちの感覚とかなりかけ離れたもののようです。

Q6　当時の部隊長が「命令は下していない」と語るときの「命令」の意味は今の私たちの感覚とは異なるかもしれないが、そのことをもって命令や強制があったと断定できるのか。

ここに命令性を見るかどうかですが、実証的にはグレーゾーンですね。そうであるとも言えるし、そうでないと言えなくもない。高裁判決もそのようにグレーだと認定しています。私は命令があったと断定してよいという立場ですが、そう考えるに至った論理が万人を納得させうるかといえば、疑い深い人は疑うでしょうから、まだ詰めが甘いといわざるを得ません。今後の課題です。

Q7　結局は指揮官の人格の問題なのか？

自決するなと止めている将校もいるのですから、そのファクターも大きかったと思います。けれどもそう言えた将校というのは、本当に勇気ある少数だったと思います。皇国公民ならば軍と運命を共にすべきだという信念に駆られた将校のほうが、多かったのではないでしょうか。

Q8　自決は軍の強制ではなく、当時の世の中がそういうものだったことが原因なのではないか。つまり教育やマスコミのつくり出した世論の問題であって、軍隊だけが悪いというのは問題の矮小化であり、自分たちの責任の放棄ではないか。

県民は軍に直属していて、「戦陣訓」の対象でもありました。方面軍からは「軍官民共生共死」の方針が下っていました。毎月8日の「大詔奉戴日」に県民は忠魂碑前に集められ、「玉砕精神」をうたいあげる軍の訓辞を聞いた後、「皇国臣民の誓い」を暗唱させられていました。これらの教育が浸透していたのですから、世論がどこかから勝手に湧いて出たのではありません。

軍の命令・強制・誘導とはいえ、自殺せよなどという無茶な指示がまかりとおったのは、たしかに皇民化教育や軍国主義教育のせいですから、ほんとうに「世の中がそういうものだった」としか言えない。

ただ、自決に至った理由として教育やマスコミの影響などをあげない人など一人もいないと思います。私は知りません。むしろ、そのような国策に国民の多くが無批判に従ったために軍の力が途方もなく大きくなったと考えて、そうであるがゆえに、現在の国策に無批判に従うことをも拒否しているのです。

しかしその責任は民間新聞会社だけにあるのでしょうか。国策に協力しなければ紙の配給を受けられない新聞統制法をつくったのは政府です。政府の戦争政策を批判したがために弾圧された新聞社もあります。東條英機を批判したため、懲罰的に最前線に送り込まれた記者もいます。そういう政治をした政府こそ最大の責任者であり、そういう政治をしなければクーデターだぞと脅したのは軍部です。

Q9　否定派も肯定派もすでに政治的イデオロギーになっている。そのとき何が起こったのか、何があったのかを知りたいと思う身にはイデオロギーなど邪魔なだけ。

たしかにイデオロギーが邪魔になる場合は多々あります。しかし私はイデオロギー抜きに考えています。

Q10　軍の強制的な命令で自決させられたんだ！　だから軍隊はいらない！　自衛隊反対！　日米安保反対！　とい

うイデオロギー的主張をする人が嫌い。

そういう人が嫌いなのはかまわないが、キライという感情で事実まで否定してはいけない。

Q11　現在のマスコミは偏向している。朝日や毎日も、かつて戦争を煽っておきながら、今では自分たちを無謬の存在のように思い、愚民を導くのだと思っている。マスコミは強い権力を持ち、マスコミを批判するものを攻撃している。

新聞の捉え方については、その存在が多面的ですから、一義的にこうだと結論づけにくいですね。広告に頼る株式会社だからスポンサーに弱かろうし、情報源の警察や政府にも弱いし、読者に受け狙いもするしね。

でも情報媒体としては大した役割を果たしてます。だから情報強者でもあります。私たちは鵜呑みにせず、拒否もせず、うまく利用すべきでしょう。

Q12　ある女子中学生が、担任教師から、沖縄の集団自決に関する県民集会に参加しなければ内申書を悪く書くと言われてイヤイヤ参加したという話がある。

そういうことがなかったと断定できないが、あってほしくない話です。そういうケースはまさしく「強制」に当たると思います。命令的な指示がなくとも、従わなければ不利益があると脅すのは、事実上の強制です。

ところでその話はどこで知りましたか？　もしそのような事実があれば、産経新聞などが放っておかないと思いますが。事実なら、教師の風上にも置けないと思います。

(2008.11.27)

強制集団死否定派の主張とそれへの反論

否定派の主張①　自決は本人の意思で行うから自決

自殺というのは、本人が行うから自殺といいます。ですから自殺は本人の決断によって行われます。実際に手を下すのが自殺者自身である以上、犯人は自殺者自身の内心にしか存在しないといえます。

この方は自殺教唆という法律をご存じないのでしょうか。死ねと命じて自殺させることです。和歌山県で、保険金目当ての自殺教唆事件がありました。福岡県では、家族同士に殺し合いをさせて全滅させた「北九州監禁連続殺人事件」というのがありましたね。

この方の論理が正しいなら、あらゆる強盗は無罪です。「包丁を突きつけられてカネを出せと脅されても、カネを渡すか渡さないかは本人の決断で行われます。実際にお金を渡すのが本人である以上、その決断は自発的であって、犯人はお金を渡した人自身の内心にしか存在しないといえます」

こういうのを詭弁というのです。

否定派の主張② 強制ではないから日本軍に罪はない

制度によって、他の選択の余地なく自殺した人がいたとすれば、それをあるいは「自殺を強要された」と評することができるかもしれません。沖縄の集団自決について「強制であった」と言うためには、こういった「制度による強制」があったかどうかが判断の基準となります。しかしまず第一に、正式な命令はありません。前にも申し上げましたが、軍は住民に対して命令を下す権限を持っていませんから正式な命令は存在するわけがないのです。ということで、正式な命令がない以上、「制度による強制」は〝基本的に〟なかったことになります。

軍が住民全体に対して指揮権を持たないということですが、平時の日常感覚で考えてはいけません。法的権限のない命令などいくらでも実例があります。

学童が勤労動員されていますが、何の法的根拠もありません。伊江島でも本島でも、女性が斬り込みに参加しています。なんという法律でこういうことが行われたのでしょうか。青年学校の男女生徒や普通の住民が戦車に対する挺身攻撃の訓練をさせられていますが、法律の裏付けなどどこにもありません。ガマを出て行けとか、食料を差し出せという命令に、どんな制度的裏付けがあったでしょうか。何もないけれど、軍の威力でまかりとおっていたのです。

この方の議論は、行為の正統性や正当性ばかりを問題にしていて、行為の効果を度外視しているから変な結論に至るのです。

否定派の主張③ 日本軍は住民に自決を命令できない

すべての住民は軍に組み込まれていたから、上官の口頭指示は絶対であり、強制であった。このような主張をお持ちなら、それは誤りです。住民は軍に所属していません。鉄血勤皇隊やひめゆり部隊など、実際に軍に組み込まれた「義勇兵」なら、もちろん上官の命令は絶対ですし、促すような指示も強制であり得たでしょう。しかし住民は軍隊

――に組み込まれていません。

軍の作成した「県民の採るべき方途、その心構へ」は県民をこう指導していました。

「ただ軍の指導を理窟なしに素直に受入れ全県民が兵隊になることだ、即ち一人十殺の闘魂をもつて敵を撃砕するのだ」

軍決戦の緊迫下でこういう指導がまかり通っていたのが、当時の沖縄です。

「住民は軍隊に組み込まれていません」どころか、「全県民が兵隊になること」、住民も「一人十殺の闘魂をもつて敵を撃砕」せよというのが軍の方針だったのです。

鉄血勤王隊はいかなる法的根拠があって組織されたのでしょう。軍命否定派は「義勇兵」だから軍に組み込まれたと言いますが、鉄血勤王隊は義勇兵役法ができる以前です。義勇兵を募れる法など日本にはありませんでした。「軍に組み込まれたなら、上官の命令は絶対」どころか、軍に組み込まれていない住民に対して軍が強制力を発揮できており、法令にもとづかない強制動員が可能だったから、こういうこと（鉄血勤王隊の編成）ができたのです。

否定派の主張④「強制集団死」という考えは住民を愚弄している

軍人が死ねと言ったら死ぬのか。「命令されたから、命令は聞くものだから、だから嫌だったけど死にました」という人がもしいるとしたら、それはよっぽど規律を叩きこまれた軍人のような人か、極めて愚鈍で自分を省みる能力に欠けた人だと思います。

軍命があったから集団自決が起きたとの主張をお持ちの方がいるとしたら、その方は住民に対して「愚鈍であった」と言っているのと同義です。住民は恐怖で、自らの意思で死んだのです。日本軍の指示は単なるきっかけにすぎなかったのです。そうでないと主張する人こそ、当時の沖縄人を馬鹿にしていると思います。

人間はもっと複雑でしょう。襲いかかってくる米軍への恐怖はあったでしょう。捕虜になったら、非国民になったら生きていけないという恐怖もあったと思います。軍と共に潔く自決するのが日本人の節度である、軍国日本の国民としての真である、天皇陛下のために死ぬことが臣民の努めである……このように考えておられた方も多かったことでしょう。こういった様々な感情がない交ぜになって一人の胸中を支配していたものと思われます。

曽野綾子『沖縄戦・渡嘉敷島「集団自決」の真実』（ワック）に、米軍の捕虜になったあと、逃げ出して戻ってきた16歳の少年のエピソードがあります。赤松隊長が少年に何と言ったか、赤松さん自らが曽野綾子に語った言葉が載せられています。彼はこう言ったのです。

「とにかくお前は捕虜になったんだ、日本の者は捕虜になればどうするんだ」

少年は赤松隊長に「兵隊さん、死にます」と答えたといいます。そして少年は、首を吊って死にました。

「生きて虜囚の辱めを受けず」という戦陣訓はいろいろに語られていますが、後世の解釈ではなく当時は実際にどのように語られていたのかを見てみましょう。

昭和16年3月10日、陸軍記念日にＮＨＫで放送された「戦陣訓に就て」という講話があります。語ったのは陸軍中將桑木崇明氏。この講話は陸軍省がパンフレットにし、また「偕行社記事」（昭和16年 第８００号）に記録されています。わたしが現代語にしたうえで転載します。

本訓（戦陣訓）はひとり軍人のみが独占すべきものではない。……銃後一般の国民に対しても極めて適切なものであると考える。長期戦の遂行、特に新秩序の建設は軍人だけでできるものではなく、一般国民に負うところすこぶる大きい。そこで国民各位がこの戦陣訓の精神に準拠し……

（後略）

このように、政府と軍が「戦陣訓」の精神で国民も戦えと教育していたのです。「とにかくお前は捕虜になったんだ、日本の者は捕虜になればどうするんだ」と問われ、間髪入れずに「兵隊さん、死にます」と中学生が答えた背景が、ここにあります。

帝国臣民ならば軍人さんと共に潔く死ぬのが美しい行為であるという思想、これは大日本帝国の精神教育の成果です。しかし国体護持のために散華しようなどという法律はありません。ありませんが、そういう観念が国民を縛っていたのです。「決戦与論指導方策要綱」には、「国体ニ対スル信仰ノ喚起昂揚」を行うようにと書いてあります。「帝国日本」という国は、すでに信仰の対象だったのです。

捕虜になるよりは死というのは、その教義のひとつでした。誰も彼もがその教義に呪縛されており、行き先も戻り先もない過酷な戦場に置かれたとき、ちょっとした指図や命令で死が選択されてしまったのです。

だったらいまさらなぜ文句があるのか、覚悟の自決だったらそれでいいじゃないかとの意見があると思いますが、覚悟があったからといって自決を命じてよい理由にはなりません。

強制集団死の教訓

梅澤部隊長も赤松部隊長も、当時は帝国軍人として教え込まれた指導をしていたに過ぎないと思います。彼らの内心を私なりに推し量ってみたいと思います。

いまになればむごい話だが、軍がそれを求めていたじゃないか。「軍官民共生共死」（軍と行政官吏と住民は共に生き、共に死ぬ運命共同体）は、成文化された方面軍の方針じゃないか。「生きて虜囚の辱めを受けず」は全国民の共通理解だったじゃないか。住民に「戦わなくてもいいから逃げろ」などと指導していたら、当時はそれが非難されたに違いないではないか。なぜ当時の国家方針を忠実に実行した我々が悪く言われるのだ、理不尽ではないか……

と、これが正直な胸中でしょう。

しかし、彼らはそう言えないのです。

もしもアッツ島・サイパン島のように軍民が玉砕していれば、ここまで軍が悪し様に言われなかったかもしれません。しかし、渡嘉敷島でも座間味島も、軍は玉砕しませんでした。軍が降伏することを知っていれば、住民は自決を選ばなかったに違いありません。

住民に死ねと命じておいて、自分たちはおめおめと投降しおって……こういう怒りが、彼らに向けられているのだと思います。

けれど私は、彼らが玉砕しないで生き残ったのが正解だと思います。「戦陣訓」など守らなくて正解だったのです。兵に玉砕を命じた旧軍の精神そのものが異常だったのです。まして、住民を道連れにするなどもってのほかです。

異常が異常でなくなった時代の恐ろしさ。そのことを深く見つめ、二度と繰り返さないようにすること、それが強制集団死で亡くなられた方々へのせめてもの供養ではないか、私はそう信じます。

(2009.11.6)

日本人は「大日本帝国」を克服できているか

兵に玉砕を命じた旧軍の精神そのものが異常だった。

私はすべての問題はここに帰すると思います。

私も日本人だから武士道の言わんとすることは分かる。しかし、どうして他の価値観を許さなかったのか。なぜ異論は封殺されたのか。まさに問題はそこにあります。強制であったかなかったかは、むしろ問題を矮小化します。

大江健三郎氏は『沖縄ノート』で自決命令を下したとされる部隊長を採り上げていますが、その非難の矛先は、じつは沖縄に犠牲を集中させて安逸に生きている、大江氏を含む「本土」に向けられているのです。

（部隊長が）本土の日本人にむかって、なぜおれひとりが自分を責めねばならないのかね？　と開きなおれば、たちまちわれわれは、かれの内なるわれわれ自身に鼻つきあわせてしまうだろう。

「部隊長個人を非難している」とか「軍命令の証拠があるのか」などという矮小な議論に封じ込める行為は、否定派こそがしているのです。

それは沖縄に対する「本土」の責任を曖昧化する役割しか果たしません。いやそれこそが一連の動きの背後にいる「仕掛け人」の意図だと思われます。

部隊長ひとりを悪者にして、単なる個人の行為だということにしてしまってはいけないのです。

大江さんも私たちも常にそのように語っているのに、「やつらは部隊長ひとりを槍玉に挙げている」と歪曲するのが、いわゆる否定派なのです。問題を矮小化して目くらましをしているのです。そこに乗っかるわけにはいきません。自決強制は事実ですが、それが結論ではなく、むしろそこからが出発点なのです。

私たちは「大日本帝国」を克服できているでしょうか。いまも異論を封殺する国に生きていないでしょうか。

沖縄に基地を押し付けて安逸をむさぼりつつ、基地に反対する沖縄世論を「きちがい」と貶める人がいます。従軍慰安婦の展示をするなら会場を貸すなと圧力をかける人がいて、その圧力に負ける自治体があります。「南京事件」の映画はとうとう上映できませんでした。

大戦時期の大日本帝国は狂気が支配していた国でしたが、はじめから狂った国ではありませんでした。少しずつ、少しずつ、言論が奪われ、自由が奪われ、気づけば精神ががんじがらめに呪縛されていたのです。

君が代に起立しなかったという理由で職を失う教師がいますが、その教師に対して、「公務員だから上司の指示に従うのが当然だ」という形式論理が投げかけられています。それは、臣民ならば「戦陣訓」を規範とすべきだとか、決戦なのだから軍命に従わなければ非国民だという論理と構造が同じです。
問われるべきなのは「戦陣訓」そのものの妥当性であり、軍命至上主義であり、君が代に起立せよという指示の正当性なのです。けれども、「決まったことだから従わなければいけない」という論理で異論が排除されていったのが、大日本帝国でした。いまは、はたしてどうでしょうか。

「おれはその時代に忠実だっただけだ」と部隊長は言うかもしれません。

「その時代」を許してしまったのは国民です。

その時代を最も忠実に生きたのが部隊長であり、その時代に最も典型的に踏みにじられたのが集団自決者だったと言えるかもしれません。

私たちは強制集団死を悪しき典型例として、そこから学ばねばなりません。「時代の空気」というものがいかに恐るべきものであるか、いかに人をして残酷にならしめるか、その結果がどれほど人間を悲惨なところに追いつめるものであるか、私たちはしっかりと学ばねばならないと思います。

そのためには、教科書に「軍の強制」をしっかりと復活させなければならないと思うのです（教科書には「軍の命令」という記述ははじめから存在しませんでした。念のため）。　(2009.11.6)

集団自決訴訟、大江さん勝訴で決着

沖縄集団自決、軍関与認めた判決確定　大江さん側勝訴

太平洋戦争末期の沖縄戦で、住民の集団自決を命じたなどとする記述で名誉を傷つけられたとして、旧日本軍の当時の隊長らが岩波書店と作家の大江健三郎さん（76）に著書「沖縄ノート」の出版差し止めや損害賠償などを求めた訴訟の上告審で、最高裁第1小法廷（白木勇裁判長）は22日までに、原告側の上告を退ける決定をした。大江さん側勝訴が確定した。（日本経済新聞　11年4月22日）

今回の決定はあまりにも当然だ。もともと、すべての争点は第一審で決着がついているのだ。軍命否定派の代理人弁護士だって、負けを承知で渋々上告しただけだろう。自分は裁判中に軍命令を否定する側の言い分を検証し、あまりにデマが多いのと、論理が幼稚なのに驚いた。

それにしても、梅澤裕という人は、嘘の多い人だった。「集団自決」があったことを戦後13年もたつまで知らなかったと平然と語る。知ったのは、週刊誌が報道したからだと。島民が何百人も亡くなったのに、部隊長が知らなかった？　それなのに裁判では「島民に餓死者はいなかった」と断言している。何百人が自決しても気づかない人が、餓死者がいないことだけは気づくのか？　その週刊誌報道で大変な迷惑をこうむったというが、特に抗議などはしていない。それなのに、戦後60年もたってから、読んだこともない『沖縄ノート』の内容に傷ついたといって裁判を起こす。なんで？

　法廷で圧巻だったのは、梅澤さんの次の証言だったと思う。

被告側弁護人：大江健三郎氏の『沖縄ノート』を読んだのはいつか。
梅澤：去年。
被告側弁護人：どういう経緯で読んだのか。
梅澤：念のため読んでおこうと。
被告側弁護人：あなたが自決命令を出したという記述はあるか。
梅澤：ない。
被告側弁護人：訴訟を起こす前に、岩波書店や大江氏に抗議したことはあるか。
梅澤：ない。
被告側弁護人：昭和55年に出した島民への手紙で「集団自決は状況のいかんにかかわらず、軍の影響下にあり、まったく遺憾である」と書いているが、集団自決は軍の責任なのか。
梅澤：私は「軍は関係ない」とは言っていない。
被告側弁護人：手紙を出した当時、軍の責任を認めているということか。
梅澤：全然認めていないわけではない。

昭和55年には、梅澤さんは軍の責任を認めていたのだ。そのことについて、「まったく遺憾である」と書いていたのだ。軍のトップは自分ではないか。遺憾もなにもないだろうとは思うが、ともかく軍の責任を認めていたのだ。

　しかも、『沖縄ノート』には、梅澤さんが命令を出したなどと書いてないことも認めた。この裁判は起こす必要のない裁判だったことを、原告自らが認めたのだ。負けて当然だ。

　彼は『沖縄ノート』に傷ついたと言うが、実は読んでいなかったことはすでに書いた。彼が読んだのは曽野綾子の『ある神話の背景——沖縄・渡嘉敷島の集団自決』（現在ＰＨＰ文庫）だった。

　曽野綾子はそこに、「大江はこんなことを書いている」と言って、部隊長らをボロクソにけなした大江の文章を紹介している。だが、これがとんでもない捏造で、『沖縄ノート』のどこにもない文章なのだった。

曽野綾子は大江健三郎の文章をそのまま紹介していない。「自分はこのように読んだ」という内容を、大江の文章であるかのように書いているのだ。

曽野綾子がとんでもない嘘つきだというのは、有名だ。

彼女は軍命令などなかったと言いたくて、沖縄現地には部隊長らに感謝する碑が建てられていると書いている。信じている人も多い。確かに碑は建っている。だが、その碑文を書いたのは曽野綾子で、碑を建てたのは戦友会なのだ。

嘘つきが本を書いて、その本を読んで腹を立てた別の嘘つきが、本を書いた嘘つきと一緒になって、何の落ち度もない第三者を攻撃した。これが大江・岩波裁判の本質だったといってもよい。

嘘やデマで世の中を動かせる場合もある。だがそんなデマでこしらえた世の中は、きっとろくでもないに違いない。そんな日本にしてはならない。

(2011.4.23)

沖縄慰霊の日に安倍さんが語るべきこと

沖縄慰霊の日の、安倍首相あいさつ——

「私は沖縄戦から68年を迎えた本日、全国民とともにまぶたを閉じ、沖縄が忍んだ犠牲、人々が流した血や涙が自分たちを今日あらしめていることを深く胸に刻み、静かに頭を垂れたい」

おいおい、なんだいその他人事みたいなセリフは。

「沖縄が忍んだ犠牲」?

「沖縄に押しつけてきた犠牲」とハッキリ言うべきだ。

まぶたを閉じて現実から逃げるのではなく、まぶたを見開いて沖縄の現実に向き合うべきなのだ。

犠牲者に頭を垂れても、もう一方で米軍にもはいはいと頭を垂れていては、犠牲者が浮かばれないではないか。

それに沖縄県民は犠牲を忍んでなどいないぞ。

「幾度となく繰り返される理不尽な扱いは、我慢の限界に来ている」と、上京した県内全41市町村の首長が述べているではないか。県民は、あんたや日本政府に怒っているのだ。

安倍首相は、誤魔化さずにハッキリと、こう語るべきだった。

「沖縄戦から68年を迎えた本日、全国民とともにまなこをしっかりと見開き、沖縄に押しつけてきた犠牲、人々が流した血や涙がもはや限界に来ていることを深く胸に刻み、米軍に対して静かに頭を縦に振るばかりの屈従姿勢を改めることをお約束します」

(2013.6.24)

15 歴史教科書と沖縄

「教科書書き換えに抗議する県民集会」

来る9月29日（2007年）、沖縄で「教科書書き換えに抗議する県民集会」が開かれます。

教科書の書き換えというのは、「沖縄の住民多数が軍の命令で集団自決した」という内容から「軍の命令」という部分がなくされる問題です。これは文科省の検定意見によるもので、来期の教科書から変えられる予定です。

軍命令がなかったのなら、なんで県民は「自決」したのだ、死ななくてもいいのに勝手に死んだとでもいうのか！　沖縄県民は怒っています。

文科省が検定意見をつけたのは、「この問題が裁判で係属中だから」、という理由でした。裁判とは作家大江健三郎さんに対する名誉毀損裁判です。大江さんが『沖縄ノート』（岩波新書）に「軍の命令があった」と書いたのが、「命令した部隊長とその遺族の名誉を傷つけた」というものです。

しかしですね、大江健三郎さんの「沖縄ノート」には

- 自決命令の具体的記述はなく、
- 日本軍の隊長についての言及もなく、
- 隊長が自決命令を発したとも書いてありません。

原告は『沖縄戦史』を大江さんが引用している。その本には隊長の個人名が特定されているから同罪だ」と苦しい理屈を述べています。が、大江さんは『沖縄戦史』引用部分からも、個人名を慎重に取り除いているのです。話にならない裁判なのです。

しかも原告側はこんなことまで言います。

「（自決命令を下したとされる）赤松嘉次大尉をイスラエル法廷でユダヤ人集団殺戮の犯人として処刑されたアイヒマンになぞらえ、赤松大尉が、極悪非道の冷血漢として認識されているアイヒマンと同様、人民裁判によって絞首刑にされるべき犯罪者であるという最大限の侮辱ないし人格非難を行う意見

論評である」

こんなこと、大江さんはどこにも書いていません。原告の言い分はほとんど病的で、その扇情的な主張こそがナチスを想起させます。

彼らはどうして大江さんを訴えたのでしょう。大江さんがノーベル賞作家で、有名人で、「9条の会」代表だからだと思います。南京事件の問題で本多勝一さんを名誉毀損で訴え、南京事件の教科書記述を後退させたのと同じ手法です。文科省―産経新聞―「つくる会」系右翼文化人の連携プレーです。

彼らの目標は、沖縄についての書き換えにとどまらず、全教科書の「つくる会教科書化」であり、向かう先は戦争肯定、改憲です。これは沖縄県だけの問題ではなく、憲法にかかわる全国民の問題であると思います。

大江さんたちは、「名誉毀損の構成要件を満たしていない」というだけで裁判に勝てるのではないかと思います。しかし大江さんたちはこの裁判を「歴史の偽造」であり「政治的意図を持った裁判」だととらえ、あえて「軍命令の有無」についても受けて立っています。立派な態度です。

現地沖縄では激しい怒りが渦巻いています。集会主催者には「県議会」が名を連ねています。自民党から共産党まで、スクラムを組んでいるのです。県婦人連合会、県経営者協会、連合沖縄など、水と油みたいな団体が統一主宰者です。びっくりしますよね。

集会には県知事が参加を表明し、県職員にも参加を呼びかけています。各地の自治体の首長、教育長、もちろん議長も参加します。専門学校の中には休校にして全学生に参加を呼びかけているところもあります。文字通り、全県民の取り組みとして広がっています。

ところが本土ではほとんど関心がないかに見えるので、沖縄の人々はやきもきしているようです。沖縄だけの問題ではありません。憲法を大切にしたいと考えている人すべてにかかわる問題です。各地でなんでもいいから、連帯の行動をしませんか。

(2007.9.19)

かくも不公正だった「集団自決」教科書検定

教科書検定にあたって文科省の調査官は、「最新の成果といっていい林博史先生の『沖縄戦と民衆』を見ても、軍の命令があったというような記述はない」と言って、「集団自決」の背後に軍命令があったという記述を削除させました。

その林先生みずからが文科省批判に立ち上がり、沖縄タイムス紙上で次の意見表明を行いました。全文をご自身のブログにも掲載されています。長くなりますが転載させていただきます。

教科書検定への異議　文科省の意見撤回を

林博史

日本軍の強制を削除させた教科書検定に対する沖縄県民の怒りの前に政府はようやく対応せざるをえなくなってきた。

そのなかで浮上してきたのが、検定そのものは認めたうえで、教科書会社から記述の訂正があった場合には「真摯に対応する」として、元の記述の表現を若干変えれば、事実上、同趣旨の記述の復活を認めるという方法である。

この方法では、日本軍の強制性を否定した検定意見はそのまま無傷で残り、将来にわたって禍根を残すであろう。

文部科学省が教科書執筆者たちを呼び出して、検定意見を通知した方法を見ると、検定意見が執筆者に説明され、それに対して執筆者で対応を協議し、どのように修正するかを決めて回答する。

この手続きを日本史教科書であれば古代から現在まですべてを2時間で終えなければならない。

つまり持ち帰って資料や研究に再度あたることが許されず、その場で対応を決定しなければならない。

複数の教科書執筆者の話によると、この席で文科省の調査官は、「最新の成果といっていい林博史先生の『沖縄戦と民衆』を見ても、軍の命令があったというような記述はない」など私の著書を例に挙げて、日本軍の強制を削除させる根拠にしたという。

執筆者たちは結局、その場で検定意見を受け入れざるを得なかった。そこであくまで拒否すれば検定不合格となり、教科書作成のそれまでの努力がふいになるからである。

ある執筆者は帰宅後、私のその著書を取り出してみたところ、「いずれも日本軍の強制と誘導が大きな役割を果たしており」「日本軍の存在が決定的な役割を果たしている」という結論であることを確認し、「無念」の思いにとらわれたと語っている。（中略）

教科書調査官が執筆者たちに言い渡した検定意見は、明らかに虚偽に基づいて執筆者を欺いたとしか言いようがない。（中略）

現在の検定意見言い渡しの方法が、そうした詐欺的手法を可能にしたのであり、検定制度そのものの見直しも必要である。

文科省はこうした手法で執筆者たちをだまし、検定意見を押し付けたのである。このようなやり方のどこが合法的なのだろうか。これが教育に責任を負う官庁がおこなうことなのだろうか。

こうした詐欺のような手法で押し付けられた検定意見をそのままにして正誤訂正でごまかそうとすることはけっして認めるわけにはいかない。

文科省は、著作を歪曲し間違った検定をおこなったことを認め、検定意見をただちに撤回すべきである。

（沖縄タイムス　07年10月6日・7日）

（2007.10.12）

文科省は不正を認め検定意見を撤回せよ

「集団自決」を日本軍が強制していないという理屈がどうして成り立つのだろう。沖縄第32軍の「県民指導要綱」は強制力をもつ。そこには「軍官民共生共死」の方針が書かれている。住民は軍とともに死ねと命令しているわけだ。「指導要綱」に強制力がないなんて議論はないだろう。

「自発的」だったというが、そもそも命令とは自発的に従うべきものではないのか。現在の自衛隊の服務教範にも「積極的に服従の習性を養う」と書いてあるし、これが旧軍以来の日本の伝統なんだから。

日本軍のいない島にも米軍は上陸している。そこでは「集団自決」は1件もない。米軍に追いつめられたらパニック状態だったかもしれないが、日本軍のいない地域では「集団自決」なんか起きていないのだ。

どうして明々白々たるこんな歴史事実をねじ曲げるような検定意見がつくられたのだろう。教科書検定審議会には沖縄の専門家がいなかったので、どうやら「つくる会」（新しい歴史教科書をつくる会）に関係のある文科省の役人に丸め込まれてしまったらしい。

こんなやり口で変えさせた教科書は、一日も早く元に戻さなきゃいけない。検定意見の作成過程で不正常な事態があったことを、文科省は認めるべきなのだ。こんな騒ぎになってから改めるのではなく、本来ならばもっと以前に改められてしかるべきだったのだ。

（2007.10.16）

集団自決訴訟の目的は教科書き換えだった

集団自決訴訟は政治目的を持っていた。その動機が原告側のＨＰに堂々と明記されています。

教科書検定「集団自決に軍関与を削除」

平成19年3月30日は第8回口頭弁論でしたが、ちょうどこの日、教科書検定により、沖縄戦での集団自決が軍の命令によって、あるいは軍の関与によって起こったという記述が教科書から削除される事が分かりました。

大変よきことであると思います。

すばらしいことで、これでこの裁判を起こした目的の半分は達成されました。

（沖縄集団自決冤罪訴訟を支援する会　07年3月30日）

なんとあけすけに書いていることでしょう。こういう「目的」の裁判を理由に、教科書検定意見がつけられたのですから、そもそもここで「教育に対する不当な介入」が実を結んだのです。沖縄県民の動きはそれをもとに戻せというものですから、歪んだものを正常に直すだけのことです。

検定意見は撤回せよ。これしかありません。　(2007.11.4)

集団自決について歴史教科書の記述が確定

いろいろ批判はされていますが、教科書執筆者は頑張ったと思います。文科省の圧力をかいくぐって、なんとか真相を書き込もうとした努力が見て取れます。中には検定前の原文よりもよくなった教科書もあると思いました。

面白いのが東京書籍『日本史A』です。現代の単元に、次の一文が加わったのです。

「２００７年の教科書検定の結果、沖縄戦の『集団自決』に日本軍の強制があった記述が消えたことが問題になった」やるー、東京書籍。

ここまでこれたのは沖縄県民の熱い運動があったからです。心からその運動を称えたいと思います。沖縄県民に連帯する本土の運動も無視できない力になったと思いますしね。不十分さはありつつも、私としては十分評価に値する成果が上がったと思います。

以下に、検定前の文章と検定後の書き換えさせられた文章、そして再申請して確定した今回の文章を示します。カッコ内は私のコメントです。

東京書籍『日本史A』

検定前　そのなかには、日本軍がスパイ容疑で虐殺した一般住民や集団で「自決」を強いられたものもあった。

（「日本軍が……強いられた」は強制を示している。）

検定後　そのなかには、「集団自決」においこまれたり、日本軍がスパイ容疑で虐殺した一般住民もあった。

（「おいこまれた」は誰にという主語がありません。）

確定　日本軍によって「集団自決」においこまれたり……

（側注で、「住民に敵の捕虜になるより死を選ぶ教育・指導があった」と説明。別の箇所に「沖縄県では、県議会・全市町村議会で検定意見の撤回を求める意見書が可決され、大規模な県民大会が開催された」との記述がある。さらに、囲み記事で「手榴弾を手渡し、『一個は敵に投げ込みあと一個で自決しなさい』と申し渡した」との記述も。検定前に較べても、すごく詳しくなりました。）

山川出版『日本史A』

検定前　日本軍によって壕を追い出され、あるいは集団自決に追い込まれた住民もあった。

（「日本軍によって……追い込まれた」は圧力ないし誘導を示している。）

検定後　そのなかには日本軍に壕から追い出されたり、自決した住民もいた。

（「自決した」からは日本軍が関与した形跡を読みとれません。）

確定　日本軍によって壕を追い出され、あるいは集団自決に追い込まれた住民もあった。

三省堂『日本史A』『日本史B』

検定前　さらに日本軍に「集団自決」を強いられたり、戦闘の邪魔になるとか、スパイ容疑をかけられて殺害された人も多く、沖縄戦は悲惨をきわめた。

（「日本軍に強いられたり」は強制。）

検定後　さらに、追いつめられて「集団自決」した人や、戦闘の邪魔になるとかスパイ容疑を理由に殺害された人も多く、沖縄戦は悲惨をきわめた。

（誰が「追いつめ」たのかという主語がありません。）

確定　日本軍の関与によって集団自決に追い込まれた人もいるなど……

（側注で「日本軍によって引き起こされた『強制集団死』とする見方が出されている」と説明している。）

実教出版『日本史B』

検定前　日本軍は、県民を壕から追い出し、スパイ容疑で殺害し、日本軍のくばった手榴弾で集団自害と殺しあいをさせ、800人以上の犠牲者を出した。

（「日本軍のくばった手榴弾で集団自害と殺しあいをさせ」は強制。）

検定後　日本軍は、県民を壕から追い出したり、スパイ容疑で殺害したりした。また、日本軍のくばった手榴弾で集団自害と殺しあいがおこった。犠牲者はあわせて800人以上にのぼった。

（「日本軍のくばった手榴弾で集団自害と殺しあいがおこった」からは、強制は無理でも関与は読みとれますが、敵に投げつけるなど自決とは違う目的で配った物で集団自決が自然発生的におこったという読みとりも可能です。）

確定　強制的な状況のもとで、住民は、集団自害と殺し合いに追い込まれ……

清水書院『日本史B』

検定前　なかには日本軍に集団自決を強制された人もいた。

（「日本軍に集団自決を強制された」は文字通りの表現です。）

検定後　なかには集団自決に追い込まれた人々もいた。この沖縄戦でおよそ12万の沖縄県民（軍人・軍属・一般住民）が死亡した。

（「追い込まれた」は誰にという主語がありません。）

今回　なかには日本軍の関与のもと集団自決に追い込まれた人々もいた。この沖縄戦でおよそ12万の沖縄県民（軍人・軍属・一般住民）が死亡した。

教科書のなかには検定前の記述がそのまま認められたので、書き換えがなかったものもありました。その会社も、今回、修正申請をしています。検定前のものより、よくなっています。

第一学習社『日本史A』

検定前　集団自決のほか……日本軍によって殺された人もいた。

確定　日本軍は住民の投降を許さず……日本軍による住民への教育・指導や訓練の影響などによって、「集団自決」に追い込まれた人もいた。

現場でいちばん採用されるのが山川出版だったら、いちばんしょぼい記述じゃないですか。東京書籍を採用させる運動がいるかなあ。

「強制・圧力・誘導」の存在すら認めない検定

ここで肝心なことを。

「軍命令の有無」は大切なことですし、大江・岩波沖縄裁判の争点です。

しかし教科書問題は「軍命の有無」ではありません。「軍の命令」という記述など、もともとどこの教科書にもなかったからです。教科書に書いてあったのは「軍の強制・圧力・誘導」に類する表現です。これについては梅澤裕隊長も認めています。

それすら認めないという検定意見が間違っていることは、誰が見ても明らかです。検定意見を撤回してもとに戻せという要求は、あまりにも当然のことだと思います。(2007.12.28)

第4章 中国・北朝鮮・領土問題

16——中国

17——北朝鮮

18——領土問題

16 中国

中国漁船と韓国警備艇が衝突

中国漁船が韓国警備艇に衝突して転覆、死者や不明者も

韓国の黄海上の排他的経済水域（ＥＥＺ）で18日、違法に操業していた中国漁船が、取り締まりに当たっていた韓国海洋警察庁の警備艇に衝突して転覆。漁船の乗組員２人が死亡し、１人が行方不明になっている。韓国側にも負傷者が出たという。（ロイター　10年1月19日）

こういう事件があると、必ず中国を見下げた意見の氾濫になります。そんなことをしても、（溜飲はさがるかもしれないけれど）事態の解決にはつながりません。

私は、原因は中国漁業の逼迫に原因があるのではないかと思います。

以下は古い記事ですが、ここに書かれているような中国漁業の矛盾が、いまはさらに進んでいるのではないでしょうか。

（中国漁業の難問は）第一に、乱獲による近海資源の枯渇です。（中略）

第二に、日中、日韓漁業協定の発効があります。これに伴う中国の漁獲高の減少分は40～50万トンに上ると推定され、これに対処するため、中国政府は今、漁船の減船と漁民の転業を推進しています。（中略）

昨春の全人代で、海南省の代表から、漁業資源の豊富な南沙群島での漁獲を積極的に推進するよう意見が出されましたが、これを強行すれば、東南ア諸国との軋轢が生ずることは必至でしょう。

（「中国漁業の現状」三瀦《みつま》正道　Chinavi　02年11月29日）

南沙群島を尖閣沖や韓国西海に置き換えれば、いま起きている事態が説明できそうです。

こういうことではないでしょうか。
一方には沿海部の急速な経済発展に伴う需要の増大があります。これは漁民にとってチャンスです。ところが他方には、海産資源の枯渇があります。漁民はチャンスを前にしながら、思うように魚が捕れない現状があり、焦りが生まれているか。中国漁船の大胆な行動の背景にあるのは、こういう要因のように思えます。

ミクシィの日記の中には中国共産党がやらせているのだなどという、陰謀論まがいの意見も見受けられます。国民は中共の傀儡で、政府の言うがままに暴れているのだと。

もしも中国がそういう国ならば、以下のような事実が説明できません。

「政府役人の暴力に不満　昆明で数百人が暴動　警察車多数破壊」(Epoch Times.jp 10年3月30日)

「デモ警戒？　北京市武装警察隊が「突発事件」の大規模演習を実施」(サーチナ　10年11月2日)

こういった暴動も政府の指示あるいは黙認でしょうか？ ここにかいま見えるのは、「傀儡国民たち」の姿ではありません。

こういった報道についても、次のように言う人がいます。
「中国は暴動の数が諸国に比べても極端に多い。中国社会に不満が蓄積しているからだ。暴動でもないと権力に対して不満や不平が言えない社会なのだ」

なんでも体制のせいにすれば分析は簡単ですね。(2010.1.19)

中国海軍レーダー照射問題

海自護衛艦に射撃レーダー照射＝ヘリにも、東シナ海で威嚇か―防衛省

防衛省は5日、中国海軍のフリゲート艦が1月30日に東シナ海で、海上自衛隊の護衛艦に火器管制レーダーを照射したと発表した。射撃用の同レーダーを照射することで、海自を威嚇したものとみられる。

小野寺五典防衛相は5日、「大変異常で一歩間違うと危険な状況に陥っていた」と述べた。

同省によると、1月19日にも、東シナ海で中国海軍のフリゲート艦から、海自護衛艦搭載のヘリコプターに火器管制レーダーが照射された疑いがある。

(時事通信　13年2月5日)

中国艦船からの射撃用レーダー照射について、自分の意見をまとめておきたい。

射撃用レーダー照射は敵対意思のない敵対行為だった

平和陣営の一部から、「大したことがないのに大騒ぎしている」という意見が上がっているが、間違いだ。これは銃を頭に突きつけるのと同じぐらい危険な挑発行為である。敵対関係にある軍が起こしやすい行為でもある。やる側は半分冗談でも、やられる側は極度に緊張する。

かつては米国がソ連に、ソ連が米国に対して頻繁に行っていた。そこで、不測の事態が生じないように、お互いに慎もうという合意がつくられていた。

しかし今回、敵対意思はなかったと思う。中国側艦船は砲身を自衛艦に向けていなかったという。撃つつもりがないことを示しながら、敵対行為をしたのだ。いわばこまわり君がやくざにそっぽを向いて「文句あるんかいや！」と毒づいているのと同じことだ。アホかいなと思うが、まあ得てして軍人とはこういうことをする。

中国側の動機を推測する

これは意趣返しではなかろうか。たいていの場合、こういった逸脱は「やられたから、やり返す」という単純な力学が昂じて生じるものだ。

以前、沖縄沖の海中を中国軍潜水艦が通ったが、海上自衛隊に発見されて追尾される事件があった。海自の対潜哨戒機P3Cが上空から張り付いて、一目散に逃げ回る潜水艦にソナーを浴びせ続けたそうだ。潜水艦の完全敗北であり、中国海軍は大恥をかいた。

潜水艦の領海通過は国際法で認められているけれど、浮上して航行するのが原則だ。潜ったまま外国領海を横切ろうなどと礼儀知らずなことをするから、自業自得といえる。ソナー照射は直ちに攻撃を意味しないが、指向性のソナーは射撃用レーダーと理屈は同じことであり、ピンポイントで浴びせられた側は生きた心地がしなかっただろう。

自衛隊側にしてみれば胸のすく快挙だった。しかし中国海軍にすれば大屈辱であり、いつか雪辱を晴らしたいと誰もが思ったことだろう。今回の事件は、そういった中国海軍の心理が背景にあるように思う。

敵対意識のエスカレートを防ごう

こういった挑発行為を繰り返して緊張を高めていくと、思わぬことで衝突する恐れが生ずる。米ソの間で結んだような敵対行為を禁じる合意が日中間にも必要だ。

そのためには交渉が必要なので、交渉を妨げるような本当の敵対関係に陥ってはならない。そのためには、日本も引くべき時には引かなければならない。つまり、中国側が射撃用レーダー照射の事実を否認したら、もうそれ以上は追及しないという姿勢もその一つだ。

証明しようのないことを繰り返しても、水掛け論になるばかりだ。それよりも事実究明は棚上げして、今後は敵対行為をお互いに慎もうという合意を得るほうが重要だ。相手のメンツを立てながら実利を得るのだ。

また、あくまでも現場レベルのルール形成ということで話し合わなければならない。間違っても尖閣問題にリンクさせるべきではない。そんなことをしたら、相手は引くに引けなくなる……のだが、もうやっちゃったよなあ。

もしも合意形成に応じなかったら、どうするのか。そのときは相手にしないで、ほおっておけばよろしい。またいずれ話し合えるときが来るだろう。

自衛隊は対抗措置をとるべきか

レーダー照射しても軍事的効果はまったくないし、戦略的にはマイナスだ。どの軍隊でも、上層部がそんな命令をすることは考えがたい。現場レベルで勝手にやった行為だろう。

そんな幼稚なことをする中国軍はレベルが低いから危険だと危機をあおり、自衛隊に事前反撃権を与えろと主張する評論家がいる。無茶な理屈だ。尖閣問題と絡めるのと同じく、愚策である。修復可能な現場レベルの逸脱を、国家レベルの対決にエスカレートさせる、最も危険な思考法だから。

外野のこんなあおりに惑わされることなく、政府には冷徹に実利だけを考えて行動していただきたい（自衛隊はこのあたり、ちゃんとわかっているんだけどなあ）。

相手を見下して対策を取るのは愚かだ。だから、今回の行動で中国軍のレベルが低いと決めつけるのは早計だ。規律厳正な米軍でも、第一線兵士のそういった行為を防げなかったのだ。

第一線ではそういった逸脱があり得るのを織り込んで、対立がエスカレートしないように物事を収めていく、それが政治家の役割であることを、えらい方々は、よおっく肝に銘じていただきたいものだ。

(2013.2.8)

「中国が沖縄の領有権を主張」というデマ記事

こんなコメントがついた。

「中国のことをよくご存じなら、『中国は決して攻めて来ない』なんて言えないはずです。現に沖縄を切り取りに来ているじゃありませんか」

これはなにかの誤解なのだが、おそらく読売新聞の誤報もその誤解を生んだきっかけのひとつだろう。

誤報なのに真実としてネットに定着しているので。

２０１３年5月13日、読売新聞が「『沖縄も中国に領有権』人民日報が専門家の論文」という記事を配信した。

びっくりして人民日報の見出しで検索して記事を確かめたら、そんなことは書いてない。

琉球処分の歴史経緯を説明し、国際法に照らし合わせると日本の領有権が確立されているとは言えないのではないか、と疑問を呈してはいるが、中国が領有権を有するなどという文言はどこにもない。

なんじゃこらと思っていたら、官房長官がすぐさま中国に対して不快感を表明した。元記事を確かめもしないで釣り記事にすかさず反応する馬鹿さ加減に呆れた。

その記事が配信されたのが、写真を見てもらえればわかるが、なんと第一報が配信された20分後。間髪入れずといった感じで、これは示し合わせていたのではあるまいか。

もちろんネトウヨが直ちに食いついて、ものすごい勢いで拡散されていった。

肝心の読売は、第一報がネットに拡散してからこっそりと見出しを付け替えた（「沖縄の帰属『未解決』…人民日報が専門家の論文」）。もちろん訂正の報も謝罪もなく、ほっかむりだ。

いまでは「中国が沖縄はわしのものといった」という話に落ち着いて固定化している。

これは、いま見た通り、まったくのデマである。

今の日本、こういった情報操作が本当に行われている。

まったく恐ろしい時代だとつくづく思う。

本論はここまで。

以下は興味のある人だけ読んで下されば結構です。

テーマは次の四つで、長いからね～。

1 人民日報の正確な要約
2 中国の言い分は正しいのか
3 琉球処分と沖縄の復国運動の歴史
4 中国の言い分は異常なのか

1 人民日報記事の正確な要約

- 琉球王国は独立国だった。
- 独立していたが、中国の属国だった。
- 明治時代に、日本が武力で独立を奪った。

・清国は抗議したが、日本による占領支配という既成事実がつくられた。
・日清戦争で破れたとき、清政府に琉球を再び問題にする力はなかった。
・台湾とその付属諸島（尖閣諸島を含む）、澎湖諸島、琉球は日本に奪い去られた。
・第二次世界大戦が終わったときに、沖縄の帰属を検討すべきだった。

2 中国の言い分は正しいのか

私は道理もへったくれもない、勝手な言い分だと思います。中国は言います、昔から自分たちは日本の沖縄支配に文句があったのだが、力ずくで押し通されてしまっただけで、話がついたわけではない、と。

その理屈には、あとでみるとおり、歴史的根拠がないこともありません。私たちは沖縄の歴史を知らなさすぎます。

しかし日清戦争以前のことを今さらほじくり返しても、なんにもなりません。

中国は何が正しい解決策だというのでしょうか。

中国につくか、日本につくか沖縄県民に決めてもらおうというのでしょうか。

それとも沖縄は独立すべきだといいたいのでしょうか。

どっちにしろ、今となっては内政干渉もよいところだし、そもそも日本と分割協定を結ぼうとしていた国のいうことではありません。そのあたりを次に説明します。

3 琉球処分と沖縄復国運動の歴史

江戸時代、琉球国は薩摩の軍事支配下にありました。当時、琉球国を復活させる復国運動は、清国に脱出する「脱清運動」でした。薩摩藩の過酷な支配から逃れて、多くの琉球士族が清国に政治亡命したのです。

明治になり、琉球は大日本帝国軍によって占領され、王が退位させられて、帝国に編入されました。

琉球士族は清国に救援を求め、清国も日本の軍事占領・併合に抗議しました。

大日本帝国は清国と正面衝突することを避けるため、分割支配を提案します。併合の合法性に疑問があることを自覚していたからでしょう。

1880年（明治13）年のことでした。

分割提案とは、沖縄本島より北を日本領土、宮古・八重山諸島を清国領にしようというのです。

この提案に尖閣諸島は含まれていません。このときは、尖閣諸島は台湾の附属島嶼だと認識していたのでしょう。

清国はこの提案に応じると回答しました。

大日本帝国も清国も、沖縄民衆の頭越しに、勝手な話を進めていたのです。

帝国主義の振る舞いです。

祖国が分割されては復国がかなわないと見越した林世功《りんせいこう》(大和名《やまとな》は名城春傍《なしろしゅんぼう》)ら琉球士族は、清国に懸命に訴えました。

分割協定に応じないでくれと。

名城春傍は分割を阻止するため、北京で自害しています。

この必死ですがる統一琉球保全運動に、清国が折れました。分割協定を正式調印する場に、清国代表は現れませんでした。

この後、琉球復国運動は、日清戦争で清国が敗れ、その力に頼ることができなくなるまで続けられました。

4 中国の言い分は異常なのか

先にも書いたとおり、私は中国の言い分には道理もへったくれもないと思っています。

異常といえば、異常です。

しかし、中国が異常なら、我が日本の政治家も異常です。

こんなことを言う政治家もいました。

「満州事変が中国侵略なわけない。満州が中国領土だったことあるのかね」

いまだに南京事件を認めないとか、あり得ません。

米国でさえも、いまの日本外交を危惧しています。

何を考えるにあたっても、事実と道理を踏まえるべきだし、客観的な視座を失ってはならないというのが、結論です。

ましてや大新聞が対立をあおるかのようなデマ記事を書き飛ばすなど、言語道断です。

(2013.5.9)

中国軍機と自衛隊機の異常接近を報じたデタラメな記事

一線超えた中国軍機　尖閣、東シナ海上空の緊張高まる
ネットで発表の元空将、改めて警鐘
政府関係者は「前例のない接近だった」と吐露

東シナ海の軍事的緊張が、海上のみならず上空でも高まっている。中国軍の戦闘機が今月17日など複数回にわたり、航空自衛隊機に対し、これまでにない攻撃動作を仕掛けたことが判明。政府関係者は29日、「あれだけの距離に接近したのは前例がない」と指摘した。

インターネットのニュースサイトで同空域の危険な実態を明らかにした元空自航空支援集団司令官、織田《おりた》邦男元空

将は「現場の緊張感は計り知れなかったはずだ」と警鐘を鳴らす。（産経新聞　16年6月30日）

東シナ海上空で、中国軍機が自衛隊機の背後に迫ってミサイル攻撃の構えを見せたため、自衛隊機がフレアを投射して「戦闘空域から離脱」したんだそうです。

フレアというのは、戦闘機のエンジンから出る熱を感知して追いかけて来るミサイルから逃げるため、ミサイルの熱感知センサーを目くらましするために投射する花火のようなもの。でもこれ、もとは「ネットで発表」されたものですよ。「ネットde真実」を全国紙が配信するなんて、まさにネトウヨ新聞の面目躍如です。

こうした報道を受けて、萩生田光一官房副長官は29日午前の記者会見でこう語りました。

「攻撃動作をかけられたとかミサイル攻撃を受けたという事実はない」（読売新聞　6月29日）

あー、やっぱり産経クオリティ……。

メディアの「危険情報」は目に余ります。

中国側の行為にまったく問題がないとまでは言いませんが、話を盛りすぎるのはいい加減にしろと言いたい。

ネット記事は退職した航空自衛隊幹部が書いたものですが、その幹部がどんなルートで情報を得たのか、本人は書いていません。

つまり出所不明の怪情報です。そんなものを裏も取らずに垂れ流す全国紙ってなんなんだ。そもそも元の産経記事を読んだだけで、これはフカシだなと分かります。それほど程度の低い記事なんです。

産経によれば、はじめに中国軍機の背後から近づいたのは自衛隊機だそうです。ところが自衛隊機は中国軍機にやすやすと背後を取り返され、ミサイル攻撃の態勢に入られたというのです。そこでミサイルを回避するためにフレアを投射しながら逃げ帰ってきたと。

よくもこんな恥ずかしいことを堂々と書けたものです。

「ドッグファイト（空中戦）」はウソ

航空自衛隊のパイロットは、そんなに簡単に背後を取られるほど技量が低いのでしょうか。

これが事実なら、空自関係者は中国軍機の行動を云々するよりも、まず自衛隊のヘタレ加減を憤慨するべきです。日ごろからいったいどんな訓練をしているのかとね。

でも、安心してください、これはデタラメです。

日米共同訓練のルポを追いかけていれば、空自パイロットがそんなお粗末な腕前でないことが分かります。

もしも仮に事実だったとしてですよ、こんな恥さらしなことを、航空自衛隊が退職者を相手にとくとくと披露するでしょうか。

まさか。そんなの、とても考えられません。

思うにこの話は、おそらく元幹部が事情通ぶって話に尾ひれをつけて書いたか、元幹部はちゃんと語ったのに、話を聞いた記者がオーバーに書いたかのどちらかです。

「異常接近」は話がちぐはぐ

産経は伝えます。

「従来、中国機はそのラインまで来るときびすを返すように北上し、空自機と遭遇することはなかった。しかし今回、中国機はその一線を初めて越えてきた」

「あれだけの距離に接近したのは前例がない」との政府関係者の声も載せています。

いやそれってウソだし。

「空自機と遭遇することはなかった」……3年ほど前、中国軍機が自衛隊機に30～50mまで異常接近したと報道したのは、産経新聞、あんたじゃないか。

産経記者には記憶力というものがないのか？

また、前例がないほど接近したというなら10～20mまで接近されたというのでしょうか。しかも背後に。

その距離だったらフレアなんか焚いたって意味がない。だいいちミサイルなんか使いません。機銃が使える距離です。自衛隊機がフレアを投射したという話と、異常接近の話は相互に矛盾するのです。

てか、そんな距離で攻撃したら相手機の破片で自分も傷つくかもしれないから、攻撃自体を避けるでしょう。

ネトウヨ新聞を信じるな

このように、記事は数年前の自社報道とも相いれない内容ですし、とてもまともに取材したとは思えません。

政府関係者といっても、事情を知らないくせにいい加減なことを語り飛ばす口の軽い人もいますしね。

やー、ほんと、産経新聞を購読してたら何を読まされるかわかったもんじゃない。眉にたっぷりと唾をつけて読まないとね。

こんな与太記事にあおられて信じ込み、安保法制に賛成だなんて思って自公に投票したら、近い将来に必ず後悔することになります。警告してあげましょう。

(2016.6.30)

中国公船の領海侵入―妥協も過剰な敵対もしてはならない

事を荒立てている中国

中国の外相が語りました。

「東シナ海の報道は大げさだ」

私もその見方に同意します。

領海の外の接続水域やＥＥＺ（排他的経済水域）で活動したぐらいで違法行為であるかのような報道は大げさでしょう。

中国漁船が禁漁期間明けに一斉に出航するのは夏から秋にかけての風物詩であり毎年のことなのに、尖閣を狙った意図的行動であるかのように書くのも情報操作だと思います。

しかしながら、中国側から事を荒立てているのも否定できない事実です。

中国公船は日本領海に無断で入ってうろついています。

なぜそうするのか。

かなり以前の中国紙・新京報の報道によれば、中国の国家海洋局海監総隊の孫書賢副隊長は、領有権の争いがある海域では国際法上「実効支配」の実績が重要だとの認識を示した上で、「中国も（主張するだけでなく）管轄海域内で存在感を示し、有効な管轄を実現しなければならない」と語っています。

日本領海に入るのは、管轄権の既成事実を積み上げるのが目的なのだと。

無害通航権を認めた国際海洋法条約をたてに合法行為を装っているけれど、実際はそこを中国の海にするのが目的なのです。

これが中国の本音なら、中国が海上警察の力をもっと整備したあかつきには、もっと大胆に、もっと大規模な侵入を既成事実化してしまい、いずれは本当に中国の海になってしまうのではないかと不安に駆られる国民が増えるのも、無理はありません。

大日本帝国に似てきた中国

尖閣みたいな小島なんかどうでもいいじゃないかという意見もありますが、そうやって妥協したら事が片付くと思ったら大間違いです。

次は沖ノ鳥島、次は漁業権問題、次はＥＥＺの拡張と、切りのないことになります。

根拠のない見方ではありません。

南シナ海における中国の行動を振り返りましょう。

他国の領土に勝手に居座ったらてこでも動かず、既成事実を積み上げたあげくに軍事力で片を付け、そこを軍事拠点化するや、もっと遠くに進出して同じことをやる。

軍事的意図はない、民間施設を建設しているのだ、大げさに騒ぐなと言っていたのに、空港が完成したら戦闘機を配備する。

基地をつくるとそこに武装した公船を配備し、他国の漁船を追い出したり沈めたりとやりたい放題。

常設仲裁裁判所の裁定など歯牙にもかけない。

これでは隙あらば東シナ海も…と疑われても仕方がないと思います。

中国はいまや世界第2位の強大な軍事力を誇っており、超大国としての万能感に憑りつかれているようです。

まるで日露戦争以後の大日本帝国です。

1930年代の国際社会は、おごり高ぶる大日本帝国をどうにもできませんでした。

しかし現代の国際秩序は1930年代と異なります。日本も、分裂し衰退していた当時の中国のような国ではありません。中国が何を画策しているにしろ、うまくいくとは思えません。

うまくいかないにしても、中国が何かを勘違いして軍事行動に着手すれば、双方が大きな痛手をこうむります。

そんな未来は誰も望みません。さしあたり、中国に最初の一歩を踏み出させないことが肝要です。


現実的かつ平和主義的な安全保障政策が必要

中国の不当な主張をキッパリとはねのけて、国境警備(警察権の行使)の段階で日本の主権を確固として守ること。そうしなければ中国の肥大化した野心を食い止められなくなります。

海上保安庁の監視及び取締能力を強化することが必要でしょう。ミサイル防衛なんかより、こちらのほうがよほど重要です。

同時に中国の行動を奇貨とした自民党の反民主主義的軍事強化路線に対抗していくこと。そうしなければいずれは東シナ海で両国がぶつかりかねません。

中国に妥協することも、自民党に権力を預け続けることも間違いなのです。

そういった野党運動をどうにかしてつくり出さなければ、東アジアに大きな悲劇が待っていそうに思えます。

難しい道ですが、その道しかないならそこを歩むしかありません。


(2016.8.4)

南シナ海問題―国際司法裁判所の判決と中国の立場

関係国の主張はすれ違い

常設仲裁裁判所の裁定に木で鼻をくくったような対応しかしない中国には失望します。

しかし同時に、中国の言い分（立場）について日本国内でろくな報道がないことにも危険なものを感じます。

中国はどんな法的立場に立っており、なぜ判決を無視するのか、そこを解説した記事にお目にかかったことがないので、ここで簡単に書いておきます。

まず、関係国がどういう法的根拠で領土主張をしているかを見ておきます。

まったく噛み合わないのです。

前史

南シナ海の島々をかつて支配していたのはフランスで、植民地ベトナムの一地方として編入していました。

フランス人を追い出してそこを奪ったのは大日本帝国で、植民地台湾の一地方として高雄市に編入しました。

帝国日本は敗れ、領有権を放棄しました。しかし新たな帰属先は明文化されませんでした。

これが問題の発端でした。

台湾の主張

台湾は、そこは高雄市なのだから、台湾が独立を回復した時点で主権が日本から台湾に移ったと主張しています。

一理あると思います。

そして、太平島《たいへいとう》〔南沙諸島の北部に位置する環礁州島〕などを実効支配して軍事基地を置いています。

ほかの旧日本領の島々も自分のものだと主張していますが、実力行使はしていません。

中国の主張

中国は、ひそかに台湾の立場を継承しています。中国はひとつなのだから、台湾のものは自分のものという理屈です。

なぜ「ひそかに」なのか。

南シナ海が日本領土になったのは大日本帝国の侵略行為の結果だからです。

旧日本領を継承するというには、大日本帝国の侵略と植民地支配が、国際法的に正当なものであったと認める必要が生じます。「不法な侵略で誰かから不当に奪った土地」だったら、その支配権を中国が継承するのは論理矛盾です。

人民解放戦争で帝国主義を打倒したことを建国の大義名分に掲げている中国としては、いかに有効であってもこの立場はとりにくい。

そこで、表向きの言い分はこうです。

もともとそこは中国のもので、フランスや日本に奪われていたのを取り戻したのだと。

しかしこの主張には、歴史的・法的裏付けがありません。

ベトナムの主張

帝国日本が敗れた時点で、日本の国内措置にすぎない高雄市編入は無効となった。

そして領有権を放棄したのだから、島々は前の持ち主であるフランスのものになった。

いまは、フランスを追い出して主権を回復したベトナム人民のものである。

この主張は一貫しており矛盾がないと思います。

フィリピンの主張

フィリピンは領有の歴史的根拠を持ちません。フィリピンの宗主国だったスペインもアメリカも南シナ海を支配した実績を持ちません。

フィリピンの言い分はこうです。

日本が領有権を放棄し、新たな帰属先が決まっていないのだから、島々は無主の地になった。

国連海洋法条約で200海里の権利が認められて以後、フィリピン本土から200海里以内の島々は国際法にもとづいて我々の主権が及ぶことになった。

フィリピンの主張も一貫していて矛盾がありません。

常設仲裁裁判所の裁定

フィリピンは先に書いた通り、国際海洋法条約にもとづいた主張をしており、その立場から常設仲裁裁判所に提訴しました。

これに対する中国の言い分は、国際海洋法条約は認めるにしても、もとから中国の領土である島々が200海里条項の対象であるはずがないというものです。

「200海里条項は他国の領土に及ばない」という解釈は、これはその通りです。

問題は「もとから中国のもの」という部分です。

「日本の旧領土の支配権を継承した」というなら、そこには一定の法的な正当性があります。法廷で充分にたたかえたでしょう。

しかし前述のとおり、中国にはそのようにいえない政治的事情があります。自縄自縛ですね。

するとと中国には、大昔から自分のものだったという、説得力のない言い分しか残されていません。これでは勝てないというのは中國にも分かっています。

現状として島々を実効支配しているのは中国なのに、国際法廷に出て行ったら、せっかくの支配の実績がゼロにされて、フィリピンとイーブンの立場に立つことになり、法的に怪しい主張でたたかうしかない。

そんなバカバカしい裁判に乗れるか、というのが中国の立場です。

一方、常設仲裁裁判所としては、中国が出て来ない以上はフィリピン政府の土俵で審理することになります。

すると当たり前のことですが、条約のない大昔から中国のものだったという主張は国連海洋法条約にもとづいておらず、認められないと切って捨てる裁定を下すしかありません。

フィリピンの完勝というのは、こういう枠組みの中での話です。

中国はもとから国連海洋法条約を根拠に領有権を主張していたのではないから、痛くもかゆくもありません。

中国は「領土問題は棚上げにしようという二国間合意を破ったのはフィリピンのくせに、正義面して何を言うか、こっちが正当な主張をしたくてもできない事情を知ってて、汚い手を使いやがる」と腹を立てていることでしょう。

中国としては、自分たちは政治的な立場から主張を手控えているだけであって、法的に負けたとは思っていません。

歴史を無視した裁定の前提それ自体が成立していないという立場から、裁定の受諾を拒否して無視を決め込むしかないのです。

南シナ海と尖閣諸島

中国だって、なにもやらずぶったくりみたいなことをしているのではなく、それなりに正当性の論理を持っているのですが、それを公に口にできなくて苦慮しているのです。

ところで尖閣諸島についてはどうでしょう。

こちらについては、大日本帝国の侵略により不当に奪われたものを取り戻すのだと堂々と主張できます。

現にそうしています。

しかし「奪われた」というからには、帝国日本が編入する以前から中国領土だったことを明らかにできなければなりません。

それができないのは、南シナ海と同じことです。

薄弱な歴史的根拠をもってしては国際社会を説得できないことが、フィリピンのおかげで中国によく伝わりました。

軍隊を送り込んで我が物にしてしまうというようなことは、よほど日本が間抜けでない限りはもうできないと思います。間抜けな行為とは、たとえば安倍内閣成立直後のような無用の対決姿勢をとることです。

そのことで公海で武力衝突に至り、「偶発的な衝突」という口実を相手に与えるようなことです。

いったん衝突して実力で日本側が蹴散らされでもしたら、中国はこれ幸いと「どっちもどっち」の印象を振りまくとともに、「東シナ海に平和的安定を取り戻して日中双方の漁民の安全を守り、日本の乱暴な挑発による不幸な偶発的衝突を回避するための互恵的で自衛的な保安措置として、中国海上警察の艦船を尖閣に配置する」などという口実で居座りかねません。

これをやられたら、今度は中国を追い出そうとする日本側の正当な措置を、「安定した現状を一方的に変更する好戦的行為」と見かねないのが国際社会の限界です。

日本は、海上保安庁の警察力で海上管轄権をしっかり守ると同時に、「偶発的な衝突」の口実を与えないために、いたずらに対決姿勢を見せて挑発しない姿勢が求められます。

さて自民党政府にそうした自制が可能かどうか、極めて疑わしいというのが私の見方です。

(2016.8.24)

中国の当然の法整備を騒ぎ立てるメディア

中国が尖閣周辺で日本漁船をだ捕する?

先日、中国の外相が「日本の報道は大げさだ」と述べました。

ここにその見事な見本があります。

「中国、尖閣での法執行規定　刑事罰明文化　日本船「摘発」根拠に」(産経新聞　16年8月27日)という大見出し、一面トップです。

尖閣周辺で漁をしている日本の船を中国が取り締まれるようにした、というのです。びっくりしますよね。

でも記事を読んだら、見出しが大間違いだとわかります。

中国の「管轄海域」で違法漁労や領海侵入をした場合に刑事責任を追及できるとする「規定」を定めた。

長い記事ですが、事実関係は右に尽きます。

あとは産経がひとりで空想を広げているだけです。中国の海上警察が、その管轄海域で法執行できるようにしたというのが、なにか問題なのでしょうか。当然のことです。

日本にもそういう法律はあります。むしろ今までそういう法律が中国になかったというのが不思議議です。

というか、取締権限が及ぶ範囲を明確にしたということで、中国が近代的な法整備を進めているという話じゃないですか。

中国は日本漁船をだ捕できない

産経新聞のトンチンカンは、こういうことです。

① 中国が管轄海域で違法行為を取り締まることを決めた

② 中国は尖閣周辺も管轄海域に含めている

③ すると尖閣周辺で日本漁船を拿捕することにも!

④ これは尖閣を奪う手段のひとつだ!

①と②は間違いないことですが、そこから③④に至るのは産経の勇み足というか、妄想です。中国はそんなことを言っていないのに、産経が勝手に話をふくらませているのです。中国が尖閣周辺を管轄水域だと決めていても、日本漁船をだ捕することはできません。

そのように定めた「日中漁業協定」があるからです。

日中漁業協定とは

尖閣周辺海域は、日本、中国、台湾が互いに管轄権を争っています。

するとどうなるのかといえば、たとえば台湾は自国の管轄水域に日本の排他的経済水域も取り込んでおり、そのため、その水域で漁をする台湾の漁船が後を絶たず、毎年海上保安庁が台湾漁船をだ捕していました。

これではきちんとした政府間合意がないと、危なくて誰も漁ができません。

そこで日本と台湾とは2012年に「日台漁業取り決め」を結びました。

中国との間ではもっと早くて、1996年に「日中漁業協定」を結んでいます。

協定にもとづいて、日中両国の漁船はどちらも尖閣周辺で自由に漁ができることになりました（日本領海は別）。

そして協定により、尖閣周辺では、両国海上警察は自国の漁船に対してのみ、管轄権を有する取り決めになっています。

日本の漁船を取り締まれるのは海上保安庁だけで、たとえば禁漁期に漁をするなど違法行為があっても、中国の海監（海上警察）が日本の漁船を取り締まることは許されていません。日本側に通報できるだけです。

逆も同じで、中国漁船の違法行為は中国の海監が取り締まります。

日中双方が国内法で何を定めようとも、国際協定は国内法に優先するので、日中の漁船はどちらも協定に守られて漁ができます。尖閣で中国の海監が日本漁船をだ捕できるはずがないのです。

産経の記事が大げさで妄想だという理由がわかっていただけたと思います。

蛇足

中国の海監は、新しい法律で、海上保安庁と同じ権限を新たに得たことになるのでしょうか。

そうではないと思います。

これまでも中国海監は同じような権限行使をしていたので、新しい権限を得たということではないでしょう。

これまでは明確な法律がなく、国家主権の行使として慣例的に権限を行使していたのが、今後は法律にもとづいて権限行使することになるということです。

権限を明確化すると同時に、法律にのみもとづいて権限行使することになるので、恣意的運用ができなくなったということでしょう。

中国が近代的法治国家に変ってゆく過程なのですね。

歓迎すべきことであって、「すわ、大変だ！」と狼少年みたいに騒ぐことではありません。

産経クオリティは健在です（ほめてません）。　(2016.8.28)

海上保安庁の強化が必要です

韓国沖で不法操業していた中国漁船が、取り締まりの韓国海洋警察の艦艇に体当たりして沈めて逃走したそうです。

韓国の高速艇に乗っていたのは艇長ひとりで、他の乗組員は他の中国漁船を捜索中だったそうなので、高速艇は停船していたのかもしれません。

そこにぶつかったというのだから、仲間の船を逃がそうとしたか、あるいは腹いせでやったのではないでしょうか。

韓国側をなめきっているのです。

中国漁民の意識は完全に帝国主義国のそれですね。

国家が帝国主義的だと国民精神も鼓舞されて帝国主義的に傲慢になるのは、大日本帝国と帝国臣民の関係を見れば明らかです。

韓国の漁業水域は中国のそれと接触しており、漁船が狭いところにひしめいていて魚を取り合っているので、こういうことが起きやすい。

一度なめられると、行動はさらにエスカレートします。

韓国は頭の痛いことでしょう。

日本の海は中国から遠いし、そこまで出て来られる漁船なら太平洋にも出て行けるため、日本側官権と対立してまで密漁を強行しない。そこでこうしたトラブルが起きにくいと思いますが、しかしうかうかしていられません。

日本側が弱腰だと、遠い太平洋に出て行くより近場の日本の海域で漁をしたほうが安上がりだという程度の理由で違法操業に乗り出してくる漁船が増えて、手に負えなくなる可能性があります。

相手に合わせて日本が戦闘的になる必要はありませんが、宥和的なばかりが能ではありません。

海洋の国境管理を強化すべきだと思います。（2016.10.10）

失敗しつつある中国の南シナ海戦略

大きなケンカに負けている中国

中国はいまやアジア最大の軍事大国であり、ＡＳＥＡＮ諸国が束になっても太刀打ちできない強大な軍隊を保有するに至りました。

中国は誇らしいことでしょうが、厚かましい大国は嫌われるので、結果としてむしろ中国はあの地域における影響力を低下させています。

典型的なのはフィリピンです。

フィリピンは華僑の力が強くて、昔から中国と親しい国でした。

中国製品が国中にあふれ、大統領はここ40年にもわたり、華僑系ばかり。唯一の例外だったエストラダ大統領は、なんと一任期もたずに追い落とされてしまった。それくらい華僑の力が強い国なのです。

フィリピンは反米世論の強い国でもあり、１９９２年に米軍を撤退させています。

こんなふうですから、何もせずに放置していても、フィリピンはいずれ自然に中国の勢力圏に組み込まれていたはずです。

ところが、その関係がいまや壊れてしまいました。

95年、米軍のいないすきを狙って、中国軍がフィリピンのミスチーフ環礁を奪い取ったからです。

孤立する巨人 中国

小国といえどもフィリピンにも意地があります。不当な力の行使に対して反撃を開始しました。

勝てないのが分かっていても、なけなしの海軍を動員して中国海軍に立ち向かうわ、国際仲裁裁判所で争うわ、おまけに一度追い出した米軍を再び呼び戻しました。いまでは、空軍基地を5カ所も提供しています。

フィリピンに対する中国の仕打ちを見た隣国のインドネシアとブルネイや、遠いオーストラリアまでが、反中国陣営に加わりました。

中国は恐れられ、嫌われてしまったせいで、せっかく軍事力で戦略的成果を得たのに、そこに果実が実りません。

自慢の大海軍ですが、友好的に艦艇を寄港させてくれる国が、東南アジア地域にほとんどありません。これだとシーパワーの役目が果たせないので、軍艦は単に海に浮かぶ箱でしかない。

地域における信頼関係を失ったら何をしても反発を招くだけで、政治的影響力はいまや見る影もありません。チャイナマネーでどうにか影響力を保っている現状です。

いま中国は軍事力で南シナ海の覇権だけを確保している、裸の王様みたいなものです。

中国はフィリピンを相手にして局面勝負に勝ったけれど、大きなケンカに負けつつあるのです。

ベトナムを相手にした中国の小さなケンカの話

2014年のこと、中国はベトナム沖を我が物にするため、海底掘削プラントを勝手に持ち込んで設置しました。

ベトナムは小艦艇20隻を派遣して抗議し、中国側に出て行けと告げました。

すると中国は大型艦艇100隻以上を派遣してベトナムの艦艇を実力で追い払ってしまい、その海域に居座りました。

圧倒的な軍事力の差に、ベトナムは手も足も出ないまま、自国の海から追われたのでした。

ベトナムの反撃

さて話はここからです。ベトナムは、まるで野良犬を追うようなやり方で中国から屈辱的に扱われたのだから、もはや外交云々の話ではないと腹を決めました。海で勝てないなら、勝てる土俵で戦おうと決めたのです。

ベトナム各地で、中国人ばかりが狙われる襲撃事件が数えきれないほど発生しました。旅行者やビジネスマンたちがベトナム市民に集団で襲われ、殴られ、奪われました。中国大使館も襲われました。

中国系の会社や商店や工場に暴徒が押し寄せて略奪し、火がかけられました。中国人所有の船が次つぎに焼かれ、沈められました。

警察は見て見ぬふりでした。なんとベトナム政府が、暴動を公然と黙認したのです。中国からの抗議に、鼻もひっかけません。なんなら中国国内でゲリラ戦を始めてもいいのだぞというような態度も見せました。

ガチンコ戦争ばかりが戦いではない

ベトナム人にとってこの争いには、自分たちが誇り高い人間であり、中国の下僕ではなく、まして野良犬ではないことを示すという崇高な目的がありました。一寸の虫にも五分の魂があるぞと、官も民も一つになった非正規戦でした。

侵略者と戦うのにきれいも汚いもあるものか、ルールなんか知ったことではない、対等の国としての一分《いちぶん》のかかった、本来的に正義の戦いだというのが、ベトナム人の意識だったでしょう。

一国の独立を巡る生存の戦いとはこういうものです。

戦いの終局

他方、中国にしてみれば、しょせんは利権のための小紛争にすぎません。それがおおごとになり、収まらない。狭い水域を巡って間尺に合わない損害です。大金をかけて100隻もの艦艇を動員しているのに何の抑止効果もない。襲われている同胞を助けたくても、事件は海上部隊の手の届かないところで起きています。たかが暴徒の襲撃に、陸軍を動員するようなこともできません。

たまりかねた中国は、ベトナムとの友好のために引き下がってやると言って、水域から出ていきました。文字通り、「今日はこれくらいにしとったるわ」を地でやったのです。

中国は、小さなケンカにも負けたのでした。

日本が教訓化すべきいくつかのこと

これらのエピソードから日本が得られる教訓。

「戦いの勝敗は、軍事力だけで決まらない」

力だけで世界と渡り合うことなど誰にもできません。公正・信義・善意・信用といった、安倍総理たちが「脳内お花畑」と小馬鹿にするような要素を忘れたら、中国のような目にあいます。

ベトナムが教えてくれたこと

ベトナムの戦略は、最低の力の投入で最高の結果を引き出しました。でもその乱暴なやり方は褒められたものではありません。小国ベトナムだからできたのですが、排外的ヘイト犯罪なのだから、本来ならば非難されるべき手段です。日本には無理なやり方ですし、類した方法さえ採用すべきではありません。

ベトナムの教訓は、ガチンコ軍事対決だけが戦いではないということです。

正面から挑んで勝つ戦力がなくても、勝てる土俵を探して別の戦い方を選択する知恵としぶとさが、必要なのです。

どこを刺激すれば相手が嫌がるのか、ダメージになるのか、政治面、経済面、文化面、外交面その他あらゆる方面について、研究しておくことが必要です。そして、いざとなれば直ちに実行できるように準備しておくのです。

日本には日本にふさわしい道義的なやり方があるでしょう。その戦略は日本が自分で研究するしかありません。安倍総理が頼りにするアメリカですが、知恵まで貸してくれるとは思えません。

安全保障は総合力の涵養

あちらの軍備に合わせてこちらの戦力を整えるというような単純で直線的なやり方は、お金さえあればどんなに愚かな将軍にもできることです。

本当の安全保障戦略とは、いつ何が起きてもよいように、軍事・非軍事の双方において、使える戦略ソースを平時から研究して見出し、備えておくことです。信用力や外交力、対外宣伝力といったソフトを含めて研究し、人材ネットワークを構築し、もちろん熱い戦いに備えた戦力整備も怠りなく、生き残りのために、あらゆる方面の準備をしておくこと、これが安全保障戦略というものです。


目的は「安全」　戦いそれ自体は目的ではない

安全保障戦略において最も大切なのは何でしょう。

けっしてこちらから戦いを求めてはならないことです。これが大原則です。

そのことを常に確認し、対外的にアピールすることです。

安全保障戦略は、戦うための戦略ではなく、戦いを回避し、平和を継続するための生存戦略だからです。

(2017.3.2)

中国はチベット弾圧をやめよ

チベットの争乱。情報が錯綜していて、双方のプロパガンダだけが流れ、真実がつかめない。だが多数の死者が出たのは間違いないようだ。

発端が暴動なのか、平和的デモなのか、そのあたりがよくわからない。中国政府は、暴動が発端なのでやむを得ず武力を行使したという。しかし、これまでの中国の鎮圧の方法から推測するに、たとえ平和的デモであっても力で鎮圧する手法がとられたことを否定しきれない。あの天安門がそうだったように。

平和的デモを情け容赦なく攻撃する。そしていったんは鎮圧側が引き揚げる。激高した群衆は、それに乗じて報復行為を繰り返す。そのシーンを克明に撮影し、こういうことが行われているので武力鎮圧しかないと宣伝する。そして本格的武力行使に至る。これが、ライブで目撃した天安門事件の実態だった。

今度もそれに類した手法が取られたのではあるまいか。ラサの市中を破壊しまくる群衆の姿を放映する政府系メディアの報道姿勢は、天安門事件のときとまったく瓜二つなのだ。

中国政府は「これは内政問題だ」と言うだろう。しかし、隣国で行われている人権弾圧に無関心ではいられない。人権弾圧が行われていないというのなら、中国政府は外国人ジャーナリストの立入を妨害すべきではない。

分離主義との戦いはやっかいな問題だ。英国も、北アイルランド分離主義者との戦いで、おびただしい流血をみた。そこで英国が得た教訓は、どれほど流血の弾圧を繰り返そうとも、社会的差別や不公正を抱えたままで平和的統治などできるものではないということだ。誰が見ても当然と思えるこれだけの教訓を得るのに、イギリスはどれほどの犠牲を払ったことだろう。

「前事不忘、后事之師」(前事を忘れず、後事の師とする)。中国政府は英国の経験を他山の石として、直ちに弾圧をやめて社会的不公正の是正に着手すべきだと思う。

中国は日本の侵略戦争を非難している。その非難は正しい。だが自分が似たようなことをしていては、せっかくの正しい意見も値打ちが下がる。経済成長を誇り、オリンピックで着飾ってみても、それだけでは世界の尊敬は得られないと知るべきである。

アムネスティ・インターナショナル国際ニュース
中国　チベット人抗議者たちへの弾圧に高まる懸念

アムネスティ・インターナショナルは本日、チベットの首都ラサで非暴力の抗議活動に参加した人びとに対して厳しい弾圧が行われたことを非難する。

目撃者の報告によると、3月11日、前日の抗議で捕らわれた僧侶たちの解放を求めて集まった500人を追い払おうと、中国の警察は催涙ガスと電気棒を使用したという。

3月10日には、9人の僧侶を含む11人の抗議行動参加者たちが、ラサの中心にあるツクラカン大聖堂（ジョカン寺・大昭寺）の外で激しく殴打され拘禁されたと報告されている。

参加者たちは、中国の支配に反対して行われた蜂起が失敗に終わり、ダライ・ラマがチベットから亡命して49周年を迎える日を記念して、抗議行動を行っていた。

同様に約50人の僧侶が首都全域で拘禁されている。

（08年3月17日）

事態の推移を見極める必要がある

中国がチベット分離主義者を徹底弾圧するには、ラサに戒厳令を敷く必要があります。外部との連絡を完全に遮断し、無慈悲な血の弾圧を行うのです。いまのところ、ラサにはまだ戒厳令が敷かれていないようです。今後、戒厳令が敷かれるかどうか、それが事態を判断する分水嶺になると思います。

戒厳令なしで事態が沈静化すれば、分離主義勢力は一部の過激派に過ぎなかったことになります。おそらく、オリンピックで世界の注視を集めているときに中国政府の顔に泥を塗りたくてやったんだろう、という評価に落ち着くでしょう。

暴動の規模に比べて死者の数が多いように思いますから、もしかすると死者百人とは根拠のないプロパガンダだったのかもしれないということになります。

死者数を考慮しなくてよいなら、この程度の争乱なら世界に珍しくはありません。アメリカでも黒人問題で発生したことがあります。多民族国家には、民族問題がつきものです。国際社会の非難は大きくならず、中国政府も大変だなあ、程度で収まるでしょう。

しかし戒厳令が敷かれたとなれば違います。戒厳令が敷かれれば、ラサの暴動が市民の支持を得た広汎なもので、見せしめ的に徹底弾圧しなければ収まらない性質ものだと中国政府が認めたことになります。

これは同時に中国のチベット政策の失敗を意味しており、そうであれば問題は根深く、解決は困難です。政策の失敗が示唆するのは、中国のチベット政策が帝国主義的支配政策と変わらないということです。だから融和がうまくいかないのだと評価されるでしょう。すると中国政府の国際評価はがた落ちです。私も今後は中国政府のいう「民主」や「人権」や「社会主義」や「平和」を容易に信用しないでしょう。いましばらく、ニュースを注視したいと思います。

当然の権利主張を支持する

私の立ち位置は極めて単純です。人は誰でも幸せに生きる権利があります。民族や思想や宗教の違いや生まれを理由に差別されてはならず、誰も不当な支配や暴力にさらされてはいけないし、もしもそのような扱いを受けたなら抵抗する権利を持つというものです。

民衆の権利要求を弾圧する者が誰であれ、許せません。また、民衆の苦しみの上にあぐらをかいて富をむさぼる者があれば、それも非難の対象です。チベット農民を農奴としていた地主や僧侶も含めて。ダライ・ラマはその点でとても穏健な考えを抱いていますね。

(2008.3.17,3.18,3.28)

判断に迷うこと—チベット問題

ダライ・ラマの非暴力の主張はとても受け入れやすいんですが、それは中国政府の暴力的弾圧と対比させるための高等テクニックじゃないか、なんてうがった考えができないわけではありません。

でも彼の真の姿がなんであれ、チベット民衆が弾圧されているのは事実なんだから、ダライ・ラマの政治的立場とは無関係に、チベット民衆のために中国政府に抗議すべきではなかろうかとも考えます。

ところがですね。

苛烈な弾圧が繰り返されているにしては、反政府側の発表する死者数がとても少ないんです。130人程度でしょう? チベットをあげての争乱ならば、こんな数字に収まるはずがないし、とりわけ反政府側は政治的に死者数を水増しするものですからね~。水増しして130人の死者ならば、独立抵抗闘争vs政府軍の争乱としては異例の少なさです。

ここから考え得るのは、政府軍がかなり抑制的に対応しているのではあるまいかということです。もしくは本格的な大衆争乱ではなくて、僧侶や特権階層など一部の争乱が大きく報道されているのではないかと。

でもね。

130人の死者というのは充分抗議に値する弾圧だと思うんです。これが政治的数字で、実際は数十人の死者であったにしても、です。

だけれども、です。

そういう他民族支配や弾圧に抗議するんなら、イギリスがアイルランドで行っていたことは何なんだと。フランスが現在も中央アフリカで行っている民衆弾圧は何なんだと言わねばなりません。アメリカにいたっては、とてもじゃないけどオリンピックなんて開く資格がないじゃありませんか。こういうタブルスタンダードに乗っかって中国を非難するのは、どうなんだかなあと疑問に思うんですよね。

しかしですよ。

中国に支配されてチベットは繁栄しているじゃないか、中国に解放されなけりゃ、いまでもチベットは僧侶と地主階級に支配される農奴国家だったんだぞっていう中国政府の言い分が気に入らない。まるで、植民地化した朝鮮を豊かにしてやったぞという日本みたいじゃないですか。

と、こんな風に考えてると、何がなんだか……(2008.4.16)

中華人民共和国が抱えている国境紛争

あちらこちらでお騒がせなことです。

もしも尖閣で日本を追い出したら、海軍は勢いづいて他の紛争領域でも攻勢にでるでしょう。

それが海軍の成果とされたら、陸軍は面子にかけて陸上の紛争地帯を奪い取りに出るでしょう(実績があります。海軍がベトナムからパラセル諸島を奪ったあと、陸軍が負けじとベトナムに侵攻し、老山を奪いましたよね)。

尖閣のことは、日本だけの問題ですまないんですよね。

1 台湾

言わずと知れた最大の領土紛争です。

中華人民共和国は中華民国の存在を認めず、台湾が自国領土だと言っています。

中華民国は、中華人民共和国の領土は全部自分のものだと……。

2 外蒙古

モンゴル国とトゥヴァ共和国の領土は、19世紀まで清朝の支配下にあったので、台湾も中国も、そこは自分のものだと主張しています。

3 パミール高原

タジキスタンの領土ですが、かつては清朝が支配していたという理由から、中国と台湾は自国領土と主張しています。

4 アルナーチャル・プラデーシュ州

インドが支配していますが、中国は西蔵自治区ロカ地区の錯那県、隆子県、墨脱県、察隅県と勝手に名づけて、自分のものだと言っています。

5 南沙諸島（スプラトリー諸島）

東シナ海に浮かぶ１００余りの島々で、台湾、中国、フィリピン、ベトナム、マレーシアが島を少しずつ支配しています。中国はフィリピン海軍を追い出して一部の島を占領し、残りの島も全部自分のものだと唱えています。

6 西沙諸島（パラセル諸島）

南シナ海のサンゴ礁でできた島々です。以前は西半分をベトナム、東半分を中国が支配していましたが、ベトナム戦争中に海戦をやってベトナム軍を破り、中国が全部取ってしまいました。ベトナム政府は中国の侵略であるとして、返すように求めていますが、航空基地までつくられてしまったので、取り戻すのは無理でしょう。

7 中沙諸島

東シナ海のサンゴ礁の島々。台湾、フィリピンと領有権を争っていますが、この海域の支配権は中国の「核心的利益」なんだそうで、戦争してでも奪うと言っています。

8 カシミール地方のアクサイチン

１９５９年、インドから武力で奪い取りました。インド側ではラダックと呼ばれています。

9 韓国の離於島《イオド》、波浪島《パランド》

中国はそこを可居礁、蘇岩礁と称して、自分のものだ、韓国は出て行けと唱えています。

10 丁岩礁

中国が１９９９年から２００２年にかけて調査を行い発見しましたが、韓国海洋水産部が波浪礁と名づけ領有を主張しています。

尖閣で下手な処理をして中国の面子をつぶすのもよくないんですよね。失った面子を取り戻すために、別の方面でことを起こすかもしれないから。それは他国にとってはた迷惑です。だから石原慎太郎のやったことは、本当にどうしようもない愚行なんですよ。

(2012.9.29)

現代中国の危うさ

現代中国は、かつて帝国主義に侵された被害国でした。

奪われた誇りを回復するのが、国民的悲願であるといえましょう。

ところがその漢民族のプライド回復運動が領土回復運動となり、勢い余ってチベットやモンゴルに対する侵略に行きつきました。

中国側の言い分は「侵略ではなく旧版図の回復だ」です。支配される側にとってはじつに身勝手な言い分です。

「そこはかつて我々の領土だった」というのが侵略を正当化する論理だというなら、中国内において満州族やモンゴル族がテロを起こしても、南部にベトナムが侵攻しても、「旧版図回復の正当な戦い」になっちゃいます。

戦時中に中華民国が作成した地図は、南沙諸島を「かつての中国版図」として描いています。

「いまは統治外だが、そこは本来我々が支配すべき土地である」これって「天壌無窮の論理」であり「八紘一宇の論理」であり西洋の「神より賜った土地」「約束の地」の論理と同じです。

こんな論理が戦争を繰り返してきました。

「こんなことを繰り返していたら、いずれ戦争によって人類が滅びるしかない、人類共存のためにこうした論理を排除しよう」

これが文明史的反省というものです。

そういった反省なく、百年前と同じことを今も繰り返す現代中国の行動は危ういと言わざるを得ません。

中国を国際社会のルールに従わせよう、と上から目線で言う意見があります。

それをするには、やはり力が必要だろうといいます。で、その力をいちばん持っている最強国アメリカと共同歩調を取ろうというのです。

ですが、それをいう資格にいちばん乏しいのが米国だというのが、なんとも不幸な逆説です。

そうした押しつけがましい言い分には、

「もっともらしいことを言うが、それはしょせん文明の果実を先取りした強国――持てる国――が形成した不公平な現状を維持する理屈でしかないじゃないか」

こういう反論が返ってくるでしょう。

かつて大日本帝国はそのように唱えてアジア侵略に乗り出したのだし、国民は熱狂的な愛国心でこれを支えたのでした。

人の考えることにさほど違いがないなら、いま同じように考える人々がいても不思議ではありません。

平和というひとつの言葉で世界に秩序をもたらす道はなかなか険しいようです。でも世界を滅ぼしたくなければ、その道を探るしかないのです。

(2015.12.24)

17 北朝鮮

北朝鮮の豪雨

北朝鮮の豪雨被害は大変な規模になるようだ。

今回（2007年8月）の降雨量は200〜300ミリという が、年間降水量が600〜1000ミリの北朝鮮にしてみればかなりの豪雨だろう。

北朝鮮の米は、北海道と同じような極早生品種だそうだ。そうすると開花期を過ぎたばかりだろうから、この時期の豪雨は致命的だと思う。収穫目前のトウモロコシも流されてしまったのではないか。まだくわしい情報はないが、気象専門家によれば、一般的な情報だけでも大きな被害であると推定できるそうだ。

8日から13日の集中豪雨は西から東に雲が流れていたので、中国に面した山の斜面に豪雨が集中したはず。現在の熱帯低気圧は中心に向かって南北に雲が流れているので、反対側斜面も雨を受けていることになるという。

地理的位置からして北朝鮮に気象が似ている日本の北部では、今年は6月下旬〜7月下旬まで平年に比べてよく日が照って（20％増し）雨がうんと少ない（60％減）傾向から、8月1〜8日に日が照らず（60％減）雨が多い（20％増し）傾向に逆転している。

干ばつ気味で土地が乾いて根が弱っているところに、山の両斜面に豪雨のダブルパンチではたまったものではない。しろうとが考えても最悪のパターンだとわかる。

拉致問題とかミサイルとか、いろいろと摩擦の多い日朝関係だ。しかし、ここは真剣に民衆救済の援助を考える時だろう。「援助したって、どうせ軍に取られてしまう」などとケツの穴の細かいことを言っているときではない。

日本は敵に塩を送った上杉謙信の国ではないか。ましてや北朝鮮は「敵」ではないのだ。

（2007.8.14）

米国の北朝鮮テロ指定解除でわかったこと

拉致問題は米国には他人事です。「日米同盟は不動の基軸」なんて思っているのは日本だけで、米国はそんなこと考えていないことが明らかになりました。

もともと日本が主体的に行わねばならない外交問題なのに、米国を後ろ盾にしてたのが間違いなんですよ。

日本がそうしている限り、共和国〈北朝鮮〉としては日本を無視して米国と交渉すればいいだけのこと。米国頼みは戦略としてもともと失敗でした。これからは拉致問題を日本が独自に交渉しなければなりません。

力ずくの解決なんて、米国にさえできないことを夢想するのはやめにして、ここは外交のセオリーに戻りましょう。つまり対等の関係に立った上でのギブ・アンド・テイク。拉致の解明と共和国の承認をバーターにするしかありません。国交樹立はそのあとです。

さて、ところで。このテロ支援国指定解除をはじめ、昨今の米国の現状からはっきりしたことが3つあります。

まず1つ目。日米外交さえうまくいけばすべてうまく行くといった小泉路線の破綻です。

2つ目。アフガンでも米国はタリバンとの和解を視野にいれています。つまり「対テロ戦争」というブッシュ路線が行き詰まったわけです。同時に対米追従・自衛隊の海外派遣戦略という小泉路線の破綻も間近ということです。

3つ目。新自由主義経済という名の米国式カジノ資本主義の破綻により、小泉構造改革の誤りもハッキリしました。

要するに小泉さんのやってきたすべてが破綻したことになります。

「痛みのともなう改革」で酷い目にあったのは誰でしょう。若者や老人、子ども、派遣で働く人たちなど、社会的・経済的弱者です。

小泉さんが登場して7年。この人たちの「失われた7年」を取り戻す取り組みを、これから始めねばなりません。まずは政権交代です。そして米国追従からの脱却です。

危機と不安の時代ですが、その中にさえ新しい時代の可能性を見い出すことができます。

時代の転換が、すぐそこに迫っている予感がします。

(2008.10.12)

「北朝鮮」を「共和国」と呼ぶことについて

前節（米国の北朝鮮テロ指定解除でわかった3つのこと）に以下のコメントがつきました。

細かいことですが、あの国を『共和国』と呼ぶのは、日本においては総連関係者や、北朝鮮に媚を売る旧社会党・社民党関係者くらいのものです。だってあの国は古代奴隷制王朝国家であり、共和制じゃないんですから。あなたは、そうした奴隷制が大好きなようですが。

日本の戦争犯罪……あー日本の戦争犯罪……あー『共和国』なんて言葉使う人の歴史認識は怖いですね！」

このコメントにみなぎる愛国の至情に、私は心より衝撃を受けたので、次のように自己批判いたしました。

自己批判

たしかに朝鮮民主主義人民共和国（以下ＫＤＤＲ）は民主主義国ではありません。なのに民主主義国と自称するのは、自由とも民主主義とも縁のない愛国的利権屋集団が自由民主党と自称するのと同じ程度に奇妙なことです。

また、ＫＤＤＲを「共和国」と呼ぶなんて、愛国的立場からはとんでもない間違いであります。

ＫＤＤＲを「共和国」と略称した私の行為は、かの国に「原爆を落として石器時代に戻すぞ」と脅したのに口ばっかりで休戦してしまった米国が、協定で「朝鮮民主主義人民共和国」の名称を公式に認めたのと同じくらいの裏切り行為です。

むしろ、敵である日本のことを倭奴（ウェノム）と呼称するかの国こそ正しいのですから、愛国的日本人はまさにＫＤＰＲに学ばねばなりません。

彼の地の具体的な経済的・技術的システム破綻を分析し、独裁の害悪を衝撃的につきつけたルポタージュ『凍土の共和国』や『暗愚の共和国』等についても、共和国などという名称を使っている限りは信用ならんのでありまして、そんなものを信用している日本人は日本人の名に値しない倭奴であります。

愛国者としては南京大虐殺などはアウシュビッツと同じようにユメマボロシですから、こんなものを断じて認めてはならんのであります。

日本人として自国の戦争犯罪を認めるなどは自虐的サヨクの振る舞いであり、どれほど残虐な行為をしていても敵のせいにしてすませている米国・ＫＤＤＲの正しい姿勢こそが理想であります。

日本に植民地にされたと泣き言を言う朝鮮人に謝罪するよ

うな日本は栄光の大日本帝国を継承する日本ではありません。すべての愛国人士は、数十万人の無辜の市民を原爆で虐殺していながらその犯罪性を頑として認めない鬼畜米国に学ぶべきであって、日系人を収容所に入れたぐらいで謝罪したへっぴり腰の米国の真似をしてはいかんのです。

愛国的日本人としては、大日本帝国という正式国名があるにもかかわらず立派にＪＡＰと呼び続けた米国や、天皇陛下をありがたくも倭皇と呼称して蔑視している国の愛国的姿勢に学び、これらを先進的模範としたいものであります。

とジョークで答えたのはそのとおりなんですけど、「共和国」という名称を使ったのは別の理由なんです。

まあ、いままでは私も北朝鮮と言ってたんですけどね、その名称に差別・侮蔑・蔑視・嘲弄・愚弄・揶揄……そんな語感がくっついて来たので、だんだん使うのが嫌になってきたんですよ。

で、正式名称を使おうとしたけど、長いでしょう？

そこで「共和国」と。

これは共和国を支持する人たちも使っているので嫌味がなかろうと思ったんです。

しかしまあ、その国を見下げないでちゃんと呼ぼうとすると非難されるとは思っても見なかったです。すごい国になってきたなー、日本て……。

また、なぜあなたは兄弟の目の中のちりに目をつけるが、自分の目の中の梁には気がつかないのですか。兄弟に向かって、「あなたの目のちりを取らせてください」などとどうして言うのですか。見なさい、自分の目に梁があるのではありませんか。（マタイによる福音書）

(2008.10.14)

北朝鮮の脅威❶——本当に脅威なのか？

今年〔２００７年〕１月、読売新聞は、北朝鮮の侵略が開始されるかのような特集記事を連載した。

陸自いつ出動　武器使用は　国内で複数テロ発生

２０Ｘ年Ｘ月Ｘ日深夜、山口県西部の広範囲の地域が停電となった。一部の変電所で爆発が起きる一方、ほぼ同時刻に複数の送電線が切断されたのだ。変電所の焼け跡からは、ハングルが書かれ、外国製と見られる時限爆破装置が見つかった。

翌日午後、首相官邸で緊急会議が開かれた。警察庁の警備局長は「訓練されたプロ集団によるテロ活動であるのは明白です。標的は、米軍基地と考えられます」と報告した。そして、こう付け加えた。

「実は5日前、島根県の海岸で潜水服姿の5、6人の男が目撃されています。北朝鮮の特殊工作員の可能性も否定できません」

しかし、北朝鮮のテロ活動と断定する根拠はなかった。自衛隊の出動は見送られた。官房長官は、重要施設の警備強化を警察庁に指示するにとどまった。

福井県内の原子力発電所に数発の迫撃砲が撃ち込まれたのは、その10日後だった。（後略）（読売新聞　07年1月19日）

架空の事態の描写ではあるが、お笑いぐさとしか言いようがない。

北朝鮮は百万人の陸軍を備えているが、海を渡る船がない。航空機も戦車もポンコツで、ほとんど運用できないという。こんな北朝鮮からの侵略は100%あり得ない。北朝鮮自身もこの状態で日本を侵略する意図など持っていないと断言できる。

特殊部隊を送り込んで日本を混乱させ、それで何がどうなるのか。北朝鮮には何のメリットもないが、デメリットはとてつもなく大きい。

怒り狂った日本国民は憲法9条を改悪し、軍隊を持つだろう。北朝鮮はアジアの緊張に火をつけた戦犯ということで、ますます国際的に孤立する。頼みの綱の中国も援助を打ち切らざるを得まい。そうなれば北朝鮮は崩壊する。

指導者がよほどの愚か者でない限り、北朝鮮が軍事行動に出ることはない。

金正日《キム・ジョンイル》氏は狂気の独裁者だという風評もあるが、そうではなかろう。そう証言する政治家がいる。大の反北朝鮮政治家である安倍前首相だ。彼が書いている。

「金正日委員長は極めて合理的な判断ができる人だとの印象を受けた」（「『闘う政治家』宣言」『文藝春秋』06年9月号）

安倍氏はまた、いまの北朝鮮は戦争のための「軍事的能力がない」ともいう（『美しい国へ』文春新書）。

それがわかっているから、北朝鮮に対して強硬な姿勢をとれるのだ。

しかし、こんな声もある。

「拉致問題がある。ミサイル問題もある。核実験もやった」

「こんな危ない国が近所にいては、安心できないではないか」

「ことあるごとに日本を口汚くののしるではないか」

「これでどうして北朝鮮の脅威がないと言えるのか」

こういう声は無視できない。

次節から、一つ一つについて検証してみたい。(2007.9.18)

北朝鮮の脅威❷――ミサイルの破壊力

ここでは軍事的なものの見方、考え方をする。

軍事的な世界観では、大切なのは「能力」である。外交分析には相手の意図・意思の分析が欠かせないが、ここではそういう分析はしないし、できない。自分にはそんな分析能力も情報源もない。

また意図などはいつコロリとひっくり返るかわかったものではない。「昨日の友は今日の敵」が世界史上の事実なのだ。

北朝鮮が日本を口汚くののしろうが、知ったことではない。どんなに敵対心を抱いていても侵攻能力がなければ脅威ではないし、どれほど友好的にふるまっていても侵攻能力があれば警戒するにこしたことはない。これが軍隊の思考法だ。

この考え方で北朝鮮を見ればどうなのか、いまから書くのはそういうことである。

ミサイルの破壊力の威力

まず、ミサイル問題について述べる。弾道ミサイルの脅威について、日本国民はどのような具体的イメージを持っているのだろう。ミサイルの威力というものを分かっているのだろうか。

一般的にいって、核弾頭でも載せない限り、ロケットやミサイルで相手国を倒すことはできない。これは北朝鮮もよくわかっているので、ミサイル攻撃の可能性はないが、ここではもしも攻撃されればどの程度の被害が出るかを見てみよう。

ドイツの弾道ミサイルＶ－２号には１トンの爆弾が積んであった。第二次大戦中にロンドンに着弾したＶ－２号は、１３５８発。ロンドン市はかなりの損害を蒙ったとはいえ、空爆されたドレスデンや東京のような壊滅的被害ではなかった。

イラン・イラク戦争では双方あわせて約６００発のスカッドを撃ち合った。スカッドの弾頭重量も約１トンである。その結果はと言えば、みるべき戦果はほとんどなかったのが実情である。

つい最近のことだが、ヒズボラがイスラエルに対して３９７０発のグラートロケットを発射した。このロケット弾の弾頭は小さいからスカッドと比べるのは相当ではないが、一応視野に入れておくために書いておく。報道によればグラートロケットによる戦略的打撃は皆無で、死者は約60人だった。

このように、ミサイルやロケットに国を揺るがすような威力などないことがわかる。なのに政府やメディアが大騒ぎする理由は別にあるが、それは項を改める。

では北朝鮮のミサイルは具体的にどんな性能を持っているのだろう。核や生物兵器ならどうなのか、原発を狙われたら恐ろしいのではないか。

次節からその点について書く。

(2007.9.19)

北朝鮮の脅威❸——ミサイルの性能

北朝鮮ミサイルの能力とはどの程度のものなのだろう。日本に届く能力があるとされているものはノドンとテポドンだ。まずノドンについて見てみる。

ノドンはスカッドの改良型である。

射程を延ばすために弾頭は約770kgしかなく、保有数は最大で200発程度と見積もられている。

1000発以上撃ち込まれたロンドンや、数百発着弾したテヘラン、バグダッドがどうであったかを見れば、それ以下の性能のノドンが200発全弾着弾したとしても、微々たる損害しか与えられないのは明らかである。

生物・化学兵器を積んであれば恐ろしいだろうが、まずそんなバカなことはしない。なぜなら戦略的に無意味だからだ。

1回使用するだけで敵が全滅するなら使うかもしれないが、そうでないなら一般市民だけを毒ガスで殺してみても軍事的合理性からは何の実利もない。

敵戦闘力に打撃とならず、いったん使えば世界から激しい非難を受けて戦略的に孤立するうえ、全面報復という敵の戦争目的に道義的な正当性まで与えて自分を不利にする手段を、どうしてわざわざ使うだろうか。

そもそも生物・化学兵器は、報復手段を持たない相手にしか使えないというのが軍事常識だ。フセインはクルド人に使っても湾岸戦争で多国籍軍やイスラエルには使えなかったし、ヒトラーもノルマンディで使うのを許可しなかった。

根本的な問題として、はたしてノドンは日本に届くのだろうか。

ノドンの推定射程は1300kmとされているが、その根拠はこうだ。

韓国を攻撃するならスカッドで充分だ。

↓それより射程の長いノドンは日本が標的に違いない。

→ならば射程1300㎞は必要だ。
→では射程は1300㎞なのだ。

冗談ではなく、これが事実なのである。これまで最大射程実験は一度も行われていない。いや、行ったのかもしれないが、結果的に400㎞程度しか飛ばなかった（2006年9月14日、額賀防衛庁長官記者会見）。

ノドンとパキスタンのガウリミサイルは同じものらしいのだが、ガウリも同様に500㎞以上は飛んでいないらしい。

これでは北朝鮮の排他的経済水域を越えるのがせいぜいであり、日本海を飛び越えて日本へ撃ち込むのは無理だ。もちろん日本の国家体制はびくともしない。

日本侵略のためにミサイルを撃ち込むという発想は、戦略目的とそのための手段が絶望的にトンチンカンである。それは仮面ライダーのショッカーが世界征服のために幼稚園バスを乗っ取るのと同程度の、子どもじみた妄想でしかない。

安倍前総理自身が書いている文章をもう一度引用しよう。

（北朝鮮が）日本に向けて、ノドンを数発発射し、万が一、着弾する、そんなことはないでしょう。金正日委員長は極めて合理的な判断ができる人だとの印象を受けた。（「『闘う政治家』宣言」『文藝春秋』06年9月号）

（北朝鮮が）ミサイル攻撃をする可能性は、極めて少ない。（『美しい国へ』文春新書）

こういうことなので、ノドンミサイルの脅威などというものは皆無と言ってよい。

しかし、テポドンに核弾頭を搭載して日本に撃ち込めるのなら話は別である。

核ミサイルが一発でも着弾すれば、大変な被害をこうむることになるだろう。

軍事雑誌みたいな話ばかりでしつこいようだが、その可能性を、次節はまたミサイルの性能面から検証したい。

(2007.9.20)

北朝鮮の脅威④――原発を狙う精度なし

テポドンによる核攻撃の話を書こうと思ったが、ミサイルを使った原発攻撃の話をしていないことを思い出した。

弾道ミサイルで原子炉を破壊されれば、核攻撃を受けたと同じぐらいの被害が発生する。しかし結論から述べれば、この想定はまったくの絵空事である。

去年の読売新聞記事〔06年8月6日付〕を要約すると次のようになる。

① 政府が発射直後に発表した推定落下地点は400～500キロの範囲に広がっていた。

② だが実際には半径約50キロの範囲内に北朝鮮の狙い通り着弾していた可能性が高い。

③ 防衛庁は「ノドンとスカッドの命中精度は一定程度高く、実戦配備の段階にあることが実証された」として、警戒を強めている。

さて、この記事が読者をミスリードしようとの意図のもとに書かれたのは明白である。

なぜなら――

①で言っているのはミサイルの着弾が最大で100kmずれていたということだし、

②で言っているのも、ミサイルの着弾が最大100kmずれていたということだから。

②でいう半径50kmの範囲ということは、直径100kmである。その中に落ちたというのだから、着水地点は最大で100kmずれているわけだ。つまり①と②は、同じ内容を繰り返しているだけなのだ。だから③の結論など絶対に出てくるはずがないのである。子供だましのような記事だった。

北朝鮮がどこを目標に発射実験したのかわからないから、命中精度も推測できない。

しかし、せっかく実験するのだから、どこか一箇所に目標を定めておき、そこからどれだけ「はずれた」かを解析するのが合理的であるのはいうまでもない。

それを前提にすると、北朝鮮のミサイルは7発発射したうちの6発は500km足らずを飛んだだけで目標から最大50kmもズレる程度の性能ということになる。

これはもはやどこかを狙うなどというレベルの話ではない。発射したが最後、どこに飛んでいくかわからないミサイルなのだ。発射しても日本に届くかどうかもわからない。届いたとしても目標からはるか数十キロもはずれる。

ノドンで原発を狙われたら危ないって？　こんなもので原発をピンポイントで狙えると考えるなら、そのほうがどうかしている。

さて、7発のうち6発は大はずれだった。ではあと1発はどうなったのか。あと1発はテポドンだったらしいが、発射後数秒で分解しはじめて、発射台から数キロ～20キロの地点に墜落してしまったのである。

当初の発表とはえらい違いである。

じつのところ、当初発表が日本政府の情報操作であることはわかっていた。

米政府系軍事シンクタンク「グローバルセキュリティ」が、発射の翌日にこう書いている。テポドンは距離にして1・4キロ、高度は4・4キロしか飛ばなかったと。

当時私は「兵庫県弁護士9条の会」の掲示板にさかんにそのように書き込んでいたのだが、メディアは全然違うことばかり書くので、うんざりした思い出がある。　(2007.9.21)

北朝鮮の脅威❺——核ミサイル開発中のいまがチャンス

さて、「核」の話に移る。

核兵器は脅威だ。ノドンもテポドンも性能の悪いロケットだ。とはいうものの、日本に届かせようと考えて開発製造しているのは間違いない。これが脅威でないはずがない。

しかし、今はまだ心配しなくてよい。核弾頭を載せられる信頼性の高いロケットがないからだ。

1998年のテポドン1号による人工衛星打ち上げは失敗だった。北朝鮮は人工衛星「光明星1号」が地球を周回していると主張したが、全世界のどこのアンテナも(北朝鮮のアンテナを除いて)、その電波を捉えられなかった。

北朝鮮は人工衛星打ち上げが失敗だったことを認めず、世界中でただ一国、打ち上げは成功だったと強弁している。一方、日本政府は人工衛星打ち上げが失敗だったことを認めず、世界中でただ一国、「弾道ミサイルの発射実験」であったと断定している。素直でなく自分に都合のいいことしか言わない態度に関しては、どっちもどっちだ。

昨年のテポドン2号は名前こそ同じだが、1号とはまるで違うロケットだ。

テポドン1号はノドンにスカッドをつないだもの。テポドン2号はソ連製の潜水艦発射弾道ミサイルSSN6にノドンをつないだものと考えれば近い。

テポドン2号も、あるいは人工衛星を狙ったのかもしれない。

米国の軍事シンクタンクが、「もしもテポドン2号が墜落せずに飛び続けていれば」との前提で、当初の発射方向からその後の弾道を推定している。その軌跡は日本のH2Aロケット初号機の飛行軌道とほとんど平行である。コースとしては合理的だ。

すると北朝鮮は、8年の間隔を空けて、衛星打ち上げに2

度失敗したことになる。普通は一度失敗したらその原因を解析して原因を改良し、もう一度挑戦するものだ。技術というのはそうやって向上していく。北朝鮮みたいに、失敗しておきながら2度目のテストをすっ飛ばして、新型ミサイルを打ち上げる無謀な国は他にない。

なぜこんなことをするのかよく分からないが、こんなことをいくら繰り返しても技術的進化はのぞめない。ま、日本にとってはありがたいことだ。

テポドン2号の失敗の原因はよく分かっていないが、細長すぎたというのが米軍の分析である。日本のH2A型ロケットの直径が4mなのに対して、テポドン2号は2mしかない。これは何十年も前のソ連の製品をコピーしただけだからだ。ロケットの胴体を太くするには基礎設計からやり直さなければならない。北朝鮮の技術レベルは、コピーはできても自力で基礎設計ができない水準であることがわかる。北朝鮮の核ミサイル開発にはまだ相当の時間と努力が必要だ。

どれほど無茶な指導者でも、打ち上げたとたんに分解してしまうようなロケットに核弾頭を載せて発射しようとは思わないだろう。日本を攻撃するどころか、自分の頭上から核弾頭が降ってくるかもしれないのだから。

しかし北朝鮮の技術をなめてはいけない。なにせ自力で核爆弾の開発に成功したのだ。今は無理でも、将来的には本当に日本を狙える核ミサイルを開発できるかもしれない。

今がチャンスなのだ。

今のうちに北朝鮮の非核化を成功させなければならない。

6カ国会議の中で、米、露、中、韓はそのことをよくわかっている。それなのに、日本政府は核問題とは全然関係のない問題を持ち込んで協議を紛糾させている。北朝鮮も核問題とは全然関係のない問題を持ち込んで協議を長引かせている。長期的視野がなく自分に都合のいいことしか主張しない態度に関してはどっちもどっちだ（日本と北朝鮮、兄弟のようによく似ていると思うなあ）。

しかし、考えてみよう。非核化協議が失敗したら、いちばん困るのは日本なのだ。命を狙われているご当人が呑気に、核とは無縁の論議にやっきになっている。諸外国はあきれているのではないか。そのあたり、日本政府はいったい何を考えているのだろう。

(2007.9.23)

北朝鮮の脅威⑥——経済制裁の目的は何か

ミサイル問題を契機に日本政府は経済制裁に踏み切った。

だが成果がない。それは制裁前からわかっていたことだ。まともに考える能力があれば、一国制裁などという手法はとらなかっただろう。

バカバカしい政策が真顔で推進されるのは、右派政治家や右派活動家に世論があおられ、乗せられた結果で、扇動政治は恐ろしいとつくづく思う。

ところで制裁を扇動した右派（それは改憲派と見事に重なる）は、経済制裁が「ミサイル危機」の解決や「拉致問題」の進展につながると本気で考えていたのだろうか。

そうではない。

どうやら経済制裁の動機は別のところにあったようだ。

「北朝鮮に拉致された日本人を救出するための全国協議会」（救う会）は、拉致被害家族に寄せられる同情を利用してメジャーになった。

その会長、佐藤勝巳《かつみ》は、2003年2月18日に東京都議会で開催された「北朝鮮に拉致された日本人を救出する地方議員の会」主催の集会で、こんな発言をしている。

- 向こう（北朝鮮政府）は制裁を宣戦布告とみなし、ミサイルを撃ち込むということに必ずなる。
- 「日米安保を発動し対応する」と首相は答えるべきだ。
- 戦争を恐れてはならない。
- 長期的には我が国が核ミサイルを持つこと。
- 要するに、核に対する防御には（核による）相互抑止力しかない

おやおや、ミサイルを撃たせないために経済制裁をするのかと思ったら正反対で、ミサイルを撃たせるための挑発手段、それが経済制裁だというのだ。なんとトンデモないことを考えているのだろう。こんなことにならなくて本当によかった。

普通の国民は「ミサイル撃たんかい！　戦争したるぞ！」などと勇ましく物騒なことは考えていない。ミサイルが飛んでくるぐらいなら、むしろ制裁なんかしないで別の手段を選んでほしいというだろう。

そういう国民の声にも、反北朝鮮派＝改憲派はちゃんと答えを用意している。

「救う会」の友好団体に、改憲派シンクタンク「東京財団」がある。ボートレースの収益金で運営されている、と書けば素性が分かってもらえるだろう。

そこがつくった「朝鮮半島情勢の中長期展望と日本に関する研究プロジェクト」が2005年2月14日に緊急提言というのを出した。

そこではなんと、「制裁を発動してもミサイルは飛んでこな

い」、だから安心して制裁しよう、と正反対の提言がされている。この提言は次節で紹介する。

（2007.9.24）

北朝鮮の脅威❼——脅威をあおり改憲をめざす

「救う会」と仲よしの「東京財団」がつくった「朝鮮半島情勢の中長期展望と日本に関する研究プロジェクト」が２００５年２月14日に出した緊急提言を紹介する。

単独制裁で独裁者金正日に正しいメッセージを送れ

提言１　制裁で北朝鮮の対日政策を変えよう（西岡力）
提言２　制裁を発動してもミサイルは飛んでこない（惠谷治）
提言３　制裁が北朝鮮人民を救う（李英和）
提言４　米国を中心とした制裁論議（島田洋一）
提言５　金正日に正しいメッセージを送れ（平田隆太郎）

ここでは「提言２　制裁を発動してもミサイルは飛んでこない」の論点を紹介する。

- 日本向けのミサイル「ノドン」が１００〜２００基配備されているが、小型核爆弾は完成していないと推定される。
- 「ノドン」が日本に向けて発射されると、日米安保条約が即座に発動され、日本でも防衛出動が発動され、金正日政権が終焉するので、金正日は発射命令を下すことはできない。
- 「ノドン」は、ナチス・ドイツのＶ２ロケットの改良型で火薬量も同じ１トンである。Ｖ２は１発あたり５人前後の死者を出す程度のもので、「ノドン」は金正日政権の命運をかけて発射するほどのミサイルではない。
- 北朝鮮人民軍は南侵しない。北朝鮮の軍事的暴発はない。
- 北朝鮮の卑劣なテロに屈しない覚悟をすればテロの危険が少なくなる。北朝鮮が仕掛けてくる心理戦に対処する気構えが必要である。
- 国交正常化により経済協力資金が得られる期待があるため、拉致問題で謝罪した金正日がミサイル攻撃すれば、その努力が水泡に帰す。
- 経済協力資金を払う用意があるという日本の世論がある限り、ミサイルは飛んでこない。

なあんだ、北の脅威なんかつくられた恐怖だということを、自分たちもよくわかってるんだ。

それにしても制裁したらミサイルが飛んでくると言ったり、飛んでこないと言ったり、右派同士で論争が起きないのだろうか。「制裁してミサイルを撃たせろ」と叫んだ「救う会」HPには、「ミサイルは飛んでこない」という東京財団の報告がリンクされているのだ。気にくわないものをリンクしないだろうから、この報告がお気に召したのだな。

結論は正反対で、共通部分は「制裁しろ」だけ。要するに理屈は何でもいいから、「力の外交」をやりたいだけなのだ。そしてそのための「実力」を整備したい。

要するに、憲法を変えて戦争できる体制と軍隊を持つための格好の口実、それが「拉致」であり「ミサイル」ということなのだ。

こんなのにうまく乗せられて、後から後悔しないように、我々国民はしっかりしないとなあ。

(2007.9.25)

テポドンを朝鮮の立場で考える

朝鮮が大型ロケットを撃つたびに繰り返されるお祭り騒ぎにはうんざりします。

この騒ぎ、一度本質点に立ち戻って考えてみたいと思います。朝鮮は自分の置かれている立場をどう見ているでしょう。彼らの立場に立って考えてみましょうか。

朝鮮は、敵性国家に包囲されていると受け止めています。この見方は間違っていないでしょう。韓国は、統一するなら自分たちが主導して統一したいと考えています。米国もそうなればよいと考えていると思います。日本も同じです。

そもそも日本には、あんな国なんかなくなったほうがよいと考えている人がたくさんいますし、本気でそう考えている人たちが政権を取っています。かといって、あちらに攻め込んで滅ぼしてやろうなんて考えてはいません。そんな能力も日本にはありません。しかし向こう側から見れば、自分たちを滅ぼしたいと思っている大国がすぐ近くにいるのは気持ちのよいものではありません。

このような国際関係の中、韓国には米軍が駐留しており、北をにらんで軍事演習を繰り返しています。日本も北の脅威を言い立てて軍備を着々と強化しています。この軍事力が発動されれば、朝鮮にとって国家存続の危機です。ところが日米韓の軍事力に対抗できるだけの戦力を、朝鮮は持っていません。

ならば頼れるのは核戦力しかありません。朝鮮にとって米国本土に届くミサイルは、侵略抑止力としてどうしても必要なのです。彼らの立場でいえば、自国防衛に不可欠の手段を開発しようとしているのです。それを禁じる国際法など、大国の不当な世界支配の道具に過ぎない。自国の存続という権利の前には、国際法など無力である。

朝鮮の考えはこんなところでしょう。彼らなりに合理的な戦略です。

これは朝鮮の安全保障の問題なのですから、外交的説得やら経済援助とのバーターなどで片付く問題ではないことが分かります。国民が飢えているのにロケットなんて開発している場合かという批判も、彼らには受け入れがたいと思います。物事には優先順位というものがあり、国が滅ぼされるかもしれないのだからまずは防衛だという考えのほうが、朝鮮国内で説得力を持つはずです。

もちろん、これは外交的袋小路に入るしかない道であって、間違っています。そのことに気づいている朝鮮国内の穏健派もいるでしょう。しかし彼らだって、強硬派から「他に打つ手があるか」と問われれば、ないと答えるしかないと思います。

ここまでは分からないでもない。

けれど、です。

どんな国も完全に安全が保障されて恐いものなしになれば、国際社会に対して強気に出るというのが鉄則です。それは朝鮮だけのことではなく、どの国も同じです。イスラエルの傍若無人さを見てもそれは明らかです。長距離ミサイルを持った朝鮮という国の存在は、国際社会にとってより大きな厄介ごととなるでしょう。

こうなると、テポドンが失敗して本体が落ちてくるかどうかなど、些末な事柄であることが分かるでしょう。失敗したときより、成功したときのほうが本当の脅威なのです。

朝鮮がその過剰な安全保障上の危機感をぬぐい去ってしまわないかぎり、ミサイル危機はなくなりません。いや、いったん持ってしまえば、安全保障上の懸念がなくなったとしても手放そうとはしないでしょう。

こうなると、お粗末な朝鮮の軍事力を誇大に言い立てて軍備強化の口実にしてきた、日本政府の戦略がいかに罪づくりだったかが分かります。日米韓の軍事的脅威を言い立てて国内支配を正当化してきた、朝鮮政府の戦略にお墨付きを与えたも同然なのですから。まあ、それをいまさら言ってみてもどうしようもありませんが、朝鮮が基本的に防衛指向であることを踏まえれば、いまとは違った別の交渉方法があるのではないでしょうか。

テポドン成功は東アジアの軍事バランスや米国の安全保障

体制に大きな影響を与える一大事です。なのに国内論議は、日本に向けられてもいないテポドンを迎撃するかどうかなんて、お粗末なピンボケ議論ばかり。あほらしくてコメントする気にもなれませんでした。

(2009.3.28)

落ちて来ないから落ち着こう

テポドン騒動について、私の評価はこうです。

日本政府は起き得ない事態に備えて、できもしない対策を立て、無駄に緊張と対立を深めている。

それは前にも書きましたが、今日は別のアプローチでそのことを語ります。

テポドンが日本に落ちるのはむずかしい

テポドンが失敗して日本へ落ちてくる事態をシミュレートしてみましょう。

1段目はまっすぐ上昇し、大気圏を抜けてから徐々に斜めコースをとります。燃料を使い果たした時点では、まだ日本海の中程にも達していません。失敗の可能性が高いのは、まず1段目の切り離しがうまくいかないことと、2段目の点火失敗です。が、この場合は日本に届かないんです。

2段目は速度を上げながら斜めに上昇し、本州を飛び越えます。テポドンが日本に落ちるためには、2段目に点火した直後、ちょうど日本海の真ん中よりちょっと西寄りあたりでタイミングよく故障しなければなりません。速度の水平成分はマッハ3程度でしょうか。ちょっとでも故障のタイミングが早ければ本州に届かないし、遅ければ飛び越えて太平洋に落ちます。

いったん点火したロケットエンジンが燃焼途中で急に故障するというのが原理的にありにくいうえ、そんなにタイミングぴったりに故障するなんて、よほどの偶然が重ならなければ起こりません。

でも天に見放されたかのようにそういうことが起きたとしましょう。すると長細い2段目が3段目とペイロードをくっつけたまま落ちてきます。高度２００㎞ぐらいの宇宙空間から、マッハ5以上の速さで、しかも空気抵抗があるのであっちにフラフラこっちにフラフラ、不安定に落ちてきます。

これを破壊しろというのが自衛隊に下された日本政府の命令です。命じられた方は大変です。

テポドンを破壊するのはむずかしい

マッハで飛ぶ物体同士をぶつけるのですから、2つが出会うタイミングは数千分の1秒。しかも数十センチのズレも許されません。

弾道ミサイルの弾頭なら、ニュートンの落体の法則に従って落ちてくるので未来予測ができますが、まるで木の葉のようにキリモミで落ちてくるのでコース予測ができません。当たれば奇跡です。

どの迎撃ミサイルも電気信号が油圧装置のアクチュエーターで物理的力に変換され、油圧パイプで方向舵に伝えられ、それで飛行制御しています。技術畑の人ならご存じでしょう、どんなに精巧なシステムでも、機械的なブレは不可避です。地上のレールを走るようなわけにはいかない。理想的にまっすぐ飛んでくる物体を迎撃するのだって大変むずかしいのです。

安全保障は冷静に

頭を冷やしましょう。冷静さを欠いては敗けです。それが安全保障の鉄則です。

テポドンはそもそも日本向けじゃありません。日本の脅威はテポドンではなくノドンです。それも核を積んでいなければ脅威ではありません。そして朝鮮は非核化に同意しています。ならば半島の非核化を実現するため、6者協議を実効的なものにするアプローチに切り替えるべきです。

これを書いてると無茶苦茶長くなるのでまたの機会に。

(2009.4.4)

北朝鮮が水爆実験に成功?

いつもあの国の核実験は不可解なのですが、これまでにも増して不可解な水爆実験です。

韓国情報院の分析では爆発力6キロトン。TNT火薬にして6000トンの威力だったそうです。広島型原爆の半分です。北朝鮮が実験した最大の原爆は7・9キロトン、すなわちTNT火薬7900トンだったので、今回の水爆は原爆より威力が小さいのです。

水爆は、原爆を使って爆発させます。

原理は複雑なのですが、原爆を爆発させて、その超高温と爆発力と放射線で重水素化リチウムなどを圧縮し、一挙に核融合を起こすのが水爆です。

だから威力が原爆を下回ることがないはずです。

北朝鮮の発表が本当なら、小型原爆の開発に(実験もしないで)成功し、同時に超小型水爆の開発にも(先行実験もなしに)

成功したことになり、北朝鮮はものすごいテクノロジーを持った国ということになります。

ほんまかいな。他国の水爆と比べて見ましょう。

アメリカがはじめて成功した水爆は10メガトン。TNT火薬にして1000万トンの威力です。中国初の水爆は120キロトン（12万トン）でした。失敗したとみなされているインドの水爆実験でも60キロトン（6万トン）です。北朝鮮の6000トンと比較のしようもありません。全然ケタが違うのです。

じつは、水爆実験に失敗していながら、威信のために成功したとホラをふく国というのが実在します。インドがそうですし、ソ連も第1回目は水爆じゃないのに水爆だと発表したそうです。

そして北朝鮮は前からホラ吹きです。人工衛星の打ち上げに失敗したのに、成功したとホラを吹きましたね。

打ち上げ後に衛星からの電波を正常に受信していると北朝鮮政府はいつも誇らしげに発表しますが、全世界のアンテナはただのひとつとしてその電波を受信できません。ホラなんです。

いくつかの衛星実験のうち、ただひとつ軌道に投入できた衛星も、天文台の観測によれば、どうやら姿勢制御できなくてクルクルと自転しているようです。電波も見つかりません。でも世界でただひとつ、北朝鮮のアンテナだけが衛星の電波を受信しているのです。凄いですね。

じつは原爆実験も、どうだかなと思われる節があります。というのは、核実験をしたのなら検出されるはずの放射性物質が見つからないのです。

1回目と2回目はまったく見つかりませんでした。

3回目の核実験の2カ月後、新潟県の上空で通常よりも多い放射性キセノンが検出されたのですが、その程度の量なら過去にも核実験と無関係に検出されたことがあるため、なんとも確定できない状態です。

まあ、「核実験に由来すると仮定しても矛盾はない」という程度なのです。

もちろん、自然に存在するキセノンを検出したのだろうと見ても矛盾はありません。本当に核実験をしたのならこんなものではないはずだという疑いが、濃厚に残るのです。

では地震計で検出された地震波は何かということになりますが、大量の火薬を爆発させても同じ揺れになるそうです。

なんにしろ、本当にわからない国です。

その「わからなさ」こそが抑止力になっていると北朝鮮政府は考えているのでしょうが、こんなことを何度繰り返しても国の未来が明るくなることはないと思われます。

いずれにせよ、この段階でミサイルに核弾頭を載せることができるはずがないし、北朝鮮だって2006年のテポドンみたいに発射直後に分解して墜落するようなロケットに核弾頭を載せようとは思わないでしょう。

ということで、こちらとしては、まずは落ち着きましょう。

(2016.1.7)

朝鮮半島に戦争は起こるか

「天安」沈没の原因は？

2哨戒艦沈没の原因は魚雷か、韓国国防相

韓国の金泰栄《キム・テヨン》国防相は2日、韓国国会での質疑で、26日夜に黄海で韓国海軍の哨戒艦「天安」（1200トン級）が爆発・沈没した原因は魚雷だったかもしれないと答弁した。

（AFP　10年4月3日）

「北朝鮮」がこんなに大胆なことをする動機が、いまひとつ考えつかないなあ。

たとえば触雷の可能性はないんだろうか。どこかにひっかかっていた朝鮮戦争時の機雷が、何かの拍子に漂い出したとか、「北朝鮮」が侵入阻止のために設置していた機雷のワイヤが腐食してちぎれ、流れてきたとか。

いや、それにしては哨戒艇が触雷するなんて、偶然にしてはできすぎている。

爆発物の破片が見つかれば答がでるかもしれない。

もしも本当に魚雷だったとすると、「北朝鮮」の潜航艇が韓国哨戒艇をターゲットに魚雷の訓練をしていて、電気回路の故障で誤って発射されてしまったという可能性もあるな。自衛隊で対戦車ロケットの誤動作があったばかりだから、ふとそんなことも思う。

意図的な行為だとするには、ターゲットがあまりにセコい。

タイミングも悪いし。もしも「北朝鮮」の意図的攻撃だとなれば、6カ国協議が流れてしまうのはもちろんのこと、彼らの望む対米交渉も不可能になるし、場合によれば中国から見放される可能性すらある。食料援助はまず絶望的だろう。自滅の道へ直結するようなことを、あえて今するだろうか。

もしも報道されている推測が当たっているとすれば、金正日国防委員長も焼きが回ったということかもなあ。

などと暢気なことを言っていられなくなる事態も考えられるだけに、事態の推移が心配だ。

(2010.4.26)

何も与えない——北朝鮮への対応

「北の魚雷攻撃」と断定、韓国哨戒艦沈没で調査団発表

韓国の哨戒艦「天安」が3月に黄海で爆発・沈没した問題について、原因を調べていた国際合同調査団は20日、北朝鮮潜水艦から発射された魚雷によって沈没したと断定する調査結果を発表した。(中略)

発表を受けて北朝鮮は同日、改めて関与を否定するとともに、制裁が課せられた場合には「全面戦争」が起きると警告した。(AFP 10年5月20日)

「戦争前夜」にしてはならない

朝鮮半島情勢を「戦争前夜」にしてはならないと思います。金正日は何を求めてこういうことをしたのでしょうか。一つの可能性として、私は中国に対する牽制ではないかと考えます。

国際関係の思惑など危なくて手を出せませんから控えていますが、今日は評論家みたいにちょっと偉そうなことを、これから書きます。

いま中国は国際社会から難しい役割を期待されています。6カ国協議に金正日を復帰させる役割です。たしかに、これは「北朝鮮」に多大の影響力を持つ中国にしかできないことでしょう。中国にできないなら、他の誰にもできません。

ところで6カ国協議に復帰して、「北朝鮮」に何のメリットがあるでしょうか。復帰すれば、いずれ核の放棄を迫られるに決まっています。かの国にとって核は安全保障の切り札です。厳しい経済状況の中、血のにじむような資金を投入して開発したのです。それをむざむざと捨てる……そんなことができるでしょうか。

大日本帝国は中国から撤兵することを求められましたが、何万人もの兵の血であがなった占領地を捨てることができないと考え、絶望的な戦いに打って出ました。金正日にそういう選択肢があると考えても、不合理ではありません。

ですが、そういう選択を許してはなりません。

革命をめざす選民思想の国

ここで彼らの思想を振り返ってみる必要があります。

あの国は革命国家です。革命の完遂（それは永遠の彼方だと見えますが）こそが国家のアイデンティティです。人類の先頭を切って輝かしい革命をやり遂げようというスローガンのもとに、国民は食うや食わずの生活に耐えてきました。

革命の目標のひとつに「自主の国」があります。彼らの世界観にもとづけば、いまの世界は強大で邪悪な帝国主義国が牛耳っていることになっています。これと果敢に戦っている唯一の国が、祖国朝鮮民主主義人民共和国です。帝国主義の支配のもとで豚のように太るよりも、帝国主義と戦って飢えたほうがましだというのです。

まあ、これは国のイデオロギーであって、国民は別の考えかもしれないとの見方もあるでしょうが、そう甘く見てはいけないんじゃないかと私は思います。

革命の民族という彼らの自己認識は、一種の選民思想ですからね。これは強い。

大日本帝国臣民が「神の国」という選民思想にころりといかれて、その壮大なウソにためらわずに命を投げ出した歴史をみれば、選民思想のやっかいなことがわかります。

革命に生きる死生観について

彼らの思想では、人間の生命には2種類あるそうです。

生物的生命と政治的生命です。

生物的生命は犬猫でも持っていますが、政治的生命は人間だけが持っているものであって、これこそ人間の本質です。政治的生命を失えば、生きていても死んでいるのと同じです。反対に、生物的生命を失っても、革命が続く限り政治的生命は永遠なんです。

非人間的で邪悪な帝国主義と戦う生き方こそが、最も人間的な生き方であり、正しい生き方であり、名誉ある生き方であり、誇りある生き方であり、朝鮮民族はすべからくそのように生き、かつ死なねばならないのです。帝国主義ににに打ち勝たなければ、生きている意味がないのです。命を惜しんで信念を捨てるのは、人間が犬畜生になることなのです。

この考え方も、「悠久の大義に生きよ」と命ぜられて特攻に赴いた我が民族の歴史を顧みれば、わからないでもありません。

さて、核もミサイルも「帝国主義の包囲に打ち勝って自主開発した革命の成果」です。これこそが革命の目的でもあり、自主思想の正しさの証明であり、これはとりもなおさず朝鮮労働党の指導の正しさの証しであり、党の権威と権力の正当性の根拠であり、国と国民の誇りであり、自信と希望のよりどころです。

核の放棄は帝国主義国への屈服を意味します。それは彼らに死ねと言うに等しい要求なのです。米国が空母機動艦隊を捨てよと迫られるようなものです。飲める要求ではないと考えていることでしょう。

瀬戸際に立つ「北朝鮮」

中国としては、金正日の決定的離反を招かずに中国の影響下につなぎ止めつつ、6カ国協議に復帰させたい。成功すれば、中国は押しも押されもせぬ大国としての地位を築くことができるでしょう。失敗は許されません。

しかし金正日にとってみれば、中国の成功は朝鮮の死に等しい。かといって中国の援助が途絶えれば、それも国家の自滅につながります。いま、朝鮮民主主義人民共和国は、国家と革命が生きるか死ぬかの瀬戸際に追い込まれています。

彼らの現状認識と決意

あなたが金正日なら、こう考えないでしょうか。

6カ国協議に復帰しろとか中国はあれこれ指図するが、何様のつもりなのか。我が共和国は中国の属国ではない。誇り高き自主の国なのだ。

中国は帝国主義者どものお先棒を担いで、革命の兄弟を見捨てようというのか。それは中国共産党の未来を閉ざす道であるのに、どうして気づかないのか。栄光の中国共産党は、いつから腰抜けになったのだ。金に目がくらんで戦いを忘れたのか。中国が革命を忘れて好きなだけ金儲けができるのは、誰のおかげだと思っているのか。帝国主義の侵略に抗して我々がここで頑張っているからではないか。

わが国がなくなれば、中国は帝国主義と陸続きで直面することになる。それでよいのか。我々が戦争すれば、中国はいやでも巻き込まれる立場であることを思うべきであろう。いざとなれば、我々と一緒に帝国主義と戦うしかない立場なのだ。その現実を忘れてしまったのなら、思い出させてやろう。我々は口先ばかりの国ではないぞ。

小さな軍事衝突ぐらいでは南も米国も攻めては来るまいが、来るなら来るがいい、相手になってやろう。開戦となれば、国境線沿いの地下基地からたちまち無数のミサイル、砲弾がソウルめがけて飛んでいくだろう。韓国は火の海となるだろう。

たかが哨戒艇一隻と韓国民百万人が心中するつもりなら、来い。わが祖国をその薄汚い軍靴で踏み荒らすつもりなら、覚悟しろ。死を恐れぬ人民の力を思い知らせてやる。血の海にたたき込んでやるから、いつでも来い！　我々が生きるために、帝国主義者は死なねばならないのだ。

戦争できない現実

こうじゃないかもしれませんが、彼らの思いこみの部分は正しいと思います。ここまで思いこんでいる相手に、何ができるでしょうか。外からの力ではどうにもならないと思います。

戦争してたたきつぶせという勇ましい意見もありますが、最初の30分間の第一撃で数千発のミサイル、砲弾（しかも化学兵器です）を打ち込んでくる能力を持つ相手に、どうやって戦争ができるでしょうか。

それでも、犠牲を厭わずに戦争したとしましょう。おそらく韓国側が勝つでしょう。勝ちはしますが、数十万人、数百万人の命と引き替えにして、勝った後に何が得られるのでしょう。飢えきって病み疲れた二千万人の失業者（しかも不信に凝り固まって統治しにくい）と、荒廃した国土、そして朝鮮労働党残党の強靭なゲリラです。

そんなものをしょわされたら、韓国も日本も共倒れするに決まっています。戦争なんかできっこないのです。それが分かっているから、金正日は瀬戸際の挑発ができるのです。

何も与えない

対策として私が考えつくのは、たったひとつ。

何も与えない。譲歩も与えない、戦略物資も与えない、貿易機会も与えない。資金移動を許さず、技術移転も許さず、鉄、アルミ、石油、石炭、兵器を与えない。

ただし民生援助だけは必要だと思います。食料で兵器はつくれませんから。

金正日体制が続くかどうかは、どうでもよいことです。戦争できる体力がなくなれば、それでいい。あとのことは、賢明な朝鮮人民が考えるでしょう。

重要な追記

これを書いて日記（ミクシイ）にアップした翌日、考えを改めて次節をアップした。

(2010.5.20)

天安事件の平和的解決策

前節（何も与えない――北朝鮮への対応）で、強力な制裁措置をとるしかないと書きました。

ですが、考えをあらためました。

まず事の発端から考え直してみたんです。

制裁は効果がないだろう

まず制裁ですが、現実にそれができるでしょうか。中国は「北朝鮮」の崩壊を望まないでしょう。ロシアはそこがどうなろうと損をしない立場だし、制裁に協力して儲け口を失うのは馬鹿馬鹿しいので、積極的な協力はしないと思われます。中国とロシアがその気にならないのなら、制裁はほとんど無意味です。

カネと武器輸出の流れを封じることは、米国の力である程度できるでしょうが、抜け道は多いと予想できます。では、どうすればよいのでしょう。

天安事件の背景にある「北方限界線」

天安事件の現場は、南北双方ともに、我が領海であると主張している海域です。韓国の言う「北方限界線」は、朝鮮戦争が休戦した後、連合国軍最高司令官総司令部側が定めた軍事境界線です。

これを設定するとき、北朝鮮との話し合いはされていません。いわば南が勝手に引いた線であって、北はこれを認めていません。地図を見れば、明らかに北に不利な線引きです。しかし圧倒的に実力が違うので、北は不満があっても実力で奪うことができないでいます。

現場では金大中政権の時、2度にわたって武力衝突が起きています。そこで同水域での偶発的衝突の危険性を回避しようと、盧武鉉・前大統領と金正日・国防委員長は、2007年に「10・4共同宣言」(南北関係の発展と平和繁栄のための宣言)で事件現場を含む西海地域を平和協力地帯にしていくことで合意しました。

しかし南北はあまりに主張の隔たりが大きく、協議はお互いに自分の言い分だけを言い合って終わってしまいました。このままでは、いずれまた似たような事件が起きるでしょう。

再発防止策のヒントは日韓の〝竹島方式〟

ところで、似たような問題を日本は抱えています。竹島です。

ここの対立関係を緩和するため、日韓両国はユニークな妥協をしました。領土問題では両国とも譲れないので、日韓漁業協定で竹島の取り扱いを決めているのです。

まず、竹島がないものとします。

次に竹島のない海に、両国の中間線を引きます。

ここを中心に暫定水域を設定します。

そしてこの中で、双方の漁業を制限付きで認めるというものです。

ここでは日本の海上保安庁と韓国の海上警察が同居しています。もちろん、おたがいにまだ不満はありますが、まあ、うまくやっています。

日韓でできたことが、南北でできないでしょうか。あの海域を共同管理水域として、南北の哨戒艇が共同で管理するんです。それが危ないのなら、代わりに第三国の海軍か海上警察が治安維持にあたる（日本と中国とアメリカはだめ。反発されるだけだから）。

平和と合意を両方が求めているのならば、できないことはないと思います。これなら日本にも出番があります。交渉の手順や国際法の解釈、国内法の整備などについて、日本はアドバイスできる立場にあると思えるから。馬鹿な制裁なんかしていなければ、日本は時の氏神として仲介役が果たせたのでは……ああ、残念。

日本政府へのないものねだり

それならいっそのこと、「仕方がない、他ならぬ南北の平和のためだ、したくはないけど、できないことをやるぞ」と宣言して制裁を解除し、「平和的日朝関係を築き直そう、ついでに南北会談仲介の労を執ろうじゃないか！」とやったらどうでしょうか。鳩山さん、ノーベル平和賞がもらえるかも。

ああ、でもいまの政権にそんなパワーはないな。国民の支持がない政権だもん。普天間の海兵隊を放り出してれば事態は違ったかも。

いろんなことが相互に関連しているんだけど、日本政府は一事が万事で、打つ手打つ手が少しずつ方向を間違ってるんだよなあ。あ〜あ……


(2010.5.21)

第二次朝鮮戦争が起こらない理由

共和国人民軍の化学兵器

１９９８年、米国の軍事シンクタンクであるランド研究所が、「北朝鮮の軍事力による脅威の逆同性」というタイトルで興味深い論考を発表しました。

朝鮮民主主義人民共和国（北朝鮮）の軍は、その10年前から兵器の近代化を放棄して、限られた資源を生化学兵器とその投射兵器の開発に投資してきた結果、通常武器の戦力は明らかに弱まっているが、生化学戦については大きく発展していると。

それから20年、生物・化学弾頭の開発が終了したのか、共和国人民軍はその投射兵器を増強しています。1990年には1門もなかった240ミリ多連装ロケットが、2000年には430門に増えました。

今年、韓国軍は、北の多連装ロケットが大小合わせて5200門に達したと発表しました。170㎜自走砲も、1990年代はじめの約200門から、10年で600門以上になったと、韓国軍は観察していました。それぞれの射程距離は、多連装ロケットが43～60㎞、170㎜自走砲が約50㎞と推測されています。いずれも非武装地帯の北側からソウルを直撃できる性能です。

戦争になったときの恐るべき被害

これにサリンガスを搭載したらどうなるのか。多連装ロケットの炸薬重量は8㎏。1門で1度に22発発射できるので、176㎏。これがソウル市内に打ち込まれたら、数万人の死傷者がでるだろうというのが、ランド研究所の試算です。それが100門の斉射だったら……。残りの多連装ロケットと600門の自走砲が砲弾の雨を振らせたら、救助も何もできません。身の毛がよだちますね。

韓米両国の試算では、全面戦となり、人民軍が化学武器を大量使用した場合、韓米両国軍の被害は15～25万人、首都圏の民間人の被害は約200万人に達するそうです。

これでは韓米軍はうっかり戦争の挑発に乗れません。防空演習は気休めにもならない。まあ、韓国政府はこんな訓練が何かのに役立つと思っているのではないけれど、こんなことぐらいしかできないのが現実でもあります。演習で国民の気を引き締めるのと、加えて選挙対策・治安対策でもあるのでしょう。

共和国政府の不可解な行動の意図

さて彼の国が普通なら考えられないような好戦的で凶暴な行為を繰り返している理由ですが、「まさか国際法違反の化学兵器を使うだろうか……いや、金正日ならやりかねない」と考えざるを得ないように、計算しながらわざと狂気を装っている可能性があります。

そうだとすれば共和国政府は実に利巧です。絵に描いたような冷酷なマキャベリストです。しかし、日韓米の圧倒的軍事力に対抗して独立を保持するには、こうでもする他ないだろうというのが、彼らの言い分だと思います。

現実に即して安全保障を考えるべき

朝鮮半島の安定も、日本の安全保障も、この現実を前提に考えないと、空理空論です。

敵基地攻撃論を唱える政治家や軍事マニア、拉致被害者の奪還作戦を求める家族会や支援する会、それに迎合する首相、朝鮮半島の近未来戦争を面白おかしく描く多数の架空戦記を書く作家、読んでその気になる読者。

みんな平和ボケしてるんじゃないのか？　(2010.12.16)

南北合意からうかがえる北朝鮮の疲弊

今回の「危機」の発端は、地雷爆発事件（2015年8月4日。南北軍事境界線を挟む非武装地帯の南側で北朝鮮が地雷を仕掛け、韓国軍兵士2人が負傷）だった。

地雷爆発事件は、北朝鮮が米韓軍事演習に対抗して非難を強めているさなかの出来事だ。

北朝鮮は当初は関与を否定していたが、驚いたことに関与を認めて遺憾の意を表した。北朝鮮が遺憾を表明するのははじめてのことだそうだ。

会談では再発防止を約束したともいう。

しかし重傷を負った兵士に対する補償については不明だ。

地雷事件の報復として韓国が始めた対北放送については、地雷事件が決着したので中止した。ただし、「非正常的な事態が発生しない限り」との前提条件つきだ。

北朝鮮はその条件を飲み、完全停止の約束に踏み込めなかった。北朝鮮は米韓軍事演習が続くというのに、なんら前提条件を付けずに準戦時動員を解除した。さらに北朝鮮は、韓国が求めていた離散家族再会交渉を再開すると約束した。

こうしてみると、北朝鮮はずいぶん譲歩したとの印象を受ける。

韓国側は、譲歩しないで受けて立つ強気の姿勢で交渉に臨んだのが功を奏したとみているようだ（聯合ニュース）。

いや、あまり強気に出るのは考えものだと思う。

北朝鮮の譲歩の理由は、そこにないと思うからだ。

譲歩した本当の理由は、準戦時体制の維持すら困難な経済状態にあるのではなかろうか。

今回の動員で、貴重な備蓄燃料を大量に消費してしまった。こんなバカ騒ぎのために使える燃料など、どこにもないはずなのに。

軍に燃料を回すために民生用工場の操業を止めることさえある状態なのに、これからいったいどうするというのか。

動員した予備役兵に食料を供給することさえ困難だったろ

う。出航させたという潜水艦は錆ついてボロボロだった。無事に帰れるのだろうか。

そういった報告が、金正恩《キム・ジョンウン》にいやというほど届けられたと思う。

今後のこともある。誤った農業政策で表土を失い荒廃した北朝鮮の農地は、今回の台風程度でもおそらく被害が出るだろう。

どれほど脅しても、もう韓国から食糧援助が来ることはない。準戦時体制を継続したら国連の食糧援助も望み薄になる。

2012年の「危機」のときは、中国から観光客を呼び込もうという計画がそれでおじゃんになり、貴重な外貨獲得の機会を失った。

いまの北朝鮮に、戦争政策は高くつきすぎるのだ。もう火遊びはやめるべき時だろう。

だが、韓国政府が度を越して高飛車に出れば、そんなことは言っていられない。

誇りを守るためなら、また「苦難の行軍」(1996年に唱えられた飢饉と経済的困難を乗り越えるためのスローガン)だってやりかねないし、乾坤一擲の挙に出ないとも限らない。

そこで、ということかどうか知らないが、韓国政府は、砲撃事件についての追及をしなかったようだ。追い詰めずに腹八分で矛を収めた。

地雷は材料の松の木という物証があったが、砲撃事件にはどちらが先に撃ったのかを特定できる証拠がない。

水掛け論で合意を壊さないようにしようという、賢明な判断だったと思う。

わが国の総理なら、そのような芸当ができるだろうか。

う〜ん、どうも怪しい。そこが怖い。

南北合意文書

南北高位当局者接触が2015年8月22日から24日まで、板門店で行われた。接触には南側の金寛鎮国家安保室長と洪容杓《ホン・ヨンピョ》統一部長官、北側の黄炳誓《ファン・ビョンソ》朝鮮人民軍総政治局長と金養建《キム・ヤンゴン》朝鮮労働党書記が出席した。双方は最近、南北の間で高まった軍事的な緊張状態を解消し、南北関係を発展させていくための問題を協議し、次のように合意した。

- 南と北は南北関係を改善するための当局会談をソウル、または平壌で早い時期に開催し、今後、さまざまな分野で対話と交渉を進める。
- 北側は軍事境界線に近い非武装地帯の南側で発生した地雷爆発により南側の軍人らが負傷をしたことについて遺憾を表明する。

・南側は非正常的な事態が発生しない限り、軍事境界線一帯ですべての拡声器放送を8月25日正午から中止する。
・北側は準戦時状態を解除する。
・南と北は秋夕（中秋節、今年は9月27日）に合わせ、離散家族再会を進め、今後続けることにし、このため赤十字社の実務接触を9月初旬に行う。
・南と北はさまざまな分野での民間交流を活性化させる。

（2015.8.25）

日本と北朝鮮

「核実験は北朝鮮と安倍内閣の出来レース」という陰謀論はあり得ない

北朝鮮の核実験について、「安保法制の支持を取りつけ、憲法改正にもっていくために安倍がやらせたんだろう」といったコメントがいくつか見受けられます。

お話としては面白いのですが、安倍政権と北朝鮮の出来レースという見方には賛同できません。

ちょっと考えればあり得ないと分かると思うのですが。陰謀が成立するには最低でも2つの条件が必要です。

①相互の利益が釣り合っていること

②互いの裏切りを抑制するある種の信頼関係が成立していること

敵対関係にある者同士ならなおさらです。

信頼関係は成立するのか

信頼関係を考察すると、相手が裏切った場合のリスクが非対称すぎます。

裏取引の存在を北朝鮮が暴露したら、日本側は政権が吹っ飛び、国際的信用も台無しで、自民党は日本を窮地に追いやった政党として、おそらく今後長いあいだ政権に復帰することができないでしょう。途方もないデメリットです。

北朝鮮は核実験の約束なんか守らずに、「裏取引をバラすぞ」と脅したほうがはるかに得です。日本側は一も二もなく要求に屈するしかありません。陰謀が成立する以前に、日本側が話を持ち掛けた段階からその脅しが有効なんです。

　他方で北朝鮮側の体制は独裁なので、信頼関係が破れても微動だにしません。日本側からあえて暴露することもないため、ほとんどリスクゼロです。

　こんな結末が見えているのに、取引なんかできるはずがありません。

出来レース説は言う者の信用を損なう

　自民党に対する不信感が強い人ほど、こうした陰謀論に組みしたくなるものです。気持ちは分かりますが、公言するとその人の信用が下がり、ほかのまともな意見さえ信用されなくなる恐れが強くなります。

　この大事な時期に、自分で自分の信用を傷つけ、安保法制推進派から小馬鹿にされるような言動は避けるのが賢明です。陰謀論は自重するのがよいと思います。


(2016.1.7)

拉致問題が前進しない背景にある政府の姿勢

拉致問題が前進しない。その責任は、「拉致事件は解決済み」と強弁を続ける共和国の側にある。そのかたくなな態度が、日本国民を怒らせ、政府を経済制裁に踏み切らせたのだった。

　しかし、経済制裁を発動したけれども拉致問題は進展しなかった。むしろ対話が途絶し、前よりも状態が悪くなってしまった。

　そもそも共和国にとって日本は、送金を含めても、貿易全体の1割程度しかなかった。これが0になっても、共和国はまったく困らない。

　そのうえアサリがよい例だが、中国を通じた三角貿易のせいで、制裁は完全に骨抜きなのだ。共和国は、日本に直接売りつける代わりにいったん中国に輸出する。そのアサリを、中国産として日本が買っているのだ。

　こういう状態なのに、無責任な政治家が、人気取りのためにいい加減なことを語っていた。

安倍晋三

北朝鮮は日本に（年間）２００億円以上、輸出している。これは北朝鮮にとって2兆円ぐらいに感じる額だ。それを止められるのは大変な打撃になり、その意味で（経済制裁は）大変な効果がある。（２００４年11月14日、テレビ朝日の

報道番組）
効果があるのに効果がないと言っている人は、どういう人たちなのかなと疑問に思う。（04年11月14日、毎日新聞）

石原慎太郎
日本だけでも本気で制裁すれば、北朝鮮は遠くない将来に崩壊するのは必至です。（『諸君』03年7月号）。

西村眞悟
北朝鮮への我が国からのカネ、もの、人が止まれば、政権の運営ができない。よって、我が国が、北朝鮮の恫喝には断じて屈しないとの覚悟のもとで、以上の法案を発動すれば、北朝鮮の独裁政権は、今年中にも崩壊する。その時はじめて、拉致の被害者は、救出される。（自身のＨＰ「西村眞悟の時事通信」03年9月15日）

これらの発言がいかに根拠のない煽りにすぎなかったか、今日では歴然としている。共和国は崩壊するどころか、代替わりを果たし、長距離ミサイルを飛ばし、3回も核実験をやった。人民は飢えているが、政権は微動だにしていない。

核問題は共和国の安全保障問題だから、対話だけでは解決しない。しかし拉致問題は対話で解決できたはずだ。制裁を解除し、対話ルートを開き、経済復興の手助けをすれば、道は開いたはずなのだ。

だが間違った道にいったん入り込んでしまったので、いまさら取り戻しはできない。共和国はこれまで以上に固く殻を閉ざし、他国不信に凝り固まって、核開発に邁進した。しかも、またもや核実験を口実に制裁をやるらしい。道はますます袋小路に入ることになるだろう。

端的に言って、共和国を非難したり制裁するのは、核実験をしたからというより、「北朝鮮」だからだ。

大国は、自国の保有する核については既得権として手放そうとせず、核実験についても不問だ。

インドとパキスタンの核保有については、お互いに脅し合っているだけで大国の利害に直接関係しないから、ほったらかしだ。

イランの核は、米国の友好国であるイスラエルに向けられるものだから大騒ぎする。

「北朝鮮」の核は、米国中心の「国連軍」と休戦中の敵だから制裁だという。

じつに短視眼的で、非論理的で、不公平で差別的で、危険だ。

そういった大国中心のパワーゲームの尻馬に乗っているだけでは、拉致問題の解決もないし、日本の安全保障にも寄与しないに違いない。絶望感に襲われる。

(2013.2.14)

メディアが報じない拉致問題の責任の所在

日本の報道がいかに歪んでいるか、情報操作がなされているかを講演で語ると、いつも驚きの声が上がる。

北朝鮮の拉致事件のことだ。

拉致事件の解決はだれもが願っているだろうが、いまだ真相が明らかになっていない。

拉致事件がここまで解明不能になった責任はどこにあるのだろう。

国民の多くが、社会党(当時)や共産党が事件解明を妨害したからと思い込んでいる。週刊誌やテレビがそんな印象を与えているからだ。

しかし事実は異なる。

拉致事件解明を妨害していたのは自民党と社会党だ。

拉致事件に北朝鮮が関与しているのではないかと国会で質問し、その疑いが濃厚であるという政府答弁をはじめて引き出したのは、共産党議員だった。1988年のことだ。

公平を期すために、国会ではじめて拉致事件を取り上げたのは公明党議員であることを指摘しておく。1980年のことだ。このときはうやむやの答弁でごまかされてしまったのだが。

共産党が答弁を引き出したことで、被害家族が動き出した。現総理の安倍晋三が父親の秘書として拉致被害家族の相談に乗ったのはこの年だ。だが、特に力を尽くした形跡はなく、何の進展もみていない。

社会党は、北朝鮮と太いパイプを築いているのが自慢だった。

そこで被害家族は同党にも相談を持ちかけたのだが、社会党は何もせず、反対に家族に口外しないよう求めたという。

こうして拉致疑惑の解明はストップしてしまった。

自民党がこの問題に公式に乗り出したのは9年後の1997年、世論がわきたち、「北朝鮮に拉致された日本人を救出するための全国協議会」が発足してからだ。

さて外国勢力が国家主権を侵害した事件だというのに、長い間、国の問題として取り上げられなかったのはなぜだろう。

公安警察はひそかに捜査していたというが、政府はまったく動かなかった。

事件を表沙汰にしないように誰かが圧力をかけていたとしか考えられない。

そんなことができるのは政権党である自民党だけだ。

自民党の金丸信の金庫から見つかった金塊が北朝鮮から譲られたものではないかと噂されたとおり、自民党の一部と北朝鮮は深くつながっていた。

保守系論者は、パチンコ業界から北朝鮮に裏金が送金されているという疑惑を繰り返し訴えているが、パチンコ業界から献金を受けている遊技業振興議員連盟は自民党ばっかりじゃないか。

まあ、そんな送金はいまや不可能だろうけど。

こんな実態を棚に上げて、あたかも自分たちが拉致事件解明の立役者であるかにアピールしている自民党とは、なんと節操のない政党だろうか。

売国勢力とは彼らのためにある言葉だ。

こういったことをほとんど報道しないメディアの無責任さにもあきれ返るばかりだ。

最後に、社会党（社民党）は自らの不明を認め、土井たか子党首が辞任することで一応のけじめをつけたことを、同党の名誉のために付け加えておく。

(2015.12.16)

大日本帝国と重なる北朝鮮の姿

写し鏡としての北朝鮮

北朝鮮の現在の姿は、かつての大日本帝国と重なります。

独立心旺盛で、武を尚び、鼻っ柱とプライドが高い国、軍事大国だけれど装備は列強の標準から見ると劣弱で、しかしその弱点は精神力で補えると信じており、むしろその神がかりの精神力を誇った国。

まるでいまの北朝鮮です。

農村で餓死者が出ていても一点豪華主義の戦艦大和に巨費を投じる姿は、窮乏の中で核やミサイルに乏しい資源を注ぎ込む北朝鮮とそっくりです。

諸外国に対して敵対的で孤立しており、強国と対決できない周辺国を見下していました。そうした姿勢が身の丈に合わない一種の空威張りであるところまで、北朝鮮と似ています。

帝国日本の指導階層は幕府を武力で打倒した勢力の後継者であり、そのことを支配の大義名分としていました。

北朝鮮の指導階層は日本軍と戦ったパルチザンの後継者であり、その「成功」が支配の大義名分となっています。

どちらも武力を信奉しており、高邁な理想のために命を捧げた同志たちに恥ずかしくない歴史をつくろうという気概も共通していると思います（異なるのは、帝国日本が近隣諸国を植民地にして搾取できたり、対外貿易で利益を獲得できたのに対し、北朝鮮が搾取できるのは自国民だけであり、かつ対外貿易も規模が小さいため、経済的により一層厳しく、したがって支配の仕方もより苛烈にならざるを得ない点です）。

このようによく似たもの同士なのだから、私たちこそ彼らの置かれた立場や心理を最も理解できるはずなのです。

涙ぐましく狂おしいほどの独立志向や誇大ともいえる自意識を理解できるはずなのですが、残念なことに、私たちは自国の歴史を批判的に振り返ることも検証することもできないぐらい愚かなので、他国のことはなおさら理解しようともしていません。

北朝鮮の改革は可能なのか

問題はここからです。

国際社会は北朝鮮の対外路線の変更を求めていますが、ここで帝国日本の経験が生きてきます。

帝国日本の軍事路線、対外膨張路線を外から止める方策があったのでしょうか。そういった働きかけを受けるたびに帝国日本は不当な干渉だとして反発し、ますます孤立化を強めていきました。

「それは間違いとは言い切れず、止むを得なかったのだ」

これが日本支配層に共通する歴史観です。

それならば北朝鮮のこともそう簡単に変えられないことがわかるはずなのに、制裁だ制裁だとかまびすしい。この国の支配層は物事を客観視する能力を持ち合わせていないのでしょうか。

外から止められないなら内部改革を期待するしかないのですが、これもどうでしょうか。

軍事独裁政権はよろしくないといっても、仮に北朝鮮が民主化したら、たちまち外国の買弁勢力によって国内が引き裂かれてしまいかねない。そのすきに韓国が北進してくるかもしれない。これは恐怖でしょう。そんなことになるくらいなら現在の体制を続けるほうがましだ、という選択を笑えるでしょうか。

帝国日本が他の帝国主義諸国の餌食にならずに独立を維持し、国際協調路線で生きていく道があったでしょうか。それはなかったと日本の支配層は考えているようです。

別の選択肢があったという意見が市民側には強いけれど、そうだったとして、その道をどうして選択できなかったのか。わが身にひきつければ、北朝鮮の置かれた立場の困難さをより理解できるのではないでしょうか。

では未来は閉ざされているのか

一国が独立して自主権を確保するのは本当に難しいことです。そこまでは理解できるのですが、ところが国家保全のためのやむを得ない強権体制であるといえども、独裁は独裁ですから、特有の腐敗やひずみが生じてしまいます。拉致、韓国へのテロ、砲撃などはする必要のないことだったし、してはいけないことでした。

現在の路線を維持するのは国力を考えれば無理がありますし、国民も幸せになれません。

日本人は戦争に負けてはじめて気づきました。

あれほど嫌っていた民主主義も、やってみればなかなかよいものじゃないかと。

武力を誇り、世界に恐れるものはないと威張るのもなかなか気持ちのよいものだったけれど、それで腹が膨れるわけでもないのに、考えてみればバカバカしいプライドだったなと。

よいものを食べて着飾って自由を謳歌する西欧文化を軟弱だとあざけっていたけれど、体験してみればこれも捨てがたい生き方だなと。

そうなんです。戦後日本は、日本史上庶民が最も幸せに生きることのできた時代なんです。

「いろいろと問題がないわけじゃないが、まあこれでいいじゃないか」というのが多くの庶民の実感です（リベラル派が勝てない理由の一端がここなんですよね。そしてこの実感がほころび始めているのが今なんです）。

人も国も変わることができます。

日本は大戦争でコテンパンに打ちのめされてはじめて別の道に踏み出すことができたのですが、その同じ失敗を二度繰り返すのは愚かです。日本という失敗のお手本があるのだから、その歴史を参考にして、賢明な選択をしてほしいなと願います。

え？　どこかから声が聞こえます。

「人民に自由と権利を与えて、それで革命にでもなったらどうしてくれるのだ」って？　誰だか知らないけど、それはあんたの不徳の致すところでしょうが。

北朝鮮のミサイル開発の狙いと日本の対応

北朝鮮の狙いは何？

彼らの意図など分からないので、消去法で考えます。

この発射で米韓合同演習に影響すると本気で考えているはずはない。日米韓から何らかの譲歩を得られると期待しているはずもない。だから対外的な成果を求めての行動ではありません。

発射の動機は、結局は内政でしょうね。

「米韓軍事演習の脅しに負けずに一発かましてやったオレたちってすげえ～！」

このように内部で確認しあうための行動だと思います。

ほかに期待できる効果といえば、たとえば「敵基地攻撃論」のような議論が日本や韓国の政界からあがれば、「帝国主義国の悪辣な侵略策動」としてやり玉に挙げることができます。そこは織り込み済みだと思います。

大量飽和攻撃に対処する必要はあるか?

「今回は同時に4発も発射した」と驚かれていますが、移動式発射台を用いれば、発射台の数だけ同時に発射できるのだから、何も驚くことではありません。

「イージス艦で対応しきれない」といっても、安価なロケット発射台を増やされたら、その分だけ巨額のイージス艦を配備するのですか? 無理な軍拡競争に巻き込まれ、際限のない浪費を強制されることになりかねません。できないことはやめておくのが無難です。

通常弾頭である限りは、威力は知れていて被害は極小です。ろくな結果を得られなくても「攻撃した」と誇れるのがプロパガンダ用兵器としてのミサイルの特徴です。こちらがありもしない被害に怯えるのは、そうした宣伝に乗せられるということです。何もまんまと乗ってやる必要はないと思います。

日本に敵基地攻撃能力は必要か?

不必要であるとはいえません。

仮に北朝鮮の挑発がエスカレートして、領海にまでミサイルを撃ち込んできたとなれば、自衛権を発動して発射台を破壊するオプションもありうるでしょう。

しかしこういうのは、複眼思考で考えねばなりません。

仮に日本が敵基地攻撃に乗り出すとしたら、北朝鮮はバカではないので、日本だけに対応することはないと思います。米韓合同演習に対抗してミサイルを秋田県沖に撃ち込んだことで分かる通り、北朝鮮は日米韓を一体と見なしています。日本が攻撃を用意するとなれば、北朝鮮は攻撃を妨害するため、韓国を巻き込みます。

北朝鮮はいつでもソウルに大量の砲弾を注ぎ込むことができるし、化学兵器も用意しているし、韓国全土を何百発ものスカッドミサイルで攻撃することも可能なのです。

「そういう無慈悲な報復が待っているぞ、すべての責任は、神聖な共和国を攻撃するとほざいた日本帝国主義どもが担えばよい」

この脅しをかけられたら、日本としては手も足もでません。できないことを考えても無駄です。

これは持久戦です

それよりも、威力の低い通常弾頭の弾道ミサイルでは、日本や韓国の打撃にならないという現実に戻りましょう。

ミサイルなんかで国が倒れたりしません。ミサイルは、威力に期待するというよりも、心理的打撃を与えるためのテロ兵器なのです。

そこに立脚して事態を見直せば、北朝鮮にとって出口なしの不利な状況が見えてきます。

金食い虫のミサイルは、お荷物です。しかし通常戦力を維持するのにさえ四苦八苦の状態の彼らにとって、ミサイルに頼るしかない現実があります。

彼らは長い時間をかけて、経済的・軍事的・戦略的に後退しているのです。追い詰められているのは、彼らなのです。

ほとんど実害をこうむっていないわが方がどうして焦るのでしょうか。こちらには時間がたっぷりあるのですよ。

北朝鮮が袋小路から抜けるために

とても選択が難しいけれど、北朝鮮にも出口戦略はあります。

次の3つの条件が満たされれば、北朝鮮の国家方針を転換することができます。

(1) 指導層の自覚

独裁体制で締めつけるにも、経済困難や社会の衰退はこれ以上は耐え難く、国家の存亡に直面している現実を、指導層が自覚しなくてはなりません。

(2) 国際社会の誠意

北朝鮮が軍事対決路線を放棄すれば、国家再建に十分な支援が与えられ、北朝鮮の主権と国体も保障されることを、国際社会が説得的に明示できなくてはなりません。

(3) 国策転換の大義名分

「勝利的に貫いてきた偉大な路線」を転換するのだから、そうすべき大義名分が必要です。勝利的に次の段階に移行するのだというイデオロギー的価値づけに成功しなければなりません。

追い込まれてやむなくそうするのだったら、これまでの苦労は何だったのかということになって、北朝鮮国内の誰も納得しません。

結論

これらの条件が揃うのは、奇跡のようなものです。

では北朝鮮はこれからどうなるのか。

それは分かりません。朝鮮史に詳しい人なら、類推予測する歴史材料を持っているかもしれませんが。どう転ぶにせよ、未来の受け皿を持っておく必要があります。

つまり、北朝鮮政府と真の和解があり得ないとしても、朝鮮半島の民衆を敵視しないということです(あちらから敵視されることがあってもね)。

自分には、この程度のことしか言えません。(2017.3.6)

18 領土問題

領土問題があっても敵対しないことは可能

竹島・尖閣諸島の領土紛争について強硬意見を吐く自民党ですが、北方領土でそういうことを言わないのは、相手との力関係を考慮しているからです。

相手が弱いと見れば強く出て、相手が強いと見れば及び腰になる。ということは強硬外交は不可避なただ一つの道ではなくて、一つのオプションに過ぎないことを示しています。つまりそれを選択しないことも可能なのです。

敵対は不可避ではない

朝鮮・中国敵視政策が図られていますが、しかし領土紛争を抱えていても韓国にはそうでもないし、米国にいたってはかつて沖縄・小笠原問題を抱えていたときも最大の友好国でした。つまり紛争相手国は、必ずしも敵と見なさなくてもよいということで、これも政治選択の問題であると言えます。

世界観の違いは対立要素ではない

中国・朝鮮と対立する理由として、彼らが非和解的な政治体制の国だから価値観が違うと言われていますが、政治体制が異なっても軍事独裁政権当時の韓国をそうは見なかったし、ミャンマーはビルマ連邦社会主義共和国の時代から日本の友好国だし、日本政府はポルポト社会主義独裁政権のパトロンの一人でした。体制の違いなど、友好の障害にならないことの証左です。

歴史教育への干渉は危険

対立・対決・衝突以外の別の選択肢があり、それが有効に働いた実績も持っているのに、あえてその道を閉ざす選択は愚かです。

戦前日本の愚かな選択を愚かであったと認めず、破局を破局と言わないで、美化して子どもたちに教え込む歴史教育は、再び同じ過ちを誘発しかねません。

恐ろしいことだと思います。

(2009.7.23)

北方領土――筋道の立った交渉を望む

北方領土の交渉は、これまでと同じことを繰り返しても、たぶんうまくいきません。

まるで筋論が立っていないし、大義名分がはっきりしていないからです。

ちょっと基本的なことからおさらいしながら、国際社会で通用する論理を考えたいと思います。

返せというなら千島全部を

北方領土は日本の固有領土だといいますが、日本はサンフランシスコ条約で千島を放棄しています。それを撤回して北方領土を返還せよというなら、四島ではなく千島列島全島を返還せよといわなければ筋が通りません。

また対ロシアとの交渉だけでは足りません。サンフランシスコ条約の千島列島放棄条項（第2条C項）の破棄を、条約批准国に通告しなければならないからです。

各国に協力を求めた場合、その見返りにいったい何をどれほど要求されるでしょうか。ちょっと恐ろしいものがあります。なにせ批准国は全部で46カ国もあるのです。

四島返還論の誤り

日本は全千島ではなく、四島を返せといっています。

四島とは歯舞《はぼまい》・色丹《しこたん》・国後《くなしり》・択捉《えとろふ》のことです。

四島を他の島々と区別して論じることに、何か正当な根拠があるのでしょうか。

日本政府の主張を確かめましょう。

政府主張
北方四島はいまだかつて一度も外国の領土となったことがない我が国の領土だ。（外務省ＨＰ「北方領土」）

これは正しいのですが、こう主張する根拠をサンフランシスコ条約で放棄しているのです。

同条約にはこうあります、「すべての権利、権原及び請求権を放棄する」と。

「かつて一度も外国の領土となったことがない」というのは「権原」にあたりますが、それも放棄しているのですから、いまさらこんなことを言っても無駄です。

政府主張
北方四島は千島列島ではない。

しかし１８６９年に蝦夷地を北海道と改称したとき、国後島・択捉島は「千島国」とされていますから、この言い分には根拠がありません。

政府主張
放棄した千島列島とは、北千島のことである。

南千島は千島列島ではないのだと。だから南千島に属する四島は放棄していないのだと。

しかしこれは変です。北千島・南千島という区別は、サンフランシスコ条約に記されておりません。そこには「千島列島」とだけ書いてあるのです。まして南千島は千島ではないと言える根拠など、国内史料のどこを探しても見つかりません。

こういうことですから、北方四島だけを他と区別して論じるのは日本の勝手な都合だと言われれば、反論に窮するのではないでしょうか。

二島返還論について
ロシアは、二島なら返還に応じると言ったことがあります。歯舞諸島・色丹の二島が他と区別されるのは、地理的に見て、そこが明らかに北海道の一部だからです。その二島は地形学的に千島ではありません。歴史的にも歯舞・色丹島の二領域は北海道です。サンフランシスコ条約で放棄した千島に含まれないと言える根拠があるのです。

ですから、ここについては明らかにロシアの不法占領だと主張できます。ロシアもここを突かれると弱いので、二島返還なら応じようと言ったのだと思います。

結論

全千島を返せと言っても無理だろうから近くの四島だけでも……などと、まるで八百屋で大根を値切るような交渉が、厳しい国際社会で通用するのでしょうか（通用してくれれば有り難いのですが、まず無理でしょう）。

まずは北千島・南千島という日本国内でのみ通用する姑息な理屈を捨てさらねばなりません。南千島を返せというなら、同じ理屈で全千島の返還も求めねば筋が通りません。そうするには、米国をはじめとする連合国にサンフランシスコ条約の千島条項破棄を通告しなければいけません。

そこまでできないというのなら、千島の返還ではなく北海道の一部に対する不法占拠を訴えて、歯舞・色丹二島の返還をロシアに要求するのがいいと思います。これならサンフランシスコ条約を破棄する必要もありません。

サンフランシスコ講和条約

第二条　領土権の放棄

(a) 日本国は、朝鮮の独立を承認して、済州島、巨文島及び欝陵島を含む朝鮮に対するすべての権利、権原及び請求権を放棄する。

(b) 日本国は、台湾及び澎湖諸島に対するすべての権利、権原及び請求権を放棄する。

(c) 日本国は、千島列島並びに日本国が千九百五年九月五日のポーツマス条約の結果として主権を獲得した樺太の一部及びこれに近接する諸島に対するすべての権利、権原及び請求権を放棄する。

(2009.9.24)

竹島問題を現実的に考えてみる

領土に関しては、国際法など鼻紙と同じ

竹島が国際法的に日本領土なのは確かだが、筋論だけでどうにかなるものではなかろう。いくら法的根拠があっても、韓国がさようでございますかと竹島を手放すはずがないからだ。現状の国際法では、法的根拠なんか、鼻紙ほどの値打ちもない。

1948年、ユダヤ人がカナンの地に住むパレスチナ人を追い出してその土地を奪い、世界中から仲間を集めて力ずくで居座った。法的根拠で言えば、現在のイスラエルの土地に住む権利があるのは、元からいたパレスチナ人に決まっているが、イスラエルが土地を明け渡して出て行くはずがない。悔しければ力ずくでユダヤ人を追い出すしかなかろうが、いまさらそんなことはできない。

つまり、やったもん勝ちである。

早い者勝ちの時代

19世紀から20世紀初頭にかけて、無主の地を自国に編入するのは、早い者勝ちの時代だった。

明治以来、大日本帝国は周辺諸島を次々と自国に編入していった。その経過を示す。

1800年代

- 72（明治5）年　琉球王国を琉球藩とする
- 75（明治8）年　樺太・千島交換条約調印
- 76（明治9）年　小笠原諸島の領有宣言
- 85（明治18）年　大東諸島の領有宣言
- 91（明治24）年　硫黄列島の領有宣言
- 95（明治28）年　尖閣諸島（久場島、釣魚台）の領有宣言
- 同　台湾などを領有
- 98（明治31）年　南鳥島の領有宣言。米国がハワイを併合。

1900年代

- 00（明治33）年　沖大東島の領有宣言
- 02（明治35）年　米国が南鳥島の領有を宣言
- 05（明治38）年　竹島の領有宣言
- 08（明治41）年　中ノ鳥島の領有宣言（不存在）
- 09（明治42）年　日本と清が「プラタス島引渡ニ関スル取極」（交還東沙島條款）を調印、日本はプラタス島の領有権を放棄。
- 10（明治43）年　韓国併合
- 14（大正3）年　神戸の男が宮林島・南宮林島・小澤島・篁島・釜子島の5島を発見したと届け出て、日本領への編入を求める（不存在）
- 31（大正6）年　沖ノ鳥島の名称が決まり、東京府に編入される
- 39（昭和14）年　新南群島（スプラトリー諸島）の領有を宣言

竹島領有はこれら領地拡大運動のヒトコマである。

日本が無主の地を編入したのは竹島の前にもあったし、あ

とにもあった。

時期的に韓国併合と近接しているけれども、おそらくそれは偶然であって、韓国併合の一環だという韓国側の解釈には根拠がない。

もしも日本が竹島を韓国のものだと認識していたのなら、併合と一緒に日本のものになるのだから、あんな小さな島だけわざわざ特別に領有を宣言する必要がなかろう。

そこが無主の地だと認識していたからこそ、日本政府は領有宣言という形で自国に編入したのだ。

竹島編入の動機は対ロシア

その目的は対韓国にあるのではなく、対列強、とりわけ対ロシアにあったと思う。

竹島領有宣言の3年前、米国が南鳥島の領有を宣言しているように、この時期の領有権はじつに不安定だったから、大日本帝国政府がうっかりしていたら、今ごろ南鳥島はハワイ州だったろう。そのような時代だったのだ。

竹島を領有した1905年とは、日露戦争の年だ。

どちらが勝つのか、まだ分からない時期だ。

日本海の制海権は、いまだ日露艦隊がせめぎ合っていた。

竹島を日本が取らなければロシアが取る、そう日本政府は考えたと思う。

ロシアが取ったらどうなるのか。

戦争の帰結がどうであれ、ロシアと講和を結んだあと、そこにロシアの海軍基地を合法的につくられても文句が言えない……日本としては戦々恐々だったろう。

そういう時勢の中で、竹島を日本のものにしておかなくてはならないというのは、当然の判断だった。

日本海を日露どちらが取るか分からない時期だった。

名目だけ領有を宣してみたところで、絵に描いた餅である。絵に描いた餅でもないよりましという、せっぱ詰まった事態でなければ、ただちに領有宣言をする必要などありはしなかった。

竹島は日本の庭にあるのだから、日露戦争さえなければ、領有をあせる必要はなかった。

仮に竹島が韓国の領土だったなら、すでに大韓帝国は大日本帝国の掌にあったのだから、いずれ併合してしまえば自分のものになる島を、あせって取りに行く必要などなかったはずだ。

こういう意味で、竹島領有が韓国支配の第一歩という見方は正しくない。

韓国民の心情を考える

客観的に見ればそうなのだが、しかし韓国民が「竹島領有は韓国支配の第一歩」という見方をするのは、これは仕方がないと思う。

竹島領有の5年後、本国が併合されてしまったのだから。

近代以後、日本にやられっぱなしでひどい目に遭わされた韓国民にとって、竹島は戦後、日本漁民を力ずくで追い出して、実力で取り返し、防衛した領土でもある。長い屈辱を、せめてひと殴りでも晴らした栄光の島である。

それを返せとは、なんたる盗っ人猛々しい要求であることかと、韓国民は日本の主張にあきれているだろう。ひとたび奪ったものを、もう一度奪おうというのか、と。

これは日本側から見ればまことに理不尽な言い分なのだが、韓国民をそのような心理に追いやったのは不法で残虐な大日本帝国の植民地支配なのだから、我々としてはその言い分を認めないまでも、強く否定するのもどうかと思われる。

最初に書いたが、どちらの言い分が正でどちらの言い分が否であろうと、現実問題として、韓国が竹島を手放すはずはない。

こちらとしては、実力で奪い返すこともいまさらできないのだから、その現実を受け入れたうえで、外交的に領有を主張し続けるしかなかろう。

取られて50年もすれば、もうそれは既成事実として国際的に定着してしまう。

百年後、二百年後の日韓関係がいまよりもっと友好的であれば、もしかすると何らかの解決策が見いだされるかもしれないが、いまは何をしても言っても徒労でしかない。

お互いにばかばかしい挑発行動で国内の人気取りをしているうちに、双方とも後に引けなくなり、日韓の有効にヒビが入れば、どちらも損をするのだ。

未来志向といえばごまかしのようだが、時には互いに自分をごまかして、友好の果実を手にすることも必要なのではあるまいか。

(2012.8.14)

再考──竹島は誰のもの?

「無主地先占」から「江戸時代からの固有領土」に根拠を変えた日本政府

自分は竹島が日本領であることに疑いがないと信じていましたが、その自信がちょっとぐらついてきました。

かつて外務省は竹島の領有根拠として、「無主地先占」の法理をあげていました。誰の物でもなかった竹島を、いち早く自国領に編入したのが日本だったと。ところが、いま、その主張を捨てているようなのです。

おそらく、1900年10月25日、日本よりも先に大韓帝国政府が、勅令第41号によって竹島を江原道に所属させた可能性が浮上してきたからでしょう。

勅令第四十一号

鬱陵島《ウルルンド》を鬱島と改称し、島監を郡守に改正した件

第一条 鬱陵島を鬱島と改称し、江原道に所属させ、島監を郡守に改正し、官制に編入し、郡等級は五等にすること

第二条 郡庁は台霞洞に置き、区域は鬱陵全島と竹島、石島を管轄すること

勅令に出てくる石島《ソクト》が竹島（＝独島《ドクト》）の可能性があると。それならば「無主地先占」は成り立ちません。現在、外務省のHPでは、「無主地先占」が削除されています。

じつは、石島は竹島ではないという有力な説もあります。石島は現在「観音島《クアヌムド》」と呼ばれている島ではないかという説がそれです。1909年に発刊された『韓国水産誌』で、観音島が当時は「鼠項島《ソコト》」と呼ばれていたことがわかります。鬱陵島に近接する島は2つあって、南が「竹島《チュクト》」（日本のいう竹島ではありません）、北が「鼠項島」です。私はこの説が正しいのではないかと思いますが、確定はできません。

ともかく、いま日本政府は「無主地先占」ではなく、竹島は江戸時代初期から日本が実効支配してきた「固有の領土」であるという表現に変えています。

明治外務省の姿勢との矛盾

すると、明治外務省の次の言い分が分からなくなります。

「（日露戦争の）時局なればこそ、その（竹島＝独島の）領土編入を急要とするなり」

江戸時代初期からの安定した領土であり、鳥取藩の管轄範囲であったのなら、明治維新の廃藩置県のときに自動的に島根県に属しているはずです。どうしていまさら改めて島根県に編入する必要があったのでしょうか。もともと領土ではなかったからこそ、編入する必要が生じたのではないでしょうか。

説明がつかない官憲の対応

ここで鬱陵島に駐在していた日本人警官の報告〔1902年5月に釜山の日本領事館が本国に送った「釜山領事館報告書」に記載されているもの〕を見ましょう。

> 本島の正東約五十海里に三小島あり 之を「リヤンコ島」と云ひ 本邦人は松島と称す。同所に多少の鮑を産するを以て 本島より出漁するものあり。然れども同島に飲料水乏しきにより、永く出漁すること能はざるを以て、四、五日間を経ば本島に帰港せり。

この「リヤンコ島」＝「松島」が今日の竹島であることは明らかです。すると、この報告書を書いた警官も、この報告書を公表した外務省商務部も、次の事態についてどう考えていたのでしょうか。

- 鬱陵島（外国）を拠点にして、日本人漁民が無断で竹島（日本）に出漁していた。
- 竹島（日本）でとった海産物を、無断で鬱陵島（外国）に持ち出していた。
- 鬱陵島監（外国機関）に輸出税を支払っていた。

これはあからさまな不法入出国・密漁行為・密輸行為ではありませんか。しかし、それを問題視しているそぶりがまったくありません。この事態は、鬱陵島と竹島の両島が、何らかの同一権力の支配下にあり、不法入出国や密輸に当たらないとみなしているからだとしか解釈できません。

- 鬱陵島（日本）を拠点にして、日本人漁民が竹島（日本）に出漁していた。
- 鬱陵島（韓国）を拠点にして、日本人漁民が竹島（韓国）に出漁していた。

どちらかです。

しかし鬱陵島が日本の支配下にないのは明らかです。鬱陵島から輸出するとき、輸出税を韓国の政府機関に支払っているからです。鬱陵島が韓国のものならば、竹島も韓国のものでなければ、説明がつかないのではないか。

鬱陵島（韓国）を拠点にして、日本人漁民が無断で竹島（日本）に出漁していたが、それが日本にとって都合がよいので黙認していた……こういう可能性もありますが、しかしそんなせこいことを堂々と外務省商務部が公文書に残したというのは、ちょっと考えにくいのではないか。

これがいまの自分の考えです。

(2012.10.19)

領土問題は世界中にあるが仲よくやっている

現在、世界中のほとんどの国が、武力をもって隣の国に対する警戒を示しています。残念なことですけれど、それが現実です。多くの国が国境線に軍隊を置いています。だからといって、みんな戦争しているということではありませんね。

そういう面では、日本と中国・韓国との関係は、ありふれたいさかいに過ぎず、世界的な現実から見ればまあ普通の状態であると言えます。ところが日本は南西諸島に陸上自衛隊を配備します。これは好ましくないことだと思います（後述します）。

韓国は竹島に自動小銃と対空機関砲で武装した警察部隊を常駐させていますが、これは海上保安庁と同じで国境警備隊ですから、軍隊を置いているのではありません。

領土問題・国境問題はどこにでもある

次に日本・韓国・中国が対立している大きな原因の一つである、領土問題です。

領有権紛争は世界に珍しくありません。

ドイツ、ポーランド、イギリス、スペインはいずれも同盟国であり、友好国ですよね。でも、領土紛争があるのです。ドイツとポーランドの国境紛争が最終的に解決したのは、つい先ごろの1992年でした。いまもドイツ国内には現在の国境線に不満を抱く人が少なくありません。フランスとの国境にも不満があり、国土回復を唱える議員が地方議会にいるそうです。

イギリスは、スペイン、アルゼンチン、チリなどとの間に領土問題を抱えています。スペインなど、いまだに南部海岸にイギリス領を抱えており、返還要求しています。スペインが一時的に国境線を封鎖したり、イギリス船を漁場から締め出したりして対抗しています。しかし先に書いたとおり、ドイツ、ポーランド、イギリス、スペインはいずれも同盟国であり、友好国ですよね。

スペインとモロッコも島の領有をめぐって対立があります。どちらも積極的に領有を主張せず、問題点を棚上げしようという合意がつくられているそうです。

国と国の関係にはさまざまな要素がある

国と国との関係は、政治・経済・文化・人などさまざまな要素で形づくられるものであって、領土問題はその一部でしかありません。領土問題を抱えているから仲よくできないということはないのです。仲よくできないのは、領土問題を利用して対立をつくり出す者がいるからです。

国際関係の互恵的な発展よりも、たとえば自分の選挙のために国境紛争をあえてつくり出す馬鹿者がいるのです。刺激的な報道をすると売れるからといって、相手が怒ることを考えもしないで好戦的な記事を書く雑誌もあります。無責任なデマをネットに書き込む奴もいます。そういうバカは、日本にも、韓国にも、中国にもいます。肝心なのは、私たちがバカに煽られないことです。

国境問題では現状の軍事バランスを崩してはならない

ヨーロッパでは、第二次世界大戦の時に引かれた国境を守ろうという意見が強い。お互いに不満はあるが、辛抱しようということです。しかし不満があるのは事実なので、一つ間違えるとドミノのように均衡が崩れてしまうかもしれない恐怖があります。その恐れが現実化したのがチェコであり、ボスニアです。だから国境問題には、非常に敏感です。

竹島でも尖閣でも、現状変更されると困るのです。そのことがヨーロッパ国内の国粋世論を刺激するかもしれないからです。第二次世界大戦でつくられた秩序を混乱させたくない。特に日本や中国といった、かつての敵国同士に境線をいまさら奪い合いされては非常に困る。

そういう国際世論があるので、尖閣で武力衝突なんかできるものではありません。それは竹島についても同じです。お互いに言いたいことはあり、合意はまずできないだろう。けれど、何十年も実効支配している事実を、いまさらなしにはできないのです。だから、現状の軍事バランスを崩してはならない。

尖閣周辺海域は、海上保安庁がしっかり管理しており、島も守られていますから、中国は手出しできません。中国は、海警局の監視船を尖閣周辺に派遣していますが、海軍は出していませんよね。この行動にこめられた中国のメッセージを読み誤らなければいいのですが。そういう意味で、西南諸島に自衛隊を送る日本は、へたな政治をしていると思います。

長くなるので、今日はこのへんで。　(2014.7.12)

第5章 テロ・国際紛争

19——テロとの戦争
20——国際紛争

19 テロとの戦争

軍事力でテロを抑え込むことはできるのか？

テロといえば、日本で最大の問題とされているのは9・11と並んで北朝鮮による拉致問題ということになる。

北朝鮮による拉致被害は全世界規模である。

国連決議によれば、被害国は判明しているだけで、韓国、レバノン、マレーシア、フランス、イタリア、中国、オランダ、タイ、ルーマニア、シンガポール、ヨルダン。日本を含めて12カ国となる。

言うまでもなく、日本以外の国々はすべて憲法で軍隊の保有を明記している。この事実ひとつを見るだけで、「憲法第9条があるから拉致を防げなかった」という改憲派の主張に根拠がないことが明白だ。

軍備でテロを防げないのは、世界最大の軍事国家アメリカが9・11テロで世界最大のテロ被害国になったところに典型的に示されている。それなのに、アメリカはさらなる軍事行動に世界を駆り立てている。

テロリストを追いつめて、「テロが割に合わない」と思い知らせるためにはテロとの戦争を継続しなければならず、それには国際協調が不可欠であり、日本一国がこの国際的義務から免れることはできない、と。

そこで海上自衛隊の給油活動を継続させる必要があるという。しかし大切な議論が政治の場でなされていない。いや、野党から問いかけはしているが、政府からまともな答えが返らないのだ。

軍事力で「テロリスト」を屈服させる——

- そんなことが果たして可能なのか。
- それにはどれほどの軍事力が投入されるべきなのか
- そもそもテロを抑止できるほどの打撃を与えるとはどういうことなのか。

・その遂行過程で生じる民衆被害と較べて、達成される成果が釣り合うものなのか。
・どういう状態がもたらされればテロとの戦争に勝利したことになるのか。

日本政府が答えられないのは、アメリカが答えを持っていないからだろう。テロとの戦争戦略を提唱したアメリカだが、これらの問いに応えるすべを持っていないように見える。出口のない戦争はいつか破綻するに違いない。このような戦略に追随すべき国際的義務など存在しないと私は考える。

(2007.9.26)

反乱支援

米国の対テロ政策を1990年代にさかのぼって振り返る。その理由は、現在の「対テロ戦争」が、9・11テロを契機に始められたのではなく、もっと以前からのアメリカの計画的な軍事戦略の遂行であることを知るためである。米軍は90年から紛争・戦争を3段階に区分し、各々に応じた戦略を立てている。

(1) 高強度紛争＝核戦争、第一次・第二次大戦のような大規模通常戦争。
(2) 中強度紛争＝イラン・イラク戦争やフォークランド戦争のような地域的中規模通常戦争。
(3) 低強度紛争＝ゲリラ活動・テロ活動や内戦など。

これらのうち、低強度紛争の教典はFM100-20／AFP3-20である。これはUFO研究でよく持ち出されるMJ20文書みたいなマガイものではなく、秘密文書でもなく、米国政府によって公開されている公文書であることをまず明らかにしておく。

低強度紛争の研究を続けている神戸親和女子大学の橘秀和先生の翻訳によれば、この教範に、次の記述があるという。

> 低強度紛争戦略の成功は、アメリカの利益及び法と一致し、なおかつそれによって自由、民主主義制度、そして自由市場経済の発展という、アメリカの国際的目標が促進される。

この記述からわかることは――

・低強度紛争の目的はアメリカの利益である。

•アメリカ式「自由」、アメリカ式「民主主義」を他国に強制するものである。
•自由主義経済、すなわちアメリカ財界の利益保障が目的である。
•促進というのだから、受動的でなく能動的・積極的な行動である。

低強度紛争は以下の5つのカテゴリーに大別されている。

---

①反乱支援
②対反乱支援
③テロリズム対策
④平和維持活動
⑤平時の緊急活動

①の反乱支援とは、外国の国内反乱を支援すること。早い話が「テロリスト」の育成である。そんなことを公式に宣言しているのだ。レーガン大統領風にいえば、「自由の戦士」を支援するのである。

典型的な例は、対ニカラグア干渉だった。ニカラグアの隣のホンジュラスやコスタリカで反政府ゲリラ「コントラ」を育成し、ニカラグア国内でテロ活動をさせる。「コントラ」は国内でまったく人気がなかったので、国外から侵入しなければならなかったのだ。しかしアメリカの支援で継続的な破壊活動を行うことによって、コントラはニカラグア政府の乗っ取りに成功した。

具体的に言えば、その破壊工作のせいで多大の復興資金と医療資金が必要となり、政府財政を苦しめた。さらに国防のために莫大な予算支出を強制した。

しかもアメリカはニカラグアを経済封鎖した。世界銀行の援助にも難癖をつけてこれを停止させた。結果としてアメリカは小国ニカラグアの財政を破綻させることに成功した。

これらの締めつけにより、ついにサンディニスタ政権を引きずり下ろすことに成功し、代わりにアメリカに住んでいた無能な男を大統領に据えるに至った。

こんなことをした国が「テロとの戦争」を唱えるなんて、悪い冗談ではないだろうか。次節に続く。

(2007.9.27)

対反乱支援

さて今回は「対反乱支援」について語る。

「対反乱支援」とは前節で書いた「反乱支援」のまったくの

裏返しだ。アメリカの支配に抵抗する勢力の攻撃から、アメリカが支援する政府を守る。

説明の前に、「低強度紛争戦略」と従来の戦争戦略の違いについて見ておこう。前節で紹介した教典（FM100-20／AFP3-20）には、「低強度紛争」の戦略目的が次のように記してある。

> 敵を国内的にも国際的にも孤立させて国際社会（とその援助）から締め出し、敵の政権（民衆運動の場合はその政治的影響力）の非合法化を目指す。孤立させる。政治的影響力を奪う。

いまアルカイダに対してアメリカが仕掛けているプランが、これだ。「テロリスト」と名づけさえすれば、煮て食おうが焼いて食おうがお構いなしというような昨今の風潮は、まさしくアメリカの思惑どおりの展開であろう。

また、こうも言う。「従来の戦争とは違って、物理的に敵を排除することを目的」としていない。

つまり敵の戦軍をせん滅して勝利するというような戦争ではなく、敵を孤立化し、政治的影響力をそぎ落として干上がらせる。

こんなことが可能かどうかは別にして、ともかくこれがアメリカの計画だ。

その目的を達するため、「対反乱支援」として次のような方策が書かれている。

> 親アメリカ政府に対する――
>
> ①資金・武器の供与。
>
> ②軍隊・警察の訓練。
>
> ③教育、土木工事、農業、輸送、通信の支援、保健・衛生の援助。こういった民生支援をつうじて社会経済状況を改善して反政府活動を弱める。

こうして最終的には強力な親アメリカ国家機構の建設を促進する。このような活動の総体が「対反乱支援」だという。

注目したいのは「③教育、土木工事、農業、輸送、通信の支援、保健・衛生の援助」。

これこそ陸上自衛隊がイラクで行ったことではないか。学校の建設、橋・道路の補修、水の補給、病院の建設と機材援助、これが自衛隊の活動だった。「戦闘に行くのではない、民生復興支援に行くのだ」。これが何度も繰り返された説明だった。

一般的には、自衛隊の民生復興支援活動は次のように理解されている。

国際社会は資金援助を求めているだけではなく、「ブーツ・オン・ザ・グラウンド」、すなわち人的貢献を要求している。しかし日本は憲法の制約があって戦闘任務につけない。世界の要求と憲法の制限の板挟みの中で、ようやく実施できたもの、それが民生復興支援だ。

国内事情としては、この説明は間違っていない。

しかしアメリカの戦略に立てば、これは単なる民生復興支援ではない。先に見たように、民生活動は「低強度紛争」の中にしっかりとビルトインされているのだ。「対反乱支援」なのだ。政府もメディアも、この事実を国民に隠している。ゆゆしきことではなかろうか。

次節は、国内法に「低強度紛争戦略」がしっかりと取り込まれている点について述べる。

(2007.9.28)

テロとの戦争に日本を巻き込む「周辺事態法」

日本の国内法にはアメリカの「低強度紛争戦略」がしっかりと取り込まれている。アメリカの要求に応えてつくられた「新ガイドライン」。これを法律的に整備したのが「周辺事態法」だった。

あまり指摘されたのを見たことがないが、「周辺事態」というのは「低強度紛争」のことに他ならない。

低強度紛争は病気とその予防にたとえられる。低強度紛争の元凶はテロリズムや革命思想であり、それは「観念的伝染病」であるという。武力行使はそれらを駆除するための「苦い薬」だというのだ。

これらのような政治的・軍事的ウイルス、すなわち観念的伝染病は、初期の段階でその存在が確認されて処置を施さなければ、大規模な戦争になる可能性がある。

ところで、アメリカ太平洋軍司令官のプルーハー将軍は語っていた。「太平洋軍の軍事戦略とは何か」という問いに対し、「予防国防である」と。

そして予防国防に関しては次のように述べている。

「予防医学が健康を支える状態を促進するように、予防国防は安全保障と安定を支える」(『アジア太平洋地域における我々の将来の形成』)

低強度紛争戦略の言葉づかいとそっくりである。つまりアメリカのプランでは、太平洋軍は低強度紛争を主要な戦略にしているのだ。プルーハー将軍は続ける。

「近い将来、戦略全体が、前方展開戦力と基地ならびに兵站支援を求めた他国との協力のネットワークに依存することになる」

アメリカ軍に「基地を提供している国」、「兵站」すなわち物資や資金を援助している国とのネットワークが戦略のカギだというのだ。

これはすなわち日本のことである。日本を低強度紛争に引きずりこむというわけだ。

低強度紛争とは――

さてここで低強度紛争の特徴をまとめてみよう。

- 国家の正規軍との戦いとは限らず、むしろゲリラとの戦いである。
- したがって地域のはっきりした決戦方式ではない。
- 予防戦略がとられる。
- 「観念的伝染病」とアメリカ式「自由・民主主義」とのイデオロギー戦争である。

では、これらの特徴と「周辺事態」についての政府説明を比較してみよう。

周辺事態とは――

- 日本の平和と安全に重要な影響を与える事態である。
→差し迫った脅威がなくても「影響」の段階で予防的に発動されるという。
- 国家間の武力紛争に限られるわけではない。
→敵は政府軍とは限らない。
- 「周辺」とは地理的概念ではない。
→地域が限定されない。
- 価値観を共有する米国との同盟の強化である。
→イデオロギー戦争への参画である。

もうおわかりだろう。

「周辺事態法」は日本をアメリカの低強度紛争にしっかりと組み入れる法律なのだ。この法律をつくるときに、どれほど北朝鮮の不審船やミサイル危機が騒がれたか、思い起こしてほしい。つまり、そういうことなのだ。北朝鮮の脅威とは、日本をアメリカの戦略に組み入れるためにつくり上げられ、利用されたものだ。

まんまと国民ははめられ、その結果、低強度紛争戦略は日本の国内法にしっかりと位置付けられてしまっているのだ。そのことに多くの国民は、いまだに気づいていない。ため息をつくしかないな。

(2007.10.1)

惨憺たる〝戦果〟の途中決算

きょうは沖縄県民大会の日。沖縄の基地被害、米兵犯罪は、「戦争帝国アメリカ」による、形を変えた戦争被害といえると思います。

イラク戦争6年目。アメリカではこの戦争が何だったのか、あらためて振り返る記事がたくさん出たようです。以下はその中の一つにもとづいてまとめてみた、イラク戦争5年間の決算です。数字を見ているだけでなんじゃこりゃと、改めて怒りがこみあげますよ。

5260億ドル（約53兆8297億円）。

これまでに支出されたイラク戦争の戦費です。

イラクのGDPは257億ドル（2004年）（外務省調べ）

イラクのGDPの20年分が戦費に消えたことになります。

これだけのお金があればどんなことができるでしょうか。

ブッシュがやったのは、こんなことでした。

- 推定犠牲者数は最低8万1632人、最大112万人。
- イラク国内の難民数340万人。
- 国外に脱出した難民数220万人～240万人。
- イラク国民の70％は水道水が利用できない。
- イラク国民の80％が公衆衛生サービスを受けられない。
- 90％の病院に基礎治療・外科治療設備がない。
- 失業率は25～40％（大恐慌時の米国失業率は25％）。

こういう仕事をするために米軍が沖縄に置かれています。日本政府はこれに協力しています。こんなことのために、どうして沖縄県民は我慢を強いられなければならないというのでしょうか。

- 942ドル 対 4100ドル
- 942ドルはイラク国民の所得水準（1人あたりGDP）です。
- 4100ドルは米国市民1世帯あたりの戦費負担額です。

これほどの支出により、米国市民が得たものは、

- 戦死者＝約4000人
- 民間軍事請負企業従業員の死者＝917人
- 戦傷者（重傷）＝2万9203人
- 戦病または戦闘外の負傷者＝3万1325人
- 聴覚障害を負った米軍兵士＝7万人
- 退役米軍傷病兵の人数＝33万人
- 自殺者＝283人。

イラク国民の79%が占領に反対しています。アメリカ国民の63%が、戦う価値のない戦争だったと考えています。しかしブッシュはまだ戦うつもりです。まだ破壊が足りないのでしょうか。まだ死者が足りないのでしょうか。

直ちに戦争を止めて撤退しろ。予定されている戦費をイラク復興に使え。沖縄から海兵隊を引き上げろ。軍事基地を拡大するな。

沖縄の基地被害はこういうベクトルの中で考えないと、対症療法だけでは限界があると思います。しかしともかく県民の声を米軍と政府に知らしめる必要がありますからね、意見は違っても大会はひとつ。成功をお祈りします。(2008.3.23)

「やられる前にやれ」byブッシュ

もうみんな忘れているかもしれないから、思い出してもらおう。

いまから11年前の話だ。当時のブッシュ大統領が、2002年9月に、「米国の国家安全保障戦略」を発表した。その内容は、「核をもたない国に対して、必要とあればアメリカは核で先制攻撃する」というものだったので、世界が驚愕した。いま「北朝鮮」が言っているのと同じことを、アメリカが先に宣言しているのだ。

ブッシュは、核兵器は通常兵器と同様、「日常的に使用可能な兵器」だと言いきった。

核を使う相手は、国際テロ組織と、大量破壊兵器で米国を攻撃するおそれのある国だということになっていた。しかし、2002年3月、ブッシュが国防省に対し、ロシアや中国など少なくとも7カ国を対象に核攻撃のシナリオ策定を検討するよう指示していたことが、米紙に暴露された。

そのために、今後20年間に少なくとも7種の核弾頭を開発せよと命じていた。

これればかりではない。それに先立つ01年12月、ブッシュはABM制限条約(弾道弾迎撃ミサイル制限条約)から一方的に脱退していた。これにより、02年6月13日にABM制限条約が失効してしまった。これまで、核兵器を互いに削減してきた米国とロシアの積み重ねを、ブッシュは台無しにしてしまったのだ。

しかも、当時アメリカは一切の核実験を禁止するCTBT条約(包括的核実験禁止条約)を結び、あとは議会が批准するばかりだったのに、ブッシュはこれも180度転換し、「冷戦の遺物だ」と吐き捨てて死文化させてしまった。

ヨーロッパをはじめとする国際社会が懸念したのは、核兵器保有国が核軍縮義務を果たさないならば、非核兵器国を説得する理由がなくなり、核拡散に歯止めをかけられなくなることだった。

懸念は的中し、インド・パキスタン・「北朝鮮」・イランと、核の拡散はとどまるところを知らない勢いだ。今日の事態を招いたのはブッシュの戦争政策だといっても過言ではない。

むろん、ブッシュがそうしたからといっても、「北朝鮮」が直対応的にキバをむきだすのは許されないが、彼らがそうする口実を与えたのがブッシュであるのは間違いない。

アメリカが核先制攻撃を宣言したらこれを支持し、「北朝鮮」が同じことを宣言したら大騒ぎ。わが日本も、なにか間違ってやしないか?

(2013.4.16)

テロ犠牲者、過去最多の3万2658人

パリの同時多発テロは悲惨な事件でした。無防備の市民を標的にするなど、テロリストは卑怯卑劣きわまりない連中です。

テロ攻撃を根絶するにはどうすればよいのでしょうか。そのことを考えるためには、テロというものをよく知る必要があります。

当然のことながら、テロリストはフランス人だけを殺しているのではないし、パリが最もひどい被害を受けたのでもありません。

経済平和研究所(IEP)が発表した「世界テロリズム指数」によれば、2014年のテロは過去最悪でした。これまで最悪だった13年の1万8111人から3万2658人に増えたというのです(80%増。13年は前年比44%増)。

テロ被害が最も大きかったのはアフガニスタン、イラク、ナイジェリア、パキスタン、シリアの5カ国であり、死者の8割を占めています。

現在のテロリズムはこれらの地域で生まれて世界に拡散しているのだから、肝心の本拠地でテロを根絶しない限り、世界は安全になりません。

では、テロリストをぶちのめしてやればテロは根絶できるのでしょうか。そんなに簡単なものではないようです。

米国がテロを根絶するためと称してオサマ・ビン・ラディンを殺したのは11年でしたが、テロが急増したのはその年からです。

テロ組織「イスラム国」や「ボコ・ハラム」を打倒するこ

とはできるでしょう。事実、「イスラム国」はいっときの勢いを失いつつあります。しかしながら、彼らを打倒してもテロは収まらないと思われます。

強い相手に手も足も出ない場合、せめて奇襲攻撃で相手のほほをピシャリと打ち付けてやりたいと考えるものです。パリのテロ事件も、「イスラム国」がその劣勢を挽回するためだったという観測があります。仮に「イスラム国」が瓦解しても、次のテロ組織が生まれるだけでしょう。

鼻息荒く「テロと戦う」などと息巻いても、はたしてどれくらい戦えばテロリストに勝てるのか、どのように戦えば有効なのか、誰にもわからないのが現状です。

米軍の対テロ戦争の教科書「低強度紛争の軍事戦略」には「低強度紛争は決定的な勝利で終わるというような目印がなく、明らかな始まりまたは終わり方がない」と正直に書いてあります。

勇ましいばかりでは戦いに勝てません。米軍は泥沼の戦いに手を焼いています。フランス軍も同じことになるでしょう。

そんなところに今からのこのこ出かけていってテロ根絶に役立たない戦いに参加し、自衛官を危険にさらすうえ、現地から恨みを買って日本国民まで巻き込もうというのが安倍政権です。

愚かというだけではすまない事態に至っています。

欧米が「力ずくで野蛮人どもに言うことを聞かせるんだ」と言っていられた時代は終わったのです。

(2015.11.17)

米国に追従する危険

安倍発言が日本人人質殺害を誘発した

安部総理が発表した中東支援は、1月9日〔2015年〕に決まっていた。

その内容はエジプトでの安倍スピーチとまったく異なる穏当な内容だ。その文面は以下のとおり。

・ＩＳＩＬ〈いわゆるイスラム国〉と戦う周辺各国に、総額で2億ドル程度、支援をお約束します。
・今後、国会承認を得て、ＩＳＩＬ対策、周辺国支援を目的として、主に国際機関を通じて総額2億ドルの新規支援を行う予定。
・なお、支援の主な内容は、難民、国内避難民に対する人道支援であり、それ以外に教育、職業訓練、国境管理、法制度整備支援等が含まれる。

ポイントは次の5つ。

(1) 目的は2つ。①ＩＳＩＬ対策、②周辺国支援。周辺国支援とＩＳＩＬ対策は別物とされている。
(2) 国際機関を通じて配分される。相手国政府に現金で直接援助するのではないから、ＩＳＩＬと戦う軍事予算に使われてしまう恐れがなく、また日本の国利国益で支援するのではないことがわかる。
(3) 主な支援内容は人道支援である。
(4) その他として教育や職業訓練という人材育成。
(5) その他として国境管理と法制度整備。直接的なＩＳＩＬ対策といえなくもないのはこれだけだ。

このように、ＩＳＩＬと戦う国に対する支援だといっても、ＩＳＩＬ対策としての援助は限られており、ほとんどは人道援助に過ぎないことがわかる。

ではエジプトで披露した安倍首相のスピーチはどうだろう。確かめてみよう。内容がガラリと変化している。

イラク、シリアの難民・避難民支援、トルコ、レバノンへの支援をするのは、ＩＳＩＬがもたらす脅威を少しでも食い止めるためです。地道な人材開発、インフラ整備を含め、ＩＳＩＬと戦う周辺各国に、総額で2億ドル程度、支援をお約束します。

なんと、難民・避難民支援がＩＳＩＬ対策ということになっている。またトルコ、レバノンに対する支援がすべてＩＳＩＬ対策だそうだ。トルコとレバノンには各々200万人のシリア難民がいるので、支援のほとんどは難民対策のはずだが、これがＩＳＩＬ対策ということにされてしまった。「ＩＳＩＬがもたらす脅威」という言葉なんぞ閣議決定にはない。閣議決定と全然異なる説明だ。

恐ろしいことに、国際機関を通じた援助であることが説明されていない。

また、「少しでも」と控えめな表現になっているが、英語だとこの言葉がない（この責任は外務省にある）。ＩＳＩＬが触れたのは英語版だ。これは、閣議決定のみならず、日本語スピーチよりもぐっと前のめりな印象なのだ。

以上の結果として、支援のすべてがＩＳＩＬ対策であり、国際機関を通さない不透明な支援であると解釈しようと思えばできることになってしまった。

しかも、人材育成が教育や職業訓練であることを説明していない。それどころか、英語訳だと「地道な」という表現もカットされている。そのうえ人材育成もＩＳＩＬ対策に含めているというのだから、ＩＳＩＬが兵士の養成だと誤解したのも無理はない。

このように、安部総理は閣議決定と全然異なる説明をしてしまったのだ。

この結果ＩＳＩＬは、武器援助のような軍事援助ではないにしろ、兵士養成を含む「ＩＳＩＬの脅威に対抗する支援」だと思い込んでしまい、そのとばっちりで人質ふたりは死の恐怖にさらされ、一人は殺されてしまった（湯川遥菜氏。その後ジャーナリストの後藤健二氏も殺害された）。取り返しのつかない失敗だ。

ＩＳＩＬと戦う国への支援それ自体は昨年も実施した。そのときは「被害の救済」が目的となっており、ＩＳＩＬに向けた対決姿勢はみじんも現れていない。そういった支援には、ＩＳＩＬも抗議していない。今回のＩＳＩＬの卑劣な攻撃姿勢は、安倍総理の舌が誘発したものだ。安部総理はいったいどのように責任を取るつもりなのか。

（2015.1.25）

日本人をテロの危機にさらす安保法制

ダッカ事件（16年7月1日、レストランが襲撃され、日本人7人を含む27人が死亡）で被害に遭われた方々に心から哀悼を捧げます。

テロ組織イスラム国が、日本人を殺すことができたと快哉をあげています。彼らは予言を成就したのです。

昨年テロ組織イスラム国は、日本人がどこにいてもテロの標的にすると宣言しました。それは安倍総理が、イスラム国と敵対する国々を支援すると宣言したからでした。

彼らの機関誌はこう書きました。

――安倍晋三が十字軍を支持するという宣誓を行うまでは、

日本は、イスラム国がテロの標的とする優先順位リストにはなかったのだ。

しかし、安倍晋三の愚かさのせいで、日本のすべての市民と利害関係にある者たち（彼らはどこにでもいる）は、ヒラーファの兵士たちと、この後援者たちにとって、今、標的となったのだ。（イスラム国機関誌「ＤＡＢＩＱ」7号）

イスラム国の予言は実行されました。

テロは、イスラム国にとって戦争手段です。彼らは、有志連合に加わって彼らに敵対する日本に対して、戦争を仕掛けると宣言していました。

けれども安倍総理は、安保法制が日本人の命を守るものであると前置きして、こう断言しました。


外国を守るために日本が戦争に巻き込まれるという誤解があります。しかし、そのようなこともあり得ない。

万全の備えをすること自体が日本に戦争を仕掛けようとする企みをくじく大きな力を持っている。これが抑止力です。

今回の閣議決定によって日本が戦争に巻き込まれるおそれは一層なくなっていく。そう考えています。

（14年7月1日　安倍内閣総理大臣記者会見）


テロの危険を訴える辻元清美議員の忠告に対して、こう答弁しました。


脅しを受けても、日本は安全な国なんです！

（15年2月20日　国会答弁）


安倍総理の勇ましい空文句は、いまや痛ましい現実によって否定されました。

イスラム国はいずれ敗北して瓦解するでしょう。しかしテロは止まないでしょう。

欧米が強欲にも貧しい国々の資源と富を奪う戦争を続ける限り、テロを正義の実現だと信じて破れかぶれの攻撃に打って出る若者をなくすことはできません。

防備や警備をどれほど高めても無駄です。警備が厳重でテロを実行できないなら、彼らは別の手薄なところを狙うだろうから。敵対し、武力を振りかざすやり方は憎しみを生み出し、事態をエスカレートさせるだけです。

平和貢献しているＪＩＣＡ（国際協力機構）メンバーでさえ、いまや憎しみの標的となりました。

そんな事態をもたらしたのは安倍総理です。彼の力の政策が世界をより危険な場所に変えてしまった。いずれ日本国内も安全でなくなるかもしれません。
どうすればよいのか。この道からいますぐ決別することです。そのチャンスが、参院選であることはいうまでもありません。

(2016.7.3)

「文明の衝突」なのか

アラブ世界と西欧―対立の根本原因は?

とても難しい質問をもらった。

「中東に西欧が入ってくるのは、資源の安全確保が主目的だと思いますが、中東内での紛争は、宗教（民族）対立が根本原因でしょうか？　他になにかあるのですか？」

ということで。中東イスラム圏の出来事を、私が正確に解説できるはずもないことを前提に、自分の見方を書いてみたいと思います。

対立の原因が宗教なのか別の原因なのかとの質問ですが、その両方の側面を持つのではないでしょうか。客観的にはやはり石油をはじめとする資源の問題。しかし戦っている戦士たちを支えるのは、宗教的情熱だと思います。

石油

まず石油のことから考えてみます。

米国はかつて石油輸出国でした。いまも世界第2の原油生産国です。しかし同時に、世界第1の原油輸入国で、その量は輸入量第2位の日本の倍以上です。

それほどの石油消費国であり、しかも過去に自国生産の安い石油をジャブジャブ使っていたころのスタイルがいまだに改まりません。

米国経済を支えているのが諸外国に比べてけた外れに安いガソリン価格であることは、よく指摘されることです。およそ日本の3分の1です。原油価格が米国経済に与える影響は日本の比ではありません。

過去30年間、米国の経済成長は4～6%を上下していますが、深刻な経済リセッションが74年、80、82年、91年、01年に起きています。

いずれも原油価格が大幅上昇した翌年です。今後米国の石油生産が枯渇に向かうであろうことは誰も否定しません。原油の安定供給は、単に石油業界だけの利害ではなく、米国の枢要な国家戦略に位置づけられているはずです。

ところで世界の原油埋蔵量ですが、埋蔵量の多い順に国名をいえば、サウジ、イラク、UAE（アラブ首長国連邦）、クウェート、イランです。この5カ国だけで世界の埋蔵量の6割を占めています。

これらの国々でかつて何が起きて、いまなにが起きており、これからどんなことを起こすと米国が宣言しているかを見れば、米国がなにを目論んでいるかがわかるような気がしませんか？

ちなみにイラク攻撃は9・11テロとは何の関係もありませんでした。よく言われる親父のやり残したことをやり遂げたかったというのも、一国の決断としては軽きに過ぎます。

あまり報道されませんが、じつはイラク攻撃の前にフセインが原油の決済通貨をドルからユーロに切り替えると宣言していたのだそうです。

イラクと取引をしようとすれば、ユーロが必要なのです。世界の原油の1割をもつ国がユーロに切り替えれば、世界の原油取引市場がガラリと様変わりしてしまいます。

米国の失う信用と取引利益がいかばかりか、また将来の安定的原油供給に及ぼす影響がどれほどのものなのか、それを考えると、フセインを生かしておいてはいけないという米国の決断の大きな理由がここにあったように思います。

宗教

次に宗教ですが、イスラムが宗教的に団結してなどいないことは、何かあればすぐにスンニ派とシーア派で殺し合いが起き、またスンニ派内部でも数々の内ゲバが起きている事実をみるだけで充分でしょう。クルド人とトルコ人はどちらもムスリムですね。

要は、何らかの事情で敵対を激烈にする必要が生まれたとき、ある時は民族意識、ある時は宗教、あるときはイデオロギーが道具にされるのであって、その逆ではないということです。

敵対を激烈にしたいと望むのは戦う庶民ではなく、庶民を操る特権階級です。その動機は彼ら自身の利害です。こう考えても大きな誤りはないと思います。

十字軍——キリスト教に対する憎しみの背景

アラブ圏の西洋に対する敵愾心、不信感には、私たちの想像を絶するものがあります。

その一因に十字軍があることはたしかです。ブッシュが多国籍軍のことを語った際にうっかり（か本気かはわかりませんが）「十字軍」といってしまったためにアラブ諸国の猛反発を買い、結果としてイラク戦争にアラブ諸国の支持を取り付けるのに失敗したことは記憶に新しいですね。

では十字軍とは何だったのか。『アラブが見た十字軍』という本にそれが詳しく書かれてあるので、一読をおすすめします（アミン・マアルーフ著、牟田口義郎・新川雅子訳、リブロポート、1986年）。

それは侵略。それも徹底的に道理のない、残虐で無慈悲な、200年にもわたる執拗な、〈人食い人種〉による侵略でした。

当時のヨーロッパは人口だけが多い未開の野蛮な地域で、アラブはすぐれた学問と科学技術と洗練された政治システムをもつ文明世界でした。

そこに押し寄せたヨーロッパ人（アラブ側は彼らをフランクと呼んでいます）たちがアラブ人にどんな仕打ちを働いたのか。この本はヨーロッパ側に残された、ヨーロッパ人自身が書いた当時の資料を渉猟して、ヨーロッパ人が忘れてしまった彼らの歴史をこれでもかというくらいに白日の下にさらします。


マアッラでわれらが同志たちはおとなの異教徒を鍋に入れて煮た上に、子どもたちを串刺しにしてむさぼり食らった。

わが軍は殺したトルコ人やサラセン人ばかりでなく、犬を食べることもはばからなかった。（『アラブが見た十字軍』）

ヨーロッパ人たちはアラブ人を殺し尽くし、街々を破壊し尽くしただけではありません。その富を奪い、学問成果をかっさらい、技術者を連れ去りました。

そんなことが200年も続いたのです。そうすることが神の意志であり、それができるのは自分たちが正義で優秀な人種であるからであり、奪い取った様々のものはあたかも元から自分たちのものであったかのような偽りの歴史を書きました。

アラブの民衆はこの過去を語り継いで倦むことがありません。戦いの原因は宗教ではありません。しかし戦う情熱を支えるのは、キリスト強に対する憎しみであるのは事実だと思うゆえんです。


(2007.10.23)

追記――アジア的思惟様式への期待

日本は、ということで思うのですが。

西欧のいう信教の自由とは、実際にはキリスト教内各派の信仰の相互不干渉と布教の自由と平等という意味でしたよね。それはキリスト教が土着の宗教を根絶やしにしたあとに訪れたものでした。

しかし一度信教の自由という思想が生み出されたあとは、その対象はキリスト教にとどまることなく、論理的に宗教一般に適用せざるを得ませんでした。

いま起きている宗教対立とは、宗派を超えた異宗教の信仰の自由という西欧自身が生み出した普遍的真理と、キリスト教に覆われた歴史的環境との不一致ないしはあつれきという特殊歴史的段階の現象でしょう。

仏教の場合、仏教内部での信教の自由なら、はるか紀元前にすでに達成されていました。その後の歴史は、仏教と他宗教の共存に向けての模索だったと思います。

宗教的不寛容を克服する経験を、西洋よりもはるかに長く積んできたのがアジアの宗教世界でした。

いま起きているアラブ世界と西欧の宗教的不寛容を克服できるのは、アジア的思惟様式ではなかろうか。ふとそう思うことがあります。

(2007.10.25)

何が風刺新聞襲撃テロの引き金だったのか

シャルリー・エブド〔週刊風刺新聞〕が襲撃されたフランスのテロ事件（2015年1月7日）について書く。

ムハンマドをからかわれたのは事件の一要因ではあるだろうが、それがただ一つの動機ではないと思う。

私は、フランスがISIS（イスラム国）攻撃のために空母艦隊を派遣する計画を発表したのが直接の動機ではないかと推測する。

フランスのテロ犯人はアルジェリア系だそうだ。

アルジェリアはフランスの植民地だった。各地の植民地の中でも、最も差別された土地だと聞く。いまもフランス本国でひどく差別されている。

フランスの有名な外人部隊がはじめてつくられ、投入されたのはアルジェリア戦線だった。独立運動を弾圧するための部隊だ。犯罪者やならず者を集め、正規軍にできない汚いやり方でアルジェリア人を弾圧した。「アルジェの戦い」はそういう一面も持つ。

こういう歴史経緯から、アルジェリア人はフランスに独特の感情を抱いているらしい。

アルジェリアで日揮の天然ガスプラントが襲われ多数の死者を出した事件の動機は、アルジェリア上空をフランス空軍が横断したからだった。

今回のテロ事件は、かなりの武器を事前に用意するなど組織的・計画的な要素と、声明文を用意していなくて逃走も行き当たりばったりであるなど、無計画な要素が入り混じっている。

この矛盾は、いつかテロを起こそうと準備していたところ、急に行動を起こさなければならない事情ができたと仮定すれば説明がつく。

ではその事情とは何だろう。

フランスの空母艦隊派遣の発表がそれだと思うのだ。

フランス海軍の非公式発表が6日だった。

ISISはいま米軍などの空爆で大打撃を被っており、キルクークの油田を奪われ、シンジャル地方から追い出され、コバニは陥落しそうだ。

空母艦隊など投入されては致命的だと、犯人たちは焦っただろう。

空母派遣を撤回させるには、正式発表までに、できるだけ早い時期に行動に立ち上がらなければならない。

オランド大統領が正式発表するのは14日の予定だった。綿密に計画している余裕はない。

そこで急遽7日に事件を起こしたのではなかろうか。

この推測が当たっているかどうかは不明だけれど、言論の自由が大切だとはいえども、そのことだけに目を奪われてはならないと思う。

(2015.1.14)

シャルリーとムスリムの対話(思考実験)

イスラム教徒(以下ムスリム)　言論の自由は大切だ。しかしイスラム教を侮辱したシャルリの行為は言論の自由といえるのか。在日に、「殺せ、出て行け」と叫ぶザイトク(在日特権を許さない市民の会)と同じだろう。差別する自由など存在してはならない。

シャルリー・エブド(以下シャルリー)　シャルリは下品だけど、イスラム教を差別しているわけではない。キリスト教に対しても、権力者に対しても、同じように下品な罵倒をしてきた。平等だろ。ザイトクは韓国人や中国人だけを選択的に罵倒するじゃないか。シャルリとは全然違う。

ムスリム　たしかにシャルリとザイトクの質が異なるのは理解できる。しかし立場性というものを考えてほしい。西欧はイスラム圏に対して強者の立場に立っているではないか。キリスト教や権力者への揶揄は強者同士の関係の中でのことだからそれでいいが、同じことをイスラムに向けると結果として差別になるのだ。

シャルリー　なんでイスラムだけを特別視しなければならない？　それこそイスラムを差別していることになる。イスラムだろうとキリスト教だろうと、宗教に命をかけるなんぞ、バカ以外の何者でもないだろ。バカにはバカと言ってやるのが正しいのだ。

ムスリム　それをイスラムに対する冒瀆というのだ。冒瀆が怒りを生んだのだ。いや、こう言ったからといって、テロを容認するのではないことは分かってほしい。

シャルリー　分かるよ。冒瀆すれば腹を立てるのはイスラムだけじゃない。キリスト教もそうさ。でも、受け手の都合なんか我々はお構いなしなんだ。

ムスリム　ただの冒瀆にとどまらない。イスラムはただの宗教ではなく、生活様式であり文化の基調であって、ムスリムの生き方そのものなんだ。君たちは我々の人間としての根本を否定していることになるのだ。

シャルリー　イスラム教が人間としての根本だって？　笑わせないでほしいな。君らは都合のいい時だけイスラムの教えを持ち出すんだ。コーランには豊かなものは貧しいものを助けろと書いてあるそうじゃないか。だったら豊かなサウジアラビア、クウェート、ドバイ、ブルネイなんかはどうして貧しいアラブ・アフリカ諸国を助けないんだ。経済援助もしないで、自分たちは高級車に乗ったり贅沢三昧しているだけじゃないか。

ムスリム　それは話が違う。

シャルリー　いいや、違わないね。女性を虐待するのはコーランの教え、奴隷を持つのもコーランの教え、異教徒を殺すのもコーランの教え。そうかい。だったら金のある連中がヨーロッパや日本に滞在して酒を飲んでるのはどういうことだ。コーランは外国で酒を飲んでもいいと書いてるのか？　ムスリムは、しょせん自分に都合のよい部分にだけ忠実なのさ。つまり我々とちっとも変わりのない人間だってことだ。

ムスリム　都合のよいことだけいうのは君のほうだ。同じ人間だって？　それを長いこと認めてこなかったのがキリスト教じゃないか。十字軍はイスラム教徒を人間扱いしないで、その肉を食ったんだぞ。その意識は基本的に近代まで続いた。いまも続いている。そういった根深い差別がムスリムを怒らせているのだ。

シャルリー　それは認める。だったら差別という社会構造が君たちの怒りの源泉だ。社会を変えたいなら、宗教を持ち出さないで社会的要求を掲げればいいじゃないか。

ムスリム　君たちがその要求を受け入れないで社会的に疎外するから、多くの青年がイスラム教にすがるって面もある。

シャルリー　甘ったれるな。我々は通らない要求を掲げ、権力者やブルジョアジーと命をかけてたたかって、いまの人権をかちとってきたのだ。要求が通らないからって自暴自棄になってテロに走るような考えだから、イスラム圏はいつまでたっても発展しないのだ。

ムスリム　そうやってイスラム圏を馬鹿にするのが差別だと言っている。たしかに君たちは自分で権利をかちとった。ではその権利をなぜシェアしない？　君の意見は既得権を手放したくない偏狭さを合理化しているだけだ。

シャルリー　そうかもな。我々はくさってる。つまりありふれた人間だ。ムスリムだってそうだろう。高潔な人間ばかりじゃない。そういった人間の弱さやずるさ、汚さの皮をむいて、シャルリは鼻面に突きつけてやるんだ。そのどこが悪い。

ムスリム　おやおや、開き直るのかい。批判するものとされるものが対等の関係なら、君の主張も成り立つだろう。しかし現実は対等ではないのだ。すでに差別関係にあるのだ。君たちは権力者に対しては弱者だろうが、ムスリムに対しては強者なのだ。その関係性を無視して観念的に言論の自由を唱えるのは偽善でしかない。

シャルリー　立場性ねえ。また話が振り出しかよ。んで、口で言ってわからないならシャルリに死を！　と叫ぶのか。

ムスリム　やれやれ、またスタンダードな偏見だ。イスラム教にもいろいろあるし、ムスリムもいろいろなタイプがいる。つまり君がいうように、我々は多様な人間なのだ。ステレオタイプな偏見にさらされると、「死を」と叫ぶ連中の気持ちが少しわかるよ。どこまで行っても分かり合えないようだな。

シャルリー　左手にコーラン、右手に銃、なんてことをいっているうちは分かり合えないさ。もうちょっと「文明的」になってほしいもんだね。ここまでにしよう、バイバイ。

(2015.1.16)

アフメドと泥の対話

アル・アメフド（以下アメフド）　何なに、「シャルリーとムスリムの対話　思考実験」〔前節参照〕だ？　この泥ってのも分かってないよなあ……。

泥　君はだれ？

アメフド　私はアル・アフメド。パリのテロ事件で殺されたイスラム教徒の警官だよ。

泥　やあ、アフメド。大変な目にあったね。私が分かっていないというのは、どんなところだろう。参考に聞かせてくれないかな。

アメフド　いろいろあるけど、たとえば立場性がどうのこうのと書いているだろう。

泥　ああ、キリスト教徒は強者で差別する側、イスラム教徒は弱者で差別される側という立場をわきまえろという箇所だね。

アメフド　確かに立場性の違いはあるが、私はそこを強調したくない。なぜならそれは対話を拒絶するための道具として使うこともできるからだ。

泥　なるほど。

アメフド　問題は、まずどいつもこいつも見境がないところにある。

泥　どいつもこいつもというのは、どういうことかな？

アメフド　テロリストもシャルリーも君もだ。ムスリムの敵と戦ってるはずのテロリストの弾は、仲間であるはずのムスリムにも当たる。アラブのイスラム教原理主義をバカにしてるはずのシャルリーの弾も、フランスの取るに足りない少数派ムスリムに飛んでくるってことだよ。

泥　ああ、シャルリーが原理主義を皮肉ったつもりでも、結果としてイスラムフォビアを広げることになるということだね。

アメフド　そうだ。イスラムネームだというだけで就職の面接さえ受けられない社会でイスラム教原理主義を攻撃したらどうなるのか、シャルリーに分からないとは思えない。これは立場性にもとづいた批判ではない。具体的な人権侵害なんだ。

泥　それはそうだけど、原理主義者がイスラムの名でテロを起こしているんだからね。

アメフド　君は地下鉄サリン事件を誰が起こしたか知っているかね。

泥　オウムだよ。

アメフド　オウムは仏教の一派で、彼らは仏教の名でテロを起こしたんだが、仏教原理主義者の犯行と言わないのはなぜだい。

泥　あ……。

アメフド　君たちの社会は、主流派である仏教に矛先が向かないように呼び名を選択しているんだよ。ヨーロッパも同じだ。ナチスはナチスと呼ぶ。彼らは綱領で「積極的キリスト教徒」だと自己規定しているのだが、誰もその面で批判しない。アフリカで残忍なテロを起こしている「神の抵抗軍」はキリスト教徒の集団だが、めったにそこに触れない。

泥　なるほど。

アメフド　原理主義者とスタンダードなイスラム教は全然異なるものとして区別しなければならない。オウムと仏教を一緒にできなかったり、ナチスをキリスト教と区別したりするぐらいに当たり前にそれができなければならないのに、君たちは境界のあるところから見境なしに境界をとっぱずすんだ。

泥　そうかもしれない。

アメフド　ここまでは立場性にもとづいた批判だ。だが問題はここにとどまらない。シャルリーのマンガはフランス国内のイスラム教徒の、仕事や社会参加の機会を現実に奪っている。単なるカテゴライズの問題であったり、表現の自由という抽象的な問題ではなく、ムスリムの生活に実害を及ぼしているんだ。

シャルリーはただのマンガだと思っているのだろうが、ムスリムには実弾が飛んでくるのと同じことなんだ。具体的な人権侵害があれば、誰だって加害者を非難するだろう？　だからこの非難はムスリムという立場性の問題ではなく、報道被害と同じく、市民に加えられた不当な人権侵害に対する告発であり、普遍的な問題の一環なんだよ。

泥　たしかに分かってなかったよ。

アメフド　まあ、表現の自由の問題であることも事実なんだがね。しかしこれについても君たち日本人はじつに呑気な議論に終始しているな。そもそもこの問題は君たち自身の問題でもあるのだぞ。

泥　え？　日本ではまだ原理主義テロリズムの影響は小さいと思うけど。

アメフド　どこまで呑気なのだ。日本はとっくの昔に言論を巡ってテロの洗礼を受けているじゃないか。中央公論が天皇を皮肉る小説を載せたというので社長宅が襲われ、人が殺されているだろう〔1961年の嶋中事件〕。

泥　ああ、そうだった。

アメフド　あの事件以来、君たちの言論世界は右翼テロ、すなわち神道原理主義者のテロに萎縮しているんだよ。シャルリーのことをあれこれ語ってる暇があるなら、シャルリーすら持てていない自分たちを恥じるべきではないかね。

泥　ううっ、返す言葉がない。

アメフド　うなだれなくてもいいから、言論の自由というなら、受信料支払い拒否でも何でもやって、「政府が右というものを左というわけにはいかない」という公共放送局のトップをすげ替えさせるとか、官邸のおごりで寿司を食っているような新聞をボイコットしてみたらどうかね。

泥　グサッ、グサッ……あの〜これ以上聞いていたら身が持たないので、すみませんが天国にお帰り願えませんか。

（2015.1.16）

「わたしはシャルリー」の持つ意味

シャルリー・エブド（フランスの週刊風刺新聞）がイスラム教を下品にからかったことが同紙襲撃テロの口実にされているけれど、実際のところ、どうなんだろう。

ＩＳＩＳ（イスラム国）やイエメンのアルカイダは、その支配地域において、住民に残虐なテロを繰り返している。

ブルカを着用しなければ生きたまま石打ち刑にする。

石打ち刑に参加しない住民は、その首を切り落としてさらす。

これらはイスラムに対する反逆だというのだ。

イスラムのしきたりに忠実であっても、支配に従順でない住民は高いビルから生きたまま投げ落として殺す。

税金を収めない村は集団処刑で根絶やしにされるという。

これらは支配に対する反逆であり、ひいてはイスラムへの反逆であるというのだ。

このように、原理主義過激派はこれと決めた標的に容赦しない。

相手がムスリムであろうとなかろうと同じことだ。

殺された住民はイスラム教を冒瀆したわけではない。

ただ奴隷的支配に従わなかっただけだ。

「イスラムに反逆したから殺す」というのは、言うことを聞かない住民を見せしめ的に殺すための、単なる口実に過ぎない。

おなじように、シャルリー・エブドの落書き騒ぎも、事件の動機にイデオロギーを与えるための、単なる口実だろう。

テロは、社会に衝撃を与え、軍事介入をためらわせるのが目的だったのだろう。事実、スペインは列車爆破テロをきっかけにイラクから撤退した。

パリ事件の実行を指示した組織は、スペインの再現を狙ったのだ。

今回のテロは、いまシリアとイラクで戦われているＩＳＩ

Sとの戦争や、アフリカで戦われているアルカイダとの戦争を、フランス国内に拡大したものというのが正しい見方だと思う。

その戦争でフランスはISISと戦い、巻き添えで多くの無辜の市民を殺している。

こういう現実を踏まえた場合、「言論の自由」はどんな意味を持つのだろう。

「テロに屈しないぞ」ということは、取りも直さずフランスがいまやっている戦争を容認することだ。

フランス国内の「言論の自由」と引き換えに、たくさんの罪のないイラク市民の命を奪うことを意味する。

フランス市民がそれを望んでいるのではないだろうけれど、結果としてそうならざるを得ない。

「わたしはシャルリー」は、戦争継続の決意を西欧市民から引き出すための、これもまたイデオロギー的プロパガンダでしかないのではないだろうか。

(2015.1.19)

イスラム教だけが暴力的で異質なのではない

イスラム教について、次のようなことが広く信じられている。

ISIS(イスラム国)の残虐さは度を越しているが、他の宗派にしても、イスラム教はたいがい暴力的だ。

イスラム教徒同士で、「シーア派に死を」「スンニ派に死を」と互いに殺し合っている。

信仰を守るための戦争をジハードと称して正当化している。

そもそもイスラム教は剣と暴力で布教地を広げていった歴史がある。

これらは事実ではある。

しかしこういったことは、旧い秩序が揺らいで新しい秩序がもたらされるまでの期間につきものの現象だ。

世界のどの民族でも繰り返されたことである。

日本も例外ではない。

古代から近世にかけて、権力者が交代するたびに同じようなことが起きている。

古くは『古事記』の例を上げよう。

九州から奈良に移動した初代天皇神武は、どのような戦い方をしたのか。

一例を挙げれば、和睦を提案して現地の有力者を宴会に招き、だまし討ちして集団虐殺したと古事記に誇らしげに書いてある。

神武自ら、棍棒や石棒で殴り殺せと命じている。

『古事記』神武記（現代語訳は泥）

宴会の世話人に偽装した兵士に神武が教えて語るには「歌を聞いたら一斉に斬れ」といった。そこで、集まった現地の人々を打つ合図としてわかるように、歌を語るには、「忍坂《おさか》につくった大きな建物に、たくさん人が集まった。たくさん人が集まったけど、久米族の若者が、棍棒や石棒を持って、撃ってしまおう（撃ちてし止まむ）。久米族の若者が、棍棒や石棒を持って、いま撃つのがよいぞ」と歌った。

こう歌って、刀を抜いて、一度に打ち殺した。

古事記には、殺した敵の首を切るどころか全身をバラバラに切り刻んで捨てたとか、従わない住民を強制追放して天下を統治したとか（古代にあって共同体からの追放は、すなわち死を意味した）、麗々しく記してある。

古事記はただの創作神話ではなく、当時（おそらく弥生時代）の現実が反映しているに違いない。

神武のライバルは、信じる神が違うことを理由に暗殺された。至高の存在である天神の子である神武は特別の存在であり、すべての者がひれ伏さねばならないのに、そのことを理解できないのは性格がねじくれているからで、だから死ぬべきだったと、これも古事記の記述だ。

世界のどこでも、このような逸話はありふれている。

旧来の支配者と、それにとって変わろうとする勢力との間の争闘は、常にこうした血みどろの様相を呈する。日本だけではなく、欧米を含めて世界中どこでも同じことだ。

その時期、敵は異物として扱われ、殺すことが奨励され、より多く殺したものが英雄となり、また敵の士気を打ち砕くために、拷問死、撲殺、焼殺など、より残虐な手法が採用される。

相手の尊厳を傷つけるために、死体損壊も普通に見られる。敵は異民族だけではない。

同民族間でも、血統の違い、宗教の違いなどを殊更に強調することで、戦いが正当化される。

要するに、イスラム教やアラブ人について語られていることのすべては、すべての宗教、すべての民族に共通するものなのだ。

イラク戦争やシリア内戦によって旧来の権力が崩壊した。権力の空白地帯に勃興した新勢力ＩＳＩＳが、権力確立を目指して、それまでの例にたがわず同じことをしているのだ。

欧米を標的にしたテロは、戦国時代の日本で、乱破《らっぱ》や素破《すっぱ》を使って相手国領土に放火したのと同じことで、敵地で混乱を生じさせてその攻撃力を弱めようというのは、ありふれた手口である。

ISISがネットに残酷なビデオ動画を投稿する行為も、かつてルーマニアのワラキア公ヴラド3世がオスマン帝国兵の串刺し死体の林を見せつけて脅した例が有名だが、どの民族もそういうことをやっており、似たような例は世界史に枚挙の暇がないほどだ。

権力が交代し、もしくは交代に失敗して安定期が訪れると、誰もが昔の野蛮な行為をなかったことのように忘れてしまう。

そして他人が同じことをしているのを見て、野蛮だ残酷だと非難するのだ。

そうはいうものの、かつては世界が同じことをしていたといっても、その理屈でいま行われているISISの野蛮で残酷な圧政を合理化するのは許されないだろう。

彼らに迫害されているアラブ民衆のために、崩壊した秩序を復するためにISISと戦うのは、仕方のないことかもしれない。

しかしそれならば同時に、いまの混沌をつくり出した原因に対しても、同じぐらい目を向ける必要があるだろう。

すなわちアラブの秩序を崩壊させたイラク戦争について、その意味を問い直さなければならない。

イスラム教の暴力性や、アラブ人に固有の民族性などに問題を還元してすませるわけにはいかないのではないか。

(2015.1.19)

私が「9・11謀略説」についていけない理由

電車の中で知人に持ちかけられた「9・11謀略説」。不毛なので論議したくなかったけど……。

謀略説を信じる人たちが熱心に活動するのを妨げるつもりはありません。その反戦の志を私は心から尊重します。

しかし謀略説があたかも確定された事実であるかのごとくに思いこみ、謀略説を信じていないけれども米国の侵略戦争は許せないと考えている者に対してまで、「わかってない奴」みたいに言われるのは、とても困ったことだなあと思います。

どうして謀略説に同調できないのかを問われれば、答えざるを得ません。

すると感情的な反発が返ってきて、とても気まずくなります。ほんと、やっかいだなあ。

謀略説のために言いますが、まだまだ説得力が足りないと思います。そもそも、ストーリーとして破綻していると、私は思っています。

こまかな中身に立ち入ると、歴史修正主義者との論争に似てきますので、ほんと、不毛だと思います。

この日記も書くのをためらったのですが、こんな考えの人間もいることを知っておいてもらうのもよいかと考え、書くことにしました。

9・11テロの出来事をいくつかの要素に分けて考えてみましょう。矢印の後が謀略説です。

①乗客を満載した4機の旅客機がハイジャックされた。
→4機の旅客機がハイジャックされた事実はない。
②2機は世界貿易センター（WTC）ビルに突っ込んだ。
→WTCビルに突っ込んだのは軍用機である。
③1機はペンタゴンに突っ込んだ。
→ペンタゴンに突っ込んだのはミサイルである。
④1機は乗客の反乱で墜落した。
→旅客機が乗客の反乱で墜落した事実は存在しない。
⑤旅客機激突の衝撃とその後の火災でWTCが崩れた。
→WTCビル崩壊は仕掛けられた爆弾による。

ブッシュたち戦争屋がアフガンとイラクに戦争を仕掛けるたのは事実です。しかしそのために、矢印で示したような謀略が不可欠だったのか、私にはそれが疑問です。

もっと簡単で安上がりで、バレない方法はいくらでもあると思います。反米武装勢力に、旅客機をハイジャックして高層ビルに突っ込むというアイデアを提供して扇動するだけで、同じ効果が得られます。そうしたい殉教志望者なら、いくらでもいるのですから。なにもわざわざ自分の手を汚して実行することでしょうか。

WTCビルの倒壊が自然なものではなく、爆破によるという説が納得できません。大量の乗客を乗せた旅客機をテロリストが4機もハイジャックして、高層ビルとペンタゴンに突入させた。ブッシュたち戦争屋にとっては、それだけで、十分な開戦理由でしょう。

なぜ人為的に倒壊させなければならなかったのか、理由がわかりません。

事件が謀略であったとしても、倒壊はまったく余計なことであると思います。人知れず大量の爆弾を仕掛けるなど、謀略発覚のリスクと得られる効果を考えれば、とても採用できない計画だと思います。

4機目の墜落がどうして必要だったのかがわかりません。謀略ストーリー全体の中で、4機目は余計者です。わざわざ手間暇かけて創作する意味がわかりません。

どうしてペンタゴンを白昼にミサイル攻撃する必要があるのか、理由がわかりません。実際に旅客機を突入させても、「謀略実行者」には何の不都合もないはずです。しかも爆破後に、ただちに現場に人知れずジェット旅客機のエンジンなど大量の破片や死体の残片をばらまくなどということができたとは、とても思えません。そんな手間なことをどうしてする必要があるのか、まったく理由がわかりません。

私が謀略計画の担当官なら、幻のハイジャックを創作するより、実際にハイジャックさせる方策を考えるでしょう。幻の乗客を創作するのにかかる手間と携わる人員と費用を考えれば、とてもできることとは思えません。

全米の「幻の乗客」の家で行われた葬儀もフィクションなのでしょうか。被害者リストが公開されているのですから、氏名と住所が明らかにされている「幻の乗客」が実在せず、葬儀も行われなかったことを調べるのは難しいことではないでしょう。謀略説を信じる人が、どうして誰もそれをしないのか、私にはわかりません。

「9・11」が謀略であろうとなかろうと、ブッシュの戦争は許せません。「謀略説」の人たちは、ブッシュの戦争が謀略にもとづいているから反対なのでしょうか。そうではないと思います。

「反戦」と「謀略」は区別したほうがよいのではないでしょうか。どうして反戦運動の中に「謀略説」を持ち込んで、余計な論争を吹っかけるのか、私にはまったく理解できません。「謀略説」を唱えるのがいけないとは思いませんが、それを巡って反戦派の中に対立が生まれるようなら、かえって有害となります。

(2007.12.30)

20 国際紛争

ブーゲンビル島の和解―戦わない力について

パプア・ニューギニアのブーゲンビル島で国民投票が行われ、平和のための新しいセクションリーダーにジェームズ・タニスが選出されたという報に接しました。

ジェームズ・タニス。なつかしい名前です。

1988年から98年まで10年にわたって続いていたブーゲンビル島の内戦を終わらせた人物として、私は彼を記憶していたからです。

内戦は、人口18万人の島で1万5000人もの死者を出すという激戦でした。この内戦を終わらせたのは、1人の無名兵士と女性たちの力でした。

戦争の原因

戦争の原因は、イギリスとオーストラリアの合弁会社が開発した銅山の公害です。

鉱山は安全対策や環境対策がほとんどなされず、ちょうど足尾銅山のような惨状を呈していました。

川や海は鉱山の廃水に汚染され、魚は捕れず、島民が食糧にしていたオオコウモリは絶滅し、畑の作物も食べられなくなりました。

怒った住民と地主が、開発を停止させるために山の返却を求めたところ、イギリスの傀儡政府であったパプア・ニューギニア政府は住民たちに武力を用いました。

これがきっかけでブーゲンビル独立運動がおこり、革命軍が組織されて内戦に至ったのです。

ジェームズ・タニスのやったこと

革命軍の中隊長だったジェームズ・タニスは戦うことに疑問を抱くようになりました。

人口たった18万の小さな島です。敵といっても互いに友人だったり、親戚だったりします。なぜ島民同士で争わなきゃならないんだ？　本当の敵は他にいるのではないか？

彼は部下の兵士たちに「相手の頭の上を狙え」と命じました。つまり命中させるなというのです。そして敗走する時、たとえば建物の壁に「WE LOVE YOU」と書くことを始めました。

次に、彼は敵の兵士を見つけると、笑顔で手を振って、その後に走って逃げるという行動を取る。さらにはチラシで戦わない意志を伝えていく。

政府軍兵士はその行動に疑問を覚えつつも、次第に殺し合わない状況が前線に生まれ、互いに話ができる状況が生まれました。

ついに敵同士で対話する場が生まれると、彼は敵軍の兵士たちにこう話したそうです。

「本当にオレたちは互いに敵なのか？　他に本当の敵がいるんじゃないのか？」

前線は勝手に停戦しはじめました。

女性たちの戦争拒否・平和の取り組み

平和の力のもうひとつは女性でした。

なんといってもブーゲンビル島は伝統社会の島で、いまも母系制が続いています。「女は地面の母親」ということわざがあり、女性が土地の相続権と使用権を独占しています。

その強い地位を活かして、女性たちは内戦初期から和平アプローチを模索しており、政府軍支配地域と革命軍地域を行き来して交流しました。

革命軍地域は政府軍によって封鎖されていましたが、女性たちは敵味方を超えて秘密のネットワークをつくり、食糧援助などを続けたそうです。

そして弾圧に遭いながらも何度も平和行進などを行い、戦争終結を訴え続けたのでした。

そして和平へ

転機は1997年でした。

戦線の膠着にいらだった政府は、革命軍壊滅を、英国の民間軍事請負会社であるサンドライン・インターナショナル（SI）社に依頼しました。

その契約には、紛争の元となった鉱山会社も同席していたそうですから、誰のための戦争なのかよくわかります。

これに反対したのが、なんと政府軍でした。彼らは住民と手を組んでSI社の傭兵を捕らえて監禁し、傭兵契約を破棄させてしまいました。

これがきっかけとなってブーゲンビル島の内戦は終結。

国連の仲介により和解して、政府軍と革命軍双方が武装解除を成功させました。そして和平合意の実施として、ブーゲンビル島には自治政府が発足しました。

どうして平和がもたらされたのか

さて、政府軍はどうして政府に背いてSI社の傭兵を追い出したのでしょう。

戦う気持ちは差別・ヘイトによって支えられます。敵は人間じゃないと思うから殺せるのです。

タニスは前線でその考えをくつがえしてしまいました。兵士が互いに親戚であり友人であり仲間だったことを思い出させたのです。

タニスは武器を上官に差し出し、「オレはもう女子どもを殺さない、殺すなら自分でやってくれ」と言ったといいます。相手の兵士にも自分の武器を差し出し、「お前を殺すのはいやだから戦いを止める。オレをその銃で撃ち殺してもかまわない」と言ったといいます。

女性たちも同じことを訴えたのです。

敵だといってもみんな私たちの息子じゃないのさ、と。

こうして人間に戻り、革命軍だって人間であり友だちだと思い直した政府軍兵士は、友人であるタニスたちを殺そうという傭兵に我慢ならなかったのではないでしょうか。

2008年、タニスはブーゲンビル自治政府の大統領に選出されました。

和平プロセスは現在も進展中です。

タニスは2年の任期を務めた後で引退したのですが、また和平プロセスの責任者として選任されました。

うまくいってほしいと心から思います。

(2015.11.19)

一筋縄でいかない国際関係

1972年

日本は中国と国交回復した。（うん、いいことだ）

しかし日本政府は戦後補償だけはがんとして拒否した。（う～ん、それは……）

戦後補償に代えて日本政府はODA（政府開発援助）を使って中国を援助した。（まあ、悪くはない）

ODAの仕事を請け負ったのは日本企業だ。（そ、そうなんだ……）

そのほかに現金援助もした。（はい）

その金で中国はすごい軍備を整えた。（えっ!?）

1973年
パリ和平協定。米軍がベトナムから撤退した。（おお！）
1974年
中国軍がベトナム領パラセル諸島に侵攻、ベトナム海軍を破って占領した。（げげっ！）
このとき、日本国内は日中友好一色で、この侵略行為は報道されなかった。（おお……）
1976年
ベトナム統一（北ベトナムによるパリ和平協定違反なんだよね）
1987年
経済的苦境にあえぐベトナムを中国軍が攻撃、ベトナム領スプラトリー諸島を占領した。ベトナム側の戦死者70人。（なんということだ……）
1991年
フィリピンの市民運動の圧力もあって、フィリピン政府は米比相互防衛協定を破棄すると通告した。（デモクラシーの力だね）
米空軍司令官は、フィリピンにとって唯一の脅威は中国であるが、当時の中国は水陸両用の攻撃をしかける能力を持たないため、脅威はささいなものに過ぎない、と述べている。
サイミントン上院議員とフルブライト上院議員は、米比相互防衛条約の規定にもかかわらず、たとえフィリピンが攻撃されても、直接在比米軍が攻撃されないかぎり、米軍は応戦する必要はないと述べていた。（まあ、そんなもんだ）
米軍が完全撤退した。
1995年
フィリピン領ミスチーフ環礁を中国海軍が占領した。（う、うわっ、いきなりか！）
1998年
フィリピン政府は中国の攻勢に対して米軍の軍事力に期待、米比地位協定締結。米軍が再駐留し、海空軍基地の整備が始まる。（出て行けとか、戻って来いとか勝手なこと言ってるけど、独立した主権国家なればこそだよねえ……）
そして2015年
フィリピンでは、ミンダナオ島の石油資源をめぐって、フィリピンに帰ってきた米軍が内戦に実力介入している。（ええっ？）
ミンダナオの独立を唱えるゲリラと合意した和平協定が風前の灯だ。（なんと……）
ふりかえって
中国がおかしなことさえしなければ、フィリピンの内戦は終わって平和になるはずだった。

その中国に経済援助して軍備拡張を支援したのは日本だった。中国向けの経済援助を、日本の平和勢力は好意的に見ていた。なぜなら、中国の侵略行為をメディアがまったく報じなかったから。

いやあ、ほんとに難しい話だ。

だけど日中国交回復は間違っていないし、経済援助だって政策として間違っていなかった。

ベトナムが米軍を追い出したのも、フィリピンが軍事同盟を破棄したのも間違っていない。

間違っているのは、それを覇権主義に利用した中国だし、フィリピンの資源に目をつけた米国だ。平和を求める市民の願いを、こいつらは踏みつけにしてやがる。

平和を願う心が逆手に取られることもある。だからといって平和主義が間違っているのか？　そんなはずはない。私たちは正しい。ただ、もう少し賢くならなくては足元をすくわれるってことだ。

個々の事例では平和主義が無力に見えることもある。しかし、平和主義がアジア外交を動かし、紛争を防いだ事例もたくさんあるのだ。ただ、なかには失敗もあるってことだ。

世界をリアルに見ること、油断しないこと、しかし理想主義を手放さないこと。難しいけれど、あきらめちゃいけないと思う。

(2015.5.20)

ソマリア海賊問題

想像力欠如のソマリア海賊対策

海賊対策に関して、いま行われている議論がどれほど想像力（プランニング能力）に欠けたものか、具体的に指摘したいと思います。

海賊退治のために、どんな部隊を派遣するつもりなのでしょうか。特別警備隊を出せという声が高いようです。特別警備隊は、武装工作船対策のために創設された部隊ですから、海賊退治にうってつけだというのです。

特警隊なら、たしかに海賊を制圧する能力を持っています。その特殊ボートは時速40ノット（74㎞）も出るので、海賊の高速漁船なんか目ではありません。

通常、2隻が互いに援護しながらヘリとともに作戦に当たります。しかし日本周辺での作戦しか想定していない特警隊をソマリアに派遣するなら、特別機動船を2隻とヘリ3機を運べる「母艦」が必要です。

どの艦を使うのでしょうか。スペースのある「おおすみ」にはヘリ搭載能力がありません。無理してヘリを載せても、飛行管制をしたり整備する能力がありません。「おおすみ」より大きな「ひゅうが」はまだ就役しておらず、乗員訓練もしていないので使えません。

ヘリ搭載護衛艦「はるな」型、「しらね」型だと、警備艇を積むためにはヘリを降ろさねばなりませんので、話が本末転倒です。

掃海母艦「うらが」ならスペースがありますが、速力が22ノット。海賊船を追跡できません。

では特別機動船をあきらめて、重機関銃や対戦車ロケットを積んだ海賊船を相手に小型ゴムボートで突入させるのでしょうか。

そんな、死んでこいというに等しい作戦を命令できるはずがない。海上自衛隊は海外での作戦行動を想定していないので、ソマリアで働く能力を持っていないのです。この弱点は、いざ部隊を派遣しようというときに、きっと争点として浮上するでしょう。

さらに、運よく海賊を拘束したとして、司法権限を持たない部隊はその後何をすればよいのでしょうか。各国軍は、せっかく海賊を捕らえても、海岸まで運んで釈放するしかない現状です。

有効な海賊対策の国際法がつくられないうちは、いくら強い部隊を派遣しても何もできないのです。

ロシアの戦車を積んだウクライナの貨物船が乗っ取られたのが昨年（２００８年）9月25日でした。ロシアは直ちに特殊部隊を載せた艦艇を現地に派遣し、米国も駆逐艦を派遣しましたが、何も手を出せずにいまもにらみ合いが続いています。「何もしないわけにはいかない」と政府は言いますが、乗っ取られてしまうと軍艦を派遣しても、実際に何もできないのです。

こういう問題になるとすぐに「憲法の制約があるから何もできない」という議論に進めたがる人がいますが、ロシアだって何もできないんだから、これは憲法の問題ではなく、国際法の問題であり、軍隊の能力の問題です。軍事力は万能ではないのです。

ではどうすべきなのかについては次節で。　(2009.1.26)

ソマリア海賊取締りは自衛隊より 海上保安庁が適任である

海上保安庁を派遣できる根拠

海上保安庁法はその管轄場所を「海上」としているだけで、どこまで及ぶかについては、明記していません。

ここが自衛隊と違うところです。現に海上保安庁は公海上で発生した外国船舶の海難救助を実施しています。フランスから日本まで核廃棄物運搬船を警護しました。このときはテロリストに襲われる危険が指摘されましたが、ちゃんと海保は任務を引き受けて果たしました。

それでは海保はどこまで出ていけるかといえば、日本の船がいるところまでだそうです。[*1]

海上保安庁の権限

危ない仕事は自衛隊に任せろという意見がありますが、海上保安庁に対してまことに失礼な話です。海保には海賊取締の権限があり、取締りの一次的義務を負っており、当然ながらその意思があり、実績もあるので、それを示します。

海保は公海上の外国船舶での外国人に対する暴力事件に介入した経験があります。

「ＥＢキャリア号」事件です。

この事件は海賊事件ではありませんが、海賊事件に類似しているので、その取締りが可能なのかも検討対象となりました。その総括がなされていて、結論はこうです。

> 旗国からの同意の必要はなく、海上保安庁としては、国際法に基づき、海賊を鎮圧することができることとなる。
> （『海上保安事件の研究――国際捜査編』）

その根拠は公海条約第14条、19条にあります。[*2] 海上保安庁の活動は取締という司法活動です。海賊退治は司法の領域ですから、海上保安庁が第一義的責任を負っているのです。だから適任なのです。

これに対して、海上自衛隊にできるのは軍事行動です。できるのは海賊の一時的制圧だけで、海賊対策には二次的義務しかなく、取締りの権限もノウハウもなく、実績もありません。

海上保安庁の実績

海保には海賊取締の長い歴史があって、実績は多方面にわたり、それが効果をあげていて、各国から高く評価されています。

他方、海上自衛隊の派遣については、イエメン沿岸警備隊のアルマフディ作戦局長は、朝日新聞の取材に応じて、「高い効果は期待できず、必要ない。むしろ我々の警備活動強化に支援をしてほしい」と述べています。

警備活動支援はアジアですでに行っています。マラッカ海峡の海賊対策として、日本政府はインドネシアに巡視艇をODAで供与しています。

日本人船長が海賊に襲われた「アロンドラ・レインボー号」事件以後、海上保安庁はインドネシア、マレーシア、フィリピン、シンガポールと、2国間共同訓練を毎年実施しています。2007年にはマラッカ海峡ではじめて日本、タイ、マレーシア3カ国の海上保安組織による海賊対策合同訓練が行われました。

合同訓練の他に、インドネシア、フィリピン、マレーシアへは、各国の海上保安組織の制度・整備支援、人材育成を目的とした専門家の派遣、タイからは海上保安大学校への留学生受け入れなどの支援を行っています。

2006年には日本の主導でアジア海賊対策地域協力協定が発効し、情報共有センター（ISC）が設立されています。これには日本、ASEAN10カ国、中国、韓国、インド、スリランカ、バングラデシュの16カ国が参加しています。

これに対して、海上自衛隊には部隊を派遣できる根拠法がありません。取締りの権限はありますが、ノウハウがありません。実績は皆無です。

このように、どこから見ても海上保安庁が適任であり、海上自衛隊の派遣にこだわる理由がないのです。

＊1　海上保安庁はどこまで出ていけるか

日本国の沿岸水域といっても公海を含んでおるのでありまして、極端なことを言えば、メキシコまででも行くわけでありますが大体沿岸水域というのは、その国の一つの勢力と申しますか、船の大体多く行っておる所とか、大体そこまで漁業に出ておるとか、そういうふうに社会通念から考えてみて、公海を含めて大体勢力の及ぶ所であると考えております。（衆議院治安及び地方制度委員会議録第20号、昭和23年4月2日）

＊2　公海条約

第14条　すべての国は、可能な最大限度まで、公海その他のいずれの国の管轄権にも服さない場所における海賊行為の抑止に協力するものとする。

約19条　いずれの国も、公海その他いずれの国の管轄権に服さない場所において、海賊船舶、海賊航空機又は海賊行為によつて奪取され、かつ、海賊の支配下にある船舶を拿捕し、及び当該船舶又は航空機内の人又は財産を逮捕し又は押収することができる。拿捕を行つた国の裁判所は、課すべき処罰を決定することができ、また善意の第三者の権利を尊重することを条件として、当該船舶、航空機又は財産についてとるべき措置を決定することができる。

(2009.1.27)

海賊だけが悪いのか？

「ソマリア暫定大統領、イスラム穏健派アハメド氏を選出」
（読売新聞　2009年1月31日）

なんなんですかね、これは。停戦に合意した和平派みたいに評価しているけど、2年前には彼をアルカイダだと決めつけてたじゃないか。アルカイダとの和平はあり得ないと言ってたじゃん。ブッシュの振り上げたこぶしで何人の人が無駄に死んだんだか。

とは言うものの、筋が通らなくても、主要な戦いが収まるなら歓迎すべきことです。

確信犯的テロリストとは非妥協的に戦うが、いわば「攘夷」をやってるだけのゲリラ戦士とは和解できる、というオバマ戦略の表れかもしれません。それならばアフガンの和平も期待できるかもしれません。

でも歴史の教訓として、ここに至るプロセスを振り返るのも無駄ではないでしょう。

もともと米国がソマリアに介入したのは新大統領が率いていた「イスラム法廷会議」を追放するためでした。それが失敗して、イスラム法廷会議は首都を掌握しました。

その後「テロとの戦い」を唱える米国の後押しでエチオピア軍が介入し、イスラム法廷会議を追い落としました。

米国はこの紛争に空母を派遣し、ＡＣ１３０〔対地攻撃機〕でイスラム法廷会議を上空から砲撃しています。ヘリ部隊が攻撃に参加したという情報もありました。

米国はイスラム法廷会議をアルカイダだと決めつけて、徹底してたくつもりだったようです。日本国内の報道は少なかったけれど、米国寄りの情報ばかりだったと思います。イスラム法廷会議＝アルカイダ＝テロリストというわけです。

その後エチオピアはソマリア人の反発を受けて撤退し、米国は攻撃の足がかりを失って、ソマリアから関心をなくしました。で、時が流れ、このたび米国とエチオピアを相手に戦っていた当時のイスラム法廷会議議長が大統領になり、首都に返り咲くと「局面打開に期待がかかる」ですか。

大国の都合に振り回され、生活を破壊され、元政府軍の敗残兵にそそのかされて海賊のうまみを知ってしまった、気の毒なソマリアのマグロ漁師はどうなるんでしょうか。

BBCは、海賊は3タイプのメンバーの共同作業だと書いています。元漁師が操船し、元兵士が荒仕事を担い、技術者がパソコンやGPSを扱う。

ニューヨークタイムズは、ソマリアの漁業を奪われた漁民が「税金を集める沿岸警備隊」と称して海賊を始めたと書いています。

ボイス・オブ・アメリカは、マグロの争奪戦が原因だと書いています。先進国のマグロ漁船に漁場を奪われたので海賊を始めたと。ソマリア沖は屈指のマグロ漁場だそうです。

おそらくどれも正しいのでしょう。まず内戦で経済が崩壊し、家内産業だったマグロ漁の漁場を荒らされ、最後に津波で財産をなくした結果、食べるのに窮した漁民が、政府軍崩れの愚連隊と組んで海賊を始めたのではないでしょうか。

海賊は悪いんだけど、だったらソマリアをムチャクチャにしたエチオピアや米国、それを支持した西欧や日本はどうなんだ。海賊だけが悪いのか？

(2009.2.2)

ソマリアで日本にできることを考える

ソマリアの海賊対策について、国際海運業界の主要7団体[*1]が各国に送った公開書簡があります。ここに現在の海賊対策の弱点が明記されています。

①取締の実力が不足している。
②指揮統制が調整されていない。
③海賊に対して取り得る措置が不明確である。
④逮捕した犯罪者を裁き、処罰する司法機関がない。

そこで、日本として取り得る措置は次のようなものと思われます。

短期的対応

(1) 海上保安庁の巡視船を派遣する。
自衛隊に較べてその有利な点は、
・新たな法整備が不必要
・海外活動の実績がある
・取締のための交流が海域周辺国との間ですでに実施されている
・調査・連絡担当官が現地に派遣されている
・「憲法上の制約があるので自衛隊は派遣できない」と国際社会に対して明確に発言すれば、特にアジア諸国に対して外交的に極めて有益

(2) 統一司令部をつくるべく各国に働きかけて調整する。
これは国連非常任理事国としての日本の役割です。これに反対する国民はいないと思います。統一司令部がなく情報が共有されていないのは大きな欠陥です。インド海軍が海賊母船と間違えて漁船を撃沈してしまったのも、それが原因だそうです。統一指揮のもとに各国の艦艇や航空機を効率的に配しておき、救難信号を受信すればどの国の船であれ直ちに駆けつけるシステムができれば、海賊を追っ払える確率が高まるでしょう。

(3) 国際法整備のための場を提供し、専門家や事務官僚を派遣する。
現在判明しているところでは、海賊の母船は約8隻[*2]だと見られています。

これらの母船の所在をつかみ、取り締まれば、被害が一挙に減るでしょう。

母船をはじめとする海賊船を拿捕できるように、各国軍隊や海上警察に授権するための法整備が必要です。EUはブリュッセルに海賊対策のための調整事務所を設置しましたが、国際法の整備に着手できていません。各国の権益や保障責任問題などがやっかいだからです。

ならば日本が主導すればいい。国際会議を招集して日本が座長を務めれば、取りざたされている海自のEU艦隊への編入などという現実離れした議論を封じることができます。

(4) WFP（世界食糧計画）など国際機関の艦船を護衛する。
(2)と(3)ができない場合でも有効な対策です。日本が外国船を護衛することは憲法上できません。日本の船だけを護衛するというのも、船団を組めないのだから無理です。しかし、自国船の警護を外国に任せて自分は何もしないのも非現実的です。ならば海上保安庁が国連関係の船を警護すればよい。

そのメリットを列挙します。

- その部分はカナダが小規模にやっているだけで空白ですから、そこを日本が担えば国際的義務を果たすことになる。
- 司法行動だし国連機関を守るのだから集団的自衛権に触れない。
- 統一司令部に加わらなくてもよい。

中長期的対応（司法援助）

(1) 効果をあげているマラッカ海峡の海賊対策に準じて、海上保安庁が沿岸国の海上警察を援助・教育することができます。国連の協力を仰ぐこともできるでしょう。

(2) 海賊被害が集中しているのはプントランド自治政府の沿岸です。自治政府には取締の意志があり、その組織づくりや財政援助を求めています。米国などはこれまでの行きがかりがあって積極的に動きにくいようですが、日本はそんな気遣いが不必要なので、自治政府を援助できると思います。

まとめ

これらが実施できれば、護衛艦を派遣するだけよりずっと効果的です。要はやる気です。

あと海自のP３C（哨戒機）を派遣するという案が出ていますが、情報収集と監視の役割を果たすのならば出してもいいと思います。いまは固定翼機が少ないらしいので、これを4機程度派遣すれば護衛艦以上に役に立つでしょう。

就役しないで油漬けにしている機体が10機程度あるはずなので、国内の運用計画に齟齬をきたしませんし、費用も少なくてすむし。ただし法律整備が必要だし、国民感情にも配慮が要ります。

何が何でも自衛隊を出さねばならない理由などないので、焦る必要はありません。後先考えずに護衛艦を派遣するというのはいちばん安直な方法だと思います。

*1　国際海運会議所（ＩＣＳ）、国際海運連盟（ＩＳＦ）、ボルチック国際海運協議会（ＢＩＭＣＯ）、国際乾貨物船主協会（Intercargo）、国際独立タンカー船主協会（Intertanko）、国際船舶管理者協会（InterManager）、国際運輸労働者連盟（ＩＴＦ）

*2　2隻が漁船、1隻がタグボート、数隻のダウ船、大型ヨットクルーザー1隻です。クルーザーはオーストラリアからフランスに向かう途中でハイジャックされたフランスの2本マストのヨット（Carré d'As IV）。

(2009.11.27)

海上自衛隊派遣は改憲の一里塚

米海軍は、ソマリア沖の海賊対策に長くとどまれないそうです。別の方法がないか探していると、フィッツジェラルド米海軍大将が語っています。

アメリカ軍の上級将校はわりと自由にものを言うのですが、米海軍のサイトによれば、彼はバルカン半島とイラクと地中海におけるNATO軍運用責任者だそうですから、かなり重要な発言だと思われます。

フィッツジェラルド海軍大将は、いますぐ撤退するわけではないがと前置きして、こう語りました。

①海軍をはりつけておくのは高くつきすぎる。

②国際艦隊の他の任務に支障を来す。

③海運会社が自己責任でなんとかしろ。

まあ、正直な感想でしょう。そしてこれらは、海賊対策のはじめから指摘されていたことでもあります。

海上自衛隊派遣理由のウソ

いま、海上自衛隊を派遣するにあたって語られていたことをここで振り返っておくのは、無駄ではないでしょう。私は自衛隊ではなく、専門家である海上保安庁を派遣すべきだと考えていましたし、その考えは変わっていません。

しかし、政府は次のように説明していました。

・海上保安庁には遠洋で活動できる艦艇がない。

・対戦車ロケット砲を装備している海賊に立ち向かえるのは、護衛艦しかない。

どれもデタラメです。

海上保安庁には遠洋で活動できる艦艇がある。

いま派遣されているのは4000トンクラスの護衛艦です。こんな大型船しかソマリアに行けないというのですが、ウソです。ソマリアで操業している日本漁船の99%以上が、100トン未満の船なのです。小さな漁船でも行ける海域に、どうして1000トンクラスの巡視艇が行けないというのでしょうか。

海上保安庁には1000トン～4000トンの巡視艇がたくさんそろっているのです。湾岸戦争の後でペルシャ湾に派遣された掃海艇は、500トン程度の木造船ではありませんか。

米国が沿岸警備隊の艦艇を派遣していますが、小型船です。どの角度から検討しても、巡視船で駄目な理由がありません。

対戦車ロケット砲を装備している海賊に立ち向かう能力が、巡視船にはある。

九州沖で「北朝鮮」工作船と交戦した海上保安庁の巡視船「いなさ」は180トンの小型船だし、「あまみ」は350トンでした。どちらも装甲の薄い船だったので「あまみ」は負傷者を出しました。いまは機関銃弾を防げるよう、装甲が厚くなっています。

護衛艦だって直接戦闘を前提につくられていないので、対戦車ロケットに直撃されたら危険なのは同じことです。

揺れる海上で海賊は手で武器を操作しないとなりませんが、巡視船は荒れた海でも正確に標的をねらえる「目標追尾型遠隔操縦機能（RFS）付き20㎜多銃身機関砲」を装備しているので、戦力は圧倒的です。そして、戦意を喪失させてからゴムボートで近づくんです。

巡視船や護衛艦それ自体は、RPGなんか届かない距離を保ちます。どの国の海軍も同じことをしてます。あったりまえじゃないですか。おらおら、撃って見ろよ～、なんて近づく馬鹿な海軍はおりません。

海上自衛隊派遣の非合理性

これらのデタラメに加えて、法的な意味でも海上自衛隊は不適格です。いまソマリアに派遣されている護衛艦には、海上保安官が同乗しているのです。海賊取り締まりに備えて、司法警察業務を行うためにです。こんなややこしいことをするくらいなら、はじめから巡視艇を派遣しておけばよい。

さらに、護衛艦は金がかかるんです。護衛艦は軍装しているせいで、でかくて重いし、燃料代が馬鹿にならないし整備も大変です。しかも、護衛艦には海賊退治に不必要な装備がてんこ盛りです。

127㎜54口径単装速射砲、90式艦対艦誘導弾、3連装短魚雷、OPS‐24対空レーダー、2種類のソナー、対電子妨害装置ECM、ミサイル撹乱用チャフ発射機……ヤマハのプラスチックボートみたいなのに乗った海賊を相手にするには、物々しすぎます。

こういうものを操作する要員や、コンピュータ要員などが多数乗艦しているので、人件費がかかるし、仕事はないけど派遣されたら特別手当も要ります。

対潜哨戒機P3Cも派遣されていますが、せっかく高性能のレーダーを積んでいても、小さな非金属の海賊船が相手だから、目視で監視するしかなく、宝の持ち腐れです。

海上自衛隊派遣は改憲の一里塚

これに引き替え、乗組員が少なくて必要な装備だけ積んでいる巡視艇のほうが、はるかに合理的です。しかも海賊対策は海上保安庁の本務だから、長年のノウハウと実績がある。全員が司法警察官なので、取り締まりの法的問題がない。

どう考えても海上自衛隊の派遣は不合理です。ひとつだけ利点をあげれば、あまりにでかいから姿を見せただけで海賊が逃げ出す効果が期待できますが、近ごろは米軍艦艇にまで攻撃を仕掛けて来るそうですから、そういう抑止効果もあまりないのかもしれません。

こんな不合理を押して海上自衛隊を派遣しているのは、ともかく自衛隊の海外任務に国民を慣らしておくことだけが主要な目的のように見えます。そしてそのうちに、自衛隊の現状と憲法の規定に矛盾があって現実的ではない、てなことを言い始めるのでしょう。こういう自衛隊の使い方には、私は絶対に反対です。

(2010.5.4)

自衛隊ジブチ駐留の地位協定がはらむ問題

自衛隊のジブチ（アフリカ北東部にあるソマリアに隣接する国）駐留にあたり、初の地位協定が結ばれたとの報道がある。このことについて考えてみます。

これまでにもあった地位協定

じつは、自衛隊に関する地位協定は今回がはじめてではありません。最初の地位協定は２００３年、クウェートとの間で結んでいます。

イラクでは多国籍軍がイラク政府と結んでいる地位協定を適用していました（連合軍暫定当局イラク地位協定）。

地位協定は国会承認が要らないということにされているので、私たちに情報が伝わりにくいんですよね。

地位協定はどうして必要なのか

こういう協定は、排他的・治外法権的なものが含まれます。けれどもそうしておかなければ、日本国内で罪にならないような、たとえば飲酒とかポルノ雑誌の所持が重罪になる国があるので、危なくて滞在できないわけです。これは自衛隊に限ったことではなく、たとえば文民警察官など、外交官特権で保護されていないすべての公務員とその雇用員について言えることです。

自衛隊は国内法についても適用除外規定をたくさん持って

います。銃刀法、電波法、火薬取締法等や車両運送法、などなど。たとえば私は15歳で小銃を扱い、射撃訓練を受けましたが、これは少年自衛官だけに許された例外特権でした。

こういうのは海外でも必要になってきますので、相手国の国内法の適用から除外されることを協定で取り決めておくのです。

地位協定がなければどうなるのか

イラク派遣のときにはカタールにも航空自衛隊がいました。カタールに派遣された隊員は地位協定がないので半年間のビザで滞在していたのですが、更新手続きが間に合わず、いったんクウェートに出国して待機することもあったそうです。

そこで日本とカタールは１９９４年に地位協定を結ぶことに合意したのですが、結局実現しませんでした。

それはカタールが外国軍隊の駐留を公式には認めていなかったからで、カタール政府は地位協定の内容を秘密扱いとし、対外的に公表しないよう求めたそうです。

しかし外務省が「内容を秘密扱いとした協定は過去に例がない」として拒否したので、締結交渉が決裂してしまいました。そこでビザの更新ができなかった空自隊員は95年に帰国しています。

ジブチとの協定は治外法権を認めているか

ジブチ政府との地位協定

8．日本国の権限のある当局は、ジブチ共和国の領域内において、ジブチ共和国の権限のある当局と協力して、日本国の法令によって与えられたすべての刑事裁判権および懲戒上の権限をすべての要員について行使する権利を有する。

これが日米地位協定以上に自衛官の治外法権を定めた条文だという論評が流されています。私はそうではないと思います。事実を確かめるために、日米地位協定と較べてみましょう。

日米地位協定第17条

1．この条の規定に従うことを条件として、
(a) 合衆国の軍当局は、合衆国の軍法に服するすべての者に対し、合衆国の法令により与えられたすべての刑事及び懲戒の裁判権を日本国において行使する権利を有する。

ジブチと結んだ協定とほとんど同じです。イラクにいた自衛隊に適用されていた多国籍軍の地位協定は露骨でした。

連合軍暫定当局（CPA）イラク地位協定

第2条　連合軍および外国人連絡使節団人員

(1) CPA、連合軍、外国人連絡使節団、その所有物、資金、財産は、イラクの法的手続きから免除される。

こういうのと違い、ジブチとの地位協定が定めているのは、日本側に専権的な裁判権があるというのではなく、日本側にも裁判権があるということにとどまります。相手国の裁判権を否定していません。つまり競合している。一方的な治外法権とも言えないと思います。しかし日米地位協定には問題があって、それは、例外規定があるからです。

日米地位協定第17条

3. 裁判権を行使する権利が競合する場合には、次の規定が適用される。

(a) 合衆国の軍当局は、次の罪については、合衆国軍隊の構成員又は軍属に対して裁判権を行使する第一次の権利を有する。

(ii) 公務執行中の作為又は不作為から生ずる罪。

仕事中の犯罪行為は、米軍にしか裁けないのです（いまは重罪犯なら日本側に引き渡すことが、運用の変更で決められています）。こういう規定がジブチとの地位協定にあれば、完璧に問題です。でもそれはなく、この協定における自衛官の地位は通常の外交特権より低いところに留まっているようです。

この協定には治外法権的運用の危険がある

けれどもです。次の規定をどう考えればよいのでしょうか。

ジブチ政府との地位協定

7. 現地雇用職員は、いかなる特権又は免除も享有しない。もっとも、ジブチ共和国政府は、これらの職員に対して裁判権を行使するには、活動又は連絡事務所の任務の遂行を不当に妨げないような方法によるものとする。

ジブチ当局の裁判権行使が「不当」であるかどうかをどうやって判断するか、それは書いてありませんが、一種の治外法権的な規定であるように思われます。現地雇用職員にしてこれですから、まして自衛官においてをや。

たとえば交通裁判などは必ずと言ってよいほど、双方の言い分に食い違いが生じます。事実としては自衛官が一方的に悪い場合も、本人はきっと言い逃れをします。この場合、部隊が自衛官をかばうケースはあり得るでしょう。悪いことをした自衛官を、ジブチ政府が検挙できない場合が予想されます。こういうことを認めてよいのでしょうか。

仮に駐日ジブチ軍の兵士にも同じ規定が定められているのならば、おあいこだともいえます。しかし、ジブチ政府の軍隊が日本に駐留することは、まず考えられません。憲法には、我が国は他国と対等関係に立つ旨書いてあります。

この地位協定は、はたして対等関係を冒すものでないのか、どうなのか。やはり、いささか問題をはらむもののような気もします。

海外派遣が元凶だ

この問題は、自衛隊が海外駐留を始めるときから防衛省が提起していました。海外派遣にはつきものの問題です。いったん海外派遣を認めてしまうと、隊員の身分や日本政府公務員としての地位を保全するために、必ず要請されることです。

これがなければ日本政府は公務員の一身上の権利を守ることができません。しかしながら地位協定を認めれば、次には任務遂行のためのROE（交戦規定。自衛隊は「部隊行動基準」という）を認めよということになりますし、現にソマリアでの武器使用については防衛省で内規がつくられているようです。

一度こういう道筋がつけられると、現場は利便性を要求しますし、ことは自衛官の生命に関わることですから、求められれば認めようということになりがちです。正当防衛の基準もだんだんにゆるめられるでしょう。これでは他国の軍隊と何が違うのかということになります。

しかしですね、もともと自衛隊は専守防衛が基本。こんな事態が起こることが変なのです。

私は海賊退治が不必要だとは思いませんが、海上保安庁を派遣しておけば特に問題にもならなかったのにと、改めて思います。ろくな国民的議論もなしに自公政府が既成事実をつくってしまったことで、将来的に大きな問題に発展しなければよいのですが。

(2010.5.9)

南スーダンPKO

南スーダンPKOに自衛隊を派遣だって？

朝日新聞が本日の社説で南スーダン派兵を主張している。産経新聞は次のように書いている。

・自衛隊のPKO派遣は国連からの要請だ。
・国連はハイチ地震の復旧でも示された陸自の高い能力や規律を念頭に施設部隊などを要請している。
・東日本大震災で日本は世界中の支援を受けた。長い内戦に終止符を打った新国家の建設を手助けすれば、国際社会への目に見える返礼となろう。

これは正論だと思うが、新国家建設の手助けが、なぜ自衛隊派遣ということになるのか。

日本がすべき支援は他にあるのではないだろうか。

民主党政府部内にはPKO積極派や消極派がいて、必ずしも方針は定まっていない。が、自民党の国家戦略本部は、7月20日に発表した「日本再興　国家戦略本部報告書」の中で「PKO活動に積極的に参加する」「武器使用を認める」「そのための一般法を制定する」と明言しており、その方向で政府に圧力をかけるだろう。

しかし、南スーダンにいま必要なのは武器を持った自衛隊ではないと思う。

毎日新聞の「記者の目」は次のように語る。

（首都）ジュバでは国際社会の支援でインフラ整備やビル建設が進む。しかし、都市基盤は脆弱で街の主要動力は自家発電機だ。南スーダンは南北スーダン全体の7割以上の油田地帯を擁するが、その潜在力をただちに活用できる状態にはない。輸出港や石油精製所はスーダン（北部）にあり、自家発電機を稼働させる燃料供給も北部の製油所頼みだ。住民のビジネス経験は浅く、国内企業は育っていない。建設工事の発注元もスーダン（北部）や中国、周辺国ケニアヤウガンダなどの外資ばかり。独立景気を当て込んで海外からの出稼ぎ労働者も流入し、地元民は職を奪われ、稼ぎは少ない。大半の市民は生活改善への先が見えないのだ。（11年7月22日）

経済力がないばかりではない。長い内線で疲弊した南スーダンには、教育制度がほとんどない。だから民主主義も定着していないどころか、そういう観念すら育っていないそうだ。法の支配が安定しておらず、地域ごとに力任せの政治がまかりとおっているという。

いま必要なのは自衛隊派遣ではない

こういう国に必要なのは、もちろん治安の安定だが、それと同時に教育や法整備も必要だし、社会インフラも必要だ。

中国が石油ほしさに大々的な援助を行っているが、石油さえ手に入ればいいので、汚職も不公正もおかまいなしで、むしろそれを助長するような介入をしていると聞く。

そういう現状で、いま日本にできる最大の援助は、学校を建てたり、給食システムをつくって補助したり、教師を養成したり、法律制度や金融制度の専門家を派遣することではなかろうか。

ＰＫＯ派遣の思惑の裏には、ビジネスも絡んでいるようだ。南スーダンの石油をケニアを通じて輸出するパイプラインの建設だ。１４００㎞ものパイプラインを建設する工事の契約には、日本の商社も一枚噛んでいるという。

これを自衛隊が防護することは、契約獲得の大きな力になるかもしれない。

だが、軍をビジネスに使うというやり方はしないと日本は決めたはずだし、南スーダンのためにもならない可能性がある。

「資源の呪い」という言葉がある。アフリカでは資源の発見が内戦や政治腐敗を招き、また資源依存に陥ることで、資源の豊かさが、皮肉にも国家の基盤をむしばんでいくのだ。

たとえばアンゴラでは、石油やダイヤを奪い合う内戦が、その石油やダイヤの富に支えられて27年も続いた。

コンゴでも、ダイヤやコバルトを奪い合う内戦がいまも続いている。死者５００万人を出す大規模な内戦だが、世界の誰も見向きもしない。

自国では自動小銃一丁、大砲一門もつくれないような国が、最新式のミサイルや戦車で殺し合えるのは、金があるからだ。その資源を国民生活の向上に使っていれば、どれほど豊かになっていただろうと考えると、人間の愚かさには際限がないと溜息が出る。

南スーダンは国民の8割が農民だ。土地は肥えているが農業技術が低いので、生産力に乏しい。もともと人口密度の低いところだったから、広い農地があれば飢えずに済んだので、低い生産技術でも間に合ったのだ。

我々の社会は2000年以上前から、高い人口密度を支えるために、農業技術を革新しなければ生きることができなかった。しかし、スーダンはもともと飢える心配のない土地だったから、技術革新的な社会にならず、農業技術を向上させて豊かになろうという気のない、保守的で安定的な、変化の少ない文化を持つ社会になった。

ところが、ヨーロッパ技術の導入で都市部の人口が増えると、彼らの農業技術では養えなくなってしまったのだ。

ここで石油に依存する社会に変えてしまったらどうなるのか。

輸入食料に頼るようになるだろう。それで農業が衰退すれば、石油が枯渇したときにどうなるのか。部族同士が今度は耕地を奪い合って、またもや内戦に突入するだろう。

1994年、ウガンダのツチ族とフツ族が狭い畑を奪い合って、全土で虐殺が繰り広げられた。3カ月間で100万人がナタやオノで殴り殺されたという。もともと暴力的な風土に育ち、ろくに教育を受けていない人間が、自分と家族を守るためにできるのは、殺し合いぐらいのものなのだ。

これは人間の出来不出来ということではない。古事記を読めば、大昔の日本人も同じことをしているのが分かる。南スーダンもそうなるのがわかっているのに、みすみす見逃してよいのだろうか。

そのような悲劇をもたらす前に、すべきことがある。教育、法律、医療の整備と農業改革、商業の発展だ。その援助は自衛隊にはできないことだ。しかし日本には、そういうことのできる人材と資金がある。では、いま何をすべきなのか、考えるまでもなかろう。

(2011.7.26)

「派遣ありき」の日本政府が隠す戦争情報

戦争に加担すれば、戦争情報は完全に隠蔽される。隠され、美化され、戦争遂行に必要な情報だけが流される。すでに日本でその動きが始まっている。

日本国民が南スーダンの実態を知れば、集団的自衛権など絶対に認めないのではなかろうか。

日本政府が支援し、自衛隊を派遣している南スーダン政府は、もう政府のていをなしていない。国際法を無視して大量の少年兵を動員している無法国家である。また国内に広がる飢餓をまったく気にしていない破綻国家である。南スーダン政府が支援に値しない国であるのは明らかだ。

だが、こんな実態を政府は全然伝えないし、なぜか国内メディアも沈黙している。実態に触れて、自衛隊を撤退せよという声が高まる事態を恐れているに違いない。

すでに「派遣ありき」が不動の前提となっており、合理的な戦略判断、政策判断ができなくなっているのだ。

現地では紛争が激化しており、自衛隊は本来任務であるインフラ建設がまったくできない状況だ。現在の任務は「市民の保護」であるという。そのこと自体は尊いが、それは自衛隊の任務ではないはずだ。

また、市民保護の任務を最後までまっとうしようとすれば内戦に本格介入するしかないが、日本政府にそんな覚悟はあるまい。戦況が悪化して、他国軍が撤退すれば、それに合わせて自衛隊を撤退させるだろう。市民保護任務の美名など、そのときは簡単に投げ捨ててしまうはずだ。

要するに政府には定見もなく、撤退の決断もできないまま、状況にズルズルと引きずられて、なし崩しに任務変更してつじつまをあわせているだけのことだ。

スーダンはすでに住民を巻き込んだ泥沼の内戦状態である。宿営地近くにも迫撃砲弾が撃ち込まれており、派遣要件は、もう完全に崩れてしまっている。

にもかかわらず、日本政府にいわせると、戦闘は「武力紛争」に当たらず「PKO法上の紛争当事者は存在しない」（内閣府国際平和協力本部）のだそうだ。

自衛隊の派遣部隊にしてみれば、「事件は会議室で起きてるんじゃない！　現場で起きてるんだ！」と叫びたいところだろう。

こんな政府に命令されて困難な立場に置かれている自衛隊が気の毒だ。集団的自衛権など行使したら、もっとひどい事態に落ち込むのが目に見えている。

苛烈な紛争現場のことを考えもせず、お気軽に戦争に参加しようという奴らこそ、脳内お花畑である。

(2014.6.16)

話し合いで解決できないのなら……

話し合いをしろと言っても

国連で南スーダンに関する会合が開かれました。

潘基文《パン・ギムン》事務総長は「この紛争に軍事的解決はない」と指摘

し、当事者に和平協定を尊重するよう求めました。

事務総長がいっていることは正しいと思いますが、実行はなかなか困難だろうと思います。

紛争当事者は軍事的に解決できる、つまり敵に勝てると信じているか、ないしは軍事的に解決されまい、つまり敵に負けまいとして戦っているので、実際に戦ってみて勝てないとあきらめるか、負けが明らかになるまでは戦いを止めないでしょう。

紛争は当事者が身に染みてやめようと思わなければ収まりません。高所から客観的に正しいことを述べても、意味をなさない場合が多いんですよね。

時の氏神にも限界がある

人道支援・危機管理担当の委員は「受け身の傍観者でいられない」と発言しました。国連PKO部隊に対して、軍事的な強制介入を命じたいようです。

しかし、本気になった独立国の武力行使を止めるほどの強力な武力を国連は持っていません。

仮に強力な軍隊を組織できて、武力介入すれば戦争を止められるとしても、兵力を投入した国連加盟国には何の得もありません。送り込んだ兵士が死傷すれば国内から非難されるだけなのに、どの国がそんなことをするでしょうか。

隔絶した軍事力を有する米国が旗振り役になり、主力にならなければ、お付き合いせざるを得ない国がたくさんあります。

でもアフガンとイラクでそれをやったけど、結局は混乱が後を引くことになっただけなので、いまや米国も南スーダンでそれをしようとは思わないでしょう。

アフリカの戦国時代

アフリカ諸国はいま、地域内の利益配分を巡って統一戦争を戦っているのです。

日本でいえば戦国時代か幕末ですね。どんな国も経験した一時代です。いずれの国も、最終的にカタをつけたのは暴力でした。日本を含めてあらゆる国がたどった道を、アフリカ諸国もいまたどっています。

最終的に統一権力が樹立されて落ち着くまで50年かかるか100年かかるか、それは誰にもわかりません。

日本の戦国時代に外国が乗り込んできて、内戦をやめろ、天下を取るのが織田か、明智か、徳川か豊臣か毛利か伊達か、選挙で決めろというようなことをして、うまくいったでしょうか。

ほっとけば一度の決戦で勝敗がつくものを、力づくで休戦させるとその期間を戦備の蓄積に使って、また戦いがぶり返す。結果的に戦いが永続化して、社会が疲弊するばかり。

いま国際社会がやっているのがそれです。


見て見ぬふりをする?


だったら戦いが自然に収まるまで外国は手出ししないで、民衆がどれほど苦しもうが見て見ぬふりをすればよいのでしょうか。

そんなことできませんよね。

アフリカは資源の宝庫なのに、死ぬか生きるかの中で手っ取り早く現金をつかんで兵器を買うために、独裁者が資源を叩き売っています。笑うのは先進国の商社や鉱物輸入資本、武器商人です。

この構造をつくったのはアフリカ諸国ではなく、先進国です。

ならば、この偏頗な構造を改革できるのも先進国、すなわち私たちの側ではないでしょうか。

国内に製鉄産業がなく、ライフル1丁自分でつくることができない国で、戦闘機が飛び、戦車が走り回っているのっておかしいです。

ルワンダ紛争は斧で殺し合ったのですが、あれは人口爆発と土地不足という、特殊な環境要因がありました。一般化できる話ではありません。

話し合いですべてが解決できるほど、紛争というのは甘くない。それならばやりたいだけやればいいけど、武器は売りませんからね、ということになんとかできないかなあ。

そうなれば民衆被害は極少に抑えられるかも……しれない? ん〜〜、甘いか。甘いだろうなあ。


(2016.9.25)

自衛隊の任務を正しく理解してから考えよう

自衛隊の主任務はインフラ整備ではない

こんなコメントが付けられました。

実は今回も主はインフラの整備。ただ日本のNGOに何かあった時に〝駆けつけ警護〟ができますよということ。みんなまんまとマスコミに踊らされましたね。

「駆けつけ警護が主な仕事になったわけでもないのに、あたかも日本が戦争する国になろうとしているかのように騒ぎまくって何がしたいのかね、そんなのはマスコミに踊らされているだけだよ、9条信者のみなさん」とでもあざ笑いたいようです。

　このように一知半解で冷笑する人たちが日本の針路を危うくするので、ひと言申さねばなりません。

「自衛隊の主任務が駆けつけ警護だ」という報道など、どのメディアもしていません。

「マスコミがあたかも駆けつけ警護が主任務であるかのように間違った報道をしている」という認識が、そもそも産経知識人あたりの振りまいているデマに踊らされた結果なのです。

　でもややこしいことに、そのメディアが実は間違っていて、駆けつけ警護はまさしく主任務なのです。「今回も主はインフラの整理」という部分は正確ではありません。

　防衛白書がこの点についてもう少し正確に書いているので、確かめましょう。

国連ミッションの主任務は「文民保護」

まず押さえておきたいのは、自衛隊派遣は国連の南スーダンミッションの一部だということです。

　国連ミッションは国連決議にもとづいています。自衛隊派遣の直接的な根拠は決議1966号です。国連は決議をもとに各国に任務をマンデート（委任）します。

　1966号の目的は国づくり支援であり、任務に「環境構築の支援」が含まれていて、本節冒頭のコメント主が「インフラの整備」というのはこれです。

　しかし防衛白書はこう書いています。

> 　2014（平成26）年5月、マンデートを国づくり支援から文民保護を中心にした安保理決議2155号が採択され、派遣施設隊の任務もインフラ整備から国連部隊の文民保護支援が中心となった。

　新たな決議のもとで国連ミッションの任務が変わっており、それに伴って自衛隊の任務も変更されているのです。「派遣施設隊の任務もインフラ整備から国連部隊の文民保護支援が中心となった」のです。

　そうはいっても派遣されているのが施設部隊であることは変わりがないので、やっているのはこれまでどおり道路建設などですし、文民保護といっても自衛隊にできることには限りがあります。その意味では「今回も主はインフラの整理」というのは、行動に関していうならそのとおりです。

　しかしながら、やっているのが道路建設でも、主任務はもはや「インフラの整備」と言い切れる段階ではなくなっているのです。

ところで、日本は国連のマンデートに応える体制を持っていませんでした。国内法が戦闘任務を許さなかったからです。

日本政府がなすべきことは何か

問題はここからです。

日本の選択肢はふたつでした。
①国内法の許さない任務は担えないといって撤退する。
②国内法を変えて国連の委任に応える。
政府は②を選びました。そのために憲法解釈を強引に変えてまで。

しかしながら、じつのところ他国も国連の委任に応える体制がないのが実情です。

7月の首都ジュバにおける戦闘では、どの国も市民防護のための出動を拒否しました。米国大使館も市民防護を拒否しています。戦力が整っていなかったからです。

そこで国連は、文民保護のために、権限を強化した4000人の戦闘部隊を派遣する決議を採択しました。

でもこの計画は暗礁に乗り上げています。

南スーダン政府が国連の計画を「新植民地主義」「侵略計画」と断定して拒否しているからです。当事国の承認がなければ国連は動けません。

ですから現状では、どの国もまともに文民保護を担えないのです。まして自衛隊の装備で政府軍に立ち向かうなど夢想でしかありません。

日本政府のすべきことは憲法解釈の変更でもなければ、できもしない「駆けつけ警護」をぶち上げることでもありませんでした。

事態はこのように、いろいろとこんがらがっています。名目と実態がひどくかけ離れたりしています。

なににしても、ちゃんと正確に見て考えないといけないというのがここでの結論です。

いい加減なことを言う側は書き飛ばしてそれでおしまいですが、正確に語るにはその何十倍もの分量が必要です。デマがはびこるのは、ひとつにはそういう理由もあるのかもね。

(2016.11.26)

イスラエルvsパレスチナ（ガザの戦争）

ガザの戦争の直接原因と根本原因

何もできない無力感というのが、ガザの戦争を考えるときについてまわります。本当になんにもできないなあ。イスラエルみたいな国には、デモも何も効果がないだろうし。

ガザをイメージする

ガザってどんなところか、直感的に理解するために考えてみました。

ガザ地区は地中海沿岸にあり、南西から北東にかけて海岸線が走っています。日本で地形的に近いのは、大阪市南部から泉南市までの瀬戸内海沿岸ですね。

堺市（83万人）、高石市（6万人）、和泉市（18万人）、岸和田市（20万人）、貝塚市（9万人）、泉佐野市（10万人）、泉南市（7万人）、紀ノ川市（7万人）を合わせたぐらいの地域です。

幅約6～10㎞の細長い地帯というのも似ています。

ここの地域人口は160万人。ガザ地区は約150万人といいますから、人口密度も似ています。

ほとんどの国境線をイスラエル領土に囲まれていて、ここは封鎖されています。西南部だけがエジプトに接していますが、ここも封鎖されていて、かろうじて地下トンネルで物資を補給できていました。

しかし何百本もあると言われている、人力だけで掘られた小さなこのトンネルも、空爆の標的とされて崩されています。空からの監視だけで見つけられないトンネルを爆破するため、イスラエル軍は南部にも侵攻しています。

ハマスがここを防御していないなら全部崩されるのは時間の問題でしょうが、南部の戦況が伝えられていないので詳細がわかりません。

泉北工業地帯と泉南繊維産業地帯の160万人が食べるためにどれほどの経済規模と物資が必要かを考えれば、イスラエルによって完全に経済封鎖されているガザの困窮がどういうものか、それもイメージしやすいかもしれません。

ガザ地域の人たちは、イスラエルによってじわじわと死滅させられているわけです。ガザは強制収容所と化しているのです。

世界はそのことに無関心です。今回のような騒ぎが起こらなければ。

戦争の原因

直接原因はハマスの挑発。

根本原因はイスラエルの占領。

今回の戦争の性格は2つあるように見えます。

ひとつは、ガザの自治政府（ハマス）が世界に自分たちの存在とイスラエルの経済封鎖の不当な現実をアピールする手段です。その目的はかなり達成されました。

次に、独立に向けた彼らの戦略だという側面があります。イスラエルの地上攻撃を誘発する手段だということです。これが戦争の直接原因です。この目的も達成されました。この点につき、私の考えを書きます。

ハマスにとって、イスラエルとの対決は自己の存在理由ですが、ハマスがイスラエル軍に勝てる道理はありません。それはハマスも承知のうえでしょう。

経済的にも武力的にも太刀打ちできないハマスが独立のためにとれる手段には限りがあります。それが軍事的には何の意味もないロケット攻撃です。これはハマスとの対決を不可避にするためのイスラエルに対する挑発です。

イスラエル軍がハマスを壊滅させようとすると地上戦が必要ですが、これはイスラエル兵が多数の一般市民を直接殺害する戦争にならざるを得ません。

一般市民をも巻き込んで戦いを泥沼に持ち込み、ガザを維持するためにはイスラエルが膨大な財政と血を浪費せざるを得ない現実を思い知らせる、これがハマスの戦略だと思います。

残酷で非人道的な戦略ですが、イスラエルにガザを放棄させる手段としてはそれしかないのも事実です。戦争の直接原因がハマスの挑発なのは明らかで、この点を否定することはできません。

しかし、根本的な原因は、国際合意に反したイスラエルの占領です。ハマスの戦略を支持するわけにはいきませんが、こんな戦争に追い込んだイスラエルのやり口こそ、もっとも非難すべきだと思います。

戦争をやめさせるために何ができるのか

戦争の帰趨ですが、そのキーは3つあると思います。

①大量の市民を殺戮する残酷な市街戦にイスラエルが耐えることができるかどうか。
②ハマスがレバノンのヒズボラのように頑強に抵抗できるかどうか。
③ガザの民心をハマスが掌握できるかどうか。

いずれについても私たちにできることはないようです。せめてイスラエル製品を買わないことで不支持を表明することにしたいと思いますが。スターバックスは使わない、コカ・コーラやネスレのコーヒーを飲まない……こんなことしかできないのかなあ。

(2009.1.7)

デモと凧揚げと人間の愚かさと

土曜日、大阪で「許すな！　イスラエルのガザ侵攻1・10緊急行動」に参加してきました。

みぞれのちらつく寒い日でしたが、会場の中之島公園は狭くて人で一杯。参加者は階段や歩道にあふれ、警官がもっと前につめてください、と注意して歩いていました。

新聞報道では500名の参加ということでした。これは予想の2倍以上だったそうです。参加者が多すぎて、主催者が警察と協議した結果、デモを2つの集団に分けなければならないほどでした。

翌日の日曜日は、姫路市のたこ揚げ大会に行きました。けっこう風が強かったので凧がよくあがりました。

不信と信頼のちいさな溝

反戦の催しの翌日だったので、楽しそうに凧揚げに興ずる親子を見るにつけ、対称的なガザの子どもたちの境遇が不憫に思われてなりませんでした。日本は平和だなあと実感しました。

ここに今にも爆弾が落とされるかもしれないなんて、誰も夢にも思っていません。日本国内だって歴史時間的にはついこのあいだといってよい戦国時代まで、不信が渦巻いていました。猫の額のような狭い土地を争って互いに殺し合っていたんです。

ところがいまはそんな不信は氷解して、国内には信頼が満ちています。殺される心配なく、平和に凧揚げができます。

人間というのは、ちょっとしたことでいがみ合いもすれば、信じ合いもするものなのです。

イスラエルとアラブの間の相互不信と憎悪はちょっとや

そっとで溶けることがないと思いますが、いつか平和共存しようと行動する時代が来てくれることを願ってやみません。戦いに費やす財力とエネルギーを国土建設に振り向けたなら、「乳と蜜が流れる」と称されたあの地域がどれほど豊かになることか。

人間はいつまでも愚かだろうか

これまでの人類史をそのまま未来に適用するならば、いくら殺しても成果の見えない戦争に疲れてイスラエルが征服をあきらめるか、殺され続けてパレスチナの民衆が奴隷の境遇に甘んじるまで、残虐な戦いが続くだろうという予測しか出てきません。

しかし、人類は幾度もの過ちを通じて思い知ったはずなんです。戦争は問題解決力を持たないということを。戦争は国益にならないということを。

この2つの真実をイスラエルとアラブの双方が受け入れなければなりません。

いくら殺しても、どれだけ破壊しても、決して民心を承伏させることはできず、イスラエルもアラブもともに最終的勝利に至れないし、経済が疲弊するばかりです。

米国もそうそういつまでもイスラエルの慢心を許容できないということを、イスラエル自身が気づかなければなりません。

殺戮は続くだろうが

それまではたぶん長い時間がかかるでしょう。今回の侵攻作戦がどんな結果に終わっても、それで問題が片づくことはありません。戦争が何も解決しないことをイスラエルに思い知らせるため、パレスチナの若者は殺されても殺されても、一見して不毛な戦いに挑み続けることでしょう。

その戦いの巻き添えで殺される市民・子どもが後を絶たないでしょう。しかしいくら非難しようと弾圧しようと、パレスチナの抵抗闘争を止めることは誰にもできません。戦いを止めろというのは、死ねというに等しいからです。残虐きわまりない現実ですが。

考え違いしているのはイスラエルだけではありません。ハマスが何を夢想しているのか知りませんが、武力でイスラエルを屈服させることも不可能です。これも現実です。

両者はどんなに気にくわなくても、共存するしかないんです。戦争は問題解決力を持たない。イスラエルもハマスも(そしてヒズボラも)その真実に一日でも早く気づいてくれることを願うばかりです。

誰でもできる抗議活動

私たちにいまできることは、戦争が国益にならないことをイスラエルに知らしめ、告げることだけだと思います。イスラエル大使館に抗議すること、イスラエル製品をボイコットすること、イスラエルを国際的に孤立させる政策を政府に要求し、そういう指向性をもつ議員を当選させること。そんなことしかできないのが歯がゆいんですけどね。

イスラエル支援企業リスト

スターバックス・コーヒー、コカ・コーラ、マクドナルド、ネスレ、インテル、マイクロソフト、アイ・ビー・エム、ディズニー、エヴィアン、ジョンソン&ジョンソン……などなど。

(2009.1.12)

停戦にあたり、改めてガザの戦争を考える

ガザで停戦が成立しましたが、市民の苦境は続きます。イスラエル非難をこれからも続けなければならないでしょう。この戦争がどういうものであったかを考えるために、戦争にいたるまでの状況を見てみましょう。

0・6%のイスラエル人が40%の土地を占有

ガザ地区には140万人以上の人が暮らす。そのうち難民は100万人以上(2006年。国際連合パレスチナ難民救済事業機関調べ)。

ガザの面積の40%以上が、国際法的には違法な(イスラエル的には合法な)ユダヤ人入植地となっている。

イスラエル人入植者数は約6000人(そのうち、実際に日常生活を入植地で行っているのが何人かは不明。住民登録だけして実際にはそこで暮らしていない入植者もいるらしい)。

つまり、人口比において0・6%ほどを占めるに過ぎないイスラエル人6000人が40%を占有し、その残りで140万人がひしめきあって暮らしている。

水や電気などのライフ・ラインは、すべてイスラエルのコントロール下にある。よって、ガザに流れている水を、パレスチナ人はイスラエルから買わなくてはならない。

圧倒的少数のイスラエル人入植者が水資源のほとんどを独占している。パレスチナ人が利用できる水の量は悲劇的に制限されている。

ガザの失業率は、70~80%。1日1ドルの貧困ライン以下で生活する家庭の割合は85%近く。多くの子どもたちに栄養失調による中~重度の貧血症状が見られる。

ガザの周囲は壁によって完全に囲まれている。海はイスラエル軍によって封鎖されている。パレスチナとエジプトの国境を管理しているのもイスラエル。

侵略者イスラエルと抵抗者パレスチナ人

イスラエル人の入植地は無人の地ではありません。パレスチナ人の住居を壊して追い出し、畑を奪ったのです。

しかし、イスラエルはパレスチナ人が抵抗するから仕方なく攻撃し、仕方なく家や農地や道路を破壊し、逮捕し、道路や国境を封鎖するのだという主張を繰り返すばかりでした。

これに対して果敢に抵抗したのがハマスでした。

イスラエルが入植地を撤去したとき、ハマスはイスラエルの「譲歩」を勝ち取ったかに見えました。

けれどイスラエルは、経済的なメリットが少ないのに、治安コストが膨大にかかるガザの入植・占領をやめたにすぎません。「撤去」したけれど、土地はパレスチナ人に返されていません。

イスラエルは言います。

「撤去に合意したが、返還に合意したわけではない」

なんと厚かましく不誠実な言い分でしょうか。イスラエル政府と真実の話し合いなど不可能だとハマスが言うのももっともです。

相変わらずイスラエルによる封鎖は続き、ガザの苦境が続いていましたが、イスラエルは言います。「ガザは占領地でなくなったから保護の必要がない」。これはつまりガザの水攻め・兵糧攻めです。ここまでされて、世界のどの民族が座して死を待つでしょうか。

ハマスの方法は間違っていないか

パレスチナ人には抵抗権があります。ハマスは抵抗権を行使しただけとも言えます。しかしへたな行使の仕方でした。ハマスの敵はイスラエル政府であって、イスラエル市民ではありません。ロケット弾攻撃をしてもイスラエル市民しか傷つかず、政府はちっとも困りません。

政府の過ちを正して民族が和解しなければならないのに、ハマスのやり口は政府に痛手を浴びせないで民族の憎悪をかきたてただけでした。

ガザの市民が求めているのは普通の暮らしでしょう。それを手にするためにはイスラエルと戦わざるを得ません。それをしてくれるのは、いまのところハマスしかいません。そこで市民はハマスを支持します。

ハマス幹部は無能で臆病なのか

しかし、ハマスの正体は救世主の出現を信じるカルト集団だそうです。ハマス兵が命を惜しまず無茶な戦いに挑むのは、祖国防衛の心情とカルト理論のマインドコントロールの二面性があると思います。

けれど勇敢なのはメンバーだけで、ハマス幹部はただの臆病者だということが分かりました。

市民を守るためにハマス兵が爆弾を抱いてイスラエル兵に突進して撃ち殺されているとき、幹部はガザ市の地下に隠れて震えていただけでした。幹部には戦いを組織する能力もないことが分かりました。

ハマスはガザの未来を託せるグループではないと思います。けれどガザ市民がそこを支持する限り、それがいけないという権利を私たちは持ちません。しかしハマスが居座る限り、イスラエルとの話し合いが先送りになるのも現実です。

ガザにジェームズ・タニス〔本書542ページ参照〕はいないのでしょうか。

(2009.1.19)

アラブとイスラエルの「宗教対立」の真実

以下はすべて真っ赤なウソ、デタラメです。

- アラブとイスラエルの戦いは聖書時代にさかのぼる根の深い対立だ。
- ユダヤ人は2000年間、故郷に帰るのを夢見ていた。
- 「シオン議定書」に明らかに書かれているが、イスラエル民族は世界支配をたくらんでいる。

敵も味方も第三者もマンガのようなデタラメに振り回され、その結果数え切れない悲劇が起きている。なんなのでしょうか、これは。以下、私が本当はこうだろうと思っていることを書いて、皆さんの感想を求めたいと思います。

「シオン議定書」は存在しない

「シオン議定書」なんて普通の人は知らないので説明を。

「シオン議定書」とは1897年にスイスのバーゼルで開かれた第1回シオニスト会議で、ユダヤ人の秘密結社ブネイ・ブリスのメンバーであるアッシャー・キンズバークが発表した24項目の秘密決議文のことで、うっかり外部世界に流出したのだとか。ヒトラーもこれをユダヤ人弾圧の理由に使いました。

しかしこれはまったくのデタラメであることが分かっています。ユダヤ人を迫害していた帝政ロシアの秘密警察が捏造《ねつぞう》したものです。

ハマスらイスラム原理主義者はいまだに「シオン議定書」を信じていて、世界征服をめざすイスラエルとの戦いはただアラブのためではなく、人類の正義なのだと言っています。

聖書のパレスチナ人は現代パレスチナ人ではない

パレスチナ人は旧約聖書に「ペリシテ人」として登場しており、ユダヤ民族と対立・抗争を繰り返していたといいます。旧約聖書によれば、有名なサムソンが捕らえられたのはパレスチナの「ガザ」の町でした。ユダ王国のヒゼキア王が「ガザ」を攻め落としたという記述もあります。

しかしイスラエル人とパレスチナ人が古代から戦争していたというのはデタラメです。

聖書に出てくるペリシテ人がパレスチナ人だというのは間違いなんです。アラブ系の現代パレスチナ人は、聖書時代にパレスチナに住んでいませんでした。

今日の研究では、ここらあたりは次のようになっています。すなわちペリシテ人とはギリシャ系民族であり、ミケーネ文明が衰退してからパレスチナに移住したもので、その後土着のカナン人に同化し、民族としては消滅しました。カナン人とは後のフェニキア人のことです。

現代ユダヤ人は古代ユダヤ人の末裔を殺している

国がローマに滅ぼされる以前、ユダヤ人はすでに周辺のアラブと文化的な一体化が進んでいました（ナザレのイエスもヘブル語ではなくアラブ人の使うアラム語を話しています）。古代イスラエルが滅亡すると、彼らのほとんどはすぐに周辺アラブ世界に同化してしまい、後にイスラムに改宗しました。

ですから強いて言うなら、いまイスラエル政府が弾圧しているアラブ人こそが、古代ユダヤの民の遺伝子を受け継いでいるのです。一部に同化しなかった人もいるそうですが、彼らはアラブ人と共存していました。

古代ユダヤ人と現代アシュケナージ・ユダヤ人は無関係

ローマ時代に迫害をこうむって本国から出て行った人たちは、今日のスファラディ・ユダヤ人だと言われています。スファラディ・ユダヤ人は現代イスラエル国家の少数派で、労働者階級です。

今日イスラエルを支配しているのはアシュケナージ・ユダヤです。じつはアシュケナージは古代イスラエルとまったく無関係なのです。

彼らはハザール民族であり、血縁的にユダヤ人と何の関係もありません。ハザールは今から1500年以上前から黒海の北にいた民族です。これは後で説明します。

ともかく、ユダヤとアラブの長い対立というのは、シオニストが戦争し支配するために聖書を利用してでっち上げた幻で、聖書に登場する民族は今日ではすっかり入れ替わっていて、もうそこに住んでいないのです。

陰謀論に気をつけよう

アラブとイスラエルの対立は、はじめから終わりまでウソとデタラメ、歴史的誤謬に彩られ、煽られているのです。こういうデタラメがまことしやかに通用している原因は何でしょう。私は不信感だと思います。

よそ者嫌い、外国人嫌いは世界共通の現象です。わけのわからない奴らだ、何を考えているかわかったものではないという恐怖感が、根拠のない言説に説得力を与えるのです。

フリーメーソン、イルミナティ、ロスチャイルドなどの世界征服系陰謀論。アポロ月着陸でっち上げ論、宇宙人誘拐説などの妄想系陰謀論。これは他人事ではありません。ネット世界に溢れる中国陰謀論はひどいものです。国籍法改正をめぐる騒ぎも、根っこはここにあります。南京事件まぼろし説なども陰謀論の一種です。

よそ者嫌いは私たちの根底に強く巣くっていますから、なかなか克服が困難です。しかしそれを克服しないと世界はいつまでたっても平和になりません。

世界の動きが複雑でよくわからないとき、陰謀論は便利です。一度陰謀論を受け入れる下地ができてしまうと、ある事件は、じつは裏でこんな陰謀があったんだと説明されるとすごくわかりやすくなり、証拠は何もないけど話のつじつまがあっているように見えるので信じてしまうのです。客観的に、冷静にものごとを見る態度をいつでも養いたいものだと思います。

ハザール人がユダヤ人になった奇妙な歴史

ハザール人はもともとフン族（匈奴《きょうど》）の支配下にあり、戦いに堪能な「戦士民族」とされていました。その後はコーカサス北諸族最強の民族として西トルコ帝国（西突厥《とっけつ》）に服し、帝国最強の実戦部隊として活躍しました。

帝国が滅ぶと、ハザール人は自らを「西突厥」の継承者と名乗り、ハザール汗国を建てます。ハザール汗国はハザール王国ともいいます。その支配地域は黒海北部にあり、今日の東ヨーロッパ全土に影響を及ぼしていました。

9世紀はじめ、ビザンチン帝国とアラブ諸国の圧迫を受けたハザール王オバデアは、対抗的にユダヤ教に改宗しました。そのいきさつは分かりませんが、アブラハムの神はキリスト教とイスラム教がともに崇める神ですから、2つの上位に位置する宗教だという考え方をしたのでしょうか。

そしてこれ以後、彼らは自らをジューイッシュと称しはじめます。ジューイッシュとはユダヤ教徒を意味しますが、同時にユダヤ人という意味もあります。

ハザール汗国は後にキプチャク汗国に滅ぼされます。13世紀のことです。その後、ハザール人の記録は歴史から消え去り、彼らが勢力を張っていた地域でユダヤ人迫害が始まるのです。

つまり今日ユダヤ人といわれている人々は、滅亡したハザール王国の難民だったのです。

誇り高い戦闘民族として周辺民族に過酷な支配を敷いていたので、その反発から迫害を受け始めたのでしょう。ジューイッシュ（ユダヤ教徒）に対する迫害が、いつしかジューイッシュ（ユダヤ人）に対する迫害と同一視され、ハザール人自身もいつの間にか自分をユダヤ人だと考えるようになっていったのです。

（2009.1.22）

力による解決は必ず失敗する

イスラエル批判強まる　支援船襲撃、欧州も反発

パレスチナ自治区ガザへ向かっていた国際支援船団をイスラエル軍が5月31日に急襲したことで、イスラエル批判の包囲網が強まっている。イスラム諸国に限らず欧州諸国なども反発。国連安全保障理事会は1日、非難声明を採択した。イスラエルが敵対してきたイランの核開発に対する追加制裁への支持が弱まる一方で、イスラエルへの非核化要求が高まる可能性がある。米国の仲介で始まった中東和平交渉も停滞する恐れがある。（日本経済新聞　10年6月1日）

イスラエルの蛮行には言葉もありません。共和国（北朝鮮）による韓国コルベット（哨戒艦・天安）の撃沈と同じ、野蛮な行為です。ソマリアの海賊との違いは、海賊は民間人ですが救援船襲撃は政府軍だという点だけです。

共和国が世界からの孤立を深めるのと同じように、イスラエルも孤立していくことでしょう。

違いは、共和国経済が疲弊の極みにあるのに対して、イスラエルはまだ強い経済力を維持しているという点だけです。

その状態は、いつまでも続きません。

アフガンの米軍も、失敗への坂道をすべり落ちているようです。司令官のマクリスタル将軍は良心的で有能な人物のようですが、侵略軍は敗北するという鉄則をくつがえす力はないでしょう。

ハマスは強硬な武力対決によって、結果的にガザをかつてない悲惨な状態に陥らせてしまいました。アルカイダは過激で非人道的なテロのせいで、アフガンをはじめ多くの地域の民間人を困窮に導いています。

これらはどちらが正しくて、どちらが間違っているという問題ではありません。対話を拒否し、戦いの道を選択したから起きていることです。

ハマスがイスラエルの侵略と戦うのは正しいけれど、ロケット弾の無差別攻撃でイスラエル市民を殺すやり方は間違っています。

ハマスの無差別攻撃から市民を守りたいイスラエルの動機は正しいけれど、ガザに対する無差別攻撃と完全封鎖は、かえってイスラエルの安全を脅かしています。

アルカイダのテロと戦う米国の立場はわからなくもありませんが、イラク戦争は対テロ戦争ではなかったし、対タリバン戦争もアフガン国民を敵に回しているだけです。他国に侵攻して占領するやり方は、必ず失敗します。

共和国（北朝鮮）が主権を維持したい動機は正しいけれど、韓国の艦船を撃沈するのは防衛とはいえません。どれも、目的と手段が不適合なのです。そうなってしまうのは、力を信奉しているからです。

どれほど理不尽な攻撃を受けてもじっと我慢をして対話の道を閉ざさない韓国政府の姿勢は、すばらしいと思います。どんなに相手のことが信用できなくても、本当の解決につながる道は、対話しかありません。どれほど時間がかかろうとも、武力で短兵急に解決できないのなら、対話するしかありません。何度裏切られようと、対話の継続をあきらめてしまっては解決から遠のきます。戦いは、侵略に対する抵抗のみに限り、軍事力で問題解決に乗り出さないことです。

「勝たなくてもいい。負けなければいいんです」

こういう意見には、ガザから次のような声が返ってくるでしょう。

「そんな手段で平和を求めて、いったいいつまでかかるのだ、いつになれば我々はまともな人間らしい暮らしにもどれるのだ、そのうち年を取って死んでしまうだろう。力でイスラエルを屈服させることができないのなら、それでもいい。奴隷状態で豚のようにはいつくばって生きるより、勇ましく立ち上がって人間として戦って死にたい」

その気持ちはわかるけれど、そうやって戦う人間が、多くの罪もない子どもたちを巻き添えにするのです。

憲法第9条の値打ちがいまほど世界に必要なときはないように思います。

(2010.6.2)

絶望のパレスチナ

気の毒だがイスラエルはいずれ滅ぶのではあるまいか。イスラエルの経済的・軍事的優位は何百年も続かないだろうから。こんな蛮行を繰り返していては、あの場所に居続けることができないと思う。

世界はいつかディアスポラ〔ユダヤ人の離散〕の再現を見ることになるのだろうか。そんなことになってほしくはないが、もうどうすることもできないと、絶望的な気分に襲われる。

それにしても、パレスチナ側の過激派も何を考えているのだろうか。今回の空爆の発端は、パレスチナ側からのロケット弾攻撃だった。それでイスラエル側に4人の死者が出た。イスラエル政府は正当な報復行為に出たのだと語り、勝利におごるイスラエル国民はその言葉を支持している。

ロケットを発射したのが誰だか分からない。ハマスではないだろう。ハマスは前回の侵攻でイスラエル軍の地上攻撃を受けて、口ほどにもなく退却した。

反撃できずに民衆のケツに隠れて逃げ回っていた。殺されたのは大半が市民だが、しかしハマスも隠れ家を攻撃されて、かなりの死者を出した〔ハマスのロケット攻撃を面制圧するために、イスラエルは白燐弾を大量使用するという非人道的攻撃を繰り返した。ハマスは路上に出ることができず、ビルの中で打ち震えていた〕。臆病者の彼らは、あれで懲りたはずだ。

では誰が無鉄砲な攻撃を仕掛けたのだろう。戦争は悪だと私たちは考えているが、戦争を悪だと思わない奴がいる。民間人が何人殺されようと、毛ほども痛痒を感じない奴がいる。それは侵略者ばかりではない。抑圧されている側にもいるのだ。

「攻撃を受ければ民衆の怒りが高まり、自分たちが腰抜けハマスに成り代わってパレスチナの支配権を握るチャンスが生まれるに違いない」

それだけの動機でイスラエルを挑発し、民衆を戦争に巻き込んで恥じない連中がいるのだ。しかも、正々堂々と名乗りを上げるのではなく、陰からこっそりと挑発するのだ。

誰が始めた戦争であろうと、現在の主役はハマスにならざるを得ない。民衆を空爆されても黙っていたのでは、ハマスの権威が崩壊するから、いやでもハマスはイスラエルに反撃せざるを得ない。そしてパレスチナで最も強力な武力を持つのがハマスである以上、イスラエルの主敵はハマスなのだ。

誰だか分からない過激派は、ハマスがイスラエルの軍事力に叩きのめされるのを高見の見物していればよい。その過程でどれほど民衆が苦しもうと、彼らにとってそれは「いつか来る解放の日」のための犠牲だから、聖なる犠牲であり、堪え忍ばなくてはならない犠牲なのだ。

こういった連中が仮に支配権を握ったら、今度はイスラエルに代わって、民衆はこいつらに踏みつけにされることになろう。人間とはどこまで愚かで暴力的なのだろうか。ほとほと絶望感にとらわれる。

追記――繰り返してほしくない歴史

いま過激派の跳ね上がりに手を焼くハマスだが、かつては自分が同じことをして、そのころパレスチナ全土を統治していたファタハからガザの実権を奪ったのだった。

ハマスがイスラエルに攻撃を仕掛けて挑発する。

↓イスラエルがファタハに報復する。

↓ファタハが敗北して屈辱的な停戦協定を結ぶ。

↓ハマスが「ファタハはイスラエルに妥協した裏切り者だ」と弾劾する。

こういう具合だ。

しかしこのやり方は、ファタハが自分たちの盾になってくれたからできたことだ。いまハマスは、自分の言うことを聞かない過激派の盾にされている。

5年前、ファタハとハマスは支配権を巡って血で血を洗う抗争を繰り返し、その結果、より無慈悲なハマスが勝利した。

ハマスと過激派も、これから血の抗争を繰り返すだろう。流れ弾にあって殺されるのは民衆だ。敵のスパイだということで、さらわれて首をかき切られるのも民衆だ。

イスラエルがあざ笑っている。シオニストどもがほくそ笑んでいる。そして相互に憎しみばかりがつのる。(2012.11.20)

ハマスもイスラエルも正気を失っているのか

報道に接するたびに、たくさんの感情が湧き上がってきて、言葉にならない数日でした。たくさんあげられている写真、とてもシェアできませんでした。

パレスチナ側にほとんど反撃できる武力がないのをよいことに、一方的に残虐な攻撃を繰り返すイスラエルへの怒りが抑えきれません。

ハマス傘下の武装勢力への怒りもあります。

報復が確実であることを知っており、それで多くの市民が悲惨な目に合うことを承知していながら、軍事的にまったく無意味かつ無謀なロケット弾攻撃をやめないなんて、君たちは正気なのかと問いたい気分です。

ハマスがイスラエルの侵略と戦うのは正しいのです。

しかし、手製のおもちゃみたいなロケット弾を市街に撃ちこんだところで、イスラエル政府には毛ほどの打撃も与えません。そんなことをしても、イスラエル市民の怒りを買うだけです。

ハマスにとって、敵は占領政策を続けるイスラエル政府のはずです。イスラエル市民ではないはずです。

ハマスは攻撃すべきでない相手を攻撃しているのです。ガザ市民を守る力もないくせに、何をしているのだろうか。

イスラエルは侵略者ですが、ハマスの無差別攻撃から市民を守るのは正しい。しかし報復のためにガザ市民を無差別に攻撃する方法は間違っています。

そんなことをしても自国市民の安全を守ることにならないのは、何度も繰り返されている戦闘で証明済みです。イスラエルも、攻撃すべきでない相手を攻撃しているのです。

そのことによって、パレスチナとの関係を、より不安定にしています。

どちらも、目的と手段が不適合なのです。

なぜこんなことになるのでしょうか。私は次のように見ています。

ハマスは「シオンの議定書」を本物と信じているカルト教団の武装組織です。他の武装勢力に情け容赦のないテロ攻撃を加え、主導権を握った殺人集団です。パレスチナ民衆を代表する資格はありません。その内部の分派同士で、イスラエルに対するイケイケ競争が起きたのでしょう。

シオニストに対してどの派がより非妥協的で攻撃的かという、そんな子供じみた競争の巻き添えを食っているのが、ガザの子供たちです。

イスラエルは彼らの挑発に乗ったふりをして、その戦闘力の差を思い知らせる機会としました。ハマスを悪に仕立て上げ、あくらつな占領政策を合理化しています。

いま、誰もハマスを止められません。パレスチナには、彼らを上回るような暴力的な組織がないからです。

イスラエルと敵対してガザを助けてもメリットがないから、外国も救いの手を出しません。また、誰もイスラエルを止められません。アメリカが後押ししているからです。

どうすればこの悲劇を止められるでしょうか。

私は日本しか仲裁役を果たせないのではないかと思います。アラブ地域に何の利害関係もなく、歴史的にも手を汚していないし、イスラエルとパレスチナの双方と友好関係があり、資金力もあります。この世界史的悲劇の拡大を防ぐことができる立場に立てるのは、日本だけなのです。

なのに安倍政権は別の武力行使に道を開こうと懸命です。なんということでしょうか。

どうしようもない現実に打ちのめされ、暗澹とするばかりです。

・焦げた血の　匂い立ちきし　画像なり

・孫にどこか　面影の似る　子の死体
・血にまみれ　垂れ下がりたる　幼き手
　昨日つなぎし　孫の手に似て
・その写真　声にもならず　目を凝らす
　死せる子いだき　逃げ惑う父
・兵士らの　放てしミサイル　街を撃つ
　憎しみもなく　悲しみもなく
・絶望に　狂う間際の　暗き眼を
　なすすべもなく　見つめおる我
・こんなことが　こんなことがと　呟きて
　シェアする指の　動かざるなり

(2014.7.14)

シリア

トルコがロシア軍機を撃墜した理由

トルコがロシア軍機を撃墜した。領空侵犯を理由に挙げているが、それだけが理由ではなかろう。

領空侵犯以外の理由

第1に、ロシアがシリアのアサド政権を支援していたから。

トルコは彼らの脅威であるアサド政権を打倒したい。トルコにとってアサド政権打倒が至上命題であって、そのためなら「イスラム国」も反「イスラム国」勢力も利用する。

勝つのが「イスラム国」だろうが反「イスラム国」であろうが、かまわないのだ。戦いの泥沼化で、敵であるシリアの国力が下がれば下がるほど、トルコの利益になると思っている。

こういった立場のトルコ政府から見れば、アサド政権を支援するロシアの行動は許しがたいだろう。

第2に、ロシアがシリア国内のトルコ人を爆撃していたから。

ロシアの目的はアサド政権を維持することであって、「イスラム国」との戦いはその一環ではあるが全部ではない。「イスラム国」であれ、「反イスラム国」であれ、アサドの敵はすべてロシアの敵だ。アサドと戦うトルコ人勢力もロシアの敵なのだ。

トルコ政府としては、同胞が爆撃で殺されているのを見過ごすことはできない。まして宿敵アサドの味方ロシアがそれをしているとなると、容認できない。

各国にとって「世界の安定」など二の次だ。

各国はキレイゴトを言うが、しょせん自分の国益に従っているだけだ。

欧米は、自分たちに影響が及ばなければ、アフリカ中央部の人たちがどれほどひどいテロに被害に遭っていても知らん顔だ。

自分たちに影響が及びやすい中東や北アフリカの混乱には敏感だ。まして自分たちの領域がテロ被害に遭うと大騒ぎする。

自分たちの利害得失に従っているだけなのに、「人道」や「正義」という言葉で粉飾して他国に共同行動を持ちかける。しかも動機が自己中心的なので、出してくる対策も高圧的で近視眼的だ。

そんな自分勝手な「国際秩序」に日本がおつき合いする必要はない。

日本は遠方にいて利害得失から離れているので、それこそ純粋に人道・正義の立場でコミットできる。地域の人々を助け、平和をもたらす方策を考えてそうすべきだ。

しかしそれもいまや無理かもしれない。

この付近の地政学的に複雑な関係については、『安倍首相から「日本」を取り戻せ』に書いた。

この本では、ロシア製のグランブルミサイルがもたらしたトルコとギリシャ、そして南北キプロスの緊張を緩和したのが、日本が平和国家のブランドを活用して主導した「国連武器管理条約」であることを説明した。

いままた新たな緊張が走っているが、いまや日本は何の働きもできない公算が高い。安倍のクソバカ野郎が「平和国家」のブランドを自ら捨て去ったからだ。

領空侵犯が理由ではないと考えられる理由

トルコはロシア軍機の領空侵犯を撃墜の理由としているが、それは第一原因ではない。

そういえるのは、トルコ政府は自分に都合のよいときは敵対勢力の国内通過を容認した実績があるからだ。

トルコは国内の反乱分子であるクルド族を敵にしている。それなのに、イラク北部のクルド自治区の軍（ペシュメルガ）が国内を通過するのを容認した。

ペシュメルガはシリア北部のクルド族の町コバニを「イスラム国」の攻勢から防衛する戦いを支援するために赴いた。どうしてトルコは敵であるクルド人のために便宜を図ったのだろう。

アサド政権を打倒しようとしている米国の要請があったからだ。クルド人が国内を通過するデメリットよりも、米国に協力してアサド政権に打撃を与えるメリットのほうが大きいと判断したのだ。

また、コバニの町にクルド人がいることで、シリアの混乱がトルコに直接波及してこないというメリットもあった。

一方、トルコ政府は「イスラム国」にも便宜を図っている。「イスラム国」がアサド政権と戦っているからだ。

外国の活動家が「イスラム国」に志願するにあたり、トルコ国境を通ってシリアに入国しているのだ。トルコ政府が黙認しているに違いない。


(2015.11.25)

ロシア軍がシリアの街にクラスター爆弾を使用

市街地の真ん中にロシア軍がクラスター爆弾を投下しているのが、はっきりと動画でとらえられています。こんなシーンは始めて見ました。無差別爆撃です。

場所はシリア北部の都市アレッポ。

国際空港のある要所で、政府軍と反政府勢力が取ったり取り返したりを繰り返しています。攻撃対象が「イスラム国」なのか、ほかの反政府勢力なのかは不明です。

米軍の攻撃も一般民を巻き添えにしていますが、被害をなるべく少なくしようという意思はあります（意図通りになっているかは別にして)。

ロシア軍の攻撃には、そんな意図はみじんも感じられません。

米軍の空爆方式だと、一般民がいなくて遠慮なしに攻撃できる前線では効果的ですが、武装勢力が市街に立てこもったら攻撃できません。

そこで武装勢力は人間の盾を使って抵抗しています。

ロシア軍のやり方だと人間の盾が役に立たないので、武装勢力は逃げるしかない。つまり打撃効果は大きいのです。

ロシアの空爆が始まって以来、明らかに「イスラム国」の攻勢が弱まっています。

誰もが人の命などカケラも大事にしていません。

恐ろしいことです。

米国とNATO諸国からロシア軍の無差別攻撃に対する非難が高まりません。

ロシア軍の乱暴な攻撃は、欧米の支援する反政府勢力にも加えられていますが、自分たちにできないやり方で「イスラム国」を攻撃して効果を上げているため、見て見ぬふりです。

欧米に協力的な反政府勢力といえども、しょせんは手駒にすぎないのですね。

こんなやり方がうまくいくのでしょうか。

戦闘に勝利しても、一般市民の恨みを買うから統治がうまくいかないと思いますが、占領はシリア軍に任せるので、いくら恨まれても知ったことではない、あとはシリアがうまくやればよいと考えているのでしょう。

シリア政府がうまくやれるなら、もとからこんな内戦が起こったりしません。クラスター爆弾はシリア政府も使っているのです。

あとさき考えない政府のせいで苦しむのは、罪のない市民です。

(2016.3.3)

狂っている

シリアで7歳と8歳の女の子が自爆攻撃に使われました。

女の子が「殉教します」と語る様子をネットにアップしたのは、父親でした。彼は映像の中で、娘たちに自爆の仕方を説き聞かせています。

家を出る前に彼女たちが母親に抱きつくと、母親は2人にキスします。

2人は「アッラーフ・アクバル」と唱えてから警察署に赴き、妹がその体に巻き付けた爆弾で四散しました。

自分でスイッチを押したのではなく、遠隔操作だったと見られています。

可愛い我が娘にそんなことをさせて、どうして平気でいられるのでしょうか。怒りに震えます。

ここまで信仰深い姿を仲間に示すことができて、彼は誇らしかったでしょうか。

このたび、その父親もまた、おそらく敵対勢力であろう誰かの手で殺されました。

何もかも狂っています。

かつて大日本帝国も、自殺攻撃を称えねばならぬ国でした。親もそれを止めることが許されず、死ねばよくやったと褒めることを強要されました。

それが美徳とされた時代でした。

ああ、大東亜聖戦に
みづくかばねと誓ひつつ
さきがけ散りし若桜
仰げ　特別攻撃隊
（文部省唱歌『特別攻撃隊』）

文部省芸能科は「芸術の目的は畢竟、美である」と説き、「生産と戦争とに如何に美しく生き美しく死するか」を注入するのが芸術教育である、と宣言しました。

狂ったやつがテロリストになるのではなく、殺し殺される時代の熱狂にからめとられて、狂ったことも知らずに狂っていくのです。

そんな時代を二度と日本で繰り返させてはなりません。

世界に正気を取り戻すことこそ、日本が果たす役割でしょう。狂った時代を称揚する政治家に、それは絶対に無理です。

(2016.12.28)

この世の地獄

仏の決議案を8日採決へ　停戦と空爆停止　安保理
泥沼化するシリア情勢を巡り、国連安全保障理事会は8日午後3時（日本時間9日午前4時）、シリア北部アレッポでの即時空爆停止と軍用機の飛行禁止を主な内容とするフランスの決議案を採決にかける。しかし、常任理事国のロシアは猛反発しており、拒否権を発動するとみられる。（毎日新聞　16年10月8日）

フランスが、シリア北部アレッポでの即時空爆停止と軍用飛行機の飛行禁止を提案するそうです。ロシアが拒否権を発動するに決まってます。

仮に西側が独自に飛行禁止区域を設定しても、そんなものをいまさらロシアが守るはずもなく、仮にシリア空軍が飛行禁止空域を飛んだとしても、ロシアと直接対決したくない西側は手を出せないと思います。

フランスは善意の第三者を装っているだけ。ただのパフォーマンスです。

いまのまま戦乱が続いたら、たる爆弾で無差別に空爆されるシリアの民衆はたまりません。

仮に空爆が功を奏して反政府勢力が敗れ、そのせいでラッカのイスラム国が生き延びたら、シリアの民衆にとって恐怖です。

シリア政府がアレッポを奪還すると、おそらく住民虐殺を始めます。それは、イスラム国の支配よりも恐ろしいことです。シリア政府を打ち負かさなければ、シリア民衆によいことはひとつもありません。でもバックにロシアがついている限り、その方法がないのです。

ロシアは西側主導の秩序をひっくり返したいだけであって、あの地域を安定させる力もなければ信望もありません。その気もないでしょう。

民間人を何人巻き添えにしてもお構いなしに空爆したロシアのやり方で、イスラム国はたしかに痛めつけられました。戦争は野蛮なほうが強い。けれども、野蛮なだけでは秩序ある平和がつくれません。

ロシアは久々に大国の貫録を示せて満足かもしれません。そのせいでシリアの民衆は希望を奪い去られるのです。

仮に革命勢力が力をつけてシリア政府軍を撃退できたとしても、統一性のない革命勢力は互いに殺し合いを始めることでしょう。あっちについたといっては住民を処刑し、こっちについたといっては拷問して殺す。

どう転んでも力のない民衆は暴力にさらされて逃げ惑うしかない。いや逃げる場所さえ閉ざされつつあります。

この世の地獄とはシリアのようなことをいうのではないでしょうか。

(2016.10.8)

イラク

イラクの惨状

貧困の克服を目指す国際的団体であるオックスファムとNGOのイラク調整委員会（NCCI）からのレポートです。

- イラクでは、食物、住居、水、公衆衛生、医療、教育、仕事が欠乏しています。
- 200万人に家がありません。
- 200万人がヨルダンやシリアで難民となっています。
- 何千もの医療従事者、教師、水道技術者が国を出て行ったので、公共サービスがひどいことになっています。
- 政府の食料配給対象者は400万人から240万人に減りましたが、もちろん貧困から脱出できたからではなく、援助を維持する力が政府になくなったせいです。
- 水不足に直面している人は、2003年以降、50％から70％に増えました。
- イラク人の80％は効果的な公衆衛生を得られていません。
- 子供の栄養失調率は2003年の19％から28％へと増えました。
- ちゃんとした教育が受けられない子どもは92％に達しています。

……絶句したくなるほどひどい有様です。

これらはすべて、ブッシュの戦争がもたらしたもので、自衛隊の米軍協力が継続されれば、情況はもっと悪くなるでしょう。日本政府はこんな戦争を手助けすべきではありません。

（2007.8.7）

米国との地位協定——イラクと日本

国連の委任統治期間満了を前に、イラクと米国が統治権返還に関する協議を続けています。

協議の中で、イラク政府は米国に対して、勤務外で犯された米兵と軍属（民間警備会社を含む）の犯罪について、イラクに起訴・裁判権を認めるように要求しています。

イラクは、日米地位協定で日本が持っているのと同じ権利を要求していることになります。これは実現するでしょう。日本とイラクの地位協定は条文としては同じ中身になるでしょうが、実際にはイラクは日本以上の自主権を有することになると思います。なぜかといえば、イラクのそれが「要求してかちとった権利」であるのに対して、日本のそれは要求しないで転がり込んできた「棚からボタモチ」の権利だからです。

もともと日米地位協定は米兵の犯罪について日本側の裁判権を認めていませんでした。それが改定された経緯はこうです。

当時はNATOがやはり地位協定の交渉中で、それが発効したのは日米地位協定の翌年です。そこには、公務外の米兵の犯罪について、基地を提供している国が起訴権・裁判権を持つとありました。

日米地位協定にはNATO軍地位協定が発効すれば、日米もそれと「同様の刑事裁判権に関する協定を締結する」と決められていたので、日米もそれに合わせて地位協定を改定したのです。日本が要求して得た権利ではありません。

1949年に天皇と会談したマッカーサーは、日本の独立後に駐留する米軍について、「英米軍の駐屯が必要でありましょう。それは独立後のフィリピンにおける米軍やエジプトにおける英軍やギリシャにおける米軍と同様の性格のものとなりましょう」と述べているそうです（『日本という国』小熊英二）。

「エジプトにおける英軍」とはどんなものかといえば、一部地域で軍政を敷いており、武力行使で反英政権を打倒して親英政権を樹立させたりという存在でした。つまりエジプトは実質的に英国の属国だったのです。日本はそうなるぞとマッカーサーは言明し、日本政府はそれを容認したのです。

イラクは占領されており、政府は米国が設置したもので、傀儡政権と見なされています。そんな政府でも要求する当たり前の関係を、日本政府は要求しなかったんです。日米間には、地位協定を米軍に都合よく拡大解釈する密約もあると言われています。どうしてこうなんでしょうか。

そんな対米従属政権がずうっと続いています。地位協定改定を求める運動に冷笑をあびせ、口汚くののしる人たちさえいます。どうしてなんでしょうか。

強いアメリカには地面に頭がくっつくほど腰を曲げるくせに、弱い（とみなす）アジア各国には尊大で傲慢で差別的な態度を取る人々に、言いしれぬ恥ずかしさを感じます。

ほんとに、どうしてこうなんでしょうねえ。(2008.10.16)

たる爆弾

ファルージャ〔イラク中部の都市〕にたる爆弾が落とされたという。

1年以上前にもその情報が流れたが、未確認のままだった。どうやらそうではなさそうだという話も流れていた。

今回も、被害状況の全体像がわからないので、本当にたる爆弾かどうか不明だが(破壊の様相がどうもたる爆弾ではないような気もするのだ)、仮にこの情報が正しければ、イラク軍の犯行であり、戦争とイラクの前途に混沌をもたらす不吉な話だ。

たる爆弾とはコンテナのようなものに爆薬を詰め込んだもので、航空機から投下する。街路ひとつを完全に破壊できるほどの威力だという。

シリア政府が使い始めたところ「効果が高い」というので、あちこちの街にいまだに落とされているようだ。見境のない攻撃手段なので、市民に多大の被害をもたらす。シリア政府にとって部族が違えば自国民でも敵だ。

反政府勢力が占領した街は敵性住民が住んでいる街だから、無差別攻撃もおかまいなしで、むしろ市民を大量虐殺するために意図的に使用しているらしい。

犯人はイラク軍による自国民

航空機を持たないテロ組織は、たる爆弾攻撃ができない。

米軍はこんな原始的な兵器を使わない。

するとイラク軍が犯人だとしか思えない。

自国民に無差別攻撃を仕掛けるなんて、シリア政府のような独裁政権のすることじゃないか。

何やってんだ、イラク軍。

テロ組織イスラム国に占領されていたファルージャを解放する作戦が始まってから2か月もたつし、イラク軍の一部はもっと北部のラマディに進撃しているそうだから、ファルージャ市内はもう制圧したのかと思っていた。

いまだに市内空爆をするなんて、数万人もの軍を動員して、たかが数百人程度だといわれるテロ組織相手に何をやってるんだ。

いまさらながらにイラク軍の弱体ぶりにあきれてしまう。

イラク軍のお粗末なのはともかくとして、たる爆弾という情報が正しいなら、これはもう、まともな戦争(というのも変な表現だが)ではないのではないか。

攻撃をやりすぎたとか、下手な攻撃にともなう付随被害だとかいう話で収まらない。

なにせ、たる爆弾なのだ。

シーア派主導の政府軍がテロ組織と戦わないで、スンニ派住民を敵とみなして虐殺していることになる。

そうだとしたら、予想された展開の中でも最悪の方向に事態が進んでいることになる。

正面の敵をそっちのけにしてスンニ派を攻撃しているのなら、それは政府軍がもはや政府軍ではなくなり、狂信的な宗派主義に乗っ取られていることを意味するからだ。

それなら、イラクはもうだめだ。

バグダッドはシーア派イランに内政を支配され、地方のスンニ派テロ組織はますます活発化し、手に負えなくなるだろう。

平和が保たれるのは北部のクルド人自治区だけになるかもしれない。

たる爆弾でないことを祈るばかり

これが空爆の失敗で、被害を受けたスンニ派住民がシーア派政府軍を非難するためにたる爆弾攻撃だと言っているだけなら、まだ前途に光は見える。

むろん悲劇は悲劇だが、空爆の失敗のほうが、たる爆弾より数倍ましだ。

イラク軍が出来そこないでへっぴり腰で空爆目標を取り違えている事態のほうが、意図的な攻撃で市民を殺しているというよりもはるかにましだ。

なんともへどが出そうな〝まし〟だ。

それにしてもなんという戦争だろうか。

米軍が介入して引き起こす「対テロ戦争」では、こんなことばかりが起きる。

こんな戦争にのこのこ出かけて行こうという安倍はどこまで鈍感なお花畑戦争主義者なのだろうと、心の底からふつふつと怒りがわいてくる。

(2015.8.18)

モスル攻略戦──残虐になるイスラム国兵士

クルドの通信社アルスマリアは、モスルのIS(イスラム国)兵士が日々残忍になっているといいます。

ささいなことで市民を殺して死体を街頭にさらしたり、連合部隊に負けた腹いせに市民を虐殺しているそうです。

モスルの西にあるアル・ジャゼア村では、近くのアデン地区の戦闘でＩＳ兵士が連合部隊に殺害された報復として、婦人や子供を含む一家６人を皆殺しにしたそうです。モスル市民５０００人を誘拐して連れ去ったという報道もあります。

人間の盾にするつもりでしょうか。

平和は尊いけれど、こういう勢力から平和を取り戻すには勝つまで戦うしかない現実も一方にはあります。

ＩＳが成長したのは、シリアのアサド政権の無慈悲な弾圧を欧米が見て見ぬ振りしたのが直接の原因だとの見方があります。初期に空爆に踏み切り、市民軍を勝たせていればこうはならなかった。

とはいえ、ＩＳが誕生した原因はブッシュのイラク侵攻です。

もっとさかのぼれば欧米のアラブ侵略がすべての混乱の大元にあります。もつれた糸をどこまでたぐれば解決策に行きつくのか、誰にもわかりません。

ともかく、戦争は起こさないことです。

いったん戦争に踏み切れば、どちらが良いとか悪いとかいってもどうにもならない。どちらの言い分に分があろうとも、武器のない市民が悲惨な目にあわされる現実は変わらないのですから。

南スーダンを皮切りに軽々しく戦いの場に踏み出そうとしている安倍政権を終わらせないと、イラクの事態が他人事でなくなります。

(2016.11.12)

アフガニスタン

日本は独自のアフガン支援策を打ち出せ

10月9日〔２００８年〕付ワシントンポストがアフガンの芥子《けし》栽培について書いています。

かいつまんで要約すれば——

芥子栽培がタリバンの資金源になっている。

つまり、芥子がアフガン派遣軍の脅威をつくっている。

しかし、農民に芥子栽培をやめさせると困窮する。すると農民はタリバン側につく。結果として軍人を今よりもっと危険に陥れることになる。芥子栽培を続けても中止させても、どっちに転んでもひどいことになる。という嘆きです。

しかし、米国はアフガンへのさらなる増派以外に有効な対応策を持っていないようです。で、いつものように日本に対する資金援助の要請です。

ここは日本の出番ではないでしょうか。

アフガンの農民はあまりにも深く芥子栽培に頼っているので、これを止めさせることができない。ならば芥子を公的資金で買い上げ、医療用モルヒネの原料とするのです。

安価な原料が大量にあるのだから、日本が技術指導してアフガンで精製すればいい。そうすればアフガンの経済復興に役立つでしょう。

莫大な搾取をしている非合法の中間業者を排除し、国連なりアフガン政府が直接買い上げれば、農民は増収となります。不当に買いたたく連中にわざわざ売りに行く農民はいないでしょう。武装勢力は資金源が先細りします。

買取資金を日本が出してもいいじゃないですか。アフガンのGDPは200億ドル程度。アヘンの売り上げがその半分はあるといいますが、原材料の芥子の値段はその1%程度でしょう。1億ドル、約100億円です。

参考のために、海上自衛隊が多国籍軍支援にどれくらい使っているかを示すと、2007年8月までに961回の無料洋上補給（220億円相当）を行い、その派遣費用の総額が585億円です。

100億円が高いか安いか。すくなくとも洋上補給でパキスタン海軍に油をちょろまかされるよりは、よい使い道だと思います。

そして少しずつ芥子栽培を認可制にして管理するのです。管理行政システムにタリバン勢力を加えて社会復帰させれば、治安も落ち着くし。タリバンといっても、もともとは地元の人間です。支配的な民族だったパシュトゥン族が権力機構から強制的に排除されたので、失地回復運動をやっているだけのこと。

ならば、彼らがもともと持っていた地方自治権や国政参加権を与えれば、それで彼らの闘争目標は達成されたことになり、武装闘争終結。するとなにも危ないアルカイダとくっついている必要もないわけですから、外国人勢力は自然と浮き上がります。

……まあこんなに一本調子にはいかないでしょうけど。でもこれくらい大胆な構想を世界に発信してもいいじゃないですか。アメリカのケツにくっついているだけが能じゃないと思うけどなあ。

(2008.10.10)

アフガンのタリバンの現在

アフガンのタリバンは、ときどき戦士を混乱させるような指示を下す。

「敵に協力する者は女でも殺せ」と命じたかと思うと、「攻撃で民間人を殺すな」と命じる。

アフガンのような国で敵の協力者とそうでない人間を、どうやって見分けろというのだろうか。現場の苦労を知らない指導部が、いかにも耳障りのよい指示を下して自己満足する風潮は、タリバンも同じなんだなあと思う。

去年のいま時分、「民間人から武器や金を奪うな」という指示が下されたとき、タリバン兵にもタチの悪いのがいることが分かった。住民から怨嗟の声が上がり、それがタリバン指導部にまで届くというのは、かなりの規模で略奪が公然化している実態を示している。

最近タリバン指導部が出した警告は、ややエスカレートした。「罪のないイスラム教徒の血が戦士(ムジャヒディン)の怠慢で流されていることが、反論を許さない形で証明されるなら、イスラム法にもとづいて罰せられなければならない」

国連の調査によれば、アフガン市民の死者の8割がタリバンによるものだそうだ。国連は多国籍軍寄りの立場だから、この報告は割り引いて読まなければならないだろう。しかし、タリバンの手による市民殺害も、タリバン自身が自分の兵士に警告しなければならないほどの規模で起こされているのは間違いない。

戦闘に巻き込まれて流れ弾で亡くなっているのなら、米軍のせいにすればよいのだから、タリバンはこのような警告を出さない。

また、タリバンは都会で市民を巻き添えに自爆テロを繰り返すことを厭わない。「外国兵と同居している都会の連中など、死んで当然」程度の意識だからだ。

自爆テロで都市住民が反タリバンに傾こうが、もともと都市部の支持は低かったから、タリバンにとってはいまさらどうでもよいのだ。

彼らの焦りは農村部における信用失墜を示している。農民からタリバンに対して抗議の声が届けられているのだと思う。

タリバン兵の行いのせいで、タリバン自身が危機感を覚えるほどに、農村での支持が低下しているのではあるまいか。

タリバン兵の士気が高いのは、祖国防衛の戦いだと信じているからだ。しかし戦いが長引くと、現場に腐敗が生じるのが軍隊の常だ。タリバンの人的損害はかなり大きいから、戦士の質もだんだん低下する。

ムジャヒディンのふりをすれば飯が食えるというだけで戦列に加わり、無駄飯を食っている奴もいるだろう。鼻つまみ者が村にいられなくなり、タリバンに加わるということも起きる。こういう組織だから、物資が潤沢なら汚職の温床になるし、物資が不足すれば略奪の原因となる。

きれいごとを言っても、しょせんは人間のすることだから、裏表がある。薄汚い動機を大義名分で塗り隠して人殺しをする、それが戦争なのだ。アメリカもタリバンもどっちもどっち、決して正義の軍隊ではない。

タリバンの統治地域では食料生産よりも芥子《けし》栽培を強制され、搾取されているそうだ。軍閥の統治地域ではタリバンが芥子栽培を強制し、軍閥がそれを黙認して、あとから利益を横取りする。アフガン政府の統治地域では米軍の手で芥子畑が焼き払われる。

3つの暴力組織の狭間で、農民だけがひどい目にあっている。


(2011.11.10)

コスタリカ

軍隊を捨てた国――コスタリカから学べること

「軍隊を棄てた国」といわれるコスタリカの防衛力をまとめてみました。

ついでに隣国ニカラグアおよび日本との比較も。

コスタリカは非武装とまでは言えませんが、その驚くべき低武装が明らかです。

「コスタリカは警察という名で強力な軍隊を持っている」なんて書いている人がたくさんいますが、まったくの捏造でした。

私はコスタリカと日本の防衛力は、国家規模との比で言えば同じくらいかと思っていたのですが、大きな間違いでした。そして軍事費を教育に回したというのが間違っていないことが分かります。

　まずわかりやすいように主な各要素を並べます。

人員

- コスタリカ（警察と軍）　8000人　人口比0・22％
- ニカラグア（軍のみ）　1万4000人　人口比0・26％
- 日本（警察と自衛隊）　79万2500人　人口比0・67％

予算に占める軍事・警察の割合

- コスタリカ（警察と軍）　5％
- ニカラグア（軍のみ）　11％
- 日本（警察と自衛隊）　11・2％

だいたいこういう感じですが、細かい中身は以下の通り。

コスタリカ

人員

- 常備軍はない。ただし有事の際に国会の承認があれば大統領が徴兵を布告できる。
- 8000人の警察・軍組織のうち、2000人が国境警備隊。麻薬捜査と取り締まりのため、幹部は米軍と台湾軍特殊部隊の教練に参加している。
- 人口381万人に対する警察と軍の人口比0・22％

装備

- 海上警備隊は哨戒艇
- 国境警備隊はヘリ3機とセスナ4機、小型輸送機1機
- 個人装備は小銃、機関銃、携行式対戦車ロケット砲

予算

- 常備軍がないので警察予算でまかなっている。警察を含めて1億3200万ドル（07年）国家予算の5％。教育予算の4分の1相当。

ニカラグア

人員

- 1万4千人（陸軍1万2千人、空軍1200人、海軍800人）
- 1980年代には約10万人
- 警察力は不明
- 人口535万人に対する軍の人口比0・26％

装備

・陸軍＝T55戦車、装甲車、カチューシャロケット多数、小銃、機関銃、携行対戦車ロケット砲、その他大砲や迫撃砲多数
・空軍＝An－2（アントノフ）6機、S58T輸送ヘリ、ヒューズ偵察ヘリ、OH6A偵察ヘリ2機、Mi－2輸送機6機、Mi－8武装ヘリ18機、Mi－24ハインド攻撃ヘリ10機
・海軍＝不明

いやはや、ネットで写真を見るだけでも、両国の戦力が隔絶しているのがわかります。この低軍備でよくコスタリカは不安を覚えないもんだなあ。ほとほとその胆力に感心します。よほどその平和政策に自信がなければできないことです。日本も頭の切り替えが必要だなあ。

日本

人員

・警察官　54万2500人
・自衛官　25万人
・海上保安官　1万2000人
・合計　80万4500人
・人口1億2000万人に対し人口比0・67％（コスタリカの3倍）自衛隊・海保のみなら人口比0・21％

予算

・警察庁　3兆6000億円以上
・警視庁　6300億円
・自衛隊　4兆8000億円
・海上保安庁　1500億円
・合計　9兆1800億円
・一般会計81・8兆円の11・2％　税収50兆円の18・4％
・教育予算の3分の2相当。

感想

さて、近年の中南米諸国の変化には目を見張るものがあります。その理由のひとつに、コスタリカの成功があると考えるのは不当でしょうか。

開発途上国でありながら、コスタリカは先進国並みの社会保障制度が実現したのですから、他国も自分たちだってできると自信を深めたとしても、不思議ではない。

人口の4分の1にも達する難民を国内に受け入れつつ、その難民にも無料の教育・医療サービスを続けているというのは、信じがたいものがあります。さすがにこれは国家財政にかなりの負担をもたらしているそうですが。

その成功のカギは2度にわたるドラスティックな軍縮でした。「安定は軍事バランスによって保たれている、だから一方的な軍縮は地域の不安定化要因となる」などという馬鹿げた意見があります。コスタリカの軍縮は地域の不安定化要因になりませんでした。

そしてコスタリカは、軍縮による安全保障度の低下を補うため、地域的安定保障措置の構築を提案し、推進してきました。このことが他国の国際関係をも安定化させているのは、紛れもない事実です。

これらの事態は現在も進行中ですから、さまざまな紆余曲折は必至です。今後も行きつ戻りつするでしょう。

皮肉屋たちは「行きつ戻りつ」の「行きつ」を見ては、まだ足りない、口ばっかりだと批評します。「戻りつ」を見ては、それ見ろ、二枚舌だ、実現不可能だと批評します。

しかし、そんな批評を百年してたって事態が変わらないことを中南米の人たちは身を以て知っていますから、これからも前進の努力を続けるでしょう。

私は彼らを見習いたいと思っています。

コスタリカ憲法

第12条

恒久制度としての軍隊は廃止する。

公共秩序の監視と維持のために必要な警察力は保持する。

大陸間協定又は国防のためにのみ、軍隊を組織することができる。

いずれの場合も文民権力に常に従属し、単独又は共同して、審議することも声明又は宣言を出すこともできない。

第31条

コスタリカの領土は、政治的理由で迫害を受けているすべての人の避難所である。

第121条

政府評議会の要請を承認するには国会の3分の2以上の賛成を要する。

政府評議会は大統領と閣僚によって構成される。政府評議会は次の承認を要請できる。

第147条

国家防衛非常事態の宣言。徴兵の承認。

(2010.5.14)

第6章 差別とレイシズム

21——レイシズムとヘイト

22——在日韓国・朝鮮人差別

23——国籍と権利

21 レイシズムとヘイト

いわゆる「ネトウヨ」についての考察

ネトウヨは完璧な日本が好き

ネトウヨは日本の負の歴史を認めません。大日本帝国は無謬であったと主張してやみません。日本は「汚れなき我が日本」であり「美しい国・日本」なのです。

偉大な日本は韓国や中国に負けることなどありえないので、負けているように見えているとすれば、それは韓国や中国の汚いやり方のせいに違いないし、国内にいるなまけ者や反日分子のせいなのです。

彼らが社会的弱者やマイノリティを攻撃するのは当然です。まさに社会的弱者やマイノリティは「完璧な社会」にいてはいけない存在です。それらの存在は「汚れなき我が日本」を汚すものですから。

だから出て行ってほしいと思ったり、その存在を認めなかったり、非常に冷淡であっても不思議ではない。

しかし、現実には存在している。あってはならないものが存在してるならば、それらをどうすればいいのか。

問題があるのは日本じゃない、ということにすればいいんです。問題があるのは、社会的弱者やマイノリティたちが非常に醜悪で汚い、歪んだ心を持っている、ずるくて、醜い、弱い、怠け者な存在だからだってことにすればいい。

ネットの書き込みにも、非常に強くその傾向が現れていると思います。

ネトウヨを生んだ「穢れ感覚」

彼らの情念の底部には、古くからの「穢《けが》れの感覚」が息づいているのではないでしょうか。彼らが批判対象を過剰に憎んだり、攻撃したりする語気の荒さ、その口調は、もう批判の域を超えています。それは批判ではなく、穢れたものに対する嫌悪感からくるもののように思えてなりません。

汚れているのだから、「失敗者」には同情しないし、むしろ脱落者としての侮蔑は当然で、それらを侮蔑したり攻撃したりすることは「純血者＝穢れなき者」の特権であり、自分たちは彼らとは違うという優越にひたっているようにさえ思えます。

ネトウヨがやたらと日本人としての純血にすがり、純粋を求めるのも、ここに由来するのではないかと思います。

ゼノフォビア（外国人嫌悪）、自己責任論、歴史修正主義、攻撃性……これらをつなぐカギが、穢れ感覚なのではないかと。

ネトウヨ心理の病理的分析

さて、ネトウヨにとって、社会的弱者やマイノリティが何かを要求するなどありえないことです。なぜなら本来は存在してはならないし、ましてやすべての問題は「社会的弱者やマイノリティ」自身のせいなのに（自己責任論が大好きなのもこのあたりが理由でしょう）図々しくも何かをほしがっているんですから。

だから媚びへつらい、恵んで下さいとばかりに懇願するなら（地方選挙権がほしければ帰化しろ、生活保護が受けたければ一切の贅沢はするな等）、ネトウヨの優越感を満たしてくれるので、好意的に扱うのでしょう。

このように日本や、それと妄想的に一体化した自分について誇大な自己評価を抱き、不当に他者を否定して、妄想的に優越感を抱く心理は、パワハラと共通しています。

パワハラの動機は、自分自身もしくは会社と妄想的に一体化した自分について誇大な自己評価を抱き、不当に他者を否定して、妄想的に優越感を抱く心理からくるものだからです。

パワハラ心理は、いわゆる「幼児的万能感」に近いものがあると考えられています。母親にお乳をねだって大声で泣くと、その要求が必ず聞き入れられると乳幼児は思っています。これは生育歴の中では母親との一体感を可能にし、自己肯定感を育んで、アイデンティティを確立するのに不可欠の過程だとされています。

しかし幼児期を脱してもなおそのような心理を克服できないで、優越的な自分の求めに他人が従うのが当然だという心理を持続している場合、なんらかの心理的防衛機制的反応が考えられるのだそうです。

そういえば、ネトウヨは自分が攻撃的だと思っていません。自分の放つ悪罵は、反日国家や反日分子の攻撃に対抗する、防衛反応に過ぎないと信じ込んでいます。彼らがどれだけ日本を純潔化させたいと願っても、外国人や、老人や、障害者や、母子家庭や、生活困窮者などをこの国から無き者にすることはできません。できないのならば、「純粋な日本」と「純潔な自分」を防衛するには、常に彼らを批判、非難、攻撃の対象とし、異分子扱いするしかないわけです。

結局は〝自己肯定感〟が足りないのです。

本来は、それは生育歴の中で、パーソナルな次元で求めるべきものなんです。「母親との一体感」から自立して、地に足の着いたところから自分の人生で感得していくべきものなのに、それが欠けていた。そこでいまだに満たされない「母親との一体感」を仮想日本に仮託して、自分はその一員なんだという全体性への一体感によって、かりそめの自己肯定感を得たいということなのかもしれません。

ネトウヨは理想主義の変形

ネトウヨは日本について、あるべき理想の状態を仮想し、それと相容れない存在を愚劣なものとして排除しようとし、敵対的に振る舞っている。するとネトウヨは一種の理想主義と言えますね。

いや、理想主義などという立派なものではないとの反論もあるでしょう。だってネトウヨは人間の尊厳を汚しているのだから。

それはそうなんですが、理想の持ち方が違っているだけではないでしょうか。私たちはネトウヨが人間を貶め、汚していることを嫌悪しています。それと同じように、ネトウヨは私たちについて、日本だけを不当に貶め、伝統や尊厳を汚しているとして嫌悪しているんです。

私たちはネトウヨがあまりにも権力に対して無防備であることをもって、無責任だと感じています。しかしネトウヨは私たちを、あまりにも外敵に対して無防備であるとして、無責任だと非難しています。水と油ですが、彼らには彼らなりの論理があり、確信があると思います。彼らは彼らなりに理想を目指しているんですよね。

理想主義は青年の特徴でしょう。しかし理想主義というには、彼らは偏頗《へんぱ》で視野が狭いと私たちは思っていますが、なに、理想主義とは元来そういうものだし、あちらも私たちを同じように偏頗で視野が狭いと思っています。そして意見が相容れない者に対する過剰な反応は、私たちだって褒められたものではありません。

愛すべき「彼ら」にいかに対するか

こう振り返ってみると、彼らと私たちの違いは、環境だけなのかもしれません。時代の様相が違っていれば、彼らは私たちであり、私たちが彼らになっているかもしれませんよ。

そこで私は思うのですが、彼らをいくら非難し、見下げ、罵倒しても彼らは変わらない。すると問われているのは、私たちの問題設定ではないでしょうか。私たちが、彼らの心の琴線に触れるような言葉と論理を持ちえていないこと。真の問題点はここにあるのでは。

ブログに来られるみなさんに教えられて、私はこのような感想をもちました。

あとは余談です。

ネトウヨは日本について、あるべき理想の状態を仮想し、それと相容れない存在を愚劣なものとして排除しようとし、敵対的に振る舞っている、と最初に述べました。これって、外面的にはマルクス主義者のふるまいと似ていませんか。あるべき理想の状態（搾取なき世界）を仮想し、それと相容れない存在（ブルジョアジーやその味方）を愚劣なものとして排除し、敵対的にふるまう。

しかし、本当のマルクス主義者が自分より強大な存在と戦おうとするのに対して、ネトウヨはそうではありませんね。いま「本当の」と限定したのには、理由があります。マルクス主義者のように振る舞っていても、じつは流行思想を身にまとっていただけの人もいるからです。流行が消え去ったら、一山いくらのマルクス主義者も消え去りました。中には転身してちゃっかり権力側にくっついた世渡り上手もいます。ネトウヨにもそういう手合いは多いと思います。付和雷同的に流行の振る舞いを真似ているだけですから、政権の性格や社会のありようが変われば、それに合わせて考えを変えるでしょう。

流行に合わせて思想を着替えるような器用な人は別として、しっかりしたネトウヨは、まだ見どころがあるのではないでしょうか。彼らは自らを、孤立しつつも「無責任な大衆社会」という強大な敵に挑んで警鐘を鳴らし続ける、革命家のように感じているのではないでしょうか。こう考えると、なんだかネトウヨが、愛すべき存在のように思えてきましたよ。


(2010.4.11)

差別する者の気分は「自分は被害者」

ＦＢＩの調査によれば、アメリカの昨年のヘイトクライムは前年の６％増、とりわけイスラム教徒やモスクに対する攻撃が67％も増えたそうです（ニューヨークタイムズ、２０１６年11月14日）。

大統領選挙に触発されたという見解が記事で紹介されています。ところが加害者側は、自分たちこそ被害者だと思い込んでいるそうです。

「トランプ候補の支持者は、自分たちはあまりにも被害を受けてきたと語る」

この心理は日本のネトウヨやザイトクと共通しています。

「奴らがあまりにも図に乗っているのだ。我々は失われた我らの権利とプライドを回復したいだけだ」

「奴ら」とは、韓国や中国、在日朝鮮人や被差別部落住民その他のマイノリティ、性的少数者、女性や子供を指します。

差別しなきゃ守れないプライドなんか、豚にでも食わせとけと思いますけどねー。

彼らのような攻撃的なのはごく少数ですが、同じ気分を共有する人々がかなりいることがわかってきました。

「在特会のやり方はよくないけど、言ってることは正論で理解できる」

「日本人が営々と努力を積み重ねてつくり上げた社会保障なのに、何の努力もしなかったよそ者が入ってきてかっさらっていくのは納得できない」

う〜ん、なんでそこ、「日本人」でくくっちゃうかなあ。

こんな論法にいかれる人は、他のことでも同じ論法でごまかされてますよね。

「沖縄県民は税金(基地交付金)にたかっていい目をしている」

「原発立地県は電源交付金で楽に暮らしている」

「若者が納めた税金を年寄が食い散らかしている。年寄の財産を吐き出させろ」

こんなクソみたいな論法にやられて、「けしからん!」と怒っている。

他にも公務員だとか大企業サラリーマンを既得権者だとカテゴライズして仮想敵に仕立て上げていますけど、ちかごろはただの正社員までが「不当に恵まれた層」にされているそうで、そんな目くらましにやられるなんて、どんだけ志が低いんだと思います。

こんなふうに分断されて、いいように操られて、「悪い奴」をやっつけてくれるトランプや橋下徹や安倍晋三に喝采して、どんな未来が開けると思っているんだろう。

(2016.11.17)

首相直轄有識者会議に進出するネトウヨ

以下の主張を論理的に理解できる人は少ないと思います。

日本の心は縄文にある。和の心である。

こうした縄文精神をもった日本人を〝GHQと左翼と日教組〟が堕落させ、国民は愛国心を失い、ついでにウーマンリブ運動が無責任&子を産まない女を増殖させた。

この〝罪〟が、原日本人である東北の人々に東日本大震災をもたらしたのだ。


語ったのは俳優の津川雅彦。

恐ろしいのは、こういうことを真顔で語る人物が、安倍首相直轄の有識者会議「『日本の美』総合プロジェクト懇談会」の座長だということです。

いつものお友だち諮問機関かとせせら笑っていられません。というのはこの懇談会が、オリンピック・パラリンピック開催に向けて日本文化を海外発信する役割を担っているからです。

もっと恐ろしいのは、上記の主張に至る心情のいくぶんかを共有する人が多いということです。

論理的にはデタラメだけど、そしてさすがに東日本大震災の件《くだり》にまで同意する人は少なかろうけれど、前半部分に限ってはぼんやりとそうしたイメージを抱いている人は、無視できない厚みで存在していると思います。

反論するのは簡単です。

しかし、それだけでは心に食い込んだイメージを変えられない。その心情のよってきたるゆえんを理解し、心情を逆なでしない形でしっかりと反論できないと勝てません。

キーワードは「自己肯定感」だと思うのですが、長くなるのでまたの機会に。

(2015.12.24)

ヘイトデモ禁止仮処分決定

極悪のレイシストに対し、デモ禁止が申し渡されました。

裁判所の決定をまとめておきます。

「同胞の福祉のために長年にわたり貢献してきた人々に対し、お前らが死ねや殺せとぬかす資格があるのか！」

「施設の周辺でヘイトスピーチするなコラ！」

「デモ禁止じゃワレ！」

「半径500メートル以内に立ち入るな、一緒に空気吸うな！」

平成28年（ヨ）第42号ヘイトデモ禁止仮処分命令申立事件
債権者（デモ禁止を求めた側）社会福祉法人青丘社　川

崎ふれあい館

債務者（ヘイトデモをした側）　五十六パパこと津崎尚道

〈主文〉

債務者は、債権者に対し、自ら別紙行為目録記載の行為をしてはならず，又は第三者をして同行為を行わせてはならない。

〈行為目録〉

債権者の主たる事務所（川崎市川崎区桜本1丁目9番6号）の入口から半径500m以内（別紙図面の円内）をデモしたりあるいははいかいしたりし、その際に街宣車やスピーカーを使用したりあるいは大声を張り上げたりして、「死ね、殺せ」、「半島に帰れ」、「一匹残らずたたき出してやる」、「真綿で首絞めてやる」、「ゴキブリ朝鮮人は出て行け」等の文言を用いて、在日韓国・朝鮮人及びその子孫らに対する差別的意識を助長し又は誘発する目的で公然とその生命、身体、名誉若しくは財産に危害を加える旨を告知し、又は名誉を段損し、若しくは著しく侮辱するなどし、もって債権者の事業を妨害する一切の行為。

〈理由の要旨〉

ヘイトスピーチ・デモは、事後回復が困難な人格権侵害にあたる。判断の根拠とした法令は「人種差別撤廃条約」「ヘイトスピーチ解消法」「社会福祉法」。

(2016.8.3)

どこまでナチスの軍服に似ていたらアウトなのか」と問う人たちへ

タレントがナチスっぽいコスプレしてたのを米国のユダヤ人権団体「サイモン・ウィーゼンタール・センター（SWC）」から抗議されたことに関して、ツイッターでこんな意見を読みました。

「サイモンなんたらは、ホントにナチスの制服を広めたくないなら、謝罪しろ言う前に、このデザインのどこがダメで、どう直せばオッケーなのか、丁寧に全世界に教えてほしい」

マニュアル？　決められた範囲ならオッケーで、はみ出したらアウトですか。とほほほ～と泣きたくなる、悲しい思考法です。SWCが何を訴えているのかちっともわかってないからこんな発言がでてくるんでしょうね。

問題の本質は服装の形にあると思っている。

勘違いも甚だしい。

まず、ナチス思想がユダヤ人だけではなくすべての人間の尊厳そのものを否定する絶対悪だ、という考え方が出発点にあります。

ナチス思想は芽のうちに摘み取らなければ、広まってからでは手遅れだという教訓もあります。

ナチスに似せる行為には、ナチスへの親和性とか無警戒が表出されているので、SWCは抗議するのです。

ファッションチェックしているわけじゃない。

こう言っても、人種迫害の恐怖や怒りを理解しようとしない人たちは言い続けるでしょう、

「だからどこまでなら許されるんだよ！」と。

うっさいわ、どこまでもここまでもあるかっ！

迫害にあった人の気持ちになって自分で考えろ。

他人の傷口に何グラムまでなら塩を擦り付けてもいいんですかあ～と尋ねる間抜けがどこにいるか、タワケもの！

(2016.11.3)

ナチス風コスプレは何が問題なのか

意見をツイートしたら（前節）あっという間に100件ぐらい反応が。まあ食いつきのよいこと、よほど痛かったのかな、ネトウヨは。


欅坂《けやきざか》46のコスプレが「ナチスの制服に似てたらなんでダメなんだ」、「どこまでなら似てることになるんだ」、とおなじみの難癖がちらほら。事の本質からはずれて形の問題としか思ってない人や、わざとそう思わせるように仕向ける奴もいて困ったことだ。

ナチス思想はユダヤだけの敵じゃなくて、民族を超えた、人間の尊厳に敵対する絶対悪だというのが欧米のスタンダードだし、事実そうだと思う。無警戒だとナチス思想の再来を防げない。ナチスを真似るのはナチスに対する無警戒のなせる業だから非難される。

ナチスの制服は民衆を引き付けるために一流のデザイナーにつくらせたんだからカッコいいのは当然で、その作戦が図に当たってナチスは勢力を伸ばした。「カッコいいから真似ただけ」は言い訳にならない。見かけに乗せられた結果がどうなったかを知るべきだ。

「いや、日本の場合はただの猿真似で、思想的にスカスカで、背後には何の思想も歴史性もない」というのは言い訳になるか。ならない。同じ地球上で起きた悲劇についてそこまでスカスカのパッパラパーであること自体が批判の対象となるだろう。

見かけに乗せられたらとんでもない結果を招いたドイツ民

衆のことを教訓化して、同じ手で別のナチスにしてやられるのを防ぐには、ナチスの手口を忘れないことだ、というのが欧米の普通の市民の考え方だ。日本人も別のナチスを警戒したほうがよいのは論を俟たない。

そういうことで、ナチスのコスチュームというのはいわば炭鉱のカナリアだと思う。警戒心を忘れないための、時代のカナリアだ。だから「似てるか似ていないか」の問題ではない。強いて言うなら「似せようとしたのか、偶然なのか」の問題になるのかもしれない。

似せようとしたのなら完全にアウトだ。ちっとも似てなくても、似せようとしたことそれ自体が間違いだ。

偶然似たのなら？　その偶然は、ナチスを忌避する社会では起きようのない偶然だ。無警戒もまた悲劇につながる道なのだからペケ。この機会にナチスのことを学べばいい。

現状、ナチス問題は日本人にとって他人事のようにされている。だから普通に生きているだけの人が知らないのはある程度は仕方ない。だけど、教えてもらってるのに言を左右にして自己正当化を図るのはよそう。人権に鈍感すぎるし、卑怯だし、不誠実だし、バカだから。終わり。

(2016.11.3)

悲劇を防ぐ時代のカナリア

手のひらで踊る者は足の向く先を知らない

為政者は真の意図を隠して命令することができます。命令を下される側は、真の意図を知らないので忠実に従います。

ナチス指導部はヒトラーの思いつきに従ってユダヤ人絶滅を決めました。

手始めにユダヤ人登録を命じました。死ぬべき者たちを特定するため、すべてのユダヤ人に家族の名前、住所、財産を登録させるのです。

実務を担ったのは、ユダヤ人公務員とその下請けであるユダヤ人協会でした。

彼らは律儀に仕事を遂行しました。効率的なやり方を考え、登録漏れを防ぐ方策や、サボタージュを許さない方策を編み出して実行しました。

次にナチスは全財産の供出を命じました。いずれ死ぬ者に財産は必要ないからです。

命令に従わなければ手ひどい報復が待っているので、ユダヤ人公務員やユダヤ人協会の職員は、同胞の身を守るために、漏れのないように財産供出をうながし、または強制しました。

次にナチスは強制収容所への移住を命じました。もちろん、効率よく殺すためにです。

移住を拒否すれば直ちに殺されるので、ユダヤ人公務員やユダヤ人協会の職員は、同胞のために移住の手はずを整え、住民を駆り立てて集め、貨車に乗せました。そして自分たちも貨車に乗りました。

ユダヤ人の協力者たちは最後まで真の意図を知りませんでした。

いや、おぼろげに感づいて、疑問が芽生えたかもしれませんが、それを口にしてどうなるでしょうか。浮いてしまうだけです。おかしいと思いながらも、動き始めた巨大な社会の流れに身を任す以外に生きる方法はないのです。

このプロセスに反抗して殺されたユダヤ人は200人程度です。のちの悲劇に比べると、恐ろしいほどの無抵抗ぶりです。

だって、もしかしたら考えすぎかもしれないし、そんなことで官憲ににらまれて一生を棒に振ったら、愚か者と言われてしまうでしょう。そんなリスクを犯したくありません。

こうして、最終的な悲劇が粛々と用意されていきました。


一人ひとりが与えられた役割を果たしたときに起こったこと

始まりは一人の偏執的人物の思いつきでした。

ナチス思想は必ずしもユダヤ人をガス室で殺すことに直結しませんが、ナチスを大きくしたい幹部たちは、ヒトラーを必要としていました。

そこでヒトラーの思いつきを実現するために、最初の一手を打ちました。半信半疑だったかもしれません。

するとしばらくすると、ナチス思想すなわち個々人は社会の歯車であれという全体主義思想に染め上げられたドイツ社会は、見事に機械的に命令どおりに機能しはじめました。

自動的に官僚機構が動きました。

一人ひとりの役人は全体像を知りませんでした。個々人は与えられた役割、すなわちユダヤ人協会に決定事項を伝えたり、進捗状況を確認したり、名簿用紙を配ったり集めたりせかしたり、そんな小さな実務を担っただけです。

誰もが与えられた役割をたんたんとこなしていただけです。なんだか変だぞという疑問や、迫害に対するささやかな罪の意識はあったでしょうが、民族憎悪が帳消しにしました。

カナリアはほめられることがない

私たちは為政者の真の意図を知るすべがありません。

与えられた仕事がどんな意図でどんな回路で自分のところ

まで降りてきたのか、そんなことはわかりません。

たとえば、ミリタリーコスチュームで売り出そうという企画が与えられれば、カッコいいコスチュームをつくって売り出すことに懸命になります。

その企画がどういう意図で発案されたのか、そんなことは知ったことではありません。タレントは言われるがままに、企画に沿って最善のパフォーマンスを実現しようと努力します。

それが自分自身をいつか囲いに追い込む準備だなどとは誰も気づかないし、気づいた時には手遅れです。

悲劇を防ぐには、時代のカナリアが必要です。誰も気づかないときに警告を発するカナリアです。気づいた者が勇気を出して声を上げる。これしかありません。思い過ごしかもしれないけれど、そうすることが必要なのです。

仮に思い過ごしだったら、愚か者といわれて一生を棒に振るかもしれません。

仮にその気づきが本物で、警告が功を奏して恐ろしい悲劇を未然に防げたとしましょう。すると、起こるはずだったけど起こらなかった悲劇を防いだと、誰が分かってくれるでしょうか。あんたの警告は杞憂だったねと、すまされてしまうでしょう。

どっちに転んでも、称賛されることはありません。

カナリアは鳴いている

戦後、もしかすると時代のカナリアたちが、幾度も危機を未然に防いできたのかもしれません。恐らくそうなのだと思います。

でも人はいうのです。

「あんたは戦争の危機だと何度も言ったけど、結局なんにもなかったじゃないか」

「オオカミ少年かよ」

人は笑いますが、でも、それでも、そうすることが必要だと思う人がいなければ、悲劇は防げないのです。まったく割に合わない話ですが、これが世の中というものです。

幸いなことに、現代日本では無数のカナリアが声を上げています。小さくない声です。この声がきっと世の人に届くことを私は信じます。

とある危機が人々の大きな力で回避された時（それは戦争だけではありません。大小さまざまな問題です）、世の人は、大きな力の始まりが小さなカナリアの警告だったと気づかないかもしれません。

誰か偉い人が手柄を独り占めするかもしれません。それでもいいじゃないですか。その時は、カナリア同士、どこかでささやかに勝利の祝杯を上げたいですね。


（2016.11.4）

『いじめ・レイシズムを乗り越える「道徳」教育』

アマゾン・レビューを書いた。

『いじめ・レイシズムを乗り越える「道徳」教育』渡辺雅之著（高文研）

レビュータイトル――【警告】読んではならない

《ご注意》以下の文章には毒が含まれております。一定以上の知性とウイットのない方には理解できない「反語表現」を用いておりますので、わからなくても文句は受け付けません。

まことにくだらない本を書いたものだと思う。こんなものを読んではならない。なぜか。精神が汚染されるからである。だから私は本書をまともに読んでいない。読まなくても批判ぐらいできるのだ。

差別をやめろというのだろう。くだらない。そもそも日本人は朝鮮人が嫌いなのだ。嫌うのに理屈がいるか。嫌いだから嫌いなのだ。

本書は4部構成になっている。

まずパラパラとめくって第3章を読んでみた。著者の教育実践の話だ。

金八先生のモデルの一人だそうだから、自慢話でも書いているのかと思ったら、失敗話もありのままに書いていた。正直な男ではあるな。なかなか生徒思いの先生で、学校とケンカして生徒を守ったこともあるようだ。心も広いじゃないか。泣かせる話でもある。

……おっとと、うっかりしていた、読み込んでどうする。危ない、危ない。思わず引き込まれるところだった。頭の中にお花畑を耕しているような奴は、ときに本気でその花を周囲に咲かせるから怖い。

朝鮮人に対する憎しみと嫌悪こそがエネルギーなのに、こんなもの読んで人間に対する信頼感なんぞを植えつけられたら、精神が萎えてしまうではないか。若者はこんな本に絶対に近づいてはならない。

第2章は道徳教育の批判だった。

「道徳教育」の本なのに、道徳教育を批判してどうする。自己責任論は間違いだと書いてある。ここで私は本を投げ捨てたくなった。自己責任論が間違いなものか。

差別にもいろいろある。貧しい環境をさげすまれる可哀想な日本人もいれば、朝鮮人だから嫌われる奴もいる。この二つは全然違う。

貧しい境遇というのは親のせいであって、子ども本人にはどうすることもできない。そんなことで差別するのは間違っている。

しかし朝鮮人は違う。嫌われたくなければ朝鮮人なんかに生まれなければよかったのだ。そんなものに生まれたのは本人の自己責任である。わかりやすいだろう?

ところでこの本は私のようにスパッと分かりやすく結論を示さない。

著者は言葉巧みに読者を誘導して、考えさせようとするのである。自分の頭で考えろという。ひとつの結論に囚われるなという。

ふざけるな。朝鮮人が反日だという以外の結論がどこにある。朝鮮人はみな生まれながらの嘘つきで犯罪者で、え〜と、他にもなんかいっぱい悪いのだ。そうじゃない可能性なんか考えたあげくに、デモに行く気をなくしたらどうする。責任取れるのか。だからこんなものを読んではいけないのだ。

第1章はどんな心理が差別と憎悪を生むのか、どんな社会がそれを育むのか、それを理論的に分析している。

バカバカしい。差別は理屈じゃない。魂なのだ。嫌いだから嫌いでいいではないか。

考えてはダメなのだ。考えてハッと我に返った時のことを思うと、恐ろしくて考えることなぞできるものではない。それでよいのである。

しかもだ、在日特権のビラの内容を、在特会が「あれはデマだった」と訂正したと書いてある。そういう小ネタを小出しにして、小難しい理論を割と読みやすいように工夫している。

そんな本だから読んではならないのだ。こんなものを読んで転向でもされたら目も当てられないではないか。

第4章もひどい。

要するに、人間には他者を憎悪する能力もあるが、他人に共感し、他人の苦境を打開するために共闘する能力もあるというのだ。そして人間には励まし励まされ、ときにまっとうに批判し、自分とは違う見方を提示してくれる「他者」が必要だというのだ。

愛なのだ、この本に通底している思想は。読んでいるとどうにも胸の底がほこほこと温かくなってくるのを覚えた。

いやいやいやいやいやいや!!! それは違う! けっ。信頼関係なんぞというおためごかしなんかいらない。人間に必要なのは、その場限りのうっぷんばらしに付き合ってくれる程度の他者なのだ。しょせん人は一人なのだ。そういった厳しい孤独こそが人生であり、そこをくぐり抜けてこそ、私のような立派な人間になれるのである。まあ、ときに親友がいなくて寂しい時はあるが、なに、そういうときは朝鮮人を思いっきりいたぶってやれば、すっとする。

　ともかくだ、こんな本で変に人間に対する夢や信頼感などを植えつけられては迷惑なのだ。朝鮮人は人間ではないのだ。同じ人間だと主張するこんな本で若者の心を汚染されてはたまらない。

　ということで、だ。よいか、君たちに必要なのは適当な知識と憎悪、他民族蔑視の正しい思想なのだ。

　この本を読んで本物の「志操」を身につける必要などないのだ。よって、読んではならないのである。


(2014.7.24)

李信恵『♯鶴橋安寧』

アマゾン・レビュー書きました。

『♯鶴橋安寧——アンチ・ヘイト・クロニクル』李信恵《り・しね》（影書房）

レビュータイトル——これはトンデモ本である

トンデモ本とは、「著者の意図を離れて楽しめる本」というのが定義だそうだ。

　その意味では、この作品はトンデモ本と言えなくもない。

まず、深刻な内容のはずなのに、ところどころに挟み込まれる著者のボケについクスリと笑ってしまうのだ。

自分でボケて自分でツッコむという、いわゆるノリツッコミの技は、大阪人が得意とするところであるそうな。

　著者はこの技が実に巧みである。

　私は読みながらページの向こうに、韓国人ではなくて、大阪のおばちゃんの面影を見てしまった。

　笑わせるところも、泣かせるところも、その息遣いから浮かび上がるのは、紛れもない大阪人の姿。

たくましいくせに涙もろく、人情豊かで弁の立つ、あの大阪のおばちゃんである。

　著者はこの本に韓国人としての自己を投影したかったはずである。

　が、文章から立ち上ってくるのは、紛れもなく人のよい大阪のオバチャンの匂いなのである。

　この点、著者の意図から離れた読み方のできる本であり、つまりトンデモ本の定義にあてはまる。

　あと、著者の率直さにすっごく驚いた。

民族団体に対する違和感をこだわりなく書いているし、なんとカウンター仲間の批判まで書いてある。

身内に対しても容赦ない。

そういうとこ、普通は筆をおさえるやろ。

自分たちの陣営を持ち上げて、敵陣営をくさすやろ。

正直もたいがいにしとかなあかんて。

読みながら、民族は違っても、ええとこもあかんたれなとこも一緒、人間ちょぼちょぼやねんなあと、私は深く納得してしまった。

んで、こんなええおばちゃんを泣かしたらあかんでと思った。

民族うんぬんではなく、人間として著者に共感した。

在特会のひどさについても克明に書き込んであってよくわかったのだが、そういうところよりも、別のところで差別はあかんでと心の深くで、涙とともにあらためて納得した。

この点でも、著者の意図から離れた読み方ができてしまう。

やはりトンデモ本である。

ともかく内容は面白い。一気に読める。人生でこの一冊に出会えてよかったと思える本である。

読みもしないでクサしているレビューがやたらと目立つけれど、そんなアホを晒していないでいっぺん読みなさい。

そしたら、この人とどこかで飲み交わしたいなあと思うはずだ。著者はきっとつきあってくれるだろう。
☆10個ぐらいつけたい本である。

(2015.3.1)

カウンター

「言論には言論で対抗すべし」と批判する人へ

とある方からの批判

――人権を否定する言論であっても、言論には、言論、法的措置で対抗すべきです。

施設利用許可を取り消すように要求し、言論の場を奪うのは、行きすぎだと思います。

「ヘイトスピーチ（憎悪表現）だから建物の使用を禁止せよ」との要求は、行政が事前に集会の発言内容等をチェックすることを許すことになります。そのような要求は、反戦平和運動等の正当な言論活動までチェックされ、使用を禁止されることにつながる危険があります（すでに起こっている）。

言論には言論で、民主主義の原則を貫き、ヘイトスピーチの不当性を堂々と批判していくことが、彼らに勝利する正当な道だと思います。

私の意見

私たちがこういった活動をしてもしなくても、行政機関が反戦運動など正当な言論活動を規制するのは、すでにご存じのとおりです。

こちらが遠慮したって、彼らはこちらに対して手を緩めてくれるわけではありません。私はあなたほどお人好しではありません。

そうする権限があると彼らが認識しているのなら、その権限を有用な目的に使わせるのが正しいと私は思います。

さて、会館の会議室利用規則にこうあります。

「使用申込本契約後または使用期間中においても、施設が規定する禁止事項に該当する場合は使用申込の取り消し、または使用停止の措置を取らせていただきます」（強調どろ）

許可が事前取消にできなくても、起きるであろう事態を警告しておけば、実際に差別的扇動があった際に許可をその場で取り消すこともできるのであり、行政にその態勢を取らざるを得なくさせる運動は必要なのです。

言論には言論でというのは立派な原則ではあります。彼我が対等の立場なら、そういった意見も成立する余地があるでしょう。

しかしながら、日本国内で日本人であるという立場は圧倒的な強みであり、在日コリアンは圧倒的に不利な立場です。圧倒的強者が言葉だけで人を死に至らしめる力を持つのは、パワハラやいじめ事件で明らかです。一方で弱者側が同じ言葉を返しても、強者には痛くもかゆくもないのです。

このアンバランスな現実を前に、正当で美しい原則は何の力も持ちません。

私は、この国で弱者が言葉の暴力でひねりつぶされるのを目にして、言葉で抗議するだけですませられるほど（つまりあなたほど）人間ができておりません。

私は愛国者を自負しておりますので、ヘイト連中によってこの日本が汚されるのを看過できないのです。

なんなら薄汚い差別言辞を吐き出すその口にこぶしを叩き込むことさえ辞しません。これが正当な行為でないことは百も承知ですが、良心に一片の痛みもなくぶん殴ることができる人間です。

それをしないのは、そうすることが市民社会の支持を得られないことを知っているから。それだけが理由です。

会館使用許可の取り消しを求めることが市民的理解を得られないならしても無駄かもしれませんが、さすがに日本の市民社会はまだそこまで腐っていないと信じます。（2016.2.3）

「カウンターも〝たたきつぶす〟と叫んでいるじゃないか」と批判する人へ

ヘイトスピーチを擁護するコメントがつきました。

「ぶっ殺す」「たたきつぶす」なんて普通の言葉の範囲じゃないですか。

「殺せ」とか「死ね」とかは……しばき隊（反ヘイト団体）も主張している正常な言論の範囲だそうですよ。


その通りです。

こういった言葉は、単に「悪罵」とか「罵詈雑言」といいます。ですので、そういった言葉それ自体を「ヘイトスピーチ」というのではありません。同じ言葉を使っても、向ける対象や状況によるのです。

わかりやすい別の例で考えましょう。マッチで家に火を付けたら重罪です。しかしマッチで花火に火をつけたり、タバコに火をつけるなら問題なしです。マッチをつける行為自体が問題なのではありません。マッチで火を付けて何を燃やそうとしたのか、それが問題とされるのです。

言葉も同様です。「ぶっ殺す」「たたきつぶす」という言葉それ自体を禁じたら、ケンカもろくにできなくて不便です。しかし弱い相手を暴力団が取り巻いて「ぶっ殺す」「死ね」と怒鳴り上げたら脅迫罪です。

また、人種とか民族といった属性を持つ集団や個人に対して、その属性ゆえにこういった言葉を投げかけるのは、差別であり迫害です。

具体例を挙げましょう。

「ろくでなしの朝鮮学校を日本から叩き出せ。なめとったらあかんぞ。叩き出せ」

「日本から出て行け。何が子供じゃ、こんなもん、お前、スパイの子供やないか」

「約束というものは人間同士がするものなんですよ。人間と朝鮮人では約束は成立しません」

これは侮辱罪にあたるとして京都地裁で有罪判決を下され

た在特会のヘイトスピーチですが、見てのとおり、内容は「デマ」「侮辱」「差別」そのものです。

彼らが延々と罵倒しているのは、「朝鮮人」という民族的属性であって、その場にいる朝鮮人の誰それが行った行為を非難しているのではありません。

本人自身がどうすることもできない朝鮮人という属性を差別し、非難し、罵倒しているのです。

こういったヘイトスピーチが日本社会の圧倒的少数派である在日朝鮮人に向けられるとき、その言葉は迫害と化します。

こういったヘイトスピーチを煽り、かつ実践し、組織して拡大する行為が、まともな良識を持った社会人のすることでないのは、当然わかることです。

これに対して「しばき隊」の攻撃目標は、こういったヘイトスピーチを行っている個人や集団です。ヘイト行為は属性ではありません。やめるつもりがあればいつでもやめることができます。で、しばき隊はヘイトを止めろと言っており、止めれば罵倒もそこで終わりです。

「ヘイト豚死ね」という横断幕をしばき隊が掲げました。自分の趣味ではないけれど、非難すべきことでもないと思っています。なぜなら、差別ではなく、ケンカを売っているのだから。

「ヘイト」は在特会会長の桜井誠こと高田誠の行為を指しています。正しい指摘です。「豚」は高田誠の自称です。「死ね」は何度も書いているように「悪罵」・「罵詈雑言」です。「ヘイト豚死ね」は、彼の属性を非難したり差別しているのではありません。虚偽やデマでもありません。差別ではなく、高田誠の行為に腹を立てて罵詈雑言を投げかけ、ケンカを売っているのです。

民族差別という人間として最低の行為と、単なるケンカの区別がつかない、上っ面の言葉だけ取り出して、在特会としばき隊を同列におく、こういった点において、「〝ぶっ殺す〟〝たたきつぶす〟なんて普通の言葉の範囲だ」、「しばき隊も言っている」という批判は、まったく的はずれと言わざるを得ません。

(2013.6.25)

しばき隊に行ってきた

在特会兵庫県支部が「パチンコ反対デモ」をするというので、神戸三宮にカウンターに行ってきた。パチンコ反対は世をしのぶ仮の姿、実はヘイトスピーチ満載の恥ずかしいデモだ。

カウンター部隊の待ち合わせ場所には、すでに10人ほどのうっとうしい男どもがいた。まあ、自分も見た目だけはかなりいかついが。おとなしい（はずの）プラカ隊は集合時間が違う。しばき隊は最終的に29名となって、会場の市役所前公園に移動した。

公園にはまだ誰も来ていなくて、公安がたむろしていた。しばらくすると、三々五々集まる差別者ども。しばき隊メンバーがもう突っかかってる。

「こら、おのれいっつもチョンチョンコぬかしやがってワレ、こっち来んかい！」

公安や警官隊がわらわらと寄って分け、人垣をつくる。こんなことで逮捕でもされたら元も子もないので、「こんなどチンピラ相手にするな」と我々も押しとどめる。

実はこれはミエミエの挑発で、あわよくば相手が激昂してつかみかかってくれればデモを中止にできるという……まあ、いかにあほぞろいの在特会でも、こんな挑発には乗りません。

はじめに書いたとおりこの日はパチンコ反対デモだったんですが、横断幕は次のとおり。

- 「入管特例法」の廃止を訴えています！
- 在日韓国人は犯罪での強制退去がない!?
- 年間逮捕者はなんと5000人！
- 今日も明日も何処かで朝鮮人の犯罪が……

パチンコのパの字もない。ヘイトをやりたいだけ。休日に、遊びで差別をしやがるくそレイシストども。

映像を撮影していた「ゆー」くんを横断幕のところに呼んで、尋ねてみた。

「在日韓国人は犯罪での強制退去がない!?」←これを指して、

「これ、何？ クエスチョンマークは何の意味や」

「在日韓国人は犯罪での強制退去がないからでしょ」

「ないならなんでクエスチョンマークやねん」

「たしか2～3人は送還されてたん違うかなあ」

「ウソ言うな。2～3人ですむか。韓国人かて犯罪犯したら強制送還されてるがな」

「ぼく、主催者ちゃいますしわかりません」

「それなら主催者呼んで来いや」

「知りませんよ～」

などと言い合っていたら、警察に分けられてしまった。

在日韓国人は犯罪での強制退去がないなんてことはない。それを百も承知の上で「?」をつけることでごまかしている。まったくどこまでいやらしい奴らや。

川東大了《かわひがしだいりょう》が「チョンコウは先公とかポリ公と同じ意味、どこが差別やねん」と、いつもの減らず口。これにしばき隊が猛烈抗議して、騒然となる。

おい川東。先公もポリ公も、相手の職業を侮蔑する表現だ。それが許されるとでも思っているのか。まともな市民なら面と向かってそんな礼儀知らずなことは言わない。お前のように人格低劣なクズだけが、平気で言うのだ。

ただし、教師も警察官もどちらも本人がその職業を選択したのだ。朝鮮人は選択ではなく、生まれながらの属性だ。本人にどうすることもできない属性を侮蔑するのは、その人の人格そのものを否定しているのだ。だから民族差別は許しがたいのだ。

主催者代表の竹原くんが「あまりにひどい言動は慎んでください」とデモ隊に事前注意している。おお、これまで「あまりにひどい言動」がなされてきたことを自覚しているではないか。

いままで好き放題わめいていたのに、どうして「あまりにひどい言動は慎んでください」になったのか。むろん、カウンターのせいである。差別的言辞を叫ぼうものなら、本当に混乱してデモが中止になるかもしれない。これはしばき隊の嫌がらせの効果なのだ。厳しい監視の目があるから、うわべだけでもまっとうな市民を装うしかなくなった。本当の真人間になるにはヘイトデモをやめることだがな。

デモが始まった。

在特会が30人に対して、こちらはあとから合流したプラカ隊を合わせて70名ほど。デモ隊はスピーカーを使えるが、平行して歩道を行く我々はスピーカーが許されない。しかし人数が多いので、デモ隊のシュプレヒコールを完全に圧倒していた。

やつらのヘイトスピーチをかき消してコールが轟く。

「帰れ、帰れ」

「差別をやめろ、差別をやめろ」

騒然とした雰囲気に、町を行く人が何事かと注目する。

「あのデモはパチンコ反対を口実にして、韓国人や朝鮮人を差別しろとゆーてる犯罪デモです」

そう語りかけながらフライヤーを手渡していくと、断る人はほとんどいない。

「僕たちは差別に反対して、デモに抗議しています」

説明に、共感してうなずく人ばかりだ。

彼らに同調する人など誰一人いない。

結局バカをさらして歩いただけのレイシストたち、お粗末さんとしかいいようがないデモだった。やつらはこれからもお粗末デモを繰り返すつもりだそうだ。こんなデモも、放置していたらアホが寄ってこないとも限らない。一定規模のデモになると、それはちとやっかいだ。

近づいてきたらただではすまんぞという威嚇は、これからも必要だろう。これからもなるべく参加しようと思った。

（2013.7.28）

22 在日韓国・朝鮮人差別

在特会的なものを支えている要素

在特会《ざいとくかい》（在日特権を許さない市民の会）の心情を支えているのは、相互に絡み合っている多数本の足です。一本ぐらいへし折っても倒れないですね。一本をへし折るためには、その足の一本一歩を支えている「事実」という無数の支肢を切り取っていかなきゃなりません。たとえば「従軍慰安婦は高給娼婦だった」などという誤った「事実」を、正しい事実に戻さなきゃいけません。

援軍にやってくる他の足とも、たたかわなきゃいけません。一本の足をへし折っても、次の足に取りかかっているうちに、へし折ったはずの足が、別の足からエネルギーを注入されて、またむくむくと再生してしまうから、切りがないです。

私たちの社会は「みんな」に弱い脆弱な社会です。「みんなそう言ってる」。「みんなそう思っている」。こいつがまかり通ると、論理なんか無力なもんです。だから在特会や在特会的なものを「みんな」にさせないことです。

いまはまだ在特会に嫌悪感を抱く人のほうが多いでしょう。だから彼らの醜悪性を広く知らせて、「みんな」を彼らから遠ざけなければなりません。

少数カルトは疎外されればその疎外感をエネルギーに生き残りますから、在特会を根絶させるのは困難かもしれません。しかし、在特会は所属員の人間性を成長させる論理を持ちませんから、疎外感だけでエネルギーを持続させることはできないでしょう。「みんな」と切り離せば、いずれ運動エネルギーを枯渇させて果てることと思われます。

問題は、在特会「的」な部分ですね。在特会とたたかう武器である「事実と論理」は、むしろこちらに対して有効だと思います。

ただまあ、国の中枢部分にも在特会と共通する心情をもつ奴がいるってのが厄介で、小泉現象や麻生現象みられるように、これは容易に「みんな」に転化しますからねえ。

「在特会を支える要素」をカテゴライズすると次のようになるのかな。これらが、たとえば「歴史教科書問題」と「内政干渉」がくっついたり、相互に絡み合っているんですね。

主権国家の関係性

- 内政干渉
- 領土問題

歴史認識

- 従軍慰安婦
- 韓国併合
- 創氏改名
- 徴用（強制連行）
- 歴史教科書問題

日本の行政施策

- 朝鮮学校の位置づけ
- 在留許可の問題
- 愛国心教育
- 人権教育
- 警察の治安維持（偏頗性）

日本社会の問題

- 差別を肯定する心情
- メディアリテラシー
- 嫌韓流

(2009.12.11)

「特別永住権」についてのデマ

ここから、少しずつ在特会の言い分を批判していこうと思います。

まずは在日コリアンの「特別永住権」についての在特会の

言い分を見てみましょう。彼らのホームページに掲載されているQ&Aをそのまま引用します。

在特会の主張

Q. どうして「特別永住資格」が特権なの？

A. 特別永住資格は、在日など限られた外国人（ごく一部の在日台湾人が含まれますが、その殆どが在日韓国人・朝鮮人で占められています）だけに認められた永住資格だからです。「特別永住資格」によって在日は無条件で日本に滞在することが認められ、且つ、その子孫も韓国籍、或いは朝鮮籍のまま何代にも渡って日本に居住する事ができるのです。当然、滞在期限がないため他の外国人のように滞在延長許可申請も必要ありませんし、また再入国許可も他の外国人が3年間であるのに対して、特別永住者は4年間（最大で5年間まで延長可能）と優遇されています。

他の外国人は日本での就業に規制がありますが、在日は国籍条項で規制されていない職種に関しては自由に就業することができます。これは明らかに他の外国人に対する差別的特権付与であり、法の下の平等に反するものといわざるを得ません。

この在特会の主張には、較べられないものを較べる不適切なレトリックなどを含めて、6つの間違いがあります。

❶「日本に滞在することが認められ、且つ、その子孫も外国籍のまま何代にも渡って日本に居住する事ができる」のは、在日コリアンだけではありません。

一定の条件をクリアすれば外国人には「永住資格」が認められます。どの外国人でも「永住資格者」になれば「日本に滞在することが認められ、且つ、その子孫も外国籍のまま何代にも渡って日本に居住する事ができる」のです。在日コリアンの「特別永住資格」も、一定の条件をクリアしているから与えられており、その条件に当てはまらない在日コリアンは、他の外国人と同じように「永住資格」の申請が必要です。ですからこれは「在日特権」とはいえません。

❷「滞在期限がないため滞在延長許可申請が必要ない」のは、他の外国人永住者と同じです。

「永住者」には滞在期限がないため、滞在延長許可申請が必要ありません。在特会は「一時在住者」や「定住者」だけを外国人と呼び、「永住者」をわざと除外して、あたかも在日コリアンだけの特権であるかのように誤解させるレトリックを使っているのです。これが「在日特権」だというのは間違いです。

3 「特別永住資格」は無条件ではありません。

「日本国との平和条約に基づき日本の国籍を離脱した者等の出入国管理に関する特例法」にその条件が定められています。その条件をクリアした人だけが「特別永住資格」を持てるのです。「特別永住資格」を持っている人なら、おそらく他の外国人の「永住資格」条件もクリアできることでしょう。

4 再入国許可が1年長いのは本当ですが「特権」ではありません。

が、「特権」ではなく「必要」に応じてそうしてあるのではないでしょうか。たとえば韓国の大学に入学したら最大4年間の出国が必要な場合があります。他の外国人永住者は大人になってからの入国なので、この種のケースがこれまで少なかった。そこで特例の必要がなかったのですが、今後は日本生まれの外国人永住者が増えるので、やはり考慮すべきだという要求が強まると思われます。

5 「他の外国人は日本での就業に規制があるのに在日コリアンにはない」というのは間違いです。

- 他の外国人でも、永住者と定住者には職業規制などありません。
- 他の外国人も含めた「永住者と定住者に与えられた特権」ですから、「他の外国人に対する差別的特権付与」とは言えません。
- 「永住条件をクリアした」という条件下での「特権」ですから、「法のもとの平等」に反してなどいません。日本入国という「特権」はパスポート所持者にだけ認められ、パスポートを持っていない人には認められません。しかしこれが法のもとの平等に反しないのと同じ事です。

6 特別永住資格は、在日コリアンなど限られた外国人だけに認められた永住資格という説明は不十分です。

旧植民地という条件を語らずに、この問題を取り扱うのは不適切です。

まず、日本政府が旧植民地出身者から日本国籍を一方的に奪ったことが発端でした。

次に、日本政府が長い間「朝鮮半島を代表する政府は存在しない」としてきたので、在日コリアンは帰属先を失い、無国籍の外国人となってしまいました。

日本政府が韓国を政府として認めたのは1965年。その間に日本での生活基盤を固めた人たちには、充分な永住資格があります。他の外国人には、10年間で永住資格が与えられますからね。それだけのことです。

(2009.12.12)

「生活保護」についてのデマ

次は在日コリアンの「生活保護」に関する在特会の主張です。

在特会の主張

Q.生活が困窮している在日を保護するのは、憲法第25条の趣旨からして当然でしょ?

A.「国民への最低限度の生活保障」を国に義務付けた憲法に基づいて、生活保護というシステムは成り立っています。憲法が義務付けるのは、あくまで「国民の保護」であり、そのため外国人に対する生活保護は憲法違反との声が非常に強いのです。

本来、外国人の保護は第一義としてその外国人が所属する国(在日であれば韓国政府)が行うべきものなのです。外国人への保護は、ある意味においてその外国人が所属する国家への主権侵害ともいえるのではないでしょうか?

また、在日の生活保護率は人口比において日本国民のそれと比べて5倍もの差があり、日本における外国人生活保護人数の約70%が在日という結果が厚生労働省から発表されています(厚生労働省、平成16年度の統計より)。

この主張には3つの間違いがあります。

1 憲法が保護を義務付ける『国民』とは

憲法のいう「国民」が日本国籍者だけであるというなら、次の条文をどう解釈すればよいのでしょうか。

憲法第30条

国民は、法律の定めるところにより、納税の義務を負ふ。

国民だけが納税の義務を負うのなら、在特会の嫌う「在日」のパチンコ屋社長は税金を納めなくていいことになります。しかしそんなことはないわけで、じつは憲法のいう「国民」にはそんなに強い規定力がないというのが、内閣法制局も認める、確立された解釈なのです。なので「外国人に対する生活保護は憲法違反」という主張は失当です。

もう少し詳しくいうと、「国民」にはそんなに強い規定力がないとはいうものの、それでは何のためにそう書いてあるのか分からないことになって混乱しますので、次のように解釈されます。

「国民は、法律の定めるところにより、納税の義務を負ふ」

しかし外国人に納税を義務づけてはいけないとまでは書いていないので、法律で納税義務を定めることが許される。

これと同じで、

「すべて国民は、健康で文化的な最低限度の生活を営む権利を有する」

しかし外国人に健康で文化的な最低限度の生活を営む施策を与えてはいけないとまでは書いていないので、法律等で施策を定めることが許される。

ただし、外国人の生活保護受給が「権利」であるとまでは国は認めていません。あくまでも人道上の必要において施策を与えているだけだという立場に立っています。これは今後よいほうにも悪いほうにも変化しうる解釈です。

❷ 本来、外国人の保護は第一義としてその外国人が所属する国が行うべきものか

「在日韓国人であれば韓国政府が生活保護費を支給すべきだ」というのが原則ならば、海外在住日本人が困窮すれば日本政府が生活保護費を支給しなければなりません。が、そういう制度はありません。帰国を望むなら旅費を（支給ではなく）貸し付ける制度があるだけです。制度的保証ではなく人道援助として、戦前から韓国で暮らす日本女性の一部に生活費が支給されていますが、一人約２４００円〜３２００円であり、在韓国日本大使館の管轄では支給対象者は40人なのだそうです。

在特会の主張にはまったく根拠がありません。

「外国人への保護は、ある意味においてその外国人が所属する国家への主権侵害ともいえるのではないでしょうか」というなら、愛国的在特会としては、日本が外国の主権を侵害しないために、海外邦人のための生活保護制度を直ちに要求すべきだと思います。

日本は、１９７９年に『国際人権Ａ規約（社会権規約）』を、１９８１年に『難民の地位に関する条約』を批准しました。これらの条約は、それぞれ福祉や各種社会権について、「内外人平等原則」をうたっています。そこで日本は、１９８１年に社会保障関係法令の国籍要件を原則として撤廃しています。

条約の締約国はいずれも約１５０カ国ほど。「外国人への生

活保護は他国への侵害行為」との主張によれば、これらの条約に加盟する各国は、お互いに「主権を侵害しあいましょう」と約束したことになります。そんな馬鹿なことはありません。世界中でこのような馬鹿げたことを言うのは在特会ぐらいのものでしょう。

3 在日コリアンの生活保護率について

在日コリアンの生活保護率が、人口比において日本国民のそれと比べて5倍もの差があるのは、統計上の事実です。しかし民族別にカテゴリー分けして、何がいえるのでしょう。

東京都の生活保護率統計では世田谷区は0・71%に対して台東区は3・75%。5倍以上の差があります。では台東区は日本から叩き出すべきでしょうか。

都道府県別で見れば、北海道2・05%、福岡1・98%、大阪1・63%が高い。低い方は富山0・17、岐阜0・19が低いです。10倍以上の差があります。北海道は日本のお荷物でしょうか。

生活保護率はその地域の経済指標でしかありません。在日コリアンに生活保護率が高いのは、彼らが日本社会の中で貧しい階層に追いやられていることを示すものです。つまり差別の存在を雄弁に語る数字なのです。彼らが「特権」を享受しているのならばあり得ないことです。

では、同じように差別されている他の外国人社会に較べて、在日コリアン社会の被保護率が高いのはなぜでしょう。じつは在日コリアンの被保護世帯のうち、半分以上が高齢者世帯なのです。これは無年金問題とも絡んでくる日本の病理ですね。他の外国人社会は日本での生活歴が短いので、まだ高齢化問題が波及しておらず、その分だけ被保護率が低い。そういうことです。

(2009.12.14)

「通名」についてのデマ

次は在日コリアンの「通名《つうめい》」についての在特会の主張です。

在特会の主張

Q. 日本で生活するのに朝鮮名は不便だし、差別されるから通名は当然の権利じゃないの?

A. 日本国民には特殊な事例を除き、法的に通用する通名なる制度は一般に認められていません。この点のみにおいても、在日に認められている通名という制度が特権である事は間違いないでしょう。

通名制度は建前上、他の外国人にも認められていますが、通名を使用する外国人は在日以外に殆どいません。在日支那人や台湾人も自分の名前で生活している人が大半であり、「生活に不便」、或いは「差別される」という主張は在日だけが用いる戯言に過ぎないのです。

また、日本では在日による数多くの凶悪犯罪事件が起きていますが、マスコミ（特に朝日新聞系列）の多くが通名報道をしており、犯罪まみれの在日の実態を日本国民が知る事が難しくなっています。

もちろん、これは第一義的に通名報道を好んで行うマスコミの責任ですが、元々は通名制度なる異常な犯罪助長制度が存在している事こそが問題なのです。

この主張には4つの間違いがあります。

1 通名は特殊なことではない

日本国民は特殊な事例でなくても、通名が普通に誰にでも認められており、使用されています。

たとえば結婚して姓が変わったけれど、仕事上不便なので旧姓を通名としている人はいくらでもいます。同人誌のペンネームで手紙を受け取る人もいます。芸名やリングネームで選挙に出る人もいます。

法人格を持たない個人商店の屋号も通名みたいなものです。経済的なことが争われる裁判では、「○○商店こと○○太郎」などと表記されますからね。日本人も通名で預金通帳をつくれるし、国民保険証もつくれます。ただし本人特定ができることが条件です。この点は在日コリアンの通名も同じです。

社会的に認められているわけではないけれど、通名が使用されている例もあります。何らかの事情で故郷を飛び出して通名で暮らしている日本人は、珍しくありません。

2 他の外国人も通名を使っている

会社で在日ベトナム人や在日ブラジル人に通名として日本式名をつけるのは、どこにでもあることです。それは日本人側にとって本名が「不便」だからだそうです。

本名で生活している在日中国人は成功者がほとんどであり、そうでない在日中国人は日本名を使用しています。また在日コリアンが本名を名乗ると就職の面談さえさせてもらえないなどの不利益は歴然とあります。

このように在特会は、愛国者を自称しながら、日本社会の実情を何も分かっていないのです。

3 通名が犯罪につながりやすいとはいえない

通名は本人を特定できるツールです。日本人でも外国人でも本名を名乗って強盗や殺人を犯す人はいないし、それは通名でも同じこと。通名が凶悪犯罪につながりやすいとは言えません。

通名は、たとえばサラ金の借入詐欺には便利です。しかしそのことは日本人でも同じで、弁護士によれば養子縁組をして姓をころころ変えて、何人にもなりすましてお金を借りまくる事例がかなり多かったし、読み方を変えて複数のカードをつくる智恵者だってたくさんいたそうです。いまはサラ金も賢くなり、養子縁組や結婚で姓を変えてもだませないような顧客管理をしているそうです。通名も同様です。しかも、これをやったら犯罪になって捕まるんだから、こんなもの「特権」じゃありません。

4 通名報道は不当ではない

なぜ民族が特定されなければならないのか、その理由が明らかでありません。犯人が兵庫県出身だとか北海道出身だとかを気にする人はいないでしょう。犯罪被害者にとっては、相手がどこの国籍であれ何県出身であれ許し難いはずですし、国籍や出身地を報道すれば被害回復につながるということでもありません。

社会的制裁の観点から考えても、犯罪者の生活圏内では通名で報道したほうが、人物特定が容易なはずです。本名を掲載しても誰のことやら誰にもわかりません。

民族を特定できなくて困るのは、その民族を差別したい在特会のような人たちだけでしょう。

このように通名についての在特会の言い分は、まったく成立しません。

(2009.12.15)

「民族教育」についてのデマ

次は「民族学校」についての在特会の主張です。

在特会の主張

Q. 民族学校を、国が支援するのは当たり前でしょう?

A. 在日を巡る教育問題は深刻の一途を辿っています。身近な例ではテロ国家として名高い北朝鮮系の朝鮮学校に地方自治体から助成金が拠出されており、更に朝鮮学校側は国が主体となって助成しろと喚いている始末です。ちなみに朝鮮学校では北朝鮮の学校に準じた教育がなされています。「テロの首魁」、「ならず者」、「独裁者」、「殺人狂」など様々な名前で親しまれる金正日なる不逞朝鮮人を賞賛する教育が行われています。そのような学校に税金を拠出するという異常な有様は断じて許されるものではありません。

また日本各地の公立小・中学校では、民族学級と呼ばれる在日韓国・朝鮮人など特定民族のための課外学級が設けられています。民族学級を巡る深刻なトラブルも起こっているだけでなく、特定民族のためだけに課外学級を認めている現状は、他の外国人たちに対する差別行為でさえあるのです。

この在特会の主張には3つの間違いがあります。

1 在特会は印象操作に終始している

「北朝鮮」がテロを行った国であることは間違いないと私は思います。が、在特会は朝鮮学校でそういったテロを称賛しているとは言いません。朝鮮学校でテロ教育が行われているとも言いません。ただ、テロと朝鮮学校を、「北朝鮮系」という言葉で媒介して、あたかも朝鮮学校がテロと関係があるような印象をアピールしているだけです。そのような空疎な内容で助成金支出を否定する根拠にならないのは、論を俟ちません。

2 公的助成は合法的だ

朝鮮学校への助成金は『私立学校振興助成法』にもとづいて合法的に行われています。

1969年（昭和44年）7月1日、参議院文教委員会での文部省管理局長答弁

私立学校につきましては、設置とか、廃止とか、それから教職員の資格、教育内容等につきまして公の規制を設けております。また、私立学校の設置主体でございます学校法人につきましても、その設立、それから解散、役員、寄付行為の変更等につきまして認可を行なうというふうな規制が加えられております。

助成を受けなければ、そこでどんな教育を施そうと自由ですが、助成を受けるならば文科省の管轄下に置かれるのです。在特会の立場からすれば、むしろ助成を強めろと要求し、金を出すから口も出させろというほうが合理的ではないでしょうか。

在特会がそうしないのは、彼らが「正しい教育を授ける朝鮮学校」を望んでいるのではないからです。彼らが求めているのは、単にヘイトスピーチのネタでしかありません。

3 民族学級に問題はない

民族学級について深刻なトラブルが起きていると言いますが、具体例の提示がありません。何か例があれば書いたはずですが、なかったのだと思います。

ここには「深刻なトラブルが起きていればいい、起きていてほしい」と願う在特会の下劣な心情が表されているのではないでしょうか。

もちろん軋轢がまったく生じていないということはありません。秘められていた差別が顕在化することもあるようですが、何につけても困難はつきものです。日本の学校には非常に多数の外国籍の子どもが在籍しているのに、あたかもそんな存在がないかのように無視するほうが不健全です。

民族学級は、在特会自身が「在日韓国・朝鮮人など」といって認めているように、在日韓国・朝鮮人だけではなく、在日中国人、在日ブラジル人、在日ベトナム人、在日フィリピン人など多様な国籍の子どもたちのために開かれています。「特定民族のためだけ」という表現で、まるで在日コリアンだけに民族学級が設けられているかのように言うのは、不適切きわまります。

(2009.12.16)

「国民年金」についてのデマ

在日外国人に対する「年金」についての在特会の主張を見てみましょう。

在特会の主張

Q. 掛金を払いたくても払えなかったのだから、年金をあげないのは差別じゃないの?

A. 1964年に施行された国民年金法は1982年に国籍条項が撤廃され、在日外国人も年金受給の対象となりました。しかし、読んで字の如く〝国民〟年金であり、「外国人を対象外にする事は、憲法や国際条約に違反するものでない。我が国に在留する外国人の社会保障に対して第一次的に責任を負っているのは、その本国である」との判決が出ています(2007年2月23日、京都地裁・第2民事部)。

また、「いずれ韓国に帰るから」という理由で掛金の支払を拒否したのは彼ら在日の側であり、そこまで年金に拘るのであれば総連なり民団なりが互助年金をつくればよかった、或いは個人で銀行や保険に加入すればよかっただけの話で、それを怠ってきたツケを日本政府に払わせようとする筋違い論のゴリ押しに過ぎません。

余談ですが、大韓民国に年金制度ができたのは１９８６年。つまり、韓国に帰るという言い分は掛金を支払う意思なし、という事の裏返しでもあります。つまり、現在、年金をもらえないのは彼らの自己管理能力の欠如が原因であり、そのツケを日本人に払わせようとしている、一種のユスリタカリに過ぎません。

この在特会の主張には5つの間違いがあります。

1 「外国人を対象外にする事は、憲法や国際条約に違反」するものです。

在特会も認めているとおり、年金については「１９８２年に国籍条項が撤廃され、在日外国人も年金受給の対象となりました」。その理由は『国際人権規約B規約（自由権規約）』を日本が批准したからです。

『国際人権規約B規約』は、自動執行力（決められたことを行えと言う命令力）があり、裁判規範性（守らなければ違法と判断できる法的力）もありますから、国籍を理由とする差別は許されないことになったのです。つまり年金制度について外国人を対象外にすることは、国際条約違反です。

憲法第98条2項は国際条約の遵守を定めています。『国際人権規約B規約』を守らないで、年金から外国人を対象外にすることは、憲法違反です。

憲法98条2

日本国が締結した条約及び確立された国際法規は、これを誠実に遵守することを必要とする。

2 「我が国に在留する外国人の社会保障に対して第一次的に責任を負っているのは、その本国である」との判決は、年金受給資格の適格性について述べたものではありません。

年金受給資格の適格性については、すでに外国人にも認められていて、立法措置も執られていますから、在特会の主張は失当です。

では判決は何を語っているのか、それを説明するために、１９７５年以前にさかのぼります。日本が国際人権規約を批准したのは１９７５年でしたが、１９８２年まで、日本政府は外国人に年金資格を与えることを放置していました。しかも、1982年以前に年金を掛けていたのにもらえなくて放置されていた人、掛け金年数が足りないとして受給資格者から漏れた人、そもそも年金に加入できなかった人などは、いまも無権利のままです。

判決が述べているのは、「年金無資格者について何らかの形でさかのぼって救済せよ」との訴えについて判断したものです。すなわちこの判決は、1982年以前については国に立法上の責任はないといっているのです。いまはすでに立法措置が執られているのですから、昔のことを説明した判例を引っ張り出してこれをひっくり返そうとするのは論理が転倒しています。

3 掛金の支払を拒否したのは在日コリアンの側ではありません。

そもそも年金加入資格を国が与えていなかったのです。地方自治体の手違いで年金に加入して掛け金をかけ続けていた在日コリアンもいましたが、受給年齢に達してから年金資格がないことがわかり、支給を拒まれています。ここで在特会が述べていることはまったくの虚偽であって、許し難いデマと言わざるを得ません。

4 年金支払いを日本政府に要求するのは「筋違い論のゴリ押し」ではありません。

「国際人権規約A規約（社会権規約）」に従うならば、外国人の年金資格をつくらなかった立法上の不作為（行うべきことを行わないこと）について日本政府に責任がありますから、日本政府には年金資格を与えられなかった在日コリアンの損害を回復する義務が生じます。

しかし日本政府と最高裁判所は、「国際人権規約A規約」の自動執行力と裁判規範性を認めません。

これについては国連人権委員会が日本に対して異例のコメントをしています。

> 当委員会はまた、規約の規定は直接的な効力を持たないとの誤解に基づき、規約が判決で参照されないのが一般であることにも懸念を有している。
>
> さらに、国も裁判所のこの立場を支援しており、規約が定める義務に違反していることにも懸念を有している。

国連委員会は、最高裁の解釈を「誤解」であるとはっきり述べています。また、最高裁の判例を根拠に何もしない日本政府について、「規約が定める義務に違反している」とまでいっています。在日コリアンが「年金を支払え」というのは、国際条約にもとづいた、まったく正当な要求です。

在特会の主張は国際条約を「筋違い論」であるといい、国連委員会の意見を「ゴリ押し」「ユスリタカリ」というに等しいものであり、国際的にはまったく通用しない論理であって、世界に大恥をさらしているようなものなのです。

つまり、現在、年金をもらえないのは「彼らの自己管理能力の欠如」が原因ではなく、日本の立法・司法・行政の問題なのであり、そのツケを在日コリアンに払わせようとしている、一種のやらずぶったくりに過ぎません。

5 これは「在日特権」ではありません

在特会が最初に自分で認めているので言うまでもないことですが、年金受給資格はすべての外国人に認められたものであって、在日コリアンだけのものではありません。だから「在日特権」などというのはまったくお門違いもいいところです。在特会のこの主張は、彼らが自分で何を言っているのかもわからない程度の論理能力しかない団体であることを、自己暴露しているものなのです。

(2009.12.18)

「公務員登用」についてのデマ

在日外国人が「公務員」になることについての在特会の主張を検証してみましょう。

在特会の主張

Q．在日が公務員になる事の、何がいけないの？

A．公務員とは全体の奉仕者、すなわち公僕として社会のために働く人を指します。国会議員、裁判官、警察官、自衛官、教員、また国の各機関や地方公共団体の職員など様々な種類の公務員がいます。

公務員の中には国会議員などのように直接国家の意思決定に関わる重要な職もあり、このため国家公務員に関しては外国人の登用は認められていませんし、それが世界の常識というものです。しかし、地方公務員に関して統一された規則が存在しないために、一部ながら「公権力の行使」に関わらない職については各地方自治体の判断で外国人の登用が行われています（＊）。

外国人の中でも、特に在日韓国・朝鮮人の地方公務員登用が目立っており、増長する彼らの中には『公権の行使に関わる』管理職への登用が認められないのは差別である」として所属する地方自治体を訴えた不逞在日もいるのです。最高裁まで争われた事案となりましたが、当然、敗訴となりました。

この不逞在日は記者会見で次のように放言しています。「全世界に言いたい。日本には来るな！」。「税金を払いたくない」。負けた腹いせとはいえ、公務員としての自覚も倫理感もなく国益を損なうような発言を平気で行う外国人が公務員という職に就いている事、就く事ができる現行制度は非常に問題があるといえるでしょう。

また、仮に朝鮮半島と日本の間で戦火を交えるような事になった時、彼ら在日公務員は誰のために働くのでしょうか？　外国人が公務員になる事の危険性も十分に考慮して、外国人の公務員登用について考えていかなければなりません。

（＊現在、全国11府県及び主要都市35市が職員採用の国籍条項を撤廃）

この在特会の主張には2つの間違いがあります。

1 最高裁は外国人公務員を否定していません

在特会は最高裁の判決を歪曲しています。最高裁は「日本国籍が無い外国人を公務員や管理職に採用してはいけない」などと言っていません。

「法に明文規定がなく、任命自体は禁じていない」
「外国人について日本国籍者と異なる扱いをするには合理的理由が必要」

このようにハッキリ書いています。

合理的理由があれば国籍要件を付加してもよいけれど、合理的理由がなければ差別はいけないというのです。

さらに、「採用後、国籍を理由に差別的取り扱いをしてはならない」とも言及しています。在特会がその主張の中で言及している裁判では、日本国籍を要件とした職種について、それが合理的理由のある差別なのかを判断し、「合理的な理由があるから、違憲・違法ではない」と結論しました。

日本国籍を要件としてよい「合理的理由」として、最高裁の基準はこうです。「公権力を直接行使する」とか、「地方公共団体の重要施策に関する決定に参画する」立場の公務員を、「公権力行使等地方公務員」とし、それらについては国籍要件を付加してもよいというのが最高裁の考えなのです。

2 問題は国籍ではなく「公務員としての自覚と倫理感」

があるかないか

在特会は言います。「公務員としての自覚も倫理感もなく国益を損なうような発言を平気で行う外国人が公務員という職に就いている事、就く事ができる現行制度は非常に問題があるといえるでしょう」

問題の外国人職員が「公務員としての自覚も倫理感も」ないかどうかは判断の分かれるところでしょうが、では日本国籍を持っていれば「公務員としての自覚も倫理感もなく」てもいいのでしょうか。違いますよね。苦言を呈すべきは「公務員としての自覚も倫理感も」ないことであって、それが外国人であるとか日本国籍だとかは関係ないことです。

私などは「公務員としての自覚も倫理感もなく国益を損なうような」政治をする日本人公務員がたくさんいることのほうが問題だと思うんですけどねえ。

(2009.12.26)

権利を要求することの重要性

さて、前節まで在特会の主張を逐条的にまな板に載せて論じてきましたが、どうも食い足りない。正直、だんだん飽きてきました(笑)。

彼らの見解というのが、法律論や判例を引っ張ってくるだけで覆せてしまうからです。それだけ彼らのレベルが低いということですね。

書いているうちに、自分がなんだか「法律至上主義」みたいなことばかり言っているので嫌になります。なぜなら、私は法律至上主義には限界があると考えているからです。

権利を例に引いて、自分の見解を述べてみます。

ある権利の実現のありようについて、無権利状態を0とし、完全に実現された状態を10という数値で表すとしましょう。もともと0だったものが、1だけ認める法律ができ、次には3まで認める法律ができるとすれば、その背景にあるのは人々の権利獲得要求です。

いま、法律的には5まで実現しているが、現実生活ではまだ2とか3の状態という場合もあるでしょう。この場合は法にあわせて現実を5にするように変革していかねばなりません。

逆に、法律的にはまだ3ぐらいなのに、現実が先に進んでいて5ぐらいまで実現している場合もあります。するとその状態は法的には違法あるいは脱法状態ということになります。法律至上主義の立場に立てば、法にあわせて現実を3に引き戻すのが正しいことになりますが、私はそうではなく、現実にあわせて法令を5に変えさせる運動が正しいと考えています。

そのようにして法律は変わっていくものです。法的権利のないところで実質的権利を認めさせ、判例のないところに新しい判例を実現し、そして法律を変えて権利保障を実現するのです。法律にない要求は不当だとか、法律にない権利は認めないと言っていたら世の中は変わりません。

要求とは、正しいから通るばかりではなく、悪い要求でも通るのはお手盛り予算の例を見るまでもなく周知のことです。どちらにせよ強い圧力で行政が動くことに変わりないので、正しい要求であっても、これをごり押しと言えば、言えるでしょう。

朝鮮学校に対する補助金について、これを考えてみましょう。在特会側の反対の言い分は、「スパイ養成機関に補助金を出すな」という主張です。それを言うなら朝鮮学校が「スパイ養成機関」だという証明をしなければなりませんが、在特会はそれをしていないので、無根拠な主張であり失当だということになります。

が、もう少しレベルの高い反論もあります。学校教育法の第一条に定められた、いわゆる「一条校」でないから補助金支出が違法だという見解です。

しかし一条校でない学校でも、専修学校への補助金が支出されており、その根拠も国会答弁されているので、この反論も合理的ではありません。会計報告など一定の条件がクリアされていれば「公の支配」の下にあり、補助金支出は合理的だというのが、政府の見解です。

朝鮮学校への補助金が適当でないというなら、そういう側が、朝鮮学校が政府基準を満たしていないことを証明すべきですが、そのような証明がされた例を私は知りません。

さて、もしも朝鮮学校が政府の求める基準をクリアしていないならばどうでしょうか。地方自治体が要求運動に負けて、明確な根拠もなしに予算を支出しているのだとすれば。

もしそうであるなら、私はその成果を、運動の勝ち取った正しい成果だと評価します。もしも補助金支出を合理的に説明できる法律がないのなら、新しい法律を実現すればよいと考えます。そのためには、すでに実現している施策が憲法の立場から見ても正しいことを説得力を持って語らねばなりません。このレベルの議論になれば、法律論を超えて、憲法論や法哲学や社会論の問題に発展していくはずです。

でも在特会の意見はそこに至るまでに反駁可能なので、難しいことを考えるまでもないんだよなあ。

(2009.12.27)

「特別永住許可」と「永住許可」は違う

「在日特権」なんてものがデマだってことが暴露されたため、ザイトクカイはその主張を後退させまくりだ。いまや、「通名制度」と「特別永住許可制度」の2つぐらいしか言えなくなっている。

桜井誠こと高田誠（本名）も、橋下徹との対談の最後に「特別永住許可」がどうのこうのと捨て台詞を吐いていた。

ザイトクズのいう「特別永住許可制度の廃止」なんか、できるわけがない。橋下徹も勉強してないからここの議論ができない。てか、自分でも「特別永住許可はいつまでもあるものじゃない」と言っていた。全然わかってない。「特別」とついてるから特権みたいに誤解しているんだろう。

在日韓国人・朝鮮人の一部に認められている「特別永住許可」とは何か、「永住許可」と何が違うのか、きっちりとわかっている人は少ないと思う。

「特別永住許可」と「永住許可」の違い

永住許可は、「来日した外国人」が対象で、出入国管理法で定められている。来日した外国人が一定の条件をクリアした場合に認められるものだ。日本在留は、日本に上陸したときからスタートする。

特別永住許可の対象者は、「来日した外国人」ではない。朝鮮半島から日本に移住してきたときは、日本国籍だったからだ。むろん日本が朝鮮半島を植民地にしていたからだ。日本に移住してきたといっても、いわば、ただの引越しなのだ。引越しを出入国管理法で扱えるはずがない。

出入国管理法の射程外だから、特例をつくる必要があった。それが「出入国管理に関する特例法」だ。

特例法にもとづく永住許可だから「特別永住許可」なのだ。特別というのはそういう意味でつけられた名称にすぎない。特権でも何でもないのだ。立法事実が異なっているだけのことなのだ。

許可の中身も幾分かは異なっている。

長くなるのでその話は次節で。

（2014.10.21）

特別永住許可制度について

特別永住者に対する優遇措置は不公平なのか

特別永住者は、一般の永住者に較べて優遇されているという意見がある。

たしかに、再入国許可の期限が最長5年（一般永住者は4年）だったり、外国人登録証不携帯の罰金が一般永住者の半額だったりという違いはある。これは「特権」だろうか。不公平なのだろうか。

他の外国人の場合と較べてみよう。他の外国人も、ビザが必要だったり不必要だったり、永住申請の際に「独立生計を営むに足りる資産又は技能」が求められたり求められなかったりと、扱いが相手国によって異なる。不公平に見える取扱いの違いは、普通にあることなのだ。何も特別永住者だけのことではないのだ。

違いが生じる理由は、日本との友好関係が浅かったり深かったり、あるいは来日の事情が異なるところにある。特別永住者の場合、元日本国籍者であるとか、一世から数えた定住歴が百年以上になる家族があるなど、他の外国人に見られない「歴史経緯」がある。そこで他の外国人と異なる扱いになっているのだ。

不公平には合理的な理由がある

橋下徹大阪市長は「特別永住制度を見直す必要がある」という。おそらく単純平等主義にもとづく意見だろう。よろしい。その意見が正しいといったん認めよう。すべて平等にしよう。それならば、あらゆる例外を許してはならない。

アメリカなど友好国に対して、ビザ免除という優遇措置を認めてはならない。「高度人材外国人」に対する優遇措置も撤廃すべきだ。

もしくは、テロリストが多くいる国からの来訪者にも、ビザを免除せよ。平等というのは、そういうことだ。

そんなことが可能かどうか、考えるまでもない。出入国管理は国家主権にもとづいて、高度な外交的・内政的な政治判断でなされているのであり、不公平があっても、そこには合理的な裏付けがあるのだ。

八百屋のキャベツの値段を決めるようにはいかないのだ。

出入国管理法の目的と特例措置の目的

出入国管理法第1条は「本邦に入国し、又は本邦から出国するすべての人の出入国の公正な管理を図る……」

出入国管理法はその目的を、このように定めている。要するに管理が目的である。外国人を管理するのは治安対策だ。

これに対して、特別永住許可を定めた「特例法」の目的は異なる。法案の目的は、国会答弁と法の条文に示されている（末尾に参考資料として国会答弁と法文を掲載）。この法律の目的は、

「在日韓国・朝鮮人の方々の法的地位につきまして、その歴史的経緯及び定住性を考慮いたしまして、これらの人々ができる限り安定した生活が営めるようにする」ことである。

管理や治安も目的のひとつだけれど、それを主眼としていないのだ。法律の目的が異なるのだから、入管法で管理される他の外国人と異なる取り決めをするのは当たり前のことである。治安対策ではなく「定住生活の安定に資する」のだから、他の外国人に比べると管理が緩いのは合目的なのだ。

橋下市長は公人なのだから、せめてこれくらいのことを認識した上で、責任ある発言をしていただきたい。

衆議院 予算委員会

1991（平成3）年2月21日　答弁№139

左藤国務大臣　在日韓国・朝鮮人の方々の法的地位につきまして、その歴史的経緯及び定住性を考慮いたしまして、これらの人々ができる限り安定した生活が営めるようにすることが重要である、このように認識をいたしております。法務省といたしまして、こういった見地から、これらの人々の法的地位の安定化を図るために出入国管理及び難民認定法の特例法案を今国会に提出いたしたいと、このように鋭意準備をいたしております。

日本国との平和条約に基づき日本の国籍を離脱した者等の出入国管理に関する特例法

（平成3年5月10日法律第71号）

第60条

3　法務大臣は、永住者の在留資格をもって在留する外国人のうち特に我が国への定着性の高い者について、歴史的背景を踏まえつつ、その者の本邦における生活の安定に資するとの観点から、その在留管理の在り方を検討するものとする。

（2014.10.21）

「在日特権」小ネタ集

以下のような話があちこちの嫌韓ブログで大人気ですが、もちろん全部デタラメです。

①公文書への通り名（偽名）使用可（脱税の温床）

通名はいくらでも簡単に変更できるので仮名口座がつくり放題。脱税し放題。

②所得税・相続税・資産税等税制が優遇されている。

税金は給料天引きだから、一応納税するけど、税務署に行って親族への仕送りの証拠、たとえば銀行の控えなどを添付すると、1カ月15万円までなら全額還付される。つまり、1年で180万の税金を納めたとしても全額還付される。

③生活保護優遇

一世帯あたり年（人数×4万円）＋4万円が『無償』で支給される。など、国へ入ってくるお金が減っています。在日特権が撤廃されれば国益になる事は間違いありません。

どうして全部デタラメなのか、それでは、一つひとつ確かめていきましょう。

「公文書への通り名（偽名）使用可（脱税の温床）」はウソ

通名口座は日本人にもつくれます。どこの金融機関でも通名で口座を開くことが可能です。ですから「在日特権」ではありません。

よく「在日は通名変更が簡単だ」と書いてあるのを見かけますが、そうであったとしても、脱税などできるものではありません。なぜなら、金融機関に登録する通名は外国人登録済証の本名とセットでなければならないからです。通帳には通名しか書いてありませんが、金融機関のデータには本名がインプットされています。ですから、たとえたくさんの通名を持っていても、税務署が本名で照会をかければ、簡単に名寄せができるんです。

たしかに通名は金融詐欺に使用されることがあります。しかしそれは日本人も同じなんです。養子縁組をすれば姓や本籍を簡単に変えられますから、金融詐欺がしやすいのは在日コリアンと変わりません。

日本人のつくりやすい通名口座は「○○（悪いことされちゃ困るから書かない）」とか「屋号」です。屋号は取り込み詐欺に使われることが多いです。

外国人の場合、「○山×男こと李○○」などと書かれますが、日本人も同じで、裁判などでは「○○商店こと○山×男」というふうに表示されます。結婚しているのに旧姓の口座を使って悪いことをすると、やはり「○川×子こと□原×子」などと表示されます。

在日コリアンに通名が認められているから日本人以上に犯罪が犯しやすいというものではありません。だいいちバレたら罪になるんですから、そんなものは「特権」じゃないですね。

「所得税・相続税・資産税等税制が優遇されている」はウソ

これってただの扶養控除です。日本人だって使っている制度です。在日コリアンにのみ認められているのではなく、すべての外国人と日本人に平等に適用されている制度ですが、何か問題があるのでしょうか。外国人の扶養控除は以下のすべての要件を満たした場合に対象となります。

①納税者の親族である者
②納税者と生計を共にする者
③年間の所得金額が38万円以下の者
④他の者の扶養親族になっていない者

つまり条件は日本人と同じです。しかもこれはすべての外国人が対象であって、在日コリアンの「特権」ではありません。日本人でも、他県にいる家族の住民票を移して扶養控除を受けている家庭などいくらでもあります。全然問題なしです。

「生活保護優遇」はウソ

完全にデタラメです。こんな制度はありません。私は幾人もの在日コリアンの生活保護申請を手伝いましたが、こういう事例は一つもありませんでした。何かを誤解しているのかと探しましたが、どこを探しても、この説の根拠を示してあるブログがありません。

誰が言い始めたか知らないけれど、本当にタチの悪い捏造《ねつぞう》です。こんなウソ八百をつくり上げてまで差別したいんですかねえ。んで、確かめもせずに、あちこちにコピペを広げまくっている。

なんなんだかなあ……

(2010.1.3)

「外国人登録の悪用」——デマわり始めたデマ

以下のコピペがあちこちに貼ってあります。
もちろんこれは徹頭徹尾デマです。

外国人参政権のある重大な問題点は、もうどこかで誰かが言っているだろうとか、そろそろ知れ渡るだろうと、昨年から高をくくっていたのですが、いっこうにネットで見当たらず(ということはマスメディアではもちろん見当たらず)、タイムリミットが近づいてきてしまい、危機感を強めたため書き込みします。

私の妻は永住許可を持つカンボジア人ですが(私は外国

人参政権に反対です。妻は関心がありません。)、現在の外国人登録制度がどうなっているかと申しますと、まず、日本人の場合には、旧住所から新住所に住民票を移すと、役場から役場へ通知連絡がいくわけです。

ところが永住者といえども外国人の場合は、「外国人登録」という言葉通りに登録制なのです。結論から先に申しますと、いくつの自治体にも登録できます(利用できる住所があれば)。パスポート側にもどこの自治体で登録したなどの記載は残りません。住民票にあたる「外国人登録原票記載事項証明書」にも過去の住所録は載っていません、届けませんから。

外国人ですから住所を生まれた時まで辿る必要がないという建前はわかりますが、昨年、自民党や法務省が登録法を変えようとしたときに民団、総連が反対した理由がわかる気がします。いくつでも現住所が持てるのです。対馬に在日韓国人が住所をみんなで移したらどうするのだという意見がありますが、移す必要すらありません。新たに加えるだけです。

これはもちろん、本当に住んでいる場所以外は収入がありませんから、生活保護の不法受給にも悪用可能です。住民基本台帳に入っていませんので自治体が変わると検索の仕様もありません。横浜で暮らし、川崎で生活保護を受けて、両方で選挙権を行使する。現在の制度では可能です。

もし既知の事項でしたら長文の失礼お詫び申し上げます。

最近も区役所に行きましたが、単にパスポート上の、入国管理局が発効した滞在許可の種類、期間を確認するだけで、外国人登録証がもらえます。そして登録されます。引っ越し前の住所など書く必要がありません。入国管理局で一括管理しようとしたら、民主、公明が反対して、潰したと記憶してます。なぜ反対だったか国民はわからなかったんじゃあないでしょうか?

などなどいくつものサイトに、デマわってます。

てか、デマおわってます。

では本当のことを。

居住地の変更届には、元の住所を書いた「外国人登録済証」が必要なので、こういうことはできません。はい、終了~

外国人登録証明書を見てください。ちゃんと住所が記載されていて、2つも同時に登録できません。

「カンボジア人の妻」とか……よくこんなデマを思いつくもんだ。これを最初に書いた奴って、一種、病的な嘘つきだな。

(2013.1.13)

在日朝鮮人は不法入国者とその子孫なのか

とある意見

ヘイトスピーチはよくないが、不法入国して永住許可得た人がたくさんいるではないか、これは特権といえまいか。だから「永住許可をいわばだまし取ったのに、一人前の顔をして権利要求などするな、在日特権をなくせ」というようなヘイトスピーチが現れるのではないか。

「密入国して永住許可を得た人がたくさんいる」は本当か

そうでないことが、簡単な計算でわかります。

まず、敗戦時の日本国内の朝鮮人人口は約210万人。このうち約140万人が戦後半年の間に朝鮮半島に帰還したといいますが、いずれも概数です。日本の都合でかたっぱしから連れて来て、どんどん帰らせたので、きちんとした管理ができていないのです。しかし大きなずれはないでしょう。

210万人いて帰国者が140万人なら、差し引き70万人です。1946年3月の在日朝鮮人登録数は約64万人。大まかですが、計算が合います。むしろ計算より実数が少ない。密航来日が多かったなら、計算より少ないはずがありません。

この中で1950年までの間に朝鮮半島に帰還したものは約10万人です。引き算すれば54万人です。

他方、1945年から53年の間に日本へ密入国した朝鮮人は、6万人以上と警察が発表しており、このうち強制送還された者が約4万5000人です。差し引き1万5000人以上が日本に残ったことになります。これを54万人に加えると55万5000人。54年末の登録上は約55万6000人です。妥当な数値です。

ということで、無断入国者がいたのは事実ですが、せいぜい1万6000人が残っただけでした。

しかもこの人たちはおそらく特別永住許可の対象になっていません。

戦後に入国したことが明らかだから、許可申請ができなかったのです。許可申請しても受理されなかったでしょう。そういう人たちがいたことに、政府が昭和41年の国会答弁で触れています。

この人たちは一般永住許可をとるか、日本国籍をとっているはずです。

それは「特権」なのか

50年6月28日の産経新聞は不法入国者の数を20万～40万人

と書き、西岡力は18万人と書いているそうです。どちらも何の根拠もない吹かしにすぎません。こんなに多かったなら、その人たちはどこに消えたのでしょうか。

もしも無登録で住んでいたとしても、いずれかの時点で表に現れねばなりませんが、65年の協定永住の時点でも58万人です。自然増加以上の変化は見られません。

1万6000人が無断入国し、定住したとみて大きく間違ってはいないでしょう。

では1万6000人はどうして日本に残れたのでしょうか。彼らは日本国籍を持った戦争難民だからです。

朝鮮人はサンフランシスコ講和条約まで日本国籍でした。入国が制限されていたとはいえ日本人なのですから、旧宗主国の立場上、朝鮮戦争の混乱で難民化した人々を、むげに帰すに忍びなかったのだと思われます。

国会答弁で政府は、それらの人々は「日本国内の家族を頼ってやってきた」と述べています。その中でも特に同情すべき事情のある人を、法務大臣の裁量で残したものと思われます。

彼らの特権というより、旧宗主国としての罪滅ぼしの面が強かったといえるでしょう。人道的措置として妥当だったと私は肯定的に評価しています。

日本はベトナム戦争の難民を約2万人定住させています。それと比べても、さほど特権というほどのものではありません。

不法入国者に永住許可を与えた理由は何か

朝鮮戦争の難民以外にも不法入国した人が存在するのは事実です。その人数は統計に表れないほどのごく少数です。

しかし、少数でも、いわばだましで永住許可を得た者がいるではないかとの意見があると思うので、そのことにも触れます。

結論からいえば、政府が在日朝鮮人の法的地位をほったらかしにしていたからです。

戦前は二級市民としての義務と権利が付与されていたのですが、敗戦とともに日本政府は朝鮮人を外国人とみなすことにしました。

実際に日本政府が朝鮮半島の領有権を放棄し、朝鮮人の日本国籍をなくしたのは1951年です。

その間、在日朝鮮人は日本国籍者として管理される一方、日本人の権利を奪われ、外国人として保護される権利もなくされ、法的地位はまったく宙ぶらりんにされてしまいました。

日本国籍をなくして正式に外国人としてからも、韓国との協定が結べていないという理由で、臨時の法的地位しか与えませんでした。

敗戦前から住んでいる在日朝鮮人のうち韓国籍を選んだ人に在日韓国人としての地位を与え、永住許可を付与したのは敗戦から21年後の1966年でした。このときに少数の戦後入国者が永住許可を得たと思われます。

そういうことが起きないように、国は許可申請者のうち来歴の不完全な人について調査をしたことはしたのですが、政府の国会答弁は「いまさらそんな昔のことを調べられないから、本人の申し出を信じるしかない」というものでした（末尾に掲載）。

韓国籍を選ばなかった人は、もとの朝鮮籍のままでした。「朝鮮」は国名ではないので、朝鮮籍は国籍ではありません。かつての大日本帝国支配下にあった植民地朝鮮の故地である、単なる地域名です。その人たちにちゃんとした法的地位を付与したのは、1991年でした。

こうした差別的対応が入出国管理の手落ちを招き、ごく少数とはいえ、「いまさらわからん」と嘆く事態を招いたのでした。

「無断入国者はだまし永住」と非難することの意味

仮に無断入国であっても、かつては日本国籍保持者であり、戦争協力もさせられた人とその家族です。非難する人は同時に、かつての戦争を「栄光の大東亜戦争」として讃える人とかぶさっています。その「栄光の戦争」を共に戦った人々とその家族に対して、あまりの言いようではないでしょうか。

最初に永住許可を得た時点ですでに20年近くも善良な市民として働き、納税し、特に違法行為が摘発されることもなく暮らしてきた人たちです。現在時点から振り返れば、もう50年も前に正式手続きを経て合法的に永住許可を得た人たちです。これをいまさら不法入国扱いするのは、旧宗主国の国民としていかがなものでしょうか。

その人たちを含めた在日朝鮮人全員を、法的に宙ぶらりんで20年間も放置していたことこそ人権侵害ではないでしょうか。主に日本側の事情によって生じた不備を、しかも50年も前のことを、いまさらほじくり返して在日朝鮮人の責に帰すこと、しかもごく少数例を以て一般例のように語ることは、どうなのでしょうか。

私ならそんなことは恥ずかしいのでできません。

1966年　参議院法務委員会
政府委員答弁
終戦直後と申しましても、第一回の登録が行なわれた昭和二十二年までの間には登録のない時代がございますので、また登録が開始された当初におきましても、当時の社会情勢などから非常に正確に在留の事実を確認するということは事実上不可能かもしれません。

その当時確かに住んでいたということを証明するためには、たとえば配給通帳を持っているとか、そういうことが必要になってきますけれども、そういうものは必ずしも完備されておりませんし、何もいままでそういうものを各人が大事に持っているわけでもございませんので、実際問題としては、第一次の最初の登録が行なわれるまでの、終戦後からそれまでの間の本人がいたかいなかったかという点については、特にいなかったというような記録があれば別でありますが、そうでない限りはわれわれとしてはいたものと見ざるを得ないと思います。

で、まあ方針としましては、その在留について何か不審があったような場合には、一々その者の住んでおります地域を管轄しております入国管理事務所に命じまして、事情を調査させております。調査と申しましても、たとえばこういう申請を受けたこういう人があるのだが、これが何年何月ごろ確かにどこにいたかどうかといった点を中心にして調べるわけでありますけれども、これもなかなかいまのように時期がたってしまいますと、そう簡単にわかるものでもございません。まあそういう範囲では、われわれとしては反証がなければ、確かにいたと本人が言う場合には、そう認めざるを得ないだろうと思っております。

(2016.1.20)

「外国人は犯罪率が高い」は本当か?

国籍法の改正にケチをつけようとする意見が猖獗《しょうけつ》を極めています。

「外国人に日本の国籍を簡単に手渡すな!」みたいなことを盛んに触れ回っています。それはたとえば外国人は犯罪者が多いんだから、そいつらに日本を荒らされてたまるか、みたいな言い方です。

こんな意見が紹介されていました。

> 外国人の犯罪率が高いというのは、経済的状況・社会的弱者であるというのを鑑みてもなお、決して差別でもデマでもなく本当の数字です。
>
> 外国人登録者数　約200万人（全人口の1・6%）

刑務所の外国人受刑者6183人（全受刑者の7・8％）
（数字は大臣官房司法法制部司法法制課「外国人被収容者人員の推移」より）

たしかにそういう数字が出ていますね。日本の全人口の1・6％しかいない外国人なのに、刑務所に7・8％もいるんじゃ、日本人の5倍近い犯罪率ですよ。こりゃ大変と騒ぐ気持ちもわからないでもない。

でも、正しいことを言っているんでしょうか。どうなんだかと思って調べてみました。以下はその検証です。

論証は長くてややこしいから、結論を先に書きますね。

外国人には、パスポートを持った「来日外国人（外国人旅行者）」と、外国人登録している「在日外国人」があります。それぞれについて犯罪率を調べてみました。すると――

「来日外国人」の犯罪率は日本人の半分以下でした。

「在日外国人」の犯罪率は日本人の8割強しかありません。

刑務所収容者の数字は、比べられないものを無理に比べていることがわかりました。

大山鳴動ネズミ一匹、だったんです。

では、以下、長くてややこしい論証の始まりです。

数字に弱い人は読まなくていいよ〜

外国人旅行者（来日外国人）の犯罪

2007（平成19）年の数字で見ていきます。来日外国人の総数は689万9307人、うち刑法犯検挙数は7528人なので、犯罪者の人口比は0・11％です。

日本人のほうは、刑法犯の検挙数は36万5577人、1億2000万人に対する犯罪者の人口比は0・3％です。

来日外国人（外国人旅行者）0・11％：日本人0・3％

外国人旅行者は日本人より真面目ですね。

日本人は犯罪不可能年齢の乳幼児や高齢者を含みます。来日外国人はほとんどが犯罪可能年齢です。だから、統計的には外国人の犯罪率が日本人よりはるかに高く出るはずなんです。しかし実際にはとても少ないことがわかったわけです（「平成19年の犯罪情勢」警察庁）。

来日外国人は在日期間が短いから、とかいう反論が予想されますが、それは統計上無意味です。

こう考えればわかります。仮に、来日したのがたった1人で、その人が犯罪を犯したとしましょう。犯罪者人口比100％です。この人が滞在10日だったら犯罪率3650％で、1日だったら3万6500％になるのでしょうか。そんなことありませんね。やはり犯罪率は100％です。だから在日期間は関係ないんです。

在日外国人の犯罪

次に、外国人登録している在日外国人を考えます。

年齢別犯罪統計を見ると、14歳～39歳世代は人口に占める割合が43・7％なのに、刑法犯の中でこの年代が占める割合は59・8％もあります。この世代の犯罪率は全平均の1・37倍高いということです。まあ、このあたりがいわゆる活動年齢ですからね。

ところで在日外国人の年齢別人口比がいちばん高いのもこの年代です。全体の66・1％をこの世代が占めています。日本人社会でのこの世代の人口は43・7％。日本社会と比べてその世代の人口割合が1・51倍高いということです。

すると在日外国人と日本人の犯罪率を比べるには、この差を補正する必要があります。補正の計算は以下のとおり。

A　犯罪率とその世代の犯罪率との比

B　日本と外国人のその世代の人口率比

補正率＝（1－B）＋A×B

計算すると補正率0・63となります。

在日外国人の犯罪率に0・63を掛ければ、日本人の犯罪率と比較できるのです。

犯罪の原因には世代の他、所得、社会的地位など多くの要素が絡んできますから、とても複雑ですから数字は慎重に扱わなければなりません。そこに留意したうえで、統計数字を見てみましょう。

在日外国人の刑法犯検挙総数は8148人です（平成19年度『犯罪白書』）。在日外国人の人口は約200万人です。すると犯罪人口率は0・4％。補正すれば0・252％です。日本人は0・3％でした。

在日外国人0・252％：日本人0・3％

在日外国人の犯罪率は日本人の8割強だということです。

刑務所収容人数のトリック

では、まとめサイトにあった刑務所収容人口に占める外国人の比率（全受刑者の7・8％）の大きさは何なのでしょう。

実はあの表は1つだけ独立して見るものではないのです。来日外国人も含めた収容人数を、在日外国人の人口と比較するのが、どだい間違っているのです。

まず外国人全体の収容人数を見ると5919人であることがわかります。そのうち4410人が来日外国人、その差である1479人が在日外国人です。在日外国人は200万人ですから、収容者の割合は0・074％。補正すれば0・047％です。

では日本人の割合を見てみましょう。全収容者は7万9809

人。ここから外国人(5919人)を引いた7万3890人が日本人収容者数になります。1億2000万人に対する割合は0・062%です(収容者数は「e-Stat 統計で見る日本」施設別外国人被収容者の年末収容人員による)。

外国人0・047%：日本人0・062%

日本人収容率は在日外国人よりはるかに高い数字です。

上に見たように、来日外国人の刑法犯検挙人数は7528人でした。そのうち年末に刑務所に収容されているのが4410人です。この数字が高いのか低いのかよくわかりませんが、どうも厳しい取り扱いではないかなあという気がしますねえ。

ということで、来日外国人も在日外国人も、日本人の犯罪率よりはるかに低い発生率であることが証明されたのでした。

(2008.11.29)

京都朝鮮学校襲撃事件

朝鮮学校が在特会を告訴

朝鮮学校で「スパイの子」〝抗議行動〟を告訴へ

京都朝鮮第一初級学校(京都市南区)で今月4日、「在日特権を許さない市民の会」(在特会)の旗を持った男性約10人が抗議行動と称して校門に押しかけ、拡声器を使って「スパイの子ども」などと騒いでいたことが18日、分かった。校内には近隣の朝鮮学校も含めた児童約170人がいた。

学校側は、偏見や差別感情が理由の「憎悪犯罪(ヘイトクライム)」だと反発。週明けにも威力業務妨害などの容疑で京都府警に告訴する。

集まったのは在特会関西支部メンバーら。校門前にある京都市管理の公園に学校がサッカーゴールや朝礼台などを置いていたため、在特会の桜井誠会長は「不法占拠したことへの抗議」と説明している。

学校が撮影した映像では、数人が朝礼台を正門まで運び「門を開けろ」と要求。学校関係者が「ここは学校です」

と制止すると「こんなものは学校ではない」「朝鮮学校を日本からたたき出せ」などと拡声器で叫んだ。（共同通信2009.12.18）

在特会の言い分

- 朝鮮学校は京都市の許可なく児童公園を運動場にし、朝礼台を設置していた。
- これは不法占拠だ。
- そこで集会の邪魔になる朝礼台を撤去して学校に返した。
- 朝鮮学校は公園にスピーカーを無断で設置していた。
- これは電気工事関連法違反であり感電事故につながる危険な行為だ。
- そこで殺人スピーカーを取り外して学校に返した。

ふざけるな在特会　3つの間違い

ふざけてはいけない。正しくは以下のとおり。彼らの目的と行動は悪質な差別犯罪ですが、ここではあえて差別というタームを使わずにまとめました。

(1) 公園の使用について

学校が体育の授業で使用することについては、公園の設置目的に適っており、何ら問題がない。京都市も問題と考えていない。

その他の使用方法や私物の設置については、使用契約の問題である。その当事者は、京都市と、地元自治会と、朝鮮学校の3者である。当事者が相互に納得していれば何の問題もない。そして現実として当事者は納得しており、問題は起きていない。

50年という長期間にわたり平穏に使用を続けてきたので、黙示の合意[*1]が推認される。

すなわち、これまでの公園使用に問題は見いだせない。よって在特会の抗議は失当である。

3者間の合意のあるなしを判定する権限は在特会にない。朝礼台を撤去するなどの原状回復を強制代執行[*2]する権限もない。権限もなく実力行使したのは誤りである。

占拠とはその場所を独占して他人を締め出すことだ。在特会は公園の使用許可を得て、現に使用することができた。公園が朝鮮学校に占拠されていないことを在特会が証明したことになる。けだし、占拠されていたのなら使用できなかったであろうから。よって「公園の不法占拠」という在特会の主張はその根拠を失った。根拠なき抗議は失当である。

⑵ 電気設備の設置について

不適当か否かを判定するのは、電気供給者たる関電である。原状回復を要求できるのも関電である。違法行為を摘発できるのは司直である。在特会には違法を摘発する権限がない。朝鮮学校に原状回復を要求できる立場にもない。権限もなく実力行使したのは誤りである。

⑶ 朝鮮学校の違法があったかどうか

それを判定するのは在特会ではない。抗議行動全体がそもそも失当なのだから、公園の使用許可を得ていようがいまいが、無関係である。「公園の不法占拠を正す」、あるいは「不当な公園使用につき原状を回復する」等の目的があったのが本当ならば、「朝鮮人は出て行け」に類する言動は不相当である。

＊1　黙示の合意　契約は、文書契約や口頭契約など明示の場合もあれば、追認という黙示の場合もある。明示であれ、黙示であれ、契約として成立する。今回の場合は、京都市は朝鮮学校の公園使用を許可書などで積極的に認めてはいないが、問題視もしていないので、黙示の合意（何も言わずに黙って認めること）が推認できる。

＊2　強制代執行　この権限は公権力にしか認められていない。行政代執行という。

（2009.12.18）

在特会の控訴棄却——朝鮮学校襲撃事件

控訴棄却というのは、「あらためて裁判する値打ちを認めない」「お前らザイトクの言い分は、考慮する値打ちがひとかけらもない」という意味。当然の判断だ。ザイトク側が最高裁まで行くとするなら判決が憲法第21条に違反していると主張するしかない。

憲法第21条

集会、結社及び言論、出版その他一切の表現の自由は、これを保障する。

検閲は、これをしてはならない。通信の秘密は、これを侵してはならない。

しかし憲法第14条がザイトクの主張を阻む。

憲法第14条

すべて国民は、法の下に平等であつて、人種、信条、性別、社会的身分又は門地により、政治的、経済的又は社会的関係において、差別されない。
華族その他の貴族の制度は、これを認めない。
栄誉、勲章その他の栄典の授与は、いかなる特権も伴はない。栄典の授与は、現にこれを有し、又は将来これを受ける者の一代に限り、その効力を有する。

法で保障されたふたつの権利がぶつかる時は、公共の福祉、公序良俗の法理が優先する。奴らが勝てる望みはゼロだ。

高裁判決の画期性

高裁判決は、ただザイトクズバカ保守の控訴を棄却しただけではなく、いくつか高裁独自の判断を付加している。

そのひとつに、こういう箇所がある。

「私人間において一定の集団に属する者の全体に対する人種差別的な発言が行われた場合には……」（判決文7ページ）

これまでの理解では、ザイトクズが有罪になったのは「京都朝鮮学校」という特定の法人格を攻撃対象にしたから、というものだった。

高裁判決の一文は、レイシストが特定人格のない「朝鮮人」という民族名を用いて罵倒したとしても、それが特定個人の法益を著しく侵害したと認められる場合には、損害賠償の対象となると読める。

根拠法は「人種差別撤廃条約」、憲法第13条、同14条1項、民法第709条だという。

民法第709条

故意又は過失によって、他人の権利又は法律上保護される利益を侵害した者は、これによって生じた損害を賠償する責任を負う。

不法行為にもとづく損害賠償請求権の条項だ。

サラ金裁判では、この条文が大活躍した。

ここでいう「他人の権利」とは、人格あるもの（法人および自然人）のことだ。これまではそこが乗り越えられない壁だった。

ところが、高裁判決はそうではないという。

必ずしも個人を特定する内容でなくても、「一定の集団に属する者（たとえば、ある韓国人個人）の、全体に対する人種差別的な発言が行われた場合（たとえば「韓国人は殺せ」）、その侮蔑性が許容できるものでない場合には、個人に対する人権侵害とみなして損害賠償責任を追及できるというのだ。法律家の吟味が必要だが、これは武器になる可能性がある。バカ保守相手にいくつか損害賠償が取れたら、抑止効果十分ではなかろうか。

もっとも、あくまでも民事規制であって、刑事規制とは違う。訴訟コスト等はすべて当事者だ。その限界を踏まえたうえで、「これは使える」と思うのだ。

(2014.7.9)

朝鮮学校無償化は当然である

朝鮮学校の授業料を無償化すべき理由

朝鮮学校の授業料無償化について、賛成意見と反対意見を比較してみました。

無償化すべきでないとする理由

1 北朝鮮は経済制裁を受けている（中井洽拉致問題担当相）。
2 北朝鮮は国交がない国だ（鳩山由紀夫首相）。
3 どんな教科内容なのか調査できない（鳩山総理）。
4 北朝鮮から援助金を受けている。
5 金正日国防委員長の指示を受ける学校だ。
6 朝鮮学校は学校ではない。

無償化すべき理由

1 憲法は教育を受ける権利を日本国籍者に限定していない（最高裁判例）ので、朝鮮学校を除外するのは憲法違反である。国籍で教育の権利を差別するのは、国際人権規約と子どもの権利条約違反である。

2 外交上の配慮を教育上の判断材料とすべきではない。国交がなくても台湾系の中華学校には助成するのだから、朝鮮学校だけを除外するのは不公平である。

3 朝鮮学校は地方自治体からの助成金を受けるにあたり、認可・監督権を持つ都道府県等に対して学校の経理に関しての報告を行っている。カリキュラムも公開しており、日本の多くの大学は同校卒業生の受験資格を認めている。

4 ドイツ学校は運営経費の半分を本国の援助でまかなっているなど、他の外国人学校も本国政府から援助を受けている。朝鮮学校だけ問題視するのは間違いだ。

5 金正日の指示を受けているなど、何の裏付けもない風説である。

6 学校教育法一条の規定にそぐわない学校、たとえば高等工業専門学校や各種専修学校も助成の対象になっているのに、朝鮮学校だけを除外する理由がない。

無償化除外から何のよきものも生まれない

私は朝鮮学校を助成対象から除外するなという意見のほうが正しいと思います。

が、いまは難しいことを抜きに考えましょう。

朝鮮学校の高校課程に在籍する生徒は、全国で1900人。アメリカンスクールなどに在学している欧米人生徒と違い、この生徒たちは卒業後も本国に帰らないで日本で働き、暮らすだろうと思われます。つまり未来の日本社会を担う、貴重な人材なのです。無償化対象からはずせば、きっと彼らの心は深く傷つくでしょう。彼らを差別するような国に、彼らは愛着を持つことができるでしょうか。

これからもずっと私たちと共に生きるであろう彼らを差別して分け隔てし、わずかの助成金を惜しむことで、将来はこの国をしょって立つかもしれない有為な人材を、あたらみすみす失うかもしれないのです。

本国がどんな国なのか、それを決める権利など生徒たちにありません。本国がどんな国であろうと、彼らに責任のあろうはずがありません。

罪のない者に罪を着せて、何かよきものが生まれるでしょうか。不信や憎悪や悪質な諦念が生じるだけではないでしょうか。

いろいろな問題があろうとも、日本で生まれ、日本で育ち、これからも日本で生きていく彼らを、この社会の貴重な一員として包み込み、育むことが日本のためにならないとは、どうしても思えません。

こういう考えは少数なのでしょうか。

(2010.3.9)

朝鮮学校を授業料無償化の適用から除外することに反対する理由

パブリックコメントを文科省に送りました。論点別にメールせよとのことなので、以下の2つの論点から2本送りました。

- 省令改正案は制度の法的安定性を損なう
- 省令改正案は日本の国益に反する

日ごろの自分の意見と異なる見解も交えているのですが、それは自分と反対意見の人にも受け容れやすくするための配慮です。批判を仰いで、もっとよい意見を文科省に送っていただく糧としたいと思います。

1 省令改正案は制度の法的安定性を損なう

《意見》

表題 改正省令案は制度の法的安定性を損ない、また日本社会に実害をもたらすものなので反対です。

論点1 改正省令案は制度の法的安定性を損なうので反対です。

「公立高校授業料無償制・高等学校等就学支援金制度」について、文部科学省は次のように説明しています。

(以下引用)

制度に関するQ&A

2．なぜこの制度を実施する必要があるのですか。

(答) 高等学校等への進学率は約98％に達し、国民的な教育機関となっており、その教育の効果は広く社会に還元されるものであることから、その教育費について社会全体で負担していく方向で諸施策を進めていくべきと考えられます。

また、高等学校等については、家庭の経済状況にかかわらず、すべての意志ある高校生等が安心して教育を受けることができるよう、家庭の経済的負担の軽減を図ることが喫緊の課題となっています。

さらに、多くの国で後期中等教育を無償としており、「経済的、社会的及び文化的権利に関する国際規約」という条約にも中等教育における「無償教育の漸進的な導入」が規定されるなど、高校無償化は世界的にも一般的なものとなっているといえます。

このようなことから、高等学校等における保護者の教育費負担の軽減を図ることを通じて教育の機会均等に資することができるように、今回の制度を実施するものです。

(引用終わり)

上記説明にもとづけば、朝鮮学校高等部を無償化の対象にするのは理の当然であると考えます。

無償化対象に(イ)、(ロ)、(ハ)の3類型を置いた理由は、

「(イ)大使館を通じて日本の高等学校の課程に相当する課程であることが確認できるもの（民族系外国人学校）」だけでは台湾系民族学校など国交のない地域の生徒が排除されるので不合理であるし、

そこに「(ロ)国際的に実績のある学校評価団体の認証を受けていることが確認できるもの（インターナショナル・スクール）」を加えても、

それら学校評価団体が欧米系にかたよっているため(イ)で排除される生徒の救済にならず、

ために「(ハ)文部科学大臣が定めるところにより、高等学校の課程に類する課程を置くものと認められるものとして、文部科学大臣が指定したもの」の項目が置かれたと推測いたします。

これら三類型は、日本に於ける民族教育の現状を合理的に踏まえたものであり、納得できるものです。

ところが日本に於ける民族教育の現状が変化したわけでもないのに、今回(ハ)を省令から削除すれば、前記の問題点が再浮上することになるだけです。

そのために

「現時点で、(ハ)の規定に基づく指定を受けている外国人学校については、当分の間、就学支援金制度の対象とする旨の経過措置を設ける」

との規定が置かれたのでしょうが、そうすると、次のような問題点が現れるのではないでしょうか。

⑴法によらずに裁量による予算支出というものが発生するため、「高等学校等就学支援金制度」の法的安定性が損なわれます。

⑵法の外側にいわゆる「既得権」を認めることになり、この面からも制度の法的安定性が損なわれます。

さらに、今後生じるであろう事態に対しても、新省令案は対応できないと思われます。

たとえば、中国籍を持つ在日チベット人子弟の教育です。在日チベット人コミュニティはこれから大きくなることはあっても小さくなることは考えられません。するとチベット人の父母からその子弟に対して、民族的誇りを持って日本社会で共生していくための中高等教育を施したいとの声が高まるのは必至です。

しかし中国政府が在日チベット人コミュニティの独自教育を容認するはずがないため、その学校について、「大使館を通じて日本の高等学校の課程に相当する課程であることが確認できる」ことは望み薄でしょう。

しかも「国際的に実績のある学校評価団体の認証」もな

いでしょうから、結局は「高等学校の課程に類する課程を置くものと認められるものとして、文部科学大臣が指定」するしかないと思われます。

しかし新省令はこの道をあらかじめ閉ざしてしまうものです。「高校無償化は世界的にも一般的なものとなっている」にもかかわらず、むしろ後退するような改正案に合理性はないと考えます。

2 省令改正案は日本の国益に反する

《意見》

表題 改正省令案は制度の法的安定性を損ない、また日本社会に実害をもたらすものなので反対です。

論点2 省令改正案は日本の国益に反するので反対です

改正が提案されたのは、いうまでもなく「北朝鮮」と朝鮮学校との関係が不透明であるとの判断によるのでしょう。

わたしはそのことについて詳しい情報を持ち合わせておりませんが、「北朝鮮」がらみの犯罪に、朝鮮学校が組織として関与した実態はないのではありませんか。

不正経理について新聞報道がありましたが、そんなことは日本の私立学校でも生じていることであり、無償化対象からはずすべき積極的理由にはなり得ないと思います。

また朝銀問題が明るみに出た結果、すでに制度が改められており、再び同様の犯罪が起こせるとは思えません。

いずれにせよ、犯罪に対処すべきは司直であって、教育制度を用いて対北朝鮮問題をどうにかするという発想が根本的に誤っております。

そもそも朝鮮学校生徒の就学支援金を停止したところで、「北朝鮮」政府が何らかの痛手をこうむるわけではなく、またそのことで何らかの譲歩を得られるとは考えがたいところです。

つまり日本外交にとって実益は何もありません。

逆に、朝鮮学校生徒の就学支援金を停止することによって、日本外交は実害を被ります。

まず第一に、「北朝鮮」政府はこれを日本の対「北朝鮮」敵視政策の証左であると強調し、場合によっては核問題国際協議に参加しない理由の一つとして持ち出すかもしれません。核問題の六カ国協議が停滞している理由の一つが日本の教育政策にあるなどという悪宣伝を国際社会に対してなされることは、日本にとっての実害であるといえます。また日本社会における異民族差別の証拠として国際社会に喧伝されれば、日本にとって大いなるイメージダウンともなりましょう。これも実害のひとつです。

実益がなく、実害のみがあるような省令改正が相当でないのは、申すまでもないことです。

最後に申し上げます。

たしかに「北朝鮮」政府のしてきたこと、いまもしていること、不快であり許し難いものがあります。

しかしながら、朝鮮学校に学ぶ青年たちは、日本に生まれ、日本社会に育ち、この社会で生きようとしている青年たちです。

その青年たちに差別を味わわせ、日本社会に対する失望を抱かせて、我が国にとって何か善いことがあるのでしょうか。

彼らの日本社会に対する愛着や帰属意識を自ら破壊するような制度改変を、なぜ日本政府がわざわざ行うのか、わたしには不思議でなりません。

これらの理由により、わたしは今回の省令改正案にはまったく同意できません。よくよくご検討のうえ、撤回下さるようお願いいたします。以上

(2013.1.22)

朝鮮高級学校、授業料無償化の適用外に

朝鮮高級学校が授業料無償化の適用外とすることを文科省が決定した。

おお！　すごい！　これで三代目はビビってごめんなさいするぞ！　なんて思う人は一人もいないだろう。

そういうことをしてくれるなとパブコメを出したが無駄だった。報道によれば、賛成コメントは反対コメントをやや上回る程度だったらしい。だいいち明らかに国際人権条約違反だ。しかし世論にも法的な面にも無頓着に、はじめから決まっていた結論に落としたのだという。

言論も法律も超越した、ある種の「空気」によって決められたのだろうな。効果なんかないことは十分承知で、ただ単にけったくそ悪いから金なんか出すか！　といったところだろうな。その気持ちは分からないでもないが、そんな情緒的なことで政治的決定を下してよいはずがない。

世界には「北朝鮮」と同じかそれ以上の独裁国家があり、国民が呻吟していますが、国際人権規約教育条項は、それらの国にも例外なく適用されます。

つまり、ある国の政体がどんなであろうと、その国の民族が、外国において民族教育を受ける権利を保障し、その教育を無償にするというのが、条約の主旨です。

条文制定過程で人権を無視する独裁者をあがめる教育がさ

れるマイナス面が取り上げられなかったはずがないのですが、結果として現在の条文になりました。

それというのは、おそらくそういった間違った政治を国民自身が正す力を持つためにこそ、教育が必要だという意見が多数を占めたからでしょう。

その思想は形を変えて、いま私たちの社会を試しています。外交がうまくいかないツケを子どもに負わせる社会が正しいのか、それとも大人社会の問題を子どもに負わせることなく、教育の権利を保障するのが正しいのか——その選択が問われているのです。

朝鮮高校生徒に補助金を出したら日本社会が害をこうむるといって排除することによる影響は、二面性を持ちます。

① そのことでテロや拉致や核開発を防げる効果。

② そういった排除に対して、在日朝鮮人社会が日本社会に対して失望したり怒ったりする効果。

私が思うに、①の効果は幻でしょう。補助金をなくしたら「北朝鮮」が核開発をやめるなんてことはありえません。補助金を停止しても、実益はゼロなんです。

しかし②は確実です。日本に生まれ、日本に育ち、国籍はなくても日本社会に帰属意識を持って、この社会で働いて貢献しようとしている青年たちに絶望と反発を覚えさせ、「反日思想」に追いやることの、どこに前進的な意味があるでしょうか。

朝鮮学校で反人権思想が教育されているのならば問題だと思います。拉致を肯定する独裁者をあがめる教育が、私たちの税金でまかなわれるのならば、反感は覚えます。仮にそうであったなら、たしかに悩ましいことになりますが、しかしそれでも補助金を出さないよりは出すほうがよいのです。

日本が、「北朝鮮」独裁者のいうような帝国主義的非民主的軍国主義国なのか、それとも法的公正を守る民主主義社会であり、差別を許さない社会であるのかを、在日朝鮮人青年に現実をもって教えることになるからです。彼らはきっと祖国の凄惨な政治と較べて、どちらがよいのかを実感するに違いないからです。

こうしてみると、補助金不認可は、日本にとって実益はひとつもなく、実害ばかりがある施策です。この施策を説明できる理由はただひとつ、日本人社会がそのことで溜飲を下げるためでしかありません。腹立ち紛れに政策効果のない施策を導入し、そのことであたら前途有望な青年たちを反社会的思想に追いやるかもしれない施策が、ほとんど反対なく導入された。日本社会の退廃をしめすこの結果に、私は言いしれぬ失望感を抱いています。

(2013.2.23)

朝鮮学校補助金についての疑問に答える

以下のような疑問を持つ人がいます。

1 保護者に対して助成金が二重支給されているのでは？
2 公立高校と私立高校と外国人学校の補助金の格差は？
3 どうして朝鮮学校保護者にだけ助成しているのか？
4 朝鮮学校は反日教育をしているのか？
5 なぜ民族教育を行う必要があるのか？　日本の公立学校に通えばいいのでは？

長くなるので、テーマごとに区切って書きます。

1 保護者に対して助成金が二重支給されているのでは？

外国人学校（高校課程）の保護者に対する助成は、国による「高等学校等就学支援金制度」しかありません。二重受給できる制度がないんです。

例として大阪府の制度を見てみましょう。

大阪府の私立高校等の保護者は、「就学支援金（国制度）」と「授業料支援補助金（府制度）」の両方を受給できますが、府制度の支援条件は、「私立高校生等就学支援推進校」として指定された大阪府内の私立高校等に10月1日時点に在学していることです。

その「私立高校生等就学支援推進校」のリストには、外国人学校は1校も入っていません。

2 公立高校と私立高校と外国人学校の補助金の格差は？

２０１２年度の文科省予算の表（「教育財政」）を見ると分かるとおり、国公立学校と私立学校との格差は明らかです。そして外国人学校への助成は、予算項目にありません。ゼロです。

さて、私立学校に対する助成金には、地方自治体によるものもあります。東京都の２０１１年度の教育予算総額は９２９９億円。このうち、私学助成金は１６６８億円でした。残りが公立学校予算だから、７６３１億円。私学助成は公立予算の約5分の１。大きな格差ですね。

外国人学校への補助金はさらにお粗末で、全部合わせて３４００万円しかありません。２００７年は９３００万円だったので、朝鮮学校に対する助成金が減ったのでしょう（東京都「一般会計決算と教育関係決算の推移」）。

私の住む兵庫県では、私立小学校（10校）助成が11億円、私立中学校（35校）で39億6千万円、私立高校（52校）で１２２億１千万円。１校当たり小中学校で1億円あまり、高校で2億円あまりです（「平成25年度私学助成等予算案の主なもの」兵庫県）。最低でもこれだけの直接助成があります。国から事業別の補助金がかなりあるので、総額はもっと多くなります。

20校（数え方で32校）ある外国人学校予算は、全部合わせて3億1千万円。平均1500万円です。比較になりませんね。

他の自治体も似たようなものです。京都の場合、外国人学校だけの資料はありませんが、外国人学校を含む各種学校への補助金は、1校当たり95万円。

大阪では外国人学校を全部合わせて2億円足らず（1人当たりなら7万7千円）。府下にあるのは18校（数え方で22校）なので、平均3300万円です（専修学校各種学校都道府県別助成状況）

3 どうして朝鮮学校保護者にだけ助成しているのか?

他の外国人学校の保護者にも助成している自治体が大半だから、朝鮮学校保護者に「だけ」というのは間違いです。

しかし、朝鮮学校保護者にだけ助成している自治体があるのは事実です。その理由は2つあります。1つは歴史経緯。もう1つは学校の実態です。

まず歴史経緯から。

これまで述べたとおりの格差に対応するために、外国人学校保護者に対する助成金がつくられました。なぜそんな形式にしたのか、古いことなので分かりませんが、最初にそのような形式にした自治体は、地方自治体から教育機関を直接援助する法的根拠がなかったためではないかと推測します。昭和51年に私立学校振興助成法がつくられるまで、予算を支出する根拠が薄かったのです。

その方式を参考にした自治体は、同じような保護者助成方式をつくりました。その方式をもとにさらに研究した自治体は、どうにか法的根拠を見いだして学校を直接支援する条令をつくりました。

当時の条令が改められずに、そのまま来ているわけです。その当時は、外国人学校といえば朝鮮学校と華人学校でした。そこで朝鮮学校と華人学校保護者に限定した助成条令がつくられたのでしょうが、これは時代に合わせて適宜改めるべきだと思います。

次に学校の実態。

外国人学校といっても、様々です。経営主体に法人格がない、校舎がない、校庭がない、校舎があっても自己所有でない、など各種学校としての認定基準をクリアしていないところも多いのです。住民訴訟を起こされている学校もあります。公金を使うのだから、外国人学校なら何でも助成するというわけにはいかない事情もあるのでしょうね。

　いずれにせよあくまで補助制度であり、金額も格差を是正できるほどのものではありません。こんなものを優遇措置といえるはずがありません。

4 朝鮮学校は反日教育をしているのか？

以下は転載です。私は筆者の見解に同意します

朝鮮学校「無償化」除外問題Q&A（金明秀）

「朝鮮学校は反日教育をしている」というイメージは、一部の人たちにたいへん根強くあるようです。しかし、それは事実に反しています。

　1993年に在日韓国人青年（18〜30歳）を対象に実施された全国調査の中から、それぞれの国にどれぐらい愛着を感じるかという設問への回答を平均値で示したのが下の図です（標本サイズ800名、回収率46・4%。詳細は福岡安則・金明秀『在日韓国人青年の生活と意識』東京大学出版会を参照）。「1まったく感じない」〜「5非常に感じる」までの5点尺度ですので、得点が高いほど愛着が強いことを意味します。

　一見して明らかなように、朝鮮学校経験者とそれ以外の間に、日本に対する愛着の強さに有意な差はみられませんでした。どちらも非常に高い水準で「日本」や「生まれ育った地域」に愛着を持っていることがわかります。

　加えて、両者とも、祖国・母国たる「北朝鮮」「韓国」より、「生まれ育った地域」「日本」のほうに強い愛着を示しています。「朝鮮学校は反日教育をしている」という実態があれば、このようなデータにはならないでしょう。

　朝鮮学校無償化除外が問題となって以降、東京、神奈川、埼玉、大阪と、抜き打ちのように朝鮮学校に視察が入りました。しかし、一度として「反日教育」なるものが発見されたことはありません。（https://synodos.jp/faq/1965/5）

---

5 なぜ民族教育を行う必要があるのか？　日本の公立学校に通えばいいのでは？

以下は転載です。私は筆者の見解に同意します

朝鮮学校「無償化」除外問題Q&A（金明秀）

自覚している人はそう多くありませんが、日本人も学校で民族教育を受けています。民族教育とは自分が所属している民族集団の言語や歴史、文化を学ぶことです。日本語、日本史、日本の音楽や芸術、武道は、いずれも民族教育そ

のものなのです。

現代社会においては、自民族に対して健全なプライドと愛着を感じることは人格形成において重要なことだと思われていますので、日本人が日本の学校で民族教育を受けること自体には何の問題もありません。問題なのは、日本の教育制度が、日本人以外の民族集団にとっての民族教育をいっさい認めていないということです。

その結果、日本の学校で教育を受ける民族的マイノリティは、相対的に、健全な人格形成を阻害される危険性があります。

日本学校にしか通わなかった在日に比べて、自尊心に傷を受けずにすむ傾向があるということがわかります。

また、双方とも「過去」に比べて「現在」では自尊心を回復していますが、日本学校にしか通わなかった在日の「現在」の値は、民族学校に通った在日の「過去」の値よりも高くなっています。平均的にいって、日本学校に通うことで形成を阻害された自尊心は、時間をかけても民族学校に通うことで涵養されたはずの自尊心まで回復することは難しいということです。

同種の問題はブラジル人学校など幅広い民族集団で観察されています。民族的マイノリティが健全に人格を形成するうえで、民族教育がいかに重要であるかがわかります。

視点を世界に向けてみると、たとえばアメリカの日系移民は、戦後を起点にしても四世、五世という世代になっていますが、民族教育の努力は1980年代後半以降になってますます盛んになっています。

日系移民がそうやって継承した日本文化がアメリカ社会に果たした文化的、社会的貢献も小さくはありません。空手や合気道といった武道をスポーツとして定着させましたし、各地の日系コミュニティで行われている盆踊り会場では、浴衣を着ての踊りだけでなく、生け花、書道、折り紙などが実演されるなど、貴重な文化交流の場となっています。

移民の子孫は「国家と国家の懸け橋」にたとえられることがありますが、朝鮮学校出身者は日韓朝3か国の懸け橋になれる可能性を持った貴重な人材です。「反日教育をしている」といった根拠のない偏見によってその価値を否定するのは、とても残念なことです。

〈https://synodos.jp/faq/1965/5〉

（2013.5.4）

23　国籍と権利

国籍法改正

「改改正国籍法年明けにも施行　「偽装認知」防止が課題に」
（読売新聞　08年12月6日）

偽装認知って、どうやればできるんだろう。

国籍法改正反対派がいう偽装認知の手口

海外で出産する場合

海外で出産した子どもの父親が日本人だと偽装するには、ホームレスに金を渡して認知させればよい。

その場合、その子の父親を偽装できる人の条件はこうです。

- その子を懐妊した時期に、偶然その国を訪問していた人。
- その事実が出入国管理記録で証明できる人。

こんなホームレスがどうやったら見つかるのか、誰か教えてください。

さらに、まだこんな条件もあります。

- 自分の子どもだと確信できる理由を説明できる人。
- 偽装認知がバレたときに懲役刑を食らってもよいと考える人。
- その子が売春を強要されるなどの犯罪に巻き込まれた時、共犯扱いされてもよいと考える人。

……などなど。

偽装日本人に乗っ取られると心配している人たちは、こういう難しい条件を具体的に考慮したのかなあ。

日本国内で出産する場合

日本国内で出産した子どもが日本国籍を取れば母親も永住できるから、偽装認知ビジネスが横行する。

そんな心配はほとんどありません。偽装認知ビジネスが横行するなら、今でも横行しているはずです。

なにせいまの国籍法では、生まれる前に日本人男性が認知したら日本国籍なんですから。だますつもりなら何も出産を待ってる必要はないわけで。

ホームレスに金を渡して胎児認知してもらい、母子健康手帳をもらい、なんなら生活保護も受けるほうがいいと思います。現在でもそれが可能なんです。でも偽装認知がビジネスになってる話なんて聞いたことないなあ。

なんで偽装認知がビジネスにならないんでしょう。

簡単な理由です。

まずまともな母親なら、こう考えます。

どこの馬の骨とも知れない無職男を戸籍上の父親にして、子どもが大きくなってからそいつが子どものところに転がり込んでくるとか、病院に担ぎ込まれるとかしたらどうするんだと。

子どもには親の扶養義務があるんだからね。

そんなことしないで真面目に働き、帰化申請をするほうがはるかに安全です。

まともでない、たとえば売春などの犯罪行為に手を染めている母親ならこう考えます。

うっかり日本国籍など取って戸籍に載り、住民登録されたり、納税通知が届いたり、就学案内が届いたり……要するにすぐに身元がばれるようなリスクを犯すメリットはまったくない、と。

しかも偽装がばれたら二度と日本に入国できないんだから、これは相当のリスクですよ。

利益とリスクの評価を間違えている反対論

反対派のみなさんの主張は、実益と危険性のバランスをまったく考慮していないのが変なんですよね。

たとえば、日本に入国する外国人が増えると、当然犯罪も増えます。

近隣諸国と比較して、日本が豊かで犯罪を誘発しやすいのは事実です。プロの窃盗団なんかが、これからも入国してくるでしょう。

しかしそれを恐れて鎖国するよりも、自由な交流を維持し、犯罪に対しては取締の強化で応えるほうが、日本の国益になるんですよね。

国籍法改正も同じです。

偽装認知という犯罪が皆無だとはいえませんが、それを恐れるあまりに現行国籍法を維持するより、国籍法を改正し、生まれた子どもの人権の平等という普遍的価値観を守るという法益のほうが大きいんです。

偽装認知という犯罪には、取締で対抗すればよい。紙幣はニセ札という犯罪を誘発します。

紙幣がなければニセ札犯罪もありません。

しかしニセ札の危険性を理由に、紙幣の利便性を捨てよ、紙幣を廃止せよという人はいませんよね。

(2008.12.3)

国籍法改正は当然かつ必然

「改正国籍法年明けにも施行「偽装認知」防止が課題に」(読売新聞 08年12月6日)

前節に、偽装認知は極めて稀だということを書きました。新しい法律にビジネスチャンスを見つけるのは珍しい事ではないので、今後、偽装認知ではないビジネスが開発されるんじゃないでしょうか。

資金不足のNPOにはできなかった、「捨てられた現地妻」を救済するビジネスとかね。男には自業自得。

それ以外には、フィリピンに駐在したっぽい男のリストを名簿屋から買い取って、母子の写真を無差別に送りつけるという手口。「あなたの子です」なんて赤い字で印刷してね。身に覚えのある奴が金を出すかもしれません。これはやりようによっては犯罪と紙一重ですが、男にとっては自業自得と言えるかも。

こういうのが現実化することで、買春ツァーを萎縮させる効果があるなら、思わぬ波及効果かもしれません。

こういう「産業」が生まれるのは、何も珍しくありません。人権をビジネスにするなんて！　と考える人もいるでしょう。これはあとで考えます。

福祉にビジネスが参入することは、政府が奨励していますね。保育・教育・医療など、公権力が果たすべき分野がどんどん後退している現実があります。いや、戦争にまで株式会社が参入している。これらがよいこととは思わないけど、ビジネスチャンスがあればすきま狙いで民間人が参入するのはどんな分野でも同じことです。

生活保護ビジネスは「や」の皆さんがやっていて、すでに問題化しています。そういうケースは、参入動機がある以上根絶が難しいだろうけれど、運用でシャットアウトすることが可能です。

偽装認知も同じようなことですね。犯罪をビジネスにする者がいれば、生活保護ビジネスと違って罰則があるのだから、検挙すればいいんです。

子どもを認知していて、本来的に責任を取るべき父親が、扶養を拒否して逃げているケースは多い。

父親に経済力があるならば、民事訴訟で扶養義務を果たさせることができます。これを人権問題としてとらえ、同時にビジネスとして成立させているのが弁護士です。人権とビジネスが対立概念ではない証左ですね。

でも、誰も訴えの費用を出してくれないときは、母子が救済されないのが現実です。これは両親が外国人でも日本人でも同じです。こういう場合に、国籍法の改正で母子がちょっとでも楽になるケースがあるとすれば、それは歓迎すべきだと思うんです。

本国にいたのでは生活していけなくて子どもが不幸になるのなら、日本で仕事ができて教育も受けられたほうが、子どものためです。

母親が買春などの非合法ビジネスに走ったらどうするんだ、という心配をする人がいるかもしれませんが、そんな商売するんなら国籍はかえって邪魔になることを、前節に書いています。

国籍法の改正は、やはりデメリットよりもメリットのほうが大きいと思います。

なによりも、胎児認知と生後認知で条件が違うのは、法のもとの平等に反するのですから、国籍法の改正は必然だったと思います。

(2008.12.8)

外国人参政権──反対論の間違い

外国人の参政権についてネット上で議論が行われています。国籍法と違い、この件については私も、外国人の地方参政権に違和感がないかと問われればないとは答えにくいのですが、それでも容認してもよいだろうとは思います。

それにしても、あっち側の反対論というのがちとお粗末。もっとまともな反対論もあろうに(教えてやらないけど)。外国人の地方参政権について、最高裁の判断をわかりやすく噛み砕くと、こうです。

最高裁の判断

- 選挙権は日本国民固有の権利(生まれながらの権利という意味)である。
- 憲法は選挙権を外国人の生まれながらの権利と認めていない(法によって権利を与えることを禁じているわけではない)。

- 地方参政権は、そこに住んでいる住民に地方自治を任せようという憲法の趣旨にもとづいている。
- そこで、永住権を持つなどその地域に特段に密接な関わりのある外国人に地方自治に参画させることは、禁じられていない。
- そういう法律をつくるかつくらないかは、立法府の選択の問題である。

もっと分かりやすくいうなら、こうです。

「結婚しているんだから毎日チューしてよ」という要求に対して、最高裁は言います。

結婚しているからといって毎日チューしてもらう権利は保障されていない。だけどそうしてはいけない理屈もない。毎日チューするかどうかは、2人の合意の問題である。

さて、これを前提に外国人に地方参政権を与えることに反対する人たちの言い分を見てみましょう。

反対論①――納税は選挙権の理由にならない

外国人も納税しているのだから選挙権を与えるべきだと唱える人は、現在の普通選挙制度というものがわかっていないのではありませんか。納税の有無や納税額の多寡にかかわりなく、すべての成年男女国民に等しく選挙権を付与するのが普通選挙制度です。もし納税の有無を問題にし出したら、普通選挙制度は否定され、逆に、学生や低所得者で税金を納めていない人たちには、選挙権は与えられないことになります。

前半の解説部分は正しいけれど、後半の論理延長部分は間違っています。「AならばBだ」は「非Aならば非Bだ」に変換できないからです。

「結婚してるんだから毎日チューしてもいいじゃないか」はまあ正しいけれど、「毎日チューしていなければ結婚が認められない」はおかしいでしょう。

「納税しているから選挙権を与えるべき」は「納税していなければ選挙権を与えない」に変換できないのです。

納税していない人は法律で非課税とされているのですから、選挙権に影響を与えません。

法律で認められていないのに納税しない、つまり脱税している場合は禁固以上の刑が科せられることがあって、そのときは公民権が停止されて選挙権を失います。

反対論②――本国に対する忠誠義務と矛盾する

外国人に参政権を付与した場合、本国への忠誠義務と矛盾しないか、日本国と本国との間で国益上の対立や衝突が生じた場合どうするのか、といったことなども当然問題となります。

通商の自由化もよく似た問題を抱えています。日本は外国企業に自由な活動を許しており、日本国と本国との間で国益上の対立や衝突が生じることはしょっちゅうあり、外国企業の日本人従業員はしばしば相手国の言い分を支持しますが、特に問題になりません。それは別個の通商交渉で片付く問題です。

外国との対立や衝突にあたって、日本国籍があれば日本の味方、外国籍ならば外国の味方、というのは極めて単純な思い違いであると思います。

反対論③――外国人は義務を果たさず帰国できる

参政権は他の人権と違って、単なる権利ではなく、公務（義務）でもあるわけですから、いつでも放棄し、本国に帰国することが可能な外国人に、参政権を付与することなどできるはずがありません。

日本人だって、いつでも国籍を放棄して移住できるんですが。

加えて、いま導入が検討されているのは地方参政権です。半年以上住めば、その自治体の選挙権が与えられます。いつでも放棄し、すぐによその市県に引っ越すことが可能な人全員に、参政権を付与しています。実際、そんな人はいくらでもいます。「できるはずがありません」とは言えません。

反対論④――憲法第93条の「住民」とは「日本国民」

地方選挙権についても憲法第93条2項の「住民」は、当然のことながら「日本国民たる住民」を指しています。それゆえ、地方公共団体の首長や議会の議員についても、「国民固有の権利」として、日本国民しか選挙権を行使することはできません。

上にみたとおり、間違いです。

反対論⑤――選挙権だけ分離して与えられない

参政権のうち、被選挙権が無理ならせめて選挙権だけでもというご意見ですが、選挙権と被選挙権は一体のものですから、これを分離して選挙権だけ付与するということは不可能です。

被選挙権だけを分離して選挙権だけ付与するということは可能です。20歳以上25歳未満の日本国民には、選挙権はあるが参議院議員の被選挙権がありませんから。

反対論⑥——帰化すればよいではないか

在日韓国人が参政権を望むというのであれば、帰化するのが最も自然でしょう。彼らが帰化しようとしないのは、本国に対して今なお忠誠心を抱いており、日本には忠誠を誓いたくないからであると考えざるをえません。

「帰化」とは国籍取得のことです。「日本国籍を持たない人に参政権を与えてはいけない理由」が、「日本国籍をとるのが最も自然だから」というのは同義反復で説明になっていません。国籍と帰属意識は別の問題です。日本国籍を有しているから日本に忠誠心を持っているとは言えないように、韓国籍を有していても韓国政府に忠誠心があるとは言えません。出身地との紐帯を重視しているだけかもしれません。

米国など、最も忠誠を求められる兵役を、移民の国籍取得の条件にしているくらいです。当然ながら、兵役期間中は米国籍を持ちません。国籍と忠誠心の間に明確な関連はないでしょう。

反対論⑦——日本にメリットが無い

日本に何のメリットもない

メリットは立場によって異なります。私たちはいま普通選挙権を持っていますが、それに反対したい人はいたでしょう。マリー・アントワネット「靴屋やパン屋に選挙権を与えてわらわに何のメリットがあるのか」

昭和の財閥「国民に普通選挙権を与えて我々に何のメリットがあるのか」

普通選挙権は彼らの独占的利益に何のメリットもありませんでしたが、国民が主権者意識をもって政治に参画している国は、安定して発展しています。外国人に地方参政権を認めても、我々の既得権に何のメリットもありませんが、共に地域共同体を形成する永住外国人が政治に参画すれば、地域はより安定し発展するのではないでしょうか。それが反射的なメリットとして我々に返ってくると、私は思います。

(2009.11.13)

外国人参政権—実施に向けて対話を

外国人選挙権法案の今国会提出見送りが決まりました。

外国人参政権に反対する論の多くはヘタな小理屈にすぎないけれど、漠然とした不安は世論としてあるかもしれません。じっくりと誤解を解いていく努力が求められますね。

外国人に選挙権を与えると将来が不安？

反対論のひとつに、「将来が予測できないから」というのがあります。

何か変化をもたらそうとすれば、必ず出てくる意見です。しかし、そういうことを言っていては何もできません。私たちが享受している普通選挙権だって、それが導入される前には「仕立て屋やうどん屋に政治がわかるのか」「国を滅ぼすつもりか」とさんざんな言われようだったそうです。女性参政権運動は戦前からありましたが、「女子どもに政治を任せられるものか」とボロクソに言われていたと聞きます。

地方選挙権を与えても不安なことはありません。地方自治を担うのは住民です。選挙権を得て、地方自治の主人公となれば、永住権をもった外国人もますます地域に愛着がわき、帰属意識が高まるでしょう。「ばくぜんとした不安」の正体とは、ただの民族差別意識ではないでしょうか。

外国人参政権は憲法違反か

いつもは憲法なんか押しつけのでき損ないだと言っている人たちが、外国人参政権は憲法違反だなどと言うものだから、本当にびっくりです。

憲法15条1項に選挙権は「国民固有の権利」とあるから外国人に与えるのは憲法違反だ、と。

こういうことを知識の不足している人が言うだけなら、広報すればすむんですが、れっきとした大学教授が言っているからタチが悪い。分かっててやってるんだと思いますが、こういうのを曲学阿世というのです。

ここでいう「国民固有の権利」が「国民だけが持っている権利」という意味ならば、外国人に渡してはいけないでしょう。しかし「国民固有の権利」とはそういう意味ではありません。

「国民に本来備わっている権利」という意味です（内閣法制局の見解）。金持ちも貧乏人も、バカも利口も等しく持っている権利ということです。「外国人に渡してはならない権利」という意味ではないのです。

しかし「国民」と書いてあるじゃないかと、さらに理屈を言う人もいるでしょう。

それを言うと、憲法第30条はどうなるのでしょう。

「国民は、法律の定めるところにより、納税の義務を負ふ」

これを文字通りに解釈すると外国人は税金を納めなくてもいいことになります。そんな馬鹿なことはないので、ここは「国民」と書いてあっても外国人を含んで「なんぴとも」と解釈するのが正しいのです。これを条理解釈といいます。選挙権も同じことです。

ただし国政選挙に関しては、国民主権の行使ですから、国籍が必要だと思います。地方参政権は主権の行使であるとともに、「住民自治」が地方自治の本旨です。そこで最高裁は、永住者など地域と密接に関係する外国人に参政権を認めてもよいと判示したのです。

まあ、これは今年中に何が何でもというような、急ぎの課題ではありません。一年ぐらいかけてじっくりと議論し、理解を広めてから実施すればいいと思います。

(2009.11.13)

第7章 貧困と労働問題

24——日本の貧困
25——サラ金・多重債務問題
26——派遣労働

24 日本の貧困

先進国で際立つ日本の貧困状況

日本の貧困率15・7％　先進国で際立つ高水準

長妻昭厚生労働相は20日、国民の貧困層の割合を示す指標である「相対的貧困率」が、06年時点で15・7％だったと発表した。

日本政府として貧困率を算出したのは初めて。経済協力開発機構（ＯＥＣＤ）が報告した03年のデータでは、日本は加盟30カ国中４番目に悪い27位の14・９％で状況は悪化している。日本の貧困が先進諸国で際立っていることが浮き彫りとなった。（毎日新聞 09年10月20日）

日本の貧困率が先進国で際立っている。日本は豊かでも、日本人は貧しいということですね。貧困率というのは「率」だから、こんなものはあてにならない、日本はそんなに悪い状態じゃないと書いている人がいます。本当はどうなんだと思って、具体的な数字を調べてみました。

貧困とは世帯収入18万円以下の家庭

まず「相対的貧困率」の意味です。

それは所得中央値の半分以下の所得しか得ていない人の割合だそうです。[*1]

統計は個人の所得が対象なんですが、家族・世帯で考えたほうがよくわかると思います。いちばん新しい統計では、世帯の所得中央値は４４８万円です。[*2] その半分といえば２２４万円。12で割ると１８６・６６……つまり月収18万６６００円以下の世帯が貧困家庭ということです（厳密にいうとちょっと違いますが、まあおおまかに言えばそういうことです）。

民間賃貸住宅で家賃をうんと低く見て６万円として、残りが12万３３００円。夫婦世帯だと一人当たり６万ちょっと。なんと、これでは生活保護基準以下ですよ！　この給料で子育てするのは、結構きついだろうなあ。てか、無理かも。

こういう家庭が増えているんですよね。暮らせるようにするには、安い公営住宅が必要とされていることになります。が、日本は公営住宅の建設を年々減らしています。つまり対策が逆方向を向いています。

政治が貧困を拡大している国、日本

ここに興味深い資料があります。

働いて得る所得から見た貧困率と、税金・社会保障を含めた貧困率の２つを比較したＯＥＣＤ（経済協力開発機構）のデータがあります。それによれば、10年ほど前には、日本は働いて得る所得がわりと均等だったんです。フランス、ドイツ、ベルギー、デンマーク、イギリス、アメリカより格差が少ない。

ところが社会保障を含めると、日本はアメリカ以外の国々より貧困率が高くなっていた。つまり、ヨーロッパ諸国は、社会保障によって低所得者を助けていた。ところが日本は社会保障政策がとても弱いので、せっかく民間の努力で均等社会をつくっているのに、国が格差をつくり出していたのです。

これは貧乏人と金持ちの税金が（ヨーロッパに比べて）あまり変わらず、貧乏人への社会福祉が少ないことを示しています。貧乏人は税金をむしられるだけだったということです。

これは10年前の数字です（レポートが出されたのは２００５年ですが、基礎資料がそれより古いため）。この10年間、民間の賃金格差も米国並みに開いてきました。しかも社会保障は10年前よりも悪くなっている。

ということが何を意味するか、答は明らかです。相対的貧困もさることながら、日本社会が立ち向かわなければならないのは、社会を蝕み不安定化させる、絶対的貧困だということなのです。

＊1　相対的貧困率　所得中央値（可処分所得の順に全員を並べたときに順位が中央の人の所得）の一定割合（50％が一般的、いわゆる「貧困線」）以下の所得しか得ていない者の割合。
＊2　厚生労働省：平成20年国民生活基礎調査の概況

(2009.10.20)

国民の暮らしを守る意思のない政治

たしかに日本は平均寿命は長いし、教育も行き届いています。それは政府のおかげでしょうか。政府のおかげであれば、それは政権党の政策よろしきを得てということになろうかと思います。現在の自公政権を見るに、私はそうとも言えないと思いますよ。

平均寿命が延びたのは戦後になってからで、それも1960年以後が著しい。もちろんそれは戦後の民主改革のおかげです。国民皆保険制度の実施と経済成長による生活改善が大きな理由だと言われています。低軍備と民生重視という政府方針も幸いしました。新憲法の理想を実現しようとした、大きな国民的機運もありました。

これらは政権党に任せておけば自動的にそうなったというものではありませんね。強力な野党、労働組合をはじめとする民衆の政治力があればこそです。批判勢力があったからこそ、国民の福利が増進したのです。批判勢力に政権を奪われてはならじと、与党が野党の政策を取り入れて国政の安定を図るという、議会制民主主義のダイナミズムが発揮されたわけです。事実、福祉政策の多くは、革新自治体の政策を国が取り入れたものです。

さてところが。ここにあげたような条件が、近年急速に失われつつあります。それは新自由主義経済政策の導入によってです。

次の2つの数字を比べてください。

生活保護適用者数です。

1985（昭和60）年度の保護人員＝143万1117人
2005（平成17）年度の保護人員＝147万5838人
変わりないですね。変わったのは運用です。昭和60年には保護を打ち切られて死ぬ人なんていなかった。そのころと比べれば、日本経済はかなり拡大しています。それなのに、昭和60年に出せた生活保護予算が、いまは出せないと言われています。そんなバカな。

昭和60年にはできなかったような大型公共事業はできるそうです。昭和60年には持てなかった強大な軍事力が、いまは持てるそうです。でも昭和60年当時の福祉水準は維持できないというのです。医療水準も年金水準も切り下げやむなしというのです。

出す余裕がなくて出せないのではありません。出す気がないから出さないだけなのです。足りないのは意思なのですね。政府にそういった意思を持たせるには、政府批判が必要です。批判力を高めることが必要です。批判が世論の支持を得て、政権を追い詰めるほどにならなければなりません。じっと待っていれば「棚からぼた餅」みたいに高福祉が実現するはずがないのです。寝てれば天井から福祉予算が降ってくるのではありません。

なのに、近年は国会のほとんど3分の2が改憲勢力という有様ですから、ダイナミズム低下もはなはだしい。国民世論がいま方向を間違えていると私は思っています。ですから、私はこれからも大いに政府批判をやるつもりです。それが日本のためになると信じるからです。

（2008.3.26）

格差社会を肯定する議論は間違っている

所得の再分配（貧しい者にもっと社会の富を配分しよう）を唱えた人が、次のような反論を受けました。

> [1] 努力をして高い能力を身に着けた者が、高い付加価値のある仕事をして、高所得を得ているのに対し、非正規労働者は、結局ルーティンの仕事しかできないので、所得の格差があることは当然である。もし、富の再分配が大規模に行われるならば、努力する人などいなくなるだろう。
>
> [2] 富の再分配をするとしても、税を通じてするのか、賃金規制によってするのかで問題が違ってくる。所得税と社会福祉を通じてするならば、高い所得税を払う高所得者は、働く意欲をなくすだろう。努力して高い能力を得ても、日本で働くことはなくなるかもしれない。
>
> 賃金規制によって、たとえば「同一労働同一賃金」制度の導入によって、非正規雇用者にも必要以上に高い賃金が支払われるならば、海外企業との競争ができなくなるため、優秀な企業の海外移転が進むだろう。

要するに、高所得者にたかる制度を導入すると、高所得者になろうとする者も企業も海外に出て行ってしまい、日本は経済衰退国になる、というわけです。

私は人間ちょぼちょぼというのが信条です。楽して儲けたいというホンネは、高額所得者も低額所得者も一緒だと思っています。

さて、これを前提に、所論を検討してみましょう。

1 非正規労働者はルーティンの仕事しかできない？

「非正規労働者は、結局ルーティンの仕事しかできない」というのが間違いで、正しくは「非正規労働者に、ルーティンの仕事しか与えていない」のです。日本社会が人的リソースを有効活用できていないのです。

経済社会は、本来ならばイノベーションを通じて活性化し、発展していくのが健全なあり方だろうと思います。人類史を通じて、いつの時代もそういうことが言えます。

しかし怠け者の支配者は、失敗もあり得る不確実なイノベーション投資よりも、確実に利益を保証してくれる手段として、人件費削減を選択します。これも人類史にいつでも見られる現象です（典型的なのが奴隷経済です）。

派遣制度は怠け者の資本家にとって格好の利益確保ツールとして登場しました。楽して儲けたいのは誰しも同じですから、怠け者でない経営者も、このツールを使わない手はありません。

こうして日本は、全国一斉に、低賃金社会に変貌してしまいました。給料を減らせば儲かるのだから、なにもわざわざ不確実な技術革新に投資する必要はありません。こうして派遣制度が一般的になると、その分だけ技術革新がおろそかになり、いまや日本は、アジアの中でさえ技術的優位性を喪失しつつあります。これが国際競争力の低下を招いている一因です。

技術革新が低調な時代にイノベーションを担う人材雇用が発生しないのは当然で、せっかく有能な人材がいても、派遣労働で糊口を凌がざるを得ないのです。中には新天地を求めて中国などへ流出した人材もいますが、彼らの技術がいま日本を脅かしているのだから、自業自得というか、皮肉なもんです。

2 所得再分配したら日本は国際競争力を失う？

人件費が高いと製品価格に転嫁せざるを得ず、それが原因で国際競争力を失うというのは、現実を一面しか見ない暴論です。

もしも人件費削減が国際競争力を高め、経済を成長させるという分析が正しいのならば、賃金の低い国ほど経済成長するはずです。主要各国の中で、日本の賃金上昇率の低さは際だっています（OECD「主要国の賃金推移」）。

では日本の成長率はと見れば、主要国の中で最低です（IMF「主要国・主要地域のGDP成長率」）。

たしかに格差社会である米国や中国、ASEAN、インドの伸びはすごいものですが、同じ格差社会である韓国は低迷しています。高所得税・高い累進課税・高福祉を維持しており、派遣労働者にも「同一労働同一賃金」を保証している国が多いユーロ圏は、なかなか健闘しています。これでは人件費と経済成長率に因果関係があるどころか、相関関係すら見いだせません。経済はそんなに単純なものではないということです。

そもそも日本の資本家は国際競争力を維持したいのでしょうか。そういうのは、もしも国際競争力を高めたいのなら、人件費を抑える以上に企業配当率も下げなければ理屈に合わないのですが、下記の表に明らかなとおり、下がっているのは人件費だけで、株式配当率（資産家の取り分）と企業収益は凄まじい伸び方をしているからです。

国際競争力を維持するという口実で労働者に我慢してもらう一方で、自分たちだけはちゃっかり利益を確保しているのです（社会実情データ図録「企業の当期純利益率の推移」）。

富の再分配を低成長の理由にするのは、まさしく「怠け者」で「楽して儲けたい」経営者の言い訳のように思えます。

けれども、安定した生活が制度的に保障されてしまうと、「楽して儲けたい」労働者は勤労意欲や技術革新の意欲を失ってしまい、保守的になり、国民経済衰退の要因となるのは、たしかだと思います。

労働者も経営者も意欲的に働くような所得格差の最適バランスというのは、検討されてよいだろうと思いますが、おそらく最適ポイントは現状よりも格差のない水準だろうと思います。なにせ日本経済が最も活力のあった時代は、いまより法人税が高く、所得税も累進度がはるかに高かった時代なのです。法人税が低くなればなるほど、累進課税が緩めば緩むほど、日本経済は元気を失ってきた……見方によれば、そういえなくもないのですから。

以下は余談

役員報酬に高額の所得税を課したところで、資産家はちっとも困りません。役員報酬などは彼らの収入のほんの一部に過ぎず、ほとんどは株式配当や地代で稼いでいるのですから。もうひとつ、ついでに言えば、サラリーマンにとっての生活費支出は、彼らにとっては「経費」であり、節税の手段でしかないのも、みなさんよくご存じのとおりです。（2011.9.16）

消費税を上げなければ財政が破綻する？

消費税を上げなければ財政が持たないという考えが「常識」のように蔓延しているのは困ったものです。その考えは大誤解です。

消費税は大企業減税資金である

まず、消費税を導入して以来、税収が財政再建に使われたことは一度もありません。社会保障に使われたこともありません。消費税は一貫して大企業減税のために使われたのが実態です。

導入以来20年間の消費税による税収は224兆円。この間、次つぎに下げられた法人税率による税収の低下が２０８兆円です。余りの12兆円は個人所得税の累進制が緩和されたことによる大金持ち減税の穴埋めに消えました。

この減税分を、せめて半分でも元に戻せば、消費税をあげる必要はなくなるのです。

法人税収の低下は不景気だからではない

２００１年から企業収益は大幅に改善しています。

財務省が出している「法人企業統計年報」の数字を拾っても、２００１年からの7年間だで総資産の伸び率は１１０％以上、利益剰余金は１４０％近くに達するそうです。

同じ時期、株主配当金は３３５・３％の増加、役員給与・賞与は１３２・４％の増加だと言います。

儲かっていなければこんなことになるはずがありません。

ではどうして税収が落ち込んでいるかといえば、法人税の減税が原因です。法人税はかつて40％でしたが、段階的に引き下げられて、１９９９年からは30％です。

しかし税金は税率だけで決まりません。これこれの儲け分に税金を掛けないという決定が国会の同意（主に自民・民主・公明の賛成）を得て拡大されています。そこで、実際の課税率は２０１１年で24・7％しかないのです。

法人税を下げなければ国際競争力が下がるのか

企業の租税負担には、所得税などの税金と、社会保障負担の税金があります。国立国会図書館のブリーフ「社会保険料の事業主負担」に、次のように記してあります。

> 事業主負担が国際競争力にマイナスに働くという経済団体の懸念はあるが、国際的に見ると我が国より負担が重い国も多い。
>
> 我が国の事業主の社会保険料負担割合は、イギリス、カナダ、アメリカよりは高いものの、フランス、ドイツといった欧州大陸諸国やスウェーデンに比べれば低いことがわかる。社会保険料負担の割合は必ずしも（日本のように）労使折半ではなく、フランス、イタリア、スウェーデンは被用者に比べ事業主の負担が相当高くなっている。

なにも日本の企業が外国に比べて高い税負担を強制されているのではないし、日本よりも高い税金を負担しながら国際競争力を維持している国はいくらでもあるのです。

また、日本の企業が高くもない税金に耐えられないほど体力がないのかといえば、必ずしもそうは言えないことが、統計に表れています。

経済産業省「公的負担と企業行動に関するアンケート調査」では、税金と社会保障負担が企業にどのくらい影響を与えているのか、経営者アンケートをとっています。

・深刻な影響を与えている　6％
・影響していない　30％
・ある程度はマイナスの影響を受けている　39％

ある程度のマイナスの影響は当たり前のことなので、こんな回答は「言ってみただけ」。すると69％もの企業が、そんなに影響がないと考えているのです。

国民の税負担割合

企業に引き替え、所得税と社会保障負担を合わせた個人の租税直接負担は、中間階層ではとっくに3割を超えています。三公七民です。低所得階層だと4割に達します。四公六民です。

これに加えて消費税を10％にしたらいったいどうなるのでしょうか。五公五民なんて江戸時代なら一揆もんです。

なにも企業に無茶を要求するのではありません。

資本金10億円の中堅企業と100億円以上の巨大企業を比べれば、10億円の企業が20％以上の租税負担をしているのに対し、100億円以上の企業は15〜16％しか負担していません。巨大企業にせめて中堅企業並みの税負担をさせれば、消費税を上げなくても財政再建は可能です。

労働者の賃金が下がり続けているのに、株主配当金は335・3％の増加、役員給与・賞与は132・4％の増加。そんな体力があるのなら、苦しい国を助けてくれても罰はあたらないと思います

(2012.12.6)

安倍政治の成果―すべて粉飾

アスクルは明日になったら本当に荷物が来るけど、アベノミクスは3年待っても成果が来ない。明日になっても日付が変われば今日だから、また明日、また明日といつまでたっても道半ば。安倍政治を〝明日来る政治〟と名づけたらアスクルが怒るだろう。安保法とか要らんものだけはすぐ届いてるしな。

ツイッターに届いたコメント

	民主		自公
・企業収益	48兆	↓	64兆
・就業者数	6282万	↓	6363万
・失業率	4・2％	↓	3・2％
・有効求人倍率	0・8倍	↓	1・3倍

・GDP　472兆　→　502兆
・税収　42兆　→　57兆
・正社員　8年ぶり増加。
成果出てるけど？

あーあ、自民党にコロリとだまされてる君のために連ツイする。

企業収益48兆→64兆

収益が勤労者に還元されてないので、実質家計支出は安倍内閣が始まってからダダ下がりだ。アベノミクスで貧乏になってんだよ。

就業者数6282万→6363万

理由はふたつ。
①高齢化で医療・介護の人手が求められている。
②人手の要る職場で正規から短時間パートに雇用をシフト。8時間働く1人が4時間働く2人になった。募集の多い業種はそんなのばかり。輸出企業は就業者が増えていない。アベノミクス関係なし。

補足すると、低賃金の短時間パートでは食っていけなくて仕事を2つ3つ掛け持ちすると、統計上は就労者が2人、3人になる。それも就業者が増えた理由だ。暮らしが苦しくなってんだよ。それを自慢するとは自民党は大した面の皮の厚さだ。

失業率4・2%→3・2%

失業者が減った理由。①正規から短時間パートへシフト。②少子化などで求職者が減った。雇用増にフルタイム雇用が貢献していないのは労働省が認めてる。

有効求人倍率0・8倍→1・3倍

0・8倍は麻生内閣のときじゃないか。求人倍率は民主党政権時代から回復基調にあり、現在も続いているというだけ。自慢にならんよ。

補足すると、安倍内閣のせいばかりじゃないが、有効求人倍率の高止まりはパート職場の低賃金・過重労働のせい。人が定着しなくていつでも募集しているからだ。就業者の増えた業種を見るとわかる。企業のブラック化が求人を増やしている。ますます自慢にならん。

GDP472兆→502兆

国民が知らないと思ってよくこんな数字出せたもんだ。民主党政権は3年でその3倍以上伸ばしてるんだけど？　アベノミクスで成長にブレーキがかかったのが現実だ。

税収42兆→57兆

もちろん、企業収益が増えたのだから法に従って企業が納税すると税収は増える。だけど人件費に回す割合は法で定まっていないので実質個人所得は増えない。「世界一企業活動がしやすい国 by安倍」が実現していることになるね。でもそれは国民が幸福な国じゃない。

8年前に比べると税収が伸びたのは主に消費税を上げたからだ。法人税をはじめ他の税収は8年前より軒並み下がってる。税率を上げられて喜んでるお人好しってすごいな。こんなのばかりだと自民党は楽でいいよな。

「正社員8年ぶり増加」

いや安倍内閣で正社員は36万人も減ってるけど？　国民の批判がなければもっと減っていただろう。教訓はふたつ。①批判の声は安倍政治をも動かす。②君みたいなのばかりだと世の中は悪くなる。以上。

(2016.7.6)

子どもの貧困・母子家庭の貧困

日本の母子家庭の貧困は最貧国並み

日本全国で貧困が深刻になっています。アメリカを見習った小泉改革は、貧富の差が少なくて心穏やかだった日本を、金に目をぎらつかせた人間が徘徊するギスギスした国に変えてしまいました。

日本は「貧困」を克服できた国だと思っていたのに、小泉さんが首相をしていた7年間で、仕事がなくて青年が餓死するような国になってしまいました。

子どもを母親に押しつけて家を出て行く無責任な男性が増えているといいます。国連が日本の母子家庭・ひとり親家庭の貧困拡大に警告を鳴らしています。働く母子家庭・ひとり親家庭の貧困率は、先進国・中進国平均21％の3倍近い57・9％に上ります。

日本の母子家庭の母親は、仕事を掛け持ちして健康を犠牲にする例も珍しくないほど、先進諸国の中でも突出して働いているのが実態です。それでも貧困が広がっているのは異常としかいいようがありません。

派遣労働の広がりで、働いてもまともに子どもを育てられないほどの低賃金が普通のことになっており、我慢できない男が家庭から逃げ出しているのです。男がへたれなんですが、そんなことを言っている場合ではありませんよね。ＯＥＣＤ（経済開発機構）は「貧困が次の世代に引き継がれていく危険」を指摘しています。こんな社会がまともな社会といえるのでしょうか。

生活費が足りないために家庭で食事ができなくて、給食を食べに学校に通う子供が増えているそうです。これではまるでアフリカの最貧国です。

夏休みになると給食がないので、万引きして食べていた子どもが補導される事件が起きています。

小学校の2泊3日の自然教室に参加して、3度の食事と布団と風呂がある生活に、先生に『オレ、天国だよ』と言った子どももいるそうです。

こんな状態なのに、政府は子どものための福祉・民生・教育予算を削るばかりです。他方では高い予算をつかってスパイ衛星を打ち上げたり、毎年新しい潜水艦を造ったり、外国に自衛隊を送り込んだり……そういうお金はあるのだそうです。

（2009.2.12）

生活保護家庭より厳しい母子家庭

貧しいのは生活保護家庭だけではない

この10年で世帯収入が大幅に減っています。

１９９８（平成10）年の1世帯当りの平均所得は６５５・２万円でした。それが２００７（平成19）年には５５６・２万円と、0・84倍に縮小しています。この間に世帯数は４４４９・６万世帯から４７９５・7万世帯に増加していますので、補正が必要です。計算すると、勤労者所得の合計額が変わっていない場合には一世帯当たり0・93倍の縮小となるはずです。が、現実にはそれ以上に収入が低下しています（数字は「平成20年国民生活基礎調査の概況」による）。

ＧＤＰは伸びて経済が成長しているのに、勤労者所得が減っているのです。これは企業が人件費や外注費を節約する傾向が強まったことを示しています。つまり労働分配率が低下しているのです。こういった傾向が続くと、まず被害を受けるのは低所得者です。母子家庭はその典型といえるでしょう。

底辺の母子家庭の暮らしは生活保護家庭より貧しい

母子家庭1世帯当たりの平均所得は、働いて得る収入が平均164・8万円だそうです。月収13・7万円ですね。

公営住宅に住んで家賃が3万円程度であっても、残り10・7万円といえば、生活するのにも事欠くでしょう。しかも公営住宅にはなかなか入居できません。民間賃貸住宅なら地方都市でも最低でも5万円、普通は7万円ぐらいですよね。これだと収入の半分が家賃で飛んでしまい、とても食べていけません。

ここに児童手当などの公的給付が加わって、はじめて年収224・6万円になります。月収にすれば19万円弱です。家賃を支払い、光熱費を納めて、教育費を出して……生活は厳しいでしょう。食べるので精一杯だ。

ところでこれは所得が把握できる階層の話です。給料から所得税を天引きされている階層です。中小零細企業では、そういうことをしていないところがたくさんあります。世の中には、パート賃金から自分で国民保険を掛けなければならないシングルマザーが一杯いるんです。

そこで、母子家庭の場合、生活保護家庭より貧しいという事例が出てしまいました。

政策誘導で改善しなければならない

これは労働更正の問題、つまり社会政策の問題です。

企業に余裕がないのは事実でしょうが、苦境を脱すると称して労働分配率を低下させたのは問題です。利潤を株式投資などに回さず、社員にしっかり給料を支払うべきです。労働分配率をせめて10年前の水準に戻さなければなりません。

そのために政府にできるのは、最低賃金法や労働法、下請法などで賃金を下支えする役割です。労働市場の自由化などの社会政策によって、社会矛盾が最下層に極端にしわ寄せされる事態を生み出したのは政府なのですから、これから反対方向の社会政策が採られねばならないのです。

母子加算「廃止」の意味するもの

ところが事態は逆に動きました。先に述べたように生活保護家庭と非保護家庭に所得の逆転が生じたのを利用して、その格差をなくするという理由で母子加算が廃止されたのです。

生活保護家庭の所得が上がって逆転が生じたのではありません。非保護家庭の所得が下がって逆転したのです。ならば、正しい政策は母子加算はそのままに、非保護家庭の所得を上げることだったはずです。それが、まったく逆方向に改められたのです。

母子加算「復活」の意味するもの

間違った政策が、いま正されようとしています。廃止された母子加算が復活します。大いに歓迎すべきことだと思います。

しかし母子加算を元に戻すのは、政府の低所得階層対策の出発点でしかありません。次には生活保護家庭だけでなく、すべての母子家庭のための政策が必要です。さらには低所得階層全体の収入を上げて、だれもが人間らしい暮らしが営めるように、対策を講じるべきです。

福祉・社会保障政策で政府が暮らしを支えるばかりでは財政的にとても追いつきませんから、労働更正の問題として、経済政策として、社会政策として、多面的に貧困と向き合っていく覚悟が新政府には求められています。

貧しいのは生活保護家庭だけではありません。社会を支えて働いているのに報われないすべての労働者のために、この国のありようを変えるときです。そういう政府ならば、私は大いに応援するでしょう。

ねたみの批判論を嗤う

「母子加算が復活すれば回る寿司を食べたい」とは何事か、というじましい批判が散見されます。何年も爪に灯をともすような暮らしを余儀なくされた人の、たった一つの願いが「回る寿司」を食べることだったら、それがそんなに許されないことなのでしょうか。税金で寿司を食うなと言いたいのでしょうか。そういう批判は、国を傾けるほどの補助金でのうのうと贅沢三昧をしている、天下り高級官僚ＯＢにぶつければよろしい。

幸せに恵まれなかった母と子が、たかが何千円かの寿司を食べて、さあ明日も生きていこうという勇気が得られるのならば、それで社会への信頼が担保され、それで希望が支えられるのならば、安いものです。そういうことに使われる税金なら、私はちっとも惜しいとは思いません。

(2009.10.23)

困窮化するＤＶ被害者

ＤＶ防止法(「配偶者からの暴力の防止及び被害者の保護等に関

する法律）があっても、被害者の実態はあまりにも知られていない。

たとえば、典型的な「夫の暴力」から逃げてきた場合を想定してみる。

婦人保護施設や母子寮、民間シェルターなどに一時保護をさせた後、「アパートなどに住んで、当面まずは生活保護を受けてもらえばいいのでは」と簡単に連想してしまうが、実際の行政対応は複雑きわまりないのだ。

着の身着のまま逃げ出してきても、夫がいる家に自分の名義の預金通帳や生命保険証券などが置いてあると、それを「資産」とみなされる可能性もある。また、福祉事務所が現場の裁量で、DV被害者の資産は現時点で所持している物だけだと判断して生活保護受給を認めても、安定した居住に至るまでのハードルは非常に高い。

まず生活保護受給には、基本的に2親等以内の親族の扶養照会が必要だが、扶養照会を通して夫に居場所を特定されてしまうリスクがある。

福祉事務所の個々の判断で扶養照会をパスしてもらうことができても、アパートを捜し、契約するために保証人を見つけることも、DV被害者にとっては大きな困難をともなう。親族に保証人を頼めなかったり、保証会社や保証協会などに依頼をしても審査に落ちることもあるからだ。

さらには、やっと居住地を確保しても、ふたたび追跡や居所特定のリスクが高まると、移動を繰り返さなければならない。

DV被害者は、こうして逃げまわっているうちに、どんどん困窮化してゆく。加害の夫の側は、もともと住んでいる家から逃げる必要もなく、仕事や生活、収入等はほぼ変化しない場合も多い。

これは子どもの親権を争う際、DV被害者にとって不利な要因にもなる。DV被害者の側のほうが、社会経済的な状態が不安定で、養育能力が低いと判断されてしまうのである。

（2011.10.3）

保育園落ちた。日本死ね。

「日本死ね」の言葉づかいに批判が浴びせられている。

同じ非難がヘイトカウンターにも。

それも、反ヘイトを標榜する左翼筋から非難の矢が飛んでいる。

年寄りはさっさと死ねみたいなことを言った男を副大臣に

据えている日本で、「死ね」という言葉を使うのがヘイトデモより、待機児童問題より、悪質で重大だとは知らなかった。

そもそも言葉づかいの問題か？

保育士の現員は44万人。給料を10万円上げて100万人を確保するには1000億円。

この金がないという。

外遊するたびに何千億円とばらまいたり、3600億円かけて年寄りに3万円配るのは即決できるんだから、その気があれば速攻でできる。そうする政府をつくろうという話でしょ。

無資格でも保育職につける制度をつくろうなんて本末転倒もよいところで、事故が増えるだけだ。

いまは非正規の職員で人手不足を賄っている状態だが、以下のようなことを言う政治家がいる。

> 非正規職問題は社会の統合と持続可能な未来発展のために、必ず解決しなければならない必須課題だ。公共部門が非正規職問題解消の先頭に立たなければならない。

朴元淳《パク・ウォンスン》ソウル市長の言葉だ。

彼はこうも語る。

> 企業に資金を投じるだけが投資ではない。お金がなくて大学に行けない若者、授業料を稼ぐために疲れ果てている若者、そういう若者の存在は社会の損失だ。将来の人を育てる費用は貯蓄であり投資だ。福祉のない成長は将来世代の可能性を食いつぶすものだ。

朴元淳ソウル市長は、言うだけでなく、ソウル市が雇用していた非正規職4000名を正規職員に昇格させた。現在、警備や駐車場管理に従事する非正規労働者を2013年からの5年計画で全員正規職員に昇格させる計画を実施中だ。またソウル市立大学の授業料を半額に下げた。

このような政策を推進しつつ、彼はソウル市の債務を減らすことにも成功した。

日本の朴元淳はどこにいる？

事の本質に目を向けないで表面的な言葉づかいに咬みつくようなクソ右翼やヘタレ左翼が大きな顔しているようでは、たとえ朴元淳がいたとしても世に見出すことは難しいのではないか。

（2016.3.10）

生活保護受給者の現実

あるタクシー・ドライバーの話

身近にあった実話。

個人タクシー業者のAさんは、売り上げが足りないときに、仲間に紹介された地元の高利貸しに、つい借金してしまった。景気がよいときなら返せない利息ではなかったが、震災以来、神戸はとても不景気だ。それ以後、支払いきれない利息の取り立てに追われる生活が始まった。

やくざのような高利貸しに脅され、つきまとわれた。利息を支払うためにサラ金に手を出し、さらに別の高利貸しに借りて……生活は破綻した。

妻は子どもを連れて家を出ていった。数年後、自分も家賃が支払えなくなって、アパートを追い出された。車で寝泊まりしながら昼夜無しに車を走らせる暮らしが始まった。しかし稼ぎのほとんどを借金取りにむしられる。警察に相談すると、借りたものは返せと冷たい対応だったという。

病気になっても休めなかった。車が家になって7年、彼はついに脳梗塞で倒れた。車の中で倒れている彼を発見したのは、取り立てのために行方を探していた借金取りだった。

なんとか命を取り留めた彼は、病院から連絡を受けた娘さんの尽力によってアパートに入り、生活保護を取れたのだが、体はボロボロだった。

弁護士の介入により、ヤミ金高利貸しの取立てはピタリとやんだ。久しぶりにぐっすり眠れるとよろこび、人生をやり直したいと語った彼の望みは叶わなかった。3カ月後、彼は亡くなった。

規制緩和の影響でタクシー台数が増えている。稼ぎが落ちて借金に手を出し、失敗する運転手は多い。

いまはまだ餓死にまでは至らない。が、餓死寸前だという人がどれほどいることか。

構造改革に殺されていく人は想像以上に多いと思う。安倍首相は改革を進めれば日本は豊かになると叫んでいる。ふざけるな！　Aさんは、まさにその改革に殺されたのだ！

ちなみに彼から借金の整理を依頼されていた弁護士は、彼の死後、サラ金から200万円も支払いすぎの利息を取り戻し、相続人である娘さんに手渡している。

娘さんが感謝したのは言うまでもないが、それにしてもだ。彼は取立ての電話にビクビクおびえながら、追い立てられるように働いてきた。支払ういわれのない借金を支払うために。そのせいで家族を失い、命を縮めたのだ。

なんのために彼は生きたことになるのだろう。彼は真面目な人だった。生き別れになっていた娘さんも、とてもやさしい人だった。どうしてこの一家が壊れなければならなかったのだろう。いったい、だれが悪いのだろう。考え込まざるをえない。

(2007.7.23)

生活保護世帯数の推移

生活保護世帯数の推移ですが、実は一度ガクッと減った時期があります。それは国民所得が増えたからではなくて、生活保護基準を厳しくしたのが原因です。ところがその厳しくなった基準さえ〝クリア〟する極貧層が急速に増えているのです。

そこで、いままた新たな生活保護削減が始まっています。それが「水際作戦」といわれるもので、生活困窮者が保護申請に来ても、申請させないで追い返すのです。ケースワーカーが被保護者に働きかけて、「自発的に保護を辞退」させるというものもあります。病気で働けない人を「保護辞退」に追い込み、餓死させた北九州の事件がありましたが、あれがそうです。

生活保護費は物価に応じて調整されるべきものですから、物価が上がれば当然予算総額は増えます。しかし、物価が上がれば税収も増えるのですから、税収に対する負担割合が変わることはありません。

税収と保護予算はこういう関係にあるのですが、1人当たりの保護費はこの10年間変わらないか、むしろ減っています。それは家賃補助の上限が減らされたり、水道基本料金が支給されなくなったりしたためです。

生活保護の動向を見ると、高度経済成長以前の保護率がいかに高かったか分かります。国も貧しかったころのほうが保護率が高かったのに、豊かになったいま、保護率が低くなったのにそれに財政が耐えられないなどというのは、まったくおかしなことだと思いませんか？

生活保護申請させない「水際作戦」

「おにぎり食べたい」という遺書が残っていた小倉の餓死事件を含め、北九州市では3年連続で3件の餓死と1件の自殺事件が判明しています（単なる衰弱死扱いとされたり、生活保護を断られたことを本人が遺書に残して居なかったりで、事件になっていないものはもっとあると思われます）。

小倉の餓死事件の前年には、門司で餓死した後、相当日数が経過してミイラ化した男性が発見されています。このケースでは、疾病と身体障害のために働けず、家賃を滞納し、電気ガス水道が止められた状態であり、2度にわたり福祉課に生活保護を申請したいと申し出ていたにもかかわらず、窓口では申請すらさせなかったという事例です。

申請すれば確実に保護決定が下りていたでしょう。だから申請書を渡さないのが「水際作戦」と言われるものです。申請させなければ生活保護予算の増加をくい止められるし、死のうが行方不明になろうが統計数字に上がりませんから、行政責任を回避できます。

その前年には、5度にわたる生活保護申請を受け付けてもらえず、4日後に雪の中で倒れているのを発見された男性がいました。彼は救急車で搬送されて一命を取り留めたのですが、治療費が支払えないためその日に退院扱いとなり、自宅に戻ったあと餓死しているのが発見されました。

これらは極端な事例でしょうか。不気味なのは、北九州市の無慈悲なやり方が、生活保護予算を増加させないモデルケースとして各地の自治体に波及しているという事実です。今は、保護予算を少なくできた自治体が優秀な自治体とされ、正当に保護決定を出す自治体が厚労省から白い目で見られるのです。

日本に憲法第25条は生きているのでしょうか。

日本国憲法第25条

すべて国民は、健康で文化的な最低限度の生活を営む権利を有する。国は、すべての生活部面について、社会福祉、社会保障及び公衆衛生の向上及び増進に努めなければならない。

（2008.3.26）

貧しさということについて

どうも世の中には「生活保護受給者は国の厄介者」みたい

な意識を持った人がいるようで、時々そういう主張に出会うと、私は胸が痛くなります。

　こんなことは自慢にもなりませんが、私は貧しさというものを知っているつもりです。

　千円の金がない、明日もお金が入る予定がないという暮らしがどれほど切ないものか、そういう暮らしに追い込まれると、どれほど心が荒み、折れてしまいそうになるか、それでも人間としてのプライドを失っているわけではないのだとか、理屈を言っても国士さまたちに通じないかもしれないので、私事にわたりますが、自分を例に語ります。

　私の実家は商売で失敗して落ちぶれた貧乏人だったので、兄弟は誰も大学に行ってません。自分などは高校にさえ行けませんでした。学力がなかったせいではないんだけどね。

　生きるために、これまでいろんな仕事をしました。自衛隊を出てから、日払いの清掃員をしたり、土方もしたり、土方を怒鳴り上げる人夫出し稼業もやりました。汚物まみれになりながら下水道処理場の整備工事もしました。自分の来し方を顧みて、ほんと、いつ転落してても不思議ではなかったと思います。

　いま、運よく一戸建てを持って、いっぱしの社会人の顔をしていられるのは、まあ時代がよかったんです。真面目に働けば、それなりに相応の報酬が得られたから。人にもチャンスにも恵まれたしね。いまなら派遣社員で使い捨てになってるかもしれません。

　自分がどんな人間集団に属するかというのは、人生にとって決定的な意味を持つと思えます。

　私が合唱団に所属していたってのは、自分にとって本当に重要なことだったと思います。おかげで憂さ晴らしのバクチに誘われてもそんな時間がなかったし、合唱団の仲間はそういう利那的な人生を送っていないから、競馬やゲーム喫茶というものが日常生活に入り込んできませんでした。自分なんか誘惑に弱いから、合唱団に入っていなかったら、きっとどこかで身を持ち崩していたでしょう。

　家族に対する責任というのも、自分を律する大きな力でした。子どものうち、一人が来年大学を卒業します。ようやく一家から学士さまが誕生することになるので、素直に嬉しいです。学歴がどうのこうので差別する気はないけれど、自分がそれでさんざん苦労したので、行けるなら大学へ行ったほうがいいと思っています。

　他の子どもも、家庭を持って次世代になれば、大学生を誕生させるだろうと楽しみです。多くの人からは、たかが大学、上昇志向を持つにしても目標が小さいじゃんと笑われるかもしれないですね。でもね、この世間、家族ぐるみで「浮上」するには、家族みんなの、世代を超えた努力が必要なんですよ。我が家はいまその途上にあるんです。とてもとても、「たかが大学」ではないんです。

かなり長い間、いわゆる「下層社会」で生きていたので、生活保護家庭の実態も知っています。自堕落でどうしようもない人間もいないではないけれど、一日も早くその境遇から脱出しようと努力している人が多いし、生活保護家庭で育った子どもも頑張って勉強し、働いています。失敗を望む人間はいないし、努力を始めから放棄している人もいない。

しかし人間なんてみんな弱いもんですから、よほどの才能に恵まれない限り、普通の人の努力には限りがあります。偏見の壁、経済力の壁、支援してくれる大人がいないハンディ、などなど人生に立ちふさがる壁は多く、しかも失敗してもやり直せたり自己投資できたりという「溜め」というものが、貧しい階層にはありません。

努力すれば報われるはずだという夢を、世代を超えて何十年も持ち続けることができなければ、途中で力尽きて挫折することになるでしょう。

果たしてこの国は、そういう持続的な夢を国民に与えているのだろうか。健全なチャンスを用意できているのだろうか。その問いかけなしに、すべての結果責任を個人に課してよしとする考え方には、私は同意できません。

(2009.7.27)

まあ、世の中は一筋縄ではいきません

え～、どうも世の中には二項対立の極論てえのを好む人がいらっしゃいます。

どういうことかと申しますと、昔、北ベトナムが米国と戦っていたとき、米国が悪者だってんで、じゃあそれと戦っている北ベトナムは正義なんだろうと勘違いする人が大勢いらっしゃいました。

んなわけはないんでね、米国が悪いからそれと戦ってる方は正義だなんていったら、たとえば、広域暴力団「山口組」と戦ってる弱小やくざ組織は正しいことになっちゃう。

今回の派遣村のことでもそうですな。

ホームレスになった人は新自由主義の被害者なんですが、じゃあ全員がすげえまじめにやってきた人たちばっかりかって言うと、そんなはずはございません。

酒やばくちで身を持ち崩した人だっているし、どうも人付き合いがヘタで転落した人、わがまま放題で考えなしだから

失敗すべくしてそうなった人だっていらっしゃいます。

わたしらはそういう人を随分見て参りましたので、少々のことでは驚きませんです。

こんな人がいましたな。

神戸の簡易宿泊所に住民票を置いて、生活保護をようやくもらえた人がいらっしゃいました。

「ええか、何があっても宿代はいちばんに納めるんやで。宿を追い出されたら生活保護がパーになるんやで。そしたらまたホームレスやで」

こんこんと言い聞かせました。ところが別れたその足で立ち飲み屋さんに行ったらしく、へべれけで宿舎に帰ったときには一文無しのカラッケツ。

明日っからどうやって食べていくつもりだったんだか知りませんが、家賃が払えないから直ちに追い出されて、街金にカネを借りに行ったそうです。

「あほかっ」と一喝されたら、そのまま行方不明です。

さて今ごろはどうなっているやら。

成人ばかりの親子4人が生活保護という人がおりましたな。

借金で火だるまになっているというので聞いてみると、保護費をヤミ金が全部持っていってしまい、その家族は毎日ヤミ金のところに1人につき1000円ずつもらいに通っているんだと。

それはひどいじゃないかと抗議に行きましたら、ヤミ金の兄ちゃんが言うんです。

「そらあ、わしらのやってるのは違法やと言われたら違法やで。そやけど人助けやねん。あの一家にまとまったゼニ持たしてみ、2日と持たへんで」

聞けば、そのヤミ金があちこちの金貸しに話を付けて、あちらに3万、こちらに2万と毎月分割返済しているそうで。それで取り立てを止めてやっているのだと。

まあそうかもしれないけど、それはやってはいけないことだからと話をして、生活保護費が入る通帳を取り返して親子に渡しました。

翌月。

保護費が入った2日後。

すっからかんになったと泣く親子がおりました。

どうしたのかと尋ねると、特に何に使った覚えもないのに、気がつくと全部なくなっていたと。

使わないのになくなるはずがないじゃないかと問いつめると、パチンコで使っちゃったと。

やはは、ヤミ金さんの仰有るとおりのご家族でしたな。

まあしかし、貧困や多重債務に陥る人が、全部が全部こうじゃありません。

破産しなさいと勧めてもがんとして受け入れないので、借金を無利息にしてもらったら、警備員をしながら三年で完済したがんばり屋がおりました。

借金のカタをつけたら肩の荷が軽くなって仕事に集中できるようになり、商売がトントン拍子に好転して、こんどは税金の心配で相談に見えたご夫婦もおりました。

こういう人のほうが多いんですな、世の中は。

しかしそういうことを知らない純粋な方が世の中にはおられましてな。

派遣村にたどりつく人たち全員が、聖人君子でなければならないように言うんです。

間違った社会の犠牲者だったら、その反対の正しい人じゃなきゃいけないみたいに思うんですかな。

ちょうど米国と戦った北ベトナムみたいに、理想像を勝手に投影しちゃう。

そういう御方は、3割ほどが支援金で酒を飲みに行ったら、もう大変です。

裏切られたと思うのか、「派遣村なんかこんなもんだ!」と怒るんですわ。

世の中にゃ、いろんな人がいます。

どうしようもないのもいれば、勤める先が全部かたはしから倒産したっていう本当に運の悪い人もいる。

ここぞって時に病気になってチャンスを棒に振った人やら、付き合った相手がとんでもない奴でケツの毛までむしられたって人もおります。

そういう人生の山や谷の厳しさがわからない、「純粋まっすぐくん」たちが、今日も派遣村のニュースに噛みついてます。

派遣村に転がり込むような奴はみんなそういう不届き者だって決めてかかるんですな。

んなわきゃないじゃん。

7割は、窮屈な生活だけど、いまを浮かび上がるきっかけにしようとしてる。

いままでキューキュー言ってた人がたまに大金を手にして浮かれちゃったからって、全部の人がそうだなんていうのは言いすぎです。

まあ、大変な時代ですわ。

日本人がここ十年ほどで急に怠け者になったり無計画になったのでもないのに、住宅ローンが支払えなくて家を失う人が毎年々々うなぎ登りです。

要は経済が回っていないってことでしょうな。

経済の調子が悪いときは、まず弱い人や運の悪い人にしわ寄せが行くものです。

弱いといってもそれまではちゃんと人並みに仕事があり、幸せにやっていけてたわけで。

これまで通りにやっていけなくなったのは、つまり景気が悪いからです。

だったら景気を何とかしなくちゃ、どうにもなりません。

無計画だの自堕落だのと他人を非難すれば景気がよくなるというなら、いくらでも非難すればいいんですがね。

だけどそんなことしてたって、景気が1ミリでもよくなることは、ありゃしません。

世の中からあぶれた人が犯罪に走ったり、とことん落ちぶれて福祉生活にすがったりしてると、ますます経済の足を引っ張りますわな。

何とか立ち直ってもらって、経済活動に復帰してもらわないと。

そのための生活基盤づくりと、元の体力に戻るための医療支援は、いわば景気復興のための初期投資です。

ともかくお金が回り始めないと、どうにもなりません。

これまでのような土建政治はもう限界なんだから、医療・厚生・福祉・教育に投資して、そちらに人材がシフトしていくようにしなきゃね。

やや時間のかかる対策ですが、やらなきゃいけないことはやりましょう。

ね、みなさん。


（2010.1.8）

弱者たたきの快感が共同体を侵食する

人間は社会性動物です。

1人で生きるより、大勢で力を合わせたほうが1人当たりのメリットが大きいことを知って、協力して生きることを選んだ生物です。

でも、みんなで頑張って共同体を維持しているとき、自分は頑張らないでちゃっかりメリットだけを得たほうがトクだという個体もたまにいます。

フリーライダー（タダ乗り屋）というやつです。

あくせく働くより生活保護を受けてパチンコしてたほうが楽じゃん、というタイプはこれに当たります。

こういった戦略を使って生きる典型的な生き物がいます。寄生虫です。

ランセット肝吸虫という寄生虫がいます。こいつはアリに取り付くと、その脳に向かい、アリの行動を操作します。

アリは夜にごそごそと這い出して草のてっぺんにのぼり、ぼーっとします。すると夜明けとともに羊がやってきて、草と一緒にアリを食べます。

アリが食べられると、寄生虫は新たに羊の腸の中で繁殖します。

この戦略はアリという宿主には致命的ですが、寄生虫には有利です。

不正受給で生きる戦略も、社会にとってはデメリットですが、その個人には有利です。

橋下徹支持者はこういったタイプに極めて激しい感情的反発を覚え、こんなフリーライダーが生きていけない社会をつくれば、もっと世の中がよくなると信じています。

たしかに、フリーライダーが野放しになったら社会は衰退してしまうでしょう。

世の中のルールのすきをついて自分だけちゃっかりうまいことをすると、はじめはそれでよいけれど、みんなが同じことをし始めたら、いずれは自分を含めた世の中全体が腐ってしまいますからね。

橋下が生活保護の不正受給を攻撃するのは、フリーライダーをなくして公正な社会をつくりたいからではありません。

社会に渦巻く不公平感や不満をすくい上げて、フリーライダーをたたく快感を共有することで生まれる疑似的な一体感を利用し、自分の権力を強化するためです。

橋下が必ずしも社会的公正を目指していないことは、もっと大きなフリーライダー、たとえばろくに税金を納めないくせに税金から多額の補助金や予算食いの施策を引き出し、さまざまな特権を享受している大企業には歯向かわない点に示されています。彼が攻撃するのは常に個人か小さな団体です。

生活保護の不正受給は金額的には大したことありません。これを攻撃したって社会的メリットは少ないです。しかも困っている人をしつこく攻撃するのは人倫としてどうかという抵抗感があるので、手を出しにくい。

それをよいことにのうのうと生きている不届きものがいるのは事実ですが、弱い者いじめみたいなことをしたくないという感情が邪魔をして、強く出る人がいなかった。そこに不満を抱く人がもんもんとしていたのは、否定できません。

橋下は、先駆けて不正受給をたたくことで、正義の代弁者に自分を偽装しました。

正義の名で弱者たたきをする快感に人々をいざなう祝祭者となったのです。

こうした弱者たたきには、デメリットがあります。

やり過ぎると、共同体を共同体たらしめている社会道徳のひとつである、思いやりの心を弱めるのです。

このデメリットは、はじめは目立ちませんが、世の中に蔓延するとモラルハザードを招きます。社会の共同性を弱め、共同体としての結束力を侵食していきます。

地域共同体がバラバラになると、やがてその社会は力を失っていくのです。寄生虫を駆除するのはよいけれど、そのために劇薬を飲んで健康をこわしては、元も子もありません。

彼のやり方は社会的にはマイナスですが、橋下個人には有利であるという意味では、それ自体が寄生虫タイプの戦略であるといえるでしょう。

彼のやり方をほおっておくと、いずれ大阪の共同精神が弱まり、地域共同体そのものが喪われてしまうかもしれません。

橋下政治とは宿主を殺して繁殖する寄生虫みたいなものです。橋下イズムこそが、大阪に寄生してこれを乗っ取り、大阪を死に向かわせて増殖する、究極のフリーライダーなのです。

(2015.11.22)

生活保護行政の現実

「働かないなら死ね」とケースワーカーが言う

生活保護を受給していた61歳の男性が、今年〔2007年〕2月ごろ、ケースワーカーから辞退届を書かされて保護廃止となった。その後働くことができず、生活に困り、病状も悪化したために先々月、生活保護の再申請をしたが、面接主査に窓口で拒絶された。悲観した男性は自宅アパートのベランダで首吊り自殺した。

悲惨な事件です。しかも驚くべきことに、担当ケースワーカーが男性に対して「働かん者は死ねばいいんだ」と暴言を吐いていたことを複数の近隣住民が証言しています。

この事件が報道された。しかしほとんど地元北九州市の新聞だけで、全国紙は軒並み無視に近い反応だ。

市当局の対応が許せない。

「間違ったことはしていない」

「この件についてはコメントしない」

というもの。

北九州市といえば、むりやり生活保護を辞退させられた男性が「おにぎり食べたい」と書き残して餓死した事件が大きく報道されたところだ。この事件から市当局が学んだのはなんだったのか。

・なにも語らない。もの言えば唇寒し。

・情報は公開しない。たたかれるネタを自ら提供することはない。

・責任を認めない。謝罪しない。うっかり責任を認めたらよけいにたたかれる。

こんなところかな。ネタを出さなければ、新聞も書きようがないだろうという判断なのかな。どうやらこの戦略は成功したようだ。いまのところはね。

当局のくれるネタを記者クラブに座って待ってるだけの大手新聞社は、記事を書けないようだ。報道がなければ、事件はなかったのと同じ。役人の高笑いに、明日の米さえない人たちの歯ぎしりが、かき消されそうになっている。

このあいだ参加した東京・九段の「反・貧困」の集まりには、マスコミがいっぱい来たのに。NHKの全国ニュースで流れたのに。お膳立てされなきゃ報道ができないのか？

取材しろよ。事件は記者クラブで起きてるんじゃない。現場で起きてるんだ。これでいいのか、新聞！　がんばれ、マスコミ！　テレビ、しっかりしろよ！

（2007.9.5）

通院タクシー代不正受給の事件化と生活保護制度改悪の奇妙なタイミング

なんでこんなことになるんだろう。

厚労省が4月1日〔2008年〕から生活保護の通院交通費と母子加算を削るというのです。

私は仕事の関係で生活保護と関わることが多いのですが、月に7万円ばかりの保護費から通院交通費を削ったら、やっていけなくなる人がかなり出ると思います。母子加算も同じです。

この措置が発表されたのが3月4日。それで実施が4月1日って、いくらなんでもひどいんではないでしょうか。

でもこれで、「なるほど」と納得できたことがありました。

今年になってから、通院交通費の受給の記事が立て続けに報道されましたね。北海道滝川市の不正請求は、なんと2億4000万円！　とんでもない事件です。ヤクザによる不正請求ですが、どうしてこんなに多額の不正受給が見逃されていたのか、とても不思議だったのです。

滝川市は通院のたびに毎回十万円以上のタクシー代を支給していた。実際にはその男は滝川市に住んでいなかった。札幌の温泉付きマンションに住んでいて、高級乗用車を乗り回していた。そいつは覚醒剤で捕まってたのに、滝川市はそれを知らないで生活保護費を支給し続けていた……そんなアホな！

いま思います。これはやらせじゃないのか？　黙って不正を見過ごしておいて、大きな火になってから告発して騒ぎ立て、生活保護家庭に対する世論の風当たりを強くする、そのための手口じゃなかったのか、と。

だって自分が関わっているケースでは、行政の窓口は甘くないもの。本当に十円のお金もない人だっているので、生活保護の申請をするようにアドバイスするんだけど、窓口ではそんな人にさえ恩着せがましく3000円貸してくれるだけなんですから。

「生活保護対策全国会議」は抗議運動を強めるそうです。

するとまたネットでは生活保護受給者を中傷するバカ騒ぎが始まるんだろうか。

なんかとんでもない事態が着々と進展している。その大きなデタラメ構造にまんまと乗せられてしまう人が一杯いる。

橋下徹みたいな中身からっぽの差別主義者がもてはやされて、ちゃんとしたことを言う人は馬鹿騒ぎの中で声も聞こえなくされて……それで我々はいったいどこに連れて行かれようとしているんだろう。

(2008.3.25)

生活保護申請はカフカ的不条理の世界

これは現在進行中の話です。

出来の悪い亭主と別れて一人で子どもを育てていた女性がいます。子どもはようやく働き始めましたが、このご時勢ですから手取り10万円程度しかありません。しかしそれでもようやく一息つけたと喜んでいた矢先です、昨年はじめに、彼女はがんに罹っていることが分かりました。

治療費がかさみ、赤貧洗うが如き生活に戻ってしまいました。そのうえ昨年暮れから体調が悪くなって、今年はじめから働ける状態でなくなりました。会社に休職届を出して、市役所に生活相談に行きましたが、福祉課の窓口で、けんもほろろにあしらわれたそうです。

私が関わったのはここからです。

生活保護を出せない理由は、家賃が高すぎて基準を超えているからというものでした。そんなことは保護申請を受け付けない理由になりません。基準を超えた部分は、受給者が任意に支払えばいいだけのことです。そして最低の生活をまず確保して、その後に家賃の安い転居先を探せばいいのです。

しかしまあ、今回は幸いにも、すぐに市営住宅が見つかりました。入居が決まれば、すぐにでも保護開始決定が受けられることになりました。

ところが数日後に女性から連絡があり、市住に入居できないと言います。電話口で涙声になっています。理由を尋ねると、入居には在職証明が必要なのに、会社が出してくれないのだと。

会社の言い分は、こうです。

「何とかしてあげたいが、決済権限は東京の本社が持っており、こちらで融通をはかることができない。本社の考えは、規定で休職期間は一カ月となっており、それを超えるなら辞めてもらうしかないところ、すぐ辞める人に在職証明は出せないというものです。本社に事情を説明するにも、決済をもらうにも、日にちがかかりますので、いずれにせよいますぐにはどうにもなりません」

市役所の住宅課に電話して対話しました。

「在職証明はどうして必要なのですか」

「今後、家賃の滞納などが発生しないように、働いて収入を得ていることを確かめるためです」

「それは生活保護が決まればクリアできることでしょう」

「でもまだ保護決定が出ていません」

「保護決定をもらうのに、市住入居が条件だと言われているんです。市住の入居に保護決定が必要だとなったら、いったいどうすればいいんですか」

「しかし規則ですから」

うわわ、これはカフカだわ。

カフカの「城」の世界だ。

不条理小説の世界が、現実にここに存在する!

「市住はどういう人のために建てられているのですか。経済的困難を抱えている人のために、安価で優良な住居を提供するためですよね」

「そうです」

「この人は病気で職を失いかけていて、緊急の保護が必要なんです。保護の決定には市住入居の決定が必要なんです。ところが、いまの手続きでは、もっとも経済的困難を抱えている人こそが、入居資格を満たせなくて入居できないことになるのではありませんか」

「制度の趣旨と手続が矛盾しているといわれればその通りで

すが、規則ですから」

しかし30分にわたる交渉の結果、在職証明に代えて源泉徴収票と給料明細で就労の事実を確認してもらえることになりました。

あと何点かの必要書類を整えて、女性は明日、もう一度住宅課と福祉課に申請に行きます。おそらく手続はクリアできるでしょうが、女性はまた難しい条件を追加されないか、不安なようです。

窓口で何か素っ頓狂なことを言われたら、その場で電話してくるように伝えました。直接電話で交渉するから不安がらないようにと言うと、やっと安心してくれました。

多くの市民は、自分にできることはどうにか自分でしようと苦労しています。ギリギリのところまで追い詰められて、ようやく市役所に相談に行くのです。抱えきれない不安を抱え、税金のお世話になることに後ろめたさも抱いていて、どうなるのかわからない明日に怯えています。

そういう人に、木で鼻を括ったように規則を振り回すのがどういうことなのか、お役所には分からないのでしょうか。

こんなふうにあしらわれて、もう首をくくるしかないところまで追い詰められている人が、日本中にどれほどいることだろうかと、いま暗澹とした気分でいます。 (2010.3.2)

被災地でまかりとおる生活保護崩し

仙台の仮設住宅で聞き取り調査した方の話。

9月〔2011年〕以降に入居された方の実態を聞き取っていたら、月収1万5千円で暮らしていることが判明したという。保護課に行ったら「義捐金がなくなってから来てください」と言われたとのこと。これでは放射能にやられる前に栄養失調で死んでしまう。

この他にも、被災地の窓口では違法な対応が蔓延しているようだ。

国の事業となった地区には除染予算が青天井で下りると言うし、0・5マイクロシーベルトという極めて微量なレベルでも、市民から指摘されれば行政は大急ぎで除染対策に走る。人手も予算も放射能が第一番手だ。世論が放射能の危険性ばかりに向いているからそうなるのだが、別の方面ではこういったデタラメが横行して、弱者が死んでいく現実を、どう見ればいいのだろう。

菅政権のときは、まだしも失業対策や零細事業者対策が動いていた。たとえば今月〔10月〕からスタートした「求職者支援制度」は5月に成立したものだ。これは長期失業者らが、月額10万円の生活費（給付金）を受けながら無料で職業訓練を受けられる制度だ。雇用保険に未加入で失業手当を給付されない非正規労働者や自営廃業者、専業主婦など、幅広い人々が対象となる実効的な制度なので、被災地の雇用対策にも有効だろう。

野田政権になってからは、こうした清新な取組が聞こえなくなった。それどころか、上記の「求職者支援制度」が法制化されたことを理由に、生活保護を申請する前にその制度を使え、と厚労省が言っている。保護を受けている人が職業訓練を欠席した場合、保護を停止もしくは廃止することも打ち出している。

しかし同制度は、受講生の就職を保証するものではない。訓練を提供するのは民間事業者ですが、就職率を一定程度あげることが求められているため、就職の見込みが低い人が受講をはねられるおそれもある。

どんな制度もそうですが、まずやってみなければ制度の欠陥が見えてこないのだ。何も始まっていないのに、早くも生活保護予算の削減に利用しようとする厚労省は何を考えているのだろうか。菅内閣であれば、こんなことを発案する役人は怒鳴りあげられたように思う。

ほとんど落ち度のなかった菅政権なのに、反原発派と隠れ推進派が寄ってたかってぶちこわしてしまったことが、いまさらながらに悔やまれる。

(2011.10.24)

生活保護受給者がパチンコしたら悪いのか

生活保護の人がパチンコ→市民に通報義務　小野市条例案

生活保護や児童扶養手当の受給者がパチンコやギャンブルで浪費しているのを見つけた市民に通報を義務づける条例案を、兵庫県小野市が27日、市議会に提案した。市は「不正受給防止のための、全国的にも例のない取り組み」という。市には「全国に広げるべきだ」「相互監視社会になる」と、賛否の声が寄せられている。（朝日新聞　13年3月1日）

そんなに不正を追及したいのなら、足下の与党議員のあっせんケースを調べるか、民生委員と某宗教団体の癒着を改めればいい。

自分が手がけたケースで、こんなことがあった。どう見ても生活保護を継続しなければならない人なのに、打ち切られそうになっていると電話がかかってきた。

事情を聞くと、「男が出入りしている、偽装離婚ではないか」というタレコミ電話があったらしく、ケースワーカーに問いつめられたそうだ。離婚したけれど子どものこともあるし、養育費を持って前の亭主が訪ねてくることもあるので、そう答えたが信じてもらえないというのだ。

で、本人が言うには、そのタレコミは民生委員に違いないと。「民生委員さんが訪ねてきて、こんな境遇に墜ちたのは信心が足りないせいだから入信しろと勧められたが断ったから」

その人の弁だから真偽は知らない。しかし、偽装離婚が丸わかりなのに、保護を受けている信者がいるのは、自分も直接知っている。それも1人、2人ではない。そんなことをわざわざタレ込んだりはしないけれど、好ましくないと思う。

入信したら民生課の相談員や民生委員が手心を加えてくれるという噂は、地域では公然と語られている。だから、さっきの人の言うこともあながち否定できない。

信者には、不正とまでは言えないが極端な例もある。サラ金で借金して「財務」（お布施・寄進）に納めていた人が、退職金まで全額財務に注ぎ込んでしまい、それで暮らしていけないからと自己破産して、生活保護を受けているのだ。これ、ここまでは自分が直接手がけて、退職金の資料も財務の資料も見たし、だから嘘ではない。

ここからは本人の弁だから伝聞だ。こういう行為が、内部では善行として評価されるんだそうだ。当の本人がそういうのだ。

こういう団体と昵懇《じっこん》の政党が市政与党だ。表向きはキレイゴトを語るくせに、実は反市民的な施策に賛成票を投じている。しかしそのことでいちばん実害をこうむる階層にいるはずの信者が嬉々として投票していて……なんか、悪夢を見ているような気がするのは自分だけだろうか。　（2013.3.1）

「申請の意思はなかった」だと

先日、とある人の生活保護申請をするため市役所に同行した。申請者は2週間もほとんど水しか口にしておらず、やせ細って明らかに衰弱しており、60代前半なのに70代後半に見えた。

申請者は担当者に説明した。

病気であること、働けないこと、無理して働きに出たためかえって体を壊したこと、身内にも頼れないこと……。

担当者はよく聞いてくれて、ノートを取り、親切に生活保護システムの説明をしてくれた。ひと通り話が終わり、担当者が「わかりました」と述べた。

申請者はほっとした様子だったが、私が口を挟んだ。

「ではこの場で生活保護を申請します」

すると担当者が答えた。

びっくりするような答えだ。

「えっ、申請なさるのですか?」

そう、話を聞いてくれただけでは、申請したことにならないのだ。

「申請したいと思うんです」とか「相談したいんです」ではダメなのだ。

「1円の金もないんです」ではダメなのだ。

それでは申請の意思があるとは認めてくれない。

ちゃんと「申請します」と明確に言わなければならない。

はっきり言わないと、「申請の意思はなかった」ことにされる。

「いますぐ開始を求めます」と伝えないと、「切羽詰まった状況ではなかった」ことにされるのだ。

単に生活相談に来ただけということにされてしまうのだ。

相談に来たから愚痴を聞いてあげた、それだけのことで終わらせてしまうのだ。


ほとんどの人は、それを知らない。当たり前だ、申請するつもりがなかったら、なんで窓口まで出向くものか。申請したつもりなのに返事がないと、ダメだったと諦めるか、また出向いて同じことを繰り返し、しまいに諦めるか、いずれにしても最終的には諦める。これがいまの生活保護行政の実態だ。

法人税を減税する財源ならあるそうだ。

米軍基地を新設する金もあるという。

奄美大島にミサイル基地を2つもつくるほど金がうなっている。

しかし生活保護に出す金はない。

これがわが祖国である。

敵に殺される前に祖国に殺されるわ。


(2014.10.13)

モデスタ・ヴァレンティ通り

モデスタ・ヴァレンティ通りとは、この世のどこにもない場所です。

住居のない困窮者に公的支援をするために、イタリアが設置した、架空の住所なのです。

お役所の書類の上にだけ存在するのです。

イタリアでは、住所のない人に支援することが、法的にできない仕組みなのだそうです。

でも支援しなければならない現実がある。だったら架空の住所をつくってしまおう。法律を変えるより手っ取り早いじゃないか。

なんともラテン的と言おうか、イタリアらしいお話ではあります。

Via Modesta Valenti（誇り高い大切な人たちへ）
Via（――へ）
Modesta（誇り高い）
Valenti（大切な人たち）

よい住所だね……しみじみ。

ひるがえって日本では。公的支援に住所は必要ないという法律があります。でも窓口では、正反対のウソを告げます。あんたは住所がないからダメと言って追い返します。すると、職員の査定が上がります。窓口職員だって、困窮するに決まっている人を追い返すのは、本当は辛かろうけど、長い物には巻かれろです。そういう国です。

お役所が国民を締め出すデタラメをするなら、国民が裏をかこうとします。

公的支援を受けるために、マンションの一室を数百人の住民票の置き場にした、ホームレス支援NPOがありました。民間版のモデスタ・ヴァレンティ通りです。書類さえ整っていれば受け入れる官僚制度の国が日本ですから、窓口職員もいやいや追い返さなくてすみます。魚心あれば水心ってやつです。

するとどうなったのか。

どこかでかぎつけた新聞が不正行為だと書き立てました。ネットで自己責任論者どもが、そーだ、そーだと騒ぎ立てました。で、その手はとうとう使えなくなりました。そんな国です、日本は。


（2010.1.22）

25 サラ金・多重債務問題

サラ金業者の20万円寄付報道に思う

産経新聞とはそりがあわない。

それはしかし政治に関する面だけだと思っていた。

しかし、ですね。以下の記事は何なんでしょう？

関東1都3県の消費者金融業者の親ぼく団体「NIC会」の高橋亘会長（日本プリペイド社長）らが26日、産経新聞東京本社を訪れ、難病の子供たちを救う「明美ちゃん基金」に20万円を寄付した。

同会は毎年、同基金に寄付しており今年で27回目。募金総額は2344万円に上り、重症児の手術費などに生かされている。

高橋会長は「消費者金融業界は苦しい状態が続いているが、社会貢献のために寄付は続けていきたい」と話している。（サンスポ　07年11月27日）

こりゃなんだい？　そりゃあ、寄付は悪いことではないよ。善いことだよ。でもそういうことって、基金の存在を広く社会に知らせる特別に理由のある時以外は、密かにやってこそ意味があるんじゃないの？　産経新聞は、20万円寄付してもらったら、必ず紙面に写真入りで載せるの？

なんでことさらサラ金業界の寄付を記事にするの？　サラ金がらみで毎年3000人もの自殺者が出てるんだよ。そういう事態への告発記事は読んだことがないけど、20万円の寄付は載せるの？　業界に取り込まれつつあるんではないのかい、産経新聞っ！

反戦平和と多重債務問題は自分の2大活動なだけに、なんか産経って、不倶戴天の敵みたいに思えてきたよ。

サラ金業者の利益の陰で

ぷるるる……

「はい、○○です」

「○○さん、入金の約束、どうなってますかあ？」

「あ、すみません……ちょっと都合つかなくて」

「都合？　都合って、どうつけるんですか？　あなたサラリーマンでしょ？　月末の給料以外に、どうやって都合つけるっていうんです？」

「あ、いやー、それは……」

「足で歩いてお金都合しようとしたんですか？　努力したんですか？」

「い、いえ」
「何もしてないんでしょ？　え、○○さん。お金、返してください よ」
「い、いえ、ちょっと今は……」
「今できなかったら、いつできますか？　明日できますか？」
「明日は……」
「明日できないと、どーしてわかるんです？　つくってくださいよ。どっか行って借りてきなさいよ。親戚でもどこでも回って。貸してくださいと頼みましたか？」
「い、いえ、そういうことは……」
「やってください！　お金返してくださいっ。○○さん、あなたね、寝てたらお金がふってくるんですか？　天井見てたら、お金ができるんですか？　ウチのお金ですよ、返してくださいっ！」

毎日、毎日、何社も何社も、こうやって電話がかかってくる。電話の音が鳴るとビクッとする。謝ってばかりで、どうにもできない自分が情けなくなる。卑屈になる。自信がなく、おどおどした人間になる。借金は人間性をも変える。

サラ金業者が産経新聞社に寄付した20万円てのは、こうやってつくったお金なんですよ。

借金苦による自死

「サラ金自死被害者の会」の会長のお母さんは、借金を苦にして首をくくった。調べると、アイフルの請求書が出てきた。100万円を超えていた。100万円なんか、とても支払えないと思って、お母さんは首をくくったんだね。

アイフルは、49日も済まさないうちに、「借金は保険でカバーします。相続人たるご遺族には請求がいかないようにするから、死亡診断書を送ってください」。こういう手紙をよこした。血の凍り付く思いがしたという。

司法書士が取引履歴を請求して、法律どおりに利息を引き直して計算した。28万円の過払いだった。借金が残っているどころか、アイフルは28万円を返さなくてはいけない立場だったのだ。借金はとっくに支払い終えていたのだ。なのに、しつこくしつこく請求していたのだ。それが理由でお母さんは首をくくった。

お母さんの命にだれが責任をとってくれるんだろう。だれもとってくれない。アイフルは28万円を返したら、それでおしまい。罰則はない。日本てのは、そういう国なんだ。

28万円の借金で死んだんじゃないよ。28万円、返してもらえることを知らずに、死んだんだよ。

28万円。調べなければ、アイフルはただもらいしてたんだ。

産経新聞社がもらったのは、20万円……だれかが電話の呼び出し音に耳をふさぎながら、いわれのない請求に怯えている。本来は、その人が、受け取るべき20万円かもしれない。

貸金業規制法は改正されたが

私は3年前から「アイフル対策全国会議」の事務局を手伝っています。昨年アイフルには全店舗営業停止という大処分を食らわせることに成功し、それもひとつのきっかけとなって貸金業規制法が改正されることになりました（アイフル問題のポスター、描きました）。

そういうことで、大手には利息制限法を守って営業するところが増えています。しかし業者側の巻き返しも強くて、最高裁の動向が今年はじめから怪しいんです。金融庁もかなりおかしくなっています。まだまだ手を抜けません。

なにせ自民党はかなり金もらってますからね。公明党の議員も油断できません。サラ金業界の大会に出席して、業界のために頑張りますなんて挨拶するんだから、大変な「生活者の党」もあったもんですわ。

（2007.11.27）

銀行がサラ金の上をいく!

驚くような話がありました。

みなさんは「ロプロ」という会社をご存じでしょうか。旧社名は「日栄」。あの「腎臓売れ、目ん玉売れ」と言って取り立てていた悪徳高利貸し会社です。そのロプロが回収に失敗した不良債権を、なんと銀行が買いあげて取り立てているというのです。

債権回収はヤクザのしのぎのひとつです。不良債権を買うのは、取り立てに自信があるからでしょう。悪徳高利貸しでさえ回収できなかった不良債権なんて、ホントのクズ債権。それを銀行が買うなんて……どんな自信なのか、怖いものがあります。

で、この銀行がどんな銀行なのか調べて見ました。「日本振興銀行」といいます。2004年にできたばかりの銀行だそうです。てことは、あの「なんでもあり」の小泉改革でつくられた銀行ですね。

設立者は木村剛と平将明。木村剛といえば、竹中平蔵氏のブレーンの一人で、金融庁顧問だった人です。平将明は衆議院議員で、小泉チルドレンの一人です。申請してからなんとたった8カ月で設立できたという、インスタントな銀行。あ～やっぱりなあ。

で、どんな営業をしているのか調べてみると、年利15～18%だそうです！　サラ金の金利と一緒じゃないですか。借りる時に8%もの保証料が天引されるのも日栄なんかと同じ。

てか、電話一本で借りられるとか、来店不要とか、赤字経営でも貸しますとかのうたい文句は、まさしくサラ金そのもの。開業間もない飲食店になんか、サラ金でも貸さないようなところにまで貸しますなんて、大丈夫なんだろうか。

そりゃあ信用調査を甘くすれば、数字の上で貸出実績だけはつくれるけど、問題は回収。ロプロの不良債権を買っているのも、じつは帳面状の貸出実績をつくるためという目的もあるんじゃないんだろうか。怪しい雰囲気がぷんぷん。

普通預金はやってないし、全銀システムにも加盟していないし、なんでこれが銀行なの？　内部の情実融資とか変な噂もあるようだし、いずれ得体のしれない連中にしゃぶり尽くされて、赤字と粉飾決算が表面化して、潰れるような気がします〔2010年経営破綻〕。

人気のあった小泉改革ですが、これから時間がたてば、ますます化けの皮が剥がれていくと思いますねえ。　(2008.4.9)

多重債務と派遣労働に共通する問題

私は長年、多重債務問題にかかわっています。多重債務に陥った理由はさまざまです。その人間模様も、ほんとにさまざまです。

極端な例をあげますと――

多重債務に陥った人

ある生活保護受給者は、生活保護手帳と振込通帳をマチ金に押さえられていました。マチ金は生活保護費が入るとそれを自分が受け取り、最低生活費だけを一家に渡していたんです。

それは違法行為なのでマチ金に抗議して、手帳と通帳を取り戻しました。

その時に聞いたマチ金の話はこうでした。

「違法はわかっているが、自分がしているのは人助けである。金銭管理しているのだ。あいつには金銭管理能力がない。生活保護費が入るとたちまちパチンコに使ってしまう。それで借金を頼みにくる。貸しても返しにきたためしがない。

他にも借金があるので、自分が話を付けて毎月数千円ずつの分割で返しているが、それを届けるのは自分である。そうまでして自分が返してもらっているのは一カ月2万円だけで、利息にもならない。あんたは人助けのつもりかも知らないが、あいつは助からないよ」

翌月、生活保護費を受け取ったその人は、その2日後、手持ちの金が2千円しかないと泣いていました。パチンコに使ってしまったそうです。

こういうのはどうしようもない道楽者ですが、似たようなタイプを他にも知っています。

大きな衣料品店の2代目経営者の息子で、その金銭感覚は同じようなものですが、こちらは親がしっかりしているので、40過ぎてもパチンコしたり飲み歩いてのらくらしています。さすがに親も遊ぶ金をジャカジャカくれませんから、こいつはまずサラ金で借金します。それがふくれあがったところで親に泣きつくんです。

多重債務に追い込むシステム

マチ金は高利です。そして必ず連帯保証人を取ります。グループ貸し相互連帯保証システムと言って、たとえば借金を申し込みに来た顧客5人でグループをつくって全員に貸し付け、全員が相互に連帯保証するシステムです。

全員が高利の借金で火だるまになるのですが、一人が逃げようとするとその人の債務が残りの人にかぶさりますから、借金取りが追いかけなくても保証人たちが血眼で探し回ってくれます。

借金で首が回らなくなった人が破産しようとすると、連帯保証人はその人を非難します。借りたものを返すのは人間として当然だろう、お前だけ助かればそれでいいのか、お前は畜生か、腐っているのか、などと怒鳴り上げるんです。何度もすさまじいやりとりを目にしました。

でもそう言って非難する人も、何カ月かあとには必ず借金返済に追われて食うや食わずになります。借金のことで頭がいっぱいになり、仕事が手につかなくなり、家庭では暴力的になるかふさぎこみ、最後には離婚し、一家は離散。家庭が崩壊します。

破産するのがいちばんいい解決法なんですが、夜逃げや自殺に追い込まれる人もかなりいました。うつ病になってしまう人もいました。

そんな人でも、追い込まれるまでは自分が他人と同じ船に乗っていることに気づかないで、他人を非難しているんですよね。まじめな人ほどそうでした。

個人の責任なのか、社会の責任なのか

なぜこういうことを書いたかというと、私はお人好しで世間を知らないから自己責任論を否定しているのではない、ということを示すためです。

高利の金融システムを許している限り、性格的に弱い人が餌食にされるんです。世の中、強くて立派な人だけが生きているのではありません。弱い人やだらしない人が必ずいます。そういう人も含めて世の中はできており、お互い支え合って生きていくしかないんです。弱い人たちに対して自己責任論だけ振りかざせば多重債務問題や派遣問題がなくなるかというと、なくなりません。

サラ金があり、派手なテレビCMが流され、可愛い女の子がニコニコと借金を勧めれば、そりゃあ汗水流して稼ぐより手っ取り早く現金を手にできるのだから、うっかり乗せられるお人よしが出てくるに決まっているんです。

政府が派遣労働を持ち上げ、カッコいい働き方だと勧められれば、つい信用してしまう人がいるんです。派遣システムがある限り、そこに行き着く人が絶えるはずがありません。それは個人の問題という面もあるけれど、システムそのものが間違っているんだから、そこを選択した人だけを責めても問題解決にならないんです。

高利金融システムや派遣システムを改革しないと、その人たちも助からないし、まわりも助かりません。社会的コストも高くなります。

もちろん、個人の自覚の問題というファクターがあることは否定できないでしょう。しかしこれは社会の構造問題という面のほうが大きいと思うんです。だっていま起きている派遣切りという事態は、派遣システムが合法化されるまでは存在しなかった問題なんですから。

なのに、どうも自己責任を強調する人は問題解決のためにそれを主張するのではなく、自分とは無関係な事件であって、解決すべき問題などないかのように考えているんではないか。ただ他人を見下げ、溜飲を下げているだけではないかという気がするんです。

不条理な派遣システムを正さなくてはならない

まだ一部ですけど、派遣社員が派遣会社の責任を追及する動きが始まりました。派遣先が契約期間中に契約解除をしたのは違法なのだから、派遣会社は損害賠償を求めるべきなのに、そうしないで漫然と契約解除を認めて社員に損害を与えたのが違法だという論理です。

派遣会社にしてみれば、派遣先にたてついたら次の契約が

もらえなくなるので、そんなことするより社員を路頭に放り出したほうが会社の利益です。こういうことが法的に許されている。こんなシステムがある限り、不条理な派遣切りがなくなるはずがありません。

派遣社員も、次の仕事をもらうためには泣き寝入りするしかないとあきらめていました。これに抵抗する動きが出てきたのはよいことです。

派遣法を見直そうという動きも政界や官僚の一部から出てきました。

そういう社会的波及効果を派遣村が狙っていたのだとすれば、いろいろな問題があるにしても、私は派遣村〔年越し派遣村。複数のNPOおよび労働組合が2008年12月31日から09年1月5日まで東京・日比谷公園に開設した避難所〕の取り組みを支持します。

(2009.1.8)

罰する法律がなければ何をやってもいいのか

明日2月19日〔2009年〕、最高裁が、アイフル子会社「シティズ」を断罪することがわかりました。

契約を悪用し、「支払いが1日遅れた」などという理由でペナルティを課して高利をとってきたことについて、脱法であり信義則に違反するというはじめての判断を示す予定です。

どちらも弁護士だけれど

シティズは法律のスキマを突いた商売を得意としています。大阪府知事橋下徹は、かつてこの会社の顧問弁護士をしていました。

シティズが貸金業法43条を悪用して高収益をあげていたとき、橋下が法廷で一貫して言い続けたのは「法律は破っていない」という理屈でした。それでどんなに顧客が困ろうとも平然と家屋敷を競売にかけ、一家離散に至る家族の苦悩など歯牙にも掛けず、「私は負けたことがない」とうそぶいていました。

けれども法律の素人を相手にして、契約をたてにむごいことをして大儲けするのがおかしいと感じるのは、人間として当然のことです。そう感じない橋下は人間としてどこか欠陥があると私は思います。

社会常識に欠けたシティズを相手にして、人間としての感性にもとづいて、法律を駆使し、条理や情理を尽くして、良心的な弁護士たちがたたかいました。

一歩一歩シティズの論理を食い破り、いまではシティズが違法金利を取ることはできなくなってしまいました。ペナルティで儲けるというのは、シティズがしがみついている最後の砦でした。

判決の効力はその事件にしか及ばない

裁判で負けても、シティズはしれっとした顔で前と同じことをします。判決の効力はその事件にしか及ばないからです。別の顧客に対する悪事を懲らしめるには、別の裁判が必要なのです。

全国の数十万人の顧客のうち、たたかう弁護士がついて徹底的に争ってくるのは一握りしかいません。難しい法論理を駆使してたたかっても、時間と手間ばかりかかってあまり儲からないので、そこそこのところで手を打っておけば楽だと考える弁護士のほうが多いのです。

こういう現状をいいことに、文句を言わない奴には平気な顔で脱法行為を繰り返すのがシティズです。

しかし、最高裁で勝ったから、下級審でもこれまでよりは楽に勝てるようになるでしょう。

とはいえ、法律が変わらない限り、シティズは何度負けても別の客からむしり取ることでしょう。それとのたたかいは今後も続きます。法律改正要求も続きます。そうしないと善良な市民が食い物にされるばかりだからです。

罰する法律がないときに問われる良心

「罰する法律がないから違法ではない」

「違法ではないのにそれを犯罪だというものは許せない」

こういう人がいます。

イスラエルの蛮行を目の前にしても、平然とそう語る人がネットには多くいます。まるで法廷の橋下みたいな理屈です。形式論理としては一理あるように見えますが、私はそんな理屈を認めません。

いま起きている事態を、容認するのか容認しないのか、人間として自分はどう判断すべきなのか。物事はそこから始まります。

禁じる法がなければ別の法を援用すればいい。それが無理なら新しい法をつくればいいのです。禁じる法がないとうそぶいて「壊れやすい卵」が踏みつぶされているのを容認する人間を、私は信頼しません。

上告を取り下げて悪事を続ける会社

ただいま15時44分。

状況が変わりました。

勝利をシティズに踏みつぶされました〜っ
くそ会社シティズは、負けがわかったので、最高裁の確定判決を回避するため、上告を取り下げたのです。なんちゅ〜卑怯な奴でしょうかっ！

シティズは客から高利をむしりとったり財産を差し押さえたりするときは、「裁判所のお墨付きがあるんじゃ〜っ！」てな態度でやってきました。このたびは、その言い分が通らなくなりそうでした。最高裁が判断すれば、全国の下級裁判所がそれを参考にします。えらいことです。

そこで、その結論が出るのを回避して、裁判を取り下げました。取り下げると裁判はなかったことになります。最高裁の判断がなければ、これからも全国の下級審で屁理屈をこねることができます。そして大昔に勝った判決を盾に、シティズは言うのです。「裁判所のお墨付きがあるんじゃ〜っ！」

では、こちらが訴えたらシティズはどうするのでしょう。手強い相手だと見れば、あっさりと全面降伏して和解を求めてきます。相手が負けを認めているのに、あくまでも判決をくれとは言えません。こうしてシティズは「負けてない」ことにできるんです。く、悔しいなあ……。しかしこういうのを乗り越えてたたかうしか、世の中を変える方法はありません。

代理人弁護士も頭にきていて、以下の抗議申し入れ文を出しました。

平成21年2月18日　最高裁判所第1小法廷　御中

上告人（注：シティズのこと）の平成21年2月18日付け上告取下書による上告の取り下げは、自ら判決を求めて上告受理申立をし、また同種の争点を有する他の多数の訴訟が係属し下級審における判断が統一されていないことを知りながら、更に同種の争点を有する事件についてなお上告を維持しておきながら判決言渡期日前日に専ら判決回避の目的で行われたものであり、民事訴訟法2条に違反し、あるいは権利の濫用であるから訴訟行為として無効であると思料いたします。予定どおり判決言い渡しをされたく異議申立をいたします。以上

（2009.2.18）

改正貸金業法──サラ金にだまされるな

お金に困ったら借金せずに権利を主張しよう

お金に困ったら借金するという風潮は、もうやめにしましょう。生活にも困るほどお金がないのに、高い利息をつけ

て返せるはずがない。借金したらあとでもっと困るのは、火を見るよりも明らかです。借金のほうがお手軽だけど、それは自分の未来を食いつぶしているってことに、気づかないと。給料だけでやっていけないなら、ちゃんと労働組合に入って要求する。自営業が儲からないなら、単価を上げてもらう。どうしても暮らしていけなくなったら、生活保護などの社会保障を活用する。

これが当たり前の姿です。

こういうことは一人ではできません。だから連帯が必要なんですよね。連帯を忘れてバラバラにされているのに孤独であることが正しいような考え方にはおさらばして、貧しいもの同士が連帯して、このクソみたいな世の中とたたかわなくっちゃ。

さて本題です。

法律を骨抜きにしたいサラ金側

改正貸金業規制法の施行を6月に控え、サラ金側はなるべく法律を骨抜きにしたいと画策しています。慶応大学の小林節《せつ》教授など御用学者を総動員して、世論に訴えようと大わらわです。

次のサンケイビズ記事などがその一例ですが、金融庁のヒアリングにも積極的に出かけて、貸金業者の立場を代弁しています。

小林節・慶大教授「改正貸金業法は乱暴」　社会の安全弁、市場存続を

古今東西、自由な社会に貸金業は付き物。月末の資金ショートに対し、即決・無担保で少額を短期間貸してくれるビジネスは、いわば社会の安全弁。だから、半ば感情的に貸金業者を制裁したがっているような風潮を改め、貸金が業として成り立つような条件を整えるべきだ。（フジサンケイ・ビジネスアイ10年1月21日）

学者ともあろう方が何を言っているんでしょうか。感情的なのは自分の方です。人が知らないと思って、いいかげんなことを言ってはいけません。

今回の改正では、事業者貸付は総量規制の対象外です。信用さえあれば運転資金の貸付が受けられます。しかも、この問題は何も昨日や今日に始まったのではありません。

すでに明治35年の法律で違法

利息制限法を超える契約は無効であり、支払いすぎた分は利息として計算するのではなく、元本に充当せよというのは、なんと明治35〔1902〕年10月25日の大審院判決で確定された法理です。

この法律は片面的《へんめん》強行法規といって、当事者がどんな約束をしていようが、そんなことにはお構いなしに適用されるし、守らなければならない法律です。

たとえば奴隷契約なんかもそうで、奴隷にされることに合意していようと、そんな契約は無効です。利息制限法もそういう法律のひとつなんです。

超過利息について客が合意していようといまいと、そんな約束は無効であり、過払い金については、全額につき不当利得返還請求ができる。これは昭和43〔1968〕年11月13日の最高裁判所判決で確定しています。なのに判決を無視して何の対策もとらずにいて、いまごろ泣き言をいってどうなるんだか。

サラ金を応援して教授が手にする講演料や原稿料は、どういう性質のお金でしょうか。利息制限法違反の無効な利息が生んだ、いわば犯罪収益じゃないですか。

違法金利の借金は返済の必要なし

利息制限法には罰則が定めてありません。刑事罰があるのは出資法という別の法律で、これは庶民相手に無担保で貸し付けるような商売が生まれることを、予定していない時代の法律です。そこでサラ金は罰せられないのをよいことに、法律上はまったく無効な利息を取り続けました。サラ金がむしり取っていたのは、取ることが禁じられていて、支払いわれなどまったくない利息なんです。

ところが、あたかも違法な金利を支払うのが当然であるかのように客に請求し、支払わなければとんでもない取立をして、数え切れない人々を経済破綻に追い込んできたのが、サラ金です。法に違反しているのは自分たちなんです。サラ金は犯罪者なんです。

そのくせにサラ金は「借りたものは返すのが人間でもんだろうが」などと追い込んでいたのです。たしかに借りたものは返すのが当然です。しかし彼らが取っていたのは、返すのが当然どころか、取ってはいけない利息だったのです。サラ金は犯罪者のくせに、まともな市民に大きな顔で説教を喰らわせていたのです。

こんな顚倒《てんとう》したあり方は駄目だというのが、改正貸金業法です。あまりにも当然の改正であり、むしろ遅きに失したとさえ私は考えています。

利息制限法の金利でさえ高い

それどころか、利息制限法の金利さえ高いと私は思っています。

利息制限法の改正でいまの利息になったのは昭和29年。昭和29年というのはインフレの時代じゃないですか。公定歩合が5・84％、企業向け銀行貸出金利は9・11％という時代です。その時代の制限金利が、預金金利0％の時代にまだ続いているというのは異常です。

サラ金は自分たちも苦しいんだと泣き言をいっていますが、まともに取り合ってはいけません。割に合わないはずがないんです。廃業が相次いでいますが、これは過払い金のがれの方策なんです。「もう会社をたたんじゃったから、過払い金は支払えません」といいながら、ペロリと舌を出して、別の名義でちゃっかり新規開業するに決まっています。

アイフルはその手口で、子会社ライフの過払い金をうやむやにしてしまいました。他にもそういう会社はいくつもあります。

どこまでいやらしい業界なんだろう。みんなつぶれてしまえ！ (感情論とはこういうのをいうんです)

(2010.2.17)

サラ金と癒着する学界・政界

「自民党政権公約詳細版」はデタラメ極まるシロモノだと、読みもしないうちから私は決めつけている。自分のテリトリーである多重債務問題をチョロっと眺めただけで、そう思った。時間の無駄だと思うので全体を通して読むことをしていないが、きっと印象は間違っていないと思う。

自民党は金利引き下げがヤミ金を横行させているという。金利を下げたのは失敗だったので、またもとに戻したいという (末尾に該当箇所を掲載した)。

金利を引き下げた
→その結果、貸出リスクが増加した
→その結果、サラ金の貸し渋りが起きている
→その結果、ヤミ金が横行している

ウソぬかすな！　警察はヤミ金が減っていると発表しているぞ (末尾にデータを掲載した)。ヤミ金の年間相談件数は4237件 (平成19年) が916件 (平成23年) に変化している。相談件数が21・6％に減り、検挙者も減り、被害額も減っている。この状態を指して、自民党は「ヤミ金の暗躍」というわけだ (笑)

自民党にこんなデタラメを吹き込んだブレーンは、ジャーナリスト石井孝明とか早大クレジットビジネス研究所の坂野友昭教授とか東京情報大学教授の堂下浩教授たち。サラ金の金利を下げたらよけいに景気が悪くなってヤミ金が横行したと言い続けている。

最高裁の発表している自己破産統計をみれば、破産件数がガタ減りになっているのがわかる。金利引き下げは、明らかに貧困層を助けているのだ。

が、彼らはそれを認めない。それもそのはず、早大クレジットビジネス研究所はサラ金の金で運営されている。

「早稲田大、サラ金業界と癒着　寄付5千万円で〃御用論文〃量産」（My News Japan 07年9月30日）

その所長である坂野友昭教授は研究資金の着服疑惑で停職処分をくらっているような人物だ。

さらに――

「早大副総長・江夏教授　サラ金業界からの〃研究費〃を身内企業に還流の疑い」（My News Japan 07年10月30日）

サラ金業界は、自民党や公明党に金を渡している。学者やジャーナリストにも金を提供する。学者たちは見返りに、学術論文の体裁をとったサラ金擁護の屁理屈を並べることで、サラ金の薄汚さを覆い隠す。自民党はその論文を用いることで、明らかなサラ金支援政策を、あたかも金融政策のようにメークアップできる。

サラ金紳士たちが喜ぶような政策をつくり、儲けの分け前を要求するのが自民党という政党である。

そのケツにくっついておこぼれをちょうだいしているのが公明党だ。とある公明党議員なんか、支持者の前で生活者を守るのは私たちだ！　と演説したその足でサラ金業界の年次大会に出て、金利を上げるべく頑張りますと決意表明している。

その正体を百も承知で、今日もメディアは自民党や公明党がまともな政党であるかのように取り扱っている。馬鹿馬鹿しくてまじめにやってられない気になるけれど、そう思ってしまうと奴らの思いのツボ。こちらに力はないが、まっとうな政治を求めてシコシコと頑張るしかない。

(2012.11.24)

連帯保証人制度は廃止すべき

「学生の就職内定率上向き『最悪期脱しつつある』」（読売新

聞12年11月27日)

景気が戻りかけているのなら嬉しい話だが、まだまだ零細企業は苦しい。

欧米にはない陰湿な再建回収システム

私の業界には、商売に失敗して何千万円もの借金をつくってしまう人がいる。そういう人は多い。

商売だから、成功と失敗はつきものだ。日本でいちばん頭のいい人たちが集まって経営している一部上場企業だって失敗するのだから、能力の問題というよりは、ある程度は運の善し悪しだろう。

自分の財産で償えない場合は、破産の道を選ぶ。破産した人の代理人は、これで人生が終わるんじゃないから、借金を法的にきれいにして、もう一回頑張ろうよと励ます。しょせんゼニカネの話だ、命とてんびんに掛けるようなことじゃないよと。

破産する人はそれでいいが、じつは保証人がたまったものではない。ときどき、保証人から怒りの電話や手紙をもらうことがある。今日も一通届いた。

連帯保証していたばかりに、貯金を金融機関に全額取り上げられてしまった人から、せつせつと助けを求める手紙が届いたのだ。

破産した主債務者を非難するのでなく、それは自分が保証したから仕方がないとあきらめているが、ぜいたくをしたわけでもなく、長年生活を切りつめてコツコツと貯めてきた老後の貯金、全財産を失いましたと書いてある。心細い暮らしをしている老夫婦で、貯金だけが万が一のときの支えだった。1円でも多く返してくださいと書いてあった。

読んでいて、本当に心が痛んだ。失敗した人を助けると、何の落ち度もない他の人が窮乏に陥るという、この「連帯保証人制度」はなんとかならんのだろうか。

金融機関は「人的担保」と称している。非情な言葉だなあ。

くわしい人の話では、欧米にはこういう制度はないのだそうだ。近代資本主義の冷徹な経済システムと、陰湿なアジア的人質制度が合体して、より強力になった債権回収システムなんだそうだ。

法による規制が必要だ

連帯保証人に迷惑をかけたくないばかりに、主債務者も無理をする。儲からねえなあと感じた初期の段階であっさりと商売をたたんでいれば、損をするのは自分一人ですむ話だ。保証人がついているばかりに、無理をして商売を維持しようとして借金を重ね、しまいには嘘までついて金を借りるようになる。にっちもさっちもいかなくなったころには、借金が雪だるまみたいにふくれあがり、本人ばかりでなく金融機関も保証人も大被害を被るのだ。

誰一人悪人はいない。責任感が強い人ほど無理をして、深みにはまってしまうのだ。

新卒の皆さん、間違っても保証人のハンコをついてはいけないよ。祖父の遺言で固く禁じられているとか言って断るんだよ。

連帯保証人制度がなくても欧米の金融機関はちゃんとやっていけているのだから、日本の金融機関に同じことができないはずがない。悲劇ばかりを生み出すこんな制度を、いい加減にやめるべきだ。法律で規制しなければ、なくすのは難しいだろう。だがそんな公約をしてくれる候補者はいない……。

(2012.11.27)

昭和の高利貸し規制法―不成立は残念

法律が不備なばかりに、サラ金の高利に泣いてきた人は数知れない。

法の不備をよいことに、うまく利用してボロ儲けをたくらんだのがサラ金や商工ローン経営者であり、とんでもない高利を課して、客を自殺や一家離散に追いやってきた。

そういった連中にうまく取り入ってべらぼうに稼いでいた法匪《ほうひ》の1人が、いま大阪市長をしている橋下徹であることは、これまで何度か書いた。

じつは、戦争さえなければ、そういった連中はとっくの昔に駆逐されていたかもしれないことを、最近ある資料によって知った。同時に、戦争前の庶民生活について、私はほとんど何も知らないことを痛感した。

すでに昭和11年にあった利息制限法改正の動き

その資料とは「利息制限法改正に関する件」(昭和11年12月24日)。

昭和11〔1936〕年といえば、2・26事件など物情騒然たる時代だった。翌年は日本軍が上海事変を起こし、南京へ攻め込んで大虐殺を起こした。そういった政治上の激動の陰で、庶民は高利貸しの被害に泣いていたようなのだ。高利貸し被害の根絶をめざして司法省が作成したのが「利息制限法改正案」。つくられたけれど、ついに国会に出されず、成立しなかった法律だ。

資料は、司法省の案に、銀行局の立場から注文を付けたものだ。そこに、当時の役人の良心がほとばしっているように思えた。こんなことが書いてある。

> いゆる庶民金融の現状を見るに、その金利は著しく高利に上っており、一般大衆や庶民階級の金融上の利益保護の点から、見過ごすことができない。（末尾に原文）

戦前、個人に金を貸すのは質屋ぐらいしかなかったと解説されているが、間違いだった。いわゆるサラ金は昭和30年代に現れ、昭和40年代にその害悪が明らかになったとされているが、そうではなかった。戦前から「庶民金融」が存在し、金融当局ですらその弊害を知って対策に乗り出していたのだ。

驚いたのは第5条、第6条の条文だ。

> 法律を知らないとか、世間知らずとか、ともかくいま困っているなど、人の弱みにつけこんで高利で貸し付けたら懲役刑だ。売買などの形を偽装していても、貸付とみなす。（末尾に原文）

うわ、こんな法律が昔からあれば、サラ金とのたたかいがどれほど進んだだろうか。裁判所からこういった判決を取るために、10年以上かかったのだ。

戦争のために成立しなかったことが悔やまれる

明治時代にできた『利息制限法』は、庶民を高利から守るについて、「裁判上の権利」とした。

裁判しなければ、客は自分を守れなかった。

昭和11年改正案は、第2条でそれを「法律上の権利」だと明記した。裁判所の判断など必要などなく、高利は法的に無効だというのだ。

これなんかも、戦後のサラ金裁判で裁判所にそのことを認めさせることができたのは平成になってからだよ。

この法案が日の目を見なかったことによって、しなくてもよい苦労をした人、支払わなくてもよい利息を支払い続けた人は何千万人にものぼる。自殺した人や財産や家族をを失った人も、何十万人もいるはずだ。

昭和11年にこの法案が提出できなかったのは、国がそれどころではなくなったからだ。むろん、戦争を始めたからである。惜しいことをしたなあ、戦争さえなければ……とつくづく思わざるを得ない。

ところで話はこれで終わらない。日本軍慰安婦の話に繋がる。

従軍慰安婦問題と高利貸し

従軍慰安婦問題で出てくる例の前借金だ。

契約書を見ると「年利2割」と書いてあるが、これは明らかに『明治利息制限法』違反だ。

当時の『利息制限法』は元金100円~1000円未満で15%
元金100円~1000円未満で12%
元金1000円以上で10%だ。

年率20%などという法律違反の前借金契約を官権が容認してしまったのだから、その点からみても慰安婦制度は違法・不当なものだったことになる。

㊙利息制限法改正ニ関スル件

昭和11年12月24日
大蔵省銀行局調

利息制限法改正案（原文）

所謂庶民金融の現状を見るに其金利は著しく高利に上り居り現下金融の一般大衆及び庶民階級の金融上の利益保護の点より見て看過を許さざるものあり。

第五条

人の知慮浅薄、無経験又緊急なる窮迫の状態に乗じ財産上著しく不相当なる条件を以て金銭その他の代替物の貸付を為したる者は一年以下の懲役又は千円以下の罰金に処す。

常習として前項の罪を為したる者は三年以下の懲役又は三千円以下の罰金に処す。

第六条

本法の規定は譲渡担保、買戻約款付売買、手形の割引又は売買等如何なる名義を以てするを問わず取引上消費貸借と同一の効果を有するものに付これを適用す。

(2013.6.18)

26 派遣労働

自己責任論の底の浅さ

雇用者も夜逃げするくらい困っているなら話は別だけれど、社員の首を切るならそれなりの保障をするのが雇用者の責任というものです。

人を雇うということは、そういうことでしょう。自由に集まって自由に抜けていくサークルじゃないんだから。社員はそこに生活の基盤を見いだしているんだから。

いつでも勝手に会社を抜け出してもいいし、休んでもいいし、辞めてもいいよっていうなら別かもしれませんが、会社は社員を拘束して働かせているんだから、逆に責任だって大きいはずですよね。

ところで、いま横行している派遣切りは派遣社員の首を切っているんじゃありません。派遣会社との契約を打ち切っているだけです。ならば派遣会社だって社員に対して責任を取らなきゃいけません。次の派遣先を確保するとか、しなければなりません。

だけど現行の派遣法は派遣会社にそこまでの責任を負わせていません。しかも派遣会社には切られた社員の生活を保障できる体力なんかありません。生活を保障しなければならない義務も負っていません。

つまり、人を雇う体力もなければ資格もないような会社に、大量に人を雇わせていたのが派遣法なんです。こんな無責任制度をつくったばかりに、その中で弄ばれているのが派遣社員です。

ネットには、派遣が首を切られるのは自業自得という意見が多く見られます。

その理由はさまざまです。

・なぜ派遣社員という仕事をその方々は選んだのですか?

• もういい年齢でしょう？　派遣とはいえ仕事してたんなら何で貯金とかしてなかったんですか？　先々考えて生きていなかった結果でしょう。
• 派遣の実態をご存じですか？　給与を、ギャンブルやキャバクラ等に垂れ流す人が多いですよ。先のことなど考えていません。アリとキリギリスにたとえると後者です。
• 派遣社員はどうせ切られるんだから、たかが解雇で騒ぐんじゃない！
• 派遣だから、正社員だから、じゃないのです。「悪いのは人のせいだから、自分をなんとかしろ」という主張は聞いていられないのは、何でも同じ。
• 正社員だろうと契約社員だろうと切られるのは結局すべて自己責任。だって切られない人がその横にいるんじゃん。切られないほうに入るように頑張っておけばよかっただけじゃん。

こういう人たちって、家族がいきなり路上で暴漢にぶん殴られても、「路上が危険なのは当たり前なんで、そのときに備えて格闘技を習っていなかったんだから、殴られたのは自己責任だ」って説教かますんでしょうね、きっと。

ではこれらの意見の一つ一つについて自分の意見を述べます。

なぜ派遣を選んだのかって聞く人は、派遣がこんな目にあうものだということを10年前に予測できたんでしょうか。私自身のことを言えば、自分がどんな仕事につけば安心だろうかなんて、若いころには考えていませんでした。考える手がかりすら知りませんでした。もしかすると私だって時代の巡り合わせが悪ければ、政府やメディアの口車に乗せられて派遣を選んだかもしれない。

派遣制度ができたから、企業は正規採用の門戸を極端に狭くしてしまいました。だから派遣会社しか就職口がないんですよね。いす取りゲームでは誰かがはじき飛ばされるんです。何も好きこのんで待遇の悪い派遣身分に甘んじているんじゃないことぐらい、どうして想像できないのですかねえ。

先々考えて生きていなかった結果でしょうと言われても、何十年も先々を見通して生きている自信なんか、私にもありません。正社員だってレールの上に乗って、会社に与えられた選択肢に沿って考えている人が多いんじゃないんでしょうか。会社が倒産するかもしれないとか、自分の業界が消滅するかもしれないとか考えて、その時に備えてスキルアップしとこうなんて努力している人は、そんなにいないと思います。

貯金がないのは貯金できるほど稼げなかったからでしょう。アリみたいに働いても、冬になればキリギリスみたいに困窮するのが問題なんですよね（貯金なんてウチにもないし）。稼いだ金を浪費しちゃう人も中にはいるでしょうけど、それは派遣社員だけのことじゃないはずですから、それが問題の本質であるとも思えません。

派遣会社員はどうせ切られるというなら、どうしてそういう扱いになっているのか、そんな雇い方や切り方を許す法律がおかしいんじゃないかと、どうして考えないのでしょうか。

悪いのを人のせいにするな……って、雇ったり首を切ることができるのは経営者だけであって、派遣社員には解雇権限や雇用権限があるはずないんだから、権限を持っている者の責任を追及するしかないじゃないですか。

首を切られていない人もいるから自己責任だ、なんて論理が許されるなら、全員が失業するぐらいの失態をしでかさない限り、経営者に雇用者責任を問えないことになってしまいます。

こう考えていくと、派遣の自己責任を唱えている人の考えはすごく浅いんじゃないかと思ってしまいます。（2008.12.25）

派遣村批判と慶安の御触書

派遣村のニュースやガザの戦争のニュースが飛び込んできたので、心落ち着かない正月休みでした。

派遣村の取り組みには、これを応援する人もいますが、批判する人もいます。

批判意見としては、派遣社員は先のことを考えないから、不景気になって困っているんじゃないかというのが代表的です。

正社員になっておけばよかったのにこういう境遇を選んだのは自分なんだから自己責任だと、派遣村の失業者自身が言っていました。これにはいろいろと考えさせられました。

まずは慶安の御触書《おふれがき》が浮かびました。

百姓は分別もなく、末の考えもない者で、収穫の秋には深く考えもせず米雑穀を妻子にむざむざと食わせてしまう。

いつでも食料の足りない正月、二月、三月の心構えで食物を大切にし、米をたくさん食わずに雑穀を食え。

飢饉のときのことを考えよ。

家主・子ども・下人らまで、ふだんは粗食を食え。

ただし田畑を耕すときや田植えのとき、収穫のときなど労働の大変なときはふだんよりもたくさん食わせれば、労働に精を出すだろう。
　年貢さえ納めておけば百姓ほど楽なものはない。
　子々孫々までそのように言い聞かせよ。

江戸時代（てか明治後期まで）の農民は春先に飢餓に見舞われていたんですが、それは百姓がむざむざと米を食ってしまうからであって自己責任だ、百姓自身がしっかり自己管理しておけばそんなことにはならないと御触書は言うんですね。

派遣の困窮は自己責任じゃないか、と言うのとよく似ているなあと思います。当時の人にはたしかにそのように見えていたんだと思いますが、百姓の困窮は、実のところは搾取率の高さが根本原因だったんですよね。いまの派遣労働者についても、同じようなことが言えるんじゃないでしょうか。

派遣と正社員は運命共同体

そもそも正社員と派遣社員を分けて考えるのは変なのではないでしょうか。

ここに至る法改正の流れを見ながら、ここらへんを考えてみましょう。

まず派遣制度の開始とほとんど同時期に、正社員に対しての労働強化が図られています。

（以下、○印は派遣拡大政策、●印は労働強化・リストラ政策）

○1985年　労働者派遣法制定

●1987年　変形労働時間制の導入（不払い残業の合法化）

10年後、労働強化と賃金カットの合法化に加えてリストラを政府が推進しました。正社員を減らすと公的資金がもらえるんだから、どこの企業もそうします。仕事が減ったわけではないので、正社員が欠けた穴埋めは派遣社員です。派遣業務が全業種に解禁され、派遣が一挙に拡大しました。

●1998年　裁量労働制の導入（不払い残業の合法化）

●1999年　産業再生法（公的資金注入の条件にリストラを要求）

○1999年　派遣対象業務の原則解禁・非正規化促進

この時期、自己実現のためには時間に縛られる正社員よりも自由な労働派遣労働がナウくてカッコよくて現代的なんだという宣伝が、華々しく繰り広げられました。このようにして、不安定雇用に対する不安感を15年かけて取り除いたわけです。

とどめが小泉内閣の大改革でした。
● 2002年 金融ビッグバン
○ 2003年 一般派遣・有期雇用の上限規制緩和（1年から3年）

このように、正社員の待遇を悪くしたりリストラをすると派遣が増やされ、派遣が増やされると正社員の待遇が悪くなったりリストラがしやすくなるということが繰り返されてきたんですから、正社員と派遣を分け隔てしているのは労働者だけで、産業界は2つをセットにして考えているんですよね。どちらも運命共同体なんですよ。だったら、その力学を反対方向に転換させればいいのではないかなあ。

派遣という雇用形態にならされてきた世代

見たとおり、現在38歳以下（1970年以降生まれ）の人たちは、社会的関心が強くなる15歳ごろから一貫して、派遣という雇用形態に慣らされてきたんですよね。

政府が音頭をとって、そういう政策を推進してきたのです。そのように産業界も若者を派遣に誘導したのです。人をだましておいて、だまされるのが悪いのだというのは筋が通りません。

心構えややる気だけではどうにもならない現実があって、その現実を法制度や労働政策でつくり出したのは政府だし、産業界なんです。自己責任論にだまされて正社員をめざす労働者の競争が始まれば、産業界の利益になります。

頑張って働いたって、全員が正社員になれるのではないのに、全員がそこを目指せば、必ず雇用条件の切り下げ競争になりますから。

労働者は、頑張れば頑張るだけ骨身を削ることになります。正社員になれば、働き過ぎで体を壊してドロップアウトするか、過労死か。

派遣社員になったら低賃金だから、やはり馬車馬みたいに働くしかなくて、運が悪ければ餓死するか凍死するか。

今後ますます広がるであろう貧困

いまはまだしばらくなら実家に帰ることのできる人が多いんですけど、社会全体が低賃金構造になってしまうと、実家の親が子どもの困窮を支えられない家庭が増えてきます。

底辺から順番にそうなりますから、いま派遣村に駆け込んでいる人たちの多くは、先にそうなってしまった家庭の人たちではないでしょうか。

現在困っている人たちの１００％がそうとは言いません。中には、本当に自己責任だぞと言いたくなるような人もいるかもしれません。そういう人は身近にもいますからね、否定しません。

けれどそういう人ばかりではないのも事実なんで、本質的には構造的なところに原因があって、それが第一の問題なんですよね。

これは資本主義の必然じゃない

労働コストが増えれば企業は競争に負けるじゃないか、株主が逃げるじゃないか、という意見があります。それはそうかもしれません。個々の企業の立場に立てば、そう言えます。だからこそ政策誘導というものが必要なんですよね。

利益を生み出さないコストは切るべきだという論理が許されてしまえば、いずれ公害対策など環境負荷のコストだって、企業は出し惜しみするようになるでしょう。昔はそうでした。

公害出し放題だった時代から、環境対策コストが当然視される時代に転換できたのは、市民運動を背景に、政府が産業界に対して政策的強制を実施したからです。企業だって、一人だけ損するのは嫌だけど、全体がそうするなら従おうと決めたんです。ならば雇用責任についても同じことができるはずです。

失業者に至れり尽くせりの保障をすると、ワーキングモラルハザードが起きるという意見もあります。失業者にタダ飯を食わせ続けろなんて要求している運動があるのでしょうか。まともな条件で働かせろというのがいちばんの要求でしょう。

いくらでも方法はある

オバマは雇用対策と環境対策をリンクさせる政策を打ち出しています。環境ビジネスの育成に莫大な政府予算を投下して、２００万人の雇用を生み出そうというものです。アイデア次第で日本でも同じようなことは可能です。

高度経済成長時期につくられた社会的インフラが、そろそろ老朽化しています。不必要なダムや高速道路に予算をつけるのは愚かでしょうが、社会的に不可欠な補修なら、誰も文句はありません。一つ一つの仕事が小さいからゼネコンがいやがるだけのことで、そういう工事を請け負いたい企業はいくらでもあります。

福祉・介護産業に政府予算を投下すれば、ほとんどが人件費なんだから、それはつまり生活消費に再投下され、実体経済に再循環されるものとなり、波及効果が高いと思われます。（巨大工事に政府予算を投下すると、それはゼネコンのある東京に吸い上げられて地方活性化につながらないし、まとまった利潤は多くが海外に金融投資されてしまって、国内に環流しないので投下効率が極めて悪い。）

小さな工事や福祉・介護産業は労働集約産業ですから、雇用対策として優れています。そのような産業構造に誘導するには再教育期間が必要ですが、そんなコストは知れたものです。

私のこんな考えなど浅いものですが、政府が巨大企業のしがらみに左右されないなら、他にもいくらでも政策アイデアがあるはずだし、打つ手はいくらでもあると思います。はっきり言えることは、生きるか死ぬかの状態に置かれている派遣労働者をたたいたって、問題の根源をなくすことにつながらないということです。

派遣労働者も、我が身を振り返って悔やんでいるより、前向きに政策要求したほうが精神衛生上いいはずです。希望を持って前進できる運動を始めてほしいものです。

で、そのためには当面の食住が必要です。だから派遣村。そういうことで、私は明日、わずかだけど「もやい」にカンパすることにしています。

(2009.1.6)

国民の困窮は他人事の政治家

言葉づかいは丁寧でも、「(派遣村に集まった人たちは) 本当にまじめに働こうとしている人たちが集まっているのかという気もした」と言った坂本哲志総務政務官みたいな人間は心底から腐っていると思いますよ。

彼のマニフェストをみると、無駄を減らそうという「小さな政府」論者です。

「公務員の数、議員の数を減らすこと、そして無駄な事業への投資をやめること。しかし、この無駄の定義が難しいものです。たとえばダム、高速道路は都会では無駄でも地方では必要となります」

「戦闘機や1400億円するイージス艦は戦争が起きなかったらこんなに無駄なことはありません。しかし、もしミサイルが飛んでくれれば頼りになるのはこれら防衛のための兵器だけです」

ダム・道路建設予算，戦闘機やイージス艦は巨額だけれども必要だから維持しろと。で、明日食べるお金もない国民については「働く気がないんだろうからほっとけ」とばかりに毒づく。国民の困窮など他人事なんですよね。

「たとえばダム、高速道路は都会では無駄でも地方では必要となります」と言うんなら、

「たとえば失業対策、緊急生活対策は有業者には無駄でも失業者には必要となります」という論理にならなきゃおかしいのにね。

「たとえばダム、高速道路は国民経済には無駄でもゼネコンと議員には必要となります」

これがホンネじゃないのかなあ。

(2009.1.6)

派遣村批判に反論する

前節の投稿に次のような批判が寄せられました。

• 派遣村といっても、ほとんどはホームレスじゃないか。
• 貯金もせず暮らしていた者に同情の余地はない。
• 9条の会の旗があったことでわかるように、左翼の宣伝の場にすぎない。
• 報道管制を敷くなど、運営がおかしい。

これについて私の考えを書きます。

「派遣村といっても、ほとんどはホームレスじゃないか」への反論

派遣村の主催者の一人である宇都宮健児弁護士とは、「アイフル被害対策全国会議」の集まりで何度か一緒のテーブルについたことがあります。氏はもともと闇金やクレジット・サラ金問題をやっていた方です。

クレ・サラ運動にたずさわる優秀な弁護士たちのおかげで、サラ金のいう理屈は法廷でことごとくひっくり返されました。そのため、全国で過払い金返還が当たり前になりましたね。

運動に全然かかわってこなかった弁護士や司法書士が、いまそれを商売として熱心にやってますが、運動にたずさわってきた弁護士たちはいま新たな方面にチャレンジしています。反貧困です。

それはサラ金問題の根っこには日本の貧困問題があり、そこを解決しないと自分たちがいくらサラ金と戦ってもそれだけでは被害者が救われないという現実をいやというほど見せつけられたからです。

派遣村も、もともとは反貧困の運動から出発しています。

ですから派遣村にホームレスが集まっても、ちっともかまわないんです。

「貯金もせず暮らしていた者に同情の余地はない」への反論

派遣切りの失業者というのが幻で、そんなものはどこにもいないというなら、「派遣村と言ったってほとんどはホームレスじゃないか」という批判は正当かもしれません。しかし派遣切りの失業者が大量にいるのは事実なんです。

これまでも日雇い派遣は山谷やあいりん地区にみられるとおり、「人夫出し」という名称でこっそりとはびこっており、多数の貧困者を生み出していました。ホームレスの人には元日雇い労務者が多いですね。

しかし、これまで非合法だったそういう雇用形態が合法化され、土建関係にとどまっていた搾取業が全製造業に広がり、やくざのするようなピンハネが野放しとなって、派遣会社はその利益で東証一部に上場できることにもなりました。

派遣先は人件費削減で利益を上げました。派遣会社はピンハネで利益をあげました。その分だけ派遣社員は貧困化しており、不安定雇用状態におかれています。それが理由で貧困の質と量が数年前から全然違ってきたんです。

そして派遣社員がこの不況で一斉に首を切られました。女性を含む20代や30代の成年がホームレスになるなんて、10年前には想像もつかなかった事態ですが、まぎれもなく現実なんですよね。これまでならあり得なかったことが日本全国で大量に同時に起きているんです。

この事態は本人の気の持ちようや、やる気のなさだけでは説明のつかない現象です。日本人の精神構造が急変したのだというのでもない限りね。

派遣村の相談活動で元の会社に戻れたり、新しい就職先が決まった事例が報道されています。この人たちは、派遣村がなかったらどうなっていたんでしょうか。

「9条の会の旗があったことでわかるように、左翼の宣伝の場にすぎない」への反論

問題は日本社会の構造にあります。いま、日本社会の構造改革が必要なんですよね。人間の生命や尊厳、基本的人権がないがしろにされている現状を変革して、それらが大切にされる社会にしなければならない。この問題意識は9条の会と共通しています。だから、9条の会が反貧困運動に参画するのはほとんど必然と言えます。

現れている問題を個別のものとして分析して対応するのは当然としても、個別の問題がそれ自体として孤立して存在いるものでもないのだから、総合的なアプローチも必要です。

派遣村に9条の会の旗が立っているのがおかしいと言っ

たって、９条の会の人たちがそういう問題に敏感だから集まっているんだもの、それでいいじゃないかと思います。

まあ、憲法問題とは無関係に反貧困の運動に共感する人だっているだろうから、９条の会の旗がそういう人たちを遠ざけてしまうのなら、旗を遠慮したほうがいいと思いますけれど。


「報道管制を敷くなど、運営がおかしい」の反論

派遣村は公共の場であると同時に村民の生活の場ですから、その平穏を守る目的で取材制限するのは当然です。人物を撮影するなら本人の同意をとるべしとか、物見高い「見物人」を閉め出すために報道関係者は腕章を巻いて身分を示すべしとかは、当たり前の規制です。

本部テントなど以外の撮影が禁じられているというのは誤解で、禁じられているのは一部です。生活の場を無遠慮に撮影されるのは、誰にとっても不愉快なものですからね。

ボランティア体験記を読むと、係のボランティアが主催者の意図を超えて過剰な配慮をしていた事例もあったようです。こういうことはあるでしょうけど、それが派遣村の意義を台無しにしてしまうほどの大問題とも思えません。

まあ、批判は個々の内容云々より、「人権派」と目される人たちのやっていることが肯定的に報道され、社会的影響力をもつことへの過剰な警戒感から発生しているのではないかなと、これが私の感想です。


（2009.1.9）

英国で派遣労働規制規則が成立

英国で派遣労働者規則が1月21日に成立し、来年（２０１１年）10月に施行されることになりました。日本の運動に参考になる内容です。

新しい規則は、派遣先で3カ月働いた派遣労働者に、正規労働者と同等の基本的な労働条件を保障する内容です。

給与水準や、労働時間、時間外労働、休憩、休息時間、夜間労働、休日、祝日に関する権利について、正規労働者と均等の処遇を定めています。

均等処遇といっても、何を対象とするかで、労働側と経営側が対立しました。

経営側は「基本給のみが対象」と主張しました。

労働組合は、「給与全般が対象」と主張しました。

規則は最終的に、派遣労働者の「労働に直接かかわる賃金すべて」を対象とすることになりました。すなわち基本給のほか、時間外手当、シフト手当、休日労働手当、業績手当、疾病手当などがこれにあたります。

一方、企業年金、整理解雇手当や、疾病手当のうち、企業が法定レベルを上回って設定している部分、現物給付、ボーナスなどは適用が除外されます。

また、派遣と派遣の間の待機期間について、最低賃金額を下限として従前賃金の50%を支払うことが義務づけられました。

心配されているのは抜け穴です。職業紹介所を経由した労働者は、派遣ではなくパート労働者だということで、今回の規則は適用されません。また、業務請負の派遣は適用外となります。日本では実質的には派遣なのに、名目だけ請負業にして法の規制を逃れることが横行していますが、英国でも同じ問題があるようです。

労働組合などは、名ばかり請負業務が横行しているとして、適用範囲の拡大を政府に求めましたが、反映されませんでした。今後は抜け穴防ぎが労働者の課題となるでしょう。

抜け穴を防ぐための規則に、前進面もあります。

企業が規制をかいくぐるために、契約期間を12週より短く設定して、何度も更新を切り替える手口が指摘されていました。規則は、同一の雇用主のもとで働く場合、最低6週間の休止期間をおくか、まったく異なる仕事に従事する場合を除いて、就業期間は通算されるとしています。

このほか、社内食堂などの施設の利用権、空きポストができた場合の応募などの権利、妊娠中あるいは乳幼児の母親である派遣労働者に対する保護なども、正社員と均等でなければならないと定められました。

規則に強制力を持たせるために、政府の設置する監督機関が検査するそうです。

また、派遣労働者自身が雇用審判所に申し立てることもできます。雇用審判所の審理により違反が認められた場合は、派遣労働者に対して2週間分の賃金を下限とする未払い賃金等の支払いのほか、最高で5000ポンド（72万円）の賠償の義務が課されました。

違反事業者に対しては改善状況の検査が実施され、改善命令に従わないなどの場合には、罰金（上限は設定されていない）や最長で10年の業務停止が課されます。

施行は当初、2010年4月が予定されていたのですが、経営側の要求で2011年10月まで延期されました。


参考情報「派遣労働者規則、11年10月施行へ」（労働政策研究・研修機構「海外労働情報　国別労働トピック」10年2月）（2010.2.12）

「就労支援成果なし」の報道に異議あり

「就労支援6億9000万円　成果なし」

こういう見出しの記事が今朝（2012年10月20日）の朝日新聞に掲載された。

報じられたのは「生業扶助」という制度

「生業扶助」という制度がある。生活保護を受けている人を対象に、仕事に就くための支援予算が出されているものだ。この制度が役に立っていないことを、会計検査院が指摘した。そのことを伝える記事だ。

指摘された具体的事例は2つ。

- 自動車教習所に通う金を支給したのに、2日間しか通っていなかった。
- 職業訓練校に通う交通費を出したのに、訓練校を出て2年たっても職が決まらない。

前者のように、資格を取ると言って果たさなかった「不正」が825人。後者のように資格を取ったが生かせていない事例が2024人あるという。

一読して、この記事を書きながら記者は違和感を覚えなかったんだろうか、と疑問を禁じ得なかった。

成果が上がったことの指摘が記事にない

記事によれば、支出された予算は6億9千万円。成果の見られなかったのが、そのうち1億2千万円だという。すると、5億7千万円分は、会計検査院が認めざるを得ない成果があったことになる。82・5%に効果があったのだ。

その人たちは、就労して生活保護を脱したか、脱しないまでも保護費を減額できたのだろう。充分な成果ではないか。ところが、そういった希望の見える分析が、記事にはまったく表れないのだ。

問題にするほどの成果の無さか

成果の出なかった1億2千万円を支給された人数が約3千人だから、1人当たり平均4万円である。支給総額が6億9千万円だから、支給された人は1万5000人もいた計算だ。資格を取ったが就労できていないのは、このうちの2024人。13・3%に当たる。どこに問題があるのだろうか。

日本の若年失業率は8・2%だが、日本の統計だと1カ月に1日でも働けば就労していると見なされるし、休職をあきらめて統計からはずれた失業者も加えれば、潜在的失業者はこの1・5倍に及ぶと言う。世の中総体が不景気で仕事がないのだから、13・3％が職につけないのには、やむを得ない面もあるのではなかろうか。

こういう面を見ないで、単純に「仕事に就いていない→制度はムダ」と短絡的に決めつけるかのような論調はいかがなものか。生活保護バッシングの風潮に乗っかった、悪意ある印象操作と疑われても仕方がない。

もっと大きな不正を糾すべき

明らかな「不正」も、あるにはある。その人数は825人だそうだ。支給された人全体の、5・5％にすぎない。

国民の税金を使うのだから、たとえ少人数であっても、不正が許されないのはいうまでもない。だが指摘されたケースは、制度の不備を示しているのだろうか。

いや、そうではない。予算の出し方が悪いのではなくて、予算を受け取りながら、するべきことをしなかったほうが悪いのだ。

いわば、公共工事を受注した会社が、予算通りの仕事をしなかったのと同じ。手抜き工事と同じである。そんな不正など、世の中には掃いて捨てるほどあろう。

これは支出そのものが不適正だった復興予算や、防衛庁のカラ見積や、建設談合問題などとは質が違う。不適切な支出なのではなく、結果的に政策効果が上がっていない事例なのだ。

それがダメというなら、何千億というけた外れの予算を投入して、車の走らない道路や船の来ない港をつくったという、政策効果のなかった事業なら、両手両足の指を全部足してもまだ足りない。予算支出の効果を問うなら、そっちをなんとかしろよ。

何十兆円という金をドブに捨ててきたことに何の文句もつけない役所が、「自動車教習所に通う金を支給したのに、2日間しか通っていなかった」って……あんたらはヒマなんかいっ！

不正があるから制度がムダであるかのように言えば、予算執行された後の民間側の末端支出なんか、不正だらけだろう。土木予算など、細かく調査すればほとんど100％不正である。そういった実態と比較すれば、「生業扶助」は実に健全に機能しているといえる。

むしろ大きな効果が上がっている

人数で見れば、支給されたお金を94・5％の人が正しく使い、81・2％の人がちゃんと成果をあげた。すごいじゃん。少ない支出で大きな効果をあげているのだ。生活保護を受けている人を適切にケアすれば、こんなに不景気なときでもちゃんと効果が上がるのだ。

これは希望のもてる話だし、記事にするならそういう書き方のほうがふさわしかったと思う。たった5・5％に不正があるだけでその制度運用に問題があるかのような会計検査院の発表は、明らかに社会保障を切り捨てるための情報操作だ。まともな記者なら、そこにツッコミを入れるべきではないのか。お上の発表をそのまま垂れ流すだけなら、ジャーナリズムではないと思う。じつに残念な記事だった。

(2012.10.20)

飯場日雇い労働者の世界

私はいっとき、土方仕事をしていた。そのせいで、飯場を持っている手配屋が知人に1人いる。その親方のところは、人夫1人当たり1万円で工事を請けたら、労働者に7千円渡す。1万2千円で請けても、労働者に渡すのは7千円だ。本人が7千円で納得しているのだから、1人当たり幾らで請け負うか、それは経営者の才覚という理屈だ。

その親方は、請け負った現場の規模よりも多い目に労働者を抱えている。ずる休みや逃亡に備える意味もあるが、大きな目的は、ローテーションで仕事にあぶれさせるためだ。

仕事がなくても宿泊料と飯代、ツケで買わせるタバコや酒代が発生するから、3日に1回休ませたら、天引き後の給料はゼロかマイナスだという。

飯場の経済はどうなっているのだろう。1日7千円で20日働いたら、手取りは14万円。そこから天引きする金額を計算しよう。

宿代（朝夕食事、風呂付き）3千円。これが30日分で9万円。昼の弁当代として1日500円。30日で1万5千円。合計10万5千円。人夫の手取りは3万5千円だ。食べて寝るだけでこうなる。

親方は、人夫を10人抱えたら日当の搾取だけで60万円～100万円。その上、飯場の上がりが100万円以上になる。経費は3分の1以下らしい。客の途切れない民宿を経営しているようなものだ。

実際には、引かれるものは、まだある。石けんやタオル、ティッシュといった日用品や安全器具、軍手などのツケも引かれる。

土方仕事は仕事中の缶コーヒーやお茶が不可欠だが、その分を前借りしている。タバコを買い、缶ビール2本呑んだらツケが千円だ。30日だと3万円にもなるから、さすがにここまで無駄遣いする人夫はいないという。大の大人がタバコや缶ビールを無駄遣いと言われる世界、それが飯場だ。

酷いところだと、一日50円の「スリッパ代」を取るし、食堂に醤油が置いてなくて、小さなビニールパックの醤油を5円で買わせるという。風呂代まで取るところもあると聞いた。知人の親方は「そこまでしたら鬼やで」と笑うが、いや、あんたも十分鬼だ。

こういう次第で、働けど働けど、一度飯場にはまると、まず脱出できない。文句を言って現場からはずされたら悲惨だ。だから逃亡も多い。知人は、時々飯場の庭で焼き肉パーティをしてやるのだという。それで「うちの親父は気前がええ」と人気で、逃亡が少ないのだそうだ。

「ホームレスにでもなるところを拾てもろてやな、仕事はある、腹一杯、飯が食えて風呂も入れる。電気のあるところに住めて、休憩所にはクーラーがあってテレビ見放題や。極楽やがな。人助けしとんやで」

これが知人の口癖だ。

飯場には、必要以上の余剰人員を置かない。請負仕事が減れば、追い出せばいい。仕事が増えたらまた集めてくれればいい。親方は絶対に損をしない。

違法な派遣業だが、元請けは見て見ぬふりしている。必要なときに必要なだけ人員を手配してくれるので、自分のところでよけいな人手を抱え込まなくてすむし、工事予定が変わって1ヶ月の期間が2週間に減っても文句を言わないから、便利なのだ。

そんな奴隷労働が、今も実在する。これが、日本の実情だ。こういった世界、安倍さんは知らないだろうな。(2013.6.11)

「スマートワーク」という奴隷制

新たな労働時間制度として「スマートワーク」なるものを創設するという。本人の同意と労使合意さえあれば、どんな業務内容の新入社員でも労働時間規制が及ばず、残業代なし、深夜・休日割り増しなしで働かせることができる。

ここ20年近く減り続けていた正社員数が、はじめて増えた。安倍応援団は鬼の首を取ったようにはしゃいでいる。正社員が増えること自体はよいことだ。

しかし忘れてはならない。

アベノミクスの3本目の矢は「労働市場の流動化」だ。

労働市場の流動化とはなにか。

正社員の身分を安定させると、労働市場を固定化するので成長にマイナスだという。そこで正社員と言えどもパート並みに首を斬りやすくする。これが「世界でいちばん企業活動しやすい国」の正体だ。

「正社員にしてやったのだ、残業代なしで黙って働け。首を斬られたくなければ文句を言うな。それとも時間給８００円のパートがいいのか？」

これがアベノミクスだ。

鬼の考えることだ。

与党が勝てば日本は地獄になる。

（2016.7.8）

派遣切りとのたたかい

企業は働く者の権利を守れ！

来る3月29日〔２００９年〕、日本トムソン労働組合の決起集会です。

派遣労働については重層的な取り組みが必要だなあと痛感する毎日です。

- 派遣先企業に派遣切り通告を撤回させる。
- 正規雇用への転換を求める。

これが日本トムソン姫路工場の労働組合の方針です。

これらは前向きの取り組みです。

しかし、どこでもこういう取り組みができるものではありません。孤立している派遣労働者のために、後ろ向きの対策も必要です。派遣労働者が首を切られると直ちに路頭に迷ってしまう理由の一つに、失業手当がもらえない点があるそうです。

本来は雇用保険に加入しなければならないのに、加入させていない。実際の事例では、派遣会社が、「雇用保険に加入するなら会社負担分も自分で払え」と求めたり、「加入すれば手取りが減る」などと説明していたといいます。雇用保険法は悪質な加入逃れに対する罰則を規定していますが、厚労省が「指導してから加入すれば違反に問う必要はない」との見解を示しているため、罰則適用例がほとんどないのだそうです。泥棒しても、ばれたときだけ金を返せば罪に問わないというようなものですね。

聞くにつけ、派遣会社の態度はひどいものです。仕事が切れたら悪条件の派遣先を紹介します。社員がそれはちょっと勘弁してほしいと断ると、気に入らない仕事の紹介を断ったということで「自己都合退職」の扱いにします。

あるいは、派遣会社が仕事を探すふりをして離職票を出さない。現行法では社員は給料が入らないのに、黙って1カ月も待機しなくてはなりません。解雇予告手当がなく、失業保険は最大4カ月も先にならないと下りてきません。こういう実態なのに、多くが泣き寝入りになっているのだそうです。

現場でこんな脱法行為が行われているのに、肝心の労働行政が「行革」で大きく弱体化しています。昨年12月の地方分権改革推進委員会は、ハローワーク職員を1万1000人も減らすとしています。すでに765人もの職員が減員となり、安定所の廃止や縮小が行われました。労働局を廃止し、地方厚生局に統合する動きまであります。

しかも政府は「社会保障費の2200億円削減」というノルマを達成するために、雇用保険の国庫負担を全額撤廃する考えを表明しています（08年5月9日、財務大臣の記者会見）。

そもそも労働条件の悪い職場から抜け出し、自分に合う仕事を探し、職業訓練を受けるのは国民の権利でしょう。また、過労やうつの治療で少し休むためにも失業制度の充実が必要です。失業が怖くなくなれば、労働者として使用者に強く労働条件の改善を求めることができます。

底なしの不景気の中、現状はなかなか手強いものがありますが、「失業者は権利だ」という考え方を定着しなきゃいけません。

- 行政には運用の改善や拡充を求める。
- 議会には法改正を求める。
- 派遣会社や派遣先企業には雇用を守れ、働くものの権利を守れと要求していく。

役割分担しながら、「上る道は違っても目指す頂上は一つ」で、同時並行的に迫っていかなくてはなりませんね。

（2009.3.11）

小さな勝利の中間報告

一昨日〔2009年3月23日〕、派遣会社と日本トムソンが労働局から呼び出され、指導を受けました。昨日、派遣社員代表と組合代表が指導内容を確認するため、労働局に行きました。その結果報告です。

- いままで会社がしていたことを職業安定法44条などに違反していると断罪。
- 1カ月以内に雇用を前提とした対処を講じるように会社に指導。

とのことです。

やったね！

いま労働局にできる最高の処置だと思われます。

職安法44条違反というのは、1カ月以下の懲役、100万円以下の罰金という重い違反です。会社がいかに取り繕おうとも、労働組合員である日本トムソン正社員が一致して会社の違法行為を証言しているので、言い逃れができなかったのでしょう。組合がちゃんとしていれば強いということがよく分かります。

これまで日本トムソンは、派遣社員との雇用関係が存在しないという理屈で、派遣社員が団体交渉に参加することを拒んでいました。しかしその認識が違法であると指摘されたも同然です。まだ前途は予断を許しませんが、派遣社員のみんなは意気軒昂です。私たちも引き続き支援を続ける決意です。

(2009.3.25)

ぼくたちは消耗品やない！

昨日（2009年3月29日）、姫路市立労働会館で、「ぼくたちは消耗品やない！ 派遣切り撤回、正社員化を求める決起集会」がもたれ、280人が集まりました。

姫路市では日本化薬、日本トムソンなどで派遣切りや請負解除が頻発しており、労組加入が相次いでいます。

支援している日本トムソンの派遣社員は、11人が家族と共に壇上に上がり、「労働局の是正勧告に希望の光が見える。家族のためになんとしても正社員化を実現したい」と決意表明しました。私の奥さんも参加していたのですが、「身につまされて涙がにじんだ」と語っていました。

集会後は姫路駅前までデモ行進。

シュプレヒコールを先導したのは、年齢を教えてくれない美しい声の女性と20代の青年でしたが、メガホンを肩に提げて唱和しているのは明らかに定年をかなり過ぎた老闘士。まさしく老若男女手を相携えて……という感じでほほえましく思いました。

私は身内の法事があったので、遅れて参加しました。服装は黒い礼服のまま。

本人にその自覚はありませんが、もともと顔のつくりがシロートではないといわれておりまして、トムソンの青年がいうには、

「似合いすぎてて危ないっすよ、その恰好は」

なにが。

「シュプレヒコールが違うじゃないですか。その恰好なら竹島を帰せ！　とか日教組粉砕！　が似合ってますよ〜」

……て、やかましいわっ、ちゃんとシュプレヒコールしなさいっ（プンプン）！

とまあ、苦しい中にも明るくたたかう青年たちでした。

派遣社員Yくんの手記

僕は２００８年４月から日本トムソン姫路工場で派遣社員として働いています。

いま、妻と子供３人で暮らしています。まだ21才で若いけど、一家の大黒柱です。だから生活のため、家族をまもるために一生懸命仕事してきました。

ところが２月３日の仕事の仕事が終わった後、派遣社員の人に、突然、解雇の話をされました。

解雇日は３月31日、生産数が減るからという理由でした。忙しいときは、派遣社員を増やして、暇になれば真っ先に切る。会社からすれば外部社員だから関係ないかもしれませんが、僕らも日本トムソンで仕事をしています。

ぼくはいずれ日本トムソンの社員になれると信じて、がんばってきました。生産にも貢献したはずです。

急に解雇されたら家族３人、どうやって生きていけばいいのですか。家賃や生活費を稼げなければ、生きていけません。それだけ僕にとっては仕事が大事なのです。僕だけでなく、トムソンにいる派遣社員にはそれぞれ自分の生活があります。

派遣社員のみんなを正社員や直接雇用すべきです。トムソンで働いている人みんなが大事な仲間で、みんながいなければ生産もできないと僕は思います。

ぼくはいらなくなった物や消耗品ではありません。「解雇通知」に、言葉では言いあらわせないくらい腹がたっています。

だから組合に入り、派遣社員が正社員や直接雇用になれるよう、全力でがんばります。

（2009.3.30）

たたかいは続く――派遣社員の訴え

日本トムソンは違法な派遣契約だったことを認めて、希望者全員を直接雇用しました。

しかし短期契約社員としてです。

しかも、給料を派遣時代よりも大幅に下げました。こんなやり方は脱法行為だ、許せない！　と、青年労働者たちは苦しくなった暮らしをアルバイトで補いながら、全員が組合の隊列にとどまってたたかっています。

以下は、本日神戸で開かれた自由法曹団の総会での、青年労働者の訴えです。青年は、確実に成長しています。

以下、訴え。

僕が日本トムソンの派遣仕事を選んだのは、派遣元のプレミアラインが「いずれ正社員になれる」と約束してくれたからです。

日本トムソンの仕事は難しいので挑戦のしがいがあり、面白いと思いました。加工温度で製品の寸法が変わるのを予測して、千分の一ミリ単位でピッタリとした精度を出す先輩社員の仕事にあこがれ、いつか自分もあんな仕事ができる社員になりたいと思いながら働いていました。

僕が労働組合に入ったのは、雇い止めが通告される以前でした。いずれは雇い止めになるという噂が社内を飛び交っていました。そんな時、仕事でお世話になっている正社員の方から、組合に入らないかと誘われたのです。そのときの話はこうでした。

「不安定な派遣社員の立場から自分たちの身分を確立しようとすれば、誰かが声をあげないといけない。そうしないと何も変わらない。労働組合に入らないか」

僕はその通りだと思い、組合に加盟しようと思いました。ところが、その人はこう続けたのです。

「しかし最初に声をあげた者は、会社から睨まれることになる。他の派遣社員が正社員の地位をかちとったとしても、君だけは、撥ねられるだろう。昔、百姓は一揆を起こして暮らしを守ったが、リーダーはハリツケになった。みんなは少し幸福になったが、一揆のリーダーは全然幸せにならないで犠牲になった。世の中はそういうものだ。でも誰かがやらなければならない。そうしないと何も変わらない。どうだ、やってみるか」

聞いてくださっている皆さんは、無茶なことを言うなあと思われるかもしれませんが、僕はそう思いませんでした。

話を聞いているうちに、誰かがやらなければならないのなら、やろうかなという気になっていました。多分、その人がウソを言っていないと感じたからです。

では、僕は正社員になれなくても覚悟のうえかといえば、そういうわけにはいきません。たたかいを始めた以上は、勝たなければなりません。会社や世の中に声をあげれば不利な目にあうのが当たり前だったら、僕のような向こう見ずしか声を上げないでしょう。

どれほど上の人に不都合でも、正しい意見、当たり前の意見であれば、誰でも言えるし、正しいありかたに変えるための行動ができる。そんな世の中にしていかなければなりません。そのためには、正社員化を求めてたたかった派遣社員が、一部上場の大企業に勝ってみせなければならない。いま、ぼくはそう思っています。

「たかが派遣社員」、こんなふうに見下していては、大企業でも大やけどをすることもある。そのことを世の中に示したいと思っています。

ぼくには学歴もないし、お金も知識も経験もありません。しかし、ぼくには組合の仲間がいます。みんなと手を組んで、最後まであきらめないで、勝利するまでたたかう決意です。

どうか、ご支援をよろしくお願いいたします。

（2009.7.18）

第8章 原子力発電

27——東電・福島原発事故

28——放射能の影響

29——風評被害・デマ・差別

30——ガレキ処理問題

31——原発と政治

32——脱原発に向かって

27 東電・福島原発事故

福島原発の惨事は人為的ミス

昨夜NHK教育テレビで、東電・福島原発事故（2011年3月11日）の検証番組があった。どうしてこんなに過酷な事故に至ったのか、千年に一度の地震と津波のせいだと東電は言っていたが、本当なのかと思わされる内容だった。

番組の要約と感想を記す。

1 外部電源喪失

事故は、まず地震で送電鉄塔が倒れ、外部電源が失われたのが発端だった。送電鉄塔の耐震設計が不充分だったのだ。

2 非常用電源喪失

外部電源の喪失に備えて、非常用電源（ディーゼル発電機）が2台用意してあった。1台の故障に備えて、2台用意していたというのだが、その仕方がお粗末だった。発電機を2台とも、原子炉建屋ではなく、隣のタービン建屋地下に設置していたのだ。そのため、津波が来るとひとたまりもなく一緒に壊されてしまった。

一緒の場所に置いてあれば同じアクシデントに見舞われて共倒れになる確率が高いのに、何を考えていたのか信じられない人為ミスだと言っていた。

3 ベントの不具合

電源が失われたため、非常用炉心冷却装置（ECCS）が働かない。冷却できないまま原子炉の圧力が高まり、このままでは圧力容器が破裂するという事態に、東電は高濃度の放射性物質をふくんだ原子炉内の蒸気をベント口から放出しようとした。

ところが、2つある電動弁の1つが作動しなかった。人力で無理矢理こじ開けて、ようやくベントに成功したそうだ。

これは、運がよかっただけのことだ。ひとつ間違えれば圧力容器がドカンと爆発して、その後の事故の様相は、いまとは較べものにならないものとなっただろう。

ベントが動かなかった理由は、設計やメンテナンスが、原子炉本体では考えられないほど杜撰なものだったからだという。

感想——問題は地震発生前に発生していた

地震後に起きた細かいミスは、計器の見落としや連絡ミスなどたくさんある。こういうことも本来あってはならないのではあるし、検証は必要だが、右往左往している現場でのミスはありがちなことであり、緊急時に正しい判断ができないのはむしろ当然だと思うので、責めてもあまり意味はないと私は思う。

少々のミスならカバーできるような、二重三重の危機管理設計が求められるのだ。

だが、上記3点については事故前からの設計ミスである。きっちりと神経を使って設計していれば、見落とされるはずのないミスだったという。

日本の原子力業界としては、事故のない原発をつくり、事故を起こさない運用に心がけてきたようだ。だが、その姿勢が、「事故はないだろう」との確信に変わると、事故が起きたときの対策を取ろうにも、「事故が起きるという前提でものを考えるのが非常識だ」というような雰囲気に支配されていたという。

いきおい、安全対策に、やる気が起きない。トップの技術者をそんな方面にあてるのはもったいないということになる。

日本の技術者は優秀だから、まともに取り組ませれば、神経の行き届いた設計になっただろうが、現場の雰囲気がこういうことなので、設計はいい加減、設計点検もおざなり、メンテナンスもレベル以下……ということになってしまったようだ。

事故が起きるはずがないことにしてしまうと、事故が明るみに出るとやっかいなことになる。他の現場に後れを取ったことにもなる。ここに奇妙な競争心がはたらき、事故などなかったことにするという悪しき習慣が生まれた。

安全よりも自分の保身なのだ。精密な技術を持った世界でもトップクラスの技術者なのに、こういうところに腐敗が育っていく。それが人間だといえばそれまでだが、なにか悪夢を見るような心地がする。

帝国海軍の話

帝国海軍は、作戦前に必ず図上演習（作戦シミュレーション）

をやった。実に緻密なシミュレーションだったそうだ。

だがその図上演習で負けると、「そんなことになるはずがない」「ここで空母は沈まないことにしよう」などと手を加え、日本海軍が勝つように修正したそうだ。

そしてその作戦が発動されると、なんとシミュレーションどおりに軍艦が沈められ、負けるべくして負けた。

陸軍も似たようなものだ。

都合の悪い事態に至らないように手を尽くそうというのでなく、そんなことになっては困るから、そうならないことにしよう……。

なんだろう、帝国陸海軍も原子力業界も同じことではないか。国内で最も頭のよい集団のはずなのに、これはどうしたことだろう。頭の悪い自分にはよくわからない。

一つだけわかるのは、こんな奇妙な思考法をする人々に、原子力発電などという危険なものを扱わせてはならないということだ。


(2011.9.12)

「想定外」という言葉の意味

福島原発の事故はシビアアクシデント（過酷事故）だったといいます。シビアアクシデントの定義は、「設計上想定していないことが起こること」だそうです。福島では、「想定外」のことが起きたのだと。

「設計上想定していないことが起こった」というのを、「考えが及ばないことが起きた」と解釈し、それを想定外というのなら、あらゆる事故はすべて「想定外」のはずです。

可能性は考えられるが、何の対策もできないから想定の外に置くというのが、本来の意味の「想定外」なんだと思います。たとえば隕石の落下とか、弾道ミサイルによる破壊とかですね。

「起きないことにする」という意味の「想定外」

日本の原発については、１９９２年に原子力安全・保安院が「シビアアクシデント（過酷事故）は工学的には現実に起こるとは考えられないほど発生の可能性は小さい」とし、現場でも、シビアアクシデントは起きないから想定しなくてよい、と指示されていたそうです。

原子力安全委員会の斑目《まだらめ》春樹委員長も安全審査指針について、「安全審査指針類というのは、基本的には、シビアアクシデントを含まないといいますか、多重防護でいうところの第３層までの考え方を基本的に書いたものであるというふうに考えてございます。それで、これまではそれを超える事象、いわゆるシビアアクシデントについては、これは事業者自主であるということを原子力安全委員会としては言ってきている」と述べています。

「想定外」というけれど、本当に真剣にあらゆる可能性を検討したけれども想定が及ばなかったのでもなく、そういう事態は「想定されていた」けれど、監督庁としては「起きないことにして」おり、対策を電力会社の自主的な判断に任せていた。

してもしなくてもよいことを、民間会社がわざわざ費用をかけてするはずがない。だからシビアアクシデントを「設計上想定していなかった」。ところが、それが実際に起きてしまった。福島第一原発事故の場合、これは本来の意味の「想定外」とはいえないのではないでしょうか。

想定しなかったのが不思議な「想定外」

想定外にも大きなものから小さなものまであります。

原発本体は地震に耐えられる設計にしてあったけれど、外部電源の喪失は原発敷地外で起きました。地震により、山の中で送電鉄塔が倒壊したのです。

これは考えが及ばなかったという意味では想定外でしたが、想定していないのが不思議なほどの初歩的不備ではないでしょうか。

しかし原因が何であれ、外部電源が喪失したときの対策は想定されていました。非常用発電機がそれです。ところが、福島第一原発1~6号機の非常用発電機13台のうち、10台が地下1階に集中していたので、それらがすべて波をかぶって使い物にならなくなってしまいました。考えが足りなかったという意味では、これも想定外です。

しかし、津波の勢いが強くて発電機が破壊されたのではありません。なぜなら、1階に置いてあった発電機は助かったのですから。発電機が使えなくなった原因は、水に潜ってしまったからです。もっと低い津波でも、堤防をちょっと乗り越えれば、地下の発電機は水浸しになって動かせなかったはずです。

発電機を地下に置いたのは、米国の設計がそうなっていたからで、それは米国が竜巻対策のためにそうしていたのです。たしかに竜巻対策なら地下に置くのが安全ですが、日本では役に立たない対策です。非常用電源が喪われた本当の原因は、意味も考えずに言われたことをただマニュアル通りに忠実にやっていたという、ロボット並の日本側の姿勢にあったのだと思います。これも想定外というにはあまりにお粗末な施策でした。

しかしそういう時の対策も、一応はされていました。外部電源車の投入です。炉心が溶け出すまでに電源車で応急に冷却用ポンプを回し、その間に外部電源を復旧させるという対策です。

この対策が役立たなかったのは、電源車のプラグがポンプのコンセントに合わなかったからでした。想定外です。しかし電源車を購入してから訓練もしないでいて、プラグの形が違うことに気づかなかったことを「想定外」ですませるわけにいきませんよね。

発電機が地下になければ、あるいは電源車のプラグが合っていれば、おそらく炉心溶融に至らず、事故は終息していたでしょう。確かにあの巨大津波は想定外だったかもしれませんが、事故の原因は津波の巨大さにあったのではなく、大小の不手際にあったのだから、本来の意味での「想定外」ではなかったのではないでしょうか。

そういう意味で、シビアアクシデントの定義を「設計上想定していないことが起こった」と定義するのは、何かが足りない気がします。

こんなことでは、同じような失敗をまた繰り返しかねません。福島は、風向きのせいで85％の放射性物質が海側に運ばれるという奇跡があって、居住地域の被害が少なくてすみました。しかしそんな都合のよい奇跡は、2度も起きないと考えるべきです。


(2012.7.26)

関東が救われたのは奇跡的偶然にすぎない

「浜岡原発3号機 7月再開の計画」

電力会社は思い上がってはいけない。

福島原発が今のところ無事なのは、偶然に起きた信じられないほどの奇跡のおかげなのだから。

定期点検中で原子炉が動いていないのに、4号機建屋が水素爆発した。その理由は、何らかの理由で4号機の核燃料貯蔵プールの水が一時なくなったからだ。そのために使用済み核燃料が発熱して溶け始めた。被膜に使っているジルコニウムが溶けて水と反応し、大量の水素が発生し、水素爆発につながったのだ。

その後、水位が回復して温度上昇は止まったが、水が干上がったままだったら、今ごろはとてつもない量の放射線が制御もできない状態で噴出し続けていただろう。

ではどうして水位が回復したのかといえば、水素爆発で、たまたま運よく、水が溜めてあった隣のプールとのしきいが壊れて、核燃料プールに水が流れ込んだからだという（参考「4号機燃料プールの件〈再考〉」失敗学会HP）。

　隣のプールは、いつもは空にしてあるそうだ。4号機が定期点検中だったから、たまたま水が溜めてあったのだ。爆発で、厚さ7㎝もある鉄扉が壊れ、都合よく核燃料プール側に水が流れ出したのだそうだ。

　その偶然のせいで、関東は救われたのだ。もしも鉄扉が頑丈で壊れなかったら、使用済み燃料がメルトダウンしていた。もしも別のところが壊れていたら、水は外に流れ出てそれでおしまい。やはり燃料は溶け出していたはずだ。

　1万本の使用済み核燃料が一斉に溶け出して、覆いも何もない状態で、途方もない量の放射性物質を拡散しただろう。福島原発はとても人間の近づける場所ではなくなっていただろう。それ以後のすべての復旧作業は、一切できなかったはずだ。格納容器の冷却もできず、圧力容器は内圧で爆発しただろう。大げさではなく、日本は終わっていたかもしれない。

　福島原発事故がどうにか現状程度のレベルで収まっているのは、命がけで戦っている作業員のおかげでもあるが、いくつかの幸運のおかげでもあるのだ（風向きがよかったとか、大きな余震が来なかったとか、2度目の津波がこなかったとか、他にも人智を超えた偶然が事態を救ってくれた）。

　ガタガタになっている配管、ひびの入った建物、ゆがんだ鉄骨に支えられている構造物……大きめの余震があってこれらの1つでも損壊したならば、すべての復旧計画がおじゃんになり、今度こそ本当にチェルノブイリを超える。

　いま、けっして人間の力だけで、技術だけで勝っているわけではないのだ。運任せ、神頼みの面が大きいのだ。

　電力会社は思い上がってはいけない。現場技術者には、それは痛いほど分かっていることだろう。わかっていないのは経営者だ。投資家、株主だ。ゼニの亡者どもだ。運転を再開しなければ株価がどんどん下がって何億円か損するじゃないかという、国民からすれば実に下らない個人的損得勘定が、安全よりも優先なのだ。再開を急がせているのは、この連中なのだ。

　では、どうしてガリガリ亡者どもの意見ばかりがまかり通るのか。社内で正しい警告を発すればたちまち干され、閑職に追いやられ、アカだと決め付けられて差別されるという、社内民主主義の欠如。いや、社内ばかりではなく、政界でも、地域社会でも同様だ。

　民主主義が機能していないことが、この国が現在陥っている機能不全の最大の原因ではなかろうか。こういった社会の有り様こそが、福島原発事故の、本当の原因なのではなかろうか。

（2011.4.29）

28 放射能の影響

子どもに20ミリシーベルトは無茶だろ！

20ミリシーベルト／年の基準を決める際に安全委員会が依拠したという、「国際放射線防護委員会」（レポート111号）の「原子力事故または放射線緊急事態後の長期汚染地域に居住する人々の防護に対する委員会勧告の適用」を読んだところ、政府の言い分と全然違うのに驚きました。

避難計画の策定には利害関係人を参加させろとか、情報を正しく公開せよとか、妊婦と子どもには特別の配慮をせよとか、20ミリシーベルトは最上限であって、できる限り低い値を採用しろとか、実にまともなことが書いてあります。

そもそもこの基準がつくられた理由ですが、まず前提として、政府は危険地帯から国民を避難させる義務があるといいます。しかしもう一方で、被災者は危険だといわれても居住地を離れたくないという現実があります。どこまで政府が住民に強権を発揮できるのか、どこまでなら自己責任で防護させることにするのか。難しいバランスの問題があります。放射線のデメリットはすぐに現れず、確率的にしか評価できないので、よけいに判断が難しくなります。

そこで、政府が住民に対して自己防護をていねいに指導することを条件に、最大限、ここまでならば住むことを許そうじゃないかというのが、20シーベルト／年なのです。

その値までなら安全だとか、これ以下なら何の対策もしなくていいとか、そういうふうに使うべき基準ではありません。「国際放射線防護委員会レポート111号」には、そのように明記されています。

政府の説明の仕方はまったく大間違いであることが、読めば分かります。今回の決定がいかに拙速でデタラメで、子どものことを考えずに下されたものか、よくわかりました。

私はいつもは過剰な危機感をたしなめるようなことばかり書いていますが、それは東京などで大騒ぎしている人々への批判です。

今回の決定は、子どもをいわれのない危険にさらすもので、馬鹿で非人間的な役人の大間違いです。これぱっかりは絶対に撤回させるしかないと思います。

(2011.4.28)

東京で「ヨウ素が急上昇」の真相

「東京で大異変…ヨウ素が急上昇！　何が起きているのか」(zakzak〈夕刊フジ〉11年9月9日)。

こういう騒ぎが本気にされないうちに、真相を書いておきます。これは間違いなく医療用放射性物質を検出しているのです。いまどき原発由来の放射性ヨウ素が検出されることは、まずないでしょう。

知られていないだけで、ずいぶん昔から下水汚泥は医療用放射能で汚染されているのです。

がん治療に使用した放射性物質が、患者から排泄されて、下水道に流れ出すのだそうです。

今から10年以上前、1998年に発表された論文があります。「下水汚泥中に含まれる核医学で使用されている核種の放射能濃度及び被曝線量評価」(『保健物理』33巻(1998年)2号、鈴木隆司ほか)という論文に示されているとおり、97年でも、高いところでは汚泥1kgあたり400~500ベクレルが検出されています。もちろん原発とも原発事故とも無縁の放射能です。

現在は当時よりがんの放射線治療が広く行われているので、検出数値が高くなって当然なのですが、記事を読む限りでは、あまり昔と変わっていないですね。(そのほうが不思議だ)

(2011.9.9)

福島原発事故と核兵器実験の影響比較

事故で放出されたプルトニウムは20・83グラム
原子力資料情報室の資料によれば、プルトニウム1kgに含まれるプルトニウム239は、1・4兆ベクレルだそうです(放射能ミニ知識)。
これに対して福島事故によるプルトニウム239の推定放

出量は32億ベクレル。単純に比例計算すると13・55グラムにあたります。

ところで事故で放出されたのは239だけでなく、238から241までの4種類でした。全部の重量をベクレル数から逆算すると、20・83グラムになるはずです。

核実験でまき散らされたプルトニウムは5トン

この重量がどんな意味を持つのかを、核実験でまき散らされたプルトニウムと比較しましょう。

原子力資料情報室のサイトには以下のように記載してあります。

> 1945年8月9日に長崎に投下された原子爆弾にはプルトニウムが用いられた。
>
> その後に、大気圏内で核兵器の爆発が繰り返され、爆発しなかったプルトニウムが大気中に撒き散らされ、広く地上に降下した。
>
> 降下量の正確な値はわからないが、約5tに達すると推定されている。

約5トンと20・83グラムです。福島原発から放出された量は、これまで核実験でまき散らされた量の240万分の1。0・0004%にすぎません。

長崎原爆のプルトニウムは約6kgのプルトニウムを使用したそうです。福島原発から放出された量はその0・35%です。

だから過剰な心配はいらないのではないかと思いますが、楽観視もできないと思います。

気をつけるべき点とその対処

核爆発の場合、高空で爆発させたものもあるし、爆発の高熱で気化したプルトニウムは広がりやすいし、かなりの部分が、世界中に広範囲に広がったと思われます。

これに対して福島事故は核爆発のような高温に至らなかったので、気化しないで液体あるいは固体の状態で飛散したはずです。

映像で見た水素爆発は普通の火薬並の初速と推測できるので、比重が19・8もあるプルトニウムは、大部分が比較的狭い範囲に降下したと思われます。

まれに遠くまで運ばれたものがないとは言えませんが、そういうものはごくごく一部に留まりますし、もともと微量なものが遠く広く拡散すればするほど、ますます希釈されてしまうので、実害を与えるほどの量でなくなるはずです。

そういうことですから、核爆発のプルトニウムは「薄く、広く」拡散したのですが、福島事故では「濃く、狭く」です。

埃が風に舞い、落ちては舞って広くまき散らされるのと同じように、原発周辺に比較的多く降下したそれが再び風で舞い上がり、周辺の居住地域にまき散らされるかもしれません。

プルトニウムの放出するα線は透過力が弱いので外部被曝の心配はゼロですが、風で舞う微粒子を肺に吸い込んだら危険です。

プルトニウム１００００ベクレルを吸入した時の実効線量は83ミリシーベルトだそうですから。

何十キロも離れたところなら、希釈されてしまってほとんど無害でしょう。しかし、立ち入り禁止区域のすぐ外側辺りは、充分な監視体制を続け、汚染が見つかれば直ちに除染できる態勢を用意しなければならないと思います。


最も危険なのはプルトニウム２３９ではない

ところで、週刊誌などはプルトニウム２３９のことばかり言いますが、なぜでしょう。

おそらく半減期が２万４０００年もあるというので、センセーショナルな記事になるからでしょう。

しかし半減期が長いということは、単位時間の崩壊回数が少ないということですから、むしろ放射能が低いともいえます。私は２３９よりも２４１のほうが危ないと思うんです。半減期が14・4年なので、２３９よりよほど激しく放射線を出しますし、推定放出量が１兆２０００億ベクレルもあるのですから。

センセーショナリズムに流されると、本当に危険なものを見抜けなくなります。注意したいですね。

(2011.9.13)

「子どもを産んでいいんですか」なんて言わせるんじゃない

「放射線を浴びると、奇形児が生まれる」

こういう恐怖を抱いている人がいる。

その人たちは、「福島の原発事故の被爆者も奇形児を産む」と本気で心配している。

そして、被災者に警告している。

その警告は善意によるものだろうが、まったくの誤りであって、被爆者に対する差別を誘うものである。

かわいそうに、誤った警告が、福島の子どもたちの心を深く傷つけている。

「もう子どもを産めないのではないか」
「結婚もできないのではないか」

善意であろうと、間違った情報は人を傷つける。罪深いことだと思う。福島程度の放射線を浴びても奇形児が産まれることは、まずない。

それだけではない。

チェルノブイリで奇形が多発しているというのは誤りだ。劣化ウラン弾で被曝しても、奇形児が増えてなどいない。こんなことを言うと、体制側に協力しているのかと批判される。だが、体制側に都合がよかろうが悪かろうが関係ないのだ。いくら反原発運動に都合が悪くとも、それが事実なのだから仕方がないのだ。

奇形児、奇形児と騒ぐ人は、次の事実をどう解釈するのだろう。

- 反核・反原発の立場を明確に示している原子力資料情報室は、放射線で奇形が産まれるという警告を発していない。
- 同じく小出裕章《ひろあき》先生や今中哲二先生の所属する京大原子力安全研究グループも、放射線で奇形が産まれるという警告を発していない。

これが事実なのだ。

被曝の恐怖をあおりたてているのは、ベルギーに本部を置く市民団体、欧州放射線リスク委員会（ECRR）である。

この団体の理論について、京大原子力安全研究グループの今中先生は、次のように評価している。

- ECRRのリスク評価は「ミソもクソも一緒」になっていてつきあいきれない。
- ECRRに安易に乗っかると何でもかんでも「よくわからない内部被曝が原因」となってしまう。

（「低線量被曝リスク評価に関する話題紹介と問題整理」第99回原子力安全問題ゼミ）

反核学者の代表が、このようにけんもほろろの評価を下している意味は重い。

ECRRの代表は、クリストファー・バズビー教授だ。

そしてバズビー教授はウランやストロンチウムの被曝に効くというサプリ（薬ではない！　ただの健康食品）を高価な値段で売ろうとしていた、「福島の子どもたちのためのクリストファー・バズビー財団」の代表でもある。

これまで反核・反原発の立場で真面目に活動してきた今中先生たちを信じるのか、恐怖をあおる一方で「放射能に効く健康食品」を売ってちゃっかり金儲けしようとしていたバズビー教授を信じるのか、それは各自の判断だろう。

ただ、広島・長崎の被爆二世・三世7万7000人を対象にした調査で、放射線による奇形がまったく見られなかったことを忘れてはなるまい。

だが、いくらたくさんの調査をしても、遺伝的影響がまったくないと科学的に断言することはできないので、国際的には100ミリシーベルト以上を浴びると影響があるかもしれない、と仮定している。

仮定はしているのだが、臨床的にはまったく影響が見られないのだ。

放射線の催奇性が少なくてよかったではないか。

放射線はなるべく害が大きいほうが都合がよい、みんなが震え上がるほうがよい、こんなふうに考えている運動家がいるなら、それはかなり根性が病んでいるのではないか。

子どもたちにいわれのない恐怖心を抱かせて運動に利用しようなんて、そんなことでしか広げられない反原発運動なら、願い下げである。

参考情報

広島・長崎のように大量の放射線を受けた場合でも遺伝的障害の増加は認められていません。（放射線影響協会『放射線の影響がわかる本』「第8章　放射線と遺伝」）

「原爆放射線の健康影響」

7.「被爆者の子供（被爆二世）における放射線の影響」

放射線が被爆者の子供にどのような影響をもたらすかは、被爆後早くから懸念された問題の一つです。遺伝的影響を探知するための調査が1940年代後半から開始され、現在も続けられていますが、これまで調べた限りでは遺伝的な影響は見いだされていません。

（放射線影響研究所遺伝部・中村典）

(2011.9.26)

原爆被害者の罹病状況からわかること

原爆症認定裁判をたたかっている日本原水爆被害者団体協議会（日本被団協）に、「認定基準検討会」という作業部会がある。

その部会が2001年7月にまとめた「作業文書2」に、広島と長崎で被曝した方たちの罹病データの記載がある。

そのデータによれば、推定被曝量が100ミリシーベルト以下の場合、がん患者の発生増はみられない。

むしろ被曝していない人たちよりがん罹患率が低い。しかしこれは放射能が人を健康にしたからではなくて、統計につきもののばらつきだろうと考えられている。ともかくそのデータを転記する。

1958年～1994年のがん発生データの総まとめ

線量等量（シーベルト）	対象（人）	固形がん（人）	評価過剰数（人）	発生率（%）	過剰発生率（%）
3000メートル以遠	23,493	3,230	0	13.75	0.94
3000メートル以内					
0.005 以下	10,159	1,301	1	12.81	0.00
0.005 ～ 0.1	30,524	4,119	77	13.49	0.68
0.1 ～ 0.2	4,775	739	60	15.48	2.67
0.2 ～ 0.5	5,862	982	164	16.75	3.94
0.5 ～ 1.0	3,048	582	177	19.09	6.28
1.0 ～ 2.0	1,570	376	165	23.95	11.14
2.0 以上	470	126	80	26.81	14.00

（「日本被団協認定基準検討会　作業文書」）

人間の放射線防護システムが働きにくい一瞬の被曝で、これが実態なのだ。微量放射線をじわじわと浴びた場合には、防護システムが働きやすいから、もっと被害は少ないだろう。

放射能被曝が少ないに越したことがないのは事実だろうが、マイクロシーベルト単位の被曝に対して過剰に恐怖するほうが、よほど不健康である。

あるかなきかの放射線被曝で騒ぐより、被災地の復興に世論が傾かないものだろうか。

東京あたりの騒ぎは、脅威が身近にせまったと都民が感じたから起きていることだ。放射線被害の実態が知れ渡れば、空騒ぎは急速に冷めていくだろう。そのとき、被災地が忘れられはしないだろうか。原発の危険性に対して、人々が無関心に舞い戻らないだろうか。

いまのうちに、地に足をつけた運動にしないと、一過性の騒ぎに終わってしまわないか、それが気になる。（2011.11.9）

スタンフォード大学の報告書の正しい読み方

スタンフォード大学の報告書が、「福島原発事故によるがん過剰死は1300人、非致死性のがん患者は2500人と推計」という情報が流れています。

しかしこの要約は不正確であり、正しく解釈すれば、こうです。

- 事故が原因でこれからがんにかかる人を統計的に予測すると、少なければ24人、多くければ２５００人。
- もっともあり得るのは１８０人だろう。
- 事故が原因でがんにかかる人のうち、死亡する人は、少なければ15人、多ければ１３００人と予測される。
- もっともあり得るのは１３０人だろう。
- この数字は、被曝した１００万人ほどの人が（別の原因で）がんにかかって死亡する、数十万人に埋もれてしまうだろう。

以上です。しきい値なし仮説にもとづいて、以前からこれに似た議論があったので、目新しいものではありません。

約１００万人に対して１３０人なら、０・０１３％。

１００万人というのもざっとした数字なので、まあ致死性のがんにかかるのは０・01％程度ということでしょう。

つまり、日本でがんにかかって死亡する率をざっと約30％とすると、福島原発事故はこの率を30・01％に引き上げることになります。

でも、毎年の変動は０・01％よりもっと大きいので、この程度の差は統計誤差の中に埋もれてしまって見えないだろうというのです。

がんにかかる要因としては、喫煙とか不摂生とかストレスのほうがよほど危険性が高い。

ということは、たばこを控えるとか、規則正しい生活をする、偏食を改めるといった日常的な取り組みに加え、定期的に健康診断を受ければ、被曝によって生じたリスクを埋め合わせて、まだおつりがくるということになります。

やたらと危険を過大視してストレスを与えないことも、大切です。原発事故による被曝被害がこの程度ですんだ幸運を、不幸中の幸いだったと私は思います。

ただし、このことは、原発が安全であることを意味しません。この報告によれば、被害がこの程度で収まったのは大した原発事故ではなかったせいではなく、「運がよかっただけ」なのですから。風向きのおかげでほとんどの放射性物質が海方向に運ばれ、陸上の被曝が少なくてすんだというのがその結論です。

スタンフォード大学の研究者による別のレポートも、予測死者数を２００人以下だろうとしつつ、同じ結論に至っているので、こういう見方がスタンダードになるでしょうね。

（2012.7.18）

福島はチェルノブイリではない

震災から1年4カ月もたっているのに、いまだに「福島はチェルノブイリを超えた」「政府の対応はチェルノブイリ事故以下」と言っている人がいます。

そういう人は恥ずかしいと思わなければなりません。ネットの怪しげな情報ばかりを鵜呑みにして、京大の、今中哲二さんや小出裕章さんが苦心して翻訳したチェルノブイリ関係の資料さえ読んでいないのだから。

「福島はチェルノブイリを超えた」?

「政府の対応はチェルノブイリ事故以下」?

私は自分でかなり反権力指向の強い方だと思うけれど、反権力でありさえすればいいとは思いません。権力者の失敗を期待する人は、デマを受け入れやすい傾向にあるようです。

でも社会的混乱を期待してデマをとばすのは緩慢なテロと変わらないので、そんな連中の情報を真に受けてはだめです。

権力を困らせるためにデマ宣伝をする奴は、自分が権力を握ったら、権力維持のためにデマを武器にするでしょう。

デマを鵜呑みにして拡散するのは、たとえ動機が放射線の危険を警告したいという善意から発したものであったとしても、被災者に無用のストレスを与え、復興に悪影響を与えることになるので、本当にやめましょう。

(2012.7.27)

いま知っておきたい放射線のほんとう

市民社会フォーラム第128回学習会「物理学者・菊池誠×ミュージシャン・小峰公子《こうこ》 いま知っておきたい放射線のほんとう」に参加した。

3年前の原発事故によって、物理学がいきなり日常生活に入り込んできた。

ベクレル、シーベルト、線量なんて、これまで縁のなかった単位や用語が氾濫し、誤解を生んだことも多く、しばし混乱をきたしたことは記憶に新しい。

というか、いまだに誤解を続けて混乱している人もいる。

学習会の内容は、菊池誠さん〔大阪大学教授〕と小峰公子さんの苦労話だ。

小峰さんに放射線のことを菊池さんが教えるんだけど、物理学者が簡単だと思い込んでいることでも、小峰さんに伝わらない。

えっ、そんなことから説明しなきゃいけないのとか、そうか、そこが分からないのかという、菊池さんの学びのお話でもあった。

細かな知識を知っていても、基本がまるでなってない人が、まだいる。昨日もツイッターで「1マイクロシーベルトといっても外部被曝と内部被曝は異なるし、核種によって害はまちまちだから、数字に誤魔化されてはいけない」なんてことを書いてくる人がいて驚いた。

こんな話を思い出した。

ある成績のよい高校生が、日本がアメリカと戦争して負けたと聞いて驚いたという。生徒に驚かれた教師も驚いた。

なぜなら、その生徒は、「真珠湾攻撃　1941年」とか「降伏文書に調印　1945年」とか、テストで正解していたからだ。いくら年表を正確に暗記しても、その生徒は全体像がちっとも分かっていなかったのだ。

知識は細切れではダメなんで、体系的とまではいかなくても、全体の組立が分かっていないと、とんでもない間違いを犯す。

ときには全国紙の記者が善意で「甲状腺被曝、最高87ミリシーベルト」なんて記事を書いて、読者をいらぬ不安に陥れてしまうことにもなる。

菊池さんと小峰さんの『いちから聞きたい放射線のほんとう』（筑摩書房）は、ほんとうにいちから丁寧に解説してくれる本だ。私は会場で買った。

いま読んでいるが、分かったつもりでいたのに分かっていなかったことを改めて知って、ありがたく思っている。

たとえば、私はベクレルというのは1秒間当たりの放射線の数だと思い込んでいた。1ベクレルといえば、ベータ線なりガンマ線が1秒に1つ飛び出てくることだと誤解していたのだ。そうではなく、1ベクレルとは、1秒間に壊れる原子の数だった。そしてたとえばセシウム137が壊れると、ベータ線とガンマ線が一つずつ、ほとんど同時に飛び出てくる。つまり1ベクレルだと2つの放射線が飛び出てくることになる。

へえええええと、改めてびっくりしている。恥ずかしい話である。

私みたいな誤解をしないために、分かったつもりでいる人にこそ、読んでほしい本だ。

読めば、「甲状腺被曝、最高87ミリシーベルト」なんて記事に出会っても、いちいちびっくりしないで冷静かつ正確に読むことができるようになる。

逆に、シーベルトをまるで重力定数みたいに確定した物理量のように誤解して安全を強調することも、間違いだとわかる。そして放射線を軽視もせず、いたずらに恐れることもなくなるだろう。

いちから簡単に説明するといっても、そこは物理の本だから数字も記号もたくさん出てくるので、すいすいと流し読みできるものではない。

が、説明はていねいだし、物理に不慣れな人が引っかかりやすい箇所をゆっくりと解きほぐしてくれるので、きちんと読めばまともな知識が身につく。1400円はお買い得だと思う。多くの人に読んでいただきたい本だ。（2014.4.26）

小児甲状腺がん――話を盛ることの弊害

福島県で多発しているという小児甲状腺がんのことです。被ばくが原因だ、いやそうとは言い切れないという論争が続いています。本人と親の不安は大きいに違いありません。原因が何であれ、命と健康を最優先で守るべきなのは当然です。

もしかすると疫学的調査の結果、被ばくとの関連が薄いと結論されるかもしれません。

そうなれば東電と政府を免責する議論が浮上する可能性がありますが、とんでもないことです。

疫学調査は個々人の罹患原因を特定する力などありません。被ばくが原因のがんと自然に発生するがんの区別もつけられません。疫学調査で被ばく原因説を100％否定できるはずがない。

だから逃げを許さず、政府と東電にとことん誠意をもって検査と治療と事後ケアに尽力する義務を負わせるべきです。

小児甲状腺がんは急増したのか

一方で、各種の発表は「原子力村」の手が入っているから信用ならないとして、小児甲状腺がんの原因が被ばくしかあり得ないと断じるのも時期尚早だと思います。

そう考える理由を書きます。

超音波検診が導入された結果、信じられていたよりはるかに甲状腺がんが多いことが事故前から指摘されていました。たとえば『愛媛県立医療技術大学紀要』（第7巻 第1号2010年）に収録されている「甲状腺微小癌」。日付を見ればわかるとおり、震災の前年に書かれたものです。

この小論文は、超音波で見つかる甲状腺がんの多さに困惑しています。

――甲状腺検診に超音波検査を行っている他の多くの機関で

も，多数の微小癌がみつかり，初めは早期発見，早期治療ができるとの発表がなされたが，あまりに多い発見率から，微小な癌を見つけることは患者にとってかえって不利益なのではとの反省がなされるようになった。

小論文によれば、「3～9㎜の乳頭癌は女性1万人当たり262人になると推定」されています。乳頭癌というのは甲状腺がんのうち9割を占める、最も割合の高い種類です。

この割合は超音波以前のデータである国立がん研究センター統計の、すべての甲状腺がんの260倍にものぼります。

繰り返しますがこれは原発事故以前に発表されている資料なので、意図的な安全情報ではありません。

100万人に1人という数字だけが独り歩きしているけれど、それは超音波以前の数字だということを念頭に置く必要があります。

100万人に1人というのは、自覚症状が出てから検診を受けて発見された甲状腺がんの数です。

自覚症状がなくても甲状腺に異常を生じている割合はすこぶる多く、スクリーニングでそういったものが多数発見されることとなって、医療機関が驚いていたのです。

断定できない、だが隠ぺいは許さない

私はチェルノブイリ甲状腺がんについて調べるうちに、偶然にこの小論と出会って驚きました。

福島県の小児甲状腺がんの多発が被ばくの影響だと疑うのは、チェルノブイリ事故の教訓から当然です。

しかし今の段階で断定するのは、困難です。

震災前に実施されていたスクリーニングの結果と比べて、特に急増したとはいえないからです。

被ばくが原因だと断定することで、被ばく児童に対する県外の忌避感や差別が生じる結果を招くのなら、動機が善意だけに罪なことだと思います。

そうはいっても、被ばくのせいだと決めつけてしまう動機は、東電や政府のいい加減な姿勢や隠ぺいに起因することを忘れていませんし、忘れるべきではないでしょう。

東電や政府の情報隠ぺいの動機は原発再稼働にあって、なるべく都合の悪いことは知られたくないというバイアスが働いているからのように見えます。

商売を人命の上に置く態度は許しがたい。

話を盛ることが不安と差別を助長する

こういうスタンスながら、私は甲状腺がんと事故との関連

にはまだ慎重であるべきだと思っています。

ましてや甲状腺がんを理由にした「避難させろ、殺すのか」に類する一部の大げさな言動は、止めるべきでしょう。

そのような言動は人を不安に陥れ、福島差別を助長するものです。

仮に甲状腺がんの多発が初期の放射性ヨウ素被ばくに由来するものであったとしても、放射性ヨウ素が消えた今から避難しても間に合わないので、そんな警告は無意味ですし。

少しぐらいオーバーに言わないとみんな聞いてくれない、忘れっぽい人々に警告を発するには「危険」を前提にしなければ効果が乏しい。

こういった思いを否定し去るつもりはありません。

無関心に通り過ぎゆく街の人に声を枯らして脱原発を叫ぶ人々の焦りの気持ちは理解できるつもりですし、ましてそのような人々を十把一からげに「放射脳」と揶揄する人々には怒りさえ覚えます。

でも、話を盛ることに同意もできないのです。（2016.3.12）

29 風評被害・デマ・差別

風評被害の一因は情報不足

「対処能力超えた」原子力安全委員長、反省の弁

福島第一原発の事故後、23日夜に初めて、報道陣の前に姿を見せた 班目《まだらめ》春樹・原子力安全委員会委員長は「電源の喪失は深刻で予想を超える早さでトラブルが次々発生、技術陣の対処能力を超えた」と指摘。

津波という想定外の自然災害に極めてもろかった原発技術の限界を認め、「震災時にも電源を容易に確保できるなどの耐震機能が必要だ」と、反省をこめて語った。

（読売新聞 11年3月24日）

原子力安全委員会のリリースした資料で、原発周辺地域の汚染の様子がわかります。

数値がとんでもなく高いことは分かりますが、この資料だけでは、人体にどれほどの影響があるのか、私などにはよくわかりません。

また、この資料はほとんどが既に避難地域となったエリアの数値です。いま人々が知りたいのは、現に人が住んでいるエリアへの影響だと思うのですが、その分析がないのも解せません。数値を発表するなら、その数値で何がどこまで言えるのか、定量的な分析を添えて政府はコメントすべきではないでしょうか。

立場や手法によって、影響度合いの判定は違ってくると思いますが、いまテレビから聞こえてくるのは「直ちに人体に影響はない」という政府の発表（そのように言える根拠が示されることはめったにありません）と、「チェルノブイリを超えた」に類する悲愴な叫びの両極端。

聞く方は、楽観的な予測を信じてあとでひどい目に遭うよりも、悪い予測を基準にして自分を守ろうとします。風評被害の一因がここにあると思います。

原発事故の今後の見通しについても、政府の発表では何もわかりません。いま続けている原発の冷却対策は、順調にいけばどれくらいの期間で何がどこまでできるのか。放射線を正常値に戻すには、その後にどういう手順でどういうことをする必要があり、それにはどれくらいの期間がかかるのか。その間の放射性物質の漏洩はどの程度と予測できるのか。そのことで、環境や人体にどんな影響が予測されるのか。

楽観的な予測でもいいから出してくれないと、何もわからないままでは余計に不安が募ります。つまり、風評被害の一因は、情報不足なのです。大量の情報が流されていますが、中身がないと思うのです。政府がしないなら、専門家がすればどうかと思いますが。デマゴギストの言説がクローズアップされてネットに飛び交っている現状がよいことだとは思えません。

ところで、リリース資料を見て思うんですが、政府は避難範囲を広げるべきではないでしょうか。

(2011.3.24)

京都五山送り火中止—差別か合理的選択か

被災地薪の送り火中止、京都市が謝罪…苦情千件

東日本大震災の津波に遭った岩手県陸前高田市の松で

作った薪《まき》を「京都五山送り火」（16日）で燃やす計画が中止された問題で、京都五山送り火連合会の事務局でもある京都市は、9日の市議会で「被災された方々や京都市民、京都ファンのみなさんにおわびする」と謝罪した。

市や、中止を決めた大文字保存会に寄せられた意見は9日午後5時までに約970件に達した。同市によると、約970件の意見は「批判的なものが9割9分」という。「京都は被災者の気持ちを踏みにじった」などの批判や抗議に加え、「風評被害を助長するような声に、放射性物質の検査をしながらなぜ屈したのか」といった過剰反応を疑問視する声もあった。京都府庁にも9日午後5時までに、127件の意見が寄せられた。大半は批判の声だった。（読売新聞 11年8月9日）

A子 岩手県陸前高田市が福島からどれだけ離れてると思っているのかしら。その松が放射能汚染されてるはずないじゃん

B男 科学的に安全かどうか、だけの話じゃないよ。なんだか危なそうと思う気持ちは止められないし。

いくらきれいだと説明されても、大便器の水を飲める？そんなところから飲むくらいなら脱水症状で倒れることを選ぶ人は多いはずだよ。

他に選択肢があるときに、陸前高田の松を強要される義理がどこにあるのか疑問だな。

A子 そのたとえ、岩手を大便器あつかいしてるのよね。

B男 変なからみかたするなよ。

おれはいいんだよ、松を京都で燃やそうが燃やすまいが。

でも世間はどうだい？がんで亡くなる人なんて、もともといるよね。だから、仮に放射能汚染がなかったとしてもだよ、それでも京都でがんにかかって亡くなる人はたくさん出てくるだろうよ。

さて、そこでだ。もともと放射能を怖がっているところで、「放射能松」とレッテルをはられた松を燃やしてごらんよ。亡くなった身内から、きっと「護摩木焼いたのが原因だ」と恨む人が出てくるに決まっている。

無関係でも恨むんだよ。恨みをつくることは、それをなくすよりずっとたやすいことなんだ。そういう人に、統計的、数学的に因果を否定したからってわかってもらえるとは思えないね。

世間にはバカが多いんだよ。そういうバカを相手にしなければならない莫大なコストやエネルギーを考えたら、大ごとにならないうちに断っておくのが利口というものさ。

A子　あなたは賢いからねえ。

B男　まあね。合理的な説明をして、なおイヤなものはいくら説明してもわからない。イヤだという人がいるものを強行するべきではない。そういうことさ。

A子　でもさ、その考え方って、それでいいの？　ハンセン氏病の人が旅館に泊まろうとするのを断られたことがあったわね。

ハンセン氏病は伝染しないって合理的な説明をしても、なお嫌な人にはいくら説明しても無駄。イヤだという人がいるものを強行すべきじゃない……となったら、ハンセン氏病の宿泊を断る旅館が正しいわけ？

福島ナンバーの駐車を断ったり、福島から避難してきた子どもの診療を拒否した病院が正しいの？

B男　していることが正しいとは言わないが、合理的選択だな。

A子　断られた護摩木には、「ご支援ありがとう。私は何で返そうか」と感謝のメッセージも書かれていたんだけどな。

こんな記事があるわよ。

「母親（95才）を亡くした陸前高田市の男性（63才）は護摩木に「津波で死なせてゴメン。涙が出ます」と書きました。母親を抱きかかえて避難していたところを津波に襲われ、気付くと男性の手には服しか残っていなかったと当時を振り返ります。男性は「せめてもの弔いの気持ちを込めました」と話していました。

やはり津波で母親を亡くした盛岡市の会社員男性（35才）は、「今までありがとう」と書き込みました。「あまり旅行もしたことのない母でしたが、最後に京都で送ってもらえるんですね」と最後の孝行を待ちわびていました。

その他にも、「いつまでも空の上から家族を見守って下さい」「お袋殿　オヤジと仲よくやってくれよ」「御支援ありがとう」「みんなで力を合わせてがんばろう」など、1本1本に、亡くなった家族の元へ届けたい思いや、支援への感謝、復興に向けたメッセージなどがつづられた護摩木がこれまでに約400本集まっていました。（中略）

一方、護摩木を準備してきた鈴木さんは「時節柄、仕方のないことだと思う」としながらも、「遠くからわざわざ来て『天国に伝えてほしい』という方もいらしたから、本当に残念です」と言葉少なでした。

「高田松原を守る会」の鈴木義久会長は「風評被害は恐ろしい。亡くなった方の冥福を祈る気持ちに水を差されたようで残念だ」と話しました。（時事通信　11年8月8日）

あなたの考え方には、心をこめて護摩木にメッセージを書いた人たちの気持ちを思いやる温かさがないのよ。放射能を怖がる人ならば、怖がらなくてもいいって説明すればいいじゃん。それでもイヤだという人には、あたしは言ってやるわよ。あんたが安心するためなら、被災地の人々の心は踏みにじってもいいって言うの？　ってね。　(2011.8.10)

原発報道の偏向とジャーナリズムの記憶力

8月10日の報道

メルトダウンの可能性、12日には認識…保安院長

東京電力福島第一原子力発電所の事故から5か月になるのを前に、経済産業省原子力安全・保安院の寺坂信昭院長が10日、記者会見し、震災翌日の3月12日の段階で、メルトダウン（炉心溶融）に近い状況が起きている可能性を認識していたことを明らかにした。　（読売新聞　11年8月10日）

なんだろう、このいまさらな報道は。まるで「炉心溶融の可能性を3月12日にはわかってたのに、いままで隠してました」と読んでほしいような書き方だ。

みんな忘れてしまったのだろうか、事故の直後に、保安院も東電も「炉心溶融」を認めていて、堂々とそれが報道されていることを。

まず、事故の翌日の報道で、1号機の「炉心溶融」が語られている。

3月12日

福島第一原発「炉心溶融進んでいる可能性」保安院

経済産業省の原子力安全・保安院は12日午後2時、東京電力の福島第一原発1号機で原子炉の心臓部が損なわれる「炉心溶融が進んでいる可能性がある」と発表した。発電所の周辺地域から、燃料の核分裂に伴うセシウムやヨウ素が検出されたという。燃料が溶けて漏れ出たと考えられる。炉心溶融が事実だとすれば、最悪の原子力事故が起きたことになる。炉心溶融の現象が日本で確認されたのは初めて。
（日本経済新聞　11年3月12日）

福島第1原発、炉心溶融…放射性物質が周辺に拡散

経済産業省原子力安全・保安院は12日午後、冷却機能を喪失していた東京電力福島第1原発1号機（福島県大熊町）の周辺で、放射性物質のセシウムが検出されたと発表した。

セシウムは炉心のウラン燃料が核分裂してできる物質。保安院幹部は記者会見で「炉心の燃料が溶けだしているとみてよい」と炉心溶融（メルトダウン）が進んでいるとの見方を明らかにした。（NEWS47　11年3月12日）

この翌日の報道で、3号機も同じ状態だと東電が発表している。

3月13日

1・3号機で炉心溶融進行の可能性　東電が示唆

東京電力は、福島第一原発の1号機と3号機で、実際の水位を見極める必要があるとした上で、燃料の最上部より水位が低い状態が続いていることで、炉心溶融が進んでいる可能性があることを示唆した。（朝日新聞　11年3月13日）

そして政府は「炉心が溶融していることを前提にした対応をしている」と述べている。

「3号機の炉心溶融も想定して対応中」枝野官房長官

枝野幸男官房長官は13日、東京電力の福島第1原子力発電所の3号機も、燃料棒が溶けている可能性があると述べた。

会見で炉心溶融が1号機で起きたという認識かと問われた枝野官房長官は、「これは十分可能性があるということで、その想定のもとに対応をしている」と述べ、3号機についても「可能性があるという前提で対応している」と述べた。（AFP　11年3月13日）

その翌日には、2号機も炉心溶融しているという発表がされている。

3月14日

福島第一原発2号機が冷却できずに燃料棒すべて露出、炉心溶融（メルトダウン）の可能性も

東京電力によりますと、福島第一原子力発電所2号機で、午後6時20分から海水を入れる作業を始めましたが、その後、海水が入っていることが確認できず、原子炉の中にある燃料棒がすべて露出している可能性があることを明らかにしました。「炉心が溶けた可能性は否定できない」としています。（GIGAZINE　11年3月14日）

このように、東電も保安院も事故の直後から炉心溶融を認識しており、政府ともども、それを前提に対策をとっている。間違いなく、そのように報道されている。

それなのに、4月に入ると、変な報道が流れた。

4月18日
福島1～3号機核燃料、保安院「溶融」と初見解
経産省原子力安全・保安院の西山英彦審議官は18日の記者会見で、1～3号機の核燃料が「溶融していると思われる」と述べ、内閣府の原子力安全委員会に報告したことを明らかにした。保安院はこれまで、核燃料の損傷が3%以上としてきたが、「溶融」との見解を出したのは初めて。
（読売新聞　11年04月18日 20:48）

うそつくなあっ！

これまでは燃料の「損傷」しか認めていなかったって？

デタラメな報道してんじゃないよ！

ところが5月に入っても、また同じような報道が現れる。

5月17日
2、3号機も炉心溶融の可能性～細野補佐官
福島第一原子力発電所について、細野首相補佐官は16日、すべての燃料が溶け落ちた1号機だけでなく、2号機と3号機でも燃料が溶け落ちている可能性を示した。（日テレNEWS47　11年5月17日）

あたかも枝野補佐官が炉心溶融を5月になってはじめて認めたかのような報道も、こりゃなんだい？

反原発で有名な科学者は「まともな専門家なら3月15日には炉心溶融しているのがわかっていたはずだ」などと語っているが、3月15日どころか、保安院は事故当日に炉心溶融を認めているじゃないか。

5月24日
2、3号機でもメルトダウン～東京電力
「東京電力」は、福島第一原子力発電所の2号機と3号機でも核燃料が溶け落ちるメルトダウンが起きていたとする報告書を発表した。（中略）
東京電力が2号機と3号機でメルトダウンが起きていたと分析したのは初めて。（日テレNEWS47　11年5月24日）

「はじめて」かあ？

じゃあ3月13日の報道はなんなんだ?

いったい、この国のジャーナリズムには記憶力というものがないのかい?

んで、そんないい加減なメディアに乗せられて、「原発推進派は事故から3カ月もたってからようやく炉心溶融を認めた。遅いわっ!」と怒っている多くの善良な市民。

あ〜あ、こんな有様では、何につけてもコロリとだまされてしまうよなあ。しっかりしようよお、みんな!(2011.8.12)

山下俊一教授のニコニコ発言について

福島県の放射線健康リスク管理アドバイザー山下俊一教授が、飯舘村の避難に関して、「安全ばかりを強調するから、避難しようと思った人もそこに留まり、結果的に高線量を被曝してしまった」という主旨の批判を受けています。

山下俊一氏は、3月下旬から福島県に入り、「年間100ミリシーベルトでも問題ない。妊婦でも子どもでも危険はない」という発言をくりかえしてきました。当時の同氏のこの発言は、福島市政だよりにも掲載され、福島県で「安全神話」を築き上げてきました。同氏は医学系の雑誌には、低線量被ばくのリスクを指摘する記事を書きながらも、福島では逆に低線量被ばくのリスクをまったく否定する言動をとったのです。(子どもたちを放射能から守る福島ネットワーク)

4月1日、山下教授は飯舘村で、こう語りました。

- 100ミリシーベルトの放射線を1回浴びると100個の細胞が傷つきます。
- 発がん性のリスクが高くなります。しかし、そのがんになるリスクは決して高いものではありません。たばこを吸うほうがリスクが高いのです。
- 妊産婦は安全なところへ避難されたほうが精神的なケアも含めて考えると望ましいと思う。ここで頑張ろうという人がいてもそれはそれでよいと思う。
- 外で遊んだ場合はシャワーを浴びたり、顔や手をよく洗うこと、うがいをするなど、インフルエンザの予防策と同じ対策が有効である。

このように、山下教授は放射線リスクに関する国際的な定説を述べているだけで、「年間100ミリシーベルトでも問題ない。妊婦でも子どもでも危険はない」などと語っていません。

批判している記事は要約が不正確です。

山下教授は表現の仕方がヘタだと思いますが、何もぼろくそに言われなければならないほど変なことは言っていないと思います。

が、これに類する非難が圧倒的なのです。

例の「ニコニコ」発言についても同様です。

「ニコニコ発言」について

以下は山下俊一教授に対するシュピーゲル誌〔ドイツ〕の取材記事からの抜粋です。

シュピーゲル　あなたは福島県から招聘されて、被害地域の住民に放射線リスクを伝える仕事をしてきた。いちばん最初に「放射線の影響はにこにこ笑ってる人には来ない、くよくよしてる人に来る」とおっしゃったが、あれはどういう意味だったのか。

山下　あれは3月20日の最初の集会でしたね。本当にショックを受けましたよ。皆さんあまりに真面目で、誰も笑わないんですから。

シュピーゲル　自分たちの村や町が放射能で汚染されてしまい、目に見えない危険がどんなものかを誰も知らない。そういう反応も当然だと思うが。

山下　皆さん非常に重苦しい雰囲気でした。ラットを使った動物実験からは、ストレスを感じやすいラットほど放射線の影響を受けやすいことが明確にわかっています。放射線の影響下にある人たちにとってストレスは百害あって一利なしです。しかも精神的なストレスは免疫系の働きを抑制するため、ある種のがんや、がん以外の疾患の発症につながるおそれがあります。だからリラックスも大事だと話したのです。（シュピーゲル　11年8月19日）

あまりにみんなが思い詰めているので、リラックスしてもらおうと砕けた語り口をしたのが「ニコニコ発言」なのでした。表現の仕方が妥当だったかは賛否あろうかと思いますが、なんとかリラックスしてもらおうとした意図は理解できます。

またその発言内容も、間違っていないと思います。

ストレスを受けた動物は免疫力が低下し、感染症やがんにかかりやすくなります。このことは科学的に十分に実証されています。

強いストレスと放射線とを同時に受ければ、その影響は相乗的に高まるだろうから、せめてストレスをやり過ごすことで過剰な影響を防ごうという説明には、不審なところはないと思います。

しかし欲を言えば「ニコニコ笑っている人には影響が来ない」は言い過ぎで、正確には「影響が低下する」ぐらいの言い方に留めたほうがよかったと思いますが。 (2011.9.8)

バズビー教授がこわれた

低い線量の放射線こそが実は最も危険なのだという学説を唱え、一貫して反原発を唱え続けてきた英国の科学者クリストファー・バズビー教授。

欧州放射線リスク委員会（ECCR）〈環境問題の市民団体〉の委員長にして、「ふくしま集団疎開裁判の会」の理論的支柱だったバズビー教授。

「主流の学会からはトンデモに近いと言われ続けていますが、とりあえずそこらのトンデモとは格が違う」（byナカイサヤカさん）、その博士がこわれた。

それは一昨日のこと。

ツイッターに突如挙げられた、バズビー教授関連のツイートの内容が、関心を持つ人のあいだで騒然となった。

"Christopher Busby Foundation for the Children of Fukushima"（福島の子どもたちのためのクリストファー・バズビー財団）。

バズビー教授がNPOをつくるのはいい。

騒ぎになったのは、バズビー教授が放射能汚染地域の子供たちのためにつくったというサプリメント（6800円）や、高額の検査のことだ。

セシウムに効くサプリメントだあ？

マジかよ、あるわけないじゃん、そんなの！

（このサプリ広告は今は削除されている）

内容があまりにもぶっ飛んでいるので、これは誰かがバズビー氏をネタにした偽サイトじゃないかという意見が大半だった。

自分もそう思った。

あまりのことに、「ふくしま集団疎開裁判の会」はその団体と無関係だとHPで説明し、本当かどうかバズビー教授本人に確認すると語った。

ところが、バズビー氏自身がこの会の設立について語っている映像がアップされた。その中でサプリ（タブレット）をつくる予定だとも語っていた。

バズビー先生いわく、

「日本政府が汚染物質を日本中に広げたがっているのは、将来の訴訟に備えて福島現地の人たちと遠隔地の人たちで発がん率等で差が出ないようにするため」

「放射性でないヨウ素が放射性ヨウ素をブロックするように、大量のカルシウムとマグネシウムを与えることによってストロンチウムとウラニウムをDNAに近づけないようにすることができる」

「そのようなタブレットをつくって原価で提供するために日本に〈福島の子どもたちのためのクリストファー・バズビー財団〉を設立した」

おいおい！　内部被曝の危険性を訴えて「被曝恐怖症」を広めた張本人が、セシウム・ウラニウムの害をなくすとかいって薬でもないサプリを高額で売り出すというのは、シャレにならないだろう。

「放射性でないヨウ素が放射性ヨウ素をブロックするように、大量のカルシウムとマグネシウムを与えることで、ストロンチウムとウラニウムからDNAをブロックする」

そんなことができるんなら、とっくの昔に商品化されてるわっ！　これは明らかな詐欺商品です。

しかも大量のカルシウムやマグネシウムの摂取は、かえって危険な場合があります。

買う人が出る前にたくさんの警告ツイートが出て、教授側がひっこめたからよかったのだ。

これはジョークだと勘違いして誰も警告しなければ、おそらく大勢の人がバズビー教授を信用してインチキサプリを買っただろう。もしかすると最悪、死者も出たかもしれない。

バズビー教授の信用は地に堕ちた。バズビー理論にもとづいて放射線の危険性を過剰に唱えていた人たちは、どうするのだろう。

「バズビーは詐欺師だったが、その理論だけは正しい」と言い続けるのだろうか。

バズビー氏の正体を見せられて、実は私も悲しい。いろんな意味で、とても悲しい気分だ。

(2011.9.20)

風で舞い上がったセシウムの倍危険

「一度地面に降下してから風で舞い上がったセシウムは、大気から直接吸入するより10倍危険」

という発表が、今年の日本原子力学会でされたという報道が、先日ありました。

舞い上がりは内部被ばく10倍＝放射性セシウム、直接吸入と比較——原子力機構解析

東京電力福島第1原発事故で、一度地面に降下し風で舞い上がるなどした放射性セシウムを取り込んだ場合の内部被ばく量は、大気から直接吸入するのに比べて約10倍多いとの解析結果を、日本原子力研究開発機構（茨城県東海村）がまとめた。北九州市で開催中の日本原子力学会で22日、発表される。（時事通信　11年9月20日）

「この報道は発表内容を取り違えている」という解説を、解析結果を発表した当の日本原子力研究開発機構が行っているのでご紹介します。*

*日本原子力学会　2011年秋の大会「福島第一原子力発電所事故の防護措置と線量再構築（2）吸入摂取による公衆の内部被ばく線量評価」の発表内容について

解説の要約を箇条書きしてまとめ、末尾に私の感想を述べます。

① 地面に落ちたセシウムが再び風で舞い上がる「再浮遊量」を推定し、これにもとづいて内部被曝を推定する計算式が、もとからあった。

② この計算式にもとづいて「予想内部被曝量」を計算した。

③ このとき、セシウムの再浮揚推定に使用する係数のうち、いちばん大きな係数を使用した。これは再浮揚の危険性を少なく見積もるよりも、なるべく大きく見積もるほうが、対策をより安全側に傾けることになるからだ。

④ それとは別に、実測された空気中濃度のモニタリングデータを使って、再浮遊セシウムを大気中から吸入する被曝量を計算した。

⑤ 2つの計算は同じ内容なのだが、②は机の上の予想値で、④は実測データにもとづいた計算である。

⑥ 2つの計算を比べると「予想内部被曝量の計算」が「実測データにもとづく計算」より10倍も大きかった。

⑦ 内部被曝が実際よりも10倍も大きい計算をしても、外部被曝の1000分の1の数値だ。

⑧ そこで対策としては、内部被曝よりも、外部被曝対策を重点的に行うのが合理的である。

感想

大山鳴動ネズミ一匹ということわざを思い出した。

発表内容は読んでいただいたとおりで、何も不自然なところはないし、驚くべき内容でもない。

この内容をもって「風で舞い上がったセシウムは、大気から直接吸入するより10倍危険」と報道した記者は、日本語の理解能力がないのではなかろうか。

あるいは意図的に読者をあざむいたのだろうか。

これを本気にして、政府の内部被曝対策は無策だと嘆く人がたくさん出てしまった。とりわけ福島県の人は心配で仕方がないだろう。ほんとうに罪なことだと思う。

テレビ放映では「何の説明もなかった」とされていますが、検査結果の用紙には「ND」(非検出＝機器の能力で検出できるレベル以下という意味)と記されていたはずなんですが、そんなの、素人にわかるわけないし。

インフォームドコンセントの重視が叫ばれている昨今だし、なんなら専門のスポークスマンを雇えばどうかとも思ってしまいます。

現場の人に「ND」の意味を説明させようもんなら、えらいことになるでしょう。

だいたいからして技術者とか理論家は口下手で、湯川先生とか都筑道夫さん、ファインマンさんなんて例外中の例外なんですよ。他人とコミュニケートしなくていいから、なんて理由で技術畑に行く人だってあるくらいで。今はそういうことではいかんでしょうねえ。

(2011.10.15)

原発事故以前のチョウの異常を被ばくと結びつける論文

チョウの羽や目に異常＝被ばくで遺伝子に傷か 琉球大

東京電力福島第1原発事故の影響により、福島県などで最も一般的なチョウの一種「ヤマトシジミ」の羽や目に異常が生じているとの報告を、大瀧丈二琉球大准教授らの研究チームが10日までにまとめ、英科学誌に発表した。(時事通信 12年8月10日)

これが事実ならば、警戒が必要かもしれませんが、こういう記事の書き方はやめてほしいと思います。

琉球大の先生は「人間はチョウとはまったく別で、ずっと強いはずだ」という留保をつけておられますが、そういう留保をすっとばして「福島オワタ」などとデマる奴が現れるに違いないからです。

「僕の体は大丈夫なのか」と悩む子どもがいたら、本当にかわいそうです。

記事だけではなく、じつは論文自体にも問題があるので、以下で検証しておきます。

異常発生は原発事故以前から

ヤマトシジミに斑紋異常の多発という驚くべき現象が起きているのは事実のようですが、それは原発事故以前からあったことです。

「青森の蝶たち」〈工藤忠・工藤誠也〉というブログに、そのことが報告されています。

原発事故のはるか以前、2005年の記録です。

ブログでは、異常が多発している原因を、低温だと推測しています。温度変化ぐらいで簡単に突然変異してしまうのが昆虫なのだそうです。

大瀧准教授はなぜ、今になって新発見であるかのように発表し、福島原発事故と結び付けたのでしょう?

執筆者は昆虫の専門家ではない、ホメオパ信者だった

大瀧丈二琉球大准教授は昆虫類の研究者ではなくて、専門は海洋自然科学。

専門でもないのに、どうして蝶の研究を?

その理由はわかりませんが、この先生は松本丈二のペンネームで日本ホメオパシー振興会のホメオパシー研究員をしておられる方ですので、専門外のことでの学問性は推して知るべしかと。

「原発に近いほど異常が多い」を論文データ自体が否定している

ネイチャー掲載論文が見つかったので、飛ばし読みした感想を述べます(The biological impacts of the Fukushima nuclear accident on the pale grass blue butterfly.)

比較したサンプルを採集した地域は、東京〈北緯約35度〉、筑波〈北緯36度〉、水戸〈北緯36度36分〉、高萩〈北緯36度42分〉、いわき〈北緯37度〉、広野町〈北緯37度21分〉、本宮〈北緯37度30分〉、福島〈北緯37度45分〉です。

白石と郡山は採集地域だったはずなのに、データ表に上がっていません。

まず、蝶の羽の大きさです。

福島第一原発と距離的な相関関係があり、原発に近い地域ほど羽が小さく、本宮と福島の羽が特に小さいという結論が導かれています。

しかし、相関関係は緯度との間にも成立します。

北に上がり、気温が低いほど羽が小さいのです。

しかし論文はその相関関係には触れず、原発との距離だけ

に注目しています。

ところが原発との距離に注目しても、矛盾があるのです。

論文にこんな箇所があります。

「採集した各地の蝶には軽い異常があったが、広野市から採集したサンプルには検出可能な異常が見られなかった」

もしも原発に近くて被曝量が多いほど異常が増えるのなら、こうはならないはずです。

しかしこの事実についての説明はありません。

また異常のパターンが温度ショックによるものとは異なると書いてありますが、その理由が述べられていません。

最も異常が多く発見されているのが福島市なのですが、そこは同時に調査の北端なのです。

放射線との相関関係をいうなら、福島市よりも原発に近いほど異常が多くなければならないはずですが、実際はそうなっていません。

福島市よりも原発に近くて異常が少ない地域があって、それらの地域はどこも福島市よりも緯度が低いのです。

温度が無関係というなら、福島市よりも緯度が高い地域と比較しなければ何とも言えないのではないでしょうか。

放射線で無理矢理異常をつくり出す実験？

遺伝の研究には、もっと首をかしげます。

採集した異常な型を再現するために、最大55ミリシーベルト（0・20ミリシーベルト／時）または125ミリシーベルト（0・32ミリシーベルト／時）の放射線を照射したというのです。すると異常が頻出したと。

逆にいえば、それくらい照射しなければ、異常を再現できなかったということになります。しかしこんな空間線量の地域は実在しません。それならば、福島の蝶に放射線による異常は発生しないないはずです。なぜなら福島の蝶は125ミリシーベルトも被曝していないからです。

しかし、異常は実際に発生しています。だったら、異常の原因は放射線ではなくて別の要因ではないか。

これが正しい推論かと思うのですが、論文はそうではなく、放射線照射で異常が現れたのだから、採集した蝶の異常も放射線のせいだと結論づけています。

他の要因を考えてみようともしていません。

正直いって、私にはわけがわかりません。

元論文を読んでみた　その他の疑問

異常発生比率が原子力発電所からの距離と相関していると

述べて、空間線量との相関関係を示唆しながら、地上の放射線量データは図示しないと書くのはなぜでしょう。

これ、逆の立場なら「データ隠しだ！」と非難されるのではないでしょうか。

しかし、次に示すとおり、自説に反するデータも包み隠さず出してあるところは、さすがに学術論文だから正直です。出されているデータによっては相関関係が見いだされないか、負の相関関係になっています。

正直にデータを出すのはよいけれど、仮説に反する結果になっている理由を、「わからない、だがホットスポットのせいではないか」と示唆してすますのはどうかと思います。

空間線量の高かった5月よりも空間線量の低くなった9月のほうが異常が多いことも正直に出しています。これも放射線原因説では説明がつかないデータです。

これを遺伝的蓄積のせいにしていますが、しかしその仮説を示すデータはないんですよね。何が何でも放射線以外の要因は認めない姿勢に、なんだか頭が痛くなります。

結論

まあ私はしろうとなので決定的なことは言えませんが、この論文は、東日本＝高線量汚染地域という誤ったイメージが西欧にあって、そのせいでうっかり載せられてしまったのではないかという気がしました。

(2012.8.13)

食品会社の宣伝に使われた「マグロ汚染」情報

なんだか反原発の言説に文句ばかりつけるようで気が進まないのだが、嘘を書くわけにいかないので……。

友人からひとつのブログを紹介された。

海が放射能で汚染されているという内容だった。

家に帰ってから、そのブログをあらためて読んでみた。

アメリカやカナダの太平洋沿岸で、魚に異変が起きているという。英字新聞記事が写真で紹介されてあり、そこには奇形の魚や出血した魚の写真が掲載されていた。マグロから放射性セシウムが検出されたとも書いてある。太平洋の魚はもはやとても食べられないという。

驚くべき内容だった。

ありがたいことに、英字新聞のリンクが貼ってあったので、抜粋ではなく元記事が読めた。読んで、ひっくり返った。

そこにはこう明記されていた。

「この病気はウイルス性の出血性敗血症である」

放射能ちゃうやん。

英文の元記事を確かめる読者などいないとでも思ったのだろうか。人を馬鹿にしてないか？

「放射能マグロ」の記事はウォールストリート・ジャーナルに掲載されたものだった。

「全体として、天然魚に含まれる放射能レベルを3％上昇させたと科学者たちは述べた」

核実験が原因で、もともと魚は汚染されていたのだが、その汚染が3％上昇したという意味だ。

セシウムの半減期が何度もすぎて、60年代と比べればおそらく10分の1ぐらいに減少した汚染度が3％上がったら、それはとんでもなく危険なのか？

もちろん、元記事にそんなニュアンスはない。

それにしても、危険かどうかは別にして、マグロ汚染が観測されたのは事実だ。

原発事故のときに福島沖を回遊していたマグロが汚染されたことは事故直後から指摘されていたので、その心配が正しかったことが証明されたのだなと思ったが、それがこの時期になって現れるのかと疑問に思い、記事の日付を見たら2012年のものだった。

検査されたマグロは2011年8月に捕獲されたものだと書いてある。

2011年3月に福島沖にいたマグロが、5カ月かけてサンディエゴに泳ぎ着いたそうだ。

全体的な流れはこうだ。

2011年3月時点の汚染を示す2012年の記事を使って、アメリカの進歩的ブログサイトが2013年にちょいと大げさな見出しで掲載したものを、2014年に日本のブログが恐怖物語に仕立て上げた。それが「今日ただいまの事実」として2015年に流布しているのだ。

こういう手法は正しいのか？

で、もっとあきれてしまうのは、その記事が「放射能汚染のない安全な食べ物」を売っているという会社のサイトに誘導するものだったこと。

これって反原発意識をターゲットに商売してるんだよね。

なんかもう、すごく、すごく、すごく残念なんだけど。

いつもはちゃんとリンク先を明示するんだけど、どうにも気に入らないので、今回はリンク貼りません。

(2015.3.2)

デマを流す人、信じる人

もう福島は人の住むところではない……こんな言葉がたくさんのブログに躍る。

原発事故がいかにひどいものであるかを訴えたい気持ちはわかる。

しかし、それでは今も福島に住んでいる人の立場はどうなる。子どもが被曝したことでおろおろしているお母さんたちに、どうしろというのだ。

避難しようにもできない人たちは、愚か者なのか。

福島県を、汚染の場所だ、汚れた場所だというたびに、そんなセリフを真に受けた人が福島県民までをも汚れた人間として扱うようになることが、どうして想像できないのか。

南相馬の自治会が高圧洗浄機で自力除染をしたら、「水で洗い流すのは無責任だ」と言い放つ評論家がいた。土を全部はがさなければならないと、無茶なことを平気で言う。

東京にいて言うのは気楽だ。なんでも好きに言える。

「1ミリシーベルト以上は避難しろ!」

「プルトニウムが出た! 危険だ!」

言えば言うほど、現地の人はうろたえ、どうにもできない自分を責め、鬱屈していく。

それが正しい警告ならば、受け入れるしかなかろう。

だが、彼らの警告が正しかったことが一度でもあるのか。

「原発が核爆発する!」するか、バカヤロ。

「すでに再臨界している!」してないよ。

「メルトスルーしている!」だったらなんで空間線量が上がらない。

「鼻血が出た。被曝初期症状だ!」じゃあ入院した人が一人でもいるのか。

「植物に異変が!」毎年のことだよ。

「原発現場で白血病の死者が!」白血病になるには何年もかかる。2週間でなるか。

「アメリカからプルトニウムが!」データの誤読だったね。

「飯舘村からプルトニウムが!」危ないなら論文掲載を待ってないでデータ出せよ。

「下水からヨウ素が!」病院の放射線治療が原因だったじゃないか。

「アメリシウムが!」データの読み方を知らない奴が拡散したんだよね。

デタラメばかりじゃないか!

関東大震災のときに、朝鮮人が襲って来るというデマをコロリと信じた人たちと、同じことじゃないか。

政府のやり方がすべて正しいとは言わない。情報隠しもあったし、対応が遅かった。でも、いまデマを流して政府の対応をさらに混乱させてどうする。

被災地の自治体は猫の手も借りたいぐらいなのに、全国から「こんなことがあるのに、何をしているんだ」と偉そうに抗議する電話が殺到しており、それに手を取られて困っているという。

あんたたちは被災者に味方したいのか、救済の邪魔をしたいのか、どっちだ。ほんとに、野次馬根性もたいがいにしろ！

（2011.9.18）

30 ガレキ処理問題

私が姫路市に震災ガレキ受け入れを求めるメールを送った理由

私は姫路市に震災ガレキ受入を求めるメールを送りました。その理由を簡単に書いてみます。

❶ 広域処理されるガレキは核のゴミではない

広域処理の対象となるガレキは宮城県と岩手県のものだけで、福島県のものは含まれていません。宮城県の「汚染」は東京都東部、千葉北部、埼玉県東部と同じくらいで、茨城県北部よりきれいなくらいです。* 岩手県はもっと安心です。福島第一原発から岩手県宮古までの距離は、福島第一原発から東京都新宿区よりも遠いのだから。

広域処理の対象となるガレキは東京都のゴミよりもきれいなのだから、断じて「核のゴミ」などではないのです。

❷ 受け入れ反対の地域自身が、もっと危険なゴミを地域外に排出している

「たとえ1ベクレルでも汚染を拡散すべきではない」という理由で広域処理に反対する人がいる。

放射線検査によれば、東京都内から収拾されたゴミは、今回広域処理の対象となったガレキの2倍もの放射線量だそうです。汚染といえないほどの汚染でも「拡散するな」というなら、津波被災地よりも「汚染」されている東京都のゴミは、金輪際都外に持ち出してはならないことになります。

ところで東京都のゴミ処理の現状は以下の通りです。

⑼ 東京都の産業廃棄物の広域処理の状況

地域別にみた中間処理の割合は、都内で74%、都外で26%となっている。

最終処分の割合は、都内で26%、都外で74%となっており、都内から排出される産業廃棄物の多くが 都外で最終処分されている。（東京都環境局「東京都廃棄物処理計画」付属資料、02年1月発行）

広域処理に反対するなら、同じ論理で東京都のゴミも都内に留め置くべきです。これから本格化するかもしれない広域処理どころか、反対派の論理を借りれば、いま現在、すでに東京都は広域処理対象の2倍も汚染された恐ろしい「核のゴミ」を拡散しているのだから、これこそが緊急の課題であるはずです。

全ゴミの74%を最終的に都外に搬出している東京都民のみなさん、中でも広域処理に反対している都民の皆さんは、たった今から全部のゴミを都内で処理するようにたたかってくださるか、ご自分のゴミを少なくとも7割ほど減らしていただきたい。東京都のゴミが都外処分されていることに反対しないのであれば、同じ論理で、広域処分にも反対すべきではないと思います。

3 なぜ困っている地域の復興に手を差し伸べないのか

「広域処理の対象は全ガレキ2400万トンのたった2割。それが原因で復興が進まないことなどあり得ない」という理由で広域処理に反対する人がいる。

そんな単純なことなら、被災地が悲鳴を上げたりしないでしょう。もっと具体的に語らなければ実態が分かりません。コンクリートなど埋立可能なものは地元で処理することになっていて、広域処理の対象とされていません。県外で処分してほしいとお願いされているのは、可燃ゴミの一部です。

たとえば岩手の場合では、柱材、角材の瓦礫予想量52万トンに対して、広域処理を希望しているのが47万トンで、実に9割です。それは岩手県には柱材、角材の処理能力が60トン／日しかないからです。それ以外の可燃系混合物113万トンは、主に県内で処分する計画となっています。

いまのままでは、1年365日休まず処理しても（そんなことは不可能ですが）柱材、角材の処理に20年以上かかってしまいます。被災地はもともと人口が少なくて、処理能力も低いのです。処理場を増設したり、地元はやれることはやっているし、やろうとしているのです。それでもどうにもならない分を、引き受けてほしいと言っているのです。

さらに、被災地自治体が処理しなければならないのはガレキだけではありません。1300万〜2800万トンのヘドロがあります。ガレキより多いぐらいです。こういった処理に人手も金もかかるし、自治体職員は膨大な事務処理に追われているはずです。事務能力が追いつかないから、現場作業もはかどらない。県外で受け入れてもらえるなら、少しでもお願いしたいという被災地の言い分が、どうして間違っているでしょうか。

4 受け入れ反対はしょせんは地域エゴ

仮に、「広域処理ができなくても、復興が遅れる期間なんか、たかが知れている」というのが本当だったとしましょう。それが広域処理を拒む理由になるでしょうか。自分のところの問題は自分でかたづけろという自己責任の原則が正しいのでしょうか。ガレキ処理には利権が絡んでいるという噂が正しければ、それがガレキ受入を拒む理由になるのでしょうか。私はそんな言い分は正しくないと思います。

阪神大震災のときには、兵庫県は近隣の府県にガレキ処分を助けてもらいました。兵庫県でできるじゃないか、ガレキ処理に時間がかかっても復興は遅れないよとは、だれも言いませんでした。

膨大なガレキが関空の埋立に投入されましたから、きっと利権も存在したことでしょうが、それが問題にされたということは一切ありませんでした。

それよりも、神戸を助けようじゃないかという思いが優先したのだと思います。なのに、どうしていま同じようにできないのでしょうか。

受益者負担の原則を持ちだして、震災ガレキを東京都に持って行けという意見もあります。たしかに一理ありますが、賛同できません。なぜなら反対の声がいちばん大きいのが東京なのだし、そんな提案は都民が絶対に受け入れないからです。

あっちに持って行け、こっちに持って行けと実現不可能な提案をぶつけ合っていたって、市民同士が仲違いするだけに終わってしまいます。そんな不毛な争いは、したくありません。

いろいろと理屈をつけても、結局のところ、放射能で汚れたゴミは持ち込むな、というのがホンネだろうと思います。その言い分は一見正しく見えますが、実態からかけ離れた議論であり、しょせんは地域エゴではなかろうかというのが、私の評価です。

脱原発は方向としては正しい。わたしも先日はそういう趣旨で開かれた集会の中心を担いました。今後もそのスタンスでたたかうつもりです。しかし、広域処理反対を脱原発運動の道具にするのには、絶対に反対です。

お気に召さない方もおられるでしょうが、これが、私が姫路市に震災ガレキ受入を求めるメールを送った理由です。

＊反原発派で鳴る早川由紀夫教授のサイトから拝借した情報なので（早川由紀夫研究室「福島第一原発から漏れた放射能の広がり」）いかなる反原発派の方でも受け入れてくださるものと信じます。

(2012.3.21)

震災ガレキ受け入れへの疑問に答える

1 なぜ広域処理が必要か（阪神大震災は近隣で処理した）という疑問への回答

兵庫県は処理能力がもともと高かったし、近隣に大阪という大都市もあり、そういう点は恵まれていました。被災地もわりと局限されてたから、50km しか離れていないわが姫路市でもかなり引き受けました。それでも可燃物は処理しきれず、横浜市、川崎市、埼玉県に引き受けてもらったんです。

なんで沖縄まで運ぶのかといえば、他に引き受け手がないからじゃないでしょうか。近くで受け入れてくれるなら、わざわざ金をかけて遠くに運んだりしないと思いますよ。

2 ガレキ処理にからむ利権とそれゆえの高コストを指摘する意見への回答

利権のことを言い出したら公共事業なんか何もできなくなるのでは？　現在の日本国内では、国・地方公共団体を問わず、とりわけ建設事業関係では、事実上すべての公共事業に利権が絡んでいると思いますが。

10倍の高値（処理費用が阪神震災時の10倍も高いという指摘）というのは言い過ぎです。田中康夫氏によれば、阪神大震災の時は1トン当たり約2万2000円、今回は6万3000円だというから、3倍弱です。

高いことは高い。しかしすべて利権絡みのせいでしょうか。この理由を考えてみます。

まず、阪神大震災の処理費用というのは、あらゆる瓦礫処理費用の平均額です。神戸市のＨＰに資料がありますが、阪神大震災の場合、コンクリート系廃棄物については神戸港や関空の海面埋立用材として再利用できました。ほとんどタダです。お金がかかったのは埋立に使えない可燃物（一般可燃物と木材）です。全部の平均が2万2000円だから、木材には平均以上にお金がかかっているのです。

そしていま広域処理の対象となっているのは、その木材なのです。東北の場合もコンクリは埋立に使うそうだから、最終決算はもっと安くなると思います。

次に、処分費用は、分別費用と運搬費用と最終処分費用を合算したものです。神戸市の場合、最終処分費用は7000円でした。2万2000円のうち、1万5000円は分別など前処理費用なのです。

今回の6万3000円というのも、前処理費用込みだと思います。神戸の場合、瓦礫は地震でつぶれた場所にあったので、分別は容易でした。今回は津波でかき混ぜられて何もかもがごちゃごちゃだから、分別に非常に手間がかかるそうです。そういったことも、高値の原因でしょう。

あと、飛散防止のために、ダンプではなく完全密閉型コンテナで運んだりするのでコストがかかります。最後に、理由の一端に放射能があると思われます。普通の値段では業者が引き受けてくれない。

6万3000円といえば高いようですが、こうして見ると、それもむべなるかなと思いませんか？

ついでに、神戸の可燃物瓦礫処分の内容を詳しく見ましょう。神戸市は大都市だから施設が整っていたのに、既設の焼却炉で燃やせたのはたった6・7％、仮設焼却炉で34・3％です。20・5％は野焼きしていますが、いまは法改正でこんなこと許されません。県外に委託したのは16・9％でした。委託先は神奈川、広島、福岡と広範囲です。残りが県内委託です。そして、すべての処分に3年かかっています。

岩手・宮城は神戸ほど施設が整っていません。仮設焼却場はどんどんつくっていますが、人口が少ないので、本格的な焼却炉を建設しても、数年後はスクラップにしなければなりません。それにだって金がかかるし、無駄ですよね。野焼き処理は違法だからできません。

こんなにハンディがあって、困っているから助けてほしいと言われているのに、どうして協力してはいけないのか、私にはさっぱりわかりません。

3 安全が確認されたものは受け入れるという徳島県の回答について

徳島県は、「安全な瓦礫については協力したいという思いはございます」と言っている。すべての瓦礫を拒否するということではなく、きれいな瓦礫なら受け入れるというのですから、市民参加の検出体制をつくるなりして、1日も早く受け入れていただきたいと思います。いかにホットスポットがあるとはいえ、宮城・岩手の瓦礫がそんなに汚染されているとは考えられません。

「4000ベクレルを超えた廃棄物があった」というのは、あれは震災瓦礫ではありませんし、去年からフィルターに蓄積を続けていたちりから検出されたものです。フィルターで長時間濾し取ればどこでもそうなるし、それは逆にフィルターがちゃんと放射性物質を含んだちりを吸着している証左でもあり、フィルターを通せば安全だというデータでもあります。

4 ガレキ処理における政府のダブルスタンダードを懸念する意見への回答

二重基準について誤解がないでしょうか。

100ベクレルは、放射性物質として扱う必要がなく、自由に再利用できる廃棄物の規準です（原子炉規制法）。

8000ベクレルは、放射性物質として扱わねばならず、再利用してはならず、廃棄するのに特別の措置を必要とする廃棄物の規準です（震災特別措置法）。

2つは同じものではありません。

100ベクレルはIAEA（国際原子力機関）の安全指針にもとづいていると言われており、たしかにそれは間違っていませんが、そのもとづき方については周知されていません。

IAEA安全指針で「これ以下は放射性物質として扱わない」とされているのは、セシウム134で500ベクレル／kg、セシウム137で800ベクレル／kgの、それぞれ10倍以内というものです。日本はこの安全指針に、さらに安全係数をかけて、100ベクレルとしています。ですから、100ベクレルを超えたらIAEA規準違反だというのは、大きな誤解です。

セシウム137なら最大で8000ベクレル以下を放射性物質として扱わないというIAEA安全指針に対し、新基準は100〜8000ベクレルを「特別な措置が必要な放射性物質」として扱うのだから、かなり厳しい規準であるといえるでしょう。

5 なぜ新しい基準が必要なのかという質問への回答

新基準がどうして必要なのか、喩えて言えば、こうではないでしょうか。これまでは、「水道水は自由に飲んでよい」、

「それ以外は飲んではいけない」という2種類の規則しかなかった。しかし災害で長期にわたり水道が使えなくなったので、「赤十字の安全規準をクリアした井戸水は飲んでよい」ことにした。

これに対し「これまで飲んではいけなかったものが、どうして急に飲めるようになるのだ」という心配はわかります。しかし間違っていたのは、水道が壊れるはずがないという前提でつくっていたこれまでの規準ですよね。

原子力安全神話に毒されて、「特別な管理が必要」な廃棄物が大量発生する事態に備えていなかった政府・国会の怠慢は、責められるべきでしょう。そういう恐ろしいものを産み出した東京電力の責任は、強く追及すべきでしょう。

が、それはそれとして、別問題として扱わなければなりません。私たちは、「特別な管理の必要な廃棄物」ができてしまった時代に突入しているのですから、その時代にふさわしいリスクコミュニケーションが必要だと思います。

水道が壊れたことをいくら追及しても、きれいな水が出てくるわけではありません。その時の条件下で、何とか飲み水を確保しなければならない。そこで、新基準ははたして飲める水なのかどうなのか、くやしいけれどその検討が必要になるわけですよね。

8000ベクレルの廃棄物を直接扱って、触ったりホコリを吸ったりする作業員でも、被曝量は年間1ミリシーベルト以下だそうです。まして周辺環境にはほとんど影響がないと言えると思います。

低線量被曝の影響はよくわかっていないのだから危険だ、といわれますが、その言い方は正確ではありません。理論的には影響があるかもしれないが、いくら微に入り細を穿っても、影響を検出できないのです。

検出できないから影響を数値化できないのは、「わかっていない」ことと違います。ですから、岩手・宮城の瓦礫は安心して受け入れるべきだと思うのです。

6 国費を使うなという意見への回答

また国費を使うなとのことですが、阪神・淡路大震災の瓦礫処理費用は国から出しています。政府は3519億円を震災2か月後に予算化しました。東北大震災は阪神大震災の1・7倍の瓦礫と、ほとんど2倍のヘドロ、合わせて阪神の4倍近い災害廃棄物処分が必要です。しかも被災地人口は兵庫県より少ないのです。

それでも地方自治体に負担せよとおっしゃいますか?

(2012.3.21)

31 原発と政治

菅政権の震災対応を評価する

地方自治体の復興事業に対し、国が95％以上の資金負担を決めた。大英断だと思う。

そういえば、菅直人《かんなおと》さんは他にも大きな決断をすばやく下している。

10万人の自衛隊の大規模投入。

自衛隊予備役召集。

計画停電。

一つひとつが、平時では考えられない規模の、前代未聞の出来事だ。

こんなに短期間に次つぎと決断を下すなんて、その重圧はすごいものだったと思う。

評判の悪い大規模避難だって、こんなに大人数の大移動なんて誰も経験がないのに、大きな混乱もなく実施できたのはすごい。

誰が担当しているのか知らないが、ロジスティクスの腕前が見事だ。地方自治体や政府部内の関係者の人数はものすごいだろうし、みんな物資の取り合いだろうし。権限や役割分担を巡ってお役所同士の確執もすごかろう。それなのに、事前の計画も訓練もなかったのにどうにかさばいている手腕は評価しなければならないだろう。

菅政権には厳しい意見ばかりが出されているが、こうしてみると、案外やり手なんじゃなかろうか。震災予算を確保するために子ども手当を廃止するというのも、これだってなかなか決断できるものではない。担当大臣一人でどうにかなるものではないだろう。やはり菅さんが絡んでいると見て間違いなかろう。

厚生労働省の動きも、なかなか細かくてすばやい。被災者の生活面でいえば、生活保護を大胆に活用するように地方自治体に指示を下ろしているし、それに必要な予算の裏付けもすばやく自治体に与えた。

仕事場が壊滅してしまい、当面は働き場所のない現地に派遣会社を呼び入れて、就職のマッチングもしている。震災を理由にした解雇や雇い止めが始まったと言えば、休業補償制度などを利用して雇用を継続するよう、事業主に呼びかけている。そのことを全国の労働基準監督署やハローワークに通知し、同時に経済団体に申し入れをしている。これは菅総理肝いりの、『「日本はひとつ」しごとプロジェクト』で打ち出された方針の具体化だ。これまで、どの政府が派遣労働者の境遇にまで目を配ったことがあるだろうか。

メディアはこんな記事をちっとも書かないが、こうした仕事の数々を、原発事故対策と同時並行で進めているのだ。大したものではないか。

原発事故では、たしかにいろいろと批判もあろう。しかし、逃げ腰の東京電力を叱りつけて復旧作業に踏みとどまらせた菅総理の決断がなかったら、もっとひどいことになっていたかもしれない。

私は民主党なんて第2自民党だと思って評価していない。まあ、日本のためのカンフル剤にはなろうかと考えて、政権交代は支持した。安保政策にしろ、基地問題にしろ、菅さんの立場とは水と油だ。

しかし、それはそれ、これはこれ。ここまでの震災対策については、大したものだと思っておおいに評価している。

だが、巨大な予算が動く時には、欲深い連中がうごめくはずだ。被災者のための予算がいつのまにか巨大プロジェクト予算にすりかえられて、カネの行き先は結局ゼネコンだったというのが、阪神大震災のときの兵庫県民の教訓だ。そうならないように、国民的監視が必要だろう。そのためには、厳しい批判も必要だろう。だがその批判は、復興に向けた前向きの批判であらねばなるまい。ただの足の引っぱりあいには、与したくないものだ。

いちばんに監視が必要なのは、自民党のタヌキどもだ。奴らが政権批判を強めているのは、次期政権で復興予算をかっさらい、巨額のバックマージンを自分のフトコロに環流させたいからに違いない。そんなことばっかりやってきたのが、自民党だ。そうはイカの◯ンタマ。

被災者のためにも、ここは菅政権にふんばってもらい、実績をつくってほしいと願っている。

(2011.4.15)

菅首相退陣論の裏にアメリカの影が……

原発は減らしていかなければならない。こんなに狭い国で、もう一つ事故が起きたら、えらいことだ。いくら電気が必要だとはいっても、原発が一度事故を起こしたら、世界最大の電力会社が傾くのだ。こんなにハイリスクの発電方式に、頼り続けるわけにいかないではないか。

だが、原発を減らすには、一つの大きな障壁があるという。アメリカの抵抗だ。

日本の原発用ウランは、国産が4％。96％をアメリカ、ロシア、フランスなどから輸入している。1990年ごろの資料だから話は古くなるが、かつては80数％も、核兵器をつくる米国のウラン濃縮工場で濃縮されていたという。日本の大量発注が、アメリカの濃縮工場の経常運転に不可欠だったそうだ。日本がウラン濃縮を依頼し、その代金を支払うことで、アメリカの核兵器生産システムが維持されていたと言ってもよい。核兵器と核燃料は表裏の関係なのだ。だから原発をやめようとすれば、アメリカが抵抗するのだ。単に経済の問題ではない。軍事がからんでいるのだ。

だが、菅さんは原発の建設計画を白紙にするという。私としては、大いに期待したい。原発はいやだ、放射能は恐いと言っている人たちも、菅総理がこの姿勢を貫けるよう、後押しをすべきだろう。

いま、菅総理を引きずり下ろそうとしている人たち。誰が原発をやめようと言っている？　減らそうとか、現状を凍結しようと言っている？　こんな大事故なのに、原発政策の見直しを言っているのは、もとから批判的な共産党、社民党をのぞけば、菅総理とその支持勢力だけではないか。

自民党の谷垣禎一総裁は、3月17日の会見で「原子力政策の推進は難しい状況になった」と公言した。あの自民党が、と世間は驚いたと思う。

が、公明党幹部は「谷垣氏の勇み足だろう」と冷ややかだった。石破茂政調会長は、「今はいかに（炉心を）冷却し、放射性物質の漏えい拡大を抑え込むかという段階で、原子力政策まで論じるべきではない」と答えた。

3月31日になると、やっぱり谷垣氏は手のひらを返した。「諸外国みなが見直すと、世界中のエネルギー需要の変更につながるので、視野を大きく取りながら組み立てないといけない」のだそうだ。

民主党内の反菅勢力からも、聞こえてくるのは菅総理の「不手際」を揶揄する声ばかりで、原発そのものについてどうするのか、大局的な意見が出てこない。どうしてだろう。

ネットに出回っている菅批判、民主党批判の大半はデマだった。このデマの出所はどこだろう。バレバレの嘘をついてでも、菅総理を退陣させたい存在って、いったい誰なんだろう。ここは、深く考えるべきところではなかろうか。

桜井財務副大臣が菅首相批判＝「退陣要求は当然」

民主党の桜井充財務副大臣（参院宮城）は20日午前、野党議員が18日の参院予算委員会で菅直人首相の退陣を求めたことについて、国会内で記者団に「そういう感じを持つのは当然だ」と述べた。閣内から退陣容認論が出た形で、首相の求心力は一段と低下しそうだ。（時事通信　11年4月20日）

(2011.4.20)

自民・公明、〝かしこい政治家〟の処世術

「自公、復興実施本部入りを拒否　『首相不信大きい』」（朝日新聞　11年5月10日）

まあ、正しい決定だな。かしこい政治家は、いまは何かの決定に参画してはいけない。それは責任を負うことだから。

誰がやっても、何をしても、批判されるのが目に見えてる。いまは前向きの仕事はしなくて、文句だけ言っているのがいいよ。

それが政治家の処世術。変に責任ある立場に立つと、これまで自分たちがやってきた安全無視の原発推進政策まで蒸し返されかねないものな。後ろ暗い過去は、忘れた顔してツルリとぬぐいさろう。

ただ思うんだが、そんなのが2年前まで政権を担ってたんだなあ。そりゃあ不景気にもなるし、原発事故も起こるわ。もう、かしこい政治家はいらない。叩かれても愚直に前向きの仕事に没頭する政治家がいいや。

私は民主党なんか支持しないし、基地問題では菅さんと水と油だが、震災対応だけは誉める。首相のくせに、共産党の提言にさえ「そのとおり」と答弁するなんて、正直すぎてアホちゃうかと、プロの「かしこい」政治家は笑うだろうが。だが、その率直さのなかったこれまでの政治が、日本を衰退させてきたと思う。しろうとでいいじゃないか。応援するよ。がんばれ、菅さん。

(2011.5.10)

でき損ないの原発管理体制とたたかう菅首相、がんばれ

日本が批准した原発についての国際条約には、原発の推進

と規制の組織は分けよと定められているそうだ。

立地調査や建設認可は、それ専門の独立組織が担わなければならない。ところが日本では、保安院は通産省の下にある。共産党の不破さんがずいぶん前に国会で「条約違反ではないか」と追及したらしいのだが、時の政府は「原子力安全委員会が独立している」と木で鼻をくくったような説明ですませてしまったという。

だが肝心の安全委員会には何の権限も与えられておらず、委員は非常勤ばかり。設計図を見せてもらえるのが関の山だそうだ。しかも委員長は天下りで、いまの班目《まだらめ》春樹委員長などは、原発裁判で被告の国側証人になったような人物だ。

事故の場合の指針はあるが、具体化はされていなかった。国が計画をつくらないから、自治体もつくるにつくれない。避難計画など誰も持っていなかったし、法整備もなきに等しかった。事故対策の責任部署がどこなのか、それが決められていないことに気づいたのは、事故が起きてからだった。

電力側も事情は似たり寄ったりだ。事故対策の責任の所在が不明で、現場は独自にどんな判断を下して何ができるのか、さっぱり分からないまま目の前の対応に追われた。

事前に決められていないのだから、政府は超法規的な指示を出さざるを得なかった。原発からの退去を許さなかったとか、海水注入命令がそれだ。自民党は「法的根拠のない命令だ。独裁政権だ」などと口汚く非難しているが、どの口が言えるのだろう。そうせざるを得ないようなでき損ないシステムをつくったのは、自分ではないか。

歴代自民党政府が利権と二人三脚でつくり上げてきた出来損ないのシステム。菅総理の手元にはそれしかなかった。出来の悪いシステムでも、それしかないなら使うしかない。だが保安院も東電も、この期に及んでも情報の出し惜しみをしたり、責任回避にジタバタするばかりだ。どうやら裏で自民党と繋がっていそうな気配さえある。

菅総理はまるで関ヶ原の石田三成みたいなもので、味方のふりをした裏切り者をたくさん抱えて戦っている。強い政権ではないため、コンセンサスを重んじるせいで、おかしな決定もしている(中途半端な避難計画や20シーベルト問題など)。

日露戦争を戦った指導部は、あまりのストレスに若死にした人が多いと言う。菅さんもそうなるかもしれないと、時々気の毒になる。

だが、巡り合わせだと諦めて、思い切りたたかってほしい。前途多難であると思うが、なにしろ、政界のほとんどが原発の金で汚染されているいま、頼りにできるのは菅総理しかいないのだから。

(2011.5.14)

大連立は1941年の悪夢の再現か

大連立で救国内閣を、3次補正で円高対策も＝野田財務相

民主党代表選への出馬については「明確に菅（直人）首相が出処進退を打ち出した時。経済にいろいろな動きがある中、閣僚の職責を果たすのが第一義的」と直接的な言及を避けたが、政権運営に関しては「小さな政治をやっている場合ではない。復旧・復興・原発・財政は与野党が胸襟を開いて話し合うことが基本。救国内閣をつくるべきだ」として、野党との大連立を目指す考えを表明した。（ロイター11年8月13日）

民主党の党首選、あるいは総選挙の争点は次のようなものであるべきだ。

- 大連立＝大政翼賛会に賛成なのか
- 民主主義を維持するのか

さて、史上はじめて脱・原発方針を表明した首相である菅直人を、原発に固執する勢力と反・原発派が寄ってたかって引きずり下ろすという、不思議な大騒動のあと、この国の進路はどうなるのだろう。

大連立は悪夢

もしかすると実現してしまうかもしれない、大連立について考えてみよう。

大連立は未曾有の危機に対処するためだ、と自民党はいう。それならば、疑問に思うことがある。

自民党はどうして菅内閣にもっと協力しなかったのかということだ。自民党は、どうして復興法案をすんなり通さなかったのだ。自民党は菅直人のやることなすことに理由のない反対を繰り広げ、復興を妨害し、脱原発方針の足を引っ張り続けたではないか。

そして、自民のせいで身動きの取れなくなった菅直人に対して、「実行力がない」「何もしていない」と本末転倒した非難を浴びせかけたのだ。菅が何もしていないのではないのだ。菅が何もできないようにし向けているのは、お前だろ、自民党！

政権に復帰するためなら、被災者をそっちのけにして政争を仕掛けて恥じない政党。それで被災地の復興がどれほど遅れようが痛くも痒くもない政党。それが自民党という政党ではないか。

復興のためにそんなのと連立を組む？　悪夢だ。

反原発派は何がしたいのか？

さて、この「未曾有の危機」とやらの宣伝に現実味を与えているのが、反・原発派だ。

たしかに原発事故は重大だし、福島第一原発周辺は高濃度の汚染が深刻な状態だ。しかし、「半径80km圏は人が住めない」だとか「東京もチェルノブイリ級の汚染」だとか、デタラメを吹聴して過剰な危機感をあおり、する必要もない対策を要求して、その要求に応じないから菅内閣を倒せと叫ぶ行為が、結果としてどんな事態をもたらしているのか、分かっているのだろうか。

反・原発派は、菅直人が信用ならないというのなら、他に誰が信用できるというのか。

原発勢力とズブズブの自民党ならいいというのか。党勢維持のためなら誰とでも手を組む日和見政党・公明党が信用できるのか。

「原発ゼロは難しい」「止めている原発を再稼働する」と明言している野田は菅よりましなのか。いったい、あなたがたは何を求め、何がしたいのか。

ちょっと恐怖をあおられたら過剰に反応してしまう市民の姿を見て、「放射能の恐怖」をあおれば脱・原発が近くなるように思っているのなら、大きな誤算だと思う。

世論調査を見ればわかるだろう。原発をなくせという声は多数派だが、支持政党は原発推進の自民党が多い。つまり多くの有権者にとって、選挙の時の選択肢としては、原発政策は2番手、3番手なのだ。

脱・原発を候補者選びの基準にしない有権者のほうが多いのだ。円高、不景気、失業問題のほうが優先というのが、有権者の本当の声だろう。

自民党がいくら景気対策をしても、どうにもならなかった。「失われた20年」をつくり出したのは、自民・公明政治だった。

菅直人は、派遣労働者など末端の労働者の待遇を改善したり、生活者としての国民の生活支援を通じて経済を活性化しようとし、実現を図ってきた。しかし、進みつつあったその大胆な改革の姿が報道されることは、ほとんどなかった。まことに口惜しい。

日本はあの時代に舞い戻るのか？

反・原発派が、自分たちの運動で菅を引きずり下ろしたなどと浮かれていたら、選挙の結果、大政翼賛会政治の実現、そしてその中での自民の復権と原発推進への逆戻りという、手ひどいしっぺ返しが待っているのではあるまいか。私はそれが恐ろしい。

私は確信している。現今の危機は、大連立などなくても乗り切れる。

復興に向けて努力している民主党をたたくのではなく、それを妨害している自民党などに対して、どうしてもっと協力しないのかと国民は非難を浴びせるべきなのだ。国民の声で、自民党が復興を妨害できないようにするのだ。そうすれば、必ず日本は立ち直れるはずだ。

しかし、私などがゴマメの歯ぎしりをしていても、世論はもう脱・民主に走り出しており、止められないように思ってしまう。

時の流れに圧されて、理性では負けるとわかっている戦争に情動的に乗り出してしまったのは、1941年だった。それから70年後。またしてもわれわれの社会は、理性を投げ捨てて一時の情動に踊らされ、地獄に舞い戻ろうとしているのだろうか。

(2011.8.14)

東電よ、国よ、お前ら人間か?

無料検診、原発作業員の3・7% 収束宣言後打ち切り

東京電力福島第一原発で原発事故から今年〔2012年〕9月までに働いた2万4118人のうち、国と東電のがん検診制度を無料で受けられるのは904人で全体の3・7%にとどまることがわかった。

国と東電が、50ミリシーベルト超の放射線を昨年12月の野田政権による事故収束宣言までに浴びた場合に限る、と期限を切ったからだ。(朝日新聞デジタル 12年11月22日)

こいつらはどこまで無責任なんだろう。そしてどこまで厚顔無恥なんだろう。

「50ミリシーベルト超の放射線を浴びた作業員だけに限定する」だと?

「昨年12月の事故収束宣言までに浴びた場合に限る」だと?

「東電と政府が決めた」だと?

どの口がそんなことを言えるのだ!

今年9月11日、規制委員会の委員長を田中俊一にしたとき、政府が何をし、何を言ったか、国民がもう忘れたとでも思っているのだろうか。まだ政府は「原子力緊急事態宣言」を解除していないと言ったではないか。いまは原子力非常事態が続いていると言ったではないか。

だから、原子力規制委員会設置法第7条に委員長の任命は衆参両議院の同意が必要だと定めてあるにもかかわらず、「原子力緊急事態宣言」が出されているときは国会の同意を得なくてもよいという第7条3項の例外規定を用いて、国会の同意なしに任命を強行したのではないか。

都合のよいときは「非常事態」の錦の御旗を振り回して強権をふるう。だが作業員の健康を守るわずかな金は出し惜しみをして「事故は収束した」だと？

バカにするのもいい加減にしろ！

そのうえ、同じように積算50ミリシーベルトを超えても、東電社員2人だけは特別措置対象だから検診を受けることができるって？　東電社員以外は、無料のがん検診を受けられないって？　なんだその差別は。お前らはいったい人間なのか？　温かい血が一滴でも流れていれば、こんな仕打ちはとてもできないはずだ。人の心があれば、とてもこんな恥ずかしいことはできないはずだ。怒りで頭がくらくらする。

こんな連中が原子力を扱っているんだ。こんな無反省な、無責任な、無慈悲な、破廉恥な連中、いつかきっとまた事故を起こすに違いない。だめだ、絶対に原発は止めよう。我々が生き延びる道は、原発ゼロしかあり得ない。

(2012.11.22)

泣きたくなるほどすばらしい民主主義

市民　関電さん、高浜原発の再稼働を求めるのは、安全だからですか？

関電　それを決めるのは私じゃないよ。安全性を判断するのは規制委員会だよ。規制委員会がＯＫといってるので、あとは規制委員会に尋ねてくださいな。

市民　規制委員会さん、高浜原発は、ＯＫなんですか？

規制委　それを決めるのは私じゃないよ。私たちは、科学的・技術的な面について判断材料を提供するだけ。それで大丈夫かどうか、再稼働するかどうかは国と地方自治体が判断することなんだよ。あとは国に尋ねてくださいな。

市民　政府さん、高浜原発は再稼働しても安全なんですか？

政府　それを決めるのは私じゃないよ。私たちは国民の代表者が国会で決めた法律を運用しているだけ。あとは国会に尋ねてくださいな。

市民　国会さん、高浜原発は……

国会　それを決めるのは私じゃないよ。議会は多数決なんでね、票数の多い意見に従う立場なんだ。原子力規制委員会設置法に賛成した自民党に尋ねてくださいな。

市民　え〜と、自民党さん……

自民　それを決めるのは私じゃないよ。私たちは与党だから政府案に賛成するしかないね。あとは政府に尋ねてくださいな。

市民　さっき政府に尋ねたら、議会が賛成したからと。

自民　そんな無責任な。自信のない法案を政府が提案したとでもいうのかい。ともかく、国会が何を決めようとも最終的に判断するのは地方自治体だよ、地元に尋ねてくださいな。

市民　自治体さん、高浜原発にゴーサイン出すのはあなたですよね？

自治体　それを決めたのは私じゃないよ。国が決めたシステムに則って規制委員会がオッケーを出したことに、地方が何を言えるんだね？　私たちはルールに則って粛々と認可するだけで。

市民　だって最後の関門があなたでしょ？

自治体　地方自治体が国策に文句言える立場かね、無理言わないでよ。

市民　みんな他人に下駄を預けるばっかりじゃないですか！　もしも事故が起きたら、ひどい目にあうのは誰だと思っているんですか！

関電・規制委・政府・自民・自治体　そりゃ〜、あんただよ！

市民　では最終的に責任とってくれるのは誰なんですか！

関電・規制委・政府・自民・自治体　わたしじゃない！

（2015.2.27）

「アンダーコントロール」

普通、「アンダーコントロール」とは事態が制御下にあることをいう。

安倍総理の「アンダーコントロール」は意味が違う。

「事実を掌握し対応している」というだけの意味なんだそうだ。

「流れ込んでくる地下水が汚染されている」

「が、流入を止める方法がない」

これが「事実」だ。

この事実を掌握することはしている。ちゃんと分かっている。

で、それなりに対応している。しかしうまくいっていない。

だが、そのことは黙っていた。

「日本はちゃんと対応できていないのでは？」「事態も掌握できていないのでは？」という中で、「その雰囲気を払拭できる」ようにすることが役割だったから、あたかもうまくいっているかのように見せかけなければならない。

　そこで、「アンダーコントロール」の意味を勝手に自分なりに変えてしまうことで、ウソをつかずに事実を都合よく誤解させる。そういうレトリックが「アンダーコントロール」だったというわけだ。

　意味を変えたり、概念を広げたり、ポイントをずらすことでごまかし、言いくるめるという国内政治の手法を、国際社会に対してもやったんだな。

　永田町のことは知らないが、普通の人間社会では、それはやはり「ウソ」だろう。

　次の段階として、汚染水が文字通り「アンダーコントロール」されているかのように情報を裏で「アンダーグラウンドコントロール」する。

　あらゆることにつけて、こういうまやかしの手法を基軸に展開するのが、安倍政治の手法だ。

　安倍総理の手法は、70年以上も前に開発された情報操作の手口だ。

①攻撃相手にレッテルを貼る（ネームコーリング）
②短いスローガンで正義性をアピールする（普遍化）
③正当性をいうために権威を利用する（転換）
④権威者・カリスマに協賛してもらう（証言利用）
⑤自分と国民との一体感を演出する（平凡化）
⑥メリットを最大限に強調、デメリットは矮小化（カードスタッキング）
⑦これが流行っていると繰り返す（バンドワゴン）
（米国宣伝分析研究所「情報操作の7つの原則」）

　こんなもんにやすやすといかれてしまう我々ってなんなの？

(2015.3.27)

「原発を止めたら経済が悪くなる」は本当か？

原発を止めたら燃料費が高くついて国民生活が破綻するという意見がある。

　火力に頼ると、原油代が3兆5000億円もかかるというのだ。

　しかし核燃料だってタダではない。原発を止めたら原油代はなるほど余分にかかるだろうが、原発を動かせば今度はウラン代が発生するのだ。だから、原油や天然ガスが核燃料よりもいくらほど高いのか比較するのでなければ、無意味だ。

では、調べてみよう。

いま財界や御用評論家は、原発を止めたら電気代が2倍以上になると危機感をあおっている。

おや？　ちょっと待て！　それが本当なら、今まで電気事業連合会が発表してきた電力原価はなんだったのか。

1キロワット当たり発電単価は、原子力が5・3円、火力が6・3円、水力が11・9円（2004年、電事連）。

このように言い続けてきたのではなかったか。火力と原子力の原価は2割も違わないではないか。

送電その他のコストは発電方式にかかわらず一定だから、電気代の値上げが必要だとしても、2倍にはならないだろう。それとも、原油価格がいきなり上がったとでもいうのだろうか。

しかも、この原価は電源開発促進税（1キロワット当たり37・5銭＝約100円／月：国民負担）等の税金を勘定に入れていない。

各発電方式に投入した税金をコストに算入すれば、発電単価は原子力が10・68円、火力9・9円、水力7・26円になるそうだ。これなら火力に変えたほうが安いではないか。

もっとも、原発を止めれば直ちに廃炉関連費用が発生するので、コストは増える。しかしそれは原発を動かしていてもいずれ発生するものだ。むしろ、転換が早いほうが使用済み核燃料が少なくてすむから、安上がりだろう。

原発維持は、廃炉費用や使用済み核燃料のコストというツケを、将来に先送りする選択に過ぎない。決断が早ければ早いほど、ツケは小さくなるのだ。

得体の知れない「安全神話」で国民をだましてきた連中は、まだ懲りていないようだ。そんな連中のデタラメな説明に何度もだまされるほど我々はアホではないことを、今度の選挙で示したいものだ。

(2012.11.18)

原発支持の唯一の根拠、「経済性」に根拠なし

どろ発

- 中部電力が黒字に転換。
- 原発なくても電気は足りてる。
- 原発なくても利潤も足りてる。
- 足りないのは政府の決断だけ。

原発支持派の反論

- 原発停止に伴う火力の追加燃料代は年3兆円を超える。

・今後も動かさないのであれば、戦乱とか起こらずとも何十兆円もの追加負担。
・そういう現実を無視する補給低能が無責任なことを言うな。
・稼働すればするほど原発は安上がりになるのに対し、LNG火力などは稼働すればするほどコスト高になる傾向にある。
・火力は燃料を焚き続けなければならず、兵站面からも不利。
・資金的にも、輸送面でも補給途絶の心配が残る。
・「いま大丈夫だから」は、脱原発の未来を保証しない。
・経済産業省が2012年は3・1兆円の燃料コスト増、13年は推計3・8兆円増と試算しているぞ。

どろの反論——経済性の議論は話を盛りすぎ

では原発停止と火力燃料の輸入増加の影響がどの程度なのか、データをもとに確かめよう。

怪しげな資料は使わない。

燃料原価についてある論文はこう記している。

> (輸入額は)9社計では、2010年度の3兆6203億円から2011年度には5兆8999億円、2012年度には7兆285億円と、ほぼ倍増している。[*1]

このコスト増は、すべてが輸入増に由来するものではない。

さらに引用する。

> 2010年度は概ねトン当たり5万円前後となっていた。しかし、東日本大震災後、LNG価格は上昇を続け、2013年度に入ってからは8万円を超える水準が続いている。この背景としては、東日本大震災後の需給の逼迫、原油価格の上昇、さらに最近の円安傾向があるものと考えられる。[*2]

輸入原価が6割も上がっているのだ。原油価格の値上がりと、アベノミクスによる円安が燃料費高騰の一原因だという。すると原発を止めていなくても、火力発電のコストは上がっていたわけだ。

単価が6割増なら、2010年度の輸入額3兆6千億円は、12年には5兆8千億円になっていたはずだ。現実の輸入額は7兆円だから、差額約1兆2千億円が、輸入増のせいということになる。3兆8千億円も増えたなんて、話を盛りすぎではないか。

しかも増えた1兆2千億円も、安倍さんが政策誘導して引き起こした円安などで値上がりした金額だから、それがなければ6割安い7500億円の輸入増でまかなえたはずだ。経産省はこの仮説を支持している。別の資料で、[*3]燃料費増加のうち、輸入量増加に起因する割合は2割程度と正直に分析しているのだ。

経済性の議論が触れないMOX燃料

ところで推進派は原発の利点が燃料費ぐらいしかないから盛んにそのことをいう。が、いくらコストが安くても、それは今だけの話だ。推進派はMOX燃料について黙っているので、説明しておく。

使用済み燃料の処分ができない以上、溜まる一方の保管コストがウナギのぼりに増えていく。このままではやっていけないので、高速増殖炉で燃やして使用済み燃料を減らそうとしたが、事故ばかりでまったく動かすことができない。運転再開のめどすら立たない。

そこで急場しのぎの対策として、使用済み燃料を混ぜたMOX燃料を燃やすことで取り繕っている。MOX燃料の値段は、1kg当たり5500ドル以上。福島第一原発3号機で燃やしていたMOX燃料が、年間94トンだ。100万キロワット足らずの発電で、年間5億1700万ドル。約500億円にものぼる。

MOX燃料は、火力よりはるかに高くつくではないか。だが燃料費の安い軽水炉を動かせば動かすほど、バカ高いMOX燃料も燃やさなくてはならない。原発を止めなければ、今後ますます、なにをやっているのか訳の分からないことになる。

東電の見通しでは、去年あたりからウランの受給が逼迫して値上がりするはずだった。大口顧客の日本が事故を起こしたので需要が一息ついているようだが、再稼働すれば値上がり必至だ。2倍に跳ね上がるという予測もある。

危ないけどコストが低いというのが、原発のただ一つの売りだった。コストが大して変わらないなら、危ない原発なんかいらない。仮に事故がなかったとしても、どのような面から見ても、原発の将来性はゼロなのだ。

＊1 経済産業委員会調査室・縄田康光「火力発電への依存と急増する燃料費――東日本大震災後の電力供給」(『経済のプリズム(119)』13年10月参議院発行) 13-14ページ
＊2 同上6-7ページ
＊3 経済産業省大臣官房調査統計グループ「産業活動分析(平成23年年間回顧)」112ページ「第Ⅱ-3-19図 鉱物性燃料の品目別の輸入額の要因分解」参照)

(2014.4.28)

32 脱原発に向かって

脱原発の足を引っ張る脱原発派

明日5月8日（2011年）、冷却システムを設置するために1号機建屋の二重扉を開いてフィルター換気します。

これは作業員が中に入って作業するための準備プロセスです。

その作業の詳細はあらかじめ公開されています。

これだけのことが、脱原発派の中で何やら怪しい陰謀論に成長しています。

- 風下の住民は注意しろ、とかはまだいいけど、秘密裏にとんでもないことをしようとしている、とか
- 隠されていた会合の議事録を河野太郎がすっぱぬいた、とか
- 浜岡原発の停止要請はこの危険作業から目をそらすためだ、とか
- いつの間にか高濃度の汚染水が放出される話になっていたり、とか
- 菅は国民を殺す気なんだ、とか

なんだか無茶苦茶……。

私には一部の脱原発運動のみなさんのしていることの意味がよく分かりません。

曲がりなりにも「原発政策の白紙見直し」を公言しているのが菅内閣です。

このようなデマを飛ばして菅総理を批判し、菅内閣を潰したらもっとよい政府ができるのでしょうか。

それは望み薄です。

ウィキリークスは、アメリカは原発推進の前原（誠司）政権樹立を画策していそうだと教えてくれました。

経産省は、原子力政策をみじんも変えるつもりはないと、菅

下ろし勢力に組みする旨表明しています。

菅下ろしを仕掛けている連中がゴリゴリの原発推進勢力なのは明らかなのに、ここで敵に塩を送ってどうするのでしょうか。

防護壁ができるまでであろうが、中部電力が絶対に停めたくなかった中電唯一の原発を、曲がりなりにも停止させたら大進歩です。

停止している間、電力不足が起きなければ、運転再開の根拠がなくなるのですから、次に無期限停止、そして廃炉へと運動を強めていけばよいわけです。

そして原発を除いた中電の発電力は、ピーク時電力も余裕でクリアできる水準なのだから、運動成功の条件は整っているのです。

なのに、これさえも批判の対象にして、たたきまくっている脱原発派がいる。

菅総理が、ダメなことをすれば批判すればよいが、たとえ人気取りのためであったとしても、我々の要求に沿ったことを少しでもしたのなら、意図的に高く評価して、「よくやった。ありがとう。でも、まだ足りないからもっと頑張ってくれ」と応援すればよい。

せっかく要求を聞いても「少し理想と違っているから」と非難しかされないなら、そんな無駄なことは止めようと二度とこちらを向かなくなるのは必至ではないでしょうか?

私は池田香代子さんの言葉にとても共感しました。


ここは、「壁ができる2年後まで浜岡全炉停止」という、ぎりぎり言える範囲で有権者を味方につけようとしている菅に、「よく言った、さすが市民運動出身」と、心にもないことを、わたしは言います。

(2011.5.7)

ガレキ受け入れに反対しない脱原発運動を

姫路市近郊に位置する漁師町の御津《みつ》町は、かつて関西電力の原発候補地の1つでした。漁師を組織してこの計画を撤回させた地元のご住職さんは、いまも地域の環境運動リーダーの1人です。

ご住職はこの夏、村内に呼びかけて福島県の子どもたちの夏休み疎開を実施しました。

子どもたちが帰って静かになったご住職と、昨夜一杯やったのですが、なんと彼もガレキの広域処理に賛成なのだそうです。

岩手や宮城のガレキなんだから、なんてことはないだろうというのです。

大阪の反対運動の理屈は無茶だと。

しかし問答無用でそれを切り捨てた橋下徹のやり方はむかつくと。

自分と同じ考えなので、驚くと同時に嬉しくもありました。

その方のお話によると、福島の子どもなんか受け入れたら放射能で汚れるぞと煽る人が漁協にいて、近所の奥さん3人がお寺に文句を言いに来たそうです。デタラメばかりぬかしくさる……とぷんぷんしておられました。

それでも檀家で手分けして、希望者全員を受け入れることができたそうですから、分からず屋もいるけど、それ以上に優しい人が多いってことだと思います。

関電姫路支店前の抗議運動の中でも、私はガレキの広域処理に賛成だと言っています。妨害に来ている右翼に対し、この場にいる市民は人それぞれの考えで集まっているのだということを説明するのに、自分はガレキ受入賛成だが、隣にいるこの女性は大反対しているのだと語ると、右翼のおっちゃんが目を白黒させていました。

人はそれぞれ十人十色。意見の合うことも合わないこともあるけれど、原発に頼る未来に希望はないという一点だけで関電前に集まっています。受入反対の人にも、いずれきちんと話を分かってもらいたいというのが、いまの私の願いです。

日本軍が中国に遺棄した毒ガスで被害を受けた方への補償裁判を担っている弁護士、菅本麻衣子さんの話では、遺棄毒ガス弾で被害を受けた少年は、健康被害の他に、いじめや差別にあい、将来への不安を抱えているそうです。被害者を汚れた者のように扱うのは、日本だけのことじゃないんですね。

日本政府に医療支援と生活保障を求める毒ガス裁判は、一審で敗訴しました。

非常に危険なものを捨てたのは間違いないのに、その責任すら取ろうとしない日本政府です。原発事故補償も難航することが予想されます。

生活環境を汚され、中には生活基盤をまるごと失った人もいるのに、補償はおざなり、そのうえ世間から差別されては踏んだり蹴ったりです。

食べ物と同じ程度の汚染しかないものを拒否するなどという理不尽な反原発運動ではなく、被災者と共に不当な差別とたたかえる反原発運動でありたいと思っています。


(2012.9.8)

平和主義者の一部にある非論理性

自分は9条の会の会員なので、こんど仲間に尋ねてみようと思うことがある。

以前、有事立法が導入されようとしていたときのことだ。国内が戦場になった場合に国民を待避させるため、国民に強制退去を命じる権限を政府に与える条文があり、人権面で問題があると批判が起きた。

「居住の自由を定めた憲法に反する」

これが反対理由だった。

その見解に賛同していたと思われる平和論者の方々が、いま、政府がもっと強制避難させないのはおかしいと激しい非難の声を上げている。「20ミリシーベルトは高すぎる、国民を殺す気か、1ミリシーベルトにせよ」と。

仮に1ミリシーベルトを避難基準に採用すると、数百万人が避難対象となり、家も財産もそのままに、追い立てられることになる。

で、尋ねたいのだが、その意見は居住の自由を定めた憲法に反しないのか?

戦争で避難させるのはよくないが、原発事故ならいいという理屈は、どうにも解しかねる。もしかすると、反権力の立場から無理難題をふっかけているだけなのでは?

平和主義にかけては私は人後に落ちないつもりだが、仲間の一部にある非論理性には、ちょっとついていけないものを感じるぞ。

(2011.9.14)

言いたいことを言う運動から、勝つための運動へ

原発はもうオシマイ。

これは客観的な事実だと思う。

政府は安全・安心な原発をつくるというが、そんなことしたらコストが高くつきすぎるだろう。

IAEAによると、アメリカでは1973年(スリーマイル島原発事故の年)以降、発注された原発の3分の2がキャンセルされたという。

安全性のハードルが高くなり、建設コストが膨れあがってペイしないそうだ。

いまや議論は、原発に頼らずに、自然エネルギーで本当に電力はまかなえるのか、という点に焦点があてられるべきだ。

世界では発電容量において風力・太陽光などの再生可能エ

ネルギーが、去年、はじめて原子力発電の容量を上回った。

アメリカでは自然エネルギーの割合が11・7％になった。

これに引き替え、日本の自然エネルギーはたった1％（とほほ）。

「世界の再生可能エネルギー投資32％増　過去最高、日本は低迷」（日本経済新聞）

この遅れは一朝一夕で取り戻せるものではない。

ただちに原発を止めろという声もあるが、無理だと思う。

節電には限りがあるし、エネルギー使用量は年々増えていくのだ。

エネルギー生産水準を維持するには、しばらくは原発に頼らざるを得ないのは自明だ。

経済界だって脱原発は仕方がないと考えている。

だけど、実質GDPが低下を続けている今、デフレを招くようなエネルギー節約は経済的な自殺行為だとも考えている。

目の前の課題にこだわって「即時原発停止」を唱えるより、「原発の自然死政策（新規建設は中止、既存の原発は耐用年数の古いものから順次停止）」を容認し、経済界を巻き込むほうが有利だろう。

発送電分離や電気買取制度などを着実に進め、自然エネルギーに急速にシフトしていくとしても、5年や10年はかかってしまう。

どんなに急進的な意見を唱えても、これが現実なのだ。

上関町長選は原発政策が争点になって負けたのではないそうだ。

反原発派として町外からやってきた人たちの人相風体が、田舎の人々にとってあまりに異様で、引かれたのだという。

そりゃあ自称ミュージシャンがいきなり変な歌を歌い出したり、ヒッピーみたいなのが浜辺で踊ってたり、町を練り歩いたのでは、常識人は引く。

そんな自己満足にしかならないようなアピールではなく、ちゃんと地に足をつけた運動をしてはいかがか。言っていることは、総論としては圧倒的に正しいのだから。

デマを語らない。

地域の人々の共感を得るような運動に変える。

原発後の地域経済についての不安にも応える。

こういう脱原発運動ができないはずがない。

原発からできるだけ早く手を引くことが、未来の日本を救うのだ。

だったら、言いたいことを言う運動、やりたいようにする運動から、勝つための運動に脱皮しようよ。

（2011.9.27）

「御用学者」というレッテル貼り

週刊新潮の記事「御用学者とよばれて」で、長瀧重信《ながたきしげのぶ》長崎大学名誉教授が語っている。

「反原発の人たちが被害者を怖がらせ、目的を達成しようとしているなら、絶対に反対して被害者を守らなければいけません」

長瀧名誉教授といえば、例の山下俊一教授もそうだけど、ヨウ素131と甲状腺がんの因果関係を長年の膨大な調査ではじめて証明し、国際機関に認めさせた人だそうだ。あの児玉龍彦先生も尊敬の念を込めて著書で称えているという。

この人たちに「御用学者」のレッテルを貼る「反原発」運動ってなんだろう。

2ちゃんねるのアジテーターと民主的市民運動がタッグを組んでデマに躍っているように見えて気持ち悪い。

んで、こんな良心的学者の声を、よりにもよって新潮しか報じないなんて、これまたどうなっているんだろか。

（2011.10.7）

泣きたくなるわ

内閣府政務官、低濃度汚染水の浄化水ゴクリ

内閣府の園田康博政務官は31日、政府と東京電力による統合対策室の記者会見で、東電福島第1原子力発電所の5・6号機から出た低濃度汚染水を処理した水をコップにつぎ、飲み干した。

5・6号機の低濃度汚染水は敷地内のがれきなどへの散水に使われている。以前の会見で、フリーライターから「実際に飲んで安全性を立証してほしい」との質問が出ていて、同政務官がそれに応えた。

園田政務官が飲んだ水は逆浸透膜や脱塩装置で処理した後に煮沸して殺菌している。放射性物質を調べる核種分析の結果、ヨウ素131とセシウム134、137の濃度は検出限界未満と確認されていた。

（日本経済新聞　11年10月31日）

いじめじゃん、これ。あきれ果ててへたりそうだ。

あきれるのは処理水を飲んだことに対してではない。そこまでさせる追及の仕方と、その後の反応にね。ふつふつと怒りすら感じるわ。

「汚染水を散布して安全といえるのか！」

「それで被曝したら責任をとれるのか！」

こう言ってたくせに、飲んでみせたら、

「そこまでするか」

「引きますね」

「飲んだから安全といえるのか？」

なんかさあ、いじめっ子が弱い奴に「犬のウンコなめろ」とか強要してさ、なめなきゃいつまでもしつこく要求するくせに、なめたら「ほんとになめやがった！　ギャハハー、ほんとになめやがった！　バカじゃね？」とかはしゃいでるのを彷彿とさせる。

悲しいなあ。なんでこうなの？　なんでこんな意味のない追い詰め方して、とくとくとしていられるの？

まともな反原発派は、きっと嘆いていると思う。こんな馬鹿馬鹿しいことに付き合っていられるかとツバを吐きたい気分だろう。あ〜、なんでこんなにレベル低いのか、なんか泣きたくなるわ。

(2011.10.31)

脱原発派には「負け犬の遠吠え」と思われない主張をする工夫が必要

夕方の「夢の扉」（ＴＢＳテレビ）で、マグネシウム合金と塩水だけで発電する画期的な電池のことを放映していた。使い終わって発電しなくなった酸化マグネシウムは、太陽熱で簡単に還元できて、またまっさらな状態に戻り、発電力を取り戻す。

その電池でバイクを１００㎞走らせる実験に成功した。マグネシウムは、資源として無尽蔵、塩水と太陽さえあれば使っても減らないうえ、蓄電が可能だ。まだまだ改良が必要だろうが、可能性は無限大だろう。

原発にこだわることが、ますます非現実的になってきた。その方向への技術の進歩が、エコをめざす科学者の意思によるのはいうまでもないが、科学者の意思を生みかつ支えるのがエコを求める多数の市民の声と運動であることも確かな事実だ。民衆の運動があってこそ、科学技術が民衆の願いに応えるのだと思う。

選挙結果にかかわらず、民衆の願いが原発を不要にしていくのだから面白い。選挙に勝てばその速さが加速されただろうが、負けてもあきらめてはならないってことだな。

比例代表得票率

- 維新　23・0％
- 自民　19・9％
- 民主　16・4％
- 未来　8・3％
- 共産　7・5％
- 公明　5・9％
- 社民　3・0％

この数字と、実際の獲得議席には大きな解離があります。その食い違いから私が感じたのは、「小選挙区制度の弊害」これには異論なかろうと思います。

「国家主義の台頭」は恐れていたほどではない。だって自民が低いもの。安倍が勘違いして暴走しても、それを食い止めることは十分に可能な根拠が見えたと思います。維新人気は「リーダー待望」なんでしょうね。いや、警戒は必要なんですけど。

公明の抜け目のなさ。あの獲得議席数で共産党より2割も低い支持率なんて、信じられないほど。小選挙区の裏取引で議席あさりした結果ですね。

脱原発派は惨敗にみえますが、惨敗の中身を検討すべきでしょう。

脱原発の訴えそれ自体は共感を得たと思います。

そこで、どの政党も風向きを読んで「脱原発」「卒原発」を唱えました。違いは脱原発にかける期間の長短だけだから、そういう細かい話になると、よほど関心をはらわないと優劣が見えてきません。

その中で惨敗したのは、再稼働阻止・即時停止路線でした(私もこの路線なのでへこみます)。投票率を上げるほどの訴求力もなく終わったのだから、我ながらお粗末でした。

「再稼働しないと電気が足りない」

「生産活動が抑制される」

「燃料代が上がる」

こういった論調に漠然とした不安を覚えた有権者が多かったのでしょう。急な変化にはおびえがつきものです。ここを突破できなかった。いつまで窮屈な節電が必要なのか、その答えを満足に提示できなかったこともあるでしょう。

これまでと同じことを続けて道が開けるのか、深刻な反省が必要だなあと考えています。

再稼働阻止の訴えそれ自体は正しいと思うのですが、再稼働路線が確定的となったいま、実現しないとわかっている主張を続けるには、「負け犬の遠吠え」と思われない工夫が必要です。どうすればいいのかなあ。

(2012.12.16)

正義派・冷笑派・炎上派

【偽装】線量計を分解すると細工が!! メーカ社長「文科省から、放射線量低くでるよう改造依頼あった

放射線情報に関して、福島県の現状を心配するあまりに、いい加減な情報に振り回されるということがままある。

右に見出しだけ挙げた、あるブログ情報も、そのひとつだ（後述する）。

善意であるがゆえに、こういった情報を信じてしまう気持ちはよくわかる。

行政は隠し事をしている（こういったことはある）、被害を軽く見せかけようとしている（これもある）と信じて、そういう情報があれば、検証しないで全部信じてしまうのだ。

しかし、すべての情報が正しいわけではない。

反対側に、このような情報を信じる人たちを批判する「冷笑クラスタ」と揶揄される傾向の人たちがいる。

ここに2つの集団があるとしよう。

一方に、人々の命、健康、安全を守りたい。だから原発をなくしたい。それゆえ、その意見に合致すると思われる情報を信じてしまう人たち。仮にこの人たちを「正義派」と名づけよう。

他方に、他人の命や健康に特に深い関心はなく、ただ誰かの間違いを見つけ出して指摘することで自分の賢さを再確認して満足する人たち。原発をなくせとも、推進しろとも言わない、そんなことにそもそも興味がない。この人たちが「冷笑派」だ。

どちらに共感するのかと問われれば、間違いなく前者だ。当たり前だ。

人間だもの、間違いは避けられない。

もしも両者のうち、どちらかが間違っていたとして、崖から転がり落ちるのはどっちだ。

前者は安全側に傾いて間違っているのだから、間違ってこけても地面のある方だ。後者がもしも間違っていたら、それは危険側にこけることになる。崖から転げ落ちかねない。

いずれにせよ、間違いだとわかったら取り下げるのがよいと思う。悔しくても間違いは取り下げるべきだ。

揚げ足を取られて信用をなくすと、そのことによりもたら

される実害が無視できない。

別々の出来事なのに

冒頭のブログ記事は、2つの出来事を一緒くたに書いているが、それぞれ別々の出来事だ。

1つは、誤情報を拡散したたんぽぽ社がすでに元記事を削除している。たんぽぽ社に一次情報を流した人は、結局、弁償金を支払って決着している。

それなのにまた蒸し返されている。

せっかく沈静化したいものがまた掘り返されるのはなぜかといえば、さらにもうひとつの集団があるからだと思う。「炎上派」とでも名づけるべき人たちだ。

他人の命や健康に特に深い関心はなく、ただ火事と喧嘩は大きいほうが面白いから、危険情報を膨らませたり捏造《ねつぞう》したりして騒ぐ人々だ。

もう1つのアルファ通信社事件は、後述するように、裁判でブログと正反対の事実が明らかになった。

その事実を隠して、1年以上前の間違った情報を今あらためてネットに流した誰かがいる。

シェア元さんもその動きにつられたのだと思う。

そうした行為の震源地になっている行為には、誤情報で他人を踊らせて楽しむ以外の意図を考えつかない。

アルファ通信社事件は裁判になり、ブログに書かれている、「文科省から改造依頼があった」というのとは反対の事実が明らかになっている。

福島の学校などに600台の線量計を設置する工事を「アルファ通信」が落札したが、性能が基準を満たしていないということで契約解除された、というのが事実である。

契約解除の理由は、裁判で公開されたアルファ社と文科省の交渉における、文科省側の次の発言で明らかだ。

「線量率が正しく表示されないような計器を福島に置いてほしくない。そんな装置がそこらに転がっているのは勘弁してほしい。正しく表示できる装置しかいらない。まして学校に置く、そういうところに置く計器として、自信をもって置けない。本当は高いのに、低いところを示している、それは何%以内だからいいとか、そんな話ではない」

そう、アルファ社の計測が低すぎたのだ。

48%も低かったという。しかもその欠陥を隠すためにデータを改ざんしていた。これでは契約解除が当然だ。

ちなみに、アルファ社は600台分の測定器を約3億7千万円で納入すると契約した。1台につき60万円である。その測定器の中身は、1台3万円足らずの簡易測定器だった。(2015.3.12)

福島の再生のために、安全論議を超えて

フェイスブックで『福島のお米は安全ですが食べてくれなくて結構です。』（かたやまいずみ著、かもがわ出版）に触れたところ、著者の意図しない現象が生じています。

活発な安全論議です。

論議というか、

「過剰に放射線の害を言いつのるのはデマだ」

「放射線の害を低くみつもるなんて許せない」

というたたかいですね。

自分にも責任のあるところで、まことに申し訳ない。

こういったたたかいを生み出すのは、この本の意図するところではありません。

著者と、本に登場する農民三浦広志さんの意図はこういうものであろうと読みました。

「私たちは安全な米づくりに努力しており、安全なコメができたと思っている」

「そのコメを安全だと思わない人はいるだろうが、それはそれでよい」

「福島のコメを買わない人が悪いのではない」

「福島のコメが売れない理由をつくったのは東電だから、東電に責任を取ってもらう」

「福島の再生に責任をもって取り組むと政府が言明したのだから、約束を果たしてもらう」

「いつか福島のコメは安全だと思ってもらえるように、これからも米づくりに励む」

「コメがつくれない地域では別な道を探り、いつかまた米づくりができる希望を絶やさない」

「けっしてあきらめない、いつか福島をもとの福島に戻す」

私はこの姿勢にとても共感しました。

安全議論は諸説あるからそこは置いて、いまは福島の再生に力を注ぐんだ、そのため、東電と政府に責任を果たさせるんだ、三浦さんのこのスタンスに異論のある人は少なかろうと思います。

放射線の害について、私は私なりの考えを持っています。

しかしそのことと、本に書かれている内容は無関係です。

安全について意見が分かれるのは必然であるにしても、この本はそういうことを書いているのではないのです。

こういうと、「いや安全だと言っているじゃないか、それがおかしい、安全なはずがない」という意見が返ってくるでしょう。

三浦さんはその意見に同意しないでしょうが、そういう意見が出るのは仕方がないと思っているはずです。

そりゃセシウムですもん、そういう意見はありますよ。

そして、そういう意見があることを前提に、この本は書かれています。

だから、おかしいと思う人も、いちどこの本を読んでください。そして福島の再生を考えてみてください。（2015.3.10）

脱原発をめざす者同士のケンカをやめよう

原発事故について書くと、必ず長い議論に発展します。

A「放射能で健康被害が生じている。食物は危険なほどに汚染されている」

B「放射能による健康被害は測定できないほど小さい。危険なほどに汚染された食物は市販されていない」

AはBを「現実に生じている被害を無視して風評のせいにし、原発事故を軽く見せかけることで原発推進派に味方している」と非難します。

BはAを「ことさらに科学的事実を捻じ曲げたり、誇大宣伝をして不安を煽ったりしている」と非難します。

私は区分でいえばBの側に位置すると思います。

しかし、Aの立場の人全員が意図的に「ことさらに科学的事実を捻じ曲げたり、誇大宣伝をして不安を煽ったりしている」とは思いません。

いったい、どこからこんな変な対立になってしまうのかと、嘆かわしく思っています。

議論は多岐にわたりますが、ここでは「鼻血問題」に限って自分の意見を書きます。

放射能フォビアは自然な反応

鼻血に不安を覚えるのは間違った反応ではありません。「ことさらに科学的事実を捻じ曲げたり、誇大宣伝をして不安を煽ったり」ということではなく、本当に不安なのだと思います。

それは仕方のないことです。目に見えない放射能の恐怖は、自然なことですから。

危ないと思ったら逃げる。これは人間の本能です。危ないかどうか確かめようなどと言っていたら、本当に危ないと分かった時には手遅れなので、真偽不明でもともかく逃げる。これは実に正しい判断です。

だから自主避難するのは正当な行為です。ストレスが多少でもまぎれるのなら、福島県の子どもを他県でしばらく預かる保養もよいことだと思います。

しかしながら、今の時点で「福島は人間の住めるところではない」などというのは、それは言い過ぎだと思うのです。

もしも鼻血が放射線障害だったら?

仮に鼻血が放射線に由来しているのならば、それは体の免疫機構や再生機構が放射線で壊されていることを意味しますよね。

それほど重篤な症状が勝手に治るはずがないと、普通は考えられます。放射線が原因なら、いつのまにか鼻血が止まるということは、少ないはずです。汚染地帯を離れたら鼻血が止まるということもないはずです。いったん壊された再生機構が自然治癒するのは困難だというのが、放射線医学の示すところだからです。

原爆症で鼻血を出した人は、かなりの確率で死に至っています。しかし今回の鼻血で亡くなった人は皆無です。

放射線が行政単位を気にするはずがないので、「福島県」に入ったらいきなり鼻血が出るというのも不自然です(これは『美味しんぼ』)。

また、反原発の立場に立つ医師が少なくないのに、原発事故以後に広範囲で鼻血が急増したというデータが耳鼻咽喉科の医師から出てこないのを見ると、鼻血の急増という事実はなかったのではないか、件数は普段と変わりなくて、ただ時節柄気にする人が増えただけではないかとも言われています。*

別の原因はないかを考えてみる

鼻血の原因はたくさんありますね。

ホコリを吸い込んだり、血圧が上がったり、恐怖・不安・環境変化などのストレスが原因だったり、子どもだったら特に原因もないのに鼻血が出るのは普通のことです。

「福島」に反応したり、特に治療もしないのに治ってしまうところを見ると、ストレスなど放射線以外の原因を疑うのが合理的だと考えるのが、ニュートラルな立場かと思います。特に震災直後はホコリも多かったし、ストレスも強かった。

悪魔化の誘惑にひきずられないこと

こうして特に医学知識がなくても、いろいろな側面から見れば、鼻血と放射能を直結させるのは疑問だなと思えます。

ところがあくまでも放射能と結び付けると、その論理にはかなり無理が生じます。

横から見ていると、そんなに無理な理屈をつけてまで放射能との関連に固執するのは、そうしたいという思いがあるかのように映ります。

「ことさらに科学的事実を捻じ曲げたり、誇大宣伝をして不安を煽ったり」しているように、「見える」のです。そう見えるだけです。当人にそんな意識はさらさらないことに留意しましょう。

ただし、中には医師会がデータを隠しているというような陰謀論を唱える人がいます。ここまでいくと、もう救いようがない。日本中の臨床医が結託しているなんてありえないからです。世間から相手にされませんが、それは自業自得というべきでしょう。

立場が変わると見え方が変わるのは、当然だと思います。大事なのは、立場の違う相手全部を「ことさらに科学的事実を捻じ曲げたり、誇大宣伝をして不安を煽っている」と十把一からげに決めつけないことです。

反対に、「情報を隠したりゆがめて原発推進に寄与している」とも決めつけないことです。

相手を悪魔化して自己の正当化を図ることや、議論を単純化してあれかこれかの選択を迫ること。こういう手法は敵を明確にする効果を持ちます。敵がはっきりすると、頭にきて血沸き肉躍るのが人間の悲しい性です。正しさに依拠しているつもりで、いつの間にか相手をやっつける快感を追い求めていたりします。間違った道に歩み入っても気づかなくなるので、とても危険です。

そもそも脱原発を目指す者同士が互いに相手を悪魔化してケンカしたら、喜ぶのは推進派です。

＊こうしたパニックの実例がジャン・ノエル カプフェレ著『うわさ――もっとも古いメディア』〔法政大学出版局〕に載っています。

(2016.11.29)

第9章 市民運動論

33——たたかい方の流儀
34——私たちは進む
35——アイデンティティ・ポリティクス

33 たたかい方の流儀

人は変わることができる

日ごろの私の日記を読んで下さっている方は驚かれると思いますが、昔むかし、自衛隊を辞めた2年後、青年ばかり20人ほどで共産党の集会をつぶしてやろうということで、演説会に乱入して逮捕され、3日間泊められたことがあります。

私なんかはただの雑魚で、「数のうち」だったのですが、壇上を占拠している写真の真ん中にいたというのと、取り調べのときにふてぶてしかった（らしい）のでリーダーだと誤解されて、威力業務妨害罪で罰金刑を喰らいました。

いまはそういう行為に及んだことを、とても反省しています。相手の言い分が気に入らないからつぶしてしまえというのは、政治活動じゃありません。

私が無茶な行動に及んだのは、若気の至りということもありましたが、やはり与えられていた情報がかなり一方的で歪んでいたからです。

その後、相手の言い分をきちんと知ろうとして、演説会に行ったり映画会に行ったりして、私たちが怒っていた件については共産党の言い分にも一理あるじゃないかと思ったし、乱暴な行動が支持を得られないことも分かってきました。

自分がそういうことをやったので、いまも昔の自分のようなバカがいるのは理解できます。

問題は、彼らを変えるにはどうすればよいか、です。

人格的に破綻しちゃったようなのは、どうしようもありません。確信犯的に信じ込んでしまっているやつも、考えを改めるのは困難でしょう。

しかし昔の自分のように、上から言われたことをそのまま信じているだけだったり、興味本位でくっついているだけの層を変えることはできると思います。

彼らは自分が間違っていると思っていません。正しいことをしていると思っています。

在特会のやり方には感心できないが、言い分は理解できるという人もいます。それはその言い分の正しさを裏付ける「事実」があると信じているからです。

その「事実」というのが、ネットや本で仕入れた怪しげな代物であるというのが、問題なんです。

変な情報や知識を仕入れるに至った事情というのは、人それぞれにあるはずです。

いまみたいにネットを開けば嫌韓情報ばかりが上位に来ており、書店に行けばそういう本が山積みになっているという状況では、青少年が信じ込むのも無理はない。

しかしそれが悪意を持って書き換えられたり加工された情報である以上、正しい情報を対置すれば、あちらの言い分を破綻に追い込むことができると思います。

問題は、それをしていない側にあるのではないでしょうか。相手をバカだとかヘタレとくさしても、こちらの意見は伝わりません。

どれほど自分と違った意見を持っていても、それはなぜそうなのかを理解しようと努め、その誤りを解きほぐす営みを続ければ、いつか理解してくれるかもしれません。

民主主義と平等という、日本社会が大切にしているすばらしい価値観を守るのに、右も左もありません。

在特会みたいな連中がウソデタラメを垂れ放題に垂れ流し、差別を煽っていられるような世の中であってはなりません。奴らと対決しながら、どれだけ奴らの側に近い立場の人間をひっぺがすことができるか、来年も模索しながらたたかいたいと思います。

きっと人間は変われます。在特会シンパだって変わります。そうでなければ、日本に明日はありません。（2009.12.31）

規則と納得

仕事で、とある準公的機関に第三者の書いた申込書を提出しました。本人が記載の仕方を間違えていたので、どうすればよいかを機関に問い合わせると、「大したことないから2本線で消して書き直してくれればよい」とのことでしたので、そうしました。

別の日に同じような間違いがまた発生したので、今度は問い合わをしないで2本線で消して書き直して提出したら、「訂正印がないからやり直せ」と指示されました。なんじゃそりゃと怒りたいところですが、怒ってみても仕方がないのでやり直しました。

で、考えました。

1度目は相手に問い合わせて担当者の納得を得た。間違いは間違いだけど、事情が分かったので簡単な訂正ですませても問題はないと納得してくれている。2度目は納得を得ていない。事情はこちらが分かっているだけで機関の担当者は分からないから、規則通りしてもらわなくては納得できないと。

要は「納得」の有無なんです。

決まりなんてものは、関係者が間違いなく納得するためのツールなんですよね。規則・決まりがお互いに納得するためのツールだという本質を離れて一人歩きすると、規則が運用を縛り付けて不合理な働きをすることになります。

規則・決まりのすぐ外に、裁量というものがあります。裁量部分があまりに小さいと窮屈です。裁量部分があまりに大きいと恣意的な運用になり、情実が入ったりして公平性が損なわれます。

ときには、わざと杓子定規な運用をする場合もあります。権力を持った人間がこれをすると、されるほうはたまったものではありません。

なぜこういうことを書いたかというと、麻生さんちを見に行こうとした人が警察に逮捕されたという事件があり、そのことが話題になったからです。もうこれはずいぶん前の事件ですから、いまではあんまり話題にもなっていませんけどね。

数人で道を歩いていたから無届けデモだといって逮捕した警察官の法律感覚は、ずいぶん杓子定規です。隊列も組まず、拡声器も使わず、ただ道を歩いていただけでデモのはずがない、なんで逮捕されるんだ、という日常感覚のほうが健全だと私は思います。

でもそうは思わない人もいて、その意見を読んで、あらためて意味を考えたのです。

無届けでフランスデモ〔手をつないで道路いっぱいに広がって行進するデモ〕をやったって、それを支持する声が大きければ、デモ自体は迷惑だけどその迷惑を甘受してもよいと社会が納得したことになり、許されちゃいます。規制を求める声が大きければ、社会がデモの逸脱に納得していないことになります。

それと同じで、道を歩いていたら逮捕かい！　と怒る人が多ければ、警察的発想が後退して市民の自由部分が増すでしょう。裁量部分をこちらに引きつけるか、反対側に持って行かれるか、それは一般的に力関係で決まります。

警察を支持する人は、どうも形式論理で裁断したがる傾向にあります。しかし、これは形式論理だけで考えるべき問題ではなく、市民的自由の部分が拡大するのがよいか、縮退していくのがよいかという、デモクラシーの根本原理の領域に属する問題ではないでしょうか。

それも「多数決原理」などという形式的な決定方式の領域ではなく、市民的自由とか幸福といった原理的目的性に属する問題だと思います。そういう意味では、小さな問題ですけど意味は大きいですね。

KGBのベリヤ〔スターリンの大粛清の主要執行者とされるソ連の政治家〕みたいなタイプの治安官僚は、どこの国にもいると思います。こんなのが生き生き活動して出世できる国なんて、国民としては息苦しくて住みにくいだろうなあと、やや大げさかもしれませんがそう思います。

(2009.3.9)

市民運動と自治体のつきあい方

11月11日〔2012年〕の姫路でやる脱原発集会、最初のプランでは、関西電力姫路支店のそばにある公園を会場に予定していた。

で、その小さな公園を管理しているのが地元自治会なので、会長さんに貸してくださいと電話したら、ダメだという。関電さんに反対するような集会には貸せないと。

そりゃまあ、祭の花代やらお宮さんの改修やら、その他にも「関電さん」にはいっぱい世話になってるからなあ、たてつけないよな、地元は。

会長さんの気持ちはわかる。会長がOKを出したら、関電は自治会の一員として文句を言うに決まってるし、そうなると会長としては困るだろう。その立場の弱さがわかるから、追及しないですぐに引き下がったけど、本来ならば思想信条の自由と、集会結社の自由の侵害だから、裁判沙汰にすれば損害賠償ものだ。

でもそんなことはしない。理屈で会長さん一人を追いつめたところで脱原発運動に何の寄与もしないし、むしろそのように心ないことをする脱原発行動が、世論から浮いてしまうだろう。

智にはたらけば角が立つ。市民運動は理屈で世の中を圧し渡っていくだけでは駄目で、人情にも配慮しなくてはならないというのが、私の持論だ。もっとも、自分の場合は情に棹さして流されてばかりいるが。

それはともかく。これって、原発マネーで発電所の地元から原発支持の世論を買いたたくやり方の、ミニチュア版だよなあ。

ところで、そういうちっぽけな話ではなく、もっとデカい出来事があった。

日比谷公園の使用条件が変わり、11月11日の反原発集会での使用が事実上不可能になりました。

日比谷公園をグーグル航空写真で見たら、たしかに東京都がいうとおり、何万人もが集まるには狭いなあ。だけど集会をしようってんじゃなくて、出発拠点にするだけなんだから、入れなければ公園外に分散するだけのこと。明石の花火大会〔2001年に歩道橋で起きた群衆雪崩事故〕みたいに逃れられない空間で押し合いへし合いするわけじゃない。

東京都の言い分も分からなくはないけど、ホンネのところでは電力会社さまに逆らうような連中に東京都の施設を貸してやるものか、ってのがあって、公園の狭さを口実にしているだけじゃないかという気もする。もしもそうなら、けつの穴の細かいことしやがるよなあ。


(2012.11.8)

共産党にお願いだ

政党助成金を受け取って政策宣伝費に充て、国民にもっと政策を伝えてほしい。

筋目を通してこれまでよく頑張った！

しかしもうやせ我慢の時期は過ぎた。

共産党が受け取らない政党助成金は国庫に戻らず、改憲政党の血となり肉となっている。

共産党が筋を通すことによって奴らが肥え太っていくのを見ているなんて、もう我慢の限界だ。

方針変更したら、「それ見たことか」としばらくは揶揄されるだろうが、いずれ政策の迫力で黙らせることになる。

健康オタクを笑うジョークに「健康のためなら死んでもいい」というのがある。

それに似て、筋を通すためなら国民の将来が死んでもよいというのでなければ、方針転換してくれ！（これは悲鳴です）

(2012.12.14)

総選挙結果、とりあえずの感想

比例代表得票率
維新23・0％
自民19・9％
民主16・4％
未来8・3％

共産7・5％

公明5・9％

社民3・0％

この数字と実際の獲得議席には、大きな解離があります。その食い違いから私が感じたのは「小選挙区制度の弊害」。

これには異論なかろうと思います。

「国家主義の台頭」は恐れていたほどではない。だって自民が低いもの。安倍が勘違いして暴走しても、それを食い止めることは十分に可能な根拠が見えたと思います。維新人気は「リーダー待望」なんでしょうね。いや、警戒は必要なんですけど。

公明の「抜け目のなさ」。

あの獲得議席数で共産党より2割も低い支持率なんて、信じられないほど。小選挙区の裏取引で議席あさりした結果ですね。

脱原発派は惨敗にみえますが、惨敗の中身を検討すべきでしょう。脱原発の訴えそれ自体は共感を得たと思います。

そこで、どの政党も風向きを読んで「脱原発」「卒原発」を唱えました。違いは脱原発にかける期間の長短だけだから、そういう細かい話になると、よほど関心をはらわないと優劣が見えてきません。

その中で惨敗したのは、再稼働阻止・即時停止路線でした（私もこの路線なのでへこみます）。投票率を上げるほどの訴求力もなく終わったのだから、我ながらお粗末でした。

「再稼働しないと電気が足りない」

「生産活動が抑制される」

「燃料代が上がる」

こういった論調に、漠然とした不安を覚えた有権者が多かったのでしょう。急な変化にはおびえがつきものです。ここを突破できなかった。いつまで窮屈な節電が必要なのか、その答えを満足に提示できなかったこともあるでしょう。

これまでと同じことを続けて道が開けるのか、深刻な反省が必要だなあと考えています。

再稼働阻止の訴えそれ自体は正しいと思うのですが、再稼働路線が確定的となったいま、実現しないとわかっている主張を続けるには、「負け犬の遠吠え」と思われない工夫が必要です。どうすればいいのかなあ。

（2012.12.17）

「政治的に正しい」反差別運動？

東京の差別デモにこのごろ目立ってきた、旧軍の軍服コスプレ。

カウンターの人たちがそのファッションを「だっさー」とからかった。

すると、そのくらいのことであれこれ文句言う人たちが湧いて出た。

ファッションを批判してレイシズム批判してるつもりか、とか。差別言動以外のことをあげつらうことの差別性に気づかない運動なんか無意味だ、とか。むしろ有害だ、とか。

左翼系カウンターからの批判だが、まるで真面目な学級委員長みたいだ。

窮屈なうえに間違っている批判

その「反差別運動への正しい批判」は、確かに建前的には正しく見えるが、窮屈で仕方がないうえ、じつは間違っている。

差別デモのファッションをなんでからかうのか。

それはファッション自体がダサいというのもあるが、それだけではない。

だってダサいかどうかで言うなら、どんなにカッコいいスタイルでデモをしてても、差別デモに参加している時点でダサくてダメだもん。

どんなにうまくトレンドに乗ろうが、C.R.A.Cシャツを着ようが、差別を扇動するデモに着ていくなら、外見と中身が伴わないから完璧にダサい。

そのダサさを揶揄しからかい笑いのめし、奴らをちょっとでも凹ませればそれでいいのだ。

事実、からかいは効果を表している。

からかいを気にしてか、近ごろはそういったコスプレを遠慮してほしいという事前告知が主催者から出ているほどだ。

これで軍ヲタと主催者の間にすきま風が吹いて、1人でも参加者が減ったら儲けものじゃないか。

さらに言えば、彼らをからかうのに有効ならば、どんな方法だって構わない。

差別デモの前で裸踊りをしたっていい。

それが効果的でウケるなら、それもよい。

まあウケないからそんなことを誰もしないけど。

政治的に正しい反差別運動がお望みなら、現実の運動に対してどんな文句でも言える。

暴言を吐く奴が差別反対を唱える資格があるのかとか、「日本の恥」と罵るのは差別者と同根のナショナリズムだとか、こんな屁理屈を真顔で言う人もいる。

しまいには、「差別反対というならすべての差別と同等にたたかうべきで、朝鮮人だから朝鮮人差別とたたかうというの

はただの民族主義に過ぎない」とか、
まあ言うつもりになれば言えるだろう。

理屈として間違っちゃいないよね。

だけど、そんな正しい理屈が差別者を撃つことは、絶対にない。

小難しい理屈を唱えていちゃもんつけて、正しさのハードルを上げて、ちょっとした逸脱に目くじら立てて、運動内部に正しさ競争みたいなものをもたらして、さてそれで差別者は凹むのか。痛むのか。傷つくのか。

いいや、奴らはそんなことで傷つくような人間性や理性なんぞ、はなから持ち合わせていない。

「政治的に正しい批判」は政治的に正しい運動を志す真面目なメンバーには打撃だろうが、差別者には全然有効ではない。

私たちの敵は差別者であって、真面目な仲間ではないはずだ。味方に打撃を与えて敵には何の痛痒も与えない批判。それを何と表現すればよいのだろう。

理屈勝負はどこまで行っても理屈であって、観念的で、正しさの見極めなんかつくはずがない。

理屈を無視してよいとは言わないが、運動なんだから正しさの検証は実践の中でやっていくほかないだろう。未来の見える人はいないし、成功が保証されている方法論なんかどこにもないのだから。

歴史は、内部でぐちゃぐちゃと文句の言い合いをする運動は互いに潰しあって負けていくことを証明している。

四分五裂はかまわない。いろんな潮流が自分で正しいと思う方法でやっていけばよいのだ。これを切磋琢磨という。

他人のことをあれこれいうヒマに、自分のやりたいことをやれ。

文脈をとらえずに表面的な言葉いじりに終始するなんとも間抜けな批判の数々が、いわゆる左翼から飛び出ているのが悲しい。

これまで反差別戦線を担ってきて、それなりに苦労もしてきたのに、いきなり運動圏外から現れた未経験の市民が、いまや最前線に立っていて、自分たちがビルの中で理論学習会している間にも街頭に立って果敢に戦っている。自分たち左翼のこれまでの戦いをリスペクトしてくれない。統制も効かない。

そういった現状に対する焦りというか、やっかみで茶々入れてるだけにしか見えない。

こんなあり様に、お前らみたいなのが左翼なら、俺は左翼でなくていいわっと叫びたくなってしまうのであるよ。

(2014.6.3)

理論闘争と街頭闘争

アホ！　ボケ！　クソ！　カス！　死ね！　こういった罵倒をよしとしない向きがあることは重々承知しておりますが、この程度の罵倒を浴びても仕方がないことを連中はしてきました（と私は判断します）。

ただ単にバカ同士が言葉のうんこを投げ合っているように見えるかもしれません。けれども、私が「ボケ！　カス！」と罵るのには、それなりの下地というか、裏付けというか、根拠があるのであって、他に言うことを知らないアホがただ罵っているわけではないことだけは、ご理解願いたいなと。

まあ、あんまり言い訳にもなりませんが。

差別者を陸に上がった河童にする

なぜそうするか、ですけれどもね。奴らの中の確信犯的イデオローグたちは、奴らの政治目的のために、意図的に歴史をねじ曲げますよね。そいつらはプロウヨです。職業的デマゴーグです。わかっていてやっているのだから、いくら批判され、論破されても改めません。

街頭で日の丸おっ立ててわめいている奴らの中にも、確信犯的差別者がいます。そいつら行動派も、いくら批判されても行動を改めません。

この連中は死ぬまでデマゴーグだろうし、差別者です。焼かないと治りません。まともに相手にしたって不毛でしかない。

こいつらは、何を言われてもされても、屁の河童なんです。屁の河童に勝つには、陸《おか》に上がった河童にするしかありません。奴らから支持者を引き剥がして干上がらせるのです。

理論闘争は、奴らの周りの付和雷同分子の確信を揺るがせるためです。街頭で中指立ててコラ！　ボケ！　とわめくのは、ビビリの付和雷同分子を物理的に蹴散らすためです。やり方は全然違いますが、2つの方法はちゃんと共通しているのです。単に騒いでいるだけではない。ここが馬鹿ウヨとカウンターの質の違いというもんです。

平和運動・民主運動・反ヘイト運動を結合しよう

この国の頭目たちは、まともに理性的なやり方では集団的自衛権や改憲を推進できないと見切っています。それは日本に根付いた民主思想、ピースマインドが強固だからです。ここを切り崩すために、差別心をあおり、劣情を刺激して、情緒的なところから突破しようとしている。

つまりこれは、日本の進路を左右するたたかいです。負けるわけにはいきません。そういうことで、平和運動、民主運動と反ヘイト運動を結合して、たたかう必要があろうと私は考えております。

(2014.8.13)

共産党の集まりで自衛隊合憲論を説明した

今夜はおとなりの地域の「加印革新懇」から呼ばれて話をさせてもらった。加印革新懇は共産党系の団体だ(「加印」は加古川周辺の地域の名前)。

集団的自衛権の話をしたあと、質疑応答で自衛隊と憲法の関係について質問されたので、自衛隊は合憲であるという説明をした。

なんと、みなさん、自衛隊合憲論をちゃんと聞いてくれて、その後の追加質問も的を射たもので、しかも冷静な態度だった。ネットの護憲派にときどき見られる、きゃんきゃんと吠えるような人は一人もいなかった。

さすが、年季の入った共産党は紳士だ。

これは見習わねばならんなあとちょっと思ったが、思っただけで終わりそうな気がするです(笑)

共産党は、党としては非武装中立を標榜しているわけではない。

しかし党員には非武装論者が多い。

党の立場と矛盾していると私からは見えるが、非戦の立場を貫けば非武装という結論に至るのだろう。

だが、理想主義的な非武装論を克服しないと、平和運動と大多数の市民意識との乖離を埋めることができない。

党員の意識が今のままでは、現状以上の支持を得るのは難しかろう。

日本が戦争に参加するのは怖いし嫌だが、さりとて丸腰になってガザみたいな目に合わされるのもまっぴらというのが、市民の偽らざる気持ちだ。

その気持ちは人間の生存本能にもとづくものだから、否定しさることはできない。

情勢論としても、中国がフィリピンのスプラトリー諸島を軍事力で強奪し、ベトナムと海戦してパラセル諸島を奪ったのを見ているのだから、不安を持つなというほうが無理だろう。

「戦わない」ということなら、非武装しかないのかもしれない。

自衛隊は、「戦いを求めない」という立場だ。

安全保障政策として、これ以上確かなものはない。

集団的自衛権は、わざわざ戦いを求めに行くものだから、自衛隊の専守防衛と相容れない。

だから、元制服組の高官が反対に立ち上がっているのだ。

憲法第9条と安全保障論を矛盾なく整合させ、きっちりと防衛策を持ち、しかも自衛隊を侵略軍にしないという政策を護憲政党が打ち立てることなくして、改憲攻勢に打ち勝つのは困難だ。

今日の説明がどれくらい党員の胸に落ちただろうか。改憲勢力の攻勢は急だ。時間はあまりない。一日も早く、共産党員の意識が変わることを望みたい。

(2014.8.28)

内向きの運動をいくら蓄積しても

今日は本願寺の名古屋別院でお話をしてきた。

今日もそうだったけど、近ごろ、自衛隊時代の経験を話す機会が多い。

んでいろいろと思い出そうとすると、死にたくなる記憶ばかりがよみがえる
思い出すと、「ギャッ」と叫んで記憶を投げ捨てたくなる。

ほんまにアホなことばかりやってたなあ。

私の講演聞いたみなさんにご注意、賢そうに見えるのかもしれないけれど、泥は基本的にアホです。

今も、ね。

自分の若いときに引き換え、いまどきの若い人はじつにすごい！　ほんとに凄い。

できることなら人生やり直したくなるほどです。無理やけど。

たとえばＳＥＡＬＤｓ《シールズ》（自由と民主主義のための学生緊急行動）の学生たち。

組織されているのではないのに、
上から指令が下りてくるのでもなく、
自分の意思で、自らプラカードをつくり、多くもない小遣いでトラメガを買い、
自分たちの声で安倍政権打倒を叫んでいる。

なんてすごいんだ！

なのに、こんなこと言う人がいる
ＳＥＡＬＤｓ（自由と民主主義のための学生緊急行動）に欠けているものは明確な動機だ。

彼らには過去の体験が欠けている。

歴史的な軸を内側に持っていないから、表面的な政治活動になる。

ずっとずっと、たたかって、苦しんできた方々にとって、

強い信念に支えられてきた社会運動史の上澄みだけ掠め取られたような気持ちだ。

本当のところ、彼らは「怒り」という感情を持っていないのだ。

「怒り」が根底に流れていない社会運動は偽物だろう。

だから、アーティスト（自称）の売名行為、学生の思い出づくりの場というように認識される。


こう言える人も、ある意味すごい。

きっと若いころから経験を積み、権力とたたかいつつ非の打ちどころのない活動家人生を歩み、倦まずたゆまず、そしてここが肝心なのだが、ほとんど支持されることのない昔ながらのスタイルで、歴史的な軸とやらをを内側にのみ（外側ではないのだね）たくわえて、それでもって実効性のない運動経験だけを、何十年も地道に積み上げてきたのだろう。

悲しいような、すさまじいような……。

だからそのような運動の限界を軽々と乗り越えて見せたSEALDsがまぶしくて仕方ないのかもしれない。

SEALDsの学生だって、けっして軽々と乗り越えたわけではないのだよ、きっと。

昔も今も、運動なんかそうそう楽に成功するもんかい。

それがわからないような「過去の体験」や「歴史的な軸」なんて、あんたはいったい何をこれまで体験してきたのかと言いたい。

「ずっとずっと、たたかって、苦しんできた」って？

だったらその成果の上にいまの学生の動きがあるってことに自信持てよ。

この大切な時期、せっかく立ち上がった学生たちに冷や水を浴びせるのがあんたの「歴史的な軸」のしからしむるものなら、そんな体験なんかいらねえわ！

てなことを考えてしまったのでした。

えらそうにごめん。


（2015.6.18）

「国民なめんな」はすばらしいコール

SEALDsのコール「国民なめんな」が帝国主義的だという批判がある。

「平和と民主主義をこわすな」という訴えにも同じ批判が上がっている。

「国民なめんな」というが、国民とは日本国籍者のことをいう。

在日朝鮮人をはじめとするマイノリティを無視するその運動

は、まさしく帝国主義的運動ではないか」

「平和というが、日本の平和や繁栄が朝鮮やベトナムの戦火と無縁だったというのか、アメリカの戦争に加担したことに無自覚な平和運動が真の平和をつくれるのか」

「民主主義をこわすなというが、日本にいつ本当の民主主義があったというのか。SEALDsは非民主的な現状を民主主義だといって現状を擁護し、変革を妨害しようとしているのだ」

簡単にまとめればこういう批判だ。

じつにみっともない批判だと思う。

ちょっと長くなるけれど、自分の意見をまとめておきたい。

まず、SEALDsという団体の性格だが、彼らは学生の立場にたって同じ学生に運動参加を呼び掛ける目的で結成された。

彼らの姿勢は、「俺たち、おかしいことにおかしいと言っていいんですよ」というスピーチに典型的に表れている。

おかしいことにおかしいともいえない現状、そのことが不自然だとも感じなくされている現状、学生たちをおおう、体制批判がタブーであるというような雰囲気。

そういった重苦しさをよく体感しているがゆえに、彼らは「おかしいと言っていいんですよ」とスピーチした。

「おかしいぞ」でもなく、「おかしいと叫ぼう」でもなく、「おかしいと言っていいんですよ」の訴えから、彼らは始めなければならなかった。

そこから始めたからこそ、彼らは成功しつつあるのだ。

そしてまた、学生が学生に呼びかけることに特化したから成功したともいえる。

SEALDsは反安保運動全体の代表でもなければ、世代を超えた存在でもない。

彼らに希望を見出すのは勝手だが（私も希望を見出している）、しかし彼らは四次元ポケットから「成功」を取り出せるドラえもんではないし、万能のヒーローでもない。

彼らに憑依《ひょうい》してはならない。

彼ら以外の人々は、自分たちの運動に責任を持てばいいし、持つべきなのだ。

「たたかっていいんですよ」と呼びかけることから始めるしかなかったという、この現状に責任を問われるべきなのは、そもそも誰なのだ、私たち先行世代ではないか。

青年層がどうしてそこまで追い込まれなくてはならなかったのだ。

そのことに思いを致さず、これまでうまくいかなかった「正しい思想」や「正しい運動の仕方」を彼らに吹き込んでどうするのだ。

体制側にしてやられてここまで押し込まれた私たちが、どうして若者にえらそうに説教できるのだ。

日本が帝国主義であるかどうかなど、いまの局面ではどうでもよいことだ。

ＳＥＡＬＤｓの運動は、「今までみんなが守ってきた社会のルールを平然と壊す政治家を、我々は許さない」という根源的な怒り（by山崎雅弘）に支えられている。

今しなければならないのは、安保法制を廃案にすることなのだ。

日本の現状を解釈することより、日本の現状を変えることなのだ。

さて「国民なめんな」だ。

日本が戦争する国になれば、たとえばテロ被害のリスクは在日外国人も等しくこうむるのだから、国民ではない在日外国人も運動の主体になるべきではないのだろうか。

運動の在り方としてはそのとおりだと思う。

けれども「国民なめんな」のコールはそういった運動のあり方とは別の方向で受け止める必要があるのではないかと私は思う。

反安保運動はカンパニア運動〔広く世に訴えて一般大衆を動員する大衆運動〕ではない。

お気に入りのスローガンを叫んで胸をすっとさせていればよい運動ではない。

主権国家の権力行使の在り方を問う運動だ。

この面では主権者たる国民が主体となるしかない。

法的に主権を行使できるのは国民だけなのだから。

政治・政策には権力的な面もあるし、文化など非権力的な面もある。

非権力的な面には在日外国人も主体となって関わることができるし、そうすべきだ。

しかし権力的な面については、法的に主体となれるのは国民だけだし、結果責任を負えるのも国民だけなのだ。

だから「国民なめんな」でよいのだ。

日本国民は選挙を通じて政府にその意思を強制してきた（はずだ）。

政府は国民の意思に従う義務がある。

政府は国民の意思に忠実に従ってきた（はずだ）。

民主主義を標榜する以上、この原理を政府は否定できない。

それゆえ、この原理は武器として有効だ。

これまでの政府の意思（それは国民の意思だ）を一内閣が勝手に変更するとは何事か、「国民なめんな」。

この訴えは民主主義原理として正しいし、反権力志向のない学生にも理解できて納得を得やすい、よくできたコールだと思う。

法的にはともかく、理念的には在日外国人も主権者であるべきだという考え方もあろう。

私もその考えに賛成だ。

ところでそう思う人は「国民なめんな」のコールに違和感を覚えないはずだ。国民の中に自分も含まれていると自覚しているはずだから。

中には反権力意識が強い人がいて、「国民」といえばあたかも個人が国に包摂された概念であるかのように受け止め、抵抗を感じることもあるだろう。

しかし、さきに述べたとおり、国民とは受け身ではなく積極的に国政に関与し政府に言うことを聞かせる主権者の謂いであって、主体的な存在なのだ。

考えてみよう、運動はプロモーションだ。受容されない訴えは力を持たない。理念として正しく、かつプロモーションとして成功させるやり方が、もっともよい方法なのだ。

反権力的に聞こえないけれど、しっかりと権力に対峙している「国民なめんな」はすばらしいコールだと思う。

私はいつでも叫んでやる、「国民なめんな」と。（2015.8.28）

選挙敗北—悔しいけどここから

負けましたね。いまさら結果が覆らないのだから、嘆いても始まりません。悔しいけどここからです。

希望っぽい感想

自民党は勝ったといっても、3年前よりも減らしています。増えたというのは民主党政権時代の6年前と比べての話。

安倍内閣3年間の評価ということでは、減らしている。すなおに喜べないはずです。自民党はおそらく2年後の衆院選が怖いとみて、対策をとるでしょう。

野党は負けましたが、前回2議席しか取れなかった1人区で11議席も取りました。すごいですね。野党共闘の効果が如実に表れています。でも私は欲深いので、実はもっと取れたと思っています。

惜しかった共産党のミス

共産党の意外な不振が残念です。序盤の世論調査だと10議席を超える勢いだったのに、途中で失速してしまったのです。

このことは、共産党の伸長に止どまらない意味を持ちます。

1人区の民進党候補に加わったのは共産党の基礎票です。共産党が風をつかんでいれば、基礎票に共産党人気票がプラスされたはずなのです。そうなっていれば、1人区でもっと勝てて、共産党自身の議席増と相俟って3分の2を阻止できたかもしれない。本当に惜しかった。

どうしてこんな結果になったのかを、共産党と支持者は真剣に考察すべきだと思います。

共産党に一つだけミスがありました。

「軍事費は人殺し予算」発言です。

共産党、これ以外はうまくたたかっていたのです。他に失策はないでしょう？

与党は案の定、ここを突きまくりました。

与党側は金と人手をかけた綿密な調査をもとに、クレバーに戦います。自民党が自衛隊問題と天皇制の問題で激しい共産党批判を繰り返したのは、その宣伝が効いている実態を見極めたからです。

与党の戦略は図に当たりました。共産党はものの見事に失速し、おそらく取れたであろう議席を半減させました。

まあ、失言がなくてもいわゆる反共攻撃はいつものことではあるのですが、こちらからわざわざ相手に燃料を投じてやる必要はありません。

与党の作戦が成功した背景

どうして与党の作戦がそんなに成功したのでしょうか。

中国の経済的・軍事的膨張の結果として、安全保障環境が変化しているからです。

旧ソ連の軍事力は強大でしたが、日本が実効支配している地域を指して自分の領土だと強弁したことはありません。

中国はそれをしています。

国民が不安に思うのはもっともです。

この不安感情を感じ取れないなら、それは平和主義イデオロギーが眼をくらませているのです。たぶん。

信頼される安全保障政策の構築に力を注ごう

かつて共産党は、安全保障について、主権を守ることをはっきりと述べていました。

非武装国家建設の夢は間違っていないだろうけれど、いまはまだ実現可能性のない遠い遠い将来の夢です。

哲学的議論としてはあり得ても、政治的議論としては夢想であって、神学論争みたいなものです。

そんなことで揚げ足を取られるのは、実に嘆かわしい。

共産党はいまやその他大勢の野党ではありません。国民の未来がその両肩にかかっているのです。

自分の信念を語っていればよしという存在ではもはやないことに、支持者は真剣に向き合ってほしい。イデオロギーはともあれ、リアリティを獲得することが、平和主義運動の喫緊の課題だと思います。

自衛隊を敵視し、防衛力を忌避する長年の習慣から、キッパリと転換してほしいというのが私の願いです。だってもう負けたくないじゃないですか。

(2016.7.11)

野党共闘の継続を求める

民進党代表選の有力候補である蓮舫《れんほう》さんが、野党共闘に否定的な細野豪志《ごうし》さんと会談して「おおむね意見が一致した」との報道があります。

私は驚いて、蓮舫事務所に野党共闘の継続を求める意見をファックスしました。

野党共闘を壊してはなりません。

そう思う人にいま必要なのは、民進党に声を届けることです。具体的なアクションです。

2015年横浜の出来事です。手をつなぐように促す志位さんを、民主党の長妻昭さんは完全に無視しました。無礼極まりない拒否の姿勢です。しかも民進党の代表に選ばれたのは、なんとその長妻さんより右と見られていた岡田克也さんでした。

それがいまどうですか。

岡田さんは野党共闘の継続を強く訴えています。

民進党が様変わりしたのは、共闘を求める市民の圧力のせいですよね。それと、野党共闘の恐るべき効果です。

振り返れば12年、民主党は衆院308議席から57議席に惨敗しました。13年の参院選1人区は2勝29敗でした。都知事選で民主党が立候補を要請して支援した細川護熙さんの得票は、宇都宮健児さんを下回りました。

しぶしぶ共闘した結果、民進党はどうなりましたか。

完全に民意から見放されていた民主党ですが、野党共闘で戦った16年参院選1人区は11勝21敗まで盛り返しました。都知事選は敗れたとはいえ、久しぶりに100万票を超えました。

民進党が再生する道は野党共闘路線しかありません。そしてその道は、日本と日本国民の利益に必ずつながる道です。

声を上げれば変わります。

声を届けなきゃ変わりません。

フェイスブックにグチを書いていても声は届きません。みなさんもいかがですか。

(2016.8.4)

「共産党は党名を変えろ」という意見について

つまらないことを気にする人がいるものです。

目下の問題は、安倍内閣を倒すために共闘する気があるのかという一点だと思います。

政党の名前と安倍政治の現実を天秤にかけて、政党の名前のほうが気になるというなら、安倍政治の危険性をその程度にしかとらえていないということです。

そういう人と時間をかけて対話するのは不毛だと思いました。床屋談義なら同好の士となさればよろしい。

まして共闘したくなくていろいろとケチをつけたい人と話し合っても、時間の無駄です。

有権者は気にしていない

中には、自分は党名を気にしていないけれど、有権者に評判がよくない党名をわざわざ掲げなくても、という人もいます。党名を変えれば支持が増えるのに、と残念そうです。善意の忠告でしょうね。

しかし私が思うに、そういう意見を述べる人は、野党共闘に期待する人が5割もいる現実を軽くとらえすぎていませんかねえ。半分の人は共産党の党名や綱領を気にしていないのです。ともかく野党に勝ってほしいのです。それほど安倍政治に対する反発が強いのです。

能書きはいらないから勝ちに行こうぜ

ここは5割の有権者に賭けて勝ちを取りに行くべきです。

残り半分のうち、野党はどうせ勝てないからという理由で支持しない人もかなりいることでしょう。

そういう人は、野党が勝てば、勝ち馬に乗りたくて必ずついてきます。するとますます勝ちやすくなります。バンドワゴン効果というやつです。

まずは勝つことです。勝てば民進党の支持率は自動的に上がります。勝つためには共闘です。勝って自民党をへこましてから侃々諤々《かんかんがくがく》してくだされば結構。

いまは共闘相手の党名のことなどどうでもいい、ケツの穴の細かいことをいうなと、これが政治転換を求める有権者の声ではないでしょうか。

私はこう考えているので、この件でヒマな人と対話しません。時間の無駄だからです。

異論はかまいませんが、コメントを返すことはないので悪しからずご了解ください。

(2016.10.25)

右翼思想を支える「感覚」について

思想は外被のようなもので、思想を支えているのは感覚です。

これこそが右翼の本質だと思います。

犬は、群れのリーダーのもとで、何らかの序列におさまると安心します。2番目でも3番目でもいいし、いちばん下でもかまわない。

飼い犬にとっては、飼い主家族と自分が群れです。飼い主に吠え付くのはその人をリーダーとみなしていないからだとよく言われるとおりで、序列が定まるまではなるべく上に行こうとしますが、いったん序列が定まると納得して従うのですね。群れをつくって暮らす社会性の動物は、すべてこういうタイプです。

人間も社会性の動物なので、こういった本能をある程度持っています。群れの中で自分の序列が定まらないと居心地が悪いと感じる性質を、誰しも幾分かは持っています。

そのタイプの人は、強いリーダーに従うことで所を得て安心感に満たされます。

会社、サークル、政治団体、政党、セクト、学校、利益団体、村、国……あらゆる集団が群れ組織になりえます。

メンバーは群れ組織に帰属意識をもち、群れの内と外を区別します。

帰属意識が強い人ほど、外に対して敵対的です。

群れに忠実であるほど、外敵に牙をむくのです。

その人々は群れ集団に逆らわず、自己犠牲をいとわない感覚を持っており、集団に対して個人の意見を対置するのは秩序を乱す行為だと感じます。

念押ししますが、これは感覚であって思想ではありません。

感覚だから、群れを批判されたら感情を強く揺さぶられ、怒りを覚えます。

祖国という群れに帰属意識が強いほど、右翼思想に流れやすい。その人々は祖国の敵と戦うために自分の命を投げ出すことさえ拒否しません。むしろ喜んで犠牲となるのが崇高な行為だと感じています。

人権思想は群れの結束を弱めるものだと感じ、嫌悪感を抱いています。

繰り返しますが、これは理屈以前の感じ方であって思想ではありません。感じ方を理屈で説明するのが思想ですが、そういうものは感じ方を正当化するために後からとってつけた理屈でしかないので、矛盾していても気にしません。

彼らにリベラル思想を対置しても無駄です。

そういったものを嫌悪しているし、肌に合わないのです。

むしろ彼らには、もっとすばらしい新しい群れに所属すべきだと訴えるほうがよいと思います。

沖縄・高江のヘリパッド（ヘリコプター着陸帯）建設反対派が日当をもらっていると彼らが信じているのは、リベラルが自分たちと同じように自己犠牲精神を持っていることを認めたくないからです。

自分のことよりも他人のこと、国のことに命懸けでやっているのだと訴えると、彼らは情にほだされてしまうことが多い。

これが右翼なのですが、ネトウヨはそんな情さえも感得できない、人でなしのゴミクズなので、これはどうしようもありません。


（2017.1.20）

異論に耳を傾ける・伝わる話し方をする

マーケティング視点で市民運動を考える

市民運動にはマーケティングの感覚が必要だと思う。

敵は粗悪品を売り込んでくる。

こちらはよい品物を買ってもらわなければならない。

敵は粗悪品を力ずくで押し付けてくる権力を持っている。

ニコニコ笑顔で売り込んでくることもある。おまけもつけてくる。

よい品物を敵みたいに力ずくで押し付けるのは、マーケティングとして正しいのだろうか。

正しい場合もあると思う。その方法が積極的に歓迎される場合もあるだろう。歓迎はしないが、粗悪品を買うよりはましだから黙認される場合もあるだろう。

でも中身の区別がつかない人は、爽やかな笑顔で売り込んでくる粗悪品を買うのではないか。

市民運動は、どうすれば自分の商品がより多く売れるのか、市場の動向を見て、しっかりと考えなければならない。

米兵に嫌がらせをする運動

さて、米兵に嫌がらせをする運動はマーケティングとしてどうなのだろう。

米兵個人に文句をいえば、彼らは帰ってくれるのか。怒りを見せつければビビるのか。基地政策を変更するだろうか。

県民総がかりでこれをすれば、米国は自分のマーケティング戦略を変更するかもしれない。

しかしごくごく少数でやったって、米軍・米国政府に何の効果もない。米兵だって不快に思うだけで、国に帰ろうと思ったりしないだろう。県民の支持を取り付けることはできるのだろうか。一緒にやろうと誘われたら引かないか。

個人感情はわかるにしても、それをただ剥き出しにしたところで、マーケティングはうまくいかないと思う。

ましてライバル会社の従業員に嫌がらせする販売戦略なんか、まともな会社は採用しないだろう。

市民運動はスポンサーのいないマッサン（ニッカウヰスキー創業者・竹鶴政孝のニックネーム。NHK朝ドラのタイトル）、海軍がウィスキーを買ってくれないマッサンだ。支持を失えば倒産する。

倒産したら本土に帰れる運動家はよい。倒産しても県民はそこに住まなければならないのだ。よくよく考えるべきことではなかろうか。

紹介したビデオ（末尾にタイトルとURL）は敵側のものです。粗悪品を売りつける悪徳セールスです。ときにヒロイズム、ときに猫なで声。巧妙に人心誘導するプロ集団です。でも上手くできています。

彼らに揚げ足を取られ、その手練手管にしてやられないようにしようというのが、私の言いたいことです。

【沖縄】米兵への執拗ないやがらせに、県民がとった行動とは!?

沖縄では、米軍基地に出勤する米兵の車や、Yナンバーの米兵家族の車に対し、基地反対派の「平和運動家」たちによる陰湿な嫌がらせが続いています。

(http://japan-plus.net/401/)

(2015.2.17)

芸能ニュースから始まる街頭演説

街宣を聞いて思ったこと。

国民の関心事に応える工夫が必要だと思います。

関心事を知るには「Yahoo!《ヤフー》ニュース」が最適です。

「Yahoo! ニュース」は、全世界どこでも検索数の多いものが自動的に上位に表示される仕組みになっています。ニュース配信側が選択するのではなく、人々が読みたいものが上位に配置されるのです。

中でも最も関心の高いものが「トップニュース」に選ばれます。

何がトップニュースになるのか、そこにはお国柄が反映するようです。トップに上がったニュースをカテゴリー別に分けてそれぞれの回数を数え、割合を調べると次のようになるそうです。

アメリカ

自国のニュース：65%
世界のニュース：24%
スポーツニュース：7%
芸能ニュース：3%
その他：1%

イギリス

自国のニュース：51%
世界のニュース：22%
スポーツニュース：15%
芸能ニュース：12%
その他：0%

日本

自国のニュース：38%
芸能ニュース：35%
世界のニュース：17%
スポーツニュース：9%
その他：1%

どの国も自国ニュースがトップなのは同じです。

米英は、それに世界のニュースが続きます。しかし日本は自国ニュースとほとんど同じ割合で、芸能ニュースがトップ近くに来ている。

世界ニュースの2倍以上なんです。その割合は、アメリカの6倍、イギリスの3倍です。

芸能ニュースを話のまくらにしては?

「日本人は政治意識が低い」とか、「庶民はバカだ」と斬って捨てるのは容易です。

私は、これが現実である以上、批判するより活用してはどうかと思います。

つまり、街頭演説のあちこちに芸能ネタを仕込むのです。話の切り口として、あるいは類推比較のネタとして。

政治ネタだけだと耳を通り過ぎてしまうところ、芸能ネタを振ることで耳をそばだててもらえるなら結構なことじゃないですか。

ただし候補者は忙しすぎていちいち芸能ニュースなんか見る暇はないだろうし、そんな気分的余裕もないだろうから、スタッフがネタを探して切り口を考える。一種のスピーチライターの役割を、スタッフが果たす必要があるでしょう。

よいことを語っても、聞いてもらえなければ何にもなりません。耳を傾けてもらうための工夫はきりがないと思います。ミュージックを取り入れたりできないんだろうか、とか、いろいろと考えながら街宣を聞いていたのでした。

チャレンジすることで、チェンジのチャンスが生まれるのではないでしょうか。これを3C作戦といいます（適当。いま思いついた）。

(2016.6.9)

異なる意見に耳を澄まそう

本日の「信教と思想の自由を守る集会」で訴えたのは、標題のことばに尽きます。

きっかけは、寄せられた一つのコメントでした。

お寺の檀家さんの多くは保守派であると言い、

保守の多くのご門徒さんたちを、どうやったら振り向いてもらえるか、うなずいてもらうことができるのか、についての現場の実践が、まだまだ足りないと思います。

いくら本山が、あるいは、東西両本願寺が声明をだそうとも、坊さんたちが手を携えようと、残念ですが、ごく一部の門徒さんが賛同しておられるだけなような気がします。保守側の脅威にもなっていない。何故か、

それは、末寺の坊さんたちが、よいことも、一方通行でしか伝えていないから。

耳の痛いご意見です。

しかし耳の痛い意見ほど大切にしなくてはなりません。

私たちは、どうして安倍政治が嫌いなのでしょう。どうして危機感を抱いているのでしょう。

それは、ざっくりいえば安倍政治が人権や命を根底から脅かしているからですよね。安倍政治の向かう先にある戦争が、一人ひとりの人権や命をないがしろにして不幸をもたらすか

らですよね。基本的に、「個人の人権・個人の命は何物にも代えがたい」との価値観にもとづいています。この感じ方の正しさを私たちは疑いません。

すべての人の人権と命が脅かされているのに、どうして安倍政権を人々は支持するのか、わけがわかりません。

そう感じる人は、自民党支持者を見て、だまされるにもほどがある、バカでないかという印象を抱いていると思います。

しかしながら、安倍支持者はバカではありません。

個人の人権や個人の命が大切だという点に反対する人はいません。

でも、それもこれも国の安全があっての話だというのです。日本が少なくとも国として独立していなければ、大切な人権や命さえ守れないじゃないか。

国の安全が脅かされているなら、多少の不便は忍ぼうじゃないかと。

「みんながてんでに好き勝手いえる自由な国は、それはいいかもしれないけど、それでどうやって国が団結できるのか」

「よその国と仲よくするのはいいけれど、どこまでよその国を信用できるのか。何かあれば日本人の会社を焼き討ちしたり、日本人を拉致したり、ミサイルで脅迫する国に囲まれているんだぞ」

「殺すなというのには共感できるけど、向こうから殺しに来るなら話は別だろう」

「日本を軍国主義だとか非難する国が日本以上の軍備を持って反日教育しているじゃないか、そんなことを無視して平和、平和とお題目を唱えているやつらってバカでないかい」

私たちはこう思われています。ひどいのになると、

「日本人のくせに日本ばかり批判して、まるで日本を愛していないのではないか、それは日本弱体化を図る外国に洗脳されているからではないか」

こんなふうにいう人もいます。

これに対して命や人権の大切さをどれほど訴えても「はいはい」「キレイゴトですね」ですまされてしまう。

「こういう状態が長きにわたって続いているのに、同じことばかり叫んでいてどうするのか、どうして自分の意見が浸透していかないのか、振り返らないのはなぜなんだ」

「正しさに安住して、相手にもそれなりの言い分があることに気づいていないからではないか、一方通行だと気づいていないのではないか」

「それは敵にばかり目を向けて、足元に目が行っていないからではないのか」

冒頭のコメント主さんはこういうのです。

こうした現状があるなら、ここを打開しなければ、私たちは多数派を獲得できません。

ではどうすればよいのか。

異なる意見に耳を澄ませ、なぜそうした考えになるのかをじっくりと聞きながら分析し、そして相手の胸に届く言葉を編み出すしかないでしょう。

これはすぐれて高度な思想闘争です。たたかいです。「たたかい」といえばこぶしを振り上げて示威行動するものだと決めつけてはならないでしょう。

(2016.2.11)

相手は悪知恵を絞っている

政治家には放言や迷言が多いけど、あれって計算ずくですよね。

世論の反応をさぐるために、わざと極論を唱えたりね。

その場の勢いでつるっと喋ることも多いでしょうが（安倍さんにはそういうのが目立ちます）、そういうのばかりではない。

産経新聞の名物コラム、というより迷物コラムですが、「阿比留瑠比《あびるるい》の極言御免」というのがあります。

リベラルや野党を上から目線で揶揄する、嫌味たっぷりの皮肉、当てこすりがその主な内容。

「リベラルはバカ、オレはカシコイ」と勘違いしている保守層アベサポーターに人気のコラムです。

6月9日（2016年）はこれ。

――リベラル派は「中二病」!? どおりで「セカイ系」使命感にこちらが恥ずかしくなる…

「中二病」とか「セカイ系」とかのネットスラングを使って、品の悪い見出しに仕上がってますね。

これはウェブ版ですが、同じ記事が、紙版の新聞になると見出しが変化しています。

――リベラル派は子供の反抗期?

新聞を購読している層は高齢者が多いから、ネットスラングが通じない。だから見出しを変えているのですね。

いい加減に書きなぐっているかのようなコラムですが、細かな配慮がされているのでした。

右側の愚かな言説がどうして世間に受容されてしまうのか。

一つの理由は、彼らがそれなりに努力し工夫しているからです。

デマや不健全な思考法を注入するには、劣情を刺激する方法やら読者の懐に飛び込む文章作法などを研究しなくちゃなりませんからね。コツコツと悪知恵を絞っているのですよ。もちろん、彼らには財力と権力がついている点も大きいです。

で、振り返りましょう。

私たちはそこまで研究していたでしょうか？

どこの誰に話すときも、同じことを一本調子で語っていなかったでしょうか？

分からないのは相手がバカだからとふんぞり返っていませんでしたか？

こちら側の強みは中身の真実性ですが、それだけに依拠してはいなかったでしょうか？

昔の話ですが、ビデオの方式にVHSベータマックスの2種類がありました。性能を較べると、ベータマックスはコンパクトで容量が大きく画質がキレイでした。しかし市場を制したのはVHSでした。

よいものが売れるとは限らないのは、商品も政治も同じなんですよね。

どうすれば売れるのか、知恵を絞らなくっちゃいけないなあと、選挙の時期だから、特にそう思います。（2016.6.10）

南スーダンからの自衛隊撤退は市民の勝利

南スーダンからの自衛隊撤退、大歓迎です。

「死者が出たら持たない」

どうやらここが、安倍総理に撤退を決断させたポイントだったようです。

撤退期限まで予断を許しませんが、自衛隊はどうやら無用の戦いを強いられなくてもすみそうです。戦死の危険は、遠ざかりました。

全国の反安保運動の仲間のみなさま、献身的な運動が実を結びました。ありがとうございました。運動はまだまだ続きます。気が抜けません。でも、今日は喜び合いましょう。そしてひとまずは、お疲れさまでした！

訴えを聞いて署名してくださるなど、共感・協力くださった市民の皆さま、有難うございました。皆さまの温かい共感が、国政を動かしました。皆さまの善意に、心からの感謝と敬意を捧げます。

私たちの運動に自信を深めよう

信じがたいほど高い支持率を誇る安倍総理に危機感を抱か

せたのは、いまこれを読んでくださっている皆さんの運動です。その宣伝活動です。

ここに自信を持ち、互いに称えあおうじゃありませんか。

私が思うに、運動の成功をもたらしたのは、自衛隊派遣が憲法違反であるというアピールとともに、これまでと異なる新しい訴えが国民の耳に届き、共感を呼んだからです。

何が違ったのか。

それは、「自衛官を守れ」という訴えです。この訴えに共感が広がって、そして今日を迎えました。

反権力運動から人間的共感の運動へ

これまでの運動の典型は、輸送船に向かって拳をつきつけて、「海外派遣ハンターイ」と叫ぶというものです。反権力運動です。

このたびはそういうものと異なり、派遣された自衛隊を敵視して部隊の行動にいちいち非難を向けることはしませんでした。派遣される自衛官の身の上に思いを致しながら、派遣した政府の非情さを批判する論調で、攻勢的に宣伝しましたよね。「自衛隊員の命を守ろう」と訴えました。

この道理ある説得的宣伝が、市民の人間的共感を招いた。

「自衛官を死なせるな」という国民の声が大きいという調査データが警察などから官邸に届き続け、何年たってもその傾向がまったく変わらなかったのだと思います。

「国民はすぐに忘れるさ」とうそぶいた政府には思いがけないことだったでしょう。

電波メディアを牛耳られていても、草の根の活動が、国民の心を揺さぶり続けていたのです。

9条の運動と市民の心が噛み合ったことで、さしもの安倍内閣も譲歩せざるを得なくなったのです。

いま必要なのは、この成功体験の共有だと思います。


一部の左翼はなんでこうなの？


ところで、です。

ツイッターの書き込みを見ていて、なかでも左翼的な人のツイートを見て、私は驚きあきれました。

その書き込みは、次のようなものがほとんどです。

・撤退は当然。いまさら遅い！
・籠池理事長の会見時間にかぶせてくるとは！
・森友問題でのイメージダウンを挽回するために自衛隊を撤退させたのではないか。
・南スーダンからの自衛隊撤退で稲田防衛大臣の失言をな

かったものにしようとしている。
・撤退理由は治安悪化でないと敢えて述べざるを得ないところが苦しい。

端的に言いたいけど、この人たちはアホですか？　なんでいちいち、こんな暗〜いケチ付けや文句から始めるの？　これって今いうべきこと？

今この瞬間なのだから、もっと前向きに、自分たちの運動を称えあったり、励ましあったり、共感してくれた市民には感謝の言葉を贈ろうとか、思わないの？

運動の次のステップを考えたら、それしかないだろうに。

左翼運動というのは、権力獲得運動のはずでしょうが。だったらもっと戦略的に発言しろよ。

こんな批判のための批判や、根拠のない憶測や、あてこすりみたいな皮肉に、何か効果があるとどうして信じられるわけ？　こんなの、国民が読みたいとか聞きたいとか思う？

「左翼は何でも反対」「文句言うだけ」というイメージは間違っているけれど、そのイメージを定着させてしまった責任は、こんなことやってる左翼にもあるんでない？

自分は左翼運動の再興を願うだけにあえて言います、ほんと、こんなスタイルから抜け出さないと、左翼に明日はないよ。

(2017.3.11)

仲間同士の対立を乗り越える

理屈と現実──手を組もう、議論はあとで

私が自衛隊合憲論者なのは、多くの方が知っていると思う。

自衛隊が違憲なのか、合憲なのか、そんな話は改憲勢力をたたきつぶしてからゆっくりしましょ。

いまの主敵は安倍。日本会議。こいつらの行進を止めるのが先決だ。護憲論者だろうが改憲論者だろうが、目的が同じならいまは手を組もう。議論はあとでいい。

というのが自分の考えです。

こういうと、「いやいや、それは違う」と別の意見が出てくる。「そんなふうに目先の政治的打算で妥協するから、現実なるものに引きずられるねん」

「原点にしっかり足を踏まえて、非武装平和主義を堅持せなあかん」

理屈勝負の世界では、これは無敵ですな。理屈というのは、世界を記述する一つの様式だ。それなりに体系的で筋は通っている。

しかし、しょせん理屈だ。生の現実をわかりやすく再構成して解釈するには有効だけど、現実それ自体ではない。

現実というやつは、論理的でもなければ筋も通っていない。人は生存本能にひきずられるかと思えば、理想主義的な要素も持っている。平等を渇愛するかと思えば、サル並みにヒエラルキーづくりに励む。協調的かと思えば闘争的だし、正直で嘘つきだ。相容れない性向を同時に持っており、一つの哲学に収斂することがない。

それが人間社会なのだから、一つの理屈に合わせて世の中をつくろうとすると、ろくなことにならない。

スジが食えないのはセロリや、とうのたった大根だけではない。おでんだって、食えるころにはスジはグダグダ。みごとに溶けている。

(2015.6.24)

違和感を封印して安倍政権とたたかう

私は招かれたら民主党系の集会でも、共産党、社民党系の集会でも構わずに赴く。

相手によって話のスジを変えることはない。誰にでも、どこでも、同じことを語る(情報内容は日々アップデートしているけどね)。

どこでも割と好意的に受け止めてもらえていると思う。参加者には、長らく平和運動を担ってきた方々も多かろう。その人々が、元自衛官の話に耳を傾けて下さる。すごい変化が起きているのを実感する毎日だ。

柳澤協二さんや伊勢﨑賢治さんにしてもそうだ。それぞれ元防衛官僚だったり、息子さんが現役自衛隊幹部の自衛隊応援者だ。

他のことでは市民運動の人々と意見が異なるだろうが、こと安保法案に関しては一致できる。

小林節《せつ》さんが共産党系の集会に招かれる日が来るなど、誰が想像しただろうか。

みんな心の中の大きな違和感を封印して、安倍政権とたたかうために手を結んでいる。

目の前の大きな敵を見据えているから、それができる。やれコールがおかしいの、お母さんがご飯をつくるのがおかしいのと口を出す人々は、いったいどちらを見ているのか。前を見ようよ。

その人たちの善意は疑うべくもない。だから、隣に立つ人との小さな差異を強調して嘆いたり批判したりしてないで、前を見すえ、目の前で敵が振りかざしている大きな斧に真向かっていこうぜ。

（2015.8.26）

蝸牛角上《かぎゅうかくじょう》の争いは不毛——都知事選後のこと

都知事選の総括を巡って一部でもめています。

宇都宮推しの人々と、鳥越推しの人々の間で罵倒が繰り返されている。

これ、とても残念に思います。

野党共闘に対する宇都宮さんの警告は、市民の声抜きで政党だけで決めるな、決定プロセスを公正にせよというものですが、その背景には野党内右派の影響力拡大を危惧する意識があるようで、市民運動サイドからの率直な意見であり傾聴に値します。

対する宇都宮批判は、リベラル勢力が民心を喪っている現状で、そんな筋論だけでは勝てないという現実感覚を足場にしています。

どちらも間違っていないのに、日を追うにつれ、互いに相手を悪魔化しつつあるのはなぜでしょうか。

都知事選の敗因は、選対が宇都宮さんを切り捨てたからではなく、宇都宮さんが鳥越さんを支援しなかったからでもありません。宇都宮さんが出ても負けただろうし、宇都宮さんが鳥越さんを支援しても負けたでしょう。そのことは票数を見れば明らかです。

宇都宮さんが言うとおり、候補者選定のプロセスが不透明だったのは事実だし、拙速だったというのも結果的にその通りでした。

鳥越支持で頑張った人たちは、そこを突かれると耳が痛いので、必要以上に反発するのかもしれないなあと思います。

ところで、宇都宮さんの批判はそれとして正しい面はあるけれど、そのことと選挙の勝敗は別のことです。批判されるようなことはあったけれど、それが原因で負けたわけではありません。

選定プロセスが闇の中で政策がデタラメで候補者のできが悪くても、保守派は勝つのですから。

鳥越さんの女性問題が取り沙汰されているけれど、そのことが敗因ではないという分析があり、私はそれが正しいと思います。データが示すところでは、有権者の鳥越支持は週刊誌報道以前から低下を始めており、報道がその傾向に拍車をかけたということもないようです。

いや、女性問題を批判したのは勝敗とは別の話で、候補者適確性を問題にしているのだという意見もあるでしょう。それならば、結論を出すのが早すぎます。

宇都宮さんに対する批判として、秘密保護法や安保法制に反対する統一戦線に冷淡だったという意見があります。最初から野党共闘に乗り気じゃなかったのだろうとの批判です。

これには異論があります。

宇都宮さんの照準は、最初から最後まで都政でした。国政問題は戦略として二番手でした。都政の具体的課題の分析と課題解決方法の構築に傾注していた。大きくもない宇都宮組織に、あれもこれも求めるのはいかがなものかという気がします。

そういう意味で、鳥越さんではなく宇都宮さんだったら政策的にガチの勝負ができていたのは間違いない。宇都宮さんだったら票がもっと伸びていたかもしれないという意見は無視できません。

しかし、現実的にそれは不可能だったのです。

宇都宮さんでは民進党がまとまらないからです。宇都宮さんを推し続けたら、共産党のほかには市民連合の一部の支持ぐらいしか得られず、結果的に基礎票不足で前回並みの得票プラスαにとどまったのではないでしょうか。そして前回と同じく、言いたいことを言い、訴えるべきことを訴えたという満足感で選挙を終えることになった可能性が高い。

それではダメじゃんという強い意思が、今回は働きました。

そうなると、基礎票の大きな民進党が中心となって候補を選定するしかありません。

民進党を割らずに一致するには、いくら気に食わなくても右派の納得を取り付けるしかないのです。「ご無理ごもっとも」と従うしかないという現実があります。

そんな力関係の中で、岡田党首はよく粘ったと思います。右派に、リベラルな鳥越さん擁立を飲ませたのだから、大した政治力です。

で、右派を相手にそうした政治力を発揮するには、開かれた議論の場は不向きです。公開の議論でことを決めようとすると、互いに筋論を立て合って妥協できなくなり、結局はなにも決まらなくなります。

時間がたっぷりあればそれもよいでしょうが、今回、そんな時間はありませんでした。参院選と2本立てでそんな公開議論をしている余裕などあるはずがない。

そういうことで、私たちが見たとおりのプロセスを経て、鳥越擁立に至りました。

宇都宮さんはそこを批判しますが、それはないものねだりだというしかありません。

こうしたプロセスが有権者不在で政党の論理だけ優先したもので、単なる数合わせだ、有権者をバカにしているという批判があります。

その批判が間違っているとは言いません。

しかし改憲勢力3分の2の情勢のもとで都庁を小池に取られるかもしれないというとき、理想選挙をしている余裕などなかったのが事実です。

有権者をバカにしているというなら、その批判はむしろ小池陣営に向けるべきなのに、そうしないのは、高みの見物気分で批判しているからです。そんなものは批判ではなくただの評論です。

勝てば官軍で、負ければ賊軍です。負けたら味方にまでボロクソ言われる。それはある意味で仕方のないことでしょう。

しかしボロクソ言えば次に勝てるのでしょうか。私たちの目標は勝つことです。勝つための批判をしませんか。粗さがしではなく建設的提案をしませんか。

時間がなかったと言い訳するなら、時間のあるいまのうちに政策協定づくりに取り掛かろうじゃないですか。そうするよう政党に求めましょう。候補者の弾が悪かったというなら、次回のために候補者を探し、育てようじゃないですか。公開の、開かれた議論が、いまならできるでしょう。

都知事選の敗因を自分なりにいえば、野党共闘側が都政の具体的課題に斬り込めなかったからです。

憲法・安保・平和の三大テーマは、陣営のモチベーションを上げましたし、その意味では必要だったし正しかったのですが、それだけでは有権者の心をつかめない。

宇都宮プランを取り入れて徐々に具体化していったけれど、「鳥越には政策がない」という初期の印象を拭い去るに至れなかった。

そういう意味では、今後の戦いにも宇都宮さんの知識と頭脳と情熱が欠かせません。

都政革新、国政革新をめざす方向は同じなのだから、身内同士で醜い足の引っ張り合いはよそうよというのが、私の言いたいことです。

(2016.8.3)

34 私たちは進む

憲法を守るためのたたかいの記録

あれこれと忙しくて日記の更新もままなりません。「派遣切り」や「憲法」について書くより、それらと現実に向き合って運動するほうが楽しいし有益……というのはレーニンのパクリですが、そんな気分です。

5月の「憲法を守るはりま集会」の冒頭で、パワーポイントの映像と音楽を組み合わせて詠み上げる原稿ができたので、皆さんの意見を聞かせてもらえませんか？

1 創成――2004年

「9条の会」が生まれたのは、2004（平成16）年でした。

この時期の日本は、まさに「改憲の時代」でした。

2000年に入って以来、改憲世論は常に6割を超えていました。逆に護憲世論は3割を切っています。

「9条改正賛成」の意見はなんと73％もありました。

産経新聞は憲法記念日の社説で「憲法改正への機運は、かつてない盛り上がりを示している」と書きました。

02（平成14）年には、自民党が「新憲法起草委員会」を設立しています。

「9条の会」が生まれた04年は、改憲機運が最高潮に達した時期でした。

1月1日、小泉純一郎首相が靖国神社を参拝しました。

1月19日、陸上自衛隊がイラクに出発しました。

3月1日、派遣業務が製造業へ解禁されました。現在進行中である派遣切りの最大の問題の根が、ここでつくられたのです。

4月にはイラクで人質になった高遠菜穂子さんに対して「自業自得」、「自己責任だ」と激しいバッシングが起こりました。

この年の読売新聞社の世論調査を振り返りましょう。

・憲法改正に賛成　65％
・憲法改正に反対　23％

改憲世論は過去最高となり、護憲世論は過去最低でした。特に20代・30代の改憲世論は全世代に突出していて、7割を超えていました。

5月3日、憲法を守るはりま集会。集まったのは250人でした。

7月11日、参議院選挙が行われて自民・公明が大勝。私たちの願いもむなしく、改憲議員が3分の2を超えました。

9人の呼びかけ人〈井上ひさし、梅原猛、大江健三郎、奥平康弘、小田実《まこと》、加藤周一、澤地久枝、鶴見俊輔、三木睦子〉によって「9条の会」が発足したのは、このようなときでした。

7月24日、9条の会・発足記念講演会。聴衆は1000名でした。

講演をニュースで知り、心ある人たちの中に、会に対する共感が広がりました。

「こういう会ができるのを待っていたんだ」

発足直後から、誰に指示されるでもなく、各地に小さな9条の会がつくられ始めました。当時、9条の会に届いた数多くの手紙の一部をご紹介いたします。

私たちは名もない市井の人間です。ただ日本の平和憲法特に9条をすばらしいものと誇りに思い、何としても守り抜きたいという思いは人様に負けないと思っています。

近年の国政の動きに危惧を抱きつつも個人の力ではなす術も解らず、ただ傍観しているのも口惜しく一人でデモなどに参加したりしてきました。

そんな時、識者の方たちが『9条の会』アピールを出されました。私たちも何かの形で参加したいという思いで、会をつくりました。

恐る恐る立ち上げた会でしたが、職場、地域の知人友人に呼びかけ、この2カ月あまりのうちに、現在960人の方が様々なメッセージと共に賛同の意思を寄せてくれました。

憲法9条改悪に反対の意見を持ちながら、どう意思表示したらいいか解らずに悩んでいた人が案外多くいらしたことに意を強くしております。

世話人は3人、2人は身体障害者、1人は看護師です。名もない私たちの呼びかけに一人でも応えて下さる方がいることに願いをこめて、また9条が私たち一人ひとりの生きる叫びでもあるとして『〈9条の会〉アピールに賛同する一人一人の会』としました。

市民の声に応えて、呼びかけ人たちの地方行脚が始まりました。

9月22日、大阪講演会。参加者３７００人。

10月6日、草の根の「会」で全国を一つの輪に、という呼びかけが発せられました。

11月21日、仙台講演会。参加者は４５００人でした。

この年、９条の会の講演会に集まった市民は1万６０００人となりました。

2 発展——２００５年

年が明けて２００５年。

2月25日、９条の会・横浜講演会。参加者５０００人。

しかし4月、国会では、衆参両院の憲法調査会が、憲法改正を説く「調査会報告書」を提出しました。

この年の読売新聞の憲法問題全国世論調査の結果は、

- 憲法改正に「賛成」　61%。
- 憲法改正に「反対」　27%。

まだまだ力の差が歴然としています。しかし増えるばかりだった改憲の意見が4ポイント減り、減り続けた護憲の意見が4ポイント伸びています。9条の会の数が２０００を超え、少しずつ、世論に影響を与え始めたのです。

このころから、地方新聞が9条の会の動きを報道し始めました。

9条の会への支持が増えるのと反対に、同じ5月ごろから、地方自治体で9条の会のイベント後援取り消しが始まったのも特徴です。

6月18日、一周年記念講演会の開催が発表されました。会場は有明コロシアム。数千人を集めねばなりません。これは大胆な計画でした。

時を同じくして、自民党が「自衛軍をもつ」と明記した「新憲法起草委員会・要綱第一次案」をまもなく発表することが報道されました。

すると6月23日、集会発表から5日しかたたないのに、講演会の参加申込が３０００人になりました。

2日後の6月25日、申込が４０００人を突破しました。

6月29日には５０００人を突破しました。

7月7日、自民党が第一次改憲案要綱を正式発表しました。その翌日、参加申込が一挙に８０００人を突破します。

7月16日にはとうとう申し込みを締め切りました。

7月30日、9条の会・有明講演会が開催されました。参加者は9500人を数え、さしもの広い有明コロシアムも埋め尽くされることとなりました。

8月には戦争を賛美する「つくる会」の教科書が採択で惨敗。翌年、扶桑社は教科書事業から撤退すると発表しました。

共謀罪の成立を阻止することもできました。

しかし全体としての世論はまだ改憲派に傾いています。

8月15日、靖国神社への参拝者が過去最高の20万5000人にのぼりました。

9月11日、憲法問題を隠して郵政一本で行われた総選挙で与党が圧勝。改憲派議員は与党だけで3分の2のラインを突破しました。

11月22日、勢いに乗った自民党は「新憲法草案」を正式発表。「自衛軍」創設の他、軍事裁判所の設置、政教分離原則の緩和、憲法12条も変えて「自由及び権利には責任及び義務が伴う」と明記してありました。

けれど9条の会はひるみません。

12月10日、9条の会の数が3614になりました。

3 せめぎ合い――2006年

明けて2006年。

読売新聞社の世論調査結果が出ました。

- 改正するほうがよい　55・5%
- 改正しないほうがよい　32・2%

憲法改正「反対」が2000年代になってはじめて3割を超えました。

逆に「賛成」は5・5ポイント減らしました。

まだまだ改憲派が優勢ですが、じりじりと力関係を変えているのがわかります。

憲法を守るはりま集会は400人でした。

6月、9条の会は5000を突破します。

イベントへの参加総数は10万人を超えますが、活動量が多すぎて誰にも取り組みの全貌がわからない事態に発展しました。

8月15日、小泉首相の靖国神社参拝について批判的な加藤紘一元自由民主党幹事長の実家と選挙事務所が、放火で全焼しました。

同じころ、9条の会は学生にも広がりました。東大、早稲田、慶応、明治、中央大などに会ができて交流が始まっていることが報道されています。分野別の会、地域の会もますます数を増やし、「9条を守ろう」の声は静かに、しかし確実に市民の中に広まり続けました。

9月26日 憲法にとって最大の危機が訪れます。改憲派・安倍晋三が第90代内閣総理大臣に指名・就任したのです。

9月29日、安倍首相がさっそく所信表明演説で憲法改正に言及します。

改憲が現実の政治日程に上った瞬間でした。

衝撃が走りました。こうしてはいられない！

各地の9条の会の活動が一気に強まりました。

4 攻勢――2007年

翌2007年。

2月、9条の会が6000を超えました。憲法が変えられたらどうなるのか、日本各地でねばり強い対話が繰り広げられました。

5月3日、憲法を守るはりま集会。史上最高の1000名が参加しました。

同じ日、安倍首相は憲法改正について3年後の発議をめざすと明言。14日には「憲法の改正手続に関する法律」が可決成立します。

5月5日、読売新聞社調査で護憲世論が改憲世論に肉薄したと報じられます。

- 「改正するほうがよい」は 19ポイント下がって46%
- 「改正しないほうがよい」は12ポイント上がって39%

世論の変化が誰の目にも明らかでした。しかもこれ以後も変化が刻々と毎日つづいていました。

しかし自民党は市民の変化に気づきませんでした。気づかないまま改憲へのアクセルを踏み、一気に加速しました。7月の参議院選挙の公約トップに「憲法改正」を据えたのです。

7月29日、参議院選挙が行われました。

予想外の結果でした。改憲派が惨敗し、自公連合を合わせても民主党の議席に及ばないという結果となったのです。

民主党の改憲派を合わせても勢力が3分の2に届かず、このままでは改憲が不可能になりました。

8月15日、読売新聞世論調査が発表されました。

- 憲法改正賛成 42・5%、
- 憲法改正反対 43・1%

わずかですが、ついに改憲反対が賛成を逆転していたのです。選挙結果はこの世論逆転の反映でした。

8月15日、靖国神社への一般参拝者数が激減、2年前より

9万3000人も減って16万5000人になりました。

9月26日、失意のうちに安倍首相が退陣しました。「9条の会にやられた」とつぶやいて。

さらに前進は続きます。

9月30日、教科書検定に抗議して沖縄県民が島ぐるみで立ち上がりました。

10月23日、9条の会が6700を超えました。

5 さらに前進へ――2008年

翌2008年。

4月28日、登録9条の会が7039になりました。

改憲派は「9条の会などに対抗して改憲世論を広げる草の根の活動に取り組む」と宣言します。

5月1日、自民党が主導する「新しい憲法を制定する推進大会」が東京で開かれ、1000人が参加しました。

5月3日には日本会議など民族派団体が「改憲国民大会」を開き、800人が集まりました。

改憲反対派は翌5月4日から3日間にわたって「9条世界会議」を東京で開催します。参加者は改憲派を圧倒する3万人。

5月5日「9条世界会議広島」には1100人。

5月6日「9条世界会議仙台」には2500人。

同じ日の「9条世界会議関西」には8000人が集まりました。

憲法記念日恒例の読売新聞世論調査の結果はこうでした。

- 9条改正賛成30・7%
- 9条改正反対60・1%

「読売新聞社説」はこう書きました。

転換点になったのは、2004年である。この年の6月に「9条の会」が結成され、全国で草の根の「会」が結成されていくのとほぼ並行して9条改定反対が増加し、賛成派との差が年々拡大してきた。憲法全体についての改定も2004年の賛成65・0%をピークに、翌年からは4年連続で改憲反対が増加、昨年は賛成が過半数割れしていた。


8月15日、靖国神社参拝者は約15万2000人に減少。産経新聞が「靖国冬の時代」と報道しました。

11月24日、9条の会登録数7294。

この他にも登録していない会が無数にあり、もはやその数を数えることは誰にもできません。

6 私たちは進む――２００９年

そして２００９年です。

９条改憲の危機はいったん押しとどめることができたかに見えます。

しかし自民党は改憲の旗を降ろしていません。議会では改憲派が過半数を占めています。海上自衛隊はまだアフガン沖に出たままだし、ソマリアの海賊対策に護衛艦が派遣されました。憲法はいまもむしばまれています。

しかも恐ろしいことに、いま日本中に貧困が深く静かに広がっています。計り知れない内部留保を抱えながら、いとも簡単に労働者の首を切って自己保身をはかる大企業。

年金が不安です。

営業の先行きが不安です。

憲法25条の生存権が脅かされています。

戦争の危機と人権の危機は、二つで一つです。

憲法第９条と憲法25条の生存権をむすびつける動きが顕著になっています。

私たちは手をゆるめてはなりません。私たちは進まねばなりません。

本日発表される合唱曲「私たちが進み続ける理由」には、こう歌われています。

私たちが進み続ける理由

「今日は仕事がないから　また明日出なおせ」と言われた
すべての労働者のために　私たちは進む

家族を養えないことで　自分を恥じなければならない
すべての父親のために　私たちは進む

仕事を二つかけ持ちしなければならず
そのあいだ一人ぼっちで家にいる子どもを心配する
すべての母親のために　私たちは進む

両親が残業しなければならないせいで
学校から空っぽのアパートに帰宅する
すべての子どもたちのために　私たちは進む

利用されたあげく上司に屈辱を受け
語学を習う時間すらないために
言い返す言葉をもたない
すべての労働者のために　私たちは進む

子どもを守り育てるために生活を切りつめ
さまざまな犠牲を払ったあげく
もっといい人生を手にできるという
軍の約束を信じた子どもが
人を殺すか　または自分が殺されるために
戦地に送られる姿を見送る
すべての母親のために　私たちは進む

なぜなら　今こうしている間にも
人々が死につづけているから
今も　この瞬間にも
私たちは進む

そして　もしかしたら
これ以上死なずにすむかもしれないという
可能性のために　私たちは進む

なぜなら　私たちは何が正しいかを知っていて
それを求めているのだから
そして　それを手にする権利があるからこそ
私たちは進む

あまりにも長い間
あまりにもたくさんの犠牲がはらわれ
代わりに返ってくるものは
あまりにも少なすぎたから
私たちは進む

すべての父親のために
すべての母親のために
すべての子どもたちのために
私たちは進む

（作詞：キム・ロザリオ、訳詞：堤未果、作曲：池辺晋一郎）
（2009.3.18）

35 アイデンティティ・ポリティクス

部落解放同盟での経験から

金明秀《キム・ミョンス》先生のアイデンティティ・ポリティークの提言に、私は触れたくなかった。嫌な思い出があり、いまだに自分の中で整理がついていない問題でもあるからだ。きっとこれからも整理できないまま、取り込んでいく。

でも語ろうと思う。長くなるが。

＊

マイノリティとかマジョリティとか、難しいことは分からない。私は反ヘイトを朝鮮人のためにやっちゃいないから。人間が人間を蔑視するのが腹立たしいからやめさせたいのだ。それだけのことで、難しいことを考えてやっているわけではない。

私がそういった言動に怒りを感じるのは、人はみな平等だし、誰もが誇り高く生きる権利を持っているという思想を信じているからだ。私が大切にしている価値観を真っ向から否定するから、怒るのだ。自分のために怒っているのだ。

この信念の由来は私の生育歴に関わっているので、ここでは語らない。いつかどこかで語ることはあると思うけれど。

まず、私が明秀先生の提言をどのように理解したかを書く。もしも間違って受け止めているのなら、指摘してもらえるだろう。

＊

差別によってマイノリティがアイデンティティを奪われるというのは、そうだろうと思う。明秀先生の言うことは、分かる。人をつかまえて「トンスル民族」だの「うんこ食っとけ」だの「ゴキブリ朝鮮人」だの罵倒するのは、人間としての誇りを奪う行為だ。

奪われた誇りを取り戻すことができるのは、誇りを奪われた当事者だけだ。ここを他人が代弁しても始まらない。「さあ、これであなたの誇りは回復しましたよ」と他人が言ってみてもどうしようもない。だから私はそういったところに立ち入りたくない。
私がネトウヨを蔑視するのは、人間を蔑視しているのではなく、思考や言動を見下している。他民族を見下すことで日本人として誇らしく感じる、なんて心理は倒錯している。そんな捻くれた醜悪な誇りなんか誇りといえないし、人として間違っているから、土足で踏みにじって構わない。
明秀先生は言う。

アイデンティティ・ポリティクスというのは、何らかの属性に起因して社会から奪われた価値を取り戻し、正当に承認を得られる状態を実現するための運動のこと。

差別撤廃の過程には、アイデンティティ・ポリティクスの運動が発生する。

例えば、「朝鮮人というのは意地汚く卑怯なことばかりをやろうとするやつらだ」というのは、1950年代ぐらいに一般的だったステレオタイプです。それに抵抗して、「私たちはまっとうに生きているし、むしろまっとうな生き方を阻む差別こそが問題だ」という認識へ修正しようとする運動がありました。

また、「朝鮮人というのは劣等民族で、まともな文化も教養もなく、自らなにも生み出すことのできない空っぽの存在だから、日本に服属するしかなかった」というのは、1970年代ぐらいまで一般的だった植民地主義的な考え方です。これに対抗するため、在日コリアンは民族音楽や民族舞踊を覚えました。

よくわかる話だ。とても共感する。朝鮮人差別とたたかうことは、とりもなおさず朝鮮人で何が悪いか、私たちは誇り高き朝鮮民族なのだと叫び返すことだろうから。ただし、それはコリアンの運動であって、日本人が主体的に関わるものではない。
日本人は、朝鮮人に誇りを取り戻してあげる存在ではない。日本人として恥ずかしいことをするなと叫び、日本人の誇りにかけて、日本に社会正義をもたらすのが目標だ。これが多数派のアイデンティティ運動だ。それが反射的に在日外国人の差別撤廃に寄与すればよい。
ところで明秀先生はいう。「マイノリティのアイデンティティ政治と、マジョリティにとっての社会正義の実現は、衝突することも当然ありうる」と。たとえば「少数派の誇りを取り戻す」という大義名分を、日本人が自分の運動に利用することがそれではないか。

明秀先生はそのことを、次のように表現する。

次に再開するときは、(a)今の反レイシズムカウンター運動には、マイノリティのアイデンティティ政治と、マジョリティにとっての社会正義の実現、という2つの要素が絡み合っている、(b)後者への資源を動員するために、マジョリティのアイデンティティ政治がしばしば用いられる、という話。（14年3月29日）

「後者への資源の動員」とは難しい言い回しだ。苦手だな。わかりやすく言えば、「我々は朝鮮人のためにたたかっている」「差別される気の毒な彼らを助けよう」てなお題目で行動することだろうかなと思う。

そりゃまずいよね。でもそんなこと、カウンターの中で聞いたことないぞ。

「友だちに手を出すな」がそれに近いのかな。あくまでも「友だち」に加勢するだけで、その誇りを取り戻すとかいうところにまで踏み込まなければいいんだけど、たしかにうっかりすると友だち（朝鮮人）に成り代わってたたかうお節介運動になってしまうかもなあ。

では、「衝突した場合、マイノリティにとっては二重の暴力として作用しうる」と先生が言うのは、どういうことなんだろうか。

いや、どちらかというと、(b)マイノリティのアイデンティティ政治と、マジョリティにとっての社会正義の実現は、異なる運動である以上、両立することは十分に可能だけど、衝突することも当然ありうる。衝突した場合、マイノリティにとっては二重の暴力として作用しうる、という話かな。

朝鮮人が朝鮮人としての誇りを取り戻すこと。日本人が日本人としての誇りを訴えること。これらはそれぞれ独立のものだから、互いに干渉しなければ衝突しないだろう。先生も「異なる運動である以上、両立することは十分に可能だ」という。

だけど日本人が恩着せがましく「君のために正しいたたかい方を指導してあげよう」とばかりに鼻面を引き回すようなことをすると、打撃だ。「日本人」＋「味方」からの打撃だから、二重の打撃ということになるのかな。そういったことは、カウンター現場にはなさそうだ。

そういうことで明秀先生のお話には納得する点が多いのだが、やや違和感を感じる点もある。

それは、マイノリティとかマジョリティとか無造作に分けて論建てするのが、本当に正しいのかなという危惧だ。

それは自分の経験からきている。

先生は「目指すべきゴールを決めるのは、被差別当事者でなければならない」と簡単にいう。

もちろん、被差別当事者でなくとも、アイデンティティ・ポリティクスを支援することはできます。また、被差別当事者は生存の資源すら奪われていることも多いわけですから、支援がなければ運動はたちゆかないでしょう。でも、目指すべきゴールを決めるのは、被差別当事者でなければならないのですね。

必ずしもこれが間違っているというのではないのだけれど。

でもね、一口に「被差別当事者」と言い切ってしまって一色に染めていいのだろうかと。差別者にも被差別当事者にも、もののわからんアホがいるのだわ。その話をしたい。

＊

私の来歴から話を始める。私は自衛隊を退職してから、縁あって皮革産業でしばらく働き、その関係で部落解放同盟に誘われた。その工場が潰れたので解放同盟の専従に1年ほどついて、その後皮革の自営業を始めた。

工場の近所に住む女性と別のところでたまさか出会って結婚して今日に至るのだが、そのせいで、親族は私の結婚式を全員ボイコットした（私はいわゆる一般民というやつで、解放同盟員には珍しかった）。親族の付き合いはほとんど完全に切れた。

盆暮れの挨拶すら突き返される関係が手のひらを返すように変化し、冠婚葬祭の案内が届いたのは、不景気で工場をつぶしてしまい、仕方なく勤めをさがし、運よく法律事務所に入ってから。世間体のよい仕事なんだね。俗っぽく差別的で、たまったものではない。親族としてまことに恥ずかしい。

ここまでが背景説明だ。語りたいのは解放同盟での体験。あるとき、支部の広報車で街宣していたときのことだ。それは狭山闘争（殺人犯として収監されていた部落出身の石川一雄さんの無実を訴える運動）の宣伝活動をしている最中だった。

とある小学校に差し掛かった時、青年部の一人がやおらマイクで「こらー、センコー、日共差別者集団、われ、出てきさらせー」と、授業中の校舎に向かいがなり始めたのだ。止めても止まらない。「言うたったらええんじゃい、あんな奴らには」

彼にとって教師はなべて共産党で、部落の敵で、部落の敵は差別者で、差別者とたたかうのは正しいことなのだ。頭がくらくらするような事実誤認、誤謬だらけの論理なのだが、そういった行動が解放運動に対する打撃になることなど、彼は考慮していなかった。

彼にとってそれが解放運動なのだった。あまりできのよいほうではなく、バカにされることの多かったその青年にとって、誰はばかることなくマイクで自己主張できる機会なのだった。その表情は自己解放感にあふれていた。それは彼なりの、誇りを取り戻す行為であった。

ただ残念なことに、それは本当の意味で誇りを奪い返す行為ではなく、むしろ誇りを傷つける行為だったのだが、彼はそれに気づかなかった。こういった体験は、一度ではないし、彼一人でもなかった。なんちゅう恥ずかしいことをと、何度も目を伏せたものだ。

私の親族も同じことだ。私は部落出身者と結婚することがいかに人の道に外れた行いであるか、こんこんと諭されたことがある。「親戚中が白い目で見られるのだ、姉が離縁されたらどうする、自分一人が幸せならよいのか、それはあまりに自分勝手だろう」と。

「誰も差別なんかしていない、どこに差別がある、そんなものはあいつらのひがみだ、そんなことだから嫌われるのだ、世間の嫌われ者をわざわざもらってみんなが苦労する必要がどこにある……」

こんなド恥ずかしい理屈を、真顔で説き聞かされるのだ。

解放同盟のなかのアホは、たまたま運動が強くなったら自分が強くえらくなったと錯覚し、傍若無人に振る舞い始めた。私の親族はもう全員がアホで、たまたま多数派にいる強みで自分が偉いかのように錯覚して、人として許しがたい言葉を恐れもなく吐き出し続けた。

＊

人というのは本当に悲しいものだと思う。

集団のアイデンティティってなんだろう。あるとは思うが、それを一人ひとりがちゃんと身につけているのか。

マイノリティといえども勘違い野郎はいる。

「運動のゴールは被差別者が決める」というが、被差別者の誰が？

部落解放運動の場合、部落にとっての不利益はすべて差別であると定式化されていた。まっとうに公平で公正な社会ならば被ることがなかったであろう不利益が差別ゆえにもたらされている、という理屈はわかる。しかし解放同盟に蔓延したのはそういった理屈ではない。

商売の競争に負けたら差別、勉強しないから成績の悪いのも差別、皮革の汚水公害さえ差別の膿だから取り締まるな。そういう理屈を金に換えるのが解放運動だった。金に換えるための理屈がうまくて押し出しの強い奴が幹部になる。運動が堕落するのは必然だった。

皮革産業は差別のせいで近代化が遅れ、資本に搾取されている、だから税金をまけろという。まけた税金で労働条件を改善して地区の生活水準をあげ、暮らしを安定させるなら話はわかる。だがそんな動きはついぞ生まれなかった。親方の豪邸や高級車や奢侈に化けただけだ。

皮革産業にも同業者同士の価格競争があるし、金融機関との利息交渉もあるのだが、税金を納めなくてもよいのでどうしても気が緩む。商社にむしられ、銀行にたかられ、気がつけば税金を納めなくてもかつかつの利潤しか得られなくなっていた。

そういう状況をよそに、幹部たちは人事抗争に明け暮れていた。活動の大半は運動の分析ではなく内部の敵の情報収集と多数派工作だった。あとは市役所に入り込んで仕事をこしらえること。そのような姿を私は専従として目の当たりにした。現ナマを配ったこともある。

もちろん、内部批判がないわけではなかった。だが私から見て正しいと思える批判は、「融和主義」として退けられた。体裁を構って世間に気に入られようとしているだけだというのだ。偏見を打ち破るのが解放運動であり、偏見多き世間の基準に合わせるのではいけないと。

批判は部落にとって不利益であり、不利益なものは差別だから、批判は差別だ、外部は解放同盟に従うべきなのであって、解放同盟を支持・支援することこそが差別者である一般民の義務であり、自己変革のたたかいだというのだ。この理屈で支援者は沈黙し、従った。

解放同盟は生活の場に根ざした大衆組織だから、暴力も利権もあるにはあるが、すべてをひっくるめて丸抱えで前進していくのだ、共産党のように雲の上からきれい事を唱えていても差別はなくならない、それは融和主義である。良心的古参幹部がそう語った。

私はこれに納得した。悪い面は確かにあるが、それは長く苦しい差別の中で身につけてしまったオリのようなものだ。一朝一夕に取り除けるものではない。大衆とともに悩み、大衆とともに汚れ、一緒に進んでいくのが正しい。合理的批判は無力な学問に過ぎないと信じた。

「しょせん、泥くんは世間の人だから分からんよ」と言われると、分かるまでついていこうと思った。「差別者日共集団が差別映画を上映するので粉砕せよ」と指令を受け、青年部を率いて上映会場に突入して壇上を占拠し、逮捕されたこともある。私はカルトの世界にいたのだと思う。

20代を省みて、いまは思う。貴重な内部の理性を「それは同胞としての批判ではない、共産党に汚染されてやっている外部批判だ」と決めつけ、同胞であるはずの人を外部に追いやってしまったのは、本当に正しかったのだろうか。

「被差別者の声」の正体はなんだったのだろう。理論闘争とは、被差別者の名のもとに、共産党や日本の声や社会主義協会や中核派が盛大に空中戦をやっていただけではなかったか。本当に地に足のついた、差別に苦しむ生活者から現れた声だったのだろうか。

人事抗争で多数を占めた勢力が県連を代表し、多数の県連を得た中央執行部が全国大会を代表し、その多数を占めた一政治勢力が中央を代表し、最終的に数人の幹部の談合で決まっていく方針。それは本当に「被差別者の声」なのか。

「部落大衆」は、理性の声を堅苦しいお説教だと切り捨てて、利権あさりもひっくるめて仲間なのだと抱え込んでくれる、耳障りのよい理屈に従っていただけではなかったか。外部には識字運動などの立派な成果を語り、「差別」を武器に支持を強要して成功したけれど。

マイノリティの意思と一口にいうが、それはそんなにくっきりと立ち現れるものなのだろうか。マイノリティも地域社会で生きており、日本の政治に巻き込まれ、思想傾向も様々である。マイノリティにのみ純粋に保持されている意思とは、幻ではないのか。

少数派なのだから優先されるべき発言権があり、多数派は後ろに下がるべきという関係性がいったん構築されると、それはどこまでも原則化されて固定化し、エスカレートして、生き生きとした交流を妨げてしまう。そういう現実を、私は体験した。

同和教育にあたる良心的な教師ほど、解放同盟からの圧力に真面目に応じて苦しんでいた。識字教室や動員や学習会でへとへとになりながら、身をすり減らして献身していた。上手な理屈だけ覚えたら、そういう人たちを従属させることができることを学んでいた。

うまくつくられた解放理論を口先だけで唱えれば、名士になれた。教育委員や校長たちは、心にもないきれい事を述べていれば安泰だった。真剣に受け止めた教師だけが苦労を背負い込み、解放理論を知らない庶民は糾弾闘争で吊るし上げられた。

＊

私は学がなくて、論理的に考える力に乏しいので、体験をベースにものを見ることしかできない。個人の体験など狭いものだから、自分の意見が必ず正しいとまで言い切る自信はない。

けれど、明秀先生の言葉も、どこか抽象的で地に足がついていない気がしてしまう。

先生は、差別というのは、「あらゆるものを奪われた」状態に対して名づけられるものだと言った。私はちょっと危険な考えだと思い、文学的修辞じゃなく、文字通りの意味でですか？ とたずねた。

先生から、「文学的修辞も混ざっていますが、文字通りの意味です」との回答があった。「あらゆるもの」とはなんだろう、そんな無限定な定式化は、万能論に行き着いてしまわないか。あらゆるものを奪い返す運動は、全能の力を持たないか。

それで間違ったのが部落解放同盟だと思っている。部落民もあらゆるものを奪われた状態だといい、すべての不利益が差別であり、これとたたかうことは正しいことだとして、無茶苦茶な要求を並べ立てて力ずくで奪い取ろうと（主観的には「奪い返そうと」）した。

極論は恐ろしい。文学的修辞ならそういうものとして受け止めてもよいが、現実的にそうだと言われると、それは違うだろうと、私は言わざるを得ない。

アイデンティティ・ポリティークは必要だと思う。しかし万能ではない。用い方が、本当に難しいと思う。歯止めが聞きにくいのだ。

私は結局、解放同盟を除籍となった。というか、同盟員再登録ができなかったのだ。

ある年の運動方針の起案を任され、私は解放同盟中央本部の指針に従ってそれを書いた。暴力と利権を内部から追放しようという、ようやく出てきた理性の声がそこにあった。

私は方針案に「地域にも利権と暴力が存在する、これを克服して前進しよう」と書いた。支部長会でその方針案が了承された。

総会当日、これまで出てこなかったボスが出席した。私は運動方針を朗読した。そしていよいよ問題の箇所に差し掛かった。

解放同盟員でもない人々の確定申告を、解放同盟から提出してカスリを得ていた幹部。選挙で現金を配りまくった幹部。解放同盟の力で固定資産税をまけさせるとだましてビル一軒をかすめとった幹部。そういった行動を中央本部はもう許さないのだと心に思い、読み上げた。

たちまち朗読をやめろと怒鳴られた。なんだそれはと喚かれる。姫路のどこに利権があるんじゃいと怒鳴る。ありますよ、それはあんたでしょと言いたかったが、言えなかった。総会は流会となり、運動方針を書き直しさせられ、それがすむと私は専従をクビになった。味方はいなかった。

少数派にも多数派にも、理性でまっとうに考える力のある人と、その力のない人がいる。考える力のある人の発言がよく聞かれて行き渡るならよいが、実際の運動はそんなものではない。場を仕切る力を握るのは、いつでも権力欲の強い人物なのだ。

「マイノリティとマジョリティが対等に意見を戦わせることのできる『平場』をつくろう」

ここに希望があると思う。

「社会がマジョリティに有利につくられている以上、マイノリティの主張を優先してやっと対等になる」

もそうなんだろうけれど、やはり足踏みする。

美しくつくられた理論は、観念の世界ならうまく働くだろう。しかし現実に移植すると悪魔化することもある。あまりにも理念的な運動は、現実的ではない。理念と現実とがうまくフィードバックしあえばよいのだけれどと、願う。もう少しうまく書けるかと思ったができないので、ここまでにしておこう。

(2014.4.8)

第10章 歴史・宗教

36――歴史
37――宗教
38――私の浄土真宗
39――現実社会と仏教

36 歴史

「大宝律令」と「日本国憲法」の共通点

必要があって日本の律令について調べていたところ、面白いことを知りました。

日本においてはじめて律令が敷かれたのは『大宝律令《たいほうりつりょう》』（701年）だとされています。

これ以前に律令がなかったわけではありません。古典的な刑罰制度はありました。「はじめて」というのは、唐のつくった形式の律令がはじめて敷かれたという意味です。

で、この『大宝律令』がいつ廃されたかというと、明治維新なのです。

しかし、『大宝律令』の原文はとっくに失われていました。

そんな法律がどうして明治に至るまで生き残っていたといえるのでしょうか。

それに、律令制度はとっくの昔に廃れていたと学校で習いましたよね。

『御成敗式目《ごせいばいしきもく》』だとか『武家諸法度《ぶけしょはっと》』だとかの、幕府が制定した法令が施行されていたと習いましたよね。

そのとおり、法文が残っていないくらいですから、『大宝律令』の実質的な意味は太古の昔に失われていました。

しかし、改廃の手続はとられていません。

本文が失われるほどに顧みられなくなっても、なおも建前的には律令が継続している外見をとっていた。

これはいったいどういうしくみだったのでしょう。

律令は正式には「律令格式《りつりょうきゃくしき》」といいます。

「律」は刑法、「令」は行政法です。

修正・補足を「格《きゃく》」といい、施行細目を「式」といいます。

中国では法律を変えるときにはきちんと手続をして「律」や「令」を改正しています。

しかし日本では本体部分には手をつけず、律令制の根本原則を崩してしまうような改変でも「格」を発布することですませてしまっているのです。

「律令」本体を改変するには、なぜそれをするのかという思想的葛藤を経なければなりません。

日本はそういう葛藤をスルーして、建前的には律令が生き続けているような形を取りつつ、実際には時代の都合にあわせて、ズルズルと「解釈」のみを変え続けてきたわけです。

そういうやり方をあけすけに語っているのが『令集解《りょうのしゅうげ》』という解釈本です。解釈本といいますが、すべての法律解釈がこれにもとづいていた権威ある書物です。

格者蓋量時立制或破律令而出矣、或助律令而出矣

格はけだし時立の制をはかりて、或いは律令を破して出だし、或いは律令を助けて出す。

時代にあわせてつくられる制度に沿って、ときには律令を破り、ときには律令を補足して格を出すのである。

なんとまあ。これでは律令などあってなきがごとしです。本文がなくなっても、誰も気にしないはずです。

平安、鎌倉、室町、徳川と時代が変わっても、日本の公的法制度としては、ずうーっと、その原文を誰も知らない「大宝律令」が正式の法律だったなんて、マンガですよね。

これって「日本国憲法」のあり方とどこか似ていませんか？憲法があっても日本政府はちっとも守っちゃいない。時代に合わせて解釈だけをコロコロ変えてその場しのぎをしている。

ご都合主義的というか、プラグマティックというか、日本史を貫くこのいい加減さは、現代に至るも続いているのでしょうか。

「憲法」を床の間の飾りにしてしまわないよう、『大宝律令』の歴史をしっかり噛みしめたいものです。

(2008.4.11)

天皇家は多民族国家日本の象徴

天皇家＝朝鮮系というのが定説ですが、古事記や日本書紀には南方系の血筋も受け継いでいると書かれてあります。

これは真実だろうと私は思っています。

古事記には、初代天皇神武《ジンム》の妻は「阿多《アタ》の小椅君《オバシギミ》の妹、アイラ姫」とあります。

阿多は鹿児島の地名で、隼人《ハヤト》の居住地でした。阿多隼人・大隅隼人というとおりです。今もアイラ姫の始良《アイラ》という地名

があります。

そればかりではありません。神武の先祖であるニニギの命《ミコト》の妻も、阿多隼人だったと考えられています。彼の妻の名を神阿多都比売《カムアタツヒメ》といいます。ここに阿多の地名が出てきます。

というか、時間順序からいえばニニギが隼人と結婚して生んだ子どもの子孫だから、神武が隼人と結婚した（できた）のです。

後に天皇家の祖先となる人物が隼人の血統を引いており、隼人豪族と婚姻関係を結んだ、と古事記が書いている。神武が大和に攻め入るとき、神武軍（といっても古事記に従えばゲリラ軍みたいなものです）の主力は久米氏という、やはり隼人一族でした。

これは記録上の事実であって、誰も否定できません。天皇家と隼人の結びつきを、どうして古事記はこれほど麗々しく書いているのでしょうか。

古事記が書かれた時代、隼人は被征服民であり、天皇が即位するときに犬の鳴き真似をする屈辱的な服属の儀式にたずさわる隷属民でした。

そんな種族の血統が誇りになるわけでもないのに、なぜそう書かれたのか。まことに不可解です。

古事記がまったくの創作であるなら、自らの血統の価値を低める伝説をわざわざつくるとは考えにくい。

それならばこれは、当時伝えられていた天皇家内部の伝承がそういうものだったからだと考えるほかありません。

隼人は記録されているその習俗から見て、南方系種族だったようです。

考えてみれば、古代日本には南方系の要素が色濃く見られます。高床式の建物など、どう見ても雲南やポリネシアなど南方系のものです。

魏志倭人伝には入れ墨の風習など南方系の風俗が書かれており、倭人伝の著者も南方との関連を推測しています。

どうも北方朝鮮系種族が渡来するまで、九州を支配していたのは南方系種族だったようです。

新参者で少数派の北方系渡来種族は地域支配の安定を図るために、先住者で多数派の南方系種族との融和を図る必要がありました。

というか、初期には朝鮮半島渡来種族が南方系隼人の庇護を必要としていたのではないでしょうか。隼人の認諾なしには一時たりとも定住できなかった時期が必ずあったはずです。

ちょうど初期北米移民が、ネイティブアメリカン（インディアン）の援助と庇護がなければ越冬さえできなかったように。

政略結婚もあったでしょう。

弱小豪族だった天皇家の祖先にとって、当時の支配者種族である隼人との婚姻は、むしろ誇るべき業績だったのかもしれません。だからわざわざ伝承で伝えられたのです。

天皇家＝朝鮮系というのが定説ですが、その初期には南方系の血統を誇りにしていた時期もあったのです。

当時のグローバリズムの先端を行っていたのが天皇家の祖先です。多民族社会である日本の象徴ですね。

すると、なんで単一民族論者が天皇を持ち上げるんだろか。右翼民族主義者は古事記をまともに読んでいないのかもしれないな。

(2009.4.27)

世界最古の航海文明？

国内最古の人骨が石垣島で発見された。

おそらく台湾あたりから海を越えて渡ってきたのだろうなあ。2万年〜2万4000年といえば最終氷期の真っ最中だ。海面は今より100ｍも低かった。

だから石垣島も台湾もいまより大きく、海は浅かった。

そうはいっても歩いて渡れるはずもなく、何十キロも海を渡らなくては、石垣島にたどり着けなかったはずだ。

どうやって渡ったのだろう。立木につかまって漂流しているうちに、偶然たどり着いたのでは、一代でおしまいだ。

しかし遺跡は数千年も続いているという。

ならば船を使って計画的に移住してきたのだろうか。もしもそうなら、すごいことだ。2万年以上も前に外洋を航海したことになるからだ。そんな事例は世界的にも珍しいのではなかろうか。

南さつま市の「栫ノ原遺跡《かこいのはら》」から、丸木船を造る道具としては世界最古の「丸ノミ形石斧《せきふ》」が発掘されている。1万2000年前のものだという。

それをさらに1万2000年さかのぼる、旧石器時代の船なんて、話が凄すぎてちょっと茫然としてしまう。

ただの丸木船では、東シナ海を渡れないだろう。おそらく船の側面からトリガーを突きだして、何らかのフロートをつけていたのではなかろうか。

だとしたら、当時としては、おそろしいほどの先進技術を持っていたことになる。

原日本文化そのルーツは琉球諸島か

2万年以上も前に、信じられないほど高度な航海技術を発明した彼らは、その後どうなったのだろう。

じつは、以前から気になっていたことがある。

日本文化の基層が、どう見ても南方系なのだ。

高床式の建物はポリネシアとか雲南地方の文化とそっくりだし、年季の数え方や食文化に至るまで、古い風習は南方海洋型なのだ。

もしかすると、縄文の原日本人とは、沖縄方面から北上してきた人たちではなかろうか。

２万年も前に東シナ海を渡ったのだから、琉球方面から島づたいに本土に渡ることなど、いともたやすかったはずだ。

２万４０００年前の石垣島に、彼らはやってきた。沖縄本島からは、１万８０００年前の人骨が見つかっているという。そして本土で縄文時代が始まるのは、１万６５００年前なのだ。

先ごろ南九州で、１万年前の巨大な遺跡が発見された。その遺跡でつくられていた土器の様式は、関東・東北のものに似ていた。ただし、関東より２０００年も早くにつくられていたことが分かり、学者はひっくり返った。

ところが話はまだ続く。

その先進地でさえ１万年前になってようやくつくられた磨製《ませい》石鏃《せきぞく》（石のやじりを加工して磨いてある）を、種子島では１万２０００年前からすでにつくっていたのだ。

このように、日本の文明は南から、それも島嶼部から開けていったのだ。

日本語のふるさとは沖縄か？

未開拓の大地の広さに、彼らは驚喜しただろう。

そして勇躍、新天地を求めて本土全域に進出していった。

彼らが運んだのは技術文明だけではない。

一緒に、彼らの言葉をたずさえていったに違いない。

そうであれば、原日本語は、実は琉球方面からやってきたことになる。

沖縄文化はその後、中国などの影響を受けて変化することになるが、そういう表層をめくって古層を探っていけば、いろいろと面白いものが見つかる予感がする。

２万４０００年前の人骨。

う～む、とめどのない空想が広がるなあ。

(2011.11.10)

建国記念の日に思う神武天皇の〝偉業〟

２月11日〔２０１５年〕は三重県津市で講演するので、フェイスブックを更新できない。今日のうちに書いておこうと思う。

「建国記念の日」のことだ。

私は歴代天皇の諡《おくりな》を暗唱できる。

そこいらの右翼には、そんなことできないだろう。

もちろん古事記は原文で何度も読んだ（原文は漢文）。

日本書紀は長いのでさすがにそういうわけにはいかなかったが。

2月11日は、初代天皇・神武が即位した日だとされている。

これは虚構だからナンセンスだという人もいるが、私はそうは思わない。

むしろ、2月11日の意味を国民みんながきちんと知るべきだと思っている。

虚構・伝説かどうかはどうでもよい。

天皇家発祥の時に起きたことを、天皇家自身が古事記にどのように記録しているか、そのことを知るべきだと思うのだ。

戦時中に「撃ちてし止まむ」という標語があった。

「撃ちてし（から）やまむ（終わろう）」

文法的にはこういう意味だ。

「撃って終《しま》おう」と同じことだから、「やってしまおうぜ」、すなわち「やっちまおうぜ」という現代語がふさわしいだろう。

この言葉は神武天皇が歌った歌詞の一部だ。

こんなエピソードだ。

神武たちの軍勢が奈良に入って進軍していくと、忍坂（おさか）という土地に、強い部族が結集していた。

神武の発案で彼らを和睦の宴席に招き、神武の歌を合図に殺してしまうことになった。

現代語に直せば、こんな歌だ。

「忍坂の大きな家に人がたくさんやってきて、人がたくさんいるけれど、力みなぎる久米族の若者が、こん棒を持って、力みなぎる久米族の若者が、石斧を持って、やっちまおうぜ（撃ちてしやまむ）」

こう歌って、一斉に撃ち殺した。

神武軍の業績は、こうしただまし討ちによる大量虐殺や、憎い敵の遺骸をさんざんに斬り散らかして捨てたなどという惨殺、暗殺の連続だ。

こうした行為を誇らしげに書き連ねたあと、古事記は記す。

「こうして、荒々しい神たちを説得して平定し、服従しない人らを退け、追放して、畝傍《うねび》の白檮原《かしわら》の宮に座して天の下を治めた」

これが天皇家の栄光の戦いであり、日本国の始まりであると、古事記は麗々しく記している。

せっかく2月11日を建国記念の日に定めたのだから、文科省は全国の児童生徒に古事記の本当の内容を教えてはいかがか。

「すごいだろう、こうやって日本は誕生したのだよ、お人好しの現地人を上手にだまして殴り殺して全滅させちゃうなんて、なんとクールなんだろう。こうして奈良県の南半分を征服して、初代の王として即位したのが、2月11日のことなんだよ、誇らしいよね、自然と愛国心がみなぎっちゃうよねえ」と。

（2015.2.10）

「太鼓囃子」は子育て太鼓

発祥地は岐阜県恵那地方

太鼓囃子《たいこばやし》のふるさとは岐阜県恵那市串原町。

中山神社の奉納太鼓として伝わる「中山太鼓」がその原型です。いま演奏している型は、田楽座がそれを舞台用に構成したものです。

地元ではその由来について、さまざまな説があるようですが、これは観光客を呼び込むためのキャッチフレーズみたいなもので、あまり信憑性がありません。由来不明と考えておいたほうが正しいでしょう。

中山太鼓は――

① 即興でなく曲が決まっている。
② 踊りながら太鼓を叩く。
③ 1フレーズを叩き終わると叩き手が変わる。

という3つの特徴があり、こういう形式は珍しいのだそうです。太鼓ばやしもその形式を忠実に踏襲していますね。

「七歳までは神のうち」

「中山太鼓」は奉納神事として行われます。

奉納神事とは、神さまにささげる（見ていただく）神事。

日本の多くの地方では、この神事に必ず子どもが参加することになっています。

どうして必ず子どもが参加するのでしょうか。

その理由のヒントは、次の言葉にあります、

「七歳までは神のうち」

子どもが生まれても七歳までは人間社会のものではなく、半分神さまの世界にいるようなものだという意味です。

どうしてこのような言い伝えがあるのでしょうか。

この言葉を通じて、「太鼓囃子」に隠された日本の心をさ

ぐってみたいと思います。

ヨーロッパ人がうらやんだ日本の子育て

ここでちょっと、伝統的な日本社会の子育てについて語ります。

ヨーロッパ人は安土桃山時代から日本にやってきて、さまざまな見聞録を残しています。少しそれをいまから紹介しますが、全員が異口同音に驚いているのが日本の子育てなんです。

『日欧文化比較』ルイス・フロイス（イエズス会宣教師）

ヨーロッパでは普通鞭で打って息子を懲罰する。日本ではそういうことは滅多に行われていない。ただ言葉によって叱るだけである。

子を育てるに当たって決して懲罰を加えず、言葉を以て戒め、6、7歳の小児に対しても70歳の人に対するように、真面目に話して叱る。

ヨーロッパの子どもは大抵公開の演劇や演技の中でははにかむ。日本の子どもは恥ずかしがらず、のびのびしていて愛敬がある。そして演ずるところは実に堂々としている。

フロイスが「子どもに体罰を加えず言葉でこんこんと叱る」と書いているのは、今日でも普通に見られる親父の説教のことです。

『日本について』オヴェルメール・フィッセル（オランダ商館員）

私は、子どもと親の愛こそは、日本人の特質の中に輝く二つの基本的な徳目であるといつも考えている。このことは、日本人が生まれてからずっと、両親がすべてを子どもたちに任せてしまう年齢に至るまで、子どものために捧げ続ける思いやりの程を見るとはっきりわかる。

『日本奥地紀行』イザベラ・バード（イギリス人）

私は、これほど自分の子どもを可愛がる人々を見たことがない。常に子どもを抱いたり背負ったりしていて、歩くときには手を引いてやる。子どもの遊んでいる様子をじっと見守り、時に一緒に遊んでやったりもする。いつも何かしら新しい玩具を与え遠足やお祭りに連れて行き、子どもがいないときは、寂しそうにしている。

子ども崇拝は、アメリカよりも日本の場合がもっと一般的である。私が思うには、日本の形式が最もよい。

『日本その日その日』エドワード・モース（東京大学教授）

この国の子どもたちは親切に取扱われるばかりでなく、他のいずれの国の子どもたちよりも多くの自由を持ち、その自由を濫用することはより少なく、気持ちのよい経験の、より多くの変化を持っている。赤ん坊時代にはしょっ中、お母さんなり他の人々なりの背に乗っている。刑罰もなく、咎めることもなく、叱られることもなく、うるさくグズグズいわれることもない。

日本の子どもが受ける恩恵と特典とから考えると、彼らはいかにも甘やかされて増長してしまいそうであるが、しかも世界中で両親を敬愛し老年者を尊敬すること日本の子どもの如きものはない。汝の父と母を尊敬せよ*……これは日本人に深くしみ込んだ特性である。

（*聖書の十戒のひとつです。）

なんだか恥ずかしくなってしまうようなほめ言葉の連続ですけど、実際、ヨーロッパ人は自分たちの文明と較べてみて、日本の文明の質の高さに驚いたのです。

モースはこんなことも書いています。

彼が隅田川の川開きに出かけて行った時のことです。

大混雑の中でも、不機嫌な言葉を発するものは一人もなくただ「アリガトウ」「アリガトウ」あるいは「ゴメンナサイ」だけであった。かくの如き優雅と温厚の教訓！　なぜ日本人が我々を南蛮夷狄《なんばんいてき》と呼んできたかが、段々判ってくる。

当時の日本は今日の第三世界と同じで、とても貧しくて科学技術に劣っていましたが、人間の質とその社会は、ヨーロッパ人とその社会から見ても驚嘆すべきものだったのです。

日本の伝統社会は子ども天国だった

ヨーロッパ人は驚いたかもしれませんが、日本人には特に驚くべきことでもありません。

古く万葉集の時代でさえ、こんな歌が山上憶良によって歌われています。

うりはめば　こどもおもほゆ
あわはめば　ましてしのはゆ
いずくより　きたりしものぞ

まなかいに　もとなかかりて　やすいしなさぬ
〈現代語訳〉
旅先で瓜を食べると子どものことが思われる。栗を食べると、まして偲ばれてならない。いったい子どもはどこから来たものであろうか。まぶたに浮かんで、私を安眠させせない。

しろかねも　くかねもたまも　なにせむに
まされるたから　こにしかめやも
〈現代語訳〉
銀や金といったような物に何の値打ちがあるだろうか、何よりも大切な子どもに及ぶ宝物などありはしないのだ。

このように、日本人は古来より子どもを愛し、大切に育てる文化を継承してきたのです。

けれども昔の日本は貧しかったので栄養状態は悪いし、保健・衛生環境も悪かったので、たくさんの子どもが乳幼児期に亡くなっていました。

そこで日本人は風変わりな言い伝えを、誰ともなく口伝えで伝えるようになりました。

「七歳までは神のうち」と。

若い親たちに、年寄りが言い聞かせるのです。

「いいかい、お聞き、子どもが授かったら大事に育てるんだよ、子どもというのは、親の子であって親の子ではないのだから。七歳までは神さまのものなんだからね、親の自由にならないんだよ、どんなことがあろうと、大切なのは、何よりもまず子どもだよ」

これが日本人の子ども観でした。

太鼓ばやしに込められた心とは

で、奉納神事の話に、つながります。

日本社会は3歳、5歳、7歳という節目や、前髪落とし、元服、帯解き、お歯黒など、数々の人生の節目を用意していて、そのたびに氏神への感謝を欠かしませんでした。

その節目ごとに、子どもが歌舞伎や太鼓や相撲などの神事を奉納したのです。

さきほどのルイス・フロイスの言葉を思い出してください。

ヨーロッパの子どもは大抵公開の演劇や演技の中ではにかむ。日本の子どもは恥ずかしがらず、のびのびしていて愛敬がある。そして演ずるところは実に堂々としている。

これは奉納神事の姿ですね。「太鼓ばやし」は、日本各地に伝わる、こういう子ども神事のひとつなんです。

神さまの場で我が子が元気に演じる姿を見て、親たちはどれほど心をふるわせたでしょうか。よくぞここまで育ってくれたと子どもに感謝し、よくぞここまで育てることができたと我が身を誇りにも思い、見守り助けてくださった氏神様に感謝を捧げる……。その心と姿は、我が子の卒園式や入学式に臨む現代の親の姿と同じことですよね。

そのように考えれば、何百年も昔の日本が少し身近になった気がしませんか？

太鼓ばやしとはそういう太鼓だと思って、そういう気持ちで演奏していきたいと思います。

体罰教育は日本の伝統と正反対

私たちが伝統芸能の継承に取り組んでいるのは、ただそれを演奏して楽しむためではありません。

郷土芸能を習い演奏することを通じて、伝統芸能の中に培われた日本のよき伝統を大切にしたいというのが、いちばんの動機です。

ところで一口に日本の伝統といっても、継承したいものもあれば克服したいものもありますよね。

太鼓ばやしについていえば、継承したいよい伝統のことはすでに述べました。

克服したいものとは何でしょう。

皆さんは時々聞きませんか、子どもにはスパルタ教育がいちばんだとか、愛のムチで厳しく育てないから子どもがゆがむんだとかいう意見を。

そういう考えは、いま見たように、日本の伝統社会に本来存在しなかったものです。それは日本社会が生み出した思想ではないのです。

ではいつから現れたのかといえば、その教育思想は、明治時代にドイツから学んだものなのです。文明開化のときに、科学技術といっしょに学んでしまったんです。たった100年ほどの歴史しかないんです。

ドイツの教育思想は、国民皆兵の強い軍隊を造るために、軍隊式教育を学校にもちこんだものです。

明治日本がそれを学び、学校で軍隊式の教育を行った。それでスパルタ教育という考えが日本人の頭に染みついてしまったんですけど、その教育は果たして成功したんでしょうか。

モースの文章をここで思い起こしてください。

大混雑の中でも、不機嫌な言葉を発するものは一人もなくただ『アリガトウ』『アリガトウ』あるいは『ゴメンナサイ』だけであった。かくの如き優雅と温厚の教訓！

こういう温厚な人々が、果たして体罰や強制で育つものでしょうか。こんなに優雅な社会を、暴力的なスパルタ教育を受けた人間がつくれるものでしょうか。

よくよく考えるべきことだと思います。

（2009.2.4）

エイサーの深い歴史

このたび、とあるきっかけでエイサーについて調べて、驚きました。

これまで何も知らないでいたなあと、ちょっと反省です。ただの郷土芸能といってしまってはいけないほどの歴史が、エイサーにあったのですねえ。

エイサーは近現代沖縄の歴史と切っても切れない関連を内包していました。

権力的干渉や時代の流れの中で、エイサーはこれまで幾度も消滅の危機に直面してきたそうです。

ただ古いものを残そうという伝統墨守でない、もっと意識的な抵抗の意思があって、はじめてエイサーは生き残ってきたことを知り、粛然としました。

日本化に対する抵抗

明治維新から敗戦まで、沖縄は「日本化」の波に洗われました。

琉球王国を併合した日本は、沖縄に残る前時代的な風習や伝統文化を「遅れたもの」として、一掃しようとしたのです。風俗改良運動です。国家の力で方言や生活習慣を改めようとしたのです。毛遊び、ユタや刺青《ハジチ》（入墨）の禁止、トゥシビー〔十二支に則った生年祝い〕などの行事の簡素化など、日常生活のあらゆる面に国家が干渉しました。

『読谷村《よみたんそん》史』には青年会が芝居や盆踊りを中止するという動きにまで発展したけれど、実際には、青年たちはエイサーをやりたいばかりに、隠れて練習していたという記述があります。

エイサーを踊ることが国家への反逆になるなんて、なんという時代だったのでしょうか。

米軍占領下のエイサー

敗戦後、米軍の占領下で青年たちは砲弾の処理と遺骨収集から復興運動を始めて青年会を復活させましたが、その取り組みの最初にエイサーの復活があったと村史に特筆されています。

> 活動として最初に芸能部を設置して斯界の心を和らげるために村芝居、生年祝いの余興、エイサーを復活し……
>
> （読谷村史）

それは異民族支配に抵抗して沖縄の独自性を自覚し、誇りにしようとする目的意識的な活動でした。

エイサーは青年の学習運動と一体不可分のものとして、受け継がれたそうです。

祖国復帰運動を最初に始め、その中心を担ったのが、エイサーを伝承する青年会だったのもむべなるかなです。

日本復帰後のエイサー

沖縄の日本復帰が果たされると、本土にたくさんの青年が就職することになりました。

当時は、戦前から引き続く沖縄県民に対する差別がひどかったといいます。

関西地区でエイサーにはじめて取り組んだ「関西沖縄青年の集い「がじゅまるの会」（現「がじまるの会」）」のスローガンはこうでした。

> 一、沖縄青少年は団結しよう
> 一、集団・単身就職者の生活と権利を守ろう
> 一、沖縄の自然を守り、文化を発展させよう

関東でも関西でもほぼ同時期にエイサーイベントで青年の心をつなごうという取り組みが始まったのですが、当初は沖縄出身者からの反対意見も多かったといいます。

県民は沖縄出身者に対する差別や偏見の中、沖縄の文化を「隠して」暮らしていました。

戦前世代の人々にとって、エイサーを人前で踊るということは、これまで隠してきた「沖縄」を明るみに出すことになる。「恥」だと見下げられた沖縄文化をさらすなんてと拒絶する人もあったといいます。

しかし、一方で、エイサーは沖縄を堂々と打ち出すことで沖縄人としての「自信回復」の契機ともなったのだそうです。本土で堂々とエイサーを踊る青年に、涙を流して感謝する高齢者もいたと記録されています。

沖縄現地でも、形は違いますが、本土との軋轢に抵抗する

象徴としてエイサーがありました。

　エイサーを担うのが青年会であり、青年会は同時に祖国復帰運動や基地反対運動の中心でもありましたから、さまざまな集会でエイサーが踊られ、デモの先頭にも立ったそうです。

　戦前の本土化は力ずくでしたが、戦後は経済力による本土化が嵐のように吹きすさんだといいます。

　その嵐の中、本土に迎合する島民から、一時は「エイサー青年会」と揶揄されたこともあったそうです。

　しかし青年会はエイサーを守り抜き、逆に発展させることに成功しました。

　戦前から引き続くこれらの動きは、単に伝統芸能を伝承するというのではなく、地域共同体を取り巻く構造が何であるかの意識的な学習がなければ継続できなかったという指摘があります。

　私は沖縄の青年会の実態をよく知らないのですが、指摘の通りなら、それはすごいことだなあと思いました。

　本土の芸能は伝統を重んじ、継承していくことに力を注いでいます。

　いわば「保存」がその動機です。

　しかしエイサーは、保存と同時に「現代に生きる郷土芸能」なのですね。

　かつて日本で仏教の「構」が盆踊りの主体であり、同時に一揆の主体であったころ、「門法の場」が学習の場となり、念仏踊りが人々の心を一つにする役割を果たしたようなものではないでしょうか。

　郷土芸能と生活と学習と抵抗のたたかいが同時に成立している。すばらしいことです。

　ですから、エイサーは時代とともに変化している芸能でもあると思います。伝統墨守にとどまらず、いまも生きて創造的に発展している郷土芸能なのです。

　だからエイサーはパワフルでエネルギッシュなのでしょう。沖縄県人のみならず多くのヤマトンチューをひきつける魅力の源泉がそこにあるともいえます。

　それだけに、いまエイサーは新しい危機に見舞われています。

　それは消費文化の波です。

目取真俊《めどるましゅん》は『沖縄「戦後」ゼロ年』（NHK 出版）の中でこう吐露しています。

> 　同じような例として「本土」の県人会の問題もいわれます。沖縄県人会にヤマトンチューが入ってきて、方言の勉強をしたり、三線を習ったり、エイサーをやる。そのうち彼らが中心となって県人会を仕切り、いつの間にか沖縄の

人たちが近寄りがたくなってしまう。（中略）
最近の県人会では、ヤマトゥンチューが主導権を握る中で、基地問題とか政治的なことはみんなに対立を引き起こすから、これはもうやめにしましょう、という意見が出されて、あくまでもエイサーだけにしましょう、という意見が出されて、日本が沖縄に対してふるっている政治的暴力が隠蔽される状況が生まれている、という話を聞いています。
沖縄の各シマ（村）の独自の振り付けを、本土のグループが無遠慮に模倣して顧みないという問題も生じています。

エイサーは幾度も消滅させられかけました。

しかし、歴代の青年会のたゆまぬ努力によって守られてきたのがエイサーです。

各シマの振り付けはそこに生きる青年が先輩から伝えられた絶対的なものです。

その振り付けにはシマの歴史が刻まれています。

各シマのエイサーはシマの誇りであり、アイデンティティとすらいえるものだと思います。

単にお楽しみでやっているグループに、その振り付けを真似されたくないとの気持ちを、本土の私たちが踏みにじることは許されないのではないでしょうか。

たかが踊りといってしまってはいけないなあと、つくづく思った次第です。

(2009.10.11)

育鵬社の教科書『私たちの道徳』がトンデモ本大賞を受賞

本年度のトンデモ本大賞を獲得したのは、「江戸しぐさ」「サムシンシググレート」「曽野綾子」を麗々しく掲載した育鵬社の道徳の教科書でした。

マジこの政権は狂ってるけど、オタクのみなさんもそこらへんの危うさを分かってらっしゃるようだ。

「江戸しぐさ」を育鵬社が持ち上げる意図ははっきりしている。

「いまは失われた江戸商人のうるわしい商道徳」というのが江戸しぐさのウリ。

「古きよき日本」のノスタルジーにひたっている間に、ほかの「古いもの」も抱き合わせで復活させようという、日本会議の戦略だ。

「家父長制（自由な個人の否定）」

「たくましい男の復権（男女平等の否定）」

「女は家庭に帰れ」

「権威に従え（わけも分からず何か大きなものを畏怖することを知

らしめよ、サムシンググレートだ）」

曾野綾子がいつも書いていることばかりだ。

しっかし「江戸しぐさ」は完全なつくり事だし、「サムシンググレート」もそうだ。こんなデマしか持ち出せないところに、日本会議の思想の弱さというか虚構性が見えているんだよなあ。

（2015.7.27）

道徳教科書——パン屋さんは郷土愛不足⁉

パン屋は郷土愛にふさわしくないそうだ。

ニッポン会議的なるものへの官僚のお追従は、止どまるところを知らない。自分で自分のやっていることが情けないと思わんのだろうか。

パン屋が日本的でないなどいう発想は、戦時中にさえ存在しなかった。

いま、役人たちの思考は戦時中以上に官邸に縛られている。

そもそも「郷土愛にふさわしくない職業」とか「郷土愛に反する食べ物」などというものがあり得るのだろうか。

長崎のチャンポンやカステラは外来物だから郷土愛に相応しくないのか。

カレーは洋ものだから帝国海軍に相応しくないと、横須賀市や呉市に教えてあげてはいかがか。

プロ野球やJリーグは西洋から伝来した職業だから、よいこのみんなはふんどし締めて力士を目指しましょうというのが正しい道徳なのか。

安倍総理らニッポンばんざい派のみなさんは、日本が他のアジア諸国に先駆けて文明化したことを誇りに思えとおっしゃる。

西洋の文物を物まねするスタートが、たかが10年か20年ほど早かっただけで大威張りするのもみっともないが、まあそれはおこう。

その自慢の種である文明開化というのは、肉を食いパンを食することでもあったのではなかったか。パン食はよいものではなかったのか。いつの間によいものでなくなったのだ。

ところで、明治の日本人はパンをさほど好まなかったという。それが一転したのは、明治天皇がアンパンを好んだからだそうだ。明治神宮がそう書いている。文科省に尋ねたい、明治天皇は郷土愛をないがしろにしたのか？

（2017.3.25）

37 宗教

私が読んで理解した「法華経」

以下に書く内容は、私の独断ではなく、すべて法華経に典拠があります。

こうしてまとめると、法華経っていい教えだよなあ。

法華経には、こうしなさいと書いてあると思います

人の悩みやその原因をちゃんと理解していて、正しく見たり、考えたり、語ったり、行動できる人になりなさい。

間違った考えや思想にとらわれている人がいても頭ごなしに叱りつけず、自分の行動で相手を導こうとしなさい。

かたくなな人にも、なんとか分かってもらうよう知恵を働かせなさい。

自分の生き方に自信をもちなさい。なぜならあなたは今の自分に生まれるはるか過去において、この世界を救おうと決意し、努力した人だからです。だからこの世においてもそう生きなさい。

あなたは一人ではありません。孤独ではありません。

自分だけが幸せになろうとしてはいけません。みんなの幸せを求めて生きることを幸せだと感じることのできる人になりなさい。

そのための苦労を惜しんではなりません。

このように生きれば迫害もありましょうけれど、恐れてはいけません。試練を受け止めて喜べる人になりなさい。

釈迦が説いたさまざまな教えを大切にしなさい。

自分が修行している教え以外の、仏の教えをそしってはなりません。その本質はひとつ（一乗）だからです。

こうすればあなたはすべての悩み、苦しみ、迷いから解き放たれて、心安らかに生きることができるでしょう。

法華経には、こうしてはならないと書いてあります。

語り説くときや教えを読むとき、他人や他の教えの誤りを説いてはいけません。

他の教えを述べる教師たちを軽んじ、慢心してはなりません。

学ぼうとするものの好き嫌い、長所短所を言ってはなりません。

誰かを名指しで、その誤りを指摘してはいけません。

誰かを名指しで、よいところを褒めてもなりません。

また怨みや嫌悪の心を生じてはいけません。


法華経には、次のようなことは書いてありません。


迫害を受けるのが正しい証拠です。

他の教えは時代遅れで役に立たないから、そんなものを信じていると不幸になります。


(2009.11.26)

一切の生き物はみな父母兄弟

「一切の有情《うじょう》はみなもって世々生々《せせしょうじょう》の父母兄弟《ぶもきょうだい》なり」

これは歎異抄《たんにしょう》に採録されている親鸞《しんらん》さんのお言葉です。

一切の有情（生き物）は、生まれ変わりの世々生々の中にあっては、みな父母兄弟です。いま憎しみ合っている相手も、どこかで自分の父母兄弟だったんです。

こう考えれば、めったなことで殺し合いなんかできなくなるんではないでしょうか。

輪廻転生を信じなくてもかまいません。

遺伝子科学の教えるところでは、すべての人間はいずれかの時代に必ずどこかで接点を持っていた肉親なんですよね。

互いに遠く離れてしまったから、人類はそのことを忘れているだけなんです。

もちろん、利害がからめば父母兄弟でも殺し合うのが人間であるというのも、忘れてはならない事実です。

でもまったくの赤の他人だと思うよりは、対立したときになにがしかの歯止めにはなるでしょう。

救われないものは殺してよいのか

神の教えを受け入れなければ救われない、と言い出したらどうなるでしょうか。

教えが違う相手はどうせ救われないんだから、殺したって罪にならないじゃないですか。

ユダヤ教徒やイスラム教徒がみんなそういう考えをしているはずがないと思います。

しかし個人個人ではなく政治指導者が何かの都合、たとえば経済対立とか政治対立などのために民衆を動員したい場合は、どうでしょう。

欲望をむき出しにして戦えと扇動するより、神に従わない不届き者を成敗せよと扇動するほうが、受け入れてもらえそうです。

世界各地の宗教絡みの争いというのは、宗教が対立の原因ではなく、憎しみをかき立てるために敬虔な宗教心が利用されているのがほとんどじゃないでしょうか。

信仰の目的は何なのか、他人を不幸に突き落とすのが自分の望みなのか、信仰者はいつでもそこに気をつけていないと、詐欺師が常にお人好しを探しているのと同じように、偽予言者や偽宗教家が真面目な信仰者を狙っています。

恐いよ〜。

(2009.1.21)

戒名・法名の本来の姿

戒名《かいみょう》というのは、「戒」の名前です。

仏教の「戒め」を守って清浄に生きる決意を表した名前なのです。

仏の弟子として生まれ変わり、新しい人間として生きるため、世間の欲得にまみれた名前を捨てて、清らかな名前を授けてもらうのです。

今じゃ「死んだ人につける名前」ぐらいの意味しかないけど。もとは、キリスト教の洗礼名と同じ意味を持っていたんですね。

旧ソ連に行った共産主義者がロシア風の同志名をつけてもらって喜んでいたとか聞きますが、あれも自覚的共産主義者に生まれ変わるという意味があったそうな。

キリスト教や共産主義者はその教えを実践して生きる人間になろうとして、生きている間にホーリーネームや同志名をつけた。

じゃ、なんで戒名は死んだときにつけるんだろう。

それは仏教の戒めの厳しさに、答があります。

ともかくすごく厳しい戒めだから、守りきれる人間はまあいません。戒めを守らなきゃ救われないのに、誰も守れる人がいない。

つまり誰も救われない……。

こりゃ困った、仏教は救いの教えだったのではないの?

ここで浄土思想が現れました。

人間は弱いから、生きている間は戒を守れない。

でも、死後の世界でなら、戒を守って清浄に暮らせるという思想です。

これで救われる。よかった、よかった。

釈尊は死後世界のことを語っていませんが、にもかかわらず、浄土思想は生きとし生けるものすべての苦しみを救おうとした、釈尊本来の思想をよみがえらせたものだろうと私は考えています。

そこはいいんですが、弊害も生じた。

死後世界で戒を守っているなら、戒名が必要だろうと。

じゃあつけてあげようじゃないかと。

立派な戒名をつけてあげたら、きっと浮かばれるだろうと。

こうして、生きている人間の都合で、死んだら戒名をつける風習が生まれたわけです。

死んで仏の世界に生まれ変わったら、いまさら生まれ変わりの名前なんかつける必要がないし、こっちでどんな名前をつけようとあっちの世界には無関係です。

しかし、どうせなら立派な戒名をつけてやりたいという遺族の俗っぽい願いをよいことに、寺が戒名を商品にしてしまった。

いつの間にか戒名本来の意味も意義もそっちのけ、死んだらつける芸名みたいなものに堕落してしまったんですね。

で、お寺は元手いらずのおいしい商売にあぐらをかいて、葬式と法事さえしてればそれで充分暮らせたので布教を怠り、その怠慢のせいで現代人は戒名のもともとの意味など聞いたこともなく、仏教の教えも知らず、だから死後世界で戒を守って暮らす意味も知らないし、そんな暮らしをしたいとも思っていないし、戒を守らなければ地獄に堕ちるといわれても地獄を信じてもいないから怖くないし、解脱したいとも思っていないから、お寺の商売にそうそう乗せられなくなった。

かっこよくもない芸名に高い金出すなんざ、誰でもいやですから。ですから、戒名がすたれていくのは、まあお寺さんの自業自得。

戒名なんか必要ないのが本来の仏教なんだから、そんなことでおたおたするんでなく、むしろどうして戒名がすたれつつあるのか、そこに仏教の危機(お寺の危機じゃなくて)が現れているってことに、お寺はもっと危機感を持ってほしいな。

でもたいていのお寺さんは、仏教の思想的危機よりも、お寺の経営の危機にあわてているだけみたいに見えるんだけど。

ちなみに浄土真宗は「戒」を求めないから、戒名といわずに、仏の弟子として仏法に生きる名前という意味で、「法名《ほうみょう》」といいます。

そして、法名は死んでからつけるのでなく、うちの父親なんかは生きている間に法名を授けてもらって喜んでいました。

結構信心深かったし、檀家総代でもないのにお寺の維持にずいぶん力を尽くしたので、ご院主《いんじゅ》さんが無料でつけてくれたそうです。

こういうのが法名本来の姿じゃないかなあ。（2012.4.9）

みずがめ座の時代はまだか？

昨日、イスラム政府の恐るべき不寛容の一例をあげたので、それがけっしてイスラムだけに止まる問題ではないこと実を示すのが公平というものだろう。

イスラエルの心理学者ジョージ・タマリンの研究レポートを紹介する。

旧約聖書に、エリコ（英語読みでジェリコ）の戦いの話が記してある。

ユダヤの民は神の命令でエリコの町を襲い、住民と家畜を殺しつくし、財宝を略奪して、町を焼き払った。

この話について、イスラエルの小中学生に「正しいふるまいをしたと思いますか」と質問したところ、

- 全面的に正しい　66％
- ある程度正しい　8％
- 不同意　26％

という回答だったそうだ。

異教徒を皆殺しにするのが善い行いであるという思想が、子どもたちにここまで浸透している社会というのは、どうなのか。

4人に1人が正しくないと答えているのが多少とも救いだと思ったが、

「家畜まで殺さず、残しておけば使えたのに」

「たとえ滅ぼすためであっても、彼らの町に入ることさえ汚らわしい」

などという理由も含まれていたのを知ると、ソドムの町を弁護して神と交渉したのに報われなかったロトの失望が少しわかる。

世界史にさまざまな残虐行為を記録されている宗教だが、近年は徐々に相対化され、世俗的道徳と衝突することも少なくなっていた。

しかしいま、世界中で宗派を問わず、いわゆる穏健派が衰退し、過激な原理主義が台頭しているという。

なぜ急にこんなことになってしまったのか。

イスラム原理主義の台頭がユダヤ原理主義国家イスラエルの存在と無縁だと考える人は、少ないだろう。

イスラエルの不法な建国を支援し、その存続を保障して、アラブ世界の孤立感をかきたて、イスラム原理主義の温床を用意しているのはアメリカだ。

イスラム地域に世俗主義を育てようとしてきたナセル以来のバース党をフセインと一緒につぶしてしまい、原理主義に活躍の場を提供してしまったのも、アメリカだ。

そのアメリカ大統領ブッシュは、「アメリカのタリバン」といわれるキリスト教原理主義教派にかつがれて当選した。

政治と宗教が互いに絡まりあって、事態をますます複雑に混乱させていく。相互に憎悪をかきたてあうこの不寛容の時代が、いったいいつまで続くのだろうか

昔、ABBA《アバ》が歌っていた。

「もうすぐ水瓶座の時代」（「アクエリアス」）

水瓶座の時代は知性と芸術の時代なのだそうだ。

まだなのかなあ？

（2007.8.22）

東本願寺が「安倍晋三内閣による集団的自衛権行使容認に対する反対声明」を発表

私は東本願寺（浄土真宗大谷派）のヘッポコ門徒だ。たよりない門徒ではあるが、南無阿弥陀仏の道を歩む端くれの一人のつもりでいる。

この度（2014年7月1日）、本山から「安倍晋三内閣による集団的自衛権行使容認に対する反対声明」ならびに同声明に係る「宗務総長コメント」が発表された。

『法句経』と『仏説無量寿経』を引用して、仏教徒として、信心の立場から集団的自衛権行使容認を批判している。

一門徒として、じつにこれは嬉しいことである。

戦争協力の過去を反省する

ところでわが宗派は、戦争協力の恥ずかしい歴史を持っている。

その歴史の一つとして、昭和6（1931）年、宗務総長の名で出した「諭達」というものがある。

そこにいわく——

宗祖・親鸞聖人がおっしゃられた。

「朝家の御ため国民のために念仏をもうし合せたまいそうらわば、めでとう候うべし」

このとおり、念仏は、「朝家（天皇家）の御ため国民のため」なのだ。

だから念仏門徒は、「朝家の御ため国民の為め」に、「帝

「国の生命」、「満蒙確保」のために協力せよ。

一門徒として、まことに穴があったら入りたい気分である。

宗門外の人にはわからないと思うが（いや門徒でもわからない人のほうが多い）、親鸞のいう「朝家の御ため国民のための念仏」とは何で、それがどうしてめでたいのか、

親鸞のことを何から何まで知っているはずの教団が、どんな神経を持っていたら、宗祖の意図をここまでねじ曲げることができたのだろうと、疑問でならない。

本山は戦争協力の過ちを反省している。

しかしこの「諭達」については、どのように間違っていたのかを、いまだに自己批判していない。

そこで、親鸞の名誉のために、教団の間違いをここできっちり指摘しておきたい。

「朝家の御ため国民のために」とは？

親鸞が「朝家〔天皇家・朝廷〕の御ため国民のために」と書いたのは、どういう意味だろうか。

同じころ、親鸞は『正像末和讃《しょうぞうまつわさん》』というものを書いている。

漢文ばかりでむずかしい仏法の教えを、耳で聞いて分かる日本語に直したものだ。

『正像末和讃』には、みだりがわしく真宗教団の弾圧に奔走する国家や、それに付和雷同して教団を誹謗してやまない民衆への批判が遠慮なく書かれている。

親鸞が「朝家の御ため国民のために」と書いた、その朝廷と国民とは、自分たちを無実の罪で弾圧して命を奪い、追いやり、誹謗して破壊しようとする、そういう「朝家」であり、「国民」だった。

念仏の信者を疑謗《ぎぼう》して破壊瞋毒《はえしんどく》さかりなり
五濁《ごじょく》の時機いたりては道俗ともにあらそいて念仏信ずる人をみて疑謗破滅さかりなり

ところが、親鸞の師である法然は、これらの人々をあわれんだ。

「真実の仏法を誹謗し、破壊しようとするこれらの人々は、このままでは成仏できないではないか」と。

親鸞をはじめとする法然の弟子たちは、法然の死後も、この心を忘れることなく受け継いだ。

親鸞は次のように記録している。

「念仏する人々は、念仏をさまたげようとする人を哀れむ

> 心を持ち、気の毒に思って心から念仏を称え、その人を助けなければなりません」と、法然上人は仰せになりました。（親鸞聖人御消息集28）

こういうことだから、

> 朝家の御ため国民の為めに念仏をもうし合せたまいそうらわば、めでとう候うべし」

と親鸞が書いたほんとうの意味は、こうである、

> わたしたちを弾圧し、死罪・遠島を下した朝廷のため、わたしたちを誹謗中傷して、石を投げてくる国民のために、彼らがその罪をこうむって、仏罰を受けることのないように、わたしたちをそしる人よ助かれと願って、念仏をみなで寄り集まって唱え合せるならば、それはとてもよいことだ。

なんと、なんと気高い精神なんだろう。

他国を侵略して他国の国民を殺しまくれとか、それがうまくいくように念仏しよう、などという思想と、まったく正反対じゃないか！　私はこのような親鸞が宗祖であることに、言い知れぬ喜びと誇らしさを感じる。

この親鸞の気高くも誇り高い人間性とその思想を充分に知っている真宗教団、その本山が、時の権力者の願いに添うべく、正反対の思想を門徒に押しつけた。

この歴史を真宗門徒も僧侶もしっかりと記憶し、二度と謗法《ぼうほう》（教えを軽んじあなどり誹謗すること）の道に走らぬよう心しなければならない。

私は地方の末寺に属する一人のヘッポコ門徒に過ぎないけれど、親鸞の打ち立てた法灯をしっかりと守り抜きたいと思う。

> 仏の教えに出会って、救われたと思った人は、仏のご恩に報いるために、お念仏を心をこめて唱え、「世の中が平和で安らかであれ、仏法よひろまれ」と願うべきである。
>
> 〈原文〉
>
> わが身の往生、一定とおぼしめさんひとは、仏の御恩をおぼしめさんに、御報恩のために、御念仏、こころにいれてもうして、世のなか安穏なれ、仏法ひろまれと、おぼしめすべし。（『親鸞聖人御消息集』）

（2014.7.5）

「汝の隣人を愛しなさい」と言ったイエスのこと

私は浄土真宗門徒だけど、イエスという青年が大好きです。

聖書は何度繰り返して読んだだろう。

もともとはチャールトン・ヘストンの「十戒」のスペクタクルに興奮して、旧約を読んだのが始まりです。「出エジプト記」で海の割れるシーンがすごかったので、本物の聖書にはどんなにすごいことが書いてあるんだろうと期待して読んで、あまりのあっけなさにがっかりした思い出があります。

でももったいないから退屈なのを我慢して飛び飛びに読んでいて、まず「ルツ記」に感動しました。旧約の「おしん」です（違うか）。

で、次に「イザヤ書」や「エレミヤ書」にやられました。

> 彼らの家は欺きでいっぱいだ。だから、彼らは偉い者となって富む。彼らは、肥えて、つややかになり、悪事に進み、さばきについては、みなしごのためにさばいて幸いを見させず、貧しい者たちの権利を弁護しない。[*1]

> わたしの好む断食は、これではないか。悪のきずなを解き、くびきのなわめをほどき、しいたげられた者たちを自由の身とし、すべてのくびきを砕くことではないか。[*2]

恐れることなく権力者にたてつき、正義を説くのに命を惜しまなかったイザヤ。

まいりましたね。

イエス・キリストが主人公の新約を読んだのはその後。

こういうパターンで近づく人は、あまりいないだろうな。

イエスがすごいと思うのはね、徹底的に弱者の立場に立っているところ。

たとえばイエスがたとえ話をした「よきサマリア人の話」がそうです。

一人の旅人が強盗に襲われて行き倒れになった。ユダヤ人の祭司や、神殿に仕える由緒ある氏族であるレビ族はそれを見ながら、やっかい事を避けて見て見ぬふりをして行き過ぎた。

その後に通りかかったのは、サマリア人です。

彼は旅人を助けて傷の手当てをし、宿屋に預け、代金を支払い、足りなければあとで私が払うとまで言った。誰かが困っていたら見過ごせない人なのですね。

イエスは、このように心から隣人を愛すること、それこそがもっとも大切な神の教えであると説きました。彼らのようになりなさいと語りました。旅人を助けた彼の行いこそ、隣人を愛する行為である。あなたも彼らの隣人になりなさいと語ったのです。

このお話はよくボランティア精神のたとえとして話されるそうです。が、本質はそんなところにはありません。

イエスのたとえ話の本質は、彼がサマリア人であるところにあります。サマリア人というのは、混血の人たちだそうです。ユダヤ人たちは彼らを差別して、口も聞かなければ、触っただけでも汚れるといって遠ざけていました。

日本でいえば、在日朝鮮人とか、被差別部落の人たち。

こういうたとえ話をするのに、何もわざわざ聴衆が引くような主人公を選ばなくてもよいだろうに、イエスはあえてそうしたのです。

これは単に仲よくしましょうとか、よいことをしましょうとか、そういうレベルの話ではないのです。

あなたにとって隣人とは誰なのか、イエスはするどく聴衆に問いかけているのです。

仲のよいもの同士、にこやかにあいさつをして、断食や礼拝の決まりを守って健康的に暮らしているあなた方よ、そんなものが神の求めていることなのかと、詰問しているのです。

あなたに嫌われ、あなたに差別され、あなたに迫害されている彼らの中に、神の愛は生きているのだと。

「愛し合いましょうね」っていう話をするとき、朝鮮総連の人を引き合いに出して語る宗教者って、ちょっと考えられないですよね。

でもイエスの話は、そういうものなのです。

教えを信じれば幸せになるとか、お金が儲かるとか、あなたは成長できるとか、そんなに耳障りのよい説教がイエスから出てくることはありません。本当のキリスト教とは、そんなお上品(?)なものではない。

私は真宗門徒だけれど、聖書に出会えてよかったと思います。

(2007.10.26)

＊1　エレミヤ書5章27・28節
＊2　イザヤ書58章6節

キリスト教と環境保護についての俗論

キリスト者でない人間は、キリスト教について好き勝手なことが言えます。しかし何でも言っていいことにはなりません。節度というものがあります。

キリスト教についていろいろ言われるなかには、クリスチャンでもない自分が腹を立てたくなるような変な論説がたまにあります。

たとえば地球環境を守ろうという主張に反対する文化人が、よくこんなことを言います。


地球環境を守ろうという考えは、「自然」はこうあるべきだ、こうあってほしいという、人間の側からの一方的な価値付けです。

「環境保護」というのは、人間にとっての都合です。

ユダヤ・キリスト教文化は、人間の都合を中心に「自然」をとらえるのです。

ユダヤ・キリスト教文化では、「自然」から本来の神聖性をすべて抜き取り、天にある唯一の神のみを神聖な存在と見なします。

人間は、その神のしもべとして、何らためらうことなく「自然」を自由に支配し、改変する権利を持つという考えなのです。

だから西欧社会は「人間中心主義」的な自然観を生みだし、技術崇拝と自然支配といった文化を生み出しました。

環境主義も同様です。

彼らは全世界に無理矢理キリスト教をおしつけようとしたのと同じように、いまは環境主義の美名をもって、日本人に鯨を食べるなと命令するのです。


なあに言ってんだか。こんなのはキリスト教の一面を切り取って、都合よくねじ曲げた俗論にすぎません。

聖書の記述を使って、まったく逆の結論だって導き出せるのです。やってみましょうか。


聖書に、自然は神によってつくられたと書いてあります。

人間も神によってつくられたと書いてあります。

自然と人間はどちらも神につくられたものなのです。

だから神につくられたものどうし、共存をはからねばなりません。

神の創造物を人間の都合で勝手に破壊してはならない。

これがユダヤ・キリスト教の自然観なのです。

神は水の中の生き物にも、野の生き物にも、人間にも、同じ祝福を与えています。

「生めよ、増えよ、地に満てよ」

そうです。生き物たちとその環境を破壊することなく、その生存をはかることこそが、神の願いなのです。

環境保護の考えがキリスト教の西欧社会から生まれたの

――は、このようなキリスト教的自然観のたまものなのです。ね。ちゃんと筋が通ってるでしょ？

それにしても、ちょっと考えれば底が割れそうな俗論を、堂々と新聞や月刊誌に発表して、いい暮らしをしている学者さんや評論家って、よほど根性すわっているんだなあと感心します。右翼文化人に多いんだけどね、そういう人って。ま、そうは言ってもさ。東大や京大を卒業しはったえらい先生に対しては、わたしらの言い分なんか、ゴマメの歯ぎしりにもなりませんけどね〜

(2007.10.27)

現代イスラムと科学

ドーキンスの『進化の存在証明』(早川書房) によれば、イスラム圏の学校では進化論教育はご法度なのだとか。キリスト教原理主義の強い地域でも進化論は評判が悪いが、国家の手で禁圧するまでに行き着くことは、もうないだろう。

今日においてイスラムが強くなるとは、反科学主義が強くなるのと同義なのかな。

かつてのイスラム文化圏の科学はヨーロッパ科学を凌駕していたそうだ。たぶんいまは、反キリスト教 (＝反ヨーロッパ) 意識が強すぎて、反科学のほうに振り子が行きすぎているのだろう。

どんなに宗教イデオロギーで武装しても、科学的合理主義に勝てるはずがないのは、明白だと思える。

イスラム圏の科学者は、かつてヨーロッパの科学者がキリスト教会とたたかったのと同じ苦労を、もう一度繰り返さなければならないのだろうか。

不毛な話だなあ。

まあ、新井白石が、キリスト教の宣教師と対話して、「科学知識は恐るべきものなのに、彼らの神の話になると途端に子どもじみた幼稚な考えをまくしたてるのはどうしたことか」と驚いているように、科学知識と宗教は、ある一面では同居できるにしても、それは科学の圧倒的説得力に宗教が譲歩したからにすぎない。

科学の全面的な発展にとって、一神教パワーはやはり抵抗勢力だ。

強烈な宗教イデオロギーが存在せず、合理主義の浸透に抵抗がなかった日本は、近代的発展という面で評価すれば、まだしも幸運だったのだろうなあ。

キリスト教会の一部に言わせると、仏教は唯物論的無神論の一種だそうだ。まあ、多神教もそうだが、仏教は進化論を含めて、科学と対立はしないもんな。

(2011.8.28)

キリスト教は排他的？

> **「キリスト教は排他的」民主・小沢氏**
>
> 民主党の小沢幹事長は10日、和歌山県高野町の高野山・金剛峯寺を訪ね、102の宗教団体が加盟する「全日本仏教会」会長の松長有慶・高野山真言宗管長と会談した。
>
> 小沢氏は会談後、記者団に、会談でのやりとりについて、「キリスト教もイスラム教も排他的だ。排他的なキリスト教を背景とした文明は、欧米社会の行き詰まっている姿そのものだ。その点、仏教はあらゆるものを受け入れ、みんな仏になれるという度量の大きい宗教だ」などと述べたことを明らかにした。(読売新聞 09年11月10日)

まあ「唯一絶対神」といったとたん、他の神はニセモノになるので、排他的ともいえるでしょうけど、そういう宗教評価を政治家が言ってはいかんだろうと思います。

それに排他的といえば仏教にも排他的な宗派がありますし。

日本でいちばん大勢が活動的に信仰しているのがそれです。自分の唱えているお経が唯一最高で、他のお経は地獄行きだという、同じ仏教徒とはちょっと思いたくないような教えを信じてます。

その宗旨の創始者はもっとすごいこと言ってました。

「浄土教の僧侶を殺してもカやハエを殺すほどの罪にもならない」

日本に降伏を勧めに来た蒙古の使者の首を北条時宗がはねたとき、その方は仰有いました。

「日本国の敵である念仏宗・真言宗・禅宗・律宗等の僧侶は切られないのに、何の罪もない蒙古の使いの頸をお刎ねになるとは、なんとふびんなことだろう」(西山殿御返事)

他人のことをそんなふうに言うくせに、自分が排撃されると「弾圧だ！　弾圧だ！」と……。

自分のことを絶対だと思いこむと、こうなるんでしょうね。

キリスト教のことを言ってられません。

(2009.11.11)

曽野綾子のキリスト教

曽野綾子は聖書の二面性をうまく使い分けている。旧約の厳格な父、新約の愛なる母の二面。

たとえば政治家の不正が見つかり、非難が高まったら、彼女はこのように述べる。

「自分があたかも完璧な正義であるかのように他人を責めたてる、そういった振るまいは恥ずかしくて私にはできない」

皮肉な言い回しに、二枚舌が隠れている。腐敗した政治家に彼女は母の愛で接する。

「悪徳に走る弱さも含めて人間ではないか」

こうして悪を許す。宗教の論理としては、間違ってはいないと思う。

次に悪徳を撃つ側に返す刀で斬りつける。

「あなただって完璧ではないはず、罪深いあなたに他人を責める資格はない!」

厳しい父の顔で叱りつけるのだ。これも、言われればそうかなと思ってしまう。

言葉自体は間違っていないが、悪を許し正義を叱るという結論は変だ。そう、間違いは、怒りや赦しの方向にある。曽野綾子は倒錯しているのだ。

聖書の怒りの向く方向、赦しの方向は、曽野綾子と正反対だ。旧約の預言者やイエスの父なる神は、強いものや権力者に対して、その偽善に対して、怒っている。

強者とは王や、パリサイ人、いや民衆であっても、より弱いものに対して強者の側に立ったなら、その偽善を叱りつけている。

「汝らのうち罪なきものまず石を打て」

これは強者に向けられた言葉だ。

ひるがえって「あなたは許された」と声をかけられるのは、弱きもの、小さきもの、疲れたものであって、決して権力者や強者ではない。

イエスにとって「よき隣人」はイスラエルの人ではなく、差別されていたサマリア人だった。

曽野綾子は強者を許し、弱者を叱る。それが彼女の信仰らしい。彼女の神は、いったいどこからきたのだろう。

(2015.3.1)

エホバの証人(ものみの塔)はカルトである

エホバの証人(ものみの塔)は遺骨を「ゴミ」として廃棄処分します。

なぜ遺骨がゴミなのでしょうか。

「偶像を拝んではならない」というのが聖書の教えだからと

彼らは言います。

十字架といえばキリスト教の象徴ですけど、エホバの証人は十字架は偶像だと言って、持ちません。遺影や遺品や遺骨を大切にするのも、偶像崇拝なんだそうです。

まあ、遺体なんかはゴミと一緒という考え方が誤っているとまでは言えません。親鸞聖人は自分の遺体を賀茂川に流して魚のえさにするようにおっしゃいました。そこをどのように考えるかは、各人の自由に属する問題でしょう。

でも、エホバの場合は「各人の自由」を認めません。

人間は神につくられた「土の器」でしかないという考えですから、「本源的な自由」なんてあり得ないのです。

神に許された範囲での自由しか認めないんです。遺体をどう扱うかは個人の自由だという前提のもとに、ゴミとして処分する考えもあるというのではないのです。

ゴミとして処分せよというのが神の教えであって、絶対に正しい真理であり、これを守らないと地獄で永遠に苦しむ運命が待っていると言うのです。

自由な社会にあって、その自由を最大に享受・利用して、自由を否定する教えを宣べて組織を拡大し、自由を蚕食しているのがエホバの証人といえるかもしれません。

エホバの証人と1年間かけて聖書研究したことがあるので、わりと知っているつもりなんですが、カルトだと思いますね、あれは。

彼らの信仰教条をつくっているのは、「統治体」と称される少数の人間です。彼らは神の霊感を受けているから、その言うことは絶対に正しいのだそうです。

でも絶対に正しいはずの「統治体」による聖書解釈が、これまでコロコロと変化しており、そのたびに組織全体の言うことがゴロリと変わっています。彼らの信じているのが本当に真理であるならば、こういうことはあり得ないはずです。

こういうのを見ていると、彼らの信じているのは神そのものではなくて、人間である統治体なんだなあと思わざるを得ません。これこそが偶像崇拝といえるでしょう。

何よりも私が気持ち悪く感じたのは、先ほども書いた「土の器」という思想です。

彼らは戦いを否定し、戦争には命を賭けて反対しますが、その理由は「統治体が聖書をそのように解釈しているから」です。

私は問うたことがあります。

「旧約の神はたくさんの戦争を命じていますが、仮定の話として、もしもそのような命令が神から下ればあなたは戦うか、モーセに命じられたイスラエルの民が天幕をまわってその親兄弟を殺したように、あなたもそうするか」と。

返ってきた答えは、「それが神の教えなら当然そうします」というものでした。

もっとも社会常識というものの正体も、実は幼少期から誘導・教育された特定の思考様式なんですから、エホバの証人の方法だけが悪いとも言い切れないところがありますがね。


(2009.9.25)

稲田朋美の正体はカルト信者

「稲田防衛大臣、右翼政治家との評価を嫌がる！　海外メディアの評価を払拭する方針へ」

なにをいけしゃあしゃあと……とお怒りの方が多いと思います。

地位や名誉のためなら何でも言うし、何でもする汚い人格破綻者？

違います。彼女は信念を実現するためなら、猫もかぶるし嘘もつくのです。

稲田朋美は、改憲と軍事大国化を教義とする特異な宗教組織のメンバーで、その道に霊的な確信を抱いている筋金入りのカルト信者だからです。

カルト組織の名は『生長の家本流運動』

「生長の家本流運動」は生長の家教団と区別しなければなりません（後述）。

生長の家信者の家に生まれた稲田朋美は青年時代に信者になりました。祖母から続く三代目の信者です。

彼らがバイブルとする『生命の實相』は、生長の家の創始者である谷口雅春の著書です。

谷口は大日本帝国の復活、絶対主義的天皇制の復活が日本本来の姿であり、人類の霊的進化の最高の形だと言います。

生長の家教団は、創始者の死後に反戦平和・憲法擁護に路線転換しましたが、そのことに不満を抱いた一部の狂信メンバーが「生長の家本流運動」を組織しました。稲田もその一員です。

稲田が学習した『生命の實相』は、戦後になって戦争を美化する箇所が削除された版ではなく、この特異な思想が大書されている戦前版です（本人談）。線を引いて、ボロボロになるまで読んだそうです。

彼らは、自民党が敗北したり改憲運動が退潮した時も動揺しませんでした。世界観的な確信があるので、思想を変えることもありません。選挙の総括を巡ってののしり合うこともしません。

未来の霊的進化を信じて黙々と働き、地道に工作し、自民党を支え続け、その変質に力を尽くしました。

世界を征服しようとしたオウムは反体制的で、自ら武装しましたが、稲田の所属しているカルト団体「生長の家本流運動」は、国家の武力で世界を征服しようとしています。

それが霊的に正しく、愛国的で、祖国のためだと信じ込んでいるのです。

稲田朋美の発言の出典

「戦争は人間の霊魂進化にとって最高の宗教行事」

こんなことを教えとして垂れた教組を、自分の生き方の根本にしているというのが稲田朋美です。

この稲田の発言の典拠は、戦前版の『生命の實相』（谷口雅春）です。

> 多くの人たちは戦争の悲惨な方面ばかりを見てゐて、その道徳的、宗教的意義を理会しない。（中略）肉体の無と、大生命への帰一とが同時に完全融合して行はれるところの最高の宗教的行事が戦争なのである。戦争が地上に時として出て来るのは、地上に生れた霊魂進化の一過程として、それが戦地に赴くべき勇士たちにとつては耐へ得られるところの最高の宗教的行事であるからだと観じられる。『生命の實相』（第16巻、246～47ページ）

防衛大臣がこういう人物であることに、たいていの人はドン引きしないでしょうか。メディアが追及しないのなら、自分たちで広げるしかありません。

サイコパスとカルト信者の違い

しれっとウソをつき、平和団体に攻撃的で、好戦的かつ暴力的な政治信条を語るかと思えば、おしとやかで可憐な一面ものぞかせるので、サイコパスではないかとの見方もありますが、違います。

行動の外見はよく似ていますが、カルト信者と先天的な性格異常は異なります。宗教的刷り込み教育を受けると、誰でもあんなのになります。

サイコパスは極端に利己的ですが、カルトの場合、利己的なのは組織です。信者は組織に忠実であるゆえ、外部に対して利己的に振る舞う場合がありますが、自分を無にしています。注入された思想に霊的に囚われているため、教義にとことん従います。

サイコパスは孤独ですが、カルト信者は連帯意識を持ち、極端に身内びいきです。布教に役立つ限りで外部と親和的ですが、基本的に外部に敵対的です。

サイコパスは自分のために嘘をつきますが、カルト信者は教えのため、教団のために嘘をつきます。

信者は表の顔と真の顔を使い分ける必要に迫られるし、そのようにせよと教わります。訓練もされるので、嘘が上手になります。使命のための嘘は正義だと信じているので、罪悪感を抱きません。

カルト組織が狙うのは、真面目で人当たりがよく、平均以上に頭がよくて考え深い人です。そういうタイプが取り込みやすいからです。

カルト信者になってもベースの人格はもとのままなので、人に好かれてどんな組織にも溶け込めて重宝がられます。

稲田朋美も、人間的にはよい人だと思います。

サイコパスの人当たりのよさはうわべだけです。(2016.8.6)

38 私の浄土真宗

自然は苦痛に満ちている——私の浄土真宗①

浄土真宗門徒である自分にとって「なむあみだぶつ」とは何だろう。

そういうテーマで書こうと思います。

あんまり抹香臭い話にはなりそうもないので、宗門外の人にも読めるかな。僧職の方から叱られそうな、勝手な思い込みばかり書くかもしれませんけどね~。

さて、何回連載になるんだろう……。

自然は苦痛に満ちている

自然界における一年あたりの苦痛の総量は、正気で考えられる量をはるかに越えている。

私がこの文章を考えている瞬間にも、何千もの動物が生きたまま食われているし、恐怖に駆られながら命からがら逃げている動物もいるだろうし、体の内部からいまわしい寄生虫に徐々にむさぼり食われているものもいる。

また、あらゆる種類の何千という動物が飢えや渇きや病気で死につつあるのだ。そうに違いない。

たとえ豊穣のときがあるにしても、それは自動的に個体数の増加につながり、結局は飢餓と悲惨という自然状態に戻るのである。

自然は親切でもないし、不親切でもないのだ。苦痛に反対でも賛成でもない。いずれにせよ、自然はＤＮＡの生き残りに影響をおよぼさないかぎり、苦しみには関心がない。

『利己的な遺伝子』（紀伊國屋書店）で有名な、リチャード・ドーキンスの文章です。

なんと無慈悲で血も涙もない、無味乾燥な哲学だろうと嘆かれる方もおられるでしょうが、私はドーキンスに共感します。

この世に神は存在しない

私は神を信じません。

この世界に安定と秩序と幸福をもたらす神（のようなもの）がいるなら、他の動物を食わなければ生きていけない動物と、むざむざと食われる動物を同時に存在させるなんて、正気の沙汰とは思えないからです。

ヒメバチのメスは犠牲者の虫に針を刺して、麻痺させます。そしてその体に卵を産み付けます。獲物を殺したら肉が腐ってしまいますが、卵からかえった幼虫は、生きたままの新鮮な肉を内部からむさぼることができます。やがて大きくなった幼虫は、犠牲者の体を食い破って出てきます。こんな無慈悲な本能を持った生き物を慈悲深い神が造ったなんて、どうして信じられるでしょうか。

釈迦の教え「諸法無我」とは

私は浄土真宗の門徒で、仏教徒です。

仏教は創造神を認めません。世界は誰かが造ったのではなく、おのずからなる存在だというのです。私はこの考えに共感します。

釈尊の唱えた大切な教えに、「諸法無我」というものがあります。

「諸法無我」の「法」、原文は「ダンマ」。「自然の法則」とか「決まり」とか「あるべき姿」を指す言葉です。自然現象もダンマというそうです。あらゆる法則という意味でしょうね。

「我」のサンスクリット語はアートマン。人間の根源にある本質的自我のことです。

あらゆる法則には主体的自我がない。自然の原理には目的や意思などなく、善悪もなければ決まりきった不変の性質もなく、執着もないということだと思います。

自然は人間の都合と無関係に、自然としてただあるがままに存在するだけ。

なんと、ドーキンスの「自然は親切でもないし、不親切でもないのだ。苦痛に反対でも賛成でもない」につながる思想ではないでしょうか。

いやいや、しかしですね、こんなニヒリスティックな考えのどこに救いがあるのでしょうか。こんな情け無用の教えを、どうして人は受け入れたのでしょうか。

そこにはわけがあると思います。

明日に続きます。

（2017.4.15）

釈尊が現れるまでのインド——私の浄土真宗②

なぜ仏教がインドで広まったのかを知るには、当時の社会状況を知る必要があります。

紀元前5世紀以前の古代インドはどのような社会だったでしょうか。

そこはバラモン教にもとづいた、厳しい身分社会でした。

紀元前1500年ごろ、インド北西部に馬に乗った白系のアーリア民族が侵入し、騎馬と優秀な武器で有色系先住民を圧倒し、征服して支配しました。

アーリア人は支配のために厳格な身分秩序をつくりました。そして支配を確実にし、反抗をおさえ、先住民に対する差別を合理化するために、バラモン教という世界観を考え出して人々に強制し、教化しました。

社会は上から順番に、バラモン（司祭階級）、クシャトリヤ（戦士・王族階級）、ヴァイシャ（庶民階級）、シュードラ（奴隷階級）、パンチャマ（人間外の人間）に区別され、ヴァイシャ（庶民階級）までは征服者である白系アーリア人が独占しました。

ドラヴィダ人など多数派の有色系先住民は奴隷か人間外のパンチャマに押し込められました。

バラモン教とはどういう教えなのか

司祭バラモンは、奴隷である他民族に言い渡します。

「お前たちは弱く、黒くて醜く、貧しい。我々は強く、白くて美しく、豊かだ。なぜだかわかるか。それはお前たちが前世で悪いことをした報いを受けているのだ。次によい身分に生まれ変わりたければ、バラモンの教えに従って善い行いをせよ。善い行いとは、すなわち我々に絶対的に服従すること だ。従わなければ、来世もまた、いまのような暮らしが続くだろう。これが宇宙の意思である。この世とあの世をつらぬく法則である。この法則から逃れられるものは、一人もいない」

人々は奴隷として何百年も貧しく苦しい暮らしにあえぎながらも、こうした教えに身も心もきつく拘束されて、反抗もできませんでした。

反抗すれば、来世もまた同じように見下げられて、動物のような暮らしが続くのですから。

新興宗教・仏教の誕生

こういう世界に現れた釈迦族のゴータマ・シッタータの教えは、全然違っていました。

「諸行無常である。変わらぬものなどない」

「諸法無我である。宇宙に意思など存在しない。この世とあの世をつらぬく不変の法則も存在しない」

「人は生まれによってバラモンになるのではない。その生き方によってバラモンとなるのである」

この教えは人々に希望を与えました。

バラモンの繁栄はいっときのことだ、こんな世の中はいつまでも続かないのだと。バラモンのくびきに繋がれている必要はないのだと。生まれ変わってもまた苦しみが続くなどということはないのだと。

これは囚われの精神を解き放つ教えであると同時に、当時にあっては社会革新の教えとなりました。

社会革新がゴータマ・シッタータの意図するところだったか、そこは分かりません。

けれども、当時はクシャトリア階級が経済力と軍事力を背景にバラモンにとって代わろうとしていて、彼らが釈迦の教説を熱心に取り入れたのは事実です。釈迦もクシャトリアの出身ですね。

また「この世は諸行無常。何もかも受け入れて心穏やかに暮らせば幸せだよ」というようなあきらめの哲学を説きたいだけなら、ゴータマ・シッタータはあれほど精力的に布教したでしょうか。

釈尊の新しい教えを歓迎したのはクシャトリアだけではありません。差別され苦しんでいた先住民もまた熱狂的に受け入れました。

こうして仏教は急速に広まりました。

なるほど。冷たい哲学と見えたものも、時代状況の中では閉塞を打破する力となりえるのですね。

しかしですね、浄土真宗はアミダ如来を信仰する教えです。永遠不滅の、極楽浄土の教えです。

「諸法無我」じゃないじゃないですか。

「諸行無常」はどうなったのでしょう。

釈迦の教えと正反対じゃないですか。

そこ、どうなんでしょう。

明日に続きます。


(2017.4.16)

現実に即した釈迦の教え——私の浄土真宗③

釈迦の教えと正反対に見えるアミダ信仰がどうして仏教の中から生まれ、仏教として受容されたのでしょうか。少し回り道をしながら考えます。

お釈迦さまことゴータマ・シッタータはとても実際的な方でした。

その教えは具体的で現実に即していました。

こんな逸話が残されています。

ケシの実の話

あるところに、子どもを亡くして嘆く母がいました。

この悲しみを取り除いてくださいという女性に、釈迦は告げました。

「いいだろう。子どもを生き返らせてあげよう」

女性の顔がパッと明るくなりました。

「そのために、これまで一人の死者も出したことのない家からケシの実をもらって来なさい」

彼女は子どもを生き返らせようと必死です。

町中をまわって、足が棒になるまで歩いて探しました。

けれども、これまで一人の死者も出したことのない家が見つかりません。

たった一つのケシの実が手に入りません。

そうやって無駄な努力を重ねる間に、彼女はわかってきました。

死なない人間はいないという、当たり前のことが。

それはこれまでも頭でわかっていたことでしたが、いまは実感として、本当に納得できた。

「悟った」のですね。

いつしか、彼女から、苦悩が取り去られていました。

彼女が悩み苦しんでいるとき、「人間は必ず死ぬのだ」と当たり前のことを告げても、彼女は納得しなかったと思います。「そんなことはわかっている、わかっていても苦しいのだ」と答えたでしょう。

こういうのが釈尊の教え方で、本来、悟りにマニュアルはないのです。

ですから、時と所により、教え方はさまざまです。

言葉だけ残された釈尊の教え

やがて釈尊は世を去り、言葉だけが弟子たちの記憶に残りました。

その言葉を失うまいと弟子の手で記録され、後々の時代にまで残されたのが、「スッタニパータ」など、いわゆる原始経典といわれるものです。

釈尊は相手によって置かれた状況が変われば説く言葉を変えたので、経典に残された言葉だけとらえれば、ときに矛盾して見えることがあります。

教条的に解釈すると、まるで別の教えのようです。

また先ほどのケシの実の例でいえば、「子どもを生き返らせてあげよう、ケシの実を集めなさい」という言葉だけを教条化すれば、これは神秘主義、おまじないの世界になってしまいます。

解釈が変化していった釈尊の教え

釈尊の時代から何百年もすぎ、時代が変わり、状況が変わりました。

言葉の持つ臨地性、背景の具体性が失われました。

シッタータの言葉を純粋思弁的に解釈するようになると、言葉のあれこれを切り取って一面的に強調する風潮が現れ、仏教教団の中に流派のようなものが形成されました。

一方では、釈尊のころと時代背景が異なる人に教えの本質を伝えるために、釈尊の言葉からあえて離れることも必要になってきました。

こうして仏教教団は、修行者を中心とした上座部仏教と、民衆を中心とした大乗仏教に大きく分かれ、大乗仏教もまたさまざまな流派に分かれ、互いに正統性や優劣を競うようになったのでした。

浄土門（アミダ信仰）は、こうした流れの中、民衆を中心とした大乗仏教各派のひとつとして生まれました。

明日に続きます。

（2017.4.17）

アミダ如来の誕生──私の浄土真宗④

釈迦の教えと正反対に見えるアミダ信仰がどうして仏教の中から生まれ、仏教として受容されたのでしょうか。もう少し回り道が続きます。

まずアミダ如来のことを簡単に説明しなければなりません。

アミダ如来の誕生　その具体性・臨地性

アミダ信仰は、紀元1世紀ごろの北インドが発祥地だといわれています。

インドといっても緯度の高いヒマラヤに近いところで、農業生産性が低くて、いまでも貧しい地域です。

アミダ信仰にもとづく経典の一つ『仏説無量寿経』によれば、アミダ如来はもともと人間であって、すべての人の苦悩を除きたいと決意して修行に入ったといいます。

修業時代のよび名を法蔵菩薩《ほうぞうぼさつ》といい、彼の決意が、彼自身の言葉として48箇条にまとめられています。

> もしも私が悟りを得るとしても、私の国（浄土）に見た目・外見で差別があるようなら、その程度の悟りなら満足できないので、私は悟りを拒否します。（意訳）
>
> もしも私が悟りを得るとしても、私の国の人が衣服を望むときに得られなかったり、縫い物や、染め直し、洗濯の必要があるようなら、私は悟りを拒否します。（意訳）

微笑ましいほど具体的ですね。

アミダ信仰がどこから生まれたのかを、これらの決意が示しています。

見た目の差別（おそらく人種差別）にさらされていた人々、あるいは北インドの冷たい水で手を真っ赤にしながら毎日洗濯をしていた女性たち、照明のない暗い部屋で目を悪くしながらつくろいものに励んでいた女性たちの、現実の苦悩の中から生まれたのです。

アミダ信仰は、最下層の貧しい人々の、悲痛な暮らしから生まれたのです。

兆載永劫《ちょうさいようごう》という長い時間をかけた修行の結果、法蔵菩薩がついにそれらの誓いを果たす力を身につけることができたので、悟りを開いて仏《ブッダ》になった名前、それがアミダ如来です。

「弥陀仏は自然のやうをしらせんれうなり」

アミダ如来の極楽浄土といえば、絢爛豪華な宮殿が有名です。金色の仏壇は、その宮殿を模したものです。死ねばその世界に行けるという思想ですね。そういう観念が望まれ、信じられた時代があったことを示しています。

しかし今日、現代人がそのような浄土観を疑いなく信じられるかといえば、かなり難しいでしょう。幼稚な迷信扱いされるのがオチだと思います。

ところで浄土真宗の開祖親鸞は、「弥陀仏は自然《じねん》のやうをしらせんれうなり」と書いています。

「れう（りょう）」とは材料のことです。

どういう意味でしょうか。親鸞はいいます。

仏について二種の法身があります。

ひとつには真実の法身といいます。ふたつには方便の法身といいます。

真実の法身というのは、いろもなく、かたちもありません。想像もできないし、ことばにもあらわせません。（意訳）

無上仏というのは、かたちなく存在しています。かたちもない存在なので、自然《じねん》というのです。

（浄土に）かたちがあると示されるときには、無上涅槃（涅槃＝浄土）とはいいません。

かたちもないその様子を教えようとして、弥陀仏といい始めたと聞き習っております。

弥陀仏は自然のありようを教えるためのれう（料）なり。（意訳）

アミダ如来も美しい浄土の姿も「もののたとえ」

本当の仏、本当の浄土はかたちもなく、想像もおよばない、言葉で言い表すこともできないものであるというのです。

アミダ仏というのは、そういった真実の浄土を知らしめるための材料だというのです。浄土の美しい世界、あれはもののたとえだということですね。

鎌倉時代、すでにこうした冷徹な思想があったことに、ちょっとかなり驚きませんか？　明日に続きます。(2017.4.18)

苦しむ人の声に応える——私の浄土真宗⑤

釈迦の教えと正反対に見えるアミダ信仰がどうして仏教の中から生まれ、仏教として受容されたのでしょうか。結論に近づいてきました。

さて親鸞の「弥陀仏は自然のやうをしらせんれうなり」の話です。

僧侶は説きます。


不変なものは存在しない。固定的な「わたし」さえ存在しないのだ。ありもしない不変のものを追い求めるから苦悩が生じるのだ。すべてをありのままに受け入れて、静やかな安らぎの境地に至ることを涅槃寂静《ねはんじゃくじょう》といい、これが悟りである。


よくわからないし、仮にこれが教学的に正しくても、納得できない人々が存在します。

それは、生まれてから死ぬまで理不尽に差別され、価値を否定され、苦しい生活を強いられる人々です。「その不条理な人生をも、ありのままに受け入れなさい」といわれて、素直にうなずけるでしょうか。

「人は平等だと言いながら、差別を受け入れよとは矛盾しているではないか。

世界は不変ではないと言うのなら、ではいつ変化するのか、自分の生きているうちに変わらないなら、それは不変と同じことではないか。

自然には自我や意思がないなら、私の苦しみにも無関心なのか、そんな世界に何の意味があるというのか、滅びたほうがましではないか。

そのような世界のどこに安らぎがあるというのか、私がほしいのは、考え方次第で楽になるというような気休めではなく、現実の救済なのだ」

このような抗議の声が聞こえます。

アミダ信仰は民衆のため息から生まれた

こういう生きた民衆の声の中から生まれたのが、アミダ如来だと思います。

アミータ（無限）、アミータ・アーユス（永遠の命）を語源とする救済の仏（ブッダ）です。

そこに心を預ければ必ず救ってくれるというブッダが、目に見えない抽象的な哲学ではなく、目に見える信仰の対象として、人格的存在として生きて立ち現れました。

人格的存在といってもキリスト教やイスラム教の絶対神と異なって、アミダ如来は人間の歴史に介入しませんし、信じない者を滅ぼすこともありません。

救いを求める者がいれば包摂し、摂取して捨てないだけです。

生まれ変わり、死に変わりしながら、苦しみの世界の中を永遠に流転するという悲痛な運命。それを、アミダ如来は断ち切ってくれる。

その約束を信じることで得られる希望、安心、そして平安。苦しみの現実は変わらないながら、心の安定を、アミダ信仰がもたらしました。

「宗教は民衆のため息から生まれた」とマルクスはいいましたが、まさしくアミダ如来もそのように生まれたのです。

けれども、アミダ信仰は民衆のアヘンにとどまらない力を持っていました。

ただの気休めに終わりませんでした。

釈迦の教えと正反対に見えるアミダ信仰がどうして仏教の中から生まれ、仏教として受容されたのかという答えもそこにあります。

それはどういうことか。明日に続きます。(2017.4.19)

生き方の転回——私の浄土真宗⑥

釈迦「永遠なものは存在しない」「魂は存在しない」

アミダ信仰「永遠のアミダ如来の、永遠の浄土に魂が安住する」

永遠は存在するという思想と、存在しないという思想。

釈迦の教えと正反対に見えるアミダ信仰がどうして仏教の中から生まれ、仏教として受容されたのでしょうか。今回でようやく結論に至ります。

アミダ信仰と縁起の法則

釈迦もアミダ信仰も、輪廻転生を否定するのは同じです。深い瞑想でその確信に至るか、アミダ仏を信じてその境地に達するかが違う点ですが、プロセスの違いはあっても、死の恐怖から解放されたいま、死後の罰を恐れる必要がなくなった精神にとって、現実世界さえも違って見えます。

より能動的にのびのびとした生き方が選択できるのです。

釈尊の教えに「縁起の法則」があります。

縁起の法則とは「原因に縁《ゆか》って結果が起きる」という因果論です。

何物もそれ自体で自立的・孤立的に存在できるものは何一つなくて、あらゆるものは連関し、繋がりあい、原因となり結果となりながら、対立したり支えあって存在しているという思想です。

アミダ信仰の中で、この縁起の教えが新しい意味を持ち始めました。

アミダ信仰と生き方の転回

人がみな相依相関・相互依存の関係にあることに気づくと、苦悩する人々を救いたいと決意した法蔵菩薩の生き方への共感と相俟って、積極的な利他の活動、他者のために生きようという人生観が開かれます。

ひとりで生きているのでないなら、またひとり貧しさと苦しさから逃れようとあがいても無駄であるなら、我々は連帯しようという自覚につながります。

原因がなければ結果がないのだから、貧しさや苦しさをもたらしている原因を取り除けばよい。そういった現実革新的人生観への転回の端緒となりえます。

アミダ信仰がそのようにはたらけば、信心はいまや力強く現実に立ち向かう生き方として昇華されていき、生きる力の源となっていきます。

苦しみからの現実的解放、変革の思想、それは釈尊の教えがもたらしたものと同じです（「私の浄土真宗②」参照）。

釈尊もアミダ如来も直接的に社会変革を勧めてはいませんが、その基となる世界観を築いたのです。

アミダ信仰は一見すると釈尊と正反対に見えて、じつはぐるり一周して、釈尊が説いた教えと同じところに着地したのです。

アミダ信仰と「ケシの実」と

アミダ信仰はいわば釈尊が説いた「ケシの実」の教えと同じ性質をもっています。

「私の浄土真宗③」で書いた「ケシの実」の教えは、言葉だけなぞればまるで神秘主義かおまじないの勧めのようですが、じつは真理に導く巧みな手立て（方便と言います）でした。

ケシの実は悟りに至るための材料でした。

一見すれば幼稚な迷信であるかにみえるアミダ信仰ですが、じつは積極的な人生を開く手立てであって、新しい生き方に目を開くための「れう（材料）」なのです。

ケシの実が方便であったのと同じく、アミダ如来もまた方便なのです。親鸞が説いたのはそのことだと思います。

相手に合わせて説くということ

釈尊が「人は生まれによってバラモンになるのではない。その生き方によってバラモンとなるのである」と語ったのもそうです。

言葉だけ聞けばあたかもバラモンという存在を肯定しているようでいて、じつは否定していますね。

「バラモンは尊い。それはバラモンが正しく生きているからだ」というバラモンがつくった固定観念を釈迦は逆利用し、「正しく生きる人がバラモンである。ゆえに尊い」と転倒させて、実際には正しい行いをしていない現実のバラモンをうまく否定してしまった。

民衆を教化する支配者の力は強いので、バラモンは尊く崇めるべきだと教え込まれて固く信じている人が多数派でした。その人たちに「そんな思い込みは下らない」と言ってしまったら、もう聞く耳を持ってくれなくなります。相手の信じていることをひとまず受け入れて、結果としてはそれをひっくり返してしまう。

じつに現実的で巧みな説き方だと思います。

社会変革を志す人は自分の正しさに確信があるせいで、他者の間違いに不寛容なところがあり、相手かまわず「正論という名のこん棒」を振り回す人を見かけます。

こういう点、釈迦から学ぶところが多いのではないでしょうか。明日に続きます。

(2017.4.20)

南無阿弥陀仏と社会変革——私の浄土真宗⑦

さて、疑問の声が聞こえてきます。

アミダ信仰は社会変革の力になるというが、現実のお寺はそうなっていないじゃないかと。それどころか坊さんが外車に乗って赤い灯りの街に出かけているじゃないか、なにが社会変革だと。

そうですね。そのあたりを考えてみたいと思います。

お寺の役割とは

お寺は救いの教えを伝える場所です。

ところで、世の中をよくするためにとか、他者に役立つためにとはたらくのは、自分が救われるためではありません。死後の恐怖から解放された時点で、救いはすでに受けているのです。そのうえでどう生きるのか、それは個々人が選択すればよいと思います。

信心は新しい人生観の扉を開くだけ。扉をくぐるかどうかは本人次第なのです。

救いの条件として、あれをせよ、これをしなさいという教えはないのです。

念仏だって、救われる目的で唱えているのではありません。浄土真宗の念仏は、救われたことに対する報恩感謝の念仏なのです。

まあ外車で呑みに出かけるご住職が好ましいとは思えませんが、仏教の教えを伝えてくださるという意味では、有難い存在です。説得力があるかないか、それは聞く側が決めればよいことでしょう。

一向一揆を見ればアミダ信仰が社会変革の力の源泉となるのが分かりますが、そこが教えの根本だ、目的だと言い始めると、間違いになります。

社会的なことにちっとも目を向けないで、「ありがたい、ありがたい」と、今に感謝して生きる信心も、すばらしいと思います。

何かをしなければ救われないといって脅すのは邪義といえるでしょう。ですので、必ずしもお寺が社会変革の拠点になる義務はないと思います。

もちろん、そういったお寺になって下さるのは、私としては大歓迎ですけれど。

社会変革運動と浄土門の教え

他者のために生きる道を、菩薩道といいます。

菩薩道を極めることで救いの門を開こうという教えを、私たちは聖道門といいます。

浄土真宗を含む浄土門は、そういう考えをしません。

菩薩道など、とてもできない自分がいることを自覚し、自分の頑張りではとても救いの門など開けないことに気づくところから、浄土の救いが始まります。

自分の自発意思で阿弥陀如来を信じて南無阿弥陀仏を唱え、そのことで救いに至るのではなく、阿弥陀如来の側から差し伸べられている救いの手に心を開けば、あちら側の願力で南無阿弥陀仏が口にのぼるのだといわれています。

そのあたりの教学はともかくとして、社会変革運動も菩薩道の利他行（他人のためにする行い）のひとつでしょう。

ところが胸に手を当ててみれば、そもそも他人のために何かできるような自分じゃないし、ましてひとさまに向かって偉そうなことなど言える人間じゃないですよね。

全然たいしたことない人間ですよ、自分なんて。

それでもついつい「我」というものが現れて、偉そうな物言いをしてしまう。

バカですね。反省はするのですが長続きしなくて、またやっちゃうというね。

何度も何度もおんなじ過ちを繰り返すんだから、どこまでアホやねん。

こんな自分は、本来、社会変革運動などという大それた道に踏み出す資格などないのですが、それでも已むに已まれずに声を上げ、足を踏み出す。

こうなると一種の煩悩ですね。これはもう焼かれないと治りません。

この程度に自分というものを自覚していれば、自信過剰のまま突っ走って大間違いをすることは、そうそうなさそうです。

そのあたりの自覚のないのが安倍総理とかあのへんのメンバー……おっとっと、言ったそばからこれだ（笑）

明日に続きます。

（2017.4.22（

知的好奇心からの接近――私の浄土真宗⑧

私が親鸞に出会ったのは二十代半ばのことでした。

家が代々の門徒なので、法事で『正信偈《しょうしんげ》』などは耳になじんでいましたが、中身は一向に知らないし、「お経」と「偈」の区別もついていませんでした。まあ大半の人がそうでしょうね。

何がきっかけだったか忘れましたが、ある時ふいに『正信偈』に何が書いてあるのか知りたくなり、漢文を和訳しようと思いついたのです。でも専門用語が多くて、ちっともわかりません。解説書を読んでふむふむと思いながら訳したのですが、正直なところ、がっかりしました。

仏の教えが書いてあるのかと思いきや、浄土真宗に至るまでの仏教史というか、真宗は正統な仏教史の中に位置づけられる教えなのだよ、といっているだけじゃないですか。

『正信偈』に不審を感じる

つまらね～と思ってほとんど興味を失いかけたのですが、ひとつ腑に落ちないところがありました。

『正信偈』に七高僧というのが出てきます。

釈迦から始まり法然に至るまでの、浄土門の教えを引き継ぎ、深めてきたインドと中国そして日本の高僧のことです。『正信偈』に、それら高僧の説が順番に要約されています。

そこに「善導独り仏の正意を明らかにす（善導独明仏正意）」と書いてあるのです。

これが分からなかった。

善導だけが釈迦の本当に言いたかったことを明らかにした？

なにそれ。だったら残りの高僧はどうなんだ？　釈迦の本意を知らなかったことになるの？

善知識との出会い

で、あるとき、法事のあとのお斎の座で、ご院主さんに尋ねてみたのです。

うちのお寺は照陰山西勝寺といって姫路市の北部近郊、船津町にあり、ご院主さんは代々後藤姓です。やはり船津出身の武将、後藤又兵衛と血脈を通じているのかな。

それはともかく、ご院主さんはその場で丁寧に答えてくださいました。なるほどと納得できる答えでした。

ご院主さんはさらに、寺に来いとおっしゃいます。

そこで日曜日にお寺に伺ったところ、お前はこれで勉強せいと一冊の分厚い本を差し出されました。

『真宗聖典』でした。何千円もする高価な本です。

その本で、私ははじめて『仏説無量寿経』に出会い、親鸞の『教行信証』に出会ったのです。

『仏説無量寿経』　法蔵菩薩に感動

親鸞のは学説集だし、専門用語が多いので難しかったです。

むしろお経のほうが説話としてすらすら（ということもないけど）読めました。四字一句でリズムのよい文章が多いしね。

漢文は、趣味にしていた邪馬台国の方で古代中国の『魏志倭人伝』や『漢書地理志』などを原文で読むことが多かったので、わりと慣れていたのが幸いしました。

で、法蔵菩薩の説話に出会い、48の決意や『重誓偈《じゅうせいげ》』にちょっと感動してしまったわけです。

ここを出発点に、真宗の本をいろいろと読みあさることが始まりました。

ここまでは、「頭」の接近です。知的好奇心からの接近でした。

まだ「なむあみだぶつ」を唱えるところには行きついていません。「心」のほうはまた別の出会いがありました。

明日につづく。

（2017.4.23）

念仏行の意味を知る——私の浄土真宗⑨

もう一人の善知識との出会い

憲法擁護運動が縁で、一人の僧侶と出会いました。

青木敬介さんとおっしゃって、姫路市の隣、揖保郡御津町にある西念寺という本願寺派の寺のご住職です。

社会運動にも熱心ですが、中年になってから「龍樹（本名ナーガールジュナ　インドの大乗仏教哲学者）がわからんと親鸞が分からん」とか言い始め、学生兼講師として大谷大学に通い、インド哲学を学んだという方です。運のよいことに、とんでもなく偉い人が身近におられたのです。

この人に私はいろいろとバカな質問をして教えを受けました。たとえば『仏説無量寿経』にこんな法蔵菩薩の誓いが載っています。

「不為大施主　普済諸貧苦　誓不成正覚」（大いなる施主となって　もろもろの貧苦を救えないようなら　誓って悟りを開かない）

私は青木さんに言いました。

「大施主となって貧苦を救うなんて、それじゃただのお恵みじゃないですか。『不』が『為』にかかっているのだから、『大いなる施主とならずして　もろもろの貧苦を救うにあらねば誓って悟りを開かない』と読むべきではないですか。法蔵菩薩は施主にならず、最下層の人たちと手を組んで貧苦とたたかうぞと仰っているのでは？　だってすぐ後に、『閉塞諸悪道　通達善趣門』とあるじゃないですか。社会悪とたたかう意味を含んでませんか？」

こういうおバカな質問にも、丁寧に答えてくださるのです。私のように読むとすれば「不」が一個足りませんよね（笑）

念仏を始める

その青木さんがあるとき、こう仰いました。

「救いにあずかるにはただ一回の念仏でええとはいうても、空念仏もバカにはでけんのやで」

そんなもんですかねと、せっかくのお勧めなので心のこもらない念仏をぶつぶつと唱え始めたのは、このときからです。専修念仏ですね。

恥ずかしいので人に隠れて「南無阿弥陀仏、南無阿弥陀仏」とやっていると、気持ちがあちらにふらふら、こちらにふらふら、余計事ばかりが浮かんできます。まさしく「空念仏」です。それでもいいということなので、何も考えずに「なんまんだぶ」とやっていました。

青木さんは念仏を日常化する手助けをして下さったのです。やってみて気づいたのは、これは一種の瞑想行だということです。きちんとやれば効果絶大かもしれません。でも私なんかはスカタン念仏だから、全然だめでした。

この話にはもう一度戻ってきます。その前にもう一人の善知識の話をしなくてはなりません。

法然上人との出会い

もう一人の善知識は浄土宗の僧侶でした。

ミクシィで浄土門の教義を九州在住の門徒さんや島根県の方（お家の宗旨は日蓮宗だそうです）とあれこれと語り合ってい

たら、「念仏は地獄行きの教えだ」「念仏を唱えるのは口中にくそを入れるようなものだ」と散々なことをいう人が乱入してきたのがきっかけです。本人は熱心な創価学会員のつもりです。

その人に対し、サンスクリット語を含めた仏教典の深い学識と、落ち着いた姿勢で淡々と問答して過ちを解きほぐす人が、京都在住の浄土宗の若い僧侶でした。

その方の勧めで法然の『選択本願念仏集』や浄土宗の『元祖大師御法語』などを読んで、そのクリアな論理と深く広く優しい人間性に圧倒されてしまったのです。

これは親鸞聖人も惚れるはずだわと、つくづく恐れ入りました。

そして法然を通じて浄土門の寛容性と、念仏行の意味にあらためて目が開けたのでした。

明日に続きます

(2017.4.24)

＊編集注：残念ながら連載⑩が書かれることはありませんでした。泥さんのSNSでの発信は、17年4月24日、この連載⑨と『「太鼓囃子」は子育て太鼓』（874ページ）の2編が最後となりました。

39 現実社会の中で仏教を考える

五逆の罪は救われない？——お念仏のリアリティ①

明日、姫路の真宗大谷派船場別院（船場御坊）で門徒さんたちにお話をします。与えられたお題は「戦争とヘイト」。他でもない地元の真宗門徒の方々ですから、これまで考えていたけれどまだ語ったことのない仮説を語ろうかと思います。真宗の素養のない方は素通りしてくださいませ。

浄土真宗の根本といえば、法蔵菩薩が悟りを開いて阿弥陀如来になる前に立てた第18願です。

もしも私が悟りを得て仏になれるとしても、その時に、あらゆる人たちが心から信心して、ひたむきに念仏を申す身となり、それでも私の国に生まれることができないようなら、私一人がさとりすましていることはできないので、私はさとりを開きません。ただし、五逆の罪を犯したり、仏の正しい教えを謗《そし》ったりする人だけは除きます。（泥意訳）

なんとも感動的な決意です。

「自分に救いを求めてくるすべての人を救う力が自分にないなら、そんなさとりは無意味だ、私はさとりを拒否し、もっと修行してさらなる高みを目指すだろう」という宣言です。

でも気になるのは、その救いから漏れる人がいることです。五逆の罪を犯した人は救わないぞといいます。

五逆とは——

①父を殺す
②母を殺す
③修行者を殺す
④僧侶の和合をこわす（教団を分裂・破壊する）
⑤仏身から血を出だす（僧侶を傷つけ経典を破却する）

の5つの罪をいいます。

人はとんでもない罪を犯しますが、ありとあらゆる恐ろしい罪のうちで、これらの罪がとびぬけて恐ろしい罪なのでしょうか。どうもしっくりきません。

そう考えてたどり着いたのが、この警句はただ思索的・理念的なものではないのではないかという仮説です。

その仮説がひらめいたきっかけは、第3願、第4願でした。

第4願

設我得仏　国中人天　形色不同　有好醜者　不取正覚

（意訳）もしも私がさとりを得て仏になれるとしても、その時に、私の浄土の中の人々や天人の姿かたちがまちまちで、美しいものと醜いものとがあるようなら、私一人がさとりすましていることはできないので、私はさとりを開きません。

この願は平等を願うものです。

けれども、なんか違うと感じます。

みんな同じ姿かたちになるのが救いなのか？　みんな違ってみんないいというのが本物なんじゃないのか？　美しいも

のがよくて、醜いものがダメだとでもいうのか？　姿かたちなんて外見だけのこと、そんなのどうでもいいじゃん。

無量寿経って、こんなうすっぺらい単純平等の思想なの？

と考えをたどって行きついたのが、これは仏教の故郷であるインド社会の実相が背景にあるのではないかという仮説です。

インドはドラヴィダ人が築いた古代インダス文明、ガンジス文明が衰退したあとも、豊かな大地にドラヴィダ人やアジア系諸民族が住んでいたのですが、西方から進出してきた騎馬民族のアーリア人に支配されました。紀元前1500年から1000年ごろにかけての出来事です。

武力に優れたアーリア人は白人で、ドラヴィダ人は色の黒い南方系人種でした。

アーリア人はインドを支配するために、強固な差別的階層社会を築きました。

司祭階級であるバラモンを頂点に、クシャトリア（武士）、ヴァイシャ（市民）、シュードラ（奴隷）、アチュート（人間外）という階層秩序を定めたのです。

アーリア人が上の階級を独占しました。

土着の人々は奴隷階級か人間外の人間に落とされました。

思想階級バラモンはこの秩序を合理化し安定させるため、クシャトリアの武力を背景に、「正しい教え」を人々に強制しました。

「白いアーリア人は美しく、強く、豊かだ。それは前世で正しい行いをしたからだ。この世でよい報いを受けるのは当然だ」

「黒や褐色や黄色の人間は醜く、弱く、貧しい。それは前世で悪い行いをしたからだ。この世で悪い報いを受けるのは当然だ」

今日の目から見ても驚嘆するしかないあの偉大なインダス文明を築いたドラヴィダ人が、人種的に劣っているはずがありません。

しかしともかく、こうしてバラモン教が形成されていき、何百年もこのような教えが注ぎ込まれると、ドラヴィダ人自身も自信を失っていきます。われらはやはり出来が悪いのかもな、色の黒いのは恥ずかしいことなのかも……と劣等意識に陥ります。

そんな時、そうじゃないよという釈迦の教えが法蔵菩薩の願いの形を借りて、わかりやすく人々に届きました。

——第4願

設我得仏　国中人天　形色不同　有好醜者　不取正覚

「形色」とは、単に「見た目」のことでしょうか。

「好醜」とは、美人不美人、イケメンぶおとこというような意味なのでしょうか。

そうではなく、もしかすると、形色の「形」は人種の違いによる顔つきのこと、「色」は文字通り肌の色を指すのではないでしょうか。

顔つきや肌の色が異なることを理由に、不合理な差別社会を合理化していた時代、そんな区別をなくする教えは、ただちに現実批判として受け止められたでしょう。

「好」「醜」とは、支配民族の顔かたちがすぐれており、被支配階級が醜いという思想がスタンダードだった時代だと、そのもつ意味が現代と異なったでしょう。

この願は、単に姿かたちを同じにすると言っているのではなく、人種的な姿かたちを理由に差別を合理化する社会を否定しているのではないでしょうか。

レイシズム（人種差別）に支えられたバラモン支配体制を、根本的かつ強烈に否定する思想なのではないでしょうか。

私はサンスクリットの原文ではなく漢文しか知らないので、もしかすると間違っているかもしれませんが。

「もしも私が人を救う力を身に付けたとしても、私の国の中に顔かたちや肌の色が同じでないことで、それで美しいとか醜いという差別があるなら、本当の救いは完結しないのだ」

釈迦が開いた原始仏教の、これはエッセンスです。

法蔵菩薩の第4願は、人種差別からの解放を希求する民衆の希望がここに結実したものと考えられないでしょうか。

そして、もしかすると他の願も、そういったリアルな社会情勢が背景にあるのではないか。

ここから冒頭の「唯除五逆謗法」の話になります。

が、長くなるのでここまでに。

（2016.1.25）

僧侶迫害の社会的意味——お念仏のリアリティ②

ナンマンダブってなんだ

ご存じない方のために、浄土真宗の教義を簡単に説明します。

「ナムアミダブツ」と唱えれば救われる。

これだけです。

アミダ如来は長い長い修行の果てに悟りを開いて仏になりました。

それ以前は法蔵という名の人間でした。

その人間だったとき、人々を救いたいと48の誓願を立て、その願を果たして如来になりました。

その第18番目の願が、浄土真宗の信仰の基盤となっています。

アミダ如来の救いの願力に乗せられて「南無阿弥陀仏」と

唱えれば、かならずアミダ如来の浄土にすくい取ろうというのがその願です。

ナムは命を賭けて信じるということ。

アミダブツは、インドでの呼び名の音訳です。

もとは「アミターバ（無限の光）」とか「アミターユス（無限の命）」とよばれていました。

「アミター（アミータ）」は無限という意味だそうです。

呼び名はアミダブツでなくてもいい。

「無量光仏」とも「無量寿仏」とも「不可思議光如来」とも呼ばれるので、その呼び名が好きならそう呼べばよいのです。

真宗のお仏壇に「帰命盡十方無碍光如来」と書いたものが下がっていることがありますが、「ナムアミダブツ」と同じ意味です。

「ナンマイダー」でも構わない。呪文じゃありません。ともかくその如来に全身を預ければよいのです。「ナンマンダブ」がいちばん言いやすいので、だいたいそう言いますね。

「唯除五逆誹法」ってなんだ

ところが、とある条件の人は救わないぜと宣言されています。

ひとつは「謗法（誹謗正法）」の人。

正しい教えをそしり、あざけり、ののしる人です。この人はそもそも救われたいと願っていないので、そりゃ救えません。

もうひとつは、五逆の罪を犯した人。

①父を殺す、②母を殺す、③修行者を殺す、④僧侶の和合をこわす（教団を分裂・破壊する）、⑤仏身から血を出だす（僧侶を傷つけ経典を破却する）の五つの罪を言います。

これらの罪が重いといわれる背景に、仏教初期の時代のインドの現実が反映しているのではないかというのが、私の想像です。

信仰共同体の破壊

アミダ信仰をはじめとする大乗仏教が生まれ始めた紀元前2世紀ごろ、インドは大変な激動に見舞われていました。

アーリア人の王朝が衰退し、権力の空白が生まれたのです。

そこに侵略してきたのは、ギリシャ人、スキタイ人、クシャナ人などでした。

そのころインド全域に、仏教信仰で結ばれた村々、仏教共同体が成立していました。豊かな実りの中で平和的に暮らしていたその村々が、たちまち激変の渦に投げ込まれました。

何の前触れもなくいきなり襲撃され、焼き討ちに遭い、理由もなしに無差別殺戮され、人々は奴隷として連れ去られ、村のきずなは崩壊しました。

もちろん僧侶も同じ目に遭いました。仏典は破られ、焼かれ、捨てられました。

こういった理不尽な仕打ちに遭う時代が、何百年も続いたのです。襲撃者は他民族ばかりではありません。秩序が失われると、同民族間でも凄惨な殺し合いが起きたことでしょう。

善悪の価値基準を支えていたのが仏教でしたから、それが崩壊すると、社会はたちまち力だけが幅を利かせる時代に突入しました。人が人に敵対し、犯罪が野放しとなり、信じられるものは暴力だけとなり、命はとことん安くなり、人がケダモノと化しました。

こういう無差別殺戮や地域共同体の破壊は、いまも行われています。アフリカとアラブです。

人々の共同性をこわした後、地域がどうなるのか、アフガンやイラクやシリアの様相が物語っています。

僧侶迫害は社会共同体の破壊だった

人々の神聖なものを犯し、破壊することは、人々の心を混沌に叩き込むことであり、それは直ちに人々の社会的結合を破壊することにつながります。仏の教えをこわすことは、地域を無秩序の混乱状態におとしこむのと同義だったのです。

それは人が人であることを否定することだ――そうみんなは実感したのです。

そこで、「修行者を殺す」「僧侶の和合をこわす（教団を分裂・破壊する）」「仏身から血を出だす（僧侶を傷つけ経典を破却する）」ことが最も許しがたい罪だとされたのではないでしょうか。

いまのアフリカ・アラブを見れば、たしかに社会の紐帯をこわすのが大罪であるというのが分かります。

いまアラブで人々がもう一度共同性を復活させたいと願ってイスラムの力に期待するのは、インドと同じなのですね。

仏教の変貌

そういった社会背景は、仏教経典が伝えられた中国や日本に存在しませんでした。それはインドも同様です。混乱期をからくも抜け出して新しい王朝のもとで社会がともかく安定すると、経典の背後にある社会情勢をぬきに、書かれた文言をそのまま受け止め分析して理念的に理解しようという思索が始まりました。

仏教は観念的なものとなり、高度な哲学として発達するとともに、人々の切実な願いからかけ離れ、生活感を失い、そしてインドにあっては衰退していきました。

中国と日本では仏教が興隆しましたが、その理由は、支配の道具として便利に使える新しい哲学だとして、国家が支えたからです。仏教は釈尊の教えとかけ離れたものに変貌していきました。

仏教が再び民衆のものとなるには、善導大師（「お念仏のリアリティ④」参照）の出現と浄土教成立を待たねばなりませんでした（こう言うのは私が浄土門のはしくれにいるからですけど）。

そして「五逆」のうち「修行者を殺す」「僧侶の和合をこわす（教団を分裂・破壊する）」「仏身から血を出だす（僧侶を傷つけ経典を破却する）」も前提を欠いたまま受け入れられて、一種迷信化して、無条件に僧侶や教団の権威を守る道具として使われることになりました。これはちょっと言い過ぎかもしれませんが、そのような一面はたしかに存在しました。

明日は「父を殺す、母を殺す」が大罪とされたのがなぜかについて考えたことを書きます。

（2016.1.27）

親殺しという大罪——お念仏のリアリティ③

「親孝行」は全世界共通の倫理

個人主義をベースに置く民法は、人格平等の立場から親孝行の思想を無視しています。

それが気に入らないというのが、改憲派の主張の一つです。戦後の日本を悪くしたのは、親孝行のような徳目を教育しなくなったからだとよく聞きます。

そうしたのが日教組だと、安倍さんは信じているようですが、残念ながら教育内容を定めたのは文科省です。

それはともかく、親孝行は世界共通の倫理です。

どんな原始社会でも、子どもが小さいうちは親が面倒を見て、親が歳を取ると子どもがお返しをする。

原始社会は血縁集団でした。親子が互恵関係にないと、親は子どもに最低限の投資しかしなくなるでしょう。親子関係は希薄になり、ひいては血縁集団の結合さえあてにならなくなるので、そういう集団は淘汰されてしまいます。生き残った私たちのご先祖は、子育てと親孝行の道徳律がしっかりしていたに違いありません。

「親殺しは大罪」という第18願

法蔵菩薩は「自分を信じて救いを求める人を誰一人漏らさずに救おう」と決意しましたが、「五逆」の人は例外にするといいます。

五逆の中に、父殺しと母殺しがあります。

親殺しが大罪とされた理由は上に述べました。

しかしですね、人間てのは勝手なものです。できるだけ投資を少なく、リターンだけがほしいという心も持っているのです。

子育てに手を抜いたくせに親孝行だけはキッチリしてもらおうとか、親に面倒だけ見てもらって親孝行なんか知らぬ顔してるほうがトクだ、そういうこ狡さも併せ持っています。

数百万年かけて育てた人間の倫理感覚は骨がらみのはずです。遺伝子に刻み込まれているはずです。それでも、こういう身勝手さが抜けないいんですね。

「育ててもらった恩を忘れて親に手をかけるなど、人間じゃない」

あらゆる社会が、こういう道徳観を子どもに植え付ける機能を果たす昔話や説話をもっているのは、本能を社会教育で補おうというものなんですね。

けれども、どんな罪でも許そうじゃないかという思想の中に「親殺しは救わない」という一文が入った理由を語るには、この説明だけでは不十分だと思います。

だって主君殺しをしても救われるんですよ。

部族全体を危機にさらす裏切り者も救われるんですよ。

なのに親殺しだけどうして。

その答えをさぐるために、アフリカに目を移しましょう。

人を人でなくする「通過儀礼」としての親殺し

アフリカ各地で少年が誘拐されて兵士に仕立て上げられています。

村が突然襲撃され、子どもが捕らえられて連れ去られ、少年兵になることを（少女なら性奴隷になることを）強制される。

武装勢力はそのとき子どもに、とてもできないことをさせるそうです。友だちを殺せとか、兄弟の腕を切り落とせとか。自分の親の腕を切れとか殺せと命じることもあるといいます。

なぜか。

それをすると、子どもの心が死んでしまうからです。心が死ぬと無感動になり、どんなに残虐な任務もたんたんとこなすようになるそうです。軍隊にしてみれば、とても好都合です。

人を人でなくする通過儀礼。それが親殺しなのです。

親殺しのタブーは誰のため

こういう出来事はアフリカに限らないと思います。人類史の中で数限りなくあったでしょう。前節で述べたような戦乱の中にあった古代インドも例外ではない。

その時代に、アミダ信仰は生まれました。

「親殺しは地獄おちだぞ、絶対に救われないぞ」

この脅しは誰に向けられたものでしょうか。

仏教徒を殺しまくる敵には効果がありません。

だって仏の教えを信じていないんだから。

効果があるのは、それを信じている仏教徒——殺される側だけです。

すると、これは脅しではない。

脅しでないなら、自らを戒めるものとしか思えない。

「私たちは、親殺しを強制するような民にはなるまい」

「私たちは人間であるべきだ」

こういう民衆の決意、高い倫理観。それが「五逆と仏法の敵だけは救いからはずす」という表現に込められているのではないでしょうか。

人とはなんであるか

「朝鮮人を殺せ」「韓国人を海にたたきこめ」

こんなスローガンを声高にわめきちらしながら街を行くヘイトデモ。恥ずかしいと思います。恥ずかしくて身が縮むような思いがします。

どんなに世が乱れても、古代インドの仏教者たちは、人間としての最後の一線を守って踏みとどまった。

彼らの残した「唯除五逆誹謗正法」の一文は、それさえしなければ救われるからいいんだということではないと思います。

私たちに、人とはなんであるかの問いを突き付けているのではないでしょうか。

さて親鸞はその著書『教行信証』にこう書いています。

「世雄の悲、まさしく逆謗闡提を恵まんとおぼす」（アミダ如来の悲願は、まさしく五逆・仏法の敵・不信心者を救うところにあったのだ）。

えっ？

アミダ如来の18願はハッキリと「そういう人は救わない」と書いてるじゃん。なのに、親鸞は「いや、そうではない、彼らこそが救いの対象なのだ」と言い切っているのです。

なんで？　それはまた明日。

（2016.1.27）

あらゆる人を救う決意——お念仏のリアリティ④

法蔵菩薩の第18願には、あらゆる人を救おうという決意が表されています。しかし例外として、仏法をそしる人と五逆の罪を犯した人だけは救わないと書いてあります。

ところが親鸞は、五逆の人や仏法をそしる人を救うことこそが、アミダ如来の悲願だったといいました。

原文と正反対の立場です。経文をどれほど見つめても、そんな結論は出てきません。

いったいどういうわけで、親鸞はこんな思想に至ったのでしょうか。

そこを語るには、浄土真宗を含む「浄土門」の成立について眺める必要があります。

浄土門を打ち立てたのは、中国の高僧「善導大師」でした。彼は仏教的人間観の転回を求めました。

いろんな教えは、困難な修行を求めたり、戒めを定めているけれど、修行者はこれこれをしてはならないという決まり、戒めを定めているけれど、そんなことできる人はおらんだろうとぶっちゃけてしまったのです。

戒めも守れず、修行にまい進することもできない、ふと気を許せばろくなことを考えていない、経典の中で下品下生《げぼんげしょう》と言われている者こそが、我らインテリも含めたありていな人間の姿ではないかと。

かっこええ理屈は唱えてござるが、口ばっかりとちゃいまんのん、ほんまにあんたはそないに立派な人間かどうか、胸に手を当てて考えてみなはれ、というわけです。

善導は、そんなどうしようもない我々が救われるとすれば、それは浄土思想、その中でも「ナムアミダブツ」しかないと説きました。

りっぱな哲学になりすぎて、現実の人間存在からかけ離れてしまった国家護持の仏教を、善導はもう一度、生きた人間のもとに取り返そうとしたのです。

ところがこれが仏教界から評判が悪かった。浄土思想なんぞ程度の低い教えじゃないかと言われたのです。

高度な哲学的思惟が展開されるわけではない。ただアミダの救済を信じればよい。行としては、アミダの名を唱えるだけでよい。なんじゃそりゃ。

インドから渡ってきた「阿弥陀経」などにそう書いてあるのはたしかだし、そのことぐらい知っているが、そんなのはカスのお経じゃないかアホくさい。

これが当時のインテリ層の感覚でした。庶民に理解できない難しいことを語っているほうがかっこよかったのです。

善導大師の浄土思想の価値を見出して、教えの根本にすえたのは法然上人でした。

ところで、当時の仏教界はいくつもの宗派に分かれて、教えの優劣を競っていました。自分の宗派こそが釈迦の教えの根本なのだと、みんなが言いつのっていました。

自分とこはいちばんあとから語られた経文をもとにしているんだ、ほかの経文は未熟で出来が悪いんだ、いや自分とこの経文には「これがいちばん」と書いてあるんだ、いやいや自分のところはインドの言葉をそのまま使っているから純粋で濁りがないんだ、うんぬんかんぬん……。

釈迦一人が説いた教えの部分々々を取り出してあれがよいこれが悪いといったって、それは釈迦自身を批判しているのと変りません。

「宗論はどちらが勝っても釈迦の恥」

法然の立脚点は異なります。

他の宗派が教えの優劣をいうのに対し、彼は修行者の素養をいいます。

いくら立派な教えでも、修行者に実践できなければその人にとっては意味がないだろうと。

天台の修行でさとりに至れるのならばそれでよい、真言の教えが身に合っているならそれもよかろう、釈迦八万四千の法門はどれも真理に至れる教えなのだから、どれがよい、これがよいということはないはずだ。しかしそれも修行がまっとうできてこその話だろう、教えの中に不殺生の戒めがあるのに魚を食べていては、口でどんなに立派なことを語っていても意味がないのではないか？　まして庶民に断食や写経ができようはずもない。

法然上人の「選択本願念仏集」の記述は、あくまでも「その個人にとっては」という態度が最初から最後まで貫かれているのが特徴です。

ありゃ、入り口に立っただけでこんなに長くなってしまいました。

法然上人の「その人個人にとってはどうなのか、あなた自身にとって、その教えがどのような意味を持つのか」、これが親鸞思想の入り口なのですが、それはまた明日です。

(2016.1.28)

弥陀の本願——お念仏のリアリティ⑤

親鸞の怒り

親鸞は「教行信証」に有名な一文を残しました。

天皇・上皇とその臣下は仏法にそむき、道義に反して念仏門に対して怒りを持ち、私怨を抱いた。このことにより正しい教えを興した法然上人ならびにその弟子たちに無実の罪を着せ、死罪まで処した。あるいは僧侶の身分を剥奪し、還俗させて追放した。私はその一人である。

（主上・臣下、法に背き義に違し、忿を成し、怨を結ぶ。これによりて、真宗興隆の太祖源空法師、ならびに門徒数輩、罪科を考

えず、猥しく死罪に坐す。或は僧の儀を改め、姓名を賜うて遠流に処す。予はその一なり)

親鸞の怒りが迫ってくる告発の文章です。

文中に五逆の罪を列挙しています。仏法に背いて修行者を殺し、法然を追放することで仏身から血を出だし(親鸞は法然をアミダ如来の化身と信じていた)、僧侶の和合を絶ち、教団を分裂させる。地獄墜ちの罪だと告発しているのです。

彼はこの弾圧に対して生涯怒り続けていたと思います。だから、「教行信証」に前書きの形で前後の脈絡なくこの文章を置き、弟子に筆写もさせたのです。

弾圧者を救おうという思想

しかし一方で親鸞はこうも書いています。

念仏する人をにくみそしる人をも、にくみそしることあるべからず。あはれみをなし、かなしむこころをもつべしとこそ、聖人(法然)は仰せごとありしか。あなかしこ、あなかしこ。(親鸞聖人御消息六)

念仏せんひとびとは、かのさまたげをなさんひとをばあはれみをなし、不便におもうて、念仏をもねんごろに申して、さまたげなさんを、たすけさせたまふべしとこそ、ふるきひと(法然)は申され候ひしか。よくよく御たづねあるべきことなり。(親鸞聖人御消息二十七)

「念仏門を弾圧する人々は五逆の罪を犯している。このままでは地獄に墜ちるだろう。そこでそれらの人々を救ってもらうため、アミダ如来に念仏してとりなしをお願いしよう」というのです。

それが法然上人の意思だったと。

法然上人の月命日に念仏衆が寄り集まって、弾圧者のために念仏を唱え合わせる習慣があったといいます。

自分たちを殺し、追放した者の救済を願う。なんと美しい思想でしょうか。古代インドの人々は、自分たちは殺す者になるまいと決意したのでしたが、それをより一段高めた人間愛の思想です。

古代インドの凄まじい殺戮の時代から時を経て、思索の時代になったればこその、思想的昇華と言えるでしょう。

親鸞にとっての弥陀の本願とは

親鸞は、法然を阿弥陀如来の生まれ変わりだと信じていました。

阿弥陀如来化してこそ　本師源空としめしけれ
（高僧和讃17）

法然の言い置いたこと、それは親鸞にとってアミダ如来の勅言でした。

世雄の悲、まさしく逆謗闡提を恵まんとおぼす。
（アミダ如来の悲願は、まさしく五逆・仏法の敵・不信心者を救うところにあったのだ）

経典を否定するかのような親鸞の断言は、法然こそアミダ如来であり、そのお言葉なのだから間違いない、との確信に由来していたのだと思います。

親鸞を近代合理主義の立場から分析することは大切なことでしょうが、彼が鎌倉時代の人であり、生まれ変わりを信じていた人であり、今日的に言えば「迷信の人」であったこともまた忘れてはならないと思います。

同時に、親鸞個人としてはいつまでも怒りが収まらず、殺したいほど天皇などの仏敵に恨みを抱いていたでしょう。彼は、自分自身の内面に怒りなどのどす黒い感情をたたえている、悪人としての自分を実感しつつ、アミダ如来に念仏申すことによって渦巻く感情を掬い取ってもらっているという実感も得たことでしょう。怒りを相対化することができたのだと思います。そこに親鸞はまじまじと如来の救いを実感したのではないでしょうか。

明日はまとめに移ります。

（20116.1.29）

仏教の役割は途絶えず――お念仏のリアリティ⑥

このシリーズ、経文の背景にリアルな現実があったこと、その現実に立ち向かうものとして阿弥陀仏の願があったことを、仮説として示しました。

その眼で48願を読めば、新しい光景が見えるかもしれないと思っています。たとえば第38願「衣服随念の願」など。

もしも私がさとりを得るとしても、国の人々が衣服がほしいと望めばたちまちそのようになり、もしもつくろったり洗濯しなければならないようなら、わたしはさとりなどいりません。

設我得佛國中人天欲得衣服随念即至如佛所讚應法妙服

――自然在身若有裁縫擣染浣濯者不取正覺

全宇宙を救おうというアミダ如来に似つかわしくない、なんとささやかな願でしょうか。

このお経「無量寿経」が生まれたのは北インド、ネパールからアフガニスタンにかけての寒冷な土地です。

38願の背後に、寒風の中あかぎれの手をこすりつつ、冷たい水で洗濯に励んでいた女性たちの存在を見るのは不当でしょうか。山のような家事に追われながら、暗い照明に目をしょぼつかせて繕いものに精出す女性たちの姿が目に浮かびませんか？

そういう女性たちのささやかだけれど切実な願いが初期アミダ信仰に取り入れられているところに、私は暮らしと教えが密接にかかわっていた仏教共同体の姿を想像します。

仏教は生きて喜び、怒り、哀しみ、楽しむ人々の営みとともにあったのです。

仏教は抹香くさくて辛気臭いものではありません。カビの生えたような言いつけを後生大事にあたためているだけの葬式仏教ではないはずなのです。

生きた人間の悩みや願いをすくいとりながら、よりよい生き方を探るものだったはずです。

民衆が差別に苦しんでいるときはその苦しみとともにあり、差別とたたかうときには共にたたかったのが仏教でした。

お寺の衰退がいわれて久しくなります。どうすればお寺が再生するだろうか、そのカギは、お寺がどのように世と向き合うのか、どのように民衆とともにあるのか、よりよき世界を求める尽きせぬ願いとともにどのように動くのか、そこにあるように思います。

たたかいを励ますだけではありません。「五逆謗法」に向き合い、ゆるしに至りついたその経験と論理は、たたかいの中にともすれば生まれがちな過剰な憎しみや怒り、勘違いした正義感などを正しい方向に修正するために、大きな役割を発揮できないでしょうか。

仏教の役割は途絶えていません。信心のない方も、仏教から学べることは多いと思います。

僧職の方から叱られそうなことばかり書きましたが、私にとっての浄土真宗とはそういうものです。（終わり）

（2016.1.30）

第11章 創作

ポリティカル・ジョーク

掌編小説　歯車の音

わが党の根本精神

党員のみなさま、わが党はいまや結党以来、最大の危機的局面に直面しております。党勢は衰微し、したがって統制は乱れ、当世にこびる怯弱なる徒党が党政を歪曲せんとしております。

みなさま、この危機のときこそ、われらは立党の根本に立ち返らねばなりませぬ。

立党の根本とはなんであるか。

それは立党にあたり掲された四大文書に示されております。四大文書とは、ひとつは「立党宣言」であります。また「綱領」であります。また「党の性格」、「党の使命」であります。

みなさま、それぞれは一つの党の二つのあり方を示しております。

たとえば、「党の性格」には、このように規定されております。「わが党は、特定の階級、階層のみの利益を代表し、国内分裂を招く階級政党ではなく」と。

しかしながら、「党の使命」には、こう記されております。「独裁を企図する共産主義勢力、階級社会主義勢力と徹底的に闘う」と。

つまりは階級政党ではないことをオモテムキ標榜はいたしておりますが、じつのところ、資本主義勢力、上層階級の利益を代表し、国内分裂を辞さない階級政党であることの宣言であります。

みなさま、「綱領」には「わが党は、民主主義の理念を基調として諸般の制度、機構を刷新改善し、文化的民主国家の完成を期する」と宣言されておるのでありますが、「党の使命」には、「占領下強調された民主主義、自由主義は……初期の占領政策の方向が、主としてわが国の弱体化に置かれていたため、憲法を始め教育制度その他の諸制度の改革に当り、不当に国家観念と愛国心を抑圧し、また国権を過度に分裂弱化させたものが少なくない」とあるがごとく、けっして無条件に民主主義を信じているのではないのであります。

要するに、ホンネとタテマエがあるのであります。

わが党においては、民主主義は基調であります。基調とは、これを踏まえるということであります。踏まえるとは、踏みにじることでもあります。

「ホンネとタテマエ」、「踏まえることは踏みにじること」、この二大原則は、もちろん、党外には秘せられておる。

文底に秘沈しておるのであります。

これを称してわが党の四大文書、二大秘法というのであります。

いまこのとき、我らは再び政権を奪還するため、党を刷新し、新しい党に生まれ変わらねばなりますまい。

そこで立党の精神に立ち戻るのであります。

つまりは「ホンネとタテマエ」をしっかりと区別すること。マニフェストを踏まえて、いずれは踏みにじること、これであります。

(2009.10.24)

ミスディレクション

役人　先生、どうもいけませんなあ。

議員A　何がいかんのだね。国会は粛々と進んでいるし、支持率も安定している。

役人　ごもっともです。しかしよくない兆しが見えるのです。

議員B　はっきり述べたまえ。

役人　たとえば先日のポツダム宣言の答弁とか、トンキン湾事件の検証とかです。

議員A　あれか。くそ共産党めが。で、どこがいかんのかね。

役人　あのとき、総理や外務大臣が答弁不能に陥られた。いや失礼。下手にごまかそうとなさった。あ、もっと失礼。え～、なんと申し上げればよいか……。

議員B　いいよ、はっきり言えよ。下手な答弁をしたと言いたいのだろう。

役人　申し訳ございませんが仰せのとおりです。こういうのは後から効いてくるので、放置できないのです。

議員A　そんなこと言ったって、ポツダム宣言の中身を認めないとは言えないし、認めると答えたら侵略戦争だったと容認することになるし、あの場合は総理がなさったように知らんふりするしかなかろう。

議員B　いかにも。トンキン湾にしろイラク戦争にしろ、我が国は何も考えずにアメリカを支持したのだ。その時はそれでよかったのだ。トンキン湾は間違いだったとか、イラクに大量破壊兵器はなかったとか、アメリカがあとから言い出すのが問題のもとだ。アメリカの尻拭いをなんで我々がしなきゃならんのだ。

役人　まことに先生のご慧眼のとおりです。いまさらどうにもならないことを質問されたら答えようがない。答えようがないのに答えようとするから、いわば、まあ、ぶっちゃけボロが出るのです。あちらの作戦勝ちです。

議員A　だったらどうしろというのだね。

役人　ミスディレクションを用いることをお勧めいたします。

議員B　君ら役人はすぐに横文字を使う。

議員A　目くらましのことだな。

役人　さようでございます。こういった場合には、いくつかの手段がございます。

議員B　目くらましだったらそう言いなさい。目くらましだったら、め・く・ら・ま・し、の5文字で済むのに、なんで、み・す・で・ぃ・れ・く・し・ょ・ん、なんて9文字も使うのだね。不合理だ。

役人　申し訳ございません。ただ申し上げればミスディレクションはカタカナで9文字ではなく8文字でございまして、英語だとたった4音節でございます。

議員B　え？　そうなのか、え～と……あれ？　9文字のようだが……。

役人　はい、先生のおっしゃる通りです。9文字です。これがミスディレクションなのです。本来の議論を横道にそらせてしまうのです。肝心なのはミスディレクションの意味や、英単語を用いることの是非なのですが、それをちょっとしたやり取りで、8か9かという、どうでもよい問題にすり替えてしまいます。8でも9でもよいのです。国民は、我々が8だ9だとケンカしているのを見るほうが面白いのです。

議員B　ぐぐ……なんと人の悪い。

議員A　面白い。国民の関心をそらせばこちらのミスを忘れてくれるというのだな。では、どういう手があるのかね。

役人　総理がドラえもんのネクタイでもしめて下されば、テレビも新聞も議事を忘れてそれ一色になるのですが。

議員A　それは無理だ。

役人　たまにハメを外して下されば洒落になります。

議員A　ふん、ハメを外して洒落になるのは本物のインテリだけだ。

議員B　総理は、ほれ、例の学歴詐称でわかるとおりインテリに見られたいタイプだからなあ。ドラえもんはダメだろう。

役人　では、こういうのはいかがでしょう、総理が大臣の答弁を横取りするとか、ちょっとした野次を飛ばすとか。

議員A　そんなことでどうにかなるのかね。

役人　そういったどうでもよいことだけをマスコミに大きく取り上げさせるのが、わたくし共の仕事でございます。バカな国民はすぐに乗せられましょう。

議員B　乗せられるのはバカなんだな……。

役人　あ、いえ、けっして先生のことではございません。ま、ともかくそれで宜しければ、いささか官房機密費を支出していただきたいのですが。

議員A　いいだろう。1000万もあればよいのかね。

役人　はあ……一部野党にどうでもよい質問をさせる工作もございますし、二の矢、三の矢も必要ですし、ここはいま少し……。

議員A　5000万でよいか。

役人　当面はそれで結構かと。

議員B　役人、お主も悪じゃのう。

役人　いいえ、先生こそ。

全員　うは、うは、うはははははは。

てな謀議があったのか、なかったのか、わたしゃ存じません。が、肝心なのは安保法制の先に憲法改悪と国防軍が見えていること。ここをはずして、枝葉末節に入り込んで目くらましされないよう、しっかりと見据えとかないとね。

それにしても、いい質問だったのに、安倍総理の「早く質問しろよ」ヤジのおかげで質問そっちのけでそればっかり取り上げられてる辻元さん、気の毒だわ……。

(2015.5.29)

「のような」戦闘

みなさま、こんにちは。

安保法制の審議がいよいよ始まります。

みなさまは反対ですか、そうですか。

まあ反対なら反対でよろしいけれど、批判勢力にだまされないでいただきたい。

私が記者会見で述べた内容がウソだとかペテンだという誹謗中傷があるようでございますが、とんでもございません。

いまからそのことを、はっきり申し上げておきます。

私は「アメリカの戦争に巻き込まれることは絶対にない」と申し上げました。

これがウソだというのです。なんでウソですか。巻き込まれるようなことは、絶対にありえません。なにしろ、こっちから飛び込んでいくのですからな。

私はこう述べました。

「もはや、一国のみでどの国も自国の安全を守ることはできない時代であります」と。

自国の安全を守るには、世界が平和でなければなりません。

ですから他国と一緒になって、世界の平和を守るために出かけてゆくのです。平和のための法案が、どうして戦争法案なのですか。

世界の平和とは、アメリカ中心の国際秩序のことであります。

世界中がアメリカのいうことを素直に聞くなら、それで平和になります。

素直に聞かないから戦いになるのでありまして、こちらは何もはなから戦争を目的にしているのではございません。

したがって、戦争法案というのは誹謗中傷であります。

「自衛隊がかつての湾岸戦争やイラク戦争での戦闘に参加するようなことは今後とも決してない」というのも本当です。

よろしいですか、

「自衛隊がかつての湾岸戦争やイラク戦争のような戦闘に参加することは今後とも決してない」

こういえば、それは嘘かもしれません。私の目的は、自衛隊にいずれそのような戦闘に参加させることですからな。

しかし私はそうは述べていない。よく読んでください。「自衛隊がかつての湾岸戦争やイラク戦争での戦闘に参加するようなことは今後とも決してない」のです。

かつての湾岸戦争やイラク戦争はすでに終わっております。終わった戦争に参加するようなことはできません。

え？　まだわからない？

「いま食い終わったカツ丼のような丼をもう一度食べるようなこと」

これはありえます。しかし、

「いま食べ終わったカツ丼をもう一度食べるようなこと」

これはありえないのです。食べようとしても丼はカラなのです。

分かってくださいましたか？

航空自衛隊のスクランブル回数のこともそうです。この10年で7倍に増えているのは本当じゃないですか。防衛省の作った資料写真をご覧ください。

10年前の7倍です。

この回数が25年前の水準に戻っただけで、冷戦当時より少ないということを言わなかっただけであります。

また、領空侵犯は一回もないことも、言っておりません。言わなかったんだから、嘘をついたことになりませんぞ。

そもそも安倍内閣を嘘つき呼ばわりすることは、安倍内閣を支持している国民の5割のことを「だまされても気づかないバカ」呼ばわりすることであって、まことに失礼千万であります。野党は国民の半分がバカだと叫んでいるのです。

こんな野党を許せますか。

私は声を大にして申し上げたい。

「国民の半分はバカではない!」と。

残りの半分はどうなんだ、ですと?

それは言わぬが花というものでございます。

ではそういうことで、みなさん、よろしくお願いいたします。


(2015.5.16)

「取り戻したい」日本

私が取り戻したい日本とは、軍国主義時代の日本だと言う人がおりますが、とんでもございません。

取り戻したいのは、協同体としての日本社会です。「お互いさま」「おかげさま」の社会です。互いに譲り合う美徳の生きていた、かの麗しき時代なのです。

血相を変えてこぶしも高く「かちとるぞー」と叫ぶような、わがまま放題の日本は醜いじゃありませんか。

権利を振りかざし、我が利益を声高に唱え、荒々しく奪うことをよしとするような利己主義の日本は、日本ではありません。


「おかげさま」とは何か。

たとえば、ですな。政治家に何かを頼むなら、へりくだって「先生、おかげさまで助かっております、ひとつよしなに」と政治献金の一つも用意する。

するとこちらも「いや、おかげさまで助かっております。まあ大船に乗った気でいてください」ということになる。

これが「おかげさま」であり、「お互いさま」ということです。左翼にはこういったゆかしさがないのです。

福祉予算をふんだくっていくが、それで助かっている母子家庭が政治献金を持って来たことがあるのか。いっぺんもございません。

福祉作業所が予算をつけてほしいなら、天下り先として月給の100万円も出して、ヒマなポストを用意することぐらいすればよいのに、それもしない。これでは役人だって動きませんな。

教育予算をいくら増やしても、ニッキョウソがお礼に来たことなど一度もありません。彼らは、予算が天から降ってくるとでも思っているのでしょうか。政府が予算をつけるからこそ、じゃありませんか。

ただふんだくるだけで、感謝の「おかげさま」を忘れるような教育は、根本から変えなくてはいけませんな。

「お互いさま」の心は、本当に大事です。

サラリーマンが暮らしに困ったら、勤め先を変えて、月給のよい所にいきます。反対に、会社が経営に困ったらどうか。従業員を変えて、月給の安い人を雇います。お互いさまですな。これに文句をつけるのが左翼労働組合です。

ふざるのではない、と言いたい。

経営者は儲かることもあるが、会社がつぶれたらたちまち物乞いです。それに引き替え、労働者は儲かりはしないが、会社がつぶれない限り安泰です。お互いさまじゃないですか。

儲かる時に儲けて何が悪いのだ。

こういうとき、「お前ばかり儲かる仕組みはずるいじゃないか」とわけのわからんことをいうのが左翼です。

これに対して「格差が気に入らないならお前も頑張って金持ちになれよ」というのが、アメリカ式の新自由主義ですが、これは社会に恨みや妬みを育てる誤ったやり方です。

貧しくても妬まない、おかげさまの心。下積みにあっても文句を言わずにこらえて生きる謙譲の美徳。上見て暮らすな下見て暮らせの美しい精神。これが日本であります。

互助精神を忘れて権利意識ばかりを肥え太らせるのが、左翼思想です。

こういうものを根絶やしにしてですな、一徳一心の大御心の下、御稜威に副わん大使命、征け八紘を一宇として、嗚呼一億の民の声、大行進のゆくところ、皇国常に栄えあり。大日本帝国憲法、万歳！

これでよいのであります。

ご清聴ありがとうございました。

(2015.5.18)

日本は弱者に甘すぎる!!

国が困窮した時は弱者を見捨てろという意見。正しい。じつに正しい。だいたい日本は「弱者」に甘すぎるのである。

大昔からそうだった。

仁徳《にんとく》天皇というのがいた。

人民のかまどの煙が少ないのを見て、「民のかまどから煙がたちのぼらないのは、貧しくて炊くものがないのではないか。都がこうだから、地方はなおひどいことであろう」などと言って、税金や苦役を三年間停止してやったというのだ。とんでもない天皇であった。

貧しいのは人民の自己責任ではないか。現地調査もしないでこんなバラマキ福祉をやるなんて、信じ難い所行と言わざるを得ない。高福祉社会にして日本の国力を奪い、新羅《しらぎ》や百済《くだら》に国を売るつもりだったのではあるまいか。許し難い反日野郎である。

　だいたい皇族というやつはそういうのが多い。悲田院や施薬院《せやくいん》をつくって「弱者救済」に血道を上げた光明皇后。片岡の乞食に服をカンパしてやり、服が戻ってくるとその汚れたのをまた着用したという聖徳太子。そんなのがわんさといるのである。

　どいつもこいつも貧乏人を甘やかすばかり、いったい何を考えていたのであろうか。貧乏人は自助努力で生きていけばよいのだ。

　えっと、何の話だったか。

　そうだ、障がい者のことだ。

　なんで仁徳天皇を思い出したのかといえば、明治天皇のことが脳裏にあったからだ。

　明治天皇とはどんな奴だったのか。あの維新の大変なときにだ、「五ヶ条のご誓文」の翌日に、〝五榜《ごぼう》の掲示〟というのを高札で出しているのだが、その冒頭にこう書いている。

「一　鰥寡孤独廃疾《かんかこどくはいしつ》のものを憫むべき事」

　身よりのないひとや、障がい者をあわれむべし……だと？

　これから国を建てようとしているときだ、そんな連中のことを気にかけている場合か。なんというお人好し……。

天皇がこれだから、その皇后も推して知るべしである。

　赤十字の話がある。赤十字といえば、もともとは戦争の時の兵士救済が役目であった。その役割を変えたのが、明治天皇の皇后であった、後の昭憲《しょうけん》皇太后である。

　皇太后は、赤十字の救済活動を地震など平時の災害にまで広げましょうと言って、言うだけでなく多額の献金をしたのであった。そのおかげで赤十字は大変だ。地震災害から立ち直るなど、個人の努力に任せるべきことだ。こんなことをするから、災害でケガしたらタダで治療してもらって当然という甘えが広がったのである。

　なんと、昭憲皇太后のそのときの基金はいまも生きていて、アフリカ諸国やアジアの国々で、車体に「The Empress Shoken Fund（昭憲女帝基金）」と書かれたミニバスや救急車、血液運搬車が走っているというのだ。国際援助でのうのうと食っているようなアフリカ人に、なんでそこまでしてやる必要があるのか。

　人民など甘やかすとろくなことにならぬ。甘えがこうじて、いまや生活を立て直すために国の援助を要求するなどという不届き者が生まれているではないか。

　先日のテレビ番組で浦野幸という東大出身のタレント経営者が、「生活保護はよくない。社会貢献をした人だけに分配する仕組みがよい」と堂々と語っていたが、そのとおりなのだ。
国庫は産業界を支援したり、戦争に備えたり、選挙対策用に配る金のことで手一杯、貧乏人にくれてやる金など国庫にはびた一文ない。コッコ、コッコとニワトリでもあるまいに、誰彼なしに国庫ばかりを当てにしてどうするのか。
日本の伝統もよいが、いま見たような甘やかしの伝統が復活したらどうなるのか。
考え始めると、夜もおちおち寝られない昨今なのである。

(2016.1.4)

魔法使いアッキー

マタデタ　マカフシギ　ヤンパラヤンヤンヤン
マタデタ　マカフシギ　ヤンパラヤンヤンヤン
魔法の国からやってきた
ちょっとチャームな　総理の妻よ
メイヨ〜　ヤクイ〜ン
魔法の肩書を唱えると　開かずの扉　開くのよ
アキエ〜　アキエ〜
魔法使い　アキエ〜

キョニンカ　メコボシ　ヤンパラヤンヤンヤン
キョニンカ　メコボシ　ヤンパラヤンヤンヤン
口利きの国からやってきた
ちょっとワケアリの　一般人
クウキ〜　ソンタク
不思議な力で　お仲間に　愛とお金をばらまくの
アキエ〜　アキエ〜
魔法使い　アキエ〜

ハライサゲ　ホジョキン　ヤンパラヤンヤンヤン
ハライサゲ　ホジョキン　ヤンパラヤンヤンヤン
行き止まりの国からやってきた
ちょっと不思議な　権力者
ソウリ〜　ノツマ〜
魔法の名刺が　あるだけで
海が割れる　風が吹く
アキエ〜　アキエ〜
魔法使い　アキエ〜

(2017.3.24)

UFO（Union For Ossan＝オッサン同盟）

名誉園長　名前を出すと
たちまち役所と　話ができた
根回しするより早く
ワイロを出すより強く
役所の仕組みを揺さぶるアキエ

書類も出さずに頼んだだけで
すぐ役所は分かってくれた
学校認可はすぐに
建設用地はタダに
次から次へと　はたらく役所

信じられない　ことばかりあるわ
もしかしたら　もしかしたら　ソンタクかしら
それでもいいわ　利用しましょう
庶民の　知らない　ウラの力よ
口にしてはいけないことよ
以心伝心　ホンネは隠せ
憲法変えるぞ　すぐに
教育勅語に戻せ
オッサン好みの愛国教育

昔ながらのしつけをしたり
兵隊大好き戦争気分
夢見る気持ちにさせて
どこかにさらって行くわ
行き先告げない　片道キップよ

信じられない　ことでしょうけれど
ウソじゃないの　ウソじゃないの　ほんとのことよ
かたい役所も　右翼にゃ甘い
いっしょに　腐って　溶けていくのよ
（2017.3.24）

歯車の音

1

談判を終えると午後七時を回っていた。

仕事の話がくそ面白くもない結論になって、鬱陶しい気分を変えたくて寺田は馴染みの居酒屋に足を向けた。

「あら、寺ちゃん、いらっしゃい。毎日暑いねえ」

引き戸を開けると同時に、白いエプロンのママの声がとんだ。

外と違い、中は冷房が効いて涼しい。

「おお、気持ちええのお」

襟から風をいれながらいすに座る。

コの字型のカウンターにいすが八つばかり並んでいるだけの店内には、客がもう一人。

携帯電話でなにやら交渉しているようだ。

同業者の森本だった。

寺田も森本も建設業者といえば聞こえはいいが、従業員を抱えていない一人親方だ。

仕事があれば仲間を誘ったり、人夫を調達して人数をそろえ、現場に入る。

寺田と森本は地元の中学の同級生で、互いに仕事をやり取りした仲間だが、最近は暇でめったに出会うことがない。

話の内容から、何かの工事の段取りを指示しているのがわかる。

ちぇっ、景気のええとこ見せくさって。

そう思ったが、もちろん口には出さない。

ママが熱いおしぼりを差し出した。

「久しぶりやん。何しとったん?」

それには答えず、寺田はおしぼりで顔をぬぐいながら

「焼酎くれや」と注文した。

汗がすうっと引いていくのが分かった。

「水割りにする？」

「ああ、梅、入れてくれ」

店内のテレビが高速道路の渋滞を伝えていた。

そう言えば世間はお盆休み、明日は八月十五日だったと思い出した。

「はい、水割り。何食べる？　ご飯食べて来たん？」

「いや、まだや。塩焼きあるか」

「アジのええのんがあるわ。いま焼くさかい、それまで、これ食べといて」

カウンターに、ガラスの小鉢が置かれた。トマトやかぼちゃなどの夏野菜を煮て冷やした炊き合わせだった。

焼酎をぐいとあおる。冷たいものが喉をすべって流れ込み、胃袋がきゅっとしまった。

そう言えば、今朝方、家を出てから何も食べていないのに気づいた。

寺田の脳裏に西兵庫工務店での屈辱がよみがえる。

一言、くそったれとつぶやいて、焼酎をあおった。

さっき、予定していた工事のメンバーからはずされたのだ。


「すまんなあ、寺ちゃん、今回は辛抱してんか。何せ、東京の本社からねじ込んで来よったんや、タイヨー建設を使こうてくれ、言うてな。わしとこかて、どうせ頼むんなら気心も知れてるし、仕事もしっかりしてるあんたとこに頼みたいねんで」

社長は顔の前に手を合わせて、何度も「すまんなあ、すまんなあ」と謝罪した。

仕方がないのだ。西兵庫工務店も小さな会社だ。ジョイント・ベンチャーの大手から縁故のある業者を使ってやってくれと頼まれれば、いやとは言えない。

それで、二百万円の工事がパーになった。

しかし。

「なんでわしやねん」と思うと、それがくやしい。

くやしいだけではない。金がほしかった。

私立高校に通う長男が、十月に修学旅行だ。旅行に行くには、国民健康保険証のコピーがいる。だが国民保険はもう一年近く滞納になっている。もちろん保険証の期限など、とっくに切れたままだ。

「来月、一部でも何とか納めないと」妻はそう言った。

最低でも二十万円は必要だと言う。だが今の寺田に二十万円は大金だった。

このところ、急に仕事が減った。理由はわからない。元請け会社の現場担当者が転勤になり、別の監督と交代した。すると突然に発注がなくなった。別の元請けでは突然の工事キャンセルがあった。今回のような割り込みも一度や二度ではない。

運の悪い時とはこんなものなのかと、何度ため息をついたことだろう。近ごろでは二〜三日で終わる現場ばかりだ。現場が終われば仕事探しに歩かねばならない。その間は仕事ができない。そんなこんなで、近ごろでは一カ月のうちに半分も仕事があれば上出来という有様だった。百年に一度の不景気という言葉が、溜息と共に何度も口をついて出る。もともと多くない貯金は底をついていた。西兵庫工務店の仕事は、だからどうしてもほしかったのだ。

「アジ、焼けたで。ショウガにするか、スダチがええか」

ママが大根をおろしながら尋ねた。

「スダチにしてくれ」

店内のテレビがニュースを伝えている。

画面には大勢の自衛隊員が完全武装で輸送機に乗り込む姿が映されていた。

そう言えば、フィリピン近くの何とかいう島で内乱を鎮圧するために、陸上自衛隊が派遣されるのだった。初めての実戦参加ということで、大きなデモが起きていた。しかし歓迎する人も多いのだろう、画面の外から「ばんざーい、ばんざーい」と唱和する声がかすかに聞こえる。

「けっ、何がばんざいじゃ」

思わず悪態が口をついて出た。

「よその国の騒動にちょっかい出す金があるんなら、こっちに仕事回さんかい」

「えらいご機嫌ななめやね、どないしたん？　しけた顔してるで」

「どうもこうもあるかいや。ママ、しょうゆ、どこや」

「あ、気ぃつかんとごめんな。はい、どうぞ」

寺田はジャッと醤油をまわしかけ、アジの塩焼きをはしでほぐした。

「焼酎、お代わり」とコップを突き出す。

2

「おい、どないや、景気ええか」

電話を終えた森本が声をかけてきた。

「そっちはどないやねん。景気よさそうやな」

「まあ、おかげさんでな。大きな仕事が回って来たんや」

道理で機嫌がよさそうだ。

「ほお。マンションか、ビルか」

「道路の仮舗装や」

「ほお、道がつくんかいや。どこに」

「ミサイル基地や」

「ミサイル基地ぃ？」

寺田は大声で聞き返した。

「なんや、知らんのかいな。こんど、山向こうに大きなミサイル基地ができるねんで」

「知らんことあるかい、パトリオットやろ」

「知ってるやないか」

そうなのだ。

この街は守るほど大きくもないが、郊外には自衛隊の駐屯地がある。山の上には米軍のアンテナも立っている。パトリオットミサイルはそれらを守るためだと噂されている。のどかな街だが、さすがに物騒なものはいらんと反対運動が起きていて、寺田も先日、自治会から誘われて参加してきたばかりだ。

森本はにこにこと嬉しそうだ。

「ええもんが来てくれたおかげで、北朝鮮がミサイル撃ってきても安心や。仕事もでけたし、おかげでこないしてママの顔見ながら安い酒が飲める」

「安うて悪うございましたわね。今度からモーさんだけ倍もらうわ」

「倍でも三倍でも、ママのきれいな顔が見えるんやったら、わしかまへんで」

「あらら、やっぱり羽振りのええ人はええこと言うわあ。けど何にも出やへんで」

寺田はそんな軽い話に付き合う気になれないので、話の腰を折って尋ねた。

「なんの道やねん」

「基地まで資材を運ぶ、工事用道路の開削や」

「よう、そんなもん、取れたな」

「そうやねん。まあ、取ったのは大和組や。わしはその下請けや。それでも一億二千万円やで」

「一億二千万!?」

寺田は素っ頓狂な声をあげた。

それなら、少なくとも粗利三千万は固い。相手は自衛隊だから不渡りを食らう心配もない。何と運のいい奴だ。俺は二百万円の工事さえ蹴られたというのに。

しかしミサイル基地というのが引っかかった。寺田はこの地方都市にそんなものは来てほしくないと思っている。寺田は土建組合の班長をしているのだが、組合が会長を先頭に反対の声をあげているので、何度も学習会に出た。そこで大学の先生に教えてもらった話では、こんな田舎町がミサイルで狙われるはずがなく、パトリオットは米軍のレーダー基地を守るのだという。自分たちに何の関係もないのに、かえって標的をつくるようなものだそうだ。それはいい気がしない。

だが寺田は、仕事はほしいとおもった。

ものは考えようだ。自分が工事をしなくても、どうせ誰かがすることになるのだ。それならば自分が手がけたところで何の問題があろう。

ミサイルというのがちょっと不安だが、なに、仕事には変わりがない。いつもの道ならしだ。よし、この話、いっちょ割り込んだろ。

「おい、森やん、その仕事、わしにも回してくれへんか。伐採だけでもええがな。いや、溝掘りだけでもかまへん。頼むわ」

森本は同級生だし、これまで何度も仕事のやり取りをしてきた仲間だ。頼まれればいやとは言うまい。そもそも、こんな話は、いちばんにおれに声をかけてくるべきではないのか。

が、案に相違して、いい返事が返らなかった。

森本はちらとテレビに目をやった。

「それがなあ」

しばらく言いにくそうにしていたが、やがて手にしたコップのビールを一気に飲み干すと、森本は声をひそめて言った。

「寺やん、こんな事、他の者《もん》は絶対に言うてくれへんぞ」

そして寺田の耳元に顔を寄せて、告げた。

「さっきみたいなこと、言うたらあかん」

「さっきみたいなこと？何のこっちゃ」

「しっ、声が大きい。自衛隊のこと、言うとったやろ」

ああ、あれかと寺田は思いだした。

「それがどないしたねん」

「あのな、寺やん、ほんまにここだけの話にしといてくれよ。わしから聞いた、てなこと、誰にも言うたらあかんぞ。お前はわしの同級生やし、ほんまの友達やさかいに言うたるねんぞ」

「何やねん。もったいつけんと早よ言えや」

「お前、自衛隊が出ていくんに反対する共産党の集会に出たことあるやろ」

「共産党の……?」

ああ、あれかと思いついた。

組合の役員だから、ミサイル反対の集まりに駆り出されることはよくある。仕事が暇なこともあり、寺田はいつも二つ返事で引き受けていた。

ミサイル基地反対のはちまきをしめて行くのだが、集会はそのことだけではなく、病院代を下げろとか、保険代をあげるなとかいうのもあった。

そんな集会のひとつに、自衛隊がフィリピンに行くのに反対する集会があって、共産党の議員があいさつしていたのだ。

だが、なんでこいつがそれを知っているのだ? 自衛隊の派遣に抗議する集会に出たことを話した記憶はない。

3

土建組合とは、もう二十年の付き合いになる。

「なり手が少ないさかい、困ってるねん」とこぼす会長に頼まれ、しぶしぶだが数年前から地域の班長も引き受けていた。役員といっても、組合の新聞配りと、あとは会議に出て眠気をこらえながら話に頷いているだけだ。

税金や融資のことで世話になっていたし、集会直前には銀行との交渉も手伝ってくれた。それで返済を少し猶予してもらえた。先年の父親の葬儀には組合員が大勢参列してくれたし、受付も引き受けてくれた。

その組合から、大事な集会なので出てほしいと頼まれれば、嫌とは言えない。外国の戦争で自衛隊員が死ぬのは納得できないと思う気持ちもあったから、軽く引き受けたのだ。

「出たけど、なんでお前がそんなこと知ってるねん」

「わしな、工事の話がまだ本決まりになる前に、下請けをどこにする予定か、リストを出せえ言うさかい、出したんや。お前のことも入れてあったがな」

森本は作業服の胸ポケットから煙草を出して、口にくわえた。

「ママ、ビールくれや」

「はい。肴《あて》はもうええのん?」

「いか刺しあるか」

「ごめん、いか、ないねん。スルメやったらあるけど」

「あほか。スルメがいか刺しの代わりになるんかい」

「もとは同じイカやないの、ねえ、寺ちゃん」

寺田は苦笑した。

「なんぞ刺身ないんかい」

「赤身やったらあるわよ」

「それでええわ」

森本は煙草に火を付け、一口吸って、長い煙を吐いた。

返事を焦らされて、たまらず寺田が聞いた。

「大和組に何か言われたんかい」

「……」

「わしをはずせ、てかい」

森本はうなずいた。

「お前をはずさんのなら、仕事はよそに回す、言われた」

森本は出てきたビールをコップに注ぎながら続けた。

「わし、理由《わけ》を聞いたがな。寺やんとこは仕事はしっかりしてるし、同業者に知り合いが多いさかい、組んだら絶対便利や、言うてな。そしたらな」

ビールの入ったコップを置いて、森本は寺田の顔をのぞき込んだ。

「大和組の社長が言いよるねん。あいつはアカや、て。土建組合と付き合いよる、て」

寺田は何と答えてよいか、とっさに言葉がでなかった。

「寺やん、誰が聞いてるかわからん。さっきみたいなことは言うな。そやなかったら、お前にはこれから、仕事回って来うへんぞ。これはな、お前だけと違う。この町の組合の業者、全部や。土建組合つぶしたるて社長が言うとった」

そんな馬鹿な話があってたまるかと寺田は考えた。

何千人もが集まった集会やぞ。わしがそこにおることを誰が調べよったんや。わしみたいな雑魚一匹のこと、わざわざ大和組に通報した奴はどこのどいつや……。

その時、寺田は、はっと気づいた。

西兵庫工務店に断られたのも、そうやったのか。このところ仕事が減ったのも。担当者が変わった、工事がキャンセルになった、元請けから頼まれた……。それらはすべて、自分をはずすための口実だったのだ。

この街の土建組合、つぶしたる?

地元では大手の部類にはいるとは言え、大和組にそんな大口をたたける力などない。誰かの黒い手が、自分たちを追い込もうとしている。

あ……。

背筋がぞくりとした。

集会にもぐり込み、参加者を特定して工事業者に伝え、妨害するほどの力のある存在と言えば……。

警察や、と寺田は直感した。

政府権力に逆らうことの怖さを、いま初めて実感した。そんな相手ににらまれたら、とてもやっていけない。

寺田はひざが震えるのを感じた。

わしのせいか、と寺田は自分に問うた。組合の平役員してるさかいか？　わしがアカと付き合いしよるさかい、息子は修学旅行にも行かれへんのかい？　そんなあほな。それやったら組合、辞めるがな。なんにも、ここまでせんでもええやろ……。

4

「寺やん」

急に押し黙った寺田の顔を、森本が優しげにのぞき込んだ。

「困ってんのやろ？」

寺田はうなづいた。

森本に事情を話した。

「そうらしいとは聞いとったけどな。そら、えらいことや」と森本が顔を曇らせた。

「そやけど、わしの力ではのう、何とものう……」

「森やん、頼むわ。何とか取り持ってくれや。わし、土建組合みたいなもん、いつでも辞めるし」

森本はしばらく、うーんとうなっていたが、やがて、ぱん、と手を打った。

「寺やん、わし、大和組にもう一回掛け合ってみたるわ」

「ほんまか！　口利き、してくれるか」

「やっぱりのう、友達が困ってるのに、見捨てられへんがな。寺やんなら、伐採から舗装まで、何でも来いやし。実はな、工事用道路のあと、外溝工事も取れそうやねん。そやけどわしとこは機械乗りがあかんでな。寺やんなら大型ユンボもでけるしの、何ならそれ、二人で請けてもええ。これも一億からの仕事やで」

一億！　それなら二人で分けても、粗利で一人一千万以上、純益で何百万かのもうけだ。寺田は地獄の闇から、急にまぶしい光の中に躍り出たような心地がした。

これで溜まった保険代が払える。修学旅行に行かせてやれる。

寺田は涙が出そうになった。

「おおきに、おおきに。この通りや」

寺田は思わず手を合わせた。やはり、これが同級生のきずなというものだ。

「ただな、やっぱり、その、なんと言うか、手みやげがいるやろ」

「手みやげ?」

「そらあ、もの頼みに行くのに、手ぶらっちゅうわけにはいかんがな」

「そやけど、わし、金ないで」

「違うがな。ええこと思いついたんや。それでわしは口利きできると思たんや」

「ええ事て、何やねん」

「今から言うがな。そやけど、これ聞いたら最後、絶対に、首を横に振らんとってくれよ。いやや言うなら、仕事の話はなしや。お前との付き合いも、これまでや。言うてること、わかるな?」

そんなことを言われなくても、寺田は仕事を取るためならなんでもするつもりだった。

「何でもするがな、何やねん」

「おう、まあ聞け。工事用の道路予定地やけどな、そこに基地反対のアカがテント張って寝泊まりしくさっとんじゃ。工事は来月直ぐにかからなあかんのに、困ってるんや」

あ、と寺田は思った。

「そいつら、いてこましたろ、思てんねん。そやけど、こんな仕事は誰にでも頼まれへん。口が軽い奴はあかん。実はわしも、誰に言おうか、悩んでたんや」

「え……ええで。そいつらビビらしたったらええんやろ」

「そうや。二度と出て来れんぐらいに、いわしたるんや。大丈夫、警察には捕まらんように、話ができてある」

「何をしよう、思うてんねん」

「誰にも言うなや、じつはな、夜中に襲撃かけて追い払ったあとな、火炎瓶投げてテント燃やしてもたろ、いう計画や。わしと、あと十人ほど工事予定もろてる奴がおるんやけど、頼りない奴ばっかりでの、誰ぞ腕の立つもんがほしいと思てたんや」

「火炎瓶とはまた、それは……」

これはえらいことに巻き込まれたと思った。これほどまでの話とは、思いもよらなかった。よりにもよって、わしがミサイル基地反対運動をつぶすんか……。

だが、背に腹は代えられない。どうしても金はいるんや。ままよ、毒くわば皿までじゃ。

やったろやないか。

内心の動揺を抑え、寺田は腹をくくった。

「やっぱり、寺やんや。ここっちゅうとこで頼りになる。それ手伝ってくれたら、大和組にええ手みやげになるがな。社長に言うたるで。見てみなはれ、社長、どこの世界に基地反対の連中を追っ払うアカがおりまんねん、社長、間違ってまっせ、寺やんは信用でけまっせ、てな」

森本は上機嫌だった。

ママにビールとコップを頼み、乾杯して、何度も何度も友達、友達と言いながら二人で遅くまで飲み続けた。

店を出るときは森本が勘定を支払った。

5

夜道、寺田は、心のどこかがしくしくと痛むのを覚えた。

なあに、わしがしなくても、いずれ誰かがすることになる。

戦争は好かん。

好かんけど、そんな自分の小さな意志、自分だけの意地のために、息子に修学旅行をあきらめろと言えるのか。

いや、そんなことはできない。

ならば、しかたがないではないか。

わしが断ったところで、ミサイル基地はできてしまうのだし。

組合の会議でニコニコと相談に乗ってくれる会長の顔が浮かんだが、無理矢理うち払った。

もう、組合にはおれんことになるの……。

世話になったんやけど。

明日は脱会と役員辞任の決意を伝えよう。

悩むことない。

組合が仕事をくれるわけではなし、これが生きてゆくということなのだ。

寺田はそう思うことにした。

自嘲の笑いが、へへんとこぼれ出た。

かすかに大型ヘリの爆音がする。

寺田は空を仰いだ。

数え切れない星々がきらめいていた。

こないに、空はきれいやったのか。

寺田はここ何年も地面ばかり見つめてうつむいていたことに気づいた。

星々を縫って飛んでいるのは軍用ヘリのようだった。

キラリ、キラリと表示灯をまたたかせて、近づいてくる。

寺田はさっき居酒屋で見た、完全武装の自衛隊を思い起こした。

どこかの内乱を鎮圧に行くという自衛隊。

戦争に反対すると、仕事から干される国。

集会にでると、どこかから監視されている国。

基地反対派を襲撃すれば、仕事がもらえる国。

いつのまに、こんなことになったんやろう。

寺田は、何か目に見えない大きなものが、自分たちの暮らしの上にのしかかっているのを感じた。

軍用ヘリが頭上にさしかかった。

爆音がひときわ大きくなった。

時代という大きな歯車が、戦争に向かって、ぎしり、と動く音を聞いた。

爆音に混じって、ばんざーい、ばんざーい、と言う声が、どこかから聞こえたような気がした。


（了）

＊8月15日なので、以前に限定公開した恥ずかしい短編を特別公開（作者記）

(2009.8.15)

第12章 日記

ハトとスズメと憲法と

今日は昼休みが30分しか取れなかった。何も食べる気がしないので、パンを一つ買って近くの公園に行く。

多少は涼しげな木陰を選んでベンチに腰かけた。

袋をあけてハトにエサをやり始めると、わ〜お！　いきなり何十羽ものハトがワラワラワラっと駆け寄ってきた。て、足下で騒ぐわ、ベンチに飛び上がって来るわ、ついにはパンを持つ手に平気で止まり始めた。

スズメも寄ってきた。

ハトはパンをもらうと、その場で食べる。大きなかたまりだと、プルプルッと首を振って、ちぎって細かくする。

当然、カケラがちぎれて落ちる。

すると、やおらスズメが横合いからすっ飛んで来て、パクッとくわえるやパタパタパタっとどこかへ逃げて行ってしまった。

与えたパンくずは四方八方からくちばしでつつかれ、見る間に細切れになる。

それをスズメが次々にかっぱらっていく。

結局ハトが食べられるのは、最初にくちばしにはさんだ小さなカケラだけだ。

あらかたは、はしっこいスズメがかっさらってしまった。

図体がでかいくせに、ハトはスズメを威嚇するでもなし、のんびりというか、どんくさいというか、さすが平和の象徴じゃわいと思ったが……が。

いくら平和主義とはいえ、護憲派がハトみたいにのんきでは、憲法なんてたちまち変えられてしまうだろう。

ハトではいかん！

こすっからいけど、自分の生存権を必死で主張しているスズメのほうがましだ。護憲派はスズメの爪の垢でもせんじて飲もう。

あ、でも、スズメのツメに垢はたまらないか……。

(2007.6.29)

＊編集注＝泥さんのSNS初投稿。

平和行進

本日は播磨平和行進。福崎〜姫路コースの日です。暑い中を歩いている皆さまには、大変にご苦労さまです。

で、私ゃ、仕事してます。パソコンで苦手な計算してます。数字ばっかりで、うんざりします。しかし、憎たらしい息子の、もとい、大事な大事な息子の、クソいまいましい学費を稼ぐためには、父ちゃんは頑張らねばなりませぬ（ええ父親やなぁ）。

しかしこのあと、昼ごろには仕事をおいて大阪へ。大阪で「第九で9条パレード」というのに参加する予定です（イェイ）。「七夕やさかい浴衣着ておいで〜」というメールが入りました。浴衣、たしかあったんやけど、どこいったかわかりません。そこで作務衣着て行ったろうと考え、持って来ましたがな。

本日は「盧溝橋《ろこうきょう》事件」が起きた日です。日中が全面戦争に突入していく発火点となった事件です。7月に「盧溝橋事件」、8月に「上海事変」、そして12月には「南京事件」と続き、4年後の真珠湾攻撃へとなだれ込んでいくのです。

そういうことも想起しながら、作務衣着て、ゾウリでペタペタ、デモしてきます。

(2007.7.7)

父とお寺と平和

明日は父親の百カ日法要。早いものだなと思う。父親はわりと熱心な門徒だった。きっと今ごろはお浄土で、のんびりやっているだろう。

うちのお寺でも先代が亡くなられ、いまは若いご院住さんが懸命に勉強しながら、お勤め中だ。人は死んで、代が受け継がれていく。当たり前のことだな。

ところで、お寺の本堂には、9条の会のポスターが貼ってある。

昨年はそこで平和講演会が開かれた。講師は元海兵隊の平和活動家、アレン・ネルソンさん。これは先代からの伝統で、現ご住職がその志を受け継いでおられるのだ。

うちの宗派は浄土真宗。戦前から幾人もの反戦僧侶を生み出している。昨日も、戦時中に「日本のしていることは侵略」と公言して陸軍刑法で有罪とされた僧侶が、本山から名誉回復された記事を読んだ。

人は死んで代が受け継がれていく。受け継がれるのは、代だけではない。宗門に脈々と流れている平和への志も、末寺の中に、しっかりと受け継がれているのだと思う。

父親はなかなかしぶとい保守主義者で、私の論争相手だった。私が少年自衛官に受かった時は本当に嬉しそうだった。勝手に退職して、悪いことをしたかな。この点では、私は父の志を受け継いでいないな～その父も晩年は自民党にあいそをつかして、比例は野党に入れていたようだ。だから、ま、いっか（笑）

(2007.7.8)

お腹をなぜながら自分を叱る

健康診断を受けた。清潔なフロア。やさしい案内係のおねえさん。高そうな診療機器。親切な診断。帰りにはお食事券までもらえる。いたれりつくせりやな。世界には一杯の生理食塩水がなくて死んでいく子どもたちがいるというのに。こういう時、日本の豊かさを実感する。

けど、自分は以前、自営業をしていたので、こういうのでない日本の現実も知っている。国民保険料を納められなくて、医者にかかれない同業者はいくらでもいた。子どもの修学旅行には保険証のコピーがいるというので、サラ金で借金して保険料を支払い、それがもとで多重債務におちいる商売人が珍しくない。

私は工場を倒産させてしまい、しばらく土建の世界に飛び込んだ。そこには、明らかに重症なのに医者にかかれず、偽造の診断書で仕事にありついている若者がいた。ある時、作業員がたりないので連絡を取ったら、すでに死んでいた。手とり足とり、仕事を教えてくれた年輩のベテラン人夫は、もう行方不明だ。社会的構造によって強制される富の遍在が、弱者の命をうばい、人間性を変質させていく。

誇張なしに、私はあの時、ホームレス

一歩手前にいた。そこから脱出できたのは、励まし、支えてくれる仲間がいたからだ。加えて、単に運がよかったから。

で、いまは奥さんから「太りすぎ」と非難され、子どもには「ポヨポヨやな」とあきれられている。

人間は忘れっぽいものだ。しかし社会の「最低辺」で働いた記憶は、なくさずにとどめておきたいと思う。現場監督にまるで犬でも呼ぶように扱われた屈辱を、大切にしたい。

ポヨポヨではいかんのだよ、どろくん。太ったブタより、やせたソクラテスだよ。わかっとるのかね、と、やせてたころの、ヘルメット姿の自分が怒っている。

(2007.7.10)

ダイスケ

ダイスケがはじめて家に来た時、すでに歯抜けのじいさんで、医者が言うには推定7歳。だけどチビ犬だから可愛くて、子どもたちが、飼ってくれー！　と叫んだ。散歩させるー！　ウン○の世話もするー！　ギャーギャー！　ギャーギャー！　ギャーギャー！

そこで飼いはじめた。ら、ウソばっかり。子どもたち、ウ○コの世話なんか一度もしたことがない。ダイスケはほったらかしで、家の中と外を自由に勝手きままに出入りして、鎖をしたことがない。夜中の散歩でも、鎖をしなかった。しつけもされず自由奔放。エサ、食い放題。

それがよかったのか医者いらずの長生きで、我が家に来てから11年、推定年齢18年。人間にあてはめれば百歳こえてます。本名のダイスケとめったに呼んでもらえず、いつも、ダイ、とだけ。

ダイは、いま、しずかに眠ってます。二度と目を醒ましません。暑い夏を越せませんでした。老衰やから、しかたありません。きょう、霊園に連れて行きます。ダイは、うちに来て、幸せやったかな？　家族はみんな、ダイが来てくれて、幸せやった。愛らしい仕草で、よく笑わせてくれた。名犬とは言いがたく、よく家出して困らせてくれたけどな。思い出を書いてると、切りがない。さよなら、ダイ。いままで、ありがとうな。

(2007.7.29)

季節はずれのHappy Xmas

昨日は合唱レッスン。

曲はジョン・レノン「Happy Xmas（War is Over）」

ええ曲や〜。メロディもさることながら編曲がすばらしい。なんでこんなに美しい和音がつけられるのか。音楽家というのはすごいなあと素直に感動した。難しいことはわからんが、音の重なりが人の心を動かす力は恐るべきものだ。これでちゃんと歌えさえすればなぁ……。

歌詞も共感できる。「War is Over（戦争は終っている）」と歌うこの曲はベトナム戦争の真っ最中に作られた。「もしも君がそれを望むなら戦争は終わってる」これは祈りだ。論理ではない。

久間元防衛大臣のセリフ、「原爆投下はしょうがなかった」。ここには原爆を許さないという決意もなければ祈りもない。利益と打算にもとづいた、現状追認の戦略的発想でしかない。

今日は長崎原爆の日。長崎の人々は原爆で筆舌につくしがたい苦しみをこうむった。けれども人々は原爆を投下した米国政府をうらまないという。うらみの感情がないと言えばウソになるだろうが、それをグッと飲み込んだ。だがそれは原爆投下を「しょうがない」として受け入れることではない。うらみや憎しみを、核兵器廃絶の祈りに昇華したのだと思う。まったく非論理的である。

翻訳しにくいHappy Xmasの歌詞みたいだ。だが、その非論理的な祈りこそが世界を破滅から救うただひとつの道であるような気がする。War is Over! If you want it. War is Over Now.

戦争は終りだ、それを君が望めば戦争は終わっているよ、今、そう今日はクリスマスだ、おめでとう、みんなしあわせに！　肌の色・貧富関係ないね、みんなしあわせに！　戦争は終りさ、君が望むならね、戦争は終わってるよ、今……こんな歌詞やったような気がする。

（2007.8.9）

「イチゴ会」の会員になりました

陸上自衛隊少年工科学校第15期生の同期会に来てます。

同期会には派閥がありまして、酒派とケーキ派。ケーキ派は自衛官の品位だとか難しいことを主張して、格式は高いが、まずい会場ばかり選びます。酒派は実質本意で、安くて駅に近いところ（酔っぱらっても道に迷わない）。

今回は酒派の勝ちで、京都駅の近所。しかも泊まり!!　どこまで付き合えばよいのやら、怖いものがあります。

それはともかく。今回は会の名称が決まりました。15期にちなんで、「イチゴ会」。ま、イチとゴですから、いいんですけど。とゆーことで、私はいま、「イチゴ会」の会員です。ウフッ

正確に言うと「中方いちご会」。「中方」とは「中部方面隊」の略称です。住んでいる地域を方面隊単位で考えてしまうのは職業病でしょうかね。

じつはですね。自分は中部方面隊に所属したことがありません。学校は長官直轄だし、部隊実習は北部方面隊、配属されたのは東北方面隊です。兵隊の強いところばかりです。

中部方面隊は陸上自衛隊でいちばん弱いと言われています（ホントかどうか知らないけど）。まあ、「いちご会」だからなあ……。あんまり強そうじゃないな、たしかに。

（2007.12.1）

夜回りやってます

火のよ～じん、カチカチ。カウベルみたいな鐘をカランカランいわせて夜回りです。歳末の風物詩ですねー。

集会所にはあったかいおでんとお酒が用意されてます。ほろ酔い機嫌で、火のよ～じん。

そのうち退屈したので、隣を歩いてる

よその奥さんとハモってみました。３度の和音で、はいっ、火の〜よ〜じん。おー、うまくハモった。なはは、遊んでます。

10時には消防団の人がねぎらいに来られます。我々は役に当たった年だけですが、消防関係の人たちは毎年で、ゆっくり年末を過ごすことができません。本当にご苦労さまです。おかげで今年ものどかな年の暮れ。きれいな星空です。

どちら様も幸いな年の瀬を過ごされますように。

(2007.12.29)

1月17日の思い出

震災からしばらくの間、長田の避難所と姫路の町を、毛布の洗濯ボランティアで往復していた。

最初の日、交換用にする新品の毛布をもらいに行ったときのことだ。駐車場にトラックを入れたとたん、となりのビルの壁が大音響とともに崩壊した。うわ、こりゃ大変だと、そのとき実感した。

１９９５年1月17日。

あの日、姫路市はそんなに被害がなかった。大きな揺れにあわてて跳び起きて、真っ先に子どもの部屋に飛び込んだ。

友達のなかには、たまたま寝室で寝ていて助かったというのがいる。いつもは一杯飲んでコタツで寝てしまうんだけど、あの日は殊勝にもふとんで寝た。あとで気が付くと、いつも自分が寝ていた場所にでっかいテレビが落ちてきていたんだと。そんな話が出るほど、姫路市はのんびりしていた。

震災後しばらくは交通も途絶してたし、緊急車が優先だし、神戸に行くのは自粛していた。

２週間ほどしてから、避難所に指定されている長田の図書館の居住環境が最悪だとの情報がはいった。建設途中の建物なので暖房がないし、換気できないから湿気とカビで、みんな病気になってしまう、と。そこでカビだらけの毛布を新品に取り替え、汚れたのは洗濯しようと思い立った。

まず長田市役所に事情（図書館の様子、それを聞いたいきさつ、何をしたいのかということ、自分の住所・氏名など）を話して、毛布の備蓄がないかと尋ねた。すると長田区に備蓄はないので姫路市に言ってくれという。

姫路市の担当部署がわからないので受付に事情（さっきと一緒）を話したら、総務に聞けという。総務課に事情（また一から同じこと）を話すと、姫路市の震災担当部署は福祉教育課だと言った。

で、そこでまた事情（……また、です）を話して毛布の支給をお願いしたら、課長が「やめとけ」という。「気持ちはわかるが、いまは素人の出る幕ではない。プロに任せといてくれ」と。

しかしそのプロの手が回っていないから、被災者が困っているんじゃないかと食い下がった。すると災害用の毛布があるから、民生委員の判をもらってきたら支給するという。

そこで知り合いの民生委員に事情を話してハンコをもらって福祉教育課に提出した。これは何かと職員が聞くので、事情（まただ!!）を話して課長の返事はこれこれでと説明した。そしたら、なんと「これは姫路市民に支給するものであって、神戸に持っていってもらっては困る」と言い出した。こっちは始めから神戸に持って行くて言うてるやろが！

では市民から提供された支援物資に毛布がないかと聞くと、三田に物資の基地があるからそこで聞けと言う。電話番号を教えてもらって三田にかけると、何の用だと聞くので事情を話す（何回目？）と、すでに場所が変わったと言う。それだけ返事するのに、なんでいちいち長い事情をはなさにゃならん？

なにせ「グリンピア三木」が基地だというので電話する。そこでまた長い事情を話す。すると毛布の支給には地元区役所の要請が必要だという。

それは最初にした。そしたら姫路市に言えと言われた。姫路市は基地に言えという。で、ここに電話しているのだと説明したが、らちがあかないのであきらめた。

その時、ふと思いついて姫路の共産党事務所に電話してみた。事情を話すと、現地とコンタクトとるから待っててくれと言われた。

1時間後、電話があった。「県が毛布を支給してくれる。長田の共産党事務所まで届くので、避難所までトラックを用意できるか」と。うわ〜！　感謝感激雨霰！しかも、現地では猫の手も借りたいから、ボランティア希望者がいるなら連れてきてくれ、と。役所の話と全然ちがうやん！

その日から長田図書館避難所が閉鎖になるまで、合唱団の仲間と洗濯ボランティアを続けた。キリスト教会に頼まれて太鼓の演奏に行ったりもした。

それにしても、毛布をもらえるまでの、あの経験は得難いものだった。行政のお役所仕事と共産党事務所のちがいは鮮烈だった。1月17日になると必ず思い出す、これが私の体験です。（2008.1.17）

9条の会に入会しました

一昨日、お隣の加古川市で開催された「9条の会」主催の大谷昭宏さん講演会に参加。播州は秋祭りの最中だというのに、600名近くも集まって盛況でした。

なにせ播州というところは、盆正月に帰ってこない若者が祭りには帰ってくるという土地柄なんです。それなのに、「宵宮で酔っぱらってるより憲法だ」とばかりに詰めかけた人々に讃辞を送りたいと思います。

本日は「播磨文化9条の会」の総会とイベントに誘われて参加しました。場所は姫路文学館。敷地内に野鳥のさえずる裏山をもつ、緑と水の美しい施設です。姫路文学館はお城の裏手、旧家の並ぶ静かな住宅街の中にあります。もとは実業家浜本家の大豪邸のあったところで、今も施設内に残してある「望景亭」には一時は皇族も住んでいたそうな。戦後は占領軍の幹部が住んだこともあるらしいです。そういうところで開かれた総会。音楽や文学、美術をやっている人たちばかりの会です。来年の取り組みについていろいろと提案がありました。聞いていると、どうやらこちらに何らかのお鉢が回ってきそうなイベント内容です。くわばら、くわばら……口をはさまず静かにしていました。総会の後は映画『日本国憲法』上映会。インタビューを中心に構成された映画です。「憲法９条を変えることは20世紀どころか野蛮時代への逆行だ」というセリフ、誰だったか忘れたけれど印象的でした。で、帰りに、とうとう会員になっちゃいました。てか、「いままでメンバーちゃうかったん？」と不思議がられました。はい。いままではモグリでした〜。これで私も今日から堂々と胸を張って、公然とネトウヨさまたちに「反日サヨク」の宣言ができることになったわけです。わ〜い！

(2008.10.13)

嬉しいメッセージ

「国籍法賛成に変わります」

国籍法改正に反対していたという方から、２日前にメッセージが届きました。

検索からやってきて泥の日記（ミクシィ）を読み、考えを改めたと。反省文を加えて国籍法賛成論を日記に書きたいので、泥の日記の一部をコピペしてよいかとの申し出でした。もちろん、ＯＫしました。

考えを改める旨の日記が書かれ、昨日から勉強の成果がアップされています。私の日記だけではなく、いろんなサイトで勉強されたのだと思います。喜ばしいことですね。

「日記を読んで考えを変えた」とコメントをくれた人もいました。罵りあうのではなく、丁寧に説明するのが有効だとの確信がいっそう深まりました。

目に見えるのは小さな成果ですけど、考えを改めても何のリアクションもしない人だっているでしょう（そういう人のほうが多いと思います）。

反対派と論戦して国籍法つぶしと戦ったマイミクさんたち共々、その努力が無駄ではなく、着実に成果を得ていることを喜び合いたいと思います。

(2008.12.10)

そうじ中

昨日から大掃除。

ほんとは一日ですませる予定だったんですが、まだ終わりません。テレビをつければヤンクミやってるし、ＨＩＲＯもやってるし、ちりとてちんの落語特集してるし〜。書棚の片付けするとつい読んでしまうし〜。なんだかんだでついつい休憩して、何かと肴があるのでこれもついつい一杯やったらへたりこんでしまうんで、まったく進展しません。

世間には今日の宿さえなくて不安のなかで年越しを迎える人も多いのに、我が家は五人全員無事に年を越せそうです。有難いやら申し訳ないやらですが、これも周りの皆さんのおかげです。

さてこれが今年最後の日記になると思います。皆さん、今年一年お付きあいくださってありがとうございました。また来年もよろしくお願い致します。よいお年をお迎え下さいますように。来年こそ日本にとってよい年になりますように。パレスチナやアフガンやイラクなどに平和がもたらされますように。

さて、紅白が始まるまでに床研き係を終わらせてしまわないと。

(2008.12.31)

大切な人を失うとつらいね

憲法集会のために一緒に頑張った女性が突然亡くなられました。

「次は吉永小百合さんを呼ぼう！」と張り切って手紙を書いていたのに、投函しないままになってしまいました。吉永さんの住所が分かったときには「希望が出てきたね、吉永さんを姫路に呼べるなんて、生きてるってまんざらでもないね」なんて、まだ決まってても居ないのに大はしゃぎをしていました。

それが先週のこと。また飲みにいこうねと言っていたのに。死ぬにはまだ若すぎます。戦友を失ったようで、つらいです。

(2009.5.25)

ヒナかえる

我が家の玄関先にあるツバメの巣でヒナが孵りました。腹を減らしたヒナたちがピーチクジャーチュクと鳴いております。すでに玄関タイルはフンだらけ。

これからヒナが大きくなると、尻を巣から突き出してポットンポットンするはずですので、ますますフンだらけになる予定です。フンづけないように気をつけないと。

まあヒナのことだから、ヒナフン公害に悲憤慷慨したりしません。ただ、玄関だけならまだしも、先週買ったばかりの新車のボンネットにまでフンが落とされてたものだから、そのフン害に奥様が憤慨しておられます。

巣の中に何羽いるんだろう。気になるけど、あんまり覗くことで親が警戒して帰ってこなくなるとヒナが可哀相なので、自粛してます。

(2009.6.10)

餃子パーティ

今夜、我が家は餃子パーティでした。

昨夜、夕ご飯に息子の友人がやってきて、ワイワイとやっているうちに、なんかの拍子で餃子パーティをしようということになりました。他の友達も呼んでいいかというので、どーぞどーぞと返事したら、集まったのは20代の食い盛りの男どもが7人！

用意していた合い挽き肉が足りなくなって、冷凍の鳥のササミとブラックタイガーまで出動願い、キャベツ2個、ニラ7束、餃子の皮２５０枚が胃袋に収まりました。なんとか満腹になったようです。ササミはさすがに餃子向きではないのでラードを足したり、オイスターソースや唐辛子でピリ辛にしてごまかしたりと苦労しました。みんなで餃子を包んで焼いて食うのは格別ですな。

ビールを飲みながら政治談義をすると、けっこう食いついてくるのも驚きでした。

青年たちは思いの外、真剣に政治のことを考えています。しかも、なかなかまっとうな意見を持っています。仕事に真面目に向き合っているし、世の中のことも考えている。同和問題の話や国鉄の分割民営化の話、小泉改革の話など、自分たちの体験になぞらえてとらえ、深く共感してくれたようでした。

ネットでわけの分からないことをグジグジと書き込んでいる連中というのは、本当に少数なんだろうなあと実感しました。

次回はハンバーグパーティですな。ともかく、安くてうまいのがいちばん。

(2009.9.7)

息子の友人と語る

息子の友人がまたも夜中にいきなりやってきました。

「おっちゃん相乗りをどない思う？」

テレビ番組のアイノリの話かと思えば、首長選挙の相乗り候補のことでした。なんでもオヤジと話していて意見が対立したので、おっちゃんの意見を聞きに来たと。

んで、地方政治の現状だとか、利権あさりの構図だとかを話すうちにアマゾンの乱開発の話になり〜の、アウンサン・スー・チーさんの話になり〜の。途中で別の友達もやってきて話が盛り上がり、しまいに母系制の話やら源氏物語やオールコックの話にまでふくらんで、いまお開きになったとこ。あ、途中で幸福党の話も出たな。

にしても、二十代の青年はけっしてネトウヨばかりではありません。それなりにいろいろ考えてます。話をしていて楽しかったです。コンサートチケットも買ってくれたし〜。

(2009.9.15)

演奏会余波

演奏会に来てくれた息子の同級生が、昨夜わざわざ家を訪ねてきてくれました。会場でアンケートを求められていたけど、書きたいことがたくさんあり過ぎたので、直接話したほうがいいと思ったと。うれしい、うれしい。

彼がいうには、「私たちが進み続ける理由」（856ページ参照）に、肌が粟だったと。〝今日は仕事がないから　また明日出直せと言われた　すべての労働者のために　私たちは進む〟「こんな歌があるんや〜と思った」と驚いていました。これはみんなに聞いてもらいたいと思ったそうです。

彼はいま24歳。日給8000円で鉄工所に勤めています。不況のために生産調整中の工場は、週休5日制が続いています。雇用助成制度のおかげで休みの日でも6500円が保障されていますが、先行きが不透明なので転職を考えていると言います。

息子の同級生たちが遊びに来て、誰それの仕事場がつぶれたとか、別の奴は変な儲け話にひっかかったとか、失業中に警察の厄介になったなど、いろいろな話は以前からたびたび耳にしていました。歌詞に、自分や周りの友達のことが想起されたのだと。いま、若者は大変な状況なんだと改めて感じました。

「私たちが進み続ける理由」はキム・ロザリオという南米系アメリカ人が、「ワシントン百万人の労働者行進」に参加した感動を歌にしたものです。

「利用されたあげく　上司に屈辱を受け　語学を習う時間すらないために（働くことに必死な人間が　どうやって語学校に行く時

間が持てるのだろう）言い返す言葉を持たない　すべての労働者のために　私たちは進む」

この歌詞には、工場にいた中国人従業員を思い出したと言います。えらそうに言われても日本語がうまくできないために自分の言い分を伝えられず、ぐっと拳を握りしめるしかない。「ぐっと拳を」というとき、彼は自分の拳を強く握りしめました。自分もそういうくやしい経験をしたことがあるから、あの歌詞は実感ですよ、と。

「美《ちゅ》らうた」を会場全体で歌ったのも感激したと言います。まあいつもはカラオケにみんなで行っても、歌うのは一人。あとの友達は次に自分が何を歌うかを静かに探しているだけです。みんなで歌うという体験が珍しかったんですね。

もちろん「うたう会」に誘いました。友達を連れて来てくれればいいのですが。あと、「あのピアノはありえん！　あの指の動きはなんやねん」とか、ともかく初めての経験はかなり彼にとって興奮すべきものであったようです。

いろんな反省点はあるけれど、こういうふうに受け止めてくれる青年がいたということは、とても嬉しいことです。

（2009.10.7）

法華経と憲法

本日は「太子九条の会」の総会でした。ここへ出掛けたのは、アトラクションとして和太鼓演奏を依頼されたからです

兵庫県揖保郡太子町というのは、聖徳太子にまつわる地名です。太子が推古天皇に法華経を講義して、その教えに感動した天皇が褒美に太子に与えた御料地があるので、そういう名前になったのです。

総会の場所は、町の精神的中心ともいえる斑鳩寺でした。ご住職が九条の会の世話役をしておられるので、総会の場所として使わせて下さったそうです。地元に根付いた活動をしているからできたことで、まことにすばらしいことです。

斑鳩寺は町内の鵤（いかるが）村にある名刹で、天台宗のお寺です。室町時代に建てられた三重の塔などの重要文化財が境内にひしめいており、いや、すごい所だなあと思いました。

総会のあと、境内で仲間と一緒に和太鼓を披露しました。天下の名刹で演奏できるなんて光栄でした。総会参加者にも楽しんでいただけたようです。

演奏の合間、太鼓を入れ替える時間に、いろいろと演目の紹介をします。きょうは法華経の理想である宥和の世界は憲法九条のめざす世界じゃないか、法華経の精神と憲法九条の心は通じている……なんていうメッセージを織り込み、こちらも言いたいことが言えたので楽しかった。

憲法を擁護する活動と、「仏法ひろまれ、世の中安穏なれ」という親鸞聖人の願いをお手伝いする活動が両立できた一日だったと思います。とても満足できました。

ご本尊に「南無阿弥陀仏」と唱えてきたけど、天台宗なんだからそれでいいんだよね、間違ってないよね……て、どこに言っても「南無阿弥陀仏」しか言わないんですけどね～。

（2009.11.28）

就職祝い

明けましておめでとうございます。

本年も宜しくお願いいたします。

昨年の12月20日、一本の電話がありました。春ごろに生活保護申請を手伝い、住むところを確保した男性からです。

「就職が決まり、働いている。25日に初めての給料が出る。ついては食事をご馳走したい」という内容でした。

そんなことするより生活が立ち直ってくれるほうが嬉しいんだからと固辞したのですが、どうしてもというので、安上がりですむように男性の部屋で鍋でもしようということになりました。

一升瓶と土鍋を下げて訪ねると、失業中は散らかっていた部屋が、きれいに片づいています。スーパーで鱈や豚肉を買い込んで、男2人で色気のないお祝い会です。

「本当はふとんや鍋や炊飯器やカセットコンロをいただいた方にもお礼をしたいのだが、それができるほど給料をもらっていないので……」と明細を見せてくれました。手取りが18万円程度なのでぜいたくはできませんが、何とかやっていけるでしょう。世話になった方には、おいおい挨拶をしたいと言っていました。

就職先は歩いて通える所にある、産業廃棄物リサイクル工場です。

「これで、ここ何年もまともに迎えられなかった正月を、ゆったりとした気分で迎えられるのが嬉しい」としみじみ語っていました。

屋根の下で迎える正月は有り難いと何度も何度も語り、その度にお礼を言われるので反対に居心地が悪くなるほどでした。

でも、よかったなあと思います。少しの労力が報われて、一人の人がほんの少しだけど幸せになっていく。

ホームレスのおじさんだって、好きでそうしているわけではありません。勤労意欲がないんじゃない。だけど住むところがないから就職ができない。毎日の暮らしに余裕がないから、計画的に生きることもできない。健康を失っていくので、だんだんと働く気力も萎えていきます。悪循環です。

この男性は、生活保護があったから病院に行けて、健康を取り戻し、働き場所を探すことができました。

「こんどはわしが税金を払って恩返しする番や。そやけどわしの給料ではろくに税金を払えへんさかい、せいぜい煙草吸うて税金とってもらお」。酔いにつれ、こんな冗談もでました。カネができたからといって、風俗なんかに使うんやないで、と笑って別れました。

今後、その職場でうまくやっていけるのか、それはまだ分かりませんが、うまくやってほしいものだと心からそう思います。「世の中は助け合い」。ほんとにそうですね。

(2010.1.1)

震災と和太鼓

休暇を取って、姫路市の文化講座の一

環で、和太鼓教室の講師をやりました。

自分と和太鼓の関わりは15年前の阪神淡路大震災がきっかけでした。

いまでも忘れられない光景が瞼に焼き付いています。

あれは6人ぐらいで、公園で演奏していたときのことです。焼けて真っ黒になり、崩れかけたビルの隣にある公園でした。

特に宣伝もしていないのに、太鼓を叩き始めると人が集まり始めます。お客が集まると演奏に力が入ります。

予定の時間になって演奏を終了するころ、「なんや、太鼓が聞こえるさかい来たのに、もう終わりかいな～」と歩み寄ってきた男性がいました。

すると観客の中から「おーっ！」と大声をあげて飛び出してきた人がいました。

2人は顔を見合わせて、「うお～っ」と叫んでいます。

「お前、生きとったんかっ！」

2人は抱き合って、人目もはばからずに泣いていました。

「太鼓たたいてひとさま寄せて、わしも会いたい人があるよ」

八丈島太鼓の甚句の一節ですが、まさしくそのとおりのことが目の前で起きているのでした。

震災後、私が言い出しっぺになって、所属している合唱団の仲間に手伝ってもらい、長田の避難所の毛布を洗濯するボランティアをしていました。

すぐ近くにある鷹取教会の牧師さんから、何かみんなを元気づけるようなことをしてくれないかと頼まれたのは、震災から3週間目です。

自分を合唱団メンバーで作っているボランティアだと自己紹介したからでした。

そうはいっても、まだ喪も明けていないんだし、みんな生活のことなどで一杯一杯なのに、大丈夫ですかと聞き返すと、こんな時だからこそ歌が必要なのだと言います。

歌がダメなら楽器でも芝居でも何でもいいから、この焼け跡の街に文化を持ち込んでくれと。

それなら街頭で和太鼓演奏をやろうということになりました。

うちの合唱団には郷土芸能部というのがあって、メンバーは一応全員が和太鼓や民謡などをやることになっていたのですが、自分は太鼓がいまいち好きになれなくて、ほとんど練習もしていませんでした。

でも仕方がないから付け焼き刃で練習して、はじめ、避難所で演奏しました。

驚いたことに、私のへたくそな太鼓にみんなが大喜びしてくれるではありませんか。

また来週もやってくれと頼まれてしまい、そうなると、もう後には引けません。

少人数ではじめた街角演奏会でしたが、本格的に出張演奏をしようということになりました。

うまいメンバーが大勢集まり、1回40分程度の演奏会を3カ所でやりました。

どこで演奏しても、とても喜んでもらえました。

観客が寄ってきて、口々に「ありがとう、ありがとう」と礼を言われます。

「ええもん聞かせてもろた、有り難うな」

泣きながら手を合わせて、「元気が出たわあ」と言ってくれる人もいました。

太鼓をさすりながら、「ええ音するなあ、祭みたいやなあ」とつぶやくおばあさん。

たかが太鼓が、こんなにも人に感動を与えることができるのかと、参加したメンバーの誰もが思ったそうです。

あれから15年。

いま長田の街はきれいになりました。

けれどもあの時に太鼓を聞いてくれた人の多くは、いまはもういないそうです。

再開発で住むところがなくなり、たくさんの人が転居していったからです。

たくさんの安アパートが倒壊し、不在地主があっさりと神戸市の立ち退き要請に応じたせいです。

仮設住宅はへんぴな所に作られ、近所のひとがバラバラに割り当てられ、そのまま戻ってきませんでした。

ちょっとガラは悪いけど人間くさくて人情味のあった長田の下町は、大きな新しいビルの並ぶ街に変わりましたが、なんだか寂しくなったという人が多いです。

人が生きるということは、そこに仕事があるということですが、いま長田には仕事がありません。

人が住むということは、そこに文化があるということですが、これは人と人のつながりがないと育ちません。

お金がなくては生きていけませんが、お金だけあっても文化は育ちません。そして生きている実感というのは、お金ではなくて文化が育むものだと思うんです。

いろいろと問題は山積していますが、しかし元のように活気のある長田にしたいと、地元の人々は頑張っています。

仕事を呼び込み、文化を育てようと知恵を絞っています。

その営みが続く限り、いつかまた、きっと住みよい長田の街が再生できるだろうと思います。

で、あの時の感動を引きずって、私もいまだに好きでもない太鼓を続けているというわけです。

(2010.1.15)

華麗な一週間

テュリャ　テュリャテュリャテュリャ　テュリャテュリャ　テュリャリャ〜
テュリャ　テュリャテュリャ　テュ〜リャ〜リャ〜
月曜日は太鼓の練習
火曜日は合唱レッスン
水曜日はまたもコーラス
木曜日は会議が入る
金曜日は神戸で集会
土曜日は姫路で集会
日曜日はみんな集まり
演奏会のリハーサル
友達よこれが私の
一週間の仕事です
テュリャ　テュリャリャテュリャ　テュリャテュリャ　テュリャリャ〜
テュリャ　テュリャテュリャ　テュ〜リャ〜リャ〜

(2010.2.3)

本日の朝日俳壇

《噴水の　止むとき水の　墜落す》

思わず、うまい！　と唸りました。本日の朝日俳壇で出会った一句です。まるで絵を見せられているような。
「墜落す」
たしかになあ。
普段はめったにこんなところを読まないんですが、読んでみると以外に面白い。
あと印象に残ったのは
《沖縄の　拳のごとき　夏の雲》
う～ん、これもうまい。「沖縄の夏は怒りにあふれけり」というのも選ばれていたけど、こちらはまんまやん（笑）
短歌も面白いのがありました。
《読めませんとは　けっして言わない　スキャナーが　これでどうだと　文字ぶつけ来る》
《なおこやら　りこちゃんという　ゴーヤあり　吾子は名札を　つくるのが好き》
2首とも笑ってしまいました。前者は、「たしかに」としか言いようがない（笑）。後者はとても可愛くて。
ちょっとドキリとしたのがありました。本日のタイトルにした和歌です。
《いい人に　つながっている　いい人のいい人だけの　輪になる踊り》

そうそう。気をつけなくてはいけないのがこれです。社会的なことに関心のある人って、左右を問わず「いい人」が多い。宗教についても同じです。

自分のことそっちのけで活動している人に、悪い人がいるはずがない。指向性を同じくする仲間うちで互いに共感したり身内誉めを繰り返して、「いい人」集団だけで自己完結してしまうと、いつの間にか自分の意見が客観性を失っているのに気づかなかったりします。

これまでは正しいことを露ほども疑っていなかった自分の意見なんですが、ネットに公開すると思わぬ視点から批判されるのでびっくりしてしまい、それが考えてもいなかった論理なもんで言い返せなくて、でも引っ込みがつかないから逆上してしまうというようなのを幾度も見てきました。本当は、ブログを書いて突っ込まれるのって、有り難いことなんですけどねえ。

ビール片手にのんびりと新聞読んで、こんなこと思った日曜の昼下がりでした。

（2010.6.6）

姫路は秋祭り

金曜日から下の孫が気管支炎で入院してまして、それで今朝も上の子を連れてマリア病院へ。泊まりで付き添っていたお母さんと交代です。

折しも今日は祭の日。病院構内がにぎやかだなと思ったら、祭太鼓も華やかに、たくさんの練り子と一緒に屋台が2台入ってきたではありませんか。て、ここはマリアさまのお名前を冠したキリスト教の病院でっせ！　入り口には十字架を高々と掲げた鐘楼も建っている。

と、驚くのは序の口で、婦人会が祭り囃子のしの笛を奏でながら、病棟受付に花代の徴集ですわ。寄せられた花（寄付金）の袋に、「姫路マリア会」とあるのを見ましたぞ！　ガガ～ン！

よその国では宗教の違いがもとで殺し合いしているのに、姫路の祭、最強やな～。日本も昔（江戸初期まで）は宗教戦争をやったんだけどなあ～。

以前、カトリック教会の施設を借りる

とき、オランダ人の神父さんが、「ソノ日ハ日曜ダケド、キット空イテマス」と断言したので、なんで分かるんですかとたずねたら、「ブツメツダカラ」と言われてびっくりして以来の衝撃です。

まあ日本ではキリスト勢力が圧倒的少数派だからだろけど、まことにのんきで平和で結構なことではあります。

(2010.10.7)

リセット宣言

「2011年11月11日に世界はリセットされる!? 100年に一度の『再起動の日』、どう過ごす?」という記事が出ていた(数秘術的に新しいスタートを意味する「1」ばかりが並ぶ)。

暦の数え方なんか、ゴマンとあるのを知らないな。11月11日は、太陰暦だと10月16日なんだよね。イスラム暦なら1432年12月14日。ユダヤ暦だったら5772年8月14日。ついでに皇紀2671年(笑)

そうはいっても、人生リセットできるなら、あの時ああしてれば……ってのは、いっぱいあるなあ。よし、決めた! この日を境にボクは生まれ変わるぞ!

綺麗なお姉ちゃんと出会っても嬉しそうにしない。

無駄遣いしない。

奥さんにヘイコラするのはもうおしまい!……は努力目標ということで。

タバコはほどほど、お酒は控えめにするぞ!

と、焼酎呑みつつ、くわえタバコで書いてみた。

(2011.10.9)

姫路のクリスマス

姫路市みゆき通り商店街にクリスマスツリーと電飾(通称ヒメナリエ)。異教徒のお祭りだけど、クリスマスはきれいだね。

そーいや、市内にクリスマスやってるお寺がある。子どもが喜ぶからええやん、て。まるで一休さんみたいなご住職だ。みんなそれくらい大らかだったら、宗教戦争もなかろうね。

(2012.11.25)

共産党にカンパして考えた

運動資金は党費と赤旗の事業収益とみなさんの浄財しかありません! と言われりゃ出すしかない。

考えてみれば財界の政治資金も我々から搾取した金だ。絞られた自分の金で動いてる政党をやっつけるために、自分の金を出す。変な話ではあるが、納得ずくでだすほうが理にかなってるよな。

(2012.11.28)

真剣に考えている青年

今夜、息子の同級生が来て、選挙どこにいれたらええかわからんのでおっちゃんに聞きに来たと。さっきまで消費税やら原発やらの話をしていた。

比例は共産党にするそうだが、選挙区は民主か共産かまだ考えるという。白髪さんの当選は難しい、自民には絶対に勝たせたくない、だから民主党の松本たけあきに入れるのは合理的選択ではないかという。自民党と民主党がどれほどちがうのか、よおく考えてくれと答えたが、これほど真剣に考えてくれる青年は、頼もしいな。

（2012.12.15）

選挙は金がかかる

毎度のことだが、投票をすませた長男一家がやって来て、親が参加しない合議により、晩飯は親の財布で焼肉にしようと決めた。総勢12人。わが一族は投票日をお祭りと勘違いしてないか？　ま、いいけど（ぶつぶつ）

（2012.12.16）

行きつけの食堂の蔡さん

安くてうまいので重宝している、大衆食堂がある。

中国から出稼ぎに来ているおばちゃんが、一昨年からそこで働いていて、蔡（さい）さんという。元気で愛想のよいおばちゃんだ。当初は日本語がおぼつかなくて、よく言い間違っては大笑いしていたが、近ごろは達者なものだ。

ここしばらく顔を見ないのでシフトのせいかと思っていたが、昨日、同僚のおばちゃん聞くと、旧正月で帰郷しているんだそうだ。

「ほんまに元気ええやろ？　3月にまた帰って来てくれる思うんやけど」と、おばちゃんはまた戻って一緒に働いてくれることを望んでいる様子だった。「そこらの日本人よりよっぽどしっかりしとうわ」と言って、レジにいた若いお姉ちゃんをちらりと。ま、これはご愛嬌だ。

ネットにわいている嫌韓嫌中の愛国者さまたちは口数が多くて声がでかいが、日本社会はまだふところが深い。ネットのデマなんかにそれほど汚染されていないと思った。

ちょっとよい気分になったのが、その時に呑んだ日本酒のせいだけでないのは、言うまでもない。

（2013.2.26）

57歳―永遠の恋人、南沙織に捧ぐ

誰もいないまに
自分の歳を確かめたくって
自治会　マラソン
応募してみたの

走る　呼吸の　苦しさ
息もできないくらい
はやく
ゴール
近づいてきて
歳なんだもの
どうにかまだ　生きていた

（2013.4.9）

グラン・ジュテ（跳躍）

先月オープンした姫路市二階町のB型作業所カフェ「グラン・ジュテ」。今日は午後から休暇とって、その運営理事会だった。運営資金のことやら、毎日の御飯を満足に食べられないメンバーの生活のことやら、青色申告のことやら、難問山積だ。

障がいをもって、しかも家が貧しくて家庭生活がこわれている青年は、社会性が極度に乏しい。そのせいで授産施設でさえ受け入れてくれなかった。その彼らを、作業所が開くまでの何カ月間、母親のように接して信頼関係をつくり、人間不信の薄皮を一枚一枚はいで、作業所に迎え入れた施設長の努力は並大抵ではなかった。

まだ一カ月だからなんとも言えないが、一から新しい店をつくる仕事に、彼らはたしかに燃えている。彼らを見捨てなかった先生たち、ケースワーカーの市職員たち。その支えが、いま、実りつつある。

こないだまでヒッキー（引きこもり）してた青年が、いま揃いのエプロンで、毎日アーケードをきれいに清掃してる！ 接客もちゃんとできてる！ 予想より売り上げ好調なので、少し給料を上げようと決めた。上げたところで、作業所って、給料安いんだよなあ。でも前途に光明は見えてきたぞ。

みんなガンバレ！ てか、ガンバロー！

（2013.6.4）

突然ですが入院予告

突然ですが、3月にやや長い入院をします。

はりま憲法集会の事務局長が、それで焦ってはります。本日は実行委員会です。実行委員会という名称ですが、決まった実行委員はいなくて、出席した人が実行委員というわかりやすいルールです。

どなたさまも「はりま憲法集会の危機by吉田事務局長」（笑）にはせ参じてくださいませませ。19時から姫路市民会館第10会議室です。なにとぞよしなに。

（2014.2.18）

病院検査が終わった。

病院検査終わった。ケツからカメラ入れられて気持ち悪かったぞ、くそ。でかい鼻くそみたいなポリープを取ってもらった。気のせいか腹の中がすっきりした（気のせいだ）。

今日は3月の本番の入院に備えて、ポリープが大腸がんでないかどうかの検査でした。もしかしたら悪性かなあと言われたけど、結果が判るのは来週です。がんでなければ、本番の治療に入ります。悪性リンパ腫なので、抗がん剤で頭が禿げてしまうそうです。やー、それは困ったもんだ（笑）

（2014.2.20）

入院壮行会のカオス

どろが入院するというので、急きょ喫茶みんとのママが呼び掛けた歌う壮行会、おわり！ 集まってくれたのは、元黒ヘル、現役アナキスト、共産党、ノンポリと、ほとんどカオス状態。姫路っちゅう街の懐の深さやな。

（2014.3.5）

抗がん剤投与始まる

抗がん剤の投与が始まった。副作用についていろいろと脅された。副作用がないほうが有難いが、あるのが正常な体の反応なんだから、まあ受容するほかない。

体に入っていく薬に、頑張ってがん細胞と戦えよと念じた。

破邪の剣を振りかざして立ち向かう勇者をイメージしたが、ドラクエの破邪の剣って、結構安くて弱かったよなぁ。ピオリムとバイキルトをかけて、しかも「逃げる」を9回、改心の一撃連打じゃな（古い裏技やなぁ）。

(2014.3.12)

余命宣告

皆さんから励まされるのでカミングアウトしちゃいます。医者から余命一年ないと宣告されています。放置してたら半年の命だそうで、それなら駄目元でできることをしてもらおうと。

お陰さまで私は浄土真宗の教えに触れてますので、不安はありません。死ぬことに恐怖もありません。

釈尊の教えによれば、因縁生起といって、この世のものはすべて直接的な原因と無数の間接的な原因の相互作用で成り立っている。相互作用だから移ろい行くものです。存在はいわば存在様式としてあるだけで、不変の実体というものはない。

命も例外ではなくて、私たちの自我も外界に支えられている間だけ存在するものです。私が死ぬと、私の体は元素に還元されて、他の命の元になります。不変の魂というものはないけれど、自我を自我たらしめていたエネルギーは拡散するだけで、消滅しません。

死ねば、私の肉体に縛り付けられていた自我、すなわち「電気力で結合している細胞分子間の、電気パルスの動きとして存在している自我という意識」、これはなくなります。が、おそらくもっと広い意味の自我、すなわち、電気力や重力で結合した外界物の、エネルギーの動きとして存在する、いわば宇宙意識みたいな何ものか、これと合一するのではないかなと思っています。

釈尊の教えを唯物論的に表現すれば、こういった説明になるかな。

親鸞は浄土を「色もなく、形もなく、言葉も絶えた彼方の、表現できない、しかし必ず存在する、本質的なるもの」と説明しています。そういった未知のものと合一できる体験は、ある意味で、好奇心がそそられます。

有難いことに、死ぬまでにたっぷり時間があるので、家族の生活の手立てのことなども用意しておけるし、考えることができる間は、差別や社会的不正義と闘ったりもできます。

怯えて過ごしても一年なら、笑って、闘って、悔いのないように生きても一年です。同じ一年なら楽しく生きたいじゃないですか。自分一人で不安にかられて生きるより、愛する家族や信頼できる仲間と心を通わせて、やりたいことして生きたい。で、満足して死んでいきたい。いま、そう考えてます。

こういうことなので快癒はしません。正しく死ぬ。それが望みです。仮に医者の見立て違いで、もっと生きてたら、それはそれで誰も文句言わないしね〜。(2014.3.13)

病院ならではの会話

消灯後、明るくてソファもある夜間緊急入口待合で読書。

同世代とおぼしき男性がいた。聞けば、妻が脳梗塞で倒れて意識不明だそうだ。元気だったのに、突然のこと。医師から、運よく目覚めても、目が見えないか、しゃべれないか、下肢機能が戻らないかだと告げられたという。今後どうなるかさっぱりわからなくて……と不安そうだ。うん、こっちはどうなるかはっきりしてるせいで、むしろサバサバしているから、その不安はわかるなあ。

しばし思い出話を聞く。

16歳のころからの付き合いで、駆け落ちみたいに結婚、2人で苦労して会社を起こした。子どもは結婚して立派にやっている。まもなく商売をやめて、2人で日本一周旅行する予定で、キャンピングカーを物色していた……など小一時間。幸せな結婚生活だったそうだ。

時おり声をつまらせながら、見も知らぬ私にこんな話ができるのは、ここが病院で、互いに何らかの不幸を共有しているとわかる特殊な場所だからだろうな。

聞いて下さって有り難う、胸のつかえが取れましたと、お礼を言われた。

あ、そういうこともあるのか。悲しみや不安を打ち明けるだけで気が紛れるなら、機会があればまた誰かの話を聞いてあげようと思った。どうせ暇なんだし。

(2014.3.14)

後任さんからSOS

仕事を引継いでくれた後任さんからついにSOSが届いた。難しいのを抱えてたからなあ、ごめんよ～！　外出許可もらって応援に。まあなんとか片付けた。

明日からPCが使えそうだ。やっと親指ピコピコから解放か？　ウィンドウズ8・1に慣れるまで苦労しそうだなあ。

抗がん剤の副作用で便秘だよ。情けなや～っ（恥）出ていかへんから、もうご飯が入らへん。

(2014.3.15)

うんざりだけど朗報

夕方、医者から、入院をあと3週間延ばすと告げられた。

間を置かずにきつい治療をするそうだ。これまでの数値から、治療に耐える体力があると判断したんだって。

これは朗報だ。しかし監禁生活があと1カ月も続くのは、正直うんざりではある。

(2014.3.24)

世の中、悪い奴がいる

怪我で長期入院しているじいさんはがん患者を見つけると「わしが入院してから○○人のがん患者が死んだ」と教えるのを楽しみにしている人でなしだ。

じいさんに脅された第3期がんのおっさんを「大丈夫や、医者はこれこれと言っていた」と自分の聞いたことを伝えて励ますと、えらく感謝された。

そのおっさんは『永遠の0』のファンで韓国嫌いだった。在日特権などないこと、慰安婦は日本軍の公文書で証拠づけられていることなどを教えたら、なんと納得してくれた。

実は患者仲間の借金トラブルをアドバイスして以来、あだ名が「先生」。ちょっと信用されていたりする。

あるおっさんに内容証明の書き方を教えたら「金はなんぼや」という。こういうのは無料ならいいが、金をもらうと非弁行為。手が後ろに回る。

そう教えたらおっさんは「わしの友達にサラ金相手に時効の文書を書いてもらったら1枚5万円やった」という。

なんとまあ。世の中、悪い奴がいるもんだ。

（2014.3.26）

優雅な名前なのに

明日から2日がかりで点滴する。

ベッドにしばりつけになるので、今日は外出許可をもらって10キロほど歩いた。患者仲間にアホかいなと笑われたけど、山歩きに較べたらどってことないやん。

今回入れるリツキサンというやつは効果が高いそうだ。他の薬と併用するので、今度こそ副作用が出るだろうという。ドキドキ。〝李月さん〟なんて優雅な名前なのにこしゃくなやつだ。

さて入院生活はあと3週間。まだまだ長いなあ。

（2014.4.1）

三佐衛門堀

陽気につられて外出許可をもらい、三佐衛門堀まで足を延ばしている。江戸時代、池田輝政さんが掘ったという小さな治水運河だ（李一龍くんに教えてもらった）。水深が浅くて運河としては使われなかったらしい。水鳥が魚を追い、釣り人が糸を垂らす。そこここの公園に乳母車が集い、小さな子どもたちが楽しそうにはしゃいでいる。平和だなあとしみじみ思う。命が延びたような心地だ。

（2014.4.1）

副作用

治療開始以来、初めて人並みに副作用が出た。

昨日の点滴で、まずはジンマシンが出た。背中から始まり、お腹、首が赤く腫れてきて痒いのなんの。これは点滴にステロイドを入れてもらったら治った。

次に夜中、血圧と血中酸素値が下がって何度もアラームが鳴ったらしい。幸い血圧は70で安定した。最初2回ほどは「大丈夫ですか！」と起こされたけど、あとはくーすか寝ててなんも知らん。血圧下がったらよー寝れるわ。看護師さんごめんな。

今日の注入は問題なくて、今は快適そのものっす。

（2014.4.3）

よい話と悪い話

《よい話》

体重が増えた！

悪性リンパ腫の患者が痩せるのは、がん細胞がブドウ糖を吸収してしまうから。

体重が増えたのは、がん細胞が減っていることを示す。ラッキー！

《悪い話》

この度使った新型抗がん剤で、副作用がでた。アナフィラキシーショックでして、血圧が下がる。危険だから使えないそう。体質に合わないんだな。がっかりだ。

その抗がん剤は私のようなタイプのがんによく効く奴だったんだけど。従来の抗がん剤で我慢するしかないそうです。

(2014.4.5)

今日から家族旅行です

前から決まっていたのでごめんなさい。カウンター参加の皆さん、気を付けてくださいね。ツイッター、ＦＢ（フェイスブック）も難しい話はお休みです。

いま三島。新幹線から見えた富士山に、みんなで歓声をあげました。河口湖めざしてレッツゴーです。

(2014.5.9)

楽しかった3日間

5月9日から家族で山梨旅行でした。コメント返しできなくてすみません。メンバーは我が家3人、長男夫婦と三男夫婦に、それぞれの子どもが合わせて5人。都合12人の団体さんです。

1日目。快晴。始発の新幹線で三島へ、そこからレンタカー2台で、富士急ハイランドです。絶叫組とキッズ組に分かれてそれぞれのエリアに。連休明けなので、どちらもすごく空いていて、絶叫組はほとんど待ち時間なしで乗れたそうです。

2日目。快晴。午前中は猿回しやロープウェイ。レンタカーの具合が悪くなるというアクシデントに見舞われたおかげで、時間待ちに河口湖でモーターボートに乗れました。午後から富士サファリです。カンガルーと遊んだり、馬に乗ったり、子どもたちは楽しめたかな。

3日目はおみやげ買って、いま富士山を右手に眺めながら山中湖畔を南下中。あとは新幹線で酒盛りじゃ。

3日間とも天候に恵まれ、超ラッキー。楽しかった～

(2014.5.11)

なんでボツ？

ある新聞の取材を受けた。インタビュー記事が載ることになったということで、ゲラ原稿が届いた。そこに「集団的自衛権で自衛官が危険にさらされるから反対」と私が語ったように書いてあったので、訂正をお願いした。

次のようなことを伝えた。

自衛官は「事に臨んでは危険を顧みず専心職務の遂行に努め、以て国民の負託に応えることを誓います」と宣誓しているので、もとより危険は承知のうえ。任務が危険だからと尻込みする隊員はいない。でもそれは必要な任務であればこそであって、無用の危険に赴く義務はないはず。アメリカのために戦うのは無用の危険だし、国民の負託に応えることにもならない。「危険にさらされるから反対」の前に「無用の」か「必要以上の」と付け加えてほしいと。

そしたら、没になったらしく、記事が

載らなかった。なんで？　なんかおかしなこと言ってるか？

(2015.5.29)

検査所見

5月29日、4回目の抗がん剤注入。

その前に担当医からＣＴ検査の所見を聞いた。

しこりが目に見えて小さくなっているので、悪性リンパ腫が確実に減っている自覚はあった。その通りだった。

遺伝子変異が生じているので抗がん剤が効きにくいかもしれないと聞かされていたが、ありがたいことに治療効果は平均並に顕れていた。

しかし今後も継続的に効果があるとは限らないので、楽観視してはいけないという。

んー……ひと言よけいやねん。

映像を見ると、肺の辺りなどに大きな病巣みたいなのが写っている。ここから肺に浸潤したら厄介なんだそうだ。お酒とタバコはやめなさいと言いたいのだね、わかります、ごめんなさい。

大腸がんの転移は見られないとのこと。これにはほっとした。まずはひと安心だ。

ちゃんと薬を飲んで、不摂生せずに、規則正しく健康的に生活せよということだな。はい、よーくわかっております。

できるか、そんなこと。

(2014.5.30)

世の中をよくする方法

メッセージで質問が届きました。

「私たち市民が集団的自衛権に反対したいと思った場合、できることはありますか？」

う〜ん、私にはそれに答える能力なんてないんですよねえ。すごく有効な方法を知ってたらとっくにやってるし、それが成功してたら世の中はもう少しましだったと思う。

ＦＢ友には、自分ひとりでビラを作って宣伝したら、新聞で紹介されて、いま友達の間で賛否取り混ぜた対話が始まっている人がいます。

新潟ではご夫婦で相談して小さくてもいいからデモしようとツイッターで呼びかけたら、なんと当日に１００人も集まって、新聞記事になった人がいます。

街頭行動には勇気がいるけど、ＦＢに書いたりツイートしたりは簡単ですよね。反ヘイトも脱原発も反戦も、根っこは同じなので、ひとつのことに興味が開かれると芋づる式に次の問題点にも気づきます。

パレスチナ旗をあしらった手料理をＦＢにアップしてガザに連帯を表したり、工夫している人がゴマンといます。

なにかしらの姿勢を表す方法はたくさんあるので、そこは一人ひとりの工夫ですね。

あと、集団的自衛権など硬い話を日常の中で普通に話題にできるように……。どうしたらいいんだろか。普段の時にあんまりしつこく言っても浮いてしまいますよね。ご飯食べてる時にガザで殺された子どもの写真を見せ付けたら、ドン引きされますもんね。

ウクライナのこと、ガザのことなど折に触れて「ひどいよねー」と話題にできるニュースがあるので、そんな時に少しだけ言ってみるってのは、割とやってます。

振った話に一人でも乗ってくれると、がぜん深い話ができるときがあります。でもそんなよい反応はめったになくて、たいていはあんまり話が深まらないです。

あと、興味ない人の耳にもその話題が入るためにはニュースを自分で作ってしまう。つまり集会やデモに参加するというのを、心がけてます。参加者が多ければメディアは無視できなくなるだろうからね。そういうアクティブな気持ちもないじゃないけど、まあ自分が参加したいから参加しているだけなんですけどね。

う〜ん、やっぱりこれっていうノウハウはないなあ。お湯をかけて3分、フタを開けたらポンと世論が変わってる魔法がほしい（笑）

(2014.7.22)

夏祭り

本日は我が町の一丁目夏祭り。恒例のエイサーを指笛で応援しました。パーランク（打楽器）もいいけど、優雅な手踊りが好きです。この後にフラダンスとブレイクダンスがあります。町にブレイクダンスで優勝したすごい男の子がいるんです。

その後、和太鼓と盆踊りです。和太鼓は地打ちをしろということで、なにせ便利に使われております。私が地を打つとノリがええのだそうで、きっと軽薄な人間性がよいほうに働いているんでしょう。

(2014.8.2)

巨星墜つ

西播磨にとって二人とない大事な人物が亡くなりました。木曜日の朝に突然倒れ、意識が戻らぬまま金曜日の朝に亡くなるという、文字通りの急死でした。

姫路総合法律事務所の竹嶋健治弁護士です。

この地方の労働運動、住民運動、平和運動の大黒柱ともいうべき人物でした。

先生は、運動面はもちろんのこと、通常の家事事件や刑事事件でも、いつでも弱い者の味方でした。

どんなに困難な事件でも決して断らず、誰かが助けなければならないのだからと受け入れていました。

常人にはこなせないほどの事件を受任し、土曜も日曜もなく働く人でした。

集会やデモの先頭に、必ずいる人でした。

肩書きを振りかざしたり、威張ったりということがまったくない人でした。

我が家にとっては家族ぐるみでお世話になった方であり、どのように事態を受け止めればよいのか、いまだに混乱しています。

倒れる前に電話を下さり、気分が悪いとおっしゃったのですが、倒れられたのはその直後でした。

その電話に妻があわてて自宅に向かうべく準備していたさなか、突然我が家のメインブレーカーが落ちて、一瞬で電源が全部落ちました。こんなことは初めてです。ちょうど先生が倒れて意識を失った時刻です。

不思議な出来事でした。

こんなに大きな出来事があっても、何

事もなかったかのように世の中は動いていきます。

私も立ち止っていられません。重苦しい気分を振り払って動くしかありません。

明日は東京です。

(2015.2.22)

孫三昧

この3日間、PCを開かず、携帯も持たずに過ごしていました。孫三昧です。

木曜日に2歳と4歳の孫のために絵本を2冊買って大阪へ。子どもって同じ絵本を何度読んでも飽きない。何回読まされたかな。

金曜日は朝から夕方までアンパンマン・ミュージアム。アンパンマンのマントをつけて、気分は完全にアンパンマン。残念なことにミュージアムカフェにアンパンマンは来なかったけど、カレーパンマンに抱っこしてもらって大喜びでした。

土曜日は姫路科学館へ。動く恐竜が大のお気に入りです。怖いくせに近づいては逃げてくる。4歳は大したもので、ティラノサウルスとアロサウルスの区別がつきます。恐竜のおもちゃを選ぶとき、「ブラキオサウルス!」おお、なかなか通じゃないかい。

ジオラマのもぐら探しや蛇探し、鳥探しのコーナーだけでたっぷり1時間は楽しんでました。物理コーナーはまだ難しいので、もっぱら鏡コーナーで遊びました。子どもは遊びの天才だから、いつまでも飽きずに遊んでいました。

昼ごはんのあと、恐竜をお土産に買って、交通公園へ。アスレチック滑り台でへとへとになるまで遊んで、夕ご飯食べてから銭湯へ。大きなお風呂が大好きなので、なかなか出ようとしません。全行程、じいちゃん一人で付き合ったので、疲れた疲れた。子どもたちも布団に入ってお話をしているうちにグースカ寝入ってしまいました。

子どもの笑い声はいいわ。ほんとに癒されます。楽しい3日間でした。

もうすぐ孫と別れて、本日は神戸で坂東昌子先生とのイベントです。大人の世界に頭を切り替えねば。

(2015.4.5)

ホンモノの知性

SEALDsの集会で語られる言葉には、ホンモノの知性が感じ取れる。安保法制推進を公言する人々に、この知性がほんの10分の1でもあったらと思うが、知性があったら推進派になるはずがないな。ないものねだりだった。

安倍を支持するウヨクたちはほとんど街頭に出ることなく、ネットの中で罵声をつぶやいているだけだ。公平なレフェリーがいたら、ただちに「勝負あった」と宣言するだろう。

しかしこの世界は1人のレフェリーが審判するのではない。民衆がレフェリーだ。多数の人々を、それも圧倒的に多数の人々の共感を獲得できる言葉が求められている。

SEALDsの青年たちのように、知性で磨かれた言葉を情熱をもって語れば、そしてその言葉が人々の胸に届けば、きっと時代を変えることができる。

青年たちに続こう。

(2015.7.26)

時間稼ぎ

本日は診察日。

のどのリンパ腫がやや腫れてきた以外は、まったく正常値をキープしていました。

進行が思いのほかゆっくりしているので、もう少し進行してから次の治療をしようということになり、どの程度のスピードで進行するのか調べるため、次回検査は10月になりました。

まあ第4期には違いないので安心はできないけれど、治療が後に延びるのはよいことです。というのは、抗がん剤のタイプはいくらでもあるわけではなく、次つぎに新しいのを使うってことはできないんだそうです。

あれもこれもと使った挙句、次に打つ手がないってことになったら事《こと》です。そうかといって、前に使ったのをもう一度使うことはできないしね。

というのは前の薬で死ななくて生き残ったやつがはびこってくるのだから、同じ薬をもう一度使っても効果ないんですと。そういうことなので、症状が安定しているなら、なるべく時間稼ぎをしようということらしい。

治療薬や治療方法の進歩は日進月歩なので、治療が後になればなるほど、仮に悪化しても、そのころには新しい治療薬が認可されている可能性が高くなるわけです。

時間稼ぎというと頼りなく聞こえますが、基本的に悪性リンパ腫の治療は時間稼ぎなんですよね。

全快することはなくて、運よく緩解しても再発は既定路線です。なるべく時間稼ぎしながら患者を新薬開発の波に乗せ、進行を止めたり再発に備えるのが医者にできることなんだそうです。

いまも、抗がん治療ではなく別の目的で認可された薬なのに悪性リンパ腫に効果が実証されつつあるのがあるそうです。現状は抗がん剤として使えないんだけど、医者の言うには、そこはどうにかなりそうだとか。希望の持てる話です。

まあがん細胞とはいえどもわが身内なんだし、大人しくしててなーと、仲よく付き合うしかありません。治療を後に延ばすという選択肢をとれるのは、わがナチュラルキラー細胞、よく頑張っているのですな。

私の場合、免疫細胞のエネルギー源はアルコールに違いない。医者はそうは言いませんけど。これからもせっせと飲んで、元気になってもらおうと思います。

(2015.8.17)

方言びっくり発見

雑談してて気づいたっす。姫路弁は「な」を肯定にも否定にも使ってる!

たとえば「食べな」には3つの意味があるんだよね。

①食べろよ。②食べなきゃだめ。③食べるな。

②と③は正反対の意味なのに、どっちも「食べな」で、しかもなんとアクセントが一緒なんだよお〜っ! なんじゃこ

りゃ！　姫路ネイティブは、文脈と語調で自然に区別がつく。あまりに自然に区別してたんで、いま気づいてビックリしてるところです。

　でも考えてみれば、文法的にはさほど変でもないんだわな。方言はおもろいな〜。


(2015.8.26)

ヘイトと安保法案の共通点

「この世には分際《ぶんざい》というタテの関係があって、下は分際を守って上に従うべきであり、下が生意気にも上に楯突いたり言上げすることは許されない」という考えの染みついた連中が、政府の奴隷として沖縄の米軍を擁護し、同時に中韓を見下げて咬みつく。

　そういう意味ではヘイトと安保法案は双子みたいなもんだ。


(2015.9.2)

国会前に行く！

決めた。

　今日は国会前に行く。


(2015.9.14)

国会前決戦報告

　まず参議院議員会館での「自衛官の人権を守る集会」に参加した。元自衛官の末延さんが迷彩服でスピーチなさった。自分は高射特科、井筒さんは普通科でレンジャー、井上さんは補給、そして末延さんは戦車。いろんな職種からどんどん元自衛官が発言している。もっと立ち上がれ、OB！

　集会後、国会前に行こうと議員会館を出たら、議事堂の真裏なのに、なんとそこも人、人、人だらけ。みんなは狭い歩道で押し合い圧し合いしてた。

　今日の警備は厳重でした。参加者を鉄柵で歩道に押し込めるのはいつものことだけど、鉄柵をロープで結び合わせた上、結び目を2本の結束バンドで固めてある。そのバリケードを警官隊が押さえてる。

　うろうろしてたら、なんでかその鉄柵と警官隊の裏側、車道側に出てしもた。弁護士さんや議員さん、医療班に給水隊だけは車道側にいることができたので、そうした人々の中に紛れ込んでしまったのだ。そんな一般参加者が20人ぐらいいたかな。

　んで、歩道側の参加者と連携して、間に鉄柵と警官隊をはさんで「道を開けろ！」コールしてた。やがて歩道側から鉄柵をぐいぐい押してきた。なにせ数が多いからものすごい力だ。中でも力の強いところを押し戻そうと警官がそちらに集中したので、手薄な場所ができた。鉄柵に少し隙間が空いて、ロープをくぐれるようになった。

　だもんで「くぐれ、くぐれ」とやってたら、すぐに警官がバタバタと駆けつけてそこを塞ぐ。でも警官の手が足りないので、今度は「鉄柵をまたげ、またげ」。ロープを上げる人、またいでくる人に手を貸す人、だんだん車道に人が増えてきた。

　入ってきた人を捕まえようとするのを、何人もが間に入って逃がしたり、そんなことを繰り返してるうちに、「あそこは人が入っているぞ、こっちも頑張れ」とばかりに、同時多発的に防護が決壊し始めたので、警官はますます手が足りなくなった。

　そのうち誰かがニッパで結束バンドを

次々に切っていった。みんなはどんどんロープをほどいていった。そしてついに鉄柵を開放した。

もう誰も手がつけられない勢いで人が入ってきた。警官隊も警備車両も人の渦に巻き込まれてしまった。警官隊が鉄柵を懸命に押し戻している箇所もあったが、その後ろを参加者がどんどん進んでいく。警官隊の背後に鉄柵を引っ張ってきて、警官たちを中に閉じ込めてしまう。

やがて撤収の判断が下り、「こりゃーだめだー」とあきれた顔で警官隊は引きあげていった。こうしてとうとう国会前の通りは全部人で埋め尽くされてしまった。警官隊がいなくなったあと、みんなで用ずみの鉄柵を分解して積み上げ、整理整頓。規制線はこうして消滅した。

やー、感激した。少数の決死隊みたいなのがむやみと警官隊に歯向かっても逮捕されるだけやけど、万を越える群衆だと、起き得ないことを起こせるんやと実感しました。

警官だって全員が何も好き好んでやってはいない。職務だから命令に従っているのだ。職務に忠実であろうとして、市民の波に抵抗した。彼らには彼らの道理がある。しかし市民には憲法で保障された権利がある。警官たちはかわいそうに、憲法と戦う立場に置かれてしまったのだ。

そうなるのは、反憲法のリーダー安倍が国のトップにいるからだ。職務で市民に歯向かわなくてはならないような悲しい立場に置いたリーダーを打ち倒すため、今度の選挙ではしっかりと判断して投票してください―というのは、自分のスピーチの締めくくり。

そう、スピーチもやっちまった。疲れたけど、とても刺激的で感慨深い経験だった。参加なさった方々、おつかれさまでした。まだ戦いは続きます。がんばりましょう。

(2015.9.15)

孫台風襲来

孫が帰ってきております。3歳と5歳です。これからずっと同居するのですが、両親の引っ越しはまだもう少し先で、保育園が決まらないので、私が子守担当です。

孫もとてもなついているので、早朝から襲撃されております。我が家に来るといつも7時前から近所に散歩に出かけ、隣家の犬と遊んで、どんぐり拾いして、公園に行くルートが固定しています。ごはんを食べて絵本を読んで、しばらく恐竜ごっこやかくれんぼして、また公園に出かけたり、今日はお弁当をもって動物園に行きました。お風呂に入れて寝かしつけるまでがじいちゃんの役目です。

子どもにとってじいちゃんはアスレチック設備みたいなものでして、ぶら下がったり肩に乗ったり頭に乗ったり、ひとときも離れてくれません。こちらも楽しいからよいのですが、さすがに体力が持ちません。アンパンマンか恐竜のビデオを見せていれば大人しいんですけどね。

講演準備もあるし打ち合わせもあるし、本や新聞を読みたいしFBも更新したいのに、なかなか思うように行かなくてねえ。保育園に行くまではこんな調子なんだろうなあ（じいちゃんが講演でいないときに誰が面倒を見るのかということで、周りがえらいことになってます）。

　てなことで、ＦＢはしばらく途切れがちになると思います。


(2015.10.7)

草の根の力に励まされる

　ＦＢ友の一人が手作りビラを私の自宅に郵送してくれました。お金も組織もないけれどいてもたってもいられずに自分の意思で動いている人が、日本中にいます。

　昨日、自衛隊協力会の方とお話ししました。自衛隊関係のパーティで南スーダン派遣に対する危惧を語りたいのだが、どのように話そうかという相談でした。自衛隊を心から応援している人が、安保法制に危機感をつのらせている。

　手作りビラの作者は天理教関係者です。立場はさまざま。でも「安倍政治を許さない」で一致できる。

　シールズや5野党共闘などの見えるところの動きが加速しています。見えないところでも地道な動きが続いています。

　これが戦後日本に根づいた民主主義の姿だと思います。そうした人々に励まされる毎日です。

　昨夜、1人の自衛隊幹部と電話で対話しました。『安倍首相から「日本」を取り戻せ』を読んでくれるそうです。少しでもこちらの考えが伝わってほしい。痛切にそう思います。


(2016.3.15)

春休みは大変だ

　孫が春休みです。3歳児と5歳児が失業中のじいちゃんと一緒にいます。お兄ちゃんが風邪気味なので、どこへも行けません。

　お絵かきは飽きました。飽きるほど描いたので。お絵かきはブラキオサウルスの上を飛ぶドラえもん。ブラキオサウルスの特徴である頭の形をうまく表現しております（ジジバカ）。しかし体が透き通って向こう側の後足が見えておりますな。

　プッシュピンでコリントゲーム作ったのですが、子どもは１００点を連発するのにじいちゃんは0点が多くて、5歳児に同情されてしまいました。正村ゲージ〈正村竹一考案のパチンコ台のゲージ構成〉は天才的発明であるなとつくづく思い知りました。

　スチロール容器で帆掛け船こしらえて、ドライヤーで走らせました。後ろに重りをくっつけるのが真っすぐに走らせるコツであることを発見しました。

　ボール紙の箱でロボット作りました。お腹についているのは大砲です。迫力はあるのですが、重くてコケてしまうので3本足ロボットになりました。

　ヤクルトの空き容器を天井から吊るして、簡易バッティングマシンです。これならどれほど力いっぱい打っても大丈夫、どこも壊れないし頭に落ちて来ても安心です。パコン、パコンといい音です。

　さてあと何日こんな日々が続くのでせう……。


(2016.4.1)

当面の予定

ちょい体調不良で更新が止まっていまし

た。もう大丈夫です。

4月22日（金）大阪市
4月23日（土）京都市
4月24日（日）福井市
4月29日（金）兵庫県但馬
5月1日（日）大阪市
5月4日（水）神戸市
5月5日（木）姫路市
5月14日（土）愛知県知多郡
5月15日（日）愛知県刈谷市
5月20日（金）東京
5月22日（日）大阪・此花区
5月28日（土）京都市

〔時間・場所・テーマ・主催者等の詳細は省略しました〕

(2016.4.21)

お庭バーベキュー

本日は外泊許可をもらって帰宅してます。息子一家とバーベキューです。女は食べる係。男は焼く係です。孫たちはお腹が大きくなったので公園に。ぽかぽかとよいお天気です。

(2016.5.7)

散歩（別名脱走）宣言

入院中の病院は姫路城のすぐ脇、病棟からの眺めは最高です。しかし横からの姿はちょっと貧相かな。

病院から歩いて2分、斜め下からの天守閣はなかなかです。このアングルが好きなんですが、観光客はここまでめったに来ません。静かでいいです。姫路城の内堀はらせん状になっていて、天守を二重に取り巻いています。ワトソンとクリックがDNAの二重らせん構造に気づいたのは姫路城を眺めた時だったという伝説は、存在しません。

ともかくお堀沿いの木立はお気に入りの散歩コースです。赤煉瓦の美術館は病院のお向かい。

今回は抗がん剤の副作用が人並みに出たため、大人しく病室で過ごしておりましたが、そうするといつまでも食欲が戻らず、薬剤師さんが心配顔です。狭いところに閉じ込められてじっとしてたら食欲も出ないし、頭痛も出ますよね。

そこで生活態度をキッパリと改めることにします。前の入院のときと同じで、看護師さんが検温の度に「また行方不明やわ」と嘆きはることになりますが、あきらめていただきましょう。これも健康のためです、ごめんなさい。

(2016.5.12)

お食事タイム

入院中の気晴らしに、スズメの餌付けをしています。こちらの姿を見つけると向こうからやって来るまでに慣れました。

ところがハトまで寄って来るから大迷惑。なにせ体が大きいから傍若無人、肝心のスズメが小さくなっています（もともと小さいけど）。食べる量もケタ違いです。来るなともいえず、いやはや、困ったもんです。

(2016.5.24)

え、心配してない？

入院を延長して抗がん剤投与したため

副作用でへたってましたが、かなり正常に戻りつつあります。ご心配かけてすみません（え？ 心配してない？-）。 (2016.5.31)

さあ終盤の電話かけ

どこもそろそろターボかかってると思う。私がベテラン電話師（?）に習って使ってるのは、名簿見ながら、「○○が大変苦戦しております。ここは××町の△△様のお力をお借りしなくては、と失礼ながらお電話差し上げました」というヤツ。特に年配の人は「そこまで言うなら、私の秘めた力を見せてやろうかね」でノッてくれる人が少なくない。

ついでに。必ず、どこで私の番号を？と言う人が出るけど、「まとまった名簿をいただいてますが、おそらく町内会のほうじゃないでしょうか」でいいです。いわゆるテレデータのソースには町内会名簿（マンション自治会）も含まれています。○○さんのお知恵でした。 (2017.7.7)

げんこつ百回

「原発反対！」

「げんこつ百回！」


今朝は寒かったせいか孫たちの寝起きが遅くて、保育園に遅れそうになりました。

「急げや急げ！ 急げや急げ！」とせかしていると孫たちがついてきます。

「急げや急げ！」

「いっそげーや　いっそげっ♬」

「急げや急げ！」

「いっそげーや　いっそげっ♬」

「保育園に行くぞっ！」

「ほいくえんに　いーくぞっ♬」

「お着換えするぞ！」

「おっきがーえ　すーるぞっ♬」


ノリのよいチビ助たちで。

ふと思いついて反原発コールをまぜてみました。

「原発反対！」

すると返ってきたのが
「げんこーつ　ひゃっかい♬」


思いがけぬ反応です。

そう聞くか～。

原発とげんこつなら「げん」と「つ」が合ってるな。反対と百回は「い」しか合ってないけど、母音は合ってます。

なかなか筋がいいではないかいな。それになかなかいい内容じゃん（ジジバカ）

孫たちはノリノリで「いっそげーや　いそげ♬」

うん、楽しいね。だから踊ってないで、着替えてくださいね（苦笑） (2016.10.25)

孫たちの闘病

集中力ゼロ。

孫2人がともに喘息の発作で入院中です。付き添いで病室におります。

時間はたっぷりあるのに、意欲と集中力がなくてなにもできません。 (2016.11.1)

憲法9条健康法!!

ご報告でございます。一昨日、病院で告

げられたところによりますと、なんとPET映像から悪性リンパ腫が消えてございました〜。

《3年前の話》

悪性リンパ腫の第4ステージと診断され、そのPET映像に変なものが写っているからとプチッと切って生体検査してもらったら大当たりの大腸がん併発！　あきまへんなーと告げられたのは3年前でした。

「悪性リンパ腫が全身に回っております。ほら、この黒い影がそれです（およよ、真っ黒やん）。第4ステージです」

「同時に大腸がんが進行していまして、直径2センチもありました。普通は腸をある程度切除するのですが、いまそれをするとがん細胞が転移する恐れが高いのでできません」

「進行が早い悪性リンパ腫の抗がん剤治療をまず優先しますが、治療中に免疫力が下がるので、血液に入っている大腸がんが全身に転移する可能性が高い、そうなると手の施しようがない」

「こういう症例で1年以上生きた人がいません」

「放置すれば半年ですね。抗がん治療をすれば1年。副作用に耐えながら半年長生きをするのがよいか、なんなら何も治療しないという手もありますが、その場合はホスピスを紹介します。どうします？」

《それからの話》

こんなふうに脅かされて抗がん治療に入りました。

すると、なんとあきれたことに大腸がんが勝手に消えてしまいました。何度CTやPET撮影を繰り返しても、かけらも写りません。んで、3年がかりで抗がん剤治療を繰り返した結果、悪性リンパ腫も消えてしまいました。

とはいえ映像に写らなくなっただけで、完治ではなく緩解ですけど、再発するまでは寿命が延びました。

まあ、ちょっと溶骨性転移が疑われているので検査が必要ですけどね。こちらはさほど恐ろしいものではないとのことなので、まあ淡々と受け止めています。

《善意のご忠告など、ありがとうございました》

多くの方には申し訳ありませんが、薦めていただいた代替治療はまったく取り入れておりません。奇跡の水とか、がんに効く温泉とか、デトックスとか、酵素とか、EM菌とかホメオパシーとか水素水とか霊験あらたかな祈祷師さんとか、なあんにも頼りませんでした。あ、お見舞いのお茶は美味しく頂きました。

医者の言うとおりに標準医療だけを施してもらって、この結果が出ました。てか、もとから命は阿弥陀さんに預かってもらってるのであんまり怖くもなかったしね。

これまでとかなり異なる生活と言えば、憲法第9条の威力を説いて歩いたことぐらい。てことは、平和運動は健康によいということじゃないですか。がんに打ち勝つ、憲法9条健康法。病気に悩む皆さん、これ、お金もかからないし、試してみる価値ありますよ！

（2016.12.27）

新年のごあいさつ

明けましておめでとうございます（遅いわ）

ずいぶんとご無沙汰してしまいました。じつは正月早々ギックリ腰をやらかしてしまい、椅子に座れませんでした。これは若いころからの持病で、数年に一回やります。

いつもは3～4日で治るので高をくくっていたら、今回は1週間しても治りません。長く座れないし、座ったら立てない。とても椅子に座ってキーボードを打つどころではありません。寝たら寝返り打てないし、起きようとすると激痛が走ります。ベッドにうつぶせになり、宮のない足の方から首だけ出して床に置いた本を読んでいるのがいちばん楽です。

仕方なく、よちよち歩きしながら医者に行ったのが今週の初めで、一昨日ぐらいからようやく治ってきました。もう大丈夫です、PCの前に座れました。ということで、本年もよろしくお願いいたします。

（2017.1.13）

酒と薔薇の日々？（その1）

ご無沙汰でございます。ご心配をおかけいたしましてすみません。また、いくつもの講演をキャンセルさせていただき、申し訳ございませんでした。

痛い、痛い、痛い、痛い日々を過ごしておりました。いまはかなり快方に向かっています。とはいえまだまだですが。

《何があったのか》

要するに、体から消えたはずの悪性リンパ腫が、ひそかに顔面に転移しておりまして、突然暴れ出したのです。急速に増大する固い腫瘍が、顔面の関節、骨、神経、スジをギリギリと締め付けて来やがったのです。

《どんなことが起きたのか》

顔面右半分が、がん細胞のせいで腫れ上がって歪み、口中も腫瘍だらけでしゃべることができなくなり、目も皮膚に隠れてつぶされてしまいました。自分の顔でなくなりました。1カ月もかからずにこうなりました。

きついのは24時間続く痛みです。あご、歯ぐき、頬骨、こめかみから頭にかけて、しくしくと、ずきずきと、コントロールできない疼痛が襲いました。1日4個と決められた痛み止めの薬が効くのは、1個せいぜい2時間。昼間は散歩やストレッチで気を紛らわせ、薬は夜に備えました。しかし、効きめは限られていました。

重力の関係で、横臥すると顔中が痛いので、起きている他ありません。ソファに座ったまま、痛みをこらえながら夜明けを待つのです。我慢できないときは夜中の散歩に出かけました。

そして治らない肩こりです。あごから首筋、背中にかけてパンパン、ゴリゴリに肩が凝って、吐き気が続きました。もちろん、何も食べられません。ずいぶんとダイエットできました。

こういう生活がほぼ3週間続きました。地獄でした。

《なんでこうなったのか》

医者も本人も、がんのせいだと信じられなかったのです。緩解したところじゃん？ という心理です。それで治療が遅れました。主治医は、検査をした耳鼻科がへたくそで化膿してるのだろうと思い込んでいました。耳鼻科の医者は虫歯を疑い、歯科医に診てもらうように紹介状を書いてくれました。私も虫歯のせいだと思い込んでいました。歯科医が「虫歯じゃない」とさじを投げ、耳鼻科が「腫瘍です」と認めても、主治医はまだ高をくくっていました。半月前のデータをもとに「急ぐ必要なし」と思い込んでいました。人の顔を見もしないで。

その後のことはまた明日。長くなるので本日はここまでにして、まあ歌でも歌いましょう。バンジョー弾きながらバーボン飲んで痛みを紛らわせることができたらなあというような歌です。

〽わたしゃ　こめかみからあごの先
痛みをもって　広がるところです
おー　リンパ腫　出るんじゃない
お前の顔見るのは　こりごりだ

（2017.2.25）

酒と薔薇の日々？（その2）

昨日の続きです。

《たちまち入院》

2月20日、とうとう予定していた診察日です。腫れあがって歪みまくった顔を初めて見て、主治医が驚きました。たちまち「入院」と告げられました。それ見ろ。痛み止めに麻薬性の薬がたっぷり処方されました。やれやれです。

翌日のお昼前に入院です。午後からすぐにカテーテルを入れました。次の日には抗がん剤投与。なんやねん、検査を何もかもすっ飛ばしたこのペースは！ 主治医先生、さすがに焦ったんですね（笑）

専任薬剤師さんが痛みの具合を聞き出して、ペインコントロールが始まりました。栄養士さんが病室に来て、食事の相談もしてくれました。看護師さんがいろいろと気遣ってくれます。あ〜、入院できてよかったあ〜と心から思いました。

《ただいま好転中》

入院2日目、横になってゆっくりと休むことができました。それ以来、痛みに苦しむことはなくなりました。抗がん剤が効いて腫れが小さくなってきたので、今では痛み止めを減らしつつあります。3日目には、肩こりがうそのように取れました。痛みが引いて気分がよくなると「タバコ吸いてえなあ」なんてよからぬ考えが浮かんできますが、私みたいなアホでも、いまそれをするのはさすがに命とりだと気づいているので、禁酒禁煙を続けています。

《テレビは岡目八目》

自宅にいたとき、思い浮かぶのは痛みのことばかり。どうすればこの痛みを紛らわせることができるだろうかと、それで1日暮らしていました。新聞を読んでも頭に入らないし、考えはまとまらないし、この1カ月、うす壁の向こうの世の中をカスミの外からぼや〜っと眺めていた気分です。

大変な出来事が次々に起こり、あれよあれよという間に前の話題がさらわれ新しいニュースに移り変わり、落ち着いて世の動きと向き合うことが難しいってことは、よくわかりました。テレビが岡目八目をやってるのもよく見て取れました。客観性の利点がある半面、当事者性がないので無責任な評論に終始しています。安倍の二枚舌に身の毛がよだたないのかなあ。

でも自分一人が焦ってもがんはそんなに都合よく消えてくれないし、戦列復帰めざして、いまは養生に励むしかないですねえ。

(2017.2.26)

まっすぐなやり取り

《なんで放射線なんですか?》

放射線科の医師と面談し、治療の方法などを教えてもらいました。何か知りたいことはないかと仰るので、質問して忌憚のない意見を求めました。

「教えていただきたいのは、放射線治療に移行する意味です。抗がん剤が効かず、もう打つ手はないが、悪化する症状を前に何も治療しないという選択肢はないから、あまり効果は期待できないがやってみようということでしょうか。それとも、放射線ならば治療効果が期待できるという積極的な選択だと受け止めてよいのでしょうか」

医師は「私の意見をいいますとね」と前置きして、答えてくれました。

《むちゃくちゃ効きます!》

「放射線は、リンパ腫にむちゃくちゃ効きます! 効くけれども限界があって、照射したところのがんしか消さない。抗がん剤のように、見えないところまで追っかけてって、がんをやっつけたりしません。副作用を考えると広範囲に照射もできません。だから、全身に広がった悪性リンパ腫を消すには不向きです。泥さんのがんはそのタイプでしたが、それは緩解して消えており、いまは、顔の右側に集中転移しています。この範囲なら放射線で消せます。ただしがん細胞が染色体異常を起こしています。放射線耐性を獲得している可能性もあるので、ふつうよりも照射回数を増やす計画です」

おお、希望の持てる言葉が聞けました。気持ちがすっとしました。うれしかったです(気休めかもしれないけど、それでもいいや)。なにより、まっすぐな質問にまっすぐな答えが嬉しかった。

《まっすぐじゃないと困りますよね》

「どうなんです、事実をお答えください」「そんな悪魔の証明はできません」「いや、証明しろじゃなくて、事実をお尋ねしている」「どこに問題があるというのですか」「問題があるかないかではなく、事実をお答えください」「何も違法なところはない」「違法性に言及しておりません。事実を」「違法じゃないのに違法であるようなレッテル貼りはやめていただきたい」「私がお尋ねしているのは事実のみです。違法かどうかは、事実が明らかになってからの話です」「違法かどうか不明なんですね、不明なものをやり玉に挙げてね、そんなやり方汚いでしょう」「話をすり替えないでください」「すり替えているのはそちらです。その指摘はブーメランだ。そんなことしているから、あなたたちはいつまでも支持されないんですよっ！　フッ」ガキの口げんかでも、もう少しましです。

（2017.3.3）

カンブリア紀の夜

とうとう右目が塞がってしまいました。左目は視力が弱いので、これは不便ですわ〜。なんで目が2つしかないんだろう。カンブリア紀に生息していたオパビニアという生物には、目が5つもありました。それくらいあれば、いくつ塞がっても見えるよな。うらやましい。「アホめ」（サイクロプス〔一つ目の巨人〕談）

昨日から隔離部屋に移っています。白血球がかなり減ってきたのでね。「隔離します」と告げられた時、ビニールハウスみたいなベッドで窮屈に暮らすのを覚悟しました。

ところがラッキー、その方式の個室が空いていません。ほかに清潔部屋はひとつだけ。ミニキッチンに、バストイレ付。最新の超清潔空気清浄装置が備えられています。病院の都合で入ったからタダですが、オプションで入ったら一泊2万1000円ですぜ、だんな！

ゆったり広々、まるでカンブリア紀の海のようです（知らんけど）。ただし24時間、監禁状態です。部屋から出歩いてはなりません。ううう、カンブリアの夜は退屈じゃ〜っ！

（2017.3.4）

エンドルフィンと念仏

《肩こりと念仏トリップ》

腫瘍が血流を妨げるからか、ずっと肩が凝っています。気持ちが悪いときは、ストレッチなどを試みてます。

昨夜、肩甲骨と背骨のあいだを壁の出っ張りに押さえつけて、コリコリとしながら気持ちのよい箇所を探していると、やおら「こ、これは！」という快感点に出会いました。柔らかめに刺激すると、お〜、き、気持ちいい〜♪思わず「ナンマンダブ」いってました。

背中をリズミカルに揺すりながら、三拍子で「ナアンマンダブ、ナアンマンダブ……」。はあぁぁ、気持ちええ〜……念仏トリップ♨夜中に何やってんねん（笑）

《脳内モルヒネと念仏》

ちょいと不思議な感覚でしたねえ。快感は、脳内モルヒネといわれるエンドルフィンホルモンの作用だそうです。念仏は、明らかに快感を大きくしました。念仏固有の作用というより、人によっては唱題や神への祈り、あるいは歌が効果的な場合もあるでしょう。そういったものが持つ鎮静効果と、脳内モルヒネとの相乗効果を、無意識に求めたのでしょうね。

と、ここまで考えてから、ハッとしました。これって、薬物とマントラで人為的に神秘体験をこしらえたオウムのやり方じゃん！　それを無意識に自分でやってたということ？　やばくね？

《悪態と痛み》

病棟に、色白で上品な白髪のご婦人が入院なさっています。この人が見た目と違ってね、朝から晩まで看護師さんたちに悪態ついて、つかみかかろうとしたり、危なくて大変です。とうとう親族が監視の泊まり込みをすることになりました。

リチャード・スティーブンス教授は、悪癖といわれる異常行動の原因に、本人にとって何らかの有益性があるのではないかということを研究して、イグ・ノーベル賞を受賞した人です。著書『悪癖の科学』によると、悪態をつくと痛みや不安への耐性が増すのだそうです。エンドルフィンの作用ですね。明るく陽気に生きても、憎々しげに悪態ついても、同じようにエンドルフィンが分泌されるんです。

白髪のご婦人は、最初のころに何かのきっかけで、悪態をついたらすっとしたという体験をしちゃったのでは？　それが無意識の初期設定となったため、「不安→悪態→鎮静」「痛み→悪態→快感」の悪循環に陥った。運が悪かったんですね。

《ナムアミじいさん》

もしかしたら、自分もいずれ見当識をなくしてしまうかもしれません。何を口走るか、分かったものではありません。他人を怒鳴りあげたり、悪口ばかり言ったり、疑心暗鬼で藪にらみして、周りから嫌がられる爺さんになり果てるかもしれません。

おお、それはたまらないぞ！　そんなことになるくらいなら、ぽけ〜っと朝から晩まで「ナンマンダブ」いうてとろけてるボケじいさんになりたい。だったら今のうちに練習して、「不安→念仏→鎮静」「痛み→念仏→快感」という連鎖を仕込み、何かあったらニコニコお念仏が出てくる脳内設定にしておけばよいのでは？

背中コリコリしながら三拍子で「ナアンマンダブ、ナアンマンダブ」。傍から見たらアホ丸出しですが、うん、これはこれで、なかなかよいのではあるまいかねえ。

（2017.3.6）

病院にて

《まずは自分の腫瘍のお話》

放射線治療を5回受けました。いま、腫瘍の大きさが、半分以下になってます。塞がっていた目が開き、顔のゆがみもかなり治ってきました。技師も看護師も「すごい！　すごい！」と驚いています。

ところが。

「放射線の効果はこんなに早く出ないね」（放射線担当医師）

ええ〜っ？　放射線の効果と違うんですかあ？　では効きにくかった抗がん剤が、放射線の効果と相まって今ごろ効いてきた？

「タイミング的に、それはないです」（主治医・血液内科）

じゃ、じゃあ、なんで腫瘍が小さくなってきたんですかあ？

「うぅ〜む……」（放射線担当医師および主治医）

どうやら医者にも説明のつかないことが、起きつつあるようです。（2017.3.11）

贅沢いうとキリがない話

本日は放射線科の診察日でした。医師「順調やな」

どろ「おかげさまで命が助かりました」

医師「順調すぎるな～。もうちょっとペースが遅いほうが」

どろ「がん細胞の消えるのが早いと、何か不都合なんですか」

医師「細胞からカリウムが過剰放出されて、腎臓をふさいでしまうことがある」

どろ「ははあ。そうなる可能性があるんでしょうか」

医師「いや、血液検査のデータは正常や。その時期は過ぎたな。もう危険はないやろ」

どろ「そしたら何が心配なんですか？」

医師「腫瘍がたまたま気道と口腔の間をふさいでる場合、腫瘍が消えることで穴が開くことがあるんや」

どろ「それはおおごとなんですか」

医師「おおごとになる場合もある」

どろ「たとえばどんなことになるのでしょう」

医師「鼻水が口に垂れてきたり」

どろ「……」

医師「食べ物が口から鼻の穴に入ったり」

どろ「なるほど。ただまあ先生、その危険は、がんで死ぬことと比べたら微々たる話やと、当事者としては思います」

医師「腫瘍が消えていくすき間を、正常細胞が増えて埋めてくれたらええんや。このペースでは細胞の増え方が追いつかん」

どろ「先生、その悩みは贅沢ですわ。お金が入ってくるのもたいがいにせい、使い終わらんうちにガッポガッポ入ってきたら、重みで床が抜けるがなとボヤいてるようなもんです」

医師「ま、今はそういうことで。お大事に」

どろ「ありがとうございました」

医者というのは、患者に分からないいろんな可能性を想定しながら治療してくれているのだと知りました。有難いことです。有難いことではありますが、飲んだお茶が鼻に入ってむせる程度の危険を避けるために、もうちょっとがんの消えるのが遅いほうがよいという意見には、患者本人としてはにわかに肯定しがたいものがあります。まあ医師としては想定した治療効果があればよいのであって、何も特別によく効く必要はないというクールな立場なんでしょうけどね～。

このあたり、「科学的真実」と「納得」のすき間という話にもつながりそうで、興味深い。

お食事の写真を上げてみました。患者と同じものを食べて写真をアップしている仙台の院長先生の真似だす。味気ない流動食だけど、栄養士さんが何度も病室に来てくれて、相談しながら組み立てているメニューです。食べないとバチが当たる。栄養士さんにも感謝です。なんまんだぶ。（2017.3.16）

チョイス失敗

朝起きると、布団をたたんで着替えをするのが日課です。入院中だけど、一日中パジャマで過ごすと心の中にまで病院臭が染み付きそうで。しかし本日は間違えたなあ。着替えた意味ないじゃん。〔パジャマと同じ柄のボタン付きTシャツの写真付き投稿〕

（2017.3.26）

姫路城ライトアップ

今宵の姫路城は青い！

こんなライトアップ初めて見た。お月さんも出とってやし。三日月やけど。

（2017.4.2）

お城は花ざかり

これ〔写真〕はお城の病院側、つまり東側。正面側はもっと綺麗なんだろうなあ。

（2017/4/7）

本日、退院です

といっても快癒したのではありません。残念なことに、腫瘍は放射線で全滅しませんでした。取り切れなかった腫瘍がまた増悪するまで、医師としてはすることがないんです。

腫瘍がいつ蠢きはじめるのか、誰にも分かりません。患者としてはしっかり栄養を取って体調を整え、再度の放射線照射に負けない体力をつけるのが仕事です。

私が今回受けた照射は合計で36グレイ。放射線治療は通常なら50～80グレイを照射するそうです。上限まであと少し余裕があるので、再照射ができるのです。

36グレイをガンマ線の全身照射に当てはめたら36シーベルトになります。これだけの放射線を全身にいっぺんに受けたら死にますが、18回に分けて局所的に照射したので、口内炎ができる程度の副作用ですみました。

1グレイは、エネルギーとしては小さいです。1グレイは1ジュールと同じです。1グラムの水の温度を0・24℃温めるエネルギーが1ジュールです。36グレイだったら、1グラムの水を8・5℃ほど温めるエネルギーです。こんなに小さなエネルギーなのに、がん細胞を殺せるんですね。管理に失敗して一度に全身に浴びたら、即座に死にます。放射能（放射線の電離作用）というのは恐ろしい威力を持っているものですねえ。

（2017.4.8）

タケノコもらった

長男んちから大きなタケノコが3本届いた。いまアク抜き中です。まだ口内が多少痛いからしっかりアク抜きしないと。さて何にしようか。天ぷら、土佐煮、タケノコご飯。チンジャオロースーもよろしいな。

楽しみ、楽しみ。

（2017.4.15）

泥憲和 年譜

1954（昭和 27） 2月5日、兵庫県姫路市に生まれる。

1970（昭和 45） 15歳で陸上自衛隊入隊。横須賀少年工科学校（現在の陸上自衛隊高等工科学校）を経てホーク地対空ミサイル部隊に所属。

1973（昭和 48） 自衛隊を除隊。東京でさまざまなアルバイトで暮らす。

1974（昭和 49） 部落解放運動に出会う。

1978（昭和 53） 皮革工場を経営。兵庫県勤労者学習協議会で学ぶ。

1982（昭和 57）「平和のための姫路市民の会」で、後に結婚する典子さんと出会う。

1983（昭和 58） 典子さんと結婚。

皮革工場を廃業後、土方仕事などで生計を立てる中、西播センター合唱団に加わる。

1992（平成 4） 神戸総合法律事務所に就職。破産部でアイフルの集団訴訟など闇金や消費者金融の問題を担当する。

2007（平成 4） 6月29日、mixiで「日記」を書き始める。

2008（平成 20） 姫路総合法律事務所に移り、破産処理を担当。

2009（平成 21）「行動する保守」と呼ばれるレイシスト集団が関西で活動するようになり、それに対するカウンター活動を単独で開始する。

2010（平成 22） 1月10日、神戸のJR新長田駅前で、従軍慰安婦問題の街頭宣伝を行う市民団体を妨害しようとするレイシスト集団に対し、1人で果敢に論戦を挑む。その状況が動画サイト「ニコ生動画」で中継され、「カウンターの元祖」として一躍知られることとなる。

2014（平成 26） 2月、悪性リンパ腫と大腸がんの診断。余命1年の宣告を受ける。治療に専念しつつ、反レイシズム運動における関西のリーダーとして日夜活躍。

11月、初の単著『安倍首相から「日本」を取り戻せ!!』を出版、好評を博す。

2015（平成 27） 6月30日、神戸三宮で、安倍政権の集団的自衛権容認の閣議決定に抗議する青年団体の街頭宣伝に飛び入りして演説。その原稿をFacebookに投稿したところ、22,000件のシェア、8,000人以上の「いいね！」を得る爆発的な拡散へ。全国的に有名となり、各地で講演に招かれることになる。2114年8月から17年1月までの2年5カ月で講演回数は約150回。

2017（平成 29） 5月3日午前5時32分、永眠。享年63歳。

著書

- 『安倍首相から「日本」を取り戻せ!!―護憲派・泥の軍事政治戦略』（かもがわ出版、2014年）
- 『泥憲和全集―行動する思想の記録』（かもがわ出版、2018年）（本書）

共著

- 『元自衛官が本気で反対する理由―安保法反対20人の声』（共著、新日本出版社、2017年）
- 『アンチヘイト・ダイアローグ』対談録（中沢けい著、人文書院、2015年）
- 『14歳からの戦争のリアル』対談録（雨宮処凛著、河出書房新社、2015年）

追悼エッセイ

泥さんと私

池田香代子

池辺晋一郎

伊勢﨑賢治

伊藤匡誠

伊藤真

白井 聡

辛 淑玉

中沢けい

樋口陽一

柳澤協二

底知れぬ親切心

ドイツ文学翻訳家　池田香代子

わたしが知っているのは、泥さんのごく一部です。それでもこの原稿に向かうのは、泥さんを愛し、尊敬する仲間に加わりたいからです。

ミクシィをはじめとするネットに膨大な書き込みを残した泥さん。街頭で、その行動と言葉によって多くの人びとに感銘を与えた泥さん。早すぎる晩年には、声がかかればどこにでも出向いて、どんなに少数の聞き手にも渾身のプレゼンテーションをした。そのために作成したパワーポイント資料も膨大です。

すべては泥さんの底しれぬ親切心に発しています。注目を集める以前の泥さんの軌跡にも、それは貫かれているらしい。らしいとしか言えないのがもどかしい。なぜなら、わたしはほんの六年ほど前にわたしの目の前に現れた泥さんの過去を、あまり知らないからです。もっと根掘り葉掘り聞いておけばよかった。ほんとうに悔しい。

わたしが聞いた泥さんの過去のエピソードは、数える程しかありません。その中で印象に残るのは、法律事務所に勤めていらした頃の話です。

泥さんはあるご夫婦から、キリスト教系のカルト宗教に入ってしまったお子さんのことで相談を受けたそうです。泥さんが、その若者を理解し、話をするためにまずしたのは、旧新約聖書を読むことでした。二段組でおよそ二千ページ。比べるのもおこがましいのですが、わたしがこれまでに訳した中でいちばん長い『ソフィーの世界』の四倍近い分量です。しかも、通読しておもしろいとはお世辞にも言えない経典です。キリスト者といえども、全篇を読んだ人はどれだけいることか。

困っている人を見たら力になりたいと思うのは人情です。けれど、それは自分の余力の範囲で、というのが大方の良識というものでしょう。けれど、泥さんはそんな良識とは無縁の人でした。根本的という意味でラディカルに、事の本質に全力で体当たりし、無手勝流だろうがなんだろうが原資料に当たり、消化して自説を組み上げ、正々堂々論陣を張る。その動機は、人を助けたい、不正義を許さないといった、純粋に利他的なものでした。

それはたとえば、従軍慰安婦問題への向き合い方にも言えます。史実を直視せず、犠牲者を貶める言説にたいし、わたしなどはつい、過去に読んだ書籍の知識を踏まえて、憤りこそすれ小手先であしらうような態度に出がちです。けれど泥さんの流儀は違った。一次史料を踏まえて、無礼な言説を振りまく向きにこれでもかと反証を突きつけるのです。

ところで、わたしは高校時代、ある教養主義的なサークルにいたのですが、看板は文系でも体質は体育会的で、その年の新入生は夏休みに旧約聖書を読んでレポートを書かせられました。それで、泥さんと旧約聖書をめぐって、珍妙な教義問答をしたことがあります。

「初子《ういご》の燔祭《はんさい》（生け贄の供え物）はどこに書いてある？」

「民数記の最初のほうかな」

といった具合です。そんなときの泥さんは、子どもみたいにムキになりました。

あるとき、東京から深夜バスで帰る泥さんと、バスが出るまで新宿で話し込んだことがあります。話が弾んで、気がつくとバスは出てしまった後でした。急遽、泥さんが泊まるホテルを探さなければなりません。もうご病気も進んでいたので、カプセルホテルはだめ。夜の歌舞伎町をうろうろし、ようやく見つけて「ホテル、あったぁ！」と声をあげてしまったのですが、いい歳をしたおじさんとおばさんに道ゆく若者たちがぎょっとして振り返ったときには、後の祭り。誤解は永遠に解けないでしょう。しかも、十分な出講料をもらわずに飛び回っていた泥さんに、あのときは二重三重の出費をさせてしまいました。泥さん、ごめんなさい。

この全集で、わたしは泥さんに改めて出会おうと思います。泥さん、for ever、愛しているよ。

（いけだ・かよこ）

「主張」に「行動」をぴたりと重ねる生き方

作曲家　池辺晋一郎

泥さんは姫路にいた。いっぽう僕は、1989年の姫路市制施行100周年を記念する「交響詩ひめじ」を作曲した縁で「ひめじ観光大使」を務めており、この曲による毎年の合唱コンクールの仕事などで同市と深く関わっている。「準姫路人」と言ってもいいくらいだ。

そんなこともあって、姫路で「希望」という合唱団が結成されると、拙作を通じてしばしばつきあうことになった。泥さんには、そこで会った。

もと自衛官ということや、護憲そして平和についての強い意志や活動について知るのは、しばらく経ってからである。その著『安倍首相から「日本」を取り戻せ!!』も読ませてもらった。「主張」に「行動」をぴたりと重ねるその生きかたがすばらしいと、心から感じた。

余談だが、3年前まで僕は「ながさき音楽祭」の顧問を務め、長崎県内のあちこちに出向いた。たくさんの教会が点在する外海《そとめ》という地区の出津《しつ》という所にある「ドロ神父記念館」も訪ねた。

「ドロ？　泥？」──その時僕の脳裏に泥さんの顔が浮かんだのは、当然。しかし（当たり前だが）ちがった。慶応4（1868）年に来日し、明治5（1873）年の禁教令廃止のあと宣教と社会福祉活動に専念したフランス人神父、マルク・マリー・ド・ロ神父（1840～1914）なのだった。とはいえ、自分を捨て社会そして他者のために尽くす姿として、泥さんとド・ロさんは重なっている、と僕は思った。

昨年（2017年）2月、姫路駅改札口で偶然会ったのが最後になってしまった。泥さんの意志を継ぐ人はおおぜいいる。何と憲法記念日に逝去した泥さんの、その叱咤を背に感じながら、真の平和な時代を築くために、これからも僕たちは歩き続ける。見ていてください、泥さん！

（いけべ・しんいちろう）

誰よりも深く9条を信じていた人

東京外国語大学教授　伊勢﨑賢治

泥さんは9条を信じていた。誰よりも深く。

9・11同時多発テロのアフガニスタン戦争で、アメリカの同盟国でありながら占領に加わらなかった日本の代表として、軍閥の武装解除を丸腰でやり遂げたことを、泥さんは誰よりも喜んでくれた（僕は9条のおかげとまでは言わなかったけれど）。

9条の日本が、戦禍で苦しむ可哀想な国の平和のためにお役にたてる。9条が、日本だけでなく世界の人々を救う。そう信じていたのだ。それは、あの世に行くまで変わらなかったはずだ。

非武装。日本で突出した武装を許された職能集団に属しながら、だからこそ、その価値を、その意味を、そして危険さを誰よりも泥さんは熟知していた。自らの骨を削り、臓物を切り開いて、武装に挑む。これが、非武装が勝ち取れる平和であることを、日本の誰よりも分かっていた。

幸か不幸か、戦後、実戦を経験することのなかった自衛隊にあって、そのOBたちの声は喧しい。勇ましい安全保障論を説く人たち。戦争責任にかかわる歴史修正を叫ぶひとたち。自衛隊の法的地位にかかわる改憲を訴える人たち。そういう誰より豊富な武器の知見と、そんじょそこらの歴史学者に負けない慰安婦問題の一次資料の調査力に裏付けられた泥さんの発言は、反戦自衛官の誰よりアカデミックで、セクシーであった。

「ヘイト」に関しては、単純に、「卑怯」であると、泥さんをカウンターに駆り立てたのだと思う。僕はデモに参加しなかったが、気持ちは全く一緒だ。弱いものイジメは、理屈なく、許せないのだ。泥さんは。

だから、当時のアメリカのイラク侵攻にいち早く賛同した日本政府。それを北朝鮮対策と言う、安全保障、外交専門家、自衛隊OBに、泥さんは忸怩となったに違いない。そして、今、トランプ政権によるシリア、アサドへの攻撃。また、北朝鮮対策に有効だからと賛同する日本。

日本の国防を、それとは全く関係ない最果ての国の犠牲で贖う。泥さんだったら、この日本の卑怯に、敏感に反応したに違いない。

しかし、泥さんが信じた9条の「護憲」が、今、卑怯になっている。

自衛隊のジブチ派遣だ。派遣決定はその前の自民党だったが、それを引き継ぎ実行したのは旧民主党政権だ。

9条で自衛隊を「軍」としての自覚できない日本が、異国と「地位協定」を結ぶということはどういうことか。

「軍」を自覚しないから、当然、日本には軍事過失を審理する法体系そのものがない。それが、相手国に事故時の裁判権を放棄させる地位協定を結ぶということはどういうことか。それも弱い立場の国と。

これは、日米地位協定のアメリカよりヒドイ。

僕は、旧民主党政権の中枢にいた護憲派議員に訴えて回った。こんなヒドイことを、9条の日本が、地位協定の被害国の日本が、どうしてできるのか、と。

僕は、こう言われた。その法体系とは軍事法廷のことであり、それは自衛隊の憲法上の地位、すなわち9条問題になるから、護憲派政治家もしくは政党の側からは発議できない、と。

旧民主党政権後、自衛隊のジブチ基地は成長を続け、今は半永久的な軍事基地になりつつある。9条の国の軍事基地の問題を、依然、護憲派は、政党も、憲法学者も、運動家も、スルーしたままだ。

あの時に、泥さんに相談すればよかった、と悔やむ。「ヘイト」に体を張って抵抗した泥さんがビシッと発言したら、護憲派の目が冷めただろう。本当に悔やむ。

僕は、今、護憲派ゆえに、改憲派だ。ジブチ派遣を護憲派が明確に違憲と言えないのなら、憲法条文に瑕疵がある。そう僕は考える。

泥さんが生きていたら、僕の「変貌」をどう思っただろうか。対立したかもしれない。ただ悲しんで沈黙したかもしれない。

でも、あの世の泥さんに言いたい。

泥さんが信じた9条は、日本人にはもったいない。ただそれだけだったのだ、と。

（いせざき・けんじ）

善き友、真の友人

浄土宗僧侶　伊藤匡誠

平成29年5月3日の憲法記念日に極楽浄土へと往生された泥さんは、4月24日に以下の言葉を残されました。

> もう一人の善知識は浄土宗の僧侶でした。（中略）サンスクリット語を含めた仏教典の深い学識と、落ち着いた姿勢で淡々と問答して過ちを解きほぐす人が、京都在住の浄土宗の若い僧侶でした。
>
> その方の勧めで法然の『選択本願念仏集』や浄土宗の『元祖大師御法語』などを読んで、そのクリアな論理と深く広く優しい人間性に圧倒されてしまったのです。
>
> これは親鸞聖人も惚れるはずだわと、つくづく恐れ入りました。そして法然を通じて浄土門の寛容性と、念仏行の意味にあらためて目が開けたのでした。
>
> 明日に続きます。〔この引用は本書916ページ〕

この後、容態が急変し、「続き」が書かれることはなく、泥さんは極楽浄土へと往生されました。

泥さんは熱い気持ちと明晰な論理、膨大な知識と場の空気を読むセンスを兼ね備え、それでいて気さくで温かくユーモアに溢れ、苦しい時や困った時に必ず真っ先に声をかけてくださる方でした。私を過分に評価し可愛がってくださいましたが、「おじき」と慕い憧れ、たくさんのことを教えていただいたのは私のほうです。

「善知識」はサンスクリット語「カルヤーナ・ミトラ」の漢訳で「善き友」「真の友人」という意味です。

実際にお会いできたのは一度だけでしたが、泥さんと出会い、文章でのやり取りを通して泥さんとたくさんお話しさせていただき、「善き友」「真の友人」となれたことは生涯の宝です。

露《つゆ》の身は　ここ彼処《かしこ》にて　消えぬとも
心は同じ　花の台《うてな》ぞ

篤信の真宗門徒だった泥さんが慕われた、親鸞聖人が惚れ込んだ法然上人の言葉です。

この世での命は限りあるものであり、私が泥さんと離れなければならないのは何ら特別なことではありません。

しかし、いくら理屈の上でわかっていても、嘆かずにいれない弱い私たちのために、阿弥陀仏が極楽浄土をつくり、さらに極楽浄土に行きたいと願いお念仏を申した人が極楽浄土に行ける仕組みをつくってくださいました。

この阿弥陀仏がおつくりになった仕組みにより、私たちは「自分は死にたくない」「大切な人と別れたくない」という「わがまま」を捨てることができないまま、苦しみを乗り越えることができるのです。

「正しく読む」「正しい論理で解釈する」ことを泥さんはいつも心がけておられました。憲法や法律の条文、古文書から仏典まで、常に資料を正しく読み、正しい論理で解釈された泥さんの言葉は、疑う余地のないものでした。

お釈迦様の残されたお経を正しく読み、正しい論理で解釈した法然上人の言葉も、疑う余地のないものであったので、泥さんはその言葉に従いお念仏をお称えして極楽浄土に往生されました。

そして私もまた泥さんと同じくお念仏をお称えして極楽浄土に往生し、そこで泥さんと再会することができるのです。また泥さんに極楽浄土で会える日を楽しみに、泥さんを身近に感じながら泥さんがお称えになった同じお念仏を申していきたいと思います。

そして、泥さんを慕い、もういちど泥さんと会いたい方が泥さんと極楽浄土でまた会っていただけるように、泥さんがお称えになられたお念仏の教えをお伝えし続けていきたいと思います。

生まれては　まず思い出ん　ふるさとに
契りし友の　深き誠を（法然上人）

南無阿弥陀仏

（いとう・きょうせい）

現場感覚と理想主義

伊藤塾塾長　伊藤 真

今、手元に泥さんの『安倍首相から「日本」を取り戻せ!!』があります。この本は私も微力ながら推薦人にしていただきましたが、本書と同じく多くの方々から賛同の募金もいただいたと聞いています。泥さんのお人柄と泥さんの果たす役割に共感し、何か協力したいと考えた人がいつも大勢いたということです。

私も何度か講演やシンポジウムでご一緒させていただいたことがあります。泥さんのお話は分かりやすくておもしろいと評判でしたが、前掲書のエピローグの中で、「私は高邁な理念を語る能力がない。語れるのは、事実を元に、単純な論理で見出されるストレートな結論だけである」と言っています。

私は法律家の育成を長くやっていますが、法律実務家の世界で重要なことは、現場と事実です。事実に勝るものはなく、現場感覚ほど強い力はありません。それを人々に伝えることができる能力は本物の人間にしかありません。泥さんの話や書いたものがおもしろく、説得的なのは当然のことなのです。

泥さんは元自衛官です。私は自衛隊の存在を憲法違反と考える人間ですが、自衛隊の合憲性の議論は泥さんの前では意味をなしません。泥さんは言います。

憲法9条の掲げる理想主義は至高のものだから、現在の国際情勢下において、その理想を直ちに実現できないのは残念なことだが、いま実現できていないから将来も実現できないことはない。国が進むべき理想の方向を指しているのが憲法であれば、常に現実と憲法との矛盾は避けられない。矛盾を解消するには、憲法を現実に引き寄せるのではなく、憲法の理想を実現すべく現実を改変しなければならない。

現実と理想が食い違うからこそ憲法が存在するという憲法の本質をついています。

憲法は存在するだけで社会を前に進める力があります。お金に換算していくらと評価できるから価値があるというものではありません。世の中には経済的な価値つまり、貨幣価値と交換するとどれほどの価値があるかという物差しがあります。資本主義経済の中で生きる私たちにとって、こうした交換価値はとても重要な意味を持ちます。

しかし、世の中には交換価値では測れない「存在自体の価値」もあるのではないでしょうか。たとえば、命はそこに存在するだけで価値があります。人の命は高価だったり何かの役に立つから価値があるのではなく、代替性のない一回性のものとして存在するだけで価値があるのです。自分の命、他者の命がそこに存在すること自体に価値があることを認めようという考えが憲法の基本です（憲法13条「個人の尊重」）。

泥さんはこの存在価値を理解していたから、誰に対してもやさしかったのだと思います。泥さん自体が存在価値だったのです。その泥さんの存在にどのような意味を見出すかは人それぞれであり、私たち自身の問題です。本書からも義憤、勇気、希望、愛など様々なものを感じていただけると思います。私は泥さんの存在に主体的に生きる力を感じました。

これからも、泥さんの次の言葉を一人でも多くの市民に伝え、自らも実践していきたいと思っています。

もっと自由な日本、もっと民主的で公正で正義に満ちた日本を、私たちが下から築き上げていきたい。責任逃れして歴史を歪曲する政府に代えて、世界に恥ずかしくない政府を持ちたいものだと思う。

なに、難しいことではない。ヘイトスピーチを聞いてむかついたらしばしきに出かける。原発事故に腹が立てば街頭に出る。選挙のときはよく考えて投票に行く。たまに歴史や社会のことを勉強するのもよい。どれも簡単なことばかりだ。一人ひとりがほんの少しだけ社会に目を向ければ、この国は変わる。

（いとう・まこと）

忍耐の末の勇気と良識

政治学者　白井　聡

　私が泥憲和氏と初めて会ったのは、京都市内で行なわれたさる講演会・シンポジウムの場であった。

　壇上に立った泥氏の話は圧巻だった。その堂々たる話しぶり、力強さ、わかりやすさ、鋭い内容。いずれもが胸に突き刺さるものだった。

　よく覚えているが、泥氏は、自らの生い立ちを語りつつ、当時広まり始めていた「経済的徴兵制」という言葉に触れて、「別にいま始まったことじゃない。昔からそういうものだった。まさに自分が当てはまる」という趣旨のことを述べた。「新しい言葉」が、過去を、過去の人々が受けた痛みを覆い隠してしまう危険に気づかされた私は、ハッとした。

　そういえば、原一男監督が、自作の「ゆきゆきて神軍」についてこんなことを語っていた。「奥崎謙三が追及して回る元上官たちの姓が、戦後みんな変わっているでしょ。あれは、あの兵士たちの多くが貧しい農家の次男・三男だからで、家督を継げずに婿に遣られているからです」と。「あの戦争」においても、戦争体験は全く不平等なものであり、どの程度の不幸が各個人に降り掛かるかは偶然によって差配されたものでは決してなかった。最も過酷な戦場に送られた人々は、当時の社会で最も貧しい人々だったのだから。

　ちなみに、当時、最も恵まれた者たちは、軽井沢と箱根に疎開した。彼の地は、中立国の外交官の避難場所であったから、空襲を受ける可能性がなく最も安全だったからである。「不運にも最も貧しい者が最も損をする」――それは、普遍的な法則、あるいは世の理《ことわり》である。泥氏はこのことを身を以て知り抜いた上で、この道理に全力で抗《あらが》っていた。その姿こそが、強い印象を与えたのだと思う。

　新安保法制をめぐって国論が二分していた頃、私は酒場で知り合った客から不穏な話を聞いた。その客は、別の酒場でたまたま、南スーダンに派遣される直前の自衛官と会話を交わしたという。その自衛官が言ったことには、「危険はある。死ぬかもしれない。われわれの誰かが死ななければ、結局何も変わりませんよ」。

この話は極論でも何でもない。南スーダン派遣部隊で起こった日誌の隠蔽問題については、現地の状況を暴露する新資料が出続けている。そして、帰国後の自殺者2名、傷病死が1名。政府は派遣任務と無関係の死だとしているが、現政権の言うことを誰が鵜呑みにできるだろうか。

だが、その自衛官も見通せなかったことには、事ここに至っても「何も変わらない」。戦闘による犠牲者（被害であれ加害であれ）が出ても、現政権下ではその事実は隠蔽されるだろう。仮に安倍政権がそれを公にすることがあるとすれば、それは、この政権を支える者たちの矮小な対米従属コンプレックスの表れである改憲を実現するためのネタとして、その犠牲をフル活用するため以外には想像できない。要するに、不運な者の命は、特権者によって私物化される。

泥氏が闘った不条理は、この現在進行形の過程だった。元自衛官という立場から泥氏のような闘士が出てきたことは、意義深いことだと私は思う。

というのは、自衛隊、とりわけ泥氏の属した陸上自衛隊は、国家を乗っ取って破滅させた旧軍の記憶という十字架を背負ってきたからだ。多くの人々の軍隊経験からしても、戦後社会で日本の軍事組織に対する強い不信感と嫌悪が広がったのは、当然であった。

さるテレビ番組で紹介されていたが、陸上自衛隊幹部候補生学校の校長は、入校式にて候補生たちにフリードリヒ・シラーの次の言葉を手向けたという。「大いなる精神は、静かに忍耐す」。自衛隊が「忍耐」してきたのは、究極的には戦後社会から向けられた厳しい視線に対してであっただろう。

そして、大部分の自衛隊関係者は、ひたすら職務に忠実であることによって、この視線に応えてきたと思う。泥氏の存在は、そこから一歩進んで、忍耐の末に勇気と良識が生まれたことを訴え掛けた。そのことを思うとき、泥氏の早すぎた死、失われたものの大きさを前にして、私は言葉を失う。

（しらい・さとし）

私以上に私のことを思い、怒ってくれた人

在日三世　辛　淑玉

やっと出会えたと思った人が、たった一度語り合えただけで、旅立ってしまった。

5月3日、庭にある金城実作の菩薩像の横に黄色い花が一輪咲いた。私はその花を「泥」と名付けた。

幼い頃から、朝鮮人の子どもに日本社会は厳しかった。守ってくれるはずの親は弱く、近所の日本人に罵倒されては外階段の踊り場で泣いている姿を見るのが辛かった。

強い親が欲しかった。

働きづくめで、子どものことを考える余裕も時間もなかった親に初めて何かをせがんだのは、4歳か5歳のときだった。

近所の子がみんな幼稚園に行くので寂しくて、父に、私も幼稚園に行きたいと言ったのだ。しかし当時、朝鮮人の子どもは幼稚園に入れてもらえなかった。門前払いだった。「節子(私の日本名)、帰ろう」と父が言ったそのときから、もう親に何かをねだることは決してするまいと心に誓った。

小学校に行くようになると、上級生が「士農工商イヌネコゴキブリチョーセンジン」と囃し立て、「朝鮮キツネ狩り」と称して何人もの上級生に追い回された。必死に逃げて、転んでおでこが切れ、血だらけになった。溢れ出る血を見て涙が出てきた。助けてくれる人はいなかった。

しばらく民族学校に通ったあと、中学校では、また日本の公立校に転校した。

最初に行った学校は、民族学校からの転入を受け入れてくれなかった。やっと入れた学校では、今度は日本語がわからず混乱した。「ホームルーム」「公民」「課外活動」など、何をするものなのか見当もつかなかった。

家庭科の時間に浴衣を縫うことになったが、お金がなくて反物が買えないので、他のものでもいいかと聞くと、反抗していると思った家庭科の教師は「チョゴリならいいの?」と叫んで、私を廊下に立たせた。

ここを出れば就職できると思って商業高校に入学したが、あるとき卒業生名簿を見ていて、在日らしい卒業生が誰一人企業に就職できていないことに気づいてショックを受けた。自分で会社を興したのは、就職できなかったからだ。

しかし、会社の事務所を借りることも、事務用品のリースを組むことも、銀行から融資を得ることもできなかった。朝鮮人の独身の女など、日本人の家持ちの男が保証人についていない限り、一切信用してもらえなかった。

思いを言葉にするたびに叩かれた。一晩でロールがなくなるほどFAXを送りつけられ、仕事先への嫌がらせ、脅迫や爆破予告など、挙げていけばきりがない。

昔見た祖父母の写真には、見知らぬ女性が一緒に写っていた。祖母の親戚で、「慰安婦」にされそうになって、祖父が助けたのだという。恐ろしい話がいっぱいあった。「慰安婦」がいたことなんて、兵士たちはみな知っていた。私も、親も知っていた。しかし、その事実を口にすると、凄まじい嫌がらせが浴びせられた。

泥さんを知ったのは、そんなときだ。

拳を振り上げることもなく、淡々と「お前たちは間違っている」とレイシストを叱っていた。たった一人で、日本の、元自衛隊員の男の人が、ヘイト集団に立ち向かっていた。その姿は、すっきりと背筋が伸びて、筋骨隆々で、堂々として、強そうだった。

「ありえない！」と思った。頭が混乱した。そして、涙が出てきた。

私以上に私のことを思い、怒ってくれている人がいる。あの姿を見て、惚れなかった在日がいるだろうか。

泥さんのその姿は、反ヘイトのロールモデルとなり、各地で多くの「ミニ泥さん」が出てきてくれた。レイシストに説教をする姿があちこちに見られるようになった。

彼らのそんな「泥スタイル」は、私がこの社会で生きていく力になった。

泥さんはカッコよかった。私のスターだった。そんな、半世紀以上生きてきてやっと出会えたスターが、あっという間に本当の星になってしまった。

でも、彼の魂は、カウンターの人々の心の中に生きている。私は、私たちは、その魂に支えられている。

（しん・すご）

五臓六腑に染み渡った哲学

小説家　中沢けい

泥さんが育った姫路は白鷺城とも呼ばれる姫路城の城下町である。姫路は一九四五年六月二十二日、七月三日と二度にわたって米軍の空襲を受けている。六月二十二日の空襲は川西航空姫路製作所を標的とした空襲でＢ29爆撃機六十機が飛来。七月三日はＢ29爆撃機が五百機余りが飛来する姫路大空襲があった。爆弾は姫路城の天守閣にも投下されたが、幸いに燃え上がることはなく、焼跡からも華麗な姿をのぞむことが出来たそうだ。泥憲和さんが姫路に生まれたのは一九五四年。終戦から九年目のことで、翌年の経済白書に「もはや戦後ではない」の文言が掲げられたが、姫路ではようやく焼跡に雨露をしのげる建物が立ち並んだという程度の復興ではなかったかと想像される。

泥憲和さんのお葬式に出るために初めて姫路の駅に降り立った。東京から姫路まで東海道新幹線の沿線はどこも五月晴れだった。多くの人がそうであるように、私が泥さんの存在を知ったのは、ヘイトスピーチデモに抗議する行動に関わっていたためだ。泥さんは懐かしい人である。知り合ってすぐに、まるで昔からの親しい人のような気持ちにさせてもらえる。とは言え、はて、お葬式に伺うような親しさであっただろうか？　ご遺族に迷惑になることはないだろうかと、最初はお葬式に伺うことが躊躇された。そうこうするうちに電話で、泥さんのお葬式に行ってもいいだろうかと言う相談のような、打ち明け話のような電話が複数かかってきた。気持ちの問題だから、お別れしたい人はきっとどなたが伺っても泥さんならイヤとは言わないでしょうと、電話の相手に応答しながら、自分を納得させるような成り行きになってしまった。新幹線に飛び乗れば、お葬式に伺い、その日のうちに東京へ戻って来られると、急ぎ支度にかかった。

泥憲和さんには二〇一五年に出した対談集『アンチヘイト・ダイアローグ』でお話をしていただいた。泥さんと親しく話すのはこの対談が初めてだった。

対談集を編集していた二〇一五年初頭、ヘイトスピーチデモを繰り返す集団と、今の政権がそれほど近い存在だとは考えていなかった。しかし、そこに社会、政治、経済、文化のいずれの方面にも広がる何かを感じ取っていたので、対談集は「差別」に収れんさせず、社会学者、弁護士、エコノミストと多方面の方にお願いをした。

ひとつの本にまとめる時になって泥さんの肩書に困った。あれこれ考えたが、結局「社会運動家」という肩書を選んだのだが「えっ、泥さんが社会運動家」と笑う人が出てきた。決して嘲笑の笑いではなかった。「じゃあ、どうしたらいいの?」と尋ねると「泥さんは泥さんだよ」という答えが帰ってきた。そう、泥さんは泥さんであって、けっして肩書などには縛られないのである。泥さんは自由の人だ。

この対談集の末尾で、泥さんを支えている仏教哲学について話してもらったのはとても良かった。泥さんの哲学は、答案やレポートを書くために本を読んで暗記した哲学ではない。ましてや、社会的な名誉のために覚え込まれた正解ではない。喉の乾いた人が水を欲するように、ものの考え方、ものの感じ方を探しながら発見された哲学だ。喉の乾いた人が水を呑めば五臓六腑に染み渡る。泥さんの哲学も五臓六腑に染み渡った哲学だった。

京都の西本願寺で話をしてきた帰りだという泥さんと食事をしたことがあった。うれしそうに西本願寺の様子を話す泥さんだった。大阪の十三にあった荒井商店で飲んで、帰りが遅くなってしまったので西成に宿をとっているという泥さんを送ったことがある。

淀川を渡り大阪を南へ下りながら、よもやま話をした。暗い川の流れが目に浮かぶ。そのうちに落ち着いたら泥さんに聞きたいことがあった。でも、それはとうとう聞くことができなくなってしまった。

お葬式に伺うと志位和夫共産党委員長の名札がついたお生花が祭壇にあがっていた。泥さんはやっぱり泥さんなのだ。名付けようのない一個の確固たる存在。お葬式の帰りに、再開発された姫路駅前でお酒を少し飲んだ。ビルとビルの間の軒下のようなところに飲み屋が並んでいる。おそらく再開発される前の姫路駅前にあった飲み屋さんがビルの側面の路地を選んで店を開いたのだろう。少年だった泥さんが歩いた街の様子がしのばれた。

(なかざわ・けい)

裏付けのある話を、ごまかしなしに、具体的に

憲法学者　樋口陽一

泥さんとじかに話をしたのは、仙台の市民たちとの小さな会合での討論の折だった。その一回だけに終わってしまったことは、今となっては大きな心残りとしか言いようがない。

実は初対面の討論に先立って、私は、泥さんという人間の芯の部分に触れることができていたのだと思う。自衛官任官の当時の記憶を書いた彼自身の文章に、強い印象を受けていたのである。一五歳の少年・泥が、〝自衛隊へのさまざまの意見を自由に言えるような社会を護ること、それが隊員の任務なのだ〟と語った上官訓示の意味を、その深いところで受けとめたことを、記憶していたのだから。

実際の出会いの印象は爽やかだった。自衛官生活の前後をとおしての、地べたに足を踏まえてきた現場感があった。自分自身の中に蓄電してきた体験の集積がさりげなく滲み出てくる語り口には、説得力があった。小気味よい切れ味の言い廻し、それとは対照的に聞き手を包み込むような懐の深さもあった。

泥さんは、とにかく知ろうとする。調べる。そしてとことん物事の意味を洗い出す。「裏づけのある話を、ごまかしなしに、具体的に書きたい」――彼自身、言葉通りにその通りをやってきた。

憲法九条解釈の論理の組立ては、泥さんと私と同じではない。そのことは討論の記録にも残っている。その上でだが、七〇年余り国是としてきた専守防衛というリアリズムを大切にし、次の世代につなげてゆくことの意味について、彼との対話は、私を強く元気づけてくれた。

今、日本をとりまく世界では、耐えられぬほどの言葉の軽さが、飛びかっている。「アメリカ・ファースト」を繰り返す大国の大統領に、「一〇〇パーセント共にある」と寄り添うばかりの依存外交。近隣国には「一ミリたりとも」譲らぬと言い放つ硬直外交。

そんな中で、私たち一人ひとりの命と暮らしを護る仕事の意味を、身体ごと思想化してきた泥さんの言葉の重さ。その彼がこの国の行く末を憂えて書き続け、語り続けてきた記録を、いま私たちは手にすることができた。

この『全集』は、彼が「裏付けのある話を、ごまかしなしに」、長くはなかった生涯の最後まで語り、書き続けた証となった。

「憲和」という名前に父君が託されたという意味とは別に、憲法の理念と、それあってこその名誉ある平和のためにこの本を遺してくれた泥さんよ。有難う。

（ひぐち・よういち）

自らの使命に誇りを持っていた人

元内閣官房副長官補　柳澤協二

初めて泥憲和さんと会ったのは、4年ほど前だったと思う。

4年前の2014年は、安倍政権が集団的自衛権に関する憲法解釈の見直しを進めていた時期で、全国の「護憲派」の集会に呼ばれて話をする機会が多かった。

神戸元町で講演をした後、三ノ宮での懇親会で初めて泥さんとご一緒した。私が部屋の隅でタバコを吸っていると、泥さんも来て一緒に喫煙した。

その後、東京での「自衛隊を活かす会」のシンポジウムなどの折に度々同席することになった。

私は、他人さまのお顔と名前を覚えるのが苦手なのだが、あの独特の風貌と珍しいお名前のおかげで、泥さんは、どこにいてもすぐに認識できた。

泥さんは、自分は癌で、余命はそう長くはないと言っていた。そういう人が、毎回、姫路から新幹線でやってきて、懇親会では一緒に酒を飲み、タバコを吸う。それが、自暴自棄ではなく、泥さんらしい人生の終わらせ方であることが衝撃的だった。

特に親しく話をしたわけではない。だが、泥さんの話は情熱に裏打ちされ、歴史や法律も含め、本来専門ではないはずの分野についてもよく勉強されていることが感じられた。

何が泥さんを動かしていたのか、そのカギが彼の話の中にある。新任の自衛官として横須賀市武山の教育隊にいたころ上官から聞かされたという言葉だ。

表には、自衛隊反対を叫ぶデモ隊がいたとき、「あの人たちが、あのように自由に意見を表明することができるような国を守ることが我々自衛隊の役割だ」と聞かされ、泥さんの自衛官としての使命感が固まった。引用は正確ではないが、印象のまま言えば、そういうことだったと思う。

自衛隊反対のデモ隊を前にして、上官も面白くなかっただろう。泥さんたち新隊員には動揺や反発もあっただろう。その中で、自分たちに反対するデモを守るために自分たちの使命がある、と言い切るのは、見事というほかはない。そこには、葛藤を超越した揺るがない自己認識がある。

国防とは、国の形を外国によってゆがめられないよう守ることにほかならない。日本国の形とは、日本国憲法に掲げる主権在民、基本的人権の尊重そして平和主義だ。デモ隊の権利を守るということは、主権者としての表現の自由を守るということであって、まさに国防の本質を言い表している。

若い泥隊員は納得した。人は、使命感を自分の心で感じたとき、ゆるぎない人生の指針を得ることができる。それは、時代が変わろうと国際情勢がどうなろうと、自分の原点として守らなければならない人生の証となる。だから泥さんは、自らの使命に誇りを持った堂々たる自衛官となった。

泥さんは、その上官の言葉を、今度は自分の言葉として世の中に引き継ぎ、残そうとしているのだと思った。それが自分の生きていた証であるなら、たとえ病を悪化させて人生が数か月短くなっても悔いることはない。それが、泥さんが伝えようとしたメッセージだったと思う。そうしなければ、泥憲和の人生ではない、ということだ。

それは翻って、私の人生にも重い問いかけとなっている。これといった病気はないとしても、70歳を超えた私の余命もそう長くはない。歳をとると、面倒くさいことから逃げたくもなる。しかし、自分が生きた証を伝えるために、勉強も、新幹線に乗ることも、自分の話を聞きたい人がいる限り、そして、自分が伝えたい事がある限り、続けていかなければならないと、改めて感じるのだ。

（やなぎさわ・きょうじ）

生き方の転回――私の浄土真宗⑥　910
南無阿弥陀仏と社会変革――私の浄土真宗⑦　912
知的好奇心からの接近――私の浄土真宗⑧　914
念仏行の意味を知る――私の浄土真宗⑨　915

39　現実社会の中で仏教を考える　917

五逆の罪は救われない？――お念仏のリアリティ①　917
僧侶迫害の社会的意味――お念仏のリアリティ②　920
親殺しという大罪――お念仏のリアリティ③　923
あらゆる人を救う決意――お念仏のリアリティ④　925
弥陀の本願――お念仏のリアリティ⑤　927
仏教の役割は途絶えず――お念仏のリアリティ⑥　929

第11章　創作

ポリティカル・ジョーク

わが党の根本精神　932
ミスディレクション　933
「のような」戦闘　935
「取り戻したい」日本　937
日本は弱者に甘すぎる!!　938
魔法使いアッキー　940
UFO（Union For Ossan）　941

掌編小説

歯車の音　942

第12章　日記　953

泥憲和年譜　992

追悼エッセイ　泥さんと私

池田香代子　994
池辺晋一郎　996
伊勢﨑賢治　997
伊藤匡誠　999
伊藤真　1001
白井 聡　1003
辛 淑玉 1005
中沢けい 1007
樋口陽一　1009
柳澤協二　1011

言いたいことを言う運動から、勝つための運動へ　806
「御用学者」というレッテル貼り　808
泣きたくなるわ　808
脱原発派には「負け犬の遠吠え」と思われない主張をする工夫が必要　809
正義派・冷笑派・炎上派　811
福島の再生のために、安全論議を超えて　813
脱原発をめざす者同士のケンカをやめよう　814

第9章　市民運動論

33　たたかい方の流儀　818
人は変わることができる　818
規則と納得　819
市民運動と自治体のつきあい方　821
共産党にお願いだ　822
総選挙結果、とりあえずの感想　822
「政治的に正しい」反差別運動？　823
共産党の集まりで自衛隊合憲論を説明した　827
内向きの運動をいくら蓄積しても　828
「国民なめんな」はすばらしいコール　829
選挙敗北——悔しいけどここから　832
野党共闘の継続を求める　834
「共産党は党名を変えろ」という意見について　835
右翼思想を支える「感覚」について　836
異論に耳を傾ける・伝わる話し方をする　837
マーケティング視点で市民運動を考える　837
芸能ニュースから始まる街頭演説　838
異なる意見に耳を澄まそう　840
相手は悪知恵を絞っている　842
南スーダンからの自衛隊撤退は市民の勝利　843
仲間同士の対立を乗り越える　845
理屈と現実——手を組もう、議論はあとで　845
違和感を封印して安倍政権とたたかう　846
蝸牛角上の争いは不毛——都知事選後のこと　847

34　私たちは進む　850
憲法を守るためのたたかいの記録　850

35　アイデンティティ・ポリティクス　858
部落解放同盟での経験から　858

第10章　歴史・宗教

36　歴史　868
「大宝律令」と「日本国憲法」の共通点　868
天皇家は多民族国家日本の象徴　869
世界最古の航海文明？　871
建国記念の日に思う神武天皇の〝偉業〟　872
「太鼓囃子」は子育て太鼓　874
エイサーの深い歴史　879
育鵬社の教科書『私たちの道徳』がトンデモ本大賞を受賞　882
道徳教科書——パン屋さんは郷土愛不足!?　883

37　宗教　884
私が読んで理解した「法華経」　884
一切の生き物はみな父母兄弟　885
戒名・法名の本来の姿　886
みずがめ座の時代はまだか？　888
東本願寺が「安倍晋三内閣による集団的自衛権行使容認に対する反対声明」を発表　889
「汝の隣人を愛しなさい」と言ったイエスのこと　892
キリスト教と環境保護についての俗論　893
現代イスラムと科学　895
キリスト教は排他的？　896
曽野綾子のキリスト教　896
エホバの証人（ものみの塔）はカルトである　897
稲田朋美の正体はカルト信者　899

38　私の浄土真宗　901
自然は苦痛に満ちている——私の浄土真宗①　901
釈尊が現れるまでのインド——私の浄土真宗②　903
現実に即した釈迦の教え——私の浄土真宗③　905
アミダ如来の誕生——私の浄土真宗④　907
苦しむ人の声に応える——私の浄土真宗⑤　908

メディアが報じない拉致問題の責任の所在　496
大日本帝国と重なる北朝鮮の姿　497

18　領土問題　502

領土問題があっても敵対しないことは可能　502
北方領土――筋道の立った交渉を望む　503
竹島問題を現実的に考えてみる　505
再考――竹島は誰のもの？　508
領土問題は世界中にあるが仲よくやっている　510

第5章　テロ・国際紛争

19　テロとの戦争　514

軍事力でテロを抑え込むことはできるのか？　514
反乱支援　515
対反乱支援　516
テロとの戦争に日本を巻き込む「周辺事態法」　518
惨憺たる〝戦果〟の途中決算　520
「やられる前にやれ」byブッシュ　521
テロ犠牲者、過去最多の３万２６５８人　522
米国に追従する危険　523
安倍発言が日本人人質殺害を誘発した　523
日本人をテロの危機にさらす安保法制　525
「文明の衝突」なのか　527
アラブ世界と西欧――対立の根本原因は？　527
何が風刺新聞襲撃テロの引き金だったのか　530
シャルリーとムスリムの対話（思考実験）　531
アフメドと泥の対話　533
「わたしはシャルリー」の持つ意味　536
イスラム教だけが暴力的で異質なのではない　537
私が「9・11謀略説」についていけない理由　539

20　国際紛争　542

ブーゲンビル島の和解――戦わない力について　542
一筋縄でいかない国際関係　544
ソマリア海賊問題　546
想像力欠如のソマリア海賊対策　546
ソマリア海賊取締りは自衛隊より 海上保安庁が
　　適任である　548
海賊だけが悪いのか？　550
ソマリアで日本にできることを考える　551
海上自衛隊派遣は改憲の一里塚　554
自衛隊ジブチ駐留の地位協定がはらむ問題　556
南スーダンPKO　560
南スーダンPKOに自衛隊を派遣だって？　560
「派遣ありき」の日本政府が隠す戦争情報　562
話し合いで解決できないのなら……　563
自衛隊の任務を正しく理解してから考えよう　565
イスラエル vs パレスチナ（ガザの戦争）　568
ガザの戦争の直接原因と根本原因　568
デモと凧揚げと人間の愚かさと　570
停戦にあたり、改めてガザの戦争を考える　572
アラブとイスラエルの「宗教対立」の真実　574
力による解決は必ず失敗する　577
絶望のパレスチナ　579
ハマスもイスラエルも正気を失っているのか　580
シリア　582
トルコがロシア軍機を撃墜した理由　582
ロシア軍がシリアの街にクラスター爆弾を使用　584
狂っている　585
この世の地獄　586
イラク　588
イラクの惨状　588
米国との地位協定――イラクと日本　588
たる爆弾　590
モスル攻略戦――残虐になるイスラム国兵士　591
アフガニスタン　592
日本は独自のアフガン支援策を打ち出せ　592
アフガンのタリバンの現在　594
コスタリカ　595
軍隊を捨てた国――コスタリカから学べること　595

第6章　差別とレイシズム

21　レイシズムとヘイト　600

いわゆる「ネトウヨ」についての考察　600
差別する者の気分は「自分は被害者」　603

13　日米地位協定と米兵の犯罪　390

「一人の犯罪で基地撤去を要求するのは米兵差別だ」という考えの間違い　390
「強姦したかどうか不明なのに、強姦したと決めつけるのは不当だ」という考えの間違い　393
「被害少女をダシにした政治運動」という恥知らずな批判　396
米兵による犯罪発生率の実態　397
米兵の人権は守るが日本人の人権は守らない政府　398
事件の本質をうやむやにするメディアの罪深さ　400
沖縄の声が日米関係を動かす　402

14　沖縄戦集団自決訴訟　403

強制自決を否定する議論への反論　403
「命令はなかった」と考えるのは無理すぎる　405
「軍命令は援護法を適用してもらうためのでっち上げ」という証言の荒唐無稽　407
「軍命による自決」であったといえる理由　410
「文書」がなくても「軍命」も「強制」もあった　412
名誉の侵害について　414
集団自決訴訟をめぐるQ＆A　416
強制集団死否定派の主張とそれへの反論　420
日本人は「大日本帝国」を克服できているか　424
集団自決訴訟、大江さん勝訴で決着　426
沖縄慰霊の日に安倍さんが語るべきこと　428

15　歴史教科書と沖縄　429

「教科書書き換えに抗議する県民集会」　429
かくも不公正だった「集団自決」教科書検定　430
文科省は不正を認め検定意見を撤回せよ　432
集団自決訴訟の目的は教科書書き換えだった　432
集団自決について歴史教科書の記述が確定　433

第4章　中国・北朝鮮・領土問題

16　中国　438

中国漁船と韓国警備艇が衝突　438
中国海軍レーダー照射問題　439
「中国が沖縄の領有権を主張」というデマ記事　441
中国軍機と自衛隊機の異常接近を報じたデタラメな記事　444
中国公船の領海侵入——妥協も過剰な敵対もしてはならない　447
南シナ海問題——国際司法裁判所の判決と中国の立場　448
中国の当然の法整備を騒ぎ立てるメディア　452
海上保安庁の強化が必要です　454
失敗しつつある中国の南シナ海戦略　455
中国はチベット弾圧をやめよ　458
判断に迷うこと——チベット問題　461
中華人民共和国が抱えている国境紛争　462
現代中国の危うさ　463

17　北朝鮮　465

北朝鮮の豪雨　465
米国の北朝鮮テロ指定解除でわかったこと　466
「北朝鮮」を「共和国」と呼ぶことについて　466
北朝鮮の脅威①——本当に脅威なのか？　468
北朝鮮の脅威②——ミサイルの破壊力　470
北朝鮮の脅威③——ミサイルの性能　471
北朝鮮の脅威④——原発を狙う精度なし　472
北朝鮮の脅威⑤——核ミサイル開発中のいまがチャンス　474
北朝鮮の脅威⑥——経済制裁の目的は何か　475
北朝鮮の脅威⑦——脅威をあおり改憲をめざす　477
テポドンを朝鮮の立場で考える　478
落ちて来ないから落ち着こう　480
北朝鮮が水爆実験に成功？　481
朝鮮半島に戦争は起こるか　483
「天安」沈没の原因は？　483
何も与えない——北朝鮮への対応　484
天安事件の平和的解決策　487
第二次朝鮮戦争が起こらない理由　489
南北合意からうかがえる北朝鮮の疲弊　491
日本と北朝鮮　493
「核実験は北朝鮮と安倍内閣の出来レース」という陰謀論はあり得ない　493
拉致問題が前進しない背景にある政府の姿勢　494

朝鮮人強制連行についての基本認識　271
朝鮮人の定住を促進したのは帝国政府だった　275
故渡辺淳一が見た朝鮮人強制連行　276
韓国民かく戦えり　277
［資料］韓国併合と韓日合邦　279
韓国併合が朝鮮の自主改革の道を断った　280
あえて近代史の「if（もし）」を考えてみる　281

9　中国人強制連行　282

あったことをなかったと言う恥ずかしい人たち　283
中国人強制連行は国策として行われた　283
中国人強制連行はどのようにして行われた　284

10　南京大虐殺　286

南京事件への道のり　286
南京事件への道のり（続き）　290
南京大虐殺の人口をめぐる問題　291
捕虜の殺害について　292
南京大虐殺否定論への反論　294
中国の戦争被害　死者数の真実は？　299
米国の〝教科書〟に書かれた南京事件の死者数に反応する日本政府の愚かさ　303

11　従軍慰安婦　305

慰安婦は強制連行されていた　305
「従軍」慰安婦ではなかった、という批判の間違い　309
さらに慰安婦強制連行説について　311
吉田証言について　313
かつて日本人は「奴隷」解放に尽力した　315
「慰安婦は性奴隷ではなかった」という説　316
慰安婦は性奴隷だった　318
「性奴隷」と「帝国の慰安婦」をつなぐもの　320
「強制的募集を命令した文書はない」という主張について　323
慰安婦をウソつきよばわりする人々　325
解決のために日本がなすべきこと　326
河野談話　326
「慰安婦問題」は過去の問題ではない　328
「なぜ何度も謝罪しなければならないのか」という意見について　329
日韓経済協定は賠償ではない　333
日本政府は誰から何を求められているのか　334
「慰安婦への補償は日韓基本条約で終わっている」という主張について　335
日韓交渉の正しいまとめ　338
慰安婦問題における中国政府の問題　340
「日本だけじゃない」という言い訳がダメな理由　341
従軍慰安婦運動と原水爆禁止運動　344
軍慰安婦問題を論じる際の立場性　346
慰安婦問題まとめ―ネトウヨ撃退虎の巻　347
「慰安婦問題」の今後　348

第3章　沖縄問題

12　米軍基地問題　354

自民党の提案が基地問題をややこしくした　354
賛成派からも反対派からも叩かれる鳩山さん　355
基地問題は国内の利権問題である　356
米軍の圧力を跳ね返す国論が必要だ　358
そもそも論で普天間を考え直す　360
麻生の「グアム移転協定」の罪深さ　362
鳩山さんは考えを変えた理由を説明せよ　366
心配しなくてもよい2つの可能性　369
基地移転5案の比較　370
沖縄に海兵隊が要らないこれだけの理由　373
米国の対中作戦に普天間部隊の出る幕なし　377
普天間の海兵隊をどうすべきか　378
民主主義と金権政治のたたかい　381
沖縄差別の現実　382
機動隊も反対派も「どっちもどっち」の間違い　382
沖縄戦の歴史から基地問題を考える　383
沖縄は振興予算で得をしているというウソ　385
米軍基地の沖縄集中度に関するウソ　388

イージス艦衝突　盾が槍になってどうする　139
イージス艦「あたご」に違反のオンパレード　140
読売新聞「ＰＡＣ３」報道のお粗末さに唖然　143
戦車２００両削減を活かす知恵を　144
オスプレイは要らない　146
赤旗、オスプレイ事故「核防護服で放射性物質の回収」という誤報　148
オスプレイとストロンチウム90　149
「核防護服」の勇み足を赤旗が削除・おわび　150
ＮＡＴＯ軍の〝反省〟を読んで思う戦争の愚　150

第2章　戦争と歴史認識

6　日本の戦争　154

貧困と戦争　0154
大日本帝国滅亡の第一歩となった近衛声明　158
「満州国治安維持法」をつくった卑劣漢の話　161
日本の膨張政策はなぜ止まらなかったのか？　163
アジア侵略に国学が与えた影響　167
大東亜共栄圏と八紘一宇　170
大東亜共栄圏のウソ　171
「日中戦争は侵略戦争ではなかった」という妄説　172
植民地は歴史の必然ではない　173
おそろしい小学社会科授業　174
ＡＢＣＤ包囲陣のウソっぱち　176
インパール作戦の悲惨　179
だれが特攻を命じたのか？　180
戦前・戦中の報道の自由　181
「戦陣訓」とはなんぞや　184
教育勅語を読んでみた　186
教育勅語は精神的ビンタ　188
教育勅語に教育的意味なし　189
国民づくりの道具としての教育勅語　191
日本は戦争とどのように向き合ってきたか　193
「侵略」の定義　193
戦犯を裁く国内法はあるのか？　195
統帥権の話　197
侵略戦争が非難されるようになった理由　200
ポツダム宣言をどう受けとめるべきか　203
あらためて読み返す村山談話　205
対立を煽る者たちに乗せられるな　207
日本の右傾化教育　208
歴史修正主義の妄説を正す　210
田母神俊雄（元航空自衛隊幕僚長）の講演会　210
妄言＝日本はアジア諸国を解放した　211
妄言＝日本は侵略も植民地支配もしていない　214
妄言＝日本はアジア諸国に感謝されている　215
妄言＝対中戦争は侵略戦争ではない　218
妄言＝日本はコミンテルンとルーズベルトの陰謀に乗せられて戦争を始めた　221
妄言＝自衛隊増強で経済浮揚をめざせ　223
妄言＝軍拡をしなければ中国に征服される　225
妄言＝米国が歴史を書き換えた（その他いろいろ）　228
妄言＝総理は靖国を参拝すべし　231
開戦にかかわる虚偽認識と陰謀論　235
通州事件について　235
真珠湾攻撃はルーズベルトの陰謀だった!?　238

7　靖国神社　240

靖国神社とは何か　240
靖国神社について寄せられたコメントに答える　243
政治家は靖国神社と訣別すべきである　246
合祀基準をコロコロ変える靖国神社　249
求められる国立追悼施設　250
靖国は中韓ともめるからダメなのか？　252
臣民たるもの靖国を参拝すべし!?　252
靖国神社についての連続ツイート　254
護国神社の気だるい午後　256

8　韓国併合　257

大日本帝国支配下の朝鮮半島　257
日本の朝鮮統治について　260
日本語強制と創氏改名　263
ある朝鮮名の女の子の記録　265
強制連行と朝鮮植民地政策の実態　266

詳細目次

第1章　憲法と安全保障

1　安倍改憲の問題点　12

基本的人権を否定する自民党改憲案　12
「みんなのしあわせ」か「決められたルール」か 13
憲法押しつけ論の間違い　14
改憲のあぶない動きに警戒を　18

2　憲法9条　20

あらためて憲法9条を読む　20
自衛隊の任務と国民の安全の関係　25
自民党政府のトンデモ説明　28
フィリピン内戦を終わらせた憲法9条　30
武器拡散防止とDDR推進と憲法9条　32
中国・北朝鮮の脅威？　35
非武装平和派の論理の弱点　36
改憲にも非武装論にも反対する　40
「核抑止力」は存在するのか　44
改憲はアジアの危機を高める　47
「北朝鮮脅威論」を「ソ連脅威論」から考える　48
新しいタイプの護憲論の登場　52
緊張を取り除くために日本ができること　54

3　集団的自衛権と安保法制　56

戦略なき集団的自衛権の姑息な論議　56
人権を全否定する安倍改憲論　59
安倍さんは軍事常識を知らなさすぎる　61
安倍さんは東アジアを危なくした　65
安保法制賛成派の勘違い総ざらえ　68
「限定容認論」のまやかし　75
あきれ果てた「日本人なら勉強しろ」発言　76
露呈した安倍内閣の危機管理能力　78
大本営の轍を踏むな！　79
軍事オタクが何を「覚悟」するというのか　80
石破茂が書いた不誠実な安全保障論　81
「駆けつけ警護」というペテンから戦争が始まる　83
公海航行ルールについての自民党の無知　84
日本はＰＫＯに積極的に参加すべきか　84
中国の南シナ海進出問題について考える　88
腐敗防衛官僚よ、恥を知れ！　90
軍事機密をもらすのは天下り幹部　91
「自衛隊は邦人救出のために海外に出動できない」
　という意図的ミスリード　92
自衛官が「命をかける値打ち」について　95
安倍〝勘違いカリスマ〟の危険性　96
憲法も自衛隊も、もてあそぶものではない　98

4　自衛隊　100

自衛隊は国民の頼もしい仲間　100
自衛官は人殺しの訓練をしているのか？　107
怒りたくはないが、現実無視の自衛隊批判には
　黙っていられない　109
自衛隊に接近する偕行社と水交社に要注意　111
反戦ビラ配布の自衛官が何をしたというのか？　112
自衛隊に制裁は似合わない　116
自衛官の自殺率について思うこと　117
少年兵と自衛隊　119
「自衛隊を活かす会」発足　120
陸上自衛隊の「総合火力演習」は無駄遣いか　121
私立高校が「自衛隊コース」開設――進路決定
　はよくよく考えて　123
自衛隊の実弾誤射事件　その真相は？　125
自衛隊よ、国民と共にあれ　126
平和憲法に規律された自衛隊の強さ　128
海上保安官　抵抗の代償　130

5　軍事技術　132

新型戦車からうかがえる防衛以外の目的　132
クラスター爆弾禁止条約発効へ　135
ソマリアの海賊退治は海上保安庁に任せよう　138

本書の刊行にご協力くださった方々

青木敬介
赤松範夫
秋濱洋一
朝戸臣統
足立了平
阿部光博
荒木繁子
五十嵐仁
池田憲一
石川美樹
石川康宏
石沢春彦
一芝（大槻）篤史
一ノ宮麗子
伊藤紀彦
伊藤匡誠
伊藤真
稲葉俊文
井上雅文
岩上欣也
岩橋百合
鵜飼伸
江口祐二
大谷健造
大西誠司
大西隆志
大野康之
大森昭輝
大脇和代
岡本朝也
奥野倫子
奥宮直樹
小坂学
おにゆり
小野純一
梶谷懐
かたやまいずみ
加藤千仞
加藤真
㈱プロジェクトウサミ
金子恵美子
鎌田厚志
川端弓子
絆屋
北岡忠憲
木谷公士郎
菊地夕香
教心寺
清末愛砂
艸場よしみ
久保毅
久保雅司
久家登志子
桑木しのぶ
神戸合同法律事務所
古賀広志
後藤玲子
小橋信三
小林美也子
小山英二
西郷甲矢人
西勝寺
堺市民の会
阪本洋史
阪本喜秀
佐々木青磁
佐藤和子
左巻恵美子
澤崎恭彦
澤田恒
澤田政明
茂村振五
篠田実紀
島長国積
清水敏子
市民社会フォーラム
白井直彦
白川栄治
杉山百合子
鈴木克成
すずき産地
鈴木孝
鈴木能成
清流祐昭
摂津行
仙城真
高橋満治
たかひら正明
武石敏光
竹岡英雄
田坪勝
立山勝憲
田中正子
玉木誠也
田村裕司
知久隆文
趙智子
鶴見卓司
出岡大作
藤堂かほる
冨田宏治
中島淳
中野一郎
長濱勝彦
永山敬三
なにぬねノンちゃんねる
西晃
西川朋子
西口正史
根上健
ハギノケンイチ
箱木五郎
羽柴修
長谷川裕彦
林茂樹
林徹
バルサン
日野雅範
姫路総合法律事務所
兵頭和子
兵頭憲一
平田元秀
深谷志寿
福島哲
フロル
弁護士法人・響
堀忠
本間優子
正木俊行
松尾匡
松尾敏行
松竹伸幸
松田秀子
松中みどり
松永尚哉
松本英治
松本智量
丸山晴美
みーさん
水岡俊一
水城朋呂
村上玲子
ムンヒョンイル
毛利正道
茂木慎吾
森宏徳
八木和也
八木洋子
山内覚
山下愛理
山下友宏
山口昌孝
山田とし子
山本佳右
吉田恒俊
Yoshida-Yoshizo
吉俣哲志
和田浄史
渡辺雅之
渡辺倫郎

（50音順・敬称略）

泥 憲和（どろ・のりかず）

1954年、兵庫県姫路市生まれ。中学卒業後、陸上自衛隊に入隊。除隊後、職業を転々とする中で部落解放運動と出会い、1978年から皮革工場の経営に携わる。この間、独学により知識を蓄える。工場をたたんだ後、1992年から神戸総合法律事務所、2008年から姫路総合法律事務所に勤務し、消費者金融問題に取り組む。

2007年から各種SNSで精力的な発信を開始。街頭での演説や単身行ったアンチヘイト・カウンター行動がネットで拡散され、全国的に注目される存在となる。2014年にがんで余命1年を告げられるが、その後もネットでの発信、講演、市民運動を続けた。浄土宗門徒。2017年5月3日の憲法記念日に、反戦・反差別・反貧困の人生を終えて浄土へ旅立った。

著書に『安倍首相から「日本」を取り戻せ!!――護憲派・泥の軍事政治戦略』（かもがわ出版）。

泥憲和全集――行動する思想の記録

2018年11月30日　第1刷発行

著　者　ⓒ泥 憲和
編　集　泥憲和全集 編纂委員会
制　作　御立英史
写　真　安部英知
装　丁　吉本研作
発行者　竹村正治
発行所　株式会社かもがわ出版
〒602-8119　京都市上京区堀川通出水西入
TEL 075-432-2868 FAX 075-432-2869
ホームページ　http://www.kamogawa.co.jp
振替　01010-5-12436
印刷所　シナノ書籍印刷株式会社

ISBN978-4-7803-0996-6　C0031